# 太仓城区图

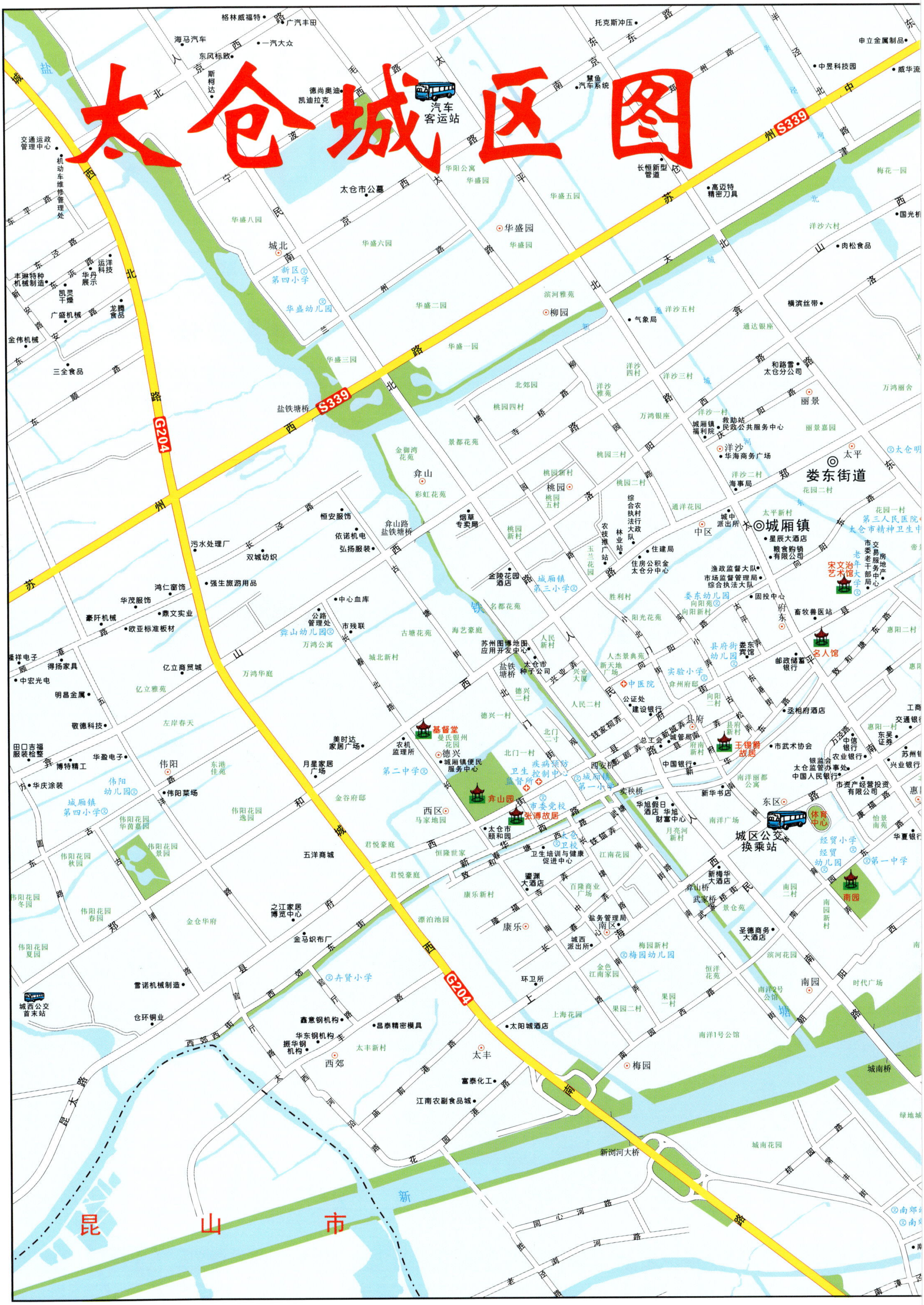
太仓城区图
汽车客运站
太仓市公墓
城北
新区第四小学
华盛幼儿园
华盛园
柳园
盐铁塘桥
弇山
彩虹花苑
金御湾花苑
景都花苑
桃园
娄东街道
城厢镇
中区
太平
洋沙
宋文治艺术馆
名人馆
基督堂
弇山园
张溥故居
王锡爵故居
中医院
体育中心
城区公交换乘站
南园
东区
西区
伟阳
西郊
太丰
梅园
南区
康乐
城南桥
新浏河大桥
城西公交首末站
城厢镇第三小学
城厢镇第四小学
第二中学
第一中学
第三人民医院
太仓市精神卫生中心
疾病预防控制中心
卫生监督所
经贸小学
经贸幼儿园
梅园幼儿园
弇山幼儿园
伟阳幼儿园
实验小学
县府街幼儿园
娄东幼儿园
向阳新村
人民新村
德兴
德兴一村
北门一村
兴业大厦
中国银行
中国人民银行
农业银行
建设银行
邮政储蓄银行
中信银行
兴业银行
公证处
住建局
气象局
海事局
通达银座
万鸿银座
万鸿华庭
亿立商贸城
亿立雅苑
左岸春天
美时达家居广场
月星家居广场
五洋商城
金谷府邸
君悦豪庭
恒隆世家
康乐新村
漂泊雅园
金仓华府
江南农副食品城
富泰化工
太阳城酒店
上海花园
果园一村
果园二村
江南花园
南洋广场
南洋1号公馆
南洋2号公馆
时代广场
城南花园
环卫所
城西派出所
城中派出所
鑫意钢机构
昌泰精密模具
仓环铜业
雷诺机械制造
金马织布厂
之江家居博览中心
污水处理厂
双城纺织
恒安服饰
依诺机电
弘扬服装
强生旅游用品
鸿仁窗饰
华茂服饰
鼎文实业
豪阡机械
欧亚标准板材
得扬家具
中宏光电
明昌金属
敬德科技
博特精工
华盈电子
华庆涂装
伟阳菜场
伟阳花园春园
伟阳花园夏园
伟阳花园秋园
伟阳花园冬园
伟阳花园景园
伟阳花园逸园
伟阳花园华茵嘉园
交通运政管理中心
机动车维修管理处
丰琳特种机械制造
凯灵干燥
华丹展示
运洋科技
广盛机械
龙腾食品
金伟机械
三全食品
格林威福特
广汽丰田
一汽大众
海马汽车
东风标致
斯柯达
德尚奥迪
凯迪拉克
托克斯冲压
慧鱼汽车系统
长恒新型管道
高迈特精密刀具
中昱科技园
威华流
申立金属制品
肉松食品
横滨丝带
国光机
华盛一园
华盛二园
华盛三园
华盛五园
华盛六园
华盛八园
华阳公寓
滨河雅苑
北郊园
桃园四村
桃园新村
桃园五村
桃园二村
桃园三村
洋沙四村
洋沙五村
洋沙六村
洋沙三村
洋沙二村
洋沙一村
洋沙雅苑
丽景
丽景嘉园
和路雪太仓分公司
万鸿丽舍
梅花一园
花园一村
花园二村
太平新村
星辰大酒店
粮食购销有限公司
渔政监督大队
市场监督管理局
综合执法大队
固投中心
畜牧兽医站
惠阳二村
惠阳一村
交通银行
丞相府酒店
市武术协会
银监会太仓监管办事处
市资产经营投资有限公司
华夏银行
怡景南苑
金陵花园酒店
名都花苑
海艺豪庭
古塘花苑
城北新村
苏州国土资源地图应用开发中心
太仓市种子公司
人杰景典苑
天新地广场
阳光花苑
胜利村
住房公积金太仓分中心
综合执法大队
农技推广站
林业站
玉兰花园
人民二村
弇州府邸
钱家祠弄
新华书店
华旭假日酒店
华旭财富中心
月亮湾新村
卫生培训与健康促进中心
鎏渊大酒店
百隆商业广场
盐务管理局
梅园新村
金色江南家园
恒洋花苑
滨河花园
圣德商务大酒店
新梅华大酒店
武家桥
景仓苑
弇山桥
南园新村
南园二村
太仓市颐和园
市委党校
太仓卫校
城厢镇第一小学
城厢镇便民服务中心
曼氏银州花园
农机监理所
公路管理处
市残联
中心血库
烟草专卖局
弇山路盐铁塘桥
救助站
民政公共服务中心
城厢镇福利院
华海商务广场
通洋花园
奔贤小学
太丰新村
华东钢机构
振华钢机构
昆山市
G204
S339
苏州西路
西门街
县府街
上海东路
同心河路
宁波路
人民南路
人民北路
新浏河
盐铁塘
致和塘

**图书在版编目（CIP）数据**

太仓年鉴. 2017 / 太仓市史志办公室编. --北京：方志出版社，2017.8

ISBN 978-7-5144-2493-5

Ⅰ. ①太… Ⅱ. ①太… Ⅲ. ①太仓－2017－年鉴 Ⅳ. ①Z525.34

中国版本图书馆CIP数据核字（2017）第207504号

**太仓年鉴（2017）**

**编　　者**：太仓市史志办公室
**责任编辑**：刘方圆
**出 版 人**：冀祥德
**出 版 者**：方志出版社
　　地址　北京市朝阳区潘家园东里9号（国家方志馆4层）
　　邮编　100021
　　网址　http://www.fzph .org
**发　　行**：方志出版社发行中心
　　电话（010）67110500
**经　　销**：各地新华书店
**印　　刷**：常州市武进第三印刷有限公司
**开　　本**：889×1194　　1/16
**印　　张**：30.6
**字　　数**：1013千字
**版　　次**：2017年8月第1版　　2017年8月第1次印刷
**印　　数**：0001～1000册

ISBN 978-7-5144-2493-5　　**定价**：200.00元

# 太仓市年鉴编纂委员会

名誉主任　沈　觅　王建国

主　　任　顾建康

副 主 任　蒋　华　李　刚　张志华

委　　员　（以姓氏笔画为序）

王洪斌　朱锦明　严　浩　吴忠良　吴建国
邱根生　何永林　沈　炯　张　忠　张培明
陆文卫　陆建林　陆静波　郑祥弟　周建平
周淑亚　夏永华　夏远峰　顾宇靖　徐　韬
凌晓波　陶乐平　蒋永平　楼晓舟　楼浩平

# 《太仓年鉴（2017）》编纂人员

主　　编　张志华

副 主 编　陈妙生　高健彪

执行编辑　邢友来　施　璎　李　婷

编　　辑　殷秋娣　王维强　范志芳　朱敏峰　章昌健
许燕东

摄　　影　杨忠明　计海新　戴周华　杨　希

翻　　译　大业翻译社

# 编 辑 说 明

一、《太仓年鉴》是由太仓市人民政府主办，太仓市史志办公室组织编纂的地方综合性年鉴。《太仓年鉴》创刊于1997年，以太仓行政区域冠名，逐年出版，并标以出版年份。本卷为第21卷。

二、编辑本年鉴以马克思列宁主义、毛泽东思想、邓小平理论、“三个代表”重要思想和科学发展观为指导，贯彻落实习近平总书记系列重要讲话精神和治国理政新理念新思想新战略，坚持辩证唯物主义和历史唯物主义的立场、观点和方法，全面、系统、准确、客观地记载太仓自然、政治、经济、文化、社会和生态等方面现状，发挥年鉴为领导决策所用、为一线工作所用、为百姓知情所用、为学术研究所用、为宣传交流所用的功能，为社会各界了解太仓、建设太仓和续修志书提供地情资料。

三、《太仓年鉴（2017）》记述时间原则上为2016年1月1日至2016年12月31日，部分内容适当上溯或下延。本年鉴采用分类编辑法，基本结构分“类目”“分目（副分目）”“条目”三个层次，部分类目增设“子目”，以“条目”为基本单位，其中条目以黑体字加【 】表示。《太仓年鉴（2017）》继续贯彻省地方志办年鉴创新与规范的有关要求，在保持编写纲目相对稳定的基础上进行适当微调，如增设“网络信息”分目，将原“公共建设”中的“信息化工作、电信、有线传输、联合通信、移动通信”等划入其中；将“人口与计划生育”和“医疗卫生”分目合并为“卫生与计划生育”；撤并“综合事务管理”分目，将“海关、检验检疫、长江引航、海事”等内容划入“太仓港”类目，将“气象”划入“科技创新”分目。全书设图片专题（包括封面故事、年度便览、视觉太仓）、特别报道、大事纪要、城市概况、人居环境、太仓港、中德中小企业合作示范区、区域经济、公共服务、社会管理、地方组织机构、城镇街道、附录、索引等类目16个，共有分目78个、副分目155个、子目24个、条目976个，图表120张，随文图片167幅，约101.3万字。

四、卷首图片专题中，“封面故事”主要介绍太仓港的基本情况，“年度便览”收录“数说太仓·2016”和“年度重要荣誉”，“视觉太仓”收录“年度掠影”“‘两学一做’学习教育”“现代田园城·美丽金太仓”“十大新闻”“十佳新人新事”和“友好交流”等内容，共选用图片116幅。

五、“特别报道”主要刊载部分媒体宣传太仓的重要文章和2016年全市重点、亮点工作及“融入上海”等内容。“附录”中“年度荣誉”内容以有关表彰文件（证书）为准，并经编者筛选，一般收录省条线（含）以上表彰的先进集体和先进个人。

六、本年鉴中的资料、数据均由各部门、各镇（区、街道）和部分企业提供，并经各单位领导审核确认，同类数据若有出入，则以统计资料为准。

七、本年鉴不再提供全文检索光盘，相关电子版内容可登录太仓史志地情网查阅，网址www.tcszdq.com。

八、《太仓年鉴》的编辑出版，得到全市各有关部门、单位和社会各界人士的大力支持，在此深表谢忱。由于编辑水平有限，加之时间仓促，不足之处，恳请广大读者批评指正。

（杨希　摄）

# 封面故事·太仓港

太仓港地处长江入海口南侧，太仓市东部，口岸位于长江白茆沙南水道，上至白茆河口，下至浏河口下游浏黑屋，中心位置在七丫口。太仓港拥有长江岸线38.8公里，其中深水岸线25公里。港区范围内岸线基本平直且边滩稳定，终年不冻不淤，深水区开阔、稳定，能满足10万吨级船舶回转水域要求。2013年1月1日起，太仓港作为沿海港口管理，执行相关行政事业性收费政策。太仓港是全国第一个获批享受海港待遇的内河港。2016年，太仓港完成集装箱吞吐量408.1万标箱，货物吞吐量2.32亿吨，增幅居全国主要港口前列，货物吞吐量跃居全省第二，集装箱吞吐量实现三年翻番。8月30日，全球航运权威媒体——英国《劳氏日报》公布2016年世界集装箱港口百强榜单，太仓港跃居世界集装箱港口百强榜第39位，较上年上升8位。截至年底，太仓港拥有航线总数183条、各类码头泊位87个，其中万吨级以上泊位35个，集装箱泊位10个,设计通过能力1.4亿吨、435万标箱。

# 数说太仓·2016

总面积：809.93平方公里
户籍人口：48.30万人
常住人口：71.20万人
地区生产总值：1155.13亿元
#第一产业增加值：36.76亿元
#第二产业增加值：583.87亿元
#第三产业增加值：534.50亿元
人均地区生产总值：162523元
公共财政预算收入：127.71亿元
工业总产值：2550.26亿元
#规模以上工业：2040.22亿元
全社会固定资产投资：465.00亿元
#工业投资：259.85亿元
#服务业投资：205.15亿元
商品房新开工面积：160.00万平方米
商品房施工面积：532.32万平方米
商品房竣工面积：66.89万平方米
社会消费品零售总额：287.31亿元
注册外资：6.23亿美元
实际利用外资：5.61亿美元
进出口总额：109.64亿美元
#出口总额：54.30亿美元
服务外包接包合同额：7.82亿美元
离岸服务外包执行额：2.75亿美元
引进内资当年新增注册资本：124.67亿元
旅客运输量：2863.5万人次
货物运输量：1509.4万吨
太仓港国际国内航线：183条
太仓港集装箱吞吐量：408.10万标箱
太仓港货物吞吐量：2.32亿吨
接待境内外游客：524.65万人次
旅游业总收入：75.41亿元
私人汽车保有量：16.65万辆
金融机构人民币存款余额：1395.72亿元
#住户存款余额：522.74亿元
金融机构人民币贷款余额：1245.68亿元
小学：38所
#民办小学：8所
普通初中：15所
普通高中：4所
特殊教育学校：1所
中等专业学校：1所
高等职业技术学院：1所
老年大学：1所
授权专利：3632件
各类医疗机构：247所
卫生机构拥有床位：3853张
卫生技术人员：4520人
人均期望寿命（户籍人口）：83.41岁
甲乙类传染病报告发病率：115.67/10万
儿童免疫规划建卡率（常住人口）：100%
居民健康档案建档率（常住人口）：87.69%
城镇居民人均可支配收入：54099元
城镇居民人均生活消费支出：33721元
农村居民人均可支配收入：27766元
农村居民人均生活消费支出：19589元

# 年度重要荣誉

- 全国双拥模范城
- 全国农村集体“三资”管理示范县
- 首批全国健康促进县（区）
- 健康城市最佳实践奖
- 健康城市创新发展奖
- 2016年“中国最具幸福感城市”县市级榜首
- 2016年县域经济百强榜第六位
- 公益慈善指数全国县级市排名第四位
- 大学科技园获评2016年中国产学研合作创新示范基地

11月26日，省委常委、副省长杨岳（中）到太仓调研“三农”工作

（李华　摄）

12月14日，省委常委、苏州市委书记周乃翔（前右二），苏州市委副书记、市长曲福田（右一）率队到太仓，就“两减六治三提升”专项行动暨沿江化工行业优化提升整治专项行动开展现场调研

（计海新　摄）

5月17—18日，全国人大常委会委员、农业与农村委员会副主任陈光国（左三）率全国人大常委会执法检查组到太仓检查《中华人民共和国水法》贯彻实施情况

（周琦　摄）

11月30日，中央文明办专职副主任夏伟东（中）到太仓调研苏州市县级文明城市创建工作。图为夏伟东在“太仓好人馆”参观

（计海新　摄）

1月28日，太仓港开通东南亚集装箱班轮航线

（市史志办供稿）

3月1日，沪通铁路太仓段首孔巨型箱梁架设完成

（薛海荣　摄）

■ 3月12日，2016年中国·太仓旅游文化节暨江海河三鲜美食节在天境湖广场开幕

（市旅游局供稿）

■ 4月23日，2016年国际田联竞走挑战赛暨全国竞走大奖赛（太仓站）开赛

（计海新　摄）

■ 5月21日，“中国制造2025·国家千人计划”——助推高端医疗器械创新发展主题峰会在太仓举行（徐盛兵　摄）

■ 6月2日，太仓德国中心举行开业典礼。该中心为全球第8家、中国继北京和上海后的第3家德国中心（计海新　摄）

6月4日，市环保局联合娄城单车公益俱乐部开展秸秆禁烧暨美丽乡村骑游宣传活动。图为志愿者发放秸秆禁烧宣传资料

（徐盛兵　摄）

6月5日，丙申年端午节活动在太仓张溥故居举行，昭华汉服社再现端午祭祀流程。图为汉服社成员在小朋友额头画“王”字，寓意借虎辟邪

（周西　摄）

7月11日，2016年苏州国际精英创业周太仓分会场活动在太仓开幕，来自美国、德国、英国、澳大利亚等国家的140多名生物医药、新能源、新材料等领域的海外精英及关心太仓产业转型发展的国家“千人计划”专家、高校博士后等参加活动

（徐盛兵　摄）

7月25—29日，中国共产党太仓市第十三次代表大会在市行政中心召开

（计海新　摄）

■ 7月，舍弗勒（中国）有限公司庆祝第100万件液力变矩器下线

（新区供稿）

■ 8月，太仓地产火龙果上市。图为浮桥镇心美火龙果基地果农采摘火龙果

（计海新　摄）

■ 8月29日，评弹演员在新区花北书场表演评弹，为市民送上精神文化大餐

（计海新　摄）

■ 8月30日，全球航运权威媒体——英国《劳氏日报》公布2016年世界集装箱港口100强榜单，太仓港跃居世界集装箱港口百强榜第39位，较上年上升8位。图为太仓港

（计海新　摄）

■ 9月29日，娄东街道福利院的老人们自己动手制作糕点，丰富老年生活

（邢智丰　摄）

■ 11月初，太仓市抢抓晴好天气，开展水稻收割作业

（计海新　摄）

■ 11月，一年一度的南园菊展开幕，现场展示100多个品种、2万多盆菊花

（计海新　摄）

■ 11月15日，工作人员操作秸秆打包机械对新区一片刚收割完的水稻秸秆进行粉碎、压缩、打包，打包后的秸秆可加工为牛、羊青贮饲料

（计海新　摄）

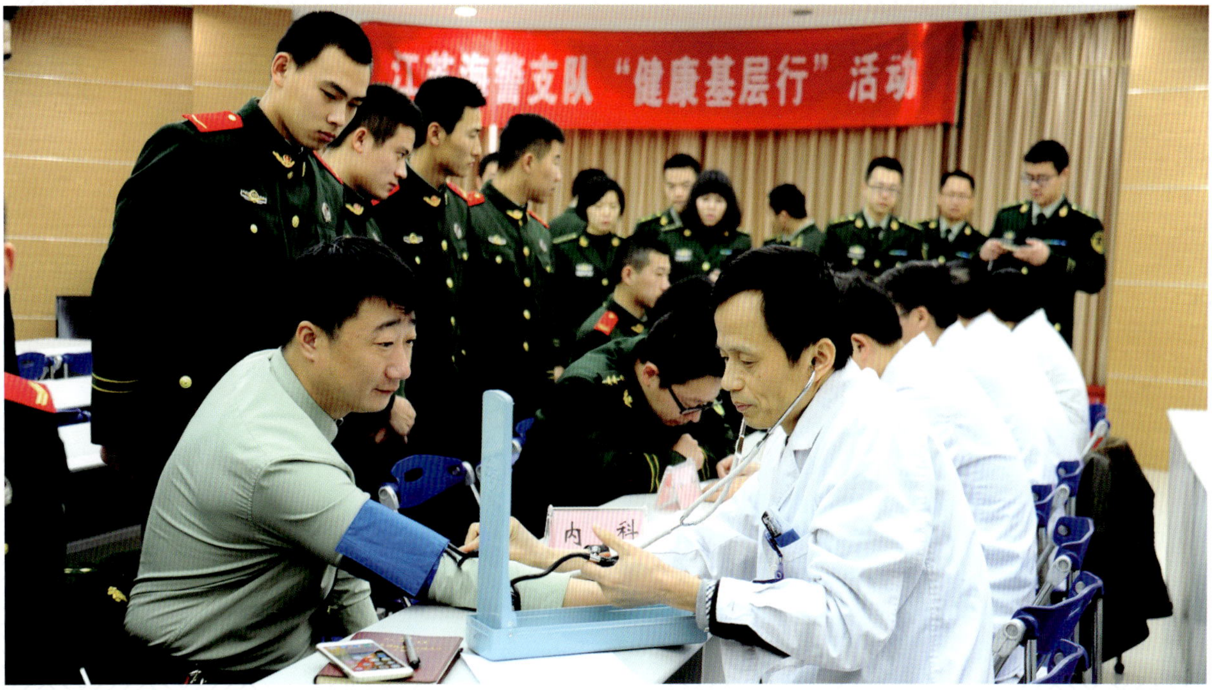


■ 11月30日，市中医医院、市第三人民医院部分医务工作者到江苏海警支队开展义诊活动

（计海新　摄）

■ 11月，江苏省县（市、区）首家城市原点——太仓城市原点标志落地。原点标志位于上海路北侧，介于太仓博物馆和太仓文化馆中轴线上

（姚建平　摄）

12月1日，太仓海警支队举行退伍老兵欢送仪式，滨河社区的居民将亲手编织的20多条围巾送给老兵，表达对战士的关爱和牵挂

（计海新　摄）

12月13日，太仓港集装箱码头首次整船进口帝王蟹，该批帝王蟹来自日本北海道，总重10吨，历经30多小时航程到达太仓。图为太仓出入境检验检疫局工作人员检验帝王蟹

（计海新　摄）

12月，城厢镇万丰村农村生活污水处理生态湿地滤床主体结构完成，湿地采用摸拟自然的方式处理污水，避免造成二次污染

（计海新　摄）

12月30日，500余名学生摆出“2017”字样迎接新年

（计海新　摄）

2016年4月起，太仓市在全市党员中开展“学党章党规、学系列讲话，做合格党员”（简称“两学一做”）学习教育，采取务实管用的措施，扎实推进各项工作。**突出“学”有特色，学深学透理论精神**。市委常委会坚持高标准、严要求，率先示范开展学习教育。全市各级党组织按照中央部署，组织广大党员读原著、学原文、悟原理。同时，太仓市打造“红色讲堂”学习教育平台，将“红色讲堂”作为推动面上“两学一做”学习教育深入开展的重要载体和渠道，组建由200人组成的红色讲堂专兼职师资库，全年送课300多堂。**坚持“做”有目标，强化党员先锋作用**。深入推进“我是共产党员”专项教育活动，强化做合格党员意识。开展“佩党徽、亮身份、树形象”活动，全市约3.9万名党员佩戴党徽，亮出身份，展示风采。集中宣传身边的共产党员先进典型，征集全市50名党员先进事迹编印《身边的共产党员》5000本，拍摄《先锋潮涌在娄城》专题片，展示10名基层普通共产党员感人事迹；开展“领导干部立家规，共产党员正家风”活动，至年底，征集家规家训329条，家风故事125个。**注重“实”有成效，学习教育不走过场**。加强分类指导，区分农村、社区、机关、“两新”组织（新经济组织和新社会组织）等不同基层党组织，对不同群体党员分别提出具体要求，推进学习教育具体化、精准化、差异化。完善党的组织生活制度，规定每月10日固定开展组织活动。把普通党员“五查摆五强化”、县处级以上党员领导干部“七查摆七强化”贯穿学习教育全过程，解决存在突出问题，确保活动取得实效。

4月29日，太仓市召开“两学一做”学习教育工作座谈会

6月27日，市委书记沈觅（左一）走访慰问城厢镇万丰村低保户，并送上党员关爱基金

6月28日，市委副书记、代市长王建国（前左）走访慰问浮桥镇绿化村低保边缘户，并送上党员关爱基金

6月29日，市委书记沈觅为党员干部上专题党课

6月30日，太仓市举办庆祝中国共产党成立95周年大会

6月30日，在太仓市庆祝中国共产党成立95周年大会上，一批先进基层党组织和优秀党员受到表彰

6月20日，太仓市举办第1期单位中层正职干部进修班

7月1日，市级机关组织党员开展"暖爱列车"救济贫困家庭募衣活动

（刘长华　摄）

7月16日，太仓市举办庆祝中国共产党成立95周年诗歌朗诵会

8月4日，苏州市委组织部第3检查组到太仓，对太仓市“两学一做”学习教育开展情况进行集中检查。图为检查组在太仓地税局听取支部“两学一做”学习教育情况汇报

3月，市级机关组织党员志愿者开展环保宣传活动（刘长华　摄）

■ 6月，《身边的共产党员》事迹汇编和《先锋潮涌在娄城》微视频制作完成，集中展示基层党员感人事迹

■ 4月起，“太仓基层党建”微信公众平台开设“两学一做”专栏，发布上级精神和太仓动态及学习资料，开展“两学一做”答题闯关专题活动

（本栏目图片除署名外，均由市委组织部供稿）

雪后的早晨 （初爱民　摄）

为中德友人烹饪大餐　　（王辉　摄）

分享阅读　　（严裕忠　摄）

三家市的早晨　（曹敏强　摄）

秋色　（纪昌盛　摄）

暮色天镜湖 （王跃丰　摄）

古韵 （管玲　摄）

点菜　　（陈亮　摄）

休闲时光　（闻叙良　摄）

嬉戏　（马云　摄）

云雾缭绕　（王红　摄）

漫步天镜　（曹敏强　摄）

水墨南园　　（俞镇修　摄）

冬韵　　（李家文　摄）

老外看恩钿　　（王志平　摄）

心中的海洋　　（闻叙良　摄）

窗外　　（王金德　摄）

晚霞中的天主教堂　　（宋义勇　摄）

江南春色　　（纪昌盛　摄）

古镇元宵节　　（朱振新　摄）

故乡的雪 （王红 摄）

今昔大港 （陈建法 摄）

俯瞰金仓湖　　（陈建法　摄）

繁忙的早市　　（任雪英　摄）

雪后古镇　　（成立业　摄）

夕阳·小道　　（朱群　摄）

闹春　　　　（王金德　摄）

西塔　　　　（陶宗佳　摄）

时光隧道 （余成强　摄）

秋色 （俞晴　摄）

（本栏目图片由市摄影家协会供稿）

## 01 获评“中国最具幸福感城市” 市民满意度持续提升

7月，工业和信息化部对全国近3000个县（市）（不包括市辖区）进行综合评估，2016年县域经济100强榜单出炉，太仓名列第6位。12月1日，由新华社《瞭望东方周刊》联合中国市长协会《中国城市发展报告》共同主办的“2016年中国最具幸福感城市”调查推选结果在北京揭晓，太仓市位列“2016年中国最具幸福感城市（县级）”名单榜首。近年来，太仓市经济建设量质齐升，转型升级成效显著，同时，坚持从民生需求出发，不断优化制度设计，持续加大投入，城乡居民收入持续提升，公共服务、社会保障体系更趋完善。

## 02 市第十三次党代会胜利召开 确定向后五年“六个新提升”目标

7月25—28日，中国共产党太仓市第十三次代表大会召开。大会选举产生新一届市委、市纪委领导班子，确定向后五年发展目标任务。向后五年，太仓经济社会发展具体目标是实现“六个新提升”，即综合实力、改革开放、城市建设、民生幸福、生态环境和党的建设实现新提升。在战略思维上开拓新境界，在方法策略上开拓新境界，在精神状态上开拓新境界，打造繁荣发达的现代产业高地，打造特色鲜明的开放前沿阵地，打造更高水平的田园城市胜地，打造普惠共享的平安和谐福地。

## 03 太仓德国中心开业　对德合作迈入新阶段

6月2日，太仓德国中心开业，该中心为全球第8家德国中心，也是中国继北京、上海后的第3家德国中心。3月底，市委、市政府印发《关于进一步深化全市对德合作工作的实施意见》，明确太仓市新一轮对德合作的思路、举措，将举全市之力，打造苏州乃至江苏对外开放的新平台。在德国中心运营后，由德企发起筹建的中德友好幼儿园正式启幕，双元制应用大学建设取得阶段性进展，中德体育文化交流进一步加深。太仓市启动太仓中德中小企业合作试验区规划建设，标志对德合作迈入新阶段。

## 04 下大力整治“脏乱差”　“百日行动”改善城乡面貌

为进一步改善城乡环境面貌，提升人居环境质量，推进生态文明建设，加快打造现代田园城市，太仓市自8月25日至12月15日，全面开展城乡环境综合整治“百日行动”。“百日行动”以整治群众反映强烈的城乡环境薄弱地段脏乱差现象为突破口，以市容秩序整治、村庄环境整治、畜禽养殖整治、垃圾废品整治、河道及沿江环境整治、工业污染整治等六大整治为重点，确定整治项目2453个，加快配套完善城乡基础设施，实现城乡管理规范化、精细化、长效化以及城乡环境质量和市民文明卫生素质双提升。

## 05 喜获"全国双拥模范城"殊荣 双拥工作独创"太仓模式"

7月29日，在全国双拥模范城（县）命名暨双拥模范单位和个人表彰大会上，太仓市被命名为"全国双拥模范城"，这是太仓首次获得该荣誉。"全国双拥模范城"是双拥工作的最高荣誉，是一个城市政治稳定、经济社会发展、军政军民团结的重要标志。近年来，太仓在创新双拥模式、特色拥军、退役士兵技能培训和安置就业等方面不断开创新品牌，先后推出"十大特色拥军""十大双拥工程"等拥军名片，走出一条具有时代特色、太仓特点的双拥工作新路子，形成独具一格的"太仓双拥模式"。

## 06 开发区工作会议召开 吹响"二次创业"冲锋号

11月16日，太仓市召开开发区工作会议，吹响国开区和高新区"二次创业"冲锋号。会议进一步明确国开区要大力发展具有临港特点的先进制造业和港口物流、商贸流通等现代服务业，加快战略性新兴产业发展；高新区要加快推动产业向中高端迈进，发展楼宇经济、总部经济，提升现代服务业集聚区建设水平。要求国开区和高新区加快形成现代产业新格局，建构对外开放新机制，全力打造创新引领新高地，稳步建设产城融合新城区，进一步建设成为引领和支持全市经济转型发展、开放创新的主阵地、压舱石、示范区。

## 07 跃升世界集装箱港口第39位 太仓港引领发展动力强劲

8月30日，全球航运权威媒体——英国《劳氏日报》公布2016年世界集装箱港口百强榜单，太仓港跃居世界集装箱港口百强榜第39位，较上年上升8位。近年来，太仓港融入上海国际航运中心，放大海港政策、口岸通关、物流成本等优势，加速建设江苏南京以下江海联运核心港区。港区港口港城联动，培育智能装备、功能材料、绿色能源、健康诊疗等新兴产业，形成央企、美企、世界500强三大特色企业集群，集聚26家世界500强企业投资项目，24个央企投资项目和14家美资企业，有力促进港口快速壮大。

## 08 杨林塘"黄金水道"正式通航 三大工程助推太仓经济发展

1月12日，杨林塘航道整治工程通过交工验收，意味着太仓市内河首条千吨级航运"黄金水道"正式通航。杨林塘航道整治工程项目于2011年12月开工建设。该航道是江苏省干线航道网规划"两纵四横"中连申线苏南段的重要组成部分，是服务太仓港进出口货物集疏运的重要水路通道。整治工程总里程65.4公里，其中太仓段23.5公里，概算总投资49.96亿元。1月14日，七浦塘拓浚整治全线完工，该工程是苏州单项投资最大、引排水能力最强、技术最为复杂的水利工程。此外，沪通铁路太仓段施工进展顺利。三大工程陆续完工后将有力推动太仓的经济发展。

## 09 高标准农田建成"全国样板" 现代农业发展亮点频现

4月，农业部在北京举办国家现代农业示范区高标准农田建设实施管理培训班，太仓作为全国唯一的项目建设单位代表在培训班上专题介绍高标准农田建设经验、做法与成效。太仓市高标准农田建设作为"全国样板"，供其他地区学习借鉴。在6月举办的全国新型职业农民培育经验交流会上，太仓市创造性探索实践的现代职业农民培养的"苏南模式"成为成功范例，并作经验交流。8月，由太仓市棉花育种中心培育并选送的两个棉花品种（系）种子，在成功搭载"实践十号"卫星后，顺利返回太仓。这是太仓市棉花育种中心的种子继2006年搭载"实践八号"卫星之后的第二次搭载。

## 10 "政社互动"列十大成果之首 成为中国社会治理新模式

6月24日，在民政部召开的"2015年度中国社区治理十大创新成果"发布会上，太仓市申报的"'政社互动'开创社会治理新格局"项目名列"2015年度中国社区治理十大创新成果"之首，这也是全省唯一入选该次十大创新成果的项目。"政社互动"是政府行政管理与基层群众自治有效衔接和良性互动的简称。从太仓市试点到江苏省内推广，再向全国推介，历时7年，"政社互动"成为太仓市创新社会治理的特色品牌。该创新实践提升政府治理公信力，"共同对话、共同选择、共同治理"逐步成为社会治理新模式。

# 2016年度太仓市精神文明建设十佳新人、十佳新事

## 十佳新人

(按姓氏笔画排序)

### 01 "85后"支教青年用青春点亮山区未来　王薇

市住建局"85后"青年王薇，2016年在四川省凉山州美姑县佐戈依达乡的布里莫村小学爱心支教4个多月，给孩子们送去知识和关爱，教孩子们画画和跳舞，陪伴孩子们成长，每天和孩子们待在一起，孩子们很喜欢这位老师，亲切地称呼她"大姐姐"。孩子们的进步和提升，给王薇无限的信心；孩子们的欢声笑语，也带给她无限的欢乐。王薇把山区的情况反馈回工作单位，把市住建局和布里莫村小学联系在一起。通过单位发起募捐，筹集到一批批崭新的文具，带着对孩子们的爱飞到大凉山。

### 02 照顾病妻30年　谱写人间真爱　王耀宏

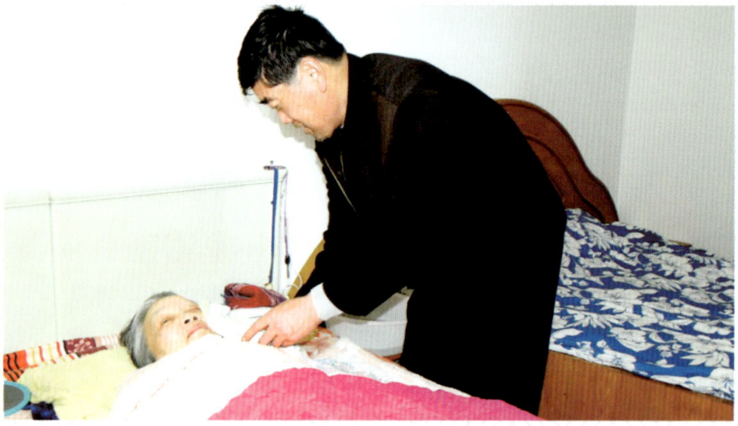

王耀宏和周培珍是城厢镇万丰村的一对夫妇。30年前，周培珍得了一场大病，从"胸2颈7"位置以下高位截瘫。王耀宏是七里八乡最年轻的"作头师傅"，却在妻子瘫痪后选择放弃祖传手艺，开始在家种菜、贩菜。周培珍瘫痪后，完全失去自理能力，如果王耀宏再出门干活，周培珍就没人照顾了。而种菜，因为菜地就在家门口，不仅能有一些收入，还能随时看护妻子。30年来，王耀宏对病妻不离不弃，周培珍身上没长过褥疮，房间里没一点异味。说起王耀宏，王家的邻居们对他都是赞不绝口。

## 03 关键时刻冲在前　奋不顾身化惊险　李明军

李明军，太仓海事局执法支队副支队长，曾获太仓市劳动模范称号。2016年4月12日凌晨，长江太仓段发生3艘大海轮碰撞事故，其中一艘重载集装箱海船装有32个危险品集装箱，碰撞后左倾近40°，船舶时刻面临翻沉危险。集装箱一旦落入江中将严重影响长江航道安全并对长江造成重大污染。当时在指挥中心带班值班的李明军一边向船长喊话，一边有条不紊地下达救援命令，最终所有船员获救。之后，李明军迅速赶到现场，在需要人员登上随时可能翻沉的事故船处置时，他勇于担当，带领2名船员出色地完成处置任务。

## 04 七旬老人勇救残疾老人　杨月明

浮桥镇新港花苑社区居民杨月明是一位七旬老人，平时为人和善，经常出门做些割草的活。2016年8月11日早晨，杨月明和往常一样出门干活，在六里塘两边修剪树木时，突然听到落水声，他赶紧四处张望，看到河中央有一个人在半沉半浮地挣扎。见此情景，杨月明老人毫不犹豫，迅速跑到河边，纵身跃入河里。游到溺水者的身边时，他看准位置抓住溺水者，拼命往岸边游去。等把溺水者救上来一看，才发现是同一个社区的朱姓老人。朱姓老人腿部有残疾，由于救助及时，老人身体并无大碍。

## 05 退伍不褪色　当好“税务兵”　陈建国

太仓地税五分局陈建国从军官到税官，以韧性、灵性和刚性直面挑战，退伍不褪色，当好“税务兵”。当兵13年后的他以正营职身份转业，面对新工作、新环境，从刚开始的生涩难懂到慢慢“找到了感觉”，最后变成“行家里手”。2014年，他被查出患有甲状腺癌，仅休息了3个月又重返岗位。从事税务工作12年来，他没为亲戚说过一次情，没为好友谋过一厘利，没收过他人一分钱。他多次获得“优秀公务员”“先进工作者”及苏州地税系统“规范执法示范岗”“百名岗位能手”等荣誉称号。

## 06 奉献一生的“老寿星”　项积昌

项积昌是茜泾社区的“最美老寿星”，他90高龄毅然助学，连续多年资助9名学生；同时，他和老伴邹琼华10年前就填写“志愿捐献遗体申请登记表”，该善举受到人们的景仰。2015年3月15日16时许，太仓“最美老寿星”项积昌走了。享年96岁的项积昌老人是太仓市年龄最大的遗体捐献志愿者，也是全市第15位实现遗体捐献的志愿者。

## 07 “90后”好孙女　谨记养育恩　闻婧婧

2013年下半年，闻婧婧的奶奶被检查出患有脑萎缩。为防止奶奶在夜间出意外，闻婧婧与父母一起轮流陪夜。作为一名“90后”，她放弃在常人都认为该享受的时光，每天下班后陪奶奶散步，休息时带着奶奶出去散心、检查等。另外，因家中还有一位90多岁的太爷爷，所以在父母工作时，闻婧婧就肩负起照顾奶奶及太爷爷饮食起居责任。有人说，老人都隔代了，该玩就玩……而她说：“小的时候，家中老人把我们一手带大，我们长大了应该多陪伴他们，最幸福的莫过于和家人一起。”闻婧婧用她的行动践行着她的理念。

## 08 生命因你而感动 徐玉立

徐玉立，2013年至太仓市城管局物业管理指导中心就职。身为单位团支部书记的他多次积极响应单位义务献血的号召，同时填写申请自愿成为中华骨髓库志愿者。2016年8月，他与一名7岁的白血病患儿初步配型成功，红十字会询问是否愿意捐献时，他毫不犹豫地同意。9月顺利通过高配，因检查结果完全匹配再次坚定了捐献救人的信念。在父母、妻子的大力支持下，徐玉立成为太仓市城管系统第1例、太仓市第9例配对成功的骨髓捐献者。

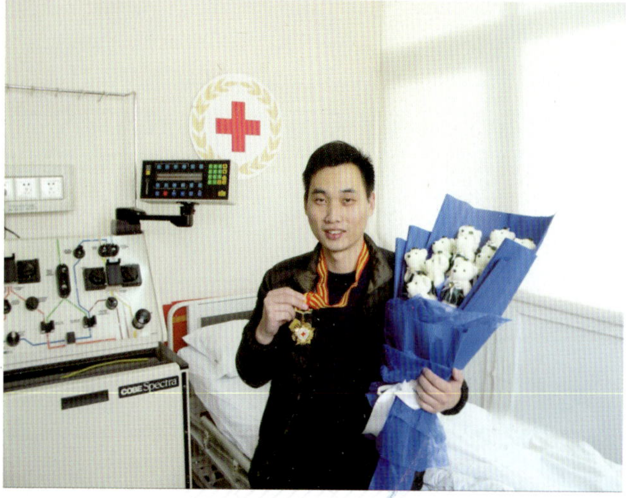

## 09 把大爱挥洒雪域高原 韩松 宋秋瑾

市第一人民医院韩松和市中医医院宋秋瑾圆满完成一年医疗援藏任务，带着爱心和医技在艰苦环境中默默奉献，克服种种困难，把医术传给当地医生，和藏民结下深厚情谊，完成外科和妇产科手术150多台，抢救危重病人20余例。两人共同获评拉萨市优秀援藏干部，宋秋瑾当选为中国共产党拉萨市第九次代表大会党代表。

## 10 退休书记献余力 桑榆不老霞满天 曹钦瑞

曹钦瑞是双凤镇庆丰村的一名老党员，从镇纪委书记岗位退下来后，回到庆丰村继续服务村民，奉献余热。他组建“五老队伍”，创办庆丰村“五老一小”活动室，17年来每月开展“五老一小”活动，从未间断。他坚持紧抓校外教育不放松，联合各种资源创办暑期校外教育活动，让每一个孩子都能合理地利用暑假时间接受教育。他自退休以来一直从事关心下一代工作，坚持做到不放弃任何一个问题青少年。与个别有不良行为的问题青少年单独谈心，帮助犯错青少年走向新生，更好地预防和减少青少年违法犯罪。

## 十佳新事

### 01 “七大行动”助推全市家庭文明建设

家庭是社会的基本细胞，是人生的第一所学校，是促进社会文明进步的重要阵地。2016年以来，市文明办、市妇联通过推进“文明家庭创建行动、家庭美德传播行动、家庭文化倡扬行动、家风家训展示行动、家庭教育实践行动、家教知识普及行动、优秀家庭评星行动”等七大行动，弘扬家庭美德、推进家庭教育、传承家风家训，提高群众参与率和活动覆盖面，以家庭文明建设的成效，促进全社会文明程度的提高，让社会主义核心价值观在全市千千万万个家庭扎根。

### 02 乡贤参与社会治理引领和谐村风

城厢镇通过授牌“乡贤议事厅”、聘用“老娘舅”志愿者为乡贤代表等举措，为乡贤的组织化发展提供平台和载体，引导乡贤成为扎根于城厢乡土文化的重要力量。以“乡贤议事厅”为载体，将村居优秀基层干部、经济文化能人、退休干部职工及道德模范纳入乡贤体系，扩大乡贤队伍覆盖面。通过制订《关于乡贤参与城乡社区治理的实施方案》，建立一整套保障、激励和评价机制，将乡贤的好经验“固化”，探索乡贤文化、新村风、社会治理三者关系，注重选树典型，进一步弘扬和践行社会主义核心价值观。

## 03 七彩暑托班嗨翻天

2015年，太仓团市委在全市办起爱心暑托班，并由太仓市启航青少年事务服务中心具体实施。2016年，爱心暑托班在太仓市区设立2个服务点，为期1个月，整合“青少年之家”“校外辅导站”等资源，开设课程包括自护教育、财商教育、绿色环保、外出体验等内容。此外，启航中心还在全市10个社区（村）开设课程50余节，覆盖中小学生500多人。暑托班课程内容将从最为基本的学生暑期托管与作业辅导，拓展到学生综合素养发展，培养孩子的亲和力、创新力、领导力、学习力等核心素养。

## 04 肿瘤患者俱乐部——让我们以“爱”的名义前行

针对癌症患者面对突如其来的疾病，出现焦虑、抑郁、恐惧、怀疑甚至沮丧失落等不同程度的心理障碍等问题，太仓市医学会组织专业志愿者，开展“关爱肿瘤患者行动”，为康复期肿瘤患者搭建沟通交流平台，营造温暖的心灵港湾。志愿者们对患者进行心理问题评估和分析后，通过有计划的健康教育专题讲座、专家心理辅导、同伴“话疗”、结对帮扶、特殊生日会等活动，帮助他们客观认识癌症、科学合理地诊治癌症、积极乐观对待癌症，引导他们客观了解自己、更加爱惜自己，不断提高生活质量。

## 05 用“善之行”谱写“爱无疆”的篇章

“善之行”四季慈善公益活动是市民政局、市慈善总会（基金会）2016年全新打造的慈善公益项目，每季度举办一次。项目实现募集方式的突破，通过慈善基金会微信平台进行推送，网上募集与线下募集相结合；实现参与方式的突破，邀请部分捐款的爱心人士做为志愿者参与活动，把自己的爱心捐到受助对象手中；实现透明方式的突破，在微信平台捐赠者可以对自己的捐赠情况一目了然，也可以随时了解项目的进展与活动情况。年内，项目成功举办活动4次，为近800名困难群体送去温暖。

## 06 沈老师课堂——给老人端上的心灵鸡汤

走进高新区太胜社区活动室，一位老人正在慷慨激昂地讲述着，下面坐着的老人们听得津津有味，这就是社区有名的“沈老师课堂”。太胜社区作为村改社区，辖区老年人文化程度偏低，很多老年人听不懂普通话，获取资讯存在一定困难。社区志愿者服务站开展针对性服务，于2014年设立“沈老师课堂”，由退休教师沈中兴主讲，全程用方言授课，内容涵盖卫生、健康、心理、时事等，至2016年年底，“沈老师课堂”开课30多次，成为社区老年居民充实晚年生活的心灵鸡汤。

## 07 周末文化大舞台——挖掘草根明星的摇篮

为展现沙溪镇文化艺术魅力与风采，丰富群众文化和生活，2016年，沙溪镇各协会主办沙溪镇周末文化大舞台系列活动，促进群众文化活动蓬勃发展，以此传播文明风尚、展现百姓风采。周末文化大舞台品牌的形成，使群众积极参与到全镇举办的各项群众性文化活动中，群众文化生活不断丰富，生活质量得到提高。周末文化大舞台传播文明风尚，弘扬文明精神，推进社会主义核心价值体系建设，寓文明礼仪于群众喜闻乐见的文艺中，更容易让大家接纳其中所蕴含的文明价值。

## 08 健雄紫薇树支教团 爱无界限心相连

2016年7月23日，苏州健雄职业技术学院紫薇树支教团队3位带队老师与19位来自不同系部的学生到湖北省宜昌市大堰乡开展为期3周的爱心支教活动。该活动开设支教点2个，共招募学生100多人，并开设普通话、手工课等课程10门，除课内课程，还进行一对一教学辅导，得到当地团委的支持与家长的热烈反响。支教期间，组织开展趣味运动会，深受孩子们喜爱。支教活动后期，队员们每天徒步七八公里山路进行家访，共计家访56家，为总结反馈工作奠定基础。

## 09 老骥追梦 合力圆梦

“老骥追梦”由璜泾镇“五老”队伍中的优秀骨干组成，是一支有组织、有项目、有活动、有成效、有影响的志愿者团队。“老骥追梦”总人数21人，其中退休教师18人、退休干部3人，平均年龄72周岁，成为璜泾镇乃至苏州地区关心下一代工作中的亮点。品良工作站获苏州市关工委命名，以成员褚惠清为团长的主题教育宣讲团撰写《中华美德经典故事》《践行修德八礼篇》在全市推广，团队年组织开展各类活动300次以上，参与人数近万人次。

## 10 8年爱心接力护航孤儿姐妹成长

2010年，当时3岁的唐伊敏、5岁的唐莹姐妹俩和父母幸福地生活在一起。那一年姐妹俩的父母因为意外事故先后离开人世，姐妹俩和爷爷奶奶一起生活，但两位老人年事已高，仅靠爷爷四处打零工补贴生活。这一情况牵动着浏河派出所全体民警的心。此后，浏河交警中队也参与其中，与浏河派出所共同捐助帮扶。从2010年至2016年，两家单位累计为姐妹俩捐款2万余元，大大减轻唐家的经济负担。通过所里民警口口相传，关爱姐妹俩成为浏河派出所不成文的“规定”，“爱心接力”一直延续下去，为她们撑起一片温暖的天空。

1月28日，意大利马切拉塔市与太仓市签署建立友好交流城市关系意向书
（戴周华　摄）

4月15—16日，由德国、瑞士、丹麦、瑞典、荷兰等国家友好城市政府国际事务负责人组成的江苏“欧洲友城联盟”项目代表团访问太仓。图为代表团成员与太仓五洋丝竹乐团合影留念
（市外事办供稿）

7月11日，德国社民党副主席兼黑森州主席托斯腾·舍费尔·君贝尔（前右二）率代表团访问太仓
（戴周华　摄）

8月26日，德国基民盟青年政治家代表团到太仓访问
（市外事办供稿）

9月2日，摩尔多瓦民主党干部考察团访问太仓
（戴周华　摄）

9月7—11日，太仓市举办第11届啤酒节，活动包括啤酒节开幕式、博格华纳之夜、欧商投资企业协会之夜和舍弗勒之夜，共6000多人次参加活动
（计海新　摄）

9月7日，“莱茵河吹来清新的风”——德国弗赖堡大教堂少女合唱团专场演出在太仓市文化馆举行

（市外事办供稿）

10月24—25日，2016年德国商协会和企业太仓行暨中德（太仓）中小企业交流会在太仓举行。图为德国客人在苏州健雄职业技术学院中德培训中心参观

（戴周华　摄）

10月26—27日，太仓在德国巴符州斯图加特举办第九届“太仓日”活动。图为太仓在巴符州“全球链接”展示中设立展台，推介太仓

（新区供稿）

11月12日，首届太仓“中德友谊杯”乒乓球邀请赛在市体育馆开赛

（新区供稿）

11月18日，德国巴符州拉尔市市长沃夫冈·穆勒（左）率团访问太仓，太仓市委副书记、代市长王建国（右）会见代表团一行并向沃夫冈·穆勒赠送礼物

（戴周华　摄）

11月21日，市委副书记、代市长王建国（右一）会见到太仓访问的日本下关市市长中尾友昭（左一）

（戴周华　摄）

# 要　目


封面故事……………………（01）

年度便览……………………（02）

视觉太仓……………………（04）

特别报道……………………（1）

大事纪要……………………（17）

城市概况……………………（21）

人居环境……………………（40）

太 仓 港……………………（65）

中德中小企业合作示范区……（90）

区域经济……………………（99）

公共服务……………………（150）

社会管理……………………（189）

地方组织机构………………（254）

城镇街道……………………（294）

附　　录……………………（324）

索　　引……………………（397）

# 目　　录
# Contents

## 封面故事
## Cover Story


太仓港……………………………………………………（1）
Taicang Port


## 年度便览
## Handbook of Annual


数说太仓• 2016……………………………………………（2）
Data of Taicang • 2016
年度重要荣誉………………………………………………（3）
Annual Significant Honors


## 视觉太仓
## Visual of Taicang


年度掠影……………………………………………………（4）
Annual Glimpses of Taicang
“两学一做”学习教育……………………………………（18）
Studies on Theoretical and Practical
Issues of Party Building
现代田园城•美丽金太仓 ……………………………（24）
Modern Garden City • Beautiful Golden Taicang
十大新闻……………………………………………………（40）
Top Ten News
新人新事……………………………………………………（44）
New Persons and New Events
友好交流……………………………………………………（52）
Friendly Communication


## 特别报道
## Special Reports


媒体眼中的太仓
Taicang in the Eyes of Media
中德合作再升级：“太仓样本”的启示…………（1）
Further promotion of Sino-German cooperation:
inspiration from “Taicang Sample”
德国青年为何在中国小城扎堆创业………………（3）
Why do many German youth start their businesses
in Taicang, China
现代农业如何迎风起飞
——江苏太仓建设现代农业之路的探索………（4）
How does modern agriculture develop
further --- An exploration of constructing
modern agriculture in Taicang, Jiangsu
在“十三五”规划中将主要发展战略“融入上海”
替代此前“接轨上海”谋求深度互动
太仓率先一步…………………………………（5）
Taicang has developed in advance to seek deep
interaction with Shanghai with the main development
strategy of “Integrated into Shanghai” in the “13th
Five-Year Plan”, and replace the strategy of
“Connecting with Shanghai”
太仓立足“以港强市、融入上海、对德合作”
做好长三角区域合作大文章……………………（6）
Based on the three strategies of “Develop the city
with ports, integrate into Shanghai and cooperate with
Germany”, Taicang does a good job on the cooperation
in Yangtze River Delta region.
巩固深化对德合作成果
聚势谋远做优三篇“文章” ……………………（6）
Consolidate and deepen the fruits of Sino-German
cooperation，Gather strengths and make a further
plan to fully practice the three strategies
表1　2016年媒体报道题录一览表 ………………（8）
融入上海
Integrate into Shanghai
概况……………………………………………………（15）
产业对接………………………………………………（15）
交通规划对接…………………………………………（15）
环境治理合作…………………………………………（16）
医疗卫生事业合作……………………………………（16）
产学研合作深化………………………………………（16）

文化交流宣传……………………………… (16)

# 大事纪要
# Summary of Major Events

大事纪要……………………………… (17)
Summary of Major Events

# 城市概况
# Overview of the City

自然地理
Physical Geography
地理位置……………………………… (21)
地形地貌……………………………… (21)
水运口岸……………………………… (21)
气候……………………………… (21)
自然资源
Natural Resources
土地资源……………………………… (22)
水资源……………………………… (22)
森林湿地资源……………………………… (22)
动植物资源……………………………… (22)
历史沿革
Historic Evolution
建置沿革……………………………… (22)
传统文化
Traditional Cultures
娄东文化……………………………… (22)
文化遗产……………………………… (23)
文化名人……………………………… (23)
行政区划
Administrative Division
概况……………………………… (23)
乡镇、村居变更情况……………………………… (23)
人口方言
Population and Dialect
人口……………………………… (24)
方言……………………………… (24)
民族宗教
Ethnic Religion
民族……………………………… (25)
宗教……………………………… (25)
名胜古迹
Place of Interest
南园……………………………… (25)
弇山园……………………………… (25)
沙溪古镇……………………………… (25)
浏河古镇……………………………… (25)
张溥故居……………………………… (25)
王锡爵故居……………………………… (26)
元代古桥……………………………… (26)
西庐园……………………………… (26)
天妃宫……………………………… (26)
阅兵台……………………………… (26)
郑和公园……………………………… (26)
维新遗址……………………………… (26)
三市古村落……………………………… (26)
风俗习惯
Customs and Habits
春节……………………………… (26)
清明节……………………………… (27)
端午节……………………………… (27)
中秋节……………………………… (27)
重阳节……………………………… (27)
其他传统习俗……………………………… (27)
婚嫁……………………………… (27)
丧葬……………………………… (27)
寿庆……………………………… (27)
其他喜庆习俗……………………………… (27)
太仓特产
Special Local Products of Taicang
太仓肉松……………………………… (27)
太仓糟油……………………………… (27)
长江四鲜……………………………… (27)
中华绒螯蟹……………………………… (28)
太仓梅山猪……………………………… (28)
双凤爊鸡……………………………… (28)
双凤羊肉……………………………… (28)
双凤肥羊面……………………………… (28)
太仓白蒜……………………………… (28)
新毛芋艿……………………………… (28)
珍蔬紫萵叶……………………………… (28)
板桥西瓜……………………………… (28)
太仓毛板青蚕豆……………………………… (28)
太仓牛踏扁毛豆……………………………… (28)
太仓大米……………………………… (28)
太仓山药糕……………………………… (28)
太仓长江蟹……………………………… (29)
新湖番茄……………………………… (29)
麦秸画……………………………… (29)
组织机构及负责人名录
List of organizations and responsible persons
市四套班子……………………………… (29)
市纪委、市人武部、法院、检察院……………………………… (29)
市委各部门……………………………… (30)
市人大各部门……………………………… (30)
市政府各部门……………………………… (31)
市政协各部门……………………………… (33)
人民团体……………………………… (34)

太仓港经济技术开发区…………………………………(34)
港区及下属部门…………………………………………(34)
新区及下属部门…………………………………………(35)
娄东街道…………………………………………………(35)
市科教新城………………………………………………(35)
太仓长江口旅游度假区…………………………………(36)
太仓大学科技园…………………………………………(36)
太仓市现代农业园区……………………………………(36)
太仓港口及下属部门……………………………………(36)
条线部门…………………………………………………(36)
各镇………………………………………………………(38)

## 人居环境
## Inhabitation Environment

**城乡规划**
**Urban and Rural Planning**
城市规划定位……………………………………………(40)
城市总体规划……………………………………………(40)
区域规划…………………………………………………(40)
专项规划…………………………………………………(40)
乡村规划…………………………………………………(41)
**城镇布局**
**Layouts of City and Towns**
主城建设…………………………………………………(41)
港城建设…………………………………………………(41)
新型小城市建设…………………………………………(41)
**公共建设**
**Public Constructions**
**道路**
**Roads**
概况………………………………………………………(41)
杨林塘航道整治及吴塘河配套工程……………………(41)
快速路网建设……………………………………………(42)
农村公路发展……………………………………………(42)
公路亮化工程……………………………………………(42)
**交通**
**Traffic**
概况………………………………………………………(42)
公交发展…………………………………………………(42)
新能源公交车……………………………………………(43)
运输市场监管……………………………………………(43)
交通行业管理……………………………………………(43)
交通信息管理……………………………………………(43)
交通应急保障……………………………………………(43)
**供水**
**Water Supply**
概况………………………………………………………(43)
**供电**
**Power Supply**
概况………………………………………………………(44)
安全生产…………………………………………………(44)
电网建设…………………………………………………(44)
供电服务…………………………………………………(44)
**燃气**
**Gas**
概况………………………………………………………(44)
**垃圾处理**
**Refuse Disposal**
概况………………………………………………………(45)
表2 2016年太仓市区城市清洁卫生
情况表 ……………………………………………(45)
**污水处理**
**Sewage Disposal**
概况………………………………………………………(45)
农村生活污水治理三年（2015—2017年）
行动计划……………………………………………(45)
城区排水达标区建设……………………………………(45)
供排水行业管理…………………………………………(45)
城镇黑臭水体治理………………………………………(46)
**水利设施**
**Water Conservancy Facilities**
概况………………………………………………………(46)
长江防洪工程管理………………………………………(46)
圩区管理…………………………………………………(46)
老城区及西城区防洪排涝工程建设完成………………(46)
**网络信息**
**Network information**
**信息化工作**
**Information Works**
概况………………………………………………………(46)
企业“两化融合” ………………………………………(46)
信息化资源整合利用……………………………………(47)
城市管理信息化建设……………………………………(47)
社会公共服务信息化建设………………………………(47)
表3 2016年太仓市信息基础设施调查表 ……………(47)
太仓市智慧城市运营中心（IOC）建设 ………………(48)
**电信**
**Telecommunications**
概况………………………………………………………(48)

“城市光网”建设…… (48)
智慧城市建设…… (48)
智慧校园建设…… (48)
通信保障工作…… (48)
**有线传输**
Wire Transmission
概况…… (48)
广播电视安全播出…… (49)
有线网络建设…… (49)
广电监控业务…… (49)
有线智慧社区…… (49)
**联合通信**
United Communications
概况…… (50)
“企企通”工程…… (50)
**移动通信**
Mobile Communications
概况…… (50)
生态环境
Ecological Environment
**环境质量**
Environmental Quality
水环境…… (50)
环境空气…… (50)
声环境…… (50)
表4 2016年太仓市省级考核地表水断面年均值统计表 …… (51)
表5 2016年太仓市各村水环境质量统计表（4月） …… (52)
表6 2016年太仓市各村水环境质量统计表（8月） …… (54)
表7 2016年太仓市环境空气各级别天数统计表 …… (56)
工业污染源…… (56)
**土地资源**
Land Resources
概况…… (56)
项目发展用地…… (56)
耕地资源保护…… (57)
土地利用总体规划调整完善…… (57)
节约集约用地…… (57)
土地招标拍卖挂牌出让…… (57)
不动产统一登记…… (57)
地籍管理与地籍测绘…… (57)
表8 2016年太仓市国有建设用地使用权公开出让分类情况表 …… (57)
表9 2016年太仓市经营性用地公开出让分类情况表 …… (58)
土地变更调查与遥感监测…… (58)
土地资源执法监察…… (58)
土地储备管理…… (58)
民生服务项目用地供应…… (58)
国土资源基础工作…… (59)
**水资源**
Water Resources
河湖概况…… (59)
水资源管理…… (59)
防汛工作…… (59)
河道管护加强…… (59)
节水型社会建设…… (59)
水生态文明城市建设…… (59)
**生态保护**
Ecological Protection
概况…… (59)
污染防治…… (60)
表10 2016年太仓市生态文明建设重点工程情况表…… (60)
环保监管…… (61)
环保宣传…… (61)
**城镇绿化**
Greening in City and Towns
概况…… (62)
**生态修复**
Ecological Restoration
概况…… (62)
**节能减排**
Energy Saving and Emission Reduction
概况…… (62)
节能监督与预警…… (62)
节能项目培育实施…… (62)
**公共机构节能**
Energy Saving by Public Institutions
概况…… (62)
**循环经济**
Recycling Economy
概况…… (62)
循环经济专项资金奖励…… (63)
落后产能淘汰…… (63)
城市管理
Urban Management
概况…… (63)
城乡市容治理…… (63)
城市综合管理…… (63)
城市管理工程项目建设…… (64)
城市管理行政执法加强…… (64)
数字城管…… (64)

公共自行车管理…… (64)

# 太仓港
# Taicang Port

## 港口综述
## Summary of the Port

概况…… (65)
港口码头及配套设施…… (65)
港口航线航班…… (65)
口岸环境优化…… (65)
安全环保水平提升…… (66)
太仓港对外开放20周年…… (66)
表11 2016年太仓港码头生产性泊位一览表…… (67)
表12 太仓港航线、航班一览表…… (70)

## 港区建设
## Port Construction

概况…… (71)
港区规划…… (71)
港区招商引资…… (71)
港区科技创新…… (71)
港区产业发展…… (71)
港区社会治理…… (71)
港区特色企业…… (72)
表13 2016年港区世界500强企业基本情况表…… (72)
表14 2016年港区美资企业基本情况表…… (73)
表15 2016年港区中央企业基本情况表…… (74)

## 新区建设
## New Zoon Construction

概况…… (75)
新区项目建设…… (75)
新区产业发展…… (75)
新区科技创新…… (76)
新区城乡建设…… (76)
新区社会贡献…… (76)
表16 2016年新区新增省级高新技术企业名录…… (76)
新区企业选介…… (77)
表17 2016年新区规模企业（不含德企）名录…… (78)

## 海 关
## Customs

概况…… (85)
通关业务改革…… (85)
海关支持区域经济发展…… (85)
海关支持载体建设…… (85)
走私稽查…… (85)

## 检验检疫
## Inspection and Quarantine

概况…… (85)
检验检疫服务…… (86)
检验检疫装备…… (86)
图1 2016年太仓检验检疫出入境货物品种组成图（批次）…… (86)
图2 2016年太仓检验检疫出入境货物品种组成图（金额）…… (87)
图3 2002—2016年太仓地区经检验检疫的出入境集装箱量统计图…… (87)
图4 2002—2016年太仓地区经检验检疫的出入境货物量统计图…… (87)
检验检疫窗口建设…… (88)
检验检疫口岸建设…… (88)

## 长江引航
## The Yangtze River Pilot

概况…… (88)

## 海 事
## Maritime Affairs

概况…… (88)
海事安全监管…… (88)
海事口岸服务…… (89)
水上搜救…… (89)
水域环保…… (89)
图5 2006—2016年太仓港国内航行船舶进出港统计图…… (89)
图6 2006—2016年太仓港国际航行船舶进出港统计图…… (89)

# 中德中小企业合作示范区
# Demonstration Area of Sino-Germany Middle and Small-sized Enterprises

## 综述
## Summary

概况…… (90)
太仓德国中心开业…… (90)
中德合作方略…… (90)

## 示范区建设
## Demonstration Area Construction

中德合作平台…… (91)
德企发展…… (91)
表18 2016年太仓市新批德资企业项目明细表…… (91)

表19　2016年太仓市增资德资企业项目明细表…………（92）

**职教合作**

**Vocational and Education Cooperation**

“双元制”教育…………（94）
苏州多特蒙德应用技术大学…………（94）
太仓中德友好幼儿园…………（94）

**经济文化交流**

**Economic and Cultural Communion**

概况…………（94）
第9届德国“太仓日”…………（94）
第11届太仓啤酒节…………（95）
太仓“中德友谊杯”乒乓球邀请赛…………（95）

**特色产业**

**Characteristic Industry**

精密机械…………（95）
汽车配件…………（95）
表20　2016年太仓市规模德企名录…………（96）

# 区域经济
# Regional Economy

**工业经济运行**

**Industrial Economy Operation**

概况…………（99）
表21　2016年太仓市各区镇工业总产值情况表…………（99）
表22　2016年太仓市各区镇规模以上工业总产值情况表…………（99）
表23　2016年太仓市工业主要行业情况表…………（100）
表24　2016年太仓市重点工业企业主要经济指标表…………（100）

**制造业**

**Manufacture**

**产业情况**

**Industry Situation**

概况…………（102）
装备制造产业…………（102）
新材料产业…………（102）
生物技术和新医药产业…………（102）
纺织化纤服装产业…………（103）
电力造纸产业…………（103）
电子信息产业…………（103）

**高新技术产业**

**High and New Technology Industry**

概况…………（103）
表25　2016年太仓市新增各类科技企业一览表…………（103）

**工业园区**

**Industrial Park**

太仓市生物医药产业园…………（105）
太仓大学科技园…………（105）
太仓市科技产业园…………（105）
太仓市岳王科技创新产业园…………（105）
太仓市沙溪镇新材料产业园…………（106）
苏州机电（浏河）优质产品生产示范区…………（106）
璜泾镇纤维新材料产业园…………（106）

**服务业**

**Service Industry**

**综述**

**Summary**

概况…………（107）
现代物流…………（107）
消费市场…………（107）
服务外包…………（107）
旅游开发…………（107）
资本市场…………（107）
房地产市场价格走势…………（108）

**商贸发展**

**Commerce and Trade Development**

概况…………（108）
2016年太仓跨境电子商务产业生态大会…………（108）
江海河三鲜美食节弘扬太仓美食文化…………（108）

**物流**

**Logistics**

概况…………（108）
物流企业…………（108）
港口物流…………（109）
物流载体…………（109）
国内首家甲醇现货交易综合服务平台上线…………（109）
物流公共服务平台…………（109）
表26　2016年太仓市营业收入超5000万元物流企业名单…………（109）
表27　2016年太仓市AAA级及以上物流企业名单…………（110）

**旅游**

**Tourism**

概况…………（110）
旅游规划编制…………（110）
旅游项目培育…………（110）
表28　2016年太仓市主要旅游节庆活动…………（110）
旅游节庆活动…………（111）
“太仓美”旅游摄影大赛…………（111）
太仓旅游推介…………（111）
表29　“太仓假日”签约工厂店一览表…………（111）

太仓旅游融入上海……………………………… (112)
“旅游+”发展模式 ………………………… (112)
旅游行业监管………………………………… (112)
文明旅游宣传………………………………… (113)
旅游安全工作………………………………… (113)
表30 太仓市主要旅游景点一览表 ……… (113)
表31 太仓市主要旅游饭店一览表 ……… (114)
表32 太仓市主要旅行社一览表 ………… (115)

**金融**

**Finance**

银行

Bank

概况…………………………………………… (115)
银行机构……………………………………… (115)
表33 2016年太仓市银行业金融机构网点、人员情况表…………………………… (115)
中国人民银行太仓市支行…………………… (116)
国库支付业务………………………………… (116)
农村金融改革………………………………… (117)
社保基金招标管理…………………………… (117)
人民币满意工程建设………………………… (117)
征信管理……………………………………… (117)
外汇管理……………………………………… (117)
表34 2016年太仓市金融机构本外币信贷收支表…………………………… (117)
苏州银监分局太仓监管办事处……………… (118)
表35 2016年太仓市银行业金融机构不良贷款分类情况表…………………… (118)
中国农业发展银行太仓市支行……………… (118)
中国工商银行股份有限公司太仓支行……… (118)
中国工商银行股份有限公司太仓支行金融服务………………………………… (119)
中国农业银行股份有限公司太仓分行……… (119)
中国农业银行股份有限公司太仓分行金融服务………………………………… (119)
中国银行股份有限公司太仓分行…………… (120)
中国银行股份有限公司太仓分行金融服务………………………………… (120)
中国建设银行股份有限公司太仓分行……… (120)
交通银行股份有限公司太仓分行…………… (120)
中国邮政储蓄银行股份有限公司太仓市支行………………………………… (121)
中国邮政储蓄银行股份有限公司太仓市支行金融服务……………………… (121)
中国光大银行股份有限公司太仓支行……… (121)
招商银行股份有限公司太仓支行…………… (121)
中信银行股份有限公司太仓支行…………… (121)
华夏银行股份有限公司太仓支行…………… (121)
恒丰银行股份有限公司太仓支行…………… (121)
兴业银行股份有限公司太仓支行…………… (121)
中国民生银行股份有限公司太仓支行……… (122)
江苏银行股份有限公司太仓支行…………… (122)
苏州银行股份有限公司太仓支行…………… (122)
太仓农村商业银行…………………………… (122)
太仓农村商业银行金融服务………………… (122)
太仓农村商业银行风险防范………………… (122)
太仓民生村镇银行…………………………… (122)

证券

Securities

概况…………………………………………… (123)
东吴证券股份有限公司太仓分公司………… (123)

保险

Insurance

概况…………………………………………… (123)
表36 2016年太仓市保险机构一览表…………………………………… (123)
中国人民财产保险股份有限公司太仓中心支公司………………………………… (123)
中国人寿保险股份有限公司太仓支公司……………………………………… (124)
中国太平洋财产保险股份有限公司太仓支公司……………………………………… (125)
中国太平洋人寿保险股份有限公司太仓支公司……………………………………… (125)
中国平安财产保险股份有限公司太仓支公司……………………………………… (125)

**房地产**

Real Estate

概况…………………………………………… (125)
太仓市建筑行业协会………………………… (125)
太仓市房地产业协会………………………… (125)

**邮政**

Postal Service

概况…………………………………………… (125)
特种邮品制作发行…………………………… (126)
邮政服务社会………………………………… (126)
邮政网运投递作业优化……………………… (127)

**供销合作**

Supply and Sales Cooperation

农药集中配送体系建设……………………… (127)
农技培训……………………………………… (127)
为农服务社、综合服务社建设……………… (127)
再生资源回收体系建设……………………… (127)
基层供销组织建设…………………………… (127)

**粮油购销**

Grain and Oil Purchase and Sale

概况…………………………………………… (127)
国家粮安工程建设…………………………… (128)

粮食流通体制改革发展…………………………（128）
食盐专营
Salt Monopoly
概况……………………………………………（129）
食盐安全监管…………………………………（129）
烟草专卖
Tobacco Monopoly
概况……………………………………………（130）
烟草专卖管理…………………………………（130）
烟草营销网建…………………………………（130）
都市农业
Urban Agriculture
综述
Summary
概况……………………………………………（130）
农业主导产业丰产丰收………………………（130）
农业基础设施建设……………………………（130）
地产农产品安全供给…………………………（131）
农业科技创新…………………………………（131）
新型农业经营主体壮大………………………（131）
为农服务水平提升……………………………（131）
农村改革
Rural Reform
概况……………………………………………（131）
农村产权制度改革……………………………（131）
农业经营体制机制创新………………………（132）
富民强村空间拓展……………………………（132）
城乡发展一体化水平提升……………………（133）
农村调查研究…………………………………（133）
种植业
Plantation
概况……………………………………………（133）
表37 2016年太仓市种植业主要指标………（133）
国家重大农技推广服务试点项目启动………（133）
高标准农田建成全国样板……………………（133）
“太空棉”种子返回太仓……………………（134）
农业保险新险种………………………………（134）
首届农业委培生就业双选会…………………（134）
水稻一次性机械化除草技术探索……………（134）
国家首批农业面源污染综合治理试点………（134）
“太仓大米”品牌推广………………………（134）
水稻穗发芽调查………………………………（134）
首期耕地轮作休耕……………………………（134）
畜牧水产业
Animal Husbandry and Aquaculture
概况……………………………………………（134）
畜禽养殖整治“百日行动”完成……………（134）
表38 2016年太仓市畜牧业主要指标………（135）
全市养殖信息化“一张图”系统建成………（135）
林果园艺业
Forests, Fruits and Gardening
概况……………………………………………（135）
“绿盾2016”行动……………………………（135）
首届“果王梨”评比…………………………（135）
生物天敌防控林业有害生物…………………（135）
野生鸟类救助…………………………………（135）
休闲观光农业
Leisure Agriculture
概况……………………………………………（135）
太仓特色农业休闲旅游线路推介……………（135）
农业机械化
Agricultural Mechanization
概况……………………………………………（136）
“两个中心”建设基本完成…………………（136）
农机社会化服务新模式………………………（136）
科技入户新机具现场演示观摩会……………（136）
稻麦全程机械化生产技术规范制订…………（136）
农田水利
Irrigation and Water Conservancy
概况……………………………………………（136）
农田水利设施产权制度改革完成……………（136）
现代农业园区
Modern Agricultural Park
概况……………………………………………（136）
新湖现代农业产业园获评苏州市级
现代农业园区…………………………………（137）
科技创新
Scientific and Technical Innovation
综述
Summary
概况……………………………………………（137）
科技项目
Science and Technology Project
概况……………………………………………（138）
表39 2016年太仓市重点科技项目
立项一览表……………………………………（138）
创新载体
Innovative Platform
概况……………………………………………（139）
表40 2016年太仓市新增各类科技
创新载体一览表………………………………（140）
表41 2016年太仓市新增苏州市级以上
各类研发机构一览表…………………………（140）
科技人才
Scientific and Technological Talents
概况……………………………………………（141）
表42 2016年太仓市新增苏州市级以上
高层次人才一览表……………………………（141）

气象科技
Meteorological Science and Technology
概况…… (143)
气象现代化设施建设…… (143)
气象防灾减灾…… (143)
公共气象服务…… (143)
对外及对港澳台经贸
The economic and the trade with China's Hong Kong, Macao,Taiwan and foreign countries
综述
Summary
概况…… (143)
2016年太仓金秋经贸月系列活动…… (144)
出证、认证实务暨国际经贸风险防控培训…… (144)
境外投资快速发展…… (144)
服务外包
Service Outsourcing
概况…… (144)
表43 2016年太仓市离岸服务外包收入前10家企业…… (144)
对外及对港澳台贸易
The trade with China's Hong Kong, Macao, Taiwan and foreign countries
概况…… (145)
表44 2016年太仓市主要出口商品表…… (145)
表45 2016年太仓市主要进口商品表…… (145)
表46 2016年太仓市对外贸易情况表（按贸易方式分）…… (145)
表47 2016年太仓市对外贸易情况表（按企业性质分）…… (146)
图7 2016年太仓市出口前10家民营企业…… (146)
图8 2016年太仓市出口前10家外资及港澳台资企业…… (146)
图9 2016年太仓市主要贸易伙伴进出口情况图…… (147)
利用外资和港澳台资
Utilizing Foreign Investment and China's Hong Kong, Macao and Taiwan Investments
概况…… (147)
图10 2016年太仓市注册外资及港澳台资主要行业图…… (147)
图11 2016年太仓市注册外资及港澳台资主要国别（地区）分布图…… (148)
对外及对港澳台经济合作
Economic Cooperation for Foreign and China's Hong Kong, Macao and Taiwan
概况…… (148)
表48 2016年太仓市新批、增资对外及对港澳台投资项目明细表…… (148)
表49 2016年太仓市对外及对港澳台投资情况表…… (149)

# 公共服务
# Public Services

政务服务
Government Affairs Services
概况…… (150)
“五证一章合一”商事制度改革…… (150)
工业项目用地联合预审…… (150)
政务大厅功能优化升级…… (150)
苏州市公共资源交易中心太仓分中心成立…… (150)
便民服务…… (151)
公共财政
Public Finance
财政收支
Financial Revenue and Expenditure
概况…… (151)
财政服务民生…… (151)
财政促进经济发展…… (151)
区域债务风险防控…… (151)
现代财政制度建设…… (151)
表50 2016年太仓市财政总收入情况表…… (151)
表51 2016年太仓市财政收入分项目执行情况表…… (153)
表52 2016年太仓市公共财政预算税收收入分地区执行情况表…… (154)
表53 2016年太仓市财政支出预算执行情况表…… (154)
政府采购
Government Procurement
概况…… (156)
批量采购完善…… (156)
政府购买服务…… (156)
国家税务
National Taxes
概况…… (156)
国税依法行政…… (156)
“营改增”扩围…… (156)
“金税三期”试点上线…… (156)
国税纳税服务…… (156)
地方税务
Local Taxes
概况…… (157)
地税征收…… (157)

地税征管改革……………………………………（157）
地税依法治税……………………………………（157）
地税治税强基础…………………………………（158）
审计
Audit
概况…………………………………………………（158）
政策跟踪审计……………………………………（158）
预算执行审计……………………………………（158）
政府投资审计……………………………………（158）
经济责任审计……………………………………（158）
自然资源审计……………………………………（158）
专项资金审计……………………………………（159）
国有企业审计……………………………………（159）
内部审计…………………………………………（159）
审计信息化………………………………………（159）
审计科研…………………………………………（159）
审计整改…………………………………………（159）
劳动就业
Labor Employment
人力资源
Human Resources
概况…………………………………………………（160）
人才库建设………………………………………（160）
就业
Employment
概况…………………………………………………（160）
职业技能提升……………………………………（161）
劳动者权益保护
Labor rights protection
概况…………………………………………………（161）
社会保障
Social Security
社会保险
Social Insurance
概况…………………………………………………（161）
养老保险…………………………………………（161）
医疗、生育保险…………………………………（161）
工伤保险…………………………………………（161）
失业保险…………………………………………（161）
社会救助
Social Assistance
最低生活保障……………………………………（162）
医疗救助…………………………………………（162）
自然灾害救助……………………………………（162）
慈善救助…………………………………………（162）
临时救助…………………………………………（162）
社会福利
Social Welfare
残疾人福利………………………………………（162）
妇女儿童福利……………………………………（162）
老年福利…………………………………………（163）
福利彩票…………………………………………（163）
住房保障
Housing Security
住房公积金管理概况……………………………（163）
住房公积金政策调整……………………………（163）
保障性住房建设…………………………………（164）
城市更新改造……………………………………（164）
农村住房建设……………………………………（164）
养老服务
Pension Service
老年人口…………………………………………（164）
养老服务设施建设………………………………（164）
养老服务…………………………………………（164）
双拥优抚安置
Support the Army and Give Preferential Treatment to Their Families and Support the Government and Cherish the People
双拥工作…………………………………………（164）
优抚保障…………………………………………（164）
退役士兵安置……………………………………（164）
教育
Education
概况…………………………………………………（164）
表54 2016年太仓市教育事业基本概况表……（165）
学前教育…………………………………………（165）
义务教育…………………………………………（165）
普通高中教育……………………………………（165）
特殊教育…………………………………………（166）
职业教育…………………………………………（166）
民办教育…………………………………………（166）
社会教育…………………………………………（166）
心理健康教育……………………………………（166）
师资队伍建设……………………………………（166）
教育合作与交流…………………………………（167）
武术进校园活动…………………………………（167）
校园足球…………………………………………（167）
太仓市第四届“市长杯”青少年科技创新赛暨太仓市第九届中小学科技节…………（167）
江苏省第二届“书香校园建设”小学校长论坛……………………………………（167）
苏州健雄职业技术学院
Suzhou Chien-shiung Institute of Technology
概况…………………………………………………（167）
人才培养…………………………………………（167）
教学改革…………………………………………（167）
校企合作…………………………………………（168）
社会服务…………………………………………（168）
卫生与计划生育
Health and Family Planning
综述
Summary
医疗卫生机构概况………………………………（168）
医疗机构床位数…………………………………（168）

卫生技术人员……………………………… (168)
卫生改革…………………………………… (168)
**公共卫生服务**
**Public Health Service**
基本公共卫生服务项目……………………… (169)
社区卫生与农村卫生………………………… (169)
妇幼保健…………………………………… (169)
精神卫生…………………………………… (169)
卫生监督…………………………………… (170)
家庭医生…………………………………… (170)
**医疗服务**
**Medical Care Service**
医政管理…………………………………… (170)
中医药事业………………………………… (170)
无偿献血…………………………………… (170)
卫生应急…………………………………… (170)
**疾病预防控制**
**Disease Prevention and Control**
概况………………………………………… (170)
免疫预防…………………………………… (171)
艾滋病防治………………………………… (171)
结核病防治………………………………… (171)
肠道传染病防治……………………………… (171)
血地寄防…………………………………… (171)
慢性病防控………………………………… (171)
**健康促进**
**Health Promotion**
国家卫生城镇建设…………………………… (171)
农村改水改厕……………………………… (172)
健康教育与促进……………………………… (172)
**人口计生**
**Population and Family Planning**
"全面两孩"政策…………………………… (172)
计划生育奖励扶助…………………………… (172)
流动人口计划生育服务……………………… (172)
计生特殊家庭帮扶…………………………… (172)
幸福家庭建设……………………………… (172)
**文化**
**Cultures**
**文化设施**
Cultural Facilities
太仓市图书馆……………………………… (172)
太仓博物馆………………………………… (173)
太仓市文化馆……………………………… (173)
宋文治艺术馆（太仓名人馆）……………… (173)
**公共文化服务**
**Public Culture Service**
概况………………………………………… (173)
文化惠民工作持续推进……………………… (174)
太仓市在首届苏州市群众文化
"繁星奖"中获佳绩………………………… (174)
娄水文华——南京博物院藏娄东绘画
回乡特展…………………………………… (174)
"书香城市"建设…………………………… (175)
2016年科教新城（上海）文化创意
企业交流会………………………………… (175)
太仓文化产业成果参展苏州创博会………… (175)
**传播媒体**
**Communications Media**
电视
Television
概况………………………………………… (175)
舆论宣传…………………………………… (175)
节目改版…………………………………… (176)
综艺活动…………………………………… (176)
表55 2016年太仓市广电总台部分
创优获奖作品表…………………………… (176)
媒体融合…………………………………… (177)
广播
Radio
概况………………………………………… (177)
报刊
Newspapers and Periodicals
概况………………………………………… (177)
表56 2016年太仓日报社部分获奖
作品表……………………………………… (177)
报纸改版…………………………………… (178)
新闻宣传…………………………………… (178)
全媒体融合………………………………… (178)
网络媒体
Internet Media
概况………………………………………… (178)
**遗产保护**
**Heritage Protection**
概况………………………………………… (178)
沙溪古镇保护……………………………… (178)
非物质文化遗产保护………………………… (179)
表57 2016年太仓市第六批非物质文化遗产
代表性项目名录…………………………… (179)
表58 2016年太仓市第三批非物质文化遗产
代表性传承人名录………………………… (179)
**编史修志**
**Chronicles Compilation and Modification**
概况………………………………………… (180)
《中共太仓地方史（第三卷）》
（1978—2002）编纂……………………… (180)
乡镇志编纂指导……………………………… (180)
专业志、部门志编纂指导…………………… (180)
《太仓年鉴》编纂质量提升………………… (181)
历代乡镇旧志整理工作启动………………… (181)
太仓史志地情网试运行……………………… (181)
史志宣传教育……………………………… (181)

档案管理
Archive Management
概况…………………………………………（181）
基层档案工作监督指导……………………（182）
民生档案进馆………………………………（182）
特色档案征集………………………………（182）
百姓查档利用………………………………（182）
档案文化建设………………………………（182）
档案安全保护………………………………（182）
档案信息化…………………………………（183）
档案培训教育………………………………（183）
城建档案管理………………………………（183）
体育健身
Physical Fitness
综述
Summary
概况…………………………………………（183）
太仓籍运动员………………………………（183）
社会体育指导员……………………………（183）
体育设施……………………………………（183）
全民健身
Nationwide Fitness
概况…………………………………………（183）
体育文化品牌………………………………（183）
竞技球类运动………………………………（183）
健美健身和户外运动………………………（184）
苏州市第6届残疾人运动会 ………………（184）
全民健身大讲堂……………………………（184）
学校体育
Physical Education in Schools
学生体育运动联赛…………………………（184）
球类运动……………………………………（185）
田径运动和武术……………………………（185）
重大体育赛事
Significant Sport Events
概况…………………………………………（185）
2015—2016年全国钓鱼锦标赛总决赛………（185）
2016年国际田联竞走挑战赛（太仓站）
暨全国竞走大奖赛…………………………（185）
2016年中国青少年乒乓球公开赛暨国际乒联
黄金系列青少年巡回赛（太仓站）………（186）
2016年全国女子排球锦标赛………………（186）
2016年全国桥牌A类俱乐部
联赛（总决赛）……………………………（186）
2016年中国武术套路“王中王”争霸赛……（186）
太仓市第15届全民运动会
Taicang the 15th national games
概况…………………………………………（187）
健美健身和户外运动………………………（187）
乒乓球运动…………………………………（187）
羽毛球运动…………………………………（187）
篮球运动……………………………………（187）
足球运动……………………………………（188）
排球类运动…………………………………（188）
门球运动……………………………………（188）
益智类比赛…………………………………（188）
武术…………………………………………（188）
体育产业
Sports Economy
概况…………………………………………（188）

# 社会管理
# Social Management

经济事务管理
Economic Affairs Management
发展和改革
Development and Reform
概况…………………………………………（189）
固定资产投资………………………………（189）
重点领域改革深化…………………………（189）
多层次资本市场构建………………………（190）
表59　太仓市上市、挂牌企业情况表………（190）
能源电力……………………………………（191）
综合协调……………………………………（191）
实事工程……………………………………（191）
国有资产监督管理
State-owned Property Supervision and Administration
概况…………………………………………（191）
国资监管……………………………………（191）
国资优化整合………………………………（191）
国企发展……………………………………（191）
市场监督管理
Market Supervision and Management
概况…………………………………………（191）
商事制度改革………………………………（191）
市场监管助推企业转型升级………………（192）
“三大战略”实施……………………………（192）
市场监管强化………………………………（192）
特种设备安全监察…………………………（193）
市场监管执法办案力度加大………………（193）
消保维权……………………………………（193）
表60　太仓市获认定的中国驰名商标………（193）
表61　太仓市获认定的江苏省著名商标……（194）
表62　太仓市获评“江苏名牌产品”
企业名单……………………………………（196）
表63　2016年太仓市参与制定（修订）
国家标准、行业标准企业名单………（197）
表64　2016年太仓市私营企业、个体工商户
登记注册统计表……………………………（203）
表65　2016年各镇（区）私营企业、个体

工商户发展情况统计表……………… (204)

**价格**

**Price**

概况…………………………………………… (205)
价格调控……………………………………… (205)
价格监测预警………………………………… (205)
价格改革……………………………………… (205)
价格清费治乱减负…………………………… (205)
教育收费管理………………………………… (205)
价格专项检查………………………………… (205)
平价商店建设………………………………… (206)
价格举报……………………………………… (206)
价格认定……………………………………… (206)

**统计**

**Statistics**

概况…………………………………………… (206)
第三次全国农业普查………………………… (206)
统计调查……………………………………… (206)
统计服务……………………………………… (206)
统计法制宣传………………………………… (207)

社会事务管理

Social Affairs Management

**民政事务**

**Civil Affairs**

婚姻登记……………………………………… (207)
收养登记……………………………………… (207)
殡葬管理……………………………………… (207)
社会工作人才队伍建设……………………… (207)

**信访**

**Letters and Calls**

概况…………………………………………… (208)
信访工作改革………………………………… (208)
信访规范化建设……………………………… (208)
信访突出问题化解…………………………… (208)

**民族宗教事务**

**Ethnic and Religious Affairs**

概况…………………………………………… (209)
市天主教爱国会完成换届…………………… (209)
杨墓庙完成重建……………………………… (209)
民族宗教工作法制化建设…………………… (209)
宗教人才培养………………………………… (209)
宗教团体服务社会…………………………… (209)
宗教活动场所专项财务检查………………… (210)
星级宗教活动场所认定……………………… (210)

群众组织

Mass Organizations

**群众团体**

**Mass Groups**

太仓市总工会

Taicang Federation of Labor

概况…………………………………………… (210)
职工劳动技能………………………………… (210)
职工素质提升………………………………… (210)
职工文化建设………………………………… (210)
和谐劳动关系构建…………………………… (211)
工会帮扶……………………………………… (211)
"智慧工会"建设……………………………… (211)
太仓国际海员俱乐部………………………… (211)

中国共产主义青年团太仓市委员会

The Communist Youth League Committee, Taicang Sub-branch

概况…………………………………………… (211)
表66 2016年太仓市共青团组织情况统计表…………………………………… (212)
青少年教育…………………………………… (212)
青年创新创业………………………………… (213)
志愿者服务…………………………………… (213)
《太仓市共青团志》出版…………………… (213)
团文化宣传…………………………………… (214)

太仓市妇女联合会

Taicang Women's Federation

概况…………………………………………… (214)
妇女宣传教育………………………………… (214)
妇女创业就业………………………………… (215)
妇女儿童合法权益维护……………………… (215)
妇女儿童实事项目…………………………… (215)
儿童家庭教育………………………………… (215)
巾帼志愿服务………………………………… (215)
妇联组织建设………………………………… (215)

太仓市科学技术协会

Taicang Scientific and Technological Association

概况…………………………………………… (216)
科普传播……………………………………… (216)
科普服务……………………………………… (216)
自然科学学术成果评比……………………… (216)
引智协作平台搭建…………………………… (216)
新型科技社团建设…………………………… (217)

太仓市文学艺术界联合会

Taicang Federation of Literary and Art Circles

概况…………………………………………… (217)
文艺主题活动………………………………… (217)
文艺惠民……………………………………… (217)
文艺品牌……………………………………… (217)
文艺交流……………………………………… (218)
文艺精品战略………………………………… (218)
文艺阵地建设………………………………… (219)
太仓市文联与保山市文联缔结友好关系…… (219)
著名作家太仓双凤行………………………… (219)
表67 2016年太仓市文联"月季花"奖获奖作品一览表………………………… (219)
表68 2016年太仓市部分文艺著作出版情况表…………………………………… (221)

太仓市残疾人联合会
Taicang Disabled Persons' Federation
概况……(222)
图12　2016年太仓市持证残疾人分布比例图……(222)
表69　2016年太仓市残联惠残补贴统计表……(222)
残疾人就业……(223)
残疾人康复……(224)
残疾人文体活动……(224)
太仓市归侨侨眷联合会
Taicang Returned Overseas Chinese and Their Relatives Federation
概况……(224)
侨界服务……(225)
侨界文化交流……(225)
太仓市哲学社会科学界联合会
Taicang Philosophical and Social Scientific Federation
概况……(225)
理论学习……(225)
社科研究……(225)
社科普及……(225)
太仓市无党派知识分子联谊会
Taicang Non-partisan intellectuals Sodality
概况……(226)
参政议政……(226)
社会服务……(226)
太仓市关心下一代工作委员会
Taicang Next Generation Working Committee
概况……(227)
青少年主题教育……(227)
青少年普法教育……(227)
结对帮教……(227)
校外监督辅导……(227)
“三扶两创一促进”工作……(228)
太仓市红十字会
Red Cross Society of Taicang
概况……(228)
“三救”工作……(228)
“三献”工作……(228)
生命健康教育馆启动……(228)
基层自治组织
Grassroots Self-governing Organization
概况……(228)
表70　2016年太仓市居民委员会一览表……(229)
表71　2016年太仓市村民委员会一览表……(230)
社会组织
Social Organizations
概况……(230)
表72　太仓市等级社会组织统计表……(230)
表73　2016年太仓市新登记社会组织统计表……(236)
法治
Rule of Law
人大法律监督
Legal supervision of the People's Congress
《中华人民共和国水污染防治法》实施情况检查……(237)
依法行政……(237)
司法公开……(238)
政法委及综治办
Political &judiciary commission and comprehensive treatment
概况……(238)
法治太仓建设……(238)
社会治安持续稳定……(238)
社会治安防控体系优化升级……(239)
重点人群帮扶管控……(239)
综治平安创建……(239)
法治政府建设
Government by Law Construction
概况……(239)
行政执法争议协调机制建立……(240)
《法制日报》报道太仓市涉诉行政执法案件跟踪查纠机制……(240)
政社互动
Political and Social Interaction
概况……(240)
“政社互动”纵深推进……(240)
公安
Public Security
概况……(241)
破案打击……(241)
治安防控……(241)
安全监管……(241)
办证服务管理……(242)
监所管理……(242)
科技强警……(242)
和谐警民关系……(242)
检察
Procuratorate
概况……(242)
检察工作参与社会治理……(243)
检察监督……(243)
检务公开……(243)
检察关怀……(244)
智慧检察建设……(244)
法院
Court
概况……(244)
刑事审判……(244)
民事、商事审判……(244)
知识产权审判……(245)
涉外商事审判……(245)

涉少审判…… (245)
行政审判…… (245)
案件执行…… (245)
司法为民…… (245)
审判管理…… (245)
司法改革…… (245)
**司法行政**
Justice and Administration
概况…… (245)
公共法律服务…… (245)
法治宣传教育…… (246)
社区矫正…… (246)
法律援助…… (246)
人民调解…… (247)
公证服务…… (247)
武装
Armed Force
**人民武装**
People's Armed Forces
概况…… (247)
思想政治建设…… (247)
战备秩序建设…… (247)
兵员征集…… (247)
双拥共建…… (248)
**武警**
Armed Police
概况…… (248)
**边防检查**
Frontier Inspection
概况…… (248)
**海警**
Coastguards
概况…… (248)
海域安全稳定…… (249)
平安海区创建…… (249)
**人民防空**
Civil Air Defense
概况…… (249)
人防指挥通信建设…… (249)
民防宣传教育…… (250)
公共安全
Public Security
**食品药品安全**
Food and Medicine Safety
食品药品基础监管…… (250)
食品药品安全社会共治…… (250)
**安全生产**
Safety Production
概况…… (251)
重大隐患三级政府挂牌督办…… (251)
危险化学品安全监管…… (251)
职业卫生监管…… (251)
粉尘涉爆企业专项治理…… (251)
烟花爆竹安全监管…… (251)
冶金等工贸企业安全监管…… (252)
落实企业安全生产主体责任专项行动…… (252)
安全生产执法处罚…… (252)
应急救援能力建设…… (252)
安全生产宣传教育…… (252)
消防安全管理…… (252)
消防监督演练…… (253)

## 地方组织机构
## Local Organizations

中共太仓市委员会
Committee of CPC of Taicang City
**综述**
Summary
概况…… (254)
**重要会议**
Major Conferences
中共太仓市第十三次代表大会…… (255)
中共太仓市第十三届委员会第二次全体（扩大）会议…… (255)
**组织**
Organization
概况…… (256)
“两学一做”学习教育…… (256)
各级领导班子换届工作…… (256)
干部宏观管理…… (256)
干部教育培训…… (256)
村（社区）“带头人”队伍建设…… (257)
党员队伍建设…… (257)
德企党建工作…… (257)
法治型党组织建设…… (257)
人才引进培育…… (257)
人才服务工作…… (257)
**宣传**
Propaganda
概况…… (258)
思想理论武装…… (258)
社科理论研究…… (258)
社科宣传教育…… (258)
意识形态工作…… (258)
新闻宣传…… (258)
新闻发布…… (259)
境内外宣传…… (259)
文明城市创建…… (259)
群众性精神文明创建…… (259)
思想道德建设…… (260)
社会志愿者…… (260)

未成年人思想道德建设…………………… (261)

统战

United Front

概况…………………………………… (261)

统一战线思想政治引领……………… (262)

统一战线服务社会发展……………… (262)

非共产党员代表队伍建设…………… (262)

基层统战工作………………………… (263)

市委调研

Investigation of the Municipal Party Committee

概况…………………………………… (263)

机构编制

Establishment of Administrative Organs

概况…………………………………… (263)

政府职能向社会转移………………… (263)

沙溪镇行政管理体制改革试点……… (264)

行政权力事项调整…………………… (264)

事中事后监管………………………… (264)

涉审中介管理规范化………………… (264)

事业单位“三定”工作基本完成……… (264)

机构编制实名制管理………………… (264)

市级机关绩效管理考核……………… (264)

事业单位登记管理…………………… (264)

机关党建

Construction of the Party and Government Organizations

概况…………………………………… (264)

机关党的思想建设…………………… (264)

机关党的组织建设…………………… (265)

市级机关作风效能建设……………… (266)

机关精神文明建设…………………… (266)

统战口党建联盟成立………………… (267)

市级机关人大代表、党代会代表选举……… (267)

台湾事务

Taiwan Affairs

概况…………………………………… (267)

对台交流……………………………… (267)

对台经济……………………………… (267)

对台服务……………………………… (267)

对台宣传……………………………… (268)

侨务

Overseas Chinese Affairs

概况…………………………………… (268)

为侨服务……………………………… (268)

侨界联谊……………………………… (268)

侨务宣传……………………………… (268)

保密工作

Confidentiality Works

概况…………………………………… (268)

网络和涉密人员管理………………… (269)

保密检查督查………………………… (269)

市级部门和财政专项支出预算公开保密审查……………………………… (269)

保密宣传教育培训…………………… (269)

老干部工作

Veteran Cadres Works

概况…………………………………… (269)

老干部政治待遇……………………… (269)

老干部生活待遇……………………… (269)

老干部活动阵地建设………………… (270)

党校教育

Party School Education

概况…………………………………… (270)

表74　2016年太仓市领导干部理论知识讲座一览表…………………………… (271)

表75　2016年市委党校（行政学校）干部培训主体班次一览表……………… (271)

太仓市第18期中青年干部培训班………… (272)

年度科研立项课题结题……………… (272)

党校新课程评审认证………………… (272)

党课送基层活动……………………… (273)

中共十八届六中全会精神宣传贯彻………… (273)

党校迁建项目确定…………………… (273)

太仓市人民代表大会

Taicang People's Congress

综述

Summary

太仓市人大常委会概况……………… (273)

重要会议

Major Conferences

市十五届人民代表大会第五次会议………… (273)

市十五届人大常委会会议…………… (273)

市十五届人大常委会主任会议……… (274)

法律监督

Legal Supervision

工作监督

Work Supervision

经济工作监督………………………… (274)

民生工作监督………………………… (275)

人事任免

Personnel Appointment and Removal

概况…………………………………… (275)

代表工作

Representatives Works

代表议案建议督办…………………… (275)

表76　2016年市人大常委会主任会议重点督办建议……………………… (275)

代表联系……………………………… (276)

代表履职……………………………… (276)

重要工作

Major Works

概况…………………………………… (276)

换届选举…………………………………………（276）

太仓市人民政府
Taicang People's Government

重要会议
Major Conferences

市政府全体（扩大）会议…………………（276）
市政府常务会议………………………………（277）
全市性重要会议………………………………（277）

实事工程
Projects Under Construction

概况……………………………………………（277）
公共交通提升工程……………………………（277）
学前教育设施扩建工程………………………（277）
全市校园安全提升工程………………………（277）
全市养老服务提升工程………………………（277）
老年人体育活动中心建设工程………………（277）
生活垃圾无害化应急填埋场建设工程………（277）
城市管理信息化提升工程……………………（278）
“智慧社区”建设工程………………………（278）
太仓市第二水厂取水改移工程………………（278）
公共文化服务体系提升工程…………………（278）

外事工作
Foreign Affairs

概况……………………………………………（278）
友好交流………………………………………（278）
对德交流合作…………………………………（278）
外事服务“一带一路”建设…………………（279）
外事服务企业…………………………………（279）
表77 2016年太仓市外宾接待情况表（部分）……………………………（279）

机关事务
Administrative Affairs of the Institutions

概况……………………………………………（280）
后勤服务保障…………………………………（280）
办公用房和公务用车清理整改………………（280）
公共机构节能…………………………………（280）

政协太仓市委员会
Taicang Committee of CPPCC

综述
Summary

政协委员和组织机构概况……………………（281）

重要会议
Major Conferences

政协太仓市第十三届委员会第五次会议……（281）
政协太仓市第十三届委员会常务委员会会议…………………………（281）
政协太仓市第十三届委员会主席会议………（282）

参政议政
Participation in the Administration and Discussion of State Affairs

重点课题专题调研……………………………（283）
“中小企业创新发展和工匠精神”研讨会……………………………（283）
“委员大家谈”活动…………………………（283）

民主监督
Democratic Supervision

委员提案………………………………………（283）
委员视察政府工作……………………………（284）
社情民意信息收集反映………………………（284）
专项民主监督…………………………………（284）

重要活动
Major Activities

各界人士中秋茶话会…………………………（284）
太仓政协成立60周年系列活动………………（284）

文史工作
Literary and Historical Works

刊物编印………………………………………（285）

中共太仓市纪律检查委员会
CPC Taicang Commission for Discipline Inspection

综述
Summary

概况……………………………………………（285）
中共太仓市第十二届纪律检查委员会第六次全体会议………………………（285）
中共太仓市第十三届纪律检查委员会第一次全体会议………………………（285）

党风廉政建设
On the Party Construction of a Clean Government

概况……………………………………………（285）
党委主体责任落实……………………………（285）
纪委监督责任落实……………………………（286）
党风廉政建设责任追究………………………（286）

纪律检查体制改革
Disciplinary inspection and System Reform

概况……………………………………………（286）
巡察工作启动…………………………………（286）
纪检监察派驻监督……………………………（286）

作风建设
Work Style Construction

概况……………………………………………（287）
作风建设专项整治……………………………（287）
作风效能长效建设……………………………（287）
党员干部家风建设……………………………（287）

纪律审查
Discipline Investigation

概况……………………………………………（287）
监督执纪“第一种形态”落实………………（287）
纪律审查配套制度完善………………………（288）

监督检查
Supervision and Inspection

概况……………………………………………（288）

换届风气监督…………………………………… (288)
上级部署督查…………………………………… (288)
全市中心工作督查……………………………… (288)
作风效能建设督查……………………………… (288)
群众关注问题督查……………………………… (288)

**源头预防和治理腐败**
**Preventing and Controlling Corruption at the Source**
概况……………………………………………… (288)
权力监督制约…………………………………… (289)
防止利益冲突抽查……………………………… (289)

**纪检监察干部队伍建设**
Construction of Discipline Inspection and Supervision Cadres
概况……………………………………………… (289)

民主党派·工商联
Democratic Parties • Federation of Industry and Commerce

**民主党派**
Democratic Parties

中国国民党革命委员会太仓市委员会
The Revolutionary Committee of the Chinese Kuomintang, Taicang Sub-branch
概况……………………………………………… (289)
学习实践活动…………………………………… (289)
参政议政………………………………………… (289)
社会服务………………………………………… (290)

中国民主同盟苏州市委太仓学习小组
China Democratic League, Taicang Direct Subordinate Branch
概况……………………………………………… (290)

中国民主建国会太仓市委员会
China Democratic National Construction Association,Taicang Sub-branch
概况……………………………………………… (290)
学习实践活动…………………………………… (290)
参政议政………………………………………… (290)
社会服务………………………………………… (291)

中国民主促进会太仓市基层委员会
China Association for Promoting Democracy, Taicang Sub-branch
概况……………………………………………… (291)
参政议政………………………………………… (291)
社会服务………………………………………… (292)

中国农工民主党太仓市总支部委员会
Chinese Peasants and Workers Democratic Party, Taicang Direct Sub-branch
概况……………………………………………… (292)

九三学社苏州市委太仓直属小组
Suzhou Municipal Party Committee of the Jiu San (Sept.3rd) Society, Taicang Direct Subordinate Branch
概况……………………………………………… (292)

**工商联**
Federation of Industry and Commerce
概况……………………………………………… (293)
参政议政………………………………………… (293)
服务会员………………………………………… (293)
服务社会………………………………………… (293)


## 城镇街道
## City, Towns and Communities


城厢镇
Chengxiang Town
概况……………………………………………… (294)
经济发展………………………………………… (294)
载体建设………………………………………… (294)
城乡统筹………………………………………… (294)
社会治理………………………………………… (294)
特色村庄………………………………………… (294)
表78　2016年城厢镇主要经济社会指标表…………………… (295)
表79　2016年城厢镇各村（涉农社区）基本情况表…………… (296)
表80　2016年城厢镇骨干企业基本情况表…………………… (296)

沙溪镇
Shaxi Town
概况……………………………………………… (298)
经济发展………………………………………… (298)
载体建设………………………………………… (298)
城乡统筹………………………………………… (298)
生态环境………………………………………… (298)
公共服务………………………………………… (299)
社会治理………………………………………… (299)
特色村庄………………………………………… (299)
表81　2016年沙溪镇主要经济社会指标表…………………… (300)
表82　2016年沙溪镇各村基本情况表……… (301)
表83　2016年沙溪镇骨干企业基本情况表…………………… (302)

长江口旅游度假区
The Yangtze River Estuary Tourist Resort
概况……………………………………………… (304)
经济发展………………………………………… (304)
科技创新………………………………………… (304)

城乡统筹…………………………………………（304）
社会治理…………………………………………（304）
特色村庄…………………………………………（304）
表84 2016年长江口旅游度假区
主要经济社会指标表…………………（305）
表85 2016年长江口旅游度假区
各村基本情况表………………………（306）
表86 2016年长江口旅游度假区
骨干企业基本情况表…………………（306）

浮桥镇

Fuqiao Town

概况………………………………………………（307）
经济发展…………………………………………（307）
城乡统筹…………………………………………（307）
生态环境…………………………………………（308）
公共服务…………………………………………（308）
社会治理…………………………………………（308）
特色村庄…………………………………………（308）
表87 2016年浮桥镇主要经济社会
指标表…………………………………（309）
表88 2016年浮桥镇各村（涉农社区）
基本情况表……………………………（310）
表89 2016年浮桥镇骨干企业
基本情况表……………………………（310）

璜泾镇

Huangjing Town

概况………………………………………………（311）
经济发展…………………………………………（311）
载体建设…………………………………………（311）
城乡统筹…………………………………………（312）
生态环境…………………………………………（312）
公共服务…………………………………………（312）
社会治理…………………………………………（312）
特色村庄…………………………………………（312）
表90 2016年璜泾镇主要经济社会
指标表…………………………………（313）
表91 2016年璜泾镇各村基本情况表………（314）
表92 2016年璜泾镇骨干企业
基本情况表……………………………（315）

双凤镇

Shuangfeng Town

概况………………………………………………（318）
经济发展…………………………………………（318）
城乡统筹…………………………………………（318）
生态环境…………………………………………（318）
社会治理…………………………………………（319）
特色村庄…………………………………………（319）
表93 2016年双凤镇主要经济社会
指标表…………………………………（320）
表94 2016年双凤镇各村基本情况表………（320）
表95 2016年双凤镇骨干企业
基本情况表……………………………（321）

科教新城

Science and Education New Town

概况………………………………………………（321）
载体建设…………………………………………（322）
城乡统筹…………………………………………（322）
生态环境…………………………………………（322）
公共服务…………………………………………（322）
社会治理…………………………………………（322）

娄东街道

Loudong Sub-district Office

概况………………………………………………（322）
城乡统筹…………………………………………（322）
公共服务…………………………………………（322）
社会治理…………………………………………（323）
生态环境…………………………………………（323）
表96 2016年娄东街道各村（涉农社区）
基本情况表……………………………（323）

# 附录
# Appendix

重要文献

Major References

**重要报告**

Significant Reports

践行新理念 开拓新境界
为谱写好中国梦的太仓篇章而努力奋斗
Practice new ideas and open up new spaces
Strive to write a new chapter of Taicang of the Chinese Dream
——在中国共产党太仓市第十三次代表大会
上的报告（沈觅）…………………………（324）
——Report at the 13th Congress of the Communist Party of China in Taicang (Shen Mi)
创新转型求突破 富民惠民走在前
努力在“两聚一高”实践中奋勇争先
Seek breakthroughs by innovation and
transformation and be prior to enrich and

benefit the people
——在市委十三届二次全体（扩大）
会议上的讲话（沈觅）…………………… (330)
——Speech at the second plenary (enlarged) session of the 13th Municipal Committee Conference (Shen Mi)
政府工作报告
Report on the Work of the Government
——2017年1月5日在太仓市第十六届人民代表大会第一次会议上（代市长　王建国）……… (335)
——Report at the first session of the 16th People' s Congress in Taicang in January 5, 2017 (Acting Mayor Wang Jianguo)
文件辑存
Editing and Filing Documents
关于进一步深化全市对德合作工作的实施意见…………………………… (343)
On Implementation Suggestions of the Further Deepening of Cooperation between Taicang and Germany
关于进一步做好新形势下就业创业工作的实施意见…………………………………… (346)
On Implementation Suggestions of Further Promotion of Employment and Self-employment under New Situations
关于加快推进城乡公交一体化发展的实施意见…………………………………… (348)
On Implementation Suggestions of Accelerating the Integration of Town-country Public Traffic
苏州市美丽村庄建设新一轮行动计划（2017—2020年）太仓市实施方案………… (350)
Taicang Implementation Plan of a New Round of Action Plan (2017—2020) on the Construction of Beautiful Villages in Suzhou
年度文件目录
Annual Documents Contents
中共太仓市委文件……………………………… (351)
太仓市人民政府文件…………………………… (353)
中共太仓市委办公室文件……………………… (356)
太仓市人民政府办公室文件…………………… (358)
年度荣誉
Annual Honors
先进集体名录（部分）………………………… (363)
List of Outstanding Collectives (Partial)
先进个人名录（部分）………………………… (369)
List of Outstanding Individuals (Partial)
统计资料
Statistical Materials
太仓市社会经济主要指标………………………… (372)
Major Indicators of Taicang Social Economy
2016年太仓市实有人口统计表 ………………… (373)
The Actual Demographic Statistics of Taicang in 2016
2016年太仓市户籍人口及其变动情况统计表………………………………………… (374)
Statistics of Registered Population and Its Changes in Taicang in 2016
2016年太仓市户籍人口姓氏统计表 ………… (375)
Surname Statistics of Registered Population of Taicang in 2016
2016年太仓市暂住人口（在册）姓氏统计表………………………………………… (378)
Surname Statistics of Temporary Resident Population (Registered) of Taicang in 2016
2016年“985工程”“211工程”在太仓录取本科学生名单（159人）…………………… (383)
List of Undergraduate Students Enrolled by Project 985 and Project 211 in Taicang in 2016 (159 students)
2016年度百岁老人名单 ……………………… (388)
List of Centenarians in 2016
太仓市政务服务中心各窗口服务电话………… (392)
Service Hotlines of the Government Affairs Service Center of Taicang
太仓常用便民电话……………………………… (392)
Common Calls for the Convenience of People in Taicang
太仓市部分机构全称、简称对照表…………… (395)
Reference Table of Full Names and Short Names for Some Organizations of Taicang

## 索引
## Index

主题索引………………………………………… (397)
Subject Index
随文图片索引…………………………………… (406)
Images Affiliated Text Index
图表索引………………………………………… (408)
Chart Index

# 媒体眼中的太仓

## 中德合作再升级：“太仓样本”的启示

摘要：江苏太仓已完成了从“鱼米之乡”到“德企之乡”的精彩蝶变。截至2016年上半年，太仓累计拥有德资企业230多家，项目总投资近20亿美元，年产值近300亿元。太仓成为中国德企发展最好、密度最高的地区之一。

2016年6月12日至14日，德国总理默克尔访问中国，并出席第四轮中德政府磋商。这是默克尔作为总理第九次访问中国。国家主席习近平会见默克尔时指出，在高起点上深入推进中德合作，需要双方携手前行。

中德合作热度持续攀升，蕴含着新的机遇与挑战。其实，在过去的20多年间，对德合作已成为中国许多城市招商引智的重点。纵观全国各类中德合作区层出不穷：青岛的“中德生态园”、广东揭阳的“中德金属生态园”等都形成了独具特色的对德合作品牌。此次，中国新闻周刊深入采访江苏太仓。不仅仅是因为太仓拥有230多家德资企业，拥有全球第八个德国中心，更重要的是“太仓服务”已被德国人称之为难以替代的优势。期望通过这个样本为对德合作提供一点启示。

### “无中生有”的选择

在江南小城太仓流传着这样一个故事：1993年，德国巴符州议员、全球著名弹簧生产企业克恩—里伯斯公司总裁斯坦姆博士第一次来到太仓，就被这里安静、清新的环境所吸引。他“试探”着在太仓投下了50万马克，创建了第一家德资企业——克恩—里伯斯（太仓）有限公司。

小城依旧安静，只是一个“无心插柳”的开始，却让这里完成了从“鱼米之乡”到“德企之乡”的精彩蝶变。以克恩—里伯斯为发端，截至目前，太仓累计拥有德资企业230多家，项目总投资近20亿美元，年产值近300亿元。太仓成为中国德企发展最好、密度最高的地区之一。

值得一提的是，在中国经济增速放缓之时，落户太仓的德企却在增加投资、逆势增长，投资结构悄然向服务业转变。目前，在太仓投资落户的德资企业有90%以上完成了增资扩产，其中，舍弗勒、克恩—里伯斯、托克斯、慧鱼、瑞好等一大批德资企业完成了第三甚至第四、第五期的增资扩产。

“这是我们将要扩建的新厂房。”克朗斯机械太仓有限公司副总经理冯澄指着视觉图告诉《中国新闻周刊》，这将是克朗斯自2004年进入太仓后的第四次增资。从视觉图上可以看出，新规划的厂房面积超过了前面三期的总和。

在冯澄看来，没有什么比新厂扩建更能代表公司对中国市场环境的信心和对中国未来发展的信心。德企最让人敬佩的是坚持精神、对技术的追求和稳扎稳打。事实上，德企往往守住一个细小领域做精、做深、做透，成就了一批行业内的“隐形冠军”。只要落户，德企大多会深耕太仓，不仅建立制造基地，还逐步将研发中心、销售中心和中国区总部布局于此，工业4.0的落地自然也是题中之意。

通快集团是德国工业4.0委员会的20个委员之一。在通快（中国）有限公司，记者直观感受了什么是工业4.0。在通快公司展示中心，机器人操作臂自动上下料，物料系统自动流转，机床自动加工运作，形成了一个无人参与的高度自动化生产场景。

通快（中国）有限公司总经理顾永麟告诉记者，单一品种大批量生产时代已经过去，多品种、小批量、定制化、质量标准要求更高的制造时代到来，工业4.0正是适应了这一要求。

**“自下而上”的实践**

如果说，第一家落户太仓的德国企业，带着“无心插柳”的成分，是太仓沾了区位优势的光，可为什么随后的20多年里，德国企业源源不断涌向这里？年逾古稀的德国人克罗斯特给出他的答案。

眼前这位白发老人，今年77岁，精神矍铄，举手投足间充满德式的严谨和务实。他曾是世界第二大轴承制造商舍弗勒公司太仓工厂首任总经理。

“太仓与我德国的故乡非常相似。我的老家在德国中南部凯泽斯劳滕一个小镇，宁静、幽雅，空气新鲜。”克罗斯特赞叹。

更让克罗斯特认可太仓的，是他感到这里的政府部门拥有“契约精神”。“太仓政府的亲商理念、服务质量、办事效率都让我非常满意。”他说。

这种“契约精神”源于太仓对德合作的“三信（心）”原则。

首先是诚信，注重契约精神，承诺的条件一定不打折扣兑现；其次是自信，双方互相尊重，对于不适合太仓，或者落户条件苛刻的企业，一定婉拒。最后是耐心，这也是最重要的一条。因为德企主要是中小企业，再加上德国人做事严谨，一开始投资规模不大，后续才会按计划一步一步追加投资。

“和德国人打交道，一定要耐得住寂寞”，这句话一直被太仓市奉为宝典。多年来，周边的兄弟城市大项目一个接一个，但太仓发展德企的思路从未动摇过。早年，为了一个德资项目谈了5年，落地后投资才100万美元，但后来，这家企业陆续增资，2014年，税收已经超过5000万元。

2008年，由商务部和德国联邦经济与技术部，在太仓成立迄今唯一的“中德企业合作基地”，就是这份口碑的最好注解。一年后，该基地又成为江苏唯一进入全国专利保护重点联系机制的单位，更增强了重视知识产权保护的德企在太仓的投资信心。

除了“契约精神”，“创新引进”也是太仓服务德企的重要内容。半个多世纪以来，“双元制”职业教育一直被视为德国经济腾飞的“秘密武器”。在太仓，德国“双元制”不仅成功被引入更是解决了“水土不服”问题。

在苏州健雄职业技术学院，学生考试合格后，不仅有健雄学院的毕业证书，还能获得AHK职业资格证书，该证书由AHK总部授权，与德国境内证书有同等效力。苏州健雄职业技术学院副院士长陈智强说，“这是全球‘硬通货’，学生到哪里都不愁没饭吃。”

2015年10月，AHK德国双元制职业教育联盟在太仓成立，蓝领培养的队伍不断壮大。

据了解，太仓目前基本能满足80%的企业用工，但剩下20%高技能人才还稀缺。为此，太仓正在促成东南大学和德国一所大学等四方进行本科以上的“双元制”教育项目，培养工程师等高级人才。

**“先人一步”的谋划**

“技术强、占地少、效益高”的德企，对于面积小、人口少的太仓，这无疑是最好的路径。

令人意想不到的是，耐住寂寞20多年，曾经“数字拿不出手”的太仓，而今成为中国各地争相取经的样板。

“现在很多地方都在吸引德资企业，加大对德合作，比如沈阳、天津、佛山、成都、芜湖等，一些地方政府直接来太仓开招商会。”太仓负责招商的工作人员表示“压力山大”。

对此，上海德国中心首席执行官夏建安却持乐观态度。他透露，在德国中心落户太仓之前，太仓80多家德国企业的反馈表明，太仓对于德国企业的吸引力很强，未来还会有更多德企落户于此。

2016年6月2日，由德国巴伐利亚州立银行投资1200万美元建设的太仓德国中心正式营业，这是全球第八个，也是继上海、北京之后全国第三个“德国中心”。

太仓和上海是近邻，德国中心在上海设有机构，为何还要设立太仓德国中心？

太仓德国中心董事总经理马悌思认为，中国的二线三线四线城市是中国的未来市场。德国的中小企业，对这些新的市场，有很大的兴趣。

长久发展需要的往往是远虑的“智慧”。江苏省省长石泰峰多次强调，把太仓打造成全国中小城市对德合作的典范。这是太仓前行的目标。但在“仰望星空”展望未来发展前景的同时，也要求太仓“脚踏实地”按照规划，有序推进“对德合作”工作。

2016年4月7日，太仓市委、市政府正式对外发布了《关于进一步深化全市对德合作工作的实施意见》，推动德企与本地产业融合发展、争创中德“双元制”培训典范、建立全社会对德合作机制等都是其中的重要内容。

又到夏季，啤酒飘香时。从2006年起，每年夏秋之际，太仓都会举办啤酒节，工作生活在这里的德国人可以尽情享受纯正的德国啤酒、欢快的德国乐队和美味的德式盛宴。

今后在太仓，类似的德国元素将会越来越多。按照《意见》部署，太仓将积极营造更加贴近德国文化的城乡风貌，在城市规划、市政交通、商贸旅游等各方面融入更多德国元素，让来这里的德国人找到家乡的感觉。

**专家解读样本**

*中国社会科学院研究生院教授、博导冯兴元*

冯兴元认为太仓模式的借鉴意义是，主动解决德企的后顾之忧。他以前专门给德国使馆翻译过“双元制”这类文章。太仓走在前面，引入“双元制”这是在帮助德企提供一些人才解决方案。德国经济依赖知识产权保护，太仓在这方面做好了，等于解决了德国企业的后顾之忧。此外，主动营造生活氛围。冯兴元称，很多开发区看上去就是大，大空间，但是没有生活气氛。它不适合一些高管身份的人到这里去住。有德国人在的地方就要有面包房、酒吧街等。德国人会担心当地的教育、医疗、居住环境、生活氛围、商业文化，太仓就是很主动地来解决这个问题。

冯兴元教授是德国维藤大学经济学博士，长期关注欧盟、德国经济以及中德关系。该学校是德国第一家私立大学，成立于1982年。冯兴元称，苏南的文化跟德国的文化有很切合的地方，都是勤劳讲秩序讲诚信，自己跟德国人打交道这么多年，一般不需要担心德国人失信的。

国家发展改革委宏观经济研究院科研管理部主任高国力博士

很多年前，高国力博士就来访过太仓。他在接受采访时说，德资企业相对来说还是很挑剔的，要在一个城市扎根，生长壮大，既要有质量的要求也要有效益的要求。

高国力认为，太仓能够成为中德合作的一个样板，原因是太仓有很好的区位优势，背靠长三角这个发达地区；太仓是一个有心人，20年来一直创造条件服务好德企。

分析太仓优势之后，高国力也提出中肯的建议：

来太仓的企业都是一些中小企业，家族企业，他们来了之后，留了下一步的问题。如何让这些数量多规模小，行业门类多的企业能够真正地形成企业和企业之间，行业和行业之间有机高效分工协作的链条和集群。

高国力提议太仓要尽早地提升和优化，怎样能够加强相互之间的竞争合作，真正形成有竞争力的产业链条和产业集群，这是决定太仓将来能不能持续有竞争力的很重要的一个因素。太仓在这个方面需要有战略的眼光，否则的话现在还有优势或者感觉不错，再过了五年十年，可能这种优势就有危机感。

（摘编自2016年6月27日《中国新闻周刊》记者：周建琳、陈燕妮）

## 德国青年为何在中国小城扎堆创业

不久前，22岁的德国女孩安娜参加了一场中国的创业大赛。她和两个德国老乡组成一个团队，报名参加了由江苏省太仓市举办的首届“郑和杯”青年精英创新创业大赛，并获得了高校学生组二等奖。

安娜的竞争对手来自国内27个省市、84所大学、16所高职院校，还有来自德国、加拿大等国家和港澳台等地区的选手，最后有54件参赛作品脱颖而出。

作为音乐发烧友，安娜的创业项目是个性化定制唱片。他们在德国调研时发现，个性化定制唱片市场几乎是空白。与此同时，很多音乐人发行的黑胶唱片，获得众多发烧友热捧。于是，他们计划用乙烯材质制成“非常耐磨并且可一代代传下去”的黑胶唱片，在中国生产，然后销售到欧洲。

不过，他们也考虑到创业风险，一方面是找不到市场，另一方面是无法如期在中国进行生产。比如，如果在中国创业，涉及的生产许可、运营招工等问题该如何解决。“但是太仓有200多家德国企业，这很吸引我们，不仅可以有与同胞交流学习的机会，相信当地政府也能提供更专业的服务。”

最初，他们是从同济大学的德国教师那里获知了创业大赛的消息。对于参加中国的创业大赛，安娜和小伙伴们既好奇，又期待。

出乎安娜意料的是，原本以为是小规模的创业比赛，“没想到有那么多创业团队参加，有很多新奇的想法，除了参加比赛，还能与其他团队交流。”

为了参加比赛，32岁的阿里克斯专门从家乡柏林“飞”过来。半年前，他在广州出差时就听德国商会的人介绍过这个创业比赛。参赛前，阿里克斯上网搜了资料后大吃一惊。太仓这个之前他从未听说过的小城市，竟然有众多优秀的德企落户。比赛前夕，他在太仓街头的酒吧听到很多人在说德语，“在这里德语好像是‘第二语言’”。

在阿里克斯看来，相比上海、广州等一线城市，太仓绿色、安静，没有大城市的拥挤，生活氛围好，“而且现在中国发展很快，创业机会也很多，许多年轻人愿意投身创业。”

阿里克斯的创业项目是热处理技术，经过这个技术处理的普通木材，使用年限能延长10～15年，目前该项目已获得专利。在此次“郑和杯”青年精英创新创业大赛上，阿里克斯的创业项目获得了青年创客组二等奖，他开始规划将项目在太仓落地，“太仓港货物吞吐量很大，木材进出口非常方便。”

德国人庞哲现在可以“骑着电动车”就来太仓参加比赛。一周前，他带着一家4口，跨越大半个地球将家从德国搬到太仓。此前，他与中国打交道15年，先后去过国内很多城市。这次他的创业项目是帮在华德企提供人才培训，为不同层次的员工提供不同的服务，提升工作效率。

庞哲的公司原来在上海，由于创业成本很高，他最终选择了离上海只有40公里的太仓。他注意到，在德国柏林等国际大都市有很多创新型小企业成长到一定阶段后，就迁到小城市发展，“小城市空间更大”。为此，他很看好太仓这样的小城市的发展前景。

他已被引进入驻太仓德国中心，这个由德国巴伐利亚州立银行投资1200万美元建设的太仓德国中心，是全球第八个德国中心，也是国内继上海、北京之后的第三个。

德国中心是专为德企尤其是中小企业进入国际市场探路而建立的调查研究招商中心，提供从市场咨询、律师服务、秘书翻译、谈判展览到办公用房、金融服务、德国贸易等各项服务。眼下，包括安娜在内的德国青年都可以入驻太仓德国中心创业。

据介绍，这次创业大赛的海外参赛项目大都来自德国，主要就是因为太仓是“中国德企之乡”。自1993年第一家德企落户以来，太仓与德国在经贸、科技、教育、环保等多个领域开展广泛而深入的合作，集聚了230多家德国企业。这些德国企业用地面积都不是很大，但科技含量高，经济效益好，特色明显，在生产领域、市场、技术方面有自己独特的优势。在主动融入国家“一带一路”建设中，太仓的定位是要成为“21世纪海上丝绸之路”的重要节点、先进制造业基地和人文合作交流中心。

此次大赛也进一步促进了中德两国青年在创新创业思维上的交流碰撞，对“中国智造2025”与“工业4.0”实践对接有着实际的效果。

（摘编自2016年6月22日《中国青年报》记者：李超 通讯员：邵旻）

# 现代农业如何迎风起飞

## ——江苏太仓建设现代农业之路的探索

7月，江苏农职院、苏州农职院“太仓班”96名应届毕业生，不到两个小时就被用人单位“一抢而空”。有点特别的是，他们的就业单位，是江苏省太仓市各个农村和合作农场。

在城镇化的大背景下，农村劳动力持续外移。近年来，太仓通过创新举措巧妙解决了“谁来种地”“如何种地”等诸多难题，让太仓现代农业发展持续领跑全国。在农业部发布的《国家现代农业示范区建设水平监测评价报告》中，太仓现代农业在近三年中两获全国第一，农民收入亦多年保持两位数增长。

**谁来种地：职业农民被“疯抢”**

递上身份证、毕业证，拿出在校期间考取的拖拉机驾驶证、收割机驾驶证和插秧机操作证，眼前的“95后”应届毕业生周春玮，只用十分钟就在双选会上找到了工作。

不同于一般的农校毕业生，包括周春玮在内的96名大学生，是太仓市委农工办、市农委联合农业院校2013年起首批采用“定向委培”模式培养的新型职业农民。录取学生的学费由太仓市级财政专设资金承担。

在课程设置上，实施“一个院校＋若干基地”的教学实践模式，核心课程分别由具有产业背景和学院背景的“双任课教师”授课。每年暑假，委培生进入农场进行操作实践和村务实践。“校外实训基地、太仓基层农村、农业企业、合作农场都是教室。”令毕业生虞艳红印象深刻的是，在学习“水稻工厂化育秧”这个项目时，大伙儿钻进育秧大棚，待了半个多月，一步步参与了水稻浸种、催芽等环节，最终掌握了水稻工厂化育苗的技术要领。

“当时收了100个学生，有3个中途放弃，1名挂科太多没有毕业。剩下的96名毕业生，全都自愿留下来做新农民。”太仓市农委副主任徐永明介绍，学生签订五年劳动合同，工资待遇参照所在村（社区）干部副职。按当地政策缴纳“五险一金”，表现合格的一年下来起码四五万元。

事实上，从2012年开始，太仓就筹划“定向委培”新型职业农民。

数据显示，随着工业化、城镇化的深入推进，太仓全市超过96%的农民通过“三置换”离开了田间地头。留在农村继续从事农业生产的人员，大多在50岁以上，未接受过系统的农业职业技术教育。然而，发展现代农业必须规模化经营、机械化耕作、标准化生产。

在这种背景下，2012年底太仓出台《大力培育新型职业农民的意见》，设立900万元职业农民培育专项资金，着力解决“谁来种地”的难题。除了培养定向委培生，还用3年时间超额完成了“300名村级农技员短期脱产继续教育、6000名本地中青年农民技术技能培训”。

**如何种地：新经营主体成“主力军”**

合作农场，是太仓近些年出现并大力推进的新型农业经营主体。作为普通农民，有三种入股模式：以土地入股，拿租金；以资金入股，拿股金；以劳务入股，拿薪金。“实际干活的职业农民，每月发定额工资。同时，为了提高积极性我们另外定了标准。比如一亩地产量1000斤，超过的部分20%给两个带头人，下面员工拿20%，村里拿最后的60%。”

除了合作农场，近年来家庭农场、农业龙头企业、专业合作社等新型农业经营主体，在太仓建设现代农业过程中相继涌现。万家安蔬果专业合作社，建立起了一整套针对不同品种、类别食材的供应系统，让优质农副产品直达餐桌；三市村家庭农场，以规模化、集约化、商品化促进农业增效，“收入超过了普通上班族”；雅丰农场龙头企业，自主经营面积达200公顷，种植以“璜泾大米”为主的优质农产品，每年可为村里增加数百万元收入……

为探索“如何种地”的多样化模式，太仓专门出台了《培育壮大新型农业经营主体的意见》：对于星级合作社，最高给予8万元奖励；对于创新应用先进技术，形成新型、高效生产经营模式的给予3万～5万元奖励。通过加大对新型农业经营主体的培育力度，充分调动市场的积极性，构建多元化的新型农业经营体系，加快转型升级步伐。

**不仅种地：“互联网＋”催生“开心农场主”**

行走在太仓城厢镇电站村的“开心农场”内，开心农场合伙人张晨一边观察蔬菜的长势，一边拍照通过微信发给租户们，让他们及时了解“自家农场”情况。

“用手机在线实时查看蔬菜的种植、生长情况，线下享受冷链配送新鲜蔬菜到家的服务。”张晨告诉记者，开心农场半分地一年的租金是3000元。租户可以决定种什么，半分地最多可以种上四种蔬菜。开心农场会免费提供种子、农家肥、耕种农具等，平时代为管理，在种植、收获等时节会提前提醒农场主。

3000元的租金看起来并不算很低。但仅第一期项目，就吸引了近百位租户。在张晨看来，他们愿意租，一方面是觉得太仓电站村的生态环境很好。有了地，节假日可以全家来种种地、收收菜，放松下身心。另一方面，自己种出来的菜，不会乱用农药，食品安全方面比较放心。

“互联网＋”为农业现代化装上了加速器。太仓市相关部门负责人说，一些现代化的种植养殖基地正逐步告别传统的人力劳动场景，养殖场管理人员只要打开电脑就能控制牲畜的饲料配备、投送、降温等工作；工作人员轻点鼠标，就能为远处的农作物调节温度、浇水施肥。

农产品电子营销，同样发展迅猛。绿阳果蔬专业合作社，2013年合作建设自主电商平台，当年平台销售额达100万元，带动农户近百户；电站村建立微信公众平台，网络年销售额达300万元；新海村“小树林”虫草鸡加盟1号店，年销售额超200万元……

为推进“农业＋互联网”的深度融合，太仓与中国科学院南京土壤研究所合作，建设生态高值农业示范基地，推进建成省级土壤墒情远程智能管理监测站，用于提升复耕地肥力，收效明显。同时，依托互联网技术探索出的“1+3+x”防控技术集成模式，获得农业部专家高度评价，将在长江中下游地区推广。

工业化、城镇化的快速推进和农村劳动力持续外移，让“谁来种地”“如何种地”以及粮食安全成为多地农业需要面对的重大现实问题。太仓通过职业农民的培训，解决“谁来种地”的问题；通过新型农业经营主体的培育，探索多种“如何种地”的模式；通过“互联网＋农业”，则让种地有了更多的可能性和附加值。

（摘编自2016年8月2日《光明日报》记者：苏雁 通讯员：王阳）

# 在“十三五”规划中将主要发展战略“融入上海”替代此前“接轨上海”<br>谋求深度互动太仓率先一步

太仓在“十三五”规划中，明确将“融入上海”列为主要发展战略之一，以替代此前十多年的“接轨上海”。“接轨”改为“融入”，太仓率先一步。

长三角市、县中，提“接轨上海”的不少，要求“融入”的并不多。“接轨”与“融入”，意义不同，要求也不同。接轨是畅通渠道，融入则是深度互动，在产业上错位发展、资源互补，在社会发展各领域相亲相近、互相照应。字面意义很明确，可实际操作中，太仓如何与上海深度互动，才能避免“单相思”？

**“跨省族”助推“融合”**

从老百姓的日常生活感受中，近些年，太仓上海两地的“跨省上班族”更多了。值得注意的是，以前绝大多数“跨省族”是“住太仓，去上海”，如今不少人反过来了——一批上海的技术、管理、科研人才每天去太仓上班。太仓已有200多家德资企业，记者在几家大型工厂中采访过，不仅德国籍的总管平时住在上海，销售、公关、技术团队中一些骨干都住上海。有意思的是，太仓为了留住德国年轻技师，前不久也开办了中德友好幼儿园，招收德国小朋友——太仓正有意识地补短板，努力在教育文化和医疗卫生等方面贴近上海。

记者还采访了一批在太仓从事生物科技研究的机构，科研人员从上海“拎包入住”来到太仓，有人看重这里提供的创业所需要的实验配套资源，有人则更看重这里为科研人员免费提供的公寓。

在产业承接和先进制造业再布局背景下，这批“跨省族”从某种程度上加速了两地在理念上的“融合”。但是，《上海市制造业转型升级“十三五”规划》中提出，2020年“制造业增加值占全市生产总值比重力争保持在25%左右”，这或许也需要寻求与太仓共同探索更有智慧的“融合”方式。

**“融入”如何共赢？**

如今，在长三角一体化和上海疏解非核心功能的大背景下，一些“单相思”的承接成了“两相情愿”的共赢。在太仓，案例之一便是太仓港。2014年太仓港与上海港开始实际性战略合作，并逐步实现通关和物流一体化。太仓港口管委会发展服务局局长钱晓告诉记者，上海港“江海中转”功能转移到太仓港以来，缩短了驳船承运距离及候泊时间，进出口企业物流成本大大缩减，同时也减轻了货物陆地运输对上海的交通压力和环境污染。

太仓港集装箱海运有限公司总经理杨建明曾告诉记者，太仓港已经开通了前往东南亚、日韩等地的集装箱班轮，这是太仓港“在上海国际航运中心框架下取得的重大成果”。未来，在太仓港等“港口群小兄弟”的合作下，上海港更能集中精力发展远航航线，巩固国际航运中心地位。

上海正在建设具有全球影响力的科创中心，太仓在科技成果转化上也正在发力。位于太仓港区的同济大学太仓高新技术研究院，为服务太仓城市发展设立“太仓智慧城市研究中心”，为太仓制造业智能化升级设立“先进制造技术工程中心”，打通成果转化“最后一公里”。目前，园区已有6家企业入驻，3个项目正注册。“谁能为上海丰富的生产力提供发展空间，谁就赢得了发展主动权。”太仓市发改委主任龚璇表示，对太仓而言，“融入上海”是发展必然要求。

（摘编自2016年10月14日《解放日报》记者：李茂君）

# 太仓立足“以港强市、融入上海、对德合作”做好长三角区域合作大文章

10月13日晚，黄浦江畔的上海国际会议中心高朋满座，2016年太仓（上海）招商投资说明会在此举行。两地政、商、学各界的数百位嘉宾济济一堂，为太仓如何深度嵌入上海“朋友圈”建言献策。

“今年6月我们从上海来到太仓，开出了全球第八个德国中心，因为这里集聚了230多家德国企业，‘不是上海，神似上海’。”台上，太仓德国中心董事总经理马悌思用流利的中文和漂亮的PPT向嘉宾们“晒”起了太仓的投资环境。

两天之后，马悌思和他的德国朋友又出现在2016太仓金秋经贸月开幕式上。当天，太仓港区的格燊生物制药、新区的吉尔泰汽车部件、浏河镇的梅克卡斯汽车零部件等10个项目开工开业，另有22个项目签约。

这些签约项目中，德资有9个，占了近一半，很多都是业内知名的“小而强”。新落户的德资企业吉尔泰汽车部件（苏州）有限公司占地仅3.33公顷，总投资高达1亿美元，预计2017年底项目投产后，可年产汽车用密封产品3.6亿件，年产值达10亿元。

在这个收获的季节里，太仓与上海和德企之间如鱼得水般的频频互动，既是其长期发展战略的作用力使然，也有新形势下太仓人主动作为加强关键性发展要素耦合的努力。

“10多年前太仓就提出‘以港强市、接轨上海’两大战略，而且沿着这条路坚定不移地走到了今天，才有了目前良好的发展局面，我们在这个基础上提出‘以港强市、融入上海、对德合作’三大发展战略，既是现实需要，也是战略升级。”太仓市委书记沈觅表示，太仓是江苏唯一沿江又沿沪的城市，同时又是全国德企集聚度最高的城市，这些显著的县域特色都是太仓在当前爬坡过坎转型升级过程中得天独厚的优势所在，必须用好用足。“我们把‘接轨’升级为‘融入’，就是为了在产业合作之外，进一步‘提档扩容’沪太合作的层次和领域，使太仓真正实现‘与沪同城’，成为上海全球城市区域功能的重要组成部分。”

就是在这样清晰明确的发展思路中，区域发展要素的耦合力度在悄然而坚定地加强，太仓人精心谋划的“三大文章”风生水起。

走进太仓保捷锻压有限公司生产车间，在一片机器轰鸣声中，但见通红的磨具以每秒4个的速度被锻造成型。这台最新引进的高速镦锻机，大大提高了生产效率。保捷锻压5年前从上海搬迁到太仓，实现了当年注册、当年建设、当年投产，目前销售额已突破10亿元。保捷锻压有限公司董事长葛泓说，“除了地理因素、节省成本等考虑，太仓良好的投资环境是吸引我们的重要原因。”

短短几年间，太仓港与上海港合作运营码头公司、同济大学太仓高新技术研究院成立虹桥机场太仓航站楼获批上海分时租赁电动汽车“开进”太仓设点……一大批项目纷纷落地，合作渐入佳境。通过此次上海投资说明会现场签约的32个项目可以看到，合作领域涉及科技创新、人才引进、商贸服务、教育培训、医疗卫生、旅游文化等各个方面，呈现出“领域宽、范围广、程度深”的特点。

“长三角区域合作是篇大文章，太仓要发挥好自己的比较优势。”长期关注太仓发展的北京大学教授、中国区域经济研究中心副主任薛领举了个例子：现在是全域旅游时代，观光休闲几乎成了都市人的“刚需”，太仓很多年前就开始打造“现代田园城”，对上海人的吸引力不言而喻。“苏州有句话叫‘大树底下种好碧螺春’，除了旅游，太仓加强对德合作、提升港口竞争力，都要紧紧抓住上海这棵大树。”

根据规划，太仓今后将全力发挥太仓港作为上海国际航运中心北翼集装箱干线港、江海联运中转枢纽港作用，增强产业与港口的融合度，进一步放大与上海的同城效应，加快建设太仓中德中小企业共塑创新示范区。到“十三五”末，力争基本形成以创新为主要引领和支撑的经济体系和发展模式，先进制造业、现代服务业和现代农业协调发展，努力打造成为全国中小城市开发建设的典范。

（摘编自2016年10月25日《新华日报》记者：高坡、潘朝晖）

# 巩固深化对德合作成果　聚势谋远做优三篇“文章”

2016年10月13日，32个沪太合作项目集中签约。

2016年10月15日，47个重点项目在各区镇集中开工开业。

奋蹄疾行，为的是远方的风景。太仓一连串的大动作，目标指向非常明确：在“十三五”开局之年开好头、起好步，依托自身资源禀赋和独特优势，做优做亮“以港强市、融入上海、对德合作”三篇“文章”。

厚积而薄发，聚势而谋远。一篇好“文章”，既要主题鲜明，又要内容丰富，准备充分方能笔下生辉。近年来，太仓坚持港口功能开发和临港产业发展有机结合，以产业

合作带动沪太两地深度共赢，继续巩固和深化对德合作成果，已为这三篇“文章”积攒了足够的“素材”。

**港区工业总产值占全市份额超三成**
**临港产业成太仓全市经济重要支柱**

作为全球首个大宗化工品线上交易平台，设立在太仓港经济技术开发区的“大宝赢”上线3个多月来，交易额累计已经突破6亿元，每天交易量超过万吨。以“大宝赢”为代表的跨境电商产业，正迅速崛起成为太仓临港产业新的增长极。

港口是一座城市发展开放型经济、加入经济全球化的核心资源，港口的发展会有力地推动港口城市和区域经济的发展。多年来，太仓坚持“以港强市”战略，以太仓港为依托，坚持港口、港区、港城三位一体，提升对该市发展的支撑作用。

经过多年的跨越发展，目前，太仓港已基本建成近洋直达集散中心、远洋中转基地、内贸转运枢纽，并成为长江集装箱运输第一大港、长江外贸第一大港，居全球100强集装箱港口第39位。2016年1—9月，完成集装箱吞吐量、货物吞吐量、外贸货物吞吐量289.3万标箱、1.64亿吨和5536.1万吨，同比分别增长7.4%、11.5%和11.6%，增幅居全国主要港口前列。

围绕太仓港这一龙头，太仓以港区为主阵地，构建起以石油化工、电力能源、轻工造纸三大传统产业，和新能源、新材料、新装备三大新兴产业为主体的临港产业集群。并抓住国际产业转移和国家重大产业布局调整机遇，引进了一批事关长远发展的重特大项目和高新技术项目，建立起生物港等具有国际先进水平的产业基地。

1—8月，太仓港区实现工业总产值528.96亿元，其中规模以上工业产值435.7亿元，占太仓全市份额为32.7%；实现规模以上工业利润49.6亿元，同比增长20.0%；预计完成公共财政预算税收收入19.2亿元，同比增长22.9%。目前，港区在建工业项目18个，总投资约79亿元，预计达产后可新增产值266亿元左右；计划开工工业项目19个，总投资约75亿元。临港产业的持续健康发展，离不开城市的配套服务。作为太仓“一市双城三片区”的重要一极，港城在“十二五”时期也迈入了开发建设的快车道。累计通车里程达到161.5公里，核心区路网基本形成；港城小学、浏家港中学教学楼、七浦塘生态公园等公建配套工程建成投入使用；邻里中心、港城中兴商业街建成投运。年内，又完成了银港路绿化等6个项目，新增绿化面积为22.4万平方米。

**“十二五”以来引进上海项目733个**
**400多亿元投资总额带动太仓经济发展**

作为江苏对接上海最前沿，太仓对上海强大的溢出效应早就看得真真切切。谁能为上海如此丰富的生产力提供发展空间，谁就赢得了发展主动权。

2003年，太仓市政府就明确提出接轨上海的发展战略，并将其纳入“十一五”“十二五”发展规划核心战略，坚持“政府引导、市场运作、企业主体、民间交流”的原则，构建全方位、宽领域的跨省长效机制。

按照这一核心战略，太仓分别与上海嘉定、宝山两区就交通对接、规划衔接及新浏河两岸合作开发等领域，签订合作框架协议并加以推进实施，与上海市现代服务业联合会、长江经济联合发展（集团）股份有限公司等机构和单位签署战略合作协议，共推太仓融入上海发展。

多年来，太仓从上海的辐射和带动中获益匪浅，尤其是到了“十二五”时期，“接轨上海”对太仓经济发展的促进作用愈发明显。数据显示，“十二五”以来，太仓全市引进上海项目733个，新增项目投资总额418.99亿元，新增注册资金172.2亿元，其中注册资本5000万元以上项目6个，注册资本133.18亿元。

在产业合作的基础上，沪太两地开始探索多层次、全方位的对接合作。

“十二五”时期，太仓完成了沿沪重要交通节点改造建设工作，取消了204国道收费站，开通太仓至上海地铁11号线、7号线和虹桥机场的跨省城际快速公交线路，科学规划沪通铁路，加强与嘉定有轨电车规划对接，基本形成了沪太一体的客货运快速交通网络体系。

太仓港与上海洋山港成功合作开发运营码头，与洋山港通关和物流实现一体化，从太仓港进出境船舶引航实现“一次申请、在航交接”，并开通太仓到洋山港的“太仓快航”，提升了上海港北翼核心港地位。

浏河人民医院全面托管给上海交大附属医院，并冠名为“上海交通大学附属九院太仓分院”，让先进的医疗技术和管理“走进”太仓卫生事业；邀请上海艺术家来太献艺，借助上海的丰富文化营养，提升太仓市文化建设层次。

7月，太仓市旅游局从上海引进EVCARD电动汽车分时租赁项目。预计到2017年底，太仓网点将达300个，投放600辆车，覆盖太仓当地旅游景区、酒店、乡村旅游点、工厂店等，两地居民来往将更加便捷。

通过在多领域开展深度合作，为太仓谋求融入上海奠定了坚实基础。为此，太仓市在“十三五”规划中提出了“融入上海”的发展战略。太仓市发改委主任楼晓舟介绍，今后，太仓将努力和上海要素资源互通、城市导向同步、经济社会融合、功能布局一体，成为上海全球城市区域功能的重要组成部分。

**服务业德企已超过60家**
**德国中心落户引导德企结构多元化**

连续多年位列全国百强县前十，太仓在全国的知名度不可谓不高。但在太仓，却流传着这样一种说法：太仓在国内知名度虽高，却还比不上在德国的名气，而且，主要是德国人自己帮着太仓推广宣传。

这一现象，源于太仓“德企之乡”的名声。从1993年引进德国克恩－里伯斯集团至今，23年里，太仓凭借着独特的区位优势、优质的政府服务，以及“双元制”教学模式，吸引了一拨又一拨德企的到来。而一个接一个德企的落地，也推动了太仓的崛起。

目前，太仓已集聚了舍弗勒、克朗斯、通快等250多家德国企业，投资总额近20亿美元，年产值近300亿元，成为中国德企发展最好、密度最高的地区之一。2008年11月更是被国家商务部和德国经济部授予中国首个、也是目前唯一的“中德企业合作基地”称号。

1—8月，太仓德企销售收入达186亿元，同比增长16%。其中76家规模以上德企实现产值165.3亿元，利润总额19.8亿元，分别同比增长18.6%和43%。太仓工业龙头舍弗勒产销超70亿元，同比增长超20%，今年底将成为太仓有史以来首家产销超百亿元的工业企业。

6月，全球第八家、中国第三家德国中心在太仓开业，为进入太仓的德企提供从市场咨询、律师服务、秘书翻译、谈判展览到办公用房、金融服务、德国贸易等各项服务。太仓23年的对德合作就此翻开了一个新篇章，今后，双方将在更高平台上开展更深入的全面合作。

作为德企服务业项目的代表，太仓德国中心反映了落户太仓的德企业态的变化趋势。和以往几乎是清一色精密制造企业不同，近两年，越来越多的德资服务性企业进驻太仓。2015年，太仓新引进的德企约三分之一是商贸服务性企业。今年又新增了5家服务性德企，目前，太仓全市三产服务业德企已超过60家。

落户太仓的德企结构逐渐多元化，太仓在城市发展中的德国元素也在日渐增多。2016年6月，中德友好幼儿园开园，苏州健雄职业技术学院与东南大学、德国巴符州应用技术大学已达成合作意向，合作开展本科教学；上海德国学校在太仓设立的德国中小学也已在筹备之中。

按照太仓出台的《关于进一步深化全市对德合作工作的实施意见》部署，今后，太仓将在城市规划、市政交通、商贸旅游等各方面融入更多德国元素，让来这里的德国人找到家乡的感觉。

（摘编自2016年10月18日《苏州日报》记者：顾志敏）

## 2016年媒体报道题录一览表

表1

| 序号 | 日期 | 文章（新闻）标题 | 报道媒体 |
|---|---|---|---|
| 1 | 1月7日 | 苏州太仓十大实事工程：新投千辆公共自行车 | 苏州日报 |
| 2 | 1月8日 | 苏州市太仓8家企业成功登陆资本市场 | 苏州日报 |
| 3 | 1月15日 | 太仓司法改革创造9项全国第一　镇级公共法律服务中心全覆盖 | 中国江苏网 |
| 4 | 1月18日 | 太仓将建中德友好幼儿园　计划今年9月正式启用 | 中国江苏网 |
| 5 | 1月18日 | 太仓9项目获国家火炬计划立项 | 中国江苏网 |
| 6 | 1月19日 | 太仓港货物吞吐量首破2亿吨 | 新华日报 |
| 7 | 1月22日 | 太仓软件园获评省级孵化器和小企业创业基地 | 苏州日报 |
| 8 | 1月25日 | 太仓港至镇江港“驳运快线”每天一班 | 中国江苏网 |
| 9 | 1月25日 | 太仓48万人次获医疗救助1亿元 | 中国江苏网 |
| 10 | 1月26日 | 太仓市突出“四个抓”深化勤政廉政教育 | 新华网 |
| 11 | 1月27日 | 太仓地区中韩、中澳产地证签发量翻番 | 中国经济网 |
| 12 | 1月29日 | 太仓开通长江首条东南亚航线 | 新华日报 |
| 13 | 1月29日 | 太仓电视问政栏目《相逢问策》首播受关注 | 新华日报 |
| 14 | 2月15日 | 苏州太仓试点大病医保制度　国家医保新政顶层设计提供“蓝本” | 苏州日报 |
| 15 | 2月18日 | 吹响项目建设“集结号”　太仓16个重大项目集中开工 | 苏州日报 |
| 16 | 2月19日 | 太仓港首月实现开门红　货物吞吐量同比增14.93% | 苏州日报 |
| 17 | 2月19日 | 太仓长江口旅游度假区　立足“三抓”改作风 | 新华日报 |
| 18 | 2月28日 | 太仓新区一年引进德资企业22家 | 苏州日报 |
| 19 | 3月4日 | 太仓一村民抚养邻居女儿14年　上榜“中国好人” | 苏州日报 |
| 20 | 3月6日 | 江苏太仓：两会宣传到渔家 | 人民网 |
| 21 | 3月7日 | 太仓新增8家博士后工作站 | 苏州日报 |

续表 1

| 序号 | 日期 | 文章（新闻）标题 | 报道媒体 |
| --- | --- | --- | --- |
| 22 | 3月8日 | 江苏太仓：引入第三方管理志愿者 | 新华网 |
| 23 | 3月9日 | 太仓成立自主创新金融联盟 搭建银政企沟通桥梁 | 光明网 |
| 24 | 3月9日 | 太仓医药发展迅猛 打造亚洲最大新药研发中心 | 中国新闻网 |
| 25 | 3月10日 | 太仓德企达230余家 投资结构悄然转变 | 中国新闻网 |
| 26 | 3月11日 | 太仓璜泾王振球 获评“中国好人” | 新华网 |
| 27 | 3月12日 | 2016中国太仓旅游文化节暨江海河三鲜美食节”开幕 | 江苏卫视 |
| 28 | 3月16日 | 苏州太仓对口帮扶玉屏度资金100万元 | 新华网 |
| 29 | 3月17日 | 太仓首开“微网媒”织密廉政防线 | 江南时报 |
| 30 | 3月21日 | 太仓农村“365”大同服务群众“最后一公里” | 新华网 |
| 31 | 3月21日 | 太仓开展农村党组织服务体系测评 | 苏州日报 |
| 32 | 3月25日 | 太仓“五位一体”破解“三资”监管难题 | 中国江苏网 |
| 33 | 3月28日 | “两个平台”成功组织1287宗交易 | 苏州日报 |
| 34 | 3月28日 | 太仓启动“善之行” 四季慈善公益项目 | 姑苏晚报 |
| 35 | 3月28日 | 太仓22个重点项目提升“政社互动” | 中国江苏网 |
| 36 | 3月31日 | 江苏太仓：“好人”家风引领优秀民风 | 新华网 |
| 37 | 4月1日 | 太仓城厢乡贤 参与社会治理 | 新华日报 |
| 38 | 4月5日 | 江苏太仓港：首季吞吐量增18% 业务量逆势增长 | 中央电视台 |
| 39 | 4月7日 | 太仓港迎来最古老香水品牌 | 新华网 |
| 40 | 4月8日 | 太仓好家风引领好民风 | 新华日报 |
| 41 | 4月13日 | 埃克森美孚太仓扩建项目一期竣工 | 苏州日报 |
| 42 | 4月15日 | 太仓环保执法推行“四随机”精细化透明化监管 | 苏州日报 |
| 43 | 4月18日 | 中韩、中澳自贸协定成江苏太仓原产地签证新增长点 | 中国新闻网 |
| 44 | 4月18日 | 太仓口岸进口铁矿石连续7年保持增长 | 新华网 |
| 45 | 4月19日 | 江苏太仓：让群众的眼睛盯紧“小农水” | 新华网 |
| 46 | 4月20日 | 太仓借助微信平台，打造“拇指党建” | 中国江苏网 |
| 47 | 4月22日 | 沪通铁路太仓高架站箱梁架设顺利完成 | 新华网 |
| 48 | 4月23日 | 江苏去年新增51件地理标志商标 | 中国江苏网 |
| 49 | 4月25日 | 太仓首座跨高等级航道人行天桥建成通行 | 中国江苏网 |
| 50 | 4月28日 | 太仓：“勤廉指数”提升群众幸福度 | 中国江苏网 |
| 51 | 4月29日 | 太仓两创新载体获“国字号”认定并正式揭牌 | 新华网 |
| 52 | 4月30日 | 太仓市开展“机关开放日”打造“阳光政务” | 中国江苏网 |
| 53 | 5月3日 | “鱼米之乡”今又成“德企之乡”——太仓全力打造“中德合作”典范城市 | 中国江苏网 |
| 54 | 5月3日 | 太仓现代农业园区获评首批国家重点花文化基地 | 新华报业网 |
| 55 | 5月4日 | 太仓推进干部教育培训“四大体系”建设 | 新华网 |

续表1

| 序号 | 日期 | 文章（新闻）标题 | 报道媒体 |
|---|---|---|---|
| 56 | 5月6日 | “四心”秘笈，助“德企之乡”腾飞 | 中国江苏网 |
| 57 | 5月8日 | 太仓德国中心董事总经理马悌思：“我们愿为中德企业合作牵线搭桥” | 中国江苏网 |
| 58 | 5月9日 | 太仓“营改增”一周　二手房交易超亿元 | 苏州日报 |
| 59 | 5月10日 | 学生＋学徒，德国双元制教育的太仓实践 | 中国江苏网 |
| 60 | 5月11日 | 太仓一企业国际自行车展受追捧　有20多项专利 | 新华网 |
| 61 | 5月17日 | 太仓公益创投项目评审现场打分PK | 姑苏晚报 |
| 62 | 5月19日 | 江南小城，成“中德合作”典范城市 | 新华日报 |
| 63 | 5月19日 | 在华德企为何业绩逆势增长？工业4.0很关键 | 第一财经 |
| 64 | 5月19日 | 以“双元制”本土化育“大国工匠” | 中国教育报 |
| 65 | 5月20日 | 《太仓市共青团志》首发 | 新华日报 |
| 66 | 5月20日 | 太仓勤廉文化研究所　引进28名专家学者 | 新华日报 |
| 67 | 5月21日 | 首届“郑和杯”青年精英创新创业大赛在江苏太仓圆满举行 | 中青在线网 |
| 68 | 5月22日 | “千人计划”专家太仓论道　探讨医疗器械产业发展前沿 | 苏州日报 |
| 69 | 5月22日 | 江苏太仓创业大赛引来海外创客　德国青年为何在中国小城扎堆创业 | 中国青年报 |
| 70 | 5月23日 | 太仓市：“三个强化”助力党员干部改作风 | 中国江苏网 |
| 71 | 5月23日 | 逆势增资的信心动力　从太仓样本看中德合作再升级 | 新华报业网 |
| 72 | 5月24日 | 太仓市第二十八届科普宣传周隆重开幕 | 江苏公众科技网 |
| 73 | 5月24日 | 太仓：狂风暴雨高温“夺不走”农民种养收益 | 新华网 |
| 74 | 5月25日 | 德国青年扎堆中国小城创业的启示 | 中国经济网 |
| 75 | 5月25日 | 德国青年为何在太仓扎堆创业 | 新华网 |
| 76 | 5月25日 | 德企之乡的缘由 | 中国财经时报网 |
| 77 | 5月27日 | 海内外人才聚太仓　“中德合作”品牌效应彰显 | 中国新闻网 |
| 78 | 5月27日 | 江苏太仓检验检疫局全国首次截获皱纹皮花天牛 | 新华网 |
| 79 | 5月27日 | 苏州太仓举办首届“太仓假日杯”运动会 | 新华网 |
| 80 | 5月27日 | 太仓构筑人才宜居宜业新高地 | 新华日报 |
| 81 | 5月28日 | 2016中国机器人大赛服务机器人专项赛在太仓举办 | 每日科技网 |
| 82 | 5月30日 | 太仓已成为中国德企发展最好、密度最高的地区之一 | 新华网 |
| 83 | 5月30日 | 太仓海关重新认证4家高资信企业 | 新华网 |
| 84 | 5月30日 | 中德合作升级“太仓样本” | 中国县域经济报 |
| 85 | 5月31日 | 太仓完善政策助力企业发展　减轻企业负担超10亿元 | 中国财经时报网 |
| 86 | 6月2日 | 全球第八家德国中心正式运行　助推德资高地产业升级 | 江苏卫视 |
| 87 | 6月2日 | 太仓德国中心营业 | 苏州电视台 |

续表1

| 序号 | 日期 | 文章（新闻）标题 | 报道媒体 |
|---|---|---|---|
| 88 | 6月3日 | 太仓德国中心搭建中德合作桥梁 | 苏州日报 |
| 89 | 6月3日 | 打造“中德合作”典范城市 | 苏州日报 |
| 90 | 6月3日 | “德国中心”太仓开业 | 新华日报 |
| 91 | 6月3日 | 太仓为德企党员建平台 | 新华日报 |
| 92 | 6月3日 | 江苏太仓：全球第八个德国中心开业 | 人民网 |
| 93 | 6月3日 | 长三角先进制造业再布局：两百多家德企不选上海落户太仓 | 澎湃新闻 |
| 94 | 6月3日 | 全球第八家“德国中心”在江苏太仓开业 | 中国广播网 |
| 95 | 6月3日 | 江苏太仓德国中心设立　助力德企进入中国市场 | 人民网 |
| 96 | 6月3日 | 太仓德国中心开业　对德合作迈上新台阶 | 中国新闻网 |
| 97 | 6月6日 | 太仓擦亮“对德合作”国际名片 | 解放日报 |
| 98 | 6月6日 | “太仓德企”贵在坚持应有状态 | 江苏经济报 |
| 99 | 6月7日 | 太仓全面部署推进“两学一做”学习教育 | 新华网 |
| 100 | 6月7日 | 太仓港单月进口大宗散货再创历史新高 | 新华网 |
| 101 | 6月11日 | 中国第三家德国中心太仓开业 | 荔枝网 |
| 102 | 6月12日 | 太仓建立医疗救助机制让每个市民都看得起病 | 新华网 |
| 103 | 6月13日 | 太仓市经济开发区打造德企党建新样本 | 新华网 |
| 104 | 6月13日 | “营改增”满月　太仓地税送1500余个“红包” | 新华网 |
| 105 | 6月13日 | 太仓口岸将成惠氏集团华东地区主阵地 | 新华网 |
| 106 | 6月20日 | 太仓出台供给侧结构性改革总体方案及“去降补”行动计划 | 苏州日报 |
| 107 | 6月20日 | 江苏太仓口岸连续检出8种“全国首次截获”有害生物 | 中国经济网 |
| 108 | 6月22日 | 太仓中小高新企业　首尝税收扩围新政“鲜果” | 新华日报 |
| 109 | 6月24日 | 太仓开出首家中德幼儿园 | 新华日报 |
| 110 | 6月24日 | 国华太仓电厂7号机组实现“趋零排放” | 苏州日报 |
| 111 | 6月27日 | 中德合作再升级：“太仓样本”的启示 | 中国新闻周刊 |
| 112 | 6月27日 | 江苏太仓：“国际禁毒日”禁毒宣传从我做起 | 光明网 |
| 113 | 6月30日 | 太仓“政社互动”获评全国大奖 | 新浪网 |
| 114 | 6月30日 | 江苏太仓举行2016年长江水上搜救综合演习 | 新华网 |
| 115 | 7月1日 | 太仓举办“娄水清风”古代文物展 | 苏州日报 |
| 116 | 7月4日 | 太仓摘取“中国社区治理十大创新成果”奖 | 姑苏晚报 |
| 117 | 7月6日 | 江苏太仓破解农业园区贷款难 | 人民日报 |
| 118 | 7月8日 | 规范交通执法行为　太仓推行廉政告知制度 | 新华日报 |
| 119 | 7月11日 | 太仓“产业集聚人才、人才支撑产业”良性格局初现 | 苏州日报 |
| 120 | 7月11日 | 江苏太仓做好“融入上海”大文章 | 中国经济导报 |
| 121 | 7月14日 | 太仓9家社会组织拥军项目集中签约 | 光明网 |

续表1

| 序号 | 日期 | 文章（新闻）标题 | 报道媒体 |
|---|---|---|---|
| 122 | 7月15日 | “太仓班”：订单式教学为苏州农业找新路 | 新华日报 |
| 123 | 7月15日 | 太仓港吞吐量跃居长江港口第一 | 新华日报 |
| 124 | 7月15日 | 太仓电动车可分时租赁 | 新华日报 |
| 125 | 7月15日 | 江苏太仓全力做好“融入上海大文章” | 中国经济导报 |
| 126 | 7月15日 | 96名农校生为何遭“疯抢”？ | 新华网 |
| 127 | 7月18日 | 太仓：建立“六大载体 ”实践“第一种形态” | 新华网 |
| 128 | 7月21日 | 江苏太仓：构建德企党建“365服务圈” | 中国共产党新闻网 |
| 129 | 7月22日 | 太仓“三个抓手”让责任制“落地有声” | 新华日报 |
| 130 | 7月25日 | 太仓印刷企业跨界开发AR+VR　让图片开口讲故事 | 苏州日报 |
| 131 | 7月25日 | 江苏太仓港上半年集装箱吞吐量继续保持长江港口第一 | 中国交通新闻网 |
| 132 | 7月25日 | 太仓出台文件规定农田基础设施将有偿使用 | 中国江苏网 |
| 133 | 7月26日 | 太仓：三个“清”加强专项整治中的宣传教育 | 中国江苏网 |
| 134 | 7月26日 | 打造特色鲜明的开放前沿阵地　太仓做优做亮“三篇文章” | 苏州日报 |
| 135 | 7月26日 | 太仓依托国际精英创业周形成良性互动集聚效应 | 中国新闻网 |
| 136 | 7月29日 | 太仓万亩农田用智能灌溉系统操控手机就能完成 | 新华网 |
| 137 | 8月2日 | 现代农业如何逆风起飞 | 光明日报 |
| 138 | 8月2日 | 太仓：多措并举助好家风吹遍娄城 | 新华网 |
| 139 | 8月2日 | 苏州太仓全省首建社会组织拥军服务中心 | 人民网 |
| 140 | 8月2日 | 无人机首次飞进江苏太仓口岸检验鉴定再添“法宝” | 中国经济网 |
| 141 | 8月3日 | 太仓表彰道德模范　现场发布12项帮扶礼遇 | 苏州日报 |
| 142 | 8月7日 | 太仓上半年引入近900个内资项目 | 苏州日报 |
| 143 | 8月8日 | 太仓市：对行政事业性收费项目实施动态监管 | 新华网 |
| 144 | 8月8日 | 引导社会力量直接参与其中太仓探索多元化“救急难”模式 | 光明网 |
| 145 | 8月9日 | 第二届“源圆两岸交流汇”活动在苏州举办 | 中国台湾网 |
| 146 | 8月9日 | 太仓社区微自治全面推广“一事一约”方式形成专项公约 | 姑苏晚报 |
| 147 | 8月11日 | 太仓缘何成为“德企之乡” | 瞭望东方周刊 |
| 148 | 8月12日 | 江苏太仓探索新型集体经济给农村发展注入新活力 | 中央广播电台 |
| 149 | 8月15日 | 太仓创新推进法治型社会组织建设 | 江苏法制报 |
| 150 | 8月16日 | 太仓市：走出“平仄律”领略“廉之美” | 新华网 |
| 151 | 8月20日 | 太仓沙溪工业强镇演绎转型“三重奏” | 苏州日报 |
| 152 | 8月22日 | 百年纺企掘金“一带一路” | 苏州日报 |
| 153 | 8月22日 | “太仓棉种”遨游太空后顺利返回 | 苏州日报 |
| 154 | 8月24日 | 太仓市借力“互联网+”以痕迹化监管压实“两个责任” | 新华网 |

续表 1

| 序号 | 日期 | 文章（新闻）标题 | 报道媒体 |
|---|---|---|---|
| 155 | 8 月 29 日 | 太仓推“定价收购、溢价返还”夏粮收购模式 | 苏州日报 |
| 156 | 8 月 30 日 | 全国女子排球锦标赛太仓开赛 | 苏州日报 |
| 157 | 8 月 31 日 | 太仓新增 45 个千万元以上内资项目 | 苏州日报 |
| 158 | 9 月 2 日 | “十三五”时期太仓三大战略性新兴产业产值翻番 | 苏州日报 |
| 159 | 9 月 2 日 | 太仓公路“四化联动”助推道路长效管护 | 中国公路网 |
| 160 | 9 月 2 日 | 太仓高端装备新材料规模瞄准千亿级 | 光明网 |
| 161 | 9 月 3 日 | 世界集装箱港口百强榜苏州太仓港跃居第 39 位 | 苏州日报 |
| 162 | 9 月 5 日 | 太仓被“世卫”授予健康城市最佳实践奖 | 苏州日报 |
| 163 | 9 月 7 日 | 太仓：“三种谈话”机制　细化“第一种形态” | 新华网 |
| 164 | 9 月 8 日 | 太仓：“德企之乡”太仓啤酒节狂欢 | 中国江苏网 |
| 165 | 9 月 9 日 | 江苏太仓投入 6000 万元支持城区防洪排涝工程建设 | 中国财经时时网 |
| 166 | 9 月 12 日 | 太仓港开发区　高新产值占总产值三成 | 新华报业网 |
| 167 | 9 月 18 日 | 世界健康城市联盟为太仓颁发“创新发展奖” | 光明网 |
| 169 | 9 月 18 日 | 人民日报：农行太仓分行投放 35 亿元支持绿色家园建设 | 人民日报 |
| 170 | 9 月 19 日 | 太仓市：严格督查“百日行动”剑指环境综合整治 | 中国江苏网 |
| 171 | 9 月 22 日 | 太仓“百日行动”交出亮眼“月考”成绩单 | 苏州日报 |
| 172 | 9 月 23 日 | 太仓好人馆开馆 | 新华日报 |
| 173 | 9 月 23 日 | 太仓加速构建众创空间体系 | 苏州日报 |
| 174 | 9 月 23 日 | 太仓市：“好声音”讲述“好家风”故事 | 新华网 |
| 175 | 9 月 26 日 | 太仓完善社会救助主动发现机制 | 姑苏晚报 |
| 176 | 9 月 26 日 | 太仓司法行政“五支新军”齐头并进 | 法制网 |
| 177 | 9 月 26 日 | 江苏太仓提升养老服务水平 让老人安享晚年 | 中国财经时报网 |
| 178 | 9 月 27 日 | 太仓推出社区养老“1+N”模式 | 养老中国网 |
| 179 | 9 月 28 日 | 太仓举办第一届“太仓假日杯”烹饪大赛 | 苏州日报 |
| 180 | 9 月 30 日 | 沪通铁路太仓至四团段前期工作近日启动 | 东方网 |
| 181 | 10 月 12 日 | 太仓经济开发区（新区）已建 18 家德企党组织 | 新华网 |
| 182 | 10 月 13 日 | 苏州太仓：“轮作休耕”促进农业可持续发展 | 苏州日报 |
| 183 | 10 月 14 日 | 太仓赴沪“招才引资” | 新华日报 |
| 184 | 10 月 14 日 | 谋求深度互动 太仓率先一步 | 解放日报 |
| 185 | 10 月 14 日 | 从承接溢出效应到谋求同城效应 | 新华网 |
| 186 | 10 月 14 日 | 太仓缘何改“接轨上海”为“融入上海” | 上海观察网 |
| 187 | 10 月 16 日 | 太仓“融入上海”战略初显成效 | 文汇报 |
| 188 | 10 月 17 日 | 太仓“三大主线”助力转型升级跑出“加速度” | 中国新闻网 |

续表1

| 序号 | 日期 | 文章（新闻）标题 | 报道媒体 |
|---|---|---|---|
| 189 | 10月18日 | 聚势谋远做优三篇“文章” | 苏州日报 |
| 190 | 10月18日 | 太仓谋求与上海深度融合 | 新民晚报 |
| 191 | 10月19日 | 太仓市：“四个强化”严明村级组织换届纪律 | 新华网 |
| 192 | 10月21日 | 治“病树”，更要管好“森林” | 人民日报 |
| 193 | 10月25日 | 太仓“三大战略”促深度转型 | 苏州日报 |
| 194 | 10月25日 | 太仓做好长三角区域合作大文章 | 新华日报 |
| 195 | 10月25日 | 德国商协会和企业访问太仓　打造中德合作典范城市 | 中国日报网 |
| 196 | 10月26日 | 德国“隐形冠军”寻“太仓合伙人” | 苏州日报 |
| 197 | 10月27日 | 德国商协会太仓行：为中德企业搭建交流平台 | 海外网 |
| 198 | 10月28日 | 打好“对德合作”牌　256家德企集聚太仓 | 新华日报 |
| 199 | 10月29日 | 第九届“太仓日”走进德国斯图加特 | 苏州日报 |
| 200 | 11月3日 | 苏州市道德评弹展演走进太仓　演绎道德模范先进事迹 | 苏州日报 |
| 201 | 11月3日 | 太仓市：镇级公益性安息堂全覆盖 | 苏州日报 |
| 202 | 11月4日 | 双元制的太仓样本 | 工人日报 |
| 203 | 11月7日 | 20年，太仓港量质齐飞跃 | 苏州日报 |
| 204 | 11月8日 | 太仓港开发区注册外资同比增126.4% | 新华报业网 |
| 205 | 11月11日 | 做优做亮“三篇文章”　打造现代田园城市 | 苏州日报 |
| 206 | 11月15日 | 首届中德友谊杯乒乓球邀请赛在太仓举办 | 人民网 |
| 207 | 11月16日 | 太仓市工会综合服务管理平台覆盖4470家单位 | 苏州日报 |
| 208 | 11月16日 | 两个10万吨级项目落户太仓　高端润滑油设计产能将超128万吨 | 新华报业网 |
| 209 | 11月18日 | 智能水尺计重监管系统在太仓亮相 | 中国质量新闻网 |
| 210 | 11月21日 | 太仓：推行拟不起诉案件社会评议员制度 | 检察日报 |
| 211 | 11月24日 | 鲁苏一体化助推太仓港实现跨区域辐射 | 新华网 |
| 212 | 11月28日 | 太仓市：传统艺术话勤廉 | 新华网 |
| 213 | 12月1日 | 太仓德企“良性循环”产销保持两位数增长 | 中国新闻网 |
| 214 | 12月2日 | 2018年竞走团体世锦赛落户江苏太仓 | 新华网 |
| 215 | 12月5日 | 中德合作人才培养太仓迈新步 | 中国江苏网 |
| 216 | 12月6日 | 太仓市：坚持“三位一体”构建勤廉生态校园 | 新华网 |
| 217 | 12月6日 | 太仓市：“最美读书声”吟诵先贤家训诗 | 新华网 |
| 218 | 12月7日 | 太仓新增一家省级众创空间 | 苏州日报 |
| 219 | 12月7日 | 太仓口岸在省内率先建立国际贸易“单一窗口” | 苏州日报 |
| 220 | 12月8日 | 太仓工业设计“点石成金”为江苏制造转型探路 | 人民网 |
| 221 | 12月9日 | “智慧工会”的太仓实践 | 工人日报 |

续表1

| 序号 | 日期 | 文章（新闻）标题 | 报道媒体 |
| --- | --- | --- | --- |
| 222 | 12月9日 | 江苏太仓“以减换增”促进“三生融合”发展 | 新华网 |
| 223 | 12月10日 | 太仓深入推进德国“双元制”职业教育 | 中国江苏网 |
| 224 | 12月15日 | 太仓市编印《家风》读本 营造清廉氛围 | 新华网 |
| 225 | 12月22日 | 太仓港经济技术开发区成央企抱团集聚区 | 新华网 |
| 226 | 12月22日 | 德国手工业行会行业培训考试认证基地落户太仓 | 新华网 |
| 227 | 12月22日 | 太仓口岸实施船舶检疫无纸化检疫时间节约七成 | 新华网 |
| 228 | 12月26日 | 江苏—德国知识产权国际服务平台落户太仓 | 中国江苏网 |
| 229 | 12月28日 | 太仓举办首届双元制职业教育论坛 | 新华网 |
| 230 | 12月28日 | 中铁上海局三公司在太仓举行施工技术管理现场会 | 新华网 |
| 231 | 12月30日 | 德企党建这样打造“太仓样本” | 中国江苏网 |
| 232 | 12月30日 | 太仓农村污水治理见成效 | 中国江苏网 |

（市委宣传部）

# 融入上海

【概况】 2016年，太仓市围绕“与沪同城”发展目标，推进融入上海发展战略，加快从接轨上海到融入上海转变。全年全市累计引进上海项目120个，注册资本26.36亿元。年内，太仓市健全和完善与上海的合作交流机制，加强与上海的产业对接，提升产业协调能力。加强交通规划对接，放大沪太同城效应。加强环境治理合作，对接医疗卫生事业。深化产学研合作，加强上海人才引进。增强对上海的宣传合作，开展各类文化交流活动，助推融入式发展。

【产业对接】 2016年，太仓市举办太仓（上海）招商投资说明会，邀请商务部驻上海特派员向欣，上海现代服务业联合会副会长陈振鸿，上海市经济团体联合会、上海市工业经济联合会执行副会长兼秘书长陈启豪，上海工程技术大学校长夏建国等参加会议。会上，现场签约项目32个，涉及产业投资、中德合作、互联网+、环境保护、休闲农业开发、旅游规划开发、校地产学研合作、产业园区合作等领域。年内，太仓市加强与上海的产业园区对接，邀请张江集团董事长陈干锦、杨浦区原书记陈安杰、复星集团副总裁钱建龙及董事总经理叶若舟等到太仓访问，洽谈相关商业旅游项目投资。邀请普陀区产业园负责人到太仓考察。参加第19届上海国际商业论坛。加快推进电子商务、服务外包项目招商引资。抓住对上海旅游市场的开发，举办2016年中国太仓旅游文化节暨江海河三鲜美食节活动，邀请上海知名房车俱乐部到太仓举办巡展，尝试打造面向上海游客的太仓房车基地。年内，太仓市成功入选“长三角自驾游发展十强城市”。针对太仓市民到上海旅游服务需求日益增多的现象，太仓市发展运输服务和旅游一体化服务业务，先后开通夜游黄浦江旅游专线、迪士尼旅游专线，推进运输、售票一站式服务。太仓市与上海国际汽车城合作，将新能源电动汽车分时租赁项目EVCARD引入太仓。太仓市发展休闲采摘农业旅游，太仓现代农业园区与上海旅游集散中心、上海中旅等50多家旅行社及携程网开展特色农业旅游合作。城厢镇电站村与中国旅行社上海柳营路分部、上海交运国际旅行社合作，开通电站村到朝阳快线车站旅游专车。太仓市交运集团与上海交运巴士客运集团有限公司、城厢镇电站村共同筹资组建太仓白玉兰生态旅游发展有限公司，经营太仓农村生态旅游及市场开发、房车营地及酒店经营、农副产品种植、包装、销售、配送和旅游专线运营等业务。

【交通规划对接】 2016年，太仓市强化与上海的城市规划对接，坚持“城乡一体、产城融合、城在田中、园在城中的现代田园城市”发展定位，以上海总规修编为契机，基本完成太仓市总规实施评估研究，首次提出太仓作为上海都市区城市发展轴重要节点城市，依托沿江发展带（沪宁段）构建复合城际铁路通道，寻求太仓与上海规划衔接的机会。增加海门—崇明—太仓跨江通道，太仓至浦东的沪宜高速通道。强化交通体系的对接。加快推进沪通铁路建设，累计完成红线内动拆农户签约98.2%、企事业单位签约96%，完成全部地面附着物处理。至年底，累计完成投资19.08亿元，贯通施工便道28.9公里。太仓站高架桥主线桥梁架设完毕，太仓站和太仓南站站房完成前期设计规划。加快推进岳鹿公路对接上海嘉定城北路，G346（原S338）路面改善工程全线开工。预留上海轨道交通11号线及1号线太仓市延伸段空间。与上海嘉定沟通，谋划S604省道与嘉定城北路、正夫路与嘉定北和路对接。完善沪太“空陆联运”运输通道。开通沪沙快线（沙溪至11号线嘉定西站），加快推进上海（虹桥、浦东）国际机场太仓航站楼建成扩建工作，新增面积300平方米和机场值机系统，8月正式运营，东方航空、上海航空、吉祥航空、南方航空等多家航空公司进驻值机。优化对接机场运营班线，增开浦东机场定制班线4条。发挥太仓市房地产价格“洼地”、人居环境良好和沪太通勤便捷优势，吸引上海置业人口，打造上海居民安居置业的宜居新家园。浏河镇新楼盘购房者中上海购房群体约占90%。

**【环境治理合作】** 2016年，太仓市持续推进上海市嘉定区的环境保护交流合作，解决交界区域环境突出问题。3月，太仓市环保局与嘉定合作，及时治理上海皮尔博格有色零部件有限公司废气排放问题，避免因环境影响造成的群体事件。

**【医疗卫生事业合作】** 2016年，太仓市加强与上海的医疗卫生事业合作，太仓市第一人民医院与上海新华医院签订联盟医院协议，与同济大学上海第十人民医院开展营养科等专科强化建设。太仓市中医医院选送15人次至上海中医药大学进行“西学中”培训。太仓市第一人民医院和太仓市中医医院分别与上海中山医院、华山医院、仁济医院等医疗单位开展门诊、会诊合作，与上海六院、同济十院等4家医院建立转诊通道。浏河人民医院挂牌“上海交通大学医学院附属第九人民医院太仓分院”，开设专家门诊15个，运营态势良好。

**【产学研合作深化】** 2016年，太仓市加快推进中科院上海硅酸盐所苏州研究院项目建设，设立苏州研究院管理机构，包括办公室、科技业务部、人力资源部、财务管理部等6个部门，实现与所本部一体化管理，资产运营公司——中科西卡思（苏州）科技发展有限公司注册运行。截至年底，落实一期建设经费2000万元，一期工程开工建设，完成基础工程施工。开展引才引智活动，太仓签约上海人才合作组织2家，并联合举办招才引智活动，举办“海外高层次人才太仓行”活动。年内，太仓市举办第5届“科技创新工程推进月”活动开幕式暨2016年科技人才双百对接会活动，举办太仓机器人论坛活动，邀请上海技物所、上海交通大学、同济大学、复旦大学参加。太仓市和上海市浦东新区归国留学人员联合会签订引才直通站协议，与寰球人才交流中心签署“2017年引智合作备忘录”，在海外定期发布太仓市招才引智政策和创新创业环境等相关信息。太仓市和寰球人才交流中心、寰球人才网、上海晋才人力资源服务有限公司共同举办第5届“创智杯”创业中国·太仓大赛。深化校地合作关系。太仓与上海大学签署协同创新战略合作框架协议，与上海工程技术大学签订全面合作协议，与同济大学、上海理工大学续签技术转移中心太仓分中心协议。全年太仓市与上海共签订各类产学研协议141项，其中与上海高校院所签订协议约占70%。太仓市进一步落实“娄东英才”工程政策，增强对上海高校学子和高层次人才吸引力。全年度共审核通过高层次人才安家补贴申请42人。落户太仓的上海引进人才汤旭东、黎雨轩、张庆军等7人获评2016年江苏省“双创人才”，孙海胜、洪广伟获评2016年第一批“姑苏领军人才”，分别占全市获评总数70%和50%。进入第二批姑苏领军人才公示的7人中有6人为上海引进人才。上海高端人才和科研成果为全市科技创新能力提升和经济社会转型升级提供强大动力。太仓市实施以企业需求为导向的引才活动，重点收集太仓市德资企业岗位需求，组织太仓29家企业赴上海理工大学等高校对口招聘。

**【文化交流宣传】** 2016年，太仓市推进与上海各大媒体合作互动。年内，与调频FM899电台联合录制《沪上好爸爸》节目并投放广告。在《旅游时报》上按期刊出太仓旅游专版信息。与上海观察APP、上海“识局园区”微信平台、第一财经APP等合作，推介太仓港与上海港合作、德国中心落成等太仓热点话题。太仓市紧扣以港强市、融入上海、对德合作三篇文章，主动开展新闻外宣主题策划。邀请《解放日报》《第一财经日报》和“上海观察”等上海主流媒体到太仓开展热点报道。《解放日报》刊发《太仓擦亮“对德合作”国际名片》《上海外溢：浏河医院被上海“三甲”托管之后》等文章，《第一财经日报》刊发《多地开展德资争夺战，中国德企之乡太仓有后招》等文章。全年，上海主流媒体刊发涉及太仓的各类新闻报道10余篇。太仓市加大在上海宣传力度，重点赞助“产业地产高峰会”、仲量联行、世邦魏理仕团队对接会等活动，进一步宣传和拓展太仓招商人脉资源。与上海文联、江苏省摄影家协会等单位共同举办“太仓美”摄影大赛，至年底完成第一季评选和巡展。邀请上海知名作家、美食家到太仓采风、创作。继续加强与《解放日报》合作，续签全年战略合作框架协议，由《解放日报》协调组织一线采编人员与《太仓日报》记者、编辑开展业务交流。

（潘　坚）

## 1月

**5—7日** 中国人民政治协商会议太仓市第十三届委员会第五次会议在市行政中心举行。会议审议通过市政协十三届五次会议期间提案审查情况的报告，通过市政协十三届五次会议决议。会议选举王国其为市政协第十三届委员会副主席。

**6—8日** 太仓市第十五届人民代表大会第五次会议在市行政中心举行。会议动员全市上下践行新理念，激发新动能，推动经济社会持续健康发展，实现“十三五”发展良好开局，为谱写好中国梦的太仓篇章奋斗。会议听取市人大常委会工作报告、市人民法院工作报告、市人民检察院工作报告。

**14日** 位于太仓市原荡茜河入江口的七浦塘江边枢纽泵站正式启用。作为苏州单项投资最大、引排水能力最强、技术最为复杂的水利工程——苏州市七浦塘拓浚整治工程全线完工。

**28日** 太仓港—东南亚集装箱班轮首航仪式在太仓港现代货箱码头8号泊位举行。这是长江开通的首条直航东南亚的集装箱班轮航线，标志着太仓港近洋直达集散中心、远洋中转基地、内贸转运枢纽全面建成。

△ 意大利马切拉塔市与太仓市签署建立友好交流城市关系意向书。

**本月** 太仓市成为苏州唯一获批全国农村土地经营权抵押贷款试点市。

△ 省政府公布第4批省级非物质文化遗产代表性项目名录和扩展项目名录，太仓市申报的吟诵调和妈祖祭入选扩展项目名录。

△ 太仓大学科技园获省级小企业创业示范基地称号，太仓软件园获省级重点培育小企业创业基地称号。

## 2月

**5日** 中国科协命名首批2016—2020年全国科普示范县（市、区），太仓市入选。全国科普示范县（市、区）示范期为5年。

**17日** 太仓市2016年中央财政小型农田水利重点县工程开建。2016年度项目区面积1088公顷，计划改善灌溉面积742.67公顷，工程概算投资3450.6万元。主要建设内容包括：新建渠道18.933公里，配套建筑物915座；新建灌溉泵站19座，新建微喷灌16公顷，低压管道灌溉200公顷；新建防洪闸3座，防洪闸站1座，新建电站村防洪排涝工程3项，引水沟清理4.8公里。

**18日** 杨林船闸试运行首次通航成功。杨林船闸不仅是太仓首座船闸，也是苏州地区最大的单体船闸，启用后有效改善杨林塘长江口通航条件，提升通航能力，确保千吨级船舶安全通行，进一步完善太仓港货物集疏运体系。

**本月** 太仓市出土一明代敕命碑，该青石碑长约1.8米，宽约1米，内容为封赠翰林院编修陆釴之妻孺人称号。

## 3月

**1日** 位于太仓市科教新城群星社区的沪通铁路太仓段六标段箱梁落梁完成。这是沪通铁路太仓段架设的首孔箱梁，整个箱梁长24米，重538吨。首孔箱梁架设成功标志沪通铁路太仓段箱梁架设工作全面展开。沪通铁路六标段在太仓境内主要施工项目包括太安特大桥、跨宝钱公路特大桥及太仓南站建设等。

**2日** 中央文明办发布2月“中国好人榜”。“为一句承诺尽心抚养邻居女儿14年”的太仓市民王振球入围上榜，获评诚实守信“中国好人”。

**12日** 2016年中国·太仓旅游文化节暨江海河三鲜美食节在太仓市科教新城天镜湖广场开幕。该届旅游美食节主题为“寻鲜之旅，乐享太仓”，活动持续至5月30日结束。

**13日** 太仓市获评江苏省促进义务教育均衡发展先进市。“十二五”期间，太仓持续投入30多亿元，实施校舍升级改造、学前教育三年行动计划、校园技防升级、教育信息化建设等工程。新增学校5所，异地新建学校18所，原地改扩建学校24所。

16日　太仓市物业管理协会成立。

18日　中国花卉协会确定首批8家国家重点花文化基地。太仓现代农业园区在2014年全国农业园区评比中，获得综合评比全国第一。

22日　斯洛伐克跨境电商向日本方采购液晶面板后，取道太仓港，转乘“苏满欧”国际货运班列。这是太仓检验检疫局探索海铁联运一体化，支持太仓港中国台湾、日本、韩国、东南亚等航线与“苏满欧”国际货运班列对接的首票业务。

23日　科技部公布2015年度国家级科技企业孵化器名单，太仓大学科技园有限公司入选。

本月　太仓籍运动员胡雨飞在第7届亚洲室内田径锦标赛中，以5745分获7项全能银牌。胡雨飞连续获得2014年、2015年全国田径锦标赛该项目冠军。

△　太仓港近洋直达航线新增柬埔寨、菲律宾2个国家和西哈努克、八打雁、马尼拉3个港口，太仓港近洋直达航线增至22条，覆盖日本、韩国、中国台湾、中国香港、越南、柬埔寨、泰国、菲律宾8个国家和地区的22个港口。太仓港近洋航线布局基本完成。

△　杨林船闸水上ETC系统正式投用，这是全市首个内河船舶智能过闸系统。

## 4月

8日　省经济和信息化委员会审核认定第5批江苏省特色产业集群，太仓市精密机械产业集群入选。精密机械产业是太仓市重点发展产业，主要集中在新区，产值约占新区工业总产值的35%。

13日　太仓市被省政府表彰为江苏省人口协调发展先进县（市）。2015年，太仓市出生缺陷发生率4.08‰。

20—22日　2015—2016年全国钓鱼锦标赛总决赛在双凤生态园垂钓中心举行，全国各地20支队伍60名运动员参赛。重庆二队、深圳南山区、湖北黄冈队分获前三名。

22日　太仓市第15届全民运动会开幕，该届全运会持续至11月底结束，历时8个月；近千个参赛队，6.5万人次参赛。

23—24日　2016年国际田联竞走挑战赛（太仓站）暨全国竞走大奖赛在太仓举行。墨西哥选手帕德罗·丹尼尔·戈迈兹、艾弗·帕尔玛和瑞典选手帕修斯·卡尔斯特罗姆分获成年组男子20公里前三名。中国选手王应柳、谢丽娟和匈牙利选手维多利亚·玛达拉斯分获成年组女子20公里前三名。

本月　《太仓市共青团志》出版，这是江苏省第一部县市级共青团志。该志设4章18节，计50万字，记录太仓共青团组织1927年成立至2015年间的发展历程。

## 5月

6日　太仓工会综合服务管理平台（URP）正式启用，为全省首个工会综合服务管理平台。该平台以大数据、云计算为基础，以“一个数据管全部、一个标准管全程、一个服务管全员”为目标，由信息管理、业务管理及会员服务三大模块构成。

19日　太仓市通过国家知识产权试点城市验收。2013—2015年期间，太仓市共申请专利24167件，授权专利13398件；PCT（专利合作条约）国际专利申请累计143件；万人有效发明专利拥有量快速增长，年均增幅45.42%。

21—22日　“中国制造2025•国家千人计划”主题系列活动——助推高端医疗器械创新发展（太仓）主题峰会在太仓市举办。医疗器械领域各级政府部门代表、“千人计划”专家、行业协会代表、创投机构负责人、企业代表等近100人参加会议。21日，“太仓市千人计划科技成果应用示范中心”揭牌；中心由太仓市人才办和国家“千人计划”联谊会海创智库科技服务中心合作建立，以“千人计划”专家科技成果库为支撑，推动建立一批太仓市“千人计划”科技成果应用示范单位。

23日　太仓电站生态园农产品展销合作社收到太平洋财险太仓支公司签发的露地蔬菜、池塘养殖气象指数保险保单，标志太仓市在国内首创的露地蔬菜、池塘养殖气象指数保险正式生效。这是国内首款以综合气象数据为赔付依据，将露地蔬菜、池塘养殖作为保障对象的保险产品。

31日　“中国华侨国际文化交流基地”揭牌仪式在苏州健雄职业技术学院举行，吴健雄陈列馆成为中国华侨国际文化交流基地。吴健雄陈列馆位于苏州健雄职业技术学院吴园内，陈列馆收藏展出吴健雄半身汉白玉雕塑、吴健雄生前穿过的旗袍、使用过的打字机、吴健雄手稿信件及吴健雄人生各阶段的图片等一批珍贵文物资料。

## 6月

2日　太仓德国中心举行开业典礼。德国驻沪总领事罗腾，巴伐利亚州立银行董事博克尔，上海德国中心CEO夏建安，太仓市领导王剑锋、沈觅等出席开业典礼。至此，全球第8家、中国继北京和上海后的第3家德国中心正式运营，标志着太仓市对德合作23年来实现更高平台发展。

7日　苏州市委副书记、市长曲福田调研苏州沿江三市化工企业整治情况，并在太仓召开座谈会。曲福田指出，要处理好沿江化工行业发展与长江生态环境保护的关系，把化工行业整治与去产能工作有机结合，推动化工行业规范、有序、绿色发展。

7—9日 江苏省2016年普通高校招生全国统一考试举行，太仓市高考报名人数1517人，实际参考人数1504人。

17—19日 2016年太仓市各类高级中等学校招生考试举行，全市中考报名人数4780人，实际参加考试4531人。

20日 太仓市全面推行不动产统一登记。

22日 太仓市召开领导干部会议，宣布省委、苏州市委对太仓市党政主要领导调整的决定。省委决定：沈觅任太仓市委书记、太仓港经济技术开发区党工委书记，不再担任太仓市市长职务，免去太仓港经济技术开发区管委会主任职务；提名王建国为太仓市市长候选人，任太仓港经济技术开发区管委会主任；免去王剑锋太仓市委书记、太仓港经济技术开发区党工委书记职务。苏州市委决定：王建国任太仓市委副书记、太仓港经济技术开发区党工委副书记；免去王剑锋太仓市委常委、委员及太仓港经济技术开发区党工委委员职务。

24日 太仓市十五届人民代表大会常务委员会第32次会议召开，会议通过有关人事任免事项，决定接受沈觅因工作变动辞去市人民政府市长职务的请求，决定任命王建国为市人民政府副市长、代理市长。

24日 民政部召开新闻发布会，宣布“2015年度中国社区治理十大创新成果”，太仓市申报的“政社互动”开创社会治理新格局项目名列十大创新成果之首，这也是全省唯一入选该次十大创新成果的项目。

## 7月

7日 沪通铁路跨杨林塘大桥合龙。

11日 德国社民党副主席兼黑森州主席托斯腾•舍费尔•君贝尔率代表团访问太仓。黑森州议会议员提蒙•格莱莫斯、吉森市市长迪特林特•格拉伯•鲍尔茨参加活动。

10—12日 2016年苏州国际精英周太仓分会场活动举行，140名专业人才参加，62个项目签约落户。开幕式上，太仓市向“引才直通站”授牌，并向2015年度科技领军人才代表发放“太仓市科技创新创业领军人才”项目启动资金。

22—26日 由国际乒乓球联合会授权，中国乒乓球协会主办，江苏省体育局、太仓市人民政府承办的2016年中国青少年乒乓球公开赛暨国际乒联黄金系列青少年巡回赛（太仓站）在市体育馆举行，13个国家和地区的112名青少年选手参赛。

25—29日 中国共产党太仓市第十三次代表大会在市行政中心举行。会议选举产生中共太仓市第十三届委员会委员、候补委员，选举产生中共太仓市第十三届纪律检查委员会，选举产生出席中共苏州市第十二次党代会代表。会议通过《中国共产党太仓市第十三次代表大会关于十二届市委工作报告的决议》《中国共产党太仓市第十三次代表大会关于市纪律检查委员会工作报告的决议》。

29日 全国双拥模范城（县）命名暨双拥模范单位和个人表彰大会在北京召开，太仓市获评“全国双拥模范城”，这是太仓首次获得该荣誉。

本月 《沪通铁路太仓站、太仓南站、太仓港站站区规划研究》（以下简称《规划》）通过专家论证。按照《规划》，沪通铁路在太仓境内共设3站，即太仓站、太仓南站、太仓港站。

△ 工信部对全国近3000个县（市）（不包括市辖区）进行综合评估，评出2016年县域经济100强榜单，太仓市位列第六。

△ 港区通过省知识产权试点园区验收。

△ 太仓市被列入国家首批农业面源污染综合治理试点。该项目由国家发改委、农业部联合立项，安排中央财政专项资金投资建设。太仓市是江苏省唯一入选试点的县（市）。

## 8月

30日 英国《劳氏日报》公布2016年世界集装箱港口100强榜单，榜单名次以2015年集装箱吞吐量进行排列，其中太仓港以370.6万标箱吞吐量入选榜单第39位，排名较上年度上升8位。

本月 太仓港进境食用水生动物指定口岸通过国家质检总局考核验收，成为江苏省第2家、苏州市第1家具有该资质的水运口岸。太仓港获批进境食用水生动物指定口岸后，世界各地的鱼类、甲壳类、软体类及其他食用水生动物可通过太仓港直接运送至长三角地区。

△ 第7届世界健康城市联盟大会在韩国原州市召开，世界卫生组织授予太仓市“健康城市最佳实践奖”；世界健康城市联盟授予太仓市“健康城市创新发展奖”。太仓成为国内唯一同时荣获两项荣誉的城市。

△ 住房和城乡建设部、国家发展改革委、财政部、国土资源部、农业部、民政部、科技部联合发布《关于开展全国重点镇增补调整工作的通知》，公布3675个全国重点镇名单，太仓市浏河镇上榜。

## 9月

2日 摩尔多瓦民主党干部考察团访问太仓。

7—11日 太仓市举办第11届啤酒节活动。该届啤酒节由太仓经济开发区欧商投资企业协会主办，活动包括啤酒节开幕式、博格华纳之夜、欧商投资企业协会之夜和舍弗勒之夜，共有6000多人次参加活动。

8日　太仓港正式通过国家质检总局验收，成为江苏第5家进口肉类指定口岸。

17日　太仓籍运动员胡雨飞以7616分的成绩在2016年全国田径锦标赛上获得男子十项全能冠军。

## 10月

13日　2016年太仓（上海）招商投资说明会在上海举行，现场签约项目32个，涉及产业投资、中德合作、互联网+、环境保护、休闲农业开发、旅游规划开发、校地产学研合作、产业园区合作等领域。

15日　2016年太仓金秋经贸月开幕，现场签约项目22个。其中，外资项目14个，投资总额8.63亿美元，注册外资3.03亿美元；内资项目8个，总投资27.69亿元，注册资本8.83亿元。其间，全市累计开工开业项目47个，总投资131.58亿元。其中开工项目27个，总投资94.44亿元；开业项目20个，总投资37.14亿元。

19—20日　太仓市完成首批全国健康促进县（区）试点项目评估工作。

26日　太仓市人民政府、德国多特蒙德应用技术大学、上海工程技术大学、AHK上海代表处四方合作签约仪式在苏州健雄职业技术学院举行，四方在太仓合作筹建一所应用技术大学，深化中德交流。

26—27日　太仓在德国巴符州首府斯图加特举办第九届"太仓日"活动，主要包括两部分，一是参加巴符州"全球链接"展示并设立展台，二是开展推介太仓活动。

本月　沪通铁路太仓站站台基础完工。沪通铁路太仓站是客运站，服务对象以太仓城区为主，兼顾太仓港区。沪通铁路从南通到上海，途经张家港、常熟和太仓，将结束三地不通火车的历史。全部工程预计2019年竣工。

△　太仓市司法行政领域社会组织创客基地在市公共法律服务中心成立。城厢镇成立全省首个镇级司法行政领域社会组织孵化基地。

## 11月

18日　市委副书记、代市长王建国会见德国巴符州拉尔市市长沃夫冈·穆勒。

21日　市委副书记、代市长王建国会见日本下关市市长中尾友昭。

26日　省委常委、副省长杨岳到太仓调研"三农"工作。

27日　太仓大学科技园获"2016年中国产学研合作创新示范基地"称号。

本月　江苏省县（市、区）首家城市原点——太仓城市原点标志落地。原点所在地位于上海路北侧，介于太仓博物馆和太仓文化馆中轴线上。原点标志物采用青铜材质打造，外侧由太仓市花月季花图案环绕；内侧分别标注"东、南、西、北"和英文首字母及城市原点经纬度；"南"字上方为"太仓市城市原点"，"北"字下方为"TAI CANG SHI CHENG SHI YUAN DIAN"拼音；标志中心为帆船图案；城市原点位置位于标志物的圆心。城市原点也叫作"坐标原点"或"零公里标识"，主要作为计算城市位置及城市空间距离时的参照物，通常设在城市的中心或政治文化中心等，为重要的人文景观。

## 12月

1日　"2016年中国最具幸福感城市"调查推选结果发布，太仓市获评"2016年中国最具幸福感城市（县级）"，位列榜首。

6日　省委常委、苏州市委书记周乃翔率领有关部门负责人及专家，到太仓检查安全生产工作，要求全市坚决贯彻安全生产"党政同责、一岗双责、齐抓共管"各项规定，坚持把安全生产列入各级党委、政府重要议事日程，全面落实属地监管、综合监管、直接监管的各项责任，全面落实企业主体责任，深入开展安全生产检查，狠抓隐患和问题的排查整改，落实事故防范措施，将安全生产做到精益求精。

8日　苏州市委副书记、市长曲福田率队到太仓检查畜禽养殖整治情况。

14日　省委常委、苏州市委书记周乃翔，苏州市委副书记、市长曲福田率队到太仓，就"两减六治三提升"（"两减"是指减少煤炭消费总量和减少落后化工产能；"六治"是指治理太湖及长江流域水环境、生活垃圾、黑臭水体、畜禽养殖污染、挥发性有机物和环境隐患；"三提升"是指提升生态保护水平、环境经济政策调控水平和环境执法监管水平）专项行动暨沿江化工行业优化提升整治专项行动开展现场调研。

26日　中共太仓市委十三届二次全体（扩大）会议在市行政中心举行。会议研究部署2017年工作任务，动员全市各级党组织、广大党员和干部群众，创新转型求突破，富民惠民走在前，以争先的意识、务实的举措，推动各项事业发展迈上新台阶，在"两聚一高"实践中奋勇争先，以优异的成绩迎接中共十九大召开。

26日　中国慈善联合会在北京发布《第四届（2014—2015年）中国城市公益慈善指数报告》，太仓市公益慈善指数居全国县级市排名第4位。

（市史志办）

# 自然地理

**【地理位置】** 太仓位于江苏省东南部，长江口南岸。地处北纬 31°20' ~ 31°45'、东经 120°58' ~ 121°20'。东濒长江，与崇明岛隔江相望，西连昆山市，南临上海市宝山区、嘉定区，北接常熟市。总面积 809.93 平方公里，长江水域面积 143.97 平方公里，陆地面积 665.96 平方公里。

**【地形地貌】** 太仓属长江三角洲冲积平原。全境地势平坦，自东北向西南略呈倾斜。东部为沿江平原，西部为低洼圩区。

**【水运口岸】** 太仓港地处长江入海口南侧，太仓市东部。口岸位于长江白茆沙南水道，上至白茆河口，下至浏河口下游浏黑屋，中心位置在七丫口，即北纬 31°37'、东经 121°14'。拥有长江岸线 38.8 公里，其中深水岸线 25 公里，距吴淞口 13 海里，是距长江入海口最近的港口。港区范围内岸线基本平直且边滩稳定，终年不冻不淤，深水区开阔、稳定，能满足 10 万吨级船舶回转水域的要求，是长江下游地区最佳港址之一。2013 年 1 月 1 日起，太仓港作为沿海港口管理，执行相关行政事业性收费政策。太仓港为全国第一个获批享受海港待遇的内河港。

（市史志办）

**【气候】** 气候特点。太仓属北亚热带南部湿润气候区，四季分明。冬季受北方冷高压控制，以少雨寒冷天气为主；夏季受副热带高压控制，天气炎热；春秋季为季风交替时期，天气冷暖多变，干湿相间。2016 年，太仓市全年平均气温 17.1℃ ，较历年（1981—2010 年，下同）平均值偏高 0.9℃，较 2015 年偏高 0.6℃，年极端最高气温 38.8℃，出现在 7 月 26 日，极端最低气温 −8.0℃，出现在 1 月 24 日。全年降水量 1674.6 毫米，较历年平均值多 499.7 毫米，较 2015 年偏少 81.0 毫米，全年雨日 140 天，较历年平均值多 13.3 天。全年降水分布不均，降水量最多月出现在 10 月，雨量 301.4 毫米，次多月为 6 月，雨量 286.7 毫米。汛期（5—9 月）总雨量 936.5 毫米，较常年平均值增加 197.2 毫米，较 2015 年同期减少 233.2 毫米。汛期雨日 66 天，较历年平均值多 7.3 天。超过 50 毫米的暴雨日有 4 天，比历年均值偏多 0.6 天，日最大降水量 135.6 毫米，出现在 7 月 2 日。全年日照 1935.7 小时，较历年均值多 43.5 小时。6 月 19 日入梅，7 月 20 日出梅，入梅比常年略偏迟、出梅偏迟，梅长 31 天。梅雨量 413.6 毫米，较常年偏多 94.8%，属显著偏多。

四季评述。冬季(2015 年 12 月—2016 年 2 月）气温偏高，雨雪量偏多，日照偏多。平均气温 5.7℃，较历年同期平均值偏高 0.6℃。降水量 165.0 毫米，较历年同期平均值偏多 9.7 毫米。日照 408.5 小时，较历年同期平均值偏多 26.5 小时。

春季（3—5 月）气温明显偏高，雨量明显偏多，日照接近常年。平均气温 15.9℃，较历年同期平均值偏高 1.1℃。降水量 352.8 毫米，较历年同期平均值偏多 89.4 毫米。日照 473.2 小时，较历年同期平均值偏少 1.7 小时。

夏季（6—8 月）气温略偏高，雨量略偏多，日照偏多，梅雨期偏长，雨量异常偏多，高温日数偏多。平均气温 27.5℃，较历年同期平均值偏高 0.8℃。降水量 567.7 毫米，较历年同期平均值偏多 23.4 毫米。日照时数为 659.1 小时，较历年同期平均值偏多 97.6 小时。气温整体偏高，极端最高气温 38.8℃，高温天数偏多，降水分布不均匀，梅雨量偏多，梅雨期偏长。

秋季（9—11 月）气温略偏高，雨量异常偏多，日照明显偏少。平均气温 18.9℃，较历年同期平均值偏高 0.8℃。降水量为 611.6 毫米，较历年同期平均值偏多 399.7 毫米。日照时数 355.4 小时，较历年同期平均值偏少 118.4 小时。

主要气象灾害及影响。2016 年，太仓市主要气象灾害有暴雨、台风、高温、强对流（雷雨大风、短时强降水等）、大雾、寒潮等。主要灾情如下：

暴雨灾害：全年全市共出现暴雨过程 4 次，分别为 7 月 2 日，24 小时降水 135.6 毫米；9 月 16 日，24 小时降水 65.9 毫米；10 月 22 日，24 小时降水 58.7 毫米；10 月 26 日，24 小时降水 101.8 毫米。其中，影响最严重的是7月2日的暴雨过程，据市防汛办和市民政局统计，全市有2个镇4个村受灾，最大积水深度30厘米，农业经济作物受淹17.77公顷，直接经济损失13万元。

高温：全年全市出现大于等于35℃的高温天气17天，年极端最高气温38.8℃，出现在7月26日（历史极端最高气温为40.0℃，出现在2013年），高温天数较常年明显偏多。持续高温天气给全市供电设施带来压力，给工农业生产和人民群众日常生活带来不利影响。

台风：全年影响全市的台风主要是第14号台风“莫兰蒂”，受其影响，太仓出现明显降水，9月16日雨量达暴雨。9月15日8时到16日14时过程雨量91.6毫米，极大风速16.7米／秒；太仓市区域内日最大雨量114.9毫米（双凤镇），日极大风速16.7米／秒（浏河水源地）。9月28—30日，太仓市受“鲇鱼”台风和冷空气共同影响，降水明显。10月22日，受台风外围残留云系和冷空气共同影响，出现明显降水，雨量达暴雨。

寒潮和强冷空气：全年全市出现寒潮4次。受寒潮影响，气温陡降，导致患感冒、发烧、呼吸道疾病、心脑血管疾病（如中风、心肌梗塞）等疾病人数明显增加。1月21—24日低温雨雪天气，造成多起车辆碰撞交通事故，部分居民家中水管爆裂，给全市交通、农业、供水等带来较大影响。10月26日，受较强冷空气影响，出现大暴雨，城区部分道路出现积水。

大雾：全年全市出现大雾51天，较常年偏少，造成太仓境内高速公路被迫关闭、长江汽渡停航78次、交通事故增多等不利影响。

（市气象局）

# 自然资源

【土地资源】 2016年，太仓市依法开展土地变更调查与遥感监测工作，全面准确摸清土地利用现状及变化情况。截至2015年年底，太仓市土地总面积80992.92公顷。其中，耕地25640.69公顷，占总面积的31.66%；园地1918.54公顷，占总面积的2.37%；林地面积30.98公顷，占总面积的0.04%；城镇村及工矿用地20347.83公顷，占总面积的25.12%；交通运输用地4602.6公顷，占总面积的5.68%；水域及水利设施用地27498.76公顷，占总面积的33.95%；其他土地953.52公顷，占总面积的1.18%。

（市国土资源局）

【水资源】 2016年，太仓市水域面积256平方公里，其中内陆水域面积112平方公里。区域性河道4条，分别为东西向的浏河、杨林塘、七浦塘通江河道，南北向的盐铁塘。境内主要水系3个，分别是盐铁塘以西的阳澄淀泖圩区水系、盐铁塘—沪浮璜公路一线的阳澄平原区水系及沪浮璜公路以东的沿江高水片水系。年内，太仓市严格落实计划用水管理，开展用水审计工作，改造部分取水户的计量设施，全市35个农业灌溉取水口安装计量设施。全市夏季高峰供水水量32万吨／日，冬季枯水期日平均供水量28万吨。太仓市有水厂2座，总供水能力70万吨／日，备用水源地水库有效库容1950万吨。

（市水利局）

【森林湿地资源】 截至2016年年底，太仓市林木覆盖面积1.13万公顷，林木覆盖率17.52%。全市省级以上生态公益林面积444.28公顷，其中国家公益林面积139.3公顷，省级公益林面积304.98公顷。全市自然湿地面积1.66万公顷，受保护的自然湿地1.16万公顷，保护率69.6%。全市有省级湿地公园1个，即金仓湖湿地公园。

【动植物资源】 太仓市动物资源主要分为脊椎类120余种，分属5纲；节肢类110余种，分属4纲；软体类11种，分属2纲；环节类5种，分属2纲。植物资源主要分为树木类150余种，分属46科；花卉类140余种，分属49科；药材类百余种，分属45科；杂草类160余种，分属42科。（市农委）

# 历史沿革

【建置沿革】 太仓在4500年前已有原始人类生活。夏商时为滨海村落，商末至战国时先后属吴、越、楚国，秦汉时属会稽郡（吴郡）娄县惠安乡。春秋吴国等吴地政权曾多次于此建仓屯粮，太仓因而得名，亦渐次发展。元代于太仓刘家港开创海运漕粮，通商海外，遂日益繁盛，成为万家之邑，号称“六国码头”。元末筑太仓城。吴元年（1367年）建太仓卫，明初置镇海卫，屯兵驻防。明永乐至宣德年间，伟大航海家郑和率舟师在太仓扬帆起锚，七下西洋，太仓由此成为海上丝绸之路的主要港口之一。明弘治十年（1497年），割昆山、常熟、嘉定3个县地建太仓州。清雍正二年（1724年），升为江苏直隶州，并析地置镇洋县，辖镇洋、崇明、嘉定、宝山等4个县。民国元年（1912年），太仓州和镇洋县合并，定名太仓县。中华人民共和国成立后，始属苏南人民行政公署，后隶属江苏省苏州地区专员公署。1983年3月，改隶苏州市。1993年3月，撤县建太仓市。

（市史志办）

# 传统文化

【娄东文化】 娄东文化内容丰富，涵盖广泛，积淀深厚，涉及文坛艺苑、经史理学、建筑园林等各个领域，时间上则绵延千百年。娄东文化始于宋元，明清时期最为辉煌，经世代传承，延续至今。

文学上的辉煌是娄东文化的精粹之一。太仓历史上有成就地位的诗人、文学家极多。文学家徐祯卿是明代“吴中四才子”“前七子”之一，有《迪功集》《谈艺录》等著作。文学家王世贞为明代“后七子”代表人物，曾独主文坛二十年，著有《弇州山人四部稿》等数十部著作。张溥不仅是著名文学家，著有《七录斋诗文全集》等，他组织的"复社"，成员遍及全国，是中国史上规模最大、影响最广的文学社团。清代诗人吴伟业所创长篇叙事七言歌行，世称"梅村体"，名篇《圆圆曲》为后世传颂，他与钱谦益、龚鼎孳并称"江左三大家"，率"娄东十子"，形成"娄东诗派"。

经史学术上的成就是娄东文化的一个重要表现。从元、明开始，太仓即有学者从事经史学的研究著述，王世贞、张溥等人著有《读易纂》《弇山堂别集》《书经注疏大全》《通鉴纪事本末》等经史学著作数十种，在经史学上有较高评价。清代经史学家毕沅，造诣很深，他在幕宾的襄助下，编撰了许多有价值的著作，其中《续资治通鉴》是史学中的宏篇巨著。陆世仪则是明末清初理学家，一生著作40余种，所著《思辨录》洋洋数百万字。他先后在太仓、无锡、武进、丹阳等地书院宣讲理学，至者数百人，被称为"江南大儒"。

绘画是娄东文化的重彩之笔。元明以来太仓即成为书画之乡，明代画家王履、夏昶等人为太仓书画创下基础。仇英工笔重彩，山水人物，无不精到，与沈周、文徵明、唐寅并称"明四家"。清代王时敏、王鉴首开娄东画风，誉为"画苑领袖"。王原祁在艺术上达到新的高度，是娄东画派的代表人物。娄东画派由此成为当时中国的主流画派，引领清代画坛三百年。之后，太仓又出现王昱、王宸、王愫、王撰等"小四王"和王三锡、王廷元、王廷周、王鸣韶等"后四王"。中华人民共和国成立后，又有朱屺瞻、宋文治两位国画大师，他们在传统基础上不断创新，成为海派和新金陵画派的代表人物。

戏曲是娄东文化的一朵艺术瑰宝。明代中期，太仓南郊的魏良辅改革昆山腔，创制了流丽悠远的昆曲，成为中国的"百戏之祖"，魏良辅被尊为"曲圣""昆曲鼻祖"。王世贞、王衡、吴伟业等人撰写的《鸣凤记》《真傀儡》《秣陵春》等传奇、杂剧，在中国戏曲史上有相当地位。魏良辅撰写的《南词引正》，沈乘麟撰写的《韻学骊珠》是论述昆曲的经典著作。高步云、朱传茗、汪世喻在昆剧编曲、表演、演奏和培养昆剧人才上均有建树，名重一时。

江南丝竹也发源于太仓。是明代张野塘协助魏良辅改革创制昆曲过程中衍生出来的一种配置齐全的丝竹合奏乐种，优美明快、委婉动听，具有独特的艺术魅力，古人赞为"仙乐霓裳"。历经400多年，经久不衰。

古琴家徐上瀛与常熟严澂共创著名的"虞山琴派"，其成员有多位太仓人，他积极钻研发展古琴技艺，誉为"虞山琴派的集大成者"，他所著《溪山琴况》一书，是中国古代重要的音乐美学著作之一。

明代汪关创立"娄东印派"；俞颂华被誉为民国时期"新闻界的释迦牟尼"；著名电影导演朱石麟，执导一批优秀电影，被誉为"香港电影的拓荒者"；吴晓邦高扬"为人生而舞"的旗帜，是中国新舞蹈艺术的奠基人。

【文化遗产】 太仓的文化具有开放性，多种特色文化丰富多彩，有全国桥牌之乡、武术之乡、龙狮之乡、民乐之乡等称号，文学、舞蹈、戏曲、音乐、摄影、书法等文化艺术硕果累累。民间文学双凤民歌，传统音乐江南丝竹、古琴，传统舞蹈滚灯、利泰高跷、矛子舞，传统戏剧昆曲、堂名（昆曲的扩展项目），曲艺宣卷，太仓肉松制作技艺，太仓糟油制作技艺，双凤新湖龙狮制作技艺，民俗太仓七夕节（牛郎织女降生地）等52个项目被列入市政府非物质文化遗产名录。其中江南丝竹被列为国家级非物质文化遗产名录，滚灯、太仓七夕节、双凤山歌、太仓肉松制作技艺、糟油制作技艺、妈祖祭、唐调被列为江苏省非物质文化遗产名录，堂名等17个项目被列为苏州市名录。袁光华被列入江苏省级非物质文化遗产代表性传承人，季卫东等13人被列入苏州市级非物质文化遗产代表性传承人。

【文化名人】 太仓自古为文化之乡，人文荟萃，积淀厚实，形成独具风格的娄东文化。是郑和下西洋的起锚地，江南丝竹的发源地，娄东画派的发祥地，又是神话传说牛郎织女的降生地。早在晋代，名士瞿硎等活动于境内传布文化知识。元代，漕运开通，刘家港发展成为"天下第一码头"。元代的桥梁建筑独具风格，境内至今保存着国内少有的元桥群。明初郑和七下西洋，在刘家港启航停泊，沟通太仓与东南亚各国文化交流。被誉为"百戏之祖"的昆曲和优美动听的江南丝竹源自太仓一带。明清园林之盛，有"太仓园林甲东南"之誉。太仓建州后学堂、书院盛极一时，培养出众多杰出人才，使太仓文化得到全面发展，民间读书成风。

丰厚的文化底蕴孕育了举不胜举的名人，明清犹盛。有"四代一品"的王锡爵家族，"后七子"代表人物王世贞，"江左三大家"之一吴伟业，"明四家"之一仇英，"娄东画派"代表人物王时敏、王鉴、王原祁等。近现代有画家朱屺瞻，电影艺术家朱石麟，舞蹈艺术家吴晓邦，教育家陆宝忠、唐文治、俞庆棠，著名记者俞颂华，物理学家"中国的居里夫人"吴健雄、诺贝尔物理学奖获得者朱棣文以及唐孝威、邹世昌、黄胜年、吴建屏、杨胜利、唐孝炎、顾懋祥、龚知本、陆佑楣等11位两院院士。

（市文广新局）

# 行政区划

【概况】 太仓市隶属江苏省苏州市管辖，市人民政府驻地县府东街99号。2016年年末，全市有太仓港经济技术开发区、省级高新区（筹）、科教新城、城厢镇、沙溪镇、长江口旅游度假区（浏河镇）、浮桥镇、璜泾镇、双凤镇、娄东街道和73个村民委员会、77个居民委员会。

【乡镇、村居变更情况】 2016年，太仓市共新设立居民委员会4个，1个村民委员会改设为居民委员会，3个居民委员会撤销合并，具体变更情况如下：

新设浦溪社区居民委员会，由原滨河社区、景瑞社区居民委员会分别划出部分区域组成。管理及服务区域为东至常胜南路，西至东亭南路，南至滨河路，北至朝阳东路（世福园除外），有高尔夫滨湖花苑、华源上海城等居民住宅区2个，辖居民小组25个，面积0.4平方公里，人口9409人。因相传该区域有一条川流不息的溪流，当地浦氏人家常年在溪流周围劳作和生活，故得名。该社区居委会批准设立时间为2016年7月29日。

新设裕珑社区居民委员会，由原太胜社区、太东社区居民委员会分别划出部分区域组成。管理及服务区域为东至常胜南路，西至东亭南路，南至上海东路，北至界河（包括界河以北的宝龙城市广场二期），居民总数1226户，面积0.33平方公里，人口5884人。因辖区内有裕沁庭小区和宝龙城市广场，故名“裕珑”。该社区居委会设立批准时间为2016年7月29日。

新设柳园社区居民委员会，由原洋沙社区、华盛园社区居民委员会分别划出部分区域组成。管理及服务区域为东至太平北路，西至柳园路、毛太路，南至郑和西路，北至苏州西路，共有居民住宅区9个，面积0.31平方公里，人口3724人。因社区内有一条柳园路，故以路命名。该社区居委会设立批准时间为2016年7月29日。

新设丽景社区居民委员会，由原洋沙社区居民委员会划出部分区域组成。管理及服务区域为东至半泾河，西至太平北路，南至郑和中路，北至洛阳东路（东仓园除外），面积0.96平方公里，辖居民点4个，人口2815人，以区域内丽景嘉园住宅区命名。该社区居委会设立批准时间为2016年7月29日。

新设花北社区居民委员会，由原花北村村民委员会撤销改设，管理及服务区域为原花北村区域范围。该社区居委会设立批准时间为2016年7月29日。

新设新丰社区居民委员会，由原群星社区居民委员会与原太安社区居民委员会合并成立，管理及服务区域为东、南至上海界，西至东仓新路、204国道，北至健雄路、南张路、新浏河，面积8.06平方公里，居民总户数193户、773人。社区命名寓意为新时期人民丰衣足食。该社区居委会设立批准时间为2016年8月31日。

撤销利民社区居民委员会，并入南郊社区居民委员会。合并后的南郊社区居民委员会管理及服务区域为东至太平新路、江申大道，西至204国道、鹊桥路，南至健雄路，北至新浏河。办公地点设在原南郊社区居民委员会。撤销及合并时间为2016年8月31日。

（市史志办、市民政局）

# 人口方言

【人口】 2016年年末，太仓市户籍人口48.3万人，较上年增加3428人；其中男性23.36万人，女性24.94万人。人口出生率7.9‰，死亡率7.5‰，自然增长率0.4‰；年末常住人口71.20万人，城市化率66.9%。

（市统计局）

【方言】 太仓方言属吴语。吴语，又称江东话、江南话、吴越语，自商周春秋至今有三千多年的历史变迁，文化底蕴深厚。吴语主要分布于江苏南部、上海、浙江，以及安徽、江西、福建等部分地区，是中国官方定义的八大方言之一，拥有国际语言代码。语言学上，将吴语使用地域划分为多个层次的若干区域，太仓话被划入“吴语太湖片苏沪嘉小片太仓大区”。“太仓大区”范围大致相当于清代太仓直隶州的辖境，即东北至海门、启东市，西北至太仓与昆山、常熟接壤处，南至今上海市吴淞江北岸。在“太仓大区”内，除太仓话之外，还有嘉定话、宝山话、崇明话、海门话、启东话等与太仓话的近缘方言。当代太仓方言根据语音特征，分为三个小片：一是北片，大致包括鹿河、王秀、归庄和璜泾、时思、沙溪等地区，语音带有较明显的常熟音，突出表现为有翘舌声母；二是南片，大致包括与上海嘉定接壤的浏河、陆渡、南郊等地区，语音近嘉定音；三是中片，即除北片、南片以外的中段地区，语音接近昆山。三片的词汇大部分相同，语法基本一致。

太仓方言与普通话词汇的差别主要有以下几点：一是同样的物体或概念，用词完全不一样。如普通话中的“小姑娘”“花生”“好久”等词在太仓方言中分别为“小细娘（小娘家）”“长生果”“长远”等。

二是词语的文字相同，但表达的意思不同。如普通话中的“壮”，在太仓方言中除了“强壮”的意思外，还有“肥胖”“肥沃”的意思。如“该只猪养得蛮壮”（这头猪养得很肥）、“该块田蛮壮”（这块地很肥沃）等。

三是有些复合词表达的意思相同，但排列次序颠倒。如普通话中的“螺蛳”“热闹”“力气”等词在太仓方言中分别为“蛳螺”“闹热”“气力”等。

太仓方言的语法特点主要有以下几点：一是重叠法。太仓方言词汇中重叠用法较为广泛。量词、名词的重叠形式及其作用与普通话基本相同，而动词、形容词的重叠则较有特色。动词重叠。单音节动词重叠，经常在后面加助词“看”或“好”。加“看”，使动作表尝试性。如“用用看”“看看看”。加“好”表示希望动作做得妥善一些，如“写写好”“坐坐好”。双音节重叠形式为ABAB式，表动作的短暂性，如“打听打听”“孛相孛相”。形容词重叠。单音节形容词重叠有自叠、附加成分重叠及嵌字重叠。附加成分重叠式，一为A××式，表示程度，如“辣蓬蓬”“硬绷绷”“干卜卜”“胖笃笃”；一为××A式，表示的程度比前一种更高些，如“绷绷硬”“彻彻软”“雪雪白”。嵌字式，一为“A过A验”，表示非常高的程度，如“好过好验”“香过香验”“闹过闹验”；一为“A透A过”式，其作用与前一种相同，如“好透好过”“香透香过”。双音节形容词重叠有AABB式，如“太太平平”“服服帖帖”；“A里AB”式，此多带有贬义色彩，如“怪里怪气”“龌里龌龊”。

二是词缀。前缀“阿～”。加在称谓前，表示亲昵，如“阿婆”“阿伯”“阿弟”“阿大”“阿囡”“阿宝”“阿福”“阿张”。加在某些形容词、名词之前，产生贬义，如“阿憨”（傻乎乎的人）、“阿木林”（反应迟钝的人）；还有贬义而泛称的“阿猫阿狗”，以及称有流氓习气的人为“阿飞”。后缀“～头”。加在形容词之后，构成名词，如“老头”“滑头”“寿头”“老实头”。加在某些动词、形容词之后，表示“……价值”或“……值得”的意思，如“看头”“吃头”“花头”“噱头”。加在方位词和名词后，表示位置，如“东横头”“上底头”“灶前头”“水桥头”“河滩头”“角落头”“床横头”。后缀“～子”。太仓方言中有一些在普通话里没有的“子”尾的词，如“角子”（元以下货币单位）、“哑子”（哑巴）、“皮夹子”（票夹）、“石卵子”（鹅卵石、小石块）。

三是词语组合特点。数词的省略。以“一”为首的多位数字，可以省略，甚至连带省去后一个单位数，如“一百六七十”可说成“百六七十”或“百六七”，“一千六百”可说成“千六”，“一万三千”可说成“万三”。量词的省略。表度量衡单位和货币单位的量词，在与数词组成“数＋量＋数＋量”的形式时，常省去后一个量词，如“二丈四（尺）”“五斤三（两）”“一角七（分）”。（市文广新局）

# 民族宗教

**【民族】** 太仓为汉族聚居地区，少量少数民族散居。至2016年年末，全市有蒙古族、回族、藏族、苗族、彝族、壮族、布依族、朝鲜族、满族、侗族、瑶族、白族、土家族、哈尼族、傣族、黎族、傈僳族、佤族、畲族、水族、东乡族、纳西族、达斡尔族、仫佬族、羌族、布朗族、仡佬族、锡伯族、俄罗斯族、鄂伦春族、赫哲族等31个少数民族，共有常住少数民族904户1542人，其中以回族、满族和土家族居多。少数民族流动人口约（公安居住登记）10700人，以土家族、苗族、彝族、回族等为主。

**【宗教】** 太仓市是佛教、道教、天主教、基督教、伊斯兰教五教齐全的县级市之一。自1980年恢复开放第一个宗教活动场所（城厢基督教堂）以来，全市陆续批准开放活动场所34处，其中佛教活动场所9处，教职人员98人；道教活动场所14处，在观道士14人（佛教、道教信徒无法统计）；天主教活动场所5处，神父3人，修女3人，信徒约10000人；基督教活动场所5处，牧师2人，专职传道6人，信徒约8000人；伊斯兰教清真寺1座，阿訇1人，信徒约500人。五教均成立宗教团体，分别为市佛教协会、市道教协会、市天主教爱国会、市基督教三自爱国会、市伊斯兰教协会。各宗教团体在落实国家民族宗教政策、加强自身建设、服务社会方面发挥积极作用。（市民宗局）

# 名胜古迹

**【南园】** 南园为国家AAA级景区，位于太仓市南园东路7号，总面积3.33公顷（1998年重建），为明代万历年间首辅王锡爵赏梅种菊处。清初，其孙大画家王时敏又加以拓建，邀请当时叠山大师张南垣主持营造，画师与匠师合作，使南园成为融造园与绘画于一体的历史名园，为清代以来太仓园林之首。南园景色可概括为“景域辽阔、空间宽敞、小桥流水、碧波荡漾”。园内设有“门楼”“绣雪堂”“香涛阁”“大还阁”“鹤梅仙馆”“寒碧舫”“潭影轩”“长廊”等，水景约占全园面积的1/3。

**【弇山园】** 弇山园（2003年改造扩建）为国家AAA级景区，位于太仓市县府西街90号，明朝时为太仓籍文学家王世贞园邸，历史悠久。园内主要景观有宋代花石纲遗物“望海峰”，明洪武年开凿的“通海泉”，元代大型“铁釜”以及“墨妙亭”等。扩建后，恢复“弇山堂”“嘉树亭”“点头石”“分胜亭”“小飞虹”“九曲桥”等景点20多处，面积由原4.4公顷增至7.67公顷。

**【沙溪古镇】** 沙溪古镇于2014年12月获评国家AAAA级景区。沙溪旧名“沙头”，建于1300年前，自古有“东乡十八镇，沙头第一镇”之说。沙溪老街坐落在七浦塘两岸，塘北为主街，明清风格的建筑保留至今。古镇民居进深长，水弄堂密布；临水建筑参差起伏，纵横交错；市河上3座古桥俊秀挺拔。除沿河水乡民居外，还有乐荫园、橄榄岛、雕花厅、小白楼等景点。“猛将堂”内300年树龄的银杏树和清代古弄“一线天”亦为观光者流连。沙溪老七浦有1000多年历史。古人为通舟、取水、洗涤或乘凉观景，临水民宅皆建有河棚间，棚下是水桥和船坞；各家河棚、水桥造型各异；河棚有吊脚楼式的、石头实砌的；河棚窗户有半窗、落地长窗，窗格花型多样，配有栏杆或美人靠；水桥石级有驳岸式和条石悬挑式。这些临水建筑形态纷呈、古朴苍老，是珍贵的历史文化遗产。

**【浏河古镇】** 浏河古镇位于长江口旅游度假区（浏河镇）漕漕塘两岸，左侧为中心街，右侧为河西街，总面积16.9公顷，核心范围6.9公顷。古镇历史可追溯到三国时期，历来为出海要津，素有“万里长江第一港”之称。元明两代，因海贸发达，商贾云集，又被誉为“六国码头”“天下第一码头”。近代，经战争破坏，大批古建筑被毁，古镇现存仅漕塘两岸近80栋木结构楼宇，均为明清时代古建筑。经过近几年的整修，古镇逐步形成较完整格局，保护区内老浏河、漕漕河与沿河民居形成了“丁”字形的走向，漕漕河上由北向南6座桥梁，将中心北街与河西街两岸相连，纵横有序、脉络分明、双向通达，显现“小桥流水人家”特色。古镇新增邢少兰艺术馆、老照片陈列室、浏河历史长廊等文化景观。

**【张溥故居】** 位于太仓市新华西路57号，全国文物保护单位，始建于明代天启年间（1621—1627年），距今约400年，为明代文学家、社会活动家、复社领袖张溥生活及活动的场所。故居包括古代建筑实体和张溥遗迹陈列，前者展示江南民居的建筑特色，后者系统介绍张溥的生平事迹。故居是一座保存比较完整的一落三进尚书府第，其中由官帽厅、堂楼和后楼组成的通转走马楼，俗称“迷宫”，建筑特色非常独特，具有很高建筑艺术价值和历史纪念价值。

【王锡爵故居】 位于太仓市新华东路60号，江苏省文物保护单位，始建于明代万历年间（1573—1620年），故居主人为明代万历首辅王锡爵。现存门屋（俗称“太师第门楼”）与王氏宗祠三进，门楼面阔五间，门厅左右为上下二层，此类门楼式样在江浙一带绝无仅有。经修复后的王锡爵故居及其宗祠占地面积1354平方米，总建筑面积为716平方米。王氏一门英才辈出，王锡爵曾孙王　在清康熙年间官至大学士，人称“祖孙宰相”“两世鼎甲”；王锡爵之孙王时敏、王时敏之孙王原祁是娄东画派“四王”中的代表人物。该建筑具有较高的文化历史价值和建筑艺术价值。故居内设有“大明首相王锡爵陈列”和名家名寺碑廊，保存有元代赵孟书法石刻等在内的一批具有较高历史文化价值的历代碑刻。

【元代古桥】 在横穿太仓市区的致河塘上有周泾桥、州桥、皋桥3座保存完好的元代石拱桥，1982年被江苏省人民政府列为省级文物保护单位。周泾桥和州桥为三孔石桥，皋桥为单孔石桥。其中周泾桥最负盛名，建于元代至顺元年（1330年），原名“海门第一桥”。州桥始建于元代天历二年（1329年），原名为“安福桥”。皋桥建于元代元统二年（1334年），原名兴福桥。

【西庐园】 西庐又名西田，位于城厢镇西门外约3公里处，为明末清初著名画家王时敏晚年回归故里所筑的田园式别墅。内有农庆堂、稻香庵、霞外阁、锦镜湖西田诸胜。王时敏曾与诸多画家在此聚会，赋诗作画，晚年自号为“西田老人”。2002年，在原址重建西庐，2004年11月竣工。新建成的西庐园占地面积30公顷，园内亭台错落，竹廊环绕，古木青波相映，芳草鲜花葱茏，是一座开放式生态公园，也是游客感受古人“采菊东篱下”境界的休闲胜地。

【天妃宫】 位于长江口旅游度假区（浏河镇）新东街90号，是中国最具影响力的航海保护神妈姐的行宫，又称“天妃灵慈宫”，俗称“娘娘庙”。始建于北宋宣和五年（1123年），由旅居娄江口的闽粤海商所建，原址在浏河北岸五杨池，元代至正二年（1342年）移建于现址。天妃宫历经元、明、清、民国诸代多次扩建修缮，主修者有郑和、林则徐等历史名人。郑和七下西洋时，曾多次前来朝拜，祈求天妃保佑赐福。如今天妃宫恢复为道教活动场所，主建筑为后殿楼，上有元代木雕和楠木梁柱等古构件，建筑结构严谨规整，繁简适度，建筑风格古朴典雅，气势轩昂。2013年，被列为全国重点文物保护单位。

【阅兵台】 位于长江浏河段南江堤内侧，由兵台、炮台、厅堂、碑刻四部分组成，是太仓境内珍贵的古代军事建筑设施。阅兵台为宋代名将韩世忠于建炎年间（1127—1130年）所建，至今矗立在阅兵台的4块碑刻真实记载了抗金抗倭的史实。后阅兵台在战火中屡经损毁，为弘扬爱国主义精神，浏河镇人民政府对阅兵台进行修复和保护，现为太仓市文物保护单位。

【郑和公园】 位于太仓港口开发区，占地面积122公顷，整个公园建筑风格以还原郑和船队远洋的历史文化为主，融入现代设计理念，再现郑和率领当时世界上规模最大、技术最先进的船队七下西洋的壮举。公园内设郑和纪念馆，以郑和精神为核心，从不同视角展示郑和航海文化，反映郑和七下西洋的起锚地——太仓海运业的特色，采用声光电技术，在展示效果与互动实用的结合下，可以身临其境地感受中国600多年前的航海盛举。

【维新遗址】 位于太仓市双凤镇维新村，于2003年被苏州、太仓文博部门发现并建成遗址进行保护。考古人员在清理明代古墓时，意外发现厚达1米多的红烧土堆积和印纹陶罐碎片，经鉴定为距今约4500年的良渚文化及马桥文化遗址。后太仓市人民政府投资500多万元建成保护性建筑，进一步对遗址进行保护、开发及合理利用。

【三市古村落】 位于浮桥镇西侧三市村。据《太仓州志》记载，古村落原为宋末元初时流亡丞相陈宜中所创建，最初由陈、王、周三家营建，故称为“三家市”，距今700多年历史。古村落占地1.2公顷，是太仓现存唯一的古村落。2012年12月，被列为太仓市文物保护单位，经近几年整修，恢复修缮部分建筑物，三市古村落格局得到较完整保存。

（市旅游局）

# 风俗习惯

【春节】 从农历十二月廿三至正月十五，历时二十多天，春节是最热闹、隆重的传统节日。农历十二月廿三、廿四各家都要祭灶神，俗称“送灶”，祈望灶神“上天言好话，下界保平安”，除夕时再把灶神接回，俗称“接灶”。廿四后，各家开始打扫卫生，掸灰尘、洗被褥、擦洗家具、打扫庭院、置办年货、蒸年糕、做米酒，还要炒豆子、玉米、花生，俗称“炒发禄”，这些习俗在农村仍有保留。除夕，俗称“过年”，斋家堂、祭祖宗。除夕夜，贴春联、挂红灯、贴年画，一家人团圆吃年夜饭，长辈给孩子送压岁钱。当夜守岁，看中央电视台春节联欢晚会，或打牌娱乐至深夜十二点钟，开始燃放烟花爆竹，俗称“关门炮仗”。年初一，早晨燃放“开门炮仗”，谓之“开门见喜”；还需斋灶、斋家堂、敬天地；大人小孩穿戴一新，依次向祖宗拜年，晚辈向长辈拜年，同辈互相恭贺新禧，说声新年好。此日要讲吉利话，禁忌吵嘴骂人。初二开始，亲戚朋友互相往来拜年。初五接财神，燃放烟花爆竹，商店开始营业。2000年后，国家规定春节放假7天，列为“黄金周”，外出旅游度假者增多。一些家庭或随旅游公司组团旅游，或自驾外出游玩。正月十五元宵节，家家户户吃元宵、馄饨，挂灯笼，小孩子牵兔子灯；有的单位或部门举办灯会、谜会；社区开展各项文体活动，有舞龙舞狮、唱歌跳舞、腰鼓秧歌、拳操舞剑，一片欢乐喜庆景象。

**【清明节】** 一般每年公历4月5日为清明节，如遇农历有闰年、闰月，公历日期略有变动。清明节要“过清明”祭祖，境内西南部农村还盛行吃青团子。人死后第一个清明节谓之“新清明”，要办酒祭奠亡者，有的在这一天将骨灰盒下葬或送往公墓。1986年后，清明扫墓风渐趋盛行，无论城乡，家家户户要到祖先坟前扫墓，插一束花，填一抔土，并焚化纸锭冥币，寄托哀思。很多旅居外地的人，回乡扫墓，借此兄弟姐妹团聚。机关、单位，特别是学校，组织人员、学生到烈士墓扫墓，敬献花圈，缅怀革命先烈。

**【端午节】** 农历五月初五为端午节，以往民间要挂菖蒲、艾草、野菊花、紫苏、荠菜花等，小孩要戴香包，以驱病辟邪。后此种习俗渐淡，但吃粽子的习俗依然盛行。农村多数家庭自己动手采摘芦叶包粽子，并在亲戚邻里间互相赠送；城镇居民多数到商店购买粽子。

**【中秋节】** 农历八月十五为中秋节，人们在节前准备好月饼等食物，互相赠送贺节。晚辈向长辈送月饼、水果，孝敬老人。家家户户吃馄饨。晚上，全家人围坐在一起边吃月饼、水果，边赏月。有的社区、单位还组织文体活动，演出节目，欢度中秋。

**【重阳节】** 农历九月初九为重阳节，登高望远的习俗已经不在，太仓人以吃重阳糕取代。重阳节被江苏省定为敬老日、苏州市定为老年节后，成为老年人的节日。每年重阳节，党政机关、企事业单位都要开展敬老活动，慰问老人，向老年人送慰问金、慰问品，并号召全社会发扬尊老爱老的光荣传统。涉老部门和社区组织老年人开展各项文体活动，庆祝老年人自己的节日。

**【其他传统习俗】** 除传统节日外，一些传统习俗较为流行，如立夏要“称人”(称体重)，夏至要吃“夏至粥”(赤豆、麦粒、红枣、大米等掺在一起煮成的粥)，七月初七“七夕”女孩子要染红指甲，农历七月十五为“鬼日”要祭祖，十月初一为“十月朝”要祭祀，冬至要“过冬至”祭祖，新丧人家要过“新冬至”等。

**【婚嫁】** 青年男女通过自由恋爱，或通过介绍人牵线，再经过一段“谈恋爱”时期，然后结婚。在农村，恋爱初期，男方请女方“吃馄饨”，谓之“走通”；恋爱成熟后，办酒席，请亲朋好友吃酒，谓之“定亲酒”；定亲以后，选定吉日，正式结婚。20世纪80年代至90年代初期，结婚一般双方都办酒，男方给女方彩礼，女方要备脚盆、马桶、箱柜、被褥、日用品、家用电器等嫁妆。在结婚当天由男方派人去女方家拿嫁妆，称为“扛嫁送”，有十八扛或二十四扛，越多越显得有气派。男方用汽车或摩托车迎娶新娘举行婚礼。90年代中后期起，随着居住和生活条件改善，大多数人家不需要脚盆、马桶、箱柜，日用品、家用电器大多自备，“扛嫁送”不复存在。结婚时用彩车迎亲，在家中或在酒楼宾馆举行婚礼。婚礼由司仪主持，主婚人、证婚人向新郎新娘表示祝贺，并提出希望；新婚夫妇向双方父母鞠躬行礼，新婚夫妇之间互送戒指等礼物，互表忠诚，还要接吻拥抱。亲朋好友送礼金以示喜庆。结婚仪式一般都拍摄录像，制成光盘，留做纪念。

**【丧葬】** 亲属为逝者设立灵堂，悬挂白布幛联，全家举哀，昼夜守灵，女眷哭灵或放哀乐。20世纪80年代，农村普遍推行新式丧礼，开追悼会，由队里干部、家属代表讲话，亲友戴黑纱或白束腰，晚辈亲属穿白衣服向逝者鞠躬或唱喏致哀。90年代，旧式葬礼复现，要请道士念经、做道场，还要扎库焚化，请乐队吹奏哀乐、唱哀歌。丧礼完毕后，由亲属护送灵柩至火葬场火化并将骨灰带回家中灵台供奉，至第二年清明或腊月进行土葬。在城镇，人死后一般直接送到殡仪馆，由殡仪馆进行沐浴、穿衣、整容，隔天请亲属和生前好友到殡仪馆举行追悼会，然后火化。骨灰安放于公墓或埋葬。2000年后，部分村建造“安息堂”，骨灰不再土葬，统一放在安息堂。

**【寿庆】** 孩子一周岁时过“搭纪”(亦称“纪过”)，办酒席宴请亲朋好友，吃生日蛋糕。亲朋好友送礼祝贺。孩子10岁时，要过“十搭纪”，也要办酒席宴请。平时无论大人、小孩过生日并不太看重，或一家人吃面、吃蛋糕以示纪念，或请至亲庆贺一番。老年人过60岁、70岁、80岁大寿，少数家庭举办庆寿酒。

**【其他喜庆习俗】** 生小孩要“送糖”，亦称“送舍姆羹”，并办“送糖酒”，宴请亲朋好友，亲朋好友送礼品或礼金恭贺；青年参军办“参军酒”；子女考上大学办“状元酒”；搬家办“乔迁酒”；农村修造新房要办“造房酒”(或称“上梁酒”)。20世纪90年代后期，出现“谢师宴”，即初、高中毕业生为感谢老师的培育，宴请老师。此风流行一时。 (市史志办)

# 太仓特产

**【太仓肉松】** 太仓肉松历史悠久，清光绪十二年(1886年)太仓开设倪鸿顺肉松店，其肉松为官方礼品，驰誉四方。1915年，获巴拿马国际博览会甲级奖。太仓肉松挑选优质太湖瘦肉型猪宰杀，佐料讲究，炒制工艺先进，采用全封闭式机械化生产，洁净卫生，由于水与脂肪成分比例控制合理，因此肉松保质期得到有效延长。太仓肉松以其独特风味享誉四方。

**【太仓糟油】** 糟油创制人为清乾隆年间的李梧江。清代袁枚《随园食谱》写道：“糟油出太仓，愈陈愈佳。”《太仓州志》记载：“色味佳胜，他邑所无。”太仓糟油具酱色、糟香、鲜美等特点，能解腥除异味、提鲜增香、开胃增食。

**【长江四鲜】** 太仓地处长江入海口，江海交汇之处，鱼类品种甚多，较为著名的有合称为“长江四鲜”的银鱼、刀鱼、鮰鱼、鲥鱼。

银鱼，古称“脍残鱼”，鱼形细长，身透明，体光滑，长约一指。喜栖息于近海长江口，学名长江间银鱼，当地人称“面杖鱼”。因其明莹如银、细骨无鳞、肉质鲜美，深受食客青睐。

刀鱼，其状似刀形，故称刀鱼。刀鱼“狭薄而长头”，与凤鲚有相似之处，但比凤鲚个大，也称江鲚。个大者有一尺（约33厘米）来长。刀鱼肉质细腻鲜嫩，入口即化，但细骨较多。清明前上市；清明后，其细骨变硬，价钱开始下跌。

鮰鱼，亦称鮠鱼，俗称“白戟”。其吻圆突，口腹部，体无鳞，个大者长达1米。现产量急剧减少，大鮰鱼不易捕捉。鮰鱼肉质肥美，可精炖可红烧。其鳔肥厚，可制鱼肚，历来为上等食用鱼类。

鲥鱼，古称“ 魱。形秀而扁，似鲂而长，长约70厘米，银白色，腹部具棱鳞。一般三四龄成熟，春夏之交，溯江而上，主要产于太仓长江入海口至南京燕子矶一带的下游地段。其味极为鲜美，宜不去鳞清炖，为长江鱼类中极品，可惜近年已濒临绝迹。

**【中华绒螯蟹】** 国家著名特色水产品，具有味鲜美、营养价值高的特点。太仓市临濒长江口，繁育和养殖中华绒螯蟹有着得天独厚的优势，不但蟹种正宗，而且蟹的纯度高、生存力强、易养殖，成蟹的只型大、产量高。太仓蟹养殖以浮桥镇为中心，分布浏家港、浏河、璜泾、沙溪等地。

**【太仓梅山猪】** 梅山猪是太仓市最具地方特色的优质种质资源之一，是太湖猪的主要品系之一，以肉质鲜美、繁殖量高而著称，曾多次被国家领导人作为国礼赠送友邦。2011年5月，太仓市种猪场被授予“国家级太湖猪（梅山猪）保种场”称号。

**【双凤爊鸡】** 双凤爊鸡为太仓著名的传统食品。早年的双凤大户人家乃至普通农家几乎都有一只多代相传的锅，每当入冬腊月，过年过节，则活杀自养之鸡，煮至半熟，稍加冷却后，放入有老汤的锅中，然后按秘方放入茴香、花椒等多种佐料，以文火焖煮。制成后鸡皮色亮，丰腴肥实，香气沁人。

**【双凤羊肉】** 太仓双凤养羊、食羊的习俗有数百年历史，双凤羊肉专选品质上乘的山羊为原料，皮肥肉酥，味道鲜美。在昆山、嘉定、宝山等周边城市开有多家太仓双凤羊肉食品店。2007年起，每年举办双凤福地文化羊肉美食节活动。2008年9月，双凤镇被中国烹饪协会冠名为“中国羊肉美食之乡”。

**【双凤肥羊面】** 双凤肥羊面为太仓餐饮文化中的特色品种之一，以酥、浓、香、肥著称，为地方上的冬令特产名吃。专选品质优良的太仓本地上等山羊为原料，辅以10多种调味品、中草药，文火焖煮2小时以上而成红烧羊肉。味入骨肉，皮肥肉酥，汤汁鲜美而绝无膻味。面汤用烹羊原汤熬制，浓而不浊、油而不腻。面则以手工制之，经多次压滚，细、柔、滑、韧，入水便熟，口感极好。

**【太仓白蒜】** 始种于清代，于20世纪60年代在太仓大面积种植。太仓白蒜蒜头肥硕结实，蒜瓣大而匀称，色泽洁白，味道辛香，为蒜中精品。与上海嘉定白蒜、山东苍山白蒜、新疆白蒜齐名，并称为中国“四大名蒜”。

**【新毛芋艿】** 芋艿为太仓特色传统蔬菜品种之一，具有悠久的种植历史和优良独特的品种资源。新毛芋艿不但外形圆整，而且带有特别的香味，吃口糯滑，享誉苏、浙、沪。用其制作的“桂花糖芋艿”更是风味独特，是江南人家八月中秋必不可少的名点佳品。太仓常年种植芋艿533.33公顷，年产颇丰。2014年6月，“新毛芋艿”成为太仓首件地理标志证明商标。

**【珍蔬紫葛叶】** 紫葛叶（又名紫果叶、紫角叶）原是太仓民间一种不起眼的植物，其历史甚为悠久，因其质地肥嫩爽口、鲜美清香，被赞誉为“蔬菜皇后”。紫葛叶含有丰富的维生素、皂素以及胶质等多种营养成分，可清炒，可入汤，对人体有滋补作用，被视为保健蔬菜。紫葛叶不但能入菜，而且还能入药，具有清血凉血、消热解毒、润燥滑肠、解郁除积、接骨止痛等多种功效。

**【板桥西瓜】** 太仓板桥历来有种植西瓜的习惯，由于土壤肥沃，气候适宜，栽培技术先进，板桥西瓜以其皮薄、品质优、果型适中而闻名苏州、上海等地。主要品种有京欣一号、早佳（84－24）和小型礼品瓜（拿比特、万福来、红小玉、黄小玉、早春红玉等）。这些品种的共有特点是品质优良，皮花，果实圆形或椭圆形，中心糖分占12%以上，礼品瓜1～1.5公斤／个，常规瓜2.5～4公斤／个，商品性极佳。

**【太仓毛板青蚕豆】** 色青粒大、板子宽阔、尾有凹痕、肉色白净、味鲜而糯、易酥不腻，百粒重130～135克，比一般品种高20克左右，并含有多种营养成分，为蔬菜食品的佳品。毛板青蚕豆食用方法较多，除青食外，还有煮、汆、炒、蒸、拌、汤等食法，且其皮可入药，故深受群众欢迎。太仓毛板青蚕豆是江苏省名贵农特产品，为蚕豆品种中的上品。因产于毛家市（现太仓市城厢镇新毛管理区）周围，故名之，别称“宣公豆”。上海特产老城隍庙五香豆即以毛板青蚕豆为原料。

**【太仓牛踏扁毛豆】** 种植历史悠久，是群众欢迎的传统青食良种。其荚形大，粒扁平，皮青色，味鲜洁，吃口糯，晚熟。产品以毛豆形式销售，主要销往上海、苏州等周边大中小城市，销路颇广，供不应求。

**【太仓大米】** 太仓大米种植历史悠久，其糯性强，支链淀粉含量高。蒸煮后米饭晶莹剔透，口感柔软滑润，富有弹性，冷而不硬，食味品质极佳。太仓地区为沙壤土质，养分含量高，适宜大米种植，用本地区种植的特种稻加工的优质袋装米、粉以及制作精美的八宝饭、点心等，在上海、厦门、苏州等地销售良好。

**【太仓山药糕】** 将太仓本地山药蒸至酥烂，捣成山药泥，拌入糯米粉、糖，将果料在碗壁内摆放成图案形，再把拌好的山药泥放入碗中，将豆沙放在山药泥中间，上笼蒸熟。口味微甜，软糯滑爽，既有食用价值又有药用价值。

【太仓长江蟹】 太仓长江蟹系长江水系中华绒螯蟹，产区天然，蟹种纯度高，是国内享有盛名的特色水产品。其壳青色有光泽，隆起明显且坚硬，脐腹呈乳白色，金爪黄毛，腿长爪尖，双螯强健，八足有力，反应敏捷，行动迅速。可食部分肉实体丰，品质白嫩，口味鲜甜，黄多膏厚，无土腥味或其他杂味。蟹苗与成蟹的外部特征相似，形似纽扣，又名"扣蟹"。太仓长江蟹养殖主要以浮桥镇为中心，辐射浏河、璜泾、沙溪等地，蟹苗除自养外，大部分销往全国各养蟹地区。

【新湖番茄】 太仓新湖地区种植番茄始于中华人民共和国成立初期。20世纪70年代末至80年代初，产业结构调整，番茄种植面积逐步扩大，栽培方式从露地栽培发展为小环棚双膜栽培，20世纪90年代探索成功大棚三膜栽培，一年三茬（番茄—丝瓜或苦瓜—莴苣或芹菜）高效套作模式，年产值2万多元。新湖地区土壤类型为脱潜型水稻土中的乌栅土，质地重壤，耕层黏粒含量20%左右，保肥性能好，土壤肥力高，有机质含量高达35.9克／公斤。2005年，新湖番茄成功申报无公害产品。新湖番茄果型适中，单果重250克左右，表皮薄、洋红色、沙瓤、微酸、甜度适中，自然成熟，口感好，凉拌、炒菜及做水果食用皆宜。

【麦秸画】 精选麦秸为原料，经过除膜、切片、劈丝等加工处理，运用拼贴、镂刻、镶嵌等制作方法，按照平面、浮雕、立体等构图造型，利用麦秸原有的光泽、独有的纹理，巧妙设计，精工细作，通过麦秸的明暗、深浅、厚薄、疏密等搭配和点、线、面的合理布局来制作麦秸画工艺品。史仁杰经40多年研究，制作麦秸画的工艺日益成熟。品种包括山水风景、花鸟鱼虫、人物走兽、房屋建筑等，图案华而不媚、素而不俗。 （市旅游局、市农委）

# 组织机构及负责人名录

## 市四套班子

### 中共太仓市委员会

| | |
|---|---|
| 书　记 | 沈　觅（6月—）　王剑锋（—6月） |
| 副书记 | 王建国（6月—）　钱文辉（5月—） |
| | 沈　觅（—6月）　张　彪（—3月） |
| 常　委 | 顾晓东　孙建江　陈立华 |
| | 邹洪凯（3月—）　韦国岭（6月—） |
| | 徐志强（7月—）　施燕萍（7月—） |
| | 潘明生（挂职，11月—） |
| | 顾金泉（—3月）　钱文辉（—5月） |
| | 陈雪嵘（—6月）　朱大丰（—7月） |
| | 王国其（—7月）　郑　晋（挂职，—3月） |

### 太仓市人大常委会

| | |
|---|---|
| 主　任 | 陆卫其 |
| 副主任 | 朱大丰（1月—）　徐鸣强　嵇永宁 |
| | 周大伦　夏林祥（—1月） |

### 太仓市人民政府

| | |
|---|---|
| 市　长 | 王建国（6月—）　沈　觅（—6月） |
| 副市长 | 顾晓东（7月—）　周文彬　陆　燕 |
| | 朱万里　赵建初　王红星（7月—） |
| | 韩　飚（7月—）　冯　晋（11月—） |
| | 袁欲彬（挂职）　朱大丰（—3月） |
| | 徐志强（—7月）　宋文元（—11月） |
| | 郑　晋（挂职，—3月） |

### 政协太仓市委员会

| | |
|---|---|
| 主　席 | 邱震德 |
| 副主席 | 王国其（1月—）　吕　寅　朱凤兰 |
| | 高　扬　郑银林（—1月） |
| | 朱薇圆（—1月） |

## 市纪委、市人武部、法院、检察院

### 中共太仓市纪律检查委员会

| | |
|---|---|
| 书　记 | 邹洪凯（3月—）　顾金泉（—3月） |
| 副书记 | 蒋　华（6月—）　戚启蒙（6月—） |
| | 邱根生（—6月） |
| 常　委 | 秦建刚　须永良　李　烨（6月—） |
| | 朱柏华（—11月） |

### 太仓市人民武装部

| | |
|---|---|
| 政　委 | 吴　明 |
| 部　长 | 陈立华 |
| 副部长 | 王向东（—3月） |

### 太仓市人民法院

| | |
|---|---|
| 院　长 | 赵新华 |
| 副院长 | 顾建康　张红烈　邱东明　袁　满 |
| 党组书记 | 赵新华 |
| 纪检组长 | 徐生宝（—3月） |
| 政治处主任 | 季　红 |

### 太仓市人民检察院

| | |
|---|---|
| 检察长 | 杜建伟（—11月） |
| 代检察长 | 董启海（11月—） |

副检察长　杨耀红　张莹玮　李　峰
俞其林（—3 月）
党组书记　董启海（11 月—）　杜建伟（—11 月）
纪检组长　张宏斌
政治处主任　薛慧香

## 市委各部门

### 市委办公室

主　　任　张培明
副 主 任　韩志敏　王志坚（11 月—）
王伟刚（10 月—）
李天一（10 月—，试用 1 年）
李　峰（—5 月）　顾技峰（—8 月）
周建平（—10 月）　王雪源（—11 月）

### 市委组织部

部　　长　孙建江
副 部 长　王大明　楼浩平　宋　蔚（10 月—）
黄　海（—10 月）

### 市委宣传部

部　　长　韦国岭（6 月—）　陈雪嵘（—6 月）
副 部 长　张　忠　王永伟　刘　菊
陆文卫（10 月—）

### 市委统战部

部　　长　施燕萍（8 月—）　高　扬（—8 月）
副 部 长　胡　良　杨建新　吴向阳　包炳祥

### 市委政法委

书　　记　钱文辉（8 月—）　王国其（—8 月）
副 书 记　冯　晋（11 月—）　徐玉林
顾虹蝶　宋文元（—11 月）

### 市委农村工作办公室

主　　任　顾宇靖（3 月—）　邹家祥（—3 月）
副 主 任　曹炳华（5 月—）　闻　铭　朱红华
徐　莞（—3 月）

### 编　办

主　　任　王晓东
副 主 任　张　健　李　丽

### 市委研究室

主　　任　韩志敏
副 主 任　王伟刚（—10 月）

### 市委机要局

副 局 长　徐　震

### 市委保密办（保密局）

主任（局长）　顾技峰（—8 月）
副 局 长　顾鸿飞

### 市密码管理局

副 局 长　杜凌明

### 人才工作办公室

副 主 任　宋　蔚（—10 月）

### 精神文明建设指导委员会办公室

主　　任　王永伟
副 主 任　沈　晖

### 社会管理综合治理委员会办公室

主　　任　徐玉林
副 主 任　陈卫平　徐忠诚　李春生（5 月—）
苏伟平（—3 月）

### 市国家安全领导小组办公室

副 主 任　金　泉

### 市级机关党工委

书　　记　黄　海（10 月—）　王晓红（—10 月）
副 书 记　郭世桂　王文瑜　朱　丽
纪工委书记　王文瑜

### 市委非公有制企业和社会组织工作委员会

书　　记　黄　海（—10 月）
副 书 记　童　刚（—5 月）

### 老干部局

局　　长　楼浩平
副 局 长　李春皓　施海鹰

### 台　办

主　　任　沈建青
副 主 任　王波宁　单晓风

### 信访局

局　　长　王志坚（11 月—）　王雪源（—11 月）
副 局 长　张　健　徐国锋　张小宏
督查专员　郁胜宝

### 市委党校

校　　长　钱文辉（6 月—）　张　彪（—6 月）
常务副校长　龚金明
副 校 长　陆惠良　李春秀　毛树兵

### 档案局（馆）

局（馆）长　顾建新
副 局 长　张海华　廖丽娜　陈　岗

### 史志办

主　　任　张志华
副 主 任　高健彪（10 月—）　陈妙生
殷秋娣（—3 月）

### 接待办公室

主　　任　顾熙虹
副 主 任　江进生　周叶萍　王益锋

### 太仓日报社

社　　长　张　忠（3 月—）　高健彪（—3 月）
总　　编　张　忠（3 月—）　姜　颢（—3 月）
副 总 编　郁　鹰　奚海燕　周　斌
朱乃燕（—3 月）

## 市人大各部门

### 办公室

主　　任　沈　炯（11 月—）　华中兴（3—11 月）

杨喜良（—3月）

副主任　杨群英　周　华（11月—）

顾晓春（11月—）沈　炯（5—11月）

**人事代表联络工委**

主　任　张顺明（11月—）　高洪文（—11月）

副主任　金雯艳　张顺明（—11月）

**内务司法工委**

主　任　王雪源（11月—）　胡春兴（—11月）

副主任　吴剑宏　姚忆江（11月—）

**财政经济工委**

主　任　时利林（11月—）　王文尉（—11月）

副主任　马　兰　俞　彪（—3月）

**城建环保工委**

主　任　朱柏华（11月—）　华中兴（—11月）

副主任　高荣奎

**农业农村工委**

（11月，机构设立）

主　任　沈　忠（11月—）

**教科文卫工委（外事民宗侨台工委）**

（11月，机构调整）

主　任　汪　放（11月—）　张永涛（—11月）

副主任　陈士基

**外事民宗侨台工委**

（11月，机构撤销）

主　任　汪　放（3—11月）　曹宏杰（—3月）

副主任　蒋建平

**研究室**

主　任　浦绍兴（11月—）　杨喜良（—3月）

副主任　张伟林　周　华（—11月）

## 市政府各部门

**政府办公室**

主　任　李　刚

副主任　徐志豪　王晨清　刘利民　夏永华

陆　江（10月—）　房宇峰（10月—）

盛海峰（—5月）　蒋　华（—6月）

陆文卫（—10月）

党组书记　李　刚

**发展和改革委员会**

主　任　楼晓舟（3月—）　龚　璇（—3月）

副主任　许子云　郑　珑　顾星球　张玦青

丁芝菁（—3月）

党委书记　楼晓舟（3月—）　龚　璇（—3月）

副书记　丁芝菁（—3月）

纪委书记　蔡炳林

**经济和信息化委员会**

主　任　吴忠良（5月—）　蔡东辉（—5月）

副主任　樊　荣　唐正道　张　莉　顾肖峰

冯建良（—3月）　朱晓峰（—10月）

党委书记　吴忠良（5月—）　蔡东辉（—5月）

副书记　石　英

纪委书记　石　英

**教育局**

局　长　周鸿斌

副局长　孙君琪　尤培亚　吴　健　张金晔

教育工委书记　周鸿斌（8月—，机构设立）

党委书记　周鸿斌（—8月，机构撤销）

副书记　张跃忠

纪工委书记　张跃忠（8月—，机构设立）

纪委书记　张跃忠（—8月，机构撤销）

**科学技术局**

局　长　王莉萍（3月—）　朱永明（—3月）

副局长　沈美林　孙惠球　万芬奇　张荣海

党组书记　王莉萍（3月—）　朱永明（—3月）

纪检组长　陈　杰

**公安局**

局　长　冯　晋（11月—）　宋文元（—11月）

副局长　沈虹健　胡月林　严国强　唐　健

王文军　王志坚（—11月）

政　委　沈明亮

党委书记　冯　晋（11月—）　宋文元（—11月）

副书记　沈明亮

督察长　冯　晋（11月—）　宋文元（—11月）

纪委书记　徐向明

政治处主任　施军平

**监察局**

局　长　蒋　华（6月—）　邱根生（—6月）

副局长　孙建国　程　达　朱柏华（—11月）

**民政局**

局　长　王晓芸

副局长　史经涛　周红亚　王娴敏

李卫光（—3月）

党委书记　王晓芸

副书记　刘友佺

纪委书记　刘友佺

**司法局**

局　长　顾潇军

副局长　肖　枫　高　峰

党组书记　顾潇军

纪检组长　张永强（3月—）　陆云娟（—3月）

**财政局**

局　长　凌晓波

副局长　王建良　藕永清　汤文英（10月—）

项建军　胡纪明

陆锦亚（—10月）　周淑亚（—11月）

党组书记　凌晓波

纪检组长　莫振宙（10月—）　闵海峰（—3月）

**人力资源和社会保障局**

局　长　王大明

副局长　蒯智清　顾敏华　蔡　峻　仲崇学
钱琼瑛　唐志灏
孙小峰（10月—，试用1年）
党委书记　王大明
纪委书记　胡　敏

### 国土资源局

局　　长　徐　韬
副局长　王　近　王青青　王海波
金　明（—5月）
党组书记　徐　韬
纪检组长　冯德贤

### 住房和城乡建设局

局　　长　陆建林（3月—）　叶海生（—3月）
副局长　唐四新　钱建初　李红艳　查晓冬
高　强（—3月）
党委书记　陆建林（3月—）　叶海生（—3月）
副书记　张　英
纪委书记　顾惠清（10月—）　王利民（—3月）

### 城市管理局

局　　长　朱锦明
副局长　陆春林　钱耀忠　刘解平　高宝兴
李　强
党委书记　朱锦明
副书记　石培红
纪委书记　石培红

### 交通运输局

局　　长　陶乐平
副局长　张　健　倪永良　陈　艇　王国文
党委书记　陶乐平
副书记　高　洁
纪委书记　陆艳艳
总工程师　李文骞

### 水利局

局　　长　金　明（5月—）　李国良（—3月）
副局长　周培元　周　栋　张建龙　陆振超
吴南山（3月—）　曹炳华（—5月）
党委书记　金　明（5月—）　李国良（—3月）
副书记　毛　静
纪委书记　毛　静

### 农业委员会

主　　任　盛海峰（11月—）　沈　忠（—11月）
副主任　徐永明　肖海明　赵麒森　冯瑞兴
邹　翔
党委书记　盛海峰（11月—）　沈　忠（—11月）
副书记　张　勤（—3月）
纪委书记　刘凤球（10月—）　张　勤（—3月）

### 商务局

局　　长　陆定峰
副局长　程　澄　王轶蕊　陈利锋
杨　俭（—11月）
党组书记　陆定峰
纪检组长　沈建飞

### 文化广电新闻出版局

局　　长　潘井亚
副局长　王　冰　刘　芳　王雪春　陆　坚
党委书记　潘井亚
副书记　黄海波
纪委书记　黄海波

### 卫生和计划生育委员会

主　　任　邱根生（6月—）　顾　超（—3月）
副主任　朱　坚　刘　俊　张　英　俞叶丹
钱军民（11月—）　张　进（—3月）
吴建萍（—3月）　周　纯（—10月）
党委书记　邱根生（6月—）　顾　超（—3月）
副书记　李云汉
纪委书记　施文华

### 体育局

局　　长　顾振清（3月—）　孔春明（—3月）
副局长　张建忠　施倚倩
党组书记　顾振清（3月—）　孔春明（—3月）
纪检组长　张　敏

### 环境保护局

局　　长　吴建国
副局长　沈玉其　姜志刚　张　勤　周洪海
党组书记　吴建国
纪检组长　龚　征

### 旅游局

局　　长　曹　锋
副局长　张　华　殷　托　黄　健
党组书记　曹　锋

### 民族宗教事务局

局　　长　包炳祥
副局长　朱文强　时永建
党组书记　包炳祥
纪检组长　汪　俊

### 审计局

局　　长　王建平
副局长　陈　俭　张玉柱　袁蕴玉
党组书记　王建平
纪检组长　王国新

### 安全生产监督管理局

局　　长　袁志强（3月—）
顾振清（—3月）
副局长　周照平　张文明　金　鑫（10月—，试用1年）
潘佳平（—3月）
党组书记　袁志强（3月—）　顾振清（—3月）
纪检组长　卢阳松

### 市场监督管理局

局　　长　周建平（10月—）　陈伟贤（—10月）
副局长　唐宪中　肖伟模　沈　渊　李伟丰

方海清　夏永刚　晏四祥　贺　仁
党委书记　周建平（10 月—）　陈伟贤（—10 月）
党委副书记　杨其康
纪委书记　杨其康

**统计局**

局　　长　周淑亚（11 月—）　徐洪明（—11 月）
副 局 长　廖丽萍　苏静妍　盛建华（—11 月）
党组书记　周淑亚（11 月—）
徐洪明（—11 月）
纪检组长　苏梅芳

**物价局**

局　　长　左　明
副 局 长　任玉法　张　燕　黄惠林
彭雪梅（—3 月）
党组书记　左　明

**粮食局**

局　　长　杨喜良（3 月—）　顾宇靖（—3 月）
副 局 长　朱献良　征安平　陆月明
党委书记　杨喜良（3 月—）　顾宇靖（—3 月）
副 书 记　王耀飞（—3 月）
纪委书记　王耀飞（—3 月）

**民防局（人防办）**

局　长（主任）　严桂清
副局长（副主任）　张卫兵　戴美生　曹　宏
王文华
党组书记　严桂清

**机关事务管理局**

局　　长　钱丁良
副 局 长　张福源　周菊芬　刘忠明
龚志明（—3 月）
党组书记　钱丁良
纪检组长　张迎红

**国资办**

主　　任　汤文英
副 主 任　顾莺燕　吴　艳（10 月—）
王孝红（—11 月）
党委书记　凌晓波
副 书 记　王孝红（—11 月）
纪委书记　王孝红（—11 月）

**政务服务管理办公室**

主　　任　王晓红（10 月—）　周建平（—10 月）
副 主 任　万小宏　于俊伟　秦建刚　凌　玲

**法制办公室**

主　　任　徐志豪
副 主 任　姚　榕　顾泉山

**外事办公室**

主　　任　顾熙虹
副 主 任　江进生　周叶萍　王益锋

**市政府研究室**

副 主 任　房宇峰（—10 月）

**服务业发展办公室**

主　　任　陆　征（—10 月）
副 主 任　朱卫清　施丽萍（—3 月）

**上市办公室**

主　　任　楼晓舟（3 月—）　龚　璇（—3 月）
副 主 任　陈伟峰

**中小企业局**

局　　长　吴忠良（5 月—）　蔡东辉（—5 月）

**知识产权局**

局　　长　王莉萍（3 月—）　朱永明（—3 月）

**地震局**

局　　长　高　强（—3 月）

**城管执法局**

局　　长　朱锦明

**水务局**

局　　长　金　明（5 月—）　李国良（—3 月）

**广电总台**

台　　长　陆文卫（10 月—）　高健彪（—10 月）
副 台 长　刘　序　陈志平　茅震宇　山　飚
党委书记　陆文卫（10 月—）　高健彪（—10 月）
副 书 记　杨　敏
纪委书记　杨　敏

**检验检测中心**

主　　任　唐宪中
副 主 任　时　连

**侨　办**

主　　任　杨建新
副 主 任　周永飞

**供销总社**

主　　任　杨　俭（11 月—）　浦绍兴（—11 月）
副 主 任　王　辉　冯剑林（—3 月）
党委书记　杨　俭（11 月—）　浦绍兴（—11 月）
副 书 记　杜凤良
纪委书记　杜凤良

**土地储备中心**

主　　任　王青青（8 月—）　金　明（—5 月）
副 主 任　钱　峰

**招商局**

局　　长　朱晓峰（10 月—）　江　宁（—10 月）
副 局 长　苏　珂　金丽萍　朱永强

**金融合作管理办公室**

主　　任　王建良
副 主 任　李泉龙

## 市政协各部门

**办公室（与秘书处合署办公）**

秘 书 长　陆静波
主　　任　仇　君
副秘书长　仇　君　李永川

副主任　董志军　李永川（—11月）

**提案委员会**

主　任　吴伟红
副主任　王俭飞　顾钱医　顾鸿飞
　　　　陆文卫（—10月）

**经济科技委员会**

主　任　宋福荣
副主任　张　翼（11月—）　王建良　闻　铭
　　　　徐忠良（—3月）　冯建良（—3月）

**社会事业委员会**

主　任　杜根生
副主任　顾小芳　史经涛　黄海波

**城乡建设委员会**

主　任　高建林
副主任　王青青　高　洁　沈玉其
　　　　沈建国（—3月）

**港澳台侨（民族宗教）委员会**

主　任　展建良（11月—）　邵惠锋（—11月）
副主任　闵诣昉　杨建新　沈建青　包炳祥

**学习文史委员会**

主　任　李永川（11月—）　杨建中（—11月）
副主任　徐卫岗　黄　蓉　顾建新　张志华

**研究室**

主　任　张　炜

**委员联络工作办公室**

主　任　仇　君（11月—）

## 人民团体

**市总工会**

副主席　周　瑛　周惠东　徐昭君　黄海松
党组书记　周　瑛

**团市委**

书　记　张　皓
副书记　邵　旻　王　茜（5月—）
　　　　毛华乾（—5月）
党组书记　张　皓

**市妇联**

主　席　张英姿
副主席　陈静怡　李　黎
党组书记　张英姿

**市科协**

主　席　龚秋健
副主席　吴建明　胡俊韬　张学双　王　欣
　　　　冯宇霞
党组书记　龚秋健

**市文联**

主　席　龚　璇（3月—）　汪　放（—3月）
副主席　乐　琦　许正明　王雪春　陈解法
党组书记　龚　璇（3月—）　汪　放（—3月）

**市工商联**

主　席　黄浩忠
副主席　王益清　曲　建　顾振华　杨忠执
　　　　包建元　沈锦亚　周建明　黄耀臻
　　　　徐义新　顾振其　何永兴　黄正明
　　　　管雪平　杨巧明　周善高　郑岳海
党组书记　王益清

**市侨联**

主　席　张晓冬（—3月）
副主席　周　燕

**市残联**

理事长　陈永忠
副理事长　许　斌　杨太庆　周秀芳（—3月）
党组书记　陈永忠

**市哲学社会科学界联合会**

主　席　张　忠（—3月）
副主席　吴　巍　韩志敏　陆文卫（—10月）

**市红十字会**

专职副会长　杨瑞兰

## 太仓港经济技术开发区

**党工委**

书　记　沈　觅（6月—）　王剑锋（—6月）
副书记　王建国（6月—）　徐志强（8月—）
　　　　沈　觅（—6月）　顾晓东（—8月）
党工委委员　王红星（8月—）　邹家宏　冯玉良
　　　　朱葛明　朱万里（—8月）
　　　　韩　飚（—8月）　施燕萍（—8月）
　　　　吴忠良（—8月）
纪工委书记　朱葛明
纪工委副书记　陆秀娟

**管委会**

主　任　王建国（6月—）　沈　觅（—6月）
副主任　徐志强（8月—）　王红星（8月—）
　　　　邹家宏　冯玉良　吴　焱（挂职，2月—）
　　　　顾晓东（—8月）　朱万里（—8月）
　　　　韩　飚（—8月）　施燕萍（—8月）
　　　　吴忠良（—8月）

## 港区及下属单位部门

**党　委**

书　记　徐志强（8月—）　顾晓东（—8月）
副书记　邹家宏　朱葛明　吴忠良（—5月）
　　　　展建良（—11月）
委　员　马　骏　张舒源　李　焱（3月—）
　　　　许超震　陆湘元　陆建林（—3月）
　　　　丰　华（—11月）

党政办公室

主　　任　赵　勇
副 主 任　孙　昉　汪华明　李　萍　杨　波

科学技术局

局　　长　钱振刚
副 局 长　陆燕芳　万　辉（挂职，8 月—）
贾无志（挂职，—8 月）

人力资源和社会保障局

局　　长　王孝红（11 月—）　展建良（—11 月）
副 局 长　周　珏　江宏卫

规划建设局（城市管理局）

局　　长　李　焱（3 月—）　陆建林（—3 月）
副 局 长　陆建清　杨艳萍　张玉明　徐　勤

经济发展局

局　　长　马　骏（11 月—）　丰　华（—11 月）
副 局 长　宋志勤　王晓军　钱　琪

安全生产与环境保护局

局　　长　陆湘元
副 局 长　徐建明　顾　杰

农村工作局

局　　长　钱　进

财政局（国有资产管理局）

局　　长　王　燕
财政局副局长　周雅红　徐建东
国资局副局长　张红友　柯　峤

社会事业局

局　　长　张舒源
副 局 长　王　浩

纪检监察室

主　　任　龚利花

总工会（武装部）

主席（部长）　成才洪

保税物流中心

主　　任　马　骏
副 主 任　谢伟峰　方　正

招商中心

主　　任　芮　萌

现代服务业发展中心

主　　任　胡雪峰
副 主 任　奚　玲　张艳维

## 新区及下属部门

管委会

主　　任　王红星（8 月—）　朱万里（—8 月）
副 主 任　冯玉良　张艳萍　夏远峰　王宏宾
浦利兵（8 月—）　韩　飚（—8 月）
时利林（—11 月）

党　委

书　　记　王红星（8 月—）　朱万里（—8 月）
副 书 记　叶俭洁　韩　飚（—8 月）
岳　义（挂职，—8 月）
纪委书记　陆秀娟
委　　员　陆秀娟　浦利兵（8 月—）

党政办公室

主　　任　夏远峰
副 主 任　吴炜芬　陆　毅　周燕晨

党群工作部

副 部 长　李慧华

科学技术局

局　　长　顾永忠（—11 月）
副 局 长　郁颖珠　马喜斌　梁剑光（挂职，8 月—）
刘翔宇（—10 月）

经济发展局

局　　长　沈　欢
副 局 长　潘国忠　殷　伟

规划建设和环境保护局

局　　长　狄志强（—3 月）
副 局 长　朱正其　范伟民　王　彦

人力资源和社会保障局

局　　长　王维军
副 局 长　沈　宁　徐晓华　邢秋娟（—3 月）

财政局（国有资产管理局）

局　　长　高秀娥
副 局 长　沙海丰　朱　敏（10 月—，试用 1 年）

招商局

局　　长　笪文敏
副 局 长　胡晓瑜

## 娄东街道

党工委

书　　记　浦利兵（8 月—）　韩　飚（—8 月）
副 书 记　顾技峰（8 月—）　毛华乾（5 月—）
浦利兵（—8 月）
委　　员　顾永忠（11 月—）徐立军　朱建东
孙文彪　王丽坚　王桂明
蔡祖林（—3 月）　沈剑明（—11 月）

办事处

主　　任　顾技峰（8 月—）　浦利兵（—8 月）
副 主 任　徐立军　朱建东　孙文彪　王丽坚
马永平　蔡祖林（—3 月）

人大工委

主　　任　顾永忠（11 月—）　沈剑明（—11 月）

## 市科教新城

党工委

书　　记　王　哲
副 书 记　顾凯凯（10 月—）　张　义（—11 月）

委　　员　　龚宣东　吴振键　王永健　袁金华
　　　　　　陈洲洋　包加林（—3月）
纪工委书记　顾凯凯（10月—）　包加林（—3月）

**管委会**

主　　任　　张　义（—11月）
副 主 任　　龚宣东　吴振键　王永健　袁金华
　　　　　　陈洲洋　孔　荀（挂职）

## 太仓长江口旅游度假区

**党工委**

书　　记　　杨晓峰（11月—）施燕萍（—11月）
副 书 记　　张　义（11月—）顾益新　顾晓峰
　　　　　　郭亚萍（5月—）　邵立新（11月—）
　　　　　　孙　涛（挂职，8月—）　盛海峰（5—11月）
　　　　　　袁志强（—3月）　朱菊明（—5月）
　　　　　　杨晓峰（—11月）　夏凤军（挂职，—8月）
委　　员　　张俊国　朱学锋　杨志刚
　　　　　　黄　莉（5月—）王　莉（5月—）
　　　　　　郭亚萍（—5月）陈文贤（—5月）
纪工委书记　郭亚萍（5月—）袁志强（—3月）

**管委会**

主　　任　　张　义（11月—）　杨晓峰（—11月）
副 主 任　　王　东　周　静　钱　宇（11月—）
　　　　　　李　伟（11月—）　钱敏芳（11月—）
　　　　　　陈　伟（—3月）　邵立新（—11月）
　　　　　　杨琴洁（—11月）

## 太仓大学科技园

**管委会**

副 主 任　　魏晓锋　王　哲　王莉萍（3月—）
　　　　　　朱永明（—3月）　张　义（—11月）

## 太仓市现代农业园区

**管委会**

主　　任　　肖海明
副 主 任　　吴建华

## 太仓港口及下属部门

**党工委**

书　　记　　陆留生（—9月）
副 书 记　　王竹鸣
委　　员　　胡　鸿　钮建平　卢　渊
　　　　　　顾晓东（—8月）　杨　觃
　　　　　　徐志强（8月—）

**管委会**

主　　任　　王竹鸣
副 主 任　　胡　鸿　钮建平　卢　渊
　　　　　　顾晓东（—8月）　徐志强（8月—）

**纪工委**

书　　记　　杨　觃

**党政办公室**

副 主 任　　赵振刚（—2月）唐　蔚
　　　　　　徐　峰（3月—）

**规划建设办公室**

主　　任　　郑国昌
副 主 任　　方　健　谢建华

**发展服务局**

局　　长　　孙　松（—2月）　钱　晓（3月—）
副 局 长　　钱　晓（—3月）　王敏勇

**港政管理局**

局　　长　　高冬华（—1月）　孙　松（2月—）
副 局 长　　闻叶青　浦红国（—1月）
　　　　　　洪方强（—2月）

**口岸委办公室**

主　　任　　董济文
副 主 任　　洪方强（2月—）　束晨辉（3月—）

**安全生产监督管理局**

局　　长　　高冬华（1月—）
副 局 长　　浦红国（1月—）沈培明（3月—）

## 条线部门

**江苏海警支队**

支 队 长　　王景春（9月—）
政　　委　　王银兵（9月—）
副支队长　　祁建庚（9月—）　严子祥（9月—）
　　　　　　张日勤（—9月）
副政治委员　朱文高（—9月）
参 谋 长　　沈李江（9月—）　祁建庚（—9月）
政治处主任　莫新华（9月—）　严子祥（—9月）
后勤处处长　韦应永（9月—）　袁　辉（—9月）

**太仓边防检查站**

站　　长　　叶林军（6月—）　何舜荣（—6月）
政　　委　　朱锦仕
副 站 长　　董卫平　李兴华
副 政 委　　郭如平
参 谋 长　　徐宝峰
政治处主任　周正山（6月—）　李　科（—6月）
后勤处长　　刘　海

**太仓公安消防大队**

大 队 长　　汤　俊
指 导 员　　吴恒喜

**太仓出入境检验检疫局**

局　　长　　朱金连
副 局 长　　范英姿　封君兴（9月—）
　　　　　　许　强　宋乐林（—9月）

| | |
|---|---|
| 党组书记 | 朱金连 |
| 纪检组长 | 封君兴（—9月） |

**太仓海关**

| | |
|---|---|
| 关　　长 | 宋晓泉 |
| 副 关 长 | 周建达　蔡东良（6月—）<br>孙　彧（—6月） |

**太仓海事局**

| | |
|---|---|
| 局　　长 | 赵　震 |
| 政　　委 | 丁安林 |
| 党组书记 | 赵　震 |
| 党组副书记 | 丁安林 |
| 副 局 长 | 承　海（3月—）　方志成（6月—）<br>薛建军（—3月）　陆裕彪（—3月） |
| 纪检组长 | 丁安林 |

**长江引航中心太仓引航站**

| | |
|---|---|
| 站　　长 | 秦　文 |
| 支部书记 | 张　猛 |

**国税局**

| | |
|---|---|
| 局　　长 | 王洪斌 |
| 副 局 长 | 陈　健　蒋　健（—10月）<br>唐建国（—10月）　蒋志达（10月—）<br>徐　喆（11月—） |

**地税局**

| | |
|---|---|
| 局　　长 | 郑祥弟 |
| 副 局 长 | 金　骁　龚建明　陈　秋<br>凌秋峰（2月—） |
| 纪检组长 | 陈　华 |

**太仓电信**

| | |
|---|---|
| 总 经 理 | 常惠刚 |
| 副总经理 | 陈　峰　金志强　陆献秋 |
| 党委书记 | 常惠刚 |
| 纪委书记 | 陈　峰 |

**太仓邮政**

| | |
|---|---|
| 党委书记 | 王雷强（—4月） |
| 党委副书记 | 金　明（4月—） |
| 总 经 理 | 王雷强（—4月） |
| 副总经理 | 金　明（主持工作，4月—） |
| 副总经理 | 张　开　孙云激 |
| 纪委书记 | 张　开 |

**太仓移动**

| | |
|---|---|
| 总 经 理 | 阎凌清 |
| 副总经理 | 金　炜 |
| 总经理助理 | 郑　翎 |

**太仓联通**

| | |
|---|---|
| 总 经 理 | 赵剑毅 |
| 副总经理 | 张　阳　李志刚（4月—）<br>于志国（—4月）　朱永良（11月—） |
| 党委书记 | 赵剑毅 |

**供电公司**

| | |
|---|---|
| 总 经 理 | 蒋永平 |
| 副总经理 | 王晓东（6月—）　马灿明　周　震<br>朱永元　姜学宝（8月—）<br>唐　明（—3月） |
| 党委书记 | 唐　明（—3月）　王晓东（6月—） |
| 党委副书记 | 蒋永平 |
| 纪委书记 | 麦　强 |

**太仓公积金中心**

| | |
|---|---|
| 主　　任 | 龚志浩 |
| 副 主 任 | 任　燕　胡　倩 |

**烟草专卖局（分公司）**

| | |
|---|---|
| 局长（经理） | 沈　诚 |
| 副 局 长 | 曹　忠 |
| 副 经 理 | 左洪源 |

**盐务管理局**

| | |
|---|---|
| 局　　长 | 田作磊 |
| 副 局 长 | 陈文华 |

**气象局**

| | |
|---|---|
| 局　　长 | 钟惠平（3月—）　沈利洪（—3月） |
| 副 局 长 | 周卫兵 |

**人行太仓市支行**

| | |
|---|---|
| 行　　长 | 姚剑敏 |
| 副 行 长 | 徐　琍　张丽琴 |

**银监太仓办**

| | |
|---|---|
| 主　　任 | 陆晓红（1月—） |

**农发行太仓市支行**

| | |
|---|---|
| 行　　长 | 顾晓明 |
| 副 行 长 | 黄　玉　王　寅 |

**工行太仓支行**

| | |
|---|---|
| 行　　长 | 陈鸿鸽 |
| 副 行 长 | 郭维城（—3月）　洪熠旻（1月—） |
| 纪委书记 | 王文亚 |
| 行长助理 | 钱　忠　陶　涛 |
| 高级经理 | 张永锡（—7月）<br>盛　敏　贺险平 |

**农行太仓分行**

| | |
|---|---|
| 行　　长 | 周文军 |
| 副 行 长 | 林建强　马红琴　马忠明　张　林(—9月) |
| 行长助理 | 朱　鸣（9月—） |

**中行太仓分行**

| | |
|---|---|
| 行　　长 | 黄世忠 |
| 纪委书记 | 戴春荣 |
| 副 行 长 | 吴海燕 |
| 行长助理 | 吴戈亮　刘　海 |

**建行太仓分行**

| | |
|---|---|
| 行　　长 | 周颖峰 |
| 副 行 长 | 张　军　宋　健　王　敏<br>吉长龙（—8月） |
| 行长助理 | 孙艳丹（10月—） |

**交行太仓分行**

| | |
|---|---|
| 行　　长 | 沈　玲 |

副 行 长　张 宏（3月—）张金荣

**邮储银行太仓支行**

行　长　尹国梁（7月—）沈林东（—10月）
副 行 长　李 壮（10月—）蔡文波（—7月）

**中信银行太仓支行**

行　长　何 飚
副 行 长　包 颖　顾 飚（4月—）
行长助理　顾 飚（—4月）
浮桥支行行长　许 峰

**华夏银行太仓支行**

副 行 长　吴建平（主持工作）
副 行 长　卢 纯　薛薇红
林 隐（2月—）
行长助理　蒋美芬（8月—）

**招商银行太仓支行**

行　长　缪郁峰
行长助理　吴 扬

**中国光大银行太仓支行**

行　长　陈小平
副 行 长　陆 菁
行长助理　林 隐（—2月）
唐益菲（12月—）

**中国民生银行太仓支行**

行　长　王盛文
副 行 长　赵 怡　秦允胜（7月—）
行长助理　秦允胜（—6月）徐 健

**兴业银行太仓支行**

行　长　沈 洁
行长助理　覃文波（3月—）王心悦（—3月）

**恒丰银行太仓支行**

行　长　张求胜
副 行 长　孙 微

**江苏银行太仓支行**

行　长　曹惠芳（4月—）
副 行 长　曹惠芳（主持工作，—4月）
副 行 长　赵 岚
行长助理　吴 雷

**苏州银行太仓支行**

行　长　张治虎
零售总裁　葛 铭
公司副总裁　张 锋（10月—）

**太仓农村商业银行**

董 事 长　张云青
行　长　顾曙光
监 事 长　冯 建
副 行 长　王 星　丁 娅　顾必武　夏立军

**太仓民生村镇银行**

董 事 长　刘拥新
行　长　陈明磊
副 行 长　金 莹

风险总监　王 敏

**东吴证券太仓分公司**

太仓分公司总经理　董伟年
上海东路证券营业部总经理　管春鸣（—1月）
上海东路证券营业部副总经理　林 玲（主持工作，1月—）
人民南路证券营业部副总经理　赵 洪（主持工作，1月—）
林 玲（—1月）
沙溪镇白云中路证券营业部总经理　顾卫东

**人保财险太仓支公司**

总 经 理　姚 铿
副总经理　池 骋　顾 豪　彭静梅

**中国人寿太仓支公司**

总 经 理　朱李乐（6月—）戈 涛（—6月）
总经理助理　张泺冰（11月—）张 磊
严 良（—11月）
总经理协理　金 燕（—5月）

**太平洋财险太仓支公司**

总 经 理　张 渊
副总经理　朱煜伟　许 俭（—6月）
总经理助理　吕 靖（6月—）

**平安财险太仓支公司**

总 经 理　卢 勇（—7月）司 明（1月—）
副总经理　方光辉（12月—）田 莉（—12月）
张广亮（—12月）

**太平洋人寿太仓支公司**

总 经 理　周 平
副总经理　闻金平　顾伟锋

# 各　镇

**城厢镇**

党委书记　胡 捷（11月—）王红星（—11月）
副 书 记　徐洪明（11月—）陆 明　严 枫
于伟东（挂职）沈 炯（—5月）
胡 捷（—11月）
委　员　张俊华　江芝才（5月—）
赵隽春（5月—）陆红玉　郁卫清
方海宁　沈 华（5月—）
纪委书记　沈 华（5月—）张俊华（—5月）
人大主席　张俊华
副 主 席　吴 平（11月—）王诚英（—11月）
镇　长　徐洪明（11月—）胡 捷（—11月）
副 镇 长　江芝才　赵隽春　姚金鑫　乘 康
李 健（3月—）赵 健（11月—）
政协工委主任　陆 明

**沙溪镇**

党委书记　潘红忠（5月—）楼晓舟（—5月）
副 书 记　朱永明（3月—）杨惠林
龚文彬（5月—）李 焱（—3月）
潘红忠（—5月）冯建华（—5月）

崔靖园（挂职，—8月）
委　　员　王建春　毛剑峰　叶　强（11月—）
曹丹丹　陈　晓（3月—）
季春芳（5月—）　王建宏（11月—）
熊晓东（5—11月）　张永强（—3月）
龚文彬（—5月）　沈玉峰（—11月）
纪委书记　季春芳（5月—）　冯建华（—5月）
人大主席　王大明（11月—）　华中兴（—11月）
副主席　龚小青（11月—）　熊晓东（—11月）
镇　　长　朱永明（5月—）　潘红忠（—5月）
副镇长　王建春（5月—）　陆　征（10月—）
刘　君（5月—）　张国华（11月—）
苏益初（11月—）　吴昊波（11月—）
赵　育（挂职，8月—）　周彩亚（—3月）
龚文彬（—5月）　陆　方（—5月）
周雪忠（—11月）　叶　强（—11月）
政协工委主任　冯建华（—5月）

**浏河镇**

党委书记　杨晓峰（11月—）　施燕萍（—11月）
副书记　张　义（11月—）　郭亚萍（5月—）
邵立新（11月—）　盛海峰（5—11月）
袁志强（—3月）　顾益新（—5月）
杨晓峰（—11月）
委　　员　顾益新　王　东（11月—）　张俊国
朱学锋　杨志刚　黄　莉（5月—）
王　莉（5月—）　朱菊明（—5月）
郭亚萍（—5月）　陈文贤（—5月）
邵立新（—11月）
纪委书记　郭亚萍（5月—）　袁志强（—3月）
人大主席　顾益新（5月—）　朱菊明（—5月）
副主席　陈文贤（5月—）　张　毅（—5月）
镇　　长　张　义（11月—）　杨晓峰（—11月）
副镇长　王　东　周　静　钱　宇（3月—）
李　伟（11月—）　钱敏芳（11月—）
陈　伟（—3月）　邵立新（—11月）
政协工委主任　袁志强（—3月）

**浮桥镇**

党委书记　许超震
副书记　严　浩　胡月林　李　峰（5月—）
吴莉华（—5月）
委　　员　吴莉华　许　刚（11月—）　陆　益
陆建忠　顾春兰（5月—）
张　锋（5月—）　吕春燕（11月—）
庄　晓（3—5月）　金建良（—3月）
沈鸽飞（—5月）　石万良（—5月）
王坚刚（—11月）　龚惠琴（—11月）
纪委书记　李　峰（5月—）　吴莉华（—5月）
人大主席　吴莉华（5月—）　金建良（—5月）
副主席　龚建国
镇　　长　严　浩
副镇长　许　刚　龚惠琴（11月—）
杨琴洁（11月—）　吴建达　陆利璟
庄　晓（5月—）　顾玉强（—5月）
王坚刚（—11月）
政协工委主任　吴莉华（—5月）

**璜泾镇**

党委书记　姜　超
副书记　毛雅萍　童　刚（5月—）
周志强（11月—）　卢神州（挂职，8月—）
何永林（—3月）　郭平原（—11月）
李书进（挂职，—8月）
委　　员　郭平原　吴　龙（—5月，11月—）
祁殿成　蒋婷婷（3月—）
吴　强（5月—）　周陆彦（5月—）
姚巍锋（5月—）　李　健（—5月）
杨雪萍（—5月）　周宏建（—11月）
纪委书记　祁殿成（5月—）　郭平原（—5月）
人大主席　郭平原（11月—）　周宏建（—11月）
副主席　陆洪昌（11月—）　张振岐（—5月）
镇　　长　毛雅萍
副镇长　吴　龙（5月—）　李　健（5月—）
刘翔宇（10月—）　杨理贤（11月—）
倪伟峰（11月—）　杨翠珠（11月—）
俞建国（—3月）　陆锦华（—5月）
陆　江（—10月）　周志强（—11月）
孙路远（—8月，违纪）
政协工委主任　何永林（—3月）

**双凤镇**

党委书记　蔡东辉（5月—）　孙卫良（—5月，违纪）
副书记　何永林（3月—）　朱　清
方弟安（挂职，8月—）　王莉萍（—3月）
唐建宏（—5月）　毕　朱（挂职，—8月）
委　　员　徐建明　吴静怡　张蓓婷
周丽清（5月—）　何国清（11月—）
李春生（—5月）　梁金龙（—5月）
周建明（—11月）　吴建斌（—11月）
纪委书记　张蓓婷（5月—）　朱　清（—5月）
人大主席　徐建明（11月—）　周建明（—11月）
副主席　吴建斌（11月—）　梁金龙（5—11月）
袁品球（—5月）
镇　　长　何永林（3月—）　王莉萍（—3月）
副镇长　吴静怡　陈　凯　蔡　健（3月—）
朱庆兰（11月—）　杨　政（11月—）
吴南山（—3月）　龚坤明（—5月）
徐建明（—11月）
（市委组织部、港口管委会、各条线部门）

# 城乡规划

**【城市规划定位】** 太仓市规划定位为既有现代城市功能、发达工商业，又有优美的田园风光，并体现丰富历史文化内涵的“城乡一体、产城融合、城在田中、园在城中”的现代田园城市。

**【城市总体规划】** 太仓市总体规划共经历4轮编制。1983年，编制完成《太仓县县城总体规划（1980—2000）》，1985年12月获苏州市人民政府批准。1993年撤县建市后，太仓市进行第二轮城市总体规划编制，于1995年编制完成《太仓市城市总体规划（1994—2010）》，1995年7月经太仓市人民代表大会常务委员会通过，并于1995年12月获得苏州市人民政府批准。2000年年末，太仓市启动第三轮总体规划修编，于2002年8月编制完成《太仓市城市总体规划（2001—2020）》，2002年7月经太仓市十二届人大常委会第37次会议通过，并于2004年5月获得江苏省人民政府批准。从2008年6月开始，太仓市启动新一轮城市总体规划修编工作，前后经过18轮的反复修改、调整和完善，2010年12月经太仓市人民代表大会常务委员会通过，于2011年10月经省政府批准通过。之后，太仓市启动《太仓市城市总体规划（2010—2030）》重大修改工作。

新一轮城市总体规划在“现代田园城·美丽金太仓”的城市总体发展目标定位下，明确“港口带动、对接上海、交通引导、生态保护和特色取胜”五大发展战略，具体为：

港口带动。通过码头建设、航线结构优化、完善疏港交通，加快港口发展，实施“区港联动”和“昆太联动”，增强港口对区域经济发展的服务能力；加快太仓临港工业、港口服务业发展，带动整体经济实力提升。

对接上海。依托上海国际航运中心建设和上海港口布局的战略性调整，承接其北翼集装箱干线港功能，加强与上海综合交通体系全面对接以及重要基础设施共建共享；加快上海产业转移承接，加强沪太上下游相关产业配套，促进商务、休闲服务业发展及现代农业园区建设，力争成为上海先进制造业发展转移基地、上海自主创新创业的扩散基地。

交通引导。构建以区域性轨道、快速公交、常规公交为主体的现代化综合交通体系。利用区域轨道、快速公交引导市域空间集聚，以形成合理的市域空间结构；以疏港货运交通系统为主引导工业用地合理布局，以形成高效的产业空间体系；以城市快速交通、交通枢纽体系，以引导城市用地布局及中心体系构建。

生态保护。保护市域内水体、湿地、基本农田等具有重要生态功能和价值的空间，提高土地开发强度，贯彻国家节能、节水、节材、节地要求；提高新技术应用能力，严格控制碳、硫排放。

特色取胜。抓住太仓“精致、细腻、和谐、宜居”特点，以娄东文化资源为基础，以城市发展为依托，积极建设相关文化载体，将文化特色融入产业发展，利用文化底蕴塑造城乡空间。

新一轮城市总体规划范围为全市域。规划至2030年，全市城乡建设用地规模控制在205平方公里以内，规划人口135万人。确立“一市（太仓市）、双城（主城、港城）、三片区（沙溪、璜泾、浏河）”的城乡一体化市域空间布局结构。其中主城规划2030年建设用地规模65平方公里，规划人口60万人；港城建设用地规模54平方公里，人口23万人；沙溪镇建设用地规模16.7平方公里，人口16.5万人；浏河镇建设用地规模15平方公里，人口14万人；璜泾镇建设用地规模13.2平方公里，人口13万人。

**【区域规划】** 太仓市完成沙溪、浏河、璜泾三个中心镇总体规划，明确3个镇发展目标、功能定位、发展规模和规划结构。编制港城核心区、浏河长江口旅游度假区、沙溪南部新城区、璜泾南部新城区等控制性详细规划，明确重点建设地区的土地使用性质、使用强度等控制指标，基本实现市域范围片区规划全覆盖和重点核心区控制性详细规划全覆盖。

**【专项规划】** 太仓市开展镇村布局、综合交通、绿地系统、地下空间、特色空间、田园城市、慢行交通、历史名镇保护等30多项专项规划编制，涵盖交通、旅游、生态、文化等城乡建设各类要素。

【乡村规划】 太仓市规划保留村庄103个（含4个具有历史文化底蕴的特色村庄），以规划引领保留和传承农村江南水乡独具特色的历史、文化和田园风貌，2016年，对103个保留村庄进行总平面布置规划。

（曹俊锋 周雨辰）

# 城镇布局

【主城建设】 太仓主城定位为最佳宜居城市、现代服务业中心和高新技术产业基地。其中城中综合组团（含新区）规划形成融合行政办公、商务办公、文化、居住、商业、工业生产等多重功能的综合性组团。科教新城组团规划形成集科教文化、生态宜居、现代服务业等功能于一体的城市新区。陆渡组团依托沪通铁路太仓站枢纽，规划形成以高新技术产业、现代服务业为主导的休闲、生态、宜居的城市组团。金仓湖组团以金仓湖良好的自然生态景观为依托，规划形成集生态旅游、休闲度假、高品质居住于一体的特色组团。双凤组团以福地文化和水乡湿地为特色，规划形成具有明显特色的现代田园城市组团。

【港城建设】 太仓城市副中心——港城组团由港口、港区、港城（含浮桥）三位一体构成，定位为国际化现代港口城市、沿沪滨江生态新城和临沪现代化新兴产业基地。其中核心区规划形成太仓沿江地区综合性的城市公共中心，太仓港的配套服务区，环境宜人、设施配套的现代化新城区。

【新型小城市建设】 沙溪镇。沙溪镇通过挖掘和放大中国历史文化名镇效应，规划形成经济繁荣、生活富裕、环境优美、特色鲜明的集历史古镇、文化名镇、工业强镇、宜居新镇于一体的综合型、现代化小城市。其中南部新城规划为独具特色的“古今人文之城、生态宜居之城”。2016年，沙溪镇城镇建管水平稳步提高。南部新镇区控制性详规修编完成。白云路南段提档及沙南路东段、仁溪路、起码浜路等道路绿化工程相继完成，仁溪路、德溪路与太沙路联通，新镇区与太仓市区进一步接轨。东安新村、长寿新村2个老小区综合改造完成。古镇一期污水管网改造完工，老桥修复工程启动，龚氏古宅改造竣工，岳王中心广场改造动工。

长江口旅游度假区（浏河镇）。长江口旅游度假区依托滨江新城开发建设优势，规划形成现代化滨江临沪宜居休闲小城市。其中滨江新城打造集商业金融、文化娱乐、休闲旅游、生态居住等综合性公共服务功能于一体的现代化城市新区。2016年，长江口旅游度假区加快滨江花园二期等安置房建设，规范管理村庄保留点和过渡点农房翻建、规划区范围内个人危旧房修建等工作。4个农民自建小区基础设施加速提档，天然气管道接入完成1150户。推进8项政府实事工程和“政社互动”“三社联动”相关工作，试点开展“邻里家园”创新项目，新建上海假日、东方社区西区等社区工作站2个。持续开展安全生产大检查，化解各类社会矛盾。

璜泾镇。璜泾镇以“北强工业、东融港区、南建新镇、西兴‘三农’、中心提档”为发展战略，规划形成具有民营经济产业特色的宜居宜业小城市。其中南部新城区重点发展商业、金融业，打造璜泾镇新的发展中心。2016年，璜泾镇新镇区累计投入2.47亿元，拓展核心区域面积98公顷，道路、管网、绿化等配套设施及邻水景观建设同步跟进。老街改造成效明显，璜泾镇获评“苏州市园林小城镇”称号，园林路被命名为“苏州市容管理示范路”。农民集中居住小区基础设施提档升级，雅鹿、新华等小区服务中心完工。主干路网不断优化，湘杨路、纬七路等新建工程竣工，沙鹿路、崇文路等道路改造工程完成，怀仁路改造案例被《人民日报》头版头条报道。城镇管理逐步精细，数字城管二级平台建成投用，治安监控高清探头累计安装644个，实现镇域全覆盖。农业园区发展迅速，建成农产品直销中心、保鲜库等配套设施。璜泾镇成立全市首个镇级环境保护委员会，“江苏省生态村”实现全覆盖。累计投入1363万元，新增绿化面积215.33公顷。实施“畅流工程”，累计完成河道整治183条，投入4850万元疏浚河道226公里，清除淤泥265.4万立方米。（曹俊锋 周雨辰）

# 公共建设

## 道 路

【概况】 2016年，太仓市公路总里程1304.318公里，公路桥梁1158座，公路密度210.37公里／百平方公里。其中高速公路57.54公里，一级公路264.30公里，二级公路483.12公里，三级公路103.68公里，四级公路395.69公里。航道总里程 373.35公里，其中三级航道27.76公里，五级航道24.84公里，六级航道12.23公里，七级航道37.28公里，等外级航道271.24公里。较上年，二级公路增加1.64公里，三级公路减少2.15公里，四级公路增加0.51公里。全年地方基础设施建设计划投资7亿元，实际完成投资5.5亿元。其中S604岳鹿公路对接嘉定城北路段计划投资1.6亿元，累计投资4500万元；346国道（原308省道）太仓段路面改善工程计划投资2.8亿元，实际完成投资2.82亿元；沪通铁路地方承担资本金等部分资金计划2.5亿元等。年度省部级重点投资及地方基础设施建设投资具体项目有沪通铁路建设工程，全线高架桥承台建设完成总量90.15%，墩身完成87.58%，架梁完成15.17%，便道建设完成99.7%。太仓站和太仓南站的站房完成初步设计规划。征地拆迁方面，全线拆迁涉及农户229户，完成拆除224户，占总量97.8%，主线剩余农户1户；主线涉及企业25家，完成签约23家，占总量92%。杨林塘航道及吴塘河配套工程基本完工，杨林船闸成功通航，双凤水上服务区工程推进建设。

【杨林塘航道整治及吴塘河配套工程】 杨林塘航道整治工程按三级航道标准建设，整治里程23.5公里，杨林船

10 月，沪通铁路六线高架桥通道基本完工　　（市交运局供稿）

闸 1 座（总长 4.3 公里）。配套工程吴塘河航道整治工程按照五级航道标准建设，整治里程 9.8 公里。整治工程于 2011 年开工建设，2016 年底完成整治，太仓段累计完成投资金额 22.88 亿元。2 月 18 日，泰州四航机 8268 号危险品船在杨林船闸上游运调站完成登记、缴费，缓缓驶入闸室，20 分钟后该船安全驶离闸室，标志杨林船闸试运行首次通航成功。

**【快速路网建设】** 2016 年，太仓市加快快速路网建设，缓解境内运输压力。年内，推进岳鹿公路（太浏线—新浏河大桥）新建工程建设和 G346 太仓段路面养护改善工程一标、二标、三标建设。推进岳鹿公路（通港路—太沙路）工程、双浮路（太沙路—204 国道）工程拆迁工作。

**【农村公路发展】** 2016 年，太仓市继续推进农村公路提档升级工程。10 月，太仓市农路安全生命防护工程通过验收，全面提升全市范围内农村公路安全通行等级，改善农村公路安全行车环境。太仓农村公路安全生命防护工程于 2015 年 12 月开工，2016 年 10 月完工，共投资 562 万元，完成急弯陡坡、临河傍水等重点路段安全隐患治理，共设置防撞护栏 28.32 公里、交通标志 429 块、警示桩 237 根，施划路面标线 9361 平方米，道口优化 1 处。4 月，沙南公路（岳鹿公路—镇东路）改建工程竣工通车。年内，建设完成阅兵路、沿塘路改建工程。浏双公路（湖滨路—新澄线）改线工程半幅路面通车。开工建设湘杨路（建王线—草王线）段。邢巷线完成方案设计、概算报批等前期准备工作，完成施工、监理招投标工作。为加快推进农村公路建管养运协调可持续发展，太仓市按照“十三五”时期农村公路发展总体要求，围绕“建好、管好、护好、运营好”农村公路目标，推进省级“四好农村路”示范县创建工作。12 月，太仓市入选全省首批“四好农村路”示范县名单。

2 月 18 日，杨林船闸试运行首次通航成功　　（市交运局供稿）

**【公路亮化工程】** 2016 年，浏双公路（湖滨路—新澄线）新建工程照明工程完成，亮化里程 3.28 公里，投资 245 万元。规格为 150 瓦路灯 77 套，250 瓦路灯 112 套，400 瓦路灯 6 套。截至年底，全市累计亮化公路里程 233.56 公里，总投资 2395 万元，分别是 150 瓦路灯 77 套，500 瓦路灯 222 套，400 瓦路灯 1448 套，250 瓦路灯 1.18 万套，4～6 个灯火中杆灯 138 套，18 个灯火以上高杆灯 8 套。

（刘金凤）

## 交　通

**【概况】** 2016 年，太仓市共有公路客运场站 6 个，长江汽渡 1 个，城市公交线路 33 条，投放车辆 122 辆；城乡公交线路 21 条，投放车辆 115 辆；镇村公交线路 15 条，投放车辆 33 辆；长途客运班线 65 条，投放车辆 119 辆。完成公交客运量 1934 万人次、长途客运量 280 万人次。太海汽渡客运量 42 万人次。全年全市安全运送旅客 2256 万人次。

**【公交发展】** 2016 年，太仓市公众出行环境更趋优化，上海（浦东／虹桥）国际机场太仓航站楼扩建工程完成；沙溪汽车客运站建成投运，浏家港客

7月，玖龙纸业定制班线开通　　（市交运局供稿）

运站开工建设，双凤客运站主体结构封顶。优化线网布局，推广定制公交，节省社会资源。针对特定区域、群体的个性化公交出行需求，开通新区德企产业园区域班线、玖龙纸业定制班线、璜泾镇定制班线等公交定制班线9条，开通虹桥机场、浦东机场、校园定制班线。开设快速公交217路（鹿河至朝阳站）和218路（沙溪至朝阳路），缩短出行时间。在浏河、沙溪、浮桥等镇试点发展区域公交，方便相对偏远区域市民出行。开通沙溪镇至上海市嘉定北站沪太快线。新增公交线路3条，优化调整12条，节约公交运营成本。构建由城市公交、城乡公交和镇村公交组成的城乡三级公交线网，镇村公交开通率100%，城乡客运一体化发展水平达到AAAAA级。6月，市交运局获评江苏省“十二五”时期镇村公交发展先进集体。

**【新能源公交车】** 2016年，太仓市加快新型能源车辆投用。截至年底，全市累计淘汰老旧柴油公交车47辆，有清洁能源型LNG（液化天然气）车59辆，新能源型气电混合动力车35辆。新型能源公交车覆盖公交线路13条，共计94辆，占全市公交车总量35.7%。

**【运输市场监管】** 2016年，太仓市严格按照超限超载执法标准，严厉打击公路货车违法超限超载、强行冲卡等突出违法行为，预防货车道路交通事故，依法保护公路路产路权，创造安全畅通交通环境。查处超限车辆455辆，卸载货物1811.87吨。查获非法营运“网约车”396辆。做好汽车综合性能检测，检测营运车辆1.07万辆次，维护运输市场秩序。查处违章船舶2100余艘，累计巡航里程2.57万公里，办理行政许可15起。做好杨林船闸安全运行及船舶过闸费征收工作，全年船舶通过量120万总吨。开展创建“平安工地”建设活动，以专项检查、抽查等方式加强工程质量管理。落实内河港口发展三年行动计划，促进内河港口规范化管理。推进社会信用体系建设，强化工作考核，逐步将工程建设、质量监督、客货运输、汽修、驾培等信息接轨市公共信用信息基础数据库和服务平台，构建信用信息共享体系。

**【交通行业管理】** 2016年，太仓市强化乡镇交通管理所综合执法主体职能，完善综合执法。加强行政审批管理和服务，优化审批程序。加强“先照后证”后对行政许可的监管工作，加强交通运输行业市场监管，提高运输保障能力。完善《交通行政处罚裁量标准》，规范自由裁量权。落实行政处罚和行政许可“双公示”制度，全年公示行政处罚1246件，行政审批及服务办件2033件，无行政诉讼案件发生。3月，市交运局服务品牌“交通情·伴你行”获第6届江苏交通十大服务品牌提名。

**【交通信息管理】** 2016年，太仓市推进建设信息应急指挥平台六期工程，融合高清网络视频监控技术，并结合GPS定位技术、GIS地理信息系统。建设沙溪等公交客运场站视频监控系统，完善市公路管理处应急基地、市地方海事处应急处置系统。完成全市大交通数据及信息服务平台工程建设，为市民提供手机端公交车查询、出租车最佳招车点分析、校车查询等便捷的交通出行信息服务。建设出租车视频监控管理系统，强化出租汽车行业监管，提升常规巡游出租车运营服务水平，提高出租汽车行业服务质量。

**【交通应急保障】** 2016年，太仓市健全交通运输责任体系，落实安全生产责任，与各部门签订安全生产目标管理责任书，明确安全生产控制目标。加大监督执法力度，开展多种形式的安全生产专项督查和内河港口危货码头安全综合检查，防范遏制事故发生。开展安全生产应急预案演练活动，提高交通运输安全生产保障能力、预警预防和应变应对能力。　（刘金凤）

## 供　水

**【概况】** 太仓市有水厂2家、水源地2处，分别位于浮桥镇时思管理区和长江口旅游度假区（浏河镇），日供水能力70万吨，水厂配备蓄淡避咸水库，全市DN100以上供水主管道约1300公里。下辖城区、南郊增压站2个、乡镇供水管理站9个，负责全市机关、企事业单位及居民生产、经营和生活用水供应。全市设供水压力监测点59个，实时监控全市供水管网压力，确保水压稳定。出厂水每6个月送无锡、南京国家水质监测站进行106项指标全分析，均达到或优于国家标准。

2016年，太仓市供水总量10044万吨，售水总量8698万吨，漏损率11.82%。其中居民用水2550万吨，占比29.32%，工业用水5453万吨，占比62.69%，洗浴等特种用水447万吨，占比5.14%，学校、福利院、社区等执行生活用水价格的非居民用水248万吨，占比2.85%。年内，全市新增DN100以上市政给水管道22.9公里，新增消火栓84个。投资1518.94万元，改造DN100以上市政给水管道15.97公里。投资1591.08万元，完成45个住宅小区的验收交付，新增无负压供水设备47套。完成第二水厂取水改移工程DN1400原水管道25公里，取水及换水泵站建设完成总工程量52%。截至年底，全市实现连续安全供水6658天。

（施　祥）

太仓市供电公司在沙溪高速服务站配备快速充电设施，方便新能源汽车用户出行
（2016年3月 邹大为 摄）

## 供　电

**【概况】** 2016年，太仓市全社会用电量96.93亿千瓦时，较上年增长6.55%；企业售电量87.49亿千瓦时，较上年增长6.64%；全口径线损率2.70%；电网调度负荷连续11次创历史新高，达162.86万千瓦，较上年增长15.26%。实现营业收入58亿元。全员劳动生产率1144.67万元／人·年。完成业扩报装容量53.83万千伏安。全市营业户数36.91万户。年内，市供电公司获2013—2015年江苏省文明单位、第6年蝉联全国“安康杯”竞赛优胜单位荣誉，获评国网江苏省电力公司县级供电企业“业绩标杆”、检修管理和物资管理专业标杆单位，获评1000千伏“淮上线”特高压工程立功竞赛先进集体称号。市新区供电所获评2016年度江苏省先进供电所、江苏省四星级乡镇供电所。

**【安全生产】** 2016年，太仓市供电工作落实年度安全生产工作目标，逐级落实党政共同安全责任。组织开展季节性安全大检查、防汛及电缆防火等专项排查工作，全面筑牢安全防线。组织职工参加各类安全生产竞赛和各项技能比武、技能培训、创新项目推广等活动，提高职工业务能力，降低安全事故发生率。开展安全教育培训，提升全体从业人员安全素质。吸取江西丰城发电厂三期“11•24”事故教训，在全市范围内排查整改电网工程及各类基建现场安全隐患，明确施工方、建设方、监督方责任，树立“安全第一、预防为主”思想，提高安全意识，增强安全责任心。完成高考、全国女排锦标赛等26项重大活动赛事的供电保障工作。

**【电网建设】** 2016年，太仓市供电工作结合全市总体发展规划，合理布局电力资源，将电网规划结合地方经济社会发展趋势。做好1000千伏淮上线特高压工程通道清理和工程属地化配合工作，保障特高压工程按期试运行。加快电网建设步伐，完成建设并投运110千伏双凤变、金浪变及直塘变2号主变扩建工程。完成源网荷友好互动系统60户、可控负荷4.8万千瓦的建设并投运。新增及改造配变943台/30.11万千伏安，绝缘线路572.28公里，绝缘化率82.6%；新增配电线路92.28公里，联络率98.5%，提高电网供电可靠性。加快建设位于浮桥镇西澛桥村的110千伏高桥变，该站为全户内智能变电站，总占地面积2042平方米，优化太仓港地区电网结构。

**【供电服务】** 2016年，太仓市供电公司围绕“品质苏电、智慧生活”服务主题，走访全市各区、镇，对接政府经济社会发展任务，跟踪服务全市重点项目和民生工程。开辟港区、新区业扩配套电网项目“绿色通道”，推出新兴产业及用电大户差异化服务工作。推动清洁能源发展，完成电锅炉（窑炉）替代108台，全市替代总电量2.6亿千瓦时。加强水、电、气企业合作，完成南郊“凯盛河滨花园”试点小区“多表合一”采集终端建设。全年改造老旧设备和表箱1.6万户，完成渔业新村等13个小区、共计16.32公里的线路整治工程，保障全市居民的安全供电需求。配合电力需求侧管理工作，推动企业节能等项目实施，完成推动社会节电2674万千瓦时，加快能源结构调整，为全市雾霾治理、清洁发展提供技术支撑。加快城市公共充电网络建设，逐步形成覆盖全市主要功能区域的电动汽车公共快充及服务网络。建设电动汽车直流快充站，便利电动汽车用户。规划在汽车站客运中心、天镜湖公园、金仓湖公园、市民篮球公园、现代农业园、浏河月季花桥近339省道等旅游景点及主干高速公路附近建设城市直流快充站，缓解新能源电动车充电压力，加快市区3公里充电圈建设。

（邹大为）

## 燃　气

**【概况】** 2016年，太仓市共完成33

个住宅小区管道燃气竣工备案工作。加强燃气设施安全管理，印发《关于进一步加强燃气设施建设管理的通知》。开展瓶装液化气市场专项整治，检查燃气安全，组织联合大检查15次，共排查隐患56处。年内，完成“十三五”燃气发展规划修改稿，并进入专家评审阶段。

（曹俊锋　周雨辰）

## 垃圾处理

【概况】　2016年，太仓市推进垃圾清运管理，全年市城管局完成道路保洁450万平方米，收集转运全市域生活垃圾29.4万吨，收集处置建筑垃圾12.5万吨，处理有机物9532吨，数字环卫处理案件2.9万件。年内，开展学习中卫市经验系列活动，推行“机械化立体深层保洁＋人工即时快速保洁”模式。提高环卫保洁综合机械化率，机扫率90%。完成12个村生活垃圾分类就地处置工作，建设资源化处理站7个。（陆　蓉）

## 污水处理

【概况】　2016年，太仓市有污水处理厂10家，其中市水处理有限责任公司拥有城区、璜泾、双凤、沙溪、浏河、岳王、南郊、港城等污水处理厂8家，负责全市（不含港区、新区）污水处理任务；城东污水厂负责太平路以东的新区地块污水处理；江城污水厂主要负责港区污水处理。截至年底，全市共累计铺设污水主管道360.1公里，污水日处理能力15.5万吨，污水排放均达到一级A标准。全年全市处理污水量4560.14万吨，其中水处理公司处理污水2979万吨，COD（化学需氧量）削减量8049吨，BOD（生化需氧量）削减量2703吨，氨氮削减量665吨。全市建成各镇区污水管网29.6公里，完成投资5344.2万元。

【农村生活污水治理三年（2015—2017年）行动计划】　2016年，农村生活污水治理三年（2015—2017年）行动计划共完成103个保留村庄19220户生活污水治理任务，同时加大面上农村生活污水治理，治理率80%以上。年内，太仓市根据苏委办发〔2015〕10号《市委办公室、市政府办公室印发〈关于切实加强全市农村生活污水治理工作的意见〉的通知》精神，要求农村生活污水治理实现“统一规划、统一建设、统一管理、统一运行”的“四统一”。太仓市农污治理项目建设资金由原来市镇两级各承担50%调整为市级承担100%。市水处理公司作为项目建设主体，统一负责农村生活污水治理项目立项、设计、招投标、建设管理等工作；各相关区镇作为责任单位负责项目清障、补偿、土地流转等经费。全年全市完成重点、特色村116个，一般村20个，管理区2个，共计7597户农户的污水治理任务。

【城区排水达标区建设】　2016年，太仓市在老城区范围内开展排水达标区试点普查，对市政污水管网和排水户存在的雨污合流、私接、乱接、混接、乱排雨污管道等现象开展网格式普查，并进行整改。年内完成8片区普查，共普查排水户3048户、建筑物1746栋、污水管网50公里；开展8片区整改，完成朝阳路污水管道工程、彩虹天下截流工程等项目10个，共计新建管道5.7公里；完成梅园小区截污纳管工程，建设污水管道40米，截流入河排污口2个；完成城区老小区192个破损窨井盖维修。完成市政污水管网建设14公里，完成投资2900万元。

【供排水行业管理】　2016年，太仓市加强供水水质监管，在“中国太仓”网站上公开监测结果。应对年初极端冰冻天气影响，组织抢修受冻爆裂损坏的水表、管网、阀门及水箱，及时恢复正常供水。加强污水处理厂运行监管，全年完成污水处理费核拨9662.4万元。加强排水许可管理，发放排水许可证22份，完成排水方案预审51件，受理排水许可证申请28件，完成50家重点排水户水质抽查。

**2016年太仓市区城市清洁卫生情况表**

表2

| 指标 | 单位 | 数量 | 指标 | 单位 | 数量 |
|---|---|---|---|---|---|
| 实际清扫面积 | 万平方米 | 450 | 垃圾无害化处理量 | 万吨 | 29.40 |
| 其中机械清扫 | 万平方米 | 418 | 粪便无害化处理量 | 万吨 | 0.93 |
| 生活垃圾清运量 | 万吨 | 29.40 | 水冲式公厕 | 座 | 70 |
| 粪便清运量 | 万吨 | 0.93 | 市容环卫专用车辆 | 台 | 297 |
| 有机物处理中心 | 座 | 1 | 环卫从业人员 | 人 | 721 |

【城镇黑臭水体治理】 2016年，太仓市实施《太仓市城镇黑臭水体整治行动方案》，印发《市政府办公室关于建立太仓市城镇黑臭水体整治联席会议制度的通知》，对全市疑似黑臭水体开展检测，排查出21条河道（断头浜）水质情况较差，其中樊泾河、洋沙泾、南长春河及浏河镇洙泾河列入苏州市政府2017年度黑臭水体整治项目并启动治理，剩余17条河道未达黑臭标准。年内，启动南长春河黑臭河道生态治理项目。南长春河是太仓市城区一条典型的断头浜，由于截污、雨污分流不彻底，且水体流动性差，夏季高温期间时常发黑、发臭。年初，太仓市利用移动式纯氧纳米气泡机、生物浮床等技术对南长春河黑臭河道进行综合治理，主要通过增加水体溶氧方式，消减水体污染因子，促进水体自净能力的恢复，至年底，治理成效初步显现，水体未发生黑臭现象。（周 婷 施 祥）

## 水利设施

【概况】 2016年，太仓市开展水利工程建设，主要包括骨干河道整治工程和农村河道畅流工程等。年内，骨干河道整治工程完成十八港南枢纽工程，建设规模为泵站流量20立方米/秒，闸宽28米，配套建设调度管理中心；完成滨江新城向阳河2×8米双孔节制闸工程建设；开工建设程泾河西延工程，开河245米，其中包括新建箱涵60米，至年底约完成工程量的50%。农村河道畅流工程结合冬春水利建设，完成疏浚河道155条、92.88公里，挖掘土方158.93万立方米；拆除坝埂59处，挖掘土方25万立方米，建造桥涵58座，改造束水河段1公里，沟通断头浜2条；建设彩虹桥60座、市级农桥4座。

【长江防洪工程管理】 太仓市境内长江堤防位于长江河口段西支南岸，西起常熟市白茆口，东至上海宝山区阂家河，涉及璜泾、浮桥和长江口旅游度假区（浏河）3个镇（区），主江堤长38.38公里，闸外港堤12公里。沿江共有浏河、杨林、七浦、荡茜等

七浦塘江边枢纽 （2016年8月摄 市水利局供稿）

通江水闸10座、通江涵洞11座，构成沿江防洪挡潮屏障。太仓市修订《太仓市长江防洪工程管理实施细则》，市堤闸管理处承担境内长江防洪工程的运行管理维护。2016年，太仓市堤闸管理处共完成维修加固工程7项，其中省级项目2项，包括杨林口至南环路主江堤背水坡加固整修工程和浏河、浮桥段堤防排水系统改造工程；太仓市本级项目5项，包括浪港闸下游两侧堤岸加固、钱泾闸下游右涵洞防护、浏河节制闸下游右侧执法基地护岸维修、沿江环境整治、堤顶道路维修和水闸管理房维修等工程。

【圩区管理】 太仓市圩区总面积约49平方公里，涉及城厢、沙溪、双凤3个镇，共有联圩10个，圩堤总长76.56公里，排涝闸站46座、圩口闸15座。2016年，太仓市继续深化圩区管理达标，新建双凤镇太平圩太平河东闸站、城厢镇张和泾圩张和泾东闸站和龙古闸站，合计新增排涝流量17立方米/秒，圩区防洪排涝能力得到提高。

【老城区及西城区防洪排涝工程建设完成】 2016年，太仓市累计投资6000万元，在老城区、西城区外围新建防洪排涝闸站7座、改建3座、维修2座，建成水利工程监控调度平台，具有工程调度、洪水预报、水质监测等多项功能，实现无人值守、远程自动化控制。工程的建成改变老城区、西城区不设防的历史，新增排涝流量25.23立方米/秒、引水流量28.21立方米/秒，提高防洪排涝能力，同时具备日常换水、改善水环境的作用。（周 婷）

# 网络信息

## 信息化工作

【概况】 2016年，太仓市拥有固定电话总数18万台（数据来源市经信委），移动电话总数114.83万台，有线电视用户总数27.58万户，通信3G、4G业务用户总数70.41万人；互联网宽带上网用户28.85万户。全市光纤总长度82.39万芯公里，互联网总带宽990千兆。全市推进城市光网建设，累计完成光网小区覆盖建设260个。推进三网融合典型应用项目建设，建设集信息发布、社会管理、民生管理、数字小区和智慧家庭于一体的有线智慧社区。

【企业“两化融合”】 2016年，太仓市软件和集成电路产业实现总产值12.55亿元，较上年增长24.39%，其中，嵌入式软件产业实现总产值11.25亿元，较上年增长26%；电子信息制造产业（省经信委统计口径）实现产值289.37亿元，较上年下降

3.75%；全市有江苏省认定软件企业（“双软企业”）19家，规模以上电子信息制造企业94家。太仓协鑫光伏科技有限公司、太仓市同维电子有限公司、苏州新亚科技有限公司等3家企业“企企通”建设项目被评为“江苏省信息基础设施示范项目”；雅鹿控股股份有限公司、苏州新亚科技有限公司、苏州生富科技金属材料有限公司被评为“江苏省互联网与工业融合创新试点企业”；雅鹿控股股份有限公司、苏州巨能发电配套设备有限公司、太仓威格玛机械设备有限公司被评为“江苏省两化融合管理体系贯标试点企业”。天顺风能（苏州）股份有限公司、太仓世钟汽车配件有限公司配件等17家企业被评为“江苏省‘企企通’建设试点企业”；中广核高新核材集团有限公司被评为“江苏省四星级数字企业”；骏伟塑胶制品（太仓）有限公司、太仓协鑫光伏科技公司被评为“苏州市两化融合示范企业”；江苏博众汽车部件有限公司、太仓中化环保化工有限公司、美利驰医疗器械（苏州）有限公司被评为“苏州市两化融合试点企业”。

**【信息化资源整合利用】** 2016年，太仓市建设电子政务云平台，为政府部门信息系统提供云服务。推进全市信息化支撑平台和人口库项目建设，接入各部门信息105项，为市民卡、智慧城市KPI等市级应用系统提供数据支撑，该项目获苏州市经信委系统工作“创新成果奖”。推进数字太仓地理空间框架建设，拓展地理信息资源在国土局“慧眼守土”系统、城管局数字城管全覆盖和智慧社区网格化管理等系统中的应用；“天地图·太仓”接入天地图国家主节点，为市民提供地图服务。

**【城市管理信息化建设】** 2016年，太仓市推进城市管理信息化建设。数字化城市管理。年内，太仓市建设数字市政二期工程，增加大数据分析功能。建设城乡环境综合整治信息平台，为城乡环境综合整治行动发挥长效作用。建设城管指挥中心，实现统一指挥、统一管理，达到信息共享、过程监控和高效管理目的。

交通信息化管理。太仓市重点建设集道路交通监测、决策、控制和服务为一体的“智慧交通”管理和服务平台，提升交通运输行业综合管理和应急处置能力。做好大交通数据及信息服务平台工程，为市民出行及交通管理提供辅助决策。建设出租车视频监控管理系统，提升出租汽车行业服务质量。

国土资源信息化管理。太仓市加快推进“智慧国土”项目建设，建设“一张图”核心数据库，打造国土资源电子政务平台，实现业务全流程网上办理，建设“慧眼守土”视频监管平台。建设不动产登记业务系统，实现与房产交易、法院、地税、银行等系统实时对接。

**【社会公共服务信息化建设】** 2016年，太仓市重点推进“智慧社区”实事工程建设，打造覆盖市、镇、村三级，集社区政务、社区事务、社区服务为一体的社区综合服务平台。继续推进“太仓市民卡”项目建设，截至年底，

**2016年太仓市信息基础设施调查表**

表3

| 通信网络设施 | 电信 | 移动 | 联通 | 广电 | 合计 |
|---|---|---|---|---|---|
| 固定电话总数（万台） | 16 | 0.9 | 1.1 | — | 18 |
| 移动电话总数（万台） | 30 | 52.21 | 15.82 | 16.8 | 114.83 |
| 有线电视用户数（万户） | 9 | 4.28 | 0.5 | 13.8 | 27.58 |
| 有线电视双向改造覆盖用户数（万户） | — | — | — | 2.5 | 2.5 |
| 宽带用户数（万户） | 18 | 8.2 | 2.65 | — | 28.85 |
| 3G、4G业务用户数（万户） | 18 | 38.18 | 14.23 | — | 70.41 |
| 基站数（2G/3G/4G）（个） | 204/204/885 | 285/312/458 | 206/460/706 | 9.1 | 695/976/2058.1 |
| 光纤总长度（万芯公里） | 51.2 | 15.69 | 15.5 | — | 82.39 |
| 交换机数（万门） | 全部转为软交换 | 80 | 22 | 2.5 | 104.5 |
| 互联网接入带宽（千兆） | 640 | 240 | 110 | — | 990 |

全市发放各类市民卡47万张，拓展献血卡、规范卡等特殊人群卡，实现市民卡在公交、旅游、图书借阅、公共自行车、智能停车、体育公园、商业及金融等领域应用。在卫生医疗领域，家庭医生慢病随访系统通过验收，医院HIS系统完成升级改造。文化教育方面，开展智慧课堂项目试点，实施教学过程信息化。实施教育资源整合，加快建设班班通优质资源平台。重点推进智慧教育平台，协同管理平台初见成效。

**【太仓市智慧城市运营中心（IOC）建设】** 2016年，太仓市与同济大学软件学院合作建设太仓市智慧城市运营中心（IOC），该项目获“2016年智慧江苏信息化示范工程”。该系统实时采集覆盖太仓市资源环境、经济、民生、公共安全、城市管理、公共事业等六大领域数据，反映太仓市城乡整体运行情况关键业绩指标263项。大数据智能分析（BI）系统集数据挖掘、数据分析、模型预测、结果展示于一体，对全市经济、环境、民生三大领域关键指标进行基于大数据的科学预测。

（朱奔菁　陈永刚）

## 电　信

**【概况】** 2016年，中国电信太仓分公司聚焦4G和光网，加快互联网化转型。截至年底，全市电信天翼用户32.7万户，宽带用户18.5万户。太仓电信推进档案信息化应用建设，提高档案服务水平。11月8日，太仓电信档案室通过江苏省档案管理五星级复查工作小组检查，蝉联省五星级档案室。年内，苏州电信太仓分公司获评2013—2015年江苏省文明单位，城区中心店获评太仓2014—2015年“五一巾帼标兵岗”称号，港区电信支局获评苏州市“工人先锋号”称号。

**【“城市光网”建设】** 2016年，太仓电信提高宽带接入能力、推进宽带普及，推进“城市光网”建设工作。继续推进“光进铜退”改进工程，升级宽带网络，加强光网络信息基础设施保障，建设信息高速通路畅通。累计完成有源节点退网216个，完成公众网格全光改造178个，累计完成用户改光2.3万户，完成退铜9.18万线对公里，保证城区和乡镇100M的宽带提供能力。提升客户满意度，优化无线网络，丰富网络业务。全年规划建设LTE（移动通信技术的长期演进）基站180个，累计885个，完成室分合路35个，开通信源46个。

太仓电信推进基层班组文化建设，提升用户满意度

（2016年9月摄　太仓电信供稿）

**【智慧城市建设】** 2016年，太仓电信完成市水利局2016年农田水利建设第五标段自动化信息化部分、海事局长江航道监控、双凤镇政府和城厢镇政府道路面监控项目、市第一人民医院监控项目、市城管局采购指挥中心网络设备项目和城管数字市政三期项目、市政府一卡通合作项目、出租汽车建设服务管理信息系统、市法院监控系统建设项目、市教育局智慧教育管理平台建设项目的云主机模块、智慧社区手机流量套餐服务采购等项目签约与建设。

**【智慧校园建设】** 6月2日，太仓电信与市教育局签订全省首个教育信息化云资源公共服务平台协议，全市中小学校长48人参与签约仪式。该平台共涉及全市中小学1550个班级，通过“班班通”硬件与“云资源”的整合，打造一个基于PC户、翼校通手机终端和电子书包的在线云课堂，构建智能、灵活、运转高效的校园信息服务系统。

**【通信保障工作】** 2016年，太仓电信做好全市各类重大通信保障工作，提供基于物联网的智能会务管理系统、配合太仓海事局完成长江水上搜救综合演习、金融行业年终决算网络保障、房地产楼盘开售、学业化水平测试、成人高考、高考标准化考证视频监控网络保障、水利汛期通信保障、2016年中国青少年乒乓球公开赛暨国际乒联黄金系列青少年巡回赛等各类重大赛事的通信保障工作。

（高金玉）

## 有线传输

**【概况】** 2016年，太仓市共有有线电视用户11.5万户，高清互动用户5万户，广电网络宽带用户2.2万户。网内传输有线数字电视频道184套，其中标清基本频道75套，标清付费频道57套，高清基本频道25套，高清付费频道27套，实现46套标清、14套高清频道电视节目7天回看。太仓广电网络提升视频监控图像质量，

太仓广电网络光纤入户箱　(2016年8月 姜英杰 摄)

建成广电监控点位6382个，完成全市派出所监控系统升级，与公安监控平台实现无缝对接。加大基础网络建设，在城区、璜泾等区域率先开展光纤到户建设，全市双向网覆盖有效用户10.4万户。

【广播电视安全播出】 2016年，太仓广电网络完善安全播出制度和应急预案，严格落实双人双岗、24小时值班等制度，加强技术人员培训学习，组织15批次安全播出培训和应急演练。做好机房UPS(不间断电源)日常维护，升级优化环控系统，实时监控辖内机房运行情况。完善大屏监控系统，网内传输的所有数字电视频道全部上墙监控，确保节目发生停播或异常情况能及时发现并处理。年内，市广电全网安全播出情况良好，无重大安全事件和重大停播事故。

【有线网络建设】 2016年，太仓广电网络加大基础网络建设，提升网络承载能力，在城区、璜泾镇等区域试点开展新建小区和农网改造光纤到户建设。研究制定太仓广电网络光纤到户的技术规范、工程设计规范和工程验收规范，确保光纤到户工程实施。加强协作配合，建立项目协调机制、交流通报制度，统筹项目建设进度。强化监督检查，工程验收时重点做好技术指标测试，提升网络传输质量。坚持以点带面、量质并重推进双向网改和光纤到户施工建设。截至年底，全市有线网络双向覆盖率90%以上。璜泾镇南港村、新区向东岛花园等18个村、小区完成光纤到户工程建设，实现光纤到户覆盖用户4613户。

【广电监控业务】 2016年，太仓广电网络拓展监控业务市场，提升监控图像质量，完善监控维护服务体系，共签订监控合同70份，新增监控点位1700个。加强联系对接，参与市城管局、市农委等监控项目公开招标，成功中标朝阳社区、城管局违停抓拍、科教新城治安监控等项目。建立视频监控运维管理新体系，通过实行现场维护层、网管监控层、网络管理层三级运维机制，提高监控维护效率。建设广电监控云存储系统，采用云计算技术搭建视频监控大数据平台，为监控业务发展提供技术保障。

【有线智慧社区】 2016年，太仓广电网络构建集社区政务、社区事务、社区服务于一体的综合性服务平台，打造“智慧广电+”特色品牌，推进有线智慧社区覆盖进度。强化有线智慧社区投入保障、项目建设和市场运营。推进璜泾镇政府实事工程——“智慧璜泾”项目建设。城厢镇“智慧盛园”项目基本建设完成，首批开展的云媒体电视、智能应急广播系统、信息发布中心项目投用，智慧社区管理软件及手机移动客户端上线。盛园“智慧小区”是依托现代网络技术建设的一个信息交流和互动平台，老年人可以通过电视机顶盒融入“智慧小区”，年轻人可以通过手机随时随地参与交流。除成为沟通桥梁外，“智慧小区”还能为村民提供不少服务与便利，如可通过小区服务平台交纳各种费用，也可通过民生信息平台了解市科技产业园或村各种合作组织招工情况。

(陈　琳)

“智慧盛园”信息管理中心　(2016年11月 戴晓峰 摄)

## 联合通信

【概况】 2016年，苏州联通太仓分公司通过本地网优现场测试，共形成基站规划站点近200个。完善室内信号覆盖，完成新建室内分布站点洽谈工作。举办4G行业应用系列推介会，加大服务站拓展和渠道代理引进，启动智慧社区工作，做好防范和打击电信网络诈骗犯罪工作。严格落实实名制管理，强化代理商资质审核。完善系统管控手段和业务管控措施，加强对全市各渠道网点电话用户实名登记执行情况管控，确保实名制执行效果。

【"企企通"工程】 5月12日，市经信委与太仓联通联合举办2016年"企企通"交流研讨会，30多家企业派代表参加。"企企通"工程是指将各类园区、企业接入高带宽互联网，加快信息基础设施建设和各类信息服务应用推广，构建服务企业智能制造和互联网化的"网＋云＋端"（宽带网络、工业云、智能终端）三级工业信息基础设施框架体系，实现工业信息基础设施网络与服务"通园区、进企业、入车间、联设备、拓市场"。太仓联通推进企业信息化与工业制造深度融合，帮助企业开展信息化建设，与新亚科技有限公司签约，签订10万张物联网卡＋模块协议。

（王晓晨）

## 移动通信

【概况】 2016年，太仓移动实现业务收入5.4亿元，全市移动用户56.3万户，其中4G用户35.9万户，4G用户人均流量1.5G。移动光纤宽带覆盖652个小区、28.2万户，累计发展宽带用户8.5万户。继续开展移动4G四期工程，4G基站数量超过720个。主城区4G网络室外覆盖率99.5%，平均下载速率40M以上；乡镇及农村地区室外覆盖率98.5%，平均下载速率30M以上。6月，太仓移动与娄东街道太东社区居民委员会签署宽带降费惠民战略合作框架，推动"移动互联网光宽带示范村"建设。8月5日，中国移动新华东路手机连锁卖场开业，太仓移动与太仓人寿保险公司合作推出"买手机送碎屏险"惠民活动，增进用户体验。与市老年大学合作开展"老年人智能机培训公益课"，为老年用户提供智能机使用培训，扩大老年人客户群，帮助老年用户共同分享高科技带来的便利生活。9月，太仓移动公司获评2013—2015年江苏省文明单位。

9月26日，太仓移动在市老年大学开展老年人智能手机教学公益课程及老年人电信防诈骗公益讲座 （太仓移动供稿）

（王岩梅）

# 生态环境

## 环境质量

【水环境】 饮用水水质。2016年，太仓市集中式生活饮用水水源地取水总量1.06亿吨，市第二水厂饮用水水源地水质达《地表水环境质量标准》（GB3838—2002）二类水标准，市第三水厂饮用水水源地水质达《地表水环境质量标准》（GB3838—2002）三类水标准，水质达标率100%。

河流断面考核。太仓市共有省级以上考核断面6个，分别为浏河闸、浏河、振东渡口、仪桥、新丰桥镇、荡茜河桥，其中浏河闸、浏河2个断面为国家"水十条"考核断面。监测结果显示，浏河断面水质达到Ⅱ类水标准，浏河闸、仪桥、荡茜河桥3个断面水质为Ⅲ类，振东渡口断面水质达到Ⅳ类水标准，新丰桥镇断面水质为Ⅴ类。浏河闸、浏河、振东渡口、仪桥、荡茜河桥5个断面水质达到考核要求，占83.3%。

农村水环境质量。太仓市各村（社区）共设监测断面96个，其中浮桥18个、浏河8个、新区11个、双凤9个、城厢8个、璜泾13个、沙溪20个、港区6个、科教新城3个。上半年、下半年各监测一次，监测项目为溶解氧、高锰酸盐指数、氨氮、总磷，按照地表水Ⅳ类标准评价。2016年，全市各村断面水质达标率65.3%。

【环境空气】 2016年，太仓市环境空气有效监测天数362天。其中：优良天数278天，优良率76.8%。全年污染天数84天，占全年有效监测天数23.2%。其中轻度污染为65天，中度污染为17天，重度污染为2天，未出现AQI指数300以上的严重污染天气。细颗粒物PM2.5年均浓度41微克／立方米。市区降尘月均值2.80吨／平方公里·月。采集降水样品117个，其中酸雨样品33个（pH值＜5.6），酸雨发生率28.2%，酸雨酸度5.30。

【声环境】 区域环境噪声。2016年，太仓市昼间区域环境噪声等效声级55.7分贝，达到《环境噪声监测技术规范城市环境常规监测》三级水平，区域环境噪声质量等级为"一

## 2016年太仓市省级考核地表水断面年均值统计表

表4

| 采样地点 | | 浏河闸 | 振东渡口 | 仪桥 | 新丰桥镇 | 浏河 | 荡茜河桥 |
|---|---|---|---|---|---|---|---|
| 所在河流 | | 浏河塘 | 浏河塘 | 杨林塘 | 盐铁塘 | 长江 | 新七浦塘 |
| pH值 | 无量纲 | 7.7 | 7.6 | 7.6 | 7.5 | 7.9 | 7.9 |
| 电导率 | ms/m(25℃) | 35.6 | 48.3 | 32.2 | 49.8 | 24.7 | 36.5 |
| 溶解氧 | 毫克/升 | 6.8 | 5.1 | 7.1 | 5.3 | 8.5 | 7.6 |
| 高锰酸盐指数 | 毫克/升 | 3.9 | 5.9 | 4 | 5.3 | 2.3 | 4.1 |
| 生化需氧量 | 毫克/升 | 3.4 | 5.1 | 3.6 | 7.5 | 1.7 | 3.2 |
| 氨氮 | 毫克/升 | 0.77 | 1.44 | 0.61 | 1.86 | 0.12 | 0.5 |
| 石油类 | 毫克/升 | 0.005 | 0.005 | 0.005 | 0.005 | 0.005 | 0.005 |
| 挥发酚 | 毫克/升 | 0.001 | 0.001 | 0.001 | 0.001 | 0.001 | 0.001 |
| 汞 | 毫克/升 | 0.00002 | 0.00002 | 0.00002 | 0.00002 | 0.000014 | 0.00002 |
| 铅 | 毫克/升 | 0.001 | 0.001 | 0.001 | 0.001 | 0.001 | 0.0005 |
| 化学需氧量 | 毫克/升 | 14 | 22 | 15 | 21 | 8 | 15 |
| 总氮 | 毫克/升 | 2.91 | 4.17 | 2.47 | 4.64 | 2.16 | 2.6 |
| 总磷 | 毫克/升 | 0.15 | 0.24 | 0.17 | 0.18 | 0.09 | 0.11 |
| 铜 | 毫克/升 | 0.002 | 0.003 | 0.001 | 0.003 | 0.001 | 0.008 |
| 锌 | 毫克/升 | 0.006 | 0.009 | 0.007 | 0.014 | 0.006 | 0.011 |
| 氟化物 | 毫克/升 | 0.59 | 0.97 | 0.44 | 0.87 | 0.24 | 0.55 |
| 硒 | 毫克/升 | 0.0002 | 0.0002 | 0.0002 | 0.0002 | 0.0002 | 0.0002 |
| 砷 | 毫克/升 | 0.003 | 0.0026 | 0.003 | 0.0026 | 0.003 | 0.0026 |
| 镉 | 毫克/升 | 0.0001 | 0.0001 | 0.0001 | 0.0001 | 0.0001 | 0.00005 |
| 六价铬 | 毫克/升 | 0.001 | 0.001 | 0.001 | 0.001 | 0.001 | 0.001 |
| 总氰化物 | 毫克/升 | 0.001 | 0.001 | 0.001 | 0.001 | 0.001 | 0.001 |
| 阴离子洗涤剂 | 毫克/升 | 0.08 | 0.1 | 0.08 | 0.11 | 0.04 | 0.06 |
| 硫化物 | 毫克/升 | 0.01 | 0.02 | 0.01 | 0.02 | 0.01 | 0.02 |
| 粪大肠菌群 | 个/升 | 7899 | 24467 | 10156 | 18594 | 2293 | 13189 |

## 2016年太仓市各村水环境质量统计表（4月）

表5　　　　单位：毫克/升

| 镇（区） | 村名 | 河流名称 | 断面名称 | 溶解氧(DO) | 高锰酸盐指数(CODMn) | 氨氮(NH3-N) | 总磷(TP) |
|---|---|---|---|---|---|---|---|
| 璜泾镇 | 新明村 | 光明塘 | 新明桥 | 11.0 | 8.3 | 1.36 | 0.18 |
| | 新海村 | 新泾塘 | 杨家堰桥 | 11.8 | 7.4 | 0.57 | 0.12 |
| | 长洲村 | 中心塘 | 水闸桥 | 8.3 | 7.5 | 0.36 | 0.13 |
| | 雅鹿村 | 连浦塘 | 长新桥 | 11.9 | 8.4 | 0.86 | 0.15 |
| | 孟河村 | 双纲河 | 孟河二号桥 | 6.8 | 8.6 | 1.59 | 0.17 |
| | 孙桥村 | 卢家塘 | 新孙桥 | 10.2 | 8.1 | 0.32 | 0.11 |
| | 杨漕村 | 小桥塘 | 小桥塘桥 | 8.4 | 6.5 | 0.10 | 0.04 |
| | 王秀村 | 石头塘 | 湘里大桥 | 7.6 | 8.6 | 1.92 | 0.12 |
| | 荣文村 | 南顾塘 | 经南桥 | 7.8 | 7.1 | 0.16 | 0.09 |
| | 新华村 | 马洛泾 | 新逢桥 | 12.8 | 7.9 | 0.24 | 0.12 |
| | 永乐村 | 荡茜塘 | 荡茜桥 | 11.7 | 7.9 | 0.56 | 0.11 |
| | 新联村 | 姚塘 | 村委边 | 9.1 | 7.2 | 0.75 | 0.14 |
| | 荡茜村 | 自然河 | 新开河桥 | 9.3 | 5.2 | 1.04 | 0.11 |
| 浮桥镇 | 浮南村 | 六尺河 | 革新桥 | 6.8 | 6.5 | 2.46 | 0.16 |
| | 新邵村 | 杨林塘 | 杨林塘大桥 | 4.3 | 7.6 | 2.40 | 0.25 |
| | 牌楼村 | 米场河 | 杨桥 | 6.5 | 7.4 | 3.02 | 0.18 |
| | 丁泾村 | 米场河 | 一步二条桥 | 7.0 | 8.1 | 3.72 | 0.80 |
| | 茜泾村 | 向阳桥 | 新港路向阳桥 | 8.5 | 7.9 | 6.53 | 0.82 |
| | 三里村 | 向阳桥 | 向阳河桥 | 8.1 | 8.4 | 6.54 | 0.88 |
| | 马北村 | 隋塘河 | 隋塘河桥 | 12.8 | 5.2 | 0.48 | 0.15 |
| | 七丫村 | 杨林塘 | 仪桥 | 3.4 | 7.3 | 2.62 | 0.14 |
| | 浮桥村 | 七浦塘 | 浮桥水闸 | 14.0 | 7.2 | 1.60 | 0.10 |
| | 浪港村 | 浪港 | 滨江路桥 | 10.9 | 6.5 | 1.20 | 0.09 |
| | 陆公村 | 浪港 | 浪港闸 | 10.4 | 6.7 | 1.11 | 0.10 |
| | 鹿新村 | 鹿鸣泾 | 鹿鸣泾桥 | 8.2 | 5.2 | 1.17 | 0.11 |
| | 庵弄村 | 荡茜河 | 庵弄桥 | 13.7 | 7.1 | 0.65 | 0.09 |
| | 时思村 | 李泾河 | 李泾塘桥 | 13.6 | 8.5 | 7.89 | 1.30 |
| | 先锋村 | 浪港 | 浮沪璜桥 | 10.3 | 6.4 | 1.84 | 0.29 |
| | 红星村 | 石家泾 | 王家桥 | 8.3 | 7.1 | 2.75 | 0.31 |
| | 绿化村 | 璜泾河 | 绿化桥 | 6.9 | 5.5 | 1.10 | 0.14 |
| | 老闸村 | 石头塘 | 水闸桥 | 10.4 | 5.5 | 0.97 | 0.09 |
| 港　区 | 杨林村 | 杨林塘 | 杨林东大桥 | 5.4 | 7.3 | 2.34 | 0.18 |
| | 三市村 | 石头塘 | 南闸二号桥 | 7.5 | 7.2 | 0.58 | 0.12 |
| | 新仓村 | 七浦塘 | 新仓桥 | 4.4 | 6.6 | 2.05 | 0.18 |
| | 方桥村 | 丹浦泾 | 红光桥 | 12.4 | 7.3 | 0.39 | 0.12 |
| | 荷池村 | 花浦塘 | 建亿桥 | 2.1 | 6.9 | 5.14 | 0.32 |
| | 和平村 | 石孔泾 | 张浦桥 | 8.6 | 6.8 | 2.07 | 0.14 |
| 双凤镇 | 勤力村 | 斜塘桥 | 勤力村南侧 | 4.7 | 6.7 | 0.61 | 0.12 |
| | 凤中村 | 吴塘河 | 吴塘桥 | 8.0 | 6.9 | 0.44 | 0.11 |
| | 黄桥村 | 中心河 | 中心河桥 | 7.4 | 6.5 | 0.16 | 0.09 |
| | 庆丰村 | 庙泾河 | 庙泾河二号桥 | 9.3 | 6.5 | 0.40 | 0.21 |
| | 维新村 | 丁江门河 | 毛观塘桥西 | 1.7 | 8.1 | 2.60 | 0.25 |
| | 泥泾村 | 陈庄泾河 | 陈庄泾桥 | 2.6 | 7.6 | 2.46 | 0.17 |
| | 新湖村 | 黄枫泾河 | 黄枫泾桥 | 4.0 | 9.0 | 5.34 | 1.43 |
| | 新卫村 | 吴塘河 | 八里桥 | 4.6 | 7.3 | 1.69 | 0.34 |

续表5

| 镇（区） | 村名 | 河流名称 | 断面名称 | 溶解氧(DO) | 高锰酸盐指数(CODMn) | 氨氮(NH3-N) | 总磷(TP) |
|---|---|---|---|---|---|---|---|
| 双凤镇 | 新闾村 | 太平河 | 弄堂桥 | 6.3 | 8.8 | 1.40 | 0.74 |
| 新　区 | 横沥村 | 胡介港 | 胡介港桥 | 4.6 | 6.3 | 2.74 | 0.30 |
| | 洣泾村 | 胡介港 | 中心桥 | 6.3 | 6.5 | 0.75 | 0.20 |
| | 红庙村 | 横河 | 横河 | 9.8 | 6.8 | 0.30 | 0.16 |
| | 洣桥村 | 石头塘 | 四清桥 | 7.6 | 7.4 | 2.01 | 0.37 |
| | 三港村 | 生态园河 | 园区新桥 | 10.7 | 8.1 | 0.18 | 0.44 |
| | 陆渡村 | 江申泾 | 水闸桥 | 3.0 | 6.1 | 3.83 | 0.47 |
| | 花北村 | 十八港 | 新区公墓桥 | 3.9 | 7.3 | 2.19 | 0.16 |
| | 岳南村 | 千步泾 | 千步泾桥 | 5.9 | 5.7 | 1.22 | 0.12 |
| | 小桥村 | 横沥河 | 小桥 | 12.0 | 8.6 | 0.10 | 0.24 |
| | 明星村 | 黄泥浜 | 黄泥浜桥 | 2.1 | 8.4 | 2.81 | 0.53 |
| | 香花桥社区 | 十八港 | 苏州路桥 | 2.4 | 8.5 | 3.97 | 0.73 |
| 浏河镇 | 浏南村 | 墅沟河 | 墅沟河桥 | 5.4 | 8.8 | 2.77 | 0.74 |
| | 闸北村 | 老浏河 | 汤泾河 | 11.9 | 8.9 | 0.11 | 0.11 |
| | 何桥村 | 农业园区 | 新开河 | 6.8 | 8.8 | 7.33 | 0.23 |
| | 东仓村 | 苏张泾 | 农泾桥 | 7.3 | 7.1 | 2.03 | 0.25 |
| | 新闸村 | 苏张泾 | 老村委会 | 10.4 | 7.6 | 0.96 | 0.28 |
| | 万安村 | 导泾 | 凤洲 | 8.4 | 5.2 | 0.72 | 0.08 |
| | 新塘村 | 马路塘 | 柴场 | 13.4 | 6.5 | 0.16 | 0.16 |
| | 张桥村 | 界泾河 | 界泾桥 | 5.6 | 5.3 | 2.01 | 0.17 |
| 沙溪镇 | 太星村 | 姚浜河 | 姚浜河 | 6.6 | 5.7 | 0.30 | 0.10 |
| | 岳新村 | 薛家河 | 项门桥 | 4.7 | 6.0 | 2.68 | 0.18 |
| | 塘桥村 | 千步泾 | 千步泾桥 | 3.5 | 7.9 | 8.82 | 0.50 |
| | 岳镇村 | 千步泾 | 宽洋桥 | 5.5 | 6.4 | 0.77 | 0.23 |
| | 新建村 | 石头塘 | 唐泾桥 | 4.7 | 7.7 | 1.24 | 0.26 |
| | 松南村 | 庙泾河 | 小岛便桥 | 5.7 | 6.0 | 1.66 | 0.25 |
| | 徐淞村 | 蛇肚泾 | 浦家桥 | 6.2 | 7.4 | 2.57 | 0.21 |
| | 凡山村 | 东浜 | 龚家堰 | 4.5 | 5.7 | 1.18 | 0.24 |
| | 渠泾村 | 八千浜 | 化纤厂南 | 5.4 | 6.1 | 0.23 | 0.06 |
| | 香塘村 | 姚家泾塘 | 白池堰 | 7.5 | 5.7 | 0.10 | 0.05 |
| | 庄西村 | 归浦浜 | 归浦浜桥 | 5.2 | 6.0 | 2.07 | 0.12 |
| | 项桥村 | 张泾河 | 小张泾桥 | 4.8 | 7.5 | 5.51 | 0.88 |
| | 虹桥村 | 张泾河 | 印西路桥 | 8.0 | 7.6 | 0.72 | 0.28 |
| | 泥桥村 | 直北圩 | 直北桥 | 6.8 | 7.5 | 5.16 | 1.14 |
| | 泰西村 | 双庆桥 | 茜直路桥 | 2.0 | 7.4 | 1.96 | 0.20 |
| | 洪泾村 | 横沥河 | 沙洪桥 | 4.6 | 5.8 | 3.63 | 0.35 |
| | 半泾村 | 半泾河 | 大半泾桥 | 2.2 | 5.6 | 0.91 | 0.38 |
| | 中荷村 | 扒横泾 | 夏家桥 | 3.0 | 2.8 | 1.30 | 0.46 |
| | 胜利村 | 孔泾河 | 新孔泾桥 | 4.4 | 8.1 | 2.10 | 0.27 |
| | 印北村 | 黄泥泾 | 印北二号桥 | 8.0 | 5.6 | 0.87 | 0.25 |
| 城厢镇 | 电站村 | 秦港门 | 李家桥 | 4.7 | 5.7 | 0.54 | 0.09 |
| | 万丰村 | 中泾河 | 中泾河桥 | 3.2 | 5.8 | 1.80 | 0.13 |
| | 东林村 | 半泾河 | 杨安桥 | 2.2 | 6.9 | 3.26 | 0.13 |
| | 伟阳社区 | 施家泾河 | 华茵桥 | 8.5 | 6.5 | 5.05 | 0.33 |
| | 太丰社区 | 吴塘河 | 吴塘桥 | 1.1 | 6.5 | 2.35 | 0.20 |
| | 胜泾村 | 赤泾河 | 沼泾桥 | 4.1 | 5.6 | 2.66 | 0.16 |
| | 永丰村 | 沼泾河 | 沼泾桥 | 5.8 | 6.5 | 1.98 | 0.13 |
| | 新农村 | 新农村中心河 | 新泾路桥 | 2.7 | 6.3 | 3.08 | 0.18 |
| 科教新城 | 群星社区 | 沈家河 | 沈家桥 | 10.4 | 7.3 | 0.18 | 0.05 |
| | 太安社区 | 东沼河 | 杨木桥 | 3.0 | 6.5 | 0.68 | 0.12 |
| | 利民社区 | 向阳河 | 向阳桥 | 2.4 | 6.3 | 3.33 | 0.20 |

## 2016年太仓市各村水环境质量统计表（8月）

表6　　　　单位：毫克/升

| 镇（区） | 村名 | 河流名称 | 断面名称 | 溶解氧 (DO) | 高锰酸盐指数 (CODMn) | 氨氮 (NH3-N) | 总磷 (TP) |
|---|---|---|---|---|---|---|---|
| 璜泾镇 | 新明村 | 光明塘 | 新明桥 | 3.9 | 4.5 | 0.30 | 0.12 |
| | 新海村 | 新泾塘 | 杨家堰桥 | 4.2 | 3.7 | 0.32 | 0.12 |
| | 长洲村 | 中心塘 | 水闸桥 | 5.3 | 3.9 | 0.60 | 0.11 |
| | 雅鹿村 | 连浦塘 | 长新桥 | 4.3 | 5.2 | 0.28 | 0.09 |
| | 孟河村 | 双纲河 | 孟河二号桥 | 4.0 | 3.7 | 0.36 | 0.10 |
| | 孙桥村 | 卢家塘 | 新孙桥 | 5.2 | 5.7 | 0.34 | 0.08 |
| | 杨漕村 | 小桥塘 | 小桥塘桥 | 5.5 | 6.5 | 0.30 | 0.11 |
| | 王秀村 | 石头塘 | 湘里大桥 | 7.0 | 6.5 | 0.28 | 0.11 |
| | 荣文村 | 南顾塘 | 经南桥 | 4.5 | 6.0 | 0.46 | 0.08 |
| | 新华村 | 马洛泾 | 新逢桥 | 6.3 | 5.5 | 0.27 | 0.06 |
| | 永乐村 | 荡茜塘 | 荡茜桥 | 6.1 | 4.1 | 0.14 | 0.06 |
| | 新联村 | 姚塘 | 村委边 | 4.8 | 4.9 | 0.16 | 0.08 |
| | 荡茜村 | 自然河 | 新开河桥 | 5.3 | 2.5 | 0.08 | 0.07 |
| 浮桥镇 | 浮南村 | 六尺河 | 革新桥 | 4.0 | 2.5 | 0.12 | 0.07 |
| | 新邵村 | 杨林塘 | 杨林塘大桥 | 2.6 | 4.9 | 0.50 | 0.07 |
| | 牌楼村 | 米场河 | 杨桥 | 1.9 | 3.5 | 0.15 | 0.72 |
| | 丁泾村 | 米场河 | 一步二条桥 | 3.7 | 3.7 | 0.77 | 0.56 |
| | 茜泾村 | 向阳桥 | 新港路向阳桥 | 2.8 | 2.5 | 0.22 | 0.11 |
| | 三里村 | 向阳桥 | 向阳河桥 | 3.1 | 2.9 | 0.18 | 0.10 |
| | 马北村 | 隋塘河 | 隋塘河桥 | 7.3 | 2.9 | 0.27 | 0.07 |
| | 七丫村 | 杨林塘 | 仪桥 | 4.8 | 3.5 | 0.18 | 0.11 |
| | 浮桥村 | 七浦塘 | 浮桥水闸 | 4.6 | 2.1 | 0.18 | 0.08 |
| | 浪港村 | 浪港 | 滨江路桥 | 3.9 | 2.4 | 0.16 | 0.04 |
| | 陆公村 | 浪港 | 浪港闸 | 4.1 | 2.4 | 0.13 | 0.06 |
| | 鹿新村 | 鹿鸣泾 | 鹿鸣泾桥 | 4.8 | 2.9 | 0.20 | 0.06 |
| | 庵弄村 | 荡茜河 | 庵弄桥 | 4.6 | 2.1 | 0.33 | 0.05 |
| | 时思村 | 李泾河 | 李泾塘桥 | 4.0 | 2.8 | 0.15 | 0.07 |
| | 先锋村 | 浪港 | 浮沪璜桥 | 3.9 | 2.6 | 0.13 | 0.07 |
| | 红星村 | 石家泾 | 王家桥 | 2.9 | 4.1 | 0.22 | 0.07 |
| | 绿化村 | 璜泾河 | 绿化桥 | 4.3 | 4.1 | 0.28 | 0.12 |
| | 老闸村 | 石头塘 | 水闸桥 | 2.7 | 3.7 | 0.49 | 0.12 |
| 港　区 | 杨林村 | 杨林塘 | 杨林东大桥 | 3.0 | 4.6 | 0.46 | 0.10 |
| | 三市村 | 石头塘 | 南闸二号桥 | 2.4 | 2.5 | 0.42 | 0.13 |
| | 新仓村 | 七浦塘 | 新仓桥 | 2.7 | 4.6 | 0.11 | 0.07 |
| | 方桥村 | 丹浦泾 | 红光桥 | 4.0 | 4.6 | 0.13 | 0.14 |
| | 荷池村 | 花浦塘 | 建亿桥 | 7.7 | 4.6 | 0.72 | 0.08 |
| | 和平村 | 石孔泾 | 张浦桥 | 9.2 | 4.3 | 0.14 | 0.14 |
| 双凤镇 | 勤力村 | 斜塘桥 | 勤力村南侧 | 9.3 | 8.1 | 0.08 | 0.11 |
| | 凤中村 | 吴塘河 | 吴塘桥 | 10.3 | 8.1 | 0.07 | 0.22 |
| | 黄桥村 | 中心河 | 中心河桥 | 4.7 | 5.7 | 0.12 | 0.07 |
| | 庆丰村 | 庙泾河 | 庙泾河二号桥 | 5.9 | 4.1 | 0.08 | 0.15 |
| | 维新村 | 丁江门河 | 毛观塘桥西 | 2.9 | 6.3 | 1.50 | 0.23 |
| | 泥泾村 | 陈庄泾河 | 陈庄泾桥 | 4.5 | 6.1 | 0.74 | 0.15 |
| | 新湖村 | 黄枫泾河 | 黄枫泾桥 | 5.3 | 5.2 | 0.26 | 0.11 |
| | 新卫村 | 吴塘河 | 八里桥 | 7.0 | 5.4 | 0.02 | 0.09 |

续表 6

| 镇（区） | 村名 | 河流名称 | 断面名称 | 溶解氧（DO） | 高锰酸盐指数（CODMn） | 氨氮（NH3-N） | 总磷（TP） |
|---|---|---|---|---|---|---|---|
| 双凤镇 | 新闾村 | 太平河 | 弄堂桥 | 8.6 | 8.1 | 0.09 | 0.14 |
| 新　区 | 横沥村 | 胡介港 | 胡介港桥 | 7.1 | 7.3 | 0.39 | 0.07 |
| | 涞泾村 | 胡介港 | 中心桥 | 6.8 | 8.1 | 0.44 | 0.09 |
| | 红庙村 | 横河 | 横河 | 5.0 | 6.1 | 0.08 | 0.11 |
| | 涞桥村 | 石头塘 | 四清桥 | 5.0 | 4.1 | 0.23 | 0.13 |
| | 三港村 | 生态园河 | 园区新桥 | 5.3 | 5.0 | 0.07 | 0.22 |
| | 陆渡村 | 江申泾 | 水闸桥 | 3.7 | 5.7 | 1.67 | 0.32 |
| | 花北村 | 十八港 | 新区公墓桥 | 4.6 | 6.0 | 0.12 | 0.15 |
| | 岳南村 | 千步泾 | 千步泾桥 | 7.0 | 4.9 | 0.16 | 0.10 |
| | 小桥村 | 横沥河 | 小桥 | 4.6 | 6.5 | 0.14 | 0.11 |
| | 明星村 | 黄泥浜 | 黄泥浜桥 | 4.3 | 6.5 | 0.64 | 0.09 |
| | 香花桥社区 | 十八港 | 苏州路桥 | 3.2 | 6.5 | 0.58 | 0.11 |
| 浏河镇 | 浏南村 | 墅沟河 | 墅沟河桥 | 4.6 | 1.9 | 0.05 | 0.11 |
| | 闸北村 | 老浏河 | 汤泾河 | 5.7 | 3.5 | 0.07 | 0.09 |
| | 何桥村 | 农业园区 | 新开河 | 6.3 | 5.0 | 0.08 | 0.11 |
| | 东仓村 | 苏张泾 | 农泾桥 | 7.5 | 7.3 | 0.75 | 0.28 |
| | 新闸村 | 苏张泾 | 老村委会 | 9.6 | 7.3 | 0.86 | 0.40 |
| | 万安村 | 导泾 | 凤洲 | 9.0 | 6.5 | 0.10 | 0.33 |
| | 新塘村 | 马路塘 | 柴场 | 4.1 | 6.5 | 0.42 | 0.21 |
| | 张桥村 | 界泾河 | 界泾桥 | 12.4 | 8.1 | 0.11 | 0.29 |
| 沙溪镇 | 太星村 | 姚浜河 | 姚浜河 | 7.4 | 3.7 | 0.03 | 0.06 |
| | 岳新村 | 薛家河 | 项门桥 | 5.8 | 3.6 | 0.02 | 0.03 |
| | 塘桥村 | 千步泾 | 千步泾桥 | 6.8 | 4.4 | 0.11 | 0.08 |
| | 岳镇村 | 千步泾 | 宽洋桥 | 7.8 | 5.2 | 0.07 | 0.09 |
| | 新建村 | 石头塘 | 唐泾桥 | 4.1 | 4.9 | 0.30 | 0.10 |
| | 松南村 | 庙泾河 | 小岛便桥 | 13.2 | 8.1 | 0.10 | 0.17 |
| | 徐淞村 | 蛇肚泾 | 浦家桥 | 10.0 | 8.1 | 0.40 | 0.09 |
| | 凡山村 | 东浜 | 龚家堰 | 7.0 | 2.3 | 0.10 | 0.04 |
| | 渠泾村 | 八千浜 | 化纤厂南 | 2.7 | 4.9 | 0.31 | 0.06 |
| | 香塘村 | 姚家泾塘 | 白池堰 | 5.9 | 4.9 | 0.07 | 0.06 |
| | 庄西村 | 归浦浜 | 归浦浜桥 | 4.8 | 4.9 | 0.20 | 0.10 |
| | 项桥村 | 张泾河 | 小张泾桥 | 7.8 | 6.0 | 0.68 | 0.14 |
| | 虹桥村 | 张泾河 | 印西路桥 | 5.9 | 5.5 | 0.35 | 0.14 |
| | 泥桥村 | 直北圩 | 直北桥 | 6.0 | 4.9 | 0.18 | 0.09 |
| | 泰西村 | 双庆桥 | 茜直路桥 | 0.8 | 5.2 | 0.67 | 0.09 |
| | 洪泾村 | 横沥河 | 沙洪桥 | 6.4 | 6.1 | 0.10 | 0.05 |
| | 半泾村 | 半泾河 | 大半泾桥 | 6.9 | 2.5 | 0.07 | 0.11 |
| | 中荷村 | 扒横泾 | 夏家桥 | 6.4 | 7.9 | 1.77 | 0.14 |
| | 胜利村 | 孔泾河 | 新孔泾桥 | 8.2 | 6.5 | 0.11 | 0.09 |
| | 印北村 | 黄泥泾 | 印北二号桥 | 10.0 | 7.3 | 0.08 | 0.08 |
| 城厢镇 | 电站村 | 秦港门 | 李家桥 | 6.8 | 4.9 | 0.10 | 0.06 |
| | 万丰村 | 中泾河 | 中泾河桥 | 3.7 | 5.2 | 0.72 | 0.07 |
| | 东林村 | 半泾河 | 杨安桥 | 2.9 | 5.5 | 12.40 | 0.15 |
| | 伟阳社区 | 施家泾河 | 华茵桥 | 10.5 | 7.9 | 0.34 | 0.15 |
| | 太丰社区 | 吴塘河 | 吴塘桥 | 5.4 | 4.7 | 0.19 | 0.25 |
| 科教新城 | 胜泾村 | 赤泾河 | 沼泾桥 | 4.6 | 4.3 | 0.32 | 0.22 |
| | 永丰村 | 沼泾河 | 沼泾桥 | 6.2 | 6.1 | 0.15 | 0.15 |
| | 新农村 | 新农村中心河 | 新泾路桥 | 4.3 | 5.3 | 0.43 | 0.14 |
| | 群星社区 | 沈家河 | 沈家桥 | 7.9 | 6.5 | 0.11 | 0.12 |
| | 太安社区 | 东沼河 | 杨木桥 | 7.2 | 7.3 | 0.08 | 0.06 |
| | 利民社区 | 向阳河 | 向阳桥 | 4.8 | 5.3 | 0.34 | 0.17 |

**2016年太仓市环境空气各级别天数统计表**

表7 单位：天

| 月份 | 有效监测天数 | 一级（优） | 二级（良） | 三级（轻度污染） | 四级（中度污染） | 五级（重度污染） | 六级（严重污染） |
|---|---|---|---|---|---|---|---|
| 1月 | 31 | 3 | 15 | 9 | 4 | 0 | 0 |
| 2月 | 29 | 2 | 22 | 2 | 2 | 1 | 0 |
| 3月 | 31 | 3 | 22 | 6 | 0 | 0 | 0 |
| 4月 | 29 | 1 | 19 | 6 | 3 | 0 | 0 |
| 5月 | 30 | 3 | 17 | 7 | 3 | 0 | 0 |
| 6月 | 28 | 6 | 17 | 5 | 0 | 0 | 0 |
| 7月 | 31 | 9 | 8 | 13 | 1 | 0 | 0 |
| 8月 | 31 | 12 | 15 | 4 | 0 | 0 | 0 |
| 9月 | 30 | 10 | 15 | 3 | 2 | 0 | 0 |
| 10月 | 31 | 17 | 14 | 0 | 0 | 0 | 0 |
| 11月 | 30 | 6 | 22 | 2 | 0 | 0 | 0 |
| 12月 | 31 | 5 | 15 | 8 | 2 | 1 | 0 |
| 合计 | 362 | 77 | 201 | 65 | 17 | 2 | 0 |

般”。功能区噪声。昼间、夜间测量值均达到相应功能区类别标准，达标率100%。道路交通噪声。昼间道路交通等效声级（Leq）平均值65.2分贝，达到《环境噪声监测技术规范城市声环境常规监测》昼间一级要求，道路交通噪声强度等级为“好”。

**【工业污染源】** 工业废气。2016年，太仓市燃煤总量1298.8万吨，较上年增加5.0%。电力、热力生产和供应业为煤炭消耗的主要行业，耗煤量1275.5万吨，占全市总耗煤量98.2%。全市工业废气排放总量1327.4亿立方米，较上年增加20.7%。其中电力、热力生产和供应业是废气排放量最大的行业，累计排放量1180.85亿立方米，占全市总量88.96%。全市工业废气中二氧化硫、氮氧化物的排放量分别是1.48万吨、1.56万吨，较上年分别下降15.3%、9.3%，烟（粉）尘排放量4845.5吨，较上年下降16.5%。其中电力、热力生产和供应业是废气污染物排放的第一大行业，其二氧化硫、氮氧化物、烟（粉）尘排放量分别为1.24万吨、1.42万吨、3644吨，分别占全市总量83.9%、91%和75.2%，均居全市首位。

工业废水。全市工业取水量7200万吨，工业废水排放总量5131万吨，较上年下降10.1%。工业废水排放的主要行业是造纸和纸制品业，排放量2679万吨，占比52.2%。全市工业化学需氧量和氨氮的排放量分别为3360吨和272.8吨，较上年分别下降27.5%和13.4%。造纸和纸制品业是全市化学需氧量排放量最大的行业，排放量1787吨，占全市排放总量53.2%。造纸和纸制品业还是全市氨氮排放量最大的行业，排放量122.6吨，占全市排放总量44.9%。

工业固体废物。全市工业固体废物产生量234.71万吨，综合利用量230.59吨，综合利用率98.25%；危险废物产生量4.55万吨，处置量3.22万吨，贮存量1.33万吨。危险废物主要来自电镀行业，其产生量为2.08万吨，占危险废物总量45.7%。

全市共有污水处理厂8座，年产污泥量3.17万吨，均通过制肥、制砖，全市污泥安全处置率100%。

（黄　凯）

## 土地资源

**【概况】** 2016年，太仓市土地资源工作按照“保护资源、节约集约、维护权益、改革创新”要求，做好全市项目发展用地保障与服务。严格保护耕地资源，调整完善全市土地利用总体规划，促进土地利用布局结构优化。推进节约集约用地，盘活低效用地74.33公顷。依法开展土地变更调查与遥感监测工作，准确摸清全市土地利用现状及变化情况。推进土地资源信息化建设，全年归集土地档案914件3.15万卷。抓好不动产统一登记制度实施，全年全市发放不动产证16402本、不动产登记证明11100本。

**【项目发展用地】** 2016年，太仓市围绕全市中心工作，保障重大项目发展用地，中科院硅酸盐、似鸟物流、中广核等3个项目获批省重大产业项目用地计划，获得农转用指标32公顷。杨林塘航道整治项目争取建设用地指标101.8公顷。沪通铁路和七浦塘项目用地、太仓港集装箱四期码头用地预审获国土部批复。全年共获批城镇建设用地6批次、独立选址项目用地3个，获批用地总面积112.81公顷。共办理建设项目供地108宗、面积285.3公顷。其中招拍挂出让供地92宗、266.95公顷，划拨供地16宗、18.35公顷。

【耕地资源保护】 2016年，太仓市结合土地利用总体规划调整完善，同步推进永久基本农田划定工作，在落实划定任务基础上，按照“优进劣出”要求，划定永久基本农田，提升基本农田质量，优化基本农田布局。全市共划定永久基本农田2.4万公顷，为建设用地扩张框定红线。推进土地综合整治工作，“三优三保”（优化建设用地空间布局保障发展，优化农用地结构布局保护耕地，优化镇村居住用地布局保护权益）行动进展有序，城厢镇“三优三保”专项规划编制完成，通过苏州市级审查。实施耕地占补平衡项目12个、增减挂钩复垦项目21个，实现新增耕地68.33公顷。完成年度高标准基本农田建设717.93公顷。

【土地利用总体规划调整完善】 2016年，太仓市按照“保护为先、优化为本、调控为要”原则，在推进永久基本农田划定的同时，开展土地利用总体规划调整完善工作，统筹安排生产、生活和生态空间，对接城镇建设规划、生态保护规划及交通、水利等专项规划，保障“十三五”期间重大发展战略实施和重大建设项目用地，促进土地利用布局结构优化。与规划目标调整之前比，太仓市至2020年建设用地总量由21453公顷增加至24433公顷，至2020年耕地保护目标由33413公顷核减至28913公顷，基本农田保护任务由27300公顷核减至23940公顷。上级下达太仓市规划流量指标1200公顷。成功争取上级下达太仓港新增建设用地指标。

【节约集约用地】 2016年，太仓市实行新增工业用地项目联合预审管理，对土地供应把关更为严格。印发《闲置土地清理处置专项行动实施方案》，发放《闲置土地调查通知书》54份。加大批而未供土地供应力度，消化批而未供土地177.46公顷。部署开展工业用地调查工作，引导低效产业用地再开发，盘活低效用地31宗、74.33公顷。严格土地批后监管，发放《促建通知书》16份、《出让金缴款通知书》7份。

【土地招标拍卖挂牌出让】 2016年，太仓市贯彻房地产市场调控政策，科学制定土地出让计划，稳定市场预期。推行国有建设用地网上挂牌出让，土地出让行为更加规范。全年共招标拍卖挂牌出让土地92宗、266.95公顷，成交出让金50.99亿元。其中：工矿仓储用地49宗、151.84公顷，成交金额5.26亿元；经营性用地43宗、115.1公顷，成交金额45.73亿元。全市经营性用地出让面积较上年下降2.25%，成交总价较上年上涨48.9%。其中：住宅用地（含安置房用地）出让面积较上年上升12.7%，成交总价较上年下降4.55%；商住用地出让面积较上年下降16.05%，成交总价较上年上涨122.34%；商服用地出让面积、成交总价分别较上年下降43.8%和37.6%。

【不动产统一登记】 2016年，太仓市推进不动产统一登记制度实施，完成不动产登记职责整合、机构组建、人员调配、数据整合、流程再造、业务培训、窗口设置等前期工作，6月20日，发放全市第一本不动产权证书，标志太仓市进入不动产统一登记时代。面对业务量大、政策衔接前后的业务积压、历史遗留问题等困难，在不规避法定流程的前提下，加快内部流转、加班加点办证、设立企业抵押登记绿色通道、开辟银行业务专线等，最大程度压缩办理时限，提高登记办理效率。全年全市发放不动产证16402本、不动产登记证明11100本。

【地籍管理与地籍测绘】 2016年，数字太仓地理空间框架项目建设完成并通过验收，建成基础地理信息数据库，构建太仓市权威、通用的地理信息公共服务平台，开发典型应用示范系统12个。地理信息公共服务平台公众版——“天地图·太仓”接入“天地图”国家主节点并上线运行。地理

**2016年太仓市国有建设用地使用权公开出让分类情况表**

表8

| 土地类别 | 面积（公顷） | 比例（%） |
|---|---|---|
| 工业及仓储 | 151.84 | 56.88 |
| 住宅（含安置房用地） | 73.28 | 27.45 |
| 商住 | 36.88 | 13.82 |
| 商服 | 4.94 | 1.85 |
| 合计 | 266.94 | 100 |

2016 年太仓市经营性用地公开出让分类情况表

表 9

| 土地用途 | 成交面积（公顷） | 成交总价（亿元） | 成交均价（万元 / 公顷） | 单宗最高成交价（万元 / 公顷） |
| --- | --- | --- | --- | --- |
| 住宅（含安置房用地） | 73.28 | 12.37 | 1687.66 | 10880.87 |
| 商住 | 36.88 | 32.64 | 8850.15 | 17844.40 |
| 商服 | 4.94 | 0.73 | 1473.08 | 2368.65 |

国情普查工作完成，太仓市建成全省首家“城市原点”标志。加强测绘市场管理，沙溪镇半泾村作为全省 5 家试点单位之一，开展农村建设用地调查试点工作。

【土地变更调查与遥感监测】 2016 年，太仓市依法开展土地变更调查与遥感监测工作，准确摸清土地利用现状及变化情况，严肃查处违法图斑，通过国土部 2015 年度变更调查外业实地核查。根据变更调查结果，截至 2015 年年底，太仓市土地总面积 80992.92 公顷。其中，耕地 25640.69 公顷，占总面积的 31.66%；园地 1918.54 公顷，占总面积的 2.37%；林地面积 30.98 公顷，占总面积的 0.04%；城镇村及工矿用地 20347.83 公顷，占总面积的 25.12%；交通运输用地 4602.6 公顷，占总面积的 5.68%；水域及水利设施用地 27498.76 公顷，占总面积的 33.95%；其他土地 953.52 公顷，占总面积的 1.18%。

【土地资源执法监察】 2016 年，太仓市保持对违法用地高压态势，强化土地执法监管工作。抓好土地卫片执法和日常执法监管，促使违法违规用地得到有效整治。创新土地执法手段，推进“互联网 + 国土资源监管”，构建全市域覆盖、全天候监管的“慧眼守土”视频监管系统，全市共布设监控点位 194 个，形成“天上看、空中探、地上查、网上管、群众报”五位一体监测监管格局，土地执法效率进一步提升。全年共处罚拆除地上建筑物和其他设施 2.63 公顷，没收地上建筑物和其他设施 6.1 公顷，罚没款 67.2 万元。全市土地管理秩序好转，年内，太仓市获评“江苏省土地执法先进市”；城厢镇、高新区获评“苏州土地执法模范乡镇”。

6 月 20 日，太仓市发出全市首张不动产权证书　（市国土资源局供稿）

【土地储备管理】 2016 年，太仓市土地储备加快土地征收安置，保障资金正常运行，稳步推进收储工作。年内，征收安置加快实施。弇山片区共有农户 89 户，拆迁 59 户。樊泾村地块改造项目国有土地上房屋征收结束，集体土地上房屋征收进入扫尾阶段。根据财综〔2016〕4 号和苏财综〔2016〕50 号文件精神，土地储备机构“不得再向银行业金融机构举借土地储备贷款”，存量债务由市财政局负责置换，新增市级土地储备项目所需资金，严格按照规定纳入财政性基金预算，在国有土地收益基金、土地出让收入和其他财政资金中统筹安排。市土地储备中心与市财政局联合制定合理的债务置换计划，保障相关资金正常运行。全年通过财政发债、政府债务补助方式置换存量债务 21.99 亿元，银行长期借款降至 5.96 亿元。推进土地收储工作。加强拟储备地块的片区规划研究、前期开发、成本测算、项目融资、土地推介、计划上市等工作。年内，西城区仓环铜业地块完成收储和地块平整，原市一中地块完成上市。

【民生服务项目用地供应】 2016 年，太仓市通过优化土地资源配置，保障民生项目用地。全年供地 4 宗，总面积 2.97 公顷，其中城厢镇南门街幼儿园供地 0.47 公顷，城西消防站供地 0.67 公顷，璜泾镇养老机构供地 1.33 公顷，科教新城群星四期安置房供地 0.50 公顷。同时，为主城区提供 3 宗储备用地建设临时停车场，缓解停车难问题。保障片区改造项目征收资金。为保障樊泾村地块改造工程项目和弇山西路片区改造项目建设，两片区安置房资金列入财政发债计划，拨付樊泾村地块安置房资金1.10亿元，弇山西路安置房建设资金6000万元。保障政府投资项目计划资金。全年拨付市教育局省太高新校区项目资金2986万元、市公安局交通管理控制中心及迁建车管所检测线业务用房项目资金1955万元、市重点办科技活动中心项目资金280万元。

【国土资源基础工作】 2016年，太仓市以建设“智慧国土”为目标，推进国土资源信息化建设，完善国土资源“一张图”数据库，构建土地“批、供、用、补、查”综合监管平台和“慧眼守土”视频监管系统，实现主要业务网上流转，提升审批效率。“慧眼守土”系统获国家版权局颁发的计算机软件著作权。土地档案管理深化信息建设，全年共归档914件3.15万卷。年内，市国土资源局完成行政权力清单标准化编制，共梳理确认行政权力事项156项。办理行政诉讼案件13起、行政复议答复7件、依申请公开11件。履行征地报批前与批准后各项程序，贯彻落实征地补偿安置政策，确保被征地群众合法权益。建立健全土地信访工作机制，通过法定途径分类处理信访诉求，化解矛盾纠纷。全年受理登记群众土地方面信访54件（批次）。

（王　丹　刘宗凡）

## 水资源

【河湖概况】 2016年，太仓市水域面积256平方公里，其中内陆水域面积112平方公里。区域性河道4条，分别为东西向的浏河、杨林塘、七浦塘通江河道，南北向的盐铁塘。境内主要水系3个，分别是盐铁塘以西的阳澄淀泖圩区水系、盐铁塘—沪浮璜公路一线的阳澄平原区水系及沪浮璜公路以东的沿江高水片水系。

【水资源管理】 2016年，太仓市严格落实计划用水管理，开展用水审计工作，改造部分取水户的计量设施，全市35个农业灌溉取水口安装计量设施。全市夏季高峰供水水量32万吨／日，冬季枯水期日平均供水量28万吨。太仓市有水厂2座，总供水能力70万吨／日，备用水源地水库有效库容1950万吨。其中，第三水厂位于浏河口上游，一期工程日供水能力40万吨，配套浏河水源地水库有效库容1500万吨。年内开展第二水厂取水口改移工程建设，计划建设取水及换水泵站1座，铺设DN1400（双管）原水管线44.4公里，进一步优化全市供水布局。至年底，该工程完成DN1400原水管线铺设25公里，取水及换水泵站完成总工程量52%，完成投资约3.3亿元。

【防汛工作】 2016年汛期（5—9月），太仓市总雨量936.6毫米，较常年平均值偏多34.45%毫米。强降雨主要集中在梅雨期，共出现较强降水过程9次，其中暴雨2次，大暴雨1次。太仓市立足防大汛、抗大洪、抢大险，坚持超前谋划、及早部署，年内新增排涝泵78台，组织大规模防汛演练，参与人员400余人。全市清除网簖20余处，拆除施工坝26条。汛期，太仓市启动防汛Ⅳ级应急响应4次，防汛Ⅲ级应急响应4次，及时发布预警通知。各类水利工程和设施设备安全运行。全年沿江各闸共排水1422潮次，排水量25.32亿立方米，较上年增长39%，引水289潮次、引水量3.16亿立方米，较上年增长36%，有效改善内河水环境。

【河道管护加强】 2016年，太仓市完成每区镇3条镇级标准河道创建，苏州市在双凤庆丰村、城厢万丰村示范片区召开河道管护现场推进会，太仓做法获得好评，船只装备、巡查员配备、拦网设置、视频监控、手机巡查监管系统、无人机巡查等创新举措在苏州市编制实施的《河道管护规程》中被采纳引用，向全市推广。河道管护工作在苏州市2016年度考核中名列第一，继续走在全省前列。年内，太仓市开展河道及沿江环境综合整治，共整治河道200条，清除内河杂船154艘，驱离或拆除闸外船舶520多艘，拆除违章搭建1340平方米，清除违章堆放245平方米。

【节水型社会建设】 2016年，太仓市落实最严格水资源管理的“三条红线”（用水总量控制红线、用水效率控制红线、水功能区限制纳污红线），注重节水优先，培育节水型生产模式和消费模式，推进“体系完整、制度完善、设施完备、利用高效、节水自律、监管有效”的节水型社会建设。太仓市在工业、农业用水领域开展“水效领跑者”引领行动，推动用水效率断提升。年内，创建太仓新太酒精有限公司省级节水型企业1家，太仓市第一中学、太仓市港城小学等省级节水型学校2所，江苏省太仓中等专业学校、太仓市沙溪实验中学等苏州市级节水型学校9所。

【水生态文明城市建设】 太仓市结合全市总体空间发展布局和自然生态格局特征，打造水生态文明建设整体布局，先后实施岸线湿地保护、河湖水生态修复及水土保持等项目10个，扩大城市生态空间，降低自然生态系统扰动。2016年，全市推进水生态文明试点市中期评估工作，开展河湖健康评估，选取金仓湖、盐铁塘、半泾河、石头塘等开展试点。加强水源地达标建设。璜泾镇、城厢镇太丰社区、双凤镇新卫村、沙溪镇半泾村钱桥巷等完成“水美乡村”创建工作。

（周　婷）

## 生态保护

【概况】 2016年，太仓市建设美丽金太仓，打造生态田园城市，实施“生态优先”发展战略，抓好生态片林、绿色水廊、绿色通道、林果产业、城镇绿化、村庄美化等造林绿化“六大工程”。践行绿色发展理念，增强环境承载能力，加强生态保护，彰显现代田园风情。推进生态文明建设各项工作，提升全市生态品质。

生态制度。2016年，《太仓市国民经济和社会发展第十三个五年规划（2016—2020年）》编制完成。《闲置土地清理处置专项行动实施方案》制定实施，全市加快闲置土地认定与分类处置，共消化批而未供土地179.6公顷。《太仓市2016年度生态文明建设目标任务书》编制完成，统筹推进生态文明建设。

生态工程。全年全市落实完成12项重点工程项目，累计投入资金8.93亿元。

生态创建。全市完成建设美丽村庄示范点1个、三星级康居乡村创建点21个。获评省绿化示范村4个，规划布点村庄绿化覆盖率达到标准。宣传开展“绿色学校”“绿色社区”“生态村”等系列创建活动，倡导节水、节能、节电等低碳生活方式，增强公民资源节约意识。市级以上绿色学校、生态村、绿色社区分别占比89.3%、98%、90.5%。

生态经济。全市淘汰低端低效产能企业58家，实施兼并重组、困难脱困企业8家，实现产业转移、“走出去”发展项目16个。

【污染防治】 污染减排。2016年，太仓市落实减排项目32个，年度项目化学需氧量、氨氮、二氧化硫、氮氧化物四项污染物削减量分别为85.47吨、46.1吨、2696吨、1829吨。

水污染防治。年内，太仓市制定完成《太仓市“水十条”重点考核断面达标整治工作方案》，实行“一断面一对策”，6个省级以上考核断面达标率83.3%。开展重金属污染专项整治，引导34家企业提档升级，试点推行电镀企业IC卡排污总量控制。对园区内3家印染企业实施限期治理提标改造。采用“一企一管”明管输送，接管企业67家，杜绝生产废水无序偷排。对园区内25家化工企业开展雨水强排改造。完成南郊、浏河、双凤、沙溪等4家污水处理厂扩建工作（6万吨／天）和提标改造（14万吨／天）方案设计，投资2900万元新建污水管网15.1公里。完成116个重点村、23个一般村、2个撤并乡镇共计7844户农村生活污水治理。

大气污染防治。2016年，太仓市环境持续改善，空气优良率76%，

**2016年太仓市生态文明建设重点工程情况表**

表10

| 序号 | 项目名称 | 建设内容 |
|---|---|---|
| 1 | 太仓国华发电有限公司8#机组* | 完成超低排放改造 |
| 2 | 太仓港协鑫发电有限公司3#4#机组* | 4#机组7月完成改造，3#机组11月完成改造 |
| 3 | 华能太仓电厂1#3#机组 | 完成超低排放改造 |
| 4 | 樊泾河北延沟通工程 | 新开樊泾河致和塘以南约段河道252米，河口宽8米，河底高程为吴淞1.0米，两侧新建挡墙504米，新建桥梁1座及河道生物治理等。项目完成90%（因考古而延迟） |
| 5 | 2016年中央财政小型农田水利重点县建设项目 | 新建渠道18.93公里，新建灌溉泵站19座，微喷罐16公顷，低压管道灌溉200公顷，新建防洪闸3座，防洪闸站1座等。基本完成，准备验收 |
| 6 | 城区防洪排涝改造工程 | 新建闸站4座，新建节制阀1座，改造闸站2座 |
| 7 | 生活垃圾无害化应急填埋场建设工程* | 占地面积7.53公顷，其中库区面积4.33公顷，调节池面积0.67公顷，绿化及其他面积2.53公顷，建成后填埋场库容约45万立方米，处理规模250吨／天，填埋场使用年限10年以上。年内基本完成 |
| 8 | 餐厨垃圾* | 完成日处理规模90吨，建设内容包括主体工程和收运体系 |
| 9 | 太仓市第二水厂取水改移工程 | 2016—2017年建设取水及换水泵站1座，铺设DN1400（双管）原水管线43.9公里，总投资8.53万元。2016年，完成铺设DN1400原水管线25公里，完成取水换水泵站52% |
| 10 | 七浦塘沿岸绿化工程 | 完成七浦塘两岸绿化带建设20公里 |
| 11 | 太仓秸秆资源化综合利用工程 | 完成建设秸秆资源化利用综合处理能力一期3万吨／年、二期6万吨／年 |
| 12 | 生活污水管网建设* | 完成建设生活污水管网10公里 |

说明：标“*”的项目为苏州市2016年生态文明建设“十大工程”

3月4日，太仓市召开全市环境保护工作会议，表彰环保先进集体

（吴俊 摄）

较上年提高10.2%。年均PM2.5浓度较2013年减少38.1%。排定98家保障G20峰会环境质量管控企业，保障G20峰会期间空气质量。完成252台锅炉整治。华能电厂3号、协鑫电厂3、4号、国华电厂8号共4台燃煤电厂机组完成超低排放改造。全面开展有机废气整治工作，治理企业114家。完成2家典型企业泄漏检测与修复（LDAR）试点工作。开展码头扬尘治理，全面完成25个码头扬尘治理项目，启动全市32个工地扬尘排污收费工作。加快引领老旧机动车淘汰，共淘汰老旧机动车1129辆，完成61家经营汽油的加油站执行汽油国Ⅴ标准，59家经营柴油的加油站完成国Ⅴ柴油置换。

固废污染防治。太仓市对20家重点产废单位进行危险废物申报核查培训。开展3家企业水处理污泥危险特性鉴定，年内完成2家。1起丢弃93吨化工废液案件移送公安机关，对28起涉及固废违法行为予以行政处罚。处置能力为1.98万吨／年（规划3万吨／年）的危废焚烧装置建设投运。基本完成占地7.53公顷的生活垃圾无害化应急填埋场建设工程和日处理规模90吨的餐厨垃圾收运体系建设。城市（县城）污水处理厂污泥无害化处理处置率100%，城乡生活垃圾无害化处理率100%，镇村生活垃圾集中收运率100%，农村无害化卫生户厕普及率100%。

**【环保监管】** 环保督查。2016年，太仓市完成中央环境保护督察组交办的环境举报件46件，责令整改企业45家，立案处罚33起，关停企业或生产工段26家，移交公安5件，约谈8人，问责4人。信访办理情况均在政府网站公开，并在苏州市主流媒体曝光典型案例3批。

执法监管。太仓市落实网格化监管制，划分出二级环境监管网格1个、三级监管网格9个和四级网格102个，配备四级网格员132人。依托“智慧环保”和“环保大检查一企一档信息库”，全面推行“四随机、二公开”（被查企业随机、执法人员随机、执法时间随机、公众参与随机，过程公开、结果公开）抽查机制，共检查企业3394家。对各类环境信访、违法案件开展后督查工作，督查企业69厂次，207人次。2016年共出动执法人员15045人次，检查企业6085厂次，发放信息反馈单1095份，行政处理通知书665份，开征排污费3354万元。配合相关部门开展城乡环境综合整治“百日行动”，梳理出六大类65个重点突出问题，全面完成村庄环境、畜禽养殖、垃圾废品三大类整治及285项工业污染项目整治。围绕群众关注的热点、难点问题，继续开展环保专项行动。对52家港区化工园区及环境问题突出的各类企业开展专项执法检查，停产整顿企业5家，排查环境隐患46个。对全市在生产的34家电镀企业进行专项检查，立案处罚10家，其中按日计罚2家。排查54家粉尘涉爆企业，关停10家，责令停产22家。开展危险废物专项整治行动，排查248家涉废企业，督促整改问题企业21家。对全市规模化养殖业开展监督检查，立案查处22家。

环境监控。太仓市监控中心坚持对全市国控源每天进行至少2次省、市、县三级联网情况和排放达标情况检查。查看国控企业排放小时数据23万条；查看非国控企业排放小时数据34万条，发布国控企业排放报表360余份。在环保局网站、电视台等媒体发布AQI（空气污染）指数、PM2.5浓度等空气质量信息。全市秸秆禁烧重点区域设立24小时在线视频监控点9个，覆盖区域150余平方公里。对闸北村、勤力村、东林村开展空气质量、饮用水源地水质和土壤环境质量监测，了解农村区域环境质量状况。

环境影响评价。全年审批建设项目423个，环境影响登记表项目138个、报告表266个、报告书项目19个，投资总额约438亿元。许可市区建筑工地夜间施工事项77个，劝退、拒批项目13个，总投资2.72亿元。实施环评审批与总量减排挂钩制度，对24个工业园区开展规划环评。全面开展风险等级评估工作，完成全市化工、电镀、危废、国控等100家企业风险评估等级确认工作。采取“三个一批”（淘汰关闭一批、整顿规范一批、完善备案一批）措施，加大“未批先建”项目清理工作力度，完成清理违法违规建设项目3216个。

**【环保宣传】** 6月，苏州市绿茵环境服务中心在城厢镇县府社区揭牌。苏州市绿茵环境服务中心是非政府环保公益社团组织，聘请水、大气、辐射、危废、应急处置、环评、环境监测、环境工程、法律等专家10人组成专家库。招募志愿者发动公众参与环境公益活动、环保法律宣传、法律咨询维权服务。实现太仓环保公益组织零突破，为重大环境污染事件的环境法律公益诉讼提供平台。中心组织策划秸秆禁烧骑行、“生态文明建设宣传一条街”等活动，举办太仓市少年儿童环保书信绘画大赛等生态文明主题志愿活动 50 余场。在《太仓日报》和太仓电视台分别开设生态文明宣传专栏。市环保局加大信息公开，完成 421 家企业环境行为初评工作，其中被评为绿色 115 家，蓝色 184 家，黄色 84 家，红色 28 家，黑色 10 家，评价结果全部向社会公开。

（黄　凯）

## 城镇绿化

【概况】　2016 年，太仓市城市建成区绿化覆盖率 43.33%，绿地率 40.54%，人均公园绿地面积 15.01 平方米，新增公园绿地面积 4 公顷。各镇建成区绿化覆盖率 40.39%，绿地率 32.10%，人均公园绿地面积 23.5 平方米。（曹俊锋　周雨辰）

## 生态修复

【概况】　2016 年，太仓市全面完成以禁养区范围内畜禽规模养殖场（户）关闭搬迁为整治重点的畜禽养殖整治“百日行动”，拆除畜禽规模养殖场（户）649 家，拆除棚舍 59.87 万平方米，复耕 44.89 万平方米。继续推进“绿色太仓”建设，打造沿路生态廊道。重点实施七浦塘、半泾河（七浦塘—杨林塘）、盐铁塘、农商行小游园改造、339 省道等道路绿化提档、黄家河慢行绿道改造、毛太路（苏州路—弇山路）改造等工程。完成樊泾河、相公河、洋沙泾等 3 公里河道清淤工作，萩园和滨河公园西段提档改造完成。位于 339 省道与 204 国道出入口的净水公园开放，总面积 6.6 万平方米。公园融入“海绵城市建设”理念，通过人工瀑布、管网等设施，使邻近污水厂排出的中水作为绿化用水进入景观绿地，再从绿地渗透入河道，实现水体的自然净化功能。339 省道（太平路—204 国道段）、上海路（四通路—沿江高速）和县府街（东亭路—娄江路）的行道树、色块的种植和更换完成。太仓农商行周边等 8 个地块绿化恢复改造工程竣工。

（黄　凯　曹俊锋　周雨辰）

## 节能减排

【概况】　2016 年，太仓市综合能源消费量 663.3 万吨标准煤，较上年增长 0.85%；规模以上工业增加值能耗下降 4.66%，规模以上企业万元产值能耗较上年下降 7.94%。全年全市呈现产值增速超能耗增速的良好发展态势，万元产值能耗、万元产值用电量、规模以上工业增加值能耗均控制在合理范围内。全年全市新创建苏州市“能效之星”企业 6 家，其中国华电厂获评五星级“能效之星”企业，3 家企业获评四星级“能效之星”企业，2 家企业获评三星级“能效之星”企业；3 家企业获评苏州市工业循环经济示范企业；3 家重点用能企业完成能源审计工作。全市强化固定资产投资项目能评，严格执行项目能评制度，全年全市改扩建项目完成节能登记表 85 个，实现能评率 100%。

【节能监督与预警】　2016 年，太仓市分解下达全年节能工作目标，签订目标责任书，明确各镇（区）、相关部门、重点耗能企业责任，形成一级抓一级的分级制度。通过建立重点用能企业能耗统计分析和快报制度及定期召开座谈会，实现年度考核与日常跟踪相结合的监督模式。根据各镇（区）年度节能目标及能源消费、经济发展走势，公布节能目标完成进度晴雨表，对能耗增长过快行业、企业及时预警，督促镇（区）及相关部门采取措施，确保完成节能目标。

【节能项目培育实施】　2016 年，太仓市继续抓好节能技改项目立项、竣工与投产。通过对上争取与督促企业节能技改，全市上报省级节能与发展循环经济专项资金项目 11 个，总投资 5565 万元，年节能量 3.67 万吨标准煤，获奖励资金 462.5 万元，获奖励项目数和资金额远超上年，创历史新高。

（王安咏）

## 公共机构节能

【概况】　2016 年，太仓市编制公共机构节约能源资源“十三五”规划，明确节能工作目标和任务。年内，太仓市行政中心实现总能耗下降 4.6%，人均能耗下降 3.2%，单位面积能耗下降 3%。全年对市国税局、市国土资源局、市中医医院等单位开展公共机构能耗定额管理标准试点，提高能源资源计量工作标准和规范化水平；对全市 386 家公共机构基础信息和能耗数据进行全方位核查，完善节能基础信息和数据库。市机关事务管理局结合全国节能宣传周、全国低碳日等开展节能低碳宣传教育，倡导勤俭节约社会风尚。6 月 14 日，《太仓日报》刊登《健全机制、智慧节能、借力市场——公共机构十项目年节电百万度》公共机构节能专题报道。市机关事务管理局联合市城管局开展“微管家”招募活动暨垃圾分类、绿色出行宣传活动。组织开展“节能领跑，绿色发展”摄影比赛活动。联合城厢镇县府社区开展“以旧换新”废旧物品回收绿色行动。“低碳日”提出能源紧缺体验倡议，与市城管局组织实施公共机构照明景观节能周期间熄灯 1 小时活动。全面推进共建节能改造，投入节能改造资金 180 万元，在市文广新局、浮桥镇政府、新区管委会等单位进行节能灯改造；在市人社局、市第一人民医院进行部分空调改造；在苏州健雄职业技术学院进行空气能热泵热水器改造，市公安局景观水池改造为蓄水雨池。

（顾秋艳）

## 循环经济

【概况】　2016 年，太仓市循环经济发展成效显著，循环经济成为节能减排、转型升级的重要切入点。年内，太仓市做好项目引导，循环经济示范企业创建取得较好效果，太仓港协鑫发电有限公司、江苏申久化纤有限公司和舍弗勒（中国）有限公司等 3 家企业获得“苏州市工业循环经济示范企业”称号。

【循环经济专项资金奖励】 2016年，太仓市实施新的《太仓市节能与循环经济专项资金管理办法》，进一步规范和调整专项资金管理办法，取消一般荣誉和先进性奖励，增加节能技改项目第三方机构评估和财政部门及会计事务所对项目的财务审核，规定项目全部完成才能享受资金补贴，补贴金额不超过企业对地方的税收贡献。全年对43家企业66个项目发放太仓市节能与循环经济专项资金285.78万元，其中包括典型循环经济重点项目，如太仓港协鑫发电有限公司5号机组凝汽器在线清洗机器人节能改造项目，年节能量2460吨标准煤，减排二氧化碳8310吨。专项资金的使用和发放提高企业运用新技术新产品、节约能源提高生产效率的积极性，有力支持太仓市节能降耗工作。

【落后产能淘汰】 2016年，太仓市加强淘汰落后高耗能机电设备，全年淘汰落后电机396台，合计功率1.57万千瓦。淘汰落后变压器45台，合计功率1.03万千伏安，进一步推动全市高耗能机电设备升级改造。

（王安咏）

## 城市管理

【概况】 2016年，太仓市城市管理以城乡市容治理、民生服务、行政执法、“数字城管”等工作为重点，推进“法治城管、民生城管、创新城管”建设，打造独具太仓特色城市管理升级版，实现城市管理转型升级新常态。年内，城市环境综合整治“931”（九整治、三规范、一提升）接续行动共完成整治任务42项。市城管局作为市容秩序、村庄环境和垃圾废品3项整治牵头部门和畜禽养殖、河道及沿江环境2项整治责任部门，根据排定的三大类6项124个整治项目，列出路径图，排出时间表，狠抓推进，截至11月底，所有整治任务全部完成。主城区市容管控基本实现长效常态。全年开展各类整治907次，侵占人行道违法停车共计贴单2.5万起，拆除各类广告1118块、10918平方米。全年完成道路保洁450万平方米，收集转运全市域生活垃圾29.4万吨，收集处置建筑垃圾12.5万吨，处理有机物9532吨。年内，市环卫处获省文明单位称号；市环卫处转运队获省青年文明号称号。

【城乡市容治理】 2016年，太仓市共完成“931”整治任务42项，其中“九整治”完成项目14个，“三规范”完成项目12个，“一提升”完成内容7项，完成拓展项目9个。梳理排定六大类2453个整治项目，制定各项考核标准，建设并运行城乡环境综合整治信息平台，组织开展各项督查考核工作，确保“百日行动”圆满完成。全年开展各类整治907次，出动人员6643人次，现场纠违1.8万起，制订侵占人行道违法停车现场贴单处罚流程，全年共计贴单2.5万起。城客窗口提速增效，全年受理行政审批承诺件1117件，全部及时办结，服务对象满意率100%。通过局领导挂钩包干形式，处结12处大型广告遗留问题。调查摸底主城区50余条道路广告设置情况，逐一查处问题293个。推进主城区户外广告整治和高炮广告整治行动，全年拆除各类广告1118块、10918平方米，其中高炮广告11个，大型广告101块。组织新一轮建筑垃圾（工程渣土）处置运输资质招标，9家运输企业取得资质，80辆运输车辆列入目录，并完成全密闭装置和统一标识安装。实施《建筑垃圾（工程渣土）运输企业考核办法》，建立“警告约谈、责令停业、市场退出”等机制。严把处置运输审批关，办理相关审批32件。全年查处各类违法行为321起，其中跨区域偷倒固废违法行为55起。

【城市综合管理】 城市照明管理。市城管局全年更换城市照明灯泡9845盏、球罩92个、镇流器1291个、电缆6667米，补缺灯杆76根，亮灯率和完好率均保持99%以上，“数字照明”处理案件2778件。通过6235台路灯单灯控制系统，全年节约电费近百万元。推广城市照明合同能源管理，推进新技术在城市照明管理中的合理运用。安装完成武家桥、卖秧桥和县府街、府南街等景观照明设施，深入社区开展“光明行”义务装灯活动，共计装灯40盏。

市政设施维护。市城管局加强主城区市政设施维护养护，开展市政设施徒步专项检查。“数字市政”全年处理案件11381件，修复行车道、人行道9000平方米，维修沿河护栏530多米。规范占道、开挖等行政审批程序，更新省城市桥梁信息管理系统，对辖区160座桥梁进行常规检测并组织验收，根据检测结果，组织相关病害处置工作。落实防汛等各项工

10月29日，市城管局与太仓日报社共同组织“市民看城管”活动

（市城管局供稿）

7月，卖秧桥改造工程竣工　　（市城管局供稿）

作，组织城区综合防汛演练，开展城区雨水管网疏通，改造城区积水点并增设雨水井防坠网。

物业管理推广。市城管局推广物业属地化管理模式，城厢镇等7个区镇成立物管机构，建立联席会议制度。年内完成14个社区城管工作站及示范点建设。物业管理信息平台二期工程建成投运。构建多元化畅通渠道，物业矛盾投诉调解机制基本建立。推进物业管理专业化建设，成立物业管理协会，修订《业主委员会工作指导手册》。全年物管中心共调解重大矛盾纠纷42起，监督检查物业项目214个，处置应急维修案件527起，备案业委会19件，初审物业企业资质34家，组织专题培训7次。

停车服务管理。2016年，太仓城区新增各类停车场（点）10处、泊车位1384个，超额完成全年新增停车位800个的目标任务。对城区17条道路施划非机动车停放区域52处。组织清理整顿，开展非法侵占公共停车泊位联合整治行动，共查处“僵尸车”265辆、非法侵占泊位行为34起。启动公共停车场公司化管理模式，拟订停车服务行业信用管理办法。

**【城市管理工程项目建设】** 2016年，太仓市公共自行车二期工程和数字城管监督指挥中心建设工程完成，生活垃圾无害化应急卫生填埋场建设工程完成库区主体工程，卖秧桥危桥改造工程和宣公东路、城东小学2座星级公厕建设任务完成，数字化城市管理实现全覆盖，城区环境综合整治提升工程、住宅小区物业管理提升工程完成，科教新城南郊老镇区整治4条道路改造完成。

**【城市管理行政执法加强】** 2016年，太仓市共审核城市管理行政处罚案件4883件，其中一般程序2458件，简易程序2425件，公示处罚信息484条。拆除各类违法建设面积5500平方米。市城管局加强与市人民检察院、市公安局、市环保局、市国土资源局等部门的司法衔接，针对偷倒固体废物违法行为，制定相关实施意见。结合高炮广告整治，制定《违法设置户外广告设施的行政执法操作规程指引》。年内，组织人员参加省法制复议应诉人员资格考试，赴深圳专题考察“律师驻队”经验。

**【数字城管】** 2016年，“数字城管”平台共立案7.36万件，处置7.17万件，处置率97.4%。其中，事件5.11万件，占比71.3%，部件2.06万件，占比28.7%。年内，召开城管委工作例会和多部门现场处置会77次，解决疑难案件450余件；实施《太仓市数字化城市管理系统二级平台运行管理办法》；以长江口旅游度假区数字化城管二级平台为试点，协助成立城市管理委员会，编制监督指挥手册；组织开展线缆乱挂、道板破损、公共自行车站点等专项普查8次；建议数字城管事部件转行政处罚案件366件，其中转行政处罚案件133件；完善扁平化处置流程，实施扁平化指挥案件2376件；组织市民巡访员培训，上报案件1360件；非法小广告处置系统对57个号码作停机处理。完成全市视频池建设，累计建成监控探头8400多个。通过视频抓拍共上报624件，结案201件，其中车窗抛物102件。

**【公共自行车管理】** 2016年，太仓市完成公共自行车二期工程，其中扩容一期工程站点6个，新建二期工程站点53个，投放公共自行车800辆。至年底，全市主城区共有公共自行车站点136个，投放公共自行车2000辆，累计办卡3.4万张（含市民卡开通租车功能），租还车总数约280万次，日均租车量3838人次，免费租骑率98.2%。年内，市城管局协助城厢镇建设公共自行车站点12个，投放车辆200辆；协助浏河镇建设站点15个，投放车辆260辆。

（陆　蓉）

12月28日，太仓市城市管理监督指挥中心搬入新址　　（市城管局供稿）

# 太仓港

## 港口综述

【概况】 太仓港地处长江入海口南侧，太仓市东部。口岸位于长江白茆沙南水道，上至白茆河口，下至浏河口下游浏黑屋，中心位置在七丫口，即北纬31°37'、东经121°14'。拥有长江岸线38.8公里,其中深水岸线25公里，距吴淞口13海里，是距长江入海口最近的港口。港区范围内岸线基本平直且边滩稳定，终年不冻不淤，深水区开阔、稳定，能满足10万吨级船舶回转水域的要求，是长江下游地区最佳港址之一。2013年1月1日起，太仓港作为沿海港口管理，执行相关行政事业性收费政策。太仓港是全国第一个获批享受海港待遇的内河港。

2016年，太仓港共完成货物吞吐量2.32亿吨、集装箱吞吐量408.1万标箱，较上年分别增长13.8%和10.1%。其中，集装箱吞吐量、货物吞吐量在全国港口分别排名第11位和第15位，货物吞吐量跃居全省第2位。大宗货物吞吐量保持快速增长，其中铁矿石吞吐量8315万吨，成为长江沿线进口铁矿石第一港；木材吞吐量887.69万立方米，创新口岸历年木材进口量，保持全国进口木材第一大港。完成港口项目直接投资10.65亿元。年内，太仓港获评江苏省文明单位。

【港口码头及配套设施】 截至2016年年底，太仓港拥有各类码头泊位87个，其中万吨级以上泊位35个，集装箱泊位10个，设计吞吐能力1.4亿吨、435万标箱。拥有太仓港综保区、信息中心、口岸集中查验中心、长三角唯一一个国家级进口木材检疫除害处理区、省内首家固体废物查验场地、公共危险品箱作业区、锚地、监管救助综合基地、集卡停车场等功能载体。新开工建设长江石化6号泊位技术改造、万方码头增设系靠船设施等工程，续建润禾件杂货码头、鑫海煤码头等工程，新增通过能力900万吨。形成完善的集疏运网络体系。依托直达码头的苏昆太高速、太仓港疏港高速、锡太一级公路、338省道、339省道、新港公路，与沿江高速、沪宁高速、苏嘉杭高速、沿海高速、204国道、312国道相连，构成辐射长三角地区密布的高等级公路网。通过疏港航道杨林塘与苏南内河网联通；依托长江，通过水水中转直达长江中上游所有港口。

1月28日，太仓港开通长江首条东南亚集装箱班轮航线（港口管委会供稿）

【港口航线航班】 2016年，太仓港新辟和加密集装箱航线13条，全港航线总数增加至183条。开辟东南亚等近洋航线3条，近洋航线总数增至22条，覆盖范围增至近洋8个国家（地区）、22个港口；开辟内贸干线4条，航线总数增至45条，覆盖范围增至沿海20个主要港口；新开长江（内河）支线6条，总数增至76条，覆盖范围增至沿江和内河48个港口。

【口岸环境优化】 2016年，太仓港获批进口肉类指定口岸、进境食用水生动物指定口岸、黑龙江省内贸货物跨境运输指定口岸。太仓港加强信息中

11 月，太仓港润禾码头工程交工验收　　（港口管委会供稿）

心平台建设，与南京海关和省检验检疫局监管系统实现信息对接，完成海事船港货二期工程和船舶三维系统建设，完善边检船舶监管和审批系统功能。作为江苏省“三互”改革和“单一窗口”“监管资源整合”“安全联防联控中心建设”4个改革试点港口，太仓口岸实现FS6000集装箱快速检测系统、海事集装箱称重数据、码头视频监控等资源共享，与口岸查验单位签订联防联控合作协议，企业通过单一平台，一次性提交标准化数据和单证，同时满足多家监管部门要求，实现“一次申报、信息共享、并联办理”，推进关检“一次申报、一次查验、一次放行”。在全国“单一窗口”建设中，实现“零门槛申报、智能化报检、告知式执法”模式，企业实现“零专业门槛、零距离时限、零平台费用”申报。

【安全环保水平提升】　2016年，太仓港贯彻落实国务院安委会和省、市关于加强安全监管指示精神，组建安全生产监督管理局，明确安全生产监管职责，完善安全生产责任体系，强化安全生产培训和教育，建设重大危险源三维监管平台，开展港口安全管理年系列活动，开展重点领域安全生产专项整治，联合地方政府部门强化重点领域特别是危化品企业监管，联合海事部门加强锚地管理，加强在建工程安全监督检查，聘请第三方加强安全检查，全年未发生人员死亡事故。年内，贯彻落实省、市“二减六治三提升”专项行动会部署要求，做好空气污染综合防治、污染废弃物接收转运和处置工作，完成年度节能减排任务，武港码头高压岸电系统建成投运。

【太仓港对外开放20周年】　1996年11月8日，经国务院批准同意，太仓港为国家一类口岸正式对外国籍船舶开放。1998年12月，太仓港第一艘集装箱船在中远国际城码头首航，1999年太仓港完成集装箱吞吐量2万标箱。2008年12月，太仓港首次开通对台直航航线，成为大陆首批6个对台直航港口之一。2010年5月，国务院批复《长江三角洲地区区域规划》，太仓港被定位为重点建设的集装箱干线港和江海联运中转枢纽港。2011年7月，太仓港港务集团有限公司和太仓港集装箱海运有限公司挂牌，标志太仓港两大市场主体正式成立。2011年，太仓港完成货物吞吐量1.03亿吨，首次跨入亿吨大港行列。2012年12月，国家发改委、财政部、交通部共同批复同意，自2013年1月1日起，太仓港作为沿海港口管理，标志太仓港跨入海港时代。2013年5月，太仓港获评“全国运行管理先进口岸”。2014年1月，太仓港与上海港开展战略合作。2015年5月，载重4万吨、最大吃水－12米、舱位2480标箱的“泽宏”轮靠泊太仓港，刷新长江常态化运营最大集装箱船舶纪录。2015年5月，总载重22.64万吨的“宝钢激情”轮靠泊太仓港，刷新太仓港接卸最大散货船记录。2015年，太仓港进出港船舶10.01万艘次，首次突破10万大关；完成集装箱吞吐量370.6万标箱，居全球集装箱百强港口39位；完成货物吞吐量2.04亿吨，货物吞吐量首次突破2亿吨大关。2016年8月30日，全球航运权威媒体——英国《劳氏日报》公布2016年世界集装箱港口百强榜单，太仓港跃居世界集装箱港口百强榜第39位，较上年上升8位。9月，根据全球航运权威机构Alphaliner公司最新运力数据显示，太仓港集装箱海运有限公司列全球班轮公司运力100强第79位。

12 月，太仓港鑫海码头基建项目（安装工程）全部完工，工艺流程系统空载联动调试基本结束　　（港口管委会供稿）

## 2016 年太仓港码头生产性泊位一览表

表 11

| 码头公司名称 | 泊位名称 | 泊位数 | 主要用途 | 码头前沿水深（米） | | 码头长度（米） | 靠泊能力（吨） | 投产年份 | 对外开放年份 | 备注 |
|---|---|---|---|---|---|---|---|---|---|---|
| | | | | 实际水深 | 设计水深 | | | | | |
| 太仓鑫海港口开发有限公司 | 1 号泊位 | 1 | 煤炭泊位 | 13.5 | 13.5 | 310 | 50000 | 2016 | — | — |
| | 2 号泊位 | 1 | 煤炭泊位 | 2.2 | 2.2 | 51 | 500 | 2016 | — | |
| | 3 号泊位 | 1 | 煤炭泊位 | 2.2 | 2.2 | 51 | 500 | 2016 | — | |
| | 4 号泊位 | 1 | 煤炭泊位 | 2.2 | 2.2 | 51 | 500 | 2016 | — | |
| | 5 号泊位 | 1 | 煤炭泊位 | 2.2 | 2.2 | 51 | 500 | 2016 | — | |
| 苏州美锦汇风能源投资有限公司 | 1 号泊位 | 1 | 通用件杂货泊位 | 14 | 15.5 | 251 | 50000 | 2012 | 2013 | 1 号、2 号、3 号泊位水工结构按靠泊 10 万吨级集装箱船设计建设 |
| | 2 号泊位 | 1 | 通用件杂货泊位 | 14 | 15.5 | 264 | 50000 | 2012 | 2013 | |
| | 3 号泊位 | 1 | 通用件杂货泊位 | 14 | 15.5 | 260 | 50000 | 2012 | 2013 | |
| | 4 号泊位 | 1 | 通用件杂货泊位 | 6.5 | 6.5 | 100 | 1000 | 2012 | — | |
| | 5 号泊位 | 1 | 通用件杂货泊位 | 6.5 | 6.5 | 100 | 1000 | 2012 | — | |
| | 6 号泊位 | 1 | 通用件杂货泊位 | 6.5 | 6.5 | 100 | 1000 | 2012 | — | |
| 太仓万方国际码头有限公司 | 1 号泊位 | 1 | 通用件杂货泊位 | 12.8 | 12.8 | 253 | 40000 | 2010 | 2010 | 1—4 号泊位水工结构均按靠泊 7 万吨级船舶预留 |
| | 2 号泊位 | 1 | 通用件杂货泊位 | 12.8 | 12.8 | 186 | 20000 | 2010 | 2010 | |
| | 3 号泊位 | 1 | 通用件杂货泊位 | 12.8 | 12.8 | 182 | 15000 | 2010 | 2010 | |
| | 4 号泊位 | 1 | 通用件杂货泊位 | 12.8 | 12.8 | 170 | 10000 | 2010 | 2010 | |
| 太仓武港码头有限公司 | 1 号泊位 | 1 | 金属矿石泊位 | 16.5 | 15.1 | 372 | 200000 | 2009 | 2009 | 1 号、2 号泊位水工结构均按 25 万吨级矿石船减载靠泊设计；3—6 号泊位水工结构均按 1.5 万吨级船 |
| | 2 号泊位 | 1 | 金属矿石泊位 | 16.5 | 15.1 | 347 | 150000 | 2009 | 2009 | |
| | 3 号泊位 | 1 | 金属矿石泊位 | 5.5 | 9 | 94 | 5000 | 2009 | — | |
| | 4 号泊位 | 1 | 金属矿石泊位 | 5.5 | 9 | 94 | 5000 | 2009 | — | |
| | 5 号泊位 | 1 | 金属矿石泊位 | 5.5 | 9 | 94 | 5000 | 2009 | — | |
| | 6 号泊位 | 1 | 金属矿石泊位 | 5.5 | 9 | 94 | 5000 | 2009 | — | |
| | 7 号泊位 | 1 | 金属矿石泊位 | 5 | 5.7 | 100 | 2000 | 2012 | — | |
| | 8 号泊位 | 1 | 金属矿石泊位 | 5 | 5.7 | 100 | 2000 | 2012 | — | |
| | 9 号泊位 | 1 | 金属矿石泊位 | 5 | 5.7 | 100 | 2000 | 2012 | — | |
| | 10 号泊位 | 1 | 金属矿石泊位 | 5 | 5.7 | 100 | 2000 | 2012 | — | |

续表 11

| 码头公司名称 | 泊位名称 | 泊位数 | 主要用途 | 码头前沿水深（米） | | 码头长度（米） | 靠泊能力（吨） | 投产年份 | 对外开放年份 | 备注 |
|---|---|---|---|---|---|---|---|---|---|---|
| | | | | 实际水深 | 设计水深 | | | | | |
| 华能太仓港务有限责任公司 | 1 号泊位 | 1 | 煤炭泊位 | 15.7 | 14 | 310 | 100000 | 2013 | 2015 | 1 号、2 号泊位水工结构均按靠泊 15 万吨级散货船设计 |
| | 2 号泊位 | 1 | 煤炭泊位 | 15.7 | 14 | 300 | 50000 | 2013 | 2015 | |
| | 3 号泊位 | 1 | 煤炭泊位 | 5.2 | 5.2 | 142 | 5000 | 2013 | — | |
| | 4 号泊位 | 1 | 煤炭泊位 | 5.2 | 5.2 | 142 | 5000 | 2013 | — | |
| | 5 号泊位 | 1 | 煤炭泊位 | 5.2 | 5.2 | 142 | 5000 | 2013 | — | |
| | 6 号泊位 | 1 | 煤炭泊位 | 5.2 | 5.2 | 144 | 5000 | 2013 | — | |
| | 7 号泊位 | 1 | 煤炭泊位 | 3.8 | 3.8 | 80 | 1000 | 2013 | — | |
| | 8 号泊位 | 1 | 煤炭泊位 | 3.8 | 3.8 | 80 | 1000 | 2013 | — | |
| | 9 号泊位 | 1 | 煤炭泊位 | 3.8 | 3.8 | 80 | 1000 | 2013 | — | |
| | 10 号泊位 | 1 | 煤炭泊位 | 3.8 | 3.8 | 80 | 1000 | 2013 | — | |
| | 11 号泊位 | 1 | 煤炭泊位 | 3.8 | 3.8 | 80 | 1000 | 2013 | — | |
| | 12 号泊位 | 1 | 煤炭泊位 | 3.8 | 3.8 | 80 | 1000 | 2013 | — | |
| 华能太仓发电有限责任公司 | 1 号泊位 | 1 | 煤炭泊位 | 13 | 11.5 | 260 | 35000 | 1999 | 2011 | — |
| | 2 号泊位 | 1 | 煤炭泊位 | 13 | 11.5 | 271 | 35000 | 2006 | 2014 | |
| | 3 号泊位 | 1 | 通用散货泊位 | 6 | 5 | 135 | 3000 | 2009 | — | |
| 太仓国际集装箱码头有限公司 | 1 号泊位 | 1 | 多用途泊位 | 12 | 12.5 | 270 | 25000 | 1998 | 1998 | — |
| | 2 号泊位 | 1 | 多用途泊位 | 12 | 12.5 | 270 | 25000 | 1999 | 2000 | |
| | 3 号泊位 | 1 | 多用途泊位 | 12 | 12.5 | 195 | 50000 | 2003 | 2004 | |
| | 4 号泊位 | 1 | 多用途泊位 | 12 | 12.5 | 195 | 50000 | 2003 | 2004 | |
| 苏州现代货箱码头有限公司 | 5 号泊位 | 1 | 集装箱泊位 | 12.5 | 13.5 | 275 | 50000 | 2006 | 2006 | 5—8 号泊位码头水工结构均按靠泊 7 万吨级集装箱 |
| | 6 号泊位 | 1 | 集装箱泊位 | 12.5 | 13.5 | 275 | 50000 | 2006 | 2006 | |
| | 7 号泊位 | 1 | 集装箱泊位 | 12.5 | 13.5 | 275 | 20000 | 2006 | 2006 | |
| | 8 号泊位 | 1 | 集装箱泊位 | 12.5 | 13.5 | 275 | 20000 | 2006 | 2006 | |
| 太仓港正和兴港集装箱码头有限公司 | 9 号泊位 | 1 | 集装箱泊位 | 12.5 | 12.5 | 322.5 | 50000 | 2010 | 2010 | 9 号、10 号、13 号、14 号泊位均按靠泊 10 万吨级集装箱船舶建设 |
| | 10 号泊位 | 1 | 集装箱泊位 | 12.5 | 12.5 | 322.5 | 50000 | 2010 | 2010 | |
| 太仓港上港正和集装箱码头有限公司 | 13 号泊位 | 1 | 集装箱泊位 | 12.5 | 12.5 | 332 | 50000 | 2010 | 2010 | |
| | 14 号泊位 | 1 | 集装箱泊位 | 12.5 | 12.5 | 332 | 50000 | 2010 | 2010 | |

续表 11

| 码头公司名称 | 泊位名称 | 泊位数 | 主要用途 | 码头前沿水深（米） | | 码头长度（米） | 靠泊能力（吨） | 投产年份 | 对外开放年份 | 备注 |
|---|---|---|---|---|---|---|---|---|---|---|
| | | | | 实际水深 | 设计水深 | | | | | |
| 玖龙纸业（太仓）有限公司 | 1 号泊位 | 1 | 煤炭泊位 | 13 | 12.5 | 210 | 35000 | 2005 | 2012 | — |
| | 2 号泊位 | 1 | 通用件杂货泊位 | 9 | 9 | 157 | 3000 | 2008 | — | |
| | 3 号泊位 | 1 | 通用件杂货泊位 | 9 | 9 | 157 | 3000 | 2008 | — | |
| | 4 号泊位 | 1 | 通用件杂货泊位 | 13 | 13 | 200 | 30000 | 2011 | 2012 | |
| | 5 号泊位 | 1 | 通用件杂货泊位 | 13 | 13 | 154 | 5000 | 2011 | — | |
| 太仓港协鑫发电有限公司 | 1 号泊位 | 1 | 煤炭泊位 | 11.8 | 11.4 | 250 | 35000 | 2003 | 2012 | — |
| | 2 号泊位 | 1 | 煤炭泊位 | 11.8 | 11.4 | 280 | 35000 | 2004 | — | |
| | 3 号泊位 | 1 | 件杂货 | 0 | 0 | 65 | 800 | 2003 | — | |
| 江苏长江石油化工有限公司 | 1 号泊位 | 1 | 液体化工泊位 | 10.5 | 10 | 299 | 80000 | 1995 | 1996 | — |
| | 2 号泊位 | 1 | 液体化工泊位 | 6 | 6 | 125 | 3000 | 1999 | 1999 | |
| | 3 号泊位 | 1 | 液体化工泊位 | 6 | 6 | 125 | 3000 | 1999 | — | |
| | 4 号泊位 | 1 | 液体化工泊位 | 4.5 | 4.5 | 136 | 1000 | 2011 | — | |
| | 5 号泊位 | 1 | 液体化工泊位 | 4.5 | 4.5 | 136 | 1000 | 2011 | — | |
| | 6 号泊位 | 1 | 液体化工泊位 | 12.6 | 10.5 | 290 | 50000 | 2003 | 2004 | |
| | 7 号泊位 | 1 | 液体化工泊位 | 8 | 8 | 140 | 5000 | 2003 | 2004 | |
| | 8 号泊位 | 1 | 液体化工泊位 | 0 | 0 | 27 | 300 | 1999 | — | |
| | 9 号泊位 | 1 | 液体化工泊位 | 0 | 0 | 27 | 300 | 1999 | — | |
| 太仓阳鸿石化有限公司 | 1 号泊位 | 1 | 液体化工泊位 | 12.5 | 14.8 | 270 | 30000 | 2009 | 2009 | 1 号、2 号泊位码头水工结构均按靠泊 8 万吨级船舶设计建造；5—8 号泊位水工结构 |
| | 2 号泊位 | 1 | 液体化工泊位 | 12.5 | 14.8 | 175 | 10000 | 2009 | — | |
| | 3 号泊位 | 1 | 液体化工泊位 | 8 | 8 | 125 | 3000 | 2009 | — | |
| | 4 号泊位 | 1 | 液体化工泊位 | 8 | 8 | 85 | 1000 | 2009 | — | |
| | 5 号泊位 | 1 | 液体化工泊位 | 6.5 | 6.5 | 167.5 | 1000 | 2016 | — | |
| | 6 号泊位 | 1 | 液体化工泊位 | 6.5 | 6.5 | 167.5 | 1000 | 2016 | — | |
| | 7 号泊位 | 1 | 液体化工泊位 | 6.5 | 6.5 | 167.5 | 1000 | 2016 | — | |
| | 8 号泊位 | 1 | 液体化工泊位 | 6.5 | 6.5 | 167.5 | 1000 | 2016 | — | |
| 美孚太仓石油有限公司 | 1 号泊位 | 1 | 液体化工泊位 | 11 | 10 | 229 | 25000 | 1997 | 1997 | — |
| | 2 号泊位 | 1 | 液体化工泊位 | 6.8 | 7.2 | 105 | 5000 | 1997 | — | |
| | 3 号泊位 | 1 | 液体化工泊位 | 4 | 4 | 38 | 300 | 1997 | — | |
| | 4 号泊位 | 1 | 液体化工泊位 | 4 | 4 | 38 | 500 | 1997 | — | |
| 合计 | — | 81 | — | — | — | — | — | — | — | — |

## 太仓港航线、航班一览表

表 12

| 航线分类 | 航线明细 | |
|---|---|---|
| 近洋航线 22 条 | 日本线 17 条 | 太仓港—下关 2 条 |
| | | 太仓港—东京、横滨、名古屋 6 条 |
| | | 太仓—大阪、神户 5 条 |
| | | 太仓—川崎 |
| | | 太仓—清水 |
| | | 太仓—博多—门司 2 条 |
| | 韩国线 1 条 | 太仓—釜山 |
| | 台湾线 3 条 | 太仓—基隆—高雄—台中 |
| | 东南亚线 1 条 | 太仓 - 海防 - 胡志明 - 曼谷 - 林查班 |
| 内贸干线 45 条 | 泉州线 7 条 | （中远海、中外运、安通、中良、中谷、云港）泉州线 |
| | 虎门线 6 条 | （中远海、中外运、中良、中谷）虎门线 |
| | 青岛线 1 条 | （中谷）青岛线 |
| | 广州线 1 条 | （中外运）广州线 |
| | 锦州线 1 条 | 中外运锦州线 |
| | 营口线 4 条 | （中良、中谷、云港、宁远和信风）营口线 |
| | 深圳线 1 条 | （中远海）深圳线 |
| | 珠海线 2 条 | （中谷、中远海）珠海线 |
| | 福清线 1 条 | （中远）海福清线 |
| | 钦州线 1 条 | （中谷）钦州线 |
| | 汕头线 2 条 | （中良）汕头线 |
| | 厦门线 4 条 | （中良、中谷）厦门线 |
| | 福州线 2 条 | （中良、中谷）福州线 |
| | 黄埔线 4 条 | （中良、中谷）黄埔线 |
| | 揭阳线 2 条 | （中谷）揭阳线 |
| | 天津线 1 条 | （中谷）天津线 |
| | 宁波线 1 条 | （中谷）宁波线 |
| | 温州线 2 条 | （中谷）温州线 2 条 |
| | 海口线 1 条 | （安通）海口线 |
| | 连云港线 1 条 | （云港）连云港线 |
| 支线 116 条 | 外贸内支线 | 40 条 |
| | 长江支线 | 76 条 |

（徐　峰）

# 港区建设

【概况】 太仓港经济技术开发区位于太仓市东部，陆域规划控制面积261.8平方公里，沿长江入海口38.8公里黄金岸线呈带状分布，是上海国际航运中心重要组成部分、江海联运中转枢纽港、江苏第一外贸大港——太仓港的直接经济腹地。1993年，太仓港经济技术开发区获批为省级开发区；2011年6月，获国务院批准晋级为国家级经济技术开发区。2016年，港区实现地区生产总值290亿元，较上年增长7%；公共财政预算收入25.6亿元，较上年增长18.5%；完成工业总产值793.6亿元，全社会固定资产投入138.84亿元。

【港区规划】 2016年，太仓港区坚持规划优先理念，按照太仓“一市双城”定位，注重产业功能与城市规划协调融合。完善“十三五”时期港城重点建设工程设计方案，完成《太仓市经济技术开发区（工业区）控制性详细规划》《太仓港综合保税区控制性详细规划》编制工作，组织开展《港城概念性规划与中心区控制性规划及城市设计》编制工作，启动《市政道路系统专项规划》《港城绿地系统规划》编制工作。疏港体系逐步完善，完成碧云路西延、和平路三期、和平路七浦塘大桥、七丫路等市政项目建设，实现港区核心区与浮桥镇区贯通。北环路改造、华苏路西延等工程加快推进。

【港区招商引资】 2016年，太仓港区持续加大项目招商引资力度，完成注册外资2.48亿美元，实际利用外资2.16亿美元，内资新增注册资本36.71亿元。引进注册协鑫新能源、富兰克工业润滑油、嘉好新材料等项目13个，开工建设似鸟物流、中广核、英成碳纤维等太仓市级以上重点项目19个。截至年底，港区集聚15家世界500强企业投资项目23个，总投资约300亿元。27家美资企业投资项目31个，总投资约25亿美元，其中宝洁、艺康、埃克森美孚、霍尼韦尔等均为世界500强企业，建成投产项目12个，年营业收入超过155亿元。19家中央企业投资项目27个，总投资约286亿元。

【港区科技创新】 2016年，太仓市坚持科技创新带动传统产业转型升级，营造创新创业发展氛围，印发《太仓港经济技术开发区科技创新奖励实施办法（试行）》，增强科技创新政策扶植力度。全年港区实现高新技术产值176.26万元，新兴产业产值374.75亿元，高新技术产业产值、新兴产业产值占比分别为27%、56.8%。新增高新技术企业13家，完成规模以上企业研发费备案金额8.58亿元。申请发明专利753件，发明专利授权164件。认定省研究生工作站1家，苏州工程技术研究中心8家，省民营科技企业16家。获批省重大科技成果转化项目和省重点研发计划各1个。引进国家千人计划1人。入选省外专百人计划2人。

10月15日，太仓市举行金秋经贸月重点项目开工开业港区会场暨似乌华东国际物流商贸中心项目开工奠基仪式 （港区供稿）

【港区产业发展】 2016年，太仓港区依托沿江邻沪地域优势，紧扣“一带一路”、长江经济带、苏南国家自主创新示范区建设等机遇，形成“3+4+1”（三大骨干产业＋四大新兴产业＋物流贸易）产业名片，持续推进以港强市、融入上海。重点加快以港强市步伐，巩固提升轻工造纸、电力能源、石油化工三大骨干产业，培育壮大新能源、新装备、新材料、新医药四大新兴产业，加强建设与港口物流相关的区域性物流贸易中心。年内，高端装备制造、节能环保、生物技术和新医药、新材料、新能源等六大新兴产业实现产值374.75亿元，较上年增长0.8%，增速高于规模以上工业0.7个百分点，占规模工业比重56.8%。新材料板块实现产值128.41亿元，较上年增长9.2%，高出规模以上工业9.1个百分点。新能源板块实现产值80.87亿元，较上年增长5.7%。物贸产业持续做大做强，外向型经济蓬勃发展，图辉物流、明达物流一期、长江石化改扩建、鑫海码头等项目竣工投运，大健康冷链综合产业园、德国DB物流平台、西荟网络O2O跨境电商等项目签约。引进各类商贸物流企业29家，注册资本4.3亿元，较上年增长260%；重点服务跟踪的商贸物流企业实现年营业收入59.2亿元，较上年增长1.3%。全区完成服务业增加值65亿元，较上年增长5.5%。服务业固定资产投入60亿元，服务外包接包完成2.6亿美元。

【港区社会治理】 2016年，太仓港区完成港城公园等绿化建设项目6个，新增绿化面积22.4万平方米，生态绿地系统初步形成。浮桥中学、浏家港幼儿园等公共设施启动建设。完成海韵花苑（东区）安置房、浮桥中学迁建等设计工作。五洋滨江广场营业，核心区生活配套日趋完善。碧桂园柏悦湾、公园郡二期、滨江名都五期等项目推进建设，累计批准住宅销售及预售套数近6000套。动迁农户239户、企业23家，安置8批次、561人，其中置换社保374人。

**【港区特色企业】** 碧辟（中国）工业油品有限公司。由全球最大的能源公司之一、世界500强企业碧辟英国石油公司于2005年在太仓投资设立，总投资5680万美元，润滑油年产能8万吨。公司生产车用油、船用油、普通工业油、金属切削液等产品，共约300个品种，主要供应大众、宝马、奥迪、上汽、宝钢、山特维克、北京奔驰、GE、西门子、富士康等客户。2015年12月，经碧辟总部批准开工建设碧辟太仓工厂7.3万吨车用润滑油扩建项目，新增总投资7600万美元，新增注册资本2500万美元。2016年，碧辟（中国）工业油品有限公司实现销售收入13.65亿元，上缴税收1.35亿元。

之宝中国户外用品有限公司。由美国知名打火机、火机油、服装生产制造商之宝公司（zippo）于2015年4月注册设立。2016年12月，正式启动之宝中国户外用品有限公司加工中心项目，注册资金888万美元，总投资3000万美元，该项目是美国之宝公司在中国的首个加工中心项目，之宝中国工厂从美国总部工厂进口打火机相关组件，主要包括未经加工的打火机壳、打火机内胆等，再外包进行抛光等各种深加工，项目预计2019年年底竣工达产，预计年产打火机800万只，产值10亿元，税收近1亿元。

江苏宝洁有限公司。作为宝洁华东生产和物流基地，建设项目包括美发美容用品、妇女卫生用品、护肤用品、婴儿用品和液体清洁洗涤用品等多个产品，并建设一体化华东物流分销中心。全部建成后，太仓基地将成为宝洁在亚洲最大的生产基地和物流基地。宝洁华东基地一期香波项目总投资约6亿元，生产车间采用全自动化生产线，装机生产系统5套，总产能6600万箱，年产量18万吨。2011年3月，项目动工建设；2012年6月，竣工投产。车间生产飘柔、海飞丝、潘婷、沙宣等多个知名品牌洗发水。宝洁华东基地液洗项目总投资7000万美元，设计瓶装、塑料软包装2个类型的生产系统（塑料软包装技术引用宝洁日本技术中心开发的设备并全套从日本进口；瓶装技术引用宝洁北京技术中心设计的高速瓶装线），年产洗衣液10万吨。2013年12月，项目动工建设；2015年6月，竣工投产。2016年，江苏宝洁有限公司实现销售收入49.34亿元，上缴税收10.73万元。

江苏大宝赢电商发展有限公司。由太仓高新创业投资有限公司、太仓港经济技术开发区资产经营管理有限公司、广东宏川集团有限公司于2015年5月共同出资建立，注册资本5000万元。通过互联网集交易、物流、金融、仓储于一体，实现新型融资、融货等配套服务，开创甲醇现货交易综合服务新模式。2016年5月20日，对外试运行；2016年7月12日，举行上线发布仪式，成为国内首家甲醇现货交易综合服务平台。截至年底，平台开户企业80余家，甲醇累计交易量27.42万吨，累计开票金额6.81亿元。

**2016年港区世界500强企业基本情况表**

表13　　单位：万元

| 序号 | 公司名称 | 投资总额 | 营业收入 |
|---|---|---|---|
| 1 | 埃克森美孚（太仓）石油有限公司 | 138776 | 239430 |
| 2 | 碧辟（中国）工业油品有限公司 | 47144 | 136480 |
| 3 | 中石油润滑油公司华东润滑油厂 | 93000 | 153131 |
| 4 | 太仓中石油润滑油添加剂有限公司 | 48000 | 15126 |
| 5 | 江苏宝洁有限公司 | 183600 | 493437 |
| 6 | 太仓中化环保化工有限公司 | 63195 | 107120 |
| 7 | 中化蓝天霍尼韦尔新材料有限公司 | 69986 | 32199 |
| 8 | 华能（苏州工业园区）发电有限责任公司 | 268600 | — |
| 9 | 华能太仓发电有限责任公司 | 375000 | 305167 |
| 10 | 五矿邯钢（苏州）钢材加工有限公司 | 6200 | 65157 |
| 11 | 国华太仓发电有限公司 | 503000 | 200159 |
| 12 | 太仓中集集装箱制造有限公司 | 49468 | 59809 |
| 13 | 太仓中集特种物流装备有限公司 | 6000 | 45398 |

续表 13

| 序号 | 公司名称 | 投资总额 | 营业收入 |
|---|---|---|---|
| 14 | 太仓中集冷藏物流装备有限公司 | 151000 | 88517 |
| 15 | 苏州华苏塑料有限公司 | 82751 | 73825 |
| 16 | 艺康（太仓）科技有限公司 | 74700 | 27505 |
| 17 | 江苏长江石油化工有限公司 | 41500 | 10870 |
| 18 | 华能太仓港务有限责任公司 | 219300 | 12025 |
| 19 | 西本新干线电子商务有限公司 | 199800 | 73465 |
| 20 | 太仓武港码头有限公司 | 183600 | 44950 |
| 21 | 太仓国际集装箱码头有限公司 | 137000 | 33844 |

### 2016 年港区美资企业基本情况表

表 14　　单位：万元

| 序号 | 企业名称 | 类别 | 注册资本 | 营业收入 |
|---|---|---|---|---|
| 1 | 玖龙纸业（太仓）有限公司 | 工业 | 585787 | 761365 |
| 2 | 玖龙包装（太仓）有限公司 | 工业 | 15273 | 37031 |
| 3 | 江苏宝洁有限公司 | 工业 | 191420 | 488976 |
| 4 | 苏州华苏塑料有限公司 | 工业 | 85985 | 72979 |
| 5 | 埃克森美孚（太仓）石油有限公司 | 工业 | 59926 | 239426 |
| 6 | 迪皮埃复材构件（太仓）有限公司 | 工业 | 25000 | 73245 |
| 7 | 太仓亨斯迈颜料有限公司 | 工业 | 24734 | 20823 |
| 8 | 格瑞夫(太仓）包装有限公司 | 工业 | 10375 | 21575 |
| 9 | 岱纳包装（太仓）有限公司 | 工业 | 1800 | 18443 |
| 10 | 中化蓝天霍尼韦尔新材料有限公司 | 工业 | 69986 | 32199 |
| 11 | 艺康（太仓）科技有限公司 | 工业 | 63000 | 27505 |
| 12 | 依科赛生物科技（太仓）有限公司 | 工业 | 227(万美元) | 2507 |
| 13 | 太仓宇加纤维有限公司 | 工业 | 8277 | 1333 |
| 14 | 明达工业（太仓）有限公司 | 工业 | 133630 | — |
| 15 | 明达置业（太仓）有限公司 | 第三产业 | 24734 | 15259 |
| 16 | 之宝（太仓）商务咨询有限公司 | 第三产业 | 700(万美元) | 31245 |
| 17 | 明达仓储（太仓）有限公司 | 第三产业 | 49800 | — |
| 18 | 明达码头（太仓）有限公司 | 第三产业 | 118860 | — |

## 2016年港区中央企业基本情况表

表15　　　　单位：万元

| 序号 | 公司名称 | 类别 | 投资总额 | 营业收入 |
|---|---|---|---|---|
| 1 | 中石油润滑油公司华东润滑油厂 | 工业 | 93000 | 153131 |
| 2 | 太仓北新建材有限公司 | 工业 | 45000 | 25956 |
| 3 | 太仓中化环保化工有限公司 | 工业 | 63195 | 106485 |
| 4 | 中化蓝天霍尼韦尔新材料有限公司 | 工业 | 69986 | 32199 |
| 5 | 华能太仓发电有限责任公司 | 工业 | 643600 | 304423 |
| 6 | 上海烟草集团太仓海烟烟草薄片有限公司 | 工业 | 108859 | 13542 |
| 7 | 国华太仓发电有限公司 | 工业 | 503000 | 200159 |
| 8 | 苏州首钢隆兴钢材加工配送有限公司 | 工业 | 24000 | 39074 |
| 9 | 五矿邯钢（苏州）钢材加工有限公司 | 工业 | 6200 | 65157 |
| 10 | 太仓中集集装箱制造有限公司 | 工业 | 49468 | 59809 |
| 11 | 太仓中集特种物流装备有限公司 | 工业 | 6000 | 45398 |
| 12 | 太仓中集冷藏物流装备有限公司 | 工业 | 150000 | 88517 |
| 13 | 中建材光电装备（太仓）有限公司 | 工业 | 40000 | 18297 |
| 14 | 太仓中石油润滑油添加剂有限公司 | 工业 | 48000 | 15126 |
| 15 | 西本新干线电子商务有限公司 | 第三产业 | 199800 | 73465 |
| 16 | 江苏长江石油化工有限公司 | 第三产业 | 41500 | 10870 |
| 17 | 太仓国际集装箱码头有限公司 | 第三产业 | 137000 | 33844 |
| 18 | 太仓华商冷藏物流有限公司 | 第三产业 | 12000 | 459 |
| 19 | 太仓武港码头有限公司 | 第三产业 | 183600 | 44950 |
| 20 | 太仓港集装箱海运有限公司 | 第三产业 | 150000 | 46486 |
| 21 | 太仓万方国际码头有限公司 | 第三产业 | 72448 | 17643 |
| 22 | 太仓中理外轮理货有限公司 | 第三产业 | 720 | 2616 |
| 23 | 太仓中联理货有限公司 | 第三产业 | 300 | 2193 |
| 24 | 太仓港上港正和集装箱码头有限公司 | 第三产业 | 219000 | 13391 |
| 25 | 华能太仓港务有限责任公司 | 第三产业 | 6000 | 12025 |
| 26 | 招商局物流集团（苏州）有限公司 | 第三产业 | 3000 | 27041 |
| 27 | 太仓港正和兴港集装箱码头有限公司 | 第三产业 | 93410 | 7692 |

（毛　俊）

# 新区建设

【概况】 1993年11月4日，江苏省人民政府批准设立江苏省太仓经济开发区。2002年12月12日，江苏省人民政府批复同意将江苏省太仓港港口开发区与江苏省太仓经济开发区合并，更名为江苏省太仓港经济开发区，分港区、新区。2011年6月29日，国务院同意太仓港经济开发区升级为国家经济技术开发区，定名为太仓港经济技术开发区。2012年6月6日，江苏省人民政府同意筹建江苏省太仓高新技术产业开发区。太仓新区作为太仓高新区筹建承载地，以“临沪生态区、中德科技城，打造具有国际影响力的智能制造创新中心”为定位，实施“现代产业示范区、创新发展引领区、对德合作核心区、田园城市样本区、全面从严治党先行区”五区联动发展战略，逐渐成为区域经济发展主引擎和创新创业核心极。截至2016年年底，新区户籍人口97281人，辖城市社区12个、村改社区9个、村委会6个。有内外企业和私营企业7196家，注册资本1157.36亿元。全年完成地区生产总值299亿元，较上年增长8.7%；公共预算税收收入48.87亿元，较上年增长16%；工业总产值865.5亿元，较上年增长7.2%；服务业增加值134.5亿元，较上年增长9%；进出口总额50.8亿美元，较上年增长3.7%。

苏州金诺生物技术有限公司开展生物药研发（2016年5月摄　新区供稿）

【新区项目建设】 2016年，新区瞄准以德资为主的外资企业，引进高科技项目、产业链项目、带动型项目，全年新批技安流体科技（苏州）有限公司、吉石阀门（苏州）有限公司、博纳环境设备（太仓）有限公司等外资企业21家，另有慕贝尔汽车部件（太仓）有限公司、蓝浦树脂应用技术（太仓）有限公司等28家外资企业追加投资，全年累计注册外资2.36亿美元，实际利用外资2.33亿美元。随着工商登记制度改革深入实施，新区民营企业快速增长，全年新增个体工商户1417户、私营企业1127家，引进苏州以外内资新增注册资本30.9亿元，较上年增长88.8%，个私经济净增注册资本112.3亿元，较上年增长130.6%。年内，太仓博泽汽车部件有限公司迁扩建门板模块及其部件等产品项目、桂盟投资（中国）有限公司总部项目、百家好事时装有限公司一期项目等总投资170亿元的24个重点项目开工建设，海瑞恩精密技术（太仓）有限公司二期、毅结特紧固件系统（太仓）有限公司扩建五金件及注塑件项目等20多个项目陆续竣工投产，累计完成全社会固定资产投资109亿元，区域经济发展后劲进一步增强。

【新区产业发展】 2016年，新区以发展智能制造、绿色制造、服务型制造和优质制造为努力方向，推动高端装备制造、汽车关键零部件、新一代电子信息等主导产业能级和质量效益同步提升。全区285家规模以上工业企业实现产值701亿元，较上年增长7.5%；利润63.7亿元，较上年增长39.7%；利税84亿元，较上年增长34.1%；人均利税增长率31.8%；能耗总量30万吨标煤，净减4.4万吨；单位产值能耗0.0428吨标煤/万元，较上年下降18.8%。高新技术产业、新兴产业产值占规模以上工业产值比重分别为50.6%和54.8%，其中“高新”占比较上年提高2.6个百分点。年内，

3月18日，通快（中国）有限公司对外展示智能工厂　（新区供稿）

新区获批江苏省精密机械特色产业集群、江苏省高端装备制造业特色产业基地和苏州市大数据特色产业园。服务业总量规模持续扩大，226家服务业列统单位增加值占比65.8%，较上年提高14个百分点。

**【新区科技创新】** 2016年，新区加快发展动能转换，持续增强创新能力。年内新增高新技术企业20家，苏州奥智智能设备股份有限公司、江苏雅鹿品牌运营股份有限公司、苏州撼力合金股份有限公司、太仓世珍集装箱部件股份有限公司等4家企业挂牌“新三板”。全年申请发明专利1405件，授权299件，较上年分别增长59.5%和48%,万人发明专利拥有量超40件，获评江苏省知识产权试点开发区。省级以上科技项目立项3项，获批苏州市工程技术中心10家，省级研究生工作站2家，江苏省工程技术中心1家。中德MOBO众创中心获批国家级众创空间，智创空间、慧创生活·创客空间被认定为省级众创空间，德国留学生创业园获评省级孵化器。全年落户人才项目16个，引进国家千人计划2人，获评省双创人才、姑苏领军人才、太仓领军人才计划19人。新区以国家开发区审核公告目录修订为契机，开展高新区去筹升格和争先进位工作，对区内科技创新资源进行科学有效的整合集聚，与科教新城、城厢镇协作联动发展。新区在全省省级高新区创新驱动发展综合评价中名列首位。

**资料链接**

中德MOBO众创中心。2016年9月12日，科技部火炬高技术产业开发中心公示第三批国家众创空间，太仓中德MOBO众创中心位列其中。中德MOBO众创中心以德国技术转化、文化创意为孵化方向，组建MOBO化创业社群生态圈，致力于搭建技术、资本与市场的自由交易与转化平台，为入驻企业提供创业空间。其中，技术方企业有意出售技术或寻找资本方，可直接在平台上进行挂牌；资本方或面向市场的终端生产型企业，可直接向上游购买成熟技术或专利，亦可通过股权交易、合同研发等组成共同体公司，合作解决技术转化中的各种问题。通过资本、技术、市场等共同参与，中德MOBO众创中心陆续吸引初创型企业及众创团队落户30多家。

**【新区城乡建设】** 2016年，新区以土地利用总体规划调整完善为契机，拓展新区“十三五”期间发展空间，核减基本农田586.67公顷，新增建设用地规划82.6公顷，流量指标放置191.33公顷。结合“多规融合”和城市总体规划修编，完成核心区控制性详细规划编制，启动陆渡菜场、陆渡卫生院、在水一方幼儿园、高新区实验小学等项目的修建性详细规划。加强基础设施建设，实施常胜路、发达路、东门街、华兴路等道路改造工程，开展太仓市朱棣文小学扩建、太仓市镇洋小学及幼儿园新建、屠宅小区建设以及东城小区等一批老旧小区改造。中央商务区内五洋、香塘、浙江商会等商务办公大楼相继建成投用，横沥佳苑农民安置房基本竣工。结合中央环保督查、全国文明城市创建等工作，广泛开展城乡环境综合整治“百日行动”，突出抓好新浏河沿线、拆迁闲置土地、市容市貌秩序、小区村庄环境、畜禽养殖、垃圾废品、河道环境、工业污染等八大类环境综合整治，298个整治项目全部完成，陆渡片区浏河塘沿线环境整治基本完成，共开展集中强制腾退活动2次，腾退各类经营户40家，腾退土地约3.6公顷，城乡环境质量得到改善。

**【新区社会贡献】** 2016年，新区持

### 2016年新区新增省级高新技术企业名录

表16

| 序号 | 企业名称 | 序号 | 企业名称 |
|---|---|---|---|
| 1 | 昂科生物医学技术（苏州）有限公司 | 11 | 苏州文泰普机械有限公司 |
| 2 | 博格华纳汽车零部件（江苏）有限公司 | 12 | 苏州波菲特新材料科技有限公司 |
| 3 | 德恩科电机（太仓）有限公司 | 13 | 苏州东金机械金属有限公司 |
| 4 | 德特威勒（苏州）电缆系统有限公司 | 14 | 苏州久晶光电科技有限公司 |
| 5 | 桂盟链条（太仓）有限公司 | 15 | 苏州市世跃智能科技有限公司 |
| 6 | 江苏通领科技有限公司 | 16 | 苏州他山石环保科技有限公司 |
| 7 | 巨浪凯龙机床（太仓）有限公司 | 17 | 苏州优尼昂精密金属制造有限公司 |
| 8 | 骏伟塑胶制品（太仓）有限公司 | 18 | 太仓瑞鼎精密机械科技有限公司 |
| 9 | 蓝海永乐（江苏）新材料有限公司 | 19 | 太仓市同维电子有限公司 |
| 10 | 慕贝尔汽车部件（太仓）有限公司 | 20 | 太仓源凯汽车配件有限公司 |

续增强民生保障力度，落实被征地农民安置补偿款和置换资金，举办招聘会189期，达成就业意向6402人，劳资关系和谐稳定。年内，完成安息堂和殡仪服务中心、老年人日间照料中心、全民健身中心、陆渡和花北文化书场等工程建设。社会大局保持安定和谐，23个村（社区）全部通过苏州市规范化村（社区）人民调解委员会验收。新增城市社区4个，完成“村改居”1个，组建总人数2000多人的平安志愿者队伍。开展安全生产工作，推进安全生产信息化、标准化、网格化建设，抓好安全生产大检查、隐患排查治理、重点领域专项整治，安全生产形势平稳可控。加快发展农业农村，完成各类拆迁115户，其中农房37户、企业2家，确保沪通铁路、外贸创业园地块、岳鹿路等重点工程推进。运作村级合作农场，推进村级经济抱团发展，农民专业合作社增至39家，其中27家入选政府优先扶持名录。完成2015年村级资产量化分红，惠及农户1.17万户。2016年，村级平均稳定性收入756万元，较上年增长3%。城镇和农村居民人均可支配收入分别为54099元、30998元，较上年分别增长7.9%、7.26%。

**【新区企业选介】** 佳格投资（中国）有限公司。佳格投资（中国）有限公司投资总额1.5亿美元，注册资本1.20亿美元。公司以“专心致力于好营养、好健康”为企业发展方向，以科学为基础、创新为目标，研发优良产品，受到消费者信赖。至2016年年底，旗下分公司及关联公司包括佳格食品（中国）有限公司、上海乐奔拓健康科技有限公司、上海乐隽国际贸易有限公司、佳格食品（厦门）有限公司、上海佳格食品有限公司等，分别在苏州市吴江区、太仓市和内蒙古、福建厦门等地设立生产工厂。自2003年上市“多力牌”葵花籽油以来，“多力牌”食用油先后进入大润发、家乐福、乐购、沃尔玛、乐天玛特、易初莲花、世纪联华等卖场超市，进入工厂企业和网上电子商务市场，公司营销体系深入全国各省300多个城市。2012年，推出“黄金3益”葵花籽油，保留葵花磷脂、叶黄素、a型活性维生素E，把葵花籽油先进工艺和营养价值推向新的高峰。至2016年，“多力牌”葵花油系列产品发展为中国葵花油一大品牌。

苏州托克斯冲压设备有限公司。托克斯冲压技术有限公司（TOX®PRESSOTECHNIK GMBH & CO. KG）成立于1978年，总部位于德国南部城市魏恩加腾。TOX®气液增力缸系列产品和TOX®金属板件冲压连接技术代表着公司上千件专利产品和技术。凭借领先的技术、高质量的产品、完善的服务和不断创新的能力和精神，托克斯公司在全球范围内得到快速发展，在36个国家和地区建立子公司，产品遍布全球。托克斯公司于1993年在太仓投资创建独资公司——苏州托克斯冲压设备有限公司，至2016年，在全国重要城市设立办事机构18个，为客户提供售前售后技术支持与服务。苏州托克斯冲压设备有限公司引进德国先进的制造工艺和设备，拥有数十台数控加工机床及先进的热处理设备，具有较强的生产加工能力。公司拥有专业高级管理人员及工程技术人员，具有从标准设备到专机、生产线的设计开发能力。苏州托克斯冲压设备有限公司采用全套德国企业管理模式，采用与德国TOX共享企业资源的企业管理系统，确保产品开发、设计、销售、采购、生产及售后服务等各个环节高效有序运行。至2016年年底，TOX®产品广泛应用于中国汽车制造、家用电器及工业电器等行业，产品除满足中国市场外，还销往德国、美国、日本、韩国等国家。

3月3日，新区举办招聘会，推进招聘就业工作　　（新区供稿）

太仓博泽汽车部件有限公司。太仓博泽汽车部件有限公司由德国博泽国际有限公司投资设立。博泽集团1908年成立于德国柏林，总部位于德国科堡，是全球汽车零部件产业的第五大家族企业，为车门、座椅和电机业务领域研发并提供创新机电一体化系统解决方案。在全球23个国家拥有60个基地，为约80个汽车品牌提供产品。太仓博泽汽车部件有限公司主要生产门板模块、座椅导轨、玻璃升降器、车锁装置等汽车零部件。2014年7月22日，博泽集团在太仓中德中小企业合作创新园租下厂房，凭借一流创新、尖端技术和稳定投资实现快速发展。2016年11月28日，太仓博泽公司举行新厂房开工奠基仪式，实现从租房到建厂的跨越。公司新厂房用地12公顷，分3期建设，建筑面积6万平方米，建成投产后将成为博泽亚太区最大工厂，预计年总产值18亿元，年纳税总值9000万元。

福缔汽车（太仓）有限公司。

福缔汽车（太仓）有限公司是德国FTE集团在华投资的全资总公司。福缔汽车集团是汽车行业动力系统和制动系统产品研发生产的合作伙伴。集团公司遍布全球各大洲，是乘用和商用整车厂供应商的领导者之一，也是乘用车和商用车售后件市场可靠的合作伙伴。福缔集团在全世界拥有员工3800人、生产基地9个和数量众多的技术支持办公室。福缔汽车（太仓）有限公司主要生产离合器主缸、离合器分泵、中央分离轴承、离合器管路、双离合。2009年12月在太仓成立，先后通过ISO 9001和TS 16949认证，2014年搬迁至中德中小企业合作创新园，至2016年年底，有职工200多人。

## 2016年新区规模企业（不含德企）名录

表17

| 序号 | 企业名称 | 行业大类 | 投资国家（地区） |
|---|---|---|---|
| 1 | 老虎粉末涂料制造（太仓）有限公司 | 化学原料和化学制品制造业 | 奥地利 |
| 2 | 艾伯纳工业炉（太仓）有限公司 | 通用设备制造业 | 奥地利 |
| 3 | 太仓艾格鲁塑料制品有限公司 | 橡胶和塑料制品业 | 奥地利 |
| 4 | 史太林格塑胶机械（太仓）有限公司 | 仪器仪表制造业 | 奥地利 |
| 5 | 奥胜制造（太仓）有限公司 | 专用设备制造业 | 奥地利 |
| 6 | 驶驰耐精密汽车零部件（太仓）有限公司 | 汽车制造业 | 法国 |
| 7 | 雅高机械（太仓）有限公司 | 专用设备制造业 | 菲律宾 |
| 8 | 和承太阳能材料（太仓）有限公司 | 电气机械和器材制造业 | 韩国 |
| 9 | 卡莱司卓奥斯曼（太仓）建筑材料有限公司 | 非金属矿物制品业 | 韩国 |
| 10 | 和承特种橡胶（太仓）有限公司 | 化学原料和化学制品制造业 | 韩国 |
| 11 | 科思泰半导体配件（苏州）有限公司 | 计算机、通信和其他电子设备制造业 | 韩国 |
| 12 | 太仓世珍集装箱部件有限公司 | 金属制品业 | 韩国 |
| 13 | 和承汽车配件（太仓）有限公司 | 汽车制造业 | 韩国 |
| 14 | 平和精工汽车配件（太仓）有限公司 | 汽车制造业 | 韩国 |
| 15 | 苏州世珍橡塑有限公司 | 汽车制造业 | 韩国 |
| 16 | 太仓韩和汽车配件有限公司 | 汽车制造业 | 韩国 |
| 17 | 太仓世钟汽车配件有限公司 | 汽车制造业 | 韩国 |
| 18 | 挪亚圣诺（太仓）生物科技有限公司 | 医药制造业 | 荷兰 |
| 19 | 苏州天正新型保温材料有限公司 | 非金属矿物制品业 | 加拿大 |
| 20 | 苏州益方动力机械有限公司 | 汽车制造业 | 加拿大 |
| 21 | 苏州红枫风电模具有限公司 | 专用设备制造业 | 加拿大 |
| 22 | 苏州旭鸿金属制品有限公司 | 汽车制造业 | 毛里求斯 |
| 23 | 雷勃电气（苏州）有限公司 | 电气机械和器材制造业 | 美国 |
| 24 | 苏州英翔电子有限公司 | 电气机械和器材制造业 | 美国 |
| 25 | 特灵空调系统（中国）有限公司 | 电气机械和器材制造业 | 美国 |
| 26 | 华利安（太仓）运动服装有限公司 | 纺织服装、服饰业 | 美国 |

续表 17

| 序号 | 企业名称 | 行业大类 | 投资国家（地区） |
|---|---|---|---|
| 27 | 太仓环球化纤有限公司 | 化学纤维制造业 | 美国 |
| 28 | 源文兴车料（太仓）有限公司 | 金属制品业 | 美国 |
| 29 | 博格华纳汽车零部件（江苏）有限公司 | 汽车制造业 | 美国 |
| 30 | 伟速达（中国）汽车安全系统有限公司 | 汽车制造业 | 美国 |
| 31 | 实用动力（中国）工业有限公司 | 通用设备制造业 | 美国 |
| 32 | 太仓傲奔矽品科技有限公司 | 橡胶和塑料制品业 | 美国 |
| 33 | 多摩川精密电机（苏州）有限公司 | 电气机械和器材制造业 | 日本 |
| 34 | 苏州富士端子有限公司 | 电气机械和器材制造业 | 日本 |
| 35 | 苏州悦贸金属制品有限公司 | 电气机械和器材制造业 | 日本 |
| 36 | 洋保电子（太仓）有限公司 | 电气机械和器材制造业 | 日本 |
| 37 | 苏州华钟针织有限公司 | 纺织服装、服饰业 | 日本 |
| 38 | 苏州天允服装有限公司 | 纺织服装、服饰业 | 日本 |
| 39 | 横滨丝带（太仓）有限公司 | 纺织业 | 日本 |
| 40 | 丰田通商（太仓）特钢加工有限公司 | 黑色金属冶炼和压延加工业 | 日本 |
| 41 | 长富不锈钢中心（苏州）有限公司 | 黑色金属冶炼和压延加工业 | 日本 |
| 42 | 苏州希恩碧电子有限公司 | 计算机、通信和其他电子设备制造业 | 日本 |
| 43 | 太仓阿尔派电子有限公司 | 计算机、通信和其他电子设备制造业 | 日本 |
| 44 | 太仓神明电子有限公司 | 计算机、通信和其他电子设备制造业 | 日本 |
| 45 | 兴和电子（太仓）有限公司 | 计算机、通信和其他电子设备制造业 | 日本 |
| 46 | 苏州静冈刀具有限公司 | 金属制品业 | 日本 |
| 47 | 苏州强力五金有限公司 | 金属制品业 | 日本 |
| 48 | 苏州河田羽绒制品有限公司 | 皮革、毛皮、羽毛及其制品和制鞋业 | 日本 |
| 49 | 苏州新明阳鞋业有限公司 | 皮革、毛皮、羽毛及其制品和制鞋业 | 日本 |
| 50 | 太仓海樱卫生用品有限公司 | 其他制造业 | 日本 |
| 51 | 新井精密部件（太仓）有限公司 | 汽车制造业 | 日本 |
| 52 | 凯得爱依安全运动器材（太仓）有限公司 | 铁路、船舶、航空航天和其他运输设备制造业 | 日本 |
| 53 | 椿中岛机械（太仓）有限公司 | 通用设备制造业 | 日本 |
| 54 | 广濑精密机械（太仓）有限公司 | 通用设备制造业 | 日本 |
| 55 | 苏州东金机械金属有限公司 | 通用设备制造业 | 日本 |
| 56 | 苏州优尼昂精密金属制造有限公司 | 通用设备制造业 | 日本 |
| 57 | 太仓翱鋥梯锻压有限公司 | 通用设备制造业 | 日本 |

续表 17

| 序号 | 企业名称 | 行业大类 | 投资国家（地区） |
|---|---|---|---|
| 58 | 太仓旭莱自动化机械有限公司 | 通用设备制造业 | 日本 |
| 59 | 太仓置田锻压有限公司 | 通用设备制造业 | 日本 |
| 60 | 三惠（太仓）旅游用品有限公司 | 文教、工美、体育和娱乐用品制造业 | 日本 |
| 61 | 展诚（苏州）塑料制品有限公司 | 橡胶和塑料制品业 | 日本 |
| 62 | 日精塑料机械（太仓）有限公司 | 专用设备制造业 | 日本 |
| 63 | 太仓维欧爱申达特种纺织品有限公司 | 汽车制造业 | 瑞典 |
| 64 | 德特威勒（苏州）电缆系统有限公司 | 电气机械和器材制造业 | 瑞士 |
| 65 | 法因图尔精密部件（太仓）有限公司 | 汽车制造业 | 瑞士 |
| 66 | 法可赛（太仓）汽车配件有限公司 | 汽车制造业 | 西班牙 |
| 67 | 西螺（苏州）精密紧固件有限公司 | 通用设备制造业 | 西班牙 |
| 68 | 白特荣塑胶（太仓）有限公司 | 橡胶和塑料制品业 | 新加坡 |
| 69 | 实耐格（太仓）包装有限公司 | 印刷和记录媒介复制业 | 新加坡 |
| 70 | 莱克斯诺动力传动产品（太仓）有限公司 | 专用设备制造业 | 新加坡 |
| 71 | 狮威硬质材料（太仓）有限公司 | 专用设备制造业 | 新加坡 |
| 72 | 苏州萨尼尼汽车零部件工业制造有限公司 | 汽车制造业 | 意大利 |
| 73 | 固耐重工（苏州）有限公司 | 通用设备制造业 | 意大利 |
| 74 | 普曼普传动系统（太仓）有限公司 | 仪器仪表制造业 | 意大利 |
| 75 | 皮尔金顿太阳能（太仓）有限公司 | 非金属矿物制品业 | 英国 |
| 76 | 昊诚光电（太仓）有限公司 | 电气机械和器材制造业 | 中国 |
| 77 | 江苏通领科技有限公司 | 电气机械和器材制造业 | 中国 |
| 78 | 上海电气集团上海电机厂电机分厂 | 电气机械和器材制造业 | 中国 |
| 79 | 苏州红壹佰照明有限公司 | 电气机械和器材制造业 | 中国 |
| 80 | 苏州矽美仕绿色新能源有限公司 | 电气机械和器材制造业 | 中国 |
| 81 | 太仓市益方工贸有限公司 | 电气机械和器材制造业 | 中国 |
| 82 | 天顺风能（苏州）股份有限公司 | 电气机械和器材制造业 | 中国 |
| 83 | 江苏大仓集团有限公司 | 纺织服装、服饰业 | 中国 |
| 84 | 拉夏贝尔服饰（太仓）有限公司 | 纺织服装、服饰业 | 中国 |
| 85 | 苏州荣建制衣有限公司 | 纺织服装、服饰业 | 中国 |
| 86 | 太仓锦琪服饰有限公司 | 纺织服装、服饰业 | 中国 |
| 87 | 太仓祺美时装有限公司 | 纺织服装、服饰业 | 中国 |
| 88 | 太仓市仓盛服饰有限公司 | 纺织服装、服饰业 | 中国 |

续表 17

| 序号 | 企业名称 | 行业大类 | 投资国家（地区） |
|---|---|---|---|
| 89 | 太仓市盛达羊毛衫厂 | 纺织服装、服饰业 | 中国 |
| 90 | 太仓衣稻服装有限公司 | 纺织服装、服饰业 | 中国 |
| 91 | 苏州虹盛印染有限公司 | 纺织业 | 中国 |
| 92 | 太仓市大盛针织有限公司 | 纺织业 | 中国 |
| 93 | 苏州好力环保建材有限公司 | 非金属矿物制品业 | 中国 |
| 94 | 太仓海螺水泥有限责任公司 | 非金属矿物制品业 | 中国 |
| 95 | 太仓市顺昌锻造有限公司 | 黑色金属冶炼和压延加工业 | 中国 |
| 96 | 苏州盛万达塑胶包装材料有限公司 | 化学原料和化学制品制造业 | 中国 |
| 97 | 苏州斯迪克电子胶粘材料有限公司 | 化学原料和化学制品制造业 | 中国 |
| 98 | 日立数据系统制造有限公司 | 计算机、通信和其他电子设备制造业 | 中国 |
| 99 | 苏州蔡伦格蒂电子材料有限公司 | 计算机、通信和其他电子设备制造业 | 中国 |
| 100 | 苏州天积维尔光电科技有限公司 | 计算机、通信和其他电子设备制造业 | 中国 |
| 101 | 太仓市同维电子有限公司 | 计算机、通信和其他电子设备制造业 | 中国 |
| 102 | 太仓市康乐沙发家具厂 | 家具制造业 | 中国 |
| 103 | 苏州冠景彩涂板有限公司 | 金属制品业 | 中国 |
| 104 | 太仓锦捷机械有限公司 | 金属制品业 | 中国 |
| 105 | 太仓市国达金属制品有限公司 | 金属制品业 | 中国 |
| 106 | 太仓市合泰机械有限公司 | 金属制品业 | 中国 |
| 107 | 太仓托普斯特金属制品有限公司 | 金属制品业 | 中国 |
| 108 | 太仓夏鑫电镀有限公司 | 金属制品业 | 中国 |
| 109 | 苏州璐萱鞋业有限公司 | 皮革、毛皮、羽毛及其制品和制鞋业 | 中国 |
| 110 | 苏州温橡特种橡胶有限公司 | 汽车制造业 | 中国 |
| 111 | 太仓市联宏电塑有限公司 | 汽车制造业 | 中国 |
| 112 | 太仓市刘行五金机械制造有限公司 | 汽车制造业 | 中国 |
| 113 | 太仓市南丰汽车附件有限公司 | 汽车制造业 | 中国 |
| 114 | 太仓市天然气有限公司 | 燃气生产和供应业 | 中国 |
| 115 | 太仓苏创液化气有限公司 | 燃气生产和供应业 | 中国 |
| 116 | 三全食品（苏州）有限公司 | 食品制造业 | 中国 |
| 117 | 太仓海润食品有限公司 | 食品制造业 | 中国 |
| 118 | 太仓肉松食品有限公司 | 食品制造业 | 中国 |
| 119 | 太仓市水处理有限责任公司 | 水的生产和供应业 | 中国 |

续表17

| 序号 | 企业名称 | 行业大类 | 投资国家（地区） |
|---|---|---|---|
| 120 | 苏州龙跃锂动车辆有限公司 | 铁路、船舶、航空航天和其他运输设备制造业 | 中　国 |
| 121 | 大庆油田力神泵业（太仓）有限公司 | 通用设备制造业 | 中　国 |
| 122 | 太仓荣南红阳密封件科技有限公司 | 通用设备制造业 | 中　国 |
| 123 | 江苏中联地毯有限公司 | 文教、工美、体育和娱乐用品制造业 | 中　国 |
| 124 | 江苏东泰聚合材料有限公司 | 橡胶和塑料制品业 | 中　国 |
| 125 | 苏州福共包装材料有限公司 | 橡胶和塑料制品业 | 中　国 |
| 126 | 苏州裕丰塑胶科技有限公司 | 橡胶和塑料制品业 | 中　国 |
| 127 | 太仓冠联高分子材料有限公司 | 橡胶和塑料制品业 | 中　国 |
| 128 | 太仓吉盈汽车饰件有限公司 | 橡胶和塑料制品业 | 中　国 |
| 129 | 太仓展新胶粘材料有限公司 | 橡胶和塑料制品业 | 中　国 |
| 130 | 太仓中航塑业有限公司 | 橡胶和塑料制品业 | 中　国 |
| 131 | 苏州市新波生物技术有限公司 | 医药制造业 | 中　国 |
| 132 | 苏州奥智机电设备有限公司 | 仪器仪表制造业 | 中　国 |
| 133 | 苏州笠亿冲压自动化有限公司 | 仪器仪表制造业 | 中　国 |
| 134 | 太仓市派恩海洋装备科技有限公司 | 仪器仪表制造业 | 中　国 |
| 135 | 太仓源凯汽车配件有限公司 | 仪器仪表制造业 | 中　国 |
| 136 | 苏州华南印务有限公司 | 印刷和记录媒介复制业 | 中　国 |
| 137 | 太仓市兴宇塑料印刷包装有限公司 | 印刷和记录媒介复制业 | 中　国 |
| 138 | 江苏仓环铜业股份有限公司 | 有色金属冶炼和压延加工业 | 中　国 |
| 139 | 苏州撼力合金股份有限公司 | 有色金属冶炼和压延加工业 | 中　国 |
| 140 | 苏州宏太铜材有限公司 | 有色金属冶炼和压延加工业 | 中　国 |
| 141 | 太仓沪北特种铝材有限公司 | 有色金属冶炼和压延加工业 | 中　国 |
| 142 | 太仓市国富五金制品有限公司 | 有色金属冶炼和压延加工业 | 中　国 |
| 143 | 太仓市金仓铜业有限公司 | 有色金属冶炼和压延加工业 | 中　国 |
| 144 | 太仓市金鑫铜管有限公司 | 有色金属冶炼和压延加工业 | 中　国 |
| 145 | 太仓市凯斯汀精密压铸有限公司 | 有色金属冶炼和压延加工业 | 中　国 |
| 146 | 太仓通泰金属加工有限公司 | 有色金属冶炼和压延加工业 | 中　国 |
| 147 | 苏州艾迈实业有限公司 | 专用设备制造业 | 中　国 |
| 148 | 太仓创造电子有限公司 | 专用设备制造业 | 中　国 |
| 149 | 太仓年益科技电子有限公司 | 电气机械和器材制造业 | 中国台湾 |

续表 17

| 序号 | 企业名称 | 行业大类 | 投资国家（地区） |
| --- | --- | --- | --- |
| 150 | 苏州锦园旅游用品有限公司 | 纺织业 | 中国台湾 |
| 151 | 新丽纤维制品（苏州）有限公司 | 纺织业 | 中国台湾 |
| 152 | 华忠金属材料（太仓）有限公司 | 非金属矿物制品业 | 中国台湾 |
| 153 | 江兴（太仓）金属制品有限公司 | 黑色金属冶炼和压延加工业 | 中国台湾 |
| 154 | 苏州宏夏电讯科技有限公司 | 计算机、通信和其他电子设备制造业 | 中国台湾 |
| 155 | 高盟机械（太仓）有限公司 | 金属制品业 | 中国台湾 |
| 156 | 苏州新沣复合纤维制品有限公司 | 汽车制造业 | 中国台湾 |
| 157 | 英明精密机件（苏州）有限公司 | 汽车制造业 | 中国台湾 |
| 158 | 佳格食品（中国）有限公司 | 食品制造业 | 中国台湾 |
| 159 | 财荣金属制品（太仓）有限公司 | 铁路、船舶、航空航天和其他运输设备制造业 | 中国台湾 |
| 160 | 超汇桂盟传动（苏州）有限公司 | 铁路、船舶、航空航天和其他运输设备制造业 | 中国台湾 |
| 161 | 见诚自行车（太仓）有限公司 | 铁路、船舶、航空航天和其他运输设备制造业 | 中国台湾 |
| 162 | 陇亿车料（太仓）有限公司 | 铁路、船舶、航空航天和其他运输设备制造业 | 中国台湾 |
| 163 | 欧亚马自行车（太仓）有限公司 | 铁路、船舶、航空航天和其他运输设备制造业 | 中国台湾 |
| 164 | 瑞铨车料（太仓）有限公司 | 铁路、船舶、航空航天和其他运输设备制造业 | 中国台湾 |
| 165 | 瑞振车料（太仓）有限公司 | 铁路、船舶、航空航天和其他运输设备制造业 | 中国台湾 |
| 166 | 苏州福而康车料有限公司 | 铁路、船舶、航空航天和其他运输设备制造业 | 中国台湾 |
| 167 | 太仓安笙精密金属制品有限公司 | 铁路、船舶、航空航天和其他运输设备制造业 | 中国台湾 |
| 168 | 太仓信隆车料有限公司 | 铁路、船舶、航空航天和其他运输设备制造业 | 中国台湾 |
| 169 | 天迅金属制品（太仓）有限公司 | 铁路、船舶、航空航天和其他运输设备制造业 | 中国台湾 |
| 170 | 祥力自行车配件（太仓）有限公司 | 铁路、船舶、航空航天和其他运输设备制造业 | 中国台湾 |
| 171 | 翔宇实业（太仓）有限公司 | 铁路、船舶、航空航天和其他运输设备制造业 | 中国台湾 |
| 172 | 旭生机械（太仓）有限公司 | 铁路、船舶、航空航天和其他运输设备制造业 | 中国台湾 |
| 173 | 元毅车料（太仓）有限公司 | 铁路、船舶、航空航天和其他运输设备制造业 | 中国台湾 |
| 174 | 政科车料（太仓）有限公司 | 铁路、船舶、航空航天和其他运输设备制造业 | 中国台湾 |
| 175 | 桂盟链条（太仓）有限公司 | 通用设备制造业 | 中国台湾 |
| 176 | 佳兴紧固件工业（苏州）有限公司 | 通用设备制造业 | 中国台湾 |
| 177 | 金益成（太仓）轴承有限公司 | 通用设备制造业 | 中国台湾 |
| 178 | 苏州新太铜高效管有限公司 | 通用设备制造业 | 中国台湾 |
| 179 | 太仓濂辉液压器材有限公司 | 通用设备制造业 | 中国台湾 |
| 180 | 台新纤维制品（苏州）有限公司 | 文教、工美、体育和娱乐用品制造业 | 中国台湾 |

续表17

| 序号 | 企业名称 | 行业大类 | 投资国家（地区） |
|---|---|---|---|
| 181 | 永沛得工程机械配件（苏州）有限公司 | 橡胶和塑料制品业 | 中国台湾 |
| 182 | 苏州象田光学科技有限公司 | 仪器仪表制造业 | 中国台湾 |
| 183 | 政伸印刷（太仓）有限公司 | 印刷和记录媒介复制业 | 中国台湾 |
| 184 | 明达铝业科技（太仓）有限公司 | 有色金属冶炼和压延加工业 | 中国台湾 |
| 185 | 得泰医疗卫生用品（苏州）有限公司 | 专用设备制造业 | 中国台湾 |
| 186 | 太仓保利协鑫热电有限公司 | 电力、热力生产和供应业 | 中国香港 |
| 187 | 麦格纳（太仓）汽车科技有限公司 | 电气机械和器材制造业 | 中国香港 |
| 188 | 欧威尔空调科技（中国）有限公司 | 电气机械和器材制造业 | 中国香港 |
| 189 | 苏州科而雅针织有限公司 | 纺织服装、服饰业 | 中国香港 |
| 190 | 太仓泰坦体育用品有限公司 | 纺织服装、服饰业 | 中国香港 |
| 191 | 裕梃鸿（太仓）制衣有限公司 | 纺织服装、服饰业 | 中国香港 |
| 192 | 苏州三和管桩有限公司 | 非金属矿物制品业 | 中国香港 |
| 193 | 中鸿（太仓）钢材有限公司 | 黑色金属冶炼和压延加工业 | 中国香港 |
| 194 | 科纺勒特种纺织品（太仓）有限公司 | 化学纤维制造业 | 中国香港 |
| 195 | 江苏爱粤建筑粉末涂料有限公司 | 化学原料和化学制品制造业 | 中国香港 |
| 196 | 众华电子科技（太仓）有限公司 | 计算机、通信和其他电子设备制造业 | 中国香港 |
| 197 | 太仓海华家具有限公司 | 家具制造业 | 中国香港 |
| 198 | 美固龙金属制品（中国）有限公司 | 金属制品业 | 中国香港 |
| 199 | 太仓申立金属制品有限公司 | 金属制品业 | 中国香港 |
| 200 | 苏州佳高鞋业有限公司 | 皮革、毛皮、羽毛及其制品和制鞋业 | 中国香港 |
| 201 | 苏州一和儿童礼品有限公司 | 其他制造业 | 中国香港 |
| 202 | 苏州鑫睿达精密机械有限公司 | 汽车制造业 | 中国香港 |
| 203 | 太仓泷田金属制品有限公司 | 汽车制造业 | 中国香港 |
| 204 | 苏州欣科导轨有限公司 | 通用设备制造业 | 中国香港 |
| 205 | 英特飞模块地毯（中国）有限公司 | 文教、工美、体育和娱乐用品制造业 | 中国香港 |
| 206 | 太仓岭南纸业包装有限公司 | 造纸和纸制品业 | 中国香港 |
| 207 | 骏伟塑胶制品（太仓）有限公司 | 专用设备制造业 | 中国香港 |
| 208 | 太仓久信精密模具有限公司 | 专用设备制造业 | 中国香港 |
| 209 | 太仓英迪思能源工程有限公司 | 专用设备制造业 | 中国香港 |

（李青玉）

# 海　关

【概况】　2016年，太仓市完成外贸进出口总额109.64亿美元，较上年下降13.9%。太仓海关征收税款117.96亿元，较上年增长5.8%。结关报关单24万份，较上年增长14%。监管货运量4505.29万吨，较上年增长27.1%；监管货值214.06亿美元，较上年减少1.6%。监管集装箱量65.19万箱次，较上年增长6.9%；监管集装箱货重586.76万吨；较上年增长7.3%。监管国际货运船舶6296艘次，较上年增长19.3%。审批进口减免税货值2352.86万美元；较上年减少8.7%。加工贸易备案手册1278份，较上年减少9.4%；加工贸易备案金额8.7亿美元,较上年减少9.5%。支持加工贸易废料平台建设，废料平台组织竞价会1555场，成交总价1.3亿元，成交总重3.3万吨，成交率86.23%，增值率4.49%。

【通关业务改革】　2016年，太仓海关继续推进高级认证企业重新认证工作、行政审批“一个窗口”建设、内销集中申报、汇总征税等各项改革创新举措。截至年底，4家高级认证企业完成重新认证，1家企业通过一般认证；内销集中申报内销货值1.8亿美元，征税额2.7亿元；汇总征税金额4.1亿元；油气液体化工品物流监控系统上线运行。加强口岸协作，打造高效口岸通关模式。签署联防联控合作协议，促进口岸疫情疫病防控工作，共筑口岸公共安全“防护网”。太仓港信息中心对接H2010通关管理系统运行。5月，太仓海关配合南京海关专家组对辖区认证企业开展重新认证。7月29日，完成《南京海关企业主动披露试点工作操作规范》生效后关区首例企业主动披露工作，涉税金额共计15.5万元。11月25日，太仓口岸成为关区第3家船舶口岸结关无纸化对外开放口岸。太仓确立“持续深化拓展沪太通关与物流一体化模式”重点课题，沪太通关与物流一体化验放标准箱2790个。

【海关支持区域经济发展】　2016年，太仓海关走访怡球金属资源再生（中国）股份有限公司、舍弗勒（中国）有限公司等辖区企业20多家，召开区镇联络员会议，走访城厢镇、沙溪镇等镇区，收集问题36个并全部解答反馈。对接德企服务中心，加强减免税政策宣传，鼓励德资企业申请认证企业；太仓德企认证企业23家，占全市认证企业25%。提升港口通关效率，服务辖区企业发展，为耐克体育（中国）有限公司创新“区域通关＋免担保验放”通关模式。年内，该公司缴纳税款7.4亿元，较上年增长20.6%，成为太仓口岸纳税额第一的企业。推动太仓港发展，支持太仓港中国台湾、日本等航线与“苏满欧”国际货运班列对接，助推太仓港江海联运核心港建设。7月6日，太仓海关与太仓出入境检验检疫局开展“百企帮促”关检联合调研活动，重点走访太仓阳鸿石化有限公司、玖龙纸业（太仓）有限公司、舍弗勒（中国）有限公司等企业，开展现场办公，了解企业生产经营状况，指导企业享受政策福利。

7月6日，太仓海关与太仓出入境检验检疫局开展“百企帮促”关检联合调研活动　（石云峰　摄）

【海关支持载体建设】　2016年，太仓市推进太仓港综合保税区建设，加强对综保区功能定位研究，探索跨境电子商务模式运用，推动太仓港综保区与港口联动发展，推广自贸区海关监管创新制度。5月30日，综保区首本手册正式报核，10项创新制度在综保区内推广。截至年底，监管太仓港综保区货物36.62万吨，货值24.83亿美元，入库税收3.51亿元。

【走私稽查】　2016年，太仓海关保持打私高压态势，落实“两简案件”现场办理，加强缉私与业务现场联系配合，专题部署“国门利剑2016”联合专项行动和“五大战役”，凝聚打私合力，维护口岸通关秩序。立案刑事案件2起、行政案件195起，无害化处理涉案固体废物1450吨。

（黄兴春）

# 检验检疫

【概况】　2016年，太仓市检验检疫出入境货物3.6万批、59.78亿美元，批次较上年增长3.12%，货值较上年下降5.83%；实施进出境船舶检疫3702艘次、船员检疫7.02万人次，较上年分别增长13.94%、12%；集装箱检疫监管3.3万批、65.3万标箱，批次较上年增长9%，箱量较上年下降14%；开展出入境人员体检497人次。签发各类优惠原产地证书2.05

12月9日，国家质检总局局长支树平（前左三）观看太仓检验检疫局单兵标准化装备等业务改革创新成果展示（太仓检验检疫局供稿）

万份、10.02亿美元，较上年分别增长34%、18.06%，为企业争取进口国关税优惠3568万美元。检出不合格产品3008批、货值11.99亿美元，其中不合格进口食品和化妆品260批、120.22吨，涉及货值242.36万美元；不合格进口木材575批次，短少9.22万立方米，帮助木材进口商成功索赔1099万美元；不合格进口铁矿22批次。检出梅毒感染6例、病毒性肝炎11例。截获各类有害生物608种、1.7万种次，其中全国首次截获23种，检疫性有害生物3种。年内，太仓检验检疫局获评2015年度江苏省文明口岸先进单位，“移动检验检疫综合服务平台的研究和建设”“国家西气东输工程高性能管线关检检验技术的研究及应用”项目分获2015年度国家质检总局科技兴检二等奖、江苏检验检疫局科技兴检一等奖和二等奖，以及江苏省科技进步三等奖。

**【检验检疫服务】** 2016年，太仓检验检疫局实施职能重组，实现查验与检验分离、查验与合格评定放行分离；实施流程再造，实现专业融合、前后台结合、关检联合；建立起正面清单、标准化作业、前后台协同、集中指挥、大业务协调和关检联动六大机制，构建前台程式查验、后台指挥支撑工作模式；运用风险分析和规则管理，实现“双随机”，形成标准化作业菜单，推进综合查验制度，全年疫情截获量较上年增长61.5%。组织开展“走进企业、服务外贸”活动6次，建立“首席服务员”制度，为企业指派专门联络人员负责日常沟通协调，实施“一企一策”。开展“走进乡镇、服务产业”活动3场，对接各乡镇产业园建设和重点投资项目建设，受到地方政府和外贸企业好评。

**【检验检疫装备】** 2016年，太仓检验检疫局在全省率先研发应用六件套单兵标准化综合查验装备，包括照明式安全帽、反光背心、腰带式工具包、执法记录仪、表式辐射剂量仪和移动执法助手。开发数字动植检移动执法助手APP，提供风险预警、标准文件查阅和电子标本图谱对比功能，实现现场远程鉴定和专家云技术指导、远程监控指挥、智能标签。7月，首次在数重量鉴定中采用无人机技术，通过无人机搭载的高清摄像头开展水尺观测并实施反馈数据，实现智能观察、识别和处理，单次水尺鉴定所需时间从45分钟缩短至20分钟，每年为港口节约拖轮费400万元。

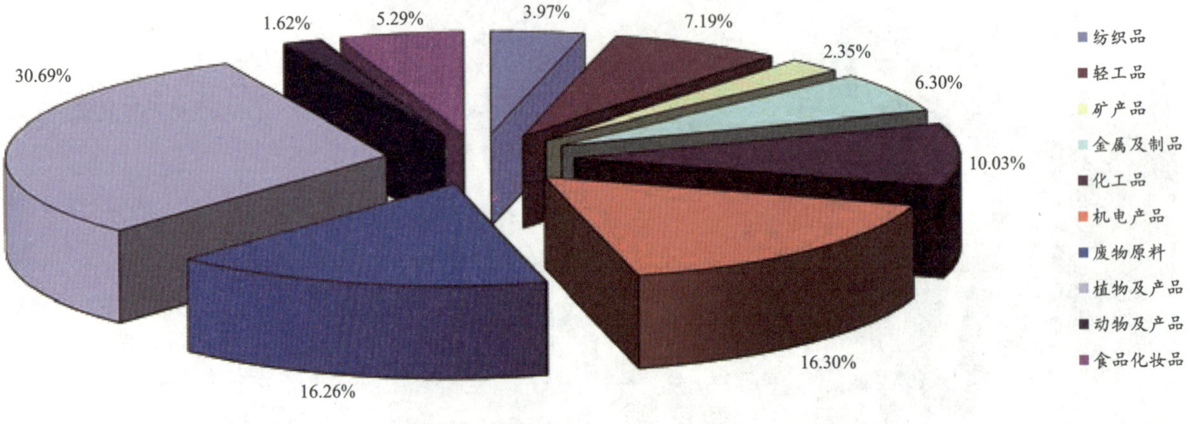


图1 2016年太仓检验检疫出入境货物品种组成图（批次）

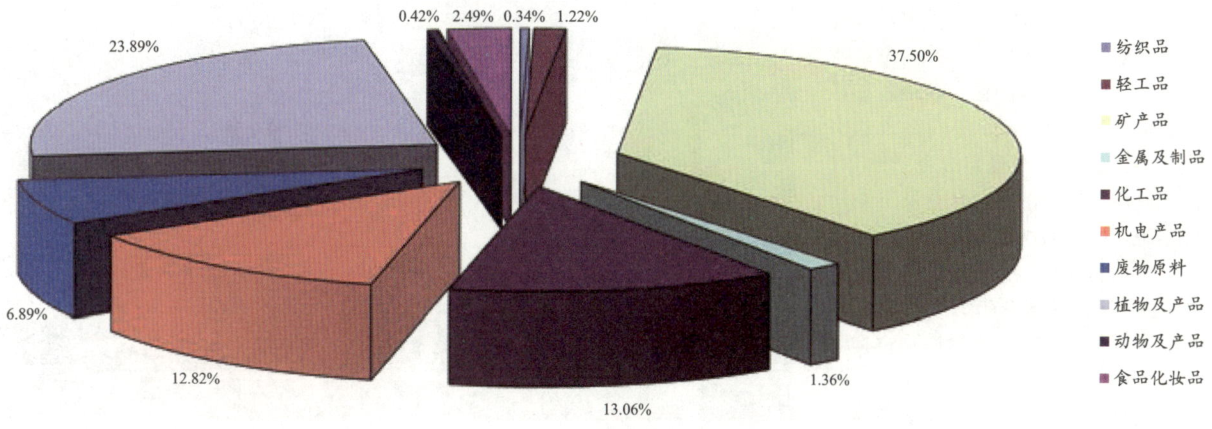


图 2　2016 年太仓检验检疫出入境货物品种组成图（金额）

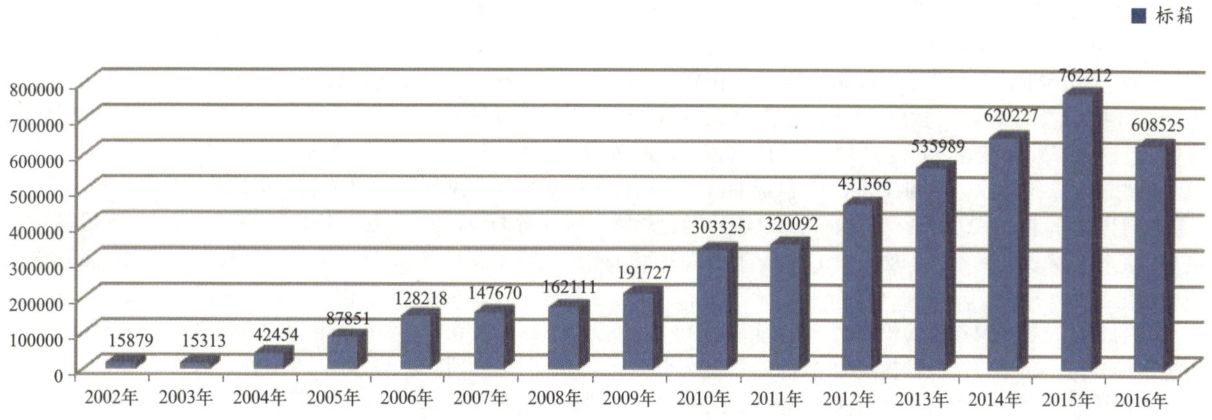


图 3　2002—2016 年太仓地区经检验检疫的出入境集装箱量统计图

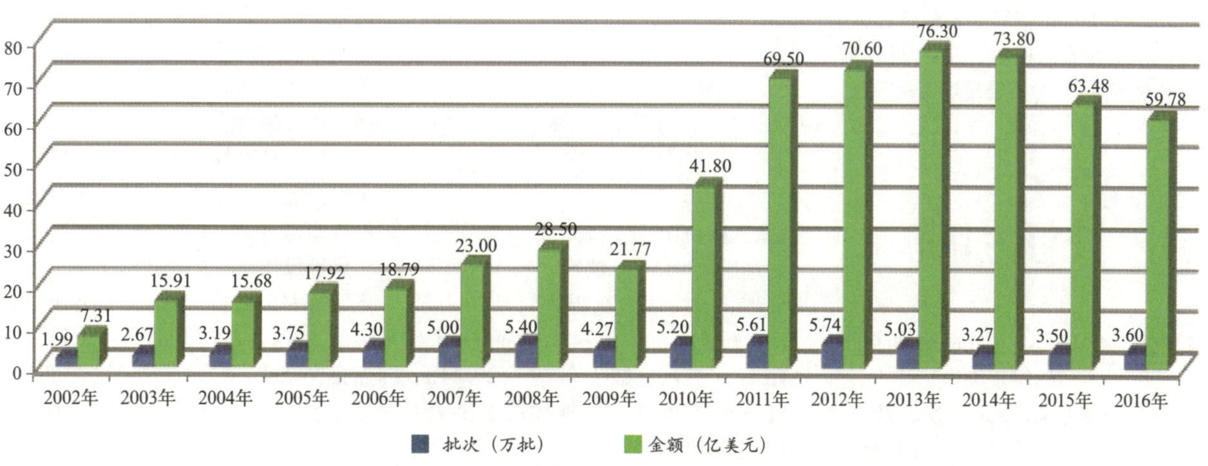


图 4　2002—2016 年太仓地区经检验检疫的出入境货物量统计图

**【检验检疫窗口建设】** 2016年，太仓检验检疫局建成“自助式申报、智能式报检、告知式执法”单一窗口新模式，实现企业零门槛、零距离和零纸张的“三零申报”。年内，太仓检验检疫局建设单一窗口和电子闸口，试点应用口岸执法平台，开发卫生处理系统，推动实现单一窗口、船舶检疫、集装箱检疫、实验室检测卫生处理系统与江苏省检验检疫局无纸化平台互联互通。90%以上低风险货物通关速度由半个工作日提升至1～2分钟，实现即报即放，10%左右高风险货物通检速度从1～2个工作日提升至2小时内，实现即查即放。

**【检验检疫口岸建设】** 8月5日，太仓港通过国家质检总局组织的进境食用水生动物指定口岸考核验收，成为苏州首家、江苏第2家获得该资质的水运口岸。2016年，太仓港进口日本水产品8批，总重40吨，货值50.5万美元。9月，太仓港通过国家质检总局组织的专家组验收，成为江苏第5家进口肉类指定口岸。太仓检验检疫局规范标志标识，配置口岸检验检疫标准化装备，打造“e检执法平台”和“e检口岸”，实施口岸检验检疫综合查验标准化，启动口岸检验检疫综合实验室标准化建设，11月，通过江苏检验检疫局海港标准化智能口岸样板建设验收。制定《太仓口岸创建全国首批动植检规范化口岸工作方案》，完善检验检疫基础设施建设，强化实验室技术支撑能力，开发数字动植检应用，落实口岸查验装备标准化，实施口岸综合查验机制，开展动植物产品分类管理，通过省级现场考核验收。

（武　超）

6月30日，太仓市举行长江太仓段水上搜救综合演习　（许文华　摄）

# 长江引航

**【概况】** 2016年，太仓引航站保证船舶及时引领，确保定期班轮准点，全年共计引领船舶6266艘次，较上年增长27.3%；引领外贸船舶7842艘次，较上年增长27.26%；引领内贸船舶132艘次，较上年增长26.9%；引领特种船舶1898艘次，较上年增长31.71%；引领长度大于等于250米船舶915艘次，较上年增长15.1%。太仓港国际班轮航线总数22条，日本航线每周16班，东南亚航线每周2班，中国台湾航线每周3班。太仓引航站克服不良天气干扰，确保定期班轮准点；应对外贸引航激增压力，保证港口正常运行；落实相关优惠政策，支持内、外贸引航政策调整，免收交通费等费用，累计免收企业费用近千万元；组织专家到码头作规范化操作专题讲座。5月19日，太仓引航站引领吃水12.1米的“环球合作”轮首靠武港码头，刷新进江船舶吃水纪录，实现太仓港吃水六连跳（12.5米深水航道延伸太仓后）。9月4日，引领载重吨8.1万吨“沙特晨礼”轮靠泊长江石化6号泊位。10月14日，引领开普型“浙远上海”轮安全靠泊华能港务码头。

（刘　源）

# 海　事

**【概况】** 2016年，太仓海事局保障船舶进出港9.37万艘次，较上年下降6.3%，其中国内航行船舶8.76万艘次，较上年下降7.74%，国际航行船舶6127艘次，较上年增长20.44%。台湾海峡两岸直航船舶进出港151艘次，较上年下降17.02%。辖区渡口安全渡运2.13万艘次，保障安全过江25万车次、39.7万人次。安全监管太仓港货物2.32亿吨、集装箱408.1万标箱、外贸货物7472.45万吨，较上年分别增长13.76%、10.13%、12.71%。征收港口建设费3.38亿元，较上年增长15%。办理船舶登记9艘次。开展船舶安全检查749艘次，其中港口国监督检查(PSC) 92艘次，船旗国监督检查（FSC）728艘次。审批船载危货申报1.73万起，货物适运申报1.12万起。危险货物集装箱查验239箱次，查处危险货物谎报瞒报4起。办理通航水域水上水下活动许可28件。办理海事行政处罚616件，较上年增长27.5%。全年海巡艇累计巡航时间9986小时，里程17.42万公里。年内，太仓海事局获2015年度江苏省文明口岸及文明口岸组织者先进单位称号。

**【海事安全监管】** 2016年，太仓辖区发生一般等级水上交通事故2起，发生小事故27起，3艘船舶沉没，未发生人员失踪、死亡事件。太仓海事局完成G20峰会水上安保任务，获江苏海事局G20峰会水上交通运输安保工作先进单位称号。完成“50天会战”，排查事故隐患34项，整改客汽渡船抗风等级核定、扬子江海工基地未批先建等安全隐患。全年开展水上综合执法34次。与周边海事单位建立联席会议制度。与涉水部门建立非法采砂整治协调机制。首次开展“海巡艇与无人机”水空立体巡航。发现涉嫌超载船舶62艘次。首艘40米级综合指挥艇列编，2艘80米趸船建设完成。

4月12日，太仓海事局成功处置一起船舶碰撞险情事故　　（许文华　摄）

**【海事口岸服务】** 2016年，太仓海事局落实中国籍海船进出港报告制和内河船电子签证制度。继续开展口岸监管模式创新，在码头对外开放、超大型船舶靠泊、疫情联防联控等方面密切口岸协作。试运行国际航行船舶进出口口岸联系单电子化。开展海事业务更新培训和渡船船员安全培训。贯彻落实《内河渡口渡船安全管理规定》。指导辖区4艘渡船全部完成AIS设备升级。建立南通、太仓、常熟信息通报机制，与常熟海事局联合开展渡船安检。组织开展“救生衣行动”，指导渡船开展应急演习。指导渤海滚装码头工程等项目办理通航手续。完成长江石化泊位改造、扬子江海工基地、华能煤炭内线码头等工程的通航安全核查，服务涉水工程项目按期建设和投入使用。

**【水上搜救】** 2016年，太仓海事局成功处置水上险情150起，救助遇险人员768人，救助成功率100%，救助遇险船舶98艘，沉船3艘。应对大风、能见度不良天气90余天。牵头建立水上搜救专家库，搜救志愿者队伍扩充至230余人。6月30日，太仓市举办长江太仓段水上搜救综合演习，演习由太仓市人民政府主办，太仓市水上搜救中心和太仓海事局承办，是长江太仓水域近年来模拟险情等级最高、科目最全面的演习之一。演习科目主要包含台风防抗、船舶遇险自救、水上突发交通事故应急指挥、紧急撤离、人命救助、消防灭火、二甲苯泄露处理、消防灭火等11个。演习集中展示近年太仓市水上应急搜救工作在车船艇建设、监管救助基地及溢油应急设备库建设、应急待命点建设、太仓市水上搜救志愿者队伍建设、各水上搜救成员单位应急响应能力等水上搜救能力建设成果；全面检验太仓市水上搜救应急预案科学性、实用性和可操作性，检验应急队伍实战能力，建立健全各水上搜救成员单位搜救应急协作联动机制，提高应急机构和人员安全意识；完善政府统一领导、专业力量与社会力量相结合、多部门共同合作、全社会广泛参与的水上搜救应急体系。市水上搜救志愿者总队获评苏州市2016年度最佳志愿者服务团队。太仓海事局获“2015—2016年江苏省搜救突出贡献奖”。4月12日，集装箱船“恒裕”、危险品船“善时”和普通货船“华德988”3艘船舶在长江太仓段发生碰撞事故，导致“恒裕”轮破损进水，船体大幅度倾斜，有沉没危险，船上装载危险品集装箱32只，有19人遇险。救助人员连续奋战108小时，遇险人员全部安全转移，32只危险品集装箱全部过驳并安全转运储存，未发生水域污染等衍生事故。年内，太仓海事局获评江苏省水上搜救突出贡献单位，太仓市水上搜救中心获评长江海事局应急搜救工作先进集体。

**【水域环保】** 2016年，太仓海事局严厉打击偷倒垃圾入江行为。12月18日，查获偷倒垃圾船舶2艘并依法滞留，组织志愿者清理沿江垃圾。全年电子审批船载危货申报8100余起，安全适运申报5200余起。查处集装箱危险货物谎报瞒报4起。安全监管散装危化品进出港口724万吨。加强防污染作业现场检查，船舶污染物接收处理实施闭环管理。宣传贯彻《中华人民共和国大气污染防治法》《中华人民共和国防治船舶污染内河水域环境管理规定》，落实长三角船舶排放控制区监管要求，开展专项检查173艘次，发现燃油不合格15艘次。

（许文华）

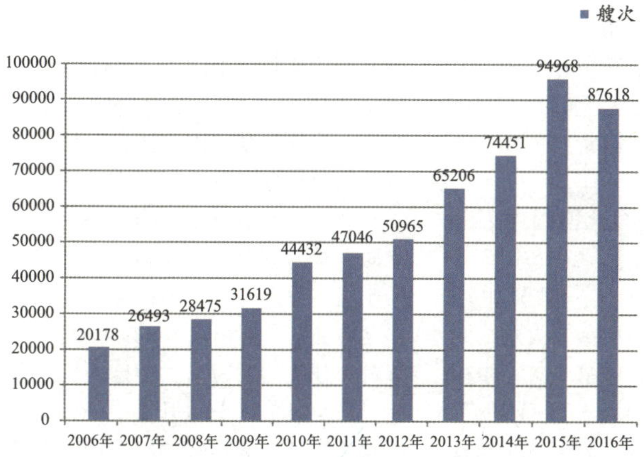


图5　2006—2016年太仓港国内航行船舶进出港统计图

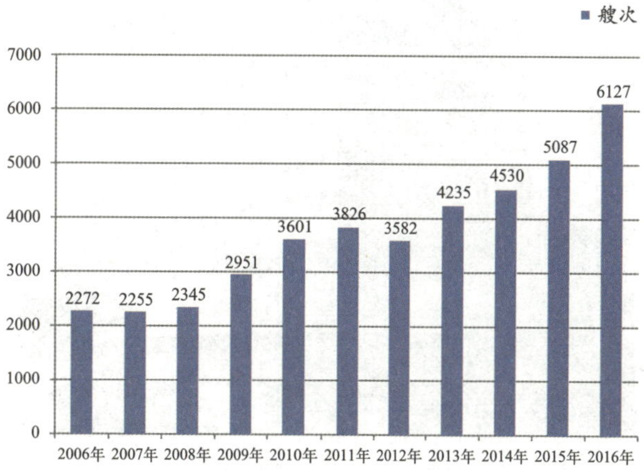


图6　2006—2016年太仓港国际航行船舶进出港统计图

# 中德中小企业合作示范区

## 综　述

【概况】　太仓对德合作始于1993年首家德资企业克恩—里伯斯公司落户。此后，中德双方逐步在经贸、科教、文化、体育、环保、公益等各个领域开展长期深入交流与合作，走出一条源自民间、扎根基层、自下而上的对德合作之路。截至2016年年底，太仓市德资企业累计250多家（新区德企总量占全市90%以上），项目总投资超30亿美元，年产值300多亿元，成为中国德资企业密度最高、发展最好的区域之一，太仓被誉为中国“德企之乡”。2008年被德国经济部和中国商务部共同授予中国首个也是唯一一个“中德企业合作基地”称号，2012年被工信部授予中国首个“中德中小企业合作示范区”称号，2013年被科技部授予“苏州国家先进制造技术国际创新园”称号。2016年11月，科技部发布《科技创新共塑未来·德国战略》报告，太仓被列为中德科技创新典范。

6月2日，太仓德国中心开业。图为太仓德国中心入驻的东亭大厦　（新区供稿）

【太仓德国中心开业】　2015年3月31日，德国中心签约落户太仓，为全球第8家，中国继北京、上海后第3家德国中心。太仓德国中心位于东亭大厦内，由德国巴伐利亚州立银行投资建设，总投资1200万美元，拥有办公用房5层，办公面积8500平方米。2016年6月2日，太仓德国中心开业。德国中心是专为德企尤其是中小企业进入国际市场探路而建立的调查研究及招商中心，提供从市场咨询、律师服务、秘书翻译、谈判展览到办公用房、金融服务、德国贸易等各项服务。截至年底，太仓德国中心入驻德国企业20家，多为服务行业企业，包括律师事务所、审计公司、人事招聘公司、IT信息服务公司等，形成德企在太仓投资发展的良好配套环境。太仓德国中心的投入运行，标志太仓对德合作跃上新平台、迈入新阶段。

【中德合作方略】　2016年1月，《太仓市国民经济和社会发展第十三个五年规划纲要》将“中德合作”列为重点推进的“三篇文章”（以港强市、融入上海、对德合作）之一。3月25日，太仓市印发《关于进一步深化全市对德合作工作的实施意见》，提出把太仓打造成亚太地区德资企业的集聚地、中德创新合作试验区、对德人才创新创业基地、中德经贸文化交流的中心和中国企业走进德国的桥头堡，推动太仓对德合作成为新时期苏州继工业园区中新合作、昆山海峡两岸合作之后又一个对外合作的新平台、江苏对外开放的新窗口、中德两国深化合作的新典范。同时，开展中德（太仓）产业合作创新试验区创建工作，对德合作在更高层面推进。　（李青玉）

# 示范区建设

**【中德合作平台】** 2016年，太仓对德合作平台日益完善，作用更加突显，其中全球第8家、中国第3家、县级城市首家也是唯一一家德国中心在太仓投入运行，全市首个中德幼儿园开园，中德中小企业合作创新园全部招商满园，德国留学生创业园高效运营，中德制造业科创联盟产业园开工建设，成功争取江苏—德国知识产权国际服务平台落户太仓。太仓市围绕中德合作交流需求，陆续建立中德中小企业合作创新园、德国留学生创业园、德国中心、史太白中心、太仓驻德国办事处、德国商会驻太仓办事处等合作载体平台，提供产业嫁接、科技创业、技术转移、人才交流等多元服务。

**【德企发展】** 太仓德资企业以先进制造业为主，形成高端装备制造、汽车关键零部件制造两大产业集群，并在新型建筑材料、风电设备等制造业领域具备规模优势。2016年，太仓新区新引进太仓黑龙智能工业科技有限公司、奥美特机床（太仓）有限公司等德资企业16家（含注册及洽谈成功项目），其中新批德资企业11家，慕贝尔汽车部件（太仓）有限公司、欧特家博士食品（太仓）有限公司等12家德企追加投资。全年全区规模以上德资企业实现产值262.2亿元，较上年增长18%，其中舍弗勒（中国）有限公司全年产销114.3亿元，较上年增长25.9%，成为太仓市有史以来首家产销超百亿元的工业企业，通快（中国）有限公司、克朗斯机械（太仓）有限公司进入产销10亿元行列，另有36家德企产销超亿元。全年规模以上德企实现利润总额33.4亿元，较上年增长58.6%，成本费用利润率14.6%，综合能源消费量仅占全区规模企业能耗总量20.3%。

**2016年太仓市新批德资企业项目明细表**

表18

| 序号 | 企业名称 | 生产经营范围 |
| --- | --- | --- |
| 1 | 太仓德安环保设备有限公司 | 开发、设计和生产环境污染防治专用设备、安全防护设备及器材、危险化学品存储和搬运设备，销售公司自产产品；从事本公司生产的同类及相关产品的批发、进出口、佣金代理（拍卖除外）业务（不涉及国有贸易管理商品，涉及配额、许可证管理商品的，按国家有关规定办理申请），并提供相关配套服务和技术及售后服务 |
| 2 | 太仓轩尼伯格智能系统有限公司 | 从事智能系统及其零配件的批发、进出口业务，并提供相关配套服务及售后服务（不涉及国有贸易管理商品，涉及配额、许可证管理商品的，按国家有关规定办理申请） |
| 3 | 奥美特机床（太仓）有限公司 | 从事机床及相关零部件、相关配套软件的批发、进出口和佣金代理（拍卖除外）业务（不涉及国有贸易管理商品，涉及配额、许可证管理商品的，按国家有关规定办理申请），并提供相关技术咨询及配套服务 |
| 4 | 太仓圣伯纳轴承有限公司 | 从事各种型号轴承的批发、进出口业务，并提供相关售后服务（不涉及国营贸易管理商品，涉及配额、许可证管理商品的，按国家有关规定办理申请） |
| 5 | 瑞贝奥（太仓）机械有限公司 | 从事紫外线消毒设备、矿化滤器、银离子消毒设备、滤芯过滤设备、软化设备、采水设备、水加热器等机械设备和机械零部件的批发、进出口、佣金代理（拍卖除外）业务（不涉及国有贸易管理商品，涉及配额、许可证管理商品的，按国家有关规定办理申请）；并提供相关的配套服务 |
| 6 | 博纳环境设备（太仓）有限公司 | 开发、生产空气处理机及空气处理机零部件，销售公司自产产品，并提供相关的配套服务和技术支持；从事本公司生产的同类商品的批发、进出口业务（不涉及国有贸易管理商品，涉及配额、许可证管理商品的，按国家有关规定办理申请） |

续表 18

| 序号 | 企业名称 | 生产经营范围 |
| --- | --- | --- |
| 7 | 普安华信息技术咨询（太仓）有限公司 | 信息技术咨询，技术支持服务，计算机软件的开发，销售公司自产产品；从事计算机软件及其他相关商品的的批发、进出口业务(不涉及国有贸易管理商品，涉及配额、许可证管理商品的，按国家有关规定办理申请），并提供相关的配套服务 |
| 8 | 爱尔卡美特合成材料技术（太仓）有限公司 | 开发、生产汽车玻璃饰条，销售公司自产产品。从事本公司生产的同类商品及相关产品的批发、佣金代理（拍卖除外）、进出口业务（不涉及国有贸易管理商品，涉及配额、许可证管理商品的，按国家有关规定办理申请），并提供售后服务 |
| 9 | 技安流体科技（苏州）有限公司 | 研发、生产各类电站特种阀门及备品备件，销售公司自产产品。从事相关产品的维修、仓储、技术开发、技术转让、技术咨询 |
| 10 | 太仓黑龙智能工业科技有限公司 | 开发、设计、生产快速成型模具，工业应用软件，汽车零部件，工业机械零部件，销售公司自产产品；并提供相关的技术开发、技术咨询、设计服务。从事本公司生产的同类和相关产品的批发、进出口业务（不涉及国有贸易及管理商品，涉及配额，许可证管理商品的，按照国家有关规定办理申请） |
| 11 | 吉石阀门（苏州）有限公司 | 从事各类特种阀门产品的开发、设计，销售阀门产品，并提供相关技术服务 |

## 2016年太仓市增资德资企业项目明细表

表 19

| 序号 | 企业名称 | 生产经营范围 |
| --- | --- | --- |
| 1 | 格堡汽车配件（太仓）有限公司 | 制造、加工汽车三角警示架、汽车照明产品及其他塑料配件，销售公司自产产品，提供相关的技术支持与售后服务 |
| 2 | 世泰科特种材料（太仓）有限公司 | 生产有色金属复合材料、新型合金材料、陶瓷材料、表面处理材料和电子助剂，销售公司自产产品并提供相关技术咨询和售后服务。从事本公司生产的同类产品的批发、进出口及佣金代理业务(拍卖除外）（不涉及国有贸易管理商品，涉及配额、许可证管理商品的，按国家有关规定办理申请） |
| 3 | 欧特家博士食品（太仓）有限公司 | 生产速冻食品［速冻米面制品（生制品）］和其他相关食品，销售公司自产产品。从事上述产品的同类及相关商品的进出口、批发和佣金代理（拍卖除外）业务（不涉及国有贸易管理商品，涉及配额、许可证管理商品的，按国家有关规定办理申请） |
| 4 | 太仓博泽汽车部件有限公司 | 开发、生产加工门板模块及其部件、座椅导轨及部件、玻璃升降器及部件、车锁装置及其部件、电子驱动装置及部件、座椅调节器及部件、电控式背门撑杆（电控式空气弹簧）及部件、汽车座椅电机及其部件、齿轮箱及其他塑料部件，销售公司自产产品并提供相关咨询、售后和其他服务；从事本公司生产的同类和相关产品的批发、进出口业务（不涉及国有贸易管理商品，涉及配额、许可证管理商品的，按国家有关规定办理申请） |

续表 19

| 序号 | 企业名称 | 生产经营范围 |
| --- | --- | --- |
| 5 | 威世兰（太仓）工业科技有限公司 | 胶辊技术的研发；印刷工业用包橡胶胶辊的生产，销售自产产品，提供相关的技术咨询及配套服务 |
| 6 | 艾泰克机械防护系统（太仓）有限公司 | 设计和生产机床设备用防护系统、防护系统零部件，销售公司自产产品并提供相关的技术和售后服务；从事本公司生产的同类商品的批发、进出口、佣金代理（拍卖除外）业务（不涉及国营贸易管理商品，涉及配额、许可证管理商品的，按国家有关规定办理申请） |
| 7 | 宝适汽车部件（太仓）有限公司 | 设计、生产汽车用组合仪表,汽车用高强度紧固件,汽车遮阳系统,集成式行李箱管理系统，集成式行李隔离安全系统，卷帘式自动行李舱盖，其他汽车内饰件，并提供售后服务，销售公司自产产品；提供技术咨询，上述同类商品的批发、佣金代理（拍卖除外）和进出口业务 |
| 8 | 奥美特机床（太仓）有限公司 | 从事机床及相关零部件、相关配套软件的批发、进出口和佣金代理（拍卖除外）业务（不涉及国有贸易管理商品，涉及配额、许可证管理商品的，按国家有关规定办理申请），并提供相关技术咨询及配套服务 |
| 9 | 欧博耐尔（太仓）汽车技术有限公司 | 生产加工满足中国国Ⅳ、Ⅴ以及更高阶段污染物排放标准的发动机排放控制装置及其零部件，销售公司自产产品；从事本公司生产的同类商品的批发和进出口业务（不涉及国有贸易管理商品，涉及配额、许可证管理商品的，按国家有关规定办理申请）；并提供相关系统应用技术支持、技术咨询、售后服务、售后维修等 |
| 10 | 慧鱼汽车系统（太仓）有限公司 | 设计、生产汽车工业存储设备、塑料制品和非金属制品的模具；生产创意塑料模块及其他儿童智力开发玩具、各类注塑件，销售公司自产产品，提供相应的技术支持和售后服务。从事本企业生产的同类商品的进出口及批发业务（不涉及国有贸易管理商品，涉及配额、许可证管理商品的，按国家有关规定办理申请） |
| 11 | 蓝浦树脂应用技术（太仓）有限公司 | 开发、生产无机非金属材料及制品（高性能复合材料—树脂矿物制品），销售公司自产产品，提供相应的技术支持和售后服务；从事本企业生产的同类商品的进出口及批发业务（不涉及国有贸易管理商品，涉及配额、许可证管理商品的，按国家有关规定办理申请） |
| 12 | 慕贝尔汽车部件（太仓）有限公司 | 汽车部件及组件（发动机零部件、传动零部件、底盘零部件、车身及内饰相关零部件）、柔性板材和模具的开发、制造，以及提供相关咨询、售后服务，销售公司自产产品；从事本企业生产的同类商品的进出口、批发及佣金代理（拍卖除外）业务（不涉及国有贸易管理商品，涉及配额、许可证管理商品的，按国家有关规定办理申请） |

（李青玉）

# 职教合作

【“双元制”教育】 2001年，太仓市政府与德国巴符州政府、克恩—里伯斯和慧鱼2家落户太仓的德企以及太仓中等职业学校合作，创办中国第一家与德国职业技术教育同步的职业培训中心——太仓德资企业专业技术工人培训中心。之后，太仓依托本地德企、苏州健雄职业技术学院、江苏省太仓中等专业学校、上海同济大学、德国工商大会上海代表处等多方资源，建立中德培训中心、舍弗勒（中国）培训中心、海瑞恩（太仓）培训中心等一系列“双元制”教育培训基地，形成“政府引领、双元参与、合同执行、成本分担”的双元制本土化校企合作模式，打造中专、大专、本科“三位一体”立体化人才培养体系，成为中国最大的“德国职业资格”考试和培训基地，培养大批德资企业所需的专业技术工人。2016年，江苏省太仓中等专业学校与德国手工业行会签约共建德国手工业行会培训考试认证基地，由德国巴符州双元制应用技术大学、东南大学、太仓市政府、太仓欧商协会合作开展的“双元制”本科人才培养项目签约，苏州多特蒙德应用技术大学开始筹建，中德“双元制”教育合作继续向纵深推进。

【苏州多特蒙德应用技术大学】 2016年10月26日，德国多特蒙德应用技术大学、上海工程技术大学、德国工商大会上海代表处、太仓市人民政府四方共建苏州多特蒙德应用技术大学（筹）签约仪式在苏州健雄职业技术学院举行。设立苏州多特蒙德应用技术大学，旨在依托太仓市区域产业发展对高端技术人才旺盛需求和丰厚的德企土壤，借助德国应用技术大学的成功教育模式和上海工程技术大学先进的教育资源，在德国工商行会上海代表处支持下，在苏州健雄职业技术学院基础上，各方优势互补、合作共赢，在太仓创建一所国际化、高标准、有特色的应用技术大学，培养既拥有一定理论知识，又掌握各种技能，并具备“工匠精神”的应用型人才，为区域经济发展做出应有贡献。四方合作共建应用技术大学，是太仓德国战略合作的一个新领域，也是江苏省与友好城市德国北威州合作的一个新举措，更是推动太仓中德合作迈上更高水平的新创举。

【太仓中德友好幼儿园】 2016年6月21日，太仓中德友好幼儿园开园，9月1日正式启用。该幼儿园位于新区莱茵城市广场，面积约6000平方米，主要接收在太仓工作的德国人士子女、德企员工子女及部分了解德国教育文化的社会家庭子女。该幼儿园由海瑞恩精密技术（太仓）有限公司等在太仓的德企发起筹建，共设班级8个，包含小班、中班、大班及幼托班，每班收幼儿20人，可容纳适龄儿童160人。在教学过程中，幼儿园引进德方合作幼儿园的教育理念和方法，以儿童为本，采用情境教学，聚焦“技术”“创新”和“创造力”，注重培养幼儿的独立性和实际动手能力。建设中德友好幼儿园既满足德籍人士子女的受教育需求，又是全面深化对德合作交流的结果。 （李青玉）

12月9日，太仓市举行首届“双元制”职业教育研讨会 （新区供稿）

# 经济文化交流

【概况】 2016年，太仓市继续加强对德合作交流活动，形成德国“太仓日”、太仓啤酒节、乒乓球友谊赛等特有的经贸文化交流品牌。年内，德国社民党副主席兼黑森州主席托斯腾·舍费尔·君贝尔，德国联邦议员、联邦议院联盟党党团干事长曼弗雷德格龙德，德国巴符州拉尔市市长沃夫冈·穆勒，德国巴符州双元制应用技术大学校长范奇等先后率代表团访问太仓，太仓市相继举办第11届啤酒节、第9届德国“太仓日”（应邀参加巴符州经济部主导的“全球链接”系列活动）、首届“中德友谊杯”乒乓球邀请赛、2016年德国商协会和企业太仓行暨中德（太仓）中小企业交流会、首届太仓“双元制”职业教育研讨会暨“匠心、匠才”本土化实践研讨会等重大活动，有效促进双方政治互信、经贸合作和人文交流。

【第9届德国“太仓日”】 2016年10月26—27日（德国当地时间），走进德国“太仓日”活动在德国巴符州斯图加特举行，这是太仓第9年在德国举办“太仓日”活动，并被纳入巴符州“全球链接”系列活动，巴符州政商界人士120多人参加活动。推介会上，太仓市介绍对德合作历程、成果，展望未来合作前景；克恩—里伯斯、海瑞恩等在太仓投资的德资企业负责人与德国巴符州双元制大学教授、太仓市政府代表等围绕“中德合作，奇迹太仓”话题，就太仓投资环境展开

9月1日，太仓中德友好幼儿园开学上课　　（新区供稿）

对话。巴符州“全球链接”由巴符州经济部主导，每两年举办一次，为推动巴符州企业的全球化进程，为出口商和对海外市场感兴趣的企业组织的专业论坛，同时也是企业、政府、投资促进机构交流的平台。该次“全球链接”活动参展方来自美国、俄罗斯、墨西哥等国的经济促进部门、涉外机构、国际合作组织等。太仓市和江苏省驻巴符州代表处共同设置展台，展示江苏和巴符州20多年来的友好省州合作历程，介绍和展示太仓优良的投资环境和对德合作取得的各项成果。

**【第11届太仓啤酒节】** 2016年9月7日，第11届太仓啤酒节开幕。该届啤酒节由太仓经济开发区欧商投资企业协会主办，活动持续5晚，包括啤酒节开幕式、博格华纳之夜、欧商投资企业协会之夜、舍弗勒之夜等，共有6000多人次参加活动。除主办方欧商投资企业协会外，太仓德国中心、申德勒餐厅、布鲁特面包坊等在太仓的德资机构主动参与啤酒节的策划与服务。啤酒文化是德国文化的重要组成部分，太仓啤酒节不仅是加强太仓与德国交流的载体，也成为展示太仓形象的重要窗口。

**【太仓“中德友谊杯”乒乓球邀请赛】** 2016年11月12日，由新区、市体育局主办的首届太仓“中德友谊杯”乒乓球邀请赛开赛，德国中心代表队、德国黑森州青年代表队、首都媒体代表队、上海市飓风代表队、麦克恩福流体技术（太仓）有限责任公司代表队及太仓新区代表队等16支代表队参加比赛。A组太仓高新区队、浙江宁波舜丰队、上海市朝露队分获前三名，B组上海飓风一队、上海飓风二队、首都媒体队分获前三名。太仓市计划把“中德友谊杯”乒乓球邀请赛作为一项常态化赛事，以乒乓球为媒介促进中德体育文化和经济贸易交流合作，增进中德两国人民友谊。比赛让更多的德国人走进太仓、了解太仓，对展示太仓良好城市形象、促进太仓体育事业发展和乒乓球运动开展起到推动作用。

（李青玉）

# 特色产业

**【精密机械】** 中德中小企业合作示范区是太仓市精密机械企业的主要聚集区，其中德资规模以上精密机械企业32家，包括一批主业突出、拥有自主知识产权和自主品牌、核心竞争力强的大企业，如通快机床、威格玛机械等在智能制造技术方面具有相当高的工业水平。2016年，全市精密机械产业通过产品创新、市场拓展、提高附加值等手段不断扩张，32家规模以上德资企业实现产值161.2亿元，较上年增长26%。

**【汽车配件】** 中德中小企业合作示范区拥有规模以上德资汽配企业21家，涵盖发动机零配件、底盘配件、仪表电器件、车身附件、通用件等各领域，从单纯的零配件制造，到产品研发设计，再到第三方检测，整个行业规模和产品附加值不断提升。2016年，随着汽车产业升级，舍弗勒等诸多汽配企业向新能源汽车产业链转移，21家规模以上德资企业实现产值183.9亿元，较上年增长27.3%，对经济发展的支撑、拉动作用明显。

7月11日，德国社民党代表团参观爱克奇换热技术（太仓）有限公司

（新区供稿）

## 2016年太仓市规模德企名录

表20

| 序号 | 单位名称 | 行业大类名称 |
|---|---|---|
| 1 | 爱科空气处理技术（苏州）有限公司 | 电气机械和器材制造业 |
| 2 | 博恩斯坦电子（太仓）有限公司 | 电气机械和器材制造业 |
| 3 | 飞势管道技术（太仓）有限公司 | 电气机械和器材制造业 |
| 4 | 康唯特空调太仓有限公司 | 电气机械和器材制造业 |
| 5 | 欧托凯勃汽车线束（太仓）有限公司 | 电气机械和器材制造业 |
| 6 | 太仓博泽汽车部件有限公司 | 电气机械和器材制造业 |
| 7 | 威赛家用电器（太仓）有限公司 | 电气机械和器材制造业 |
| 8 | 依克斯易速达型材（太仓）有限公司 | 电气机械和器材制造业 |
| 9 | 爱慕莎居家用品（太仓）有限公司 | 非金属矿物制品业 |
| 10 | 林德纳新型建筑材料（太仓）有限公司 | 非金属矿物制品业 |
| 11 | 德恩科电机（太仓）有限公司 | 计算机、通信和其他电子设备制造业 |
| 12 | 富科—思邦太阳能技术（太仓）有限公司 | 计算机、通信和其他电子设备制造业 |
| 13 | 海纳电阻器（苏州）有限公司 | 计算机、通信和其他电子设备制造业 |
| 14 | 海瑞恩精密技术（太仓）有限公司 | 计算机、通信和其他电子设备制造业 |
| 15 | 太仓阿托斯电气部件有限公司 | 计算机、通信和其他电子设备制造业 |
| 16 | 益技欧电子器件（中国）有限公司 | 计算机、通信和其他电子设备制造业 |
| 17 | 卓能电子（太仓）有限公司 | 计算机、通信和其他电子设备制造业 |
| 18 | 高迈特精密刀具（太仓）有限公司 | 金属制品业 |
| 19 | 汉亨（苏州）包装材料有限公司 | 金属制品业 |
| 20 | 萨普精密金属（太仓）有限公司 | 金属制品业 |
| 21 | 通快金属薄板制品（太仓）有限公司 | 金属制品业 |
| 22 | 宝适汽车部件（太仓）有限公司 | 汽车制造业 |
| 23 | 福缔汽车（太仓）有限公司 | 汽车制造业 |
| 24 | 福立希塑料精密制造（太仓）有限公司 | 汽车制造业 |
| 25 | 格堡汽车配件（太仓）有限公司 | 汽车制造业 |

续表 20

| 序号 | 单位名称 | 行业大类名称 |
|---|---|---|
| 26 | 慧鱼汽车系统（太仓）有限公司 | 汽车制造业 |
| 27 | 吉凯恩斯通马格传动技术（太仓）有限公司 | 汽车制造业 |
| 28 | 凯乐金霸紧固件（太仓）有限公司 | 汽车制造业 |
| 29 | 科络普线束技术（太仓）有限公司 | 汽车制造业 |
| 30 | 佩尔哲汽车内饰系统（太仓）有限公司 | 汽车制造业 |
| 31 | 慧鱼（太仓）建筑锚栓有限公司 | 铁路、船舶、航空航天和其他运输设备制造业 |
| 32 | 爱克奇换热技术（太仓）有限公司 | 通用设备制造业 |
| 33 | 安策阀门（太仓）有限公司 | 通用设备制造业 |
| 34 | 毕克礼斯精密部件(太仓)有限公司 | 通用设备制造业 |
| 35 | 汉德环保设备（太仓）有限公司 | 通用设备制造业 |
| 36 | 克恩—里伯斯（太仓）有限公司 | 通用设备制造业 |
| 37 | 克朗斯机械（太仓）有限公司 | 通用设备制造业 |
| 38 | 美名格—艾罗（太仓）纺织机械有限公司 | 通用设备制造业 |
| 39 | 舍弗勒（中国）有限公司 | 通用设备制造业 |
| 40 | 史杰克西热能设备（太仓）有限公司 | 通用设备制造业 |
| 41 | 苏州沃特节水产品有限公司 | 通用设备制造业 |
| 42 | 太仓科伦奇制冷系统有限公司 | 通用设备制造业 |
| 43 | 毅结特紧固件系统（太仓）有限公司 | 通用设备制造业 |
| 44 | 艾森文具用品（太仓）有限公司 | 文教、工美、体育和娱乐用品制造业 |
| 45 | 宝丽菲姆保护膜（苏州）有限公司 | 橡胶和塑料制品业 |
| 46 | 迪美斯（太仓）窗型材料有限公司 | 橡胶和塑料制品业 |
| 47 | 蓝浦树脂应用技术（太仓）有限公司 | 橡胶和塑料制品业 |
| 48 | 麦克—恩福流体技术（太仓）有限责任公司 | 橡胶和塑料制品业 |
| 49 | 慕贝尔汽车部件（太仓）有限公司 | 橡胶和塑料制品业 |
| 50 | 欧皮特传动系统（太仓）有限公司 | 橡胶和塑料制品业 |
| 51 | 瑞好聚合物（苏州）有限公司 | 橡胶和塑料制品业 |

续表20

| 序号 | 单位名称 | 行业大类名称 |
| --- | --- | --- |
| 52 | 裕克施乐塑料制品（太仓）有限公司 | 橡胶和塑料制品业 |
| 53 | 埃马克机床（太仓）有限公司 | 仪器仪表制造业 |
| 54 | 爱固机电（太仓）有限公司 | 仪器仪表制造业 |
| 55 | 孚尔默（太仓）机械有限公司 | 仪器仪表制造业 |
| 56 | 巨浪凯龙机床（太仓）有限公司 | 仪器仪表制造业 |
| 57 | 欧玛执行器（中国）有限公司 | 仪器仪表制造业 |
| 58 | 斯德拉马机械（太仓）有限公司 | 仪器仪表制造业 |
| 59 | 苏州托克斯冲压设备有限公司 | 仪器仪表制造业 |
| 60 | 通快机床（太仓）有限公司 | 仪器仪表制造业 |
| 61 | 伟思富奇环境试验仪器（太仓）有限公司 | 仪器仪表制造业 |
| 62 | 世泰科特种材料（太仓）有限公司 | 有色金属冶炼和压延加工业 |
| 63 | 太仓威尔斯—克恩·里伯斯新材料有限公司 | 有色金属冶炼和压延加工业 |
| 64 | 威尔斯新材料（太仓）有限公司 | 有色金属冶炼和压延加工业 |
| 65 | 阀安格水处理系统（太仓）有限公司 | 专用设备制造业 |
| 66 | 海尔曼超声波技术（太仓）有限公司 | 专用设备制造业 |
| 67 | 贺利氏电测骑士（太仓）有限公司 | 专用设备制造业 |
| 68 | 乐客精密工具（太仓）有限公司 | 专用设备制造业 |
| 69 | 欧亚瑟水艺（太仓）有限公司 | 专用设备制造业 |
| 70 | 普法夫工业缝纫机（太仓）有限公司 | 专用设备制造业 |
| 71 | 瑞好环境科技（太仓）有限公司 | 专用设备制造业 |
| 72 | 太仓克恩—里伯斯纺织元件有限公司 | 专用设备制造业 |
| 73 | 太仓摩丹卡勒多尼塑料机械有限公司 | 专用设备制造业 |
| 74 | 太仓威格玛机械设备有限公司 | 专用设备制造业 |
| 75 | 通快医疗设备（太仓）有限公司 | 专用设备制造业 |
| 76 | 温特图尔磨削技术（太仓）有限公司 | 专用设备制造业 |

（李青玉）

# 区域经济

## 工业经济运行

2月25日，太仓市召开全市经济工作会议　　（市经信委供稿）

【概况】　2016年，太仓市坚持稳中求进主基调，按照供给侧结构性改革总方向，应对宏观经济新常态，推动工业经济稳定运行，实现产业结构与效益新提升。全年全市累计完成工业总产值2550.26亿元，较上年下降4.0%，其中规模以上工业企业完成产值2040.22亿元，较上年增长1.4%。完成工业销售收入2415.69亿元，较上年下降2.8%，其中规模以上销售收入1963.57亿元，较上年增长2.7%；实现利润总额159.36亿元，较上年增长22.5%，其中规模以上企业利润总额153.67亿元，较上年增长21.4%；完成规模工业增加值455亿元，较上年增长4.7%。

**2016年太仓市各区镇工业总产值情况表**

表21　　单位：亿元

| 区镇 | 工业总产值 | 较上年（±%） | 区镇 | 工业总产值 | 较上年（±%） |
|---|---|---|---|---|---|
| 全市合计 | 2550.26 | −4.0 | 城厢镇 | 112.80 | 1.6 |
| 一、太仓港经济开发区 | 1659.10 | 0.8 | 沙溪镇 | 248.70 | −18.6 |
| 港区（含浮桥镇） | 793.60 | −5.3 | 浏河镇 | 130.46 | 0.0 |
| 新区 | 865.50 | 7.2 | 璜泾镇 | 276.40 | −19.7 |
| 二、乡镇 | 891.16 | −11.8 | 双凤镇 | 122.80 | 3.2 |

**2016年太仓市各区镇规模以上工业总产值情况表**

表22　　单位：亿元

| 区镇 | 工业总产值 | 较上年（±%） | 区镇 | 工业总产值 | 较上年（±%） |
|---|---|---|---|---|---|
| 全市合计 | 2040.22 | 1.4 | 城厢镇 | 859.35 | 1.6 |
| 一、太仓港经济开发区 | 1360.96 | 3.8 | 沙溪镇 | 186.63 | −3.8 |
| 港区（含浮桥） | 660.00 | 0.1 | 浏河镇 | 99.06 | 0.0 |
| 新区 | 700.96 | 7.5 | 璜泾镇 | 207.36 | −8.7 |
| 二、乡镇 | 679.26 | −3.1 | 双凤镇 | 100.27 | 4.4 |

## 2016年太仓市工业主要行业情况表

表23　　　　单位：万元

| 行业 | 企业数 | 产值 | 较上年（±%） | 主营业务收入 | 较上年（±%） | 利润 | 较上年（±%） | 利税 | 较上年（±%） | 资产 | 较上年（±%） | 出口产品交货值 | 较上年（±%） |
|---|---|---|---|---|---|---|---|---|---|---|---|---|---|
| 总计 | 1072 | 20402209 | 1.38 | 19635731 | 2.68 | 1536687 | 21.40 | 2134232 | 15.81 | 21089078 | 0.64 | 2957707 | 1.34 |
| 一、装备制造 | 285 | 6715640 | 7.31 | 6422867 | 8.03 | 595607 | 29.88 | 770104 | 22.02 | 7074285 | 5.87 | 1394780 | −3.73 |
| 高端装备 | 60 | 2758196 | 7.21 | 2613697 | 7.90 | 311052 | 28.21 | 388259 | 27.57 | 2465343 | 0.17 | 431819 | −26.52 |
| 新能源装备 | 18 | 1124598 | 4.57 | 1073241 | 8.26 | 81322 | 3.51 | 103119 | −12.24 | 1632084 | 7.90 | 244591 | 12.49 |
| 精密机械 | 207 | 2832846 | 8.55 | 2735930 | 8.07 | 203234 | 47.91 | 278726 | 33.17 | 2976858 | 9.91 | 718371 | 11.59 |
| 二、材料 | 286 | 5990094 | −5.08 | 5742366 | −3.91 | 281005 | 52.20 | 427122 | 31.26 | 5526641 | 5.84 | 724186 | 0.87 |
| 新材料 | 82 | 2930179 | −5.17 | 2645259 | −6.23 | 149928 | 130.23 | 217857 | 59.07 | 2781440 | 3.45 | 383536 | −1.95 |
| 金属加工 | 102 | 1441535 | −9.37 | 1474442 | −3.87 | 37511 | −2.87 | 68009 | 4.24 | 1441352 | 5.31 | 198087 | −4.66 |
| 石油化工 | 102 | 1618380 | −0.74 | 1622665 | 0.09 | 93566 | 15.68 | 141257 | 14.66 | 1303849 | 11.98 | 142563 | 19.78 |
| 三、生物技术和新医药 | 29 | 1008247 | 12.58 | 963729 | 9.55 | 260219 | 23.03 | 328885 | 21.62 | 1150265 | 18.56 | 172596 | 30.46 |
| 四、纺织化纤服装 | 314 | 2526629 | −3.31 | 2436613 | −2.19 | 36329 | 13.64 | 74644 | −3.06 | 1628351 | −9.06 | 186909 | −0.87 |
| 五、电力造纸 | 33 | 2029870 | −3.67 | 1952682 | −0.08 | 291193 | −14.56 | 402651 | −10.52 | 3712435 | 5.35 | 21669 | −16.60 |
| 六、电子信息 | 34 | 1077110 | 9.63 | 1066374 | 11.70 | 37548 | 18.62 | 64763 | 19.42 | 780605 | 3.56 | 320966 | 13.32 |
| 七、其他 | 91 | 1054619 | 10.08 | 1051099 | 14.02 | 34786 | 418.64 | 66063 | 90.19 | 1216495 | −39.56 | 136600 | 12.06 |
| 食品 | 13 | 258924 | 36.65 | 260148 | 41.89 | 5482 | 116.35 | 11255 | 31.27 | 232354 | −15.74 | 1969 | 29.04 |

## 2016年太仓市重点工业企业主要经济指标表

表24　　　　单位：万元

| 序号 | 企业名称 | 产值 | 较上年（±%） | 销售收入 | 较上年（±%） | 利润 | 较上年（±%） | 利税 | 较上年（±%） |
|---|---|---|---|---|---|---|---|---|---|
| | | 9021316 | 1.40 | 8547812 | 3.01 | 969579 | 13.20 | 1273355 | 12.69 |
| 占全市 | | 35.37 | 1.87 | 35.38 | 2.01 | 60.84 | −4.98 | 55.24 | −1.13 |
| 占规模企业 | | 44.22 | 0.01 | 43.53 | 2.08 | 63.10 | −5.33 | 59.66 | −1.27 |
| 一、装备制造产业 | | | | | | | | | |
| （一）高端装备 | | | | | | | | | |
| 1 | 舍弗勒（中国）有限公司 | 1143026 | 25.94 | 1148175 | 26.11 | 162239 | 65.96 | 173515 | 63.41 |
| 2 | 太仓中集 | 224299 | −27.13 | 148326 | −49.49 | 3964 | −84.07 | 14855 | −59.47 |
| | 太仓中集集装箱制造有限公司 | 59249 | −37.11 | 59809 | −32.97 | −2943 | — | −3550 | — |
| | 太仓中集冷藏物流装备有限公司 | 165049 | −22.73 | 88517 | −56.71 | 6906 | −72.11 | 18405 | −42.08 |
| 3 | 通快（中国）有限公司 | 119923 | −10.50 | 116600 | −5.23 | 13355 | 7.18 | 19294 | 33.86 |
| 4 | 江苏保捷锻压有限公司 | 110220 | −4.44 | 93536 | −4.48 | 3331 | 20.18 | 4290 | 2.94 |

续表24

| 序号 | 企业名称 | 产值 | 较上年(±%) | 销售收入 | 较上年(±%) | 利润 | 较上年(±%) | 利税 | 较上年(±%) |
|---|---|---|---|---|---|---|---|---|---|
| 5 | 博格华纳汽车零部件(江苏)有限公司 | 143035 | 14.60 | 143182 | 16.29 | 36854 | 23.90 | 46143 | 28.13 |
| 6 | 江苏扬子江海洋油气装备有限公司 | 106977 | 4.50 | 81455 | 118.18 | −1170 | — | −2608 | — |
| (二)新能源装备 | | | | | | | | | |
| 7 | 太仓协鑫光伏科技有限公司 | 287264 | −0.81 | 253885 | −4.09 | 12527 | −47.93 | 20606 | −27.24 |
| 8 | 奥特斯维能源(太仓)有限公司 | 175073 | 7.86 | 171319 | 20.35 | 2770 | 81.39 | 4718 | 104.93 |
| 9 | 天顺风能(苏州)股份有限公司 | 142932 | 12.14 | 140742 | 10.81 | 31388 | 34.92 | 33420 | 52.02 |
| 10 | 苏州天顺新能源科技有限公司 | 70925 | 6.53 | 64413 | −0.56 | 16876 | 68.58 | 19228 | 47.73 |
| (三)精密机械 | | | | | | | | | |
| 11 | 特灵空调系统(中国)有限公司 | 369837 | 2.15 | 314304 | −13.43 | 37460 | 16.51 | 44067 | 12.21 |
| 12 | 法可赛(太仓)汽车配件有限公司 | 112141 | 12.49 | 106786 | 9.11 | 5922 | −2.53 | 8269 | 4.58 |
| 13 | 太仓博泽汽车部件有限公司 | 66644 | 192.73 | 65742 | 188.77 | 3978 | — | 4855 | — |
| 14 | 润邦卡哥特科工业有限公司 | 105463 | 20.69 | 111739 | 44.08 | 10777 | 59.06 | 12787 | 5.99 |
| 15 | 和承汽车配件(太仓)有限公司 | 73846 | −18.05 | 76635 | −14.19 | 923 | −34.31 | 4030 | −22.55 |
| 二、材料产业 | | | | | | | | | |
| (一)新材料 | | | | | | | | | |
| 16 | 香塘集团有限公司 | 404875 | −22.31 | 389771 | −23.67 | 27233 | 61.13 | 30900 | 72.47 |
| 17 | 埃克森美孚(太仓)石油有限公司 | 241379 | −1.21 | 239426 | −2.38 | 41251 | 30.50 | 57532 | 20.67 |
| 18 | 中国石油天然气股份有限公司华东润滑油厂 | 268377 | −9.83 | 153131 | −18.52 | 5904 | 6987.03 | 12146 | −25.27 |
| 19 | 江苏德威新材料股份有限公司 | 196447 | 26.81 | 128310 | 19.44 | 8904 | 31.42 | 11957 | 40.42 |
| 20 | 旭川化学(苏州)有限公司 | 103227 | 2.57 | 103081 | −1.19 | 6865 | 46.20 | 10099 | 54.85 |
| (二)金属加工 | | | | | | | | | |
| 21 | 江苏仓环铜业股份有限公司 | 11955 | −92.94 | 127895 | −31.88 | 1370 | −67.29 | 2203 | −35.67 |
| 22 | 怡球金属资源再生(中国)股份有限公司 | 125730 | −19.23 | 128133 | −18.36 | −5005 | — | −6405 | — |
| 23 | 五矿邯钢(苏州)钢材加工有限公司 | 66828 | −18.21 | 65157 | −19.35 | −378 | — | 334 | −73.81 |
| (三)石油化工 | | | | | | | | | |
| 24 | 太仓东华能源燃气有限公司 | 442195 | −12.89 | 447207 | −12.50 | 2637 | 7.46 | 3643 | 254.39 |
| 25 | 碧辟(中国)工业油品有限公司 | 131821 | 1.20 | 136480 | 3.66 | 23362 | −9.44 | 37636 | −9.56 |
| 26 | 太仓中化环保化工有限公司 | 145578 | 0.59 | 106485 | 0.22 | 4404 | 17947.13 | 9074 | 9.21 |
| 三、生物技术和新医药产业 | | | | | | | | | |
| 27 | 江苏宝洁有限公司 | 497348 | 23.90 | 488976 | 24.54 | 224291 | 28.64 | 277221 | 27.20 |

续表24

| 序号 | 企业名称 | 产值 | 较上年（±%） | 销售收入 | 较上年（±%） | 利润 | 较上年（±%） | 利税 | 较上年（±%） |
|---|---|---|---|---|---|---|---|---|---|
| 28 | 苏州市宏达集团有限公司 | 122508 | −3.64 | 120488 | −0.95 | 3869 | −14.14 | 6970 | −8.24 |
| 29 | 雅本化学股份有限公司 | 45793 | 2.67 | 18765 | −46.97 | −299 | — | 193 | −95.97 |
| 30 | 安佑生物科技集团股份有限公司 | 32198 | 25.63 | 32577 | 4.57 | 11950 | 9.16 | 12029 | 9.77 |
| 四、纺织化纤服装产业 | | | | | | | | | |
| 31 | 雅鹿集团股份有限公司 | 442313 | −0.25 | 397052 | 3.90 | 16166 | −7.14 | 20950 | −9.56 |
| 32 | 拉夏贝尔服饰（太仓）有限公司 | 201720 | 28.99 | 204109 | 30.53 | 6305 | −45.20 | 17354 | −29.28 |
| 33 | 太仓利泰纺织厂有限公司 | 134299 | −1.17 | 131037 | −2.26 | 1315 | — | 1904 | — |
| 五、电力造纸产业 | | | | | | | | | |
| 34 | 玖龙纸业（太仓）有限公司 | 815420 | 4.38 | 761365 | 9.99 | 82560 | 38.59 | 124857 | 38.54 |
| 35 | 华能太仓发电有限责任公司 | 304850 | −6.79 | 304423 | −3.89 | 82388 | −19.02 | 107888 | −15.75 |
| 36 | 太仓港协鑫发电有限公司 | 270345 | −14.27 | 263894 | −3.42 | 65354 | −33.18 | 87969 | −29.27 |
| 六、电子信息产业 | | | | | | | | | |
| 37 | 太仓市同维电子有限公司 | 330003 | 4.88 | 327055 | 8.13 | 3588 | −39.22 | 13746 | 29.68 |
| 38 | 苏州荣文集团有限公司 | 78001 | −18.23 | 80179 | −10.61 | 4945 | 337.31 | 6166 | 72.20 |
| 39 | 太仓阿尔派电子有限公司 | 120940 | 36.09 | 119294 | 36.10 | 4238 | 39.50 | 5563 | 87.30 |
| 40 | 日立数据系统制造有限公司 | 62670 | 48.51 | 65652 | 68.71 | 1850 | −57.63 | 8550 | 27.28 |
| 七、其他产业 | | | | | | | | | |
| 41 | 佳格食品（中国）有限公司 | 127689 | 150.78 | 126438 | 225.59 | 1672 | 52.23 | 904 | −24.12 |
| 42 | 苏州口水娃食品有限公司 | 45201 | 15.69 | 44597 | 11.29 | 1647 | 57.91 | 4509 | 28.11 |

（高　雅）

# 制造业

## 产业情况

**【概况】** 2016年，太仓市重点发展装备制造、新材料、生物技术和新医药等三大新兴产业，新兴产业在全市经济和规模工业中占比提升较快。258家新兴产业企业实现工业产值1056.54亿元，较上年增长1.2%，占规模工业产值比重51.8%，较上年年底提高1.7个百分点。生物技术和新医药、新能源、智能电网和物联网产值较上年增幅均超10个百分点。全市六大产业产值呈“三升三降”态势，其中装备制造、生物技术和新医药、电子信息三大产业呈正增长，新材料、纺织化纤服装、电力造纸三大产业呈负增长。

**【装备制造产业】** 2016年，太仓市285家规模以上装备制造企业实现产值671.56亿元，较上年增长7.3%，拉动全市规模工业产值增长2.3个百分点，占全市规模工业比重32.9%。其中，60家规模以上高端装备制造企业实现产值275.82亿元，较上年增长7.2%。舍弗勒（中国）有限公司成为太仓市首家年产值突破百亿元的工业企业，全年实现产值114.30亿元，较上年增长25.9%。18家规模以上新能源装备企业实现产值112.46亿元，较上年增长4.6%。4家风电企业实现产值34.05亿元，较上年增长7.5%，10家光伏企业实现产值75.16亿元，较上年增长2.5%。207家规模以上精密机械企业实现产值283.28亿元，较上年增长8.6%。

**【新材料产业】** 2016年，太仓市286家规模以上材料企业实现产值599.01亿元，较上年下降5.1%，占全市规模工业产值比重的29.4%。其中，82家新材料企业实现产值293.02亿元，较上年下降5.2%。102家金属加工企业实现产值144.15亿元，较上年下降9.4%，产值下降面达50%。102家石油化工企业实现产值161.84亿元，基本与上年持平。

**【生物技术和新医药产业】** 2016年，太仓市29家规模以上生物技术和新

9月19日，太仓市举办娄东企业发展论坛，邀请清华大学教授作题为“新兴产业的发展与产融结合的创新”专题讲座　　（市经信委供稿）

医药企业实现产值100.82亿元，较上年增长12.6%。医疗仪器设备及器械制造板块虽规模较小，但产值增幅较大，达57.1%，通快医疗设备全年实现产值1.03亿元，康辉科技产值较上年增长53.6%。医药制造板块受国药集团致君制药等企业影响，产值较上年下跌4.8个百分点。

**【纺织化纤服装产业】** 2016年，太仓市314家规模以上纺织化纤服装企业实现产值252.66亿元，较上年下降3.3%。其中，56家纺织企业实现产值45.72亿元，较上年下降2.1个百分点。利泰“一带一路”建设成效初显，其新疆库尔勒一期100万锭项目全部建成投产，其他项目有序推进。198家化纤企业实现产值112.22亿元，较上年下降7.8%。申久化纤产业链成效凸显，成为家纺面料知名供应商。60家服装企业实现产值94.72亿元，较上年增长2.0%，其中拉夏贝尔全年完成产值20.17亿元，较上年增长29.0%。

**【电力造纸产业】** 2016年，太仓市33家规模以上电力造纸企业实现产值202.99亿元，较上年下降3.7%。华能、协鑫、国华三大电厂产值合计较上年减少8.17亿元，拉下电力板块产值3.9个百分点。15家造纸企业实现产值98.11亿元，较上年增长3.7个百分点。行业龙头企业玖龙纸业实现产值81.54亿元，较上年增长4.4个百分点。

**【电子信息产业】** 2016年，太仓市34家规模以上电子信息企业实现产值107.71亿元，较上年增长9.6%。行业领头羊企业同维电子不断加大研发投入，进一步夯实制造实力，全年实现产值33亿元，较上年增长4.9%。阿尔派电子全年实现产值12.09亿元，较上年增长36.1%。

（高　雅）

## 高新技术产业

**【概况】** 2016年，太仓市新增国家知识产权优势企业5家，通过国家知识产权管理体系认证企业32家，新认定高新技术企业73家、省民营科技企业166家、省科技企业上市培育计划入库企业8家、省企业知识产权管理贯标先进企业2家，新增苏州市“瞪羚计划”入库企业2家。

### 2016年太仓市新增各类科技企业一览表

表25

| 类　别 | 企业名称 | |
|---|---|---|
| 国家知识产权优势企业 | 太仓市康辉科技发展有限公司 | 苏州奥智智能设备股份有限公司 |
| | 苏州东南碳制品有限公司 | 苏州贯龙电磁线有限公司 |
| | 太仓荣文合成纤维有限公司 | — |
| 通过国家知识产权管理体系认证企业 | 安佑生物科技集团股份有限公司 | 苏州工讯科技有限公司 |
| | 苏州金纬化纤工程技术有限公司 | 苏州宏久航空防热材料科技有限公司 |
| | 苏州金纬机械制造有限公司 | 苏州东南佳新材料股份有限公司 |
| | 龙钜超洁净科技（苏州）有限公司 | 太仓市海丰金属制品有限公司 |
| | 太仓中化环保化工有限公司 | 太仓市海丰精密模具有限公司 |
| | 奥特斯维能源（太仓）有限公司 | 苏州金江铜业有限公司 |
| | 腾创益昂资讯科技（太仓）有限公司 | 太仓冠联高分子材料有限公司 |
| | 苏州大云塑料回收辅助设备有限公司 | 太仓市悦博电动科技有限公司 |
| | 苏州新亚科技有限公司 | 苏州迪芬德物联网科技有限公司 |
| | 苏州派欧技术咨询服务有限公司 | 苏州德能电机股份有限公司 |
| | 众华电子科技（太仓）有限公司 | 苏州腾迈信息科技有限公司 |
| | 太仓市金港植保器械科技有限公司 | 太仓市苏鑫机械设备有限公司 |
| | 太仓红码软件技术有限公司 | 苏州震科汽车部件有限公司 |
| | 雅本化学股份有限公司 | 苏州袭麟光电科技产业有限公司 |
| | 苏州寅初信息科技有限公司 | 苏州炬鼎工业炉有限公司 |
| | 苏州哈度软件有限公司 | 太仓贝斯特机械设备有限公司 |

续表25

| 类　别 | 企业名称 | |
|---|---|---|
| 高新技术企业 | 苏州海路生物技术有限公司 | 江苏绿捷机电科技有限公司 |
| | 苏州华益美生物科技有限公司 | 上海连成集团苏州股份有限公司 |
| | 苏州康吉诊断试剂有限公司 | 圣灌制药机械设备（苏州）有限公司 |
| | 太仓德宝玩具制品有限公司 | 苏州金纬中空技术有限公司 |
| | 太仓四方友信制桶有限公司 | 苏州晶特晶体科技有限公司 |
| | 太仓中集冷藏物流装备有限公司 | 苏州星宇测绘科技有限公司 |
| | 同高先进制造科技（太仓）有限公司 | 苏州雪诺机械制造有限公司 |
| | 苏州韦德韦诺电气科技有限公司 | 太仓博特精工机械设备有限公司 |
| | 苏州逾世纪生物科技有限公司 | 太仓帝亚尔雕刻制版有限公司 |
| | 太仓金汇再生资源有限公司 | 太仓金马金属构件有限公司 |
| | 太仓巨仁光伏材料有限公司 | 太仓市金阳气体有限公司 |
| | 太仓求精塑模有限公司 | 太仓希拓自动化设备有限公司 |
| | 太仓兴锋脚轮有限公司 | 太仓喜拿卡液压气动有限公司 |
| | 昂科生物医学技术（苏州）有限公司 | 新中联物流设施（苏州）有限公司 |
| | 博格华纳汽车零部件（江苏）有限公司 | 龙钜超洁净科技（苏州）有限公司 |
| | 德恩科电机（太仓）有限公司 | 苏州市科林除尘设备有限公司 |
| | 德特威勒（苏州）电缆系统有限公司 | 苏州市万松电气有限公司 |
| | 桂盟链条（太仓）有限公司 | 苏州英利汽车部件有限公司 |
| | 江苏通领科技有限公司 | 太仓安佑生物科技有限公司 |
| | 巨浪凯龙机床（太仓）有限公司 | 太仓市金新涂料有限公司 |
| | 骏伟塑胶制品（太仓）有限公司 | 太仓市三耐化工设备有限公司 |
| | 蓝海永乐（江苏）新材料有限公司 | 太仓天宇电子有限公司 |
| | 慕贝尔汽车部件（太仓）有限公司 | 太仓益鑫机床有限公司 |
| | 苏州艾泰普机械有限公司 | 吉翔宝（太仓）离型材料科技发展有限公司 |
| | 苏州波菲特新材料科技有限公司 | 苏州全新机械配件有限公司 |
| | 苏州东金机械金属有限公司 | 太仓碧奇新材料研发有限公司 |
| | 苏州久晶光电科技有限公司 | 铁王数控机床（苏州）有限公司 |
| | 苏州市世跃智能科技有限公司 | 苏州荣文库柏照明系统有限公司 |
| | 苏州他山石环保科技有限公司 | 太仓市天丝利塑化有限公司 |
| | 苏州优尼昂精密金属制造有限公司 | 比赫电气（太仓）有限公司 |
| | 太仓瑞鼎精密机械科技有限公司 | 辉泰（太仓）汽配有限公司 |
| | 太仓市同维电子有限公司 | 江苏优珀斯材料科技有限公司 |
| | 太仓源凯汽车配件有限公司 | 苏州东翔碳素有限公司 |
| | 奇纬光电新材料（中国）有限公司 | 苏州希普拉斯新材料有限公司 |
| | 苏州光蓝信息技术有限公司 | 苏州优金金属成型科技有限公司 |
| | 微时代信息技术（太仓）有限公司 | 太仓盖兹汽车零部件有限公司 |
| | 富乐压铸（太仓）有限公司 | — |
| 省科技企业上市培育计划入库企业 | 苏州捷赛机械股份有限公司 | 苏州迪芬德物联网科技有限公司 |
| | 苏州东南佳新材料股份有限公司 | 苏州晓谕精密机械股份有限公司 |
| | 苏州弘森药业股份有限公司 | 太仓天宇电子有限公司 |
| | 苏州德能电机股份有限公司 | 科益精密模塑（太仓）有限公司 |
| 省企业知识产权管理贯标先进企业 | 苏州贯龙电磁线有限公司 | 龙钜超洁净科技（苏州）有限公司 |
| 苏州市“瞪羚计划”入库企业 | 苏州宜安诺包装科技有限公司 | 苏州金韦尔机械有限公司 |

（周晓萍）

# 工业园区

**【太仓市生物医药产业园】** 太仓市生物医药产业园位于沙溪镇东北部，毗邻太仓港和建设中的沪通铁路。该园成立于2012年2月，是统筹全市生物医药产业发展而成立的高科技产业园区。园区实行“一园多区”，核心区规划占地面积9.73平方公里，首期建设2.93平方公里启动区。2015年5月，园区获评“现代服务业集聚区”称号；8月，被科技部火炬中心认定为“国家火炬特色产业基地”；10月，获评“中国服务外包产业集聚园区”称号；12月，被江苏省科技厅认定为“省级科技企业孵化器”。2016年9月，园区获评“太仓市生物医药中小企业创业特色园区”称号。截至2016年年底，太仓市共有生物医药企业80余家，其中生物医药产业园核心区落户生物医药企业30余家。全年全市规模以上生物医药企业实现产值54.43亿元，较上年增长2.83%。其中，化药、原料药版块实现产值31.97亿元，较上年下降6.74%；医疗器械版块实现产值10.81亿元，较上年增长19.24%；生物制药版块实现产值8.30亿元，较上年增长16.75%；研发孵化评价版块实现产值3.35亿元，较上年增长35.38%。 （张瑜佳）

太仓大学科技园外景 （2016年12月摄 科教新城供稿）

**【太仓大学科技园】** 太仓大学科技园隶属太仓市科教新城区，位于太仓市最南端，东南方与上海嘉定接壤，北依太仓市区和经济开发区，距太仓市中心约5公里，距上海市中心约45公里，距虹桥机场35公里。园区以上海第二工业大学和苏州健雄职业技术学院为依托，开放式吸引国内外各类高校和科研院所的优质资源，形成“多校一园、一园多区”建园模式。重点发展电子商务、电子竞技、“互联网+”、节能环保、文化创意、科技研发、服务外包等产业。2012年10月，太仓大学科技园正式开园，区内拥有智能监控服务体系和完备的基础配套设施。2016年，太仓大学科技园获评省级电子商务示范基地（园区）。

截至2016年年底，注册在园企业529家，实际入驻企业130家；其中电子商务相关企业61家，注册资本3.97亿元。园区集聚各级各类领军、重点人才73人；累计申请专利1686项，其中发明专利1208项，专利授权529项。 （陈　雯）

太仓市生物医药产业园核心配套区外景

（2016年12月摄 市生物医药产业园供稿）

**【太仓市科技产业园】** 太仓市科技产业园位于城厢镇西南部，东至204国道，西至昆山市界，南至太蓬公路，北至新浏河，规划面积10.5平方公里。园区主要发展装备制造、汽车配件、新材料等产业门类。产业园完成10.5平方公里控制性详规，一期基础设施基本完成。以高端装备、精密机械、新材料为特色的三大企业集群初步形成。2014年，获批“江苏省机电装备特色产业园”。2016年，完成工业投资20.9亿元，新引进超千万美元外资项目2个，德国亿迈齿轮扩产项目增资2000万欧元。5个市级以上重点项目全面开工，福地欧美工业园二期、天永机械电子（太仓）有限公司、苏州施必牢精密紧固件有限公司精密紧固件年内完成主体建设，中科院硅酸盐所完成一期厂房建设，面积6万平方米；欧博诺（中国）管路系统有限公司、上海圣灌机械设备有限公司、辛柏机械技术（太仓）有限公司等一批企业建成。 （张怡亮）

**【太仓市岳王科技创新产业园】** 太仓市岳王科技创新产业园位于沙溪镇南

6月，平谦（太仓）现代产业园一期竣工　　（王晓婷　摄）

部，前身为江苏太仓台资科技创新产业园，成立于2006年。园区内工业用地分为三大区，园区东部为一类工业用地，中部为二类工业用地，西部为一类工业发展预留地，规划总用地面积333.15公顷。园区规划成为苏州地区重要的高科技产业为导向的现代化工业园区。园区以精密机械、电子信息、汽车配件、现代物流和民生类产品为主导产业。截至2016年年底，园区开发建设面积161公顷；实际进驻企业87家，其中外商投资企业62家，内资企业25家；有规模以上企业26家，全年实现规模以上工业总产值24.45亿元。年内，占地面积31.18公顷的平谦（太仓）现代产业园一期竣工，布莱史塔粉末冶金制品（太仓）有限公司主体工程完工，奥普拉（太仓）塑料制品有限公司完成厂房装修及设备调试。

（沈建中）

**【太仓市沙溪镇新材料产业园】** 太仓市沙溪镇新材料产业园前身为太仓市沙溪工业开发区，位于沙溪镇东侧，成立于2001年3月，2011年经市政府批准，更名为太仓市沙溪镇新材料产业园。园区规划面积5平方公里，后期拓展园区规模，在沿江高速公路以西、锡太一级公路以北，规划1.37平方公里产业配套区。园区功能定位为太仓市一流的工业园区和苏州地区以新材料产业为导向的现代化工业园区，重点发展功能性差别化纤维新材料、新型高分子材料、有色金属材料等产业。园区发挥产业集聚效应，发展特色化、专业化、集约化、生态化，培育一批竞争力强、特色优势明显的产业群。初步形成以太仓振辉化纤有限公司、苏州金辉纤维新材料有限公司等为首的功能性差别化纤维新材料产业，以东又悦（苏州）电子科技新材料有限公司、苏州生富科技金属材料有限公司、太仓鑫昌光电材料有限公司等为首的电子、电气用有色金属材料产业，以江苏德威新材料股份有限公司、江苏三角洲塑化有限公司等为首的高分子电缆料和塑胶管材、板材产业。

截至2016年年底，园区入驻企业90家，其中外资企业28家，内资企业62家；规模以上企业27家，实现规模以上工业总产值27.74亿元。年内，江苏德威新材料股份有限公司获评国家重点研发专项项目、省重大成果转化项目，苏州金辉纤维新材料有限公司获评省社发项目，太仓沪试试剂有限公司获评国家高新技术企业、苏州市万松电气有限公司获评国家高新技术企业。

（沈建中）

**【苏州机电（浏河）优质产品生产示范区】** 苏州机电（浏河）优质产品生产示范区位于太仓长江口旅游度假区，机电产业是长江口旅游度假区工业主导产业。示范区依托机电特色产业基地平台，发展以机电产业为主、精密机械制造为辅的机电特色产业。围绕电气机械、器材、节能电机、特种电机等相关产品生产加工、检测等环节，通过引进高性能、高精度、高效能成套设备生产线和相应检测设备，形成机电特色产业链，带动零部件生产的规模扩张和产质提升。示范区拥有苏州市贯龙电磁线股份有限公司、苏州巨能发电配套设备有限公司、江苏保捷锻压有限公司、太仓海嘉车辆配件有限公司、太仓优尼泰克精密机械有限公司等机电类生产企业近30家，其中规模以上企业23家，占全镇规模工业企业总数23.71%。产值超10亿元企业2家，产值超亿元企业9家。2016年，示范区规模以上企业实现工业产值40.67亿元，占长江口旅游度假区规模工业总产值40.10%。江苏保捷锻压有限公司、太仓海嘉车辆配件有限公司、苏州贯龙电磁线有限公司、苏州巨能发电配套设备有限公司建立省级工程技术研究中心，保捷锻压、贯龙电磁线、巨能发电、海嘉汽配获评省级研究生工作站。苏州贯龙电磁线有限公司研发的低风速风电电机用定子绕组线关键技术获2016年省级重点研发计划，江苏保捷锻压有限公司获苏州创新先锋企业称号，太仓海嘉车辆配件有限公司获苏州科技进步奖，6家企业获高新企业认证，7件产品被认定为高新技术产品。示范区内企业累计拥有发明专利和实用新型专利100余件。

（顾　爽）

**【璜泾镇纤维新材料产业园】** 璜泾镇纤维新材料产业园位于璜泾镇鹿河管理区，处于太仓港与常熟港2个国家级经济技术开发区之间，占地面积3.02平方公里。园区以纤维新材料产业、临江产业和设备制造业作为主要发展方向，以“整合传统工业、接纳外迁企业、催生新兴产业”思路，分两期打造“百亿级企业、千亿级生态产业园区”。2016年，璜泾镇工业园区一期建设完成，落户企业26家；实现工业总产值40亿元。工业园区二期主要道路及配套设施抓紧建设，涉及面积86公顷。园区重点引进环保、精密机械、生物质设备等一批智能制造和现代服务业项目。

（姚巍峰）

# 服务业

## 综　述

**【概况】** 2016年，太仓市围绕“创新、协调、绿色、开放、共享”发展思路，推进服务业供给侧结构性改革，推进服务业转型升级，加快发展现代服务业，提高第三产业在国民经济中的比重。全年全市完成服务业增加值534.5亿元，较上年增长9.7%，占地区生产总值比重为46.3%，较上年提高1个百分点。服务业投资205.15亿元，较上年下降8.6%。年内，太仓市加大政府投入，优化产业结构，服务业总量规模继续保持稳步增长。鼓励服务业创新发展、促进服务业与制造业深度融合，推动城市智慧社区发展，构筑经济竞争优势，推动城市现代化进程发展。加快构建现代服务产业体系，《太仓市现代服务业“十三五”规划》编制完成，《服务业转型升级发展计划（2016—2018年）》获批实施。全市统筹推进省级服务业重点项目3个、苏州市级服务业重点项目8个、市级服务业重点项目11个。开展服务业推介展示和洽谈活动，举行2016年太仓（上海）招商投资说明会，签约服务业项目28个。发挥现代服务业集聚区效应，累计入区企业数1814个，就业人数1.9万人。累计培育认定总部企业21家，其中苏州市级10家。太仓物流园获评苏州市优秀服务业集聚区，天镜湖私募基金创业基地成为苏州市集聚区，佳格投资（中国）有限公司被认定为苏州市级总部企业。

**【现代物流】** 2016年，太仓市有限额以上（年营业收入200万元以上）物流企业169家，实现营业收入67.3亿元，较上年增长2%。全市列统物流企业实现增加值108.61亿元，按可比价格计算较上年增长3.9%。物流业增加值占全市地区生产总值9.41%，环比增长0.41%；全市物流业增加值占服务业增加值比重20.32%，环比增加1.02%。全年实现集装箱吞吐量408.1万标箱，较上年增长10.1%；货物吞吐量2.32亿吨，较上年增长13.8%；外贸货物吞吐量7472万吨，较上年增长12.7%。新辟和加密东南亚等集装箱航线13条，太仓港航线总数增加至183条，基本建成近洋直达集散中心。完善推广太仓口岸电子信息平台（EDI），推进港口智能调度中心建设，提升港口装备信息化、自动化水平。

**【消费市场】** 2016年，太仓市完成社会消费品零售总额287.31亿元，较上年增长8.5%。太仓市第8次入选长三角县域商业十强县市榜单。传统百货商场、实体店提档升级，华联商厦整修重新开业，新小商品市场搬迁开业。推动雅鹿等本地品牌、大型商场等传统商贸企业应用电子商务。整合苏州工业园区跨境电子商务资源，争取太仓港综保区开展跨境电子商务贸易。完善电子商务标准体系和快递服务质量评价体系，加强政策扶持。发展西本新干线、大宝赢等大宗商品互联网交易平台。规范电子商务业务经营环境，开展网络消费维权重点领域的监管执法，和谐电子商务消费环境。全年销售汽车2981辆，营业额4.8亿元，分别较上年增长16.08%和17.36%。

7月15日，太仓市召开“十三五”现代服务业发展规划评审会

（市发改委供稿）

**【服务外包】** 2016年，太仓市发挥“江苏省首批服务外包基地城市”品牌效应，全年完成服务外包接包合同额7.82亿美元，较上年增长10.1%；离岸执行额2.75亿美元，较上年增长1.2%。开发制药和生物技术研发测试平台及软件研发平台，打造新型服务外包载体和平台。年内，太仓高新技术产业开发区获评2016年省级优秀服务外包示范区。

**【旅游开发】** 2016年，太仓市旅游接待总人数524.65万人次，较上年增长8.0%；旅游总收入75.41亿元，较上年增长8.5%。太仓市支持乡村旅游板块体系建设，沙溪古镇景区服务业标准化试点被列为2016年度省级服务业（含社会管理和公共服务项目）标准化试点项目。推动沙溪古镇新一轮整体开发，协调沙溪镇与上海宝山福地在线旅游发展有限公司开展股份制合作。“太仓假日”品牌以“酒店+景点+工厂店”联合运作推进休闲度假旅游。打造德国风情休闲文化社区，万丰村德式生态环保农庄项目落地。面向上海打响“一小时去哪儿？去太仓”的太仓旅游宣传，与携程网合作开发“太仓+迪士尼”产品。引入“电动汽车分时租赁”项目，全市建成网点车位254个，投放电动汽车60辆。

**【资本市场】** 2016年，太仓市加大企业上市培育力度，推动企业上市融资，帮助符合条件的企业准备申报资料，督促获得资金扶持的企业用好专项资金，确保各项惠企政策落实到位。年内，全市“新三板”挂牌公司9家，累计上市挂牌企业25家。德威新材定向增发8043万股，募集资金6亿元。太仓东洋实业投资公司等3家公司获批债券合计53亿元。促进科技与金融融合发展，深化科技金融产品和服务创新，拓宽科技创新融资渠道。对接上海国际金融中心建设，完善金融服务体系。加快天镜湖私募基金创业基地等载体建设，吸引创新创业风险投资。拓展科技金融和互联网金融等新兴业态，解决中小企业融资难问题，扶持有实力的科技企业上市融资。探索开展科技企业信用体系建设，完善科技企业信用档案，降低科技融资风险。

**【房地产市场价格走势】** 2016年，太仓市累计销售商品房面积225万平方米，较上年增长66.1%。1—4月，全市房价相对平稳。5月，房价出现明显上涨势头。10月，商品住宅销售面积环比下降78.9%，销售均价12494元/平方米。11月，房价趋于稳定。（龚　岚）

## 商贸发展

**【概况】** 2016年，太仓市实现社会消费品零售额287.31亿元，较上年增长8.5%。全年全市商贸流通业创新进取，稳中有进。太仓市打造商贸品牌，全力促进消费升级。年内，举办“江海河三鲜美食节”系列活动，包括青年厨师技能比赛、商贸流通领域十佳岗位能手和十佳服务明星评比、表彰等，通过市民互动参与，评选最喜爱的菜肴，搭建烹饪技能交流平台，提高餐饮烹饪水平，弘扬太仓美食文化，打造休闲太仓品牌形象。全市8家重点商贸企业在国庆黄金周期间累计实现销售额9860万元。娄东街道娄江社区被评为苏州市级商业示范社区，成为太仓市第14个商业示范社区。9月，太仓市获评长三角县域商业十强县市。

*电子商务加速成长。*2016年，太仓市连续入围中国“电商百佳县”榜单，举办供给侧改革背景下电商发展方向、“双十一”讨论会、京东品牌商家招商会等专题活动10余次；协助举办首届太仓青年创业大赛，电商创业项目成为一大亮点。完善行业发展配套，引进阿里、京东等重点平台导入体系，培育省级电商示范园——太仓大学科技园、4家淘宝村等。培育电商新增长点，兑现年度电商扶持资金375.2万元，新涌现诺依曼、清雅科技、丽婴房、齐岳文具、和团商贸等一批年销千万元以上企业；“屋伏石单车”共享单车投人运营，与天猫和京东两大电商合作，建立自行售后服务平台并上线运作；沃古斯电子商务有限公司与苏州健雄职业技术学院合作引进京东商学院培训体系，开展人才培训。

*商贸业可持续发展。*2016年，太仓市抓好商贸重点项目建设，拉动消费惠民生，全市被列入苏州市重点商业建设项目5个，完成投资23.5亿元。做好汽车商会“五一”“十一”汽车展和“月星2016年百强县汽车巡展”等活动。服务商贸业转型，加强对百货商场、超市及各市场走访调研，华联天地扩建开业、新世界百货转型高端家电综合卖场。全年全市兑付本级商贸发展扶持资金155.5万元。加强内引外联，打造流通示范样本。组织8家商贸企业参加上海服务业招商说明会，与上海商联会签订战略合作协议。

*商贸领域安全生产。*全年全市通过宣传、联合检查、抽查、组织培训和安全生产促进月活动狠抓安全生产。太仓商贸行业开展安全生产（消防）检查，共检查商贸企业20余家，发现并整改各类安全隐患10余处，确保中秋、国庆等节日安全。举办安全生产（消防）培训和知识竞赛，丰富企业安全生产（消防）知识。举办安全生产（消防）演练，增强企业安全生产（消防）意识，掌握多种处置突发安全生产（消防）事故技能。

*商务领域执法监管。*太仓市建立商务综合行政执法信息管理平台，开展“双随机”工作机制，进一步规范执法流程管理，加快商务执法规范化、信息化建设。年内，市商务局联合市纪委对商业预付卡发卡单位在备案、资金存管监督、“三项制度”落实等方面进行执法检查。肉菜追溯体系各节点数据完整记录，主动与技术服务方、市场管理方沟通，确保追溯管理平台正常运行。

**【2016年太仓跨境电子商务产业生态大会】** 7月，为帮助太仓市传统外贸和制造企业通过“互联网+”拓展新空间，适应跨境电商外贸生态环境，摸准跨境电商未来发展方向，太仓市举办2016年太仓跨境电子商务产业生态大会，邀请跨境电商领域运营专家作题为《传统企业跨境转型》和《网络平台的极致运营》主题演讲。全市各区镇分管领导、相关企业负责人和跨境电商或外贸部门负责人、青商会和女企业家协会等商会协会会员单位共200余人参加会议。

**【江海河三鲜美食节弘扬太仓美食文化】** 3月12日，2016年中国·太仓旅游文化节暨江海河三鲜美食节开幕，该届美食节围绕“寻鲜之旅·乐享太仓”主题，开展首届沙溪古镇嘉年华活动，春到金仓湖、最美乡村范儿活动，现代农业园郁金香节、月季花节，“太仓美”旅游摄影作品品巡展，江海河三鲜民间厨艺赛，青年厨师烹饪技能比赛，同觉寺素食节和美食非遗进太仓等活动，邀请知名媒体、作家、美食家、旅游自媒体达人、驻太外籍人士举行采风、体验、报道活动，传播太仓美食文化。（李依婷）

## 物　流

**【概况】** 2016年，太仓市物流业增加值108.61亿元（按可比价格计算，下同），较上年增长3.9%，物流业增加值占全市地区生产总值9.41%，占全市服务业增加值20.32%。全年全市货物运输量1509万吨，较上年增长3.7%；货物运输周转量27.08亿吨公里，较上年增长5.5%；港口吞吐量2.32亿吨，较上年增长13.76%。其中：金属矿石8655万吨，较上年增长15.32%；煤炭6503万吨，较上年增长49.1%；木材661万吨，较上年增长3.9%；集装箱吞吐量408.1万标箱，较上年增长10.13%；物流业税收4.78亿元，较上年增长8.6%。

**【物流企业】** 2016年，太仓市有规模以上物流企业169家，从业人员7970人，营业收入总额67.3亿元，较上年增长2%。其中：太仓港经济技术开发区129家，占规模以上物流企业总数76.3%；营业收入总额62.7亿元，较上年增长6.5%，占规模以上物流企业营业收入总额的93.2%。全市年营业收入超5000万元以上物流企业32家；苏州依厂物流有限公司、苏州隆兴物流有限责任公司入选江苏省重点物流企业名单；6家企业获评为AAA级及以上物流企业。

【港口物流】 2016年，太仓港总泊位87个，其中万吨级以上泊位34个，集装箱专用泊位10个，设计吞吐能力1.45亿吨、435万标箱。全港航线总数增至183条，开辟与加密东南亚、日本等近洋航线3条，近洋航线总数增至22条，覆盖范围增加到近洋8个国家（地区）、22个港口，实现近洋港口全覆盖，完成省委、省政府下达建成近洋直达集散中心目标。协调争取内贸运输龙头企业支持，中谷海运、安通物流、宁波远洋等共开辟华南华北航线4条，内贸航线总数增至45条，覆盖范围增加到沿海20个主要港口。新开重庆、武汉、镇江、海安、浙北、苏南等6条长江（内河）支线，总数增至76条，覆盖范围增加到沿江和内河48个港口。

【物流载体】 2016年，太仓市物流载体形成规模，永德信物流三期项目、图辉物流园项目竣工投运；华东电子商务产业园、似鸟物流启动建设；明达物流园二期项目开工筹备；大健康冷链综合产业园项目、DB综合物流平台项目签订投资协议。截至年底，太仓物流园共建成物流载体面积68万平方米，堆场面积457万平方米，储罐容量125.33万立方米。年内，太仓港综合保税区运作海关业务报关单1.97万票，监管货值16.19亿美元，其中进出口总额8.06亿美元；引进商贸物流企业28家，注册资本4.28亿元，实现开票销售66.45亿元；太仓港综合保税区二期项目进入筹备阶段。截至2016年，太仓港获批进境水果指定口岸、进口粮食指定口岸、进境食用水生动物、进口肉类指定口岸资质和黑龙江省内贸货物跨境运输进境口岸。

【国内首家甲醇现货交易综合服务平台上线】 2016年7月12日，大宝赢甲醇商品交易平台上线运营，成为国内首家甲醇现货交易综合服务平台。该平台通过互联网集交易、物流、金融、仓储于一体，实现新型融资、融货等配套服务，开创甲醇现货交易综合服务新模式。截至年底，大宝赢电商交易平台注册企业客户约103家，日均交易额3000万～4000万元。

【物流公共服务平台】 2016年，物流园信息服务平台——太仓·物流网（www.tc56.org）基本建成基于电子政务、电子商务、电子物流三位一体公共信息平台，形成“货、港、船”三大功能区域。太仓港信息中心口岸公共信息平台建成集电子政务、电子通关、电子物流三位一体综合性信息化平台，形成“船、港、货”三大功能区域，会员单位500余家，平台操作员1000余人，基本涵盖太仓口岸所有查验单位、码头、代理以及理货等口岸经营、服务单位。年内，重点推进单一窗口项目建设实现并与省口岸对接，实现离港无纸化申报。太仓港口岸集中查验中心拥有国内最先进集装箱快速查验设备，实现海关、国检集中统一驻点办公和场地、检查设施共享共用。通过太仓港口岸集中查验服务中心建设，整合太仓口岸监管资源，减少企业投入，提高通关效率，降低企业运营成本。

**2016年太仓市营业收入超5000万元物流企业名单**

表26

| 序号 | 企业名称 | 序号 | 企业名称 |
|---|---|---|---|
| 1 | 太仓港集装箱海运有限公司 | 17 | 江苏长江石油化工有限公司 |
| 2 | 太仓武港码头有限公司 | 18 | 南通明洋船务代理有限公司太仓分公司 |
| 3 | 太仓国际集装箱码头有限公司 | 19 | 太仓港长海船务有限公司 |
| 4 | 江苏耀华物流有限公司 | 20 | 中国太仓船务代理有限公司 |
| 5 | 上海中海通储运有限公司太仓有限公司 | 21 | 江苏中远国际货运有限公司太仓分公司 |
| 6 | 招商局物流集团苏州有限公司 | 22 | 太仓市鑫龙运输有限公司 |
| 7 | 苏州现代货箱码头有限公司 | 23 | 太仓港正和兴港集装箱码头有限公司 |
| 8 | 中国太仓外轮代理有限公司 | 24 | 中国外运长江有限公司太仓分公司 |
| 9 | 太仓阳鸿石化有限公司 | 25 | 太仓玖龙运输有限公司 |
| 10 | 苏州美锦汇风能源投资有限公司 | 26 | 太仓港国际货运有限公司 |
| 11 | 太仓万方国际码头有限公司 | 27 | 太仓中海船务代理有限公司 |
| 12 | 苏州龙达国际货运代理有限公司 | 28 | 太仓港福人林产品开发有限公司 |
| 13 | 苏州依厂物流有限公司 | 29 | 苏州市捷特物流有限公司 |
| 14 | 太仓港上港正和集装箱码头有限公司 | 30 | 太仓瑞泰国际物流有限公司 |
| 15 | 中国邮政集团公司江苏省太仓市分公司 | 31 | 苏州华航物流有限公司 |
| 16 | 华能太仓港务有限责任公司 | 32 | 弗玛仓储（太仓）有限公司 |

### 2016年太仓市AAA级及以上物流企业名单

表27

| 序号 | 企业名称 | 评价指标 | 评定时间 |
|---|---|---|---|
| 1 | 江苏长江石油化工有限公司 | AAAA | 2010年 |
| 2 | 苏州依厂物流有限公司 | AAAA | 2011年 |
| 3 | 太仓武港码头有限公司 | AAAA | 2012年 |
| 4 | 太仓阳鸿石化有限公司 | AAAA | 2013年 |
| 5 | 中国太仓外轮代理有限公司 | AAA | 2010年 |
| 6 | 太仓万方国际码头有限公司 | AAA | 2012年 |

（王　晶）

## 旅　游

**【概况】** 2016年，太仓市旅游接待总人数524.65万人次，较上年增长8.0%；旅游总收入75.41亿元，较上年增长8.5%。接待海外旅游人数10.76万人次，较上年增长20.63%，其中外国人9.62万人次，较上年增长34.17%；中国香港、澳门和台湾地区1.14万人次，较上年下降34.86%。旅游景区接待人数402.84万人次，较上年下降2.87%（其中，金仓湖公园77.4万人次，沙溪古镇69.6万人次，现代农业园52.11万人次）。截至年底，全市共有省级旅游度假区1家，A级旅游景区5家，其中AAAA级2家、AAA级2家、AA级1家。共有星级乡村旅游点5家，星级“农家乐”4家，全国农业旅游示范点3家，苏州市级工业旅游示范点1家。共有旅行社14家，其中国际旅行社8家，三星级旅行社5家，二星级旅行社2家，持证导游79人。共有旅游饭店16家，其中五星级2家，四星级3家，三星级5家，二星级2家，另有国际品牌酒店和主题商务酒店各2家。共有“太仓假日”品牌签约工厂店15家。年内，太仓市旅游集散服务中心投运。10月29日，太仓市举办“千人游太仓”暨太仓市旅游集散服务中心投运仪式，同时向市场推出太仓东线、中线、西线一日游线路。

**【旅游规划编制】** 2016年，太仓市委托华东师范大学旅游规划与发展研究中心开展《太仓市旅游业“十三五”发展规划》编制工作，经过多次实地调研和征求意见，规划汇报稿文本基本完成。同时，在前期对全市乡村旅游充分调研基础上，起草《关于加快推进乡村旅游发展的三年行动计划》，该计划明确大力培育和扶持以休闲农业、乡村度假、古镇村落、特色民宿等为代表的乡村旅游新业态、新模式，推动乡村旅游由观光型向休闲度假复合型转变。起草《太仓市创建国家全域旅游示范区实施方案（征求意见稿）》，做好太仓篇章相关工作。

**【旅游项目培育】** 2016年，太仓市加强旅游项目培育工作。做好南园项目改造，提出“文修旅游”概念，增

### 2016年太仓市主要旅游节庆活动

表28

| 时间 | 节庆活动名称 | 主办单位 |
|---|---|---|
| 3月12日—5月31日 | 2016年中国·太仓旅游文化节暨江海河三鲜美食节 | 市旅游局、市商务局 |
| 5月19日 | “5•19”中国旅游日太仓主题宣传活动暨文明旅游志愿者队伍成立仪式 | 市旅游局 |
| 5月25日 | 第一届“太仓假日”杯运动会 | 市旅游局 |
| 7月14日 | “太仓假日”一周年庆暨电动汽车分时租赁项目启动 | 市旅游局 |
| 8月21日 | “一曲一瓷一花一茶”之优雅度夏活动 | 市旅游局 |
| 9月27日 | 第一届“太仓假日”杯烹饪大赛暨厨王争霸苏州太仓赛区预选赛 | 市旅游局 |
| 11月1—30日 | 2016年南园金秋菊展 | 市旅游局 |
| 11月13日 | “品味福地、畅游水乡”第九届双凤羊肉美食文化节 | 双凤镇、市旅游局 |
| 12月18日 | 紫菱奇石馆开馆仪式 | 市旅游局 |

加传统园林文化内涵和旅游功能。指导金仓湖公园继续加强国家AAAA级景区创建提升，对照《旅游景区质量等级的划分与评定》标准，对各大板块进行全方位提升。争取两岸民宿培训基地（学院）落户太仓，以民宿为平台共建两岸文化推广中心，举办台湾民宿与乡村文创发展经验研讨会暨太仓市首期乡村旅游发展培训班。申报电站村生态园创建省四星级乡村旅游区，半泾村天竹园和永丰村独溇小海创建省三星级乡村旅游区，年内均通过验收。紫菱奇石馆于12月18日对外开放，为太仓市增添文化艺术旅游景点。推进旅游厕所革命，加大对旅游景区和乡村旅游点厕所整改力度，建设完成旅游厕所6家。与太仓电信公司合作“旅游＋互联网”项目，构建旅游大数据采集、分析、监测和发布平台，实现主要旅游景区Wi-Fi全覆盖。全市共有33个项目进入旅游项目数据库，项目总投资3.38亿元，当年实际完成投资1.72亿元；沙溪镇半泾村原4栋空置民宅进行原地规划和设计为“田园生活馆”，成为太仓市第一家主题民宿；城厢镇电站村生态园加大投入，增加旅游配套设施，举办首届梦幻灯光节，吸引游客近15万人次。全年有6个项目累计获太仓市级旅游引导资金168.15万元，沙溪古镇污水改造工程获省级旅游引导资金50万元。

**【旅游节庆活动】** 2016年，太仓市围绕旅游文化节暨江海河三鲜美食节，先后策划开展旅游美食节开幕式、房车旅游团巡展、“中国好爸爸，太仓寻鲜亲子游”、沪上美食家太仓行、“赏金验客”大赛、旅游摄影展、青年厨师烹饪技能大赛、同觉寺素食文化节、太仓百姓厨艺大赛等系列活动，共吸引游客50万人次。同时指导各旅游景区开展沙溪古镇嘉年华、电站村风筝桃花节、独溇小海二月兰花海节暨首届垂钓节、现代农业园郁金香展、双凤羊肉美食节等丰富多彩的活动，取得较好反响。

**【“太仓美”旅游摄影大赛】** 2016年，太仓市与上海市、江苏省摄影家协会合作，组织摄影爱好者赴全市各大景区开展采风活动。为期一年的摄影大赛共分3季，收到参赛作品1万多幅，其中手机拍摄作品3000多幅，相机拍摄作品7000多幅，经专家层层把关，评选出全年度一等奖、二等奖、三等奖及优秀奖等各奖次。

**【太仓旅游推介】** 2016年，太仓市加强多渠道旅游推介。12月，“太仓＋迪士尼”旅游形象广告在青岛、连云港两大北方营销重点城市交通广播频道投播，更大范围宣传太仓。年内，太仓市参加苏州市第九届全民欢乐大比拼活动，获校园组亚军2项、社区组优秀表演奖和优秀组织奖。参加“苏州有礼”旅游商品设计大赛，太仓肉松等8件旅游特产商品获实物类铜奖等多个奖项。参加苏州广电会展中心举办的苏州旅游博览会，宣传“太仓假日”和“四季太仓”有关产品。参加苏州赴北京、天津北方旅游推介会及苏州秋冬季旅游产品赴广州、深圳、重庆、成都旅游推介会。组织全市5家主要景区参加2016年上海国际旅游交易会、南京国际度假休闲及房车展览会、苏州国际旅游节等大型推介活动。年内，进一步丰富完善太仓旅游宣传品，与上海《旅游时报》合作，编制《太仓旅游美食消费导刊》，发行5000册，在旅游文化美食节期间分发于各景点及酒店。重新修订太仓旅游交通地图，增印1万份，首次编制太仓旅游手绘地图（中、英、德三语版），发行1万份。制作《四季太仓》手册，将“太仓美”摄影大赛精选照片与太仓旅游重点信息整合制作，印制发行5000份。

**“太仓假日”签约工厂店一览表**

表29

| 名　称 | 签约时间 | 地　址 |
|---|---|---|
| 太仓雅鹿工厂店 | 2015年 | 太仓市郑和中路318号 |
| 苏州星期天鞋业有限公司 | 2015年 | 太仓市陆渡北工业区区中路39号 |
| 江苏城市恋歌服饰有限公司 | 2015年 | 太仓市陆渡北工业区区中路666号 |
| 苏州春竹羊绒制衣有限公司 | 2015年 | 太仓市浏家港飞马西路28号 |
| 苏州群鸿服饰 | 2015年 | 太仓市浏河镇闸南工业园区沪太路 |
| 太仓市中宸服饰有限公司（锦典） | 2015年 | 太仓市浏家港镇石化路8号 |
| 苏州安德露服装有限公司 | 2015年 | 太仓市浏河镇南海路2号 |
| 苏州祺美服装有限公司 | 2015年 | 太仓市新区青岛东路19号华信工业园 |
| 苏州马氏皮革制品公司 | 2015年 | 太仓市浏河镇闸南工业区 |

续表 29

| 名　称 | 签约时间 | 地　址 |
|---|---|---|
| 苏州托菲尼工厂店 | 2015 年 | 太仓市沙溪镇直塘直任路 79 号 |
| 太仓盛达服饰工厂店 | 2016 年 | 太仓市常胜北路 66 号 |
| 太仓港进口商品直销中心 | 2016 年 | 太仓市浮桥镇龙江路 290 － 2 号 |
| 威利世家工厂店 | 2016 年 | 太仓市双凤镇凤林路 16 号 |
| 锦超服饰工厂店 | 2016 年 | 太仓市浮桥镇老闸区通港路 188 号 |
| 玛雅家纺工厂店 | 2016 年 | 太仓市板桥无锡路 15 号 |

**【太仓旅游融入上海】** 2016 年，太仓市旅游工作立足融入上海，加强对上海的旅游宣传，投放旅游广告。10 月，在 2016 年太仓（上海）招商投资说明会上，太仓市委、市政府以“一小时去哪儿？去太仓”的旅游宣传口号作为招商推介语，该口号成为全市招商投资重要标语，扩大太仓对外宣传效应。春秋两季，太仓市加强在上海投放旅游广告，在上海地区广播 FM89.9、FM103.7 频道各投放为期 1 个月的冠名广告。面向上海 100 个社区，在上海《旅游情报》杂志、《解放日报》、上海旅游蓝页、上海旅游地图、苏州电视台《乐活 6 点档》等投放平面＋视频多种形式宣传广告，按季节进行主题更换，全年宣传太仓旅游形象品牌。年内，太仓市作为县级市入选长三角自驾游发展十强城市，市旅游局成为长三角专家委员会成员单位，并与上海自驾游机构策划“百车千人游太仓”活动，邀请好海旅行商及媒体到太仓踩线，体验“太仓假日”旅游品牌。发挥“携程旅游”作为大型在线旅行网站在产品与受众资源方面优势，结合携程太仓旅游旗舰店资源，推进“太仓＋上海迪士尼”自由行、跟团游产品线路，共设计线路 7 条，包含自由行 5 条、跟团游 2 条。

5 月 25 日，太仓市举办第一届“太仓假日杯”运动会　（市旅游局供稿）

**【“旅游＋”发展模式】** “旅游＋现代农业”融合发展。2016 年，太仓市探索旅游业与现代农业融合发展多种形式，发挥农业旅游在推动产业转型升级、改善生态文明等方面作用。市旅游局和市农委联合成立农旅融合发展协调小组，并制定具体工作方案，深化农旅融合力度，形成部门协调联动机制，“旅游＋现代农业”合作推动农业与旅游业做大做强。

“旅游＋体育”融合发展。太仓市以“太仓假日”冠名，首次尝试举办“太仓假日杯”运动会，共吸引 27 支队伍、454 人参加。“旅游＋体育”模式拉近各成员单位距离，更好地宣传“太仓假日”独有品牌，深化服务旅游企业内涵，放大太仓假日平台效应，提升“太仓假日”品牌凝聚力和生命力。

“旅游＋交通”跨界融合。市旅游局主动引入“电动汽车分时租赁”项目，7 月 14 日，举办该项目（太仓—上海）通车仪式。电动汽车在全市旅游行业进行试点后向全市各行业扩展，至年底，建成网点车位 254 个，投放电动汽车 60 辆。

**【旅游行业监管】** 2016 年，太仓市加强旅游行业监督管理工作。完善“太仓假日”品牌，整合旅游资源促转型，引导旅游行业焕发新活力，全年组织成员单位开展各类培训和座谈会 30 多次，探讨做大做强做实旅游品牌。指导娄东宾馆、陆渡宾馆、锦江国际大酒店开展四星级、五星级复核工作，年内全部通过复核。开展全市旅行社专项整治检查行动，重点整治各旅行社分公司、旅行社门市部。加强旅游综合执法和投诉受理工作。针对太仓市首次跨国（泰国旅游强制消费）旅游投诉案例，有针对性地进行多次调解，最终双方达成协议。举办《江苏省旅游条例》专题宣传贯彻讲座会，邀请业内专家为旅游企业专题授课辅导。发挥旅游行业协会职能，组织酒店分会相关负责人赴淮安市金湖县调研全域旅游发展先进经验及龙虾特色餐饮；组织景点分会相关负责人赴上海崇明考察乡村旅游、酒店

9月27日，太仓市举办第一届“太仓假日杯”烹饪大赛暨“厨王争霸”走进苏州太仓赛区活动　　（市旅游局供稿）

管理、民宿等方面先进经验；组织旅行社分会相关负责人赴无锡和苏州高新区进行新业态线路踩线考察，达成客源互送与共同发展协议。举办第一届“太仓假日杯”烹饪大赛暨《厨王争霸》走进苏州太仓赛区活动，吸引15家太仓知名旅游餐饮企业35名厨师参赛，促进互惠合作与共同发展；组织5家饭店参加“苏州厨王争霸比赛”，其中金陵花园酒店获预赛小组第一。地接旅游市场工作取得较大突破，沙溪天竹园生态农庄开创地接一日游、二日游“农家乐”线路，激活散客市场，浏河港湾假日大酒店、璜泾森林大酒店、陆渡桃园度假村开展相应活动，形成休闲太仓一日游、二日游良好局面，过夜游客数量日趋增多。

**【文明旅游宣传】** 2016年，太仓市开展文明旅游进社区、进学校互动活动，策划“5•19”中国旅游日宣传活动，成立太仓市文明旅游志愿者服务队伍。起草《太仓市游客不文明行为信息通报制度》，营造文明和谐的旅游环境。制作文明旅游和诚信经营宣传品，发放至各旅游企业。面向社会开展文明旅游知识问答活动，提高公众参与度。部署全市旅游行业开展创建全国文明城市测评迎检工作，确保各项指标达到标准。

**【旅游安全工作】** 2016年，太仓市牢固树立旅游安全底线思维，重要节假日期间加大旅游安全检查。与旅游企业签订2016年旅游生产安全责任书，建立安全员保障队伍。开展“旅游安全月”活动，全年共开展旅游行业消防安全生产工作检查20多次。组织开展旅行社、饭店、导游、消防安全、食品安全等各类培训，参加人数780多人次。加大旅游包车用车安全事故隐患督查排查，强化安全工作。落实节假日旅游值守和领导带班制度，确保旅游安全工作落到实处。

### 太仓市主要旅游景点一览表

表30

| 类别 | 名称 | 级别 | 颁布时间 | 地址 |
| --- | --- | --- | --- | --- |
| 度假区 | 长江口旅游度假区（包括江滩湿地公园、浏河古镇、园花园山庄、天妃宫、阅兵台等景区点） | 省级 | 2012年 | 太仓市浏河镇东部 |
| A级景区 | 现代农业园 | AAAA | 2012年 | 太仓市新港路与协星公路交叉口 |
| | 沙溪古镇 | AAAA | 2014年 | 太仓市沙溪镇白云路170号 |
| | 南园 | AAA | 2005年 | 太仓市南园东路7号 |
| | 弇山园 | AAA | 2005年 | 太仓市城厢镇县府西街40号 |
| | 张溥故居 | AA | 2008年 | 太仓市新华西路57号 |
| 水利风景区 | 金仓湖公园 | 国家级 | 2009年 | 太仓市新毛区新兴东路100号 |
| | 双凤生态园 | 省级 | 2014年 | 太仓市双凤双浮线与中心路交叉口 |
| 乡村旅游点 | 现代农业园 | ★★★★ | 2011年 | 太仓市新港路与协星公路交叉口 |
| | 双凤生态园 | ★★★ | 2014年 | 太仓市双凤双浮线与中心路交叉口 |
| 休闲农庄 | 现代农业园 | 国家级 | 2015年 | 太仓市新港路与协星公路交叉口 |

续表 30

| 类别 | 名称 | 级别 | 颁布时间 | 地址 |
|---|---|---|---|---|
| 星级农家乐 | 天竹园生态农庄 | ★★★★★ | 2009 年 | 太仓市沙溪镇沙南路 188 号 |
| | 嘉乐农庄 | ★★★★ | 2009 年 | 太仓市昆太路 889 号 |
| | 雅园酒店 | ★★★ | 2009 年 | 太仓市城厢镇电站村 |
| | 川湾饭店 | ★★★ | 2009 年 | 太仓市新湖镇建湖西路 28 号 |
| 农业旅游示范点 | 艳阳农庄 | 国家级 | 2006 年 | 太仓市新港路现代农业园内 |
| | 园花园山庄 | 国家级 | 2009 年 | 太仓市浏河镇新闸村 |
| | 电站村生态园 | 国家级 | 2008 年 | 太仓市城厢镇电站村 |
| 其他景区 | 郑和公园 | — | — | 太仓市港区滨江大道与南环路交叉口 |
| | 天镜湖公园 | — | — | 太仓市太平新路与文治路交叉口 |
| | 西庐园 | — | — | 太仓市城厢镇昆太路附近 |
| | 华丽菲尼克斯度假村 | — | — | 太仓市双凤镇双园路华丽大道 888 号 |
| | 东林村 | — | — | 太仓市城厢镇东林村 |
| | 万丰村 | — | — | 太仓市城厢镇万丰村 |
| | 三市村 | — | — | 太仓市浮桥镇三市村 |
| | 杨漕村 | — | — | 太仓市璜泾镇杨漕村 |

**太仓市主要旅游饭店一览表**

表 31

| 类别 | 名称 | 级别 | 颁布时间 | 地址 |
|---|---|---|---|---|
| 星级酒店 | 金陵花园酒店 | ★★★★★ | 2005 年 | 太仓市城厢镇人民北路 11 号 |
| | 锦江国际大酒店 | ★★★★★ | 2008 年 | 太仓市上海东路 89 号 |
| | 陆渡宾馆 | ★★★★ | 2008 年 | 太仓市郑和中路 78 号 |
| | 娄东宾馆 | ★★★★ | 2009 年 | 太仓市县府街 6 号 |
| | 世代大酒店 | ★★★★ | 2009 年 | 太仓市县府东街 30 号 |
| | 青草湖度假村 | ★★★ | 2004 年 | 太仓市浏家港飞马路 88 号 |
| | 港湾假日酒店 | ★★★ | 2005 年 | 太仓市浏河镇郑和路 888 号 |
| | 鎏渊大酒店 | ★★★ | 2006 年 | 太仓市长春路 166 号 |
| | 香江假日酒店 | ★★★ | 2010 年 | 太仓市太仓港华苏路 18 号 |
| | 新小地方大酒店 | ★★★ | 2013 年 | 太仓市浏河镇郑和北路 188 号 |
| | 星晨大酒店 | ★★ | 2002 年 | 太仓市太平南路 78 号 |
| | 森林大酒店 | ★★ | 2006 年 | 太仓市璜泾镇园林路 8 号 |
| 国际品牌酒店 | 宝龙福朋喜来登酒店 | — | 2010 年 | 太仓市上海东路 288 号 |
| | 华旭假日酒店 | — | 2012 年 | 太仓市新华西路 9 号 |
| 主题酒店 | 郑和国际酒店 | — | 2010 年 | 太仓市太仓港北环路 18 号 |
| | 玫瑰庄园 | — | 2010 年 | 太仓市新港路现代农业园内 |

**太仓市主要旅行社一览表**

表 32

| 类别 | 名称 | 级别 | 颁布时间 | 地址 |
|---|---|---|---|---|
| 国际旅行社 | 顺达国际旅行社 | ★★★ | 2013 年 | 太仓市长春南路金色江南会所商铺 01 号 |
| | 国贸国际旅行社 | ★★★ | 2013 年 | 太仓市长春南路金色江南商铺 03 号 |
| | 红太阳国际旅行社 | ★★★ | 2013 年 | 太仓市县府东街 28-3 号 |
| | 金色阳光国际旅行社 | ★★★ | 2014 年 | 太仓市上海东路 1 号上海国际广场 1-409 |
| | 新世纪国际旅行社 | ★★★ | 2014 年 | 太仓市郑和西路 31 号 |
| | 华夏国际旅行社 | ★★ | 2013 年 | 太仓市人民南路 30-1 号 |
| | 春秋国际旅行社 | — | — | 太仓市惠阳路 247 号 |
| | 山水国际旅行社 | — | — | 太仓市太平南路 18 号上城国际 430 室 |
| 国内旅行社 | 春之旅旅行社 | ★★ | 2013 年 | 太仓市上海西路 44-5 号 |
| | 天马旅行社 | — | — | 太仓市太平南路 18 号上城国际 808 室 |
| | 信天游旅行社 | — | — | 太仓市上海东路 77 号五洋广场 1 号楼 1208 室 |
| | 风之旅旅行社 | — | — | 太仓市公园弄 11 号 |
| | 苏州雄狮旅行社 | — | — | 太仓市城厢镇花墙村太丰工业小区 |
| | 青新假日旅行社 | — | — | 太仓市城厢镇东港路 7-6 号 |

（陈启洪）

# 金　融

## 银　行

**【概况】** 2016 年，太仓市银行业金融机构（不含异地支行）本外币各项存款余额 1440.09 亿元（数据来源银监太仓办。下同），较上年增加 128.61 亿元，增长 9.81%；本外币各项贷款余额 1255.13 亿元，较上年增加 88.45 亿元，增长 7.58%；全市银行业金融机构实现利润 26.87 亿元，较上年减少 4.12 亿元，下降 13.29%。截至年底，全市银行业金融机构（不含异地支行）不良贷款余额 16.76 亿元，较上年增加 5.31 亿元，不良贷款率 1.34%，较上年增加 0.36 个百分点。

**【银行机构】** 2016 年年末，太仓市共有银行机构 27 家，其中，法人机构 2 家，分别是太仓农村商业银行和太仓民生村镇银行；非法人机构 25 家，非法人机构中，政策性银行 1 家，国有商业银行 5 家，股份制商业银行 10 家，城市商业银行 7 家，港资银行 1 家，邮政储蓄银行 1 家。全市营业网点 199 个（不含异地支行），较上年减少 2 个，其中，新增太仓民生村镇银行支行 1 家，增设浦发小微支行 1 家，终止营业支行 4 家，分别是工行 2 家、交行 1 家及邮储银行 1 家。全市银行业从业人员 3030 人。

**2016 年太仓市银行业金融机构网点、人员情况表**

表 33

| 机构名称 | 小计（家） | 总行（家） | 分行（家） | 支行（家） | | 社区支行（家） | 小微支行（家） | 分理处（家） | 营业所（家） | 从业人员（人） | 备注 |
|---|---|---|---|---|---|---|---|---|---|---|---|
| | | | | 一级支行 | 二级支行 | | | | | | |
| 人民银行 | — | — | — | — | — | — | — | — | — | 35 | — |
| 银监会 | — | — | — | — | — | — | — | — | — | 2 | — |
| 农业发展银行 | 1 | — | — | 1 | — | — | — | — | — | 18 | 政策性银行 |
| 工商银行 | 14 | — | — | 1 | 13 | — | — | — | — | 257 | 国有商业银行 |
| 农业银行 | 27 | — | 1 | 21 | — | — | — | 5 | — | 429 | |
| 中国银行 | 17 | — | 1 | 16 | — | — | — | — | — | 369 | |

续表33

| 机构名称 | 小计（家） | 总行（家） | 分行（家） | 支行（家） | | 社区支行（家） | 小微支行（家） | 分理处（家） | 营业所（家） | 从业人员（人） | 备注 |
|---|---|---|---|---|---|---|---|---|---|---|---|
| | | | | 一级支行 | 二级支行 | | | | | | |
| 建设银行 | 17 | — | 1 | 12 | — | — | — | 4 | — | 311 | 国有商业银行 |
| 交通银行 | 2 | — | 1 | 1 | — | — | — | — | — | 42 | |
| 中信银行 | 2 | — | — | 1 | 1 | — | — | — | — | 40 | 股份制商业银行 |
| 光大银行 | 1 | — | — | 1 | — | — | — | — | — | 23 | |
| 华夏银行 | 1 | — | — | 1 | — | — | — | — | — | 34 | |
| 招商银行 | 2 | — | — | 1 | — | 1 | — | — | — | 31 | |
| 浦发银行 | 3 | — | — | 1 | — | — | 2 | — | — | 43 | |
| 民生银行 | 2 | — | — | 1 | — | — | 1 | — | — | 41 | |
| 兴业银行 | 3 | — | — | 1 | — | 2 | — | — | — | 26 | |
| 广发银行 | 1 | — | — | 1 | — | — | — | — | — | 15 | |
| 恒丰银行 | 1 | — | — | 1 | — | — | — | — | — | 27 | |
| 浙商银行 | 1 | — | — | 1 | — | — | — | — | — | 39 | |
| 江苏银行 | 2 | — | — | 1 | 1 | — | — | — | — | 46 | 城市商业银行 |
| 宁波银行 | 1 | — | — | 1 | — | — | — | — | — | 35 | |
| 上海银行 | 1 | — | — | 1 | — | — | — | — | — | 23 | |
| 南京银行 | 1 | — | — | 1 | — | — | — | — | — | 21 | |
| 苏州银行 | 5 | — | — | 1 | 4 | — | — | — | — | 70 | |
| 浙江泰隆银行 | 2 | — | — | 1 | 1 | — | — | — | — | 28 | |
| 江西银行 | 1 | — | — | 1 | — | — | — | — | — | 20 | |
| 太仓农商行 | 59 | 1 | — | 31 | — | — | — | 27 | — | 780 | 农村商业银行 |
| 民生村镇银行 | 4 | 1 | — | 3 | — | — | — | — | — | 86 | 村镇银行 |
| 汇丰银行 | 1 | — | — | 1 | — | — | — | — | — | 6 | 港资银行 |
| 邮政储蓄银行 | 36 | — | — | 1 | 4 | — | — | — | 31 | 234 | 邮政储蓄 |
| | 208 | 2 | 4 | 105 | 24 | 3 | 3 | 36 | 31 | 3131 | — |

说明：农村商业银行含9家异地机构（6家支行、3家分理处），从业人员101人

（杨　玲）

**【中国人民银行太仓市支行】** 2016年，太仓市银行业金融机构本外币各项存款余额1440.09亿元（数据来源人行太仓市支行。下同），较上年增加128.79亿元，增长9.82%；本外币各项贷款余额1255.13亿元，较上年增加89.15亿元，增长7.65%。全市社会融资总量新增113.64亿元，较上年减少18.56亿元，下降14.04%。全市银行业金融机构实现利润26.87亿元，较上年减少4.13亿元，下降13.31%。年内，人行太仓市支行推动金融改革创新，完善金融稳定协调机制，统筹推进金融监管合作。加强对地方法人金融机构流动性风险监测分析，掌握常备借贷便利工具操作流程，做好地方法人机构开展流动性风险互助互救工作，加强对相关行业和企业互保联保情况风险监测预警。推进金融生态建设，做好2016年度金融生态环境综合评估。加强“两综合两管理”（综合执法检查、综合评价和开业管理、营业管理）工作，完成南京银行太仓支行、太仓民生村镇银行浏河支行开业审核、现场验收。继续做好太仓农商行、太仓民生村镇银行2家法人金融机构的保费缴存工作。

**【国库支付业务】** 2016年9月，人

行太仓市支行在全国范围内率先完成人民银行办理乡镇国库直接支付业务试点。系统上线后，浏河乡镇金库成功办理预算内、外资金无纸化直接拨款3212笔，金额3.02亿元。全年共办理各级预算收入428.34亿元，办理各类凭证189.95万笔，办理拨款300.74亿元，办理退库40.46亿元。加强货币政策执行，强化银企对接，引导银行机构优化信贷资源配置，督促银行机构对战略性新兴产业、科技服务企业、“三农”等实体经济支持。为涉农法人金融机构向上争取支农再贷款额度，全年共争取支农再贷款额度1.3亿元。

9月28日，太仓市举办银行业外汇业务技能竞赛　（中行太仓分行供稿）

**【农村金融改革】** 2016年，人行太仓市支行以全国农村土地经营权抵押贷款为契机，建立健全试点工作推进机制。2月，太仓市成立农村承包土地经营权抵押贷款试点工作协调小组，印发《太仓市农村承包土地经营权抵押贷款推进方案》。6月，太仓市通过人行南京分行“两权”抵押贷款试点督察小组督察。下半年进一步增量扩面，从原有太仓农商行扩展至4家银行，全年共发放土地承包经营权抵押贷款1.21亿元，惠及农场专业合作社18家，土地4073.33公顷。

**【社保基金招标管理】** 2016年，人行太仓市支行加强与市财政局等相关部门沟通，推进社保资金管理改革。制定《太仓市本级财政性资金定期存款招投标管理办法（试行）》，推进社保基金招标管理，完成招投标2次，金额25亿元，利率均高于三年期基准利率30%以上，实现社保基金增值目标。

**【人民币满意工程建设】** 2016年，太仓市共投放小面额货币20元以下（含20元）1309.71万元，满足社会各界结算支付需求。督促商业银行进一步做好社会商用点验钞机升级及新版人民币识别培训。依法收缴假币5968张（枚），金额39.56万元。

**【征信管理】** 2016年，人行太仓市支行加强企业征信系统运行管理，做好个人征信服务和机构信用代码推广应用工作，受理企业信用报告查询838份，受理个人信用报告查询3万份。开展征信知识宣传，与《太仓日报》及太仓电视台《娄东民生》栏目合作对征信服务权益保护进行现场采访。6月14日，举办“珍爱信用记录·享受幸福人生”系列征信宣传活动，增强广大市民和企业主守信责任感。

**【外汇管理】** 2016年，人行太仓市支行推行全口径跨境融资宏观审慎管理，落实符合条件企业举借外债实际需求。加强外汇及跨境人民币流动双向平衡管理，防范跨境资金流动风险。疏通跨境融资渠道，服务中小企业发展。支持企业跨境融资，规范人民币境外放款业务。组织跨境人民币创新业务试点推广培训会，开展“跨境人民币政策宣传月”活动。举办太仓市银行业外汇业务技能竞赛，全市20家开办外汇业务银行共40名选手参赛。全年全市结汇32.34亿美元，较上年增长5.23%，售汇28.43亿美元，较上年减少2.16%。全市跨境涉外收入65.56亿美元，较上年减少17.1%，跨境对外支出78.23亿美元，较上年减少11.66%。跨境人民币结算总量144.41亿元，较上年下降17.26%，其中收入43.1亿元，较上年下降44%，支出101.31亿元，较上年增长3.83%。

## 2016年太仓市金融机构本外币信贷收支表

表34

| 项　目 | 年末余额（亿元） | 较上年增减 | | 项　目 | 年末余额（亿元） | 较上年增减 | |
|---|---|---|---|---|---|---|---|
| | | 增减数（亿元） | 增减（%） | | | 增减数（亿元） | 增减（%） |
| 各项存款 | 1440.09 | 128.79 | 9.82 | 各项贷款 | 1255.13 | 89.15 | 7.65 |
| 其中：1. 住户存款 | 529.29 | 39.00 | 7.95 | 其中：1. 住户贷款 | 332.96 | 105.83 | 46.59 |
| 2. 非金融企业存款 | 639.21 | 85.96 | 15.54 | 2. 非金融企业及机关团体贷款 | 921.72 | −16.32 | −1.74 |

说明：1. 该表统计机构包括中国人民银行、政策性银行、国有商业银行、其他商业银行、城市商业银行、农村商业银行、邮政储蓄银行

2. 该表来源于信贷统计资料

（张　悦）

## 2016年太仓市银行业金融机构不良贷款分类情况表

表35

| 金融机构 | 年末贷款余额（亿元） | 年末不良贷款余额（亿元） | 年末不良贷款率（%） |
|---|---|---|---|
| 政策性银行 | 8.17 | 0.39 | 4.76 |
| 国有商业银行 | 733.06 | 7.69 | 1.05 |
| 股份制商业银行 | 206.89 | 4.02 | 1.94 |
| 城市商业银行 | 109.87 | 0.58 | 0.52 |
| 农村商业银行 | 159.30 | 3.98 | 2.50 |
| 村镇银行 | 9.87 | 0.10 | 1.02 |
| 外资银行 | 0.61 | 0 | 0 |
| 邮政储蓄银行 | 27.35 | 0.06 | 0.02 |
| 合计 | 1255.13 | 16.76 | 1.34 |

说明：1. 农村商业银行贷款余额及不良贷款余额中不包括异地支行

2. 因四舍五入导致分项数与合计数不一致

**【苏州银监分局太仓监管办事处】** 2016年，银监太仓办坚持服务实体经济原则，支持企业自主创新行动计划，推出各种创新产品，为实体经济提供金融服务。截至年底，太仓市421家企业在苏州综合金融服务平台获得授信193.50亿元，其中“信保贷”产品授信2.26亿元。年内，开展农村“两权”抵押贷款试点，太仓农商行、农行太仓支行成功办理该项业务，全年累计发放土地承包经营权抵押贷款59笔。引导银行优化手续，简化中间环节，实现一次授信、循环使用，降低企业融资成本，要求银行定期反馈落实情况。降低困难企业利率水平，协调银行对部分困难企业下调利率，降低困难企业财务成本。降低或减免金融服务收费，降低企业融资成本，年内共减少或整合服务收费项目410个，减少服务收费约5700万元。分类帮扶，用好债权人委员会平台。把不良贷款监测作为重点工作，按月统计监测辖内银行业金融机构不良贷款和大额授信风险企业情况。重点关注纺织行业风险情况，督促银行对该行业实现风险控制，全年共处置不良贷款16.76亿元。防范社会金融风险输入传染，配合市金融办摸排P2P网络借贷情况，组织银行人员参加现场检查。组织辖内银行开展防范打击非法集资宣传月活动。做好市场准入初审，促进银行机构入乡进区，太仓民生村镇银行迁址至科教新城，新设太仓民生村镇银行浏河支行，完善村镇银行在乡镇布局，新设浦发银行太仓城厢小微支行，促进其为小微企业提供金融服务。

（杨　玲）

**【中国农业发展银行太仓市支行】** 2016年，农发行太仓市支行对国家产业政策支持的重点行业、重点企业及对宏观经济和区域经济具有带动作用的重点项目、重点工程、重点客户，加强信贷综合服务。4月13日，农发行太仓市支行投放首笔土地规模经营短期贷款5000万元，用于双凤镇土地流转及规模经营物化费用等。年内，农发行太仓市支行统筹政策性收购和市场性收购，确保全市夏粮收购工作顺利开展。根据市粮食局、市财政局、农发行太仓市支行三方联合发文，进行政策性收购地产小麦2000万公斤，价格2.36元／公斤，采用市场化收购方式，所需资金4720万元，企业申请小麦收购贷款4700万元。根据三方联合发文及省行批复，该笔贷款采取信用方式，向上级行提交审核报批流程，始终遵循“钱等粮”原则。

（张媛媛）

**【中国工商银行股份有限公司太仓支行】** 至2016年年底，工行太仓支行本外币各项存款余额108.55亿元，较年初新增12.63亿元；本外币各项贷款余额150.72亿元，较年初减少1.98亿元。2016年实现拨备前利润4.02亿元，实现净利润2.24亿元。全市共有营业网点14个、自助银行（点）34个，年内完成营业部、市区支行、沙溪支行3个智能网点建设并投产。工行太仓支行加强信贷管理，做好不良清收处置和潜在风险贷款压降。加强外部欺诈风险防控，年内防堵假银行承兑汇票3起、假存单1起、伪冒证件3起，防范电信诈骗4起，为客户挽回经济损失8.59万元。

6月4日，工行太仓支行联合苏艺画室开展"工银宝贝成长杯"少儿美术创意大赛太仓赛区活动　（钱健　摄）

**【中国工商银行股份有限公司太仓支行金融服务】** 2016年，工行太仓支行做好重点企业和项目的信贷支持，年内投放公司贷款86.37亿元，其中项目贷款17.46亿元、流动资金贷款67.68亿元、房地产开发贷款投放1.22亿元。年内投放个人贷款23.35亿元，其中个人住房贷款18.88亿元、自助质押贷款4.38亿元。通过工银家装分期、车贷专项分期、消费自主分期以及工银融e借等信用卡分期业务为客户缓解家庭装修、购车以及消费等方面压力，全年信用卡分期投放2.19亿元。通过"科贷通""信保贷""财服贷"等创新融资产品，降低小微企业融资门槛，通过个人手机银行业务，使小微个体工商户节约成本、方便操作，提高结算效率。年内推出"工商企业通"全程电子化流程，实现业务办理无纸化，为新注册企业提供注册、开户等一条龙服务。继续做好工会会员服务卡推广工作，让全市广大工会会员享受各项工会服务及金融专属特惠。至年底，工会卡发卡总量4.1万张。大力发展互联网金融业务，开展"工银e缴费"代收学费试点，推广工银二维码支付业务，新增"融e购"商户4户、企业网银证书版客户336户、"融e行"移动客户端用户3.27万户、"工银e支付"客户3.31万户、"融e联"客户3.01万户。

（钱　健）

**【中国农业银行股份有限公司太仓分行】** 2016年，农行太仓分行本外币存款余额238.10亿元，增幅6.65%；本外币贷款余额207亿元，增幅6.7%。全行不良贷款余额1.86亿元，较年初增加3052万元，不良贷款占比0.9%，较上年增加0.1个百分点。全年累计处置不良贷款6380万元。年内成功防范电信诈骗案件23起，减少客户损失约47万元；成功防范假存单、假身份证、假印鉴等各类案件40起。全年未发生重大案件、安全生产事故和负面舆情。年内，农行太仓分行获2013—2015年江苏省文明单位、2014—2015年江苏金融系统职工职业道德建设标兵单位、苏州市平安金融创建活动先进集体、中国农业银行2015年运营基础管理先进单位等荣誉称号，"耕耘美丽太仓·伴你成就事业"服务品牌获评太仓市金融系统"一星级优质服务品牌"。

**【中国农业银行股份有限公司太仓分行金融服务】** 2016年，农行太仓分行共有营业网点25个、离行式自助银行25个、自助设备197台、惠农通服务站点97个，移动金融服务车1台。农行太仓分行响应政府重大项目建设需求，支持新型城镇化建设，全年累计投放贷款13.09亿元支持水利工程、基础设施、城乡一体化等项目建设。支持全市重点项目、中外企业、民营企业、小微企业、现代农业、房地产项目等实体经济重点领域发展，累计向全市实体经济发放贷款113.5亿元。响应"苏州市金融支持企业自主创新行动计划"，参与政府重点推进板块，助力创新转型升级，全年对接平台内自主创新企业74家，累计发放贷款290笔，合计50.62亿元。依托省政府设立的财政风险补偿基金，运用"苏科贷"等产品，在贷款利率、期限、担保方式、审批手续等方面给予优惠和便捷服务，加大对科技企业支持力度，全年累计投放科技贷款7笔共3600万元。加强"三农"服务，累计投放农户小额贷款、农村生产性经营贷款、"金农贷"1.4亿元；9月，办理首笔土地承包经营权抵押贷款，实现"三农"服务新突破。全

1月31日，农行太仓分行与市启航青少年事务服务中心开展"小小银行家"活动　（农行太仓分行供稿）

年办理"农民安家贷"883笔共计5.25亿元，为农民在城市购房安居提供利率优惠和服务便利。继续做好太仓市民卡激活、零星制卡、补办卡、全市医保结报、申领退休金等服务工作，在前期投入4000万元基础上，社保卡每年减免各项费用近千万元。在市第一人民医院上线"银医通"项目，结合医院自助终端软硬件，形成以实名认证卡为支付工具的自助服务系统，具备自助挂号、缴费、查询等功能，节约客户排队和等候时间，优化市民诊疗流程。

（朱　奕）

**【中国银行股份有限公司太仓分行】** 2016年，中行太仓分行本外币各项存款（含表内理财）余额210.30亿元，其中人民币个人核心存款时点余额77.66亿元，人民币公司核心存款时点余额115.47亿元。本外币各项贷款余额150.16亿元，其中人民币个人贷款较年初新增6.71亿元，人民币公司贷款（含贸易融资）较年初新增7.45亿元。资产质量稳定，本外币贷款五级分类不良率0.29%。年内，中行太仓分行"微笑在中行·满意在中行"服务品牌获金融系统"一星级优质服务品牌"，中行太仓分行团委获评"全国金融五四红旗团委"称号。

**【中国银行股份有限公司太仓分行金融服务】** 2016年，中行太仓分行响应太仓市政府全面推进2016年70个重点项目建设通知要求，加大对目标客户重点项目投放，支持科技、"三农"、中小微企业。全年洽谈意向项目19个，获批项目5个。主动对接行政事业单位，为住宅专项维修资金开立专户，为市第一人民医院自助医疗系统投用提供金融服务。创新金融产品，推出福农分期贷款项目，该项目成为太仓市首个且唯一一个大规模福农分期项目；推广中银E贷；升级、优化财政国库集中支付电子化系统，太仓市财政国库集中支付电子化系统与人行清算于12月1日启用，实现财政、人行、代理银行之间"无纸化"对接。推进智能化网点建设，做好智能化网点硬件设施配套调整，年内新增智能化网点4家，至年底，全市共建成智能化网点9家。

（张夏红）

**【中国建设银行股份有限公司太仓分行】** 2016年，建行太仓分行本外币一般性存款余额186亿元，增幅11.64%；表内外贷款余额245亿元，增幅12.89%。年内，建行太仓分行发挥中长期项目贷款优势，支持实体经济发展，实现项目储备资金125亿元。建行太仓分行重视市政基础设施建设项目资金投放，优化公共服务；与优质企业签署《合作备忘录》，提供信贷、投行、保险、资管、信托、租赁、年金等综合金融服务。设立建行太仓分行绿色信贷委员会，加大绿色信贷投放，推进节能减排；为新毛安置房、浏河汽车客运站等民生领域项目完成工程审计服务约10亿元。致力平台和产品创新，疏通小微企业融资渠道。年内，建行太仓分行筹建"企业自主创新金融支持分中心"，启动"自主创新金融联盟"，为"双创"及高新技术企业提供一站式科技金融服务；坚持"以小为主、以微为重"客户定位，推出小微企业"七贷一透"（"POS贷""善融e贷""创业贷""薪金贷""信用贷""善融贷""税易贷""结算透"）和小微快贷，满足小微企业多样化融资需求。小微企业贷款余额41.23亿元，占全部贷款22%；自主创新企业贷款余额4.09亿元。对接在苏州设立的跨境金融中心、综合金融服务方案中心及投贷联金融中心，支持企业走出去，办理太仓同业首笔跨境融资业务；与市市场监管局签订"工商e线通"合作协议，开创以银行为纽带的对公客户工商注册登记、账户开立等流程合作服务；与市住建局联合上线"太仓市建筑劳务人员实名制信息化管理系统"等，为5700人次农民工代发工资1097万元。12月，成立私人银行中心，为客户提供以财富管理、综合金融和专享增值为核心的"1+1+1+N"综合服务体系。打造智慧金融生态圈，结对共建促进区域发展。建行太仓分行与35家企事业单位签订《结对共建协议书》。打造"智慧校园"，全市中学实现线上缴纳学杂费全覆盖；打造"智慧菜场"，为市民提供便捷、多通道的支付平台；上线"银医通"惠民生项目，优化就医流程、提高问诊效率。

（张盼盼）

**【交通银行股份有限公司太仓分行】** 2016年，交行太仓分行对公人民币存款18.17亿元，储蓄存款5.48亿元，企业贷款31.72亿元，个人贷款8.22亿元，完成经济利润3367万元。交行太仓分行注重资产立行，第四季度公

3月8日，建行太仓分行与太仓市金融办联合举办"自主创新金融联盟启动会"

（张盼盼　摄）

司表内实质性贷款投放7.17亿元，小企业实质性贷款投放2110万元，国际业务融资投放2370万美元，推动若干资产项目落地。个贷业务对接房地产开发商，签约碧桂园、桃花岛、景瑞望府、紫金公馆等多个太仓楼盘，与太仓10余家房产中介建立合作关系。作为“小记者项目”支持单位，交行太仓分行为小记者实践搭建平台，多次举办“小小金融家”主题活动，邀请小朋友们走进银行，了解金融。11月，交行太仓分行获授“太仓日报小记者项目社会实践基地”称号。

（徐莉莉）

**【中国邮政储蓄银行股份有限公司太仓市支行】** 2016年，邮储银行太仓市支行本外币存款余额52.28亿元，各项贷款余额30.85亿元。邮储银行太仓市支行专注服务小微“三农”，向全市小微企业发放贷款近2亿元，发放涉农贷款1.2亿元，发放再就业小额贷款270万元。支持地方经济发展，向太仓港协鑫发电发放流动资金贷款0.5亿元，向华能太仓发电发放流动资金贷款3亿元。支持房地产经济发展，为中南世纪城、碧桂园等各大楼盘发放一手房贷款18.6亿元。截至年底，实现养老金代发2.2亿元，失业金代发3360万元。

**【中国邮政储蓄银行股份有限公司太仓市支行金融服务】** 2016年，邮储银行太仓市支行创新推出“白领贷”新产品，实现客户网上自主支用。推出百趣网客户俱乐部，为客户提供形式多样会员体验。截至年底，邮储银行太仓市支行辖内自营网点6个，其中主城区2个，浏河镇1个，沙溪镇1个，临时停业2个；邮政代理网点29个。驻点车管所代收交通罚没款，全年代收交通罚没款3500万元。

（包丽诗）

**【中国光大银行股份有限公司太仓支行】** 2016年，光大银行太仓支行资产规模18.1亿元，资产质量可控。围绕主流行业、新兴行业、节能环保及基础设施互联互通等重点领域，通过综合金融服务支持地方经济发展。零售业务围绕“医、食、住、行、游”等民生消费类行业，推行“小额化、便利化、标准化”综合金融服务。小微业务对接苏州市自主创新行动计划，发挥首批“企业自主创新金融支持中心”试点优势，推进“信保贷”、低碳节能贷等产品。年内，太仓广电有线电视费加入光大银行“云缴费”平台支付，实现银行同业网银端、支付宝、微信及拉卡拉等第三方机构网上自助缴费服务。发挥光大集团金融全牌照渠道优势，围绕实体经济金融需求，拓展阳光城市发展基金、ABN（信托资产支持票据）项目、金融租赁等创新产品。

（熊晓峰）

**【招商银行股份有限公司太仓支行】** 2016年，招商银行太仓支行全折人民币自营存款余额14.15亿元，自营贷款余额29.92亿元。招商银行太仓支行加大信贷支持力度，支持新兴产业、城乡一体化项目和骨干企业，重点投向科技型、成长型中小企业，组建小企业专营队伍，降低准入门槛，提升审贷效率，开发供应链融资、流量贷、税贷通、三板贷、“千鹰展翼”等小企业特色金融产品。

（王　欢）

**【中信银行股份有限公司太仓支行】** 2016年，中信银行太仓支行本外币存款余额43.73亿元，较上年增长25.37%；本外币贷款余额43.78亿元，较上年增长12%。全年利息收入占总营业收入58.81%，较上年下降0.1个百分点；中间业务收入占总营业务收入5.73%，较上年下降1.66个百分点。对公中长期贷款占比46.32%，较上年下降12.65个百分点；个人贷款占比13%，较上年上升9.5个百分点；表外融资总量占比37.17%，较上年上升2.05个百分点。年内，中信银行太仓支行开发交发集团、新区平台、产投集团、滨江集团及水处理等新增授信项目，共投放贷款10.7亿元。开发央企子公司中集特箱、太仓玖龙纸业、美资企业迪皮埃复材构件及“新三板”上市公司辰净化等授信项目。开立土拍保证金账户，提高存款收益。零售条线抓住年初优势保险产品、高收益财私产品及基金定投等高收益产品，零售中间业务收入保持较快增长。

（张　超）

**【华夏银行股份有限公司太仓支行】** 2016年，华夏银行太仓支行助力太仓地方经济发展，支持基础设施建设、城镇化建设、水利等基础设施领域和水、电、热、气生产供应等民生工程领域。实施“中小企业金融服务商”发展战略，坚持信贷规模向小企业倾斜，推出“网络贷”“年审制贷款”等多种金融创新产品及在线融资模式。截至年底，华夏银行太仓支行信贷总投放38.5亿元。加大农业产业化、城镇化建设信贷支持，全年授信总额28亿元。

（孙丽芳）

**【恒丰银行股份有限公司太仓支行】** 2016年，恒丰银行太仓支行秉承“恒必成，德致丰”企业经营理念，强化内部管理，创新金融服务，防范金融风险，服务地方经济社会发展。截至年底，各项存款余额16.68亿元，较年初增加2.73亿元，其中，对公存款余额16亿元，储蓄存款余额0.68亿元；各项贷款余额7.61亿，较年初增加0.58亿元。年内，恒丰银行太仓支行加大信贷投放，全年授信户数44户，授信金额28.32亿元。参与市政重点工程建设和“三农”小微企业、科技创新企业信贷资金投放。通过“一贯”金融平台为小微企业提供一条直线融资渠道，缓解小微企业融资难问题。推出具有普通借记卡功能和自动投资功能的“恒享钱包”银行卡，客户签约后自行设定留存余额，留存余额以外金额自动归集到大成恒丰货币市场基金E类份额进行投资，实现余钱盈利。（王　怀）

**【兴业银行股份有限公司太仓支行】** 2016年，兴业银行太仓支行本外币存款余额16.17亿元，较上年增长4.38亿元；表内贷款余额5.48亿元，其他各项贷款37.51亿元，不良率

0.91%。兴业银行太仓支行创新金融服务，坚持业务重心下沉，加快中小、小微企业和零售业务发展步伐。把银行开进社区，下辖彩虹天下社区支行、华源上海城社区支行。与太仓铭证投资有限公司合作发放资产证券化项目31.51亿元。

（奚艳萍）

【中国民生银行股份有限公司太仓支行】 2016年，民生银行太仓支行本外币存款余额32.6亿元；各项信贷投放余额42.9亿元，其中公司各项信贷规模36.5亿元，较上年增长6亿元；小微企业各项贷款规模6.4亿元，为太仓各类企业提供信贷支持。推进普通居民消费类贷款投放，截至年底，投放消费类贷款1.82亿元。年内，民生银行太仓支行加强金融创新推广，推进金融产品服务实体企业。推广“微贷”“流水贷”等小额信用贷款产品，解决小微企业融资难、担保难问题；运用“小微宝”移动运营平台，对符合条件小微企业现场受理、调查、电子审批、电子签约、放款，提升金融服务水平；推广基于出口退税、出口信保的融资产品，主动对接相关企业，使信贷资金有效投入实体经济。（吕晓华）

【江苏银行股份有限公司太仓支行】 2016年，江苏银行太仓支行人民币各项存款余额51.01亿元，较年初增加0.13亿元，其中对公存款46.12亿元，较年初减少0.36亿元，储蓄存款4.88亿元，较年初增长0.44亿元；人民币各项贷款余额39.79亿元，较年初减少8.6亿元，其中对公贷款余额31.79亿元，较年初减少11.66亿元，零售贷款8亿元，较年初增加3.06亿元。年内，江苏银行太仓支行拓展与上市公司和政府发债平台合作，做大直融业务。全年投放结构化融资业务2笔，金额10.5亿元；理财直接融资工具注册5亿元，发行3000万元；债权融资计划注册发行2笔，共计10.4亿元。推广“税e融”，授信小微客户182户，累计总数超300户。服务实体经济，推进科技贷款，推广“苏科贷”“苏创贷”“服务之星”等产品。注重客户群培养和建设，优质客户净增1238户，金融资产保有量超1.7亿元。（姚秋红）

【苏州银行股份有限公司太仓支行】 2016年，苏州银行太仓支行本外币存款余额25.72亿元，较上年新增0.92亿元，贷款余额30.61亿元，较上年新增1.29亿元。年内，苏州银行太仓支行强化风险防范预案及不良清收处置力度，全年清收转化不良贷款6337万元。苏州银行成立太仓区域中心，辖属公司业务部4个，零售专业支行推广“五星级”规范服务。通过“专业、专注、特色化”，服务中小企业和民生领域。重点推广“信保贷”“苏科贷”“厂房通”“苏沪贷”等产品，向绿色金融、科技金融、资本节约型小企业倾斜。其中，“苏沪贷”产品为加强上海、太仓合作，打造两地双赢发展格局而定制，主要是向上海搬迁至太仓的企业提供融资服务。推行半年内，成功合作“苏沪贷”客户7家，授信总额8080万元。截至年底，全行贷款支持中小企业客户98家，占全行贷款户85%。

（范晓冰）

【太仓农村商业银行】 2016年，太仓农商行各项存款余额277.70亿元（含外币），较年初净增29.69亿元；各项贷款余额185.87亿元（含外币、贴现），较年初增加25.92亿元；十级分类不良贷款4.26亿元，占比2.29%；各项收入16.44亿元，利润总额3.28亿元，净利润2.40亿元；资本充足率11.64%，拨备覆盖率173.62%；郑和卡发卡总量63.8万张，较上年新增7.81万张；市民卡总制卡41.15万张，发放32.19万张；新增网银、手机银行客户1.54万户，新增微信关注用户4.06万户；电子渠道柜面替代率77.93%；全年发售理财产品227期，募集资金186.45亿元；全年销售贵金属产品386件，销售金额156.02万元；小贷事业部贷款余额4.86亿元，较年初净增3.99亿元，客户数1988户，较年初净增1374户。

【太仓农村商业银行金融服务】 2016年，太仓农商行推进企业自主创新工作，对24家企业授信7500万元，在苏州综合金融服务平台中融资5.66亿元；完善线上申贷渠道，“金易贷”“税易贷”自助渠道累计用信1065笔，金额1.37亿元；全年发行大额存单10期，年末余额2.24亿元；发展微信收单业务，签约商户438家，累计交易2.94万笔，金额177.1万元；内部资金转移定价系统（FTP）项目投运，客户关系定价系统（RPM）与信贷系统实现对接。10月初，综合业务系统与省联社核心业务系统合并，并实现自主运行维护；“郑和卡”获“2016年苏州市民最满意银行卡”称号。

【太仓农村商业银行风险防范】 2016年，太仓农商行组织开展贷后检查，抽查500万元以上企业贷款和100万元以上个人客户，抽查支行信贷管理、征信管理及档案资料等；开展问题贷款、高速纺、存货及应收账款专项排查，制定一户一策退出压降措施；增强流动性风险对抗能力，开发建立清算资金账户实时监测系统，对存放央行准备金账户进行实时监控和预警；加强反洗钱工作，对疑似地下钱庄、非法集资以及涉及重点可疑交易账户进行全面排查；加强对账管理工作，提高电子对账签约率。全年网银对账签约客户数占对公存款账户数81.07%，存款收回率95%以上，贷款收回率100%；非零售内部评级系统投产，完成零售基础客户数据提取以及增量数据提取工作。实现现金清收与重组盘活不良贷款4.48亿元、核销贷款2.01亿元，累计实现现金清收核销贷款2721.57万元，累计实现现金清收与重组盘活打包转让不良贷款5187.61万元。

（毛雨晴）

【太仓民生村镇银行】 2016年，太仓民生村镇银行坚持服务“三农”、服务小微市场定位，加大对现代农业、现代服务业支持力度，优化信贷结构。截至年底，各项存款余额11.08亿元，各项贷款余额9.87亿元。年内，太仓民生村镇银行获评太仓市“五一巾帼标兵岗”称号。

（刘寅舟）

## 证 券

【概况】 2016年，太仓市拥有证券公司分支机构3家。全市证券机构新增证券资金账户数9415户，累计成交1806.54亿元，较上年减少48.09%，托管市值125.07亿元，较上年减少16.29%。 （贾彦乐）

【东吴证券股份有限公司太仓分公司】 2016年，东吴证券太仓分公司下属6家营业部累计完成新增开户2534户，(A股＋基金)成交量1231亿元，较上年下降52.42%，市场占有率0.48‰，较上年同期持平，完成利润5800万元，较上年下降60.18%。年内，东吴证券太仓分公司参与市属国有企业改革和资本市场运作工作，分别与太仓市3家重点企业、3家上市和拟上市公司、10家国资平台公司、7家拟挂牌“新三板”公司签约，完成荣文照明IPO（首次公开募股）项目承揽1单；完成东洋实业、水处理公司、滨江新城公司债项目承揽3单，完成一期发行2单，完成太仓港协鑫发电有限公司19亿元资产证券化项目发行；“新三板”业务完成捷赛机械、撼力合金、世珍股份挂牌3单，累计挂牌6单，挂牌数量区域市场占比42.85%，新签财务顾问协议6单。 （曾 英）

## 保 险

【概况】 2016年，太仓市保险业共有保险机构32家，其中财险公司15家，寿险公司15家，保险中介2家，多家保险公司增设分支机构。全市保险业形成保险公司、保险代理公司和兼业代理机构共同展业的市场格局，遍布城乡的保险服务网络初步形成。全年全市各保险公司共实现保费收入22.78亿元，较上年增长12.05%。其中，财产险保费收入10.34亿元，较上年增长5.94%；人寿险保费收入12.44亿元，较上年增长17.69 %。保险行业加强自律管理，建立有效沟通机制，维护保险市场经营秩序。顺利开展各财险公司车险费改工作，太仓车险业务有序发展。12月，太仓市开展车险理赔服务质量现场测评活动，测评对象涵盖太仓地区经营机动车辆保险业务的财产保险公司15家，测评采取模拟客户出险报案形式，对查勘调度各环节耗时及查勘员业务技能进行现场评分，推进车险理赔服务标准化、规范化进程。年内，苏州保险行业协会太仓分会创办《太仓保险》年刊。

【中国人民财产保险股份有限公司太仓中心支公司】 2016年3月14日，苏州市保监分局发文批准中保财险太仓支公司升格为中保财险太仓中心支公司。年内，中保财险太仓中心支公司实现保费收入4.28亿元，为全市承担风险保障2543亿元，支出赔款2.16亿元，上缴地方税款3702万元，代收税款2917万元。中保财险太仓中心支公司推进城乡网点建设，提升农网产能，升级服务网点，对接区域发展，优化基层网点布局。对乡镇门店实施提挡升级，为社区居民提供面对面“一站式”服务。中保财险太仓中心支公司下设营业部5个、营销服务部17个，拥有“95518”24小时服务热线、全国范围内“通保通赔”、

**2016年太仓市保险机构一览表**

表36

| 序号 | 类 别 | 单 位 |
|---|---|---|
| 1 | 财产保险 | 中国人民财产保险股份有限公司太仓中心支公司 |
| 2 | | 中国太平洋财产保险股份有限公司太仓支公司 |
| 3 | | 中国平安财产保险股份有限公司太仓支公司 |
| 4 | | 天安保险股份有限公司太仓支公司 |
| 5 | | 中华联合财产保险公司太仓支公司 |
| 6 | | 太平财险有限公司太仓支公司 |
| 7 | | 永安财产保险股份有限公司太仓营销服务部 |
| 8 | | 紫金保险股份有限公司太仓支公司 |
| 9 | | 阳光财产保险股份有限公司太仓支公司 |
| 10 | | 都邦财产保险股份有限公司太仓支公司 |
| 11 | | 永诚财产保险股份有限公司太仓支公司 |
| 12 | | 大地财产保险股份有限公司太仓支公司 |
| 13 | | 中国人寿财产保险股份有限公司太仓支公司 |

续表 36

| 序号 | 类　别 | 单　位 |
|---|---|---|
| 14 | 财产保险 | 中银保险股份有限公司太仓支公司 |
| 15 | | 安邦财产保险股份有限公司太仓新港营销服务部 |
| 16 | 人寿保险 | 中国人寿保险股份有限公司太仓支公司 |
| 17 | | 中国太平洋人寿保险股份有限公司太仓支公司 |
| 18 | | 中国平安人寿保险股份有限公司太仓支公司 |
| 19 | | 美国友邦保险有限公司太仓营销部 |
| 20 | | 太平人寿保险有限公司太仓分公司 |
| 21 | | 新华人寿苏州中心支公司 |
| 22 | | 泰康人寿保险有限公司太仓分公司 |
| 23 | | 人民健康保险有限公司太仓支公司 |
| 24 | | 人民人寿保险有限公司太仓支公司 |
| 25 | | 东吴人寿保险有限公司太仓分公司 |
| 26 | | 信泰人寿保险有限公司太仓分公司 |
| 27 | | 华泰人寿保险有限公司太仓分公司 |
| 28 | | 华夏人寿股份有限公司太仓分公司 |
| 29 | | 富德生命人寿股份有限公司太仓支公司 |
| 30 | | 百年人寿股份有限公司太仓营销服务部 |
| 31 | 中介结构 | 苏州东江保险代理有限公司 |
| 32 | | 江苏宁价保险公司有限公司太仓分公司 |
| 33 | 保险协会 | 苏州保险行业协会太仓分会 |

（张　觅）

“异地出险、就地理赔”、客户投诉管理机制等保险增值服务。年内，在中保财险太仓中心支公司推动下，太仓人伤交通事故一体化服务中心运行。中保财险太仓中心支公司在一体化服务中心设立事故调解室，派驻专业人伤理赔人员处理人伤案件理赔，承担损失确定、人伤调解、保险咨询、保险理赔、赔款支付等多项职责，保障交通事故当事人合法权益。年内，中保财险太仓中心支公司获授“江苏金融五一劳动奖状”奖牌。

（王慧敏）

**【中国人寿保险股份有限公司太仓支公司】** 2016年，中国人寿太仓支公司实现总保费4.45亿元，较上年增长13%；其中期交业务完成8300万元，趸交业务完成5000万元，短险业务完成3200万元，续收保费完成2.80亿元。中国人寿太仓支公司占全市寿险市场份额37%。年内，中国人寿太仓支公司按照上级金融机构和上级公司部署，从公司业务流程各个节点进行风险管控。规范反洗钱工作，开展可疑交易识别和报告工作；加强业务销售人员诚信管理，专设销售督察岗；客服部门专设服务人员，对客户进行咨询解答、回访等动作。推动关键岗位人员自主防控风险，对全辖关键岗位人员开展风险教育，签订风险管控承诺书。对所有销售人员开展风险防控培训和宣导，并签订风险承诺书。根据中国保监会关于市场清理整顿整体部署，重点清理整顿误导客户不诚信等行为。完善定期排查、情况报告、交办、督办、考核奖惩等工作制度。抓好排查调处各项措施落实，公布监督电话，针对客户电话投诉和信访，迅速核查，及时处理。　（廖君吉）

【中国太平洋财产保险股份有限公司太仓支公司】 2016年，太平洋财险太仓支公司实现含税入账保费2.47亿元，市场占有率25.83%。全年承办各类保险24.31万笔，风险保障2606亿，理赔3.9万件，支付赔款1.44亿元，为客户提供免费风险查勘服务160余次。累计缴纳税款948万元，代收车船税1219万元。参与政府项目合作，做好政策性农业保险和民生类保险服务，推出“露地蔬菜气象指数保险”“池塘养殖气象指数保险”，成为全国首创并获得太平洋财险总公司2016年度农险创新项目铜奖。参与中国好人颁奖晚会、全国女排锦标赛、太仓全民运动会等活动与赛事保险合作，客户服务连续十年保持零有效投诉优良记录。

（孙 晔）

【中国太平洋人寿保险股份有限公司太仓支公司】 2016年，太平洋人寿太仓支公司规模保费1.69亿元，创太平洋人寿太仓支公司历史新高。全年理赔案件1056笔，赔款424.02万元。关注弱势群体保障，太平洋人寿太仓支公司与市教育局、市卫计委、市残联等部门合作，推出“学生平安保险”“优生优育疾病保险”和“残疾人人身意外伤害保险”等保险产品。提升客户满意度，对业务员进行诚信教育，做到每张保单有回访，全年未发生重大投诉。（吴 静）

【中国平安财产保险股份有限公司太仓支公司】 2016年，平安财险太仓支公司实现保费收入2.28亿元，较上年增长10.6%，市场占有率22.3%，其中车险保费1.98亿元，财产险保费2194万元，意健险保费792万元。年内，平安车险理赔服务再升级，经营区域覆盖全市，年度赔款合计1.18亿元，纯车损案件实现先赔付再修车。

（王薇一）

## 房地产

【概况】 2016年，太仓市完成房地产投资100亿元(数据来源市住建局。下同)，较上年增长56%；商品房累计施工面积620.1万平方米，较上年增长7%；新开工面积196万平方米，较上年增加59%；竣工面积155.1万平方米，较上年增长11.3%。商品房销售面积225万平方米，较上年增长66.1%；销售金额216亿元，较上年增长96%；销售均价9600万平方米，较上年增长18.5%。

（曹俊锋 周雨辰）

【太仓市建筑行业协会】 太仓市建筑业协会是太仓地区从事土木工程建筑、线路、管道、设备安装、建筑装修装饰、咨询监理、工程监督和建筑科学研究、勘察设计及建筑院校等企事业单位自愿组成的非营利性社会团体。至2016年年底，协会拥有会员单位164家。年内，协会围绕行业发展和改革主题，继续开展“优质结构”工程和“娄江杯”优质工程的核查评审工作，被评为2016年度“优质结构”工程58项；“娄江杯”优质工程71项，其中土建52项，装饰装修15项，市政绿化4项。协会向苏州市建筑行业协会推荐“姑苏杯”工程28项，获奖21项。其中，房建类12项、市政类“姑苏杯”6项、装饰装修类“姑苏杯”3项。太仓市获江苏省“扬子杯”优质工程奖3项，获全国装饰装修优质工程1项，实现历史性突破。协会坚持开展工程建设QC（质量控制，下同）小组活动培训，邀请全国和省工程建设QC评委、专家多次到太仓为会员企业作专题讲座，规范全市建筑施工、装饰装修、市政园林等工程建设QC小组工作，提高企业全面质量管理水平。协会动员二级以上资质企业参加苏州市、江苏省各类协会组织的QC培训，参训人员近80人。开展节能减排和绿色施工知识培训，推进建筑施工企业实施绿色施工。协会为配合主管部门推进全市绿色施工工作，将国家、省、市的有关绿色施工评解标准、工作意见、实施办法、绿色施工项目申报检查和评审资料汇编成册，发放至各会员企业。年内，邀请省绿色施工专家到太仓讲课，引进绿色施工先进企业的成功经验。开展全行业职业技术培训和施工企业安全管理A、B、C三类人员继续教育。协会采取分别开班或集中培训的形式，培训人员4000人次。

（王海燕）

【太仓市房地产业协会】 太仓市房地产业协会成立于2006年，是由太仓从事房地产开发、房产测绘、中介服务等企事业单位自愿组成，并根据国务院《社会团体登记管理条例》规定，经太仓市民政局批准建立的非营利性社会团体，系江苏省房地产业协会、苏州市房地产业协会团体会员单位。至2016年年底，协会拥有会员单位75家。协会以服务为宗旨，反映企业意愿，为企业提供信息和人才培训等方面的服务，协调行业内部企业之间的竞争与服务关系，指导房地产企业健康发展。协会抓住利好机遇，做好结构性改革，主动为会员单位企业提供保障服务。2016年10月，地方房地产调控政策实施，协会配合主管部门做好各项解释、协调和服务工作，确保房产新政在太仓有效落地。协会围绕行业发展，深入基层，倾听企业意见，加强自身建设，在开展课题调研、传递调控信息、加强行业交流、关心企业发展、提供保障服务等方面做工作。（沈 静）

## 邮 政

【概况】 2016年，太仓邮政累计实现业务总收入1.28亿元，较上年增长15.11%；实现收支差额475万元。至年底，太仓市共设有邮政服务网点29个，其中农村网点21个；有邮政信筒信箱118个；邮政报刊亭45处；邮运线路10条；投递邮路79条，投递总里程为3385公里。全年妥投快递包裹20.82万件，其中城市投递段道25条，总里程918公里；农村投递段道54条，总里程2467公里。函件业务量417.67万件，包裹4.32万件，报纸累计份数1982.45万份，流转额1739.38万元，杂志累计份数51.12万份，流转额414.08万元，汇票收汇7.24万张，邮政代理速递业务量3.72万件，邮政国内小包59.29万件。年内，邮政综合服务平台建设运营取得新进展。太仓邮政依托线下实体网点和“邮掌柜”、邮乐网等线上平台，参与农村电商建设运营，全年累计发展“邮乐购”加盟店173家，布放“邮掌柜”系统173个，“邮乐购”加盟店各村覆盖率80%；建成村邮站69家、社会自提点57个。完成时思、王秀等2个网点局房改建工程，提升邮政综合服务能力。

1月5日，太仓邮政举办“丙申年”猴年生肖邮票首发活动　（太仓邮政供稿）

【特种邮品制作发行】　“丙申年”生肖邮票首发。2016年是农历丙申年。1月5日，太仓邮政联合市教育局在双凤中学未来教室举办“丙申年”生肖邮票首发活动，同时开展集邮知识讲座进校园活动，集邮育人成为实施未成年人思想道德建设新途径。

现代农业产业园明信片门票制作开发。2月，太仓邮政以现代农业产业园春夏秋冬四季景观为题材，制作开发明信片门票1套12枚，并在景区内设置多处信箱、配套专用纪念邮戳，方便游客实地邮寄，助力地方旅游业发展。

消费者权益日邮资封、明信片制作开发。3月，太仓邮政以“新消费·我做主”为主题，制作开发消费者权益日邮资封、明信片各5000枚。该项目由市消费者权益保护委员会、市市场监督管理局牵头，太仓邮政负责设计制作。制作的封片主要用于“3·15”宣传活动，同时邮寄给消费者代表，并联合太仓双凤少年邮局赠送给“小小集邮爱好者”，让少年儿童知晓消费维权年。

“乐购太仓”折扣联票。5月，太仓邮政成功运作“乐购太仓”折扣联票项目，这是继以农产品采摘为主题的“玩转太仓采摘”联票明信片后，全市第一套以购物、旅游为主题的联票明信片。该折扣联票精选太仓服饰工厂店、红木家具、现代灯饰、现代农业园等20家单位，在明信片上刊载企业介绍和优惠券，客户持联票消费可享受优惠。该套明信片共制作5000份，依托“淘太仓”微商平台、邮政网点对外销售。

11月9日，“筑起生命的安全长城”消防主题宣传邮册首发（太仓邮政供稿）

【邮政服务社会】　“预防邮路”宣传活动。3月20日，在参加全国“两会”之际，太仓市全国人大代表曹勇收到1份来自“预防邮路”的特快专递，这是太仓市“预防邮路”邮政志愿者送来的“精神食粮”。为让太仓市的全国人大代表及时了解和掌握职务犯罪预防信息动态，开展有针对性的预防宣传工作，市人民检察院和太仓邮政联手，定期通过太仓邮政分公司“预防邮路”邮政志愿者服务队，以特快专递形式，将预防职务犯罪及勤政廉政的学习宣传资料送到曹勇等代表手中。

地税个人完税证明寄递。5月，太仓市地税个人完税证明寄递工作启动，围绕地税账单项目，太仓邮政结合税法宣传月活动为客户增加夹寄“告纳税人书”和“工资、薪金所得个人所得税热点问答”等内容，结合地税账单寄递开展税法宣传，共完成地税个人完税证明寄递31万件。

少儿书信比赛。6月5日，太仓邮政与市环保局、市教育局共同举办第12届少儿书信比赛，活动以“保护环境·绿色生活”为主题，由太仓现代农业园向2.8万名参赛学生赠送活动专用门票，宣传绿色消费、绿色出行、绿色环保金点子。

“邮税”合作启动。10月21日，太仓邮政与太仓市国税局签订《“邮税”合作战略合作框架协议》。选定城厢支局、东仓路支局、新毛支局和浮桥支局4个网点为试点。太仓邮政利用现有网点资源，通过布放自助办税服务设备，方便纳税人就近缴纳税款，扩大业务领域，打造服务政府、服务民生的邮政品牌，“邮税”合作实现双方优势互补。

邮政参与消防宣传月活动。11月9日，太仓邮政联合市消防安全委员会在万达广场举办太仓市“119消防宣传月”启动仪式暨消防主题邮册首发仪式，活动包括颁发社区消防宣传大使聘书、消防主题邮册揭幕、发放消防宣传手册等内容。

**【邮政网运投递作业优化】** 2016年，太仓邮政推进一体化管理模式，优化网运投递作业组织。合并城市投递部，将原城区、新区投递班合并，普邮段道缩并为城区段12个、大户段2个、郊区段4个，快递包裹设小区专投段5个、汽车专投段2个。实行普邮、快递包裹分段专投联动作业，季度对账单、大批量商函平信投递高峰，由专投段协助普邮投递；快递包裹高量期由普邮协助专投段投递。加快农村投递网改造，合并投递网点、缩减普邮段道，逐步建立以镇为中心的投递部，增加机动车和替班人员，提高快递包裹投递能力，改善服务质量。实行邮运、封发、投递一体化管理和报刊、邮件分拣前置，加强邮件处理和投递质量管控。（屠震新）

## 供销合作

**【概况】** 2016年，太仓市供销合作系统推进供销社综合改革，加强农药集中配送体系和再生资源回收体系建设，开展农技培训，助力农产增收，推进农村为农服务社建设。全年全市供销系统实现销售总额101.21亿元，其中消费品零售额84.39亿元，实现利润总额3015万元，农副产品收购额46.54亿元，市场交易额18.66亿元，其中农副产品市场交易额17.85亿元。截至年底，全市共有基层供销（中心）社7个。

**【农药集中配送体系建设】** 2016年10月，太仓市修订原《太仓市农药集中配送体系建设实施意见》，印发《关于修订太仓市农药集中配送体系建设实施意见的通知》，11月1日起施行。修订后的农药集中配送体系，将建立集中采购、统一配送农药集中配送体系，使农资经营逐步形成技术与服务相结合的“庄稼医院”模式，满足农业现代化生产和规模化经营需求。在全市范围内对农药废弃包装统一回收、集中、分类和无害化处理，实现农药废弃包装物回收率无害化处置率双提升。全年参加竞标农药212种，中标农药198种，定标总价2765.98万元，农药集中配送率95.48%。

**【农技培训】** 2016年，市供销合作总社联合太仓佳稼农资公司采用“请上来、走下去”方法，开展农户培训班。聘请生产厂家的农化专家现场作农作物田间管理、病虫害防治、平衡施肥等专业知识辅导。9月，市供销合作总社承办苏州市第62期农产品经纪人培训班，全市各村、社区参训人员62人。

**【为农服务社、综合服务社建设】** 2016年，市供销合作总社指导沙溪半泾村为农服务社建设，结合村为农服务社改造，加入供销社为农服务特色元素，达到提升改造供销系统为农服务目的。加入电商元素建成集线上电商交易、线下农产品实体展示的现代农村电子商务代购代销服务站。按照农村综合供销合作中心社提升工程有关要求，提档升级双凤、新塘农资网点，建设成为集农资供应、日用品超市为一体的综合服务社。太仓市组织参加2016年海峡两岸（江苏）名优农产品展销会，7家涉农企业、农民专业合作社参加展销活动，参展名、优、特农产品15种，其中“口水娃”“水果玉米”“红香芋”和“璜泾大米”首次参展。

**【再生资源回收体系建设】** 2016年，市供销合作总社牵头“百日行动”垃圾废品项目，配合市整治办和属地区镇开展整治工作。整治行动共取缔、规范废品回收站点199处，木材加工作坊65处，清运垃圾2.5万吨，拆除棚舍2.4万平方米，复垦土地3万平方米。配合市政府开展城市环境综合整治工作，整改全年环境整治中涉及的整治点7个，完成率100%。在西区、滨河、南园、弇山、东区5个社区开展再生资源宣传教育活动，利用暑期向学生开展再生资源回收利用及垃圾分类宣讲活动，参与人数200多人次。

**【基层供销组织建设】** 2016年，市供销合作总社创建“三体两强”示范社。按照自主经营实体、农民社员主体、合作经济组织联合体和经济实力强、为农服务能力强总体要求，全面升级做强。鼓励和支持“三体两强”示范基层社，立足现有服务平台，拓展经营服务领域，在沙溪率先开展“三体两强”基层社创建工作。改造薄弱基层社，按照“六有”标准（有证照、有场所、有标识、有人员、有收入、有为农服务项目），发挥组织功能，巩固服务阵地，拓展经营业务，扩大与农民合作，增强与农民利益联结。探索村两委、集体经济组织合作共建方法，多种形式改造基层社，对城厢镇供销社按照“六有”标准提升改造薄弱社。（施胤婷）

## 粮油购销

**【概况】** 2016年，太仓市创新粮食收储模式，做好粮食安全保供，构建粮食仓储流通新格局，建立健全粮食产销合作新模式。全市国有粮企收购粮食6.8万吨。

粮食收储新模式。2016年受天气等因素影响，太仓夏粮产量质量为改革开放以来最低，其中呕吐毒素超标小麦占比超90%。为确保农民利益，太仓市创新实行“定价收购、溢价返还”夏粮收购模式。对合格、等外小麦和不达标小麦，分别按照定价进行分级分类分仓收储，明确等外小麦和不达标小麦后期销售价格若高于收购价，盈利部分将全部返还给售粮农民，“溢价返还”为农民增收492万元。太仓市农业保险启动，为农民减损增收2000万元。粮农每卖0.5公斤粮食，按照3种不同等级标准平均测算，实际分别可获利1元、1.4元和1.6元以上，助农减损增收效果明显。新华社、《苏州日报》等多次宣传夏粮收购"太仓模式"，"太仓模式"获省粮食局肯定。秋粮收购面对政策性收购价与市场收购价价差倒挂巨大的实际情况，创新实行第三方核定种粮大户种植面积、设立收购风险保证金、收购资金网上管理、收购作业远程视频监控四项举措，采取全天收购、上门验粮、预约收购、预约烘干和"五个一"（一张卡、一杯水、一张凳子、一份泡面和一间休息室）便民服务，既对本地粮源应收尽收，保障种粮农民利益，又防止外地粮食冒充本地农民粮食套取价差和财政补贴。2016年，太仓市国有粮企秋粮收购4.8万吨，较上年减少18%，在保障农民利益的基础上，为政府减少亏损近800万元。

粮食安全保供。2016年，太仓市粮油批发市场全年交易粮油24.45万吨，其中大米10.77万吨，面粉3.52万吨，食用植物油2.01万吨，玉米2.23万吨，其他5.92万吨，交易额9.9亿元，满足全市90%粮油需求，并辐射上海、无锡等地。太仓市强化粮源保障，组织参加苏州—宿迁粮食产销衔接洽谈会，签订产销协议合同数8.5万吨；履行产销合同，购进苏北小麦3.2万吨。发挥批发市场平台，苏北大米、面粉入场交易量5万吨，履约率96%。依托国家级粮油质量检测机构，实施粮油质量安全行动计划，开展粮食流通监督检查36次，全市放心粮店60家，实现城乡全覆盖，建立从粮食源头到餐桌的三位一体粮食质量安全保障体系，保障全市粮油安全保供。全年粮食市场价格平稳、供应有序，大米、面粉平均价格分别在每公斤4.04元～4.12元和3.28元～3.40元之间波动，未出现价格异常波动及供应紧张、脱销等异常情况。市粮食局执行新修订的《太仓市地方储备粮油管理办法》，确认地方储备粮承储库点12个，完成地方储备粮油储备轮换计划。加强军粮管理，确保驻太官兵军粮供应数量安全、品种齐全、质量可靠。

粮食仓储流通。太仓市实施《太仓市粮食流通仓储设施建设规划》和粮食仓储设施提档升级政府实事工程，总投资4450万元易地新建的璜泾骨干粮库主体工程完工，新增现代仓容1.6万吨。在全市粮库添置粮食质量快速检测设备、单冷空调、粗清筛等收储设施58台（套），提升粮食收储服务能力。打造智慧粮食，粮库智能化升级工程项目加快推进，中心储备库信息化提升工程完工，远程视频监控系统实现主要收储库点全覆盖，粮食收储"一卡通"业务迅速推进，粮食收储效率提升，全市粮食仓储流通"1个中心库、3个骨干库、4个一般收纳库"的粮食仓储流通新蓝图初步完成。

12月，粮食收储作业现场　　（市粮食局供稿）

粮食产销合作。太仓市建立"合作农场＋订单收购＋粮食银行"的粮食产销合作模式，粮食银行新增土地流转储户1030户，新吸储商品粮近1万吨，高标准推进沙溪等放心粮油店建设，让农民享受通存通兑、"存粮得息"和"利润分成"等实惠，累计为农民增收1600万元以上，确保土地流转农户失地不失粮。国家粮食局《中国粮食经济》等媒体专题报道太仓市"粮食银行"转型升级做法。市粮食局与规模经营户、农业合作社签订粮食收购合同，落实水稻、小麦订单收购每公斤加价0.2元的价外补贴政策，在全市范围内走访摸底种粮大户、合作农场和生产合作社，全年与209户种粮大户签订订单收购合同，合同收购面积1.56万公顷，订单收购实际执行数量4.7万吨，为农民增收940万元。针对年内高水分天气、病霉变粮食增多等情况，市粮食局实行局领导班子片区挂钩负责制，坚持上门验粮、下田验粮、预约收购和预约烘干，派遣技术人员到自建烘干设施的村、农场帮助解决技术难题。

**【国家粮安工程建设】** 2016年是国家、省和苏州实施粮食安全责任制考核办法的第一年，苏州市政府明确将粮食安全责任制考核作为对各县级市主要负责人和领导班子综合考核评价的重要参考。太仓市政府印发《市政府关于建立健全粮食安全责任制的实施意见》，市政府办公室对照《苏州市粮食安全责任制考核表》，将太仓市五大类68项指标分解落实到全市13家单位，成立粮食安全责任制考核领导小组，建立联系工作会议制度，市政府分管副市长与全市13家单位签订责任状，建立完善责任追究、目标管理考核各项制度，注重沟通争取协调，重点做好粮食安全薄弱环节整改提升工作。2016年，苏州市对太仓进行粮食安全责任制考核，太仓达"优秀"等级。

**【粮食流通体制改革发展】** 2016年，市粮食集团公司和市饲料公司完成公司制改建，市粮食购销公司按照"总

8月18日，市粮食局举办“机关开放日”活动。图为市民、学生参观地方粮食中心储备库　　（市粮食局供稿）

公司＋子公司＋收纳库点”的组织形式运作，整合粮食系统内存量资产，增加企业注册资本。年内，市级财政资金在粮食产业发展、保证粮食质量和粮食安全等方面加大投入，专项支出粮库建设资金等6677万元，占当年公共预算支出3.72‰，较上年投资增长5.0%。太仓市创新企业经营方式，支持国有粮食企业延伸产业链，成立娄东米业公司，加强与粮食生产部门合作，“太仓大米”品牌影响力不断扩大，依托粮油批发市场、放心粮油店、“粮食银行”网点、产品展销会、农副产品连锁超市等，地产粮食销售渠道不断扩展。鼓励国有粮企发展混合所有制经济，市粮食资产经营发展有限公司参股娄江农村小额贷款公司。开展服务涉粮企业工程，加大力度做好粮食龙头企业、重点项目对接服务，促进传统粮食流通产业转型升级，全年新增粮食列统企业2家，全市涉粮列统企业累计28家。

（曹前程）

## 食盐专营

**【概况】** 2016年，太仓市加强食品安全，推进食盐安全专项整治工作，确保食盐市场稳定，开展食盐安全专项检查工作，全年累计查处案件58起，罚款1.33万元。宣传盐业法规，发放宣传单8000余份。5月，市盐务局与市疾控中心在科教新城南郊利民幼儿园联合开展“坚持科学补碘，建设健康中国”主题宣传活动，倡导健康饮食，坚持科学补碘，促进全社会养成健康科学饮食习惯。8—11月，开展食盐安全进社区、进广场等宣传季活动，共开展宣传40场次，受惠5万人次，发放各类宣传资料5万份。

**【食盐安全监管】** 2016年，太仓市在全市组织开展元旦、春节专项活动、对鸭蛋腌制市场进行回访专项活动、制贩假盐专项整治联合执法行动、全省院校食盐安全专项检查走访活动等，分别对全市各乡镇辖区内在市场上经营食盐的单位和涉及用盐较集中的学校、食堂、饭店等地方进行食品安全大检查。重点检查食品加工行业、批发市场、零售点、超市、餐饮业、机关、学校、企业食堂等单位的食盐使用情况。通过各项专项检查，净化食盐市场。与市市场监督管理局联合执法，检查陆渡、新塘厂区食堂和中小型餐饮店，防控不合格食盐流入，确保市餐饮行业用盐安全。与市食安委联合执法，检查陆渡、浏河豆制品和卤菜加工点15家，杜绝食盐安全事故发生。与市公安局联合执法，对浏河的2个农贸市场及周边30家餐饮店进行拉网式检查，出动执法车辆2辆次，出动盐政执法人员4人次，出动公安执法人员3人次，查获涉盐违法行为2起，没收盐产品77公斤，强化盐业市场监管。5月，由苏州市盐务局牵头，上海市盐务局、太仓市盐务局参加的食盐专项整治行动在太仓与上海接壤地区开展。检查组重点巡查上海华亭集贸市场和唐行集贸市场的食盐经营户、卤菜加工作坊及周边饭店等40多家单位，要求食盐经营户严把进货关，落实索证索票、进货查验等制度，防止不合格食盐流入市场。按照《盐业管理条例》，依法监管全市工业用盐生产企业，要求厂家严格管理，不得流入食盐市场。　（李凤文）

10月25日，市盐务局在南园社区举行盐业知识宣传　　（市盐务局供稿）

## 烟草专卖

**【概况】** 2016年，太仓市查获各类涉烟案件66起，查获违法卷烟500.07万支，案值300.67万元，涉案金额5万元以上案件13起，依法移交司法机关1人。全年销售卷烟3.4万箱，实现销售收入12.28亿元，单箱销售结构3.62万元，较上年增长1.5%；实现税利3.48亿元，较上年增长2.4%；实现利润2.87亿元，较上年增长2.41%。9月，市烟草专卖局获评江苏省文明单位。

**【烟草专卖管理】** 2016年，太仓市烟草专卖工作落实“市场监管，要守土尽责”“打击涉烟犯罪，要依法有为”“以杜绝公开摆卖假私非烟为重点，切实防止假私非卷烟充斥市场”精神，严厉打击真烟非法流通，维护卷烟市场秩序。严厉打击无证户、违规户，公开行政许可和行政处罚等信息规范，开展“烟草情·服务驿站”活动，为消费者提供法律咨询、真假烟鉴别技巧及卷烟品规介绍等服务。

**【烟草营销网建】** 2016年，太仓市烟草卷烟营销坚持“面向消费、面向品牌、面向客户”原则，开展消费调查工作4次，宏观经济及企业状况调查2次，与弇山社区、时思村委会协商组织开展消费市场调查2次，分析卷烟消费发展趋势，为品牌培育、客户服务工作提供基础数据支撑。新增新品卷烟品种46个，重点培育推广16个。举办“消费者在哪里，我们就到哪里”卷烟营销活动，开展小规模零售终端及消费者市场调查，21名终端客户、105名消费者参与调查。提升零售终端形象，零售户柜台玻璃更换135户，美化标准店陈列45户。

（钱乔伊）

5月3日，太仓市烟草专卖局城区基层服务站开展“烟草情·服务驿站”活动 （顾云峰 摄）

## 都市农业

### 综 述

**【概况】** 2016年，太仓市现代农业坚持“现代田园城市”发展目标和“创新、协调、绿色、开放、共享”五大发展理念，围绕“提质增效转方式、稳粮增收可持续”总目标，按照《太仓市现代农业发展“十三五”规划》，立足全市区域协调发展，面向建设“现代农业园”和融入“上海都市圈”发展战略，加快调整农业产业结构，逐步形成“一核一轴三园三区”（“一核”指省级现代农业产业园区，“一轴”是现代精品农业集聚轴，“三园”指金仓湖休闲农业园区、长江口休闲农业园区、独溇小海休闲农业园区，“三区”指现代集约粮食产业区、高效精品园艺产业区、特色园艺水产产业区）农业产业布局，重点打造20个现代农业园区，形成“双10”园区体系，全市现代农业建设成效显著。太仓现代农业园区获评首批国家重点花文化基地，高标准农田建成全国样板。全年全市实现农林牧渔业总产值69.48亿元，较上年下降0.9%；农林牧渔业增加值40.80亿元，较上年下降0.6%；农民人均可支配收入27766万元，较上年增长8.3%，实现“十三五”现代农业建设良好开局。

**【农业主导产业丰产丰收】** 2016年，太仓市调整优化“四个十万亩”（粮油、水产、园艺、林地）主导产业空间布局，继续落实生态补偿与各类强农惠农政策。全年粮、油、蔬果种植面积4.0万公顷，其中水稻种植面积1.21万公顷，单产620.4公斤／亩（1公顷≈15亩，下同），总产量11.22万吨；小麦种植面积1.02万公顷，单产291.6公斤／亩，总产量4.46万吨，因灾害性天气频繁发生，最终统计数据表明，粮食产量均较上年减少。蔬菜种植面积1.63万公顷次，单产2163.9公斤／亩，总产量52.84万吨，蔬菜产量较上年略有增长；油菜种植面积1286.67公顷，单产163.3公斤／亩，总产量0.316万吨；水产养殖面积0.24万公顷，水产品总产量2.16万吨；生猪存栏12.77万头，出栏22.96万头；羊存栏2.59万头，出栏4.28万头；家禽存栏275.41万羽，出栏1400.3万羽。全市规模养殖比重87%。

**【农业基础设施建设】** 2016年，太仓市继续推进农业基础设施建设，夯实现代农业发展基础。全年新建高标准农田826.67公顷，累计建成高标准农田2.27万公顷，占比86.97%。农业部0.16万公顷高标准农田项目建设进度完成80%；新增设施农（渔）业面积26.67公顷，累计0.57万公顷，占比22.6%。创新实施政府购买农机维修服务，新增农机具178台，新建育秧工厂3个、烘干中心4个，农作物秸秆综合利用率98.4%。试点建设粮食全程机械化示范区 1333.33 公顷。

【地产农产品安全供给】 2016 年，太仓市强化农产品追溯管理，印发《关于建立食用农产品产地准出与市场准入衔接机制的实施意见》。推行“三定一考核”（定监管对象、定监管人员、定监管任务和工作业绩考核）基层网格化监管制度，辖区内监管对象巡查覆盖面 100%。完善农产品质量安全责任承诺制度，签约率 100%。启动地标农产品“太仓大米”品牌推广，实现品牌“三统一”（统一品种、统一商标、统一包装）管理。全年，新获证“三品”（无公害农产品、绿色食品、有机农产品）96 个，其中无公害农产品 88 个，绿色食品 8 个，全市获证“三品”累计 142 个。检查生产经营企业 1149 家次，依法查处制售假劣农兽药案 12 起，完成农产品定量监测 6 大类、573 批次，合格率 99.3%。

【农业科技创新】 2016 年，太仓市稻麦化学农药“1+3+X”（“1”指种子进行 1 次药剂处理，“3”指生育中期进行 3 次总体防控，“X”指依据当年病虫发生趋势分析是否增加 1 次总体防控）减量防控技术模式示范全省，成功开展生态高值农业技术示范和大棚设施综合利用，测土配方技术覆盖率 86%，再试高密度循环水养殖草鱼试验，推广稻蟹立体养殖，建成覆盖全市规模养殖场（户）的畜牧业信息化监管平台，实现畜禽养殖远程监控。全年引进蔬菜新品种 11 个、林果新品种 17 个、水产新品种 4 个，“宅基地高效复垦方法”“块状无土栽培基质制造方法”“拼合生物基质”3 项技术获国家发明专利，“阵列分布的控根栽培系统”获国家实用型新型专利，“戈林植物营养液”获国家专利。

【新型农业经营主体壮大】 2016 年，太仓市扶持壮大农业龙头企业，实施农产品精深加工技术装备升级改造项目 6 个，18 家苏州市级以上农业龙头企业年销售收入 92.49 亿元，利税总额 7.32 亿元，带动农户 4.47 万户，农产品出口额 2500 万美元。加快新型社会化服务主体建设，水稻科技服务中心和农机化服务中心主体建设基本完成。年内，安佑集团获“2015 年度中国畜牧饲料行业最具投资价值企业”称号。

【为农服务水平提升】 2016 年，太仓市强化新型职业农民培育与管理，实施《太仓市新型职业农民认定管理办法》，认定新型职业农民 170 人。全年举办市、镇两级农技人员高级进修班 3 期，参训人员 130 人；开展各类农业技术技能培训 23 期，参训人员 1223 人；完成 2016 届 96 名农业委培生就业分配，组织开展 2017 届农业委培生社会实践。规范项目申报，完成农业综合产能建设、农业产业化引导、农业可持续发展、财政现代农业发展等四大类农业项目 46 个，立项 40 个，获财政扶持 7713.68 万元。推进农药集中配送，农药集中配送率 95.4%，稻麦病虫害专业化统防统治覆盖率 80.1%，高效低毒低残留农药使用面积占比 84.3%。发挥“12316”三农服务热线作用，全年发布各类服务信息 8 万条。

（李　玉）

6 月 15 日，太仓市举办首届农业委培生双选会　（市农委供稿）

## 农村改革

【概况】 2016 年，太仓市农村工作以“五大发展理念”（创新、协调、绿色、开放、共享）为指导，加大在深化农村改革、城乡一体发展、促进富民强村、建设美丽村庄、培育经营主体、加强农村集体“三资”（农村集体资金、农村集体资产和农村集体资源）管理、维护农民权益等方面力度，推动新型城镇化和新农村建设双轮驱动、互促共进，全市农业农村发展继续保持稳中有进良好态势。年内，太仓市推进农村产权制度改革，完成土地承包经营权确权登记 63 个村，占比 95.5%；创新农业经营体制机制，推进农村土地承包经营权向村集体流转，新增土地流转面积 252 公顷；提升城乡发展一体化水平，加快美丽村庄建设，全年新增美丽村庄示范点 1 个，三星级康居乡村 20 个；持续加强集体经济薄弱村帮扶，推进富民强村工作，全市农民人均纯收入 33412 元（农经统计口径），较上年增长 8.02%，村均稳定性收入 694 万元。12 月，太仓市被农业部评为全国农村集体“三资”管理示范县。

【农村产权制度改革】 2016 年，太仓市推进农村土地承包经营权确权登记颁证工作，在全市应开展确权登记颁证的 6 个镇、66 个村、1852 个小组、约 4.3 万户农户中，完成确权登记 63 个村（其中 49 个村通过市级验收），占比 95.5%，农户认可签字率 98% 以上。农村社区股份合作社股权固化改革稳步推进，全市累计完成 92 家，占应实施股权固化改革任务数 99%，量化净资产 27.57 亿元，总股份 62.65 万股，享有股份农户 8.79 万户，股东成员数 34.35 万人。发挥“两个平台”（农村集体财务监管平台和资产交易管理平台）作用，加强农村集体“三资”管理，全年通过资产交易管理平台实现公开出租交易集体资产 740 笔，成交金额 8396 万元。深化农村金融制度改革，推进农村土地承包经营权抵押贷款，全年全市累计有 16 家合作农场的 3520 公顷承包土地经营权获得银行为期 5 年的抵押贷款 2.39 亿元。

合作农场规范有序发展　　（2016 年 7 月摄　市委农工办供稿）

**【农业经营体制机制创新】**　2016 年，太仓市引导农地规范有序流转，加快推进农村土地承包经营权向村集体流转，全年向村集体新增土地流转面积 252 公顷，累计 1.78 万公顷，占农户承包土地 78.5%。拟订政策文件，指导各地加强土地流转规范化管理和服务，解决因农地不规范流转行为导致的土地资源掠夺性经营、农产品质量安全监管难、农村生态环境和农村农业基础设施遭损等问题。加快培育合作农场、农民专业合作社、家庭农场、合作联社等新型农业经营主体，提高农业组织化程度，提升现代农业建设水平，全市规范运行的各类农村新型合作经济组织累计 720 家，合作联社 26 家，家庭农场 22 家。完善合作社优先扶持机制，全市 274 家合作社列入 2016 年政府优先扶持名录。开展农民专业合作社年报公示，公示率 96%。抓好合作社规范化管理示范点，以及农民合作社监管平台建设。完善合作社项目申报审核程序，建立完善项目立项评审管理机制，申报省级农村经营管理项目 7 个、现代农业产业项目 4 个，申报苏州市农民专业合作社项目 3 个，获上级奖补资金 220 万元。采取优生优先、多需求优先、双向选择方式，做好第一届 96 名农业委培生毕业分配工作。

11 月 23 日，农户领取农村土地承包经营权证（市委农工办供稿）

**【富民强村空间拓展】**　2016 年，太仓市推进土地确权登记颁证、股权固化和政经分离等各项改革，加快资源资产化、资产资本化、资本股份化、股份市场化步伐，基本形成一条“家家有资本、户户成股东、村村有物业、年年有分红”的富民强村改革新路。探索村级经济新的发展模式，走联合抱团发展之路，建立发展载体，拓展发展空间，年内全市新增村级物业用房 6.6 万平方米，择优选定沙溪镇半泾村综合楼项目和娄东街道办小桥村、花北村商业用房项目申报苏州市富民强村载体项目，争取上级奖补资金 700 万元。加强集体经济薄弱村帮扶工作，实施《新一轮扶持集体经济薄弱村工作方案》，对 2015 年度村级集体稳定性收入不足 300 万元的 6 个村，采取领导挂帅、部门挂钩、干部挂职、项目扶持等措施进行精准帮扶。对苏州挂钩帮扶的 5 个薄弱村，配套落实公共服务运行资金每村 50 万元。组织村级公益事业建设“一事一议”财政奖补项目 13 个，拨付奖补资金 442 万元。开辟集体经济发展新路径，规范提升农村社区股份合作社、劳务合作社和合作农场等新型集体经济发展水平。合作农场集体自主经营面积保持稳定，经营管理机制逐步健全，生产经营效益明显提升。94 家社区股份合作社中近 80% 实现收益分配。97 家农村劳务合作社规范运营，2016 年经营收入 1.2 亿元，发放社员薪酬 6728 万元，带动农民充分就业和持续增收。2016 年，全市农民人均纯收入33412元（农经统计口径），较上年增长8.02%，村均稳定性收入694万元。

【城乡发展一体化水平提升】 2016年，太仓市按照苏州市“百村示范千村整治提升”实施计划和太仓市美丽城乡建设行动计划工作要求，加快美丽村庄建设步伐，全年新增美丽村庄示范点1个，三星级康居乡村20个，优选浮桥镇三市村金桥自然村落申报省级美丽乡村示范点。在建成的美丽村庄示范点中，注重挖掘产业特色和产业优势，培育东林村、电站村、永丰村、三市村、杨漕村、孟河村等一批农村第一产业、第二产业、第三产业融合发展的美丽村庄建设先进典型。加快农民公寓房建设和安置进度，年内新增竣工验收公寓房面积92.7万平方米，新增分房32.19万平方米，全年完成安置分房2507套，安置农户1585户。全年新增集中居住农户1178户，农民集中居住率67.5%。强化农村基础设施建设投入，整合农村生活污水治理、农村道路建设、河道长效管理、省级“一事一议”项目等专项资金，重点奖补经济薄弱村和美丽村庄创建点。

【农村调查研究】 2016年，市委农工办深入开展“三农”情况调查研究，了解实情，掌握现状，分析工作中遇到的问题及产生的根源，提出针对性、可操作性强的对策，起草《关于进一步加强农村土地经营权规范有序流转的补充意见》《苏州市美丽村庄建设新一轮行动计划(2017—2020年)太仓市实施方案》等政策性文件。完成《牢固树立绿色发展理念，着力改善农村生态环境》《开发农业多种功能，推进产业深度融合》《对新形势下村级集体经济发展的调查与思考》《探索集体经济有效实现形式，创新发展农村新型集体经济》《太仓市“政经分离”改革路径选择》《推进农村生态文明，加快建设美丽乡村》等专题调研文章10余篇，其中《牢固树立绿色发展理念，着力改善农村生态环境》被列为太仓市2016年度社科应用研究重点课题。市委研究室《调研参考》《江苏农村要情》刊发或单独转发调研报告5篇。在调研基础上制定《关于农村劳务合作社及合作农场雇主责任保险实施办法》，获江苏省农业农村政策创新奖。 （王丽琴）

## 种植业

【概况】 2016年，太仓市种植业继续围绕“四个十万亩”主导产业落地，调整优化种植结构和空间布局，实现种植业总产值29.95亿元，较上年下降2.4%。全年水稻生产面积1.21万公顷，较上年下降9.1%；小麦生产面积1.02万公顷，较上年下降9.6%；油菜生产面积1286.67公顷，较上年下降11.6%；蔬菜生产面积1.63万公顷，较上年增加1.1%。全面推进7个水稻、2个小麦高产增效创建示范方，加强现代化（粮食）综合科技示范基地和省级“菜篮子”工程基地建设。完成小麦“一喷三防”（在小麦生长期使用杀虫剂、杀菌剂、植物生长调节剂、叶面肥、微肥等混配剂喷雾，达到防病虫害、防干热风、防倒伏，增粒增重，确保小麦增产的一项关键技术措施），继续强化全市水稻病虫害预警监测队伍建设，推广专业化统防统治与绿色防控技术融合技术模式，太仓市首次被农业部列为全国农作物病虫害专业化统防统治与绿色防控融合技术示范基地。完善化学农药减量控害技术集成体系，推进农作物病虫害监测预警标准园建设，有害生物阻截带建设效果显著，稻麦病虫害专业化统防统治覆盖率80.1%，高效低毒低残留农药使用面积占比84.3%，农药使用量481.82吨，较上年减少29.38吨。6月，根据上级统一部署，农作物良种补贴、种粮农民直接补贴和农资综合补贴农业“三项补贴”合并为一项，即农业支持保护补贴。年内，开展“放心农资下乡进村”宣传周活动，参加文化、科技、卫生“三下乡”活动，举办2016农民职业技能（稻麦）培训等，市植保站获评全省“十佳植保站”。

【国家重大农技推广服务试点项目启动】 2016年，国家重大农技推广服务试点项目——稻麦全程机械化和循环农业示范基地落户太仓，城厢镇、璜泾镇、双凤镇10家专业合作社作为项目实施主体，重点开展稻麦全程机械化周年均衡高产技术、稻麦土壤可持续利用技术、化学肥料和化学农药减量技术、稻麦秸秆综合利用技术等四方面示范，探索科技成果快速转化为生产力的新机制、新方式和新路径，推进太仓现代农业转型升级。

【高标准农田建成全国样板】 3月，农业部在北京举办国家现代农业示范区高标准农田建设实施管理培训班，太仓作为全国唯一一家项目建设单位

**2016年太仓市种植业主要指标**

表37

| 类别 | 面积（公顷） | 较上年（±%） | 总产（万公斤） | 较上（±%） | 单产（公斤/公顷） | 较上年（±%） |
|---|---|---|---|---|---|---|
| 水稻 | 12060 | −9.2% | 11223 | −10.6% | 9306 | −1.6% |
| 三麦 | 10200 | −9.7% | 4461 | −24.4% | 4374 | −16.3% |
| 棉花 | 130 | −35% | 16.3 | −33.7% | 1254 | 2% |
| 油菜 | 1290 | −11.6% | 316.1 | −18.3% | 2450 | −7.6% |
| 蔬菜 | 16280 | −1.7% | 52843.4 | −1.6% | 32459 | 0.1% |

代表在培训班上专题介绍高标准农田建设经验、做法与成效。在农田规划设计、招投标、工程管理、监督审计、项目验收等各个关键环节，探索总结出一整套经验与做法，受到农业部、省农委肯定。

**【"太空棉"种子返回太仓】** 4月，由太仓市棉花育种中心培育并选送的2个棉花品种（系）种子搭载"实践十号"卫星返回太仓。该次搭载是太仓市棉花育种中心继2006年"实践八号"之后第二次搭载，标志该单位成为全国少数几家长期开展棉花航天育种研究的单位之一。

**【农业保险新险种】** 5月，太仓市依托太平洋产险试点开办"露地蔬菜气象指数保险""池塘水产养殖气象指数保险"2个新农业险种，气象指数险是国内首款以综合气象数据为赔付依据，以露地蔬菜、池塘养殖作为保障对象的保险产品，以降雨量、风速、温度3个气象要素为触发条件的农业险种，试点承保范围为流转到村集体的土地，保费由市、镇、村三级分别按5∶2∶3比例承担。

**【首届农业委培生就业双选会】** 6月，太仓市举办首届委培生就业分配现场招聘会，2016届近百名农业委培毕业生参加招聘会，全市共87个村（涉农社区）入驻招聘现场，达成到村（社区）工作意向委培生96人，现场签订劳动合同。该次招聘在"优生优先""多需求优先""双向选择"基础上，对未能找到合适就业岗位的涉农大学生实行统一分配，确保充分就业。

**【水稻一次性机械化除草技术探索】** 6月，太仓市引进一体化机插化除施药器5台，结合德国拜耳公司最新化学除草药剂19%氟酮磺草胺悬浮剂（垦收）及35%丙炔噁草酮·丁草胺悬浮剂（秋之宝）2种药剂，一次性除去水稻田内单子叶、双子叶杂草，完成机械化化学除草工作，首次示范面积33.33公顷。

**【国家首批农业面源污染综合治理试点】** 8月，太仓市被列入国家首批农业面源污染综合治理试点，是江苏省唯一入选试点的县（市）。该项目由国家发改委、农业部联合立项，中央财政投入专项资金3000万元建设。在城厢镇东林村、双凤镇庆丰村、沙溪镇中荷村建设总面积约2040公顷的太湖流域典型河网区农业面源污染综合防治示范区。主要通过农田面源污染防治工程、农业废弃物利用工程、养殖业污染减排工程、地表径流污水净化利用工程、农田基础设施建设工程"五大工程"，为经济发达地区及平原河网区的农业面源污染防治提供可复制、可推广的技术模式以及示范样板，为全国其他地区的农业面源污染治理探路。

**【"太仓大米"品牌推广】** 2016年，太仓市启动国家地理标志证明商标"太仓大米"品牌推广，4月，在《太仓日报》、太仓农林网公开征集"太仓大米"包装设计。10月，与上海三松品牌策划公司合作开发包装设计，与璜泾、浏河片区签订授权使用许可合同，颁发授权证，逐步实现"太仓大米"品牌统一品种、统一商标、统一包装。

**【水稻穗发芽调查】** 10月，太仓市受连续阴雨及高温天气影响，部分水稻田块出现穗发芽情况。10月27日，通过踏田系统调查，73%的机插稻田块、53%的直播稻田块有穗发芽现象，机插稻单穗发芽情况12%、直播稻发芽情况2%。11月1日，据踏田调查显示，由于受冷空气影响及天气转晴，穗发芽整体趋势得到控制。

**【首期耕地轮作休耕】** 2016年，太仓市结合省级耕地轮作休耕制度试点项目，加快耕地轮作休耕工作。10月，按照冬耕晒垡、休耕培肥、轮作换茬等方式进行首期耕地轮作休耕。整个休耕项目涉及城厢、浮桥、新区、璜泾和双凤等区镇，连片面积1333.33公顷，获省补资金332.90万元，其中冬耕晒垡813.33公顷，补贴标准145元／亩（1公顷≈15亩，下同），补贴资金176.90万元；休耕培肥266.67公顷，补贴标准200元／亩，补贴资金80万元；轮作换茬253.33公顷，补贴标准200元／亩，补贴资金76万元。（李　玉）

## 畜牧水产业

**【概况】** 2016年，太仓市畜牧水产业继续坚持"适度规模，规范养殖，种养结合，生态平衡"工作思路。通过"百日行动"推进畜禽养殖整治工作；强化重大动物疫病防控，加强春秋两季疫病防控，完善病死畜禽无害化监管和畜禽屠宰管理，继续落实梅山猪保种工作，推进生猪信息化建设，建立冷链运输系统，确保疫苗冷链运输到达"最后一公里"。做好长江沿线环境整治工作，严格执行长江禁渔期和伏季休渔制度，开展打击电捕等非法捕捞专项行动。做好内河增殖放流工作，维护生态环境。规范落实渔业许可制度，引进新品种，再试高密度循环水养殖草鱼试验，推广稻蟹立体养殖模式，完善水生动物疫病防控体系建设，推进渔业科技入户工程，改造鱼池标准化，建立渔业保险制度。年内，水产养殖（池塘）面积0.24万公顷，其中常规鱼养殖240公顷，特种水产品养殖2160公顷。全年，生猪、家禽、羊规模养殖出栏分别为22.96万头、1407.87万羽、4.28万头，奶牛存栏0.51万头。年内，全市苗猪价格上涨，第一季度苗猪价格上升迅速，至3月底，价格达40元／公斤，较上年年底增长33.33%。全年全市畜牧业产值13.43亿元，较上年下降7.0%；渔业产值15.56亿元，较上年增长3.8%。

**【畜禽养殖整治"百日行动"完成】** 8月25日起，太仓市开展全市城乡环境综合整治"百日行动"，畜禽养殖整治作为"百日行动"核心工作同步推进。经过百余天的整治，607家畜禽规模养殖场（户）全部拆除，禁养区内403家畜禽规模养殖场（户）全部关闭，累计清空生猪14.9万头，禽149.1万羽，牛1931头，羊7238头，兔子930只，拆除棚舍面积58.4万平方米，复耕土地面积42.5万平方

**2016 年太仓市畜牧业主要指标**

表 38

| 项目 | 单位 | 指标 | 较上年（±%） | 项目 | 单位 | 指标 | 较上年（±%） |
|---|---|---|---|---|---|---|---|
| 生猪出栏 | 万头 | 22.96 | 1.46% | 羊出栏 | 万头 | 4.28 | –2.28% |
| 生猪存栏 | 万头 | 12.77 | –25.63% | 羊存栏 | 万头 | 2.59 | –28.25% |
| 能繁母猪存栏 | 万头 | 0.99 | –24.43% | 兔出栏 | 万只 | 2.85 | 86.27% |
| 家禽出栏 | 万羽 | 1407.87 | 3.16% | 兔存栏 | 万只 | 0.13 | –95.04% |
| 奶牛存栏 | 万头 | 0.51 | –23.88% | — | — | — | — |

米，标志全市畜禽养殖整治“百日行动”全面完成。

**【全市养殖信息化“一张图”系统建成】** 12 月，太仓市开发完成全市畜禽养殖规划“一张图”系统（一期）。该系统以全市 518 家畜禽规模养殖场、12 家兽药店、13 家动物诊疗所、5 家兽药及饲料生产企业等单位的地理及生产经营信息为基础，利用数据库、GIS（地理信息系统）、移动互联网、无线定位等技术，建成从畜禽养殖到无害化处理及各类监管机制相融合的畜牧业信息监管平台，为畜牧业现代化建设提供技术支撑。

（李　玉）

## 林果园艺业

**【概况】** 2016 年，太仓市新增林地、绿地 141.2 公顷，新增果树面积 18.87 公顷，超额完成绿化任务。重点实施完成七浦塘、半泾河（七浦塘—杨林塘）绿化工程和盐铁塘绿化改造工程。推进村庄绿化建设，完成璜泾镇永乐村、浮桥镇三市村建元村落、浏河镇浏南村杨家宅、城厢镇胜泾村 4 个省级绿化示范村建设。加强林果新品种引进和名木古树保护、森林抚育、野生动物、湿地保护工作，林政、森林植物检疫正规化。创新技术指导方式，启动全省首家农作物病虫害监测预警信息标准园建设和泰丰林果基地改造工程。年内，开展第 38 个植树节义务植树活动、全球第 20 个世界湿地日“湿地与未来——可持续的生计”宣传活动、“送苗下乡”等活动，赠送果苗 5.51 万株、月季 6000 多株，“绿色太仓”建设水平进一步提升。

**【“绿盾 2016”行动】** 4 月，太仓市实施“绿盾 2016”林业植物检疫执法检查行动，对全市涉绿企业、木材流通企业发放《林业植物检疫监管告知书》，做到森林植物检疫要求宣传全覆盖。至年底，全市登记的涉及木材经营企业 146 家，其中年内新开户涉木企业 21 家。

**【首届“果王梨”评比】** 7 月，太仓市举办首届“果王梨”评选大会，评选出各基地中甜度最高、果重最重、综合测评最优的“蜜王”“梨王”和“果王”。11 个参赛队报送样品 16 种，参赛梨品种有“翠冠”“翠玉”“420”及“清香”四大品种。太仓市东林村所属的金仓湖生态果蔬园获“梨王”称号，太仓市电站生态园农产品产销专业合作社获“蜜王”称号，太仓市金蜜蜂果园专业合作社获综合得分最高的“果王”称号。

**【生物天敌防控林业有害生物】** 8 月，太仓市释放生物天敌管氏肿腿蜂 20 万头、花绒寄甲 10 万头，分别释放在高速公路、市级主要道路两侧、公园绿地、各果园基地等近 30 个地段，主要用于防控天牛等蛀干类害虫。

**【野生鸟类救助】** 11 月，太仓市开通野生鸟类救助热线。全年全市共救助夜鹭、普通鵟、鹰鸮等野生鸟类 10 起，受理食蟹猴、乌龟等各项行政审批 30 份。市农委与市农林综合执法大队、市公安局开展联合清缴捕鸟网行动 3 次，共收缴鸟网 20 多张，协助市公安局破获非法出售红尾蚺、球蚺案件 1 起。

（李　玉）

## 休闲观光农业

**【概况】** 2016 年，太仓市休闲观光农业进一步丰富内涵、拓展功能、强化创新创意发展，各级各类农业示范园区和休闲观光景点提档升级。市现代农业园区特色民宿、菌菇文化馆试营业，亲子园、农展馆提档；璜泾镇现代农业园直销中心、沙溪镇首家农副产品展销中心正式营业，天竹园田园生活馆于 12 月对外营业。太仓市组织有关单位参加第 14 届中国国际农产品交易会、江苏优质农产品（南京）展销会等农业农展 7 次，对外推荐太仓农业品牌，展示太仓休闲农业。3 月，太仓市现代农业园区获评“首批国家重点花文化基地”，全国仅 8 家单位获评。12 月，城厢镇电站村获评省休闲观光农业示范村，天竹园被评定为三星级乡村旅游区。年内，太仓市向外推荐特色农业休闲旅游线路 3 条，接待游客 213.32 万人次，较上年有显著增长，年营业收入 2.89 亿元，利润 2564 万元。

**【太仓特色农业休闲旅游线路推介】** 11 月，太仓市在第 14 届江苏名特优农产品（上海）交易会上推介太仓特色农业休闲旅游线路3条，分别为："感受现代农业魅力"线路，包括现代农业园区（农业展示馆—花卉园艺展示馆—生态湿地馆—恩钿月季公园—亲子园—百竹园）—金仓湖—电站村；"领略田园太仓风情"线路，包括万丰村—东林村—太仓华丽菲尼克斯度假村—现代渔业产业园；"品味江南古镇神韵"线路，包括沙溪古镇（乐荫园—陆京士故居—连环画博物馆—江南民间现代诗歌馆—雕花厅—牙行—唐调研习所）—天竹园—璜泾镇现代农业园区等。

（李　玉）

## 农业机械化

【概况】　2016年，太仓市农业机械化工作以推进粮食生产全程机械化为重点，继续贯彻落实各级农业购置补贴政策，印发《2016年太仓市农机化重点工作》。全年全市新增购机补贴机具178台，其中：拖拉机12台，全喂入收割机18台，半喂入收割机8台，乘坐式插秧机22台，育秧流水线9套，粮食烘干机48台，高地隙自走式喷雾机17台。机具总投入1864.26万元，其中争取中央和省财政补贴337.31万元，太仓本级奖励738.6万元。太仓市推进农作物秸秆机械化还田和综合利用工作，全年秸秆综合利用率98.4%，其中秸秆还田率80%。城厢镇东林村投资建设的太仓秸秆资源化综合利用工程项目完成全部土建和设备安装，进入生产阶段。太仓市加强农机服务工作，举办农忙农机现场会，抓好水稻育插秧培训，实施农机维修社会化服务。

【"两个中心"建设基本完成】　9月1日，太仓市水稻生产科技服务中心和农机化服务中心项目建设启动，该项目总投资2423.3万元，位于城厢镇万丰村，太沙公路东侧，总用地面积1.39公顷。工程分为4个单体，科技服务中心总建筑面积2090平方米；农机化服务中心建筑面积2270平方米；配套服务用房建筑面积460平方米；消防泵房、消防水池等建筑面积30平方米。至年底，项目主体工程完成并通过验收。

【农机社会化服务新模式】　10月，太仓市在全省率先创新实施政府购买农机维修服务，为大型农机具提供忙前检修、忙中抢修和忙后保养等服务。该项服务采用招投标方法，确定邦农机械有限公司为2016年度维修服务商，对全市范围内经年度检验合格，由村合作农场、农机合作社统一管理的大中型拖拉机、联合收割机、插秧机提供忙前检修、忙中抢修和忙后保养。

【科技入户新机具现场演示观摩会】　11月，太仓市在璜泾镇杨槽村举办久保田PRO988型全喂入式联合收割机水稻收割操作演示现场观摩会，各区镇农机站分管站长、技术指导员、示范户代表、农机合作社负责人等近60人参加。观摩会为各区镇引进先进适用新机具提供参考，有利于进一步提升全市粮食生产机械化水平。

【稻麦全程机械化生产技术规范制订】　12月，太仓市率先探索制定《太仓市稻麦全程机械化生产技术规范》地方标准，针对太仓稻麦两熟生产特点，依托国家重大农技推广服务试点项目——太仓稻麦全程机械化和循环农业示范基地建设技术成果，进一步推进工厂化育供秧和机械化耕整、播栽、施肥、植保、收割、烘干、秸秆利用等关键技术装备应用，从装备配置技术、水稻生产、小麦生产等3个方面，制定一整套完善的技术规范。

（李　玉）

## 农田水利

【概况】　2016年，太仓市完成中央财政小型农田水利重点县建设第二轮第三个年度、第三轮第一个年度项目，项目共涉及沙溪、双凤等5个区镇，包括渠泾、松南等灌排区9个，概算投资8657.6万元，主要建设任务是：新建渠道117公里、配套建筑物4696座，新建（改造）灌溉站67座，改善灌溉面积2666.67公顷。

【农田水利设施产权制度改革完成】2016年，太仓市在全市48个劳务合作社设立水利专业服务队，统一做到"六个一"，即"有一处办公场所、有一笔管护资金、有一套管理标准、有一个考核办法、有一批管护装备、有一本管理台账"，646座固定灌溉泵站完成确权，农田水利工程管理落实管护机制。年内，太仓市推进农业水价综合改革，编制完成《农业水价综合改革实施规划和试点方案》，在城厢镇东林村、沙溪镇岳星村开展试点，提高农业用水效率。

（周　婷）

## 现代农业园区

【概况】　2016年，太仓市国家现代农业示范区围绕打造高水平示范区目标，按照建设"现代田园城·美丽金太仓"总体部署，坚持"四化同步"发展方略，强化规划引领，加大公共财政投入，以市镇两级现代农业园区建设为重点，有序地推进设施装备建设、新型农业经营主体培育、农业科技集成创新、农产品质量安全等发展现代农业基础工作，探索生态循环、休闲观光等现代农业发展新业态。构建以现代装备为基础、现代科技为支撑、现代经营为特征，资源利用率高、土地产出率高、劳动生产率高、综合效益高的现代农业体系。年内，示范区农业现代化水平、物质技术装备水平得到较大提升，形成农业"三产"协调推进、"三生"融合发展良性发展态势。全市规划在建各类园区5个，总规划面积0.53万公顷，在建面积333.33公顷；共有国家农业产业化示范基地1个、省现代农业产业园区1个、苏州市级现代农业园区5个。年内，太仓市双凤镇新湖现代农业产业园获评苏州市级现代农业园区，太仓市现代农业园区获评首批国家重点花文化基地，恩钿月季公园获

4月8日，太仓市现代农业园区获授“国家重点花文化基地”奖牌

（市农委供稿）

北京世界月季洲际大会最佳贡献奖。

**【新湖现代农业产业园获评苏州市级现代农业园区】** 11月，苏州市人民政府办公室印发《关于认定第三批苏州市市级现代农业园区的通知》，公布太仓市双凤镇新湖现代农业产业园等7个农业园区为苏州市第三批市级现代农业园区，新湖现代农业产业园获专项资金奖励50万元，用于农业园区基础设施建设。

（李　玉）

# 科技创新

## 综　述

**【概况】** 2016年，太仓市科技创新工作围绕“创新、协调、绿色、开放、共享”五大发展理念，坚持“企业是主体，产业是方向，人才是支撑，环境是保障”导向，实施“科技创新六大行动计划”。年内，太仓市通过国家知识产权试点市验收。

实施“创新企业培育计划”，提升企业创新能力。科技政策惠及企业。太仓市122家高新技术企业享受税收减免政策，合计减免所得税3.72亿元，较上年增长44.25%；205家企业研发费用加计扣除减免所得税1.33亿元，较上年增长4.7%；兑现太仓市《关于进一步加快技术创新体系建设的若干政策意见》奖补资金1818万元。科技企业量质并提。新增国家知识产权优势企业5家、高新技术企业73家、省民营科技企业166家；奥智智能设备、撼力铜合金、创扬医药、德能电机、东南佳、捷赛机械、美源达等7家科技企业在“新三板”挂牌。研发机构建设有力。新增省企业工程技术研究中心4家、省研究生工作站12家、省企业院士工作站1家；新增苏州市工程技术研究中心39家、苏州市企业院士工作站1家、首获苏州市重点实验室1家；规模以上企业研发机构建有率29.11%，新认定高新技术产品174件。

实施“载体平台提升计划”，提升载体辐射能力。科技园区建设。太仓市完善“创业资金＋创业导师＋专业服务”孵化模式，提档科技创新载体。太仓创智科技企业孵化中心、德国留学生创业园、太仓生物港获评省级科技企业孵化器；高新区获评苏州市大数据特色产业园。产业技术研究院建设。实施引进“大院名校”共建创新载体战略，重点推进中科院上海硅酸盐研究所苏州研究院、同济大学太仓高新技术研究院等建设；支持校企组建产业技术研发平台，加速成果转化。润邦卡哥特科工业有限公司、江苏德威新材料股份有限公司分别与南京理工大学、东南大学开展合作，获批省重大成果转化项目，共争取经费2000万元，创历年之最。“众创空间”建设。太仓市国际服务外包园发展有限公司运营的“乐创空间”和苏州文汇商务中心有限公司运营的“中德MOBO众创中心”获评国家级“众创空间”；新增省、苏州市“众创空间”各5家；1家“众创空间”成为苏州地区首家获认定的农业方向“众创空间”。

实施“领军人才集聚计划”，提升人才引领能力。科技领军人才队伍扩大。太仓市推进“娄东英才”工程，全年新认定省“双创人才”10人、“省双创博士”9人、省产业教授3人、姑苏创新创业领军人才11人、姑苏科技创业天使计划人才10人。新增太仓科技领军人才24人。科技人才项目质量提升。光蓝信息技术有限公司入选“2016年度十大最具发展潜力的创业企业”，韩蓝青获评2016年苏州十大科技创新创业人物创新精英奖；苏州宏策光电科技有限公司朱京涛的项目和苏州维永生物医药技术有限公司郭松坡的项目分获“第四届江苏创新创业大赛”二等奖、三等奖；苏州浚惠生物科技有限公司施奇惠的项目和苏州帝格欣新材料有限公司邓正涛的项目分获2016年“赢在苏州”海外创业大赛苏州总决赛一等奖、三等奖。

实施“协同创新深化计划”，提升资源集聚能力。科技金融合作日益密切。年内，太仓市新增南京银行太仓支行、交通银行太仓支行和农业银行太仓分行为“苏科贷”合作银行；26家企业获“苏科贷”信贷资金8640万元；6家企业获“科才通”信贷资金600万元；5家企业获“科贷通”信贷资金3418万元；太仓市成为苏州唯一一个获得省级“苏科贷”绩效A类评级的县市。政产学研合作成效显著。以第五届科技创新工程推进月活动为契机，举办科技人才双百对接会、科技企业高校行、苏州科技行——走进清华等活动，拓宽校企合作渠道。太仓市人民政府与上海大学签署协同创新战略合作框架协议，全年新增政产学研联合体29家、产学研合作项目200个；大学科技园获评中国产学研合作创新示范基地。国际科技合作彰

12 月 3 日，太仓市举办新材料研讨暨产业前沿科技成果交流会

（市科技局供稿）

显特色。年内，中国·江苏第五届国际产学研合作论坛暨跨国技术转移大会国外专家组到太仓考察，牛津大学ISIS 国际技术转移中心等 7 家国际技术转移机构在太仓发布技术成果；苏州金仓合金新材料有限公司与以色列理工学院合作建立的中以合金新材料联合研究所揭牌；中国（江苏）德国知识产权国际转移平台落户太仓。

实施"知识产权跃升计划"，提升成果转化能力。专利申请。全年全市共申请专利 8226 件，其中发明专利申请 4792 件，分别较上年增长 27.55%、31.87%；授权专利 3632 件，其中发明专利 1032 件，分别较上年增长 26.51%、39.65%。PCT 国际专利申请 128 件，较上年增长 70.67%；万人有效发明专利拥有量 40.21 件，较上年增加 13.65 件。1 件专利获中国专利奖优秀奖。太仓高新区获批为江苏省知识产权试点园区。知识产权宣传培训。以"4•26"世界知识产权日系列宣传活动为契机，举办送政策"进企业、进学校、进园区"等活动，组织企业知识产权管理人员参加企业知识产权管理体系内审员培训班等专题培训 10 多场，累计参训人员 1400 人次。取得知识产权管理体系内审员资格证书 132 人，获得江苏省知识产权工程师培训结业证书 55 人，获得知识产权中级职称 4 人。企业贯标管理。引导支持企业建立科学、系统、规范的知识产权管理体系。全年，获省企业知识产权战略推进计划项目立项企业 2 家，通过国家知识产权管理体系认证企业 24 家，进行省企业知识产权管理标准化示范创建备案企业 41 家。

实施"科技惠民惠农计划"，提升民生科技能力。提高农业科技创新能力。太仓市开展"农业科技企业院校行"活动，达成合作协议 2 个；获苏州市产业技术创新专项（农业科技创新）项目立项 3 个，获得省农业科技社会化服务奖补资金 15 万元。提高民生科技创新能力。围绕科学前沿和太仓市经济社会发展重大需求，开展民生科技创新。获江苏省重点研发计划（社会发展）项目立项 2 个，争取经费 130 万元；获苏州市医疗器械与新医药后补助项目立项 2 个，争取经费 35 万元；获苏州市民生科技—医疗卫生应用基础研究项目立项 10 个。提高科技引领生活能力。举办"科技走近百姓"活动，启动太仓市"三新"科技社区建设工作，认定首批太仓市级科技社区 14 个；组织举办美德青少年科技夏令营、科技小制作比赛等系列活动，提升全民科学素质。新增省级科普教育基地 1 家、苏州市级科普教育基地 2 家、太仓市级科普教育基地 8 家。

（周晓萍）

## 科技项目

**【概况】** 2016 年，太仓市共争取省级以上科技项目 36 个，其中国家级 1 个，争取省级以上项目经费 4332.6 万元，其中国家级项目经费 862.59 万元；争取苏州市级科技项目 29 个，争取经费 367.31 万元。

**2016 年太仓市重点科技项目立项一览表**

表 39

| 项目类别 | 项目名称 | 承担单位 |
|---|---|---|
| 第 18 届中国专利奖优秀奖 | 一种高吸湿率仿棉涤纶长丝及其制备方法 | 苏州金辉纤维新材料有限公司 |
| 省重点研发计划 | 面向汽车链条批量定制的智能自动化生产线研发 | 苏州椿盟智能科技有限公司 |
| | 航空级高温烟气过滤用 SiCf/SiC 陶瓷基复合材料关键技术研发 | 苏州宏久航空防热材料科技有限公司 |
| | 低风速风电电机用定子绕组线关键技术的研发 | 苏州贯龙电磁线股份有限公司 |
| | 纳米改性双向感应远红外涤纶长丝关键技术研发 | 中润科技股份有限公司 |

续表 39

| 项目类别 | 项目名称 | 承担单位 |
|---|---|---|
| 省重点研发计划 | 废旧聚酯品高效再生循环利用关键技术的应用研究 | 苏州金辉纤维新材料有限公司 |
| | CT/NG/UU 三合一超敏快速检测试剂盒的研发和产业化 | 苏州华益美生物科技有限公司 |
| 省科技型创业企业孵育计划 | 3D 打印在张维格珠宝中的应用研发 | 太仓张维格珠宝电子商务有限公司 |
| 省企业知识产权战略推进计划企业 | — | 苏州宝骅机械技术有限公司 |
| | — | 太仓市同维电子有限公司 |
| 省科技成果转化专项企业 | 面向深海作业的超大型智能化折臂式起重机研发及产业化 | 润邦卡哥特科工业有限公司 |
| | 特高压输变电线路关键材料的研发及产业化 | 江苏德威新材料股份有限公司 |
| 中央引导地方科技发展专项 | — | 太仓中科信息技术研究院 |
| 苏州市科学技术进步奖 | 新能源汽车原线用无卤阻燃聚烯烃高速耐磨绝缘材料 | 江苏德威新材料股份有限公司 |
| | 精密金属管材高端加工成套设备及关键技术 | 苏州奥智智能设备股份有限公司 |
| | 仔猪无抗生素日粮的创新研制及示范应用 | 安佑生物科技集团股份有限公司 |
| | 特种工程车辆用高性能环保型橡胶履带材料 | 太仓冠联高分子材料有限公司 |
| | 乙型肝炎病毒、丙型肝炎病毒、人类免疫缺陷病毒（1+2）型核酸检测试剂盒（PCR- 荧光法） | 苏州华益美生物科技有限公司 |
| | 铁调素等指标在肿瘤相关性贫血与缺铁性贫血的鉴别诊断中的运用 | 太仓市第一人民医院 |
| 苏州市优秀专利奖二等奖 | 一种实壁管制管模具 | 苏州金纬机械制造有限公司 |
| 苏州市专利导航计划企业 | 贯龙密封型耐水电磁线项目专利导航计划 | 苏州贯龙电磁线有限公司 |
| 苏州—清华创新引领行动专项 | — | 中广核三角洲（江苏）塑化有限公司 |

（周晓萍）

## 创新载体

【概况】 2016 年，太仓市实施“载体平台提升计划”，提升载体辐射能力。年内，太仓市加强科技园区、产业技术研究院和“众创空间”建设，新增国家级科技企业孵化器 1 家，国家级“众创空间”2 家，省、苏州市“众创空间”各 5 家，1 家“众创空间”成为苏州地区首家获认定的农业方向“众创空间”。新增省企业工程技术研究中心 4 家、研究生工作站 12 家、院士工作站 1 家，新增苏州市工程技术研究中心 39 家、院士工作站 1 家。老虎粉末涂料制造（太仓）有限公司获批苏州市重点实验室。

## 2016年太仓市新增各类科技创新载体一览表

表40

| 类　别 | 单　位 |
| --- | --- |
| 国家级科技企业孵化器 | 润邦卡哥特科工业有限公司 |
| 国家级“众创空间” | 太仓市国际服务外包园发展有限公司——“乐创空间”(2015年认定,2016年发文) |
| | 苏州文汇商务中心有限公司——“中德MOBO众创中心” |
| 省级科技企业孵化器 | 德国留学生创业园科技企业孵化器 |
| | 江苏省太仓创智科技企业孵化中心 |
| 省级“众创空间” | 太仓港生物科技发展有限公司——“生物港创客空间” |
| | 太仓高新创业投资有限公司——“慧创生活.创客空间” |
| | 太仓市科技创业园有限公司——“智创空间” |
| | 太仓创客邦孵化管理有限公司——“太仓科教新城创客邦” |
| | 太仓健雄联合研究院有限公司——“健雄创客工场” |

## 2016年太仓市新增苏州市级以上各类研发机构一览表

表41

| 类别 | 机构名称 | 类别 | 机构名称 |
| --- | --- | --- | --- |
| 省工程技术研究中心 | 太仓市宝马油脂设备有限公司 | 苏州市企业工程技术研究中心 | 苏州矽美仕绿色新能源有限公司 |
| | 昭衍(苏州)新药研究中心有限公司 | | 挪亚圣诺（太仓）生物科技有限公司 |
| | 苏州巨能发电配套设备有限公司 | | 合兴集团苏州合一电子有限公司 |
| | 太仓冠联高分子材料有限公司 | | 明达铝业科技（太仓）有限公司 |
| 省企业院士工作站 | 安佑生物科技集团股份有限公司 | | 佩尔哲汽车内饰系统（太仓）有限公司 |
| 省研究生工作站 | 太仓天宇电子有限公司 | | 裕克施乐塑料制品（太仓）有限公司 |
| | 太仓海嘉车辆配件有限公司 | | 太仓阿托斯电气部件有限公司 |
| | 太仓市华鼎塑料有限公司 | | 太仓世钟汽车配件有限公司 |
| | 太仓塑料助剂厂有限公司 | | 三樱包装（江苏）有限公司 |
| | 太仓荣南密封件科技有限公司 | | 铁王数控机床（苏州）有限公司 |
| | 太仓市宝马油脂设备有限公司 | | 苏州易品惠网络技术有限公司 |
| | 苏州矽美仕绿色新能源有限公司 | | 苏州美源达环保科技股份有限公司 |
| | 苏州德能电机股份有限公司 | | 太仓市金阳气体有限公司 |
| | 苏州金韦尔机械有限公司 | | 苏州隆阁新材料有限公司 |
| | 苏州好博医疗器械有限公司 | | 苏州金纬中空技术有限公司 |
| | 江苏润孚轧辊制造有限公司 | | 上海连成集团苏州股份有限公司 |
| | 苏州金辉纤维新材料有限公司 | | 新中联物流设施（苏州）有限公司 |

续表 41

| 类别 | 机构名称 | 类别 | 机构名称 |
|---|---|---|---|
| 苏州市企业院士工作站 | 安佑生物科技集团股份有限公司 | 苏州市企业工程技术研究中心 | 富乐压铸（太仓）有限公司 |
| 苏州市企业重点实验室 | 老虎粉末涂料制造（太仓）有限公司 | | 太仓市磁力驱动泵有限公司 |
| 苏州市企业工程技术研究中心 | 苏州弘森药业股份有限公司 | | 妙管家（苏州）日用品有限公司 |
| | 太仓塑料助剂厂有限公司 | | 太仓市三耐化工设备有限公司 |
| | 忠信（太仓）绝缘材料有限公司 | | 太仓鑫昌光电材料有限公司 |
| | 海隆防腐技术工程（太仓）有限公司 | | 苏州英利汽车部件有限公司 |
| | 同高先进制造科技（太仓）有限公司 | | 太仓金溪粉碎设备有限公司 |
| | 太仓四方友信制桶有限公司 | | 太仓久本机械科技有限公司 |
| | 太仓安路驰汽车部件有限公司 | | 苏州台祥机电设备有限公司 |
| | 苏州中远电梯有限公司 | | 亿鸿环保机械(苏州)有限公司 |
| | 苏州育龙科教设备有限公司 | | 苏州荣文库柏照明系统有限公司 |
| | 太仓创造电子有限公司 | | 太仓林飞铸造有限公司 |

（周晓萍）

## 科技人才

【概况】 2016年，太仓市实施“领军人才集聚计划”，提升人才引领能力。全市科技领军人才队伍持续扩大，全年新认定省“双创人才”10人、“省双创博士”9人、省产业教授3人、姑苏创新创业领军人才11人、姑苏科技创业天使计划人才10人，新增太仓科技领军人才24人。

### 2016年太仓市新增苏州市级以上高层次人才一览表

表 42

| 类　别 | 姓　名 | 单位名称 |
|---|---|---|
| 省“双创人才” | 张庆军 | 苏州拓康自动化技术有限公司 |
| | 汤旭东 | 同高先进制造科技（太仓）有限公司 |
| | 姜洪权 | 苏州西岩机械技术有限公司 |
| | 黎雨轩 | 孚派特环境科技（苏州）有限公司 |
| | 余建军 | 光创新电（苏州）信息科技有限公司 |
| | 王　森 | 苏州洛瑞卡新材料科技有限公司 |
| | 朱京涛 | 苏州宏策光电科技有限公司 |
| | 洪广伟 | 基得康仪器（苏州）有限公司 |
| | 王　亮 | 江苏雷雨雅光电科技有限公司 |
| | 欧阳雪松 | 中美冠科生物技术（太仓）有限公司 |

续表42

| 类　别 | 姓　名 | 单位名称 |
| --- | --- | --- |
| 省“双创博士” | 薛　佳 | 中美冠科生物技术（太仓）有限公司 |
| | 孙　翀 | 太仓冠联高分子材料有限公司 |
| | 陆　韬 | 苏州撼力合金股份有限公司 |
| | 刘吉柱 | 苏州德能电机股份有限公司 |
| | 方　亮 | 江苏宇兆能源科技有限公司 |
| | 盛晓莉 | 旭川化学（苏州）有限公司 |
| | 万　辉 | 苏州华一新能源科技有限公司 |
| | 张　耀 | 苏州巨能发电配套设备有限公司 |
| | 李斌斌 | 苏州宏久航空防热材料科技有限公司 |
| 省“产业教授” | 全　潇 | 太仓荣文合成纤维有限公司 |
| | 彭光玉 | 润邦卡哥特科工业有限公司 |
| | 周介明 | 苏州维艾普新材料股份有限公司 |
| 姑苏科技创业天使计划 | 孙海胜 | 苏州景卓生物技术有限公司 |
| | 钟文君 | 德生堂（江苏）医药有限责任公司 |
| | 洪广伟 | 基得康仪器（苏州）有限公司 |
| | 时成波 | 苏州金诺生物技术有限公司 |
| | 张　剑 | 卓阮医疗科技（苏州）有限公司 |
| | 施奇惠 | 苏州浚惠生物科技有限公司 |
| | 白慧星 | 苏州先创流体控制技术有限公司 |
| | Ying Lu | 太仓极光克赛生物技术有限公司 |
| | 张家奇 | 浩科机器人（苏州）有限公司 |
| | 余建军 | 光创新电（苏州）信息科技有限公司 |
| | 朱京涛 | 苏州宏策光电科技有限公司 |
| | 宋增福 | 苏州埃瑞特生物技术有限公司 |
| | 陈小军 | 苏州斯卡维根环保科技有限公司 |
| | 沈漫源 | 太仓睿联通信科技有限公司 |
| | 周　辉 | 苏州孝慈医疗科技有限公司 |
| | 王　锋 | 苏州飞康生物医药有限公司 |
| | 陈　剑 | 苏州赵陈生物科技有限公司 |
| | 王　磊 | 苏州识途医疗科技有限公司 |
| | 胡文彬 | 苏州尚康新材料科技有限公司 |
| | 周　捷 | 苏州路祺美生物医药科技有限公司 |
| | 姜　建 | 江苏凌巴迈信息科技有限公司 |

（周晓萍）

## 气象科技

【概况】 2016年，太仓市坚持公共气象发展方向，按照“气象业务现代化、气象服务社会化、气象工作法治化”要求，推进气象现代化设施建设，提高气象监测预报预警能力，加快城乡一体化气象灾害防御体系建设，做好各项公共气象服务保障。

【气象现代化设施建设】 2016年，根据太仓市人民政府《关于印发太仓市创建国家生态园林城市实施方案》要求，市气象预报预警中心完成升级改造，综合观测业务集成平台、swach平台、精细化预报智能交互系统等系列工作平台投入使用，为气象预报服务提供便捷，提升服务效率。“十二五”期间，太仓市加强气象现代化设施建设，相继建成投运颗粒物监测仪、激光雷达、大气成分监测仪、微波辐射计等气象现代化设备，在大气环境监测方面形成时空一体的监测网，有效提升全市重污染天气的监测、预报和预警能力。

【气象防灾减灾】 2016年，太仓市推动气象防灾减灾队伍融入式发展，将气象信息服务站建在各镇农技站内，气象信息员与农业、民政、水利信息员结合，实现“多站合一”“多员合一”。推动乡镇气象信息服务站标准化和规范化建设，制订气象信息服务站服务项目、职责、流程图、管理办法，利用乡镇信息服务站、宣传栏等发布气象信息，开展防灾减灾科普宣传和指导农业生产，收集基层气象服务需求，发挥乡镇信息服务站社会经济效益。10月，市气象局举办全市气象信息员和协理员培训，邀请市农委和苏州市专家讲授农业与气象方面的知识，培训覆盖率100%。年内，继续深化与气象防灾减灾工作领导小组成员单位合作，实现信息共享，拓展气象灾害防御信息获取渠道，开展多方位、多形式合作，共同推进气象灾害防御工作，参与“4•12”船舶碰撞险情事故应急气象服务和2016长江太仓段水上搜救综合演习等联合演习。

【公共气象服务】 2016年，市气象局加强各项公共气象服务保障，为多项政府重大项目提供气象资料服务。公众气象服务。市气象局加强对极端天气事件的监测、预报、预警和服务，提高预报准确率和灾害性天气预警的时效性，拓宽发布渠道，增加新的发布方式，扩大受众面。新一代多媒体气象信息屏覆盖面扩大，利于群众获取天气预报和灾害性天气预警信息。决策气象服务。全年共制作发布专题服务材料142期、重要天气报告8期，发布各类预警信号66次，发送预警短信142条、5.60万人次。2016年汛期，市气象局共制作发布暴雨、台风、高温等各类决策气象服务材料48期，针对不同天气过程为相关职能部门提供防灾减灾建议，为政府部门科学决策提供依据。“五一”、全国竞走比赛、高考、中考、端午、中秋等活动和节日期间，市气象局提供优质气象服务，满足社会各界的气象服务需求。农业气象服务。市气象局加强与农业部门沟通合作，在全市春耕春播、小麦赤霉病防治关键期和夏收夏种等农时期间，加强对关键性、转折性、灾害性天气预测，及时制作发布农业气象服务专题材料。针对夏收期间雨水偏多、小麦成熟期田块间差异明显等情况，气象服务材料发布频率从每周2次增加到每周3次。每天在信息屏上播出滚动预报，给农业大户、农村信息员等发送服务短信，为农民和农业生产提供针对性服务措施，科学指导农民合理安排收割进度。试点发展智慧农业气象服务，在浏河、璜泾的种植大户间试用省气象局开发的新型智慧农业气象服务终端——“一季稻农业气象服务”APP。完成中国兴农网县级页面架设，发布农业气象旬报、月报、年报和农业气象灾害监测预警评估、特色农业气象服务等气象为农服务产品，为农民和涉农管理技术人员提供及时准确的涉农气象监测、预报、预警、评估信息。专业气象服务。年内，首批露地蔬菜、池塘养殖综合气象指数保险保单发放到投保合作社和种植户手中，这是国内首款以综合气象数据为赔付依据并将露地蔬菜、池塘养殖作为保障对象的保险产品，该产品扩大“三农”保险覆盖面，提升农村新型经营主体经营能力和发展实力，为推进农业适度规模经营和构建新型农业经营体系创造良好条件，同时为气象服务“三农”打开新局面。全年共实施理赔2次，7月2日暴雨期间，全市参保的4个区镇、100公顷养殖池塘和80公顷露地蔬菜获得赔偿，农户共获得赔款8.87万元；夏季高温期间，7家承保单位获理赔款3.68万元。

（杨小丽）

# 对外及对港澳台经贸

## 综　述

【概况】 2016年，太仓市新批外资及港澳台资项目49个，完成注册外资及港澳台资6.23亿美元，较上年下降6.2%；实际利用外资及港澳台资5.61亿美元，较上年增长11.9%。完成进出口总额109.64亿美元，较上年下降13.9%，其中出口总额54.30亿美元，较上年下降13.9%，进口总额55.34亿美元，较上年下降13.8%。中方境外及对港澳台投资总额3.23亿美元，较上年增长49.2%，超额完成全年目标2亿美元。完成服务外包接包合同额7.82亿美元，较上年增长10.1%；服务外包离岸执行额2.75亿美元，较上年增长1.2%。8月，太仓市经济开发区获评省级优秀服务外包示范区。

对德合作强化。2016年，太仓市制定对德合作工作意见，配合中国国际经济交流中心编制完成《中德（太仓）产业合作创新试验区战略规划》，强化向上争取和工作对接，加大产业合作力度，广泛开展多层次互动交流。丰富太仓的德国元素，重点打造一个德国社区、一条德国商业街、一个德国留学生创业园，扩大“太仓—慕尼黑日”和德国（太仓）啤酒节品牌效应。

外贸企业稳增长。全年全市有孚尔默等11家外贸企业向上申请2016年省级商务发展专项资金，全市82

10 月 15 日，太仓市举办 2016 年金秋经贸月开幕式　　（市商务局供稿）

家企业兑现 2015 年度太仓市促进开放型经济转型升级奖励资金 771.04 万元。中化等 24 家企业兑现江苏省 2015 年度出口信用保险保费扶持资金 167.46 万元。天顺风能等企业兑现 2016 年省级商务发展专项资金（第一批项目）30 万元。东又悦等 45 家企业兑现江苏省 2016 年上半年中小企业国际市场开拓资金 127.47 万元。全年全市相关企业共落实各类外贸资金 2585.32 万元。

外资总部企业加快成长。太仓市重视发展和培育总部型外资企业，2016 年全市外资总部企业发展实现新进展，耐克、特灵空调、佳格投资、通快等 4 家企业被认定为省级跨国公司地区总部企业，并获省商务发展专项资金扶持，获扶持资金 953.58 万元，其中耐克、特灵空调和佳格投资等 3 家总部企业共获资金 452.56 万元，占比 47.46%，较上年增加 7.2%。

【2016 年太仓金秋经贸月系列活动】 10 月 15 日，太仓市举办 2016 年金秋经贸月开幕式，现场签约项目 22 个，总投资 85.34 亿元，其中德国投资项目 9 个。中德合作向深层次发展，德国“工业 4.0”和“中国制造 2025”相互呼应，德国工商大会愿意和中国政府、企业等加强合作，借助金秋经贸月活动，中德双方深化经贸往来与合作。其间，累计开工开业项目 47 个，总投资 131.58 亿元。其中，开工项目 27 个，总投资 94.44 亿元；开业项目 20 个，总投资 37.14 亿元。

【出证、认证实务暨国际经贸风险防控培训】 10 月 18 日，太仓市商务局联合省国际商事法律中心、苏州市贸促会在太仓娄东宾馆举办出证、认证实务暨国际经贸风险防控培训。太仓市外贸企业单证、关务负责人 90 余人参加培训。苏州市贸促会副会长郝国明出席培训并致辞。培训包括优惠原产地证实务、国际商事证明书实务、国际经贸法律风险防范等内容。

【境外投资快速发展】 2016 年，太仓市新增对外及港澳台投资项目 22 个，对外投资中方协议额 3.23 亿美元。太仓港协鑫发电在印度尼西亚项目投资总额 3.9 亿美元，其中中方协议投资额 6435 万美元，是西加里曼丹省规划装机容量最大的电站项目。怡球金属出资 1.07 亿美元，在美国成立 METALICO 有限公司。全市获批境外工程承包资质企业 2 家，分别为天顺风能（苏州）股份有限公司和润邦卡哥特科工业有限公司。　（李依婷）

## 服务外包

【概况】 2016 年，太仓市服务外包产业稳步推进，产业发展环境逐步改善。全年全市累计完成服务外包接包合同额 7.82 亿美元，较上年增长 10.1%；累计完成离岸执行额 2.75 亿美元，较上年增长 1.2%。全年，太仓市加大政策扶持力度，全市落实兑现本级扶持资金 228.7 万元，争取上级扶持资金 592 万元。重点企业发展态势良好。冠科、昭衍、特灵等企业收入超亿元，发展势头稳健。12 月，中美冠科在台湾上市，昭衍公司接包合同额首次突破 2 亿元。行业竞争力提升。赛业、思比科、安软、游视网络等全年收入在 2000 万～5000 万元的成长型企业不断做强。拓展国内外市场，提高服务产品竞争力，其中赛业生物将离岸业务从广州转移到太仓。游视网络在公司架构和业务方面做出调整，其中 PPTV 收购其直播公司，并买入其电竞公司 25% 股权。港区、新区服务外包接包合同额和离岸执行额分别占全市比重 63.6% 和 94.5%，两区依然是发展主力。　（李依婷）

### 2016 年太仓市离岸服务外包收入前 10 家企业

表 43　　单位：万美元

| 序号 | 企业名称 | 服务外包收入 | 序号 | 企业名称 | 服务外包收入 |
|---|---|---|---|---|---|
| 1 | 克朗斯机械（太仓）有限公司 | 1772.02 | 6 | 赛业（苏州）生物科技有限公司 | 734.69 |
| 2 | 中美冠科生物技术（太仓）有限公司 | 1526.16 | 7 | 苏州安软信息科技有限公司 | 370.16 |
| 3 | 昭衍（苏州）新药研究中心有限公司 | 1263.70 | 8 | 太仓思比科微电子技术有限公司 | 251.54 |
| 4 | 特灵空调系统（中国）有限公司 | 1212.74 | 9 | 苏州华秀网络科技有限公司 | 213.18 |
| 5 | 苏州游视网络科技有限公司 | 937.72 | 10 | 苏州迪芬德物联网科技有限公司 | 130.58 |

## 对外及对港澳台贸易

【概况】 2016年，太仓市对外及对港澳台贸易结构逐渐优化，新兴市场发展良好。全市实现进出口总额109.64亿美元，较上年下降13.9%，其中出口总额54.30亿美元，较上年下降13.9%；进口总额55.34亿美元，较上年下降13.8%。整体呈现一般贸易为主导、加工贸易进出口下降的趋势，机电产品仍是全市第一大类出口产品。“一带一路”沿线国家如柬埔寨、阿联酋、以色列等进出口增长迅速，其中埃及进出口0.33亿美元，较上年增长216.12%，位居第一。德企发展势头良好，德企进出口总额20亿美元，占太仓市同期进出口总额18.3%。

**2016年太仓市主要出口商品表**

表44　　单位：万美元

| 商品类别 | 累计 | 较上年增减(%) | 商品类别 | 累计 | 较上年增减(%) |
|---|---|---|---|---|---|
| 机器、电子产品、电气设备及零件 | 213295 | 2.34 | 化工产品 | 51918 | −1.62 |
| 光学、检验及医疗设备 | 7152 | −20.42 | 塑料、橡胶及其制品 | 34444 | −7.95 |
| 纺织原料及纺织制品 | 76399 | 2.08 | 杂项制品 | 36527 | −1.11 |
| 贱金属及其制品 | 49902 | −26.99 | 纸浆、纸、纸板及其制品 | 3745 | −1.82 |

**2016年太仓市主要进口商品表**

表45　　单位：万美元

| 商品类别 | 累计 | 较上年增减(%) | 商品类别 | 累计 | 较上年增减(%) |
|---|---|---|---|---|---|
| 机器、电子产品、电气设备及零件 | 168458 | −1.96 | 化工产品 | 75730 | −13.03 |
| 光学、检验及医疗设备 | 11447 | −75.55 | 塑料、橡胶及其制品 | 41230 | −11.42 |
| 纺织原料及纺织制品 | 29962 | 1.74 | 杂项制品 | 9005 | 77.23 |
| 贱金属及其制品 | 57832 | −18.94 | 纸浆、纸、纸板及其制品 | 40104 | 3.29 |

**2016年太仓市对外贸易情况表**

（按贸易方式分）

表46　　单位：万美元

| 贸易类别 | 进出口 | | 出口 | | 进口 | |
|---|---|---|---|---|---|---|
| | 累计 | 较上年增减(%) | 累计 | 较上年增减(%) | 累计 | 较上年增减(%) |
| 全市 | 1151385 | −9.84 | 563968 | −10.63 | 587417 | −9.06 |
| 一般贸易 | 712817 | 1.54 | 330117 | 3.82 | 382700 | −0.34 |
| 加工贸易 | 292909 | −24.95 | 202516 | −26.27 | 90394 | −21.80 |
| 其中：来料加工 | 50602 | −38.17 | 29174 | −38.97 | 21428 | −37.06 |
| 进料加工 | 242307 | −21.44 | 173342 | −23.60 | 68965 | −15.42 |
| 其他贸易 | 145659 | −21.17 | 31335 | −18.44 | 114323 | −21.89 |

## 2016 年太仓市对外贸易情况表

（按企业性质分）

表 47　　单位：万美元

| 类别 | 进出口 | | 出口 | | 进口 | |
|---|---|---|---|---|---|---|
| | 累计 | 较上年增减（%） | 累计 | 较上年增减（%） | 累计 | 较上年增减（%） |
| 内资企业 | 340502 | −22.55 | 173764 | −19.05 | 166738 | −25.89 |
| 外资企业 | 810883 | −3.16 | 390204 | −6.29 | 420679 | −0.07 |

单位：万美元

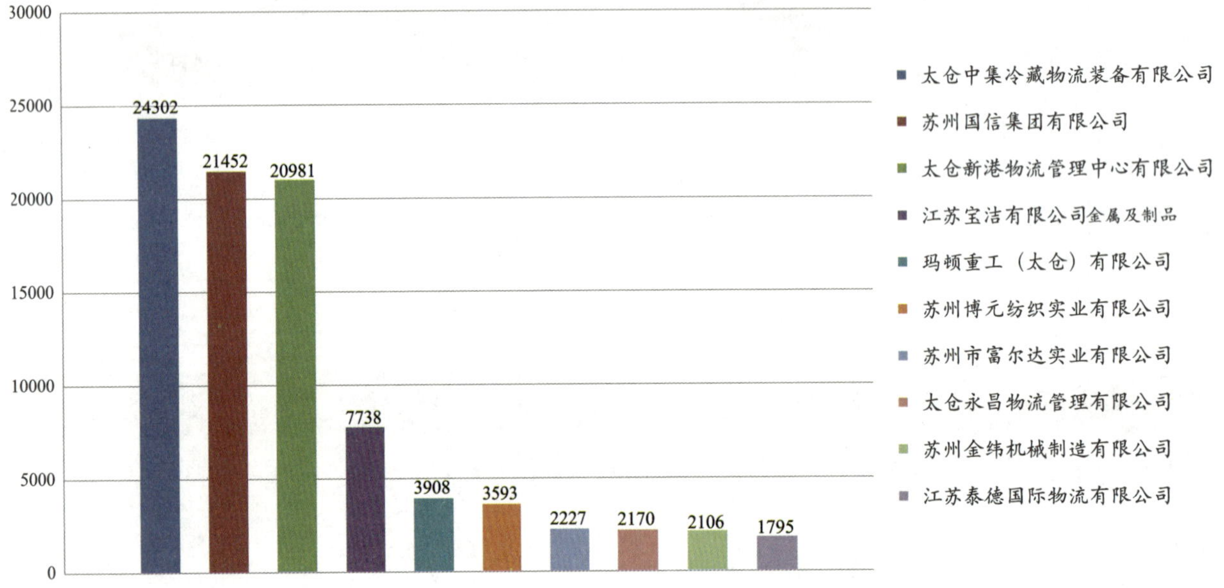


图 7　2016 年太仓市出口前 10 家民营企业

单位：万美元

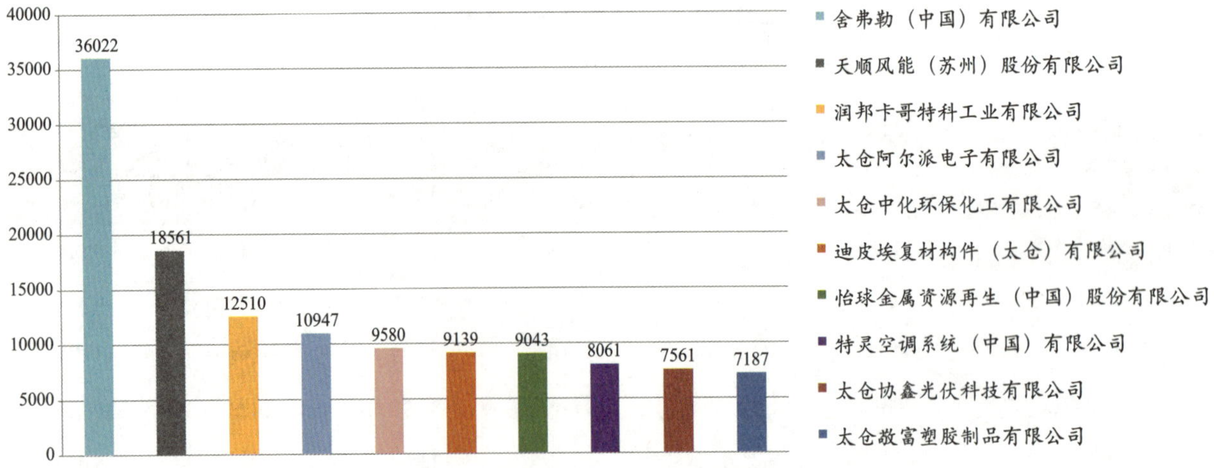


图 8　2016 年太仓市出口前 10 家外资及港澳台资企业

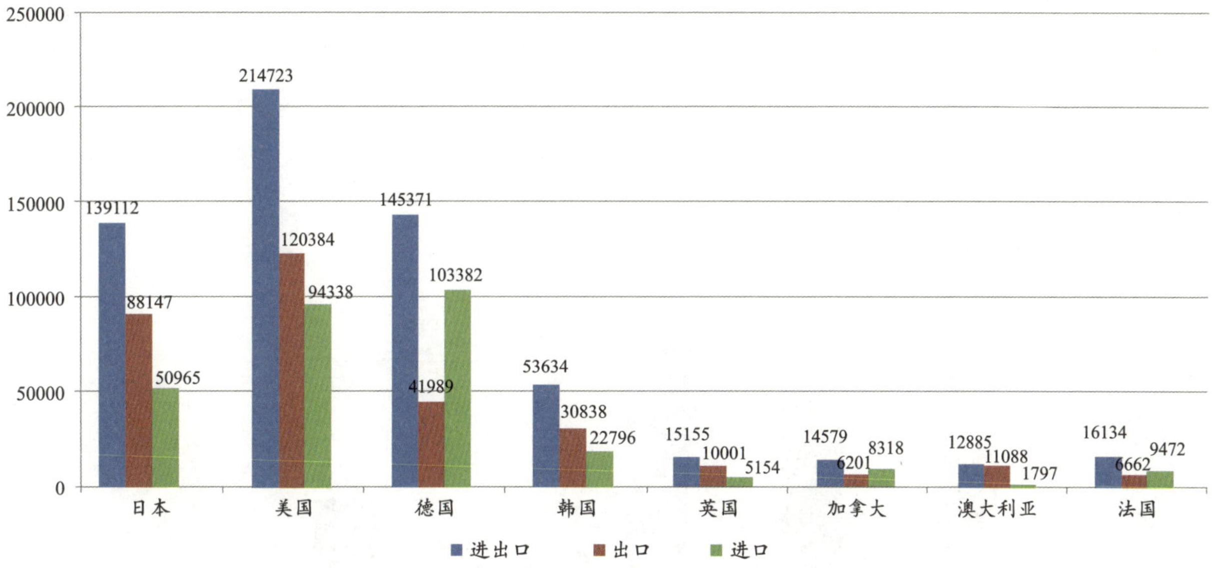


图 9　2016 年太仓市主要贸易伙伴进出口情况图

## 利用外资和港澳台资

**【概况】** 2016 年，太仓市新批外资及港澳台资项目 49 个，完成注册外资及港澳台资 6.23 亿美元，较上年下降 6.2%，完成进度 88.99%，实际到账外资及港澳台资 5.61 亿美元，较上年增加 11.9%，完成进度 112.1%。

新项目质量有一定提升。新项目质量较上年有好转，但整体规模偏小。49 个项目注册外资 2.24 亿美元，较上年下降 19.87%。新批超千万美元项目 13 个，注册外资 1.97 亿美元，较上年下降 13.19%。

增资项目占比过半。新增注册外资及港澳台资主要来源于老项目增资扩股，56 个项目增加注册资金 4.16 亿美元，占全市比重 66.75%。15 个项目增资超千万美元，较上年增加 0.54%。太仓博泽汽车部件有限公司等 12 家德资企业合计增资 6276.82 万美元，占全市增资总额 17.6%。

投资地来源集中。主要投资来源地相对集中，新设项目以中国台湾和德国为主，合计项目 26 个，占 29.15%。其中，德国项目 8 个，占项目总数 24%。

服务业注册外资及港澳台资占比下降。全年制造业新批项目 20 个，完成注册外资及港澳台资 4.52 亿美元，较上年增加 71.64%，占比 72.57%；服务业新批项目 29 个，完成注册外资 1.71 亿美元，较上年下降 55.08%，占比 27.43%。服务业总体占比较小。

对德合作加强。太仓市起草对德合作工作意见，加强对德合作统筹协调，委托中国国际经济交流中心编制完成《中德（太仓）产业合作创新试验区战略规划》，强化向上争取和工作对接，加大产业合作力度，广泛开展对德多层次互动交流。

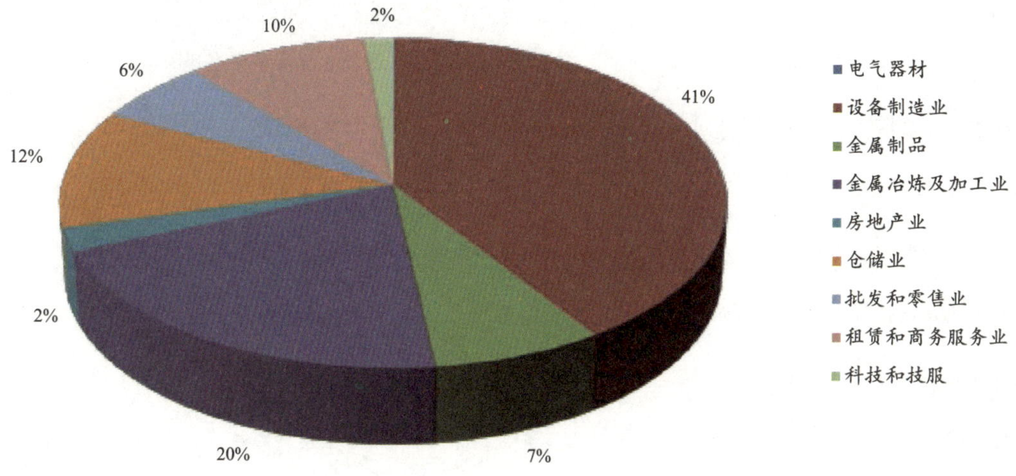


图 10　2016 年太仓市注册外资及港澳台资主要行业图

单位：万美元

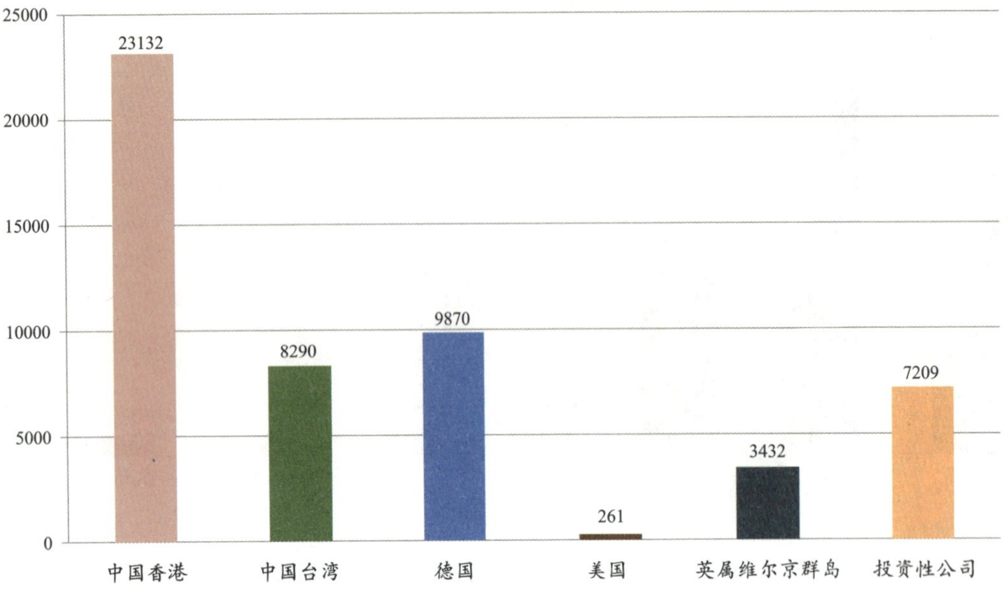


图 11　2016 年太仓市注册外资及港澳台资主要国别（地区）图

（李依婷）

## 对外及对港澳台经济合作

【概况】　2016 年，太仓市对外及对港澳台经济合作继续保持平稳发展势头，全年新增对外及对港澳台投资项目 22 个，对外及对港澳台投资中方协议额 3.23 亿美元，较上年分别增长 10% 和 46.2%，项目平均投资规模 1469.7 万美元；对外工程承包营业额 5081.4 万美元，较上年增长 10.24%。赴"一带一路"沿线国家投资项目 3 个，较上年增长 50%，占全市总数 13.6%，中方协议投资额 6816.4 万美元，占全市总额 21.1%。

**2016 年太仓市新批、增资对外及对港澳台投资项目明细表**

表 48

| 序号 | 项目名称 | 投资地 | 投资方 |
|---|---|---|---|
| 1 | 斯迪克新材料（美国）有限公司 | 美国 | 苏州斯迪克新材料有限公司 |
| 2 | 协鑫印尼（西加）电力有限公司 | 印度尼西亚 | 太仓港协鑫发电有限公司 |
| 3 | 吉泰依科赛（国际）控股有限公司 | 中国香港 | 依科赛生物科技（太仓）有限公司 |
| 4 | METALICO 有限公司 | 美国 | 怡球金属资源再生（中国）股份有限公司 |
| 5 | 斯迪克新材料（日本）有限公司 | 日本 | 苏州斯迪克新材料有限公司 |
| 6 | 史杰克西热能设备东南亚有限公司 | 泰国 | 史杰克西热能设备（太仓）有限公司 |
| 7 | 怡球德拉瓦投资股份有限公司 | 美国 | 怡球金属资源再生（中国）股份有限公司 |
| 8 | 怡球德拉瓦投资有限公司 | 美国 | 怡球金属资源再生（中国）股份有限公司 |
| 9 | 博萨株式会社 | 日本 | 苏州锦超服饰有限公司 |

续表 48

| 序号 | 项目名称 | 投资地 | 投资方 |
|---|---|---|---|
| 10 | 隆佑兴业股份有限公司 | 中国台湾 | 安佑生物科技集团股份有限公司 |
| 11 | 越南安佑生物科技有限公司 | 越南 | 安佑生物科技集团股份有限公司 |
| 12 | 史杰克西日本有限公司 | 日本 | 史杰克西热能设备（太仓）有限公司 |
| 13 | 香港德威新材料国际贸易有限公司 | 中国香港 | 江苏德威新材料股份有限公司 |
| 14 | 斯迪克新材料（韩国）有限公司 | 韩国 | 苏州斯迪克新材料有限公司 |
| 15 | 90—75 萨特芬地产有限责任公司 | 美国 | 太仓若森肆号投资中心（有限合伙） |
| 16 | 旭泰染化股份有限公司 | 中国台湾 | 旭泰（太仓）精细化工有限公司 |
| 17 | 兆峰有限公司 | 中国台湾 | 旭泰（太仓）精细化工有限公司 |
| 18 | 荣文国际有限公司 | 英属维尔京群岛 | 苏州荣文库柏照明系统有限公司 |
| 19 | 澳洲康乃德生物医药有限公司 | 澳大利亚 | 苏州康乃德生物医药有限公司 |
| 20 | 天顺风能（欧洲）有限公司 | 丹麦 | 苏州天顺新能源科技有限公司 |
| 21 | （美国）康乃德生物医药有限公司 | 美国 | 苏州康乃德生物医药有限公司 |
| 22 | 华鼎贸易有限公司 | 澳大利亚 | 太仓市华鼎塑料有限公司 |

## 2016 年太仓市对外及对港澳台投资情况表

表 49

| 地区 | 新批、增资境外投资项目数（个） | | 新增中方境外投资额（万美元） | |
|---|---|---|---|---|
| | 生产性企业 | 非生产性企业 | 生产性企业 | 非生产性企业 |
| 全市 | 8 | 14 | 19277.53 | 13056.1 |
| 新区 | — | 5 | — | 151.92 |
| 港区 | 4 | 5 | 18432.05 | 1408.18 |
| 科教新城 | — | — | — | — |
| 城厢镇 | 4 | 1 | 845.48 | 2000 |
| 沙溪镇 | — | 1 | — | 495 |
| 璜泾镇 | — | 1 | — | 9000 |
| 浏河镇 | — | 1 | — | 1 |

（李依婷）

## 政务服务

**【概况】** 2016年，太仓市政务服务工作坚守“服务之窗”品牌理念，遵循“为人民服务、让人民满意”工作宗旨，健全完善政务服务管理体系和运行机制，为全市经济社会发展营造优质高效的政务服务环境。年内，在全市开展行政审批事项清理衔接落实工作，推进商事制度改革，推行新增用地联合预审机制，加快企业投资建设项目联审联办，发挥“互联网+”政务服务效应。全年受理各类办件51.8万件，提前办结率95.7%，日均办件量2071件，较上年增加37.5%。推进权力事项下放，将工业技改项目市级备案、核准权限授权至港区行政服务中心。推进沙溪镇行政管理体制改革，调整明确第一批、第二批下放审批事项10项，其中行政处罚类经济社会管理事项748项。

**【“五证一章合一”商事制度改革】** 2016年，太仓市政管办配合“营改增”政策实施，完成“五证一章合一”（企业设立所需的营业执照、组织机构代码证、税务登记证、社会保险登记证、统计登记证和公章刻制备案事项实行统一登记办理）商事制度改革，方便企业“一窗一次”办结设立登记手续，全面开展“一照一码”审批服务，完成旧照换新证登记2.15万张，做好与省工商监管数据平台对接，强化事中事后监管工作。

**【工业项目用地联合预审】** 2016年，太仓市规范用地管理，加快用地审批，按照新增工业项目用地联合预审管理意见，依托联合审批平台，确保5个工作日完成各部门用地审核审批，节约企业时间成本。全年共完成27个项目用地审批，涉及用地113.2公顷。

**【政务大厅功能优化升级】** 2016年，太仓市政务大厅一楼新增进驻信用信息查询窗口、邮政EMS窗口，方便群众咨询办事；二楼进驻国税“营改增”建筑业代征窗口，加强与住建窗口联动，保障工程税收“一站式”缴纳服务；三楼新增入驻不动产登记窗口。不动产登记窗口与地税契税窗口、公积金窗口、房产交易窗口建立联动服务机制，提升服务实效。6月20日，全市第一本不动产登记证在政务大厅办理，不动产统一登记工作正式实施。

**【苏州市公共资源交易中心太仓分中心成立】** 10月28日，市政务服务管理办公室挂牌成立“苏州市公共资源交易中心太仓分中心”，为副科级下属事业单位，太仓市政务服务形成“一办三中心”管理模式（“一办”政务服务管理办公室，“三中心”政务服务中心、便民服务中心、公共资源交易中心）。完成事业法人登记，开展政府采购中心、工程招投标中心、医药采购中心“三中心”的职能转接、业务衔接工作，加强内设机构的设定、人员业务培训等，完成保证金系统招标工作，完善相关交易流程及制

10月28日，苏州市公共资源交易中心太仓分中心揭牌 （市政管办供稿）

度建设等，公共资源交易中心计划于2017年1月18日正式对外运行。

【便民服务】 2016年，太仓市政管办拓宽诉求受理渠道，以“一个号码对外，一个民生热线”为目标，加强热线整合工作，完成与市公安局“110”平台对接，增设夜班制，推出24小时移车热线服务，满足市民日常生活需求。全年办理市民各类诉求28.9万件，办结率99.33%，处理“市长信箱”1047件，苏州“寒山闻钟”1542件。开通“太仓12345热线”微信公众号，设置“微服务、微互动、微诉求”三大板块，提供各类政策信息咨询、微信互动、诉求受理等服务，拓宽“12345”便民服务功能。与市文明办合作，推出“参与文明创建，红包免费领”活动，通过微信互动收集广大市民对城市不文明行为、环境脏乱差、城市管理不到位等问题的投诉建议，共同参与和促进城市管理，推动城市文明建设。（贺　燕）

# 公共财政

## 财政收支

【概况】 2016年，太仓财政围绕“稳增长、调结构、促改革、惠民生、防风险”目标，贯彻《中华人民共和国预算法》等财政法规，推进“营改增”（营业税改征增值税）改革，为全市改革发展和现代化建设提供财力保障。全年全市一般公共财政预算收入127.7亿元，较上年增长11.5%，税收收入占比86.5%。财政收入总量前3名分别是新区、港区（含浮桥镇）和城厢镇；增幅前3名分别是港区（含浮桥镇）、新区和浏河镇。全市一般公共预算支出117.76亿元，较上年增长8%；民生财政支出57.86亿元，较上年增长8.6%。

【财政服务民生】 2016年，太仓市推动教育均衡发展，实施《太仓市“十三五”期间区镇新建中小学、幼儿园专项资金管理办法》。推进农村基础设施建设，建成村级基础设施财政奖补项目库、2016—2018年省级农桥项目库。发放各类农业补贴，下达2015年度合作农场自主经营水稻补助资金1570万元，农机库房建设补贴资金836万元。创新保险险种，试点开办“露地蔬菜气象指数保险”“池塘水产养殖气象指数保险”。建设“水美太仓”工程，投入第一批河道长效管护以奖代补资金433万元。实施公共文化服务体系提升工程，总投资350万元。

【财政促进经济发展】 2016年，太仓市推进供给侧改革，推进产业结构战略性调整，加快经济转型升级，实施“降成本”“去杠杆”行动计划，直接减轻企业负担逾6000万元。全年兑现各项市级奖励（补助）1.79亿元。实施《金融支持企业自主创新行动计划》，421家企业在苏州综合金融服务平台获得授信969笔，授信金额193.5亿元。修订《太仓市代理财政资金业务金融机构考核办法》，对在太仓注册且在太仓市内有代理财政资金业务的金融机构加强考核。全年操作转贷资金169笔，累计金额36.24亿元，帮助企业转贷续贷。突出小贷公司信息披露监督管理，支持小贷公司合规经营，兑现省、市两级奖励276.69万元，促进小贷公司健康发展。开展为期半年的互联网金融风险专项整治行动，净化互联网金融环境。

【区域债务风险防控】 2016年，太仓市加强地方政府性债务管理和风险防控，逐步建立“借、用、还”相统一地方政府性债务管理机制。加快推进PPP（政府和社会资本合作）工作，完成水处理公司存量项目PPP方案编制，准备社会资本方招标工作。完成2015年度市级债务分类统计，掌握市级债务数据。争取地方政府债券，全年获得地方政府债券47.01亿元，其中置换债券38.51亿元、新增债券8.5亿元。

【现代财政制度建设】 2016年，太仓市调整财政结算体制和区镇基本运转保障机制，提高政府公共服务能力。实施《太仓市本级财政性资金定期存款招投标管理暂行办法》，举办社保基金存款招标2期，规范全市本级财政性资金存放行为。对1.02万户纳税人实施“营改增”，实现税制平稳转换。实施《太仓市深化基本医疗保险基金支付方式改革实施办法》等文件，规范医疗服务行为，减少医保基金不合理开支。财政综合业务系统在试点基础上向区镇推开，实现财政一体化平台全覆盖。浏河国库直接支付系统、沙溪财政与商业银行端集中支付、市级财政与人行国库集中支付电子化上线。区镇代理记账平稳转轨。制定总预算、非税、财政零余额账套业务模板。完成全市执法执勤用车改革，完善差旅费报销规定。

**2016年太仓市财政总收入情况表**

表50

| 预算级次 / 项目 | 财政总收入（原口径） | | | 上划中央四税 | | | 地方财政收入 | | |
|---|---|---|---|---|---|---|---|---|---|
| | 实绩（万元） | 较上年同期 | | 实绩（万元） | 较上年同期 | | 实绩（万元） | 较上年同期 | |
| | | 增减额（万元） | 增减(%) | | 增减额（万元） | 增减(%) | | 增减额（万元） | 增减(%) |
| 一、国税 | 1567806 | 208038 | 15.3 | 912686 | −1080 | −0.1 | 655120 | 209118 | 46.9 |
| 消费税 | 9930 | −1956 | −16.5 | 9930 | −1956 | −16.5 | — | — | — |

续表 50

| 项目 \ 预算级次 | 财政总收入（原口径）实绩（万元） | 较上年同期 增减额（万元） | 较上年同期 增减(%) | 上划中央四税 实绩（万元） | 较上年同期 增减额（万元） | 较上年同期 增减(%) | 地方财政收入 实绩（万元） | 较上年同期 增减额（万元） | 较上年同期 增减(%) |
|---|---|---|---|---|---|---|---|---|---|
| 增值税 | 1017529 | 116645 | 12.9 | 578548 | −55133 | −8.7 | 438981 | 171778 | 64.3 |
| 其中：改征增值税 | 86277 | 29954 | 53.2 | — | — | — | 86277 | 29954 | 53.2 |
| 国税企业所得税 | 540347 | 93349 | 20.9 | 324208 | 56009 | 20.9 | 216139 | 37340 | 20.9 |
| 二、地税 | 546209 | −75437 | −12.1 | 96158 | 6320 | 7.0 | 450051 | −81757 | −15.4 |
| 改征增值税 | 3874 | 3874 | — | — | — | — | 3874 | 3874 | — |
| 企业所得税 | 42166 | −5266 | −11.1 | 25300 | −3159 | −11.1 | 16866 | −2107 | −11.1 |
| 个人所得税 | 118097 | 15799 | 15.4 | 70858 | 9479 | 15.4 | 47239 | 6320 | 15.4 |
| 营业税 | 82249 | −115857 | −58.5 | — | — | — | 82249 | −115857 | −58.5 |
| 城市维护建设税 | 82012 | 8967 | 12.3 | — | — | — | 82012 | 8967 | 12.3 |
| 城镇土地使用税 | 38678 | −2084 | −5.1 | — | — | — | 38678 | −2084 | −5.1 |
| 农业二税 | 53483 | 11025 | 26.0 | — | — | — | 53483 | 11025 | 26.0 |
| 其他地方级税收 | 125650 | 8105 | 6.9 | — | — | — | 125650 | 8105 | 6.9 |
| 三、财政 | 754626 | 230307 | 43.9 | — | — | — | 754626 | 230307 | 43.9 |
| 公共财政预算收入 | 171911 | 4355 | 2.6 | — | — | — | 171911 | 4355 | 2.6 |
| 其中：行政性收费收入 | 21839 | −12968 | −37.3 | — | — | — | 21839 | −12968 | −37.3 |
| 罚没收入 | 11500 | 258 | 2.3 | — | — | — | 11500 | 258 | 2.3 |
| 专项收入 | 82553 | 3869 | 4.9 | — | — | — | 82553 | 3869 | 4.9 |
| 国有资源（资产）有偿使用收入 | 42935 | 5573 | 14.9 | — | — | — | 42935 | 5573 | 14.9 |
| 捐赠收入 | 64 | 64 | — | — | — | — | 64 | 64 | — |
| 其他收入 | 13084 | 7623 | 140 | — | — | — | 13084 | 7623 | 139.6 |
| 政府性基金预算收入 | 573907 | 226561 | 65.2 | — | — | — | 573907 | 226561 | 65.2 |
| 国有资本经营预算收入 | 8808 | −609 | — | — | — | — | 8808 | −609 | −6.5 |
| 合计 | 2868641 | 362908 | 14.5 | 1008844 | 5240 | 0.5 | 1859797 | 357668 | 23.8 |

说明：上划中央四税中的增值税按照上级统计口径从 8 月起填列中央级国内增值税、改增增值税和营业税三项之和。其中：国内增值税 515274 万元、改征增值税 62658 万元、营业税 616 万元

## 2016 年太仓市财政收入分项目执行情况表

表 51

| 项目 | 累计收入（万元） | 上年同期（万元） | 增减（%） |
|---|---|---|---|
| 一、公共财政预算收入 | 1277146 | 1145366 | 11.5 |
| （一）税收收入 | 1105171 | 977810 | 13.0 |
| 1. 增值税 | 442855 | 267203 | 65.7 |
| 其中：改征增值税 | 90151 | 56323 | 60.1 |
| 2. 营业税 | 82249 | 198106 | −58.5 |
| 3. 企业所得税 | 233005 | 197772 | 17.8 |
| 4. 个人所得税 | 47239 | 40919 | 15.4 |
| 5. 城市维护建设税 | 82012 | 73045 | 12.3 |
| 6. 房产税 | 49468 | 46794 | 5.7 |
| 7. 印花税 | 12895 | 11897 | 8.4 |
| 8. 城镇土地使用税 | 38678 | 40762 | −5.1 |
| 9. 土地增值税 | 57182 | 53236 | 7.4 |
| 10. 车船税 | 6105 | 5618 | 8.7 |
| 11. 耕占税 | 7570 | 5169 | 46.4 |
| 12. 契税 | 45913 | 37289 | 23.1 |
| （二）非税收入 | 171975 | 167556 | 2.6 |
| 1. 行政事业性收费 | 21839 | 34807 | −37.3 |
| 2. 罚没收入 | 11500 | 11242 | 2.3 |
| 3. 专项收入 | 82553 | 78684 | 4.9 |
| 其中：排污费收入 | 2969 | 2860 | 3.8 |
| 水资源费收入 | 1231 | 2035 | −39.5 |
| 教育费附加收入 | 39400 | 35353 | 11.4 |
| 其他各项专项收入 | 38953 | 38436 | 1.3 |
| 4. 国有资源（资产）有偿使用收入 | 42935 | 37362 | 14.9 |
| 5. 捐赠收入 | 64 | — | — |
| 6. 其他收入 | 13084 | 5461 | 139.6 |
| 二、政府性基金预算收入 | 573907 | 347346 | 65.2 |
| 1. 国有土地收入 | 538140 | 313670 | 71.6 |
| 2. 城市基础设施配套费收入 | 15917 | 13341 | 19.3 |
| 3. 其他各项基金 | 19850 | 20335 | −2.4 |
| 三、国有资本经营预算收入 | 8808 | 9417 | −6.5 |
| 四、上划中央收入 | 1008844 | 1003604 | 0.5 |
| 1. 增值税 | 578548 | 633681 | −8.7 |
| 2. 消费税（100%） | 9930 | 11886 | −16.5 |
| 3. 企业所得税（60%） | 349508 | 296658 | 17.8 |
| 4. 个人所得税（60%） | 70858 | 61379 | 15.4 |
| 全口径收入（原口径） | 2868705 | 2505733 | 14.5 |

说明：1. 税收占公共财政预算收入 86.5%

2. 上划中央四税中的增值税按照上级统计口径从 8 月份起填列中央级国内增值税、改增增值税和营业税三项之和。其中：国内增值税 515274 万元、改征增值税 62658 万元、营业税 616 万元

## 2016 年太仓市公共财政预算税收收入分地区执行情况表

表 52

| 地区 | 累计收入（万元） | 上年同期（万元） | 增减（%） |
|---|---|---|---|
| 全市合计 | 1105171 | 977810 | 13.0 |
| 港区 | 256000 | 216000 | 18.5 |
| （直属） | 221119 | 185878 | 19.0 |
| （浮桥镇） | 34881 | 30122 | 15.8 |
| 新区 | 488733 | 421339 | 16.0 |
| 城厢镇 | 93427 | 90173 | 3.6 |
| 科教新城 | 35200 | 31700 | 11.0 |
| 沙溪镇 | 61778 | 57808 | 6.9 |
| 浏河镇 | 50900 | 45770 | 11.2 |
| 璜泾镇 | 26916 | 28000 | –3.9 |
| 双凤镇 | 27381 | 24660 | 11.0 |
| 其他 | 64836 | 62360 | 4.0 |

## 2016 年太仓市财政支出预算执行情况表

表 53

| 预算科目 | 调整预算（万元） | 实绩（万元） | 上年同期（万元） | 较上年同期 | |
|---|---|---|---|---|---|
| | | | | 增减额（万元） | 增减（%） |
| 地方财政支出总计 | 1804760 | 1796626 | 1447693 | 348933 | 24.1 |
| 公共财政预算支出合计 | 1212328 | 1158414 | 1090697 | 67717 | 6.2 |
| 一般公共服务支出 | 96091 | 94305 | 81934 | 12371 | 15.1 |
| 国防支出 | 196 | 196 | 195 | 1 | 0.5 |
| 公共安全支出 | 78370 | 74664 | 61841 | 12823 | 20.7 |
| 教育支出 | 201806 | 195069 | 173778 | 21291 | 12.3 |
| 科学技术支出 | 66404 | 63896 | 63334 | 562 | 0.9 |
| 文化体育与传媒支出 | 16441 | 15341 | 15137 | 204 | 1.3 |
| 社会保障和就业支出 | 126018 | 125087 | 104735 | 20352 | 19.4 |
| 医疗卫生与计划生育支出 | 51387 | 51001 | 44889 | 6112 | 13.6 |
| 节能环保支出 | 39994 | 25781 | 24291 | 1490 | 6.1 |
| 城乡社区支出 | 267274 | 265774 | 311912 | –46138 | –14.8 |
| 农林水支出 | 101792 | 86338 | 89557 | –3219 | –3.6 |
| 交通运输支出 | 17869 | 16676 | 16982 | –306 | –1.8 |
| 资源勘探信息等支出 | 57353 | 55748 | 36489 | 19259 | 52.8 |

续表 53

| 预算科目 | 调整预算（万元） | 实绩（万元） | 上年同期（万元） | 较上年同期 | |
|---|---|---|---|---|---|
| | | | | 增减额（万元） | 增减（%） |
| 商业服务业等支出 | 9422 | 7322 | 14493 | –7171 | –49.5 |
| 金融支出 | 701 | 701 | 556 | 145 | 26.1 |
| 援助其他地区支出 | 5707 | 5707 | 5489 | 218 | 4.0 |
| 国土海洋气象等支出 | 6129 | 5925 | 4515 | 1410 | 31.2 |
| 住房保障支出 | 55641 | 55497 | 29381 | 26116 | 88.9 |
| 粮油物资储备支出 | 3353 | 3006 | 3362 | –356 | –10.6 |
| 预备费 | — | — | — | — | — |
| 其他支出 | 1424 | 1424 | 7827 | –6403 | –81.8 |
| 债务还本支出 | — | — | — | — | — |
| 债务付息支出 | 8752 | 8752 | — | 8752 | — |
| 债务发行费支出 | 204 | 204 | — | 204 | — |
| 政府性基金预算支出合计 | 585298 | 632260 | 348015 | 284245 | 81.7 |
| 教育支出 | — | — | — | — | — |
| 文化体育与传媒支出 | 198 | 197 | 18 | 179 | 994.4 |
| 社会保障和就业支出 | 1 | 1 | 1 | — | — |
| 城乡社区支出 | 566180 | 620120 | 338903 | 281217 | 83.0 |
| 农林水支出 | — | — | — | — | — |
| 交通运输支出 | 9010 | 4988 | 5912 | –924 | –15.6 |
| 资源勘探信息等支出 | 1758 | 69 | 42 | 27 | 64.3 |
| 商业服务业等支出 | — | — | — | — | — |
| 其他支出 | 5543 | 4031 | 3139 | 892 | 28.4 |
| 债务付息支出 | 2390 | 2636 | — | 2636 | — |
| 债务发行费支出 | 218 | 218 | — | 218 | — |
| 国有资本经营预算支出合计 | 7134 | 5952 | 8981 | –3229 | –33.7 |
| 教育支出 | — | — | 51 | –51 | –100.0 |
| 社会保障和就业支出 | — | — | — | — | — |
| 节能环保支出 | — | — | 68 | –68 | –100.0 |
| 城乡社区支出 | — | — | 5207 | –5207 | –100.0 |
| 农林水支出 | — | — | 666 | –666 | –100.0 |
| 资源勘探信息等支出 | — | — | 2731 | –2731 | –100.0 |
| 商业服务业等支出 | — | — | 258 | –258 | –100.0 |
| 国有资本经营预算支出 | 7134 | 5952 | — | 5952 | — |

（张廷波）

## 政府采购

【概况】 2016年，太仓市加强政府采购预算编制，强化招投标监管，推进政府购买服务，依法处理采购质疑投诉，规范政府采购。全年全市政府采购预算额1.91亿元，采购实际支付额1.75亿元，节约资金0.17亿元；采购实际支付额较上年增长4.46%，占全市2016年度一般预算支出15.09%；服务采购额0.53亿元，占政府采购实际支付额26.12%。年内，重新公开招标2016年度政府采购协议供应商，通过评定，确定供应商16家、品牌42个、中标产品类别17个，并在《太仓日报》向社会公示。

【批量采购完善】 2016年，太仓市对通用性强、技术规格统一、便于归集的集中采购品目，包括台式计算机、便携式计算机等实行批量集中采购模式。实行"跟单"采购制度，减少短期内重复采购，提高采购效率。全年对市级机关、事业单位电脑等IT设备实施批量采购4次，采购办公电脑1845台，其中台式电脑1514台，便携式电脑331台，采购金额769.72万元。

【政府购买服务】 2016年，太仓市转发《苏州市政府向社会购买服务实施意见》，印发《太仓市第二批政府向社会转移职能事项目录的通知》，明确购买主体、购买服务范围和承接主体等内容。整理和扩充《太仓市2016年政府集中采购目录》中服务类品目，将事关国计民生和公共利益的公共服务项目纳入政府集中采购范围。

（张廷波）

9月19日，太仓市国税地税联合办税服务厅启用　（史文武　摄）

## 国家税务

【概况】 2016年，太仓市国税总收入161亿元，较上年增收19.8亿元，增长14%；完成地方公共财政预算收入65.5亿元，较上年增收21亿元，增长47%，占全市公共财政预算收入比重51.3%。国税收入总量、增量创历史新高，公共预算收入占比在苏州大市范围名列第一。全年通过减、免、退、抵等方式兑现各项税收优惠36.7亿元。其中，办理出口退税21.2亿元，固定资产申报抵扣6.4亿元，流转税优惠2.6亿元，所得税优惠6.5亿元，小微企业增值税、所得税优惠享受面100%，直接减免或返还给企业的税收占入库税收总量22.8%。

【国税依法行政】 2016年，市国税局开展大要案审理7户，涉及金额831万元。细化行政处罚标准，规范经办人员自由裁量权和税收执法行为。市国税局在内网开设法律园地，推送各类法律法规50余条，提升税务干部执法水平，具有行政复议应诉资格干部21人。依托微信、报纸、电视等多渠道开展政策宣传，其中"营改增专项宣传"和"太仓国税微信平台"入选"2016年群众最满意的普法项目"十佳优秀项目。落实市政府"政社互动"工作要求，健全民意征询、民主评议等机制，畅通执法投诉反馈机制，促进依法行政落到实处。针对涉税案件行政处理与司法处理之间差异等情况，与市人民法院建立工作联系制度，完善法治协作机制。实施"智慧稽查"方案，实现"深度分析"和"实地检查"分离，提升稽查威慑力。与市公安局经侦部门协作捣毁虚开增值税发票团伙1个，涉案虚开发票1799份，涉案金额1.8亿元。全年稽查立案97件，查补总额3263万元，100万元以上大要案1件，移送公安部门15件，通过各类媒体曝光案件12件。

【"营改增"扩围】 2016年3月，市国税局做好"营改增"（营业税改征增值税）全面扩围工作，包括"开好票""报好税""分析好""改进好"四方面。4月，全市1.1万户"营改增"扩围纳税人全部接收完毕，5月1日起开票，6月，"营改增"首月申报成功。全年入库"营改增"增值税收入14.98亿元，全市1万多户"营改增"纳税人实现税负下降，减税面96%。

【"金税三期"试点上线】 2016年，市国税局作为"金税三期"上线试点单位，做好上线测试和"金税三期"单轨切换等工作。其间，测试业务370项、9585笔，测试面100%，测试业务量居全省试点单位第一，并配合苏州市国税局完成工作事项梳理、全市业务骨干轮训、岗位设置、自有软件开发等工作。10月8日，"金税三期"在太仓平稳上线。

【国税纳税服务】 2016年，市国税局整合资源，优化线上线下办税，实现纳税服务再次提速升级。推行"办税实名制"，采集企业实名信息

1.74万户。升级自助办税中心，累计投放自助设备69台，网上认证和自助认证量占总量69.8%。集中推广电子税务局和发票确认平台，电子税务局使用量近1万户次，全年发票确认平台确认的发票占总量28.1%。“营改增”及“金税三期”上线期间增设服务窗口19个，临时开设车购税窗口6个，增设特服咨询号咨询座席2人，将部分个私办代开业务分流至国税地税联合办税厅，实现资源优化整合。新开发“微信实名绑定”功能，开展网络辅导，增设微信“营改增”专栏、办税厅流量实时查询等模块，微信关注量超2.2万人次，日均阅读量超1900人次。“营改增”扩围期间电话咨询平均月接通量7932个，申报期人均日接通量105个。为1.3万余户纳税人开展“营改增”和“金税三期”上线培训85场；开展发票查询平台使用、所得税汇算清缴等专门培训百余场，参与人数1.5万人次，印发各类材料10万余份。税邮合作取得新进展，与太仓邮政签订战略合作协议框架，税务文书实现邮政专递，自助设备进驻邮政网点工作。国税地税联合办税取得新突破，7月，地税人员进驻国税办税服务主厅；9月19日，国税地税联合办税厅正式对外运营，办税大厅共同办理合作事宜3类7项。全年联合办税服务厅发售发票近7万份，代开增值税专用发票2780份，代开增值税普通发票3968份。首次实施国税地税联合稽查，查补税款30.27万元、罚款及滞纳金15.66万元。

（张孝东）

## 地方税务

【概况】 2016年，太仓地税完成各项收入102.22亿元，较上年增收8.71亿元，增长9.31%。其中，组织税收收入59.31亿元，同口径增长13.48%，完成公共财政预算收入45.01亿元，同口径增长12.22%。年内，太仓地税局获评江苏省文明单位。

【地税征收】 2016年，太仓市实施税费一体化管理，地税入库各项基金费42.91亿元，较上年增长4.03%，其中，社保费征缴入库35.73亿元，较上年增长4.63%，征缴率100%。做好税收预测分析，健全税收预测分析联动机制，完善预测分析指标体系，推进税收形势分析、税收风险分析、政策效应分析和经济运行分析。做好重点税种管理和“营改增”全面扩围准备工作，1—5月，累计入库营业税12.41亿元，较上年增长26%，贡献税收增量59.75%。加强所得税年度汇算清缴工作，重点加强房地产企业所得税管理，全年入库房地产企业所得税1.28亿元，较上年增长23.18%。加强个人所得税征管，累计入库个税11.81亿元，较上年增长15.44%,其中12月自行申报人数1.41万人。做好欠缴税费清理，截至年底，新欠发生率0.09%，清理陈欠303.44万元，陈欠清理率25.16%。做好减税政策落实，全年为各类企业减免各税9.31亿元，其中，减免二手房交易契税2.46亿元，为高新技术企业减免企业所得税2478.77万元，减免居民企业间投资收益企业所得税7180万元，为小微企业减免企业所得税803.4万元。

【地税征管改革】 2016年，太仓市“营改增”（营业税改征增值税）扩围，太仓地税局向市国税局移交纳税人1.45万户，如期实现二手房交易和私房出租增值税发票的开具，确保税制转换平稳顺利。5—12月，累计代征增值税7248万元。推进国税、地税合作，贯彻《江苏省深化国税、地税征管体制改革实施方案》，实现联合委托代征、联合开办实体“纳税人学堂”、联合纳税信用评价、联合大企业服务、联合税收分析、联合税收宣传等多项合作事项。9月19日，太仓国税地税联合办税大厅在太仓地税原办税大厅挂牌成立，设立办税窗口12个，工作人员14人，办理国税地税各类涉税业务1.08万笔。10月8日，“金税三期”上线；截至年底，通过“金税三期”系统办理各项涉税业务15.8万笔，入库税款10.66亿元，准期申报率98%。

【地税依法治税】 2016年，太仓地税局强化税务法制基础，将“七五”普法与依法治税结合，报送的“构建‘大众创业·万众创新’税收服务机制”入选太仓市“关爱民生法治行”重点项目，全系统被授予“2011—2015年太仓市法治宣传教育工作先进集体”，法治文化展示厅被命名为苏州市“法治文化建设示范点”，“纳税人学堂”获评“2016年太仓市群众最满意普法项目”。强化“院税协作”。做好行政执法与刑事司法衔接工作，股权转让不缴税、企业欠税2个案件在苏州

5月1日，太仓地税局契税窗口开出首张二手房交易地税代开增值税发票，标志“营改增”地税委托代征业务在太仓落地　　（姚倩茜　摄）

市中级人民法院协助下，扣缴税款3797万元。开展社保费非诉强制执行，全年申请财产保全和强制执行44户，执行入库社保费166.58万元。强化税收执法专项督察，围绕税收工作重点，对“三证合一、一照一码”后续管理、“收过头税”问题等开展专项执法督察，对小微企业防洪保安资金减免政策进行专项督察，为2710家小微企业退费2277万元。强化税务稽查刚性。集中力量开展专项检查和重点税源企业抽查轮查工作，全年查补入库税款、罚款及滞纳金5593万元，较上年增长58.04%。组织企业自查，补缴税款及滞纳金478万元。强化积案清理，全年清理各类稽查积案6件，清理入库查补税款、滞纳金及罚款3349万元。做好涉税违法检举案件查处，全年受理举报案件13件，结案10件，入库税款3742万元。

【地税治税强基础】 2016年，太仓地税局推进“大数据治税工程”，完善第三方涉税数据共享机制，通过信息保障平台采集35家单位106类数据30多万条，增加地方税收8146万元。优化风险评估模型，完成中等风险按户应对957户，消除风险点1.05万个，评估入库税款2.80亿元，中等风险应对税收贡献率4.75%。改进风险应对方式，将风险库中有明确风险指向的事项推送至网上办税服务厅，提醒纳税人限期自查自纠，全年推送风险事项4439户次，事项反馈率99.68%，补缴税款及滞纳金1280.58万元。

（赖　慧）

## 审　计

【概况】 2016年，太仓市审计工作履行审计监督职能，创新服务科学发展，全年完成审计计划项目33个，向市纪委移送案件线索3条，向太仓地税局移送事项2件，向市国资办移送事项1件。审计发现各类违规金额1387万元、管理不规范金额30.98亿元，提出审计建议95条，促进被审计单位制定整改措施127项、制度24项。全年编报宣传信息88篇，被各级录用57篇，领导批示17篇。

8月12日，市审计局向市人大常委会报告“财政同级审”工作　（倪明德　摄）

【政策跟踪审计】 2016年，市审计局加强对中央和省市重大决策部署贯彻落实情况审计，促进政令畅通。根据审计署《关于印发2016年国家重大政策措施落实情况跟踪审计工作指导意见的通知》和省委、省政府《关于推进供给侧结构性改革的意见》要求，跟踪审计“节能环保”、“农林水”专项资金、“契税”和“耕地占用税”征收管理、“放管服”相关政策执行情况。审计结果表明，太仓市相关部门认真贯彻中央重大决策部署，推进各项措施落地，初步形成良好的政策效应，促进全市经济持续健康发展。

【预算执行审计】 2016年，市审计局树立大财政审计理念，在完善预算编制、强化预算执行、规范预算管理、提高预算绩效总目标下，加强支出预算各项配套审计。开展财政预算执行情况审计、税收征管情况审计及七项专项审计等，突出审计重点，拓展审计内容，提高审计深度。突出信息化技术在税收征管和预算执行审计中的使用，取得较好成效。审计工作得到市人大肯定，“财政同级审”（对本级政府预算执行情况的真实性、合法性和效益性实施的审计监督，是层次高、政策性强、涉及面广的综合性审计项目。下同）报告获得“审计内容拓展、审计重点突出、审计整改强化”的评价。

【政府投资审计】 2016年，市审计局围绕市委、市政府重大投资决策和重点民生工程开展项目决算、结算和跟踪审计。全年完成工程结算审核项目213个，送审金额44.11亿元，审定金额39.32亿元，核减金额4.79亿元，平均核减率10.86%。通过工程项目复审，进一步节约财政资金835.56万元。对太仓市港区浮桥中心小学迁建工程和224省道太仓港至沿江高速工程项目开展竣工决算审计；对恒通佳苑公寓式农民动迁安置房六标段住宅工程等项目开展结算审计；通过集中审计管理工作模式，委托中介机构参与审计。建立从中介机构选择、委托项目分配、委托项目考核、审计项目复核等一系列配套制度和办法。

【经济责任审计】 2016年，市审计局根据经济责任审计联席会议确定的经济责任审计项目计划和市委组织部委托，对18名领导干部开展经济责任审计，其中任中经济责任审计7人、离任经济责任审计11人，重点关注权力运行和责任落实。年内完成全部经济责任审计项目，查出问题金额3亿元，针对管理方面存在的问题和薄弱环节提出整改建议55条。

【自然资源审计】 2016年，市审计局关注国有资源审计工作，结合领导干部经济责任审计，在双凤镇试点开展独立型的双凤镇镇长自然资源资产离任审计，形成《太仓市自然资源资产审计工作方案》，建立各相关职能部门沟通协作机制，聘请相关领域专家纳入审计组开展审计试点。审计注重“点面结合”，“点”上重点围绕电镀企业集中区环境污染管理、监督和整治情况进行审查；“面”上重点围绕地方党委政府生态文明建设责任机制、资金投入、国土资源、林业资源、水利资源、环境保护、节能降耗、镇容镇貌和农村环境等9个方面、20多项指标进行审查。通过审计反映政府下达的环保指标未能完成、未批先建等违法土地整改不到位、资金管理核算分散、电镀企业污水排放超标等问题。

【专项资金审计】 2016年，市审计局紧扣政府关注、社会关心的热点、难点、焦点问题，紧跟教育、文化、医疗、住房、社会保障等民生资金投入的流向，加大专项资金征收使用管理审计监督力度，提高资金使用效益，维护人民群众切身利益，促进和谐社会建设。保障民生需求，开展社保资金审计。针对存在问题，建议加强完善社保管理信息系统功能及加强定点医疗机构的管理。关注资金投入，确保民生资金比重。以规范财政资金分配，提高财政资金使用效益为目标，审查财政支出总体规模及结构变化情况，关注民生资金投入，重点突出民生资金投入占比和增长情况。积极建言献策，促进相关政策制定。通过开展粮食补贴资金审计、公共卫生服务资金审计、城区老小区改造建设资金审计等项目，反映和披露专项资金在管理和使用过程中的薄弱环节，为太仓市各项相关政策的制定建言献策。

【国有企业审计】 2016年，市审计局以维护国有资产安全和市场经济秩序为目标，重点关注国有企业重大经济和经营活动是否正常、重大资金流动有无风险等情况。按照三年轮审一遍的原则，对资产经营公司2015年国有资本经营情况进行审计，重点审计资产管理、工程建设、费用支出等方面情况，针对会计核算管理不够规范、公务费用管理制度不够完善和银行短期存款管理不够到位等问题，提出规范会计核算、建立健全公司相关会计制度、健全内控制度、规范公务费用支出管理等建议。

【内部审计】 2016年，市审计局与市纪委监察局合力推进监察审计工作，加大内审工作指导。年内，与市国资办联合起草《太仓市市属国有公司内部审计管理暂行办法》（以下简称《暂行办法》）。4月，由太仓市国有资产监督管理委员会印发，《暂行办法》为规范全市市属国有公司内部审计工作，加强公司内部监督和风险控制，促进全市国有资产的安全、保值和增值等提供制度保障。全面部署指导全市各镇区街道内审机构和18家监察审计室开展内审工作，全年累计完成内审项目249个，完成审计金额902.63万元，查出问题金额4657.02万元，提出审计建议146条。开展镇区内部审计项目检查交流活动，并对2015年开展的2个审计项目进行回头看，促进内部审计人员提升业务能力和水平。

5月18日，参与审计工作的中介机构向市审计局递交廉政纪律承诺书

（倪明德 摄）

【审计信息化】 2016年，市审计局以数字审计为方向，加强审计资源整合，创新审计方式。构建数字化审计分析平台。2015年初步建成财政审计数字化审计分析平台，2016年，利用该平台完成财政同级审计工作，实现74家一级部门预算执行审计全覆盖。建立数字化审计分析团队。制定数据分析团队管理办法，重点对财政、地税、社保等数据进行“大数据”分析，推进“总体分析、系统研究、发现疑点、分散核实、精确定位”的数字化审计方式，提升审计质量与效率。完善“大数据”审计信息采集。加强对被审计单位数据信息的采集，收集整理财务、业务数据资料，建立财政、地税、社保、民政、国土等数据库，为开展数字化审计分析积累数据资源。

【审计科研】 2016年，市审计局坚持审计实务与审计科研并重，组织开展理论研究和成果开发。年内，以“经济常态下内部审计如何更好地发挥作用”为题，开展内部审计理论研讨，全年共收到内审论文11篇、国家审计论文3篇。根据课题研讨要求，邀请专家评选出优秀论文并向有关部门上报、推荐。

【审计整改】 2016年，市审计局将促进审计成果转化作为发挥审计监督职能的重要环节，加大整改力度，提升整改成效。贯彻执行《苏州市审计发现问题整改销号暂行办法》，建立审计发现问题清单制度，完成审计项目后，及时将审计报告中反映的问题逐项编制整改清单，列出整改完成时间，推动被审计单位对照问题逐条逐项整改，确保审计查出的所有问题整改落实；按照市政府《关于进一步加强审计整改工作的意见》督促整改，组织整改“回头看”，联合市纪委、市委组织部等部门对重点单位审计发现的问题开展审计督查整改；首次向市人大主任会议专题汇报“财政同级审”整改情况，听取市人大的建议；从2016年起，将审计整改情况纳入领导干部党风廉政建设责任制考核和领导班子民主生活会内容。

（王　嫣）

10月25日，太仓市举办2016年“百名海外博士江苏行”太仓分会场活动

（市人社局供稿）

# 劳动就业

## 人力资源

【概况】　2016年，太仓市推动公共人力资源服务均等化，健全就业保障体系。截至年底，全市实现农村劳动力转移就业7.27万人，城镇新增就业人员1.28万人，城镇登记失业率1.90%，高校毕业生就业率98.06%。太仓市完善各项就业扶持政策，促进充分就业，鼓励自主创业。全市充分就业社区（村）创建达标率100%，其中苏州市级示范社区8个，省级示范社区12个，充分转移乡镇创建率80%以上。支持成功自主创业1517人，扶持农村劳动力自主创业311人，引领大学生创业303人。7月，2016年苏州国际精英周太仓分会场活动期间，148名海内外精英到太仓考察，签约落户高层次人才项目52个，入选省“外专百人计划”项目2个，太仓市实现高端人才项目零突破。

【人才库建设】　2016年，太仓市发布《紧缺专业人才需求目录》，形成人才开发项目批量导入、区镇自主录入、人才自主登记“三位一体”入库模式。全年组织招才引智活动8批次，新增（引进）留学回国人员102人，新引进外国专家21人，新增享受高层次人才生活待遇64人。全市人才总量15.32万人，较上年增加8%，其中高层次人才9367人，高技能重点人才230人。

（顾　阳）

## 就　业

【概况】　2016年，太仓市加强劳动力资源动态分析，健全就业信息登记服务系统，完善职业介绍所等服务平台，实现信息资源整合和共享。全年全市公共人力资源市场举办现场招聘会649期，进场单位1.55万家次，提供招聘岗位22.78万个（次），进场人数27.10万人次，达成就业意向2.10万人次，市场招聘单位平均薪资3784元／月。年内，市政府印发《关于进一步做好新形势下就业创业工作的实施意见》，落实困难人员就业援助和特定群体专项服务，保障重点人群就业。全年全市登记失业人员5188人，帮助城镇失业人员再就业1516人，其中就业困难人员就业720人，城镇零就业家庭动态为零。办理就业失业登记证876人，享受灵活就业社会保险补贴4.87万人次、1370.67万元，领取大龄就业困难人员临时物价补贴2.58万人次、197.96万元。发放小额担保贷款19笔，贷款总额290万元。多渠道开发就业岗位，持续推进大学生见实习基地建设，开发高校毕业生就业见习岗位285个。针对离校未就业毕业生开展实名制登记

2月23日，太仓市举办“春风行动”专场招聘会　（市人社局供稿）

及就业动态跟踪服务，确保特困家庭高校毕业生就业率100%。

【职业技能提升】 2016年，太仓市整合社会培训资源，形成以企业为主体，职业院校为基础，全社会共同参与的社会化培训新格局。全年城乡劳动者各类培训人数累计2.1万人次，其中技能培训3096人，创业培训530人。太仓市围绕产业转型升级，改变技能人才培养增长方式，实现由注重数量的累积增长向注重质量效能的提升转变，实现由传统专业技能人才规模优势向新型产业技能人才综合竞争优势转变。加大重点人群关注力度，强化被征地劳动力、农村富余劳动力职业技能培训。年内实施职业技能鉴定7794人次，培养高技能人才1459人，其中技师181人，高级工1278人。至年底，高技能人才占技能劳动者比例32.5%。建立技能大师工作室6家，新增省级博士后工作站5家，全市累计有国家级博士后工作站4家、省级20家。

（顾　阳）

## 劳动者权益保护

【概况】 2016年，太仓市印发《关于构建和谐劳动关系的实施意见》，形成源头治理、动态管理、应急处置相结合工作机制。全年规模以上企业劳动合同签订率99.96%，建立工会企业集体合同签订率97%。全市完成用人单位书面审查2728家，涉及职工20.55万人。全市850家20人以下企业实行免费小微企业人事代理。全市6镇3区、151个村(社区）均建立劳动人事争议调解中心，百人以上企业建立调解组织1533家，组建率99%。发挥市、镇、村(社区)、企业在内的四级劳动人事争议调解服务平台职能，确保50%以上的劳动争议化解在基层。全年处理信访6229起，受理劳动保障监察投诉举报332起，调处劳动人事争议2934起。通过完善“裁审对接”，启动绿色通道联动化解机制，确保各项立案处理案件结案率100%。

（顾　阳）

# 社会保障

## 社会保险

【概况】 2016年，太仓市暂缓上调企业职工社会保险缴费基数，仅对上限进行调整，下限维持2025元／月不变。1月起，失业保险费率由2%降至1.5%。5月起，企业职工基本养老保险单位缴费比例由20%降至19%。用人单位缴费比例合计降低1.5个百分点，全市企业一年减少社保支出约9000万元。提高年度全市居民医疗保险筹资标准，由2015年的800元提高到840元，个人缴费标准维持220元水平，有效提升参保人员医疗保障水平。全市社会保险参保率保持99%以上，社会保险基金总收入45.41亿元，总支出46.41亿元，收支相抵当期结余-1亿元，累计结余62.83亿元，资金运行压力明显。

【养老保险】 2016年，太仓市企业职工基本养老保险参保人数30.99万人，净增5271人。办理居保转城保1629人（上年全市居保人员2.83万人）。首次实行企业退休人员和机关事业单位退休人员基本养老金同步调整，企业退休人员平均上调约9%，涉及14.15万人；机关事业单位退休人员平均上调约5%，涉及8417人。调整后企业退休人员月均养老金2058.31元，小统筹、土保等人员月均养老金1340.80元，居保人员月均养老金（含居民补充养老保险）411.54元。太仓市持续推进征地补偿安置工作，贯彻落实省政府第93号令，5994名被征地农民纳入社保，其中未成年年龄段457人，劳动年龄段3610人，养老年龄段1927人，基金到账5.31亿元。全市退休老人纳入社会化管理服务17.28万人。

【医疗、生育保险】 2016年，太仓市医疗保险参保人数58.04万人，其中基本医保45.24万人，居民医保12.81万人（因四舍五入导致分项数与合计数不一致）。太仓市探索对定点医疗单位实行总额控制下按人头数、人头额与按病种相结合的付费方式改革。建立医疗保险服务质量评审机制，规范医疗保险医疗服务行为以及参保人员门诊就医、购药行为。全年减少基金支出4000多万元。医保智能审核系统运行，覆盖全市所有定点单位，沙溪、浮桥、浏河、双凤等基层结报站开展工伤、生育结算业务。全市完成生育保险待遇审核结算5200人次，支付待遇7863.18万元。推行大病门诊医疗保险，有效缓解重大疾病患者大额门诊医疗费用负担。全年享受大病住院保险2346人，补偿1231万元；享受大病门诊保险3894人，补偿376万元。

【工伤保险】 2016年，太仓市工伤保险参保单位1.28万家，参保人数27.35万人。全年认定工伤2668人，完成劳动能力鉴定2316人，工伤康复68人。太仓市在全国率先推行的灵活就业人员职业伤害保险政策实施平稳，印发《关于进一步明确太仓市灵活就业人员职业伤害保险认定范围的意见》，累计申请并认定职业伤害54起，通过鉴定并享受待遇39人。持续优化费率杠杆，设计激励机制，根据企业一般性工伤发生率、重特大事故发生率、工伤基金收支比例，合理调整企业工伤保险费率。年内涉及工伤浮动费率企业1254家，其中630家企业不同程度降低。8月起，工伤保险待遇结报业务由市医保中心转移合并至工伤认鉴中心，实现工伤认定、鉴定、待遇结报一体化。全年完成工伤保险待遇审核3477人次，支付金额7559.16万元。

【失业保险】 2016年，太仓市失业保险参保单位1.32万家，参保人数26.08万人。太仓市严格执行失业保险费率下调要求，制定具体操作方法，全年为全市企业减负近5000万元。1月起，失业保险待遇最高标准由1680元／月调整为1820元／月；7月起，失业保险金最低标准由975元／月提高到1053元／月。月均新增领取失业金人数与上年基本持平，年末在册领取失业保险金人数3313人。落实失业保险支持企业稳岗政策，出台具体实施办法，引导企业将补贴用于职工生活补助、缴纳社会保险费、转岗培训、技能提升培训等支出。对符合条件的38家企业，落实稳岗补贴475万元，惠及职工5820人，补贴金额累计80万元。（顾 阳）

## 社会救助

【最低生活保障】 2016年7月1日，太仓市最低生活保障标准从原750元/月调整到810元/月。截至年底，全市共有低保户839户1482人，低保边缘对象1159户1222人，五保对象186户189人，全市累计向低保等困难家庭发放生活保障金2277万元。

【医疗救助】 2016年，太仓市拨付医疗救助资金2733万元，救助45417人次，其中实施保费救助3161人次、70万元，实时医疗救助39668人次、2208万元，年度医疗救助2186人次、213万元，年度专项医疗救助402人次、242万元。

【自然灾害救助】 2016年，太仓市建立多部门协同灾害性天气预警预报机制，根据全市各村、社区灾害风险隐患点分布情况，按照“一村（居）一预案、一点一落实”原则，制定全市各村（居）灾害应急预案。围绕“减少灾害风险，建设安全城市”主题，开展防灾减灾宣传教育活动，印发《关于支持引导社会力量参与防灾减灾工作的通知》，引导鼓励社会组织广泛参与防灾减灾服务。修订《太仓市民生灾害综合保险实施办法》，将符合条件的非本市户籍常住人员纳入自然灾害人身意外伤害保险保障范围。全年民生灾害综合保险累计出险46起，支付保险理赔金47.6万元。璜泾镇雅鹿村成功创建全国综合减灾示范社区。

【慈善救助】 2016年，太仓市开展《中华人民共和国慈善法》宣传，举办首个“爱满娄城”中华慈善日宣

12月28日，太仓市举办“善之行”第四季度“娄城织爱”慈善公益活动
（张祥杰 摄）

传活动，推出“娄城大爱”“善之行”等慈善公益品牌项目。规范全市35家爱心慈善超市，新增慈善冠名基金5家。全年慈善捐赠累计收入456万元，救助支出563万元，接收捐赠物资2179件，惠及困难群众5110人次。12月，中国慈善联合会发布《第四届（2014—2015年）中国城市公益慈善指数报告》，太仓市公益慈善指数居全国县级市排名第4位。

【临时救助】 2016年，太仓市修订《太仓市临时救助实施细则》，进一步明确救助对象、细化救助标准、规范救助程序，首次将非本市户籍常住人员纳入临时救助范围，发挥临时救助对城乡低保政策无缝对接和有益补充的特点，实现“救急难”作用。全年共开展临时救助1410户次，发放救助金145万元。

（胡天立）

## 社会福利

【残疾人福利】 2016年，太仓市加强制度建设，规范重残救助审批程序。全年共向无固定收入重残人员1273人发放救助金857万元，向一户多残、依老养残人员92人发放救助金51万元。年内，太仓市开展全国残疾人基本服务状况和需求信息数据动态更新工作，为各镇（区）专职委员、各村（社区）调查人员配发采集专用手机，完成持证残疾人9262人、村（社区）148个的数据采集任务。以“安置就业为主，收缴残保金为辅”的方针，做好残保金征收、管理、使用和监督，依法推进残疾人就业。

（胡天立）

【妇女儿童福利】 2016年，太仓市加强对“全面两孩”政策实施后新情况、新问题的调查研究，推动“公共场所普设母乳哺育室”项目列入2017年市政府实事项目。开展法律知识讲座、心理咨询沙龙等活动20多场次，教育引导妇女学法用法守法懂法。开展“法律服务进万家”活动，将法律服务延伸到社区、拓展至家庭。设立婚调委专用工作室，完善“护航婚姻·幸福家庭”婚姻引导机制。实施“她介入·维平安”创新项目，配合市人民法院做好未成年子女抚养第三方评估委托调查和离婚积案当事人心理疏导，该项目获评苏州市妇联创新实践区项目。年内，太仓市在总结全市“十二五”期间妇女儿童发展成效和问题基础上，加强对“十三五”时期妇女儿童发展规划的前瞻研究和科学谋划，征集“十二五”期间妇儿发展优秀成果20个，确立“十三五”时期期间妇儿发展研究课题7个。关爱困难妇女儿童，实施“‘阳光照进生

8月26日，太仓市妇联组织开展亲子夏令营活动　（市妇联供稿）

命’——关爱困境儿童”省级妇女儿童公益社工服务项目，持续推进弱势群体长效帮扶、“希望妈妈”爱心结对、“8•26”帮困助学等服务，累计慰问希望儿童58人、单亲特困母亲12人，慰问物资5万余元。

（顾　燕）

【老年福利】　2016年，太仓市落实尊老金、70周岁以上老人免费乘车、60周岁以上老人免费体检等各项老年人优待政策，全年共向2.5万名80周岁以上老人发放尊老金1929.3万元。春节、重阳节期间，开展老年人慰问活动，发放慰问金、慰问品约600万元。年内，开展“孝满娄城夕阳美”系列活动，举办老年人文体艺术节、第八届老年人运动会、敬老月等活动，开展“十佳快乐寿星、十佳老有所为之星、十佳孝亲敬老之星”等评选表彰活动，提升老年人幸福指数。

【福利彩票】　2016年，太仓市福利彩票累计销售1.69亿元，较上年减少1090.7万元，降幅6.07%。其中，电脑票销量5073.08万元，较上年增加56.79万元，增幅1.13%；“快3”销量8033万元，较上年减少552.74万元，降幅6.44%；“刮刮乐”销量为1201.01万元，较上年减少245万元，降幅16.94%；“中福在线”销量2585.54万元，较上年减少349.76万元，降幅6.44%。　（胡天立）

## 住房保障

【住房公积金管理概况】　2016年，太仓市公积金中心推动“下放审批权限创新、改革资金来源创新、简化服务流程创新”三项创新工作，供给侧改革实现精准定位。年内，推动“下放审批权限”创新，落实法定职能。贯彻苏州市委、市政府下发的《苏州市深化社会事业重点领域改革三年行动计划（2014—2016年）》通知精神，增加镇区住房公积金缴存扩面法定职能，在苏州大市范围内率先实现辖区内镇区公积金窗口全覆盖。推动改革资金来源创新，增加融资渠道。全年全市公积金个贷率居高不下，截至年底，个贷率125.02%。为进一步提高公积金支持居民购房力度和公共服务效率，太仓公积心中心拓展资金来源，增加融资渠道，开展公积金贷款资产证券化项目，壮大资金规模。全年共融资12.8亿元用于放款，确保实现贷款应放尽放。推动简化服务流程创新,提升审批质效。8月29日起，公积金贷款业务实行“一柜式”服务模式。太仓公积心中心通过协调承办银行、担保公司对贷款审批、发放全过程实施流程再造，将办事流程三合一。提前做好布局改造，加强人员培训，演练操作过程，每笔贷款办理时间缩短近1/3，提升审批质效。

全年全市新增住房公积金缴存职工2.96万人，完成苏州市实事项目分解任务118.21%；年末应缴人数16.58万人，较年初净增3443人；当年归集18.47亿元，完成年计划104.94%；期末余额37.94亿元，较上年增加12.35%。全年全市共发放公积金贷款4419笔、20.64亿元，较上年分别增加10.97%、34.11%；公积金提取14.27亿元，较上年增加25.29%。公积金对全市住房消费支持度从2013年118.90%、2014年112.42%、2015年166.67%上升到189.01%。

【住房公积金政策调整】　2016年1月18日起，太仓市对职工购买存量成套住房（二手房）申请的贷款（含之前审批未发放的贷款），取消从2015年11月1日起开始执行的自贷款审批通过日起轮候2个月放款的规定。5月3日起，调整新建住房贷款轮候放款期限，职工购买新建住房申请贷款的，自贷款审批通过日起轮候6个月放款的规定缩短为3个月。8月12日起，贷款按账户余额的倍数测算金额；第二次公积金贷款首付30%，利率上浮10%。10月4日起，首次办理公积金贷款的，首付款比例不低于住房总价的20%；第二次办理公积金贷款的，首付款比例不低于住房总价的50%。首次办理公积金贷款的，可贷额度为借款申请人（含参与计算可贷额度的共同借款申请人）个人账户余额之和×10（倍）；第二次办理公积金贷款的，可贷额度为借款申请人（含参与计算可贷额度的共同借款申请人）个人账户余额之和×6（倍）。个人账户余额之和不足1万元的，按1万元计算；中等偏低收入住房困难家庭购买保障性住房的，其可贷额度可上浮最多不超过3万元。公积金贷款的可贷额度规定如下：首次办理公积金贷款。借款申请人及共同借款申请人中有两人（含）以上共同参与计算可贷额度的，贷款最高限额为70万元；仅借款申请人参与计算可贷额度的，贷款最高限额为45万元。第二次办理公积金贷款。借款申请人及共同借款申请人中有两人（含）以上共同参与计算可贷额度的，贷款最高限额为50万元；仅借款申请人参与计算可贷额度的，贷款最高限额为30万元。首次使用公积金贷款购买套型建筑面积90平方米(含)以内的普通住房，且住房总价不超过110万元，贷款最高限额为住房总价的80%。

【保障性住房建设】 2016年，太仓市持续推进保障性住房建设，新增安居工程住房5678套，基本建成3528套。新增租赁补贴16户。

【城市更新改造】 2016年，太仓市樊泾村地块国有土地上137户住户全部签约，房屋全部拆除，集体土地上19户住户签约腾房并完成拆除17户。原长途车站拆迁项目遗留的8户拆迁户完成签约4户，拆除住宅楼1幢，完成率50%。

【农村住房建设】 2016年，太仓市各镇住宅竣工面积62.50万平方米，实有住宅总建筑面积487.43万平方米，人均住宅建筑面积75.53平方米；公共建筑竣工面积6.24万平方米，其中混合结构建筑面积6.42万平方米，占新建公共建筑总面积的100%；生产性建筑竣工面积9.76万平方米，其中混合结构建筑面积9.76万平方米，占新建生产建筑总面积的100%。村庄住宅竣工面积32.72万平方米，实有住宅总建筑面积988.74万平方米，人均住宅建筑面积43.85平方米；公共建筑竣工面积2.81万平方米，其中混合结构建筑面积2.81万平方米，占新建公共建筑总面积的100%；生产性建筑竣工面积11.17万平方米，其中混合结构建筑面积11.17万平方米，占新建生产建筑总面积的100%。

（王　溢　曹俊锋　周雨辰）

## 养老服务

【老年人口】 截至2016年年底，太仓市60周岁以上老年人口总数14.76万人，占户籍总人口30.55%，平均预期寿命83.41岁。其中70周岁以上老人6.77万人，80周岁以上老人2.44万人，百岁老人73人，全市最高龄老人108岁。

【养老服务设施建设】 截至2016年年底，太仓市共有养老机构10家，老年护理院9家，养老总床位4963张。年内，璜泾、双凤、科教新城养老机构建设工程相继开工建设，3家新建养老机构设计总床位850张，投资2亿元。全市共建设完成老年人日间照料服务中心和助餐点20家。投资1790万元完成太仓市福利中心和沙溪、浏河、浮桥、娄东街道5家养老机构的消防设施改造。全市首家公建民营养老护理院开业，150张床位全部由社会机构承接运营。建立“养老服务组织公益园”，扶持培育专业养老服务组织，首批5家社会组织入驻公益园。

【养老服务】 2016年，太仓市居家养老服务提标扩面，政府补助普惠对象从84周岁拓展到80周岁，每月服务补贴时间由3小时增加到4小时。建立市场竞争机制，公开招标两家社会机构承接服务，全年共为1.4万老人提供60多万小时居家养老服务。推进养老服务信息化，建立“颐居乐智慧养老服务平台”，开发运用APP软件进行服务。深化医养融合，全市养老机构全部开设医务服务，建立首家居家医疗护理站。加强养老护理员队伍建设，培训养老护理员近300人，全市持证上岗养老护理员764人。推行“互助养老”模式，全市30多个村（居）建成互助小组100多个，参与老人近2000人。老年教育持续发展，市老年大学开设专业37门、班级107个，参加学习老年人4500多人次。

（胡天立）

## 双拥优抚安置

【双拥工作】 2016年，太仓市开展“百万文化建设经费进军营”、拥军蔬菜配送、拥军摄影培训班等特色拥军活动。依托市镇两级社会组织拥军服务中心，开展社会组织拥军服务项目，9个拥军服务项目纳入公益创投资助项目。做好文化拥军、科技拥军、法律拥军、随军家属安置等拥军实事工作。地方与驻苏州、驻太仓部队开展形式多样的双拥慰问、共建等活动。7月，太仓市首次获评“全国双拥模范城”。

【优抚保障】 2016年，太仓市对近3000名优抚对象信息进行核查、建档。组织全市近千名重点优抚对象免费体检。各类优抚对象待遇标准分别上调，烈士遗属补助从2511元／月上调到2711元／月，因公牺牲军人遗属补助从2232元／月上调到2410元／月，病故军人遗属补助从1953元／月上调到2109元／月，在乡老复军人补助从1674元／月上调到1808元／月，“两参”人员补助从837元／月上调到904元／月，60周岁以上烈士子女补助从370元／月上调到410元／月，60周岁以上老兵军龄补助从20元／月上调到25元／月，企业退休参战人员慰问金标准从每年5520元上调到6000元。年内，对困难优抚对象进行补助，共发放优抚临时补助35万元，拨付重点优抚对象丧葬费约32万元。

【退役士兵安置】 2016年，太仓市安置接收退役士兵146人、退役士官17人，并组织开展职业技能培训。在江苏省太仓中等专业学校的退役士兵技能培训基地建立“未来教室”，推出网络学院，深化退役士兵学历教育。在城厢镇试点选拔2名退役士兵为民兵营长。当年退役士兵参训率、结业率、就业率均达100%。

（胡天立）

# 教　育

## 综　述

【概况】 2016年，太仓市教育系统践行“创新、协调、绿色、开放、共享”五大发展理念，弘扬太仓教育精神，创新体制机制，提增优质资源，教育现代化水平得到提升。年内，太仓市被评为江苏省促进义务教育均衡发展先进市。至年底，全市有普通高等院

## 2016年太仓市教育事业基本概况表

表54

单位：人

| 学校类型 | 学校数（所） | 班级数（个） | 毕业生数 | 招生数 | 在校学生数 | 毕业班学生数 | 教职工 | |
|---|---|---|---|---|---|---|---|---|
| | | | | | | | 合计 | 专任教师 |
| 高等院校 | 1 | 172 | 1350 | 1871 | 5299 | 1852 | 328 | 236 |
| 中等职业学校 | 1 | 103 | 1020 | 1190 | 3576 | 1126 | 232 | 211 |
| 普通中学 | 19 | 505 | 6467 | 7603 | 21057 | 6624 | 1960 | 1813 |
| 高中（十二年一贯制） | 4 | 134 | 1736 | 1957 | 5534 | 1778 | 576 | 517 |
| 初中（九年一贯制） | 15 | 371 | 4731 | 5646 | 15523 | 4846 | 1384 | 1296 |
| 小学 | 38 | 991 | 5977 | 8397 | 44241 | 6443 | 2413 | 2256 |
| 特殊学校 | 1 | 7 | 10 | 8 | 63 | 4 | 20 | 18 |
| 幼儿园 | 40 | 442 | 4627 | 5480 | 15488 | 4905 | 837 | 692 |
| 非学校单位 | 7 | — | — | — | — | — | 120 | — |

校1所，在校学生5299人，教职工328人；普通中等职业学校1所，在校学生3576人，教职工232人；普通中学19所(其中高中4所,初中15所)，在校学生21057人，教职工1960人；小学38所，在校学生44241人，教职工2413人；特殊学校1所，在校学生63人，教职工20人；幼儿园40所，在校儿童15488人，教职工837人。

教育重点项目建设。全年全市教育系统共有基建工程24项，总建筑面积28.24万平方米。太仓市紫薇幼儿园、太仓市恒通佳苑幼儿园、太仓市特殊教育学校和太仓市中小学社会实践基地4个项目基本完工或投入使用。在建项目20个，总建筑面积25.89万平方米。太仓市朝阳幼儿园、太仓市南门街幼儿园、太仓市伟阳幼儿园等政府实事工程项目和江苏省太仓中等专业学校港城校区项目推进顺利；太仓市明德高级中学报告厅，太仓市实验中学教学楼、食堂和体育馆，太仓明德初中食堂、风雨操场等工程完成土建；太仓市实验幼儿园完成土地权属变更；太仓市镇洋小学和镇洋幼儿园进入土建施工。太仓市金浪中学、小太阳幼儿园校舍完成升级。太仓市第一中学、太仓市良辅中学、太仓市浏家港中学、太仓市明德小学等校舍升级工程和太仓市新区第二小学、太仓市沙溪第一小学、太仓市港城中学等重建、迁建项目完成前期工作。

教育信息化。太仓市成立教育信息化中心，开展智慧课堂项目试点，推进普及“未来教室”工程，促进数字化环境下教与学方式的转变；开展教育资源整合，与中国电信、凤凰传媒等合作，加快建设班班通优质资源平台；重点推进太仓智慧教育管理和教育资源公共服务两大平台一期项目建设，协同管理网络基本架构建设完成。

教育督导。年内，太仓市编制完成《太仓市责任督学挂牌督导工作指南》《太仓市责任督学工作手册》，对太仓市明德初中等12所中小学进行素质教育综合督导，组织专职督学完成浮桥中学等25所中小学校素质教育综合督导回访督查工作。新聘责任督学36人，为每所学校配备2～3人。

**【学前教育】** 2016年，太仓市举办“幼儿园课程游戏化建设研讨”活动，实现“中心有项目，园园有参与”项目建设全覆盖。太仓市双凤幼儿园在省级课程游戏化项目视导调研中获得省级优秀，太仓市明德幼儿园、太仓市弇山幼儿园成为第三批省级课程游戏化建设项目园。新增太仓市新区幼教中心恒通佳苑幼儿园、太仓市浏河镇幼教中心紫薇幼儿园等公办幼儿园2所。太仓市实验幼教中心华盛幼儿园、太仓市港城幼教中心新城幼儿园创建为省优质幼儿园；爱尼尔幼儿园创建为苏州市优质幼儿园。

**【义务教育】** 2016年，太仓市依托省、苏州市课程基地建设，搭建学生多元发展平台，拓宽学生成才渠道。以“聚焦课堂·学会学习”为主题，实施《关于进一步落实课堂教学主张，深化课堂教学改革的工作意见》，推动学校不断修订完善适切的课堂教学主张。年内，太仓市举办“京沪基础教育快线论坛”第13次会议。至年底，全市拥有省市级各类基础教育课程项目35个，初步形成“教师—学校—区域（县市）—省市”四级项目架构，省市级优质项目覆盖各学段。在2016年苏州市教育教学成果评选中，获特等奖2项，一等奖4项，二等奖4项。

**【普通高中教育】** 2016年，太仓市制定《太仓市普通高中教育与中等职业教育融合贯通工作方案》，普通高中与中等职业学校人才培养渠道融合贯通。太仓市明德高级中学苏州市级生态环保教育课程基地被评为最高等第——“示范”课程基地。江苏省太仓高级中学成为江苏省高中数学课程基地学科联盟牵头学校，并与苏州大学学生创新创业教育中心合作共建“苏州大学·江苏省太仓高级中

12 月 21 日，江苏省太仓中等专业学校与德国手工业行会签约共建考试培训认证基地（市教育局供稿）

学中学生生涯教育基地”项目。年内，全市高考参加人数 1504 人，达本二分数线人数 991 人，本二达线率 65.89%，较上年增长近 6 个百分点，创历史最好水平。

【特殊教育】 2016 年，太仓市定期开展特殊教育随班就读研讨活动，提高普校特殊教育质量。普及特殊教育学前 3 年入学，入学率 90%。逐年提高特殊教育生均公用经费，生均公用经费 15500 元。开展重度智残、肢残学生普查，落实送教上门服务对象 8 人。年内，太仓市特殊教育学校新校区竣工。

【职业教育】 2016 年，江苏省太仓中等专业学校通过省高水平现代化职业学校创建验收；数控技术应用专业群建成江苏省中职现代化专业群；与德国手工业行会签约，共建培训考试认证基地。对口单招本科录取 31 人，本科录取率 16.7%，专科出线率 100%。与拉夏贝尔、海瑞恩精密部件等企业开展校企合作活动，新增合作企业 7 家。年内，太仓市人民政府、东南大学成贤学院、德国巴符州双元制大学、太仓德企协会四方合作创办“太仓双元制大学项目”签约。

【民办教育】 2016 年，太仓市加大民办学校扶持力度，设立民办学校发展专项资金 1600 万元，实施《太仓市扶持民办教育发展专项资金管理办法》，规范民办学校财务管理。

【社会教育】 2016 年，太仓市建设“市民学习在线”分站点——太仓市退役士兵网络教育中心，开发移动学习终端。完成“教育惠企”工作，培训企业高层管理人员 54 人。“太仓市民学习在线”登记注册人数 3.1 万人次。11 月 9—15 日，太仓市举办以“推进全民学习、建设魅力太仓”为主题的第三届全民终身学习周活动。城厢镇创建为省标准化社区教育中心；双凤镇、娄东街道办创建为苏州市学习型乡镇；沙溪镇社区居民陈健被评为苏州市“学习之星”。

【心理健康教育】 2016 年，太仓市承办江苏省首届校园欺凌现象与青少年心理成长研讨会和 2016 年苏州市教育学会中小学、幼儿园心理健康教育专委会年会。组织太仓市“林老师”家庭教育讲师团成员深入社区、学校，举办家庭教育公益讲座，接受广大家长咨询。全年举办讲座 202 场，受众约 4 万人次；大型咨询活动 11 场，受众约 200 人次；接听咨询热线 166 次，在线咨询 184 条，面询 24 次，上传案例 25 篇。

【师资队伍建设】 2016 年，太仓市教育人才队伍影响力持续提升。年内，第二期名师俱乐部（卓越教师计划）、第三期名师研修班开班，整合资源组建第四期中青年骨干教师高级研修班。王永元获评“江苏省有突出贡献中青年专家”；朱建良获评省特级教师，殷利、龚辉、王文英等 3 名教师入选省“333 工程”培养对象；成继龙、刘焕奇、吴志明等 3 名教师获“省教学名师”称号；23 名教师被命名为苏州市学科带头人。太仓市沙溪实验中学、太仓市实验小学、太仓市朱棣文小学等 3 所学校被评为江苏省教育工作先进集体。朱建良、张颖黎、

9 月 8 日，太仓市召开庆祝第 32 个教师节大会，一批中小学优秀教师获表彰（市教育局供稿）

朱敏刚等3名教师被评为江苏省优秀教育工作者；江苏省太仓高级中学高三英语备课组被评为苏州市优秀教师群体；45名教师被评为苏州市优秀教育工作者；王明军、李玉兰、胡有兰等3名教师被评为苏州市十佳班主任，徐燕、胡婷婷、陆燕萍等3名教师被评为苏州市优秀德育工作者，6名教师被评为苏州市优秀班主任，2名教师被评为苏州市中等学校教坛新秀双十佳，3名教师被评为苏州市师德标兵，14名教师被评为苏州市爱生模范；80名教师被评为太仓市优秀教育工作者。江苏省沙溪高级中学数学教研组、太仓市第一中学语文教研组、太仓市实验小学草根教育研究团队等5个群体被评为太仓市优秀教师群体，30名教师被评为太仓市爱生模范，10名教师被评为太仓市十佳班主任，10名教师被评为太仓市优秀德育工作者，50名教师被评为太仓市优秀班主任。

【教育合作与交流】 2016年，太仓市推进与英国、澳大利亚、意大利、新加坡等国际合作与交流，近400名师生参加出国游学活动。来自英国、德国、意大利、新加坡、澳大利亚等国家的169名师生到太仓，分别与江苏省太仓高级中学、太仓市实验小学等14所中小学校开展交流。市教育局组团赴德国和意大利访问，分别就双元制职业教育和青少年足球培训项目开展交流洽谈。太仓市新区第二小学第一支小足球队访问意大利并获好评。太仓市组织9所学校校长到上海复旦大学附属中学国际部和上海复旦科技园小学学习国际理解教育课程，组织培训国际理解教育师资。至年底，有10所学校、2700余名学生参与国际理解课程教育。

【武术进校园活动】 2016年，太仓市举办江苏省中小学体育教师武术培训班，承办江苏省第九届中小学生武术锦标赛。协助市武术协会承办全国武术进校园试点单位交流大赛，太仓市新区第三小学代表江苏获得第一名。

【校园足球】 2016年，太仓市举办“市长杯”青少年校园足球联赛，全市共有中小学校代表队68个、运动员1004人参赛；邀请意大利资深教练培训校园足球教练员，40名体育教师参加培训；举办2016年太仓校园足球精英训练营，40名优秀足球运动员与教练员开展为期5天的足球特训活动。在2016年苏州市“市长杯”足球比赛中，太仓市新区第二小学获总冠军。

【太仓市第四届“市长杯”青少年科技创新赛暨太仓市第九届中小学科技节】 2016年，太仓市以“科技引领成长，创新成就梦想”为主题，开展系列创新创意科技项目活动。全市各校均组织培训、辅导、训练等系列活动，59所学校2000余名师生参与3个大项13个小项的角逐。最终15所学校获“优秀组织奖”，79名辅导员获“优秀科技辅导员”称号，700多名学生在活动中获奖。

【江苏省第二届“书香校园建设”小学校长论坛】 9月27日，江苏省第二届“书香校园建设”小学校长论坛暨2015—2016年小学“书香人物”颁奖仪式在太仓市科教新城实验小学开幕。活动由江苏省全民阅读办公室和江苏教育报刊总社联合主办，由《阅读》编辑部和太仓市教育局承办。论坛表彰在全省评选出的10名2015—2016年全省小学“书香人物”奖获得者和10名“书香人物”提名奖获得者。国家督学成尚荣主持沙龙活动，著名作家祁智、南京市北京东路小学校长孙双金等就“书香校园建设的主体与方式”主题进行探讨。太仓市科教新城实验小学展示“牛牛科幻阅读小镇”及多学科融通的科幻主题课，南京市琅琊路小学、徐州市公园巷小学、太仓市科教新城实验小学3所学校作大会交流。中国海洋大学儿童文学研究所所长、博士生导师朱自强作专家报告。 （苏青青）

## 苏州健雄职业技术学院

【概况】 2016年，苏州健雄职业技术学院共有全日制在校生5295人，新录取全日制在校生1996人；2016届全日制高职毕业生1484人，2016届毕业生就业率98.79%。通过2015年江苏省普通高校“专转本”选拔考试升入本科院校人数137人。学院在编教职工334人，其中专任教师236人。在编教师中中级职称166人，高级职称100人（正高15人、副高85人）；博士学位10人、硕士学位207人；江苏省“333高层次人才”5人，江苏省“青蓝工程”中青年学术带头人4人，江苏省“青蓝工程”优秀中青年骨干教师14人，太仓市高校专业建设领军人才7人。

【人才培养】 苏州健雄职业技术学院设有机电工程系（中德工程学院）、软件与服务外包学院、电气工程学院、现代港口与物流管理系、应用外语系、生物与化学工程系、艺术设计系、职业素质教育中心、继续教育学院、健雄联合研究院等教科研单位10个，设置契合区域发展专业32个。2016年，录取专业硕士新生157人，在籍研究生增加到781人，获专业硕士学位221人。整合校内外教育培训资源，加强学院师资队伍建设。全年派出各类业务培训150人次，其中省培项目44人次、短期业务培训80人次、选派高级访问学者1人、组织访学团组1个、选派赴德国研修交流22人。与教育部网培中心合作“健雄学院教师在线学习中心”新增课程60门，实现在线学习2.77万学时。举办2016年骨干教师能力提升培训班。学院新增“双元师资培养工作站”13个，累计建成23个，选派50名教师到设有“双元师资培养工作站”和校企合作紧密型企业开展实践。

【教学改革】 2016年，苏州健雄职业技术学院组织中高职衔接转段考核1168人次，新增“3+3”合作中职2所（如皋中专、徐州职业中心校），新增环境艺术设计等合作专业4个。与盐城工学院合作申报生化制药技术专业“3+2”专本衔接项目。组织召开2016年中高职衔接教研活动暨教学质量控制研讨会。双元制本土化改革继续推进，在江苏省高职院校系主

10月26日，太仓市人民政府、德国多特蒙德应用技术大学、上海工程技术大学、AHK上海代表处签署共建苏州多特蒙德应用技术大学协议

（健雄学院供稿）

任培训班上做题为《德国工匠精神在高等职业教育中的实践探索》专题报告。举办第6届职业技能大赛，获高级工证书46人。举办第7届"健雄杯"创新大赛，获奖项目15个。学生在第7届"蓝桥杯"全国软件专业人才设计与创业大赛、第6届全国大学生外贸从业能力大赛、全国职业院校现代化工HSE科普知识竞赛、省第13届高等数学竞赛、TI杯江苏省大学生电子设计竞赛等省级以上大赛中，共获一等奖4项、二等奖12项、三等奖11项。在2016年中国机器人大赛上，中德工程学院机器人团队获"医疗服务机器人规定动作赛"亚军，在苏州市高职院校"奇迹杯"首届数字建模与3D打印大赛中获特等奖一项，在苏州市高职院校"万方杯"信息检索大赛中获一等奖一项。《JSPWeb开发技术任务驱动式教程》获省优秀教材二等奖。

【校企合作】 2016年，苏州健雄职业技术学院举办"校企对话论坛"，校企合作签约项目24个，促成京东商学院、海尔智能化学院、苏州金螳螂建筑装饰股份有限公司等校企合作项目19个，与中科院上海技物所太仓光电技术研究所签订校企合作协议，深化政产学研合作。与双凤镇共建中德职业教育双凤培训中心，开展精密机械加工、控制系统技术培训2期。加入苏州国际教育园课程共享联盟，推动课程共享、学分互认、教师互聘、信息互通、设施互用。与美国荷晶大学"3+1专升本直通车"项目稳步实施，学生近80人。促成德国多特蒙德应用技术大学与太仓市政府、上海工程技术大学、AHK上海代表处签订四方共建苏州多特蒙德应用技术大学协议。

【社会服务】 2016年，苏州健雄职业技术学院高层次职业培训规模扩大，培训企业100多家，培训人数500人次；承接省教育厅2016年中等职业学校新教师入职培训204人。年内完成学历教育招生1502人（国家开放大学招生260人，奥鹏远程教育招生190人，中南大学远程教育招生469人，健雄成教专科招生583人）。拓展职业培训渠道，实施"菜单式"和"定单式"服务，打造培训品牌特色项目，年度培训7773人次，其中接受政府主管部门委托培训学员占比近60%，在地方经济转型发展中发挥作用。

（王超慧）

# 卫生与计划生育

## 综　述

【医疗卫生机构概况】 截至2016年年底，太仓市拥有各级各类医疗机构247所，其中三级综合性医院1所，二级中医医院1所，精神病防治院1所，二级口腔医院1所，护理院1所，区域性医院4所，社区卫生服务中心（卫生院）18所，社区卫生服务站100所，疾病预防控制、卫生监督、妇幼保健、卫生培训与健康促进、采供血、医疗急救机构各1所，卫生服务体系健全率100%。

【医疗机构床位数】 截至2016年年底，太仓市医疗机构实有床位数3853张，较上年增加123张，其中医院床位数2728张，较上年增加5.9%；社区卫生服务中心及卫生院床位数1105张，较上年减少2.6%。全市每千人口医疗卫生机构床位数提高至5.41张。

【卫生技术人员】 截至2016年年底，太仓市卫生技术人员总数4520人，较上年增加217人，增长5.04%。其中：执业（助理）医师1778人，较上年增加142人，增长8.7%；注册护士1794人，较上年增加112人，增长6.7%。全市每千人口执业（助理）医师数由2015年2.31人增加至2.5人，每千人口注册护士数由2.37人增加至2.52人。

【卫生改革】 2016年，太仓市深化医药卫生体制改革，完成《太仓市"十三五"卫生与健康规划》编制，制定《苏州市医疗机构设置规划（2016—2020年）太仓市实施方案》，优化资源配置。加大公立医院改革力度，会同市物价局、市人社局、市财政局等制定新一轮价格调整方案，经市政府审定，从2016年4月1日起实施。推进人事薪酬制度改革，太仓市第一人民医院、太仓市中医医院实行绩效工资制度。推进智慧健康"三个一"工程（每个家庭拥有一名合格的家庭医生，每个居民拥有一份动态管理的电子健康档案和一张服务功能完善的居民健康卡），区域影像、心电会诊中心运行顺利。制定《太仓市"科教兴卫"专项资金管理办法》，支持卫计系统科教事业发展。年内评选表彰太仓市基层卫生骨干人才66人，入选江苏省基层卫生骨干人才19人。市第一人民医院翟万庆获评第3届"娄

2月26日，太仓市举行援藏医生欢送会，选派2名医生援藏（顾海兵 摄）

东英才奖”，市第一人民医院陆晔入选苏州市第4批姑苏卫生重点人才。

（杜 平）

## 公共卫生服务

【基本公共卫生服务项目】 2016年，太仓市加强基本公共卫生服务项目督导管理，常住人口基本公共卫生服务项目经费提高至70元／人。截至年底，全市累计建立居民健康档案62.2万份，建档率87.69%；建立高血压电子档案7.95万份，管理高血压患者6.86万人；建立糖尿病患者电子档案1.83万份，管理糖尿病患者1.59万人；建立重性精神疾病患者档案2853份，管理重性精神疾病患者2507人；完成10.7万人老年人中医药健康管理服务；完成60岁以上老人健康体检11.11万人，60岁以上老人健康管理率77.40%；管理肺结核患者394人，治疗完成肺结核患者248人，规则服药率100%。新建儿童预防接种证1.02万份，0～6岁儿童预防接种证累计4.57万份，建证率100%。产后访视7319人，产后访视率97.81%。据随机抽样调查显示，全市居民对国家基本公共卫生服务知晓率93.66%，满意度91.25%。

【社区卫生与农村卫生】 2016年，太仓市完善社区卫生服务体系建设，新建、改建社区卫生服务站14所。双凤人民医院获评“江苏省示范乡镇卫生院”。科教新城常丰社区卫生服务站、双凤镇新湖社区卫生服务站、双凤镇新卫社区卫生服务站、城厢镇伟阳社区卫生服务站、璜泾镇新华花园社区卫生服务站获评“江苏省示范村卫生室”。组织7名基层骨干医师参加乡镇卫生院务实进修培训，组织基层医务人员开展乡村医生用药知识和急诊急救、乡村糖医、家庭医生适宜技术等多期专题培训，参训人员500余人次，组织参加省、市基层卫生适宜技术培训。举办太仓市基层卫生岗位练兵和技能竞赛，调动基层医务人员工作学习积极性，引导基层医务人员学习专业知识，展现基层医务人员工作风貌。

【妇幼保健】 2016年，太仓市强化母婴健康管理，提升全市妇幼健康水平，妇女儿童“十二五”评估量化指标全部达标。全年孕产妇死亡率继续保持零纪录，婴儿死亡率2.41‰，出生缺陷发生率3.55‰。对新生儿开展29种遗传代谢性疾病免费筛查，完成4182例。全市0～6个月婴儿纯母乳喂养率73.31%，全年剖宫产率38.45%，孕产妇保健管理率99.06%。全年7岁以下儿童保健覆盖率98.59%，3岁以下儿童保健系统管理率97.11%。全市婚检率92.83%。继续开展“婴幼儿健康促进工程”，筛查9606人。高危儿建档管理95人，指导干预391人次。推进重大妇幼卫生服务项目，完成两癌（宫颈癌和乳腺癌）检查9923例，完成HPV检测试点1038例。住院分娩补助2815 例，新增叶酸服用人数2313人。孕产期艾滋病及梅毒、乙肝检测率100%。

【精神卫生】 2016年，太仓市继续做好贫困精神病人免费服药及安全检测工作，减轻精神病患者家庭负担，控制精神病患者病情。截至年底，太仓登记在册严重精神疾病患者2853人，检出率3.95‰。随访2506人，患者管理率87.84%；在管服药患者

9月3日，太仓市组织医务人员在市中心广场开展大型义诊活动（顾海兵 摄）

数2507人，服药率80.73%。对纳入严重精神疾病规范化管理的病人，按规定对患者进行每年最高1200元的经济补助。全市登记在册精神病人4195人，显好率79.33%，参与社会率71.68%，住院率低于10%，回归社会就业率16.35%。根据《关于基层医疗机构的医师增加精神卫生专业执业范围有关事项的通知》精神，举办社区医师增加精神卫生执业范围培训班，20人完成培训并考核合格，具备精神科执业资格。

【卫生监督】 2016年，太仓市审核发放各类卫生行政许可433张（其中公共场所374张、放射诊疗61张），受理相关举报投诉42起，处理率100%。完成医疗机构放射诊疗许可校验47家，发证10家。开展重点公共场所专项检查、生活饮用水专项卫生监督、医疗机构传染病防治监督检查和分类监督评价、职业病防治法落实情况调查等各类专项 34项，检查医疗、公共场所等单位2500家次，实施行政处罚24起。

【家庭医生】 2016年，太仓市持续推进医疗服务惠民工程，创新太仓市卫生计生行业“医心卫民”服务品牌，鼓励医务人员积极参与，加强服务机构建设，方便群众就诊。全市各基层医疗卫生服务机构共组织全科服务团队152个，各类医务人员698人，涵盖全科医生、社区护士、公共卫生医师、乡村医生和行政管理人员等。全市家庭医生服务完成签约8.6万户、29.1万人，覆盖全市60.2%户籍人口。

（杜　平）

## 医疗服务

【医政管理】 2016年，太仓市合理布局优化医疗机构设置，制定《苏州市医疗机构设置规划（2016—2020年）太仓市实施方案》。按照关于苏州市健康市民“531”行动计划部署，太仓市规划建立胸痛、卒中、创伤、危重孕产妇和危重新生儿五大“急病”协同救治体系，建立肿瘤、心脑血管病、高危妊娠等三大类疾病高危因素筛查机制，建立市民综合健康管理服务平台，最终形成分级防治体系，进一步降低致残率和死亡率。提升重大疾病救治能力，推动分级诊疗建设。加强基础管理，落实核心制度，推进临床路径管理，加强医疗质量监管。完善市级预约平台，扩大分时段预约及转诊预约覆盖面，加大自助挂号、缴费、查询信息系统使用，方便患者就医。深化优质护理服务，为出院后仍需进行相对专业护理的患者提供上门服务，第三方测评群众满意度持续提升。市中医院肛肠科被确认为江苏省重点中医专科，是太仓市第一个省级重点专科。市第一人民医院通过江苏省医师协会评估，被确认为实施患者安全目标合格医院。2016年，全市门诊人数532.7万人次，较上年增长0.6%；出院总人数11.9万人次，较上年减少2.1%；病床使用率85.17%，患者平均住院日9.3天。

【中医药事业】 2016年，太仓市推进公立中医院综合改革，提升基层医疗机构中医药服务能力，完善中医药服务体系，建立完善中医药适宜技术推广基地，指导基层医疗机构提升中医药服务能力；收集整理娄东中医药文化历史资料和物品。开展中医药文化惠民、科普宣传周义诊讲座活动，普及中医药文化和保健养生知识。年内，完成新塘、陆渡、归庄、岳王4家中医馆建设；建立配送管理信息平台，建设“虚拟药房”，20家基层医疗机构具备提供中药饮片服务能力。

【无偿献血】 2016年，太仓市卫计委在《太仓日报·娄东民生》版开办“献血达人”专栏，每周推送1名全国无偿献血获奖者的献血故事；与市广电总台合作，邀请全国无偿献血奉献奖金奖获得者闵知行进行现场网络直播。开展无偿献血进社区宣传、“血液连接你我”公益助跑、队员组队集体献血等活动，提升市民义务献血知晓率与参与度。年内，全市全血采集7608人次，采血量9815单位；血小板采集510.5治疗量。其中，团体组织采血量占总采血量58.96%，街头自愿采血量占总采血量41.04%。全血采集量较上年增加16.85%，血小板采集量较上年增加20.69%。全年临床用血红细胞类使用量9309单位，较上年增长14.29%；血浆使用量55.72万毫升，较上年增长7.84%；血小板使用量349治疗量，较上年增长3.25%；冷沉淀使用量646.75单位，较上年增长55.74%。临床用血100%来自自愿无偿献血，血液供需基本平衡。

【卫生应急】 2016年，太仓市完善卫生应急体系，健全应急机制，提高卫生应急反应速度和院前应急救治能力。年内，接听急救电话8.25万次；出车1.34万次，较上年增长4.9%；接送病人1.11万人次，较上年增长5.1%。其中，救治危重病人2040人次。平均调度时间38.6秒，平均出车时间1分9秒。做好医疗保障和应急救援培训，组织医务人员参加“威震武林”搏击赛、2016年国际田联竞走挑战赛暨全国竞走大奖赛等重大活动医疗卫生保障工作53次；参加2016年长江太仓段水上搜救综合演习、太仓市化工灾害事故灭火应急救援联合演习7次。

（杜　平）

## 疾病预防控制

【概况】 2016年，太仓市人均期望寿命83.41岁，其中男性81.09岁，女性85.64岁。甲乙法定报告传染病报告发病率、死亡率、病死率分别为115.67/10万、0.21/10万、0.18%；报告发病率较上年下降8.59%，死亡率较上年下降0.11%，病死率较上年上升9.28%。全年受委托开展职业病危害因素监测162家次，共监测职业病危害因素4068项次，合格3549项次。开展职业健康检查3.52万人次。开展学校卫生监测与管理工作，重点开展“近视眼、沙眼、肠道寄生虫、龋齿、营养不良和肥胖、贫血”六病防治。开展学生因病缺课监测，网络直报覆盖率100%。开展学校教学环境监测，对11所学校教室开展学校教学环境卫生监测。开展食品污染物风险监测，完成食源性疾病调查表1213份，阳性率0.24%。接报突发食源性疾病事件14起。开展食品卫生、职业卫生、公共场所、传染病、医政等卫生监督执法活动，从业人员体检发证数3.77万人次，“六病”（痢疾、伤寒、病毒性肝类、活动性肺结核、化脓性和渗出性皮肤病及其他有碍公共卫生的疾病）检出138人次。

【免疫预防】 2016年，太仓市实施江苏省扩大儿童免疫规划，全市一类苗累计接种19.21万剂次，基础免疫中接种率均在95%以上。按住址统计，全市共报疑似麻疹病例16例，实验室确诊6例；报告急性乙肝18例，无流脑、乙脑、新破病例报告。全年及时报告疑似预防接种异常反应202例，其中有异常反应1例，其余均为一般反应。

【艾滋病防治】 2016年，太仓市新发HIV（人类免疫缺陷病毒）感染者／艾滋病23例，较上年增加4例。其中：HIV感染者18例，艾滋病5例。太仓市持续拓宽艾滋病干预途径，与社会组织签订干预协议书，加强娱乐场所等高危人群干预，全年共计干预5570人次，发放宣传资料6940份、安全套1万只，检测513人次。加强在校大学生、外来务工人员艾滋病宣传，普及艾滋病防治知识，促进全社会对艾滋病防治工作的理解、支持和参与。

【结核病防治】 2016年，太仓市登记结核病初诊病人922人，初诊查痰率97.18%。发现活动性肺结核病人272人，其中涂阳肺结核病人109人，登记病人系统管理率99.60%，其中新发涂阳病人治愈率91.23%。病人报告率100%，病人转诊率100%。全年开展免费痰涂片检查9253张，胸片检查956张。开展耐药结核菌痰培养，确诊耐多药患者3人。

【肠道传染病防治】 2016年，太仓市各医疗机构肠道门诊腹泻病就诊人数4227人次，用金标法初筛1056人，检索率24.98%。全市肠道传染病报病70例，其中甲肝6例，戊肝19例，肝炎未分型10例，细菌性痢疾32例，伤寒＋副伤寒2例，霍乱1例，按照苏州市肠道传染病监测与防制要求，所有病例均作流行病学调查及疫源地处理。

【血地寄防】 2016年，太仓市继续加强重点区域查螺工作，全市完成49个流行村、17个非流行村查螺工作，共有查螺点1732个，其中历史螺点517个，查螺总面积505.01万平方米。春季查螺过程中共设置假螺305处，回收236处，回收率77.4%。累计药物灭螺1.6万平方米。开展血吸虫病监测工作，共监测4327人，均为阴性。全年共接受晚期血吸虫病病人救助申请6人，救助金额2万元。全年随访体检在册晚期血吸虫病病人139人，病人情况均录入江苏省血吸虫病防治平台。按照苏州采样要求，对新区、科教新城、王秀、岳王、娄东街道等地进行居民户食用盐采样，共采集盐样300份，其中合格碘盐295份，合格率98.33%。开展重点地区碘盐抽样监测工作，共采集200名8～10岁儿童和100名育龄妇女尿样、盐样，儿童尿碘中位数201.05微克／升，孕妇尿碘中位数107.85微克／升。年内，太仓市24所医院（卫生院）设立门诊镜检站，共对三热（疟疾、疑似疟疾、不明发热原因者）病人进行血检2035人次，其中阳性病例2人。6月和11月，市疾控中心镜检站分别对乡镇、街道门诊镜检站工作开展督查，覆盖面100%；共复审血片298张，均为阴性，无误诊漏诊，制作合格率100%，染色合格率100%，清洁度合格率100%。

【慢性病防控】 2016年，太仓市推进居民健康档案建设，新建健康档案1.26万份，累计建立健康档案62.22万份，建档率87.69%。截至年底，全市共登记高血压病人7.95万人，登记率55.59%，管理6.86万人，管理率管理率47.99%；登记糖尿病病人1.83万人，登记率33.22%，管理1.59万人，管理率28.83%；新登记肿瘤病人206人，管理肿瘤病人2451人；新登记脑卒中病人677人，管理脑卒中病人6149人；新登记冠心病病人133人，管理冠心病病人1701人。开展慢性病报告、危险因素监测和死因统计，全年死因网络直报4408例，其中男性2327例，女性2081例。

（杜　平）

## 健康促进

【国家卫生城镇建设】 2016年，太仓市针对农村环境卫生存在的突出问题进行综合整治，开展全市城乡环境综合整治“百日行动”，提升城乡环境面貌。全年完成村庄环境整治项目661项，完成率100%。20个村卫

10月20日，太仓市召开全国健康促进县试点项目评估检查汇报会

（顾海兵　摄）

生保洁实行社会化服务。市爱健办定期随机抽查相关村和涉农社区，共检查自然村800多个，每季度排名通报检查情况。年内，市村庄环境长效管理考评总成绩列苏州第三。双凤镇通过国家卫生镇复审；浮桥镇、璜泾镇的5个村开展江苏省卫生村创建；城厢镇胜泾村等8个省级卫生村通过复审。年内，太仓市继续扩大全市公共环境和农贸市场病媒生物防制工作社会化服务，新增浏河镇、娄东街道等地块病媒生物防制社会化服务。加强对养殖场周边等重点场所的消杀及暴雨过后的应急消杀，全市连续4年未发生虫媒传染病。

【农村改水改厕】 2016年，太仓市农村生活饮用水监测区域覆盖全市6镇1街道办，覆盖率100%。枯水期、丰水期对出厂水进行106项指标全分析，项目合格率100%。每季度水质监测结果向社会公示。新建农村公厕20座，完成农村卫生户厕提档改造2365户，其中接管生活污水管网293户，使用一体式预制化粪池1564户。

【健康教育与促进】 2016，太仓市获世界卫生组织颁发的“健康城市最佳实践奖”和世界健康城市联盟“健康城市创新发展奖”，成为国内唯一一个同时获得该两项荣誉的城市。太仓市全面推进全国健康促进县项目建设，通过国家级考核评估，成为全国首批健康促进县。年内，举办太仓市健康素养知识竞赛，组织参加苏州卫生计生行业“健康苏州杯”健康教育技能竞赛，获团体与个人两个一等奖。健康主题巡讲“你点我讲”预约平台正式启用，市、镇讲师团为企业、学校、社区及机关事业单位举行健康讲座134场，受众近万人次。完成健康花卉馆提档升级，投资80万元建设的苏州健雄职业技术学院生命健康教育馆开馆，建成沙溪镇健康主题公园及浮桥镇、璜泾镇健康步道，长江口旅游度假区健康主题公园开工建设。新建健康自我管理小组43个。委托第三方服务机构对180家医院、学校、机关的控烟工作开展暗访督导。

（杜　平）

## 人口计生

【“全面两孩”政策】 2016年，太仓市适应人口发展新形势，推进落实“全面两孩”政策，改革生育服务管理，实行生育登记服务制度。全年太仓户籍出生人口4044人(其中“两孩”出生1548人，较上年增加574人)，办理户籍人口“一孩”登记2715例、“两孩”登记2190例。全年户籍人口和流动人口出生政策符合率分别为100%、96.54%。户籍人口出生性别比109.75。

【计划生育奖励扶助】 2016年，太仓市落实计划生育奖励扶助政策，发放农村奖励金2118.66万元，惠及1.9万人；发放一次性奖励2129.04万元，惠及5914人；一次性救助计划生育公益金家庭137户，发放金额29万元。落实江苏省《关于进一步做好计划生育特殊困难家庭扶助工作的意见》，发放扶住金1185.51万元，惠及1676人；为940名60～69周岁的特扶对象投保2017年人身意外伤害险。

【流动人口计划生育服务】 2016年，太仓市推进流动人口计划生育均等化服务，举办以“同在苏州、共享健康”为主题的“春风行动”，组织专题活动100场次，发放宣传资料和宣传品4万份。启用流动人口卫生计生服务管理信息系统，通过新平台发送、反馈协查信息9468条，网上协查信息反馈率99%。开展免费孕环情检查1818人次，计划生育手术2632例，落实长效措施奖励53例，提供计生经费32.65万元。办理流动人口生育服务登记342例，办理生育服务联系单558例。推进流动人口管理服务社会化，完善“皖江红”新市民购买服务模式。启动“新市民健康城市行——太仓在行动”活动，获评苏州市流动人口健康促进示范单位家庭5户。

【计生特殊家庭帮扶】 2016年，太仓市持续深化计生特殊家庭社会化帮扶，市计生协会与社会组织——太仓市连心家园关爱服务中心签订购买服务协议，策划、组织、实施计生特殊家庭帮扶活动，全年组织开展新增走访、心理咨询、探望生病住院、帮助解决实际问题等200多人次。市计生协会获评全国计划生育协会工作先进单位、全省计划生育系列保险工作先进单位（组织奖）。市连心家园关爱服务中心获评太仓市优秀社会组织。

【幸福家庭建设】 2016年，太仓市开展“文明、健康、优生、致富、奉献”幸福家庭创建活动，评选表彰“幸福家庭”和“新市民幸福家庭”20户，幸福家庭建设示范村（社区）8个。推进人口文化项目建设，制定《省“十三五”人口协调发展先进县市项目点建设资金补助管理办法》，按照新建项目总投资50%的比例补贴区镇。沙溪镇、长江口旅游度假区、璜泾镇等区镇人口文化项目点启动建设。

（杜　平）

# 文　化

## 文化设施

【太仓市图书馆】 太仓市图书馆位于上海东路100号，属国家一级图书馆，总建筑面积1.9万平方米，阅览席位700余个，藏书总量114.2万册（包括光盘3.13万件，期刊6.35万件），电子图书5.5万册，与苏州地区公共馆外购共享CNKI中国知网数据库和万方、维普、龙渊等数据库6个，自建共建数据库9个，容量共9TB。图书馆一层为少儿活动及阅览区域，设有少儿图书借阅室、亲子阅读区、多功能报告厅、4D影院等服务区域。其中少儿图书借阅室收藏少儿图书7万册、少儿报刊70多种；多功能报告厅面积150平方米，座位217个；4D影院座位32个。二层为综合服务区域，设有电子阅览室、音像资料借阅室、报刊阅览室、盲文阅览室。其中电子阅览室拥有电脑64台；音像资料借阅室拥有音像资料1.1万件；报刊阅览室拥有杂志843种、报刊171

种；盲文阅览室拥有盲文书籍800余册。三层为流通区域，设有图书借阅室2个，开架图书36万册。四层设有地方文献室、珍贵文献室、东仓书库等，其中地方文献室陈列太仓地方文献2800余册；珍贵文献室陈列文献3000册。2016年，图书馆接待读者约90万人次，外借图书91.2万册次（含24小时自助图书馆供阅8500册次）；流动图书馆出车333次，图书借阅4000余册次；全市累计有效借阅证38.6万张（含市民卡），新增借阅证2690张。全年图书馆共举办各类活动340场次，参与人数7.5万人次，其中乡镇分馆活动42场所次，参与人数9072人次。

【太仓博物馆】 太仓博物馆是地志类综合性博物馆，成立于1987年，为江苏省内率先创办的县（市）级博物馆。太仓博物馆新馆于2010年12月落成，2011年1月开放。该馆地处市行政中心东南，建筑面积1.4万平方米，共分五层，其中地上四层，地下一层。地上四层为陈列展览区，地下一层为“六国码头”场景，展区面积近7000平方米。主要陈列展览有太仓历史文化陈列、馆藏文物（陶瓷、青铜器、玉器等）陈列、馆藏书画陈列等。同时，4个临展区可承办不同类型和题材的临时展览。太仓博物馆还承担着全国重点文物保护单位张溥故居和江苏省文物保护单位王锡爵故居的管理职责。2016年，博物馆及下属单位共接待各类游客18万人次，讲解270场次，举办临时展览21场，开展巡展和社教活动50场次。

【太仓市文化馆】 太仓市文化馆为国家一级文化馆，江苏省文明单位，位于上海东路98号，毗邻太仓大剧院，建筑面积7648平方米，分为地下一层和地上三层。一层为小剧场（387座）、化妆间、展示厅、多功能厅、舞蹈戏曲排练厅、专业录音棚等群众文化活动场所。二层为办公用房。三层为公共电子阅览室、舞美中心办公室。配有铝合金流动舞台、流动演出车等现代化演出和技术设备。市文化馆秉承“博学、精专、实干、远志”馆风精神，年策划、组织、开展各类演出活动及展览达300场次。开展面向基层、业余文艺团队、企事业单位辅导活动达1000余次。馆内常设“娄东戏台”“舞林会友”“太仓乐坛”等常态化免费开放项目和弱势群体、外来务工人员子女免费艺术培训班及各门类艺术培训等。创作的作品在全国“群星奖”“蒲公英奖”“江苏省五个一工程”“五星工程奖”“江苏戏剧奖·小戏小品奖”“江苏省小戏小品比赛”等大赛和评奖活动中获得奖项。2016年，市文化馆共主办、承办、协办各类文化活动近200场次，其中演出140场次，文化名人讲堂11场，展览4场，基层文艺培训班30期。

【宋文治艺术馆（太仓名人馆）】 宋文治艺术馆位于太仓市县府东街6号，占地1428平方米，总建筑面积536平方米，由太仓市人民政府于1989年拨款建成。全馆为分艺术馆和松石斋（宋文治故居）2个组成部分。艺术馆为南北向，计15间。宋文治汉白玉雕像坐落于院内，供参观者瞻仰。艺术馆楼下两厅展出宋文治代表作品60幅，系宋文治在20世纪40年代至80年代创作。艺术馆楼上陈列明清书画佳作30幅和宋文治艺术成果资料及名家字画佳作、古陶文物。

太仓名人馆位于太平南路38号，与宋文治艺术馆一街之隔，于2013年建成开放，总建筑面积4050平方米，展厅面积2072平方米。展陈内容涵盖从宋代至今的太仓名人115位，馆内分三层，一层、二层为展厅部分，三层为办公区域。名人馆分8个部分分别展出文苑撷英、翰墨清芬、名宦乡贤、科教精英、梨园艺坛、实业名家、状元及第、中外院士等内容。太仓名人馆是苏州市爱国主义教育基地及时代精神教育基地。太仓名人馆作为宋文治艺术馆的新馆，承担相关美术展览功能。

（汤　华）

## 公共文化服务

【概况】 公共文化。2016年，太仓市依托政府购买，继续开展“欢乐百村（社区）行”“数字电影村村放”“文化百企行”“名人流动展”等文化惠民活动，打造“娄东大讲堂”“娄东戏台”“太仓乐坛”“舞林会友”等文化惠民服务品牌活动。全年全市开展文化惠民活动约3000多场次，政府购买公共文化服务被评为苏州市公共文化服务创新奖。年内建成文化书场16座、图书分馆2座、村（社区）图书服务点13个。至年底，文化书场运行良好，镇级书场每月2档，村（社区）书场每月1档，每档15场次。全年全市书场听众月均人数约2万人次。全年创作文艺作品300多件，沪剧《大地情》入选省文化艺术基金资助项目，太仓市在首届苏州市“文化繁星奖”获金奖5项、银奖10项、铜奖13项。年内，开展第三节文化养老艺术节暨第九届业余文艺团队“百团大展演”活动，举办“娄水文华——南京博物院藏娄东绘画回乡特展”“娄水清风——历代廉政文物特展”“凤翔千仞——包俊宜书法作品展”“欧洲行吟——亚明欧洲写生作品展暨宋文治与亚明交往研究”等特色精品展览。

文化产业。年内，太仓市组织优秀文创企业参展第五届中国苏州文化创意设计产业交易博览会、第八届中国西部文化产业博览会、2016年中国（上海）自贸区文化授权交易会等专业展会。在上海举办招商投资说明会，与国家对外文化贸易基地、上海东方汇文国际文化服务贸易有限公司签订战略合作协议。做好2015年度太仓市级文化产业引导资金中期考评和兑现工作，会同市委宣传部对2015年度太仓市级宣传文化领军人才2人进行中期评审，兑现项目扶持资金。完成2016年度太仓宣传文化人才计划的组织申报和专家评审工作，评选重点人才3人。帮助太仓市文化产业企业申报上级政策扶持，共组织5家企业申报江苏省级文化产业引导资金，申报江苏省“创新创业”人才2人。3月，太仓大学科技园获评“国家级科技企业孵化器”。

文化市场。年内，太仓市组织江苏新天工广告有限公司、奇纬光电新材料（中国）有限公司参加在扬州举

9月29日，第12届太仓市江南丝竹演奏比赛暨“百团大展演”群众文艺创作节目大赛器乐类专场比赛在市文化馆举行　　（吴晴　摄）

办的第六届江苏书展版权展。鼓励扶持优秀实体书店，席殊书屋获评苏州市优秀实体书店。对全市市级机关单位使用正版软件工作进行培训，统一采购安装使用正版软件。全年全市共受理各类咨询760多人次，审批、变更、年检470多户。出动执法人员700人次，检查文化场所350家次，查处各类文化场所违规案件26起，取缔“黑网吧”5家，取缔无证游戏机房1家，处理各类举报28起，制止校园周边无证兼营出版物行为17起，查处收缴非法书刊和音像制品260余件。加强对广告节目监督检查，加大对非法“黑电台”查处力度，加强监听监看广播频率、电视频道，确保广播电视安全播出。完成创建无“小耳朵”先进县市台账工作，规范星级酒店境外卫星电视节目接收秩序。

影视市场。每月统计上报院线电影放映数据，掌握电影市场动态情况，及时反馈至电影经营单位。全年全市6家影院共放映电影6.46万场次，观众124.4万人次，票房收入约4712万元，分别较上年增长45.7%、1.54%和1.12%。

**【文化惠民工作持续推进】** 2016年，太仓市采用基础定价和绩效考核双重付款原则完善政府购买文艺演出服务工作，购买文艺演出280场次，开展“欢乐百村（社区）行”“欢乐百企行”活动。购买百档评弹演出配送全市16家文化书场。开展“数字电影村村放”活动1635场。在全市村、社区举办“娄城清风——勤廉文化文艺专场”巡演12场。继续抓好“娄东大讲堂”“娄东戏台”“舞林会友”和免费文艺培训班等文化惠民服务品牌，全年惠及群众约20万人次。

**【太仓市在首届苏州市群众文化“繁星奖”中获佳绩】** 2016年，首届苏州市群众文化“繁星奖”评选分为文艺作品、公共文化服务项目、理论研究成果、“群文之星”等类别，太仓市选送的文艺作品经初评、复赛、决赛，获金奖3项、银奖4项、铜奖3项，其中笛子独奏《舞春风》、女声独唱《弯弯的乡愁》获音乐类金奖，男女声对唱《再见已是夕阳红》、少儿小组合唱《童年的雪》获音乐类银奖；群舞《三月童谣》、群舞《竹魂》获得舞蹈类铜奖；沪剧小戏《冤家路窄》、锡剧小戏《妈妈我回来了》获戏剧类银奖，小品《我不怕死》获戏剧类铜奖；《荷塘渔舟》获广场舞蹈金奖；太仓市港城小学合唱团获合唱少儿组优秀奖，太仓市教育局合唱团和太仓市老年大学合唱团分获合唱成人组银奖和铜奖。在美术书法摄影类比赛中，共有14件作品获得金奖1项、银奖5项、铜奖8项。理论研究成果项目中，市文化馆陈永明的调查报告《文化养老——太仓的探索与实践》等4件作品分获金奖1项、银奖1项、铜奖2项。市文广新局政府购买公共文化产品和服务获公共文化服务项目奖，沙溪镇文体站胡清珍获“群文之星”荣誉称号。

**【娄水文华——南京博物院藏娄东绘画回乡特展】** 10月2日，由南京博物院太仓市委宣传部、太仓市文广新局共同主办，太仓博物馆承办的“娄水文华——南京博物院藏娄东绘画回乡特展”在太仓博物馆开幕。省文化厅副厅长、南京博物院院长龚良，南京博物院副院长王奇志，省美术馆副

4月22日，太仓市参展第五届中国苏州文化创意设计产业交易博览会　　（季磊　摄）

馆长陈同乐，太仓籍著名画家宋玉麟和太仓市委常委、宣传部部长韦国岭等出席开幕式。在中国山水画的发展过程中，娄东画派的诞生具有重要价值和意义，娄东画派通过对历代南宗文人画风格的继承与整合，创造出具有主观代表性的绘画新风格，其中犹以“四王”为其杰出代表。“四王”中的王时敏、王鉴、王原祁皆为太仓人。该次展览展出的南京博物院典藏清代娄东画派作品近百件。

1月14日，“金猴闹春·福满娄城”2016太仓市电视春节联欢晚会在市传媒中心综艺演播厅举行
（姚松　摄）

**【“书香城市”建设】**　2016年，太仓市新增图书4万余册，新增图书分馆2座、基层图书服务点11个。全市近百家农家书屋和社区图书馆软硬件升级，全市实现市、镇（街道）、村（社区）三级图书通借通还。年内，太仓市开展第11届太仓市民阅读节活动，继续以“家在太仓·书香娄东”和“快乐阅读·幸福童年”两大主题开展阅读推广活动139场，直接参与活动人员约3万人，其中“左手咖啡右手书”项目获2016年第11届苏州阅读节优秀活动奖。年内，太仓市阅读推广协会成立。

**【2016年科教新城（上海）文化创意企业交流会】**　12月8日，2016年科教新城（上海）文化创意企业交流会在上海举行，该活动以电子竞技为主题，吸引众多业内人士参加，包括“中国电竞第一人”李晓峰和龙珠直播、斗鱼电竞、熊猫TV、腾讯游戏、上海澳盛网络、上海悦游网络、上海嘉杰投资等国内知名电竞直播企业、多媒体企业的相关负责人、投资人。

**【太仓文化产业成果参展苏州创博会】**　4月22—24日，第五届中国苏州文化创意设计产业交易博览会在苏州国际博览中心举行。太仓市4家创意设计类企业的百余件设计作品参展，参展作品融合前沿科技与文化创意，参观者累计超20万人次，专业人员2.3万人次。

（汤　华）

8月2日，江苏省道德模范与身边好人（苏州·太仓）现场交流活动在市传媒中心综艺演播厅举行
（姚松　摄）

# 传播媒体

## 电　视

**【概况】**　太仓市广播电视总台负责广播电视新闻宣传，承办重大宣传活动，推出广播电视优秀作品，经营广播、电视、网站、新媒体等相关业务。2016年，市广电总台下设党政办、经管财务中心、新闻中心、广播中心、综艺制作中心、新媒体中心、技术中心、综合服务中心和产业发展中心等部门，有职工208人。拥有调频、电视转播发射台1个，电视频道3套，自办电视栏目23个。重点电视频道分别是太仓新闻频道和娄东民生频道。开设主要自办栏目《太仓新闻》《相逢》《新闻勇报》等新闻类节目和《太仓闲话》《梦江南》《梦想舞台》《娄城大爱》《娄东戏台》《生活在线》等专题综艺类节目，与全市各部委办局合作联办节目14个。全年公共电视节目播出时间5823小时，制作电视节目时间594小时。

**【舆论宣传】**　2016年，太仓电视新闻整合时政与民生报道，精心制作内容信息量更大、板块结构化更优、节目可看性更强的《太仓新闻》。《太仓新闻》共推出专栏和系列报道40多个，分别围绕市十三次党代会，策划实施“党旗映娄江”“永远跟党走”“关注党代会”“书记谈贯彻”等系列报道。配合市委、市政府中心工作先后推出《践行新理念 实现新发展》《实事工程连连看》《新年新气象》《新年新发展》《“十三五”进行时》《“两学一做”进行时》《生态文明 绿色发展》《娄城卫士》《城乡环境综合整治百日行动》《文明创建进行时》等新闻专栏。针对“两学一做”学习教育、“文明太仓”大行动、旅游节、国际田联竞走挑战赛暨全国竞走大奖赛、阅读节、金秋经贸月、人才宣传服务月等一些全市性重大活动，开展重点报道。对市委、市政府明确的“以港强市”“融入上海”“对德合作”三篇文章做到时时跟踪，深入报道。通过《身边的感动》《劳动者的榜样》专栏报道新人新事，聚焦百姓榜样，弘扬社会正能量。全年，《苏州新闻》《联播苏州》收录太仓新闻稿件480多条。

【节目改版】 2016年，《太仓闲话》中突出小综艺的节目形态、本土化的方言特色、互动化的节目风格。《梦想舞台》进行赛事策划，突出参与性和趣味性。《娄城大爱》关注太仓地区困难家庭和群体，宣传慈善组织、爱心单位及个人的善心善举，是太仓首档电视慈善公益节目。《娄东戏台》为全市的戏剧爱好者搭建舞台，传播传统文化。《梦江南》栏目拍摄制作播出电视纪录片52部（集），5部《乡愁》系列电视片在苏州电视台播出。

【综艺活动】 2016年，太仓市广播电视总台举办2016太仓市电视春节联欢晚会、纪念“五四运动”主题团日活动、首届“郑和杯”青年精英创新创业大赛颁奖典礼、江苏省道德模范与身边好人现场交流活动、庆祝首个“中华慈善日”主题活动、2016年太仓市敬老月启动仪式、第7届家庭文化艺术节闭幕式等系列省市级大型综

2016年太仓市广电总台部分创优获奖作品表

表55

| 序号 | 作品名称 | 主创 | 奖项 |
| --- | --- | --- | --- |
| 1 | “公德评议团”巧解村中大小事 | 徐　蓉 刘晓峰 | 2015年度中国广播电视协会（广播专题奖）三等奖 |
| 2 | 如果还有明天 | 孔令鑫 朱　青<br>王　俊 高　峰 | 江苏省2015年度优秀广播电视政府奖（电视文艺奖）三等奖 |
| 3 | 保健品放长线“钓”老人 | 潘晓亮 李浩禹<br>张玉平 赵静静 | 苏州市2015年度优秀广播电视节目政府奖（电视新闻奖）一等奖、第十八届“苏州新闻奖”一等奖 |
| 4 | 下一次（廉政公益广告） | 张丽琴 达潮波 | 苏州市2015年度优秀广播电视节目政府奖（电视社教奖）一等奖 |
| 5 | 如果还有明天（微电影） | 高　峰 朱　青<br>王　俊 孔令鑫 | 苏州市2015年度优秀广播电视节目政府奖（电视文艺奖）一等奖 |
| 6 | 汽笛 | 周新峰 刘守则<br>金玉石 | 苏州市第十届（2015年）精神文明建设“五个一工程”奖入选作品奖 |
| 7 | 关注党代会（大型系列报道） | 新闻中心 | 2016年度苏州重大报道特别奖 |
| 8 | 党旗映娄江 | 新闻中心 | 2016年度苏州市新闻战线“走转改”活动优秀奖 |
| 9 | 扬帆智慧太仓手机客户端 | 黄平江 王　奕<br>王正龙 | 2015年度苏州市广播电视科技创新奖（软件技术开发）一等奖 |

艺专题类活动，举办“中国好声音”太仓赛区选拔赛、“小鬼当家”暑期少儿才艺大赛、“我要上春晚”节目海选等赛事类活动。

【媒体融合】“太仓扬帆网”（网址：www.tcyfw.com）网站延续太仓城市生活手册功能定位，提供太仓电视、新闻资讯、生活服务等信息。5月，新版“太仓扬帆网”改版上线。“扬帆微生活”微信公众平台（微信号：tcgdyfw）关注用户近8万人，在全国县级媒体微信公众号最高排名第15名，平均前30名。增加每日热点新闻类文稿推送，累计推送1800多篇，阅读人数824万人次，平均每篇阅读量4748次。11月，集电视广播直播点播、政务信息、新闻资讯等资源于一体的“扬帆太仓”手机客户端修改调整并通过验收。

（李晓红）

## 广播

【概况】7月25日，太仓市广电总台合并优化广播频率，调整在调频FM96.7频道播出。调整后全天播音16小时，其中自办直播节目6档，总时长7小时，自办录播节目3档，总时长2.5小时，转播节目1档，时长0.5小时，合作翻录节目6小时。自办节目《太广新闻》《有事我帮忙》《早安太仓》《欢乐晚高峰》《我爱我家》《乐活太仓》等。《太广新闻》每天播送新闻和民生资讯，增加时政类和评论类节目。《有事我帮忙》突出民生服务特色，帮助听众解决日常生活中的困难，全年共接听听众热线248个，帮助解决问题94个。《早安太仓》《欢乐晚高峰》分别在早晚上下班高峰时段播出，提升影响力。全年公共广播播出时间5840小时，制作节目3449小时。

（李晓红）

## 报刊

【概况】2016年，太仓市有报纸出版社1家，即太仓日报社，出版发行的《太仓日报》为对开全彩周六报，周一至周二8版，周三至周四12版，周五16版（含周末增刊的《娄东民生报》8版），周六4版，每周出版60版以上。全年《太仓日报》出版301期，《娄东民生报》出版48期，由苏州日报印务中心承印，太仓邮政发行，每期发行量2万份。2016年是《太仓日报》创刊20周年，太仓日报社举办系列创刊纪念活动，开展“20年有你·梦想同行”网络系列活动和“讲述‘我和《太仓日报》的故事’”征文活动，出版《20年有你一路同行》特刊，举行《太仓日报》创刊20周年座谈会，邀请部分单位、村（社区）、企业等代表参观报社，倾听老报人寄语。

**2016年太仓日报社部分获奖作品表**

表56

| 作品名称 | 奖项 | 作者 |
|---|---|---|
| 《太仓日报B1版(2月13日)》（版面） | 江苏省报纸优秀作品一等奖 | 戴周华 |
| 《综合得分蝉联全国第一》（消息） | 江苏省报纸优秀作品三等奖、中国县市区域报新闻奖一等奖、苏州新闻奖一等奖 | 李　华 |
| 《太仓对德合作如何作为？》（通讯） | 江苏省报纸优秀作品三等奖 | 戴周华 |
| 《一粒“好人”种子长成“志愿”森林》（通讯） | 江苏省县市报新闻奖一等奖 | 徐盛兵 |
| 《5年坚守，助上百家庭团圆》（通讯） | 江苏省县市报新闻奖二等奖 | 薛海荣 |
| 《与黑白琴键的“爱情故事”》（通讯） | 中国县市区域报新闻奖一等奖 | 周　琦 |
| 《民企“富二代”转型“创二代”调查》（系列报道） | 中国县市区域报新闻奖一等奖 | 李孝忠 |
| 《践行新理念·迈上新台阶》（系列报道） | 苏州市重大报道特别奖 | 集体采写 |
| 《让太仓在“一带一路”上再次起航》（论文） | 苏州市新闻传播理论作品奖二等奖 | 宋祖荫 |
| 《媒体融合变革时代，纸媒人将如何更有作为？》（论文） | 苏州市新闻传播理论作品奖三等奖 | 朱乃燕<br>计海新 |

【报纸改版】 2016年，太仓日报社紧跟主流大报风格，在加宽报纸的同时，注重体现版式风格，强调线条、色块、图表的运用与和谐。内容设置更凸现太仓本土元素和全媒体融合理念。1～3版设"要闻""要闻经济""民生社会"等版面；4版为本土类周刊，设"娄东评论""影像太仓""三农报告""商业广场"等版面，将"百姓问政"调整为"网事热闻"；副刊减少外摘版面，增设"亲子营""情感吧"等本土类版面，通过新媒体加强与读者互动，贴近读者需求。

【新闻宣传】 2016年，太仓日报社主题宣传紧扣全市中心工作，贯彻落实市委十二届十一次全体扩大会议精神，围绕"十三五"规划开局、"五大发展理念"（创新、协调、绿色、开放、共享）和"中国制造2025""创新创业"等重大发展主题，在头版或2版头条位置推出"区镇一把手话'十三五'""践行新理念，迈上新台阶""推进供给侧结构性改革，力促经济健康平稳发展""聚焦太仓制造2025""创新创业在路上""寻找身边的工匠"等大型系列报。民生报道突出热点。市民关注的住房、交通、医疗、教育等重大民生问题，加强日常动态性报道，注重深度报道，以各版头条或整版形式推出，如《学区房是唯一选择？》《你的房子需要登记吗？》《儿科医生用工荒如何应对》等报道紧贴民生热点，产生较好社会反响。社会热点有效引导。对社会各行业出现的新问题、新现象及时跟进调查，进行深度剖析和引导，解除市民疑问，为市民参与社会各项活动提供参考，关于"预付卡""微商""微信众筹"等热点话题报道起到引导作用。典型挖掘广泛深入。开设专题栏目，有活跃在各个企业"创新创业在路上"的科技人才，也有生活在市民身边的"工匠"、共产党员、残疾人士、助残爱心人士等，典型人物报道为全市核心价值观建设起到推进作用。通过组合报道形式为全市"两会"及党代会召开、"两学一做"学习教育、"生态文明,绿色发展"、城乡环境综合整治"百日行动"等重大活动、重要工作开展营造良好舆论氛围。全年获苏州市级以上新闻奖项的新闻作品42篇次。

【全媒体融合】 2016年，太仓日报社优化微信公众平台，强化"太报官微"舆论引导特色，同"样样有微信"等生活服务特色形成错位互补；通过报纸改版带动全媒互动，完善考核引导记者转型，推进全媒融合发展，报社舆论引导力、新闻传播力、社会影响力得到提升，微信粉丝突破10万人次。年内，太仓日报社承建"中央文明网联盟太仓站"（太仓文明网），专门组建网站建设团队，制定网站日常运行机制，落实各项目标任务，建立相应考核办法，确保网站顺利运行，助推全市文明城市创建。

（郁　鹰）

## 网络媒体

【概况】 2016年，太仓市网络媒体发展总体稳中有升，微信、微博、客户端等新媒体平台影响力超越其他媒体形态。截至年底，全市共有各类微信公众号400多个，其中政务微信公众号186个。传统媒体微信公众号"太仓日报""扬帆微生活"等粉丝数合计超过14万人（次），且开启"微直播"形式，用更直观、新颖的手法传播信息。"太仓微生活""太仓论坛""太仓吧""太仓123"等自媒体公众号发展迅速，粉丝数均超7万人（次），新媒体与自媒体成为全市新闻宣传与信息传播的主阵地。"太仓发布"作为太仓市政府新闻办官方微博、微信，全年在"新浪微博"平台共发布微博5030条，阅读总数136.53万次。微信公众号全年推送图文1004篇，累计阅读人数66.44万人次，图文分享转发4.09万次。全市有55家单位开通微博并入驻政务微博群，其中政府机构微博39个，镇区微博9个，公共服务单位微博7个。全年，太仓市较为活跃的本地论坛主要有"烟雨江南论坛""好太仓论坛"和"新太仓论坛"。"烟雨江南论坛"注册会员数16.8万人(次)，活跃用户数8.5万人；"好太仓论坛"注册会员数7.6万人（次），活跃用户数1.9万人；"新太仓论坛"注册会员数3.4万人（次），活跃用户数约7000人。

（朱　慧）

# 遗产保护

【概况】 2016年，太仓市继续推进全国重点文保单位系统性保护工程。年内完成金鸡桥修缮工程，启动张溥宅第和太仓石拱桥保护规划编制，完成浏河天妃宫遗迹修缮方案设计。沙溪"江南水乡古镇"申遗工作取得新进展，委托中国文化遗产研究院对沙溪古镇开展遗产评估和确认。委托上海同济大学编制《沙溪古镇（遗产区）修缮与整治设计方案》，指导沙溪古镇做好古镇核心保护区范围内各类文物点维修和保养。夯实全市文物保护工作。完成江苏省文物保护单位吴晓邦故居和龚氏雕花厅修缮工程，做好张溥宅第和江南丝竹馆保养工作，启动庵桥、新桥、义兴桥修缮工程，完成王锡爵故居修缮方案调整及上报。做好樊村泾相关考古发掘工作，截至年底，樊村泾地块出土大量龙泉窑青瓷片和少量枢府瓷，可复原器物近1万件。推进非物质文化遗产保护工作。启动"非遗进校园"活动，包含非遗授课、非遗展演、非遗展览等多项内容。推进非遗制度化建设，拟定《太仓市非物质文化遗产项目代表性传承人认定与管理办法》，开展第六批太仓市级非物质文化遗产代表性项目推荐申报工作，为省级非遗项目滚灯拍摄教学资料片，包括太仓滚灯的24个传统表演动作和轧制过程。

【沙溪古镇保护】 2016年，沙溪镇实施古镇保护开发。沙溪古镇老七浦河道管网改造工程被纳入2016年政府实事工程，10月竣工。该工程申报"2016年度江苏省省级旅游业发展专项资金"，获批50万元。龚氏古宅修缮工程竣工。老桥修复工程全面启动。开展古镇申遗工作。沙溪镇联合江苏、浙江8家古镇共同申报世界文化遗产，年内与中国文化遗产研究院多次沟通，双方于7月正式签署《遗产文本及保护管理规划》。根据中国文化遗产研究院的整改报告，委托上海同济大学编制《沙溪古镇（遗产区）修缮与整治设计方案》，先后进行两轮汇报。加强常规文物保护工作。在龚氏古宅修缮基础上，下半年启动古宅雕花厅、承德堂及周边环境改造工作，方案送交市文广新局。编制岳王老街区静观堂修缮工程计划。沙溪古镇街区直管公房、回购及腾退房屋根据每年预算制定修缮计划，由古镇物业管理公司及古镇指定维修队伍维修。举办系列文化活动。围绕古镇主题，开展一年一度诗歌盛会，推出“首届古镇嘉年华活动”，活动从5月持续至8月，包括诗歌论坛、端午民俗文化活动、彩虹跑及古镇寻宝等活动。全年，沙溪古镇接待游客70万人次。

【非物质文化遗产保护】 2016年，太仓市完善本级名录保护和传承人认定体系，列入第六批太仓市非物质文化遗产代表性项目名录10个，被认定为第三批太仓市非物质文化遗产项目代表性传承人16人。拟定《太仓市非物质文化遗产项目代表性传承人认定与管理暂行办法》，出版《太仓双凤民歌集》《太仓江南丝竹年刊》，录制电视教学片《滚灯基本技艺》。

**2016年太仓市第六批非物质文化遗产代表性项目名录**

表57

| 编号 | 项目名称 | 项目分类 | 申报地区和单位 |
|---|---|---|---|
| 1 | 大成拳 | 传统武术、体育与竞技 | 大成拳研究会 |
| 2 | 张根木蛇酒 | 传统医药 | 太仓张根木生物科技有限公司 |
| 3 | 武医伤科 | 传统医药 | 浏河镇文体站 |
| 4 | 白猿通背拳 | 传统武术、体育与竞技 | 浏河镇文体站 |
| 5 | 江海河三鲜烹饪技艺 | 传统技艺 | 浏河镇文体站 |
| 6 | 陈式太极拳 | 传统武术、体育与竞技 | 沙溪中荷村 |
| 7 | 阿四马青团制作技艺 | 传统技艺 | 沙溪文体站 |
| 8 | 西衡兴酒酿造技艺 | 传统技艺 | 沙溪文体站 |
| 9 | 水火丹 | 传统医药 | 珍宝堂中医门诊部 |
| 10 | 伤口湿性愈合烧伤膏 | 传统医药 | 城厢镇文体站 |

**2016年太仓市第三批非物质文化遗产代表性传承人名录**

表58

| 编号 | 项目名称 | 项目分类 | 申报地区和单位 |
|---|---|---|---|
| 1 | 烧烫伤及其他皮肤外伤愈合膏制作技艺 | 传统医药 | 支国忠 |
| 2 | 水火丹制作技艺 | 传统医药 | 陆家瑛 |
| 3 | 张根木蛇酒制作技艺 | 传统医药 | 张根木 |
| 4 | 武医伤科 | 传统医药 | 胡显荣 |
| 5 | 大成拳 | 传统武术、体育与竞技 | 冯庆龙 |
| 6 | 白猿通背拳 | 传统武术、体育与竞技 | 仇必松 |
| 7 | 陈氏太极拳 | 传统武术、体育与竞技 | 杨成英 |
| 8 | 江海河三鲜烹饪技艺 | 传统技艺 | 陆以延 |
| 9 | 阿四马青团制作技艺 | 传统技艺 | 张月娟 |
| 10 | 督脉灸 | 传统医药 | 鲍庆祥 |
| 11 | 陆氏眼药 | 传统医药 | 梅澄华 |
| 12 | 龙狮舞 | 传统舞蹈 | 黄永胜 |
| 13 | 棕藤编织 | 传统技艺 | 马国清 |
| 14 | 竹编 | 传统技艺 | 王耀良 |
| 15 | 喉科秘方 | 传统医药 | 徐勤生 |
| 16 | 宣卷（双凤） | 曲艺 | 徐慧芳 |
| 17 | 古琴（吴门琴派） | 传统音乐 | 冯庆龙 |

（汤　华）

## 编史修志

【概况】 2016年，太仓市编史修志以党史、地方志、年鉴3项工作为重点，推进《中共太仓地方史（第三卷）》（以下简称“党史第三卷”）、乡镇志、专业志、部门志、《太仓年鉴》和历代乡镇旧志整理等工作。年内，党史编纂工作成果明显，出版改革开放时期中共太仓地方史专题资料丛书2部，分别为《教育卷》和《人社卷》；全市乡镇志编纂工作全面提速，取得阶段性成果；《中国名镇志丛书·浏河镇志》于12月通过省级终审；《太仓年鉴（2016）》进一步创新规范，高质量出版发行；专业志、部门志编修指导工作得到加强，《太仓市共青团志》于4月正式出版；历代乡镇旧志整理工作启动，《沙头里志》《鹤王市志》完成影印出版。同时，市史志办抓好太仓史志地情网建设，于年底前基本建成并投入试运行。7月15日，在第一次全国年鉴工作会议上，《太仓年鉴（2014）》被评为全国地方志优秀成果（年鉴类）一等奖。7月，市史志办被苏州市地方志编纂委员会评为苏州市二轮修志工作先进集体，《太仓市志（1986—2005）》获评苏州市二轮修志优秀志书。

【《中共太仓地方史（第三卷）》（1978—2002）编纂】 2016年，市史志办抓好党史第三卷编纂，继续推进改革开放时期党史专题资料征编工作，集中力量做好《教育卷》和《人社卷》编纂出版。1月，《教育卷》出版。该书共分综述、大事记、荣誉录、统计图表、文献资料、媒体报道等内容，全书共计39.4万字，是全市第4部党史专题资料丛书。该书既是对以往30多年太仓教育工作实践、工作实绩的回顾与总结，又是一部在新的发展时期汲取经验、开拓创新，全面提高教育质量的珍贵参考资料。10月，《人社卷》出版，为全市第5部党史专题资料丛书。全书共50万字，记述太仓人社系统改革开放以来，履行部门职能，做好改善民生的实务工作，助力太仓经济社会发展的不平凡历程，记载太仓人社系统党组织加强自身建设、提高战斗能力的工作历程，初步总结人社部门服务经济、服务百姓、服务发展的经验，较为准确的把握人社系统发展成长的主题和主线。《教育卷》和《人社卷》的出版为党史第三卷正本的编写积累丰富的基础资料。党史工作在抓好专题资料编纂的同时，做好党史第三卷纲目初稿的编写工作，于11月基本形成纲目讨论稿。

【乡镇志编纂指导】 2016年，市史志办统筹安排，做好全市乡镇志编纂指导工作，集中力量提升全市乡镇志编纂工作的质量和速度。2016年是太仓市乡镇志编纂工作的攻坚年，至年底，全市乡镇志编纂工作取得阶段性成果，各镇均基本结束乡镇志资料的收集，进入镇志初稿撰写阶段。据统计，全市各镇区20部乡镇志（含撤并乡镇）中，《沙溪镇志·岳王卷》《沙溪镇志·归庄卷》《浏河镇志（1996—2013）》完成送审稿，《陆渡镇志（1994—2012）》《浮桥镇志》《浮桥镇志·九曲卷》《璜泾镇志（1994—2013）》《城厢镇志（1993—2013）》《沙溪镇志·直塘卷》《沙溪镇志·沙溪乡卷》等均完成约60%的初稿编撰任务。市史志办围绕抓质量、提速度目标，通过召开片区志稿质量研讨会、到编撰单位现场指导、当面点评、简报总结等多种形式开展工作指导和业务辅导，全年共召开片区会议4次，到编撰单位现场办公11次，编发简报6期，审阅并返回书面意见50多篇，实现志书初稿审核无盲点、意见返回全覆盖。同时，市史志办全力助推《中国名镇志丛书·浏河镇志》完成省级终审。2015年8月，《中国名镇志丛书·浏河镇志》启动，经过纲目制订、初稿撰写、志稿评审等阶段，于2016年12月6日通过省级终审。终审会上，与会领导和专家一致认为《浏河镇志》篇目合理、资料翔实、文字优美、图文并茂，有浓郁的地情特点和文化特色，是一部符合体例、质量不俗的志书。在整个名镇志编纂过程中，市史志办将服务贯穿始中，抢时间、抓质量、促进度，保证志书顺利编纂。

【专业志、部门志编纂指导】 2016年，市史志办在推动乡镇志编纂指导的基础上，抓好专业志、部门志的指导，专业志、部门志编纂成果逐步显现。4月，《太仓市共青团志》出版，成为全省县级市共青团组织出版的第一部志书。《太仓市地名志》于年内完成终审及样书校审，进入印刷阶段。《太仓市农业志》完成送审稿，进入终审出版阶段。至年底，全市在编专业志书、部门志共8部，累计出版专业志、部门志25部。在所有专业志、

12月6日，《浏河镇志》申报中国名镇志丛书终审会在长江口旅游度假区召开
（长江口旅游度假区供稿）

部门志的启动与编纂过程中，市史志办均提前介入并全程指导，受到修志单位一致好评。

【《太仓年鉴》编纂质量提升】 2016年，《太仓年鉴》编纂工作继续贯彻省地方志办年鉴创新与规范的要求，在适当微调编写纲目的基础上，按照时间节点有序推进，主要围绕培训、组稿、编辑、审校、出版等工作展开。10月，全市第20部综合年鉴——《太仓年鉴（2016）》由方志出版社出版发行。全书设置类目16个，分别为封面故事、年度便览、视觉太仓、特别报道、大事纪要、城市概况、人居环境、太仓港、中德中小企业合作示范区、区域经济、公共服务、社会管理、地方组织机构、城镇街道、附录、索引等，共有分目78个，副分目158个，子目24个，条目1011个，图表137张，随文图片和卷首彩图246幅，全书共计98.1万字。其中，年鉴封面选取长江口旅游度假区全景照片，运用磨漆画制作工艺，将"现代田园城·美丽金太仓"元素融入其中，突出"金太仓"特点；卷首部分除往年常设的"数说太仓""年度重要荣誉""年度要闻""好友交流""十大新闻"外，增设"我是共产党员专项教育活动""回眸十二五"和"现代田园城·美丽金太仓"等专栏，展示太仓年度亮点和地方特色。11月，苏州市地方志办公室召开第四届江苏省年鉴奖苏州初评会议。与会评委按照《第四届江苏省年鉴奖评比细则》逐条对照，认真评选，最终《太仓年鉴（2016）》被评为A类向省地方志办推荐。

【历代乡镇旧志整理工作启动】 2016年，市史志办创新开展历代乡镇旧志整理影印工作，计划用3年时间，影印出版《沙头里志》《鹤王市志》《茜泾记略》《直塘里志》《双凤里志》《璜泾志略》《璜泾志稿》等乡镇旧志7部。年内，首先开展《沙头里志》（十卷）、《鹤王市志》（四卷）2部旧志的整理影印。清顺治年间编纂、乾隆年间修订的《沙头里志》和历清、民国两个时期的《鹤王市志》经过前期的版本寻找及反复比较，于12月底完成影印出版。

【太仓史志地情网试运行】 2016年，市史志办结合史志地情宣传，抓好太仓史志地情网建设。上半年，完成数字化扫描各类史志书籍七大类64部（册），总页码2万多页，同时保留原始图片文件和PDF电子文件。下半年，进入网站筹建阶段，网站定名太仓史志地情网，设立"太仓概览、政务公开、地方党史、太仓方志、太仓年鉴、娄城风情、影像太仓和党群工作"等一级栏目8个，下设二级栏目40多个，内容涵盖自然地理、名胜古迹、史志动态、史志书籍、红色遗迹、业务指导、太仓地情等诸多内容，集太仓史志工作基本情况、数字方志馆功能于一体，对进一步展示太仓地情文化和方便市民、读者了解太仓、熟悉太仓提供便利。年底，太仓史志地情网基本建成并投入试运行。

1月26日，《太仓年鉴》撰稿业务提升培训在市委党校举行　（邢友来　摄）

【史志宣传教育】 2016年，市史志办围绕职能，开展史志宣传教育工作。围绕中国共产党成立95周年，举办党史进学校、进社区宣传教育活动，推进党史"六进"（进机关、进学校、进企业、进社区、进农村、进军营）工程，向全市各镇党委、市级机关各单位党组织和学校、农村、社区、部分企业等基层党组织免费赠阅改革开放时期中共太仓地方史专题资料丛书——《教育卷》《人社卷》和《太仓年鉴（2016）》等史志书籍，受到社会各界欢迎。年内完成征订党史刊物——《世纪风采》600多份，赠送给全市机关、学校、社区等单位。同时做好上级史志部门交办的各项工作，完成《苏州家风家训》和《苏州纪事》太仓部分的组稿，在《太仓日报》《太仓文史》等刊物上发表有关地情文章，扩大太仓史志工作的社会影响。

（邢友来）

## 档案管理

【概况】 2016年，太仓市档案管理工作贯彻国家、省、苏州市《关于加强和改进新形势下档案工作的意见》精神，以服务全市发展为中心，继续推进"三个体系"（档案资源体系、档案利用体系、档案安全体系）建设，研究新常态下档案管理新情况、新问题。年内，太仓市印发《太仓档案事业发展"十三五"规划》，加强档案馆库建设，强化基层档案工作指导，开展档案业务培训，做好民生档案进馆、特色档案征集和查档利用等工作，推进全市档案事业的科学发展和创新发展。截至年底，全市共有综合档案馆1个，馆藏档案24.23万卷、34.05万件，资料1.42万册；城建档案馆1个，馆藏档案20万卷；区镇级档案馆3个；政务公开服务信息查阅中心1个，保存63家单位的纸质政务公开信息1.44万件。图片

6月8日，市档案局举办“档案与民生”机关开放日活动　（严靓　摄）

中心1个，共有图片档案8.71万张。全市有档案工作达省星级规范标准单位368家，其中五星级24家、四星级4家、三星级104家。

**【基层档案工作监督指导】**　2016年，市档案局加强指导乡镇档案工作，召开乡镇、开发区档案工作会议，对乡镇、开发区及村（社区）档案工作考核机制、经费投入等提出要求。强化年度评价工作，根据历年档案年度评价工作开展情况，调整档案基础业务建设、开发利用等检查项目，全年对76家单位开展年度评价，评出优秀单位18家。抓好测评复查工作。市人民法院、市人民检察院、市电信公司、太仓华能电厂、太仓地税局和国华电厂6家单位通过省五星级复查。加大土地确权档案监督指导。明确各类材料收集要求及归属方向，对土地确权登记工作软件提出合理化建议，相关工作人员参与国家档案局“土地确权登记”课题研究。

**【民生档案进馆】**　2016年，市档案馆接收2015年全市再生育审批档案1236卷。接收全市2015年出生医学证明档案6375份。接收60岁退伍老兵、参战人员、伤残军人、烈士及退役士兵等24334人的相关民生档案，接收全市村民选举档案42卷。完善民生档案资源库，至年底，馆藏民生档案专题库54个，总数据量121万条。

**【特色档案征集】**　2016年，市档案馆征集著名书法家、篆刻家黄惇作品2幅，太仓市书法家协会秘书长朱进明捐赠刘乐一、高式熊太仓胜迹图10幅；征集照片档案615张；征集国家级和省级综合性荣誉档案3件；征集著名商标档案21件，包括中国驰名商标3件，江苏省级著名商标10件，苏州知名商标8件。至年底，市档案馆馆藏书画档案总量2100余幅，照片档案总数突破10万张，荣誉实物档案累计327件，商标档案总量170件。

**【百姓查档利用】**　2016年，市档案局以创建全国青年文明号为动力，优化和完善档案馆及各镇、村查档平台，做好档案查阅工作。市档案馆窗口全年提供查档服务近5000人次，出具证明3200余份，为退伍士兵、职工退休等提供重要凭证，同时为各镇编写乡镇志提供长期阅档服务，保障编史修志工作正常开展。加强对民生档案基层查阅窗口的宣传和监管力度，提高系统稳定性和利用率，全年提供档案查阅利用200余人次。

**【档案文化建设】**　2016年，由市档案局编辑的《南园雅集》出版，收录清代道光年间《南园秋社诗》82首，清末光绪、宣统年间《南园赓社诗存》82首，清末《百老吟》诗选36首，该书为一本旧体诗标校注释本。《狄君武先生纪念集》编纂方案确定，完成全书文字编辑，该书分6个部分，分别为照片、文稿、诗词、家世、追记、书法。年内，《2016年荣誉汇编》《2016年领导关怀》《2016年太仓市大事记》等编辑完成。

**【档案安全保护】**　2016年，太仓市开展馆藏档案大检查，完成检查馆藏9个全宗群227个全宗205898卷档案和行政中心进馆一文一件78个全宗307042件档案，清点核对图书资料、报纸杂志13888册。及时整改检查中发现的问题，并做好相关记录汇总。

8月4日，市档案局组织近百名中小学生走进档案馆，参加“爱国爱家·助我成长”红色夏令营活动　（严靓　摄）

开展消防培训和安全演练，针对演练中出现的消防安全问题进行整改。升级档案库房安全设备，安装红外线探头7个，所有照明设备采用LED节能装置，提高档案安全保管条件。

【档案信息化】 2016年，市档案局开发建设"太仓档案"微信公众平台，该平台设置"公共服务、档案文化、联系我们"3个主栏目，涵盖档案法规、馆藏特色、历史文化等档案知识，突出在线咨询、活动评比、移动端查档等互动功能，是一个群众共同参与、共同交流档案事业发展的信息共享平台。年内，村级档案数字化工作全面完成，市、镇、村三级联动数字档案馆（室）网络形成。

【档案培训教育】 2016年，市档案局开展上岗资格网上远程培训，100多人参训；开展2016年度档案业务技能培训，120多人参训。对新成立的市市场监督管理局各科室及下属分局档案人员开展培训，明确档案工作人员职责、档案材料收集重点等。举办2期江苏省档案实训基地培训，现场演示太仓数字档案馆建设成果。对国有公司及下属公司档案人员进行培训，重点解读《企业文件材料归档范围和档案保管期限表规定》（国家档案局令第10号，2012年12月印发）内容以及档案分类方法。

（陆　坚）

【城建档案管理】 2016年，太仓市严格执行城建档案报建、预验收、专项验收制度，共办理工程报建登记项目245项，其中市政工程79项，建筑安装工程总建筑面积357万平方米，较上年增长69.19%。建设工程预验收项目143个，竣工档案专项验收项目155个，总建筑面积483万平方米，专项验收项目面积较上年增加14.18%。按规定收取档案编审费57万元，12月起，取消收取档案编审费。整理入库档案1.6万卷，城建档案馆馆藏档案总量19.7万卷。完成文字材料数字化137万页，图纸材料数字化5.6万张。 （曹俊锋　周雨辰）

# 体育健身

## 综　述

【概况】 2016年，太仓市推动体育工作深化改革转型发展，提高体育现代化建设水平，深化省级公共体育服务体系示范区建设，发展全民健身活动，提高人民身体素质，推动群众体育场地设施建设，加强体育社会组织建设，继续开展群众性体育活动，提高竞技体育水平。全市加快发展体育产业，满足体育消费需求，培育体育消费市场，做好体育彩票销售。承办国际国内各类竞技比赛，提升竞技体育成绩。年内，根据省体育局《2016年度全省县级体育重点工作督查办法》，太仓市体育局考核得分94.31分，排名全省第九。

【太仓籍运动员】 2016年，太仓市注册苏州市级项目有田径、篮球、足球、排球、手球、乒乓球、羽毛球、武术、跆拳道、柔道等，总注册人数654人。注册江苏省级项目有田径、武术和竞走等，总注册人数70多人。全年向苏州市体育运动学校输送运动员10余人。向江苏省训练基地输送运动员6人，进入江苏省田径队3人。2月19—21日，2016年亚洲室内田径锦标赛在卡塔尔多哈举行，太仓籍运动员胡雨飞以5745分获亚军。

【社会体育指导员】 截至2016年年底，太仓市共有市级体育社团协会31个、体育俱乐部47个、备案制体育社团协会49个。体育总会、社会体育指导员协会、老年体协、武术协会、门球协会实现区镇、街道全覆盖。有社会体育指导员2367人。全市完成三级社会体育指导员培训78人。

【体育设施】 截至2016年年底，太仓市体育设施累计面积287.51万平方米，人均4.04平方米。有体育场地1581个，其中室内体育场地483个，室外体育场地1098个，健身步道84.5公里，晨、晚练健身站点384个，各级全民健身工程294个。年内，位于东仓南路12号（东仓南路与滨河路十字路口东北侧）的太仓市老年人体育活动中心改建完工，共4层，总面积2476平方米，预计2017年免费向全市老年市民开放。中心总投资489万元，为太仓市政府2016年度实事工程之一。

（徐云峰）

## 全民健身

【概况】 2016年，太仓市在全市6镇1区设立国民体质监测站，收集样本4000份。9月21日，市政府印发《太仓市全民健身实施计划（2016—2020）》，明确"十三五"期间全民健身工作发展目标、重点任务和实施路径。市体育局为群众体育搭建体育交流与竞赛平台，推动全民健身活动开展，提高市民健康水平。

【体育文化品牌】 2016年，太仓市继续继承桥牌和武术传统，作为国家首批命名的"全国武术之乡"和全国唯一的"桥牌之乡"，在全市发扬体育文化品牌效应。2016年全国桥牌青年团体赛在吴江市举行，太仓市代表队获男子U20和U30两个组别第3名。3月19日，"WLK威震武林"世界极限格斗系列赛在市体育馆举行，中国、乌克兰、俄罗斯、白俄罗斯、日本等国14名选手参赛。中国选手包舍日古冷获八人跨级别战金腰带。8月24日，第13届全国武术之乡武术比赛在徐州奥体中心举行。太仓市武术协会12名运动员组成太仓武术之乡代表队参赛，共获个人项目2金7银13铜和集体项目三等奖；朱秀菁获评武德风尚奖教练员，张煜、陈永德获评武德风尚奖运动员。朱秀菁获混元拳金牌、32炮捶银牌、42式太极剑银牌，冯美芳获32式剑金牌、杨式拳银牌，王峰获混元拳银牌，姜雪珠获32式剑银牌，黄子豪获白猿通背拳银牌。

【竞技球类运动】 乒乓球。5月29日，太仓市双凤镇第一届"赛纳杯"职工

7月3日，江苏省第7届全民健身运动会钓鱼大赛在双凤生态园举行

（市体育局供稿）

乒乓球联谊赛在赛纳（苏州）安防用品有限公司职工之家举行，皇冠（太仓）胶粘制品有限公司工会代表队、双凤医院工会代表队和双凤城管中队工会代表队分获前三名。6月25日，太仓市第2届乒乓球俱乐部联赛在市体育馆举行，畅岐乒乓球俱乐部获甲级联赛冠军，三江乒乓球俱乐部二队获乙级联赛冠军。

篮球。4月9日，太仓市第10届篮球联赛在市体育馆开幕，联赛设甲、乙、丙3个组别，共32支队伍参赛，比赛持续至7月。9月3—4日，镇区组篮球比赛在市新区第四小学举行，8支队伍、近100人参赛，浮桥镇代表队、沙溪镇代表队、浏河镇代表队分获前三名。

羽毛球。10月29—30日，2016年太仓市羽毛球俱乐部联赛在市体育馆举行，12支队伍、130人参赛，联赛设混合团体赛和单项赛，团体赛分小组赛和淘汰赛两个阶段进行，单项赛采用淘汰赛制。太仓宝龙俱乐部—苏州汇洋队获团体冠军。

排球。3月26日，江苏省第7届全民健身运动会暨江苏省老年人体育节太仓分会场启动仪式暨气排球春季联赛在市体育馆举行。4月9日，2016年“中行杯”太仓市第3届排球联赛开赛，比赛持续至6月，市级机关代表队、苏州健雄职业技术学院代表队、市第一中学代表队等12支队伍参赛。

门球。4月19日，太仓市第2届“新区杯”门球赛在市门球活动中心举行，20支门球队、200名选手参赛。

【健美健身和户外运动】 6月4日，太仓市浮桥镇三家市乡村马拉松开赛，来自张家港、昆山、南通、常熟、上海和太仓的数百位选手参赛。6月5日，江苏省第11届“泛沿江体育带”全民健身大联动系列活动——太仓市城厢镇城北全民健身中心启用暨市民健身展示活动在市弇山小学举行。6月7日，江苏省第11届“泛沿江体育带”全民健身大联动太仓分会场活动在金仓湖公园启动，结合市第15届全民运动会，开展比赛近20个项次，约3000人次参赛。6月16日，江苏省第11届“泛沿江体育带”全民健身大联动太仓市分会场健步走活动在城厢镇举行。6月25—26日，苏州市第14届全民运动会（农民组）健身秧歌、健身腰鼓、广场舞比赛在苏州市市民健身中心举行，太仓市代表队获健身秧歌第3名、广场舞第1名。7月3日，江苏省第7届全民健身运动会钓鱼大赛在太仓市双凤生态园举行，22支代表队、305人参赛，顾华明、蔡洪生、江中来等8人获钓鱼项目优胜奖。10月22—23日，2016年中国·太仓市友好城市体育舞蹈联赛暨第3届太仓市体育舞蹈锦标赛在市体育馆举行，26个代表队、730名选手参赛。

【苏州市第6届残疾人运动会】 4月25—26日，苏州市第6届残疾人运动会中国象棋比赛在苏州市残疾人活动中心开赛，太仓代表队查敏初获听力残疾组第2名，姚国银获肢体残疾组第6名。6月4—5日，苏州市第6届残疾人运动会乒乓球和羽毛球比赛在苏州市科技大学举行，太仓代表队陶映龙获乒乓球男子下肢组第3名，王洪明获乒乓球男子聋人组第4名，陆枫获羽毛球男子聋人组第8名。8月15—16日，苏州市第6届残疾人运动会游泳比赛在苏州市相城区市民活动中心举行，太仓市6名运动员参赛，顾喜中获男子S9级100米蛙泳、200米蛙泳2枚金牌，徐卫东获男子S9级50米自由泳铜牌，闻宝良获男子S9级400米自由泳铜牌。

【全民健身大讲堂】 2016年，太仓市体育局举办“身体姿势与健康”“运动防治衰老性肌萎缩”“身体锻炼——预防老年痴呆的良药”“运动伤害与科学”等全民健身大讲堂5期，内容包括运动伤害与科学预防、肥胖危害与运动干预的方法、科学锻炼与运动处方、体育锻炼的技术原理与方法以及慢性病运动干预的方法和手段。通过普及体育运动常识和科学健身方法，推进全民健身，提升人民群众参与运动的能力，培养市民体育健身习惯。

（徐云峰）

## 学校体育

【学生体育运动联赛】 3月28日—11月29日，2016年太仓市中小学生阳光体育运动联赛举行，联赛共设11个大项29个项次，历时近9个月，全市中小学5500多人次参赛。吴宇杰等3人次破初中组男子400米年龄组纪录等2项田径运动会纪录（含年龄组纪录），吴法铜等40人（队）次（其中小学组15人次、初中组16人次、高中组9人次）破小学组男子单人跳短绳等21项市绳毽锦标赛纪录。12月4—6日，江苏省第9届中小学生

8月17日，全国武术进校园试点单位成果展示交流大赛开幕式在市体育馆举行　（市体育局供稿）

桥牌锦标赛在沙溪高级中学举行，全省15所学校32支队伍参赛。12月16—18日，2016年江苏省第3届中小学生跳绳踢毽锦标赛在太仓市体育馆举行，全省40多所学校近900人参赛。

【球类运动】　4月18—25日，2016年“开拓杯”全国少儿乒乓球赛在辽宁省兴城市举行，太仓市体校、畅玘乒乓球俱乐部运动员侯睿杨获男子丙组团体冠军、单打亚军。6月18—20日，苏州市第14届中小学生乒乓球比赛在苏州工业园区第二实验小学举行，太仓市体校获2007年组别男子双打和团体2枚金牌。7月9—10日，苏州市第14届体育运动会县（市）中学生组排球比赛在太仓举行，昆山、常熟、张家港、太仓的9支中学生代表队共214人参赛。省太仓中专代表队获高中组男队第一名，省太仓中专男队获评“体育道德风尚奖运动队”；太仓籍裁判陆健获评“体育道德风尚奖裁判员”。

【田径运动和武术】　7月15—19日，2016年全国少年田径锦标赛在广东省肇庆市举行，全国78家单位派队参加，太仓市体校第一次派运动员参赛。市体校运动员吴宇杰获800米和1500米2个项目季军。8月17—18日，全国武术进校园试点单位成果展示交流大赛在太仓市体育馆举行，全国15个省市自治区的23支中小学代表队参赛，比赛分集体武术操、集体长拳、集体器械（小学拳术）3个部分，市新区三小代表江苏省参加小学组比赛，获武术操、长拳和拳术共3个集体项目第一名。

（徐云峰）

## 重大体育赛事

【概况】　2016年，太仓市分别主办和承办2016年国际田联竞走挑战赛（太仓站）暨全国竞走大奖赛、全国女排锦标赛、中国武术套路王中王争霸赛（总决赛）、全国桥牌A类俱乐部联赛（总决赛）等重大赛事，提升赛事文化内涵和外延影响。11月30日，太仓市获2018年世界竞走团体锦标赛承办权，是太仓继2014年举办竞走世界杯之后第2次承办该项国际田联顶级赛事。

【2015—2016年全国钓鱼锦标赛总决赛】　4月20—22日，2015—2016年全国钓鱼锦标赛总决赛在太仓双凤生态园垂钓中心举行，全国20支队伍60人参赛。国家体育总局社会体育指导中心副主任、中国钓鱼运动协会秘书长尹国臣，中国钓鱼运动协会市场及产业委员会主任马英惠，中国钓鱼运动协会竞赛委员会主任郝卫东等出席开幕式。重庆二队、深圳南山区队、湖北黄冈队分获前3名，江苏队获第13名。

【2016年国际田联竞走挑战赛（太仓站）暨全国竞走大奖赛】　4月23—24日，2016年国际田联竞走挑战赛（太仓站）暨全国竞走大奖赛在太仓举行，13个国家（地区）的近50名运动员（官员）和国内各运动队400余人参赛。墨西哥选手帕德罗·丹尼尔·戈迈兹、艾弗·帕尔玛和瑞典选手帕修斯·卡尔斯特罗姆分获男子组20公里前3名；中国选手王应柳、谢丽娟和匈牙利选手维多利亚·玛达拉斯分获女子组20公里前3名。山

4月23日，2016年国际田联竞走挑战赛（太仓站）暨全国竞走大奖赛在太仓开赛　（市体育局供稿）

12 月 25 日，2016 年中国武术套路“王中王”争霸赛举行颁奖仪式

（市体育局供稿）

东队魏绪保、孙松、姜杰分获全国竞走大奖赛男子 20 公里前 3 名；山东队杨磊、天津队陈晨和云南队赵文丽分获女子 20 公里前 3 名。

**【2016 年中国青少年乒乓球公开赛暨国际乒联黄金系列青少年巡回赛（太仓站）】** 7 月 22—26 日，2016 年中国青少年乒乓球公开赛暨国际乒联黄金系列青少年巡回赛（太仓站）在市体育馆举行，13 个国家和地区的运动员 120 人、随队官员近 60 人在太仓参赛。比赛分为 U18、U15 和 MC 三个组别，中国队包揽 U18、U15 组别所有冠军。中国乒乓球队获男子 U18 团体赛第 1 名，中华台北乒乓球一队获第 2 名，伊朗乒乓球一队、马来西亚乒乓球队获并列第 3 名；中国乒乓球队获女子 U18 团体赛第 1 名，中华台北乒乓球一队获第 2 名，伊朗乒乓球队、中华台北乒乓球二队获并列第 3 名。中国乒乓球队获男子 U15 团体赛第 1 名，中华台北乒乓球一队获第二 2 名，中国美国联合乒乓球队、中国香港乒乓球一队获并列第 3 名；中国乒乓球一队获女子 U15 团体赛第 1 名，中华台北乒乓球一队获第 2 名，中国乒乓球二队、中国香港乒乓球一队获并列第 3 名。中国队杨硕获、徐海东分获男子 U18 组单打前 2 名，中国选手袁励岑、伊朗选手 AHMADIAN Amin 并列第 3。中国队钱天一、孙颖莎分获女子 U18 组单打前 2 名，孙铭阳和刘玮珊并列第 3。中国队曹彦涛、虞正阳分获男子 U15 组单打前 2 名，伊朗选手 AHMADIAN Amin 和中华台北选手张光骐并列第 3 名。中国队石洵瑶、高宇慧分获女子 U15 组单打前 2 名，中国队徐佳瑞和中华台北选手黄榆婕并列第 3。美国选手 KUMAR Nikhill、中国香港选手许钺分获男子 MC 组单打前 2 名，中国香港选手沈颖亨和刘缙诺并列第 3 名。中国香港选手潘逸、吴詠琳分获女子 MC 组单打前 2 名，中国香港选手李凯敏和陈勋蓝并列第 3 名。

**【2016 年全国女子排球锦标赛】** 8 月 29 日—9 月 4 日，2016 年全国女子排球锦标赛在太仓市体育馆举行，这是太仓市连续十年承办全国排球锦标赛，也是第 7 次承办全国女排锦标赛。该次锦标赛由中国排球协会和中央电视台主办，江苏省体育局和太仓市人民政府承办。比赛共有江苏、浙江、天津等 14 支队伍 300 多人参赛，上海队、江苏队、北京队分获前 3 名。

**【2016 年全国桥牌 A 类俱乐部联赛（总决赛）】** 11 月 11—17 日，2016 年全国桥牌 A 类俱乐部联赛（总决赛）在太仓举行，全国 12 支代表队、88 名选手参赛。全国桥牌 A 类俱乐部联赛是代表国内桥牌最高水平的赛事。泛华集团代表队、首创证券代表队、浙江奥联代表队分获前 3 名。

**【2016 年中国武术套路“王中王”争霸赛】** 12 月 24—25 日，2016 年中国武术套路“王中王”争霸赛在太仓市体育馆举行，全国 8 个省市的 14 名选手角逐男、女“王中王”桂冠。作为国内最高水准的武术套路比赛，争霸赛兼具竞技性及观赏性，为推动中国武术普及发展，太仓连续 5 年承办该项赛事。参赛运动员都要参加拳术、短器械、长器械和传统器械 4 个项目比赛。其中，拳术类别有长拳、南拳、太极拳，短器械类别有刀术、

8 月 30 日，2016 年全国女子排球锦标赛（江苏队 vs 四川队）在市体育馆举行

（市体育局供稿）

4 月 22 日，太仓市第 15 届全民运动会在市行政中心广场举行开幕式。图为 2000 多名市民参加开幕式健步走（初爱民 摄）

剑术、南刀、太极剑，长器械类别有棍术、枪术、南棍，运动员需在拳术、短器械和长器械中选择一项参赛。江苏选手吴照华、天津选手郑少谊分获男、女“王中王”头衔。

（徐云峰）

## 太仓市第 15 届全民运动会

**【概况】** 4 月 22 日—12 月 22 日，太仓市举行第 15 届全民运动会，该届运动会分学生部（小学组、初中组、高中组）和成人部（镇区组、市级机关组、老年组、残疾人组、高校学生组）2 个部 8 个组别，进行 21 个项目、76 项次比赛，参赛单位 142 家，参赛队近千支，参赛人数 6.5 万人次。学生部田径比赛，10 人（队）次破小学男子 100 米等 9 个项目赛会纪录；学生部绳毽比赛，51 人（队）次破小学男子单人双飞等 24 个项目赛会纪录。

**【健美健身和户外运动】** 5 月 14 日，太仓市第 15 届全民运动会老年组暨第 8 届老年运动会、江苏省第 7 届全民健身运动会暨江苏省老年人体育节太仓分会场、太仓市第 12 届“郑和卡杯”夕阳红艺术节广场健身操舞比赛在科教新城天镜湖公园举行。6 月 6 日，太仓市第 15 届全民运动会机关组暨太仓市市级机关第 7 届文体艺术节拔河比赛在市行政中心南广场开赛，市公安局代表队、市城管局代表队、市交运局代表队分获男子组前 3 名，市交运局代表队、市公安局代表队、市城管局代表队分获女子组前 3 名。6 月 7 日，太仓市第 15 届全民运动会镇区组、市级机关组龙舟比赛暨第 7 届“欢乐金仓湖”端午龙舟竞渡赛在金仓湖公园举行，全市各镇区、机关、企业 3 个组别的 31 支代表队、434 名运动员参加，其中机关组队伍 16 支、镇区组队伍 5 支、企业组队伍 10 支，市公安局代表队、苏州太安盛世保安服务有限公司代表队、市卫计委代表队分获前 3 名。7 月 29 日，太仓市第 15 届全民运动会镇区组广场健身舞比赛暨“兴业银行杯”苏州市第 6 届广场健身舞大赛（太仓专场）在市中心广场举行，娄东街道、科教新城、城厢镇等 8 个代表队参赛，娄东街道代表队获冠军。

**【乒乓球运动】** 5 月 20—22 日，太仓市第 15 届全民运动会老年组、镇区组乒乓球比赛在浏河全民健身中心开赛。沙溪镇、城厢镇等 6 个镇区 50 名选手参赛。竞赛项目分混合团体、男子单打、女子单打。沙溪镇代表队获镇区组、老年组团体第 1 名；浏河镇黄强、浮桥镇王佳琪分获男子、女子单打冠军；沙溪镇杨建平、吴怡蓉分获老年组男子、女子单打冠军。6 月 18 日，太仓市第 15 届全民运动会机关组乒乓球比赛在市体育馆举行，39 支代表队参赛，市教育局代表队、市人社局代表队、市交运局代表队、市卫计委代表队、太仓供电公司代表队、市财政局代表队、市公安局代表队、市环保局代表队分获男子团体前 8 名；市教育局代表队、市财政局代表队、市卫计委代表队、金融系统代表队、太仓地税局代表队、市交运局代表队、市人社局代表队、市公安局代表队分获女子团体前 8 名。

**【羽毛球运动】** 5 月 20 日，太仓市第 15 届全民运动会机关组羽毛球比赛在市体育馆举行，市级机关 30 支代表队、180 多人参赛。市教育局代表队、市交运局代表队、市卫计委代表队分获团体前 3 名。5 月 28 日，太仓市第 15 届全民运动会老年组暨第 8 届老年运动会及江苏省第 7 届全民健身运动会暨江苏省老年人体育节太仓分会场羽毛球比赛在市朱棣文小学举行，比赛设男子双打、女子双打、男女混合双打等 3 个项目，市级机关和 8 个镇区近 100 余名运动员参赛。市老年体协包揽男双、女双和混双项目前 6 名。6 月 25—26 日，太仓市第 15 届全民运动会镇区组羽毛球比赛在市浮桥港城小学体育馆举行，全市 7 家单位代表队、近 300 名职工参赛。娄东街道代表队、浮桥镇代表队、双凤镇代表队、沙溪镇代表队、璜泾镇代表队、城厢镇代表队获团体前 6 名，曾煌、陈翠分获男女单打冠军。

**【篮球运动】** 5 月 28—29 日，太仓市第 15 届全民运动会初中组篮球比赛在市第二中学举行。沙溪镇第一中学代表队、市第一中学代表队、陆渡中学代表队分获男子组前 3 名；双凤中学代表队、市第二中学代表队、市新区中学代表队分获女子组前 3 名。6 月 18—19 日，太仓市第 15 届全民运动会高中组篮球比赛在省沙溪高级中学体育馆举行，省沙高代表队、省太高代表队、市明德高中代表队分获男子组前 3 名，省太仓中专代表队、省太高代表队、市明德高中代表队获女子组前 3 名。

【足球运动】 6 月 18 日—7 月 10 日，太仓市第 15 届全民运动会机关组团体项目五人制足球赛在新区“五人制”足球场开赛，市级机关 25 家单位的业余足球爱好者参赛。市教育局代表队、市公安局代表队、市交运局代表队分获前 3 名。6 月 25—30 日，太仓市第 15 届全民运动会学生部足球赛举行。市新区第二小学代表队、市朱棣文小学代表队、市明德小学代表队分获小学组男子前 3 名，市新区第三小学代表队、城厢镇第四小学代表队、市明德小学代表队分获小学组女子前 3 名；市实验中学代表队、市明德初中代表队、市第一中学代表队分获初中组男子前 3 名，双凤中学代表队、沙溪镇第一中学代表队、浮桥中学代表队分获初中组女子前 3 名；市明德高中代表队、省太高代表队、省太仓中专代表队分获高中组男子前 3 名。8 月 27 日—9 月 2 日，太仓市第 15 届全民运动会镇区组足球比赛在沙溪镇第二小学举行，8 支队伍、120 人参赛。沙溪镇代表队、璜泾镇代表队、浏河镇代表队分获前 3 名。

【排球类运动】 8 月 19 日，太仓市第 15 届全民运动会（老年组）暨第 8 届老年运动会、江苏省第 7 届全民健身运动会暨江苏省老年人体育节太仓分会场气排球比赛在港城小学体育馆举行。城厢镇代表队、双凤镇代表队、璜泾镇代表队分获男子组前 3 名，城厢镇代表队、双凤镇代表队、市级机关代表队分获女子组前 3 名。

【门球运动】 5 月 27 日，太仓市第 15 届全民运动会残疾人组门球比赛在市门球活动中心举行，全市 7 支代表队近百名残疾人选手参赛。娄东街道二队、浏河镇代表队、浮桥镇代表队分获前 3 名。8 月 22 日，江苏省第 7 届全民健身运动会暨江苏省老年人体育节太仓分会场、太仓市第 15 届全民运动会（老年组）第 8 届老年运动会门球比赛在市门球活动中心举行。城厢一队、浏河一队、新区一队分获 A 组前 3 名，新区二队、双凤二队、浮桥二队分获 B 组前 3 名。

【益智类比赛】 5 月 4 日，太仓市第 15 届全民运动会（老年组）暨第 8 届老年运动会桥牌比赛在沙溪镇党校举行，江苏省第 7 届全民健身运动会暨江苏省老年人体育节太仓分会场桥牌比赛同时举行。璜泾镇代表队、城厢镇代表队、浮桥镇代表队分获前 3 名。6 月 4—5 日，太仓市第 15 届全民运动会中小学生象棋、围棋赛在市弇山小学举行，21 所小学、7 所初中的 193 名选手参加象棋赛；15 所小学的 135 名选手参加围棋赛。象棋赛比赛结果：沙宇轩、薛逸航、李坤分获小学男子甲组前 3 名；陆逸雪、许玥、余微分获小学女子甲组前 3 名；沈熠楷、沈宇涛、项永康分获小学男子乙组前 3 名；屠敬雯、臧淑颜、李晶鑫分获小学女子乙组前 3 名；孙浦一、王钦加、沈许茗分获小学男子丙组前 3 名；姚若熙、顾梓园、苏翟语涵分获小学女子丙组前 3 名；杨振宇、尹徐冬、房戈天分获初中男子组前 3 名；董丁丁、严哲虞、徐梦莎分获初中女子组前 3 名；市实验小学代表队、市城厢镇第四小学代表队、市朱棣文小学代表队分获团体前 3 名。围棋赛比赛结果：项天辰、邹宜辰、吕霄阳分获小学男子甲组前 3 名；汪张延、邱添、杨心茹分获小学女子甲组前 3 名；浦阅洲、马鲲淇、黄中翰分获小学男子乙组前 3 名；姜禹晓、高韵斐、薛谙琪分获小学女子乙组前 3 名；潘梓豪、高志远、夏家瑞分获小学男子丙组前 3 名；张紫露、左诗祺、王铭潇分获小学女子丙组前 3 名；市实验小学代表队、市新区第三小学代表队、市城厢镇第一小学代表队分获团体前 3 名。7 月 2—3 日，太仓市第 15 届全民运动会镇区组象棋比赛在科教新城举行，各镇区 7 支代表队、30 名棋手参赛。城厢镇代表队、浮桥镇代表队、沙溪镇代表队分获团体前 3 名；顾建章、张守林、戴献斌分获个人赛前 3 名。

【武术】 6 月 6 日，太仓市第 15 届全民运动会小学组武术操开赛，比赛历时 1 个多月。市新区第三小学、市沙溪镇第二小学、市南郊小学、市双凤小学、市实验小学、市九曲小学、市新区第二小学等学校获一等奖；市明德小学、市陆渡小学、市港区第一小学、市沙溪镇第三小学、市朱棣文小学、市牌楼小学、市直塘小学、市沙溪镇第一小学等 8 所学校获二等奖。9 月 9 日，太仓市第 15 届全民运动会（老年组）暨第 8 届老年运动会、江苏省第 7 届全民健身运动会暨老年人体育节太仓分会场武术比赛在璜泾镇文体活动中心举行，科教新城代表队、沙溪镇代表队、璜泾镇代表队分获集体项目前 3 名，科教新城代表队获团体总分第 1 名。9 月 10 日，太仓市第 15 届全民运动会镇区组武术比赛在浏家港街道办举行，比赛项目有 42 式太极拳竞赛套路、42 式太极剑竞赛套路、28 式木兰拳、木兰单圈等，各镇区 7 个代表队、88 名运动员参赛。城厢镇代表队获团体比分第 1 名。

（徐云峰）

## 体育产业

【概况】 12 月 8 日，太仓市政府印发《太仓市体育产业“十三五”发展规划》，加快发展体育产业，促进体育消费。全年全市完成体育彩票销量 1.69 亿元，较上年增长 2.43%，占太仓彩票市场份额 50.12%，全省排名第 17 位。

（徐云峰）

# 社会管理

## 经济事务管理

### 发展和改革

**【概况】** 2016年，太仓市发展和改革工作坚持发展规划研究，强化经济运行调控，全市经济发展形势的研判能力逐步增强。年内，全市发展规划编制取得成果，制定印发《太仓市国民经济和社会发展第十三个五年规划纲要》，实施《太仓市“十三五”规划指标体系和主要任务落实方案》，细化形成十大类126项目标任务，并做好分解落实。全年发布重点专项规划16个，编制完成市人代会计划报告，汇总编制全市主要经济指标的区镇分解计划及《2016年经济社会发展白皮书》，并报市政府下发。起草《2016年上半年国民经济和社会发展计划执行情况报告》。完成2015年区镇考核汇总相关工作，修订完善《2016年区镇科学发展绩效考核办法和细则》。太仓市开展经济运行分析，监测调查省经济运行重点监测企业33家、中财办企业联系点企业4家，向中财办苏州联系点上报经济分析月报，重点分析15项主要指标的月度变化情况，以简报形式深化季度经济运行分析，预测经济发展走势，并研究制定有针对性的对策措施。

**【固定资产投资】** 2016年，太仓市完成固定资产投资465亿元，其中工业投资259.85亿元，服务业投资205.15亿元。办理权限内项目710个，计划总投资457亿元，较上年分别增长4.4%和41.4%。全市67个重点项目计划总投资384.4亿元，年度投资计划152亿元，实际完成投资84.2亿元，完成年度计划55.4%。中广核高聚物材料等在建项目56个。4个省级重大项目开工3个，20个苏州市级重点项目开工17个。引进内资项目1719个，新增投资总额342.83亿元，新增注册资本124.67亿元，较上年增长37.38%，完成年度计划178.1%，累计实际到账资金248.49亿元。优化项目审批服务，推进政府投资项目信息化管理平台建设，做好项目在线监管平台、“阳光发改”平台、全业务网上审批平台的运行管理指导工作。

**【重点领域改革深化】** 2016年，太仓市深化重点领域改革，加快推进供给侧结构性改革，制定《太仓市供给侧结构性改革总体方案》和《太仓市供给侧结构性改革补短板行动计划》，建立联络员协调机制。推进新型城镇化综合改革试点工作，制定《太仓市推进新型城镇化综合试点实施意见》，编制完成《太仓市新型城镇化与城乡发展一体化规划（2016—2020）》。深化企业改革，持续推进简政放权、放管结合、优化服务，深化投融资体制改革，深入推进价格改革，完善新型城镇化体制机制，构建开放型经济新体制，完善创新驱动发展体制机制，推进生态文明体制改革。持续深化财税、金融、民生保障、公务用车等其他重点领域改革，推进国家综合配套改革试点，加强对专项改革试点的规范和引导。

11月，太仓市发改委组织专家为拟上市企业做政策辅导　　（市发改委供稿）

**【多层次资本市场构建】** 2016年，太仓市实施企业上市扶持政策，鼓励有条件的企业登陆各层次资本市场，加快优质企业上市挂牌步伐。全市实现主板、中小板、创业板上市和“新三板”、区域股权市场挂牌及境外上市全覆盖。做好安佑生物科技集团股份有限公司主板上市材料上报工作，苏州奥智智能设备股份有限公司等9家企业在“新三板”挂牌，4家企业上报“新三板”材料，2家企业完成股改、拟上报“新三板”挂牌材料，新认定“新三板”拟挂牌企业7家，江苏挺卫实业有限公司在区域市场完成挂牌。协鑫发电资产证券化产品发行，市水处理公司等3家企业债券获批发行。

**太仓市上市、挂牌企业情况表**

表59

| 企业名称 | 股票代码 | 上市时间 | 上市、挂牌地 |
|---|---|---|---|
| 天顺风能（苏州）股份有限公司 | 002531 | 2010年10月31日 | 深圳证券交易所中小板上市 |
| 苏州锦凯纺织有限公司 | MTXS.OB | 2010年12月17日 | 美国纳斯达克OTCBB市场借壳上市 |
| 苏州雅本化学股份有限公司 | 300261 | 2011年9月6日 | 深圳证券交易所创业板上市 |
| 怡球金属资源再生（中国）股份有限公司 | 601388 | 2012年4月23日 | 上海证券交易所主板上市 |
| 苏州德威新材料股份有限公司 | 300325 | 2012年6月1日 | 深圳证券交易所创业板上市 |
| 中润科技股份有限公司 | 100073 | 2013年7月8日 | 上海股权托管交易中心挂牌 |
| 苏州市富尔达科技股份有限公司 | 100180 | 2014年2月18日 | 上海股权托管交易中心挂牌 |
| 苏州维艾普新材料股份有限公司 | 831612 | 2015年1月21日 | 全国中小企业股份转让系统挂牌 |
| 苏州香塘担保股份有限公司 | 831959 | 2015年2月11日 | 全国中小企业股份转让系统挂牌 |
| 太仓市天然气有限公司 | 1430 | 2015年3月11日 | 香港联合交易所有限公司主板上市 |
| 太仓兴宇印刷包装股份有限公司 | 832364 | 2015年4月23日 | 全国中小企业股份转让系统挂牌 |
| 苏州富瑞合金科技股份有限公司 | 100468 | 2015年5月15日 | 上海股权托管交易中心挂牌 |
| 苏州金三元照明电器有限公司 | 207075 | 2015年8月13日 | 上海股权托管交易中心Q板挂牌 |
| 苏州华辰净化股份有限公司 | 833923 | 2015年10月27日 | 全国中小企业股份转让系统挂牌 |
| 苏州宫德升降设备有限公司 | 208245 | 2015年11月20日 | 上海股权托管交易中心Q板挂牌 |
| 苏州信拓物流股份有限公司 | 834590 | 2015年12月4日 | 全国中小企业股份转让系统挂牌 |
| 江苏挺卫实业有限公司 | 364478 | 2016年3月23日 | 深圳前海股权交易中心挂牌 |
| 苏州奥智智能设备股份有限公司 | 836362 | 2016年3月24日 | 全国中小企业股份转让系统挂牌 |
| 苏州撼力合金股份有限公司 | 836820 | 2016年4月20日 | 全国中小企业股份转让系统挂牌 |
| 苏州创扬医药科技股份有限公司 | 836810 | 2016年5月3日 | 全国中小企业股份转让系统挂牌 |
| 苏州德能电机股份有限公司 | 837646 | 2016年6月3日 | 全国中小企业股份转让系统挂牌 |
| 江苏雅鹿品牌运营股份有限公司 | 838976 | 2016年8月11日 | 全国中小企业股份转让系统挂牌 |
| 苏州捷赛机械股份有限公司 | 838880 | 2016年8月12日 | 全国中小企业股份转让系统挂牌 |
| 苏州东南佳新材料股份有限公司 | 839566 | 2016年11月9日 | 全国中小企业股份转让系统挂牌 |
| 太仓世珍集装箱部件股份有限公司 | 838659 | 2016年12月15日 | 全国中小企业股份转让系统挂牌 |
| 苏州美源达环保科技股份有限公司 | 870295 | 2016年12月15日 | 全国中小企业股份转让系统挂牌 |

【能源电力】 2016年，太仓市持续改进能源管理，开展平安电力创建、成品油市场管理、石油天然气输送管道保护等工作，编制执行《有序用电方案》和《电力供应应急预案》，开展《"十三五"热电联产规划》修编工作，新增电力直接交易企业55家，华能40兆瓦光伏项目入选光伏领跑者计划，华能50兆瓦风电项目入选江苏省"十三五"风电规划第一批项目。

【综合协调】 2016年，太仓市获中央预算内资金和专项基金3.27亿元。市发改委推进2016年太湖治理目标责任书和项目修编入库工作，获太湖十期切块资金4763万元；全年兑现总部经济、企业上市等奖励资金3200多万元。结合省重大项目争取土地指标53.33公顷，其中硅酸盐、中广核和似鸟等项目落实点供土地32公顷。组织开展开发区目录修订审核上报工作，推荐上报省级"十三五"战略性新兴产业重大项目4个、重点企业8家、研发平台项目4个、省级特色优势产业基地3个、苏州市级特色小镇1家。

【实事工程】 2016年，太仓市发改委牵头协调推进10项市政府实事工程，包含子项目18个，年内项目全部启动，开工率100%，完成投资5.64亿元，其中虹桥和浦东机场太仓航站楼扩建、公共自行车扩容等11个子项目建成投用，7个子项目有序推进。征集完成2017年建议实施的政府实事工程15项，共分八大类、17个子项目。

（郁　挺）

## 国有资产监督管理

【概况】 2016年，太仓市属国资系统围绕国资国企改革发展和企业转型升级，聚焦国有资产保值增值和国有企业做大做强做优总目标，突出国有资产科学监管，持续深化国资国企改革创新，优化国有资本布局，推动市属国有经济快速发展。截至年底，全市登记在册市级国有控股企业109家，注册资本370.9亿元，市国资委直接出资的一级企业11家，市属国有二级控股企业60家，三级及以下企业38家。全年全市完成国有资本经营预算收缴8808万元。

【国资监管】 2016年，太仓市国资办完成财务总监制度向外派监事会制度改革，印发《太仓市市属国有公司监事会工作细则（试行）》等文件，指导各监事会规范运作，完善法人治理结构，提高监事会履职的独立性、权威性和有效性。优化国有企业债务管理模式，提升国资运营效能。严格落实对外担保、债务举借、资产抵押三项备案制度，建立偿债资金池模式，实施债务分类管理。加强市属国有企业法制工作建立法律顾问制度，建立健全法律事务工作制度，完善企业法律风险防范机制，加强企业法制建设。优化分类考核管理，推进薪酬制度改革，规范国有企业收入分配工作。

【国资优化整合】 2016年，太仓市国资办围绕市级国有企业第二轮整合及国资国企改革开展工作，持续推进国资国企整合、产权管理、资产管理、对外投资管理等。推动市级国有企业整合，从股权、人事、资产、财务等方面对市级国有控股企业进行全面整合。完成企业改制5家，国有股权转让和退出4家。加强市级国有企业对外投资项目备案、监管。完善对外投资考核办法，对市属国有企业对外投资项目严格实行备案制，加强对企业对外投资项目监管。推进市级国有控股、参股企业上市工作。市国资办配合有意向上市的企业做好前期准备工作，尤其是涉及国有股权历史沿革的确认。加强房屋、土地资产的经营管理。采用会计师事务所进场专项审计和企业自主填报相结合方式，清查市属国有企业及下属子企业资产，确保国有资产保值增值。

【国企发展】 2016年，太仓市共备案对外投资项目20项，备案投资金额20.32亿元。太仓市资产经营投资有限公司做好筹建农村产权交易中心准备，探索成立售电公司可行性；出资受让利泰醒狮（太仓）控股有限公司股权，参股太仓汇文三号专项资产管理计划。太仓市城市建设投资集团有限公司推进国联置业滨江丽都、浙通名力桃花岛、香塘淏华镜湖湾、欧美高新技术产业园等地产项目；完成生物医药园配套建设项目，并启动招商工作。太仓市产业投资发展集团有限公司投资太仓民生村镇银行，实现金融业务板块突破；推进农业休闲旅游链项目，注册"花好稻好"商标，成为上海吉祥航空公司粮油供应商。太仓市水处理有限责任公司做实主营业务，提升供排水能力，全年供水10044万吨，处理污水2979万吨，完成污水管网建设25.51公里；市第二水厂取水改移工程有序推进。太仓市城市建设投资集团有限公司围绕城市改造和片区开发，持续推进城北青年公寓、百隆商业广场、西城区2号地块一期工程、娄城大厦、太师府第等5项工程；启动总投资71.5亿元棚改二期项目；全年销售商品房187套（数据来源市国资办，下同），完成销售总面积2.15万平方米，销售收入总额1.66亿元。太仓市交通发展集团有限公司做好沪通铁路股权投资，收购太仓市农村合作经济实业有限公司80%股权；投资建设沙溪客运站站前广场并投用，双凤客运站项目完成主体验收，浏家港首末站和港区智能公交候车亭项目持续推进。

（刘祎晨）

## 市场监督管理

【概况】 2016年，太仓市市场监督管理工作围绕市委、市政府及上级工商、质监、食药监部门工作部署，按照"主动适应新常态，奋力开创新局面"工作主线，抓好商事制度改革，助推企业转型升级，履行服务地方经济发展、维护市场经营秩序和保障消费者合法权益等职能。截至年底，全市共有各类市场主体7.05万户，其中国有集体及其控股企业1903户，私营企业2.08万户，外资企业1388户，个体工商户4.59万户，农民专业合作社573户。

【商事制度改革】 2016年，太仓市坚持"放管服"（简政放权、放管结合、优化服务）一体化推进商事制度改革，

3月15日，太仓市表彰一批“消费者满意单位” （王艳新 摄）

激发创业活力，取得明显成绩。实施放宽住所登记条件、企业“三证合一，一照一码”、个体工商户“两证合一”、全程电子化、开放企业名称自查等改革新政，激发市场发展活力。全年新发展各类市场主体1.06万户，新增注册资本227.8亿元，较上年分别增长3.5%、18.3%。做好“一照一码”换照和电子营业执照发放工作，全年共核发统一社会信用代码营业执照2.1万户，发放电子营业执照2.1万张。办事效率平均提速60%，缩短企业创办周期。截至年底，全市共有各类市场主体7.05万户，其中国有集体及其控股企业1903户，注册资本1149亿元；私营企业2.08万户，注册资本1031亿元；外资企业1388户，注册资本99亿美元；个体工商户4.59万户，注册资本32亿元；农民专业合作社573户，出资总额10亿元。

**【市场监管助推企业转型升级】** 2016年，太仓市支持中小微企业发展，开展“守合同重信用”企业培育、诚信计量示范单位培育、“个转企”转型发展和“股权质押”登记。开展创建“守合同重信用”企业活动，新增苏州级“守合同重信用”企业6家，全市累计有国家级“守合同重信用”企业3家，省级13家，苏州市级126家，太仓市级377家。开展省市诚信计量示范单位培育工作，上报省市诚信示范单位19家。全年共助推“个转企”51户，其中转公司制企业占100%，有力推动个体经济提档升级。全年共助企融资超125亿元，其中办理股权出质登记45起，助企融资43亿元，办理动产抵押登记494件，担保主债权82亿元，有效解决企业融资难题。

**【“三大战略”实施】** 2016年，太仓市推进商标发展战略、名牌发展战略和标准化战略等“三大战略”实施，全年新指导申请注册商标1171件，新认定省著名商标4件、知名商标10件。截至年底，全市注册商标总量9143件，拥有驰名商标7件，著名商标60件，知名商标64件。年内，举办太仓市第三届品牌农副产品品鉴会，促进全市农业品牌发展壮大；推进新材料、高端装备、生物医药、新能源等新兴产业创立自主品牌，组织20家单位23件产品申报江苏名牌，有39家单位的42件产品获评苏州名牌。全年新获评质量信用A级单位23家，AA级单位1家。推进质量强市战略，做好“全国质量强市示范城市”创建工作，开展质量强市、质量强业、质量强企活动，太仓市通过苏州市年度质量工作考核验收。开展技术标准化战略，全市12家单位参与制定（修订）的18项国家级标准获批发布和实施。金纬机械、协鑫光伏和沙溪古镇等3个项目获批入选2016年省级标准化试点，以“一镇一品”为重点推进软件业等新兴领域采用国际标准，全年累计完成采用国际标准43项，商品条码系统成员单位新增注册45家，续展96家。市市场监管局获2015年度全省物品编码工作先进集体一等奖和物品编码知识培训优秀奖。

**【市场监管强化】** 2016年，市市场监管局推进市场主体年度报告工作，通过设立服务专线、上门指导等方式，解决各类市场主体申报难题，完成全市2015年度年报工作，全市企业年报率91.5%，名列苏州各县市前列。以企业信用监管为核心，通过信息公示、经营异常名录等制度强化信用约束，把清理市场冗余、提升市场活力作为重点工作开展。全年注销各类市场主

8月，2016年太仓市品牌农副产品品鉴会在太仓万达广场举行 （王艳新 摄）

10月，市市场监管局开展电梯安全知识宣传进社区活动　（王艳新　摄）

体2097户，有效释放市场资源。完善市场监管信息平台运营维保工作，至年底接入共享平台部门（单位）39个，平台入库数据总量超5600条，有力推动全市事中事后监管工作。通过“双随机”（随机抽取检查对象、随机选取检查人员）监管机制抽查企业314户；履行广告监管职责。运用媒体广告监测系统做好传统媒体广告监管，加强导向监管，开展对互联网金融风险专项检查；提升网络监管工作效能，规范网络销售行为；开展供水等行业格式合同检查；加强对拍卖行为监管，全年共办理拍卖备案128件。

**【特种设备安全监察】** 2016年，太仓市加大特种设备专项检查力度，以气瓶安全、场（厂）内专用机动车辆为重点，全年共巡查特种设备相关企业235家次，发现安全隐患296项，发出特种设备安全监察指令书49份，查处特种设备违法违规案件25件，通报重大隐患3起。探索实践“政社互动”模式，推进特种设备安全宣传“进社区、进学校、进企业”活动，培训核发特种设备作业人员证3016张，登记特种设备2034台，处理投诉举报87起。推进政府实事工程——“96333”太仓市电梯应急救援中心，打好电梯安全攻坚战，督促电梯使用单位落实主体责任。全年共检查电梯使用单位51家，电梯维保单位19家，发现问题并整改29条。

**【市场监管执法办案力度加大】** 2016年，太仓市市场监管工作在百姓关心的食品安全、消费安全、生产安全、生活安全、医药安全等领域严防死守，严厉打击制假售假、非法传销、虚假宣传、违法广告、销售伪劣药材等违法行为。开展“放心市场”专项整治，组织开展打击传销、规范直销、“红盾”质量维权、取缔地条钢建筑用材、公共服务领域供水行业合同格式条款、“双打”（打击侵犯知识产权和打击制售假冒伪劣商品）行动、“红盾网剑”等专项行动，加大对危害人民群众生命财产安全、侵害消费者合法权益等严重违法行为打击力度。全年累计立案查处各类案件349起，办结241起，罚没款入库514万元。

**【消保维权】** 2016年，太仓市整合消保维权举报投诉平台，结合舆情、信访等工作，改进处置规范和流程，提升消保维权工作水平。全年受理各类消费者投诉举报224件，为消费者挽回经济损失24.42万元，办理市便民服务中心“12345”平台转办的各类咨询、投诉、举报、求助、建议485件；苏州市“寒山闻钟”平台交办（回复）单70件，“市长信箱”办件24件，处结率100%。围绕创建消费放心城市，推进创建申报工作，共申报各类先进单位36家。按程序妥善处理职业举报人、网络食品经营等新领域举报投诉多发等情况。联合市消保委开展以“新消费，我做主”为主题的“12315”活动，借助新媒体、消费比对和抽检公示等途径加强与消费者互动，设立汽车消费维权企业监督站25个。

### 太仓市获认定的中国驰名商标

表60

| 商标名称 | 注册人/利害关系人 | 类别 | 核定使用商品/服务 | 认定时间 |
|---|---|---|---|---|
| 雅鹿 | 雅鹿集团股份有限公司 | 25 | 服装 | 2002年 |
| 雅鹿·自由自在 | 雅鹿集团股份有限公司 | 25 | 服装 | 2007年 |
| Yalu & Freedom | 雅鹿集团股份有限公司 | 25 | 服装 | 2007年 |
| 乡村树 | 雅鹿集团股份有限公司 | 25 | 服装 | 2007年 |
| 太仓 | 太仓肉松食品有限公司 | 29 | 肉松 | 2008年 |
| 图形 | 江苏德威新材料股份有限公司 | 1 | 聚氯乙烯树脂、合成树脂塑料 | 2009年 |
| 安佑及图 | 安佑（中国）动物营养研发有限公司 | 31 | 猪饲料 | 2012年 |
| 蓝冰及图 | 苏州雅鹿控股股份有限公司 | 25 | 服装等 | 2015年 |
| 口水娃及图 | 苏州口水娃食品有限公司 | 29 | 精制坚果仁、熟制豆 | 2015年 |
| FrognieZila | 苏州佛朗尼齐拉服饰有限公司 | 25 | 工作服、皮衣，鞋，帽等 | 2015年 |

## 太仓市获认定的江苏省著名商标

表 61

| 序号 | 商标名称 | 注册人/利害关系人 | 类别 | 核定使用商品/服务 | 认定时间 |
|---|---|---|---|---|---|
| 1 | 双爱及图 | 太仓塑料助剂厂有限公司 | 1 | 过氧化二异丙苯、氯化聚乙烯 | 2014年12月 |
| 2 | 旭川 XUCHUAN | 旭川化学（苏州）有限公司 | 1 | 工业用化学品、化学试剂（非医用或兽医用）、合成树脂塑料等 | 2014年12月 |
| 3 | 维艾普及图 | 苏州维艾普新材料有限公司 | 17 | 保温用非导热材料、防热散发合成物、防热辐射合成物等 | 2014年12月 |
| 4 | 荣文及图 | 苏州荣文集团有限公司 | 23 | 弹力丝（纺织用）、长丝、纱等 | 2014年12月 |
| 5 | 金诸及图 | 太仓市金诸农业发展有限公司 | 31 | 非医用饲料添加剂、活动物、饲料等 | 2014年12月 |
| 6 | 太仓港 | 江苏省太仓港港口开发建设投资公司 | 39 | 观光旅游、旅行预定、运输等 | 2014年12月 |
| 7 | 新太 | 太仓新太酒精有限公司 | 5 | 医用酒精、药酒、消毒剂等 | 2014年12月 |
| 8 | 沪星及图 | 太仓市弇西树脂化工有限公司 | 2 | 涂料、油漆、稀释剂等 | 2014年12月 |
| 9 | 仓环 | 江苏仓环铜业股份有限公司 | 6 | 铜管等 | 2014年12月 |
| 10 | 托克斯及图形 | 太仓托克斯冲压技术有限公司 | 7 | 压力机、机床、冲床（工业用机器） | 2014年12月 |
| 11 | LANUVIO | 苏州新超针纺织有限公司 | 25 | 衬衫、内裤、领带等 | 2015年12月 |
| 12 | NJAL | 苏州佛朗尼齐拉服饰有限公司 | 25 | 服装、防水服、围巾等 | 2015年12月 |
| 13 | ALTUSVIA 及图 | 奥特斯维能源（太仓）有限公司 | 9 | 太阳能电池、电池、电池铅板等 | 2015年12月 |
| 14 | OHE | 东又悦（苏州）电子科技新材料有限公司 | 6 | 铝、锌白铜、未加工或半加工铜等 | 2015年12月 |
| 15 | SZN | 苏州巨能发电配套设备有限公司 | 7 | 发电机、交流发电机、定子等 | 2015年12月 |
| 16 | 润孚 RUNFU | 江苏润孚机械轧辊制造有限公司 | 7 | 炼钢厂用转换器、切断机（机器）、轧辊（铸造机械零配件）等 | 2015年12月 |
| 17 | BJF | 江苏保捷锻压有限公司 | 12 | 陆地车辆变速箱、陆地车辆传动轴、陆地车辆用驱动链等 | 2015年12月 |
| 18 | TRANE 及图 | 特灵空调系统（中国）有限公司 | 11 | 制冷装置、冷却器、冷凝装置等 | 2015年12月 |
| 19 | 万松电气及图 | 苏州万松电气有限公司 | 9 | 断路器、逆变器（电）、配电箱（电）等 | 2015年12月 |
| 20 | 新优化纤及图 | 太仓市新佳化纤有限公司 | 23 | 纱、棉线和棉纱、丝纱等 | 2015年12月 |
| 21 | 锦凯 | 苏州锦凯纺织有限公司 | 23 | 弹力丝（纺织用） | 2013年再认定 |
| 22 | 康辉及图 | 苏州康辉纺织有限公司 | 23 | 纱、棉纱和棉线等 | 2013年再认定 |
| 23 | 都市星期天 DUSHI XINGQITIAN | 苏州星期天鞋业有限公司 | 25 | 鞋等 | 2013年再认定 |
| 24 | 雅鹿及图 | 雅鹿集团股份有限公司 | 25 | 服装 | 2013年再认定 |
| 25 | 太仓牌及图 | 太仓肉松食品有限公司 | 29 | 肉松 | 2013年再认定 |
| 26 | DW 及图 | 江苏德威新材料股份有限公司 | 1 | 合成树脂塑料等 | 2013年再认定 |
| 27 | 恩丰 enfeng | 太仓汇丰化学肥料有限公司 | 1 | 肥料 | 2013年再认定 |
| 28 | ARREN | 华伦皮塑（苏州）有限公司 | 18 | 仿皮、半加工或未加工皮革等 | 2013年再认定 |

续表 61

| 序号 | 商标名称 | 注册人／利害关系人 | 类别 | 核定使用商品／服务 | 认定时间 |
|---|---|---|---|---|---|
| 29 | 開明 KaiMing | 太仓市开林油漆有限公司 | 2 | 油漆等 | 2013 年再认定 |
| 30 | 兰燕及图 | 太仓市兰燕甲板敷料涂料有限公司 | 2 | 涂料、油漆等 | 2013 年再认定 |
| 31 | 图形 | 苏州市苏创集团有限公司 | 4 | 气体燃料、石油气、润滑油等 | 2013 年再认定 |
| 32 | 庆君康 | 苏州致君万庆药业有限公司 | 5 | 人用药、医用药物、医药制剂等 | 2013 年再认定 |
| 33 | 天祥 TIANXIANG | 太仓市磁力驱动泵有限公司 | 7 | 磁力泵 | 2013 年再认定 |
| 34 | 春草 | 江苏泰昌电子有限公司 | 9 | 磁性材料和器件、电感线圈等 | 2013 年再认定 |
| 35 | 妙管家 | 妙管家（苏州）日用品有限公司 | 3 | 玻璃清洁剂，厕所清洁剂，衣领清洁剂等 | 2014 年再认定 |
| 36 | YE CHIU 及图 | 怡球金属资源再生（中国）股份有限公司 | 6 | 普通金属锭、铝锭、锌锭 | 2014 年再认定 |
| 37 | FrognieZila | 苏州佛朗尼齐拉服饰有限公司 | 25 | 工作服、皮衣，鞋，帽等 | 2014 年再认定 |
| 38 | 口水娃及图 | 苏州口水娃食品有限公司 | 29 | 精制坚果仁、熟制豆 | 2014 年再认定 |
| 39 | 贯龙及图 | 太仓市贯龙电磁线有限公司 | 9 | 电缆、电线等 | 2014 年再认定 |
| 40 | 醒狮牌 | 太仓利泰纺织厂有限公司 | 23 | 天然棉纱、化纤纱 | 2014 年再认定 |
| 41 | 明辉及图 | 太仓市金辉化纤实业有限公司 | 23 | 弹力丝、人造丝 | 2014 年再认定 |
| 42 | 大仓 | 江苏大仓集团有限公司 | 25 | 衣物、鞋、帽等 | 2014 年再认定 |
| 43 | 飞凤 | 太仓市飞凤食品有限公司 | 29 | 肉、非活家禽 | 2014 年再认定 |
| 44 | 天顺风能 | 天顺风能（苏州）股份有限公司 | 7 | 风力动力设备、风力机和其配件、风力发电设备 | 2015 年再认定 |
| 45 | 玖龙 | 玖龙纸业（太仓）有限公司 | 16 | 纸、牛皮卡纸、白卡纸等 | 2015 年再认定 |
| 46 | 苏革 SUGE | 江苏东泰聚合材料有限公司 | 18 | （牛、羊等）的生皮、仿皮、仿皮革等 | 2015 年再认定 |
| 47 | 中润 | 江苏中润化纤有限公司 | 22 | 纺织纤维 | 2015 年再认定 |
| 48 | 图形 | 江苏申久化纤有限公司 | 23 | 长丝、人造丝、弹力丝（纺织用）等 | 2015 年再认定 |
| 49 | 璜泾加弹 | 太仓市璜泾加弹行业商会 | 23 | 弹力丝、人造丝 | 2015 年再认定 |
| 50 | 力九和及图 | 太仓力九和塑胶工业有限公司 | 27 | 汽车地垫、家居地垫、商业地垫等 | 2015 年再认定 |
| 51 | DONON 及图 | 苏州东南碳制品有限公司 | 9 | 石墨电刷、碳电刷 | 2015 年再认定 |
| 52 | 金星力克斯 | 太仓市金星獭兔有限公司 | 31 | 活动物、种家禽、活家禽等 | 2015 年再认定 |
| 53 | 三角洲 | 江苏三角洲塑化有限公司 | 1 | 塑料粒 | 2015 年再认定 |
| 54 | Shubao 舒宝 | 苏州舒适家具有限公司 | 20 | 家具 | 2015 年再认定 |
| 55 | 美固 | 美固龙金属制品（中国）有限公司 | 6 | 金属容器 | 2015 年再认定 |
| 56 | 恩丰及图 | 太仓汇丰化学肥料有限公司 | 1 | 肥料 | 2016 年再认定 |

续表 61

| 序号 | 商标名称 | 注册人 / 利害关系人 | 类别 | 核定使用商品 / 服务 | 认定时间 |
|---|---|---|---|---|---|
| 57 | 春草 | 江苏泰昌电子有限公司 | 9 | 变压器（电）、电感线圈、磁性材料和器件等 | 2016 年再认定 |
| 58 | 绿宝 EMERALD | 苏州荣文库柏照明系统有限公司 | 11 | 灯、电灯、舞台灯具等 | 2016 年再认定 |
| 59 | ARREN 及图 | 华伦皮塑（苏州）有限公司 | 18 | （动物）皮、皮板、半加工或未加工皮革等 | 2016 年再认定 |
| 60 | 见诚 | 见诚自行车（太仓）有限公司 | 12 | 自行车、儿童车、电动自行车等 | 2016 年再认定 |
| 61 | 欧亚马 | 欧亚马自行车（太仓）有限公司 | 12 | 自行车、电动自行车；自行车轮胎等 | 2016 年再认定 |
| 62 | 图形 | 苏州市苏创集团有限公司 | 4 | 煤砖、气体燃料、石油气等 | 2016 年再认定 |
| 63 | 太仓牌及图 | 太仓肉松食品有限公司 | 29 | 肉松 | 2016 年再认定 |
| 64 | 雅鹿及图 | 雅鹿控股股份有限公司 | 25 | 服装、羽绒服装、针织服装等 | 2016 年再认定 |
| 65 | 香塘及图 | 太仓振辉化纤有限公司 | 23 | 人造丝、纱、丝纱等 | 2016 年再认定 |
| 66 | 開明 KaiMing | 太仓市开林油漆有限公司 | 2 | 油漆、沥青清漆，油漆稀释剂等 | 2016 年再认定 |
| 67 | DW 及图 | 江苏德威新材料股份有限公司 | 1 | 合成树脂塑料、聚氯乙烯树脂 | 2016 年再认定 |
| 68 | 康辉及图 | 苏州康辉纺织有限公司 | 23 | 纱、棉线和棉纱、弹力丝等 | 2016 年再认定 |
| 69 | RiSing | 苏州睿昕汽车配件有限公司 | 11 | 车灯、汽车前灯、汽车转向指示灯等 | 2016 年再认定 |
| 70 | XUSHI | 苏州富瑞合金科技股份有限公司 | 6 | 金属管、金属套管、金属支架等 | 2016 年再认定 |
| 71 | 庆君康 | 国药集团致君（苏州）制药有限公司 | 5 | 人用药、医用药物、医药制剂等 | 2016 年再认定 |

## 太仓市获评“江苏名牌产品”企业名单

表 62

| 序号 | 企业名称 | 产品名称 | 商标 | 获得年份 |
|---|---|---|---|---|
| 1 | 太仓汇丰化学肥料有限公司 | 复混肥料（复合肥料） | 恩丰 | 2014 年 |
| 2 | 太仓中化环保化工有限公司 | 1,1,1,2- 四氟乙烷 | JINCOOL（金冷）牌 | 2014 年 |
| 3 | 苏州星期天鞋业有限公司 | 皮鞋 | 都市星期天 | 2014 年 |
| 4 | 太仓市开林油漆有限公司 | 油漆 | 开明 | 2014 年 |
| 5 | 苏州市富尔达科技股份有限公司 | 闭门器 | 富尔达 | 2014 年 |
| 6 | 江苏长乐纤维科技有限公司 | 纺织 | 长乐 | 2014 年 |
| 7 | 苏州新超针纺织有限公司 | 男式衬衫 | 澜维奥（LANUVIO）牌 | 2015 年 |
| 8 | 中润科技股份有限公司 | 涤纶预取向丝 | 中润牌 | 2015 年 |
| 9 | 苏州雅鹿控股股份有限公司 | 羽绒服 | 雅鹿牌 | 2015 年 |
| 10 | 江苏德威新材料股份有限公司 | 电缆料 | 德威 /DW（图形） | 2015 年 |
| 11 | 太仓利泰纺织厂有限公司 | 纱 | 醒狮牌 | 2015 年 |
| 12 | 太仓利泰纺织厂有限公司 | 布 | 利泰牌 | 2015 年 |

续表 62

| 序号 | 企业名称 | 产品名称 | 商标 | 获得年份 |
|---|---|---|---|---|
| 13 | 江苏大仓集团有限公司 | 男西服、大衣 | 大仓牌 | 2015 年 |
| 14 | 美固龙金属制品（中国）有限公司 | 购物车 | 美固龍牌 | 2015 年 |
| 15 | 苏州三和管桩有限公司 | 先张法预应力混凝土管桩 | 三和牌 | 2015 年 |
| 16 | 裕克施乐塑料制品（太仓）有限公司 | 汽车驻车制动作用器 | oechsler | 2015 年 |
| 17 | 旭川化学(苏州)有限公司 | 聚氨酯树脂 | 旭川（XUCHUAN） | 2015 年 |
| 18 | 太仓协鑫光伏科技有限公司 | 太阳能级多晶硅片 | — | 2015 年 |
| 19 | 苏州国信集团有限公司 | — | — | 2015 年 |
| 20 | 江苏仓环铜业股份有限公司 | 铜及铜合金管 | 仓环 | 2016 年 |
| 21 | 怡球金属资源再生（中国）股份有限公司 | 铝合金锭 | yichlu | 2016 年 |
| 22 | 玖龙纸业（太仓）有限公司 | 牛卡纸 | 玖龙 | 2016 年 |
| 23 | 玖龙纸业（太仓）有限公司 | 瓦楞芯纸 | 玖龙 | 2016 年 |
| 24 | 江苏申久化纤有限公司 | 涤纶长丝 | 申久 | 2016 年 |
| 25 | 苏州荣文库柏照明系统有限公司 | LED 照明产品 | EMERALD（绿宝）牌 | 2016 年 |
| 26 | 中广核三角洲（江苏）塑化有限公司 | 聚氯乙烯电缆料 | 三角洲 | 2016 年 |
| 27 | 太仓振辉化纤有限公司 | 涤纶预取向丝 | 香塘 | 2016 年 |
| 28 | 太仓振辉化纤有限公司 | 涤纶低弹丝 | 福柔思牌 | 2016 年 |
| 29 | 江苏东泰聚合材料有限公司 | 人造革(合成革) | 苏革 +SUGE | 2016 年 |
| 30 | 苏州市苏创集团有限公司 | — | — | 2016 年 |
| 31 | 奥特斯维能源（太仓）有限公司 | 多晶硅太阳电池 | ALTUSVIA | 2016 年 |
| 32 | 天顺风能（苏州）股份有限公司 | 风力发电塔塔架 | 天顺风能 | 2016 年 |
| 33 | 苏州斯迪克新材料科技股份有限公司 | 新型平板显示用高效多功能光学膜材料 | SDK | 2016 年 |
| 34 | 雅鹿控股股份有限公司 | 羽绒服 | 蓝冰 | 2016 年 |

## 2016 年太仓市参与制定（修订）国家标准、行业标准企业名单

表 63

| 序号 | 标准号 | 标准名称 | 参与（负责）起草单位 |
|---|---|---|---|
| 1 | GB 15892 – 2003 | 水处理剂 聚氯化铝 | 太仓市新星轻工助剂厂 |
| 2 | GB 15892 – 2009 | 生活饮用水用聚氯化铝 | 太仓市新星轻工助剂厂 |
| 3 | GB 19576 – 2004 | 单元式空气调节机能效限定值及能源效率等级 | 特灵空调器有限公司 |
| 4 | GB 19577 – 2015 | 冷水机组能效限定值及能效等级 | 特灵空调系统（中国）有限公司 |
| 5 | GB 25131 – 2010 | 蒸汽压缩循环冷水（热泵）机组安全要求 | 特灵空调器有限公司 |
| 6 | GB 30721 – 2014 | 水(地)源热泵机组能效限定值及能效等级 | 特灵空调系统（中国）有限公司 |

续表 63

| 序号 | 标准号 | 标准名称 | 参与（负责）起草单位 |
|---|---|---|---|
| 7 | GB 31060 － 2014 | 水处理剂 硫酸铝 | 太仓市新星轻工助剂厂 |
| 8 | GB/T 12028 － 1989 | 洗涤剂用羧甲基纤维素钠 | 太仓县轻工助剂厂 |
| 9 | GB/T 13586 － 2006 | 铝及铝合金废料 | 怡球金属（太仓）有限公司 |
| 10 | GB/T 14272 － 2011 | 羽绒服装 | 雅鹿集团股份有限公司 |
| 11 | GB/T 14460 － 2015 | 涤纶低弹丝 | 太仓市璜泾镇人民政府 |
| 12 | GB/T 17590 － 1998 | 易开盖三片罐 | 太仓兴达制罐有限公司 |
| 13 | GB/T 18430.1 － 2007 | 蒸汽压缩循环冷水（热泵）机组<br>第1部分：工业或商业及类似用途的冷水（热泵）机组 | 特灵空调器有限公司 |
| 14 | GB/T 18836 － 2002 (2004) | 风管送风式空调（热泵）机组 | 特灵空调器有限公司 |
| 15 | GB/T 19447 － 2004 | 热交换器用铜及铜合金 无缝翅片管 | 江苏仓环铜业股份有限公司 |
| 16 | GB/T 19447 － 2013 | 热交换器用铜及铜合金无缝翅片管 | 江苏仓环铜业股份有限公司 |
| 17 | GB/T 19849 － 2014 | 电缆用无缝铜管 | 江苏仓环铜业股份有限公司 |
| 18 | GB/T 19850 － 2013 | 导电用无缝铜管 | 江苏仓环铜业股份有限公司 |
| 19 | GB/T 19851.20 － 2007 | 中小学体育器材利场地<br>第20部分：跳绳 | 太仓新塘毽绳厂 |
| 20 | GB/T 19851.21 － 2007 | 中小学体育器材利场地<br>第21部分：毽球、花毽 | 太仓新塘毽绳厂 |
| 21 | GB/T 20301 － 2015 | 磁控管用无氧铜管 | 江苏仓环铜业股份有限公司 |
| 22 | GB/T 20738 － 2006 | 屋顶式空气调节机组 | 特灵空调器有限公司 |
| 23 | GB/T 21655.1 － 2008 | 纺织品 吸湿速干性的评定<br>第1部分：单项组合试验法 | 耐克体育（中国）有限公司<br>太仓市金辉化纤实业有限公司 |
| 24 | GB/T 21655.2 － 2009 | 纺织品 吸湿速干性的评定<br>第2部分：动态水分传递法 | 耐克体育（中国）有限公司<br>太仓市金辉化纤实业有限公司 |
| 25 | GB/T 23444 － 2009 | 金属及金属复合材料吊顶板 | 林德纳新型建筑材料（太仓）有限公司 |
| 26 | GB/T 24617 － 2009 | 冷冻食品物流包装、标志、运输和储存 | 苏州新亚科技有限公司 |
| 27 | GB/T 25128 － 2010 | 直接蒸发式全新风空气处理机组 | 特灵空调器有限公司 |
| 28 | GB/T 25254 － 2010 | 工业用聚四亚甲基醚二醇（PTMEG） | 中化国际太仓兴国实业有限公司 |
| 29 | GB/T 25263 － 2010 | 氯化橡胶防腐涂料 | 太仓市开林油漆有限公司 |
| 30 | GB/T 2664 － 2001 | 男西服、大衣 | 江苏大仓集团有限公司 |

续表 63

| 序号 | 标准号 | 标准名称 | 参与（负责）起草单位 |
|---|---|---|---|
| 31 | GB/T 26713 － 2011 | 鞋类化学实验方法，富马酸二甲酯（DMF）的测定 | 太仓市产品质量监督检验所 |
| 32 | GB/T 27806 － 2011 | 环氧沥青防腐涂料 | 太仓市开林油漆有限公司 |
| 33 | GB/T 29341 － 2012 | 水处理剂用铝酸钙 | 太仓市新星轻工助剂厂 |
| 34 | GB/T 29468 － 2012 | 洁净室及相关受控环境，围护结构夹芯板应用技术指南 | 蓝海永乐（江苏）新材料有限公司 |
| 35 | GB/T 29469 － 2012 | 洁净室及相关受控环境，性能及合理性评价 | 苏州市碧海永乐净化科技有限公司 |
| 36 | GB/T 30124 － 2013 | 竹炭涤纶低弹丝 | 苏州金辉纤维新材料有限公司 |
| 37 | GB/T 30127 － 2013 | 纺织品 远红外性能的检测和评价 | 苏州金辉纤维新材料有限公司 |
| 38 | GB/T 30786 － 2014 | 色漆和清漆 腐蚀试验用金属板涂层划痕标记导则 | 太仓市高分子材料研发中心有限公司 |
| 39 | GB/T 30790.1 － 2014 | 色漆和清漆 防护涂料体系对钢结构的防腐蚀保护 第1部分：总则 | 太仓市高分子材料研发中心有限公司 |
| 40 | GB/T 30791 － 2014 | 色漆和清漆　T 弯试验 | 太仓市高分子材料研发中心有限公司 |
| 41 | GB/T 31125 － 2014 | 胶粘带初黏性试验方法 环形法 | 苏州斯迪克新材料科技股份有限公司 |
| 42 | GB/T 32129 － 2015 | 电线电缆用无卤低烟阻燃电缆料 | 中广核三角洲（苏州）高聚物有限公司 |
| 43 | GB/T 33006 － 2016 | 静电喷雾器 技术要求 | 苏州稼乐植保机械科技有限公司 |
| 44 | GB/T 5126 － 2013 | 铝及铝合金冷拉薄壁管材涡流探伤方法 | 苏州龙骏无损检测设备有限公司 |
| 45 | GB/T 5248 － 2016 | 铜及铜合金无缝管涡流探伤方法 | 苏州龙骏无损检测技术有限公司 |
| 46 | GB/T 621 － 2015 | 化学试剂氢溴酸 | 太仓沪试试剂有限公司 |
| 47 | GB/T 7778 － 2008 | 制冷剂编号方法和安全性分类 | 特灵空调器有限公司 |
| 48 | GB/T 8891 － 2013 | 铜及铜合金散热管 | 江苏仓环铜业股份有限公司 |
| 49 | GB/T 8892 － 2014 | 压力表用铜合金管 | 苏州富瑞铜业有限公司 |
| 50 | GB/T 9129 － 2003 | 管法兰用非金属平垫片 技术条件 | 太仓市宝马密封材料有限公司 |
| 51 | GB/T 6508 － 2015 | 涤纶长丝染色均匀度试验方法 | 太仓振辉化纤有限公司 |
| 52 | CB/T 3361 － 1998 | 甲板敷料 | 太仓市兰燕甲板敷料涂料有限公司 |
| 53 | CB/T 3755 － 1995 | 铝质衡力升降式船用窗技术条件 | 太仓衡力窗专业生产厂 |
| 54 | CY/T 59 － 2009 | 纸质印刷品 模切过程控制及检测方法 | 星光印刷（苏州）有限公司 |
| 55 | CY/T 60 － 2009 | 纸质印刷品 烫印与压凹凸过程控制及检测方法 | 星光印刷（苏州）有限公司 |

续表63

| 序号 | 标准号 | 标准名称 | 参与（负责）起草单位 |
|---|---|---|---|
| 56 | CY/T 61 － 2009 | 纸质印刷品、制盒过程控制及检测方法 | 星光印刷（苏州）有限公司 |
| 57 | FZ/T 50017 － 2011 | 涤纶阻燃性能试验方法－氧指数法 | 太仓市金辉化纤实业有限公司 |
| 58 | FZ/T 50021 － 2014 | 化纤磷系阻燃产品磷含量试验方法 | 大加利（太仓）质量技术检测中心有限公司 |
| 59 | FZ/T 50029 － 2015 | 合成纤维原料切片阻燃性能试验方法 氧指数法 | 苏州金辉纤维新材料有限公司 |
| 60 | FZ/T 50030 － 2015 | 化学纤维 膨体长丝（BCF）热卷曲伸长率试验方法 | 大加利（太仓）质量技术检测中心有限公司 |
| 61 | FZ/T 51007 － 2012 | 阻燃聚酯切片（PET） | 苏州金辉纤维新材料有限公司 |
| 62 | FZ/T 54003 － 2012 | 涤纶预取向丝 | 江苏申久化纤有限公司 |
| 63 | FZ/T 54020 － 2009 | 聚对苯二甲酸丙二醇酯（PPT）弹力丝 | 太仓市金辉化纤实业有限公司 |
| 64 | FZ/T 54021 － 2009 | 聚对苯二甲酸丙二醇酯（PPT）预取向丝 | 太仓市金辉化纤实业有限公司 |
| 65 | FZ/T 54038 － 2011 | 有光异形涤纶低弹丝 | 太仓市方圆质量技术检测中心 |
| 66 | FZ/T 54046 － 2012 | 再生涤纶预取向丝 | 太仓市金辉化纤实业有限公司 |
| 67 | FZ/T 54047 － 2012 | 再生涤纶低弹丝 | 太仓市光辉化纤实业有限公司 |
| 68 | FZ/T 54048 － 2012 | 再生涤纶牵伸丝 | 太仓市金辉化纤实业有限公司 |
| 69 | FZ/T 54059 － 2012 | 涤锦复合预取向丝 | 太仓荣文合成纤维有限公司 |
| 70 | FZ/T 54061 － 2012 | 涤锦复合低弹丝 | 太仓荣文合成纤维有限公司 |
| 71 | FZ/T 54066 － 2013 | 阳离子染料可染改性涤纶预取向丝 | 苏州金辉纤维新材料有限公司 |
| 72 | FZ/T 54084 － 2016 | 阻燃涤纶预取向丝 | 苏州金辉纤维新材料有限公司<br>江苏太仓振辉化纤有限公司 |
| 73 | FZ/T 54085 － 2016 | 阻燃涤纶低弹丝 | 苏州金辉纤维新材料有限公司<br>江苏太仓振辉化纤有限公司 |
| 74 | FZ/T 54086 － 2016 | 阻燃涤纶牵伸丝 | 江苏太仓振辉化纤有限公司<br>苏州金辉纤维新材料有限公司 |
| 75 | FZ/T 73020 － 2012 | 针织休闲服装 | 耐克体育（中国）有限公司 |
| 76 | FZ/T 93047 － 1998 | 针刺机 | 太仓市万龙非织造布有限公司 |
| 77 | FZ/T 93047 － 2011 | 针刺机 | 太仓市双凤非织造布设备有限公司 |
| 78 | FZ/T 93062 － 2012 | 针刺法非织造布生产联合机 | 太仓市双凤非织造布设备有限公司 |
| 79 | FZ/T 93089 － 2014 | 喂棉箱 | 太仓市双凤非织造布设备有限公司 |
| 80 | FZ/T 95012 － 2010 | 单层拉幅定型机 | 太仓市万龙非织造工程有限公司 |

续表63

| 序号 | 标准号 | 标准名称 | 参与（负责）起草单位 |
|---|---|---|---|
| 81 | FZ/T 97033 － 2014 | 针织圆机针筒 | 太仓市永发针织机械有限公司 |
| 82 | FZ/T 98001 － 2009 | 电容式条干均匀度仪 | 太仓宏大方圆电气有限公司 |
| 83 | FZ/T 98003 － 2009 | 电子清纱器 | 太仓宏大方圆电气有限公司 |
| 84 | FZ/T 98004 － 2008 | 激振式纤维线密度仪 | 太仓宏大方圆电气有限公司 |
| 85 | FZ/T 98007 － 2011 | 电子单纱强力仪 | 纺织电子仪器太仓质量监督检测中心 |
| 86 | FZ/T 98009 － 2011 | 电子单纤维强力仪 | 太仓纺织仪器厂有限公司 |
| 87 | FZ/T 98010 － 2011 | 通风式纺织烘箱 | 太仓纺织仪器厂有限公司 |
| 88 | FZ/T 98011 － 2011 | 原棉回潮率测定仪 | 苏州科慧电子技术研究所（有限公司） |
| 89 | FZ/T 50027 － 2015 | 化学纤维 二氧化钛含量试验方法 | 江苏太仓振辉化纤有限公司 |
| 90 | GA/T 1145 － 2014 | 警用约束叉 | 太仓市友联电器有限公司 |
| 91 | HG 2227 － 2004 | 水处理剂 硫酸铝 | 太仓市新星轻工助剂厂 |
| 92 | HG/T 2225 － 2010 | 工业硫酸铝 | 太仓市新星轻工助剂厂 |
| 93 | HG/T 2239 － 2012 | 环氧酯底漆 | 太仓市高分子材料研发中心有限公司 |
| 94 | HG/T 2240 － 2012 | 潮（湿）气固化聚氨酯涂料（单组分） | 太仓市高分子材料研发中心有限公司 |
| 95 | HG/T 2567 － 1994 | 工业活性沉淀碳酸钙 | 太仓碳酸钙厂 |
| 96 | HG/T 2638 － 2004 | 搪玻璃设备质量分等 | 太仓天婷工业搪瓷有限公司 |
| 97 | HG/T 2730 － 2012 | 磁力驱动离心式化工流程泵 | 太仓市磁力驱动泵有限公司 |
| 98 | HG/T 3684 － 2011 | 搪玻璃双锥形回转式真空干燥机 | 太仓新工搪玻璃有限公司 |
| 99 | HG/T 4337 － 2012 | 钢质输水管道无溶剂液体环氧涂料 | 太仓市开林油漆有限公司 |
| 100 | HG/T 4341 － 2012 | 金属表面用热反射隔热涂料 | 太仓市开林油漆有限公司 |
| 101 | HG/T 4343 － 2012 | 水性多彩建筑涂料 | 太仓市高分子材料研发中心有限公司 |
| 102 | JB/T 10240 － 2001 | 静电粉末涂装设备 | 太仓市静电设备厂 |
| 103 | JB/T 11909 － 2014 | 农用万向节传动轴 | 太仓市项氏农机有限公司 |
| 104 | JB/T 12252 － 2015 | 风力发电机用电刷 | 苏州东南碳制品有限公司 |
| 105 | JB/T 12253 － 2015 | 铁路电力机车受电弓滑板用碳条 | 苏州东南碳制品有限公司 |

续表 63

| 序号 | 标准号 | 标准名称 | 参与（负责）起草单位 |
|---|---|---|---|
| 106 | JB/T 6492 － 2014 | 锥形异向双螺杆塑料挤出机 | 苏州杰威尔精密机械有限公司 |
| 107 | JB/T 7599.10 － 2013 | 漆包绕组线绝缘漆<br>第 10 部分：180 级聚氨酯漆包线漆 | 东特涂料（太仓）有限公司 |
| 108 | JB/T 7599.11 － 2013 | 漆包绕组线绝缘漆<br>第 11 部分：聚乙烯醇缩丁醛自粘漆包线漆 | 东特涂料（太仓）有限公司 |
| 109 | JB/T 7599.1 － 2013 | 漆包绕组线绝缘漆<br>第 1 部分：一般规定 | 东特涂料（太仓）有限公司 |
| 110 | JB/T 7599.12 － 2013 | 漆包绕组线绝缘漆<br>第 12 部分：聚酰胺自粘漆包线漆 | 东特涂料（太仓）有限公司 |
| 111 | JB/T 7599.13 － 2013 | 漆包绕组线绝缘漆<br>第 13 部分：芳族聚酰胺自粘漆包线漆 | 东特涂料（太仓）有限公司 |
| 112 | JB/T 7599.14 － 2013 | 漆包绕组线绝缘漆<br>第 14 部分：环氧自粘漆包线漆 | 东特涂料（太仓）有限公司 |
| 113 | JB/T 7599.2 － 2013 | 漆包绕组线绝缘漆<br>第 2 部分:120 级缩醛漆包线漆 | 东特涂料（太仓）有限公司 |
| 114 | JB/T 7599.3 － 2013 | 漆包绕组线绝缘漆<br>第 3 部分:130 级聚酯漆包线漆 | 东特涂料（太仓）有限公司 |
| 115 | JB/T 7599.4 － 2013 | 漆包绕组线绝缘漆<br>第 4 部分:130 级聚氨酯漆包线漆 | 东特涂料（太仓）有限公司 |
| 116 | JB/T 7599.5 － 2013 | 漆包绕组线绝缘漆<br>第 5 部分:155 级聚酯漆包线漆 | 东特涂料（太仓）有限公司 |
| 117 | JB/T 7599.6 － 2013 | 漆包绕组线绝缘漆<br>第 6 部分:180 级聚酯亚胺漆包线漆 | 东特涂料（太仓）有限公司 |
| 118 | JB/T 7599.7 － 2013 | 漆包绕组线绝缘漆<br>第 7 部分:200 级聚酰胺酰亚胺漆包线漆 | 东特涂料（太仓）有限公司 |
| 119 | JB/T 7599.8 － 2013 | 漆包绕组线绝缘漆<br>第 8 部分:240 级芳族聚酰亚胺漆包线漆 | 东特涂料（太仓）有限公司 |
| 120 | JB/T 7599.9 － 2013 | 漆包绕组线绝缘漆<br>第 9 部分:155 级聚氨酯漆包线漆 | 东特涂料（太仓）有限公司 |
| 121 | JB/T 8133.5 － 2013 | 电炭制品物理化学性能试验方法<br>第 5 部分：刷体与软接线联接处的联接电阻 | 苏州东南碳制品有限公司 |
| 122 | JB/T 8133.6 － 2013 | 电炭制品物理化学性能试验方法<br>第 6 部分：电刷软接线的脱出拉力 | 苏州东南碳制品有限公司 |
| 123 | JB/T 9054 － 2000 | 离心式除尘器 | 太仓市除尘设备厂 |
| 124 | JB/T 9180.1 － 2014 | 钢质冷挤压件<br>第 1 部分：公差 | 江苏保捷锻压有限公司 |
| 125 | JB/T 9180.2 － 2014 | 钢质冷挤压件<br>第 2 部分：通用技术条件 | 江苏保捷锻压有限公司 |
| 126 | JC/T 2090 － 2011 | 《聚合物水泥防水浆料》 | 太仓市恒洋实业有限公司 |
| 127 | JC/T 2186 － 2013 | 室内墙面轻质装饰板用免钉胶 | 江苏大力士投资有限公司 |
| 128 | JG 149 － 2003 | 膨胀聚苯板薄抹灰外墙外保温系统 | 慧鱼（太仓）建筑锚栓有限公司 |
| 129 | JG/T 438 － 2014 | 建筑用真空绝热板 | 苏州维艾普新材料有限公司 |
| 130 | JT/T 560 － 2004 | 船用吸油毡 | 太仓市经贸特种滤材厂 |

续表 63

| 序号 | 标准号 | 标准名称 | 参与（负责）起草单位 |
|---|---|---|---|
| 131 | NB/T 20364 － 2015 | 核电站用核级柔性石墨板技术条件 | 苏州宝骅机械技术有限公司 |
| 132 | NB/T 20365 － 2015 | 核电厂核级管道法兰用石墨密封垫片技术条件 | 苏州宝骅机械技术有限公司 |
| 133 | NB/T 20366 － 2015 | 核电厂核级管道法兰用石墨密封垫片试验方法 | 苏州宝骅机械技术有限公司 |
| 134 | QB/T 1399 － 1991 | 香菇罐头 | 太仓罐头食品厂 |
| 135 | QB/T 2958 － 2008 | 服装用聚氨酯合成革 | 江苏东泰合成革有限公司 |
| 136 | QB/T 4341 － 2012 | 抗菌聚氨酯合成革—抗菌性能试验方法和抗菌效果 | 江苏东泰聚合物材料有限公司 |
| 137 | QB/T 4548 － 2013 | 高尔夫球鞋 | 耐克体育（中国）有限公司 |
| 138 | QB/T 4872 － 2015 | 人造革合成革试验方法 接缝强度的测定 | 华伦皮塑（苏州）有限公司 |
| 139 | SN/T 3518 － 2013 | 石油产品运动粘度的测定 斯塔宾格黏度计法 | 中国石油天然气股份有限公司华东润滑油厂 |
| 140 | YS/T 1102 － 2016 | 光电倍增管用铍青铜带 | 苏州金江铜业有限公司 |
| 141 | YS/T 583 － 2016 | 热锻水暖管件用黄铜棒 | 苏州撼力铜合金材料有限公司 |
| 142 | YS/T 669 － 2013 | 同步器齿环用挤制铜合金管 | 苏州撼力铜合金材料有限公司 |
| 143 | YS/T 909 － 2013 | 电真空器件用无氧铜管材 | 江苏仓环铜业股份有限公司 |
| 144 | YS/T 911 － 2013 | 铜及铜合金 U 形管 | 苏州富瑞铜业有限公司 |
| 145 | YS/T 998 － 2014 | $Al_2O_3$ 弥散强化铜棒材和线材 | 苏州金江铜业有限公司 |
| 146 | YS/T 999 － 2014 | 铜及铜合金毛细管涡流探伤方法 | 苏州龙骏无损检测设备有限公司 |
| 147 | YY/T 1304.1 － 2015 | 时间分辨荧光免疫检测系统<br>第 1 部分：半自动时间分辨荧光免疫分析仪 | 苏州新波生物技术有限公司 |
| 148 | YY/T 1304.2 － 2015 | 时间分辨荧光免疫检测系统<br>第 2 部分：时间分辨荧光免疫分析定量测定试剂（盒） | 苏州新波生物技术有限公司 |

## 2016 年太仓市私营企业、个体工商户登记注册统计表

表 64

| 登记类型 | 项目 | 单位 | 2016 年发展 | | 年末实有 | |
|---|---|---|---|---|---|---|
| | | | 数量 | 较上年（%） | 数量 | 较上年（%） |
| 私营企业（不含分支机构） | 户数 | 户 | 3836 | 23.71 | 20769 | 19.07 |
| | 注册资本 | 亿元 | 196.74 | 65.19 | 1031.76 | 34.18 |
| | 从业人员 | 人 | 27023 | 29.3 | 204286 | –9.97 |
| 个体工商户 | 户数 | 户 | 6485 | –6.07 | 45915 | 12.08 |
| | 资金总额 | 亿元 | 5.73 | –5.64 | 31.5 | 16.8 |
| | 从业人员 | 人 | 8052 | –7.3 | 62840 | 10.15 |

## 2016年各镇（区）私营企业、个体工商户发展情况统计表

表 65

| 镇（区） | 私营企业 | | | | | | | | 个体工商户 | | | | | |
|---|---|---|---|---|---|---|---|---|---|---|---|---|---|---|
| | 户数（家） | 较上年（%） | 注册资本（万元） | 较上年（%） | 从业人数（人） | 较上年（%） | 2016年增减资（老企业） | | 户数（家） | 较上年（%） | 注册资金（万元） | 较上年（%） | 从业人数（人） | 较上年（%） |
| | | | | | | | 户数（家） | 资本（万元） | | | | | | |
| 港区（含浮桥镇） | 660 | 24.76 | 373626.0 | 111.80 | 3997 | 10.57 | 99 | 131215.5 | 863 | 6.94 | 8378.0 | 16.61 | 869 | 4.95 |
| 新区 | 1127 | 8.57 | 793497.8 | 94.79 | 8207 | 25.68 | 209 | 297920.4 | 1417 | −7.45 | 7515.3 | −32.15 | 2573 | −8.60 |
| （开发区） | 1022 | 7.69 | 756904.8 | 96.50 | 7462 | 26.15 | 184 | 205797.4 | 1249 | −4.22 | 6668.3 | −28.92 | 2390 | −7.18 |
| （陆渡镇） | 105 | 17.98 | 36593.0 | 65.08 | 745 | 21.14 | 25 | 92123.0 | 168 | −25.99 | 847.0 | −50.03 | 183 | −23.75 |
| 城厢镇 | 1079 | 34.20 | 356854.2 | 0.37 | 6763 | 25.50 | 141 | 70213.7 | 1800 | −22.48 | 15182.5 | −16.41 | 1899 | −20.51 |
| 沙溪镇 | 346 | 36.76 | 102872.2 | 150.50 | 2887 | 56.05 | 63 | 38126.8 | 724 | 16.40 | 7240.0 | 16.83 | 737 | 10.33 |
| 浏河镇 | 283 | 47.40 | 183686.0 | 94.44 | 2096 | 86.31 | 34 | 13093.0 | 834 | 2.96 | 9851.0 | 33.79 | 843 | 2.06 |
| 璜泾镇 | 169 | 12.67 | 83460.0 | 1.00 | 1540 | 25.92 | 25 | 31839.0 | 558 | 8.98 | 6990.0 | −18.82 | 730 | 9.77 |
| 双凤镇 | 171 | 27.61 | 73428.2 | 118.97 | 1533 | 31.25 | 35 | 21692.8 | 289 | −3.67 | 2127.0 | −7.12 | 401 | −22.29 |
| 全市 | 3835 | 23.71 | 1967424.4 | 65.19 | 27023 | 29.30 | 606 | 604191.3 | 6485 | −6.07 | 57283.8 | −5.64 | 8052 | −7.30 |

（王艳新）

# 价　格

【概况】　2016年，太仓市价格工作按照上级统一部署，以贯彻省委、省政府《关于全面推进价格机制改革的实施意见》为主线，紧扣改革创新、监管服务主题，推进价格机制改革，强化价格总水平调控，加强市场价格监管，提升价格公共服务水平。年内，开展房地产价格调控和油电气价格改革、医疗服务价格改革，做好价格清费治乱减负工作，加强民办学校教育收费管理。多次开展商品房销售明码标价、涉企收费减免政策落实情况、电信市场价格资费行为、景区门票价格等专项检查。加强价格举报工作，全年共受理各类咨询、投诉和举报200余件，办结率100%。1月1日起，按上级通知要求，太仓市不再进行居民消费价格指数统计工作。

【价格调控】　2016年，市物价局落实价格调控目标责任，围绕上级下达的年度价格调控目标任务，结合实际拟订太仓市具体实施意见，报送市政府组织实施。定期组织召开价格调控部门联席会议，协调各成员单位落实各项综合调控措施。丰富价格调控保障措施，全年安排价格调节基金135万元用于扶持生产、稳定物价。年内，开展房地产价格调控。落实房地产"去库存"目标任务，贯彻上级有关政策，坚持放管结合，加强和改进商品住房价格事中事后监管方式，鼓励引导房地产开发企业顺应市场规律，合理确定商品住房价格。10月，苏州市政府印发《关于进一步加强全市房地产市场调控的意见》（苏府〔2016〕150号），太仓市进一步加强商品房备案价格审核，加强对捂盘惜售、哄抬房价、价格欺诈、不执行商品房销售明码标价制度等违法违规行为的执法检查力度，全市房地产市场趋于平稳。

【价格监测预警】　2016年，太仓市健全市场价格监测预警体系，"娄东民生价格在线"上线。民生价格采集发布力度加强，发布渠道进一步拓宽。全市13个农贸市场的农副产品价格每天在太仓电视台、中国太仓网、太仓扬帆网同步发布。发挥"价比三家"平台作用，采集发布重要民生商品价格信息近50期，为引导企业合理定价、消费者理性消费提供科学参考。

【价格改革】　油电气价格改革。2016年，太仓市执行蒸汽价格与煤炭价格联动政策，1月26日起，全市蒸汽价格每吨下调5元。落实国家成品油价格形成机制，及时公布调整价格，做好相应宣传解释工作。贯彻省物价局电价调整政策，4月20日起，取消化肥电价格优惠，按相同类别工商业用电价格执行；6月1日起，降低一般工商业及其他用电价格，每千瓦时下调0.73分。

医疗服务价格改革。2016年，太仓市根据上级要求，对全市公立医院5700多项医疗服务价格进行测算和梳理，确定市第一人民医院等4家县级公立医院全面执行二类公立医院价格标准，沙溪人民医院等5家乡镇医院诊察费保持原价格水平不变，等级护理、床位费、康复、检验检查、检验基本组合执行二类公立医院价格标准，其他医疗服务价格按二类公立医院价格标准的90%执行。4月1日全部调整到位。

1月6日，市物价局在某楼盘销售处检查商品房销售价格备案及公示情况

（市物价局供稿）

【价格清费治乱减负】　2016年，太仓市贯彻上级收费减免优惠政策文件3份，涉及全市单位6家、收费项目13个，预计每年可为企业减负450万元。年内，完成关于清费降本减负落实情况专项督查任务，2009年以来，全市共取消收费项目54项，停征收费项目15项，免征收费项目51项，降低收费标准11项，涉及减免优惠收费项目共计131项，每年为企业、个人减负约5500万元。落实收费情况巡访制度，加强收费监管和服务，2015年全市219家收费单位共完成行政事业性收费总额20.96亿元，其中涉企收费5.15亿元，较2014年减少1144万元，降幅6.2%，涉农收费实现零收费。

【教育收费管理】　2016年，太仓市调整全市公办幼儿园保教费收费标准。加强民办学校教育收费管理，将成本监审作为政府定调价重要程序和必备环节，参照成本监审结论，分别核定华顿外国语学校初中部双语班、卉贤小学等7所民办学校小学教育收费标准。新的收费标准均从2016年秋季学期开始执行。

【价格专项检查】　2016年，太仓市多次组织开展商品房销售明码标价专项检查，严格要求房地产销售企业做到明码标价和公示，禁止乱收费。开展涉企收费减免政策落实情况专项检查，检查市民防局、市民政局、市旅

10 月 28 日，太仓市平价商店考核小组在市区大卖场平价直销区开展季度考核工作 （市物价局供稿）

游局、市气象局、市交运局等 5 部门及其下属单位。开展电信市场价格资费行为专项检查，全面检查电信、移动、联通三大电信运营商在太仓市的分支机构。开展景区门票价格专项检查，重点检查违反门票价格政策行为。

【平价商店建设】 2016 年，太仓市实施“平价商店规范年”计划，加强平价商店运营监管，通过政策引导和严格管理，发挥平价商店社会效益和经济效益，推动平价商店长效健康发展。全市 85% 的平价商店考核等次达良好以上，19 家平价商店全年销售平价蔬菜 400 万公斤。

【价格举报】 2016 年，太仓市加强价格举报工作，打造“12358”价格服务品牌，做到价格投诉举报平台人工值守、紧急值班电话 24 小时畅通。全年共受理各类咨询、投诉和举报 200 余件，主要涉及物业、停车、餐饮等领域，办结率 100%。受理网购职业举报 29 件，主要涉及食品、生活用品等企业 19 家，处罚企业 1 家，其他案件进一步调查取证。

【价格认定】 2016 年，太仓市落实国家发改委《价格认定规定》，做好价格认定机构职能定位和机构转型工作，完成机构更名。全年完成涉案财物价格认定 773 件，标的额 607.47 万元；涉纪财物价格认定 4 件，标的额 17.41 万元；社会各类价格认定 30 件，标的额 347.14 万元；涉税房地产价格增补 53 起，涉税房地产价格调整 230 起，涉税房地产价格争议调解 7 起。 （鲁 云）

## 统 计

【概况】 2016 年，太仓统计工作推进依法统计，提高统计数据质量。年内，开展第三次全国农业普查工作，完成各项统计调查任务，开展统计法制宣传教育，提升全市统计服务水平。编印《太仓市情市力（2016）》《“十二五”经济社会发展成就》，发布《2015 年太仓市国民经济和社会发展统计公报》。全年共撰写统计分析 52 篇、统计快讯 109 篇、工作动态 182 篇、参考文摘 72 篇。

【第三次全国农业普查】 2016 年，太仓市政府印发《关于认真做好第三次全国农业普查工作的通知》，成立领导小组、办公室和内设机构，明确成员单位及职责分工。年内，完成机构组建、业务培训、遥感测量、试点登记、摸底清查、新闻宣传等阶段工作。对各镇区、村级农业普查机构、人员、经费、措施等落实情况开展督查，确保普查数据质量和各阶段任务按时完成。

【统计调查】 2016 年，太仓市统计局完成各项统计调查工作。布置完成年定报工作任务。严格执行各项统计报表制度，加强对核算、农业、工业、能源、投资、科技、贸易、城乡住户、劳动工资等方面统计数据质量的审核和评估，做到各项统计年定报数据按时上报、如期公布，客观反映全市经济社会发展的状况。深化城乡一体化住户调查。强化业务培训，提升队伍素质。针对基层调查人员业务水平差异，组织集中培训 4 次，深入各调查点检查辅导，提升辅助调查员业务水平。强化责任落实，提升访户实效。督导镇、村两级严格落实访户工作制度，定期向住户反馈调查数据，及时解决调查户记账过程中的实际问题，维护调查户队伍稳定。强化数据审核，提升数据质量。结合住户台账信息审核调查数据；加强后台监测，确保源头数据真实可信。加快推进服务业统计工作。学习“三新”统计报表制度（“三新”统计即新产业、新业态、新商业模式专项统计报表制度），理清新服务业行业分类标准，初步完成限上单位新服务业行业甄别，重点甄别跨多行业企业分类，详细了解企业业务活动比重，根据业务实际判断企业所属新服务业门类。走访科教新城苏州游视网络科技有限公司、浙通名力房地产有限公司、孚派特环境科技（苏州）有限公司等服务业企业了解现状，重点是企业生产经营情况和统计工作开展情况，增进与企业的沟通和联系。完成其他各项统计调查。扎实完成全市“三新”和“四众”（众创、众包、众扶、众筹）统计调查、人口劳动力调查、限下批零住餐调查样本轮换、外商投资企业年度投资经营信息联合报告、新兴产业人才监测调查、非公有制企业人才资源状况调查、2016 年度统计用区划和城乡划分、“一套表”调查单位年度审核等统计调查工作。

【统计服务】 2016 年，太仓市统计服务水平得到提升。做好各项经济数据的监测预警。市统计局会同市经信委、市财政局、市市场监管局等部门，对列入国家万家企业名单并归属太仓市级考核的 13 家万家企业进行2015年度节能目标现场考核。强化GDP（地区生产总值）核算工作，规范部门数据来源，完成资料收集与信息发布。科学预测全市地区生产总值数据，及时跟踪并定期监测全市经济发展和行业发展趋势。定期开展经济运行分析，刊发《太仓市服务业发展情况及SWOT分析》《百强县太仓的工业主导产业转型分析》等分析报告，分析和研判市场发展趋势及行业所面临的困境和机遇，并提出建议对策，为市委市政府决策提供依据。提供各类统计资料服务。出版发行《太仓市情市力（2016）》，在《太仓日报》上发布《2015年太仓市国民经济和社会发展统计公报》，全方位、多角度反映2015年太仓市国民经济和社会发展主要经济指标完成情况。编印《"十二五"经济社会发展成就》，反映全市"十二五"期间主要经济社会发展成就。优化统计新媒体数据供给，加强市场形势研判。及时更新太仓市综合数据库，加快建设"综合分析系统——统计企业库"，加强统计数据开发与利用，初步开发完成"太仓统计"APP移动应用项目，实现统计数据和资料在移动载体上的发布与展示。优化"数据太仓"微信公众号数据服务，更新各类统计指标和数据，成为统计服务创新发展与实践应用的重要载体和有效延伸。

**【统计法制宣传】** 2016年，太仓市统计局开展统计法制宣传教育。提高依法统计意识。结合统计年定报会、业务培训、统计继续教育、统计执法检查等活动，多渠道开展统计法制教育。结合"四上企业"（规模以上工业企业、资质等级建筑业企业、限额以上批零住餐企业、限额以上服务业企业）基础工作检查，对未按时配合统计检查的1家企业下发《法定事项查询书》。借助"太仓统计"手机APP和"数据太仓"微信公众号，开展"统计法律法规知识问答"和"全国第三次农业普查"等普法宣传活动。与沙溪实验中学开展特色法治学校共建活动，以橱窗、展板、"法治大讲堂"等形式，开展依法统计宣传。规范系统内执法制度。全年共专业监审统计调查单位50家，查处统计违法案件8起。开展"数据造假、以数谋私"专项治理，保障统计工作质量。制定《太仓市统计局行政许可和行政处罚信用信息公示工作方案》，在太仓市公共信用信息服务平台上公示统计失信企业信息。完善统计基层建设。完成年度基本单位名录库更新，退出单位140家，更新单位34家。建立镇级统计调查单位统计人员调动、持证上岗情况名录库。抽查验收100家达标企业和新增"四上企业"统计规范化建设情况。（席雅琴）

10月，市统计局开展依法统计宣传教育活动　（李孟阳　摄）

# 社会事务管理

## 民政事务

**【婚姻登记】** 2016年，太仓市依法开展婚姻登记，整合婚姻档案资源，市民政局、市档案局通过数字档案馆室系统实现婚姻登记数据共享，共提供查询、办证"一站式"服务1411件。聘请专业心理咨询师，开展"经营婚姻，守望幸福"婚姻辅导服务，开展家庭问题咨询、儿童心理辅导、幸福婚姻课堂等活动。受益群众500人次。全年共办理结婚登记2899对，较上年减少454对；办理离婚登记1066对，较上年增加45对；办理补领婚姻登记证1639对，较上年增加618对。

**【收养登记】** 2016年，太仓市完善收养评估流程和标准，委托第三方专业机构实施评估，建立收养评估专家论证机制。根据评估结果，依法推进收养登记。全年办理收养登记45件，较上年增加13件。

**【殡葬管理】** 2016年，太仓市印发《关于积极推进节地生态安葬的实施意见》，各区镇安息堂全面完工并投入使用，全市安息堂累计建成格位21.28万个，安放骨灰7971例。完成经营性公墓GPS定位监管工作。完成殡葬车辆运营管理改革，净化殡仪服务市场。市殡仪馆全年火化遗体4529具，免除基本丧葬费586万元。

**【社会工作人才队伍建设】** 2016年，太仓市实施社会工作实用人才计划，开展首批社会工作领军人才、重点人才评选活动，评选领军人才1人、重点人才7人。实施社会工作本土大学生资助项目，签约支持本市户籍优秀高中毕业生7人报考就读高校社工专业。专项补助社会工作岗位29个。做好社工考试组织工作，考试合格并获得职业资格证书97人，全市持证社工547人。

（胡天立）

# 信　访

6 月 14 日，市信访局工作人员向市民发放太仓市第一张依法逐级走访权益保障卡（顾慧玉　摄）

【概况】　2016 年，太仓市信访工作以建设法治信访、阳光信访、责任信访为目标，维护群众合法权益，推进依法治访，规范信访秩序，全市信访形势持续平稳。全年共受理群众来信来访 461 件批，其中来信 297 件，来访 164 批 2136 人次（其中到市集访 70 批 1983 人次），向市政府提出复查申请 51 件，受理 7 件，不予受理 44 件。

【信访工作改革】　2016 年，太仓市深化“阳光信访”信息系统建设，规范信访信息录入工作，统筹抓好信访事项及时受理率、按期办结率和群众满意率，截至年底，市级层面信访数据及时受理率 96.69%，按期办结率 96.42%，群众满意率 91.11%。太仓市推行群众依法逐级走访权益保障卡制度。根据省、苏州市关于推行权益保障卡制度的部署，规范宣传权益卡制度和依法逐级走访的相关规定和工作流程，引导信访群众依法逐级有序反映诉求，营造依法逐级走访氛围。推进法定途径分类处理信访接诉请求工作。市信访局联合市政府法制办印发《关于建立通过法定途径分类处理信访投诉请求清单的工作方案》《关于深入推进依法分类处理群众信访诉求工作的通知》等文件，召开全市依法分类处理信访投诉请求工作推进会，全市 32 家单位制定并向社会公布法定途径分类处理信访投诉请求清单，有序引导群众找准依据、找准渠道、找准方向反映信访问题。

【信访规范化建设】　2016 年 1 月 11 日，太仓市召开全市矛盾排查会议，具体部署春节和“两会”期间信访工作，会议要求全市信访工作强化组织领导，落实工作责任；强化源头预防，超前排查矛盾纠纷；畅通信访渠道，依法解决群众合理诉求；依法打击信访违法行为，维护正常信访秩序。3 月 17 日，全市信访工作会议召开，全面部署信访工作。4 月 21 日，全市矛盾排查会议召开，提出加大信访考核问责机制，畅通信息沟通渠道。年内，开展“阳光信访、依法维权”为主题的“《信访条例》宣传月”活动，提高群众信访知晓度，引导群众依法维护自身合法权益，维护“畅通、有序、务实、高效”的信访工作秩序。建立市行政中心信访应急处置预案。市公安局、市信访局、市机关事务局联合印发《关于对行政中心信访事项的应急处置预案》，建立完善市行政中心周边及市人民来访接待中心信访应急工作机制，依法、快速、有效处置行政中心及其周边发生的各类缠访、闹访和群体性事件。组建驻京信访工作小组，加强与国家、省、市信访工作的沟通。与上海市光明（太仓）律师事务所签约，每周一派律师在市人民来访接待中心参与接访群众，帮助上访群众澄清模糊认识，增强法制观念，正确反映利益诉求，实现依法维权。

6 月 29 日，市信访局工作人员走访信访群众（顾慧玉　摄）

【信访突出问题化解】　2016 年，太仓市排查信访突出矛盾 107 件，细化矛盾排查化解机制，化解或缓解一批信访突出矛盾，确保不发生有影响的群体性事件和个人极端事件。构建积案化解新机制，推动信访积案重点化解。按照国家信访局《关于开展化解信访积案集中攻坚的通知》精神，开展信访积案集中攻坚化解工作，对 10 件信访积案，采取“一个积案、一名领导、一套班子、一个方案”方法，落实市镇两级领导包案责任制，由包案领导负责主持、研究、制定解决问题的具体方案，相关部门具体落实，形成“一级抓一级、层层抓落实、上下联动、左右协调”的信访积案化解工作格局，实现10件信访积案100%结案。

（顾慧玉）

## 民族宗教事务

**【概况】** 截至2016年年底，太仓市共有蒙古族、回族、藏族、苗族、彝族、壮族、布依族、朝鲜族、满族、侗族、瑶族、白族、土家族、哈尼族、傣族、黎族、傈僳族、佤族、畲族、水族、东乡族、纳西族、达斡尔族、仫佬族、羌族、布朗族、仡佬族、锡伯族、俄罗斯族、鄂伦春族、赫哲族等31个少数民族，共有常住少数民族904户1542人，其中以回族、满族和土家族居多。少数民族流动人口约（公安居住登记）10700人，以土家族、苗族、彝族、回族等为主。全市有佛教、道教、天主教、基督教、伊斯兰教五大宗教，经批准设立的宗教活动场所34处，宗教教职人员98人。宗教信徒中，天主教信徒10000多人，基督教信徒8000多人，伊斯兰教信徒500多人。太仓市大部分群众信奉佛教、道教，因进入宗教活动场所方式方法的不确定性，信教人数无法统计。年内，全市民族宗教工作取得较大进步，全市广泛开展民族团结进步创建活动，推进创建活动“六进”工作。推进少数民族群众服务体系建设，将各项服务少数民族群众的工作措施制度化、系统化。发挥少数民族骨干和市民族宗教法律援助站作用，加强与市人民法院联系，引导民族宗教领域依法处理各类矛盾纠纷。发挥宗教界积极作用，在全市五大宗教团体、宗教活动场所继续开展“宗教慈善周”系列活动，共募集善款38万元，积极开展扶贫、赈灾、助残、助学等公益慈善活动。全市各宗教活动场所在各级政府和市民宗局及有关部门的支持下，先后投入300多万元，改造基础比较薄弱的宗教活动场所的殿堂、食堂、围墙、场地、厕所等设施，使宗教活动场所环境发生较大变化，较好地满足周边信教群众的正常宗教活动需求。

**【市天主教爱国会完成换届】** 4月24日，市天主教爱国会第五届代表会议召开，会议听取、审议并通过太仓市天主教爱国会第四届委员会工作报告和新的市天主教爱国会章程，推选产生太仓市天主教爱国会新一届领导班子，钱志良任爱国会主任、朱忠明任副主任，彭荣根为秘书长。

**【杨墓庙完成重建】** 5月22日，杨墓庙举行重建落成暨神像开光仪式。位于长江口旅游度假区新塘管理区的杨墓庙又称杨将军庙，始建于南宋淳祐十年(1250年),2011年在浏河镇政府、市民宗局及社会各界的关心支持下重建。工程总投资600万元，占地面积近4000平方米，建筑面积约600平方米，经过4年建设，主体工程及围墙、食堂、山门、绿化等附属工程全部完工。杨墓庙具备宗教活动场所功能，基本满足周边信教群众宗教活动需求。

10月9日，市民宗局组织少数民族同胞参加社会活动 （市民宗局供稿）

**【民族宗教工作法制化建设】** 2016年，市民宗局强化民族宗教执法队伍培养，发挥少数民族骨干和市民族宗教法律援助站作用，加强与市人民法院配合，依法成功处理多起矛盾纠纷。该成功经验受到国家宗教局重视，12月15日，市民宗局局长包炳祥应邀在国家宗教局组织的全国宗教系统应急管理工作培训班上作题为《用法律筑底线，用服务化纠纷》的发言，交流太仓的成功经验和做法。

**【宗教人才培养】** 2016年，太仓市各宗教团体共安排6批次、13名宗教教职人员参加各级各类培训学习，加快对中青年宗教教职人员培养。10月，同觉寺方丈曙提法师入学中国人民大学，参加由中央统战部举办的第11期爱国宗教界人士研修班学习。11月，清真寺阿訇张胡代表苏州市伊斯兰教协会参加省伊斯兰教协会在句容举办的“伊斯兰教中国化”系列活动，在全省第八届卧尔兹演讲比赛中获一等奖。

**【宗教团体服务社会】** 2016年，太仓市民族宗教团体加快融入社会步伐，民族宗教界人士增强服务社会意识。“五一”期间，市基督教“三自”爱国会组织5个基督教堂、23个聚会点与市义工联在市城厢基督教堂举办第二届低碳环保慈善义卖活动。5月7日，同觉寺方丈曙提法师在市图书馆“娄东大讲堂”举办“禅与人生对话”专题讲座，曙提法师从禅的起源、内涵、表达方式等方面为大家讲述禅的深意、修行方法，告诫社会民众，宗教发展必须立足中国国情，与当代社会融合、实现本土化的重要性。

【宗教活动场所专项财务检查】 12月上旬，市民宗局会同市佛教协会依据《宗教活动场所财务监督管理办法》和《民间非营利组织会计制度》，对全市9个佛教活动场所2013年1月到2016年10月期间财务情况进行专项检查。对检查中发现的违法违规问题，及时下发整改通知书，责令立即整改。

【星级宗教活动场所认定】 2016年，市民宗局按照《关于开展星级宗教活动场所认定的意见》《江苏省星级宗教活动场所认定办法》《星级宗教活动场所考核评分细则》继续对全市宗教活动场所进行星级认定工作，经评审，被认定为一星级宗教活动场所11个（其中道教9个，基督教2个），被认定为二星级宗教活动场所7个（其中教道3个，天主教2个，基督教2个）。

（颜礼宏）

# 群众组织

## 群众团体

### 太仓市总工会

【概况】 2016年，太仓市总工会坚持服务发展、服务社会、服务企业、服务职工、服务基层，团结带领全市职工在全市发展中作贡献。至年底，全市累计建立工会组织13246家，其中：独立工会组织2246家、联合建会177家、覆盖工会组织10823家，全市工会会员275529人。新建工会组织266家，其中：独立工会74家、联合工会组织8家、覆盖工会184家，新增会员9306人。全年组织各类培训、讲座、调研活动，提升工会干部服务职工能力水平，累计组织工会干部培训34期，参训人员6000人（次），参加全国总工会网上上岗资格培训1000人。

【职工劳动技能提升】 2016年，太仓市总工会开展“建功‘十三五’、争当排头兵”劳动竞赛，全市各级工会开展重点项目劳动竞赛35场，职工23051人投身到竞赛活动；开展技术练兵、技能竞赛及各类劳动竞赛528场，参赛职工73510人（次），晋升技术等级326人；开展叉车技能、焊接技能竞赛等11项全市性技能竞赛，218家企业、3271名职工参加。全市职工提出技术革新、技术攻关、创造发明2135项，创造经济效益5.2亿元，申请国家专利4672个，获批国家专利2356个；基层职工提出合理化建议1.33万条，采纳实施建议7200条，建议创造节约效益3.26亿元。

【职工素质提升】 2016年，太仓市开展“中国梦·劳动美·幸福路”主题教育活动。打造“五月风”职工文化品牌，举办第3届职工文体艺术节，开展元旦灯谜会、送春联、元宵文化展演、乒乓球赛、自行车赛等30多项文体活动，近万人参与。“五月风”职工文化品牌被苏州市总工会评为职工文化建设优秀活动品牌。开展职工读书活动，举办“劳动者·你是一道靓丽的风景线”主题读写诵系列活动，市总工会被苏州市全民阅读活动领导小组评为“全民阅读先进单位”。新建符合全国总工会“五有标准”（有3000册图书、有20种以上刊物、有80张以上音像制品、有可上网电脑、有1～2名管理人员）职工书屋12家。加快电子书屋建设，10家企业获太仓市第3批“十佳书香企业”称号。全年全市获全国五一劳动奖章1人，获江苏省劳模（先进工作者）9人，获苏州市五一劳动奖章16人，获苏州市工人先锋号11人，获苏州市五一劳动奖状7人，获太仓市劳动模范60人。全年劳模宣讲团下基层宣讲34场，劳模技术服务队深入一线为企业破解技术难题。

【职工文化建设】 2016年，太仓市印发《太仓市职工素质工程五年规划》，依托职校开展育婴师、电焊工等系列培训，开展班组长、工会干部和各类技能培训45场（次），参与人数7400余人，全方位、多层次推进职工素质提升。开办第一批在岗农民工成人高等教育大专、本科学历教育班，根据学员情况，学费按不低于30%的比例进行资助，首批72名在岗农民工参加学历教育秋季班。组织春秋季职工才艺培训班，开设培训项目30个，参加人数4780人（次）。投入30万元在微信平台开展“全年签到有礼”“积分抽大奖”“工会请您看电影”“工会请您学才艺”“工会约您读好书”等活动，联合部分工会优惠服务商家推出“工会请您吃大餐”“工会请您淘美衣”等活动，参与互动实名用户数近万人。

2月21日，太仓市职工元宵灯会暨民俗文化展演在市中心广场举行。

（市总工会供稿）

**【和谐劳动关系构建】** 2016年，市总工会加强职工代表大会、厂务公开等制度。全市1813家单独建会企业建立职代会和厂务公开制度，建制率98%。开展“集中要约行动”，全市签订集体合同数和工资专项合同数企业均为1851家，覆盖职工19.55万人。发挥工会劳动法律监督机构作用，参与劳动关系矛盾化解工作，直接参与劳动人事仲裁集体争议调解28起，涉及金额1800万元，调解处理企业劳动争议案件8件（次），参与人民法院审理、判决、调解案件36次。全市1520家企业建立预警制度，劳动关系预警联络员2360人，推进矛盾纠纷排查工作，劳动争议调解率95%。在全市重点监管企业中开展安全生产和职业病危害的监督检查工作，走访检查各类企业62家，提出整改意见86条，参与安全生产事故调查14起。全市建立“安康驿站”55个、工会劳动保护监督检查员片区服务站9个。全市320家企事业单位的3039个班组、63374名职工参与“安康杯”竞赛活动。开展企事业劳动保护工作合格工会创建活动，开展劳动保护监督检查61次。

**【工会帮扶】** 2016年，市总工会发挥工会阳光法律援助志愿者服务队作用，进车站、企业和人才市场，为返城务工人员送法律、送服务。开展第3期工会微信法律知识竞赛活动。举办全市工会劳动争议调解法律法规知识竞赛，各级工会的10支队伍共30名选手参加决赛，宣传劳动争议调解法律知识，展示基层工会劳动争议调解员的素质能力。组织开展“农民工学法周”“劳资纠纷案例征集评比”等活动。健全以市级服务中心为骨干，镇区服务中心为支撑，32个企业（村）服务站点为基础的服务网络。走访慰问困难职工（特困）328户，筹集送温暖资金70.5万元。为全市151名困难（特困）职工子女发放助学金和物资23.3万余元。职工互助会为63名职工累计给付互助保障金60.6万元，10名职工获工会会员专享保障金4.6万元。推出农民工创业企业建立工会再贴息项目，为2名创业者提供40万元创业贷款的基准利率贴息服务。成立“阳光职工心理咨询服务队”，为企业和职工提供心理援助和心理健康服务。开展爱心惠民工程，为9名困难职工捐赠家用电器，联合爱心商家推出惠民卡，惠及近万名职工。

**【“智慧工会”建设】** 2016年，市总工会推动工会工作改革创新发展，太仓“智慧工会”——太仓工会综合服务管理平台（简称URP平台）上线运行，通过平台全面掌握全市工会会员基础数据，高效开展工会业务管理工作，为全市工会会员提供会员普惠、法律援助、心理咨询、空中课堂、教育培训、交友活动和职业介绍等多方位服务项目。5月，太仓“智慧工会”正式启动，推动互联网时代工会工作转型升级，促进基层工会组织建设，增强工会活动吸引力，提升工会工作影响力。8月，URP平台经中国版权中心审核获得计算机软件著作版权。11月，全省“互联网+”工会工作会议在太仓市召开，全省各级工会组织的有关负责人现场交流“互联网+”工会工作经验。

（毛玉霞）

8月5日，太仓工会劳动争议调解法律法规知识竞赛举行决赛。

（市总工会供稿）

**【太仓国际海员俱乐部】** 2016年，太仓国际海员俱乐部按照中国海员建设工会和省总工会对海员接待、服务、宣传新要求及海俱公益发展新趋势，秉承“优惠、优先、优质”三优诚信理念，坚持规范开展各项业务。加强从业人员安全意识和规范操作培训，确保上船接单、海事报备、接收包装、专车运输、定点处理等每个环节有序规范。全年共接待中外船舶745艘次，服务中外海员2769人次，主要涉及中国、菲律宾、俄罗斯、中国香港等10多个国家和地区，经营收入58.7万元，较上年略有增长。9月，太仓国际海员俱乐部参加在汕头召开的全国海员俱乐部工作会议，会议以“全国建设海员之家现场交流”为主题，明确海俱工作重点方向，为向后工作提供重要参考。

（王　静）

## 中国共产主义青年团太仓市委员会

**【概况】** 2016年，太仓团市委发挥各领域团组织功能属性，坚持党建带团建原则，推进乡镇团组织格局创新及实体化大团委建设，依托主城区共建委平台开展区域化团建工作。在非公企业中开展“双十百千”计划，开展德企团建工作，指导成立舍弗勒（中国）团委。截至年底，全市共有基层团委97个，基层团工委6个，团总支48个，团支部2724个，团员38257人，专职团干部11人，兼职团干部2094人。年内，团市委联

## 2016年太仓市共青团组织情况统计表

表66

| 内容 | | 团组织（个） | | | | 团员（人） | | 团干部（人） | |
|---|---|---|---|---|---|---|---|---|---|
| | | 基层团委 | 基层团工委 | 团总支 | 团支部 | 团员 | 2016年新发展团员 | 专职团干部 | 兼职团干部 |
| 公办学校 | 高校 | 1 | — | 7 | 164 | 4948 | 33 | 1 | 11 |
| | 中学 | 7 | — | 12 | 276 | 4557 | 1425 | — | 131 |
| | 中职 | 1 | — | 6 | 102 | 1227 | 40 | 1 | 3 |
| 民办学校 | 高校 | — | — | — | — | — | — | — | — |
| | 中学 | — | — | — | — | — | — | — | 1 |
| | 中职 | — | — | — | — | — | — | — | — |
| 国有企业 | | 10 | 2 | 15 | 76 | 2010 | 184 | — | 136 |
| 非公企业 | | 60 | 2 | 2 | 1841 | 12781 | 204 | — | 1479 |
| 机关事业单位 | | 17 | 2 | 6 | 110 | 1786 | 44 | 9 | 178 |
| 社会组织 | | — | — | — | 6 | 678 | 4 | — | 6 |
| 农　村 | | 1 | — | — | 84 | 4453 | 36 | — | 84 |
| 城市社区 | | — | — | — | 65 | 5817 | 9 | — | 65 |
| 总　数 | | 97 | 6 | 48 | 2724 | 38257 | 1979 | 11 | 2094 |

合市委组织部、市委市级机关工委、市委党校、市广电总台开展青年党员干部风采大赛，114名青年党员参加。联合市委组织部实施青年干部定向挂职，全年共吸纳基层挂职团干部12人。举办2016年全市基层团干部培训班和全市少先队辅导员骨干培训班，夯实团干部业务知识，提升团干部自身素质。与青年工作研究会共同做好《太仓市共青团志》出版工作。年内，团市委获"2016年度江苏省共青团十佳理论学习型团组织"称号。苏州健雄职业技术学院团委、太仓地税局团支部分获"江苏省五四红旗团委、团支部"称号。太仓市实验中学获江苏省中学中职共青团工作"六个一"团建项目示范校。

**【青少年教育】** 2016年，太仓团市委开展"我是光荣的共青团员"主题教育活动，加强共青团员理想信念教育和先进性教育。结合中国共产党成立95周年，开展"学党史、知党情、跟党走"宣传教育活动，增强青少年对中国特色社会主义的道路自信、理论自信、制度自信。开展各类主题团日活动50余场。增强青少年文化引领，举办第2届"源圆两岸交流汇"、江苏省太仓高级中学与澳门培正中学交流等活动，搭建文化交流平台。维护青少年合法权益，实施"成长护航工程"，对重点青少年进行"四帮一"常态化结对帮扶。建立青少年社工队伍，实施"启航＋笑果"工作模式，专业化、社会化、项目化推进青少年事务工作。全年共开展各类青少年群体个案帮扶400余次。探索实施"爱心暑托班"项目，覆盖5个乡镇的10个村(社区)，

5月4日，太仓市举办庆祝中国共青团成立94周年活动　（团市委供稿）

开设青少年“笑果法制”、青春自护等课程387课时，参与青少年3570人次，市人民法院获授全国“2014—2015年青少年维权岗”称号。

3月19日，“福彩杯”青年公益嘉年华活动在太仓万达广场举行

（团市委供稿）

**【青年创新创业】** 2016年，太仓团市委搭建青年创新创业展示交流、资源对接、项目孵化平台，营造理解、重视和支持青年创新创业的社会氛围，吸引海内外青年创新创业人才走进太仓、了解太仓、熟悉太仓，吸纳海内外优质创新创业项目落户太仓，提升太仓城市综合影响力。围绕《太仓市青年创新创业工作五年规划纲要》，举办首届“郑和杯”青年精英创新创业大赛，达成意向项目5个。举办“中德杰青嘉年华”“乐聚德企之乡”等活动，深化中德合作，吸引德国青年到太仓就业创业。实施2016年度太仓市创新人才培育计划，194名青年人才申报，94名企业创新人才获命名。2个项目在省级创新创业大赛中获二等奖，其中1个项目获全国总决赛铜奖。开展“对话青商”系列活动，筹建太仓市青年创业者协会。开展“号、手、岗”争创活动，持续开展“青年安全生产示范岗”创建活动，引导青年投身安全生产。联合市人社局、市商务局、市旅游局、市总工会等单位举办餐饮业青工技能竞赛，帮助青年搭建职业技能交流平台。华能太仓电厂检修部锅炉班、太仓市城市管理行政执法大队科教新城中队、太仓博物馆宣教部、太仓市万方国际码头有限公司维修电工班获2016年度苏州市十佳青年文明号。培育青年职业农民和家庭农场，与市农委、市委农工办举办“走进委培生80's—90's传帮带”活动。服务青年就业需求，举办2016年春季一站式大型青年专场招聘会等活动，200多家企业提供2000多个工作岗位，帮助300余名青年初步达成就业意向。发挥实践育人优势。开展太仓籍大学生暑期社会实践等活动，参与人数5000人次。

5月20日，首届“郑和杯”青年精英创新创业大赛总决赛举行颁奖仪式

（团市委供稿）

**【志愿者服务】** 2016年，太仓团市委以“青春有梦·携手玉屏”青年歌手大赛为载体，启动“太屏”青年公益梦想项目，对接农业、教育等资源。实施“爱在同一片蓝天下”关爱项目，关护外来务工人员子女成长。举办第2届“家在太仓·青春有你”公益项目创意大赛，5个项目获众筹资金10万元。主动服务文明城市创建，以学校团员青年为突破口，以机关团员青年为主力军，加快推动团员成为注册青年志愿者，开辟“青公益”版块进行在线注册登记，实行积分制管理，推动注册青年志愿者规范化运行，做好2016年中国青少年乒乓球公开赛等重大志愿服务。深化保护母亲河行动，开展“禁止秸秆焚烧·低碳环保骑行”、环保嘉年华等活动，维护城市生态建设。“七彩阳光·青春偕行”青年志愿服务队获江苏省青年志愿服务事业贡献奖。对接青年婚恋交友需求。举办“8090”单身青年俱乐部、“七夕相亲大会”等交友活动，搭建青年社交平台，近300名青年参加活动。

**【《太仓市共青团志》出版】** 4月，《太仓市共青团志》由文汇出版社正式出版，为江苏省第一部县市级共青团志。全书设组织机构、重要会议、主要工作、人物荣誉等4章，共18节内容，计50万字，较为全面地记录太仓共青团组织从1927年成立至2015年间的发

11 月 30 日，太仓市第七届家庭文化艺术节闭幕式在市传媒中心举行

（市妇联供稿）

展历程。志书编纂工作于 2012 年 12 月启动，团市委委托新成立的太仓市青年工作研究会承担编写工作。2013 年 7 月，成立《太仓市共青团志》编纂委员会，下设编辑组。编辑组按照编纂大纲和志书体例展开编写，除重点记述 1949 年太仓共青团工作外，专设一章内容记述中华人民共和国成立前太仓共青团特别支部及其活动，将志书上限追溯至 1927 年。2015 年 3 月，《太仓市共青团志》初稿完成。4 月，召开编纂委员会审稿会议。5 月，《太仓共青团志》样书发送至共青团太仓市第二十次代表大会代表审阅，同时送历届团市（县）委领导审阅。2016 年 4 月，《太仓市共青团志》定稿付印，正式出版。5 月 4 日，太仓市举行庆祝共青团成立 94 周年暨纪念“五四运动”97 周年主题团日活动，《太仓市共青团志》同时举行首发仪式。

**【团文化宣传】** 2016 年，太仓团市委加强“小太 young”“健雄娃”“七彩阳光·青春偕行”文化产品开发力度，扩大团市委社会影响力。完善团的网络新媒体阵地，增设微信公众号“青原创”“青学习”“青众筹”等栏目，用青年人喜欢的方式吸引青年人眼球。全年共推送微团刊 187 期，粉丝数 3.6 万人。加强青年网络舆情引导体系建设，成立团中央直属网宣员太仓分站队伍，完善市级网宣员管理机制。

（吕　乔）

## 太仓市妇女联合会

**【概况】** 2016 年，太仓市各级妇女组织贯彻落实各级党的群团工作会议精神，坚持服务大局主线，推动妇女事业和妇联工作取得新发展。年内，市妇联推进妇女创业就业，搭建创业女性互助发展平台；维护妇女儿童合法权益，教育引导妇女学法用法守法懂法，将法律服务延伸到社区、拓展至家庭。全年市妇联接待来信来访 90 多件次，调处成功率 98% 以上。截至年底，全市共有镇（区）妇联（妇工委）9 个，村（社区）妇代会 146 个，机关部门妇工委（妇委会）23 个。

**【妇女宣传教育】** 2016 年，市妇联聚焦社会基本细胞，深化家庭文明建设。年内，举办“和谐娄城·幸福家庭”第七届家庭文化艺术节，开展家庭运动会、国学经典亲子诵读、播种达人秀、多肉植物分享展示会、家庭月季摄影比赛等活动，选树“五好文明家庭”“健康家庭”“绿色家庭”等市级家庭典型 300 多户，镇、村级文明家庭示范户 1.9 万户，将家庭文明渗透到契合家庭需求、群众喜闻乐见的七大主题活动中。推进家庭示范点建设深化年行动，选树“美丽家园”“家庭道德”“家庭教育”等示范点 6 个，召开创建座谈会、现场推进会，指导各示范点因地制宜开展活动，提升广大家庭成员文明道德素养。开展新一轮“家在太仓·寻找太仓最美家庭”活动，拍摄最美家庭微电影，选树沈明等一批省、苏州市级“最美家庭”。联合有关部门在“两学一做”学习教育中开展“领导干部立家规，共产党员正家风”主题活动，联合市纪委、市文明办等开展“学思践悟——好家风好家规好家训”系列活动，在太仓妇女网开辟《勤廉家庭建设》专栏，举办“我的家风家规家训故事”演讲比赛、“好声音讲述好故事”音频微展播、“好家风好家训”志愿宣讲等活动，征集家训格言、家风故事、家规书画等作品 760 件，评选优秀作品 150 件，编印家风家训宣传册 2000

9 月 29 日，市妇联开展“巾帼文明岗”月月行活动。图为相关单位参观全国巾帼文明岗——太仓市社会保险基金管理结算中心　（市妇联供稿）

多份，引导广大家庭特别是党员领导干部家庭培养良好家风。

【妇女创业就业】 2016年，市妇联联合市教育局、市农委、市供销总社开展农业实用技能、“农村妇女网上行”、农产品经纪人等培训，组织女能手、女村书记赴南京、湖州、义乌等地参观学习，引导农村妇女发展休闲观光农业和生态农业。年内，召开太仓市第六届女企业家联谊会会员大会，完成换届工作，启用“太仓市女企业家联谊会”微信公众平台，创新活动组织模式，举办“互联网+”、跨境电商专题培训，开展电子商务研讨、创业故事分享、考察交流学习等活动，搭建创业女性互助发展平台。举办家政、育婴师、“婆婆妈妈”母婴照顾等免费培训班17期，联合市人社局等部门，举办太仓市第四届家庭服务业职业技能大赛，发挥家庭服务业公共培训实训基地作用。推动“巾帼文明岗”创建，开展“巾帼文明岗”月月行活动，引领行业妇女岗位建功成才。年内，表彰一批“最美基层巾帼之星”，培育一批妇女创业示范基地，电站生态园农产品产销专业合作社被命名为省级巾帼电商服务示范基地，东林村生态养殖专业合作社被命名为省级巾帼示范专业合作组织，市妇联推荐的电子商务创业、手工创意等3个项目获苏州市巾帼创业创新大赛三等奖。

【妇女儿童合法权益维护】 2016年，市妇联加强对“全面两孩”政策实施后新情况、新问题的调查研究，推动“公共场所普设母乳哺育室”项目列入2017年市政府实事项目。配合《中华人民共和国反家庭暴力法》颁布实施和“七五”普法规划重点，举办“相逢问策”——反家暴法解读专题节目、“一村一讲”维权知识讲座、普法竞答宣传、心理咨询沙龙等活动20多场次，教育引导妇女学法用法守法懂法。开展“法律服务进万家”活动，全市律师志愿者与40个“妇女儿童之家”结对共建，将法律服务延伸到社区、拓展至家庭。设立婚调委专用工作室，完善“护航婚姻·幸福家庭”婚姻引导机制，通过“正面价值引导、家庭纠纷调处、离婚危机干预”进家庭，劝回欲办理离婚手续夫妻52对。市妇联全年接待来信来访90多件次，调处成功率98%以上。实施“她介入·维平安”创新项目，配合市人民法院做好未成年子女抚养第三方评估委托调查和离婚积案当事人心理疏导，该项目获评苏州市妇联创新实践区项目。深化“平安家庭”创建，在城厢、新区、科教新城推广成立“舞爸舞妈”平安志愿示范队伍10支。年内，选树省“平安家庭”示范户2户、市“平安家庭”示范户50户。市妇联获“省维护妇女儿童权益示范岗”荣誉称号，双凤镇新闾村被评为省“平安家庭”创建活动示范村，浏河镇“闵阿姨”调解工作室、娄东红娘婚恋家庭服务中心、幸福家庭婚姻指导中心被命名为“苏州市婚姻家庭纠纷调解示范点”，一批省婚姻家庭纠纷优秀调解员和省维护妇女儿童权益优秀公益律师受表彰。

【妇女儿童实事项目】 2016年，太仓市在总结全市“十二五”期间妇女儿童发展成效和问题基础上，加强对“十三五”时期妇女儿童发展规划的前瞻研究和科学谋划，征集“十二五”期间妇儿发展优秀成果20个，确立“十三五”时期妇儿发展研究课题7个。全方位关爱困难妇女儿童，实施“‘阳光照进生命’——关爱困境儿童”省级妇女儿童公益社工服务项目，持续推进弱势群体长效帮扶、“希望妈妈”爱心结对、“8•26”帮困助学等服务，健全“女性社会组织+巾帼志愿服务+社区”的合作模式，开展亲子烘焙、走访慰问、夏令营等活动，累计慰问希望儿童58人、单亲特困母亲12人，慰问物资5万余元。加快妇女儿童活动阵地运作发展，在市妇女儿童活动中心开设“绘工馆”项目，在市妇女干部学校改建中西式烹饪实践基地，开展创意手工、亲子绘画、石头彩绘、艺术插花等公益沙龙活动40余场次，开办素描、水粉、瑜伽、吉他、拉丁舞、中式面点等培训班71个，满足妇女儿童和家庭多元化需求。

【儿童家庭教育】 2016年，市妇联针对新形势下儿童成长和家庭教育新特点、新情况，开展《家长在同伴互助中成长的模式研究》《“单独二胎”背景下家庭教育面临的问题与对策研究》等18项重点课题研究，汇编优秀课题成果13篇，其中《家庭教育指导模式创新研究》等3个课题入选市社科应用研究课题。深化“五星优秀家长学校”创建，新命名“五星”家长学校6所、“四星”家长学校9所，“三星”家长学校6所，全市村、社区星级家长学校创建率100%。举办家教巡讲、公益讲堂、父母沙龙等活动30多场次，开展“传承好家训 弘扬好家风”家教创新案例评比活动，帮助家长掌握科学教子理念和方法。深化未成年人思想道德教育主题实践活动，实施第四批关爱流动儿童“蒲公英”行动，开展“快乐我和你”亲子系列活动，评选表彰“美德少年”10人、“优秀小公民”53人，选树一批阅读小达人。

【巾帼志愿服务】 2016年，市妇联推进巾帼志愿服务，通过“妇联发布公益项目+女性社会组织承接”方式，吸纳更多专业人员加入巾帼志愿服务队伍，推动巾帼志愿服务与各类女性社会组织对接。依托“尚德缘”巾帼志愿者团队、巾帼心理协会、“馨女人爱心社”等载体，各级巾帼志愿者通过“情感困境妇女心理帮扶”“‘勿忘我’志愿者团队培育计划推广”等项目，为单亲母亲、空巢老人、流动儿童等群体提供常态化温暖服务3000多人次。举办“娄城织爱”暖心公益活动，招募编织志愿者近200人，为全市在乡老复员军人和百岁老人编织爱心围巾355条。

【妇联组织建设】 2016年，市妇联建立完善苏州妇女代表联系制度、科级女干部联系制度，开展“机关开放日”走进妇联、“下基层、访妇情、办实事”等活动，举办基层妇女干部培训班、妇女社会工作培训班，各项工作和活动贴近妇女需求。加强和创新基层妇联组织建设，推动基层妇联换届和村（社区）妇代会改建妇联工作，指导市农商行、市交运局等单位首批完成机关妇委会改建妇联工作，新区妇工委率先启动妇联组织区域化建设苏州试点。拓展妇联网上工作，组建网评网宣队伍，运用微博、微信等新媒体，开展“传承好家风·传递真善美”网络宣传等活动，吸引8000多人次关注并参与。扶持和培育女性社会组织，打造“女性社会组织创业园”孵化培育平台，实施“伙伴成长计划”，推进“情感困境妇女心理帮扶”等妇女儿童家庭公益服务微创投项目10个，成立“娄城巾帼公益联盟”，首批招募19家女性社会组织作为联盟成员，为基层妇女群众和家庭提供个性化、专业化、精准化服务。（顾　燕）

9月20日，太仓市“科普进万家”活动走进科教新城　（市科协供稿）

## 太仓市科学技术协会

**【概况】** 2016年，太仓市科协繁荣学术交流，推动创新创业，普及科学知识，服务科技工作者，新增半球网（江苏）网络科技有限公司科协、太仓生物医药产业园科协和巾帼心理协会等科协组织3家。截至年底，全市共有区镇科协9家、社区（村）科协150家、企业科协30家、高校科协1家、市级学会35家；科普教育基地57个，其中：国家级1个、省级8个、苏州市级6个；城区主要公共场所市级科普画廊122座，注册科普志愿者5000人。年内，市科协获评省科协2016年度实施“县级科协创新发展能力提升计划”优秀单位，太仓市被命名为首批“2016—2020年全国科普示范市”。

**【科普传播】** 2016年，太仓市构筑科普传播载体集群、科普活动品牌集群和科普示范典型集群。全年在各类媒体开展科普宣传，电视台播出100期、电台300期、《太仓日报》专版24期，太仓科普网和社区科普直通车科普内容实现天天新，印发“科普惠民（农）服务站”12期、科普折页24万份，“太仓科协”微信平台推送信息700余条、科普画廊版面600张。年内，举办“科普宣传周”“全国科普日”“科普进万家”“市长杯科技创意竞赛”等科普品牌活动，发动全市235家单位举办2016年中国机器人大赛服务机器人专项赛等科普活动1000余项，受益群众54万人次。打造科普教育基地等科普示范典型，新增省科普示范社区等一批科普示范典型。

**【科普服务】** 2016年，太仓市实施科普惠农兴村计划、社区科普益民计划和科普设施提升计划。城厢镇中区社区、城厢镇德兴社区成为省级科普示范社区，城厢镇东林村成为生态循环农业科普示范基地。年内，制定《2016年全民科学素质工作百项行动计划》，把实施全民科学素质工作纳入各级党政机关目标责任考核体系。命名太仓市科普惠民服务站5个、科普惠农服务站5个。资助建设景瑞社区、机器人学会、荣文合成纤维有限公司科协等科普设施项目17个，提档改造市区科普画廊。科技活动中心布展工作基本完成。“你点我讲”科普大讲堂全年举办活动130场，受益人数1.5万人次，流动科技馆进校园巡展18次，受益人数1.6万人次。太仓市优化“五送连心”服务，为全市科技工作者“送政策、送技术、送服务、送温暖、送健康”，向科协代表赠阅《江苏科技报》。年内，市科协向200家企业和科技工作者提供免费科技文献查询及专利资源库服务；组织企业科研人员参加2016年增材制造（3D打印）技术深度应用省级高级研修班、机器人技术应用与智能制造工程高级研修班等高管培训；市级“科技工作者之家”免费开展太仓市创新人才沙龙（萃智培训）活动、萃智培训（舍弗勒专场）等会议培训近20场次；组织企业青年科技工作者参加“青春有约、缘聚五月”户外拓展活动。苏州蓝光信息技术有限公司总监吴东方获江苏省优秀科技工作者称号，苏州维永生物医药技术有限公司郭松坡获江苏省创新创业大赛海智分赛优胜奖；苏州金盟生物技术有限公司彭红卫被苏州市科协评为“苏州十佳魅力科技人物”。

**【自然科学学术成果评比】** 2016年，太仓市开展全市自然科学优秀学术论文评选工作，共征集论文394篇，评选表彰一等奖论文15篇、二等奖论文34篇、三等奖论文50篇。市科协联合有关单位开展“讲比”活动激励献计攻关，鼓励科技创新，表彰优秀项目26个、优秀团队4个、优秀科技工作者5人。资助重点学术活动8个、软课题研究19个，发动所属团体举办苏州学术年会太仓分会场活动5场。

**【引智协作平台搭建】** 2016年，太仓市科协促成中国旅美科技协会建立太仓引才直通站。年内，市科协联合承办2016年中国服务机器人技术与产业发展论坛暨协同创新项目对接会，近30位国内机器人领域院士、权威

5月22日，2016年中国机器人大赛服务机器人专项赛在太仓举行

（市科协供稿）

专家与太仓地方企业开展协同创新技术对接。12月6日，2016年太仓生物医药国际创新创业项目对接会在太仓举办，美国北卡罗来纳州商务部相关领导及美国杜克大学邀请的12位生物医药专家携创新创业项目参加对接会。会上，太仓市向与会专家宣传推介太仓市优质创新创业环境，并邀请更多海外英才到太仓创新发展。

【新型科技社团建设】 2016年，太仓市加强新兴产业、重点行业科协组织建设，成立半球网（江苏）网络科技有限公司科协、太仓生物医药产业园科协，巾帼心理协会加入市科协；新增苏州健雄职业技术学院科协和太仓光电技术研究所为市级科技工作者调查站点；继续实施学会能力提升计划，表彰学会特色活动7个、学会优秀微信公众号2个。截至年底，所属学会中有AAAA级学会1家，AAA级学会7家，AA级1家。

（孙振亮）

## 太仓市文学艺术界联合会

【概况】 2016年，太仓市文学艺术界坚持文艺“为人民服务、为社会主义服务”方向和“百花齐放、百家争鸣”方针，面向基层，服务群众，发挥组织引领作用，以创新发展为动力，以文艺创作为要务，开展“深入生活、扎根人民”主题活动，文艺创作有新成果，各项工作取得新突破。4月15日，为纪念书法篆刻家马士达73周年诞辰，由新天祥美术馆编印的《来自田间——马士达太仓生活三十年追思纪念集》在太仓首发，同时开展马士达作品研究。纪念集由“追思征文”“历史遗影”“民间收藏”“篆刻赏析”“生平年表”5部分组成，是一部研究马士达艺术思想、艺术创作成就的权威历史资料。10月9日，太仓九老书画作品展在太仓美术馆开幕，该展览汇集胡绳祁、朱寒汀、政定荣、邢少兰、闵文彬、吴锡安、冯平亚、吴聿明、陆湧生等9位70岁以上知名书画家近百幅书画精品。12月11日，“娄东墨缘”太仓书法30年书法作品展在太仓美术馆开幕，共展出太仓书协会员、顾问等创作的书法、篆刻作品104件，其中包括已故书法家马士达、徐梦梅等作品7件。12月16—18日，中国新诗百年论坛走进太仓暨首届大江南北新青年诗会在太仓举办，太仓市被授予“大江南北新青年诗歌创作基地”称号。年内，市文联、市作家协会、市舞蹈家协会获评苏州市文联先进集体。至年底，全市各文艺家协会会员总数千余人，其中国家级会员111人，江苏省级会员321人，苏州市级会员570人。

【文艺主题活动】 2016年，市文联结合纪念中国共产党成立95周年、长征胜利80周年、“一带一路”等主题开展系列主题文艺活动。举办纪念中国共产党成立95周年暨《金太仓》杂志改版5周年诗歌朗诵会、《长征组歌》合唱音乐会、“把楹联写在党旗上”征联等活动，歌颂老一辈革命家丰功伟绩，唱响主旋律；举办纪念中国共产党成立95周年书画笔会、“迎七一·党在我心中”经典诵读比赛。开展“诚信在我身边”征文、“首善之韵”摄影比赛等活动，引导市民文化追求，提升公民道德文化水平。举办太仓·土耳其梅尔辛摄影作品交流活动，展出两国摄影家拍摄的近百幅摄影作品；组织开展“海上丝路”写生活动，举办“海上丝路”主题美术、书法、摄影作品展等，为推行“一带一路”建设增添文化色彩。

【文艺惠民】 2016年，市文联立足基层一线，将文艺成果以喜闻乐见的形式奉献给群众。“万幅楹联进万家”活动走进企业、军营、社区、乡村，全年送出春联近4万幅；连续第7年举办太仓新年音乐会，每年一个主题或一个乐种，深受群众欢迎；“娄东戏台”累计举办129期，参与演出者5000余人次，观众6万人次，得到社会大众认可和信赖。围绕“我们的节日”开展文化志愿服务，在春节、元宵、中秋、重阳等传统节日，组织文艺志愿者深入农村、社区、福利院，以猜灯谜、行街表演、舞蹈表演、制作传统花灯等形式，坚持文艺惠民。开展“中国梦·百姓情”百姓摄影沙龙展和“太仓乐坛”“舞林会友”“月季花摄影沙龙”等文艺活动100项，让文艺发展成果普惠于民。

【文艺品牌】 2016年，市文联以文学艺术为媒介，打造地域性高端文化样貌。与中国作家协会、中国作协诗歌委员会、《扬子江》诗刊、《诗歌月刊》等联合举办中国新诗百年论坛走进太仓暨首届大江南北新青年诗会，“大江南北新青年诗歌创作基地”落户太仓；人民文学杂志社与双凤镇合作举办中国著名作家走进双凤文学采风活动；市文联与沙溪镇合作，开展“诗梦江南·沙溪雅集”文艺交流研讨；

12月16—18日，中国新诗百年论坛走进太仓暨首届大江南北新青年诗会在太仓举行　　　　（市文联供稿）

与科教新城合作，举办第3届“七夕杯”全国爱情诗大奖赛，创建全国首家爱情诗创作基地。打造江南丝竹品牌，江南丝竹专场惠及全市25所中小学校，在苏州健雄职业技术学院开设“江南丝竹鉴赏”公共选修课程，举办首届江南丝竹演出12场，举办江南丝竹迎春音乐会等；打造品牌楹联，在全国第3届中小学生楹联大奖赛中获奖；微型小说品牌影响力日益突显，太仓市获苏州市委宣传部、苏州市文联授予“苏州市特色文艺创作基地”称号，中国作家·雨花读者俱乐部在太仓市挂牌；新娄东画派山水画作品展在西安海霞天地美术馆举办，展出太仓籍画家山水画作品50幅，重温经典——“娄东画派”临摹作品展在太仓美术馆举办，长期陈列展出太仓作者临摹的“娄东画派”经典作品；太仓摄影家协会抱团创作，工作经验全国推广。

【文艺交流】 2016年，市文联坚持“走出去”和“请进来”相结合，开展多种形式文学艺术交流活动。先后邀请一批国内外知名艺术家到太仓授课，受到文艺家及市民欢迎。著名作家、学者王蒙走进“娄东大讲堂”，作“永远的文学”讲座；著名诗人李笠到太仓举办读者见面会；“中国摄影活动在线”在太仓开班，《大众摄影》联谊会活动首次走进太仓；全国著名电影表演艺术家梁波罗、配音演员刘广宁、金话筒奖获得者陆澄等与全市观众互动交流。市文联与云南保山市文联、四川甘洛县文联缔结为友好文联，与澳大利亚维州华人摄影协会签订友好合作协议，建立长效合作机制；在云南保山市举办太仓书画展，在浙江温州举办太仓油画作品交流展，赴江阴市文联学习交流；与山东高密文化馆、莫言文学馆合作举办“来自莫言故乡的诗人孙英杰新书读者见面会”等活动。

【文艺精品战略】 2016年，市文联坚持以文艺创作为中心，以精神文明建设“五个一工程”为龙头，引导全市文艺工作者为人民抒写、抒情、抒怀。完善文艺创作引导激励机制，评选表彰“月季花”文学艺术奖，通过展演展赛、培训研讨等多种形式加大培育“德艺双馨”文艺人才，加强对文艺精品的奖励。年内，晋升国家级会员18人，加入省文艺家协会25人，成为苏州市级会员29人，各协会新增会员104人，文艺系统获评2016年度宣传文化人才6人。省级以上报刊发表、展出、入选作品430多篇，苏州市级以上获奖作品170余件，出版文艺专著20余本。奚旭初长篇报告文学《国门卫士之歌》、吴利明歌曲《炫出青春风采》、陆瑛戏曲《吴健雄》等获评苏州市第10届精神文明建设“五个一工程”入选作品奖；凌鼎年作品在《小说选刊》《新华文摘》等刊物发表，微型小说《风雪夜》居中国作家·雨花读者俱乐部评选的2016年小小说排行榜榜首；文学新人林火火参加诗刊社主办的第32届青春诗会，出版诗集《我热爱过的季节》；陈永明作品在中国戏剧权威刊物《剧本》刊登，邓进、靳慧慧、黄辉书法论文在《中国书法》《书法》《中国书画》等刊物发表，靳慧慧获苏州书法最高奖项“张旭奖”；肖力《圆的旋律》获第22届江苏省摄影艺术展银奖；《中国摄影报》整版刊载陈解法作品；倪艳创作的广场舞获江苏省第五届社会舞蹈大赛暨第七届少儿舞蹈比赛创

10月13日，太仓书画院画师作品展在云南保山博物馆开幕　（市文联供稿）

作、表演三等奖；王月英麦秸画获第二届苏州民间文艺“金桂奖”；蔡萌萌、王斌山水画在中国美术家协会、江苏省文联主办的第二届中国美术苏州圆桌会暨时代风骨中国精神全国中国画名家邀请展展出，作品收入《全国中国画名家邀请展作品集》。

**【文艺阵地建设】** 2016年，市文联制定各文艺家协会换届工作实施意见，召开换届工作推进会，制定发放换届纪律提醒卡，开展协会班子考察谈心谈话工作，营造风清气正换届环境。年末，太仓市音乐家协会换届，实现换届工作程序化、规范化、科学化。年内，市文联深入基层，调研总结基层文联工作，思考发展路径，形成《太仓市乡镇文联建设的实践与思考》等调研报告。增强太仓美术馆文化吸引力和社会影响力，展出AAAAA国际艺术节太仓展、“云来水上”中国作家书画作品巡展、“江南画风”中国画名家邀请展等精品展11场及太仓书画名家作品展等书画陈列展3场，邀请各地著名书画家到太仓参展。坚持向社会免费开放，全年接待观众2万人次。全年编印《金太仓》杂志6期，印发1.8万本，刊出《娄东文艺》24期，指导乡镇文联办好《南园》《古港潮》《青藤架》等文艺刊物。

**【太仓市文联与保山市文联缔结友好关系】** 10月13日，太仓书画院画师作品展在云南保山市博物馆开幕，共展出作品32件，皆为太仓书画院画师精品力作。开幕式上，太仓市文联和云南保山市文联签订缔结友好文联协议书。双方以弘扬先进文化、繁荣社会主义文艺为宗旨，以文联工作和文艺交流为主导，促进两地文艺家友好往来，共同推动两地文艺交流和合作。

**【著名作家太仓双凤行】** 12月9—11日，人民文学杂志社10余位知名作家、诗人、学者到太仓双凤开展文学交流和采风活动。参与活动的作家与太仓市作家代表就当下文学创作进行交流探讨，活动后，作家们通过诗歌、散文等多种形式，创作出一批具有太仓特色的文艺作品，并在《人民文学》以专辑形式发表。

### 2016年太仓市文联“月季花”奖获奖作品一览表

表67

| 月季花奖次 | 获奖作者 | 作品名称 | 体裁 | 创作成果 | 主办单位 |
|---|---|---|---|---|---|
| 特等奖 | 奚旭初 | 《国门卫士之歌》 | 报告文学 | 获苏州市第十届精神文明建设“五个一工程”入选作品奖 | 苏州市委宣传部 |
| 特等奖 | 吴利明 | 《炫出青春风采》 | 歌曲 | 获苏州市第十届精神文明建设“五个一工程”入选作品奖 | 苏州市委宣传部 |
| 特等奖 | 陆　瑛 | 《吴健雄》 | 沪剧 | 获苏州市第十届精神文明建设“五个一工程”入选作品奖 | 苏州市委宣传部 |
| 一等奖 | 凌鼎年 | 《玉雕艺人哥俩好》 | 小说 | 《新华文摘》发表 | 国家新闻出版广电总局 |
| 一等奖 | 凌鼎年 | 《香道》 | 小说 | 《小说选刊》发表 | 中国作家协会 |
| 一等奖 | 凌鼎年 | 《风雪夜》 | 微型小说 | 《小说选刊》发表 | 中国作家协会 |
| 一等奖 | 钱云玲 | 《存在》等 | 诗歌 | 《诗刊》发表 | 中国作家协会 |
| 一等奖 | 何济麟 | 《父亲与山歌》 | 微型小说 | 《雨花》发表 | 江苏省作家协会 |
| 一等奖 | 凌君洋 | 《新旧》 | 微型小说 | 《雨花》发表 | 江苏省作家协会 |
| 一等奖 | 周　玲 | 《下雨的午后》等 | 诗歌 | 《雨花》发表 | 江苏省作家协会 |
| 一等奖 | 朱凤鸣 | 《燎原的火种》 | 散文 | 《雨花》发表 | 江苏省作家协会 |
| 一等奖 | 邓全明等 | 《论〈古炉〉两个世界的功能及其写作策略》 | 评论 | 《雨花》发表 | 江苏省作家协会 |
| 一等奖 | 梁延峰 | 《平顶屋》 | 散文 | 《散文选刊》发表 | 散文选刊杂志社 |
| 一等奖 | 梁延峰 | 《秋天三题》 | 散文 | 《散文选刊》发表 | 散文选刊杂志社 |
| 一等奖 | 梁延峰 | 《故园四玄》 | 散文 | 《散文选刊》发表 | 散文选刊杂志社 |
| 一等奖 | 陈永明 | 《冤家路宽》 | 戏曲 | 《剧本》发表 | 中国戏剧家协会 |

续表67

| 月季花奖次 | 获奖作者 | 作品名称 | 体裁 | 创作成果 | 主办单位 |
|---|---|---|---|---|---|
| 一等奖 | 邓　进 | 《“印从书法出，以刀传笔意”——浅析马士达今体字写意印创作》 | 学术论文 | 《中国书法—书学》发表 | 中国书法家协会 |
| 一等奖 | 靳慧慧 | 《新我左笔、不断新我——谈费新我书法》 | 书法论文 | 《书法》发表 | 上海书画出版社 |
| 一等奖 | 靳慧慧 | 《费新我常用印钩沉》 | 书法论文 | 《中国书法》发表 | 中国书法家协会 |
| 一等奖 | 黄　辉 | 《费新我与20世纪60年代的中国画创作》 | 书法论文 | 《中国书画》发表 | 经济日报社 |
| 一等奖 | 宋建中 | 《云里雾间》 | 摄影 | 《大众摄影》发表 | 中国摄影家协会 |
| 一等奖 | 初爱民 | 《焊接》 | 摄影 | 《大众摄影》发表 | 中国摄影家协会 |
| 一等奖 | 吴利明 | 《舞春风》 | 器乐曲 | 获第十届中国音乐金钟奖作品奖江苏赛区优秀奖 | 江苏省音乐家协会 |
| 一等奖 | 吴利明 | 《千恩万谢》 | 歌曲 | 获第十届中国音乐金钟奖作品奖江苏赛区优秀奖 | 江苏省音乐家协会 |
| 一等奖 | 倪　艳 | 《荷塘渔舟》 | 舞蹈 | 获江苏省“莲花杯”第五届社会舞蹈大赛创作三等奖、表演三等奖 | 江苏省舞蹈家协会 |
| 二等奖 | 金　娥 | 《大地情》 | 沪剧 | 入选江苏省艺术基金扶持项目 | 江苏艺术基金管理中心 |
| 二等奖 | 靳慧慧 | 书法理论文章 | 书法论文 | 获第二届苏州书法“张旭奖”学术奖 | 苏州市文学艺术界联合会 |
| 二等奖 | 王月英 | 《西方三圣》 | 麦秸画 | 获第二届苏州市民间文艺“金桂奖”银奖 | 苏州市文学艺术界联合会<br>苏州市民间文艺家协会 |
| 三等奖 | 肖　力 | 《圆的旋律》 | 摄影 | 获第22届江苏省摄影艺术展银奖 | 江苏省文学艺术界联合会<br>江苏省摄影家协会 |
| 三等奖 | 王　斌 | 《挺进大别山》 | 中国画 | 入选“吉祥草原·丹青鹿城”全国中国画作品展 | 中国美术家协会 |
| 三等奖 | 李　鹏 | 《闲情偶寄—器玩》 | 漆画 | 入选中国（厦门）漆画展 | 中国美术家协会 |
| 三等奖 | 陈海兵 | 《史记》选抄 | 书法 | 入展全国第二届手卷书法作品展 | 中国书法家协会 |
| 三等奖 | 靳慧慧 | 《披云陈书八言联》 | 书法 | 入展第四届林散之·江苏书法作品双年展 | 江苏省文化厅 |
| 三等奖 | 凌鼎年 | 《太仓史话》 | 散文集 | 出版 | 社会科学文献出版社 |
| 三等奖 | 钱云玲 | 《我热爱过的季节》 | 诗集 | 入选第32届青春诗会丛书 | 诗刊社 |

## 2016年太仓市部分文艺著作出版情况表

表68

| 作品名称 | 作者 | 体裁 | 出版社 |
|---|---|---|---|
| 《我热爱过的季节》 | 钱云玲 | 诗集 | 中国青年出版社 |
| 《永不放弃，做自己的英雄》 | 端木向宇 | 散文集 | 中国华侨出版社 |
| 《魔都：戒不了的女人香》 | 端木向宇 | 散文集 | 安徽文艺出版社 |
| 《闲情逸趣锡剧、沪剧陈永明唱腔集锦》 | 陈永明 | 戏曲 | 江苏音像出版社 |
| 《大雪无痕——陈永明文艺作品选》 | 陈永明 | 戏曲 | 中国文联出版社 |
| 《微型小说序集萃》 | 凌鼎年 | 序跋集 | 中国方正出版社 |
| 《凌鼎年微型小说集》 | 凌鼎年著<br>张白桦译 | 小说 | 加拿大时代科发集团出版社 |
| 《悲魔剑》（上下册） | 凌鼎年主编 | 小说 | 石油工业出版社 |
| 《苏州微型小说选》 | 凌鼎年主编 | 微型小说 | 江苏凤凰出版集团 |
| 《此岸流水，彼岸花》 | 周勇伶 | 长篇小说 | 台海出版社 |
| 《燃情阿勒泰》 | 张永麟 | 诗歌集 | 文汇出版社 |
| 《你是一棵树》 | 杨建新 | 散文集 | 文汇出版社 |
| 《香塘之路》 | 朱凤鸣 | 报告文学 | 中国国际文化出版社 |
| 《太仓美食》 | 陆健德 | 文史集 | 中国文史出版社 |
| 《比较与借鉴：国外现代四大职教模式研究》 | 顾月琴 | 学术专著 | 苏州大学出版社 |
| 《太仓双凤山歌》 | 高琪编 | 民歌集 | 古吴轩出版社 |
| 《"娄东九老"书画作品集》 | 龚璇主编 | 书画 | 上海人民美术出版社 |
| 《颜真卿楷书临摹与创作》 | 王浩 | 书法字帖 | 苏州大学出版社 |
| 《太仓书法论文集》 | 张永涛主编<br>黄辉、陈士基副主编 | 论文集 | 上海书店出版社 |
| 《儿童吉他启蒙》CD版 | 朱伟 | 教材 | 上海音乐出版社 |

（蒋喜桔）

## 太仓市残疾人联合会

【概况】 2016年，太仓市围绕实现残疾人全面小康、实施残疾人幸福工程总体目标，推进新常态下残疾人社会保障和服务体系建设，推动全市残疾人事业转型升级，促进残疾人平等参与、共享改革发展成果，全市残疾人工作呈现出良好发展态势。截至年底，全市持证残疾人9389人，其中肢体残疾5134人，智力残疾1184人，视力残疾917人，听力残疾324人，言语残疾46人，精神残疾1269人，多重残疾515人。

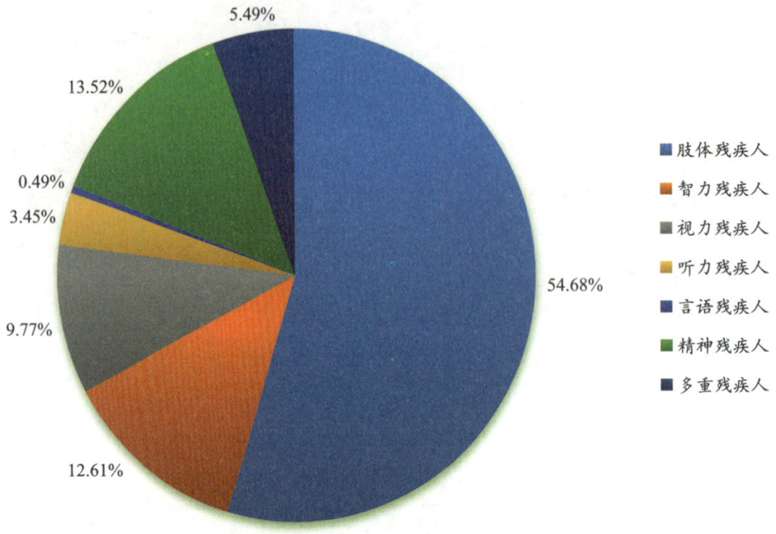


图12 2016年太仓市持证残疾人分布比例图

### 2016年太仓市残联惠残补贴统计表

表69

| 序号 | 类别 | 人数（人） | 金额（万元） |
|---|---|---|---|
| 1 | 城乡重度无业残疾人免费参加城镇职工基本养老保险 | 1081 | 259.44 |
| 2 | 城乡重度无业残疾人享受特惠政策参加城镇职工基本医疗保险 | 947 | 90.24 |
| 3 | 精神、智力（三、四级）无业残疾人享受特惠政策参加城镇职工基本养老保险 | 192 | 29.52 |
| 4 | 精神、精神（三、四级）无业残疾人享受特惠政策参加城镇职工基本医疗保险 | 258 | 24.15 |
| 5 | 智力、精神（三、四级）成年残疾人生活救助 | 497 | 387.91 |
| 6 | 低保家庭中重度残疾人重残补贴金 | 212 | 25.36 |
| 9 | 残疾人免费乘坐市内公交车（爱心卡） | 4252 | 86.42 |
| 10 | 残疾学生和低保重残家庭子女助学补贴 | 112 | 19.44 |
| 11 | 残疾人托养护理费补贴 | 155 | 82.65 |
| 12 | 残疾人自主创业补贴 | 4 | 1.20 |
| 13 | 残疾人和托养机构人员免费参加团体人身意外伤害商业保险 | 7725 | 30.90 |

续表 69

| 序号 | 类　别 | 人数（人） | 金额（万元） |
| --- | --- | --- | --- |
| 14 | 下肢残疾人代步机动（电动）轮椅车购置补贴 | 2 | 0.30 |
| 15 | 残疾人机动轮椅车燃油补贴 | 179 | 4.65 |
| 16 | 听力和言语残疾人短信信息费补助 | 250 | 7.50 |
| 17 | 0～14周岁残疾儿童康复训练补贴 | 69 | 181.04 |
| 18 | 残疾人假肢矫形器补助 | 33 | 8.54 |
| 19 | 残疾人助听器适配补助 | 20 | 4.86 |
| 20 | 听力障碍人员人工耳蜗植入手术费用补贴 | 1 | 6.00 |
| 21 | 贫困精神残疾人免费服药 | 340 | 4.48 |
| 22 | 辅具器具配发 | 1235 | 42.78 |
| 23 | 残疾人家庭无障碍建设 | 3 | 0.23 |
| 24 | 残疾人春节慰问补贴 | 1551 | 155.10 |

【残疾人就业】 2016年，太仓市开展全国残疾人基本服务状况和需求信息数据动态更新工作，为各镇（区）专职委员、各村（社区）调查人员配发采集专用手机，完成9262名持证残疾人、148个村（社区）的数据采集任务。以“安置就业为主，收缴残保金为辅”的工作方针，做好残保金征收、管理、使用和监督，依法推进残疾人就业。落实《中共江苏省委组织部等七部门单位关于促进残疾人按比例就业的实施意见》，开展全市党政机关和事业单位在职持证残疾人调查，推动党政机关、事业单位带头招录和安置残疾人就业。落实《江苏省用人单位按比例安排残疾人就业补贴和超比例奖励办法（试行）》，为用人单位发放按比例补贴和超比例奖励，鼓励用人单位吸纳更多残疾人就业。发展残疾人辅助性就业，形成6个多元主体的“残疾人之家”，其中善爱益家社会工作服务中心的成立，填补苏州市由社会力量创办辅助性就业机构的空白。市残联与市广电总台新媒体中心、阳光人才网、市人社局合作，开通线上线下残疾人求职招聘绿色通道，进一步宣传残疾人就业相关政策，鼓励企业录用残疾人，及时推荐有就业意向的残疾人就业。年内举办三次残疾人专场招聘，近百名残疾人与用人单位达成就业意向，残疾人专招影响力日益扩大。做好残疾人“一对一”就业帮扶工作，完成残疾人就业和职业培训状况实名制管理工作。以购买服务方式，由德颐善社会工作发展中心承接“走进福企，携手共赢”残疾员工就业适应培训项目，帮助残疾员工更好地适应工作环境。联合中国狮子联会上源精英服务队启动“温馨工程”，在城厢镇梅园社区定期开展助残项目。与日月新培训学校合作举办第一期残疾人保健按摩师培训班，采取理论与实践相结合的方式进行教学，考核合格人

8月18日，太仓市首家由社会力量创办的残疾人辅助性就业机构——善爱益家社会工作服务中心开业　（市残联供稿）

员获得由人社部门颁发的保健按摩师（初级）职业资格证书。在浮桥镇“山水一方”残疾人创业孵化基地举办残疾人实用技能培训班，与苏州健雄职业技术学院、苏州巧思餐饮管理有限公司合作开展残疾人职业技能赛前培训。组织3名视力残疾人参加省级医疗按摩人员继续教育培训班，获省中医药管理局颁发的省级中医药继续教育项目中级学分证书。

**【残疾人康复】** 2016年，太仓市加强残疾人康复设施建设，市级辅助器具服务中心完成改造升级，展示肢体、视力、听力等常见的各类辅助器具100余种。在双凤人民医院设立康复医学科，成立镇级残疾人康复中心，填补全市公立医院康复机构空白。太仓市开设全市首家针对孤独症儿童的康复机构——“星星益站”特殊儿童康复中心，为孤独症儿童提供专业化、个性化的训练。依托市医学会和市第一人民医院康复医学科，市残联与市卫计委共同举办太仓康复论坛暨康复技术培训班，市级医院、乡镇卫生院的康复医务人员、基层全科医生及残疾人工作者共103人参加培训。与新安康复医院重新签订购买康复服务协议，制定成人肢体康复训练评估监督方案，规范治疗师服务流程。与残疾人及家属签订康复协议，对首次训练的残疾人进行风险评估。与市教育局、市弇山幼儿园共同开展启悦特殊儿童康复中心听障班融合教育工作，4名听障儿童每周一次到弇山幼儿园随班听课，为进入普校打好基础。市残联联合市艺术幼教中心团支部，在启悦康复中心举办“爱耳日”结对联欢活动，组织启悦儿童与学君国学夏令营的师生开展联欢捐赠活动。选派人员到省队参加全国辅具服务技能职业竞赛，并获全国第三名。完成“美好生活”辅助器具适配服务，为省试点地区沙溪镇、娄东街道的残疾人发放辅具，开展日常辅具适配与租借服务。启动“集善远程视界”眼病防治工作，推进眼病致残预防工作。落实精神残疾人免费基本用药实施办法，实现医保报销、医疗救助、专项救助相衔接“一站式”服务，全市所有持证精神残疾人享受每年1200元的药费补贴。开展残疾预防行动，在《太仓日报》、残联网站和微信公众号等平台上解读自闭症、视力保护、听力保护和慢性病防治知识，宣传儿童康复、假肢矫形器、助听器补助等政策。

**【残疾人文体活动】** 2016年，市残联结合“全国助残日”和“国际残疾人日”等重大节日，先后开展“关爱孤残儿童，让爱洒满人间”助残日活动、“圆梦微心愿”志愿服务、无障碍体验公益活动、“阅读点亮心灵”读书会等特色活动。启动第四届残疾人文体艺术节，开展残疾人门球比赛、“魅力太仓”摄影、助残志愿者专题讲座、“唱享幸福——太仓市残疾人好声音”歌唱比赛、残疾人艺术作品展示义卖和残疾人器乐、声乐、舞蹈、木兰拳培训等系列活动。联合太仓名人馆开办第四期“心言手语”手语推广公益培训班，构建起聋人和健听世界交流的无障碍环境。以服务外包形式组建残疾人艺术团，成立声乐、舞蹈、戏曲小品和器乐4个小组，在省、苏州市残疾人文艺会演中获得多个奖项，其中一等奖2个。举办市运会残疾人组比赛，获“特别贡献奖”。组织残疾人体育运动代表队参加苏州市第六届残疾人运动会，被苏州市第14届体育运动会组委会授予“体育道德风尚奖”称号。加强残联官网建设，完善各类信息发布。运行残联微信公众号，开设《阳光家园》《政策咨询》《互动服务》栏目3个，每周四推送。联合《太仓日报》推出“放飞梦想、自强不息”残疾人自强模范和助残典型系列报道，其中《残障人士共享精彩生活》在头版头条刊登。与市广电总台合作打造专门宣传残疾人事业的专题类广播节目——《爱满娄城》。继续开展手语新闻播报，为全市听力和言语残疾人搭建获取信息的平台。加强与法律援助机构合作，拓宽残疾人反映诉求渠道，残疾人信访诉求全部妥善处理，办结率100%。全国助残日期间开展“健残双向”服务活动，包括法律咨询、科普宣传、健康咨询、社保解答等10多个便民服务项目。以“3•5”学雷锋日和“12•4”国家宪法日为契机，开展广场法治宣传和志愿服务活动，为市民免费配钥匙、磨剪刀，向市民发放涉残法治资料，推介市残联微信公众号，解答相关法规政策问题。

（王晓辰）

8月16日，太仓市残疾人艺术团参加全省残疾人艺术会演　（市残联供稿）

## 太仓市归侨侨眷联合会

**【概况】** 2016年，太仓市归侨侨眷联合会坚持以侨为本、为侨服务宗旨，依法维护归侨、侨眷和海外侨胞在国内的合法权益，关心海外侨胞正当权益。发挥联系归侨、侨眷和海外侨胞的桥梁纽带作用，全市增设侨界活动场所2处，做好为侨服务工作。太仓

“两会”期间，侨界人大代表和政协委员共提交提案议案、社情民意10余件。年内，市侨联加强侨情调研，调研报告《关于完善城区人行道和健身步道的建议》获评市政协优秀提案。年内，市侨联获评全省首批“双‘五有’侨联组织”。

【侨界服务】 2016年，太仓市侨联共接待海外侨胞各种形式到访交流20批、31人次。组织开展新侨创业故事分享会，定期走访侨企，举办新侨双创座谈会2次。2名新侨人才当选省侨商总会科技新侨协会理事。组织晋圣博等新侨企业参加在南京举办的“中国侨联新侨创新创业成果展”，组织侨企和侨界群众参观“苏州纳博会”。持续推进“关爱行动”和“维权行动”，走访慰问侨胞36人次，发放慰问金2万余元，处理侨界信访9件。举办“缘聚五月情定娄城”拓展活动，为侨界青年联谊交友搭建；组织志愿者开展“侨界空巢老人关爱行动”。

【侨界文化交流】 2016年，市侨联围绕中国共产党成立95周年、中国侨联成立60周年、孙中山150周年诞辰及辛亥革命105周年等主题，丰富“亲情中华 • 爱在侨联”文化品牌活动。苏州首家“中国华侨国际文化交流基地——吴健雄陈列馆”揭牌；太仓名人馆、浏河文化生态产业园、璜泾乡风文明田园坊被命名为苏州市华侨文化交流基地。邀请市作协主席凌鼎年作“侨界娄东文化大讲堂”讲座。推荐2名华裔新生代表参加“亲情中华 • 汉语桥”夏令营，增强中华传统文化认同感。建好“太仓侨联”网站，发挥“太侨之家”“太仓人在海外”和“仁者神归”等QQ群和微信群通联作用。继续按月推送《故乡的云——太仓市情月报》。

（时海炜）

## 太仓市哲学社会科学界联合会

【概况】 2016年，太仓市社科联积极开展理论学习、课题交流、学术研究、社科普及等活动，公布实施社科应用研究课题51个，开展以“树立五大发展新理念，建设强富美高新太仓”为主题的第11届社科普及宣传周活动。“娄东大讲堂”品牌成功入选江苏优秀讲坛，“左手咖啡右手书”活动获评苏州市2016年度社科普及创新项目，市农村经济研究会、市审计学会等5家单位被评为2016年度太仓市社科系统先进社科团体。

9月21日，太仓市第11届社科普及宣传周活动期间，苏州健雄职业技术学院师生领取相关宣传资料 （市社科联供稿）

【理论学习】 2016年，太仓市社科联组织全市社科界学习贯彻中共十八大和十八届三中、四中、五中、六中全会及习近平总书记系列重要讲话特别是视察江苏重要讲话精神，学习习近平总书记“5•17”哲学社会科学工作座谈会讲话精神。利用“娄东大讲堂”系列讲座、《太仓日报（理论笔谈版）》、“太仓发布”政务微信《娄东视点》专栏等阵地力量，从不同层面、不同角度解读中央重大理论创新成果，帮助广大干部群众深刻领会会议的精神实质和具体要求。学习贯彻太仓市第十三次党代会和市委十三届二次全会精神，组织专家学者深入机关、学校、社区、农村、企事业单位宣讲，介绍全市经济社会最新运行情况、未来发展战略目标和路径举措。全年，市社科联共举办各种理论研讨会、座谈会20余次，社科联所属学会、协会和研究会共举办各类专题讲座100余次，在全社会营造浓厚、热烈的理论学习研讨氛围。

【社科研究】 2016年，太仓市社科联围绕全市经济社会发展重大理论与现实问题，印发《关于征集2016年度太仓市哲学社会科学研究课题的通知》，确定并公布年度社科应用研究课题51个，其中重点资助课题5个，一般课题46个。年内，在《群众》杂志第12期发表题为《推动全面从严治党向基层延伸》的文章，在《江南论坛》杂志第11期发表题为《在发展实践中增强基层文化自信》的文章。《太仓农村改革发展的实践与思考》调研文章通过省社科联课题结项，《适应养老服务需求，优化太仓市养老服务供给的思考》通过苏州市社科规划课题（应用对策类）结项，《临沪县市融入上海全球科创中心建设研究》获评苏州市哲学社会科学界第九届学术大会优秀论文二等奖。《太仓史话》《当代中国城市发展丛书》（太仓卷）和《娄东文化丛书（第四辑）》出版。

【社科普及】 9月，太仓市第11届社科普及宣传周活动在苏州健雄职业技术学院开幕，活动以“树立五大发展新理念，建设强富美高新太仓”为主题，市审计学会、市人社学会、市档案学会、市互联网协会等14家学会、协会、研究会及新华书店现场设摊，摆放社科普及、网络宣传展板30多幅，提供咨询200多人次，发放宣传资料3000多份及宣传袋、图书等实物800多份，为广大师生提供丰富实用的社科知识和网络安全理念。实施理论社科惠民行动，组织专家、学者深入村、社区，举办法律知识、医疗保健、社科理论、文学艺术等专题讲座20场次。全年共出版《太仓日报·理论笔谈版》10期，举办“娄东大讲堂”系列讲座50余期，组稿《太仓社科论坛》3期。

（王　业）

12月9日，市无党派知联会走访城厢镇胜泾村，了解过渡区村庄整治情况

（金庆苏　摄）

## 太仓市无党派知识分子联谊会

**【概况】**　2016年，太仓市无党派知识分子联谊会（以下简称市无党派知联会）设城乡建设组、社会事业组、财经组和新阶层组等4个界别组，每个界别组设组长1人，由理事兼任。至年底，共有会员76人，其中新发展会员8人；会长顾建康，副会长高建林、孙惠球、尤培亚、陈俭、王燕、冯瑞兴（其中1名副会长兼任秘书长），理事18人。会员中有苏州市政协委员1人，太仓市人大代表5人（其中人大常委会委员3人），太仓市政协委员19人（其中政协常委9人）。

**【参政议政】**　2016年，市无党派知联会认真履行职能，为全市经济社会发展建言献策。开展课题调研。根据市委统战部党派领题调研活动要求，市无党派知联会将“进一步提升水环境质量”作为调研课题，会同市政协城乡建设委成立调研小组，研究制定调研方案。调研期间，邀请市水利局、市环保局、市城管局、市农委、市水处理公司及相关区镇负责同志召开座谈会，了解全市城乡水环境整治、污水处理等情况。5月，调研组赴浙江省浦江、桐庐考察学习，搜集资料，客观撰写调研报告，为提升全市水环境质量建言献策，并得到市领导和有关部门重视。同时，市无党派知联会为规范快递业发展出谋划策。快递业在支撑电子商务、服务生产生活、扩大就业等方面发挥积极作用。下半年，市无党派知联会会同市政协城乡建设委课题组围绕规范全市快递业发展展开调研。调研期间，邀请市交运局、太仓邮政分公司等部门及圆通、中通、申通等快递公司相关负责人召开座谈会，听取全市快递业发展情况，并赴浙江桐庐、安吉考察学习。在充分调研基础上，形成调研报告，就全市快递业发展存在的问题提出意见、建议，为市委、市政府决策提供参考。反映社情民意。市无党派知联会鼓励会员深入调研，了解民情，关注民生，当好了解和反映社情民意的“观察站”。全市“两会”前期，财经组围绕规范农村（社区）股份合作社运营，到市委农工办、城厢镇调研，实地走访胜泾村了解股权改革做法，深入分析股份合作社发展中遇到的政经分离、合作社发展前景等问题，形成《加快社区股份合作社股权改革，推动太仓农村改革发展再上新台阶》的调研报告，在市政协十三届五次大会上作大会发言。在调研基础上，市无党派知联会向市政协提交集体提案8件，个人提案5件，内容涉及病员意外保险、拆迁安置小区物业管理、智慧社区建设、中德合作等方面。《关于进一步加快太仓港综保区发展的建议》《关于进一步加强领导干部任中审计以及审计结果利用的建议》《关于加快推广太仓港口岸电系统应用的建议》等提案被市政协评为2016年度优秀提案。加强政治理论学习。市无党派知联会组织会员学习习近平总书记在中央统战工作会议上的讲话精神、全国“两会”精神和太仓市委、市政府重大会议精神。4月，市无党派知联会推荐李永川、李强、周洪海、王彦、袁蕴玉、杜红云、嵇秋红骨干会员7人参加市委统战部举办的太仓市党派骨干成员培训班。组织会员参加市委统战部举办的各类讲座，提高会员政治素质、理论修养和参政议政能力。同时响应太仓阅读节号召，开展读书活动，激发会员学习热情，提升会员思想政治素质和理论水平。

**【社会服务】**　2016年，市无党派知联会开展各类公益活动，发挥在构建和谐社会、促进民生中的积极作用。6月，盐城阜宁遭遇极端灾害天气，造成重大人员伤亡和财产损失。市无党派知联会及时与阜宁县慈善总会取得联系，向灾区捐款1万元。结合读书活动，连续三年向对接学校捐赠图书。12月，向太仓市港城小学捐赠图书价值1万多元，丰富学校图书资源。继续与城厢镇胜泾村开展结对共建活动，关心支持胜泾村建设发展。12月，市无党派知联会实地走访村内过渡区，详细了解过渡区村庄整治情况，并向胜泾村资助3万元，用于村级道路、桥梁维修等实事工程建设。同时在胜泾村开展扶贫帮困活动，慰问贫困家庭6户。

（金庆苏）

## 太仓市关心下一代工作委员会

**【概况】** 2016年，太仓市各级关工委以培育和践行社会主义核心价值观为根本任务，弘扬“忠诚敬业、关爱后代、务实创新、无私奉献”精神，加强青少年思想道德建设，引导帮助青少年健康成长成才。全市有镇（区）关工委8个，系统关工委5个，市级机关部门关工委42个，政法部门关工委4个，学校关工委70个，镇（区）农技站关工委7个，民营企业关工委1034个，共有“五老”（老干部、老战士、老专家、老教师、老劳模）人员5600余人。至年底，全市累计建成基层关工委组织1311家，全市各村（社区）建立校外辅导站146个，校外辅导站工作人员1201人（其中包括在职教师234人、大学生村干部310人）。市关工委工作队伍中有关爱团114个、1406人，宣讲团69个、509人，网吧义务监督员155人。年内，市关工委被省文明办和省关工委评为先进集体；市关工委网吧义务监督团队获市“十佳老有所为之星”称号；市关工委与相关部门开展的“翰墨薪传·全市中小学师生书法展览选拔赛”活动获评2016年度“七彩的夏日——未成年人暑期系列活动”优秀活动项目。

**【青少年主题教育】** 2016年，市关工委在全市青少年中开展“学党史、学国史、听党话、跟党走”主题教育活动。向全市镇（区）各系统、街道、村、社区、学校等发放党史、国史教育辅导读本3000多册，开展基层组织“两史”宣讲5630场次，教育青少年8.5万人次。会同市教育局等单位联合举办“把楹联写在党旗上——纪念中国共产党成立95周年”征联、爱党爱国师生书法比赛等活动，开展纪念长征胜利80周年活动。寒暑假期间，组织青少年参观爱国主义教育基地，走访抗日老英雄和日军侵华期间受残害的群众，邀请抗战老战士向青少年宣传长征精神。全年全市共订阅《关心下一代周报》3.44万份，较上年增长7.5%；订阅《中国火炬》454份，较上年增长0.4%。

11月15日，璜泾镇永乐村特色校外教育辅导站——“品良工作站”揭牌

（市关工委供稿）

**【青少年普法教育】** 2016年，市关工委为全市中、小学配备法制辅导员51人，全市“五老”法治教育宣讲团成员共作法制教育报告讲座440余场，受教育青少年近13万人次。5月19日，市普法办、市教育局、市关工委在沙溪镇洪泾小学联合举行青少年“七五”普法启动仪式，各中小学校分管法治领导和洪泾小学1000多名师生参加启动仪式，8所民工子弟学校获赠法治书籍。8月，市关工委牵头协同市司法局、市综治办、市教育局、团市委等部门，组织开展第3届青少年普法教育活动。

**【结对帮教】** 2016年，太仓市145个社区（村）均建立由“五老”参加的3人以上结对帮教小组，参与结对帮教“五老”人员483人。全市113名失足失教青少年中有111人通过帮教得到转化。做好贫困生帮扶工作，全年帮扶贫困学生305人，发放帮困助学金11.6万元。配合市综治办、市预防办等部门开展创建未成年人零犯罪社区（村）工作。3月3日，印发《关于开展预防和减少青少年违法犯罪工作重点推进活动的意见》。5月6日，召开预防青少年违法犯罪工作暨“未成年人零犯罪社区（村）、学校”创建推进会。10月28日，市关工委到市看守所面对面帮教25岁以下犯罪人员20人。

**【校外监督辅导】** 2016年，太仓市共有网吧99家、游戏机房75家，每天上网（游戏）人员近2万人次。市关工委组织全市“五老”网吧义务监督员开展网吧、游戏机房巡查工作，杜绝未成年人进网吧和游戏机房。5月19日，市关工委和市文广新局联合召开全市“五老”网吧义务监督工作表彰会，表彰优秀网吧义务监督员79人、网吧义务监督工作先进单位10家。加强校外教育辅导站内涵建设，在职教师到各辅导站协助开展校外教育活动800余人次。5月24日，市关工委印发《进一步加强全市校外教育辅导站内涵建设的实施意见》，做好全市校外辅导站和电子阅览室建设。全市145社区（村）均建立校外教育辅导站和电子阅览室，购置电脑等设施1039台。年内表彰优秀校外辅导站51个。11月15日，省关心下一代基金会苏州分会在璜泾镇永乐村“品良工作站”揭牌。“品良工作站”是璜泾镇关心下一代工作的一项创新举措，2006年成立，25名平均年龄73岁的志愿者在退休教师姚品良带领下，以村校外教育辅导站为阵地开设“四点半班”等教育实践等特色活动，受到青少年和家长好评。

【"三扶两创一促进"工作】 2016年，太仓市关工委会同市农委开展青年农民"三扶两创一促进"（扶志、扶技、扶创业，创建创业示范基地、评选创业之星，促进现代农业发展）工作，全年累计参与各级技术培训的青年农民1.8万人次。11月15日，苏州市关工委组织各市、区关工委参加太仓市农村关心下一代工作推进会，会上表彰青年农民"创业示范基地"10个、青年农民"创业之星"10人。

（陶陵夏）

## 太仓市红十字会

【概况】 2016年，太仓市红十字会以"三救三献"（救护、救灾、救助和造血干细胞捐献、遗体器官捐献、献血）为主线，建设红十字服务品牌，开展志愿活动，服务娄城民生。全年捐赠账户收入46.18万元，捐赠账户支出40.85万元；举办应急救护培训班229期，普及性培训9134人次，初级救护员培训1466人次；发放救护读本1万余册，急救包3000多个；新增捐献造血干细胞登记265人，初配19人，高配5人，成功捐献2人；遗体捐献登记新增17人，器官捐献登记新增6人，眼角膜登记新增11人，成功捐献遗体2人。市红十字会"撑起青少年生命安全的保护伞"项目，被苏州市文明办、苏州市志愿者总会评为"2016年苏州市最佳志愿服务项目"，太仓市捐献造血干细胞志愿者团队被太仓市文明办评为"太仓市第二届道德模范"。

【"三救"工作】 2016年，市红十字会开展"三救"（救护、救灾、救助）工作。春节期间开展"博爱送万家"活动，探望麻风病人，送去救助金和棉衣棉被；为精神病患者捐赠棉衣和慰问金；慰问各乡镇医院住院病人；继续结对资助四川困难学生264人；和玉屏县红十字会结对帮扶玉屏家境困难中学生49人。邀请太仓市第一人民医院急诊科副主任为全市45名应急救护师专业师举办急救讲座。在7所学校开展学生安全讲座；暑假期间在社区、妇女儿童活动中心为300多名孩子开设自护课程12堂；在科教新城实验小学开展亲子自救讲座，参与学生家庭230人次，发放救护手册、三角巾绷带盒，讲解踩踏、溺水、海姆立克急救法等常见意外伤害自救互救技能。继续在健雄职业技术学院开设《应急救护员选修课》8期，参加学生300多人次。打造市民救护培训基地，免费开设市民公益性应急救护培训。全年共举办9期，学员150多人次。组织全市中小学校5000名学生参加红十字总会的"应急救护知识大赛"。市红十字会在小区、学校、企业等开展应急疏散演练和救护技能演示8场，参与群众2500多人次，发放环保袋、《市民安全读本》等物品，赠送急救包。世界急救日期间在中心广场开展主题宣传活动。

5月10日，市红十字会组织社区居民开展火灾逃生疏散演练　（张燕　摄）

【"三献"工作】 2016年，市红十字会开展"三献"（造血干细胞捐献、遗体器官捐献、献血）工作。太仓市献血办、太仓市红十字会联合举办2015年度无偿献血先进集体表彰会，25家单位获"无偿献血先进集体"称号。组织机关单位、大型企业开展献血活动。全市造血干细胞成功捐献2人，全市累计共有成功捐献志愿者9人。4月，组织成功捐遗者家属参加上方山第七届捐遗集体悼念活动。《太仓日报》专版刊登《"捐献'生命种子'为患者点燃希望"》，专题报道太仓8位成功捐献造血干细胞志愿者的捐献事迹。录制《太仓闲话》红十字会救护专场，邀请捐献者张铭、李青参与活动，"太仓发布""文明办"微信平台分别发布免费公益救护班信息，推送造血干细胞捐献知识。

【生命健康教育馆启动】 2016年12月，市卫计委、市红十字会、市消防大队、市市场监管局等单位共同投资建设生命健康教育馆启用，该馆位于苏州健雄职业技术学院图书馆7楼，占地面积200平方米，主要由生命孕育与保健区、重点传染病防治区、红十字应急救护区、生存技能区等功能区组成，应急救护区内摆放急救宣传折页、救护教具、模拟人等。生命健康教育馆是青少年生命教育培训、研究、推广和服务的公益馆，服务于学院大学生生命教育工作，作为太仓市青少年生命教育基地，为中小学及其他社会组织提供急救培训服务。

（张　燕）

## 基层自治组织

【概况】 截至2016年年底，太仓市共有村民委员会73个，村民小组2819个，社区居民委员会77个，居民小组1924个。2016年，太仓市深化"政社互动"工作，建立"政社

11月12日，太仓市第十二届村民委员会换届选举双凤镇新湖村投票现场
（陆裕　摄）

互动”工作挂钩联系制度，印发《市级机关（单位）“政社互动”绩效考评方案》，进一步规范考评制度。简化“政社互动”签约、考评工作流程，细化村（居）履职清单，在村（居）设立“政社互动议事间”，增强村居自治功能。开展“爱家园·守公约”系列活动，全市各村（居）普遍制定社区公约，社区协商制度得到落实。依法圆满完成村（居）委会换届选举，选举成功率100%。实施社区建设“以奖代补”资金补助暂行标准，投资2500万元建设硬件项目51个、软件项目12个。推进智慧社区建设，完成智慧社区项目软件主体部分开发，建立“一平台一空间一中心三应用”（“一平台”即一体化应用开放平台，“一空间”即市民虚拟数字空间，“一中心”即“智慧社区”数据中心，“三应用”即政务管理服务、便民综合服务和社区网格化管理服务）运作模式，在10个村（社区）试点运行。推进社区服务社会化，启动“邻里家园”项目，通过社会组织力量，引导专业社工介入社区服务。推进社区减负增能，梳理公布村（居）盖章事项“正面清单”29项。太仓市申报的“政社互动”项目位列“2015年度中国社区治理十大创新成果”之首。

**2016年太仓市居民委员会一览表**

表70

| 镇（街道、区） | 居委会名称 | | | | | | | | | | | | 数量（个） |
|---|---|---|---|---|---|---|---|---|---|---|---|---|---|
| 娄东街道 | 惠阳 | 东郊 | 太平 | 洋沙 | 朝阳 | 香花桥 | 太东 | 太胜 | 华盛园 | 滨河 | 娄江 | 陆渡 | 21 |
| | 东城 | 景瑞 | 城北 | 珠江 | 浦溪 | 裕珑 | 柳园 | 丽景 | 花北 | | | | |
| 科教新城 | 南郊 | 常丰 | 鹊桥 | 学苑 | 新丰 | | | | | | | | 5 |
| 城厢镇 | 南区 | 西区 | 梅园 | 德兴 | 康乐 | 西郊 | 东区 | 中区 | 南园 | 县府 | 府东 | 桃园 | 16 |
| | 弇山 | 新毛 | 伟阳 | 太丰 | | | | | | | | | |
| 沙溪镇 | 东市 | 西市 | 利泰 | 新北 | 直塘 | 岳王 | 归庄 | 沙东 | | | | | 8 |
| 浏河镇 | 复兴 | 渔村 | 新塘 | 河北 | 闸北 | 紫薇苑 | 东方 | | | | | | 7 |
| 浮桥镇 | 浮桥 | 牌楼 | 九曲 | 时思 | 老闸 | 茜泾 | 马北 | 和平花园 | 六尺 | 建红 | 新城花园 | 浮南 | 13 |
| | 新港花苑 | | | | | | | | | | | | |
| 璜泾镇 | 银杏 | 西塔 | 王秀 | 玉影山 | | | | | | | | | 4 |
| 双凤镇 | 双凤 | 湖川桥 | 新川苑 | | | | | | | | | | 3 |
| 合计 | — | | | | | | | | | | | | 77 |

### 2016年太仓市村民委员会一览表

表71

| 镇（街道、区） | 村委会名称 | | | | | | | | | | | | 数量（个） |
|---|---|---|---|---|---|---|---|---|---|---|---|---|---|
| 娄东街道 | 小桥 | 岳南 | 红庙 | 横沥 | 洙泾 | 陆渡 | | | | | | | 6 |
| 城厢镇 | 电站 | 万丰 | 东林 | 胜泾 | 新农 | 永丰 | | | | | | | 6 |
| 沙溪镇 | 涂松 | 印北 | 洪泾 | 半泾 | 中荷 | 泥桥 | 虹桥 | 泰西 | 胜利 | 松南 | 凡山 | 香塘 | 20 |
| | 渠泾 | 项桥 | 庄西 | 太星 | 岳星 | 新建 | 塘桥 | 岳镇 | | | | | |
| 浏河镇 | 东仓 | 何桥 | 新闸 | 闸北 | 浏南 | 万安 | 张桥 | 新塘 | | | | | 8 |
| 浮桥镇 | 浮桥 | 七丫 | 新邵 | 丁泾 | 茜泾 | 马北 | 时思 | 浪港 | 方桥 | 绿化 | 三市 | | 11 |
| 璜泾镇 | 新华 | 新联 | 荡茜 | 永乐 | 王秀 | 孙桥 | 荣文 | 孟河 | 杨漕 | 新海 | 新明 | 长洲 | 13 |
| | 雅鹿 | | | | | | | | | | | | |
| 双凤镇 | 庆丰 | 凤中 | 黄桥 | 勤力 | 泥泾 | 维新 | 新湖 | 新卫 | 新闻 | | | | 9 |
| 合计 | — | | | | | | | | | | | | 73 |

（胡天立）

## 社会组织

**【概况】** 2016年，太仓市优化社会组织登记流程，下放权力、简化手续，全年新登记社会组织55个，全市登记社会组织总数847家，其中社会团体219家，民办非企业627家，基金会1家。加大社会组织扶持力度，对具有专职人员、新注册的重点领域社会组织给予资金补贴，共有8家组织和5名个人获得补贴31.5万元。启动第五届公益创投，实施公益项目105个。规范社会组织管理，年检社会组织736家，合格率96.6%。完成834家社会组织社会信用代码法人登记证书换发工作。推进社会组织等级评估，提升社会组织规范化水平。截至年底，全市获评等级的社会组织共293家，其中AAAA级社会组织23家，AAA级社会组织94家，AA级社会组织115家，A级社会组织61家。为推进和加强全市社会组织党建工作，7月1日，太仓市社会组织党委成立，隶属太仓市民政局党委。截至年底，社会组织党委设立党支部6个，有党员19人。

### 太仓市等级社会组织统计表

表72

| 序号 | 单位 | 等级 | 获评时间 | 序号 | 单位 | 等级 | 获评时间 |
|---|---|---|---|---|---|---|---|
| 1 | 太仓市璜泾镇商会 | AAAA | 2011年 | 11 | 太仓市福建商会 | AAAA | 2012年 |
| 2 | 太仓市房地产业协会 | AAAA | 2011年 | 12 | 太仓市常青藤老干部协会 | AAAA | 2013年 |
| 3 | 太仓市私营个体经济协会 | AAAA | 2011年 | 13 | 太仓市特种设备学会 | AAAA | 2013年 |
| 4 | 太仓市义工联合会 | AAAA | 2012年 | 14 | 太仓市诺贝儿教育培训中心 | AAAA | 2013年 |
| 5 | 太仓市老年人体育协会 | AAAA | 2012年 | 15 | 太仓市建筑行业协会 | AAAA | 2014年 |
| 6 | 太仓市总工会职业培训学校 | AAAA | 2012年 | 16 | 太仓市工业经济联合会 | AAAA | 2014年 |
| 7 | 太仓市五洋丝竹乐团 | AAAA | 2012年 | 17 | 太仓市浙江商会 | AAAA | 2014年 |
| 8 | 太仓市三港小学 | AAAA | 2012年 | 18 | 太仓市启航青少年事务服务中心 | AAAA | 2015年 |
| 9 | 太仓市英联韵琳外语培训中心 | AAAA | 2012年 | 19 | 太仓市安徽商会 | AAAA | 2015年 |
| 10 | 太仓市耀华学校 | AAAA | 2012年 | 20 | 太仓市老年协会 | AAAA | 2016年 |

续表 72

| 序号 | 单位 | 等级 | 获评时间 | 序号 | 单位 | 等级 | 获评时间 |
| --- | --- | --- | --- | --- | --- | --- | --- |
| 21 | 太仓市慈善总会 | AAAA | 2016 年 | 55 | 太仓企盟信息技术俱乐部 | AAA | 2013 年 |
| 22 | 太仓市弇贤小学 | AAAA | 2016 年 | 56 | 太仓市城厢镇东林爱心服务社 | AAA | 2013 年 |
| 23 | 太仓市新希望才艺培训中心 | AAAA | 2016 年 | 57 | 太仓市心航社工服务社 | AAA | 2013 年 |
| 24 | 太仓市洪泾小学 | AAA | 2016 年 | 58 | 太仓市璜泾镇残疾人托养服务中心 | AAA | 2013 年 |
| 25 | 太仓市汽车流通行业商会 | AAA | 2011 年 | 59 | 太仓市城厢镇居家养老服务中心 | AAA | 2013 年 |
| 26 | 太仓市消费者权益保护委员会 | AAA | 2011 年 | 60 | 太仓市日月新职业培训学校 | AAA | 2013 年 |
| 27 | 太仓市化纤行业协会 | AAA | 2012 年 | 61 | 太仓市星光灿烂公益艺术团 | AAA | 2013 年 |
| 28 | 太仓市门球协会 | AAA | 2012 年 | 62 | 太仓市若水教育培训中心 | AAA | 2013 年 |
| 29 | 太仓市篮球协会 | AAA | 2012 年 | 63 | 太仓市集体用餐配送业协会 | AAA | 2014 年 |
| 30 | 太仓市烹饪餐饮行业协会 | AAA | 2012 年 | 64 | 太仓市金属加工行业协会 | AAA | 2014 年 |
| 31 | 太仓市预防医学会 | AAA | 2012 年 | 65 | 太仓市酒类流通协会 | AAA | 2014 年 |
| 32 | 太仓市人大工作理论研究会 | AAA | 2012 年 | 66 | 太仓市“三社联动”促进会 | AAA | 2014 年 |
| 33 | 太仓市武术协会 | AAA | 2012 年 | 67 | 太仓市人力资源和社会保障学会 | AAA | 2014 年 |
| 34 | 太仓市欢欣燕爱心陪护中心 | AAA | 2012 年 | 68 | 太仓市价格协会 | AAA | 2014 年 |
| 35 | 太仓市自强服务社 | AAA | 2012 年 | 69 | 太仓市信鸽协会 | AAA | 2014 年 |
| 36 | 太仓市浮桥镇残疾人托养服务中心 | AAA | 2012 年 | 70 | 太仓市医学会 | AAA | 2014 年 |
| 37 | 太仓市巾帼职业培训学校 | AAA | 2012 年 | 71 | 太仓市光辉矫正社工事务所 | AAA | 2014 年 |
| 38 | 太仓市江信职业培训学校 | AAA | 2012 年 | 72 | 太仓市阳光心理服务中心 | AAA | 2014 年 |
| 39 | 太仓市亭宾武术搏击俱乐部 | AAA | 2012 年 | 73 | 太仓市梅园社区红梅邻里互助服务社 | AAA | 2014 年 |
| 40 | 太仓市新华小学 | AAA | 2012 年 | 74 | 太仓市南区社区红枫爱心服务社 | AAA | 2014 年 |
| 41 | 太仓市陆渡镇幼托园 | AAA | 2012 年 | 75 | 太仓市悦心南山养老配套服务中心 | AAA | 2014 年 |
| 42 | 太仓市美中博乐幼儿园 | AAA | 2012 年 | 76 | 太仓市福彩爱心艺术团 | AAA | 2014 年 |
| 43 | 太仓市横沥小学 | AAA | 2012 年 | 77 | 太仓市城厢镇东区社区东港戏曲社 | AAA | 2014 年 |
| 44 | 太仓市物流协会 | AAA | 2013 年 | 78 | 太仓市璜泾镇环境卫生管理所 | AAA | 2014 年 |
| 45 | 太仓市象棋协会 | AAA | 2013 年 | 79 | 太仓市浮桥镇小博士幼儿园 | AAA | 2014 年 |
| 46 | 太仓市青年商会 | AAA | 2013 年 | 80 | 太仓市艺雅幼儿园 | AAA | 2014 年 |
| 47 | 太仓市交通运输协会 | AAA | 2013 年 | 81 | 太仓市韦博语言培训中心 | AAA | 2014 年 |
| 48 | 太仓市钓鱼协会 | AAA | 2013 年 | 82 | 太仓市网球协会 | AAA | 2015 年 |
| 49 | 太仓市足球协会 | AAA | 2013 年 | 83 | 太仓市机器人学会 | AAA | 2015 年 |
| 50 | 太仓市律师协会 | AAA | 2013 年 | 84 | 太仓市娄东民间中医流派研究会 | AAA | 2015 年 |
| 51 | 太仓市人才学会 | AAA | 2013 年 | 85 | 太仓市璜泾镇残疾人创业就业促进会 | AAA | 2015 年 |
| 52 | 太仓市家庭教育研究会 | AAA | 2013 年 | 86 | 太仓市体育舞蹈运动协会 | AAA | 2015 年 |
| 53 | 太仓市粮食经济研究会 | AAA | 2013 年 | 87 | 太仓市巾帼心理协会 | AAA | 2015 年 |
| 54 | 太仓市向阳惠民服务社 | AAA | 2013 年 | 88 | 太仓市城市管理协会 | AAA | 2015 年 |

续表72

| 序号 | 单位 | 等级 | 获评时间 | 序号 | 单位 | 等级 | 获评时间 |
|---|---|---|---|---|---|---|---|
| 89 | 太仓市楹联学会 | AAA | 2015年 | 117 | 太仓市娄城单车公益俱乐部 | AAA | 2016年 |
| 90 | 太仓市纺织服装行业协会 | AAA | 2015年 | 118 | 太仓经济开发区商会 | AA | 2012年 |
| 91 | 太仓市室内装饰行业协会 | AAA | 2015年 | 119 | 太仓市农村经济研究会 | AA | 2012年 |
| 92 | 太仓市乒乓球协会 | AAA | 2015年 | 120 | 太仓市财政研究会 | AA | 2013年 |
| 93 | 太仓市女性社会组织指导服务中心 | AAA | 2015年 | 121 | 太仓市双凤镇居家养老服务中心 | AA | 2013年 |
| 94 | 太仓市皖江红新市民计划生育服务中心 | AAA | 2015年 | 122 | 太仓市娄东街道东城社区阳光少年成长服务中心 | AA | 2014年 |
| 95 | 太仓市娄东红娘婚恋家庭服务中心 | AAA | 2015年 | 123 | 太仓市浮桥镇建红社区法律咨询工作站 | AA | 2014年 |
| 96 | 太仓市连心家园关爱服务中心 | AAA | 2015年 | 124 | 太仓市沙溪镇直塘社区金色年华公益服务中心 | AA | 2014年 |
| 97 | 太仓市城厢镇南区社区老年人日间照料服务中心 | AAA | 2015年 | 125 | 太仓市沙溪镇东市社区古镇公益服务中心 | AA | 2014年 |
| 98 | 太仓市浏河镇社会组织服务中心 | AAA | 2015年 | 126 | 太仓市沙溪镇新北社区银色年华志愿者公益服务中心 | AA | 2014年 |
| 99 | 太仓市欣诚社会工作服务社 | AAA | 2015年 | 127 | 太仓市康乐社区“老沈在线”党员志愿者工作室 | AA | 2014年 |
| 100 | 太仓市新雅顿文化艺术团 | AAA | 2015年 | 128 | 太仓市城厢镇中区社区阳光爱心服务站 | AA | 2014年 |
| 101 | 太仓市城厢镇梅园社区红梅艺术团 | AAA | 2015年 | 129 | 太仓市浏河镇新闸村农村社区服务中心 | AA | 2014年 |
| 102 | 太仓市城厢镇中区社区阳光艺术团 | AAA | 2015年 | 130 | 太仓市浏河镇渔村社区社会事务工作站 | AA | 2014年 |
| 103 | 太仓市沙溪镇童乐幼儿园 | AAA | 2015年 | 131 | 太仓市浮桥镇浮南社区服务中心 | AA | 2014年 |
| 104 | 太仓市建筑装饰家居商会 | AAA | 2016年 | 132 | 太仓市浮桥镇九曲社区服务中心 | AA | 2014年 |
| 105 | 太仓市化工医药协会 | AAA | 2016年 | 133 | 太仓市浮桥镇老闸农村便民社区服务中心 | AA | 2014年 |
| 106 | 太仓市木业协会 | AAA | 2016年 | 134 | 太仓市浮桥镇三市村事务工作站 | AA | 2014年 |
| 107 | 太仓市食品行业协会 | AAA | 2016年 | 135 | 太仓市浮桥镇时思社区社会事务工作站 | AA | 2014年 |
| 108 | 太仓市消费者权益保护委员会 | AAA | 2016年 | 136 | 太仓市浮桥镇新城花园社区事务工作站 | AA | 2014年 |
| 109 | 太仓市红旗小学 | AAA | 2016年 | 137 | 太仓市浮桥镇牌楼社区事务工作站 | AA | 2014年 |
| 110 | 太仓市洞天七浦文化展示馆 | AAA | 2016年 | 138 | 太仓市浮桥镇和平花园社区事务工作站 | AA | 2014年 |
| 111 | 太仓市太阳法治文化艺术团 | AAA | 2016年 | 139 | 太仓市浮桥镇浮桥社区社会事务工作站 | AA | 2014年 |
| 112 | 太仓市桥牌协会 | AAA | 2016年 | 140 | 太仓市浮桥镇六尺社区事务工作站 | AA | 2014年 |
| 113 | 太仓市校园足球俱乐部 | AAA | 2016年 | 141 | 太仓市璜泾镇新海村社区服务中心 | AA | 2014年 |
| 114 | 太仓市顺宝斋钟表博物馆 | AAA | 2016年 | 142 | 太仓市璜泾镇王秀村社区服务中心 | AA | 2014年 |
| 115 | 太仓市星爵艺术团 | AAA | 2016年 | 143 | 太仓市璜泾镇雅鹿村社区服务中心 | AA | 2014年 |
| 116 | 太仓市溪山琴社 | AAA | 2016年 | 144 | 太仓市璜泾镇孙桥村社区服务中心 | AA | 2014年 |

续表 72

| 序号 | 单位 | 等级 | 获评时间 | 序号 | 单位 | 等级 | 获评时间 |
|---|---|---|---|---|---|---|---|
| 145 | 太仓市璜泾镇长洲村社区服务中心 | AA | 2014 年 | 172 | 太仓市璜泾镇新华村社区服务中心 | AA | 2015 年 |
| 146 | 太仓市璜泾镇新联村社区服务中心 | AA | 2014 年 | 173 | 太仓市璜泾镇荣文村社区服务中心 | AA | 2015 年 |
| 147 | 太仓市璜泾镇荡茜村社区服务中心 | AA | 2014 年 | 174 | 太仓市沙溪镇利泰社区老年人日间照料服务中心 | AA | 2015 年 |
| 148 | 太仓市双凤镇庆丰村社区服务中心 | AA | 2014 年 | 175 | 太仓市沙溪镇东市社区乐荫互助养老服务站 | AA | 2015 年 |
| 149 | 太仓市双凤镇维新村社区服务中心 | AA | 2014 年 | 176 | 太仓市沙溪镇东市社区社工工作室 | AA | 2015 年 |
| 150 | 太仓市双凤镇新卫村社区服务中心 | AA | 2014 年 | 177 | 太仓市城厢镇中区社区老年人日间照料服务中心 | AA | 2015 年 |
| 151 | 太仓市双凤镇湖川桥社区服务中心 | AA | 2014 年 | 178 | 太仓市城厢镇东区社区老年人日间照料服务中心 | AA | 2015 年 |
| 152 | 太仓市双凤镇双凤社区服务中心 | AA | 2014 年 | 179 | 太仓市城厢镇府东社区老年人日间照料服务中心 | AA | 2015 年 |
| 153 | 太仓市双凤镇凤中村社区服务中心 | AA | 2014 年 | 180 | 太仓市城厢镇桃园社区日间照料爱心服务社 | AA | 2015 年 |
| 154 | 太仓市双凤镇泥泾村社区服务中心 | AA | 2014 年 | 181 | 太仓市双凤镇双凤社区日间照料中心 | AA | 2015 年 |
| 155 | 太仓市双凤镇新湖村社区服务中心 | AA | 2014 年 | 182 | 太仓市璜泾镇新明村老年人日间照料中心 | AA | 2015 年 |
| 156 | 太仓市双凤镇黄桥村社区服务中心 | AA | 2014 年 | 183 | 太仓市璜泾镇永乐村社区服务中心 | AA | 2015 年 |
| 157 | 太仓市浏河镇居家养老服务中心 | AA | 2014 年 | 184 | 太仓市娄东街道东城六园社区工作站 | AA | 2015 年 |
| 158 | 太仓市高式熊艺术馆 | AA | 2014 年 | 185 | 太仓市娄东街道陆渡村老年人服务站 | AA | 2015 年 |
| 159 | 太仓市城厢镇府东社区红霞艺术团 | AA | 2014 年 | 186 | 太仓市浏河镇何桥村农村社区服务中心 | AA | 2015 年 |
| 160 | 太仓市城厢镇东区社区阳光舞蹈艺术团 | AA | 2014 年 | 187 | 太仓市浏河镇新塘村农村社区服务中心 | AA | 2015 年 |
| 161 | 太仓市璜泾西塔文化艺术团 | AA | 2014 年 | 188 | 太仓市浏河镇河北社区事务工作站 | AA | 2015 年 |
| 162 | 太仓市新区阳光宝贝幼儿园 | AA | 2014 年 | 189 | 太仓市浮桥镇新港花苑社区服务中心 | AA | 2015 年 |
| 163 | 太仓市立立语言培训中心 | AA | 2014 年 | 190 | 太仓市浮桥镇时思村社区服务中心 | AA | 2015 年 |
| 164 | 太仓市娄东街道太胜社区健康教育服务站 | AA | 2015 年 | 191 | 太仓市浮桥镇七丫村便民服务站 | AA | 2015 年 |
| 165 | 太仓市娄东街道娄江社区“心系娄江、情暖万家”志愿者服务站 | AA | 2015 年 | 192 | 太仓市浮桥镇方桥村社会事务工作站 | AA | 2015 年 |
| 166 | 太仓市双凤镇湖川桥社区社工室 | AA | 2015 年 | 193 | 太仓市璜泾镇银杏社区事务工作站 | AA | 2015 年 |
| 167 | 太仓市璜泾镇永乐村老年人日间照料服务中心 | AA | 2015 年 | 194 | 太仓市璜泾镇杨漕村社区服务中心 | AA | 2015 年 |
| 168 | 太仓市璜泾镇王秀管理区老年人日间照料服务中心 | AA | 2015 年 | 195 | 太仓市璜泾镇孟河村社区服务中心 | AA | 2015 年 |
| 169 | 太仓市璜泾镇王秀社区事务工作站 | AA | 2015 年 | 196 | 太仓市双凤镇新川苑社区服务中心 | AA | 2015 年 |
| 170 | 太仓市璜泾镇新明村社区服务中心 | AA | 2015 年 | 197 | 太仓市海阳社区养老服务中心 | AA | 2015 年 |
| 171 | 太仓市浮桥镇六尺社区社工室 | AA | 2015 年 | 198 | 太仓市浮桥镇居家养老服务中心 | AA | 2015 年 |

续表 72

| 序号 | 单位 | 等级 | 获评时间 | 序号 | 单位 | 等级 | 获评时间 |
|---|---|---|---|---|---|---|---|
| 199 | 太仓市娄东街道滨河社区戏曲兴趣社 | AA | 2015 年 | 224 | 太仓市双凤镇凤中雅苑社区工作站 | AA | 2016 年 |
| 200 | 太仓市西区社区温馨家园志愿服务社 | AA | 2016 年 | 225 | 太仓市双凤镇湖川桥社区居家养老中心 | AA | 2016 年 |
| 201 | 太仓市浏河镇新塘社区居家养老服务站 | AA | 2016 年 | 226 | 太仓市双凤镇勤力村居家养老中心 | AA | 2016 年 |
| 202 | 太仓市浏河镇闸北社区居家养老服务站 | AA | 2016 年 | 227 | 太仓市双凤镇庆丰村居家养老中心 | AA | 2016 年 |
| 203 | 太仓市璜泾镇长洲村老年人日间照料中心 | AA | 2016 年 | 228 | 太仓市双凤镇新卫苑社区工作站 | AA | 2016 年 |
| 204 | 太仓市璜泾镇荡茜村老年人日间照料中心 | AA | 2016 年 | 229 | 太仓市双凤镇新星苑社区工作站 | AA | 2016 年 |
| 205 | 太仓市璜泾镇新海村老年日间照料中心 | AA | 2016 年 | 230 | 太仓市沙溪镇利泰社区社工工作室 | AA | 2016 年 |
| 206 | 太仓市璜泾镇新华花园老年人日间照料服务站 | AA | 2016 年 | 231 | 太仓市沙溪镇岳王社区社工工作室 | AA | 2016 年 |
| 207 | 太仓市璜泾镇新联村老年人日间照料中心 | AA | 2016 年 | 232 | 太仓市沙溪镇西市社区事务工作站 | AA | 2016 年 |
| 208 | 太仓市璜泾镇杨漕村老年日间照料中心 | AA | 2016 年 | 233 | 太仓市娄东街道洋沙社区青少年励志服务中心 | A | 2014 年 |
| 209 | 太仓市娄东街道东郊社区事务工作站 | AA | 2016 年 | 234 | 太仓市娄东街道太平社区计划生育服务站 | A | 2014 年 |
| 210 | 太仓市娄东街道红庙村社区服务中心 | AA | 2016 年 | 235 | 太仓市娄东街道太胜社区志愿服务站 | A | 2014 年 |
| 211 | 太仓市娄东街道景瑞社区缘梦爱心服务中心 | AA | 2016 年 | 236 | 太仓市娄东街道香花桥社区心理咨询中心 | A | 2014 年 |
| 212 | 太仓市娄东街道洋沙社区事务工作站 | AA | 2016 年 | 237 | 太仓市沙溪镇岳王社区乐助公益服务中心 | A | 2014 年 |
| 213 | 太仓市城厢镇德兴社区青少年思维驿站 | AA | 2016 年 | 238 | 太仓市沙溪镇沙东社区新颐公益服务中心 | A | 2014 年 |
| 214 | 太仓市城厢镇县府社区英语俱乐部 | AA | 2016 年 | 239 | 太仓市沙溪镇胜利村妇女儿童之家 | A | 2014 年 |
| 215 | 太仓市南园社区百家顺爱心服务站 | AA | 2016 年 | 240 | 太仓市沙溪镇半泾村绿色家园公益服务中心 | A | 2014 年 |
| 216 | 太仓市浮桥镇方桥村老年人日间照料服务中心 | AA | 2016 年 | 241 | 太仓市经济开发区华盛园社区事务工作站 | A | 2014 年 |
| 217 | 太仓市浮桥镇和平花园社区日间照料中心 | AA | 2016 年 | 242 | 太仓市娄东街道陆渡社区事务工作站 | A | 2014 年 |
| 218 | 太仓市浮桥镇建红社区日间照料服务中心 | AA | 2016 年 | 243 | 太仓市浏河镇紫薇苑社区社会事务工作站 | A | 2014 年 |
| 219 | 太仓市浮桥镇九曲社区老年人日间照料中心 | AA | 2016 年 | 244 | 太仓市浏河镇闸北社区社会事务工作站 | A | 2014 年 |
| 220 | 太仓市浮桥镇老闸社区老年人日间照料服务中心 | AA | 2016 年 | 245 | 太仓市浏河镇闸北村农村社区服务中心 | A | 2014 年 |
| 221 | 太仓市浮桥镇牌楼社区老年人日间照料服务站 | AA | 2016 年 | 246 | 太仓市浏河镇复兴社区社会事务工作站 | A | 2014 年 |
| 222 | 太仓市浮桥镇三市村老年人日间照料服务站 | AA | 2016 年 | 247 | 太仓市浏河镇新塘社区社会事务工作站 | A | 2014 年 |
| 223 | 太仓市浮桥镇新城花园社区老年人日间照料中心 | AA | 2016 年 | 248 | 太仓市双凤镇新川苑社区服务中心 | A | 2014 年 |

续表 72

| 序号 | 单位 | 等级 | 获评时间 | 序号 | 单位 | 等级 | 获评时间 |
|---|---|---|---|---|---|---|---|
| 249 | 太仓市双凤镇新闾村社区服务中心 | A | 2014 年 | 272 | 太仓市浏河镇浏南村农村社区服务中心 | A | 2015 年 |
| 250 | 太仓市双凤镇勤力村社区服务中心 | A | 2014 年 | 273 | 太仓市浮桥镇新邵村社区服务中心 | A | 2015 年 |
| 251 | 太仓市沙溪镇归庄社区事务工作站 | A | 2014 年 | 274 | 太仓市娄东街道太东社区太极拳操俱乐部 | A | 2015 年 |
| 252 | 太仓市娄东街道惠阳社区太极拳操俱乐部 | A | 2014 年 | 275 | 太仓市娄东街道陆渡社区广场舞蹈团 | A | 2015 年 |
| 253 | 太仓市娄东街道朝阳社区太极拳操俱乐部 | A | 2014 年 | 276 | 太仓市娄东街道朝阳社区滨河舞蹈团 | A | 2015 年 |
| 254 | 太仓市娄东街道滨河社区太极拳操社 | A | 2014 年 | 277 | 太仓市浏河镇东仓村农村社区服务中心 | A | 2016 年 |
| 255 | 太仓市娄东街道太东社区长青艺术团 | A | 2014 年 | 278 | 太仓市浏河镇闸北村社工工作室 | A | 2016 年 |
| 256 | 太仓市双凤镇维新村日间照料中心 | A | 2015 年 | 279 | 太仓市浏河镇张桥村农村社区服务中心 | A | 2016 年 |
| 257 | 太仓市双凤镇庆丰村日间照料中心 | A | 2015 年 | 280 | 太仓市浏河镇紫薇苑社区居家养老服务站 | A | 2016 年 |
| 258 | 太仓市双凤镇新湖村日间照料中心 | A | 2015 年 | 281 | 太仓市璜泾镇孟河村老年人日间照料中心 | A | 2016 年 |
| 259 | 太仓市双凤镇凤中村社工室 | A | 2015 年 | 282 | 太仓市璜泾镇荣文村老年日间照料中心 | A | 2016 年 |
| 260 | 太仓市璜泾镇西塔社区社会事务工作站 | A | 2015 年 | 283 | 太仓市璜泾镇玉影山社区老年人日间照料服务中心 | A | 2016 年 |
| 261 | 太仓市娄东街道香花桥社区事务工作站 | A | 2015 年 | 284 | 太仓市经济开发区华盛园社区事务工作站 | A | 2016 年 |
| 262 | 太仓市沙溪镇直塘社区老年人日间照料站 | A | 2015 年 | 285 | 太仓市娄东街道朝阳社区戏曲俱乐部 | A | 2016 年 |
| 263 | 太仓市沙溪镇岳星村老年人日间照料站 | A | 2015 年 | 286 | 太仓市娄东街道香花桥社区事务工作站 | A | 2016 年 |
| 264 | 太仓市沙溪镇岳王社区老年人日间照料站 | A | 2015 年 | 287 | 太仓市浮桥镇六尺社区日间照料中心 | A | 2016 年 |
| 265 | 太仓市沙溪镇印北村老年人日间照料服务站 | A | 2015 年 | 288 | 太仓市双凤镇泥泾村居家养老中心 | A | 2016 年 |
| 266 | 太仓市沙溪镇胜利村社工工作站 | A | 2015 年 | 289 | 太仓市双凤镇新闾村居家养老中心 | A | 2016 年 |
| 267 | 太仓市沙溪镇新北社区社工室 | A | 2015 年 | 290 | 太仓市沙溪镇新建村老年人日间照料站 | A | 2016 年 |
| 268 | 太仓市沙溪镇沙东社区社工工作室 | A | 2015 年 | 291 | 太仓市沙溪镇鹤园文艺服务社 | A | 2016 年 |
| 269 | 太仓市沙溪镇直塘社区社工工作室 | A | 2015 年 | 292 | 太仓市沙溪镇归庄社区社工工作室 | A | 2016 年 |
| 270 | 太仓市娄东街道红庙村老年人服务中心 | A | 2015 年 | 293 | 太仓市沙溪镇印北村社区事务工作站 | A | 2016 年 |
| 271 | 太仓市浏河镇万安村农村社区服务中心 | A | 2015 年 | — | — | — | — |

## 2016年太仓市新登记社会组织统计表

表73

| 序号 | 单位名称 | 登记日期 | 性 质 |
|---|---|---|---|
| 1 | 太仓市湖川堂殡仪服务中心 | 1月11日 | 民办非企业 |
| 2 | 太仓市齐乐社会工作服务中心 | 2月22日 | 民办非企业 |
| 3 | 太仓市城厢镇老娘舅志愿服务社 | 2月24日 | 民办非企业 |
| 4 | 太仓市馨女人爱心社 | 2月26日 | 民办非企业 |
| 5 | 太仓市元华健康教育志愿者服务队 | 2月26日 | 民办非企业 |
| 6 | 太仓市聚力公益服务中心 | 3月1日 | 民办非企业 |
| 7 | 太仓市志诚社会服务发展中心 | 3月2日 | 民办非企业 |
| 8 | 太仓市璜泾镇家园服务中心 | 3月9日 | 民办非企业 |
| 9 | 太仓市双凤镇黄桥村知音艺术团 | 3月25日 | 民办非企业 |
| 10 | 太仓市吾精诚市场服务中心 | 3月30日 | 民办非企业 |
| 11 | 太仓市璜泾镇殡葬服务中心 | 3月30日 | 民办非企业 |
| 12 | 太仓市璜泾镇雅鹿村老年人日间照料服务中心 | 3月30日 | 民办非企业 |
| 13 | 太仓市沙溪镇社会福利中心社工工作室 | 4月1日 | 民办非企业 |
| 14 | 太仓市易知行社会事务发展服务中心 | 4月5日 | 民办非企业 |
| 15 | 太仓市众华社会事务综合服务中心 | 4月11日 | 民办非企业 |
| 16 | 太仓市港城车友运动俱乐部 | 4月12日 | 民办非企业 |
| 17 | 太仓市昶欣社会事务服务中心 | 4月13日 | 民办非企业 |
| 18 | 太仓市春辉堂社会工作服务中心 | 5月4日 | 民办非企业 |
| 19 | 太仓市振能社会工作发展中心 | 5月9日 | 民办非企业 |
| 20 | 太仓市娄江乐曲艺团 | 5月16日 | 民办非企业 |
| 21 | 太仓市善爱益家残疾人之家 | 5月18日 | 民办非企业 |
| 22 | 太仓海阳护理站 | 5月18日 | 民办非企业 |
| 23 | 太仓市龙图搏击俱乐部 | 6月16日 | 民办非企业 |
| 24 | 太仓市西赛姆外语培训中心 | 6月17日 | 民办非企业 |
| 25 | 太仓市七色花特殊儿童康复中心 | 7月19日 | 民办非企业 |
| 26 | 太仓市璜泾镇光彩服务社 | 7月26日 | 民办非企业 |
| 27 | 太仓市娄东美术馆 | 7月21日 | 民办非企业 |
| 28 | 太仓市光辉法治艺术团 | 7月26日 | 民办非企业 |
| 29 | 太仓市颐乐园养老服务中心 | 8月15日 | 民办非企业 |
| 30 | 太仓市浏河镇心桥服务社 | 8月16日 | 民办非企业 |
| 31 | 太仓市璜泾镇永乐村利华日间照料服务站 | 8月25日 | 民办非企业 |
| 32 | 太仓市司法行政社会组织孵化中心 | 8月29日 | 民办非企业 |
| 33 | 太仓市善汇贤武术俱乐部 | 9月5日 | 民办非企业 |
| 34 | 太仓市星星益站特殊儿童康复中心 | 9月5日 | 民办非企业 |

续表73

| 序号 | 单位名称 | 登记日期 | 性　质 |
|---|---|---|---|
| 35 | 太仓市沙溪镇印溪平安法治艺术团 | 9月6日 | 民办非企业 |
| 36 | 太仓市康颐社会事业发展服务中心 | 10月28日 | 民办非企业 |
| 37 | 太仓市双凤镇仙鹤殡仪服务中心 | 11月15日 | 民办非企业 |
| 38 | 太仓市岐黄针灸经络研究所 | 11月22日 | 民办非企业 |
| 39 | 太仓市新农公益服务社 | 12月1日 | 民办非企业 |
| 40 | 太仓市恒爱残疾人之家 | 12月2日 | 民办非企业 |
| 41 | 太仓市紫菱奇石馆 | 12月14日 | 民办非企业 |
| 42 | 太仓市和信社会事务综合服务中心 | 12月20日 | 民办非企业 |
| 43 | 太仓市幸福苑计生家庭服务中心 | 12月26日 | 民办非企业 |
| 44 | 太仓市海星之家社会服务发展中心 | 12月27日 | 民办非企业 |
| 45 | 太仓市乐福养老服务中心 | 12月28日 | 民办非企业 |
| 46 | 太仓市户外运动协会 | 2月28日 | 社会团体 |
| 47 | 太仓市江西商会 | 2月28日 | 社会团体 |
| 48 | 太仓市璜泾镇球类运动协会 | 2月28日 | 社会团体 |
| 49 | 太仓市物业管理协会 | 4月1日 | 社会团体 |
| 50 | 太仓市光彩人生矫正帮教协会 | 8月1日 | 社会团体 |
| 51 | 太仓市阅读推广协会 | 9月26日 | 社会团体 |
| 52 | 太仓市双凤羊肉美食餐饮协会 | 10月27日 | 社会团体 |
| 53 | 太仓市爱心商家联合会 | 11月9日 | 社会团体 |
| 54 | 太仓市塑化流通商会 | 11月30日 | 社会团体 |
| 55 | 太仓市众商公益互助会 | 12月22日 | 社会团体 |

（胡天立）

# 法　治

## 人大法律监督

**【《中华人民共和国水污染防治法》实施情况检查】** 2016年，太仓市人大常委会成立执法检查组，制定执法检查方案，组织开展《中华人民共和国水污染防治法》（以下简称《水污染防治法》）执法检查，推动《水污染防治法》全面贯彻执行。8月，举办《水污染防治法》专题讲座，听取市人民政府关于《水污染防治法》贯彻实施情况汇报。8月26日，执法检查组分5个小组，赴全市各区镇15个点检查工业水污染防治、城镇水污染防治、城镇生活污水处理、农业和农村水污染防治、水环境综合整治、水污染防治执法监管等方面情况。9月29日，市人大常委会第34次会议审议通过《水污染防治法》执法检查报告。执法检查组肯定市人民政府在贯彻实施《水污染防治法》、落实科学发展观、保障全市水环境质量与安全等方面采取的措施和取得的成效，建议市政府提高治污认识，增强责任意识，按照《水污染防治法》规定，制订太仓市水污染防治规划；健全相关体制机制，统一监管、落实责任，强化完善对环境保护工作的考核；调整、优化产业结构布局，加大污水处理基础设施建设，强化工业污染源治理、农业面源污染治理、船舶码头污染治理，加强水生态和水资源保护；严格企业监管，严厉打处违法排污行为，提高水污染监测和检查能力，完善各项措施，加大执法力度；加强宣传教育，使全社会都认识到水污染的危害性，把水污染防治变成群众自觉行为。

**【依法行政】** 2016年，太仓市人大常委会举办司法体制改革、《中华人民共和国选举法》等法律讲座。视察“法治太仓”建设，建议市政府强化法治文化建设，落实“七五”普法教育，开展法治文化活动，建设特色法治文化；抓好法治机制创新，激发基层民主活力，确保法治运行规范有序；落实重点项目31个，重视服务保障发展大局、法治建设绩效提升、司法改革任务落实等方面工作。视察“平安太仓”建设，建议政府强化工作合力，形成政府主导、社会共建的良好氛围；完善体制机制，发现和解决建设中的问题；重视安全生产，采取有力措施，督促落实安全生产主体责任。视察公安警辅队伍建设，建议市公安局创新警辅队伍管理机制，提高警辅队伍整体素质，提升警辅依法办事能力。全年备案审查规范性文件2件。

【司法公开】 2016年，太仓市人大常委会专题审议市人民法院法庭工作情况和市人民检察院未成年人刑事检察工作情况报告。建议市人民法院抓实基础工作，提升队伍素质，整合平台资源，完善工作机制；抓紧核心要务，提高审判质量和办案效率，确保案件审判、执行的公正高效；抓牢司法为民、公正司法，完善庭审程序，深化司法公开。建议市人民检察院重视未成年人检察工作特殊性，落实好未成年人司法保护，帮助失足未成年人改过自新、回归社会；加强未成年人检察专业化建设，完善补、诉、监、防一体化模式，创新工作机制，规范工作程序，提升执法队伍素质和能力；促进形成未成年人犯罪预防工作大格局，推动完善建设社会化预防帮教体系，营造良好成长环境。

（顾千慧）

## 政法委及综治办

【概况】 2016年，太仓市推进平安太仓、法治太仓建设，实现公众安全感、法治满意度“双提升”。以“打造平安太仓升级版、构筑法治太仓新高地”为目标，推进平安法治和政法队伍建设。抓好依法行政、公正司法、法治文化、基层民主法治、法治惠民等各项重点工作，争创法治政府、法治市场、法治社会“三位一体”的法治建设先导区。年内，太仓市获评江苏省法治建设示范县（市、区）和2011—2015年全省普法工作先进县（市、区）。

【法治太仓建设】 *法治政府建设*。2016年，太仓市落实领导干部学法制度，组织国家工作人员就职向宪法宣誓、领导干部任前法律知识测试和年终述法考评。严格执行重大行政决策程序规定，制定公布《2016年度太仓市重大行政决策目录》，建立重大行政决策网上运行平台，将全市校园安全提升工程、城市周边永久基本农田划定、“智慧社区”等7个涉及群众切身利益的项目纳入决策目录。建立涉诉行政执法案件跟踪查究机制，强化涉诉行政案件监督管理，杜绝“同样问题反复被诉”。制定实施《太仓市行政执法争议协调办法》，组织协调食品安全、城市管理、土地管理等多起执法争议，维护行政相对人合法权益。推进法律顾问制度，成立市政府法律顾问委员会，两级政府部门和村（社区）公共法律顾问实现全覆盖。

*司法改革创新*。太仓市推进员额制改革，科学设置员额岗位和遴选标准，首批44名法官、33名检察官入额。推进审判权运行机制改革，健全完善法官会议等配套制度，实施《关于主审法官选任工作的若干规定（试行）》，构建推行以8名民商事主审法官为核心的“1+N+N”审判模式。推进执行管理体制改革，创新人员“分组”、执行“分权”、案件“分类”、管理“分层”的“四分模式”，案件执行率、执结率等相关质效指标均位居苏州基层法院前列。探索与“自主化”相适应的人民陪审员组织管理体系，建立陪审员自主管理委员会和全市联席会议制度，实施《关于进一步保障人民陪审员履行职权的工作意见》，多元提升优化人民陪审员队伍。

*法治重点项目*。太仓市制定实施“七五”普法规划，启动新一轮普法工作。制定印发《关于建立法案、检察官、行政执法人员、律师等以案释法制度的意见》，落实“谁执法谁普法”责任。推进“法律六进”（进机关、进乡村、进社区、进学校、进企业、进单位）活动，组织开展第2届法治人物和事件评选、第3届世界华文网络法治微小说大赛、村（居）民代表学法用法大宣讲、万人学法网上考试、群众最满意的普法项目评选、“每月一法”等法治文化和宣传项目。组织开展第十轮“关爱民生法治行”活动，完成社会组织服务中心建设、规范民间借贷行为、完善公益诉讼机制等11个市级项目和26个镇（区）级项目。开展第2轮“与法同行·特色法治学校联建”主题活动，新增10所中小学校与市行政执法部门挂钩联建。开展法治镇（街道）、民主法治村、诚信守法企业、法治文化示范点等系列法治创建提档升级工作，全市建成国家级民主法治示范社区1家，省级民主法治示范村（社区）58家，省级诚信守法企业3家，苏州市级诚信守法企业36家。

【社会治安持续稳定】 2016年，太仓市严厉打击重大恶性犯罪、民生类侵财犯罪和治安金融领域违法犯罪，重点打击电信网络诈骗等新型犯罪和传统型多发性侵财犯罪。组织开展打击“食品犯罪”“盗抢骗”“黄赌毒”和电信网络诈骗等专项行动，落实社会治安和安全监管各项措施，保障人民群众生命财产安全。整治治安重点地区和突出问题，快侦快破现行命案7起，连续6年实现命案全破。全市社会治安秩序持续平稳，接报违法犯罪类警情实现连续10年下降。完成涉及征地拆迁、环境保护、城乡建设等民生重大稳评项目52个。坚持市镇村三级矛盾排查和重点领域动态预警，各级累计组织排查6330次。优化重大活动安保机制，完成国际田联竞走挑战赛等大型安保维稳任务。完善矛盾纠纷多元化解机制，发挥人民调解组织工作实效，开展人民调解、行业调解、社会调解和第三方调解组织建设，推进“医调委”“物调委”等专业调解力量建设，完善诉调对接工作机制。全市共设立实体化专业调委会13家，涵盖劳动、婚姻、交通、消费、医疗、物业、环保、教育等各个生活领域，先后成立家装纠纷联调中心、汽车销售纠纷联调中心、校园纠纷调解工作室等专业调解平台23个。制定《律师参与化解和代理涉法涉诉信访案件实施办法（试行）》，建立由32名律师组成的律师专家服务团，参与化解涉法涉诉信访案件。发挥第三方调解品牌效应，“闵阿姨”调解工作室和“乡音”调解工作室获评“江苏省人民调解委员会规范化建设示范点”，镇级第一家调解类社会组织——城厢镇“老娘舅”志愿服务社挂牌运行。在村（社区）推行综治干部、社区民警、挂钩律师、调解员、威望群众多元参与的“五位协同”调解机制，全年受理调处矛盾纠纷6158起，矛盾纠纷化解率99%。

【社会治安防控体系优化升级】 2016年，太仓市制定《关于进一步加强社会治安防控体系建设的实施方案》，在南线沿沪、西线沿昆地区实施“护堤工程”，通过优化三级卡口，填补盲区监控，设立暗岗暗哨，深化与上海市宝山区、嘉定区等周边地区的综治协作，筑牢“平安墙”屏障。创新巡逻防控模式，深化“微警务”实战应用，构建城区和东线两大“防控圈”，激活专业巡防、村级联防和网格员、保安、义警等多元防控要素。实施村居技防织密工程，重点在新建小区、老旧小区、自然村落对技防盲点织密补强，引导居民商户开展“互联网＋监控”技防入户、入商铺建设。新增市级视频监控750余个，完成1000个模拟监控的数字化改造和360个常熟忆通监控更换，补建和升级高清抓拍点位45个，镇村两级自建监控探头超过2000个，技防镇（区、街道）规范化运行率和技防小区、技防村建设达标率全部实现100%。

【重点人群帮扶管控】 2016年，太仓市探索“落脚点管人”工作模式，开展人口和出租房二维码采集系统试点工作，实行流动人口异地登记流转网格化、差异化管理，推进流动人口管理精细化。实施“光彩人生”矫正社会化项目，深化政府购买服务，落实财政补贴政策，培育发展社区矫正和安置帮教类社会组织13家。开展社区矫正“双严”（严格执法、严格管理）整治，推进“光辉”就业扶助安置基地和“新生”就业基地建设，实现“两类人员”（刑满释放人员和社区服刑人员）评估率、衔接率、帮教率、安置率、管控率5个100%。全市在册社区服刑人员211人、刑满释放人员915人，重新违法犯罪率控制在1‰和0.5%以下。健全严重精神障碍患者综合管理体系，实行分级分类动态管控，制定《监护人以奖代补方案》，全市74名易肇事肇祸精神障碍患者全部落实患者家属、村居干部、社区民警和医生“四帮一”帮治管控。制定《关于建立太仓市涉罪未成年人“一体两翼”社会观护体系的实施意见（试行）》（“一体两翼”是指以规范化司法程序为主体，以青少年专业社工机构和青少年关护基地互动发力为支撑，青少年专业社工机构作为帮教队伍支撑，青少年关护基地作为阵地支撑，保障涉罪未成年人在规范化司法程序框架内的权益维护和人文关爱），实施“正面成长计划”，深化“启航＋笑果”“社工＋义工”等专业化服务，全市未成年人零犯罪社区（村）创建率97.33%，青少年犯罪较上年下降17.14%。

【综治平安创建】 2016年，太仓市推进8个市级、16个镇（区）级综治平安重点项目，实施20个行业领域系列平安建设。制定《2016—2017年平安建设挂钩联系点实施方案》，44家成员单位挂钩基层村（社区）开展联系点平安共建活动。针对综治平安突出问题开展专项督查整改行动，组织3个督查组和8个指导小组对镇村两级开展检查督导。新建市社会管理服务中心，面积2258平方米。各镇(区、街道)综治中心完成升级改造，108家村（社区）综治中心完成达标建设，建成率超70%。制定《关于进一步加强镇（区、街道）综治基层组织及干部队伍建设的工作意见》，明确镇村两级综治办、综治中心机构设置、人员配备以及经费保障等，全市145个村（社区）综治专职副书记（副主任）和综治干部全部配备到位。华盛园公共安全宣教中心、中荷村平安文化广场、“诚信永乐”主题公园等一批平安文化阵地完工。全市各行业领域建立平安志愿者团队17类，全年开展“我为社区巡逻”“家长义工队”等平安志愿活动，注册平安志愿者约3万人。 （刘天成）

## 法治政府建设

【概况】 2016年，太仓市创新工作举措，完善政府法制工作制度设计，强化统筹协调和推进落实，为全市经济社会发展提供法治保障。市政府法制办被江苏省人民政府法制办公室评为“2016年度政府法制工作成绩突出单位”。

*依法行政统筹协调强化。*市政府法制办根据全市依法行政工作要点，分解细化工作任务29项，逐项推进落实。召开全市依法行政工作会议，谋划部署全年工作。修改完善依法行政考核标准，突出日常工作考核。通过“菜单式”法治政府建设讲座、市政府常务会议学法、《法治政府建设实施纲要（2015—2020年）》专题报告会等，提升领导干部以及公务人员法治意识和能力水平。

*重大行政决策程序规定落实。*2016年，市政府确定城市周边永久基本农田划定、教育“十三五”规划、“智慧社区”等全市重大行政决策项目6个，并严格按照程序规范运行。建设重大行政决策网上运行平台并投入使用。加大重大行政决策程序落实情况在依法行政考核中的占比，提高重大决策合法性、科学性和民主性。健全规范性文件工作机制，连续8年实施市政府规范性文件制定计划制度，完善公众参与机制。

*行政复议内部纠错力度加强。*2016年度（2015年12月11日至2016年12月10日），全市共收到行政复议申请50件，经审查，受理43件，法定时限内审结率100%。经审理，维持22件，驳回行政复议申请1件，终止17件，确认违法3件，直接纠错率6.98%。复议案件审理中制发《行政执法监督建议书》2份，针对审理中发现的普遍性问题向部门指出并提出建议供部门参考。落实行政负责人出席复议听证制度，全年举行听证3次，负责人出席率100%。邀请市政府法律顾问担任复议听证员，提高行政复议案件公信力及办案质量。太仓市被苏州市政府法制办评为“行政复议案卷评查优秀单位”，参评文书被评为优秀

3月30日，太仓市召开依法行政工作推进会　　（胡宁　摄）

文书。全年全市行政诉讼案件54件，各相关部门均积极做好应诉工作。

行政执法监督水平提升。行政执法案卷继续实行一季一抽查、一案一反馈，全年共抽查20家单位的案卷95件，指出问题200多项。年中组织全市110名拟任行政执法人员、17名拟任行政执法监督人员培训考试，并申领江苏省行政执法证件。年底完成全市行政执法人员清理及全市行政执法证件换证工作，共注销江苏省行政执法证件127份，换发近1500份。建立行政执法争议协调机制，强化行政执法协调和监督，解决执法难问题。接受行政执法投诉1件，督促有关部门及时妥善处理，化解争议。继续推动行政指导和行政调解工作。

政府法制改革事项推进。市政府法制办做好行政权力清单调整、规范化的合法性审查工作，配合市编办推进沙溪镇强镇扩权等工作。发挥以市政府法制办为主体的市政府法律顾问委员会作用，在拆迁补偿安置、重大行政执法、执法争议协调、重大合同审查、行政诉讼应诉等方面提供法律咨询服务。

**【行政执法争议协调机制建立】** 针对一些部门执法职责不清、交叉、缺位、推诿扯皮等现象，2016年4月，太仓市政府印发《太仓市行政执法争议协调办法》（太政发〔2016〕13号），明确争议协调内容、启动方式、协调程序、协调依据、处理结果、责任追究等内容，强化行政执法协调和监督，解决行政执法争议。全年共组织协调执法争议事宜3起，有效解决执法难问题。

**【《法制日报》报道太仓市涉诉行政执法案件跟踪查纠机制】** 2016年4月6日，《法制日报》专题报道太仓市涉诉行政执法案件跟踪查纠机制，认为该制度在分段报送、专业评估等方面进行创新。该报道还被人民网、凤凰网、澎湃新闻网等媒体转载。2016年，全市共有10家行政执法机关对35个案件的88件材料进行39次报备。市政府法制办每季度向市政府专题报告行政诉讼败诉案件。

（史　玲）

## 政社互动

**【概况】** 2016年，太仓市继续加强“政社互动”（政府行政管理与基层群众自治互动衔接）工作，完善制度设计，健全组织架构，强化挂钩联系，推进政府职能转型和社会力量成长。全市各部门贯彻落实市委、市政府《关于在推进“四个全面”战略布局中深化提升“政社互动”实践的意见》，完善工作举措，拓展实践内涵，“政社互动”工作进一步向纵深推进。“政”主体作用日益发挥，政府行为更为规范，社区自治能力得到提高，社区负担有所减轻，群众认可度进一步提高。6月，由民政部组织开展的“2015年度中国社区治理十大创新成果”评选活动中，太仓市申报的“政社互动”项目位列“2015年度中国社区治理十大创新成果”之首，为江苏省唯一获评项目。

**【“政社互动”纵深推进】** 2016年，太仓市“政社互动”工作进一步向纵深推进。实施重点项目，拓展实践内涵。2月，市“政社互动”推进工作领导小组办公室（以下简称“市‘政社互动’办”）印发《2016年“政社互动”工作项目的通知》，共有加强“政社互动”党的领导、公布年度承接政府转移职能的社会组织目录、强化“政社互动”载体建设、加强“政社互动”典型培育、实施“政社互动”工作挂钩联系机制、加强社会组织扶持与互动工作、发挥社会规范治理作用等工作项目22个。通知要求各区镇、各单位对照项目安排，强化工作协同，因地制宜，扎实推进，提升“政社互动”工作成效。

建立挂钩联系制度，强化联系指导。2月，市“政社互动”办印发通知，推动实施“政社互动”工作挂钩联系制度。明确由市委组织部、市委政法委、市民政局、市政府法制办分别挂钩联系若干个区镇、相关单位及部分村（居），进行工作推动、情况交流、督促检查等，强化日常工作联系和指导，深化提升“政社互动”实践。除日常工作调研、指导外，10—11月，组织开展全市“政社互动”工作调研。调研结果显示，各单位均按照要求成立推进工作机构，建立健全相关工作制度，人员有分工，工作有部署，责任有落实。有的单位制定细化工作方案，强化统筹推进；有的单位加大相应领域社会组织扶持力度，效果初步显现；有的单位在行政管理过程中，注重群众参与，主动听取群众意见，主动接受社会监督。

深化机制建设，推进社区减负增能。简化“政社互动”签约流程和双向评估流程，签约流程由9步缩减为5步，双向评估流程由7步缩减为5步。梳理公布村（居）盖章事项“正面清单”，共计29项。结合“爱家园守公约”系列活动，以制定社区专项公约为切入点，培养社区居民协商意识，促进社区协商制度落实，共收集整理各类专项公约131个，汇编成册印发推广。开展社区治理“微自治”典型案例选编工作，在全市遴选典型案例21个，汇编成册印发推广。

完善绩效考评体系，强化市级机关单位推进工作。在广泛征求各单位意见基础上，7月，市“政社互动”办印发《市级机关（单位）“政社互动”绩效考评方案》，与区镇“政社互动”考评一起，构建更为完善的全市“政社互动”工作考评体系。市级机关单位“政社互动”绩效考评由满意度测评和年终考评组成，考评结果纳入市级机关绩效考评加分项目。2016年，全市43家市级机关单位开展工作考评，市司法局等前10名单位获得0.2分绩效考核加分，太仓地税局等10家第11～20名单位获得0.1分绩效考核加分。

加强对外交流，召开相关会议。5月31日，由中国社科院与英国经济社会研究委员会联合资助的“中英伙伴项目”第一次会议在太仓召开。英国经济社会研究所、伦敦政治经济学院和中国社科院社会学所项目组专家，太仓市“政社互动”办、市民政局、市卫计委和青岛市市北区民政局、卫计局等政府部门及部分社会组织代表出席会议。“中英伙伴项目”为期3年，选择太仓市和青岛市市北区作为项目城市，针对两地社区治理和发展进行研究，重点聚焦两地社区养老、社区医疗、社区社会组织发展等工作。

强化宣传工作，扩大社会影响力。《太仓日报》以专版形式刊发《深化创新实践增强社会活力——市级机关单位“政社互动”典型案例展示》文章，宣传市公安局、市民政局、市城管局等16家市级机关单位2016年度推进“政社互动”的典型做法、案例和经验，供各地各部门借鉴，扩大“政社互动”社会影响力。（徐林峰）

## 公　安

**【概况】** 2016年，太仓市违法犯罪类警情较上年下降7.3%，刑事案件发案数较上年下降17.7%。全年共破获各类刑事案件1876起，较上年上升7%，破案率33.2%。太仓市加快实战化警务建设，7起现行命案实现“快侦快破”，连续六年命案全部侦破，全市社会面治安状况良好。全年未发生重大惊扰性案（事）件，社会治安满意度和公安队伍满意度均位列苏州各区县第一。年内，市公安局获全省执法示范县级公安机关称号。

**【破案打击】** 2016年，太仓市重点打击严重暴力、环食药、盗抢骗、黄赌毒等社会影响恶劣的案件。破获“八类”（故意杀人、故意伤害致人重伤或者死亡、强奸、抢劫、贩卖毒品、放火、爆炸、投毒罪）恶性案件148起，抓获涉恶团伙28个，打击处理147人；破获“盗抢骗”案件1042起，抓获团伙54个，打击处理491人，追赃650万元，其中侦破电信网络诈骗案件320起，打击跨省犯罪团伙9个，处理64人，追回赃款380万元；查处涉赌涉娼违法犯罪案件1004起，打击数较上年上升26%，娼赌警情较上年下降53.8%。会同市市场监管局、市环保局等部门办理“新三峡火锅非法添加罂粟籽”“长江水域倾倒垃圾污染环境”等一批市民关注度较高的“环食药”案件，督办的一起假药案例入选苏州“环食药”十大典型案例；破获公安部、省公安厅督办涉毒违法犯罪案件256起，抓获各类涉毒人员321人，缴获各类毒品10.84公斤。

**【治安防控】** 2016年，太仓市城乡一体化快速推进，区域经济社会进一步融合互动，人员流动增多加快。太仓市公安局与上海市宝山区、嘉定区相关部门探讨三地区域协作共建，建立情报研判联席会议机制，打造沿太环沪“护堤工程”，形成突出问题专项整治、跨区域化解矛盾纠纷等，增强对边界地区社会治安的合成管控力度。市公安局对乡间小路、交叉农地等存在防控盲区和死角的地段区域统一增设摄录一体机、补建巡更点、建立暗岗暗哨。推行“人机互动”“监巡对接”巡防模式，提升路面盘查的针对性和现行抓获率。年内，全市盗窃“两车”警情和扒窃类警情较上年下降27.6%、43.8%。做好通信网络诈骗的防范宣传，开展专题讲座22期，发放宣传资料3.5万份，通过微信公众号、微博等新媒体渠道推送防范电信网络诈骗宣传信息4500余条，制止电信网络诈骗77起，避免经济损失390万元；严格散装汽油销售监管，开展成品油市场集中专项整治，强化管控，严防汽油等易燃易爆物品流散社会；加大公共安全合成监管平台运行质态监测，提升公共安全隐患排查发现和整治整改能力。

**【安全监管】** 2016年，太仓市组织开展交通违法大整治、城乡环境综合整治“百日行动”等专项行动，排查路面交通安全隐患，查纠各类交通违

1月19日，太仓市公安局抓获一跨省电信诈骗团伙　　（简新海　摄）

8月11日，太仓市在万达广场组织反暴恐实战演练　（简新海　摄）

法45.65万起，查处“醉驾”371人，交通事故死亡数和伤人数较上年分别下降11.79%和16.75%；做好消防安全专项整治工作，全年检查单位4452家，整改火灾隐患7590处，下发责令改正通知书3933份；建成并推广应用危险品单位视频监控联网平台，加大对重点单位的治安隐患排查力度，明确涉危单位主体责任，确保危险物品生产、存储、运输、使用各环节安全，抽查危险化学品单位124家次，发现整改治安安全隐患35处；优化重大活动安保工作机制，制定专项安检防排爆、消防安全、交通保障、应急处突等工作预案。累计出动警力3.8万人次，完成国际田联竞走挑战赛等大型活动安保任务22项。

**【办证服务管理】** 2016年，太仓市加强派出所出入境分理点规范化建设，推进外国人签证审批、制证和窗口受理模式改革，落实完善非本市户籍居民持居住证无差别化办证、苏州公安出入境微警务平台应用、江浙沪地区144小时过境免签等便民举措；扩展网上车管所业务范围，完善服务功能，逐步实现驾驶人网上考试预约、网上补换牌证、机动车预录入、驾驶人论坛、网上在线答疑及提交身体条件证明等业务；推动流动人口及出租房二维码采集系统试点，探索流动人口二维码主动申报登记，全年累计登记流动人口82.4万人，登记房屋出租户7.59万户；开展流动人口异地登记流转，网格化、差异化管理工作，推动户籍制度改革措施落地，在沙溪镇派出所试点居民身份证异地办理工作，便利居民身份证社会应用环境。

**【监所管理】** 2016年，太仓市开展“防风险、补短板、抓规范、提能力”集中攻坚行动，完善看守所收押、提审管教、投送监狱等流程控制，保障监管工作更加安全高效。排查整改影响监所安全隐患，推进单人监室建设、科技系统升级拓展应用、医疗卫生专业化建设、安全执法监督机制建设等重点工作，开展监室智能化升级改造，确保监所安全。推进监管勤务转变，健全完善岗位间协作配合机制，重新调配拘留所与看守所警力布局，实行夜间大轮值等监管模式，太仓市看守所实现连续56年安全无事故。

**【科技强警】** 2016年，太仓市公安局落实《科技信息化建设三年规划》任务要求，推进“公安微警务微信公众号”“巡防动态管控”“手机交通信息采集”等系统平台的升级改造；完成“户政二维码系统一期”“移动接处警智能系统二期”“流动人口数据质量监督管理系统”“危化行业应急救援平台”等系统开发建设，完成实战型指挥中心、高清视频会议室改造工程。强化视频监控系统的新建、升级和资源整合，新增视频监控750余个，完成1000个模拟监控数字化改造和360个常熟忆通监控更换；投入200万元升级改造全市剩余45个高清抓拍点位及部分新增道路补点建设。

**【和谐警民关系】** 2016年，太仓市深化“警民恳谈”“走访送”等长效机制建设，组织开展警民恳谈活动723场，举办“警营开放日”活动29场，覆盖社会各界群众8.4万余人，答复解决群众意见建议1975条。拓宽警民互动渠道，加强公安网上服务工作，开通“太仓公安微警务”微信平台。“太仓公安微警务”在推送公安资讯基础上，提供“微服务”“微警情”“微应用”三大类公共服务，涵盖户政、交管、出入境、监管、消防等与民生办证办事项目及非紧急报警求助、自助移车、违法犯罪举报等90多项服务事项，提供线上受理、审批、查询及办结的“一站式”服务。市民通过“微警务”直接办理交通违法处理、掌上车管、出入境业务预约、智能出行、自助移车、事故快撤、开锁求助、犬证办理、走失招领、线索举报等业务。加大见义勇为表彰奖励力度，表彰见义勇为先进人物1393人次，发放奖金31万元，弘扬见义勇为精神。

（唐晓平）

## 检　察

**【概况】** 2016年，太仓市批准逮捕普通刑事犯罪嫌疑人579人，较上年上升11.13%；提起公诉1198人，较上年下降4.24%。打击故意杀人、强奸、抢劫等严重暴力犯罪和寻衅滋事、聚众斗殴等严重扰乱公众秩序犯罪，两项分别占起诉案件2.67%和5.34%。办理非法集资、非法传销、电信网络诈骗等涉众型经济犯罪案件14件27人，涉案金额1600万元。太仓市人民检察院贯彻宽严相济刑事司法政策，对主观恶性较小、情节轻微的犯罪，依法从宽处理，不批准逮捕217人，不起诉120

3月3日，市检察院开展远程视频接访，帮助基层化解矛盾

（市检察院供稿）

人。立案查办贪污贿赂犯罪案件8件11人、渎职侵权犯罪案件3件3人，其中科级干部3人，为国家和集体挽回经济损失923.28万元。参与社会信用体系建设，拓展行贿犯罪档案功能和范围，启用网上查询新模式，提供查询服务1939批次。在刑事立案、侦查和审判活动监督中，追加起诉1人，督促纠正侦查机关违法情形，发出书面纠正违法通知书4份。开展“抗诉质效年”活动，全面审查生效刑事判决裁定2032件，对确有错误的刑事判决提出（请）抗诉2件，移交青岛市北区检察院抗诉线索1件。在刑罚执行和监管活动监督中，办理羁押必要性审查案件32件32人，经建议变更强制措施26件26人，开展实刑罪犯未执行刑罚集中清理和财产刑执行专项检察监督活动，清理监督交付执行罪犯19人，跨区域巡视监督强制医疗执行5人，监督财产刑执行5件，涉及罚金32万元。依法对监管违法行为提出纠正意见1件，发出检察建议1份。督促收监执行社区矫正人员4人，及时纠正监外罪犯脱漏管现象。保障被羁押人员合法权益，落实《太仓市驻看守所律师值班制度》，协助值班律师为92名在押人员提供法律服务。对监管场所进行安全防范检察12次。在民事和行政诉讼活动的监督中，受理民事行政申诉10件，提出再审检察建议1件。

**【检察工作参与社会治理】** 2016年，市检察院参与打击电信网络诈骗、信用卡恶意透支等专项治理工作。开展社会治理调查研究。重视检察环节矛盾纠纷排查化解工作，完善办案风险评估、法律文书说理、检调对接等机制，扎实开展检察长接访、远程视频接访等工作。完善未成年人犯罪检察工作机制，开展心理疏导、家长课堂、基地帮教等系列护苗活动。办理的一起未成年人盗窃案、未检“12345”工作模式分别入选苏州检察机关未成年人保护“十大典型案例”和“十大品牌经验做法”，青少年维权工作受到共青团中央考察组肯定。

**【检察监督】** 2016年，市检察院拓展监督范围，开展检察机关提起公益诉讼试点工作，对非法养殖、偷排废水、非法倾倒建筑垃圾等生态领域违法行为开展调查，向行政机关提出督促履行职责检察建议5份，建议移送涉嫌犯罪案件1件，促使污染水体和被侵占农用地整改到位。推进司法责任制改革和检察改革，按照“考试＋考核”办法，选任员额检察官31人。设立相对固定的办案组织，配置独任检察官14人、检察官办案组9个，按照省检察院制定的检察官权限清单，科学设置员额检察官职责权限。3月，开辟专门接待、阅卷场所，推出案件流程信息“短信＋专递”告知方式，推送诉讼节点告知服务160次。依法保障律师执业权利，推进司法规范化建设。

**【检务公开】** 2016年，市检察院在网上公开生效刑事判决案件起诉书等终结性法律文书953份、案件程序性信息1660条，发布职务犯罪案件信息10条，全部公开应公开案件信息。依托“太仓检察发布”微博、“太仓检察”微信公众号等新媒体平台发布检察动态328篇。接受外部监督，开展“检察开放日”“举报宣传周”“代表委员联络员”等活动，公开检察工作，接受社会各界监督。落实人民监督员制度改革措施，深化社会评议机

11月30日，市检察院举行首届员额检察官颁证暨宪法宣誓仪式

（市检察院供稿）

制，公开评议拟不起诉案件 48 件，评议员提出不同意见案件 2 件，均被采纳。

**【检察关怀】** 2016 年，市检察院依托检察为民服务中心，向社会公众提供透明、便捷“一站式”司法服务，接待到访群众 49 批 61 人，提供案件信息查询服务 631 人次，为群众释法答疑 21 人次。发挥派驻港区、沙溪检察室一线平台作用，收集社情民意、化解矛盾纠纷、监督基层执法，借助司法救助、党员志愿者服务、结对帮扶等平台，向 15 名生活困难的刑事案件被害人或其近亲属发放救助金 18.7 万元。

5 月 31 日，市法院公开审理一起职务犯罪案件 （郑金硕 摄）

**【智慧检察建设】** 2016 年，市检察院完善检察技术融入司法办案工作机制，制定《智慧检察建设实施方案》，接入高检院电子证据云平台，与公安、市场监管、金融等部门建立办案信息查询“绿色通道”，实现信息资源互通、职能作用互补、办案力量互助。注重加强互联网、金融等领域新知识技能的培训，利用技术取证、技术审查等检察技术手段，完成技术取证 28 次。

（曹春英）

## 法　院

**【概况】** 2016 年，太仓市审判工作围绕“让人民群众在每一个司法案件中都感受到公平正义”的目标，坚持司法为民、公正司法工作主线，依法履行审判职责，务实推进司法改革，法院各项工作取得新进展。全年共受理各类案件 15848 件（含旧存 1915 件），审结 13409 件，较上年分别增长 18.59%、15.27%，解决争议标的 83.48 亿元，为全市经济社会健康发展提供有力司法保障。

**【刑事审判】** 2016 年，市法院新收刑事案件 949 件，审结 952 件（含旧存 3 件），较上年分别下降 5.76% 和 4.13%。坚持宽严相济刑事审判政策，依法严惩故意伤害、强奸、毒品等严重犯罪，以及“两抢一盗”（抢劫、抢夺和盗窃）、电信网络诈骗等多发性侵财犯罪，共审结该类案件 544 件 719 人；对具有法定从轻、减轻情节的被告人，依法从宽处理，判处非监禁刑 238 人，非监禁刑适用率 20.88%。妥善审结涉案金额 1.6 亿元的“天鑫汇”非法吸收公众存款案等一批社会影响大、群众关注高的大案要案。依法惩治腐败犯罪，审结贪污、受贿等职务犯罪案件 13 件 14 人。推进“以审判为中心”的诉讼制度改革，探索“庭审风格、定案方式、协调机制、文书说理”的转变，建立健全刑事案件审判机制，提高案件审判质量。

**【民事、商事审判】** 2016 年，市法院新收民事、商事案件 8296 件，审结 8214 件，较上年分别上升 19.45%、21.03%。完善与劳动仲裁部门的裁审对接机制，审结劳动争议案件 238 件，构建和谐劳动关系。健全与建筑行业协会的共建机制，审理因资金链断裂、价格波动等原因引发的房地产纠纷，审结建设工程、商品房买卖等案件 430 件，促进房地产市场健康发展。依法保护金融债权，预防和化解金融风险，审结金融借款类案件 475 件，涉案金额 14.41 亿元。应对民间借贷纠纷多发态势，审结民间借贷案件 895 件，引导和规范民间融资健康发展。发挥商事裁判的规则引领功

10 月 26 日，市法院举行金融纠纷案件审理情况新闻发布会 （郑金硕 摄）

能，审结买卖、加工承揽等合同类案件1441件，维护和规范市场交易秩序。依法运用破产清算职能，稳妥处置“僵尸企业”，促进企业转型升级，审结企业破产案件10件。

【知识产权审判】 2016年，市法院新收涉知识产权案件146件，审结146件，较上年分别上升71.76%、71.76%。加大知识产权司法保护力度，依法打击侵犯知识产权行为，鼓励和支持“大众创业、万众创新”。

【涉外商事审判】 2016年，市法院新收涉外商事案件8件，审结8件，较上年分别上升100%、14.29%。制定《侵犯商业秘密审理指南》《侵害技术秘密审理指南》《特许经营合同审理指南》等指导性文件，规范同类案件裁判标准。依法审理涉外商事案件，营造公平有序的投资环境。

【涉少审判】 2016年，市法院新收涉少刑事案件20件，审结19件；新收家事案件593件，审结536件。涉少刑事审判中贯彻落实合适成年人、外地未成年犯本市社区矫正、犯罪记录封存等制度，依法保护未成年犯特殊权利。探索推进涉少家事审判方式改革，集中审理涉少案件和婚姻家庭、赡养抚养等案件，制定《家事案件审理操作规程》，依法保护妇女、儿童、老年人合法权益。开展青少年法治宣传教育，提升青少年维权工作水平。年内，市法院被团中央、最高人民法院联合命名为全国“青少年维权岗”。

【行政审判】 2016年，市法院新收行政诉讼案件30件，审结34件（含旧存4件）；新收非诉行政审查案件21件，裁定准予执行21件。畅通行政诉讼渠道，强化对被诉行政行为的司法审查，监督和促进行政机关依法行政。落实新行政诉讼法要求，规范行政机关首长出庭应诉工作，实现行政首长出庭应诉率连续九年保持100%。发挥行政执法与行政审判联席会议作用，通过发送行政审判年度报告、司法建议等形式，促进司法与行政的良性互动。

【案件执行】 2016年，市法院新收执行案件5354件，执结4855件，较上年分别上升51.24%、35.88%。健全执行工作机制，推行“人员分组、实施分权、案件分类、管理分层”工作模式，提升执行案件质效。围绕基本解决执行难工作目标，注重执行强制措施的运用，常态化开展集中执行活动，切实维护当事人胜诉权益。规范司法网拍操作流程，最大限度实现拍品的价值，全年共网拍送拍完成程序326件，成交144件，成交金额4.92亿元。加大对失信被执行人信息曝光力度，健全联合信用惩戒机制，将3078名被执行人纳入失信名单，迫使其主动履行法律文书确定的义务。

【司法为民】 2016年，市法院深化诉讼服务中心建设，建成集诉讼服务大厅、诉讼服务网、“12368”诉讼服务热线“三位一体”的诉讼服务平台，为人民群众提供更加高效便捷的诉讼服务。建立健全案件繁简分流机制，推进民商事简易案件速裁、小额诉讼程序适用等工作，提高案件审理效率。完善院庭长轮流接待制度，解决到访群众反映的突出问题。加大司法救助力度，为经济困难的当事人缓减免交诉讼费44.65万元，为符合条件的当事人发放司法救助资金118.15万元，彰显司法人文关怀。

【审判管理】 2016年，市法院加强和改进审判管理方式，坚持把法定正常审限内结案和长期未结案件清理作为重要抓手，健全审限动态通报、严格审限管理等长效管理机制，法定正常审限内结案率等指标处于苏州法院系统前列。加强信息化建设，推进司法公开，依托审判流程、裁判文书、执行信息、庭审直播“四大公开平台”，及时公开立案、审理、执行各流程节点信息，提升司法工作透明度。推进网上办案和案件卷宗同步数字化工作，落实办案全程留痕要求，促进审判信息协同共享。

【司法改革】 2016年，市法院落实上级法院部署，在总结城厢法庭作为全省首批人民法庭审判权运行机制改革试点经验基础上，在民事、商事领域选任主审法官，组建审判团队，探索推进司法责任制改革。开展法官员额制改革，严格法官入额标准和遴选程序，产生首批员额法官44人，并推进法官等级套改及工资制度改革等工作。加大院庭长办案力度，院庭长通过独任审判或担任审判长审结案件5072件，占全年结案总数35.6%。推进人民陪审员制度改革试点，落实人民陪审员自主管理、参审者随机选取等工作机制，提升人民陪审员制度公信度。

（郑金硕）

## 司法行政

【概况】 2016年，太仓市律师行业办理各类案件3183 件，较上年增长22%，业务收费6217.13 万元，较上年增长23.8%；基层法律服务行业办理各类案件1086件，较上年减少2.34%，业务收费630.52万元，较上年增长4.44%；公证处办理各类公证4554件，收取公证费300万元；全市各类人民调解委员会及两级调处中心共调解纠纷5055件，调解成功率100%，涉及人员1.20万人次，涉及金额2179.62万元；全年全市累计接收社区服刑人员196人，衔接刑满释放人员337人。至年底，在册社区服刑人员200人，刑满释放人员 1314人；市法律援助中心办理各类法律援助案件524件，接受来电来访法律咨询6312人次。年内，太仓市被省政府表彰为“2011—2015年全省普法工作先进县（市、区）”；市司法局被省司法厅评为“四个全覆盖”体系建设先进单位。

【公共法律服务】 2016年，市司法局继续围绕“崇尚法律信仰，彰显司法公正，让人的尊严在法律的太阳下熠熠生辉”主题，打造人民满意的司法行政机关。3月，太仓市委、市政府印发《关于深入推进城乡社区公共法律顾问工作的实施办法》，实现全市村（社区）公共法律顾问全覆盖。建立法律服务消费卡制度，制定公共法律顾问服务清单，每季度展开专项督

1月27日，太仓市召开第四届律师代表大会第二次会议暨律师年会

（刘亚彬　摄）

查。公共法律顾问累计走访村（社区）1188次，为村居提供法律意见648条，举办法治讲座261场，参与信访接待、矛盾纠纷化解4652次。市司法局围绕基层法律服务需求，组织开展“暖阳一号”“五月的阳光”“光辉三人行”“返城外来务工人员法律护航”“光明万家·法润太仓2016年春风行动”等专项法律服务活动，服务群众近5万人次。在为期3个月的农民工讨薪维权法律援助专项行动中，全市共受理农民工法律援助案件55起，为农民工挽回经济损失280万元。9家法律服务机构、26名法律服务人员获评“公共法律服务特别贡献奖”。与市工商联联合成立中小企业法律服务中心，19名律师受聘担任法律顾问。3月，“太仓市出台全国首个公共法律服务均等化规划”入选苏州市第2届“十大法治事件”。

**【法治宣传教育】**　2016年是“七五”普法启动年。4月29日，太仓市委、市政府在太仓博物馆举办太仓市“七五”普法启动仪式，10家行政执法部门与结对共建的学校签订特色法治学校结对共建协议书。市司法局出台“七五”普法工作规划，成立“七五”普法工作领导小组。创新对“谁执法谁普法”责任制项目，普法责任制落实情况列入全市法治建设和机关部门绩效考核评价体系。加强对三级“民主法治示范村（社区）”的规范化动态化管理，实现太仓市级民主法治示范村创建全覆盖。建立法官、检察官、行政执法人员、律师等“以案释法”制。11—12月，全市组织开展宣传“国家宪法日”十项系列普法活动，弘扬宪法精神。活动包括：“12•4”大型广场公益法治宣传活动，第2届法治“光辉奖”世界华文法治微小说集《醉清风》首发式，评选2016年“十大群众最满意的普法项目”，中小学“12•4”宪法日活动，第3届法治微小说阅读节，“宪法颂”法治文艺专场演出，第5届机关“万人学法”竞赛活动，“法治同行·约跑太仓”——天镜湖环湖跑活动，普法志愿者环市行，“光辉太仓”法律六进活动等。

**【社区矫正】**　2016年，太仓市继续完善安置帮教工作顶层设计、强化载体建设、优化就业环境等方式，多措并举提升安置帮教工作。市义工联等社会组织参与刑满释放人员安置帮教改革试点，提升社区矫正执法规范化。辖内刑释人员安置率保持在96%以上，未出现刑满释放人员重大重新犯罪、重大恶性刑事案件等现象。全市累计接收社区服刑人员196人，衔接刑满释放人员337人；截至年底，在册社区服刑人员200人，刑满释放人员1314人。

**【法律援助】**　2016年，太仓市深化刑事法律服务团工作机制，完善刑事法律援助工作与司法救济的对接机制。推进“律师进所服务”制度，选派律师、法律工作者进驻公安派出所协助开展公调对接工作。驻所律师累计免费解答法律问题1232件，为调处疑难纠纷提供法律帮助365起，引导100余名纠纷当事人通过提起诉讼、申请仲裁等途径维护权益。与公检法部门探索建立法律援助申诉案件代理机制，全面规范在侦查、起诉、审判等各个阶段的法律援助衔接程序、工作方式，

12月4日，太仓市组织开展第三届“光辉太仓”宪法日市民大行动

（张瑜　摄）

提高申诉案件法律援助工作效率。推进法治型社会组织建设进程，市法律援助中心3名律师分别担任太仓市德颐善社会工作发展中心、太仓市瑞恩社会工作发展研究中心、太仓市义工联合会等3家社会组织的法律顾问。

【人民调解】 2016年，太仓市各类人民调解委员会及两级调处中心共调解纠纷5055件，调解成功率100%，涉及人员1.20万人次，涉及金额2179.62万元；无因调处不当或调处不及时引发纠纷激化，无民转刑、非正常死亡、群众性械斗等事件发生。市司法局维护社会稳定，加强人民调解法治化建设，在每一个专业调委会、调解室逐一落实法律服务人员为兼职调解员。推进律师参与化解和代理涉法涉诉信访案件，健全派出所、司法所、律师事务所“三所联动”机制，加强调解组织规范化标准建设。开展人民调解员培训班，提升广大人民调解员的业务能力和水平。“工伤后遭遇单位拆迁，调解后伤残待遇不变”“老娘舅不畏难，巧灭群众心头火”两个案例入选2015年度全省优秀人民调解案例名单。

【公证服务】 2016年，市公证处做好涉及公民人身关系、财产关系、家庭关系的公证服务，办理继承、委托、婚姻、劳务、财产分割等公证业务，为群众个人处置财产、确认权利、维护权益等提供公证法律服务。做好合同协议、公司章程、营业执照、法人资格等公证业务，为企业及个人对外投资、对外贸易、劳务合作等提供公证法律支持。全年共办理各类公证4554件，收取公证费300万元。开展公证便民活动，宣传公证法律政策。开辟公证法律服务“绿色通道”，为弱势群体提供上门公证服务或减免公证费用。开展公证法律服务标准化建设，协同苏州公证协会制定《苏州市公证法律服务团体标准》，规范公证服务提供和管理行为，提高公证法律服务水平。健全公证诚信体系，完善公证员诚信档案，规范公证执业行为，提升公证公信力。

（陈　虹）

# 武　装

## 人民武装

【概况】 2016年，太仓市人民武装工作以新形势下强军目标为统揽，坚持政治建军、改革强军、依法治军，推进军民融合深度发展，高标准做好潜力调查、整组工作、民兵基层党组织建设；继续强化思想政治建设、战备秩序建设和征兵工作，主动参与法治太仓建设，配合执法部门维护太仓社会秩序。2月，苏州军分区政治部主任吴广晶到太仓调研；6月，省委常委、省军区政委曹德信率工作组到太仓指导调研，太仓市人民武装工作得到上级肯定。

【思想政治建设】 2016年，太仓市在全市武装工作会议上进行改革强军教育，开展6个专题的民兵政治教育，完成民兵整组点验和应急分队训练形势政策教育，做到政治上坚定不移、思想上纯洁忠诚、行动上高度一致。开展“坚决服从改革大局、忠实履行职能使命”改革强军主题教育，开展“新体制、新职能、新使命”大讨论和“转变职能、转变作风、转变工作方式，明职责、敢担当、有作为，做新一代国防动员人”学习体会交流，通过学习交流，筑牢干部职工矢志强军、献身使命的思想根基。

【战备秩序建设】 2016年，太仓市人民武装工作突出作战值班信息化水平和能力建设，落实24小时值守制度，节假日期间，按照预案先后组织民兵应急分队拉动演练6次，提升应急分队快速集结机动能力。加强民兵情报信息网建设，组织民兵情报信息员集训，重点突出海上民兵情报信息员队伍目标识别和报知手段训练，搜报意识和能力得到提升。4月和9月，圆满完成上级组织的海上民兵报情演练科目及任务。7月，完成太仓市本级战备信息化建设。按年度计划展开民兵分队训练和各类集训，3—8月，组织参加5类集训，“双应”（平时应急，战时应战）能力得到提升。

【兵员征集】 2016年，太仓市指导镇、区（街道）人武部干部走村入户宣传征兵政策，在公共场所、小区悬挂宣传横幅，利用黑板报、宣传橱窗、电子屏幕宣传征兵政策；在全市公交站台电子屏幕滚动播放征兵信息，公布报名热线电话；制作征兵宣传资料，深入高校和各高级中学宣传发动，确保征兵政策和信息家喻户晓，为征兵工作顺利开展和依法征集奠定基础。高标准完成全市新兵征集任务，新兵中高中以上文化程度占总数85.8%，大专以上学历占总数56%。

6月7日，省军区工作组到太仓市人武部检查指导工作　（庄明霞　摄）

【双拥共建】 2016年，太仓市人武部着眼全市经济社会发展全局，组织驻太部队和民兵预备役人员参加、支援驻地建设，推动太仓经济社会发展，将双拥工作纳入部队建设总体规划，组织市、镇两级干部开展“八一”军事日活动，与市双拥办共同举办军民联欢晚会，组织党政机关、企事业单位观看《心系国防》综艺节目，增强军地共抓国防责任感。参加“双百双建”活动，为帮建村资助修桥修路经费30万元；走访驻地军烈属、困难户和困难干部职工家庭；协调部队和司法单位为军人军属维护合法权利。协调驻太仓部队出动官兵120人次，做好开展高校、中学生军训，累计完成军训任务3600人次。

（肖　洋）

## 武　警

【概况】 武警江苏省总队苏州市支队太仓市中队（简称武警太仓市中队）以执勤工作为中心，担负处置太仓市境内突发事件、看守所外围武装警戒，维护太仓市社会稳定及参加抗洪抢险、扑灭山火等急难险重任务。武警太仓市中队实现连续35年安全无事故，完成太仓市看守所看守执勤任务。2016年，武警太仓市中队继续强化军事训练，严格落实执勤战备工作制度，组织战备演练，强化执勤正规化建设，提高部队应急处置能力。全年共出动兵力125人次，做好处置突发事件和抢险救灾工作，为属地经济社会发展保驾护航。开展警民共建活动，做好拥政爱民工作，为驻地群众排忧解难，和谐警政警民关系。

（蒋攀峰）

7月13日，太仓边检站开展抗洪演练　（顾俊　摄）

## 边防检查

【概况】 2016年，太仓边防检查站开展“大排查、大清理、大整改”专项活动，突出8类55项重点，排查整改安全隐患12处，全年辖区口岸和部队未发生漏管失控问题和不良影响事件。太仓边防检查站研发“三维立体指挥机制”，打造“太仓边检微服务”公众平台，深化“监巡对接”和反恐协作机制，设置窗口服务队、巡查执法队，制定《巡查执法队工作规范》《锚地管理规定》等规范，执勤业务一科被表彰为全省边检“十佳文明服务科队”。健全维稳管控机制，做好重点航线船舶管控，制定《G20峰会安保“十项措施”》《重点国家船员（船舶）检查工作指引》《重点船舶监护实施方案》。建立后台核查室、证件研究室，完成涉外单位、涉外人员背景审查工作。强化社会面治安管控，开展“固边系列”、缉枪治爆、沿海船舶渔船民基础信息采集等专项工作，摸排涉浙入浙船舶、船员，逐船逐人检查，逐一比对数据，消除安全隐患。全年共接处警133起，处置各类不稳定苗头隐患20起，办理边防行政案件47起，查获违法违规人员16人，抓获网上在逃人员2人，挽回经济损失300万元。年内，浏河港边防派出所被省公安厅记集体二等功。

（顾　俊）

5月4日，武警太仓市中队祭扫革命烈士陵园　（蒋攀峰　摄）

## 海　警

【概况】 江苏省海警支队下辖海警大队4个，主要担负江苏沿海和海上维权执法职责，具体承担维护海洋主权、海上治安管理、海洋渔业执法、海域使用管理等职能。2016年，海警支队遂行重大勤务，实施辖区管控，规范部队管理，确保辖内海域和部队内部的高度安全稳定。年内，海警32101舰被中国海警局评为“基层建设标兵单位”，并记集体三等功一次。海警32019艇、海警32031艇被江苏海警总队筹备组评为“基层建设先进单位”。海警支队政治处获评全国海警队伍“先进政治机关”；海警32019艇党支部获评“先进党支部”。

**【海域安全稳定】** 2016年，海警支队完成各项重大维权执法任务，维护管辖海域安全稳定。开展长江口海域盗抢案件专项整治行动、全省海警舰船“南北对进”巡航1号行动、春季“净海”专项行动、春雷行动、吕四渔场小黄鱼银鲳国家级水产种质资源保护区海上执法专项行动、夏季“清海”专项行动、北纬35度联合执法专项行动、“鹰击-48”实弹演习扫海警戒、苏鲁海警海上联合巡航执法、苏浙沪海警海上联合巡航执法、G20峰会海上安保等勤务行动。累计出动舰船208航次、警力4127人次，航时1950小时，航程2.15万海里，检查渔船173艘次、渔船民712人次。全年共接处警175起，较上年增长55%，查处行政案件67起，较上年增长60%，侦办刑事案件11起，破获8起，处置各类纠纷79起，开展海上救助13起，其他警情6起，刑事拘留15人，逮捕4人；行政处罚174人次，收缴罚款6.68万元。办理非法运输成品油案4起，涉案船舶4艘，抓获涉案嫌疑人29人，缴获成品油1864.36吨；破获走私成品油案1起，涉案船舶1艘，抓获涉案嫌疑人9人，缴获成品油881吨。4月20日—5月20日，海警支队组织开展江苏2016年春季“净海”专项行动，累计出动舰船42航次，警力1026人次，航时223小时，航程2660海里，登临检查船舶16艘次、渔船民128人次，现场处罚违规渔船3艘，查处故意殴打他人案件3起，处置非正常死亡事件3起，调查人员失踪事件3起。

**【平安海区创建】** 2016年，海警支队走访沿海公安、边防、海事、渔政和友邻海警等单位，拓宽办案渠道，寻求办案支持，建立健全高效畅通的执法协作和勤务联动机制，深化平安海区创建活动。5—6月，海警支队与山东海警二支队和省渔政监督总队直属支队开展学习交流活动，调研海上联合管控机制。年内，支队、大队两级与省渔政监督总队直属支队、沿海地市级渔政监督支队通过签订海上执法协作协议，明确联合行动、案件移交、综合治理等职责，筑起由南至北纵贯全省的海上协作战线。全年，海警支队共移交非法捕捞水产品案5起，移交无证驾驶机动船舶、未申领出海船民证擅自出海、未携带出海船民证擅自出海等治安、行政案件13起。协调推进赣榆、射阳和启东执勤点建设，谋划推动组织联创、海上联勤、纠纷联调“三联互动”工作，探索形成“党政统揽、海警主导、部门协作、群众参与”的海上综合治理格局。深入沿海码头、港口和渔船停泊点等地开展调研，听取渔船民对海警强化辖区管控意见建议，收集出海规律、生产作业方式、网具使用、渔船停靠等基础信息。制作伏季休渔期宣传手册，推进伏季休渔期间对渔船民的宣传教育工作，提升渔船民学法、守法、用法意识和安全生产技能。参与海上救助，救助海上遇险船舶18艘、渔船民51人，为群众挽回经济损失近3000万元。3月，10余艘连云港赣榆籍渔船闯入徐圩养殖区捕捞作业，养殖船与捕捞船之间发生轻微碰撞，近20艘渔船、上百名渔船民在海上形成对峙。海警支队通过“海陆联调”机制，协调当地政府及渔政、边防部门妥善处置。

（洪滢滢）

8月20日—9月8日，海警32019艇、海警32011艇在辖内海域巡逻，增援G20峰会海上安保任务　（海警支队供稿）

## 人民防空

**【概况】** 2016年，太仓市民防工作践行“战时防空、平时服务、应急支援”的职责使命，开展各项工作。市民防局坚持优化人防工程布局，提升平战结合功能转换能力，以建立和完善结构合理、功能多样的防护工程为重点，科学规划，从严监管，加强维护。至年底，全市竣工人防工程项目115个，总建筑面积69.13万平方米。11月，太仓市获评“全省人民防空先进城市”称号。

**【人防指挥通信建设】** 2016年，市民防局注重加强人防指挥通信建设，完善指挥所功能、优化警报器材布局，通过落实人防专业队整组训练提升应急救援能力。年内，启动电站村疏散基地的提档升级改造，增建配套设施，逐步形成疏散地域、疏散基地及其他公共场所合理配置的人口疏散和避难保障体系；加强

9月18日，市民防局举办走进“人防工程”——民防机关开放日活动

（市民防局供稿）

对人防指挥所的维护保养和软硬件升级工作，增高防空警报，开展远程控制改造，提高警报鸣放覆盖率和准确率；按照统一规划、分类指导、合理布局、优化结构、控制数量和提高质量的要求，高标准完成“7+4”民防专业队年度整组训练工作。年内，制作完成《〈民防知识〉视频教材》，该教材拥有自主知识产权，经省民防局批准，5月起由南京大学出版社面向全省征订发行。《中国人民防空》专题报道市民防局开展的中学生民防教育相关做法。

【民防宣传教育】 2016年，市民防局在抓好民防宣传教育“五进”（进机关、进学校、进社区、进企业、进网络）的同时，借助太仓民防科普教育馆拓宽民防宣传教育渠道，广泛开展宣传推介活动，为满足市民公共文化需求提供良好的教育实践平台，相关做法被《江苏民防》杂志重点推介。在太仓民防科普教育馆内开展民防知识有奖问答活动，帮助市民加深参观体验过程中所了解和掌握的民防常识。年内，开展“机关开放日”活动，走进《相逢·问策》电视栏目，改版迁移民防网站，加强与各级新闻媒体合作，丰富宣传载体，扩大宣传受众面，全市民防影响力得到提升。

（董　波）

# 公共安全

## 食品药品安全

【食品药品基础监管】 2016年，太仓市推进省级食品安全城市创建工作，将平安市场创建、国家文明城市创建、优秀管理城市创建等全市中心工作与食品药品安全监管日常工作紧密结合。突出源头控制，推进食品生产加工企业“三位一体”（食品生产行政监管、执法监管、技术监管三者融为一体）和“三分监管”（产品分类、企业分级、监管分等）工作机制，加强食品经营户准入许可，全年共办理食品经营许可证2482张（其中食品销售类1335张，餐饮服务类968张，单位食堂179张）。加大食品抽检力度，全年共抽检食品（不含快检）3620批次，合格率98.04%。加强餐饮服务食品安全培训、指导和保障，对1359名食品从业人员开展食品安全操作培训。全年累计出动保障人员216人次，完成国际田联竞走挑战赛、太仓啤酒节、全市“两会”、高考等18项重大活动的餐饮服务食品安全保障工作。抓好药械监管，全年共办理药品经营许可证222件、医疗器械许可证83件，受理执业药师注册47人次、普通药师备案32人次。全市267家药品零售企业全部通过新版GSP（药品经营质量管理规范）认证，执业药师配备率100%。全年配合上级完成二、三类产品体系考核6家次，完成基本药物生产企业检查13家次。

【食品药品安全社会共治】 2016年，太仓市发挥市食品安全委员会办公室综合协调作用，层层落实食品安全责任制。开展“食品安全宣传周”“安全用药月”等主题活动，结合专题知识讲座、媒体宣传、现场指导等形式，增强民众食品安全意识。落实“四有

9月29日，市市场监督管理局执法人员在大型超市开展食品安全检查

（王艳新　摄）

两责”（“四有”指基层监管有责、有岗、有人、有手段，“两责”指日常监管责任和监督抽验责任），健全市、镇、村三级基层监管网络机制，形成横向到边、纵向到底的基层监管网络。完善协作联动机制，建立联席会议制度、协助联动执法机制。依法依责及时处置，妥善应对舆情，招募食品安全监督志愿者，开展“食品安全超市行”等社会监督活动。通过媒体报道、“你点我检”快速检测演示，宣传食品安全监管成果。开展集体食物中毒应急演练，提升食品安全应急队伍协调作战水平。组织市场管理局“机关开放日”活动，邀请行风政风监督员走近监管执法和服务一线，零距离感受市场监管流程。

（王艳新）

## 安全生产

【概况】 2016年，太仓市共发生工矿商贸亡人事故14起，死亡14人，与上年持平。未发生较大以上和有重大影响的安全生产事故。全年，太仓市开展危险化学品安全监管、烟花爆竹安全监管、冶金等工贸企业安全监管和涉爆粉尘企业专项治理，依法查处各类安全生产事故，开展应急救援预案演练，提升应急救援能力，全市安全生产形势保持平稳。

【重大隐患三级政府挂牌督办】 2016年，太仓市确定苏州市级挂牌督办隐患10项、太仓市级挂牌督办隐患20项、镇（区）级挂牌督办隐患20项。至年底，三级政府挂牌督办项目全部整改完成，其中苏州市级挂牌督办隐患共计投入整改资金6375万元，太仓市级挂牌督办隐患共计投入整改资金4328万元，镇（区）级挂牌督办隐患共计投入整改资金2071万元。

【危险化学品安全监管】 2016年，太仓市吸取靖江“4•22”火灾事故教训，在全市范围内开展危险化学品安全专项整治。市政府成立工作领导小组，市安委会构建全市危化品安全专项整治工作部门协调机制，在全市范围内开展大排查。通过企业自查，各镇（区）、各部门排查等方式，全市排查并列入《危险化学品企业（单位）安全专项整治排查结果汇总表》单位84家。根据排查结果，对企业进行“红”“黄”“蓝”分级管理。至年底，4家“红色”企业关停3家，1家码头企业取消危货过驳作业资质，注销其港口危货作业附证；21家“黄色”企业中的14家化工企业全部完成整改；59家“蓝色”企业全部完成整改。结合产业结构调整，整治化工区外不符合安全生产要求的化工企业，淘汰关闭化工企业5家、带储存经营单位4家。

6月7日，苏州市市长曲福田（前左二）到太仓检查企业安全生产工作

（市安监局供稿）

【职业卫生监管】 2016年，太仓市完成工作场所职业病危害因素委托检测、定期检测661家次，检测19804项次，其中合格17428项次，合格率88%；完成职业健康体检722家次，其中定期体检30109人次，放射体检人员393人次，上岗前体检18373人次，离岗时体检2681人次，体检异常人员677人次。开展“全市企业职业卫生管理能力建设推进年”和“用人单位职业卫生基础建设”活动，对全市50家职业卫生重点监管企业开展全面检查、监督检测、现状调查及专家检查。聘请第三方机构，对全市生产型工业企业开展职业卫生现状普查，并与普查同步开展职业危害因素申报、安全生产事故隐患排查治理系统填报工作，年底前完成普查工作现场调查，新增职业危害因素申报企业2140家。

【粉尘涉爆企业专项治理】 2016年，太仓市各镇（区）、各有关部门对全市粉尘涉爆企业开展多轮排查，摸清粉尘涉爆企业底数和安全状况。10月，太仓市调整全市粉尘涉爆企业名单，部分粉尘企业因关闭、停产、停止粉尘作业等原因从原名单中去除，粉尘涉爆企业由54家调整为29家。通过日常巡查、镇（区）排查、网格员定期走访、群众监督举报等方式，新发现非法抛光打磨小作坊13家，均予取缔关闭并拆除抛光打磨设备。聘请检测机构，对全市所有粉尘涉爆企业作业场所进行粉尘浓度检测，对粉尘浓度超标严重的企业进行重点监管，推动企业根据相关技术规范要求整改。委托江苏省安全生产科学研究院专家，对全市粉尘作业场所单班作业人员10人以上的10家粉尘涉爆企业开展问题排查及整改。开展粉尘涉爆企业视频监控系统建设，至11月，全市29家粉尘涉爆企业全部安装视频监控设备并联网。

【烟花爆竹安全监管】 2016年春节期间，市公安局、市安监局分6天6批次联合安全销毁非法储存、经营的烟花爆竹2万余箱。春节期间和下半年，市安监局、市公安局、市城管局、市市场监管局、市交运局、市消防大队等部门及市烟花爆竹行业协会分别开展两次烟花爆竹联合“打非治违”专项行动及“G20峰会”（20国集团国际经济合作论坛）期间专项检查，共检查烟花爆竹经营单位147家次，打击查处无证经营、多点经营及经营非正规渠道的烟花爆竹等违法行为，立案9起，收缴非法经营烟花爆竹200余箱。

**【冶金等工贸企业安全监管】** 2016年，太仓市对全市金属冶炼企业开展安全检查、风险评估和夏季高温天气联合执法检查，吸取“11•12”苏钢集团高温钢水外溢泄漏事故教训，开展冶金冶炼、铸造企业安全生产大检查。通过整治，关闭铸造企业2家，停产企业6家（其中4家拆除设备）。开展造纸和酱腌菜生产企业专项检查“回头看”，检查造纸企业4家；开展工贸企业附属污水处理系统有限空间作业条件确认工作，排摸出有附属污水处理系统有限空间企业91家。开展劳动密集型加工企业安全专项检查，排查出劳动密集型加工企业165家，全部建立“一企一档”；依法查处劳动密集型加工企业严重违法行为，整治关闭企业4家。

**【落实企业安全生产主体责任专项行动】** 2016年是落实企业安全生产主体责任专项行动启动阶段，太仓市以工矿企业及建筑、交通运输等企业为重点，推进专项行动，督促全市企业实现“一必须五到位”（必须依法生产经营建设，安全责任到位、安全投入到位、安全培训到位、安全管理到位、应急救援到位）。各镇（区）安监部门及网格员对辖区内企业进行排查摸底，建立完善“一企一档”，录入太仓市“智慧安监”信息系统工贸企业4616家，签订《安全生产告知承诺书》工贸企业5387家。在全市从业人员100人以上或年主营业务收入2000万元以上的企业中推进安全总监制度，建立安全总监制度并设立安全总监岗位企业117家。推进企业安全标准化创建，小微标准化网上申报614家，完成考评通过545家。制定《太仓市安全生产标准化一、二级企业创建达标奖励办法》，鼓励引导企业开展一、二级标准化达标创建，全年新增二级达标企业4家、一级达标企业1家（太仓中化环保化工有限公司，为太仓市首家、苏州市第二家危化领域一级达标企业）。

**【安全生产执法处罚】** 2016年，太仓市依法查处各类安全生产事故，全年受理事故16起，召开事故调查会29次，立案11起，累计处罚金额244.85万元。围绕安全生产领域非法生产、经营、储存和无证上岗等违法违规行为，进行事前执法，共立案处罚50起，累计处罚金额94.7万元；简易处罚9起，累计处罚金额7200元。

6月，市住建局、市安监局、市人社局联合开展安全生产咨询活动

（市安监局供稿）

**【应急救援能力建设】** 2016年，太仓市从划分部门职能、明确企业责任、完善响应程序等方面，修订危险化学品、烟花爆竹、职业病危害等突发事故专项应急救援预案。年内，开展应急救援预案演练，提升应急救援能力。8月18日，苏州市大型石化企业重大灾害事故跨区域联合实战演练在太仓阳鸿石化有限公司举行，演练由太仓市政府主办，苏州市政府应急管理办公室、苏州市公安消防支队协办，共调集苏州市直属重型化工编队、太仓重型化工编队、张家港化工编队和常熟化工编队4支公安现役部队，太仓市消防大队、市安监局、市卫计委、市供电公司、市气象局、市环保局等11个部门参加演练，共出动各类车辆43辆、无人机4架，参与演习人员180人。

**【安全生产宣传教育】** 2016年，太仓市开展安全生产法律法规宣传，发放《中华人民共和国安全生产法》《江苏省安全生产条例》职工普及学习读本和《企业安全生产主体责任宣传册》等书籍5万余本。在《警方在线》《光辉太仓》《娄东民生》等节目中宣传安全生产法律法规、安全知识，报道安全生产信息，曝光违法违规及存在重大安全隐患的企业，在太仓电台、太仓电视台及扬帆网站滚动播出安全类公益广告和宣传标语1500余条次。建立“太仓安监”微信公众号，组织开展手机端《江苏省安全生产条例》知识竞赛。6月，组织开展全国第15个“安全生产月”活动，举办安全文艺专场演出9场，组织安全咨询日活动3场，发送安全提示短信3万余条，发放安全知识读本2万余册。

**【消防安全管理】** 2016年，市消防大队以推进消防安全责任制为抓手，按照“政府主导、部门监管、单位负责、群众参与”思路，推进消防工作社会化，提升公共消防安全管理水平。通过市政府定期召开全市消防工作会议，与各镇区签订消防工作目标责任书，自上而下形成明晰消防安全责任体系。市消防安全委员会明确成员单位消防工作职责，加强对系统、行业消防安全监管。推动微型消防站建设，按照“3分钟到场”要求划定最小灭火单元，利用夏季消防大培训，专门部署全市167家有消防控制室的重点单位，辖区中队分片对社区、单位微型消防站人员开展实战化培训，总计培训队员1000余人次。推进消防基础建设，先后投入1000万元用于车辆装备更新换代，洛阳路中队重建及城西消防站新建营房基本完成，年底投入执勤。科教新城消防站完成图纸设计及规划选址工作。按照《进一步加强全市政府专职消防队伍建设的实施意见》要求，浏河、双凤、璜泾、沙溪等政府专职队伍纳入市消防大队统一管理，市事业单位登记管理局依据相关准入条件和标准为港区、华能、洛阳路、浏河、双凤、璜泾、沙溪等7支政府专职消防队颁发事业单位法人证及社会信用代码证。做好消防行政服务，年内共受理项目225个，消防设计备案抽查125项，竣工验收备案抽查77项，消防安全检查22项。推动消防社会化宣传工作，开展以“消除火灾隐患·共筑平安社区”为主题“119”消防宣传月活动。协调太仓邮政局，经国家邮政总局批准发行“筑起生命的安全长城”消防主题纪念邮票；联合市教育局开展“消防教育进校园”活动，印发中小学生消防教育读本6.5万册。在夏季消防检查和冬春火灾防控期间，共制作各类消防宣传用品3万余件，发放各类消防宣传单、宣传手册7万份。拍摄消防微电影《烈火炼情》，展现消防部队形象，宣传正能量。

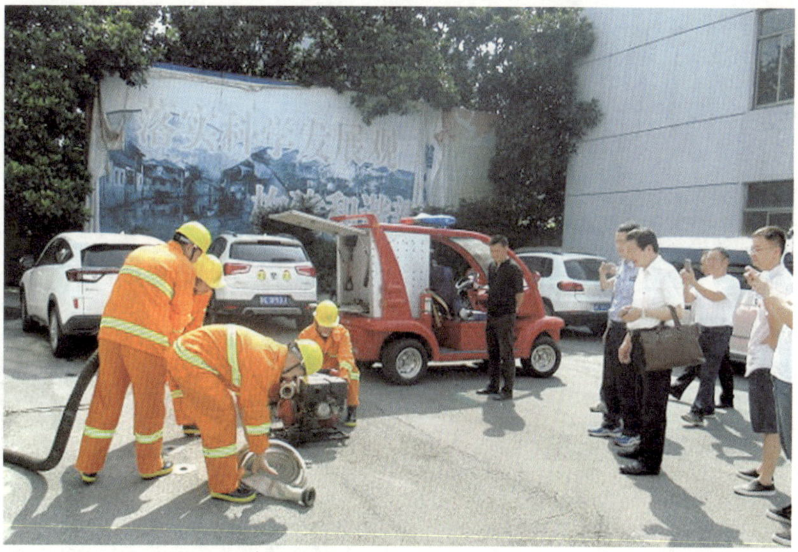

7月20日，太仓市举行微型消防站建设培训　（顾秀玲　摄）

【消防监督演练】　2016年，市消防大队瞄准劳动密集型企业、危化品场所、易燃易爆场所、人员密集场所、物流仓储、商贸市场棚户区、城乡接合部、“城中村”和“九小场所”（小学校或幼儿园、小医院、小商店、小餐饮场所、小旅馆、小歌舞娱乐场所、小网吧、小美容洗浴场所、小生产加工企业）等火灾危害性较大的区域，突出抓好专项整治工作。年内，共检查单位4452家，整改火灾隐患7590处，下发责令改正通知书3933份，查封131家，责令“三停”24家，罚款162.95万元，拘留8人。区域性火灾隐患场所整改销案，小商品市场完成整体搬迁。针对违章搭建临时建筑及门窗设置影响逃生灭火障碍物，联合各镇区和相关职能部门开展专项拆除工作，共拆除违章搭建临时建筑1.82万平方米，拆除门窗设置影响逃生灭火障碍物238.5平方米。组织实战化练兵，针对港口石油化工企业等重大危险源，做好危化品事故处置各项准备。对各类人员密集场所、“九小场所”定期开展“六熟悉”演练和实战演习。定期组织开展体能竞赛、业务比拼，鼓励官兵开展器材装备革新和训练方式方法创新，强化辖区情况熟悉，加大实战演练力度，落实“每战必评”制度，提高指挥员组织水平和部队实战能力。主动向政府汇报，积极协调相关部门举办大型石化企业重大灾害事故跨区域联合演习和太仓市水域灭火救援联合演习。年内共开展“六熟悉”演练272次，实战演练56次，修订灭火预案282份。

（顾婷婷　叶　奕）

12月24日，市公安消防大队对商场、市场开展消防检查　（凌晓岚　摄）

# 中共太仓市委员会

## 综 述

【概况】 2016年，中共太仓市委深入贯彻落实中共十八大和十八届三中、四中、五中、六中全会及习近平总书记系列重要讲话精神，特别是视察江苏重要讲话精神，统筹抓好稳增长、调结构、促改革、惠民生等各项工作，经济社会保持平稳健康发展，实现全市“十三五”良好开局。

加快推动转型发展。太仓市完成地区生产总值1155.13亿元，较上年增长7.3%，规模以上工业总产值2040.22亿元，全社会固定资产投资465亿元。实现公共财政预算收入127.71亿元，较上年增长11.5%。太仓市落实《中国制造2025太仓实施纲要》，实施“互联网+”行动计划，加快推进智能制造、“机器换人”，完成战略性新兴产业产值1056.54亿元，占规模以上工业总产值比重51.8%。加快发展现代服务业，服务业增加值占地区生产总值46.3%。新增“新三板”挂牌企业9家。淘汰落后产能和关停不达标企业65家。发展高新技术产业，高新技术产值占规模以上工业总产值35.2%，新增高新企业73家、省民营科技企业166家，万人发明专利拥有量40.35件，顺利通过国家知识产权试点市验收。新增国家“千人计划”人才3人，省“双创”人才10人。

持续推进改革开放。行政审批事项目录实现动态调整，沙溪镇综合执法试点工作深化，公共资源交易中心、不动产登记中心等机构完成组建。“五证一章合一”商事制度改革完成，“营改增”扩围顺利推进，国资监管体系日益完善。国家深化基础设施投融资体制改革试点县、全国农村土地承包经营权抵押贷款试点县（市）等工作加快推进。太仓港跃居世界集装箱港口百强榜第39位、上升8位，临江先进制造业和物贸经济加快发展，“市港联动”得到深化。复制推广上海自贸区改革试点经验，引进上海项目118个、投资总额26亿元，沪通铁路太仓段建设有序推进。完成中德（太仓）产业合作创新试验区规划，新增德企16家，德国中心、中德友好幼儿园投运，“双元制”大学项目签订四方合作协议。全年完成注册外资6.23亿美元、实际利用外资5.61亿美元，注册外资占苏州全市比重实现提升；进出口总额109.64亿美元，一般贸易比重提升；服务外包接包合同额7.82亿美元，较上年增长10.1%。

全力打造田园城市。城市总体规划重大修改、片区规划调整、专项规划编制、土地利用规划调整完善等工作有序开展。高新区中央商务区加快建设，新港城、科教新城功能配套继续完善，各中心镇新镇区基础设施建设稳步推进。岳鹿公路延伸等工程加快建设，老城区及西城区防洪排涝工程建设完成，第二水厂取水改移工程稳步推进，杨林塘航道整治及吴塘河配套工程通过竣工验收，完成公共自行车二期工程。“智慧城市”“海绵城市”建设持续推进，数字化城市管理工作加强。优化形成“一核、一轴、三园、三区”农业产业布局，“四个十万亩”主导产业提质增效，国家现代农业示范区加快建设。103个保留村庄规划编制完成，农村土地承包经营权确权登记颁证、农村社区股份合作制改革等稳步推进，农村承包土地规范化流转管理加强。精准帮扶集体经济薄弱村，新增专业合作经济组织19家，首批新型职业农民进入工作岗位。开展全市城乡环境综合整治“百日行动”，完成六大类2453个整治项目。中央环保督察组交办的46件信访件全部办结，城市环境综合整治“931”行动考核成绩连续四年位列苏州第一。实施增减挂钩项目面积52.33公顷。严厉打击跨区域偷倒固废违法行为，实施餐厨垃圾无害化处理工程。

注重提升民生福祉。实现城镇居民人均可支配收入54099元、农村居民人均可支配收入27766元，分别较上年增长7.9%、8.3%。大病门诊保险有效实施，实时医疗救助工作得到中央深改办和民政部关注和肯定。棚户区危旧房改造工作有序推进。十大政府实事工程有序推进。城乡学校办学条件进一步优化，教育质量稳步提升，太仓市被评为江苏省促进义务教育均衡发展先进市，应届高校毕业生就业率97.6%。文化事业和文化产业协调发展，全国文明城市创建深入开展。医药卫生体制改革持续深化，“全面两孩”政策稳妥实施，太仓市被世界卫生组织授予健康城市最佳实践奖。全民健身工作深入推动，成功承办2016年国际田联竞走挑战赛（太仓站）。实施“养老服务提升工程”，养老服务体系不断健全。位列2016年中国最具幸福感城市县市级榜首，获“全国双拥模范城”称号，成为全国首批科普示范县（市、区）。落实“市镇村三级”矛盾纠纷动态排查、“党政齐抓”信访维稳责任。26个市镇两级综治平安重点项目深入实施，三级综治中心规范化建设加快推进，全市违法犯罪警情连续10年保持下降。统筹推进法治政府、法治市场、法治社会“三位一体”建设，太仓市获评“2014—2015年全省法治建设示范县（市、区）”称号。“政社互动”创新实践项目名列“2015年度中国社区治理十大创新成果”首位。食品药品监管加强，生产安全事故较上年下降23.1%。

坚持从严管党治党。市委始终与以习近平同志为核心的党中央保持高度一致，党员干部政治意识、大局意识、核心意识、看齐意识得到增强。全面贯彻落实党委（党组）意识形态工作责任制，强化党委中心组学习制度，党员干部政治素质和专业能力实现提升。完成市镇两级党委换届，领导班子得到配优配强。强化年轻干部培养锻炼，重视培养女干部、非共产党员干部。完成科级干部职数超配清理任务，实施退出领导岗位干部管理规定。高标准推进“两学一做”学习教育，拓展“我是共产党员”专项教育活动。依法完成新一届村（社区）“两委”班子换届选举。“365服务工程”、法治型党组织建设等品牌不断深化，德企党建、农村和社区党建、“两新”组织党建等工作深入推进。严格责任清单制度，实行责任落实情况全程留痕、动态监管，推动“两个责任”落地生根。落实提名考察工作，加强派驻机构管理，稳步推进巡察工作。持续开展“清风行动”，推动作风建设各项规定严格执行。实践监督执纪“四种形态”，抓紧抓实“第一种形态”。严格执纪审查，始终保持惩治腐败高压态势。　　（赵理平）

## 重要会议

**【中共太仓市第十三次代表大会】** 2016年7月25—29日召开。大会应到代表295人，实到288人，符合规定人数。大会充分肯定十二届市委对过去五年主要成就的总结。过去五年，十二届市委在中央、省委和苏州市委的领导下，团结带领全市人民实施“五大战略”，推进“六个现代”，完成第十二次党代会提出的目标任务，全市经济发展量质齐升，改革开放成效显著，城市品质全面提升，民生福祉持续增进，党的建设不断加强，经济社会发展取得显著成绩。大会认为，五年来取得的成就为太仓发展打下坚实基础。

大会指出，太仓向后五年发展必须高举中国特色社会主义伟大旗帜，以马克思列宁主义、毛泽东思想、邓小平理论、“三个代表”重要思想、科学发展观为指导，深入贯彻落实习近平总书记系列重要讲话，特别是视察江苏重要讲话精神，围绕“四个全面”战略布局，牢固树立并自觉践行创新、协调、绿色、开放、共享五大发展理念，实施“改革创新、以港强市、融入上海、绿色发展、民生共享”五大发展战略，统筹推进经济建设、政治建设、文化建设、社会建设、生态文明建设和党的建设，率先全面建成更高水平小康社会，探索开启基本实现现代化新征程，谱写好中国梦的太仓篇章。

大会明确，向后五年太仓经济社会发展的具体目标是实现“六个新提升”，即综合实力、改革开放、城市建设、民生幸福、生态环境和党的建设实现新提升。要实现上述目标，关键要把五大发展理念贯穿到各项事业全过程，开辟太仓发展新境界。重点把握三个方面：一是明大势、谋全局，在战略思维上开拓新境界；二是抓落实、重实效，在方法策略上开拓新境界；三是勇争先、敢担当，在精神状态上开拓新境界。要认真贯彻落实中央、省委和苏州市委部署要求，紧紧围绕既定目标，全力以赴推进四个方面战略举措：一是加快转型创新，加速产业优化升级、大力推进科技创新、推动全面深化改革、培育发展新动能，打造繁荣发达的现代产业高地；二是抢抓战略机遇，深入实施“以港强市”战略、加速全面“融入上海”步伐、打造“对德合作”典范城市、统筹推进开放型经济发展，打造特色鲜明的开放前沿阵地；三是坚持久久为功，加强城市建设管理、推动城乡发展一体化、狠抓生态文明建设，打造更高水平的田园城市胜地；四是聚焦民生改善，抓好民生幸福工程、全面推进依法治市、提升社会文明程度、加强社会治理创新，打造普惠共享的平安和谐福地。

大会强调，实现向后五年发展目标，关键是坚持和完善党的领导。不忘初心、继续前进，进一步用好“传家宝”，抓出思想建设新成效；锻造“主心骨”，激发干部队伍新状态；管好“责任田”，展现基层组织新作为；牵住“牛鼻子”，营造良好政治新生态。要充分发挥党委总揽全局、协调各方的领导核心作用，凝聚更强的发展合力，着力推动全面从严治党迈上新台阶，为谱写好中国梦的太仓篇章提供坚强有力的政治保证。

**【中共太仓市第十三届委员会第二次全体（扩大）会议】** 2016年12月26日召开，全会深入学习贯彻中共十八大和十八届三中、四中、五中、六中全会及习近平总书记系列重要讲话精神，特别是视察江苏重要讲话精神，全面贯彻落实省第十三次党代会、苏州市第十二次党代会和太仓市第十三次党代会精神，回顾总结全年工作情况，研究部署2017年工作任务。全会由市委常委会主持。出席会议的有市委委员34人、候补委员7人，市有关负责人，市纪委委员，各镇、太仓港经济技术开发区、新区、科教新城、旅游度假区、娄东街道有关负责人，市委各部委办局、市各委办局、市各人民团体有关负责人，各直属单位、健雄学院、各驻太仓部队及有关方面负责人和代表列席会议。会议还邀请太仓港口管委会有关领导参加。

全会听取并审议通过市委书记沈觅代表市委常委会作的题为《创新转型求突破，富民惠民走在前，努力在

“两聚一高”实践中奋勇争先》的报告，肯定全市经济社会发展所取得的成绩。全会明确，2017年是实施“十三五”规划的重要一年，做好2017年工作，必须抓好六个方面：一是突出提质增效，狠抓有效投入，加速产业升级，做强实体经济，促进经济加快发展；二是突出创新驱动，充分集聚高端要素，做大做强创新企业，优化创新生态系统，增强引领发展动力；三是突出改革开放，深化重点领域改革，提升开放型经济竞争力，打造高水平开发开放载体，不断放大发展优势；四是突出精致宜居，提升城市建管水平，加强生态文明建设，推进城乡发展一体化，建设现代田园城市；五是突出富民惠民，加快富民增收步伐，优化公共服务供给，提升社会文明程度，增强群众幸福感受；六是突出和谐善治，健全治理体系，推进依法治市，维护社会稳定，提升社会治理水平。

全会要求以中共十八届六中全会精神为指引，贯彻落实上级党委关于全面从严治党的最新要求，强化管党治党责任，提升党的建设科学化水平，为高水平全面建成小康社会提供坚强政治保证。一是强化思想政治建设，严明政治纪律，加强学习教育，引领舆论导向，坚决筑牢信仰基石；二是强化干部队伍建设，把牢选任关口，科学培养干部，加强监督管理，构筑坚强领导核心；三是强化基层组织建设，创新基层党建工作，加强党员教育管理，严肃党内政治生活，夯实党的基层基础；四是强化党风廉政建设，加强党内监督，突出纪律建设，改善党风政风，不断优化政治生态。

（龚益峰）

## 组　织

【概况】　2016年，太仓市组织系统学习贯彻中共十八大和十八届三中、四中、五中、六中全会及习近平总书记系列重要讲话精神，以从严治党为主线，围绕全国、省市组织部长会议和市委各项部署要求，推进“两学一做”（学党章党规、学系列讲话，做合格党员）学习教育，拓展“我是共产党员”专项教育活动内涵；抓好干部宏观管理，夯实干部工作基础；围绕提升干部适应新常态、践行新理念能力的工作目标，抓好干部教育培训工作；落实基层党建重点任务，强化党员队伍建设；围绕市委“对德合作”战略，推进德企党建工作，同时抓好人才引进培育和人才服务工作，为全市经济社会保持平稳发展提供组织保证。

【“两学一做”学习教育】　2016年，太仓市坚持把“两学一做”学习教育作为重要任务，组织开展专题党课、专题培训、专题研讨等关键环节，按要求做好规定动作。同时拓展“我是共产党员”专项教育活动内涵，将其作为全市“两学一做”重要载体，围绕“强学习、促担当、比作为、抓典型”，搭建学习教育载体56项，有关做法在苏州市“两学一做”学习教育推进会上作交流。年内，太仓市组织开展纪念中国共产党成立95周年系列活动，开展“身边的共产党员”先进典型宣传活动，举办“娄东先锋”先进事迹巡讲10场，印发《身边的共产党员》先进事迹汇编5000册，在有关媒体开设宣传专栏，营造典型引路氛围。全年全市获评省优秀党务工作者1人，获苏州市委表彰优秀党员5人、党务工作者5人、基层党组织5个；1名村党组织书记当选省党代会代表。

【各级领导班子换届工作】　2016年，市委组织部加强对各级领导班子换届工作的组织指导，严格执行换届工作政策，完成市镇两级人大、政府和市政协换届工作。执行换届工作“九严禁”（严禁拉帮结派，严禁拉票贿选，严禁买官卖官，严禁跑官要官，严禁造假骗官，严禁说情打招呼，严禁违规用人，严禁跑风漏气，严禁干扰换届）要求，组织观看《镜鉴》《警钟》警示教育片4380人次，发放严肃换届风气《宣传册》5500本、“纪律提醒卡”1.35万张，发送换届风气监督短信9500人次，签订换届纪律承诺书3370人次，组织开展换届纪律巡回督查，确保换届工作风清气正。乡镇领导班子结构得到优化，整体功能进一步增强，35岁左右干部占比24.5%，村（社区）党组织书记11人、事业人员13人、大学生村官2人在换届中进入镇级班子。统筹未来市、镇领导班子配备需要，抓好关键岗位配备，引导各镇区把青年干部选配到村、社区党组织书记岗位“压担子”，推动老中青合理搭配。

【干部宏观管理】　2016年，市委组织部夯实干部工作基础，加强走访和信息收集，深化对各单位班子的日常了解，开展综合分析研判。注重开展与市管干部的日常谈心谈话，全年共开展领导干部谈心谈话56人。坚持把镇党委副书记、副镇长（党委委员）作为重要培养锻炼平台，选配优秀年轻干部担任，并作为乡镇党政正职后备人选加强培养。启动事业单位公开选聘部分高校优秀应届毕业生工作，优化全市机关干部结构。强化干部权力运行监督，开展干部个人有关事项报告核查工作，抓好领导干部“三责联审”（按照干部管理权限和部门职能分工，由市委组织部门会同市编委办、市审计局等同步实施党政领导干部选人用人责任审查、机构编制责任审核和任期经济责任审计）、离任交接等工作。严格规范干部日常行为，加强对干部“8小时外”监督。制定《关于进一步加强退出领导岗位干部管理的规定》，加强对退出领导岗位干部的管理和发挥“传帮教”作用。贯彻落实中央组织部《党委（党组）讨论决定干部任免事项守则》，落实从严管理干部“五个要”（管理要全面。标准要严格、环节要衔接、措施要配套、责任要分明）要求。

【干部教育培训】　2016年，市委组织部围绕提升干部适应新常态、践行新理念能力工作目标，制定干部教育培训工作规划，以习近平总书记系列讲话精神为核心，强化重点培训和普遍提升。围绕“四个全面”（全面建成小康社会、全面深化改革、全面依法治国、全面从严治党）战略布局和“五大发展理念”（创新、协调、绿色、开放、共享），对领导干部、年轻干部、基层党组织书记等分层分类轮训，举办第18期中青班、中层干部进修班、

11 月 11 日，太仓市举办市委中心组专题学习报告会暨领导干部理论知识讲座　　（市委组织部供稿）

青年村（社区）党组织书记培训班等主班次 7 个，与有关专业院校合作开展党性专题培训 24 期，新常态新理念培训在各级干部培训班次中占重要地位。紧扣市委中心工作，办好领导干部理论知识讲座 8 期，指导各单位开展各级各类培训 500 多期，参训人数 3 万人次，提升党员干部推动发展的能力素质。通过“领题导读”推动干部学用结合，全年共有 46 家单位围绕 96 个课题开展导读，有关做法在全省干部培训工作座谈会上作书面交流。

【村（社区）“带头人”队伍建设】 2016 年，市委组织部把握集中换届契机，配强基层“带头人”队伍，对人选标准、结构要求和程序纪律一严到底，全市 142 个村（社区）完成换届选举。换届后，全市村（社区）党组织书记中 35 岁以下、大专以上学历占比分别提升 8.9% 和 7.9%，基层带头人队伍结构进一步优化。选派第一书记 9 人挂钩帮扶经济薄弱村，实现薄弱村脱贫转化。举办村（社区）党组织书记培训班，参训人员 158 人，强化全市村（社区）党组织书记履行岗位职责、引领科学发展、做好群众工作的能力。

【党员队伍建设】 2016 年，市委组织部落实基层党建七项重点任务，对党组织关系排查、党员违纪排查、基层党组织按期换届等工作落实责任，完善举措，推动从严治党落实到每个支部、每名党员。规范党的组织生活，落实“三会一课”（定期召开支部党员大会、支部委员会、党小组会，按时上好党课）、组织生活会、民主评议党员等制度，探索“统一活动日”+“红色讲堂”等新载体，组建专兼职师资队伍 200 人，挂牌成立教学示范点 60 家，为基层送课 300 堂，参学党员超 2 万人次，推动全市党员教育正常化、制度化和长效化，增强基层党组织活力。

【德企党建工作】 2016 年，市委组织部围绕市委“对德合作”要点，推进德企党建工作。太仓市成立推进德企党建工作领导小组，落实 20 家成员单位党建工作职责和责任，通过开展“党员集结号”“双找双亮”等活动，开展德企党组织组建行动。年内，新建德企党组织 52 个，总数累计 68 个，亮化以先锋引擎、公益驿站、服务联盟为主要内容的“中德同行”工作品牌，有关做法在苏州市委《调研与参考》和《苏州日报》刊发。

【法治型党组织建设】 2016 年，市委组织部以法治型党组织“十项行动”（“红色讲堂——法治专题宣讲月”活动、法治型党组织建设项目化争创活动、百名律师结百村社区活动、法治型党组织建设专题轮训班、《基层法治建设创新案例丛书》汇编、法治型党组织微故事评选活动、法治型党组织“红色沙龙”活动、“法治建设在身边”先进典型评选活动、法治文化“四进”活动、“党建引领、政社互动”行动）为载体和抓手，开展“党章党规大讨论”“党章知识竞赛”等系列活动，发放《中国共产党章程》系列读本 4 万册，组织各类专题学习 1000 余次，征集法治“微故事”100 个，太仓市“十项活动”被列为苏州市法治型党组织建设重点项目，法治型党组织建设入选太仓市第二届“法治事件”。建立学苑社区、中区社区等法治型党组织建设示范点，组织开展“百名律师结百村（社区）”活动，试点推行农村党组织“六议两公开”（村级重大事务采取由村民小组提议、村党支部初议、村“两委”商议、驻村干部参议、村“两个代表议事会”评议、村民大会决议，议事过程公开、议事结果公开）工作法，推动农村决策依法依规。

【人才引进培育】 2016 年，市委组织部贯彻中央深化人才发展体制机制改革意见，围绕答好“创新四问”活动推出工作举措，释放人才工作体制机制创新动力，推动人才工作质效提升。坚持“走出去、引进来”紧密结合，坚持发挥市场和企业主体作用，提升引才质效，通过“精英周”“创智杯”和高端医疗器械（太仓）峰会等活动，对接人才项目在数量、质量上达历年之最。重点抓好上级人才计划申报和本级项目评审，全年新增国家“千人计划”人才 6 人，全市累计 30 人；入选省“双创人才”10 人，入选数首次实现翻番；入选省“333 工程”15 人、省“外专百人计划”2 人、省“科技副总”8 人；获评江苏省有突出贡献中青年专家 1 人。人才项目产业化成效明显，领军人才企业税收首次突破亿元大关。

【人才服务工作】 2016 年，太仓市成立人才服务联盟，整合政府职能部门和区镇园区资源，实时关注督

10月25日，太仓市举办人才服务联盟成立仪式　（市委组织部供稿）

促服务事项办理进度。紧跟上级政策动向，制定《关于落实太仓高层次人才房地产政策的实施细则》，放宽有关购房条件，优化全市高层次人才享受生活待遇政策，全年受理领军人才、紧缺高层次人才等生活待遇申请260人次，合计资助资金946.7万元。健全创新创业载体建设，市大学科技园获评国家级科技企业孵化器，“乐创空间”“中德MOBO众创中心”获评国家级众创空间，安佑获评国家级企业技术中心。获评省级科企业孵化器3家，省级众创空间5家。“科才通”“苏科贷”等金融产品为29家科技人才企业提供贷款支持1600万元。

（王维峰）

## 宣　传

【概况】　2016年，太仓市宣传思想文化战线围绕“四个全面”（全面建成小康社会、全面深化改革、全面依法治国、全面从严治党）战略布局，坚持党管宣传、服务大局、改革创新，深化思想理论武装建设，营造改革发展稳定舆论氛围，推进社会主义核心价值观建设，推动文化建设迈上新台阶，为实现全市“十三五”规划发展良好开局、谱写好中国梦的太仓篇章提供思想保证、精神力量、道德滋养和文化条件。

【思想理论武装】　2016年，太仓市组织宣讲团深入基层宣讲中共十八届五中、六中全会和习近平总书记系列重要讲话特别是视察江苏重要讲话精神，举办宣讲百余场。实施《2016年全市党委（党组）中心组专题学习计划》，重点安排学习专题12个。印发新版党委（党组）中心组学习记录本，开展党委（党组）中心组学习旁听。年内，太仓市委获评2014—2015年全省学习型党组织建设工作先进单位。组织参与苏州“百姓名嘴”风采展示活动，2人获二等奖，1人获“我最喜爱的‘百姓名嘴’”称号。完成苏州县处级领导专题读书调研活动，报送调研材料12篇。推进基层党校规范化建设，沙溪镇、双凤镇分获苏州市2016年度基层党校“争先创优”活动一类项目、三类项目。完成2015—2016年基层党员冬训工作，城厢镇、双凤镇获评2015年度全省基层党员冬训工作示范镇，1人获评2015—2016年全省基层党员冬训工作先进个人，“打造学客空间·激发冬训动能”项目获评2015—2016年苏州市基层党员冬训工作创新项目。

【社科理论研究】　2016年，太仓市围绕全市经济社会发展中的重大理论与现实问题，在公开征集和自行申报基础上，经专家评审，确定并公布年度社科应用研究课题51个，其中重点资助课题5个，一般课题46个。在《群众》杂志第12期发表题为《推动全面从严治党向基层延伸》的文章，在《江南论坛》杂志第11期发表题为《在发展实践中增强基层文化自信》的文章。《太仓农村改革发展的实践与思考》通过省社科联课题结项，《适应养老服务需求，优化太仓市养老服务供给的思考》通过苏州市社科规划课题（应用对策类）结项，《临沪县市融入上海全球科创中心建设研究》获评苏州市哲学社会科学界第九届学术大会优秀论文二等奖。《太仓史话》、《当代中国城市发展丛书（太仓卷）》、《娄东文化丛书（第四辑）》出版。

【社科宣传教育】　2016年，太仓市以“树立五大发展新理念，建设强富美高新太仓”为主题，举办第11届社科普及宣传周活动。优化“太仓发布”政务微信“娄东视点”栏目，及时更新“热点时评”“理论导读”“弇山撷英”“好书悦读”等板块，全年累计发布各类文章200余篇。刊登《太仓日报·娄东大讲堂》10期，图书馆举办“娄东大讲堂”系列讲座近50期。“娄东大讲堂”品牌入选江苏优秀讲坛。全年组稿《太仓社科论坛》3期，共刊发理论性、应用性文章近60篇。

【意识形态工作】　2016年，太仓市贯彻落实中央《党委（党组）意识形态工作责任制实施办法》和省委实施细则及苏州实施办法，制定太仓市《关于贯彻落实党委（党组）意识形态工作责任制的实施方案》，强化党委意识形态工作责任制，将意识形态工作纳入全市各级党委（党组）中心组、学习型党组织建设、党员领导干部年终述学重要内容。调整市委宣传思想文化工作领导小组，加强对意识形态工作的组织领导，年内，市委常委会两次专题听取工作汇报。坚持党管媒体原则，利用主流媒体资源渠道优势和舆论引导能力，提高意识形态宣传教育力度。加强对各类阵地管理，确保各类意识形态阵地可管可控、管好管到位。

【新闻宣传】　2016年，太仓市新闻外宣围绕“以港强市、融入上海、对德合作”要点，积极、全面、准确地做好新闻主题外宣。全年重点围绕临港产业创新发展、德国中心开业、金秋经贸月、2016年太仓（上海）招商投资说明会等新闻点，新华社、《人民日报》、中央电视台、《光明日报》、《中国青年报》、《新华日报》、江苏卫视、《解放日报》、《第一财经》、《苏州日报》、苏州电视台等主流媒体组织重点报道。其中，《人民日报》刊发《治“病树”，更要管好“森林”》聚焦太仓市勤政廉政半月谈制度，中央电视台报道《太仓港：首季吞吐量增18%，业务量逆势增长》，《中国青年报》头版头条刊发《德国青年为何在中国小城扎堆创业》，《新华日报》头版刊发《太仓：“三大战略”促深度转型》，《解放日报》刊发《谋求深度互动，太仓率先一步》。全年，《苏州日报》头版头条报道7篇，其中《聚势谋远做优“三篇文章”》受到广泛关注。全年累计邀请150多家媒体近300多名记者到太仓采访报道，刊发报纸、电视等各类新闻1100多篇，主题宣传重点突出，新闻外宣成果明显。

【新闻发布】 2016年，太仓市建立新闻线索微信群、QQ群，加强与媒体联系，便于第一时间向广大媒体发出太仓声音。建设新闻发言人团队，8月完成全市新闻发言人培训工作。密切关注涉及太仓舆情的发展情况，参与大型石油化工火灾跨区域联合应急演练，并与相关部门合作成功处置财新网关注的外地渔民上访事件、杭州慈善捐衣物流入太仓旧货市场事件、龙珠直播平台事件、土地因故流拍事件等多起负面舆情。深入基层开展新闻发布，协助部门及德国企业组织“诗梦江南”新闻发布会、长江首条东南亚航线新闻发布会、东南亚集装箱班轮开通新闻发布会、旅游文化节新闻发布会、德国中心开幕新闻发布会等新闻发布活动。

【境内外宣传】 2016年，太仓市继续深化中德合作，拓宽合作领域。以德国中心开业、金秋经贸月等为新闻点，重点策划大型主题外宣项目，提炼“太仓中德合作再升级”外宣主题。在邀请媒体、准备素材和设计采访方案上下功夫，将前期深度采访与现场新闻发布相结合，达到有层级、多角度、高热度、持续性的立体化传播目标。《中国青年报》《新华日报》《解放日报》《第一财经日报》《苏州日报》等媒体相继在头版头条刊登并配发深度分析、评论员文章，持续提升太仓“德企之乡”的知名度和美誉度。通过“中国—东盟共建21世纪海上丝绸之路联合采访团”活动，邀请泰国、巴基斯坦、马来西亚、菲律宾、越南、老挝等15家境外媒体到太仓采访，进一步提高太仓城市影响力。年内，改版《太仓概览（2016）》，制作太仓时尚旅游口袋读本《静秀太仓》。《人间天堂·自在苏州》城市形象广告片在央视播出，完成浦东国际机场T2国际出发“乡愁小栈”文化展厅专题布展，助力太仓城市形象走向全国，走向世界。

【文明城市创建】 2016年，太仓市文明城市创建工作重点从制度完善上下功夫。制定《太仓市创建全国文明城市实施方案（2016—2017年）》《关于进一步深化公益广告宣传工作的实施意见》《关于开展太仓市创建全国文明城市“啄木鸟”行动工作的通知》等专项文件。年初，组织召开创建全国县级文明城市测评通报会，在全市范围启动区镇社会文明指数测评工作。加强部门联动和综合执法力度，组织开展“六小行业”党员志愿服务活动，委托苏州健雄职业技术学院开展第三方测评，建立全方位、立体化督查机制。组织开展文明城市创建“百日行动”，集中力量解决一批创建中的老大难问题。发挥市民在文明城市创建中的主体作用，完善市民、志愿者等监督手段，组建市民巡访员队伍，开展文明创建“啄木鸟”行动，通过创建全国文明城市“12345”微信平台协调解决文明创建问题。10月、11月先后召开创建全国文明城市工作推进会、测评迎检工作推进会，部署年度测评迎检任务，对排查发现的各类问题进行集中通报。抽调人员组成文明城市创建督查组，实地检查市区20个大类、360个考察点，对城乡接合部、背街小巷、农贸市场、建筑工地等重点区域（部位）实行挂牌督办、集中整治。11月30日，中央文明办专职副主任夏伟东到太仓考察，对太仓市文明城市创建工作给予肯定。

【群众性精神文明创建】 2016年，太仓市广泛开展“2013—2015年江苏省文明村镇、文明单位（社区、校园）”申报评选工作，全市5个镇、15个村、4个社区、25家单位、2所学校分别被授予2013—2015年江苏省文明村镇、文明社区、文明单位、文明校园称号，1户家庭被授予2016年度江苏省文明家庭称号。深入推进

10月11日，太仓市召开创建全国文明城市工作推进会 （市委宣传部供稿）

9月19日，太仓市举办“公民道德宣传日”好人好故事宣讲活动

（市委宣传部供稿）

“书香城市”建设，举办第11届太仓阅读节，举办重点阅读活动近100项、阅读子活动170余项，形成一批特色活动品牌。评选一批书香机关、书香企业、书香校园、书香村社区、书香家庭、优秀阅读项目。全市获评“苏州市全民阅读先进单位”4家，获评“苏州全民阅读先进个人”3人，获评“苏州阅读节优秀活动奖”6项，城厢镇获评江苏省书香乡镇，沙溪镇胜利村获评江苏省书香乡村。深化文明家庭建设，制定《关于深入推进家庭文明建设的实施意见》，编印“立家规、树家风”便携读本《家风》。推荐、评选苏州市、太仓市“好邻里”“五好文明家庭”等，广泛开展家庭道德模范事迹宣传活动，以家庭美德、家庭教育、家风家训为主要内容，通过推进家庭文明建设七大行动，促进全社会文明程度的提高。以“我们的节日”为主题，开展“欢乐金仓湖”端午龙舟竞渡赛、“孝老重阳·让爱回家”重阳节活动、“七夕杯”全国爱情诗大赛等群众文化活动，使广大群众在参与中陶冶道德情操，塑造美好心灵，提升思想境界，培育和弘扬社会主义核心价值观。

**【思想道德建设】** 2016年，太仓市坚持把社会主义核心价值体系宣传教育贯穿于公民道德建设全过程，发挥先进典型引领示范作用，开展形式多样的道德教育实践活动，培育文明道德新风尚，引领全社会思想道德进步和提升。承办江苏省道德模范与身边好人（苏州·太仓）现场交流活动暨太仓市第二届道德模范颁奖仪式，实施《道德模范礼遇帮扶办法》，从交通出行、医疗保健、文体活动等12项具体举措，对各级道德模范给予礼遇帮扶。全年共礼遇帮扶道德模范100余人，落实道德模范帮扶资金约30万元，免费提供重大疾病险、意外伤害险共计470万元。年内，“太仓好人馆”建成，集中展示“中国好人”、道德模范先进事迹。开展“百场道德讲堂下基层”活动，将“爱、敬、诚、善”融入道德讲堂，通过宣讲道德故事颂扬美德、凝聚民心，营造“存好心、做好事、当好人、得好报、扬好德”的社会氛围。至年底，全市146个村（社区）、69家苏州市文明单位均设立“道德讲堂”，每年组织开展活动不少于4次。在城厢文化书场挂牌成立太仓市道德讲堂总堂，举办“道德传承·情暖娄城”——太仓市“公民道德宣传日”好人好故事宣讲活动。做好“我推荐、我评议身边好人”评选工作，组织上报“中国好人”20多人，其中王振球、钱惠新等2人入选“中国好人”。截至年底，太仓市累计获评“中国好人”9人、“江苏好人”11人、“苏州好人”54人。组织评选年度“精神文明建设”十佳新人新事，评选第二届“道德模范”17人、“五好文明家庭”10户、“美德少年”10人、“优秀小公民”50人。太仓市“发挥乡贤作用，倡导移风易俗”提名苏州“十佳新事”，徐金龙提名苏州“十佳新人”，王福铨获评苏州“最美人物”。

**【社会志愿者】** 2016年，太仓市依托太仓志愿者网站，做好志愿者招募注册、培训管理、考核激励、保障支持等工作，全市志愿者队伍不断壮大，志愿服务活动蓬勃开展，“家在太仓·情暖娄城”志愿服务品牌得到社会各界响应和称赞。年内，太仓市举办首届志愿者文化节，为

9月19日，“太仓好人馆”开馆揭牌

（市委宣传部供稿）

6月1日，太仓市举办第三届“美德少年”和2016年太仓市“优秀小公民”表彰活动。图为“美德少年”与市领导合影　（市委宣传部供稿）

网上注册志愿者购买普惠保险，吸引更多市民参与志愿服务。组织开展扶贫帮困、文明交通、文明旅游、义演义诊、环境保护、义务献血、植绿护绿、邻里守望等各类志愿服务活动1700多项，参加志愿服务活动的注册志愿者人数4.85万人次，占全市注册志愿者总人数71.53%。探索“科技＋志愿”服务模式，在2016年“文明太仓”市民大行动启动仪式暨学雷锋志愿服务活动上，推出志愿驿站24小时服务终端设备，拍摄《微笑，让城市更美丽》宣传片嵌入驿站循环播放，借助互联网平台实现服务资源共建共享、服务需求有效对接。探索“社工＋志工”模式，委托上海海星之家社工组织对全市志愿者工作进行日常管理和活动策划，提升全市志愿服务专业化水平。探索“志工＋实训”模式，全年举办志愿者专业培训12次，累计培训1000多人次。深化“志工＋项目”制度，强化志愿服务阵地建设，德颐善社会工作发展中心等10家单位获评第三批“太仓市志愿服务实践基地”。至年底，全市有志愿服务实践基地30家。面向全市发布志愿活动信息，编印《太仓市志愿服务指导手册》，在《太仓日报》公示“爱心企业募集令”“‘3•5’学雷锋志愿服务月志愿服务活动”“2016年度全市志愿服务重点项目”等。持续深化“家在太仓•情暖娄城”学雷锋志愿服务月月行活动，每月开展“尊重红绿灯，礼让斑马线”文明交通志愿引导服务。发动全市文化志愿者面向特殊人群和生活困难群众开展学雷锋志愿服务，深入基层开展送戏下乡、书画舞蹈辅导及慰问演出超百次。“关爱童心•悦读成长”等2个项目获苏州市志愿服务项目支持。打造“五彩爱心•四季温馨”党员志愿服务品牌，开展“关心身边‘六小’行业、营造健康生活环境”党员志愿服务活动，使志愿服务成为党员常态化教育管理新载体。

【未成年人思想道德建设】　2016年，太仓市组织开展“践行核心价值观，做一个有道德的人”主题教育活动，重点突出“八礼四仪”（“八礼”指仪表之礼、餐饮之礼、言谈之礼、待人之礼、行走之礼、观赏之礼、游览之礼、仪式之礼，“四仪”指入学仪式、成长仪式、青春仪式、成人仪式）文明礼仪养成教育，在日常教学中融入“爱、善、诚、勤、俭、美”六种理念和价值取向，通过主题班会、道德讲堂等形式，推动社会主义核心价值观进教材、进课堂、进头脑。以“弘扬长征精神，做一个有道德的人”为主题，组织开展“缤纷冬日”“七彩夏日”“学习雷锋，做美德少年”和清明网上祭英烈等主题教育活动。举办太仓市“弘扬社会主义核心价值观——小手绘文明”主题漫画创意赛、“晒晒身边文明人文明事”征文演讲比赛，以赛促学，引导广大学生学礼仪、知礼仪、行礼仪。加强优秀传统文化普及，组织开展中小学生阅读节，举办中华经典诵读、“长征故事我来讲”小学生讲故事比赛，启动“童声里的中国•成长的歌谣”优秀童谣诗歌作品征集活动，共征集作品400多件。举办“知礼践德”第三届美德少年夏令营、“文明创建我先行”系列活动、文明小义工公益活动、“我的文明之旅”摄影、微文作品征集活动等，通过主题实践活动引导学生践行文明礼仪。组织召开太仓市未成年人思想道德建设工作现场推进会，集中表彰2016年度“七彩的夏日未成年人暑期系列活动”优秀活动项目，市图书馆等10家单位获评“太仓市优秀未成年人社会实践基地”。持续开展太仓市“美德少年”和“优秀小公民”评选表彰活动，举办庆祝“六一”国际儿童节暨太仓市第三届“美德少年”和2016年度“优秀小公民”表彰大会，评选表彰第三届太仓市“美德少年”10人、2016年度太仓市“优秀小公民”53人。双凤中学吴佳雯获评苏州市“十大美德少年标兵”，9人获评苏州市“百名美德少年”。开展首届少儿文明礼仪之星评选暨中国童学秀活动，评选文明礼仪之星6人。年内，市文明办获评苏州市关心下一代工作先进集体。

（金　钰）

## 统　战

【概况】　2016年，太仓市统一战线围绕全市改革发展和现代化建设各项目标任务，发挥统战优势，突出重点，服务大局，凝心聚力，共同思想政治基础不断增强，全市统一战线工作呈现团结、振奋、活跃的良好局面。年内，多党合作事业得到发展，全年共发展民主党派成员31人，无党派知识分子联谊会成员7人，其中新社会阶层9人。非共产党员代表队伍建设加强，各民主党派服务经济社会发展工作不断深入，基层统战服务品牌影响力得到提升，大统战工作格局不断强化。

9月28日，由市委统战部、市侨办侨联、市民宗局、市工商联、市委台办等5个党支部共同组成的统战口党建联盟正式成立。

【统一战线思想政治引领】 2016年，太仓市统一战线进一步加强思想政治引领，开展中国特色社会主义学习实践活动，深化"同心"思想实践。坚持政治思想引领。坚持把增进共识作为统战工作本质要求，推进坚持和发展中国特色社会主义学习实践活动、理想信念教育实践活动，组织召开全市统战成员学习会、座谈会等，学习习近平总书记系列重要讲话，及时向非共产党员人士传达中共十八届五中、六中全会以及省、苏州、太仓市党代会等重要会议精神，引导全市统一战线坚定"四个自信"（道路自信、理论自信、制度自信、文化自信），坚持走中国特色社会主义政治发展道路。开展主题教育活动。协助各民主党派、无党派开展好坚持和发展中国特色社会主义学习实践活动，指导市工商联加强非公经济人士理想信念教育。坚持社会主义核心价值观教育，深化"高举旗帜、同心同行"系列读书活动，民革太仓市委"忆伟人，学党史"、民建太仓市委"阅读民建史话，开展会史教育"、民进太仓市基层委员会"太仓掌故"读书会等活动在统战成员中受到广泛欢迎。每季度组织"统战课堂"专题讲座讲授统战理论，统战成员参与人数800余人次。深化"同心"思想实践。"党外人士之家""党外人士学习实践基地"建设不断完善，成为非共产党员代表人士参政议政、服务社会的平台。继续支持开展各党派（团体）结对村（社区）、"关注民生、奉献社会——党派社会服务活动"等，全年各民主党派、无党派共组织各类社会慈善公益活动30余次，捐助资金约20万元，受助群众千余人。

【统一战线服务社会发展】 2016年，太仓市统一战线不断加强党派自身建设，主动参政议政，热心社会公益服务。党派参政议政。统战系统协助市委召开民主座谈会、政治协商会，民主党派、工商联、无党派代表人士为市委重大决策、重要工作部署、人事安排等提出意见建议。每季度召开各界人士情况通报会，分别就中德合作、现代服务业发展、和谐社区建设以及环保工作等情况提出专题性意见建议150多条。完善市委常委联系各界代表人士交友制度和特约人员制度。加强党派与政府部门对口联系工作，继续深化领题调研活动，开展"点题式"民主监督，为"十三五"规划开好局建言献策。党派自身建设。完成民革太仓市委、民建太仓市委换届工作，民进太仓总支更名为民进太仓市基层委员会。有序发展新成员，全年共发展民主党派成员31人，无党派知识分子联谊会成员7人，其中新社会阶层9人。推进党派服务中心机关化建设，内部管理规范化、制度化，逐步适应新形势下党派工作需要。开展社会公益服务。年内，民革太仓市委开展"博爱·牵手"系列活动，民建太仓市委开展"思源工程—生育关怀"活动，民进基层委员会组织"服务就在身边，人人可参与"微公益活动，农工党太仓总支加快农业扶贫基地建设，民盟太仓直属小组以文化为抓手在各中小学开展培训讲座，九三学社太仓直属小组与常丰社区合作开展社区服务管理创新，市无党派知联会开展"书香进校园"捐赠活动等。各党派开展的社会公益活动受到基层群众关注和好评。

9月21日，第三季度各界人士情况通报会与会人员在科教新城调研和谐社区建设 （市委统战部供稿）

【非共产党员代表队伍建设】 2016年，太仓市统一战线继续做好党外干部推荐选拔。利用市人大、市政协换届契机，做好非共产党员代表在人大、政协的政治安排。坚持完善组织、统战部门在推荐选拔任用非共产党员干部工作上的协作配合机制，推进政府部门和司法机关等非共产党员干部实职安排工作。落实副科级以上非共产党员干部联系走访制度，走访调研市农委、苏州健雄职业技术学院等非共产党员干部比较集中的部门。协助民主党派做好领导班子换届考察和后备干部队伍建设等工作。加快非共产党员人才培养。加强非共产党员代表人士教育培训，在省社会主义学院举办党派骨干成员培训班，联合市人才办、市经信委，组织40名非公经济代表在清华大学举办企业创新管理高级研修班。统战系统每季度开展党派成员和党外代表人士菜单式培训，提升统战成员思想政治意识和参政议政水平。完善非共产党员代表人士信息库，非共产党员代表综合评价体系建设稳步推进，逐步建立科学合理、人岗相配、年龄梯次结构合理的非共产党员干部梯队。加大非共产党员代表人士后备人才储备，调整充实"A730"培养计划非共产党员后备人才，在"522"工

4月18日，太仓市党派骨干成员培训班在省社会主义学院开班

（市委统战部供稿）

程和“千人计划”“省双创”及大学生村干部等人才工程中发现和储备一批非共产党员人才。做好新社会阶层代表人士的相关调查摸底工作，筹备组建海外留学归国人员联谊会。

【基层统战工作】 2016年，太仓市组织全市统战委员及重点村、社区主任等40余人参加脱产培训，专题学习区镇社区基层统战基本理论及工作实践。各区镇将社区统战工作与社区管理体制改革相结合，主动参与“政社互动”，推进社区统战工作争先创优，开展多样性的“双向服务”活动。年内，城厢镇举办农村新型社区睦邻节，开展“邻里亲·民族情”系列活动，开设“统战课堂”；沙溪镇开展文化兴侨活动，“我们的节日”系列活动带给侨界人士家的温情；浏河镇关心帮扶少数民族青年创业，通过锡伯书吧举办各类公益微活动；新区落实“五必到”制度（每月至少一次必到侨属侨眷中了解民情，来电反映问题必到现场掌握第一手情况，侨属侨眷等生病必到家中看望，邻里纠纷必到现场调解矛盾，有困难需要帮助必到家中排忧解难），组织统战志愿者互帮互助；璜泾镇将统战工作融入“云服务”体系，与全镇中心工作互动；浮桥镇引导非公经济人士投身光彩事业，参与“感恩”行动；双凤镇开展“情暖双凤·阅读圆梦”阅读节等统战系列活动，邀请统战成员参与镇重要事项策划协调会。科教新城将统战工作与人才战略相结合，为统战事业发展储备非共产党员人才，基层统战服务品牌影响力得到提升。 （黄建锋）

## 市委调研

【概况】 2016年，中共太仓市委围绕全市中心工作，组织开展调研活动，主要体现以下几项内容：抓住关注点调研。把服务发展、服务决策作为调研工作切入点，参与谋划事关太仓发展的重要工作、重要政策。针对如何进一步深化对德合作，邀请苏州市委研究室到太仓进行专题调研；围绕省委书记李强对苏州提出的“创新四问”，在充分调研、获得9个调研成果基础上，联合市科技局、上海交通大学等单位研究太仓市相关实施意见。开展两项专题调研。第一项是市领导重点调研。组织开展市级领导重点调研活动，确定调研课题18项，并落实牵头领导。第二项是全市面上调研。在全市范围组织开展“发力‘十三五’规划、实现新开局”专题调研，动员各地各部门围绕经济社会重大问题、热点难点问题开展调查研究，认真研究实现具体措施和可行方法，确保实现“十三五”良好开局。做好三项日常工作。一是文稿起草工作。集中力量抓好市第十三次党代会报告等重要文稿起草，全年牵头起草各类文稿400多篇。二是刊物编发。继续提升市委《调研参考》编发质量，全年共编发26期。做好苏州市委研究室《苏州发展蓝皮书》稿件组稿等系列工作。三是深化改革工作。拟订2016年全市改革工作要点，按要求做好苏州市委改革办重点改革工作季报，统筹做好市委改革领导小组会议、各类汇报材料等的组织工作，全年编发《调研参考（太仓改革）》5期。

（夏家辉）

## 机构编制

【概况】 2016年，太仓市统筹推进行政审批制度改革、政府职能转变、事业单位分类改革，强化机构编制科学化、规范化管理，全年推动政府职能向社会转移，开展行政审批事项动态调整，共调整行政权力280项；加强和规范市场监管事中事后措施，建立健全涉审中介机构监管体系和信用评价体系，加强综合考评管理；基本完成208家事业单位“三定”（定部门职责、定内设机构、定人员编制）工作；结合机构编制年报、月报工作，强化机构编制人员信息系统维护和实名制管理；牵头组织实施市级机关绩效管理考核工作；完成2015年度事业单位年度报告公示，事业单位法人证书更换为标有社会统一信用代码的新版证书。年内，沙溪镇通过行政管理体制改革试点评估复查。

【政府职能向社会转移】 2016年，太仓市进一步推动政府职能向社会转移，按照“分步转移、逐步推进”原则，确定市经信委、市人社局、市水利局、市商务局、市文广新局、市妇联、市发改委、市民政局等8家单位37项职能作为全市第二批政府转移职能事项向社会转移。同时，根据首批政府职能向社会转移事项在实施过程中出现的问题，与有关部门沟通协商，提出相应调整意见。11月，经市政府审核论证，向社会公布《关于印发太仓市第二批政府向社会转移职能事项目录的通知》（太政办〔2016〕136号）和《关于对太仓市2015年度政府向社会转移职能事项目录中的部分事项进行调整的通知》（太政办〔2016〕137号），并组织实施。

【沙溪镇行政管理体制改革试点】 6月，按照苏州市《关于开展行政管理体制改革试点镇权责清单编制工作的通知》要求，太仓市对照沙溪镇行政管理体制改革试点方案和市政府下放给沙溪镇政府的319项行政权力，对沙溪镇政府主要职责、职责交叉事项、履行主要职责所对应的行政权力事项、服务目录等四大块责任进行梳理，建立权责明晰的责任清单目录。11月，省编办专家组对沙溪镇改革试点工作进行评估复查，肯定沙溪镇整改工作取得的成效，沙溪镇通过改革试点评估复查。

【行政权力事项调整】 2016年，为进一步贯彻落实国家、江苏省和苏州市关于简政放权、转变政府职能的有关要求，太仓市开展行政审批事项动态调整工作，组织各有关部门根据上级取消和下放的行政审批事项，整理需要动态调整的许可事项。9月，完成行政审批事项动态调整工作，涉及取消或调整审批事项11项。11月，经市政府同意，印发《关于对11项行政许可事项进行调整或取消的通知》，公布有关调整事项，完成行政权力调整280项，并对权力库进行更新。

【事中事后监管】 9月，太仓市贯彻落实上级“先照后证”改革加强事中事后监管有关文件精神，市编办会同市市场监管局于以市政府名义印发《关于先照后证改革后加强事中事后监管的实施意见》（太政发〔2016〕50号），进一步加强和规范全市在市场监管方面的事中事后监管措施。推进“双随机、一公开”（即在监管过程中随机抽取检查对象，随机选派执法检查人员，抽查情况及查处结果及时向社会公开）工作，印发《关于建立双随机抽查机制，加强事中事后监管的通知》（太政办〔2016〕118号），组织有处罚事项的部门梳理上报本单位随机抽查事项，全市共梳理上报随机抽查事项199项，基本形成太仓市随机抽查事项目录库。

【涉审中介管理规范化】 7月，为规范行政审批中介服务，建立健全涉审中介机构监管体系和信用评价体系，根据苏州市政府有关文件精神，太仓市印发《关于加强太仓市行政审批中介机构管理的实施意见的通知》（太政办〔2016〕89号），组织21家有行政审批事项的政府部门（包含其下属事业单位）开展涉审中介服务事项梳理工作，9月，完成8个部门51项涉审中介事项梳理审核工作。向社会公布《关于公布太仓市涉审中介服务事项目录的通知》（太政办〔2016〕116号），并以市政府名义印发《关于做好太仓市行政审批中介机构信用评价工作的通知》（太政办〔2016〕84号），组织各相关部门对本行业涉审中介机构加强综合考评管理。

【事业单位“三定”工作基本完成】 2016年，太仓市组织实施事业单位“三定”工作。市编办在向苏州市编办汇报沟通基础上，与各单位反复沟通协商，厘清审核标准，最终确定各事业单位“三定”规定。年内，分6批次讨论通过市委、市政府直属和各部门所属的208家事业单位“三定”规定。至年底，事业单位“三定”工作完成率91%。

【机构编制实名制管理】 2016年，太仓市结合机构编制年报、月报工作，强化机构编制人员信息系统维护和实名制管理。全市机关、事业单位全部纳入机构编制实名制管理范围。按照“用编先审批”原则，严格审批机关、事业单位用编，杜绝超编进人，对有关单位出现的人员增减情况及时变更。对经市人社局正规招录及组织任命的人员及时入库，及时更新信息，推进全市机构编制信息化管理工作，提高机构编制管理水平。

【市级机关绩效管理考核】 3月，太仓市市级机关绩效管理考核工作牵头部门调整为市编办。在继承往年成功做法的基础上，市编办进一步完善年度绩效管理考核工作，先后印发《太仓市市级机关部门绩效管理考核工作实施意见（试行）的通知》（太委发〔2016〕31号）和《2016年度市级机关部门绩效管理考核评价细则》等文件，并组织相关考核工作。年底，经考核评比，获评“优胜”等次的单位31家，获评“优秀”等次的单位46家，获评“良好”等次的单位11家，无“达标”和“诫勉”等次单位。

【事业单位登记管理】 2016年，太仓市完成2015年度事业单位年度报告公示工作。全市321家事业单位提交的2015年度事业单位年度报告书均在太仓市机构编制网上公示。按要求将事业单位法人证书全部更换为标有社会统一信用代码的新版证书，同时做好市编办直接管理机构的统一社会信用代码赋码工作。全年全市共设立登记事业单位22家，变更登记82家，注销2家，补领2家。（张凌溟）

## 机关党建

【概况】 2016年，太仓市机关党建工作以推进全面从严治党迈上新台阶为主题，以“创新、协调、绿色、开放、共享”五大发展理念为引领，深化学习型、服务型、创新型、法治型党组织建设，发挥机关党组织战斗堡垒作用和党员先锋模范作用，开创机关党建工作新局面。年内，市级机关党工委先后获得2016年第11届苏州阅读节优秀活动奖、2014—2015年苏州市无偿献血促进奖和2016年度苏州机关党建信息工作优秀单位等荣誉。截至年底，市委市级机关工委共有机关党委3个，党总支20个，党支部141个（其中直属党支部37个），党员2547人（含在职党员1931人），其中年内发展党员27人，转正预备党员36人；工会组织61个，共青团组织23个。

【机关党的思想建设】 2016年，市委市级机关工委围绕加强机关党的思想建设开展各项活动。“两学一做”学习教育。根据市委统一部署，召开市级机关“两学一做”学习教育动员部署会，明确“两学一做”学习教育总体要求和目标、主要内容和任务，印发《市级机关“两学一做”学习教育工作任务安排表》。在学习教育过程中，广大

6月21日，太仓市举办“党在我心中”综合知识竞赛　（刘长华　摄）

机关党员干部通过理论宣讲、报告会、交流研讨、结对帮学、自主选学等形式，深化学习理解，抓好贯彻落实，深入开展专题学习讨论、学习习近平总书记系列讲话感想体会评比展示、“学思践悟—好家风好家规好家训”和“今天党课我来讲”等活动，参加专题组织生活会、民主评议党员、“佩党徽、亮身份、树形象”和“接地气、察实情、解民忧”等活动，发挥基层党组织战斗堡垒和党员先锋模范作用。

纪念中国共产党成立95周年系列活动。以中国共产党成立95周年为契机，在“七一”前后组织开展系列纪念活动，包括以“党在我心中”为主题的经典诵读比赛、大合唱比赛等教育活动，以“强党性”为主题的“向先进支部、优秀党员看齐”、新党员宣誓等实践活动，以“阳光关爱”为主题的走访慰问老党员和生活困难党员、表彰优秀党员和党务干部等党内激励关怀帮扶活动，教育引导广大党员坚定信念、牢记使命、对党忠诚、敢于担当。会同市委组织部、太仓日报社汇编《身边的共产党员》一书，印发至各基层党组织。

“党在我心中”综合知识竞赛。市委市级机关工委会同市纪委、市委组织部、市委宣传部，组织全市机关党员学习《中国共产党廉洁自律准则》《中国共产党纪律处分条例》等党规知识，举办“党在我心中”综合知识竞赛网络赛和现场赛，全市80多家单位6500余名党员参加活动。经过激烈竞逐，浮桥镇等10家单位分获一、二、三等奖，市人民法院等25家单位获优秀组织奖。

市级机关党员干部思想动态跟踪调查。在2015年度开展市级机关党员干部思想动态第一次调查的基础上，2016年，市委市级机关工委以网络调查形式，在市级机关各部门及直属单位全体党员中开展第二次思想动态调查，跟踪了解市级机关党员干部思想动态变化及其所思所想、所虑所急，对2349份调查问卷进行数据分析，形成调研文章，受到市委主要领导批示肯定，进一步厘清机关党建工作思路。

市级机关党性锻炼基地设立。在市公安局、市城管局、市交运局、市水利局、市卫计委、万丰村、西区社区、梅园社区等地设立党性锻炼基地8个，启动市级机关党员干部“强党性、优服务、作表率”实岗锻炼活动，组织700余名机关党员干部到实践锻炼基地开展交通秩序维护、垃圾分类宣传、公共卫生整治、河道保洁、卫生监督检查、田地除草、社区服务等活动，推动党员转变工作作风，增强群众意识，提升服务水平。

**【机关党的组织建设】** 2016年，市委市级机关工委围绕落实党建主体责任、完善党员培训体系和示范团队、五好党支部创造等加强机关党的组织建设。基层党组织党建主体责任落实。与市级机关各党组织签订《2016年度市级机关“强基工程”责任书》，强调党组织书记是“第一责任人”，明确工作目标和任务，加强党建主体责任管理。科学设置基层党组织，配齐配强基层党组织领导班子，明确党组织书记具体工作职责。定期召开党建工作例会、党建工作联席会议和党建工作会议，对履行基层党建责任情况进行专项述职和专项考评。

党员培训体系建设。建设“入党对象、普通党员、党务干部”三位一体的党员培训体系。举办入党积极分

8月11日，太仓市市级机关深化创建优质服务品牌、作风效能建设示范点推进会在市行政中心召开　（刘长华　摄）

子培训班，集中学习党章党纪党规党史和入党基础知识等内容，培训入党积极分子184人，进一步端正入党动机，坚定为党奉献决心。开展机关党员干部轮训工作，轮训班分8期，每期2天，共设置解读“十三五”规划、中共十八届五中全会精神、《中国共产党廉洁自律准则》和《中国共产党纪律处分条例》、社会主义核心价值观等内容，参训人员938人。举办为期3天的党务干部业务培训班，培训市级机关党务干部88人，培训班采取专题教学、现场观摩、专家讲座、户外拓学等形式，加强党务干部对党务知识、理想信念、责任担当、党纪党规等内容的认识。同时，组织发展对象和新党员参加市委组织部组织的标准化培训，实现培训对象各类性质全覆盖。

“党旗飘扬”示范团队和“五好党支部”“五好党支部标兵”创建。组织开展2016年度市级机关、事业单位“党旗飘扬”示范团队和“五好党支部”“五好党支部标兵”创建活动，突出党员先锋模范作用和党组织战斗堡垒作用，通过创建活动，打造一批“政治坚定、勤于学习、爱岗敬业、改革创新、服务群众、廉洁奉公”的示范团队和“班子好、队伍好、机制好、作风好、业绩好”的党支部。经过评审验收，市公安局刑警大队等10个团队被评为2016年度市级机关、事业单位“党旗飘扬”十佳示范团队，市植保植检站等11个团队被评为2016年度市级机关、事业单位“党旗飘扬”优秀团队；市委宣传部党支部等11个基层党组织被命名为第四批“五好党支部标兵”，市公安局党委所属板桥派出所党支部等33个基层党组织被命名为第七批“五好党支部”。

【市级机关作风效能建设】 2016年，太仓市召开市级机关深化创建优质服务品牌、作风效能建设示范点推进会。深化优质服务品牌、作风效能建设示范点创建活动，完善品牌和示范点管理办法及体系建设，总结交流经验，明确创建工作新要求，推动创建活动引向深入，促进机关服务水平提质升级。开展“机关优质服务品牌”和机关科室（窗口）“作风效能建设示范点”晋级检查验收和复查，命名表彰四星级服务品牌15个、三星级服务品牌10个、二星级服务品牌4个、一星级服务品牌1个，评选五星级示范点1个、四星级示范点12个、三星级示范点10个、二星级示范点7个、一星级示范点4个。

机关作风效能“三个十佳”和“群众最满意的机关优质服务品牌”评选。加大对2015年度市级机关作风效能建设“十佳先进个人”“十佳示范窗口”“十佳先进科室”和“群众最满意的机关优质服务品牌”等先进典型的学习宣传力度，汇编先进集体和个人事迹材料，发放至各基层单位，供广大干部职工学习。开展“2016年度群众最满意的机关优质服务品牌”和“三个十佳”公开评选活动，经过社会各界公开投票评选，毛晓波等被评为“十佳先进个人”，市国税局第一税务分局等被评为“十佳示范窗口”，市人社局事业单位管理科等被评为“十佳先进科室”，市教育局“红烛”服务品牌等被评为“群众最满意的机关优质服务品牌”。

“机关开放日”活动。在市级机关全面推行“机关开放日”活动，全年有43个部门分别开展“机关开放日”活动，共计800多名社会各界人士参与活动。通过开展“机关开放日”活动，增进社会各界和人民群众对机关工作的理解和支持，深化对机关工作、机关作风的监督。同时，针对社会各界反映强烈的问题，督促有关部门加强整改，并在《太仓日报》编发《啄木鸟在行动》专栏18期，关注和解决群众诉求。

“千人千企评机关”活动。年内，部分重点职能部门开展“年中民主测评”及年终“千人千企评机关”民主评议活动。“年中民主测评”主要针对38家涉及太仓市政府实事工程、重点项目的责任部门，以及涉及企业、民生和社会事业的重点职能部门，市民政局、市公安局、市教育局等单位名列前十名。在年终“千人千企评机关”民主评议活动中，根据测评对象将民主评议表分为7类，采用邮政专递（专寄）形式发放和上门收取，并通过光电扫描读卡统计。民主评议中，共发放评议表2080份，回收有效表1989份，回收率95.63%，社会各界对机关作风效能建设总体满意率为99.9%，较上年提升0.42个百分点。

【机关精神文明建设】 2016年，市委市级机关工委加强机关精神文明建设，围绕文体艺术节、党员志愿者和工会服务品牌等开展多项活动。市级机关第七届文体艺术节。以“建功十三五、展示新风采”为主题，举办市级机关第七届文体艺术节，从3月起，历时8个月时间。文体艺术节设文艺技能和体育运动两大类，共有机关青年干部风采大赛、文化素养系列培训、迷你马拉松、健步走、拔河、篮球、足球、中国象棋、围棋、桥牌等活动20余项，共有80多家机关单位的9300多人次参加活动。

市级机关党员志愿服务。培育志愿服务专业团队，壮大志愿服务队伍，结合社会组织资源、社会优质资源和机关党员志愿服务资源，探索党员志愿服务活动专业化、项目化、多元化运行模式。以“为民服务、争当先锋”为主题，组织机关党员参加义务献血、“当一天农民”、文化送温暖、关爱特殊儿童、“暖爱列车”救济贫困家庭募衣活动等特色志愿服务活动，打造“五彩爱心·四季温馨”机关党员志愿服务品牌。

助推文明城市创建。开展市级机关“道德讲堂”等各类学习交流活动，把社会主义核心价值观融入工作生活等各个环节。开展“美丽金太仓·传播正能量”随手拍活动，助推“现代田园城·美丽金太仓”建设，共收到作品200余幅。开展书香机关评选活动，培养读书风尚，推动全民阅读活动健康发展。经评审，10家单位被评为2016年度书香机关；开展关爱“六小行业”（小餐饮店、小食品店、小浴室、小美容美发、小歌舞厅、小旅店）集中行动，组织136名党员干部进社区，走访挂钩社区管辖区域内的“六小行业”，宣传全国文明城市、国家生态园林城市创建工作，张贴“讲文明、树新风”公益广告。开展“最美家庭”“最魅女性”“最优儿女”评选宣传活动，展示精神文明建设先进典型风采，放大先进典型示范效应。

“健康促进机关”创建活动。贯彻落实《全民健康素养促进行动规划(2014—2020年)》，在市级机关开展“健康促进机关”创建活动，通过举办培训班、专家讲座、现场指导、考核验收等形式，推进健康机关等健康细胞工程建设，动员机关党员干部成为健康、文明生活方式的践行者和引领者。助推太仓通过国家、省、市各级“全国健康促进县”创建考核评估。

“情注机关”品牌建设。开展迎“五一”集中观影活动，1500多名工会会员领取观影券；组织67名机关劳模赴上海长海医院体检；帮助5名工会会员申请发放“互助互济”金16.8万元。举办“青春有约·缘聚五月”拓展活动，70多名单身青年在专业拓展导师带领下进行交友活动。开展“我让生活更美丽”亲子插花活动，市级机关单位18组父（母）子参与活动。举办“八段锦”和瑜伽培训班，吸引80多名机关干部参与。

**【统战口党建联盟成立】** 9月28日，统战口党建联盟正式成立。统战口党建联盟由市委统战部、市侨办侨联、市民宗局、市工商联、市委台办等5个党支部共同组成。党建联盟整合统战口党建资源，统筹党建重点项目和各党组织特色项目，以便于教育管理、便于组织开展活动、便于发挥作用为原则，以整合资源、扩大影响、放大效应为目标，开展联建、联学、联训、联助活动，促进党建共建共享、互利互惠。这是基层党组织党建联盟建设的一次试点。

**【市级机关人大代表、党代会代表选举】** 2016年，市委市级机关工委围绕市人大换届选举和市党代会召开，做好相关代表选举工作。市级机关市人大代表选举工作。落实市人大换届选举工作部署要求，成立市级机关选举工作领导小组，将市级机关划分为6个选区，设立选民小组145个，登记选民2.11万人，提名推荐和协商确定代表候选人18人。经投票选举，

8月，太仓市举办第二届“源圆两岸交流汇”活动　（李沈歆　摄）

12人当选为太仓市第十六届人代会代表。市级机关市党代会代表选举工作。6月28日，中共太仓市市级机关党代表会议召开，在充分发扬民主、广泛酝酿讨论基础上，采用差额选举办法和无记名投票方式，选举产生市级机关出席中共太仓市第十三次代表大会代表30人，完成市级机关党代表选举工作任务。

（缪　斌）

## 台湾事务

**【概况】** 2016年，太仓市办理报批非公职人员赴台32批（次）、64人次，办理公职人员赴台经贸和交流团组2批（次）、7人次。共接待到太仓的台湾团组21批次、256人次，参访交流主要涉及村级经济、农业、青年交流和投资考察等多领域。太仓有台企310家，其中规模以上企业约140家。太仓市对台工作围绕两岸关系和平发展主题，加强与台湾认同“九二共识”的政党社团、重点行业协会、台资密集区、两地企业家和关联产业、台湾经贸界代表人士等领域的联系，拓展交流合作新领域。太仓市台协会会员单位270余家，协会秉承团结、服务、交流、发展宗旨，在服务台企、发展太仓经济、增进两岸交流及发展社会公益慈善事业等方面发挥积极作用。

**【对台交流】** 2016年4月，太仓市组织台协青联会到西安参观考察，接受中华传统文化熏陶，学习考察当地台企，并进行交流座谈。5月，组织3名台湾青年创客参加首届“郑和杯”青年精英创新创业大赛，团队研发的“智云™”云灾备系统项目获三等奖。8月，举办第二届“源圆两岸交流汇”活动，邀请12名台湾青年学生到太仓，与太仓青年学生开展交流论坛，参观了解太仓经济社会发展示范点及周边地区发展情况，增进相互认知，融合彼此感情。11月，会同团市委到台湾开展青年与基层组织交流访问活动，增进两地青年交流，巩固“源圆两岸交流汇”活动成果，实现活动常态化和机制化。

**【对台经济】** 2016年5月，太仓市举办“营改增”专题讲座，市国税局专家为台商解读“营改增”新政，帮助台企提升对“营改增”相关政策的认识。10月，2016年太仓台协高阶主管经营研习会在太仓举行，会议围绕“工业4.0智能时代的管理冲击与变革”展开交流研学，力求提高全市台企的经营管理水平。年内，市委台办协助做好第15届苏州电博会相关展位招商工作，共落实台资企业2家、展位4个。

**【对台服务】** 2016年6月，太仓市召开台商座谈会，邀请部分台商代表参加座谈。通过互动交流，了解太仓

台商生产经营及生活等情况，收集梳理台商的意见建议，报送有关部门，助推台企转型升级、做大做强。全年，处理涉及台商子女就学、涉台婚姻、台湾人意外死亡和企业经济纠纷等多起涉台案件，维护在太仓台商的合法权益和合理诉求。发挥太仓市台湾同胞投资企业协会平台作用，举办各类政策宣讲，鼓励会员企业参与太仓慈善事业及教育事业，继续发放奖励全市高考前十名考生的“高考优秀奖”，每人获奖金6000元。

【对台宣传】 2016年，太仓市以涉台杂志《太仓台商》为抓手，通过展示台协工作动态、太仓台商风采和太仓文化底蕴等内容，结合中央到地方新出台的各项方针政策，做好对台宣传工作。利用新媒体平台，创新互动方式，提高太仓台商和在太仓台企的影响力，增强其归属感。全年，完成重点调研课题《助推台湾青年扎根太仓的几点思考》，为台湾青年扎根太仓创造更好条件做出思考，详细分析中央到地方鼓励对台青年交流的概况，结合太仓台湾青年工作生活中的一些问题，对深化“源圆两岸交流汇”和政策扶持等方面提出建议。

（单晓凤）

5月31日，市侨办到城厢镇中区社区居委会走访侨眷，处理相关信访问题

（储翔鸿 摄）

## 侨 务

【概况】 2016年，太仓市侨务工作执行“归侨侨眷身份认定”行政确认事项，配合市公安局做好江苏省简化华侨恢复户口登记手续工作，开展政策宣传和咨询。市侨办参与“七五”普法活动，会同社区、科技创业园等开展涉侨法律法规宣传。与市人才办、市人社局共同举办“2016年海外高层次人才太仓行”活动，引进专业从事土壤修复整治业务的世华有机农业技术公司（筹）落户科技创业园。推进侨务工作进园区，帮助科技创业园成功创建省级华侨华人创新创业服务中心。完成社区侨务工作调研，形成题为《推进社区侨务，优化为侨服务》的报告，通过市人大常委会主任会议审议，被市委研究室《调研参考》刊出。开展侨务工作培训，先后于3月和10月举办两期基层侨务工作培训班，提高基层兼职侨务干部和工作人员业务能力。至年底，太仓市接待华侨华人18人次，处理涉侨信访3件，慰问归侨侨眷8人次，上门走访回乡探亲的太仓籍海外重点人士5人。

【为侨服务】 2月，市侨办邀请文史专家为科技创业园海归人士作《太仓历史文化漫谈》讲座，增加他们对太仓的了解和认同。年内，会同镇、社区，对掌握的太仓籍海外博士（含双硕士、博士后）眷属开展走访调研，了解他们的生活和养老状况，指导社区开展有针对性的服务，通过眷属影响海外人才。

【侨界联谊】 4月23日，市侨办、市侨联、市委市级机关工委、市科协举办“青春有约·缘聚五月”户外拓展活动，组织部分侨资企业单身青年和太仓科技创业园、大学科技园单身海归青年，与市镇机关和基层科协的单身青年互动联谊。12月22日，举办留学生圣诞联谊会。

【侨务宣传】 4月22日，市侨办赴上海拜访带领捷克国家歌剧院交响乐团在中鹰黑森林演出的奥中文化交流协会会长、奥籍太仓人常恺，并就开展文化交流活动进行初步探讨。4月28日，市侨办陪同到太仓访问的美国夏威夷大学博士、美籍太仓人黄学新及夫人走访太仓市环保局，双方就政府如何开展环境保护与治理工作进行交流与探讨。8月，市侨办邀请海外有影响力的华人作家到太仓采风考察，开展文化交流，如新加坡寒川、美国海外文轩海云和华校德国纽伦堡中文学校李立等。10月，与海外华文媒体合作，在法国《欧洲时报》刊出整版图文，宣传太仓现代田园城建设；在美国《世界名人网·太仓资讯》专栏发布太仓资讯，持续扩大太仓在海外侨界中的影响。

（朱承飞）

## 保密工作

【概况】 2016年，太仓市保密工作以贯彻落实《中共中央关于加强和改进保密工作的意见》（中发〔2016〕5号，以下简称《意见》）为主线，谋划“十三五”时期保密事业发展规划，落实领导干部保密工作责任制，推动保密工作标准化管理迈上新台阶。年内，做好保密日常管理工作，各类国家级考试的保密管理，维护国家级考试的安全；强化对涉密项目设备采购的服务、指导，为市公安局等单位采购涉密项目设备提供指导服务。继续做好全市范围内保密销毁服务工作，共销毁各类纸质文件资料100多吨，计算机及其他办公设备近1000台套。

【网络和涉密人员管理】 2016年，太仓市加强网络和涉密人员管理，做好互联网保密管理工作，强化对涉密网络分级保护督促指导，提升涉密网络监管水平。加强对电子政务外网和互联网保密监管，严格审查机关单位互联网门户网站、政务微博、微信等公开信息。加强对智能手机等移动终端和无线局域网使用保密管理，查处利用互联网、移动通信网等公共信息网络存储、传输涉密信息行为。根据《关于组织开展机关、单位互联网门户网络等保密检查的通知》要求，各镇区、市级党政机关建立严格的信息公开审查制度，落实各项保密审批手续和具体规章制度，及时向苏州市保密局上报《机关、单位互联网信息汇总表》。贯彻《严禁在微信、QQ等互联网平台发布和传播工作秘密信息的通知》要求，专门印发文件，各单位签署的《保密工作责任书》和《保密承诺书》报市保密局备案。落实《中共中央保密委员会办公室国家保密局关于组织开展重点骨干网络保密管理专项检查的通知》精神，对全市的国家重点骨干网络开展保密管理专项检查。对涉及教育、公安、财政、人社、国土、水利、农业、人行、审计、海关、税务、质检等12个重点骨干网络，进行7个方面重点对照检查，确保重点骨干网络安全。做好涉密人员保密管理工作，转发《关于进一步加强涉密人员保密管理工作的意见》《涉密人员保密管理指南》通知，召开全市涉密人员保密管理工作部署会议，对全市涉密人员分类确定和上岗审查工作进行部署和培训。按照省、苏州市保密局部署，完成全市涉密人员分类确定和上岗审查，将全市涉密人员名单报送苏州市保密局；做好涉密人员保密管理的教育培训、保密承诺、出国境等日常管理工作。

【保密检查督查】 2016年，太仓市健全保密检查长效机制，严格执行《苏州市保密检查工作暂行办法》，完善综合检查与专项检查相结合、定期检查与随机抽查相结合、保密部门检查与机关单位自查相结合的常态化保密检查机制，拓宽保密检查覆盖面。开展保密自查自评工作，印发《太仓市保密自查自评工作方案》，提高各单位对保密自查自评工作重要性认识，促使机关单位转变工作观念、树立保密主体意识、落实保密主体责任。通过督查，重点解决制度不落实和落实不到位问题，增强制度的严肃性和执行力，建立完善保密自查自评工作长效机制。

【市级部门和财政专项支出预算公开保密审查】 2016年，太仓市按照《关于做好市级部门预算和财政专项支出预算公开保密审查有关事项的通知》精神，做好市级部门和财政专项支出预算公开保密审查工作，确定保密审查责任主体，明确保密审查工作程序、保密审查法定依据及保密审查的时序要求，为全市市级部门预算和财政专项支出预算公开工作提供保障。

【保密宣传教育培训】 2016年，市保密局加强与市委组织部、市人社局、市委党校沟通合作，发挥党校、行政学校主阵地作用，将保密教育培训纳入党委中心组学习计划、干部教育培训计划，为公务员初任和任职培训等为期一周以上的培训班进行保密知识教育和保密警示教育。做好“苏州保密”微信号推广工作。市保密局专门印发文件，要求全市各镇区、市级党政机关单位关注“苏州保密”微信公众平台，打造新媒体保密宣传阵地，传播保密工作动态。

（顾鸿飞）

## 老干部工作

【概况】 2016年，太仓市共有离休干部197人、市管退休干部1079人。市委老干部局贯彻《关于进一步加强和改进离退休干部工作的意见》（中办发〔2016〕3号）文件精神，落实老干部政治待遇和生活待遇，加强老干部思想政治建设、党支部建设和活动阵地建设，拓展管理服务方式，推动全市老干部工作转型发展、科学发展。年内，印发《关于在全市离退休干部党员中开展“两学一做”学习教育有关问题的通知》，对全市离退休干部党员“两学一做”学习教育进行安排部署。举办第11届“走进春天”文体活动月和第六届老干部文体艺术节，促进全市老干部身心健康，展示新时代老干部风采。

【老干部政治待遇】 2016年，太仓市召开相关会议，向老干部通报全市经济社会发展情况、市第十三次党代会精神，组织参观考察2次，举办专题讲座5次，召开座谈会7次。7月1日，市委老干部局开展“红心向党·携手共进”主题党日活动，17名在职党员分3组与6位党龄超50年的老党员一起庆祝党的生日，向他们致以节日的问候，送上“两学一做”学习材料和高温慰问金，为老干部佩党徽、读党章、宣誓词、谈感想。印发《关于在全市离退休干部党员中开展“两学一做”学习教育有关问题的通知》，对全市离退休干部党员“两学一做”学习教育进行安排部署，教育引导广大老干部保持公仆本色，牢记党员身份，坚定理想信念，严守政治纪律和政治规矩。年内，先后举办以“老干部永远跟党走”为主题的离退休干部党支部书记培训班和“见证伟大的历程”红色收藏展，开展“做红色传人”革命传统教育，组织“我把歌声献给党”大合唱比赛和“两学一做”暨“党在我心中”知识竞赛活动，在暑假期间举办“党的优良传统代代传”巡回讲座，在重阳节期间举办“传承好家风”座谈会，组织开展“一颗红心永向党”正能量发挥等活动。“常青藤”宣讲团先后在学校、社区、企业、看守所宣讲27次，受教党员群众2000余人次。3名老干部资助3名困难学生共9000元，11名老干部向盐城灾区捐赠3万余元。

【老干部生活待遇】 2016年，市委老干部局完善老干部社区“四就近”（就近学习、就近活动、就近得到关

10月20日，市委老干部局在市文化馆举办纪念长征胜利80周年文艺演出

（市委老干部局供稿）

心照顾、就近发挥作用）工作，及时为20个社区发放工作经费24万余元。印发《关于结对服务空巢、独居离休干部的实施办法》，采取工作人员、老干部志愿者、社区志愿者共同配合的方式，对86名高龄、独居、失能、“空巢”的老干部开展亲情化、个性化、多样化服务，通过上门走访、电话联系，主动了解老干部基本情况，收集老干部的意见与建议，帮助老干部解决生活中遇到的实际困难。继续深化“双三心”服务品牌服务内涵，全年走访慰问老干部700余人次，探望生病住院老干部204人次，做好185名离休干部的健康体检，接待处理老干部来信来访12件次。

【老干部活动阵地建设】 2016年，市委老干部局组织引导“常青藤”协会各分会开展活动200余次，近5000人次参加活动。6月30日，召开全市离退休干部纪念中国共产党成立95周年座谈会，12名老干部代表发言。年内，结合纪念长征胜利80周年，承办苏州市老干部纪念长征胜利80周年桥牌比赛，举办纪念长征胜利80周年老干部书画展、纪念长征胜利80周年文艺演出等活动。5月5—27日，举办以“春之展、春之讲、春之行、春之赛”为主题的第11届“走进春天”文体活动月。9月19日—10月20日，举办以“各方重视送温馨、文娱活动乐开怀、主题讲座长知识、文艺会演展风采、红色纪念葆本色、表彰优秀聚能量”为特色的第六届“庆国庆、迎重阳、展风采”文体艺术节。活动月和艺术节集文艺、棋牌、体育、书画、花卉、盆景、参观、摄影、吟诗、座谈、专题讲座、现场教学于一体，内容丰富，受到老干部欢迎。近5000人次的老干部在“常青藤”文化品牌引领下，充分锻炼、分享欢乐、激扬人生，较好地促进身心健康，展示新时代老干部风采。

（王林志）

## 党校教育

【概况】 2016年，太仓市委党校贯彻全国党校工作会议精神，深化“干训阵地、资政智库”服务品牌，党校事业呈现健康发展局面。干部教育培训。全年共举办各类培训班次56期，参训学员8343人次，其中主体培训班次26期，参训学员2345人次；全市领导干部理论知识讲座8期，参训干部4767人次；与太仓有关部门联合举办各类培训班次10期，参训学员694人次；承担中国浦东干部学院、江苏省委党校和其他兄弟党校在太仓现场教学培训班12期，参训学员537人次。服务基层工作。围绕“两学一做”学习教育，做好全市“红色讲堂”宣讲服务，组织中共十八届六中全会精神和习近平总书记系列重要讲话精神宣讲。开展新课程认证管理，推出优质课程22门，为全市基层单位和村（社区）提供党课辅导，全年累计送课120余场次，参训人数约8000人次。科研资政工作。全年出版社科期刊《实践》4期，刊发反映太仓经济社会发展文章50余篇；完成科研课题13项，其中4项成果在市委研究室《调研参考》上刊发；完成市委、市政府交办的“全国两会建言献策”“贯彻落实创新四问重点调研活动”“发力‘十三五’·实现新开局”等专题调研报告3篇。

4月25日，太仓市第1期科级领导干部进修班开班 （黄嘉聪 摄）

## 2016年太仓市领导干部理论知识讲座一览表

表74

| 序号 | 讲座名称 | 日期 | 主讲人 | 人数（人） |
|---|---|---|---|---|
| 1 | “十三五”规划与宏观经济形势 | 3月25日 | 杨建龙 | 619 |
| 2 | 周恩来精神的学习与传承 | 4月15日 | 耿庆彪 | 709 |
| 3 | 新形势下人才发展需要深化的几个问题 | 5月27日 | 沈荣华 | 644 |
| 4 | 面对经济发展“新常态、新挑战”，把握区域经济创新发展新机遇 | 6月17日 | 董锡健 | 688 |
| 5 | 政府法治建设热点问题 | 7月21日 | 余凌云 | 654 |
| 6 | 习近平“七一”讲话精神解读 | 9月8日 | 宋福范 | 583 |
| 7 | 中华优秀传统文化与中国共产党的文化自信 | 9月23日 | 张　军 | 387 |
| 8 | 学习和践行中共十八届六中全会精神 | 11月11日 | 阮　青 | 483 |

## 2016年市委党校（行政学校）干部培训主体班次一览表

表75

| 序号 | 班次 | 日期 | 联办单位 | 人数（人） |
|---|---|---|---|---|
| 1 | 2016年度市级机关中层及以下党员轮训班（第五期） | 3月22日—3月23日 | 市委组织部<br>市级机关工委 | 129 |
| 2 | 2016年度市级机关中层及以下党员轮训班（第六期） | 3月24日—3月25日 | 市委组织部<br>市级机关工委 | 129 |
| 3 | 2016年度市级机关中层及以下党员轮训班（第七期） | 3月29日—3月30日 | 市委组织部<br>市级机关工委 | 129 |
| 4 | 2016年度市级机关中层及以下党员轮训班（第八期） | 3月31日—4月1日 | 市委组织部<br>市级机关工委 | 128 |
| 5 | 2016年度市级机关中层及以下党员轮训班（第九期） | 4月5日—4月6日 | 市委组织部<br>市级机关工委 | 131 |
| 6 | 2016年度市级机关中层及以下党员轮训班（第十期） | 4月7日—4月8日 | 市委组织部<br>市级机关工委 | 124 |
| 7 | 太仓市第1期青年村（社区）党组织书记培训班 | 4月7日—4月18日 | 市委组织部 | 28 |
| 8 | 太仓市第1期科级领导干部进修班 | 4月25日—4月28日 | 市委组织部 | 57 |
| 9 | 2016年发展对象标准化培训班（第一期） | 5月18日—5月20日 | 市委组织部 | 109 |
| 10 | 2016年发展对象标准化培训班（第二期） | 5月23日—5月25日 | 市委组织部 | 116 |
| 11 | 2016年发展对象标准化培训班（第三期） | 6月1日—6月3日 | 市委组织部 | 72 |
| 12 | 2016年发展对象标准化培训班（第四期） | 6月6日—6月8日 | 市委组织部 | 67 |
| 13 | 太仓市第1期单位中层正职干部进修班 | 6月20日—6月23日 | 市委组织部 | 62 |
| 14 | 太仓市第2期科级领导干部进修班 | 8月15日—8月18日 | 市委组织部 | 56 |
| 15 | 2016年度市级机关中层及以下党员轮训班（第十一期） | 9月8日—9月9日 | 市委组织部<br>市级机关工委 | 101 |
| 16 | 2016年度市级机关中层及以下党员轮训班（第十二期） | 9月12日—9月13日 | 市委组织部<br>市级机关工委 | 104 |
| 17 | 太仓市第2期单位中层正职干部进修班 | 9月19日—9月23日 | 市委组织部 | 65 |
| 18 | 太仓市第18期中青年干部培训班 | 10月9日—11月11日 | 市委组织部 | 35 |

续表 75

| 序号 | 班 次 | 日 期 | 联办单位 | 人数（人） |
|---|---|---|---|---|
| 19 | 2016年全市新党员标准化培训班（第一期） | 10月17日—10月19日 | 市委组织部 | 86 |
| 20 | 2016年全市新党员标准化培训班（第二期） | 10月24日—10月26日 | 市委组织部 | 121 |
| 21 | 2016年全市新党员标准化培训班（第三期） | 10月26日—10月28日 | 市委组织部 | 76 |
| 22 | 2016年全市新党员标准化培训班（第四期） | 11月7日—11月9日 | 市委组织部 | 55 |
| 23 | 太仓市2016年新录用公务员初任培训班 | 11月14日—11月25日 | 市委组织部<br>市人社局 | 136 |
| 24 | 太仓市2016年事业单位新录用人员岗前培训班（第一期） | 11月28日—12月1日 | 市人社局 | 86 |
| 25 | 太仓市2016年事业单位新录用人员岗前培训班（第二期） | 12月5日—12月8日 | 市人社局 | 92 |
| 26 | 2016年全市非公企业和社会组织党务干部素质提升示范班 | 12月28日—12月29日 | 市委组织部 | 51 |

【太仓市第18期中青年干部培训班】 10月9日—11月11日，市委党校与市委组织部联合举办太仓市第18期中青年干部培训班，培训班为期34天，参训学员35人。培训班具体培训方案：10月10日—10月28日在中国浦东干部学院开展培训，10月31日—11月11日在太仓市委党校开展培训。整个培训协调引导得当，教学管理细致，后勤保障有力。培训以自我教学、专题教学、视频教学、行为训练、互动教学、体验式教学为主，创新开设理论武装与党性修养、经济形势与创新发展、社会治理与综合管理、领导力与领导艺术、市情导读与太仓实践、自我教学与自我管理模块，通过模块式课程使教学效果更加凸显。每位学员结合本职岗位，深入农村社区，形成具有一定研究价值的调研报告35篇，并就调研报告内容进行汇报讨论。11月11日，市委书记沈觅出席培训班座谈会暨结业仪式，听取学员交流发言并讲话。

11月11日，太仓市第18期中青年干部培训班举行座谈会暨结业仪式

（黄嘉聪　摄）

【年度科研立项课题结题】 2016年，市委党校在履行科研资政职能方面采取新举措，开展调研课题项目化管理，实施《教学科研工作奖励细则》，细化基本任务，突出成果导向，通过积分管理、绩效考核，激发教师教学科研工作积极性。全年共明确推进立项课题研究13个，青年教师每人负责1项，并成立课题组分别负责校级重点课题3个。截至12月，年度科研立项课题全部结题，其中《太仓市融入上海全球科创中心建设浅谈》《城市社区党建先进典型培育探析——以城厢镇中区社区为例》《产业融入上海全球科创中心初探——以双凤镇为例》《太仓市特色小镇建设路径探析》等4篇优秀调研文章在市委研究室《调研参考》上刊发，形成应用性较强的优秀科研成果。

【党校新课程评审认证】 2016年，市委党校开展教师新课程评审认证，所有教师新开发课程先公开试讲，经校课程评审委员会通过后再对外讲授。年内，共评审9位教师的9门新课程，“习近平总书记治国理政新观察”“加强党性修养，坚定理想信念”“学习系列讲话精神，持之以抓作风建设”“加强理论武装，坚定政治方向——深入学习习近平总书记系列重要讲话精神”“做一名‘四讲四有’的合格共产党员”“完善党内法规，全面从严治党——学习贯彻《准则》和《条例》”“学习贯彻党内法规，做守纪律的合格党员”及“培育和践行社会主义核心价值观”（2门）等专题课程通过评审认证并获颁认证书。通过开展新课程评审认证，实现教学管理关口前移，提高教学质量，提升教师专业素质。

**【党课送基层活动】** 2016年，市委党校加强服务基层工作，围绕“两学一做”学习教育，开展“微型党课送基层”“优秀党课送基层”活动，做好全市“红色讲堂”宣讲服务。通过新课程认证管理，严把质量关，推出优质课程22门，在《太仓日报》《实践》杂志上公示，结合基层党员群众需求为全市基层单位和村（社区）提供党课辅导。全年累计送课120余场次，参训人数约8000人次，其中，参与“红色讲堂”送课80余场次，服务对象约5000人次，成为全市“红色讲堂”“微型党课”“党员冬训”等理论宣讲教育的主要力量。

**【中共十八届六中全会精神宣传贯彻】** 2016年，市委党校重视中共十八届六中全会精神学习和宣传贯彻，周密部署安排，要求党校教师率先学懂、学深、学透，加强理论研究和调研，做好全会精神宣讲和进课堂准备，发挥党校理论宣讲职能。组织全体教职工学习全会公报，订阅《关于新形势下党内政治生活的若干准则》和《中国共产党党内监督条例》学习读本，组织骨干教师到北京参加中共十八届六中全会精神专题培训班，深入领会中央全面从严治党战略部署的精神要义。组织专题学习会，在全校掀起学习全会精神热潮。全会闭幕后，市委党校召开学习宣传贯彻部署会议，明确具体要求，把学习宣传贯彻十八届六中全会精神作为重大政治任务，3位骨干教师成为学习贯彻中共十八届六中全会精神市委宣讲团成员，承担全市中共十八届六中全会精神宣讲任务，在全市各区镇开展集中宣讲活动。

**【党校迁建项目确定】** 10月17日，太仓市委党校迁建项目协调会召开，市委副书记钱文辉听取市委党校情况汇报及各相关单位意见建议，就党校迁建进行充分协商讨论，明确建设地点、建设内容、投资匡算等。党校迁建地点为科教新城梓亭路南侧、子冈路东延伸段北侧。建设内容包括教学行政楼、会议文体中心、学员宿舍楼、专家楼、学员餐厅楼、停车场所等，总建筑面积约3.4万平方米，其中地下建筑面积约1万平方米。

（张曼娜）

# 太仓市人民代表大会

## 综　述

**【太仓市人大常委会概况】** 2016年，太仓市人大常委会围绕全市改革发展稳定大局，履行宪法和法律赋予的职责，为坚持和完善人民代表大会制度，实现“十三五”规划良好开局做出积极贡献。全年共召开常委会会议8次、主任会议13次，听取和审议市人民政府、市人民法院、市人民检察院专项工作报告26项，作出决议3项、决定12项，组织执法检查1次、视察5次，依法任免国家机关工作人员111人次。

截至年底，太仓市十五届人民代表大会共有代表235人，其中少数民族代表1人。在太仓的全国人大代表1人，在太仓的江苏省人大代表3人，在太仓的苏州市人大代表40人。

（顾千慧）

## 重要会议

**【市十五届人民代表大会第五次会议】** 2016年1月6日至8日召开。应到代表234人，实到225人。会议听取和审议市人民政府市长沈觅作的《政府工作报告》；听取市人民政府关于制定《太仓市国民经济和社会发展第十三个五年规划纲要(草案)》的说明，审查批准《太仓市国民经济和社会发展第十三个五年规划纲要》《太仓市2015年国民经济和社会发展计划执行情况与2016年国民经济和社会发展计划》《太仓市2015年财政预算执行情况和2016年财政预算》。听取和审议市人大常委会主任陆卫其作的《太仓市人大常委会工作报告》、市人民法院院长赵新华作的《太仓市人民法院工作报告》和市人民检察院检察长杜建伟作的《太仓市人民检察院工作报告》。会议通过上述各项报告决议和《优先发展公共交通，积极倡导绿色出行》议案决议。会议选举朱大丰为市人大常委会副主任。

**【市十五届人大常委会会议】** 2016年，太仓市第十五届人大常委会共召开常委会会议8次。

第29次会议。1月8日召开。审议通过市人大常委会2016年度工作要点；决定接受夏林祥因年龄关系辞

1月6—8日，太仓市第十五届人民代表大会第五次会议在市行政中心召开

（市人大办供稿）

去市人大常委会副主任职务的请求。

第30次会议。3月29日召开。听取和审议政府实事工程启动情况报告、市人民法院法庭工作情况报告；听取在太仓的部分苏州市人大代表履职报告；决定接受杨喜良因工作变动辞去市人大常委会委员职务的请求，决定接受朱大丰因工作变动辞去市人民政府副市长职务的请求，决定接受郑晋因挂职期满辞去市人民政府副市长职务的请求，通过市人大常委会、市人民政府、市人民检察院有关人事任免事项。

第31次会议。5月30日召开。听取和审议2015年财政预算调整报告，作出相应决议；听取和审议市教育设施布局规划（2014—2030）启动情况报告；通过市人大常委会、市人民政府、市人民检察院有关人事任免事项。

第32次会议。6月24日召开。决定接受沈觅因工作变动辞去市人民政府市长职务的请求，决定任命王建国为市人民政府副市长、代理市长。

第33次会议。8月12日召开。听取和审议2015年财政审计报告和决算报告，作出相应决议；听取和审议太仓市2016年上半年国民经济和社会发展计划执行情况报告、2016年上半年预算执行情况报告；决定接受徐志强因工作变动辞去市人民政府副市长职务的请求，决定任命顾晓东、王红星、韩飚为市人民政府副市长，通过市人民政府、市人民法院有关人事任免事项。

第34次会议。9月29日召开。审议通过关于设立市、镇两级选举委员会的决定，关于太仓市第十六届人民代表大会代表名额分配和市、镇两级人大换届选举问题的决定，关于全市各镇新一届人民代表大会代表名额的决定；听取和审议市十五届人大五次会议议案办理情况报告，代表建议、批评和意见办理情况报告；审议通过《中华人民共和国水污染防治法》执法检查报告；通过市人民检察院有关人事任命事项。

第35次会议。11月18日召开。听取和审议市国土资源局关于土地节约集约利用情况的报告、市人民检察院关于未成年人刑事检察工作情况的报告；决定接受宋文元因工作变动辞去市人民政府副市长职务的请求，决定任命冯晋为市人民政府副市长，决定接受杜建伟因工作变动辞去市人民检察院检察长职务的请求，决定任命董启海为市人民检察院副检察长、代理检察长，通过市人大常委会、市人民政府、市人民法院有关人事任免事项。

第36次会议。12月23日召开。审议通过关于召开市第十六届人民代表大会第一次会议的决定及准备工作情况和意见的报告、市人大常委会工作报告（草案）、代表资格审查报告；听取和审议2016年预算调整报告，作出相应决议；通过市人民法院、市人民检察院有关人事任免事项。

**【市十五届人大常委会主任会议】** 2016年，太仓市第十五届人大常委会共召开主任会议13次。其中第62次、第64次、第66次主要内容如下：

第62次会议。6月29日召开。听取市国资办关于市级国资国企改革发展情况报告、市住建局关于全市城乡规划执行情况报告。

第64次会议。8月30日召开。听取市科技局关于国家知识产权示范城市创建情况报告、市侨办关于社区侨务工作情况报告。

第66次会议。10月31日召开。听取市审计局关于审计整改情况报告、市城管局关于住宅小区物业管理情况报告、市旅游局关于乡村旅游发展情况报告。

（顾千慧）

## 法律监督

（参见《社会管理·法治》）

## 工作监督

**【经济工作监督】** 2016年，太仓市人大常委会听取和审议2016年上半年国民经济和社会发展计划执行情况报告，建议市政府按照市十三次党代会决策部署，坚定信心、真抓实干、奋力拼搏，加强谋划研究，破解经济发展瓶颈制约；加大有效投入，完善项目管控生成机制；着力改革创新，推进经济结构转型升级。听取和审议2015年财政决算和审计情况、2016年上半年财政预算执行情况、2016年财政预算执行情况和2017年财政预算主要内容等报告，依法审查批准市级财政决算和预算调整。建议市政府科学应对形势变化，向改革创新要活力，更加注重速度、质量、效益相统一；支持政府强化预算执行管理，提高财政资金使用效益，促进部分单位支出不规范、专项资金使用管理不到位等问题得到整改。针对土地等要素保障问题，专题听取土地节约集约利用工作报告，督促市政府强化用地计

10月28日，市人大常委会视察政府实事工程——公共交通提升工程建设情况

（市人大办供稿）

划和管理，完善共同监管机制，推进低效用地再开发，保障重大项目建设。对市级国资国企改革、乡村旅游发展、国家知识产权示范城市创建等工作进行审议，建议市政府坚持市场化导向深化改革，加快产业结构优化，增强经济发展内生动力。关注长江口旅游度假区发展，多次视察调研，共商发展对策，建议度假区把握旅游度假定位，发挥沿江临沪独特区位优势、“区政合一”管理体制优势和省级旅游度假区政策环境优势，整合旅游资源，提升旅游服务，彰显生态、美食和人文三大特色，塑造长江口旅游品牌。

**【民生工作监督】** 2016年，太仓市人大常委会回应社会关切问题，抓住民生热点难点开展监督，推动发展成果普惠于民。全面调研管理区工作，分析全市管理区管理现状、存在问题，立足完善社会服务功能、全面提高居民生活质量，从做好发展规划、改善环境质量、提高治理能力、加强保障措施等方面，提出具有可行性、可操作性的建议。全程督查政府实事工程建设，年初制定方案，明确任务措施，听取工程启动情况报告，督促项目尽早开工；年中督查工程建设情况，要求市政府加强组织领导，强化目标管理，及时协调解决项目推进过程中的具体问题；年末视察工程完成情况，对照时间节点和实施要求，推进工程建设增速提质，有效推动惠民实事落实。听取市教育设施布局规划(2014—2030)启动工作报告，建议抓好规划推进，破解项目建设瓶颈制约，采取措施缓解师资不足矛盾，促进教育事业均衡、协调、健康发展。听取和审议城乡规划执行、小区物业管理、社区侨务工作等情况的报告，提出建议意见，推动相关工作取得新进展。

（顾千慧）

## 人事任免

**【概况】** 2016年，太仓市人大常委会坚持党管干部和依法任免有机统一，认真行使人事任免权，任免市人大常委会及其工作机构29人次，市政府及其工作部门39人次，市人民法院、市人民检察院43人次。市十五届人大常委会第29次会议决定接受夏林祥因年龄关系辞去市人大常委会副主任职务的请求；第30次会议决定接受杨喜良因工作变动辞去市人大常委会委员职务的请求，接受朱大丰因工作变动辞去市人民政府副市长职务的请求，接受郑晋因挂职期满辞去市人民政府副市长职务的请求；第32次会议决定接受沈觅因工作变动辞去市人民政府市长职务的请求，决定任命王建国为市人民政府副市长、代理市长；第33次会议决定接受徐志强因工作变动辞去市人民政府副市长职务的请求，决定任命顾晓东、王红星、韩飚为市人民政府副市长；第35次会议决定接受宋文元因工作变动辞去市人民政府副市长职务的请求，决定任命冯晋为市人民政府副市长，决定接受杜建伟因工作变动辞去市人民检察院检察长职务的请求，任命董启海为市人民检察院副检察长、代理检察长。

（顾千慧）

## 代表工作

**【代表议案建议督办】** 2016年，太仓市第十五届人大五次会议表决通过沈剑明等10名代表提出的《优先发展公共交通，积极倡导绿色出行》为大会议案。市人大常委会加大对议案的督办力度，通过现场检查、年中视察、专题审议等形式，督促市政府重点抓紧基础设施建设、线网布局优化、服务水平提升等工作，促进公交运营服务质量得到有效改善。

市十五届人大五次会议期间，代表提出书面建议、批评和意见96件，其中10人以上联名议案转为建议、批评和意见的5件。其中：农业农村方面11件，工业环保方面14件，财税金融方面2件，水利水务方面4件，交通运输方面17件，教育卫生方面13件，规划建设管理方面21件，公安民政方面9件，社会保障方面4件，文化体育方面4件，其他方面2件。对代表提出的建议，常委会年初及时交办，确定重点建议8件，并加强跟踪督办，听取办理情况，征询代表意见，督促相关部门提高办理质量，推动代表提出的问题得到解决。截至年底，代表对建议办理表示满意81件，基本满意20件。市政府在政府门户网站代表建议栏公开建议办理情况，接受社会监督。

**2016年市人大常委会主任会议重点督办建议**

表76

| 建议编号 | 建议名称 | 建议人 |
|---|---|---|
| 第9号 | 加强4G网络覆盖建设 | 徐　彬 |
| 第11号 | 完善教师流动实施方案 | 范建英 |
| 第18号 | 进一步加强太仓经济运行环境建设 | 姜建农 |
| 第30号 | 加大村级合作农场粮食烘干设施建设补贴力度 | 朱杏泉 |
| 第52号 | 加快太仓市生活垃圾焚烧处理能力扩建 | 陈　伟 |
| 第73号 | 进一步加强对太仓城区出租车管理 | 马志刚 |
| 第86号 | 加快太仓市固废处理中心建设及扩大生活垃圾处理能力 | 王　辉 |
| 第96号 | 加快实施滨江大道北延工程 | 钱振刚 |

【代表联系】 2016年，太仓市人大常委会坚持和完善常委会组成人员联系代表、代表接待选民等工作制度，推动代表深入基层，听取和反映群众意见。开展常委会主任接待代表日活动，围绕“水污染防治及水环境整治”“城管进社区及物业管理”“促进教育事业发展”“工业企业转型升级、创新发展”等议题，广泛听取代表意见，扩大代表对常委会工作的参与。开展代表接待选民日活动，常委会全体组成人员在内的80名市人大代表参加活动，收集选民意见和建议158条，逐条梳理并交办有关部门，推动解决一批实际问题。

12月8日，浏河镇选区投票选举市人大代表　（市人大办供稿）

【代表履职】 2016年，太仓市人大常委加强代表履职服务保障，激发代表工作活力，制定代表小组活动计划，安排代表列席常委会会议，参与视察检查，组织代表联系选民，开展调研，支持代表紧扣改革发展和为民惠民主题，及时提出意见建议，为推动相关工作提供重要参考。推动人大“代表之家”和“两项制度”（以人大“代表之家”为载体制定并实施的代表接待选民制度和代表向选民述职制度）建设工作向纵深发展，全年新建人大“代表之家”2个。

（顾千慧）

## 重要工作

【概况】 2016年，太仓市人大常委会围绕人大换届选举、管理区提档改造、文明家庭建设、社保基金管理、海绵城市建设、撤并镇社区卫生服务中心建设、外事工作等课题开展调查研究。年内，市人大常委会做好基层人大指导工作，坚持常委会领导分工联系镇人大工作制度，定期召开镇人大主席、街道工委主任工作例会，邀请镇人大主席列席常委会会议，市、镇人大代表联动开展视察检查、接待选民等活动。组织开展交流研讨活动，参加江浙沪十一县（市、区）第67次、第68次人大工作交流会，就“如何做好新形势下的区县、乡镇人大代表换届选举工作”“新一届人大常委会工作思路”主题作交流发言。全年，市人大常委会受理接待涉法涉诉、拆迁、征地、医疗卫生、社会保障等方面群众来信来访81件次，依法做好交办、督办工作，帮助解决群众合法诉求。

【换届选举】 2016年，太仓市人大常委会贯彻上级党委、人大部署要求，按照“党委领导、人大组织、各方配合”原则，组织实施市、镇两级人大换届选举工作。调查选举工作面临的新情况、新问题，提出换届选举工作意见，制定选举工作方案，成立市、镇选举委员会和各级选举工作机构，通过培训、督查、召开阶段性会议等，加强对换届选举工作的组织和指导。9月23日，协助市委召开全市人大换届选举工作会议，部署市、镇两级人大换届选举工作。9月29日，召开常委会第34次会议，审议通过关于设立市、镇两级选举委员会的决定，关于市十六届人大代表名额分配和市、镇两级人大换届选举问题的决定，关于全市各镇新一届人大代表名额的决定。10月9日，召开市选举委员会第一次全体会议，讨论决定市选举委员会办公室各组和联络组工作职责及人员名单，市、镇两级人大换届选举工作日程安排意见，市、镇两级人大换届选举选民登记办法，太仓港经济技术开发区、太仓经济开发区、科教新城、市级机关选举工作领导小组人员名单等有关事项。10月12—17日，市人大常委会、市委组织部、市委宣传部分条线组织换届选举工作业务培训。11月17日，市选举委员会召开市、镇两级人大换届选举工作第一次转段会议，部署提名推荐和协商确定候选人阶段工作。11月30日，市选举委员会召开全体会议，通过《太仓市选举委员会召开代表候选人与选民见面会办法》。同日，召开市、镇两级人大换届选举工作第二次转段会议，部署组织介绍候选人情况和投票选举阶段工作。12月2—7日，各选区开展代表候选人与选民见面活动，327名市人大代表候选人和666名镇人大代表候选人分别到各自选区与选民见面，见面率分别为94.5%和91.9%。12月8—9日，全市107个市代表选区和206个镇代表选区分别选举产生新一届市人大代表239人、镇人大代表519人。

（顾千慧）

# 太仓市人民政府

## 重要会议

【市政府全体（扩大）会议】 2016年3月8日，市政府召开全体（扩大）会议，贯彻落实中共十八大和十八届三中、四中、五中、六中全会及习近平总书记视察江苏时重要讲话精神，按照市委十二届十一次全体（扩大）会议部署，紧扣全市“两会”确定的目标任务，突出抓重点、抓落实，动员各地、各部门进一步提振精神，坚定信心，咬住目标，真抓实干，确保完成和超额完成全年各项目标任务。

9月1日，市政府召开全体(扩大)会议，贯彻落实市十三次党代会精神，动员全市各地、各部门进一步保持定力、增强信心、狠抓落实，全力完成全年经济社会发展目标任务，确保实现“十三五”规划良好开局。

【市政府常务会议】 2016年，太仓市人民政府共召开常务会议4次（第25次至第28次）。

第25次常务会议。4月6日召开，讨论《市政府部门责任清单》《市级行政审批事项目录清单》《关于建设统一规范公共资源交易市场的实施方案》《太仓市行政执法争议协调办法》和《2016年度区镇科学发展绩效考核办法》，学习《法治政府建设实施纲要（2015—2020年）》。

第26次常务会议。8月20日召开，讨论《全市重点投资项目和政府实事工程情况汇报》《关于构建和谐劳动关系的实施意见》《太仓市临时救助实施细则》，通报1—7月全市安全生产工作情况及下阶段重点工作任务。

第27次常务会议。10月10日召开，讨论《太仓市生活垃圾终端处置区域环境补偿暂行办法》《太仓市畜禽养殖禁养限养区划定报告》《太仓市闲置土地清理处置专项行动方案》。

第28次常务会议。12月29日召开，讨论《太仓市经济社会发展主要指标2016年完成情况预计及2017年计划安排》《2017年政府实事工程计划安排》《2017年重点项目计划》、《关于调整完善镇（区）财政管理体制的意见》《关于太仓市2016年预算执行情况与2017年预算草案的报告》《太仓市2017年市级收支预算平衡的报告》《政府工作报告》，学习《党政主要负责人履行推进法治建设第一责任人职责规定》。

【全市性重要会议】 全市民政工作会议，2月18日召开。

全市教育工作会议，2月18日召开。

全市经济工作会议，2月25日召开。

全市环境保护工作会议，3月4日召开。

市政府全体（扩大）会议，3月8日召开。

全市信访工作会议，3月17日召开。

市政府全体（扩大）会议，9月1日召开。

全市科技工作会议，9月6日召开。

（黄小荣）

## 实事工程

【概况】 2016年，太仓市安排政府实事工程10项。截至年底，10项实事工程全部启动，18个子项目中有11个子项目基本完成，7个子项目持续推进。

【公共交通提升工程】 该工程由市交运局、市城管局负责实施。主要任务是实施出租车标准化建设，统一安装出租车车内监控系统，开通和调整优化公交线路，扩建太仓虹桥（浦东）机场航站楼，建设市区公共自行车扩容工程等。至2016年年底，全市458辆出租车车内监控设备安装完成，出租车管理软件完成开发使用，运行稳定；完成12条公交线路优化调整，新增定制公交线路3条，全市累计定制公交线路8条，新投放新能源公交车2辆，开通高新区德资工业园公交136路和夜间班线137路，开通沙溪经市第一人民医院至朝阳路车站、双凤经沙溪至港区快线2条；完成太仓虹桥（浦东）机场航站楼扩建工程，航站楼新增建筑面积300平方米，总建筑面积650平方米，入驻航空公司4家，并开展航班值机服务；完成市区公共自行车扩容工程，新增公共自行车站点53个，投入公共自行车800辆。

【学前教育设施扩建工程】 该工程由高新区、城厢镇负责实施。主要任务是新建南门街幼儿园和朝阳幼儿园，扩建伟阳幼儿园。至2016年年底，南门街幼儿园进入桩基施工阶段，朝阳幼儿园进入基坑支护工程围护桩施工阶段，伟阳幼儿园进入主体结构施工阶段。

【全市校园安全提升工程】 该工程由市教育局负责实施。主要任务是对全市65所中小学、幼儿园存在的消防隐患进行专项整改，通过相应改造达到合格消防标准。工程总投资5000万元，预计5年完成，每年投入约1000万元。2016年实施改造学校13所，其中中学2所、小学5所、幼儿园6所。至年底，13所学校消防改造项目全部完成并投入使用，校园安全管理水平得到提升。

【全市养老服务提升工程】 该工程由市民政局、双凤镇、沙溪镇、浏河镇、浮桥镇、娄东街道负责实施。主要任务是建设双凤镇福利院，进行市福利中心和沙溪镇、浏河镇、浮桥镇、娄东街道等养老机构的消防改造，消除福利院安全隐患，提升全市养老机构的安全和服务水平。至2016年年底，市福利中心和沙溪镇、浏河镇、浮桥镇、娄东街道等养老机构消防改造工程全部完成并投入使用。双凤镇福利院开工建设。

【老年人体育活动中心建设工程】 该工程由市体育局负责实施。主要任务是加快公益性体育场所建设，满足市民特别是老年人健身需求，推进全市公共体育服务水平提升。建设内容是对位于东仓南路12号的4层建筑进行全面改造，建设健身房、舞蹈房、棋牌室、综合管理用房等设施，总面积2476平方米。至2016年年底，工程全部建设完成，进入设备和器材调试阶段。

【生活垃圾无害化应急填埋场建设工程】 该工程由市城管局负责实施。主要任务是建设处理能力250吨／天、使用年限10年以上的生活垃圾无害化应急填埋场，缓解日益增加的生活垃圾处理压力。项目总占地面积7.53公顷，其中库区面积4.33公顷，调节池面积0.67公顷，绿化、管理区及其他面积2.53公顷，建成后填埋场库容约45万立方米。至2016年年底，桩基工程全部完成，进入填埋库区开挖阶段，完成土方开挖约10万立方米。

【城市管理信息化提升工程】 该工程由市城管局、市市场监管局负责实施。主要任务是建设总面积3223平方米的数字城管监督指挥中心大厅及相关配套用房等，新建电梯应急救援指挥监控中心和应急救援装备室、机房、控制室等智能化集成管理系统，完成应急救援指挥监控中心与苏州市“96333”电梯应急救援指挥中心的有效衔接。至2016年年底，数字城管监督指挥中心建设完成，设备调试结束；“96333”电梯应急救援工程建设完成，进入设备调试阶段。

【“智慧社区”建设工程】 该工程由市经信委、市民政局负责实施。主要任务是建设覆盖市、镇（区、街道）、社区三级，集社区政务、社区事务、社区服务为一体的智慧社区体系，逐步建立“一次采集、多方共享”的数据共享机制和“一站受理、一网协同”的业务工作模式，通过电脑、智能手机、微信平台、社区服务中心等服务渠道，形成面向全市居民的社区服务体系，实现社区政务工作信息化管理。至2016年年底，“智慧社区”一期工程基本完成，在城厢镇西区社区、科教新城学苑社区、沙溪镇太星村、浏河镇紫薇苑社区等10个社区试运行。

【太仓市第二水厂取水改移工程】 该工程由市水处理公司负责实施。主要任务建设取水及换水泵站1座，铺设内径1.4米（双线）原水管线44.4公里。至2016年年底，东线20公里管网铺设完成；西线23公里管网铺设的7个施工标段全部进场施工，完成管道铺设5公里；取水及换泵站完成总工程量52%。

【公共文化服务体系提升工程】 该工程由市文广新局负责实施。主要任务是建设太仓市图书馆娄东街道分馆、沙溪镇分馆，13个村（社区）图书服务点的提档升级建设，16座文化书场建设。至2016年年底，除娄东街道图书分馆（景瑞社区）进入最后装修施工阶段外，其余工程全部完成建设并投入使用；16座文化书场全部完成建设并对外开放。

（黄小荣）

## 外事工作

【概况】 2016年，太仓市外事工作以“外事为经济服务”为主题，重点开展对德交流与合作，服务全市经济社会发展。全年审核因公出国（境）团组27批105人次，其中自组团19批90人次，上组团8批15人次。全年接待外宾团组34批390人次，其中部级以上团组7批74人次，主要有德国社民党副主席代表团、德国基民盟青年政治家代表团、摩尔多瓦民主党副主席代表团、海上丝绸之路沿线国家联合考察团、菲律宾农业部副部长、德国北威州财政部长代表团等团组。

【友好交流】 2016年，太仓市积极拓展对外交流，深化友城工作，丰富友城内涵。1月，意大利马切拉塔市市长卡伦其尼访问太仓，与太仓市签订友好交流城市关系意向书。马切拉塔市是马切拉塔省省会，有2000多年历史，是第一位到中国的西方传教士利玛窦的故乡。年内，两市在校园足球培训、教育等方面开展交流与合作。共有7批代表团进行互访，其中学生访问团3批。太仓市新区第二小学百川源源足球队访问意大利期间，不仅接受意大利教练集训，还前往意大利国家队训练中心进行比赛，感受意大利足球文化魅力。同时，意大利优秀足球教练定期到太仓进行辅导，帮助学校体育教师提高教学水平，共同促进校园足球发展。9月7日，由太仓市外事办、太仓市文广新局与德国弗赖堡市经济—旅游会展促进署共同主办的“莱茵河吹来清新的风”——德国弗赖堡大教堂少女合唱团专场演出在太仓市文化馆举行。合唱团演出不同年代、不同国家、不同作者的作品，并献上2首中国经典歌曲，为太仓观众带来不一样的音乐体验，加深两市的了解与友谊。

【对德交流合作】 2016年是太仓市全面深化对德合作、打造“中德合作”典范城市、建设江苏对外合作新平台的重要一年。年内，太仓市加强与中联部中国经济联络中心沟通合作，搭建对德工商界对话交流平台。太仓市在2015年被中国经济联络中心列为全国唯一一个“一带一路”工商界对话活动试点城市。2016年5月，太仓市外事办随中联部赴德国参加2016年中德合作现状及愿景“一带一路”经济对话会。太仓市相关部门与德国相关企业进行对接，争取若干项目落户太仓。6月，最具影响力的德企招商管理运营平台——德国中心在太仓开业。这是德国继在北京、上海之后建立的中国第3个、全球第8个德国中心。年内，市外事办利用外事资源，与市教育局合作，主动对接德国相关大学，争取“双元制”大学落户太仓，为太仓市德资企业提供人才支撑。5月，太仓市与德国应用技术大学菲林根学院、东南大学成贤学院签署《合作办学协议》。10月，太仓市与德国多特蒙德应用技术大学、上海工程技术大学、德国工商大会上海代表处共同签署在太仓筹建一所应用技术大学的协议。10月，太仓市参加在海南举行的第五届中德青年领导者会议。中德青年专家围绕“重新定义21世纪工匠的内涵、职业教育的未来、在创新创业方面中德能互相学习的地方、职业教育系统可以仿效吗？”等议题开展交流和探讨，取得积极成果。10月底，太仓市在德国巴符州斯图加特举办一年一度的“太仓日”活动。“太仓日”是太仓对德经贸文化交流的主要平台之一，每年选择德国不同城市开展活动，这是太仓市在德国举办的第九届“太仓日”活动。德国巴符州政商界人士120多人参加活动，与会者对太仓不断优化与完善的投资环境表示赞赏。

9月2日，太仓摩尔多瓦葡萄酒文化产业项目专题座谈会在太仓召开

（市外事办供稿）

**【外事服务“一带一路”建设】** 2016年，太仓市继续贯彻《推动共建丝绸之路经济带和21世纪海上丝绸之路的愿景与行动》精神，服务“一带一路”建设。6月，太仓市组团赴“一带一路”沿线国家摩尔多瓦洽谈葡萄酒合作交流项目。摩尔多瓦红酒项目拟落户太仓市长江口旅游度假区碧桂园“希乐城”商业综合体，进行整体包装宣传开发。访问期间，太仓市相关部门、酒业协会负责人、碧桂园项目负责人与摩尔多瓦有关行业协会、企业进行交流，参观摩尔多瓦葡萄酒生产基地和展销中心，推进项目落户。10月初，太仓市经贸代表团到马来西亚、泰国参加“一带一路”系列活动。太仓港于2015年与马来西亚巴生港缔结为姐妹港，太仓港开通挂靠泰国林查班港、曼谷港的航线，在航线、物流、贸易、信息、人才等多领域开展合作与交流，共同服务“21世纪海上丝绸之路”建设。10月，“一带一路”国际金融交流合作研修班（菲律宾）学员考察太仓。研修班由菲律宾重要部委副部长级官员、核心司局司局长以及金融机构、大型企业、行业协会高管成员组成。双方表示，通过互通互联建设，增进双方经贸合作和人文交流，实现共赢发展。

**【外事服务企业】** 2016年，太仓市外事办发挥职能优势，服务全市经济发展。持续开展“送服务到企业”活动，服务太仓企业发展，审批办理外国人到中国商务和工作邀请函190家227人次。继续做好APEC商务旅行卡宣传和推介工作，全年办理APEC商务旅行卡6张。开展政企对话活动，举办“2016德国商协会和企业太仓行”“太仓产学研专家座谈会”“德国巴符州双元制应用技术大学与企业座谈会”等活动，为企业牵线搭桥，提供咨询等服务。每月走访企业和外籍人士，为他们提供相关帮助，受到企业的好评。

**2016年太仓市外宾接待情况表（部分）**

表77

| 序号 | 日期 | 国家（地区） | 主要来宾 | 人数（人） | 到访内容 |
|---|---|---|---|---|---|
| 1 | 1月11日 | 新加坡 | 新加坡国际企业发展局<br>中国司华东区主任吕尚原 | 6 | 环保合作交流 |
| 2 | 1月28日 | 意大利 | 马切拉塔市市长卡伦其尼 | 6 | 友好交流城市关系<br>意向书签署 |
| 3 | 5月3日 | 德　国 | 德国工商大会职业教育总监白丽塔 | 2 | 合作办学 |
| 4 | 5月22—23日 | 德　国 | 弗赖堡经济旅游会展促进署<br>中国事务部主任陈炼 | 1 | 友好交流 |
| 5 | 7月11日 | 德　国 | 社会民主党副主席君贝尔 | 9 | 考察 |
| 6 | 8月26日 | 德　国 | 基民盟青年政治家代表团 | 10 | 考察 |
| 7 | 9月1—3日 | 摩尔多瓦 | 民主党干部考察团 | 25 | 考察 |
| 8 | 9月6—8日 | 德　国 | 德国弗赖堡大教堂少女合唱团 | 47 | 友城交流 |
| 9 | 9月7日 | 德　国 | 驻沪副总领事白约恩 | 1 | 啤酒节 |
| 10 | 10月25日 | 菲律宾 | 农业部副部长法蒂玛普亚特·伯纳黛特 | 7 | 现代农业交流 |

续表 77

| 序号 | 日期 | 国家（地区） | 主要来宾 | 人数（人） | 到访内容 |
|---|---|---|---|---|---|
| 11 | 10 月 26 日 | 德　国 | 北威州经济部长加雷德·杜因 | 11 | 苏州多特蒙德应用技术大学（筹）签约 |
| 12 | 10 月 27 日 | 菲律宾 | “一带一路”国际金融交流合作研修班 | 12 | 学习交流 |
| 13 | 11 月 17—19 日 | 德　国 | 巴符州拉尔市市长沃夫冈·穆勒 | 6 | 经贸交流 |
| 14 | 11 月 21 日 | 日　本 | 下关市市长中尾友昭 | 6 | 港口调研 |
| 15 | 11 月 22 日 | 德　国 | 巴符州双元制应用技术大学校长范奇 | 2 | 深化“双元制”教育合作 |
| 16 | 11 月 30 日 | 美　国 | 美国之宝制造公司全球总裁迈克·波普 | 10 | 产业增资签约 |
| 17 | 12 月 6 日 | 美　国 | 北卡州商务部科技创新办公室执行总监约翰·哈丁 | 70 | 太仓生物医药国际创新创业项目对接会 |
| 18 | 12 月 15 日 | 英　国 | 联合利华北亚区财务副总裁吴莉敏 | 4 | 签约 |

（朱为民）

## 机关事务

**【概况】** 2016 年，太仓市机关事务工作打造服务型、绿色型、法治型、勤廉型、学习型后勤机关，坚持服务精细化、管理科学化、节能专业化建设，为行政中心各入驻单位提供后勤管理服务保障，按要求做好办公用房调整、公务用车清理整改等工作，持续开展公共机构节能工作，深化“平安行政中心”建设，全年无重大安全事故。市机关事务管理局服务满意度评分 98.36 分。

10 月 29 日，太仓市机关事务管理局举行 2016 年岗位技能竞赛

（市机关事务局供稿）

**【后勤服务保障】** 2016 年，太仓市消防大队对市行政中心所有消防设施设备进行安全检查 6 次，对所有 390 根消防软管和 2400 只灭火器做好维护、检修和更新工作。全年，市机关事务局累计查验外来车辆 6.2 万车次，监督外来施工 70 余起，维护正常办公秩序。继续落实全民健康生活方式示范餐厅要求，完善“原料采购工作规程”内控，全年提供干部职工工作用餐 50 万人次。接待各类会议 1100 场次。为 25 家单位(31 套账本）提供代理记账服务，做好财务决算报表编制工作。组织岗位技能竞赛，比赛涉及厨师刀工、中式菜肴、中式点心、宴会摆盘、电工交流接触器接线等项目 7 个，6 家单位 70 多位选手参赛。11 月 15 日，市机关事务局举办“走进行政中心”机关开放日活动，邀请各机关单位干部代表、人大代表、政协代表等走进行政中心，近距离了解机关后勤工作。

**【办公用房和公务用车清理整改】** 2016 年，市机关事务局做好保留车辆编制审定、公开拍卖取消公车、报废停驶公车封存、公务出行补贴发放等公车制度改革工作，推进公车集中管理信息化平台建设。全市共有 96 家党政机关和参公事业单位参加车改，参改人员 4758 人，核定保留用车编制 136 辆，执勤执法用车 362 辆，完成停驶封存车辆 203 辆，调配车辆 27 辆，报废车辆 116 辆，公开拍卖车辆 96 辆。4 月 21 日，市机关事务局按要求开展党政机关办公用房清理整改、公务用车治理“回头看”自查自纠工作。以“杜绝浪费、着眼长远、合理利用”为原则，落实清理整改工作。对全市 84 家单位前期开展的自查自纠工作情况开展实地督查，共腾退办公用房 1.84 万平方米。

**【公共机构节能】** 参见《人居环境·生态环境》。 （顾秋艳）

# 政协
# 太仓市委员会

## 综述

【政协委员和组织机构概况】 2016年12月19日，政协太仓市第十三届委员会常务委员会第30次会议审议通过政协太仓市十四届委员会委员名单，常委会组成人员规模及界别设置与第十三届保持一致，共有委员235人，常委45人，界别21个。各界别人数如下：中共界别28人，民革界别7人，民建界别7人，无党派界别6人，工商联界别14人，工会界别4人，共青团界别3人，妇联界别3人，科协界别3人，侨联界别5人，台联界别3人，文体新闻和艺术界别13人，科学技术界别8人，教育界别9人，医药卫生界别11人，经济界别47人，农业和农村界别19人，社会福利和社会保障界别13人，少数民族界别2人，宗教界别8人，特邀人士界别22人。235人委员名单中，中共委员94人，非中共委员141人；大专以上学历228人，占比97%（较第十三届委员提高6.4个百分点）；妇女委员59人，占比25.1%（较第十三届委员提高4.2个百分点）；平均年龄45.5岁（较第十三届委员年轻1岁）；继续提名委员95人，占比40.4%，较好保持政协委员的相对稳定和工作连续性。政协常委会组成人员45人，常务委员38人（中共党员13人，非中共党员25人。非中共常委中，市政协专委会负责人3人、民革2人、民建2人、民进1人、民盟1人、农工党1人、无党派2人、工商联2人、科技界2人、文体新闻和艺术界1人、教育界1人、医药卫生界1人、经济界3人、农业和农村界1人、社会福利和社会保障界1人、宗教界1人）。在太仓的苏州市十四届政协委员16人，其中中共界1人、民进界1人、工会界1人、妇联界1人、文艺界2人、经济界4人、教育界1人、医卫界2人、社会福利和社会保障界1人、特邀人士2人。在太仓的省政协委员2人，其中科技界1人、农业和农村界1人。 （徐玉婷）

## 重要会议

【政协太仓市第十三届委员会第五次会议】 2016年1月5—7日，市政协举行十三届五次会议。1月5日，中共太仓市委书记王剑锋在开幕式上讲话；会议听取和审议市政协主席邱震德作的《中国人民政治协商会议太仓市第十三届委员会常务委员会工作报告》和市政协副主席朱薇圆作的《中国人民政治协商会议太仓市第十三届委员会常务委员会关于提案工作情况的报告》；大会表彰2015年度优秀提案、提案先进承办单位。1月6日，会议进行分组讨论，并列席太仓市第十五届人民代表大会第五次会议，听取并讨论市委副书记、市长沈觅作的《政府工作报告》。1月7日，会议进行分组讨论，召开第三次全体会议，选举王国其为市政协第十三届委员会副主席。会议听取并审议通过提案审查情况报告，审议通过《中国人民政治协商会议太仓市第十三届委员会第五次会议决议》。

【政协太仓市第十三届委员会常务委员会会议】 2016年，政协太仓市第十三届委员会共召开常务委员会会议7次。

第24次常委会。1月6日召开。市政协主席、大会执行主席邱震德主持会议。中共太仓市委书记王剑锋到会作候选人提名说明，市委常委、组织部部长孙建江宣读太仓市委关于市十三届政协副主席的推荐书。会议协商决定增补王国其为市十三届政协委员，会议讨论《选举办法（草案）》，酝酿协商候选人建议名单。大会执行主席郑银林、吕寅、朱薇圆、朱凤兰、高扬、陆静波出席会议。

第25次常委会。1月7日召开。市政协主席邱震德主持会议。会议听取分组讨论情况及候选人协商情况汇报；通过《选举办法（草案）》、候选人正式名单及选举工作人员建议名单，审议市政协十三届五次会议决议（草案），决定提交市政协十三届五次会议第三次全体会议通过。大会执行主席邱震德、郑银林、吕寅、朱薇圆、朱凤兰、高扬、陆静波出席会议。

第26次常委会。1月7日召开。市政协主席邱震德主持会议并讲话。会议讨论并通过有关市政协副主席职务调整决定。会议审议并原则通过《市政协十三届委员会常务委员会2016年工作要点》。市政协副主席王国其、郑银林、吕寅、朱薇圆、朱凤兰、高扬等出席会议。

第27次常委会。8月18日召开。市政协主席邱震德出席会议并讲话。会议听取市政府关于上半年全市经济社会发展情况和下半年工作打算通报；听取市政府关于办理市政协提案情况的通报；总结市政协上半年工作，部署安排下半年工作。市委常委、常务副市长顾晓东作有关工作情况的通报，市政府办公室主任李刚作关于办理市政协提案情况的通报。市政协副主席王国其、吕寅、朱凤兰、高扬出席会议。

第28次常委会。10月25日召开。市政协主席邱震德主持会议，会议就"进一步提升水环境质量"与市政府进行专题协商。市委副书记、代市长王建国出席会议并讲话，市委常委、常务副市长顾晓东通报水环境整治工作情况，市政协副主席高扬作政协关于水环境治理的协商报告，部分政协常委分别从工业污染、农业面源污染、港口船舶污染、生活污水防治等方面提出意见建议。市政协副主席王国其、朱凤兰等出席会议。

第29次常委会。11月18日召开。市政协主席邱震德主持会议。会议就新一届政协委员名额分配等人事事项进行专题协商。市委统战部、市委组织部相关负责人分别作有关情况说明；部分与会政协常委就新一届政协委员名额分配等人事事项发表协商意见。市委常委、统战部长施燕萍，市政协副主席王国其、高扬等出席会议。

第30次常委会。12月19日召开。市政协主席邱震德主持会议并讲话。市委常委、常务副市长顾晓东到会通报全市经济社会发展情况。会议听取市政府工作情况通报，协商通过市政协十四届委员会人事安排，协商决定《关于召开中国人民政治协商会议太仓市第十四届委员会第一次会议的决定》，审议通过市政协第十三届委员会常务委员会工作报告（征求意见稿）和常务委员会关于提案工作情况的报告（征求意见稿）。市政协副主席王国其、吕寅、朱凤兰、高扬出席会议。

**【政协太仓市第十三届委员会主席会议】** 2016年，政协太仓市第十三届委员会共召开主席会议14次。

第52次主席会议。2月25日召开。会议专题调研视察市科技产业园。调研组实地察看福地欧美工业园、亿迈齿轮（太仓）有限公司、富乐压铸（太仓）有限公司、苏州佳电飞球电机有限公司等企业，听取城厢镇关于市科技产业园建设情况汇报。市政协主席邱震德出席活动并讲话，市政协副主席王国其、吕寅、朱凤兰、高扬等参加活动。

第53次主席会议。3月17日召开。会议调研视察全市非物质文化遗产保护传承工作。调研组先后视察双凤龙狮馆和江南丝竹馆，听取市文广新局关于非物质文化保护传承工作情况汇报。市政协主席邱震德，副主席王国其、吕寅，原政协副主席郑银林、朱薇圆出席活动。

第54次主席会议。4月28日召开。会议专题视察食品安全工作。视察人员先后到太仓市明德高级中学食堂、华盛园农贸市场、佳格食品（中国）有限公司等，从食品流通、生产等环节了解食品安全情况，听取市市场监督管理局负责人有关情况通报。市政协主席邱震德，副主席吕寅，原市政协副主席朱薇圆出席活动。

第55次主席会议。5月18日召开。会议专题调研视察精准扶贫工作。调研组视察市慈善爱心受理服务中心、家得福慈善爱心超市、民政防灾减灾救灾指导服务中心等，听取市民政局有关精准扶贫情况汇报，对精准扶贫工作取得的成绩给予肯定。市政协主席邱震德出席活动并讲话，市政协副主席吕寅、朱凤兰、高扬等参加活动。

第56次主席会议。6月22日召开。会议专题调研港城建设情况。市委常委、太仓港经济技术开发区管委会副主任顾晓东介绍港城建设情况，调研组实地察看港城绿地项目、七浦塘生态公园、五洋滨江广场、滨江名都等地。市政协副主席吕寅、朱凤兰，原市政协副主席郑银林、朱薇圆等参加调研。

第57次主席会议。6月24日召开。会议专题调研全市房地产业发展情况。调研组现场察看高尔夫鑫城、碧桂园、中南世纪城等在建重点房地产开发项目，听取相关部门情况汇报。市政协主席邱震德出席会议并讲话，市政协副主席吕寅，原市政协副主席郑银林出席会议。

第58次主席会议。7月12日召开。会议专题调研视察新区中德企业合作情况，现场察看日立数据库项目、中德友好幼儿园及德国中心。市政协主席邱震德出席活动并讲话。市政协副主席吕寅、朱凤兰、高扬，原市政协副主席郑银林参加活动。

2月25日，市政协主席会议专题调研市科技产业园　（市政协办供稿）

第59次主席会议。7月21日召开。会议专题调研全市教育工作情况，听取教育工作情况通报。市政协主席邱震德出席会议并讲话，市政协副主席朱凤兰、高扬出席会议。

第60次主席会议。8月22日召开。会议专题调研全市分级诊疗工作。市政协主席邱震德出席会议并讲话，市政协副主席王国其、朱凤兰、高扬等出席会议。

第61次主席会议。9月21日召开。会议专题调研视察全市水利工作。调研组现场察看浮桥镇三市村建元农村污水处理设施及城区污水处理厂，听取市水利局关于全市水环境综合整治工作情况汇报。市政协主席邱震德出席活动并讲话，市政协副主席王国其、吕寅、高扬出席活动。

第62次主席会议。10月12日召开，会议就“加快推进家庭综合服务建设”开展专题协商。会议邀请市政府分管领导，市民政局、市人社局、市卫计委等有关部门负责人，部分社区、社会组织负责人代表进行协商交流。市政协主席邱震德主持会议，市政协副主席王国其作协商说明，市政协副主席吕寅、高扬出席会议。

第63次主席会议。11月18日召开。会议专题调研高端装备制造产业发展情况。市政协副主席王国其等出席会议。市经信委主要负责人介绍全市工业经济发展、装备制造产业现状。

第64次主席会议。11月28日召开。会议专题调研全市司法改革工作情况。市人民法院院长赵新华介绍落实“司法责任制”改革情况。市政协主席邱震德主持会议并讲话，市委副书记、政法委书记钱文辉，市政协副主席王国其、吕寅、朱凤兰、高扬等出席会议。

第65次主席会议。12月21日召开。会议专题调研港区经济发展情况。调研组实地调研太仓生物港、同济大学太仓高新技术研究院等项目。市政协主席邱震德出席会议并讲话，市委常委、太仓港经济技术开发区党工委副书记、管委会副主任徐志强作工作汇报，市政协副主席王国其、吕寅出席活动。　　（徐玉婷）

## 参政议政

【重点课题专题调研】　2016年年初，市政协通过筛选委员提案、接受市委领导交办等途径，确定促进民营经济转型发展、加强全市高端制造业发展、提升水环境质量、弘扬娄东文化等调研课题11个，由分管主席牵头、专委会负责组织调研。其中，市委主要领导交办的城镇社区治理现代课题，市政协组成由主席、2位分管副主席、相关专委会参加的调研小组开展调研。年内，形成题为《改革社会治理方式，进一步提升“政社互动”质效》《关爱空巢侨眷，涵养侨情资源，为太仓发展争取一份外部力量和资源》《共享友城资源，服务地方社会经济发展》《新常态下推动民营经济创新发展的思考与建议》《关于加快推进太仓市家庭综合服务的建议》《关于进一步提升水环境质量的建议》《关于规范太仓市快递业发展的建议》《关于打造娄东文化传承创新升级版的建议》《关于加快推进城镇社区治理现代化的建议》《抢占制造业制高点，引领产业创新发展》《提升服务，夯实基础，加快发展太仓市多层次资本市场》等调研报告11篇，报送市委、市政府主要领导和分管领导。市委主要领导作出批示，要求有关部门采纳落实合理化建议意见。

【“中小企业创新发展和工匠精神”研讨会】　4月14日，“政协大家谈”启幕活动——“中小企业创新发展与工匠精神”研讨会在娄东宾馆举行。市政协主席邱震德出席会议并致辞，副主席吕寅、高扬，政协原副主席朱薇圆参加活动。研讨会以民营经济创新发展为切入点，以打造中小企业“工匠精神”为突破口，赛伯乐投资集团总裁王阳、江苏沿海资本投资管理公司总裁徐锦荣、市经信委主任蔡东辉、市科技局副局长张荣海及企业家委员谢东奎、沈亚、杨春雨等出席会议，全市近百名政协委员和企业家参加交流互动，分享创新发展观点、企业运作经验，邀请市政府部门主要负责人12人参与研讨会。研讨会上，王阳和徐锦荣等分别从中小企业发展的宏观角度发言，与部分政协委员、企业家代表就中小企业在发展中遇到的上市融资、创新研发、转型升级、工匠精神等难点展开交流。2位专家对全市中小企业在未来如何进一步创新发展提出建议。该活动先后在《太仓日报》《苏州日报》《苏州政协》《江苏政协》上刊载。

【“委员大家谈”活动】　6月14日，市政协举行“委员大家谈”活动，围绕城镇建设、当前社会热点及委员思想动态等方面开展座谈。市政协主席邱震德出席活动并讲话，原市政协副主席郑银林主持会议，市政协副主席吕寅出席活动。会上，部分政协委员就当前社会普遍关心的热点问题，如“海绵城市”建设、棚户区改造、水环境整治、垃圾分类管理等建言献策。黄浩忠、唐四新、马燕忠、周革新、王文华、汤海清、陆红玉、邵麒、胡义强、冯建华等委员出席活动。

（徐玉婷）

## 民主监督

【委员提案】　2016年，政协太仓市第十三届委员会第五次会议期间共收到委员提案177件。经审查，立案170件，不立案7件，其中集体提案66件，委员个人或联名提案103件，界别小组提案1件。按提案类别分，经济建设类41件，占比24.1%；城乡建设类19件，占比11.2%；交通类22件，占比12.9%；科教文卫类31件，占比18.2%；群众生活类14件，占比8.2%；综合治理类25件，占比14.7%；劳动人事类和其他类18件，占比10.7%。

政协委员围绕提升发展质效，提出提案21件。市工商联建议民营企业加快转型升级，提出转变政府服务职能，坚定转型升级信心；推动中德合作互动，探索转型升级路径；融入“一带一路”建设，拓展转型升级空间；建立现代企业制度，夯实转型升级基础；提升核心竞争能力，提高转型升级能力；搭建企业融资平台，优化转型升级环境；健全人才体系建设，强化转型升级保障。民建太仓市委建议加快发展太仓电子商务，指出注重顶层设计，建立完善工作机制和考核体系；利用港口及其配套物流优势发展对应电子商务；打造太仓特色产业线上商城；打造“B2C”电商物流平台，减少电商物流成本；建立完善电商人才培养体系。

政协委员围绕坚持改革开放，提出提案20件。民革太仓市委建议落实《关于进一步深化全市对德合作工作的实施意见》，满足200多家德企对德国标准高技能人才需求，增强太仓对德企的磁性效应，建议升级中德培训中心，建立由太仓市政府主导的面向太仓德资企业服务的跨企业培训中心。袁新海建议市政府成立专门机构，研究和制定全市同德国合作规划、实施细则和监督考核；加大、加深中德中小企业合作量度、广度和深度；拓展教育、农业、食品等方面合作；加强对德企国家级、省级研发中心扶持力度；开拓同德国在城镇化、城市管理和交通领域合作等多个方面，提出打造中德合作典范城市。

政协委员围绕建设宜居家园，提出提案19件。沈逸辛建议推进全市智慧社区建设，选择1～2个镇（街道）率先发展“有线智慧社区”，争取到2020年基本实现全市有线智慧社区乡镇全覆盖工作目标，突出太仓地方特色和亮点。农工党苏州直属太仓支部指出，全市农田土壤污染问题较为严重，提出修复农田污染土壤极为重要。

政协委员围绕增进民生福祉，提出提案88件。政协委员贯彻共享发展理念，围绕“富民保障、教育现代化、分级诊疗、医养融合、全民健身、社会治理、安全生产、食品药品监管”等方面，提出顺民意、促和谐、保民生的提案，主要涵盖“加强城市医疗互联网＋建设”“改善基层环境信访处理”“加强经营性健身场所运营质量监管”“完善老年大学配套设施”等。

政协委员围绕建设文化强市，提

出提案8件。民进太仓总支提出将文化建设放在全市更高战略层面，协调全市各部门密切联动，从建立和壮大多层次交流体系、持续打造中国太仓郑和航海节、在郑和七下西洋线路上做文章等方面打好“郑和”牌，对接“一带一路”建设。周瑛指出，全市文化产业要加强规划布局和特色园区、示范基地建设；加大文化创新力度，增强文化产业国际竞争力；深化“融入上海”战略，借助上海“辐射”提升本土活力；完善人才引政策，培育引进产业领军人才和重点人才；加强企业文化建设，用核心精神力量提升企业软实力，推动文化产业创新发展。

政协委员围绕依法治市，提出提案14件。无党派知识分子联谊会提发挥审计监督作用，加强干部管理监督，提升党的执政能力建设，建议加强领导干部任中审计，提高任中审计比例；逐步建立健全经济责任审计成果利用机制，将审计结果及审计整改落实情况纳入各镇区落实科学发展观考核、市级机关绩效管理考评。民盟建议政府设立扶持专项资金，用于开发和建立太仓市公共法律互联网云服务平台，设立“律师资源、服务品种、法律法规库、律师点击率、我的服务、典型案例”等窗口，实现律师与市民全天候公共法律服务互动，推动全市公共法律服务均等化水平再上新台阶。

【委员视察政府工作】 11月25日，市政协组织全体委员视察政府工作，市政府副市长韩飚通报2016年政府实事工程实施情况。市政协主席邱震德出席活动并讲话。委员们实地察看伟阳幼儿园扩建工程、上海虹桥和浦东国际机场太仓航站楼扩建工程、中德（太仓）中小企业合作创新园工程，听取2016年政府实事工程实施情况通报。市政府副市长王红星，市政协副主席王国其、吕寅、朱凤兰、高扬等参加视察活动。

【社情民意信息收集反映】 2016年，市政协上报《社情民意专报》5期、《社情民意信息》5期，收集和反映关于“加强城区停车位建设与管理”“加强各镇区出租房安全检查”“加强农村文化建设”“改善农民集中居住小区绿化环境”等社情民意信息200余条。特别是委员密集反映的全市“不动产业务”办理过程中存在的四大类主要问题，市政协走访有关部门了解情况，将相关情况上报并提出意见建议，市委书记沈觅作出批示，要求市分管领导“阅研并解决存在的实际问题”。

【专项民主监督】 2016年，市政协配合城乡环境综合整治“百日行动”，促进“关于整治农民集中居住小区违章建筑”社情民意信息中委员意见的落实。10月9日，市政协邀请市委农工办、市城管局、市民政局、市住建局、市农委等单位负责人和部分政协委员开展专项民主监督活动。监督组分别实地视察城厢镇和浏河镇农民集中居住小区违章搭建整治情况，就加强源头管控、日常监管、依法整治、自我监管等方面提出协商意见。

（徐玉婷）

## 重要活动

【各界人士中秋茶话会】 9月12日，市政协举行太仓市各界人士中秋茶话会。市委副书记、代市长王建国，市政协主席邱震德出席会议并讲话。会上，代市长王建国代表市委、市政府向长期投身太仓改革发展和现代化建设事业的全市各民主党派、工商联、无党派人士、人民团体和社会各族各界人士，向驻太仓部队指战员、武警官兵和公安干警，向太仓籍港澳台同胞、海外侨胞及其亲属致以节日问候和祝福。部分民主党派代表、政协委员代表作交流发言。市政协副主席王国其主持会议。市委副书记、政法委书记钱文辉，市人大副主任嵇永宁，市政协副主席吕寅、朱凤兰、高扬参加会议。

【太仓政协成立60周年系列活动】 11月10日，太仓市委召开全市政协工作会议暨庆祝太仓政协成立60周年大会。市委书记沈觅出席会议，并代表市委对太仓政协成立60周年表示祝贺，向共同致力于太仓经济社会发展、为全市人民政协事业作出贡献的历届政协委员、各民主党派、工商联、无党派人士、人民团体和各族各界人士致以感谢和敬意。市委副书记、代市长王建国主持会议，并提出贯彻落实会议精神要求。市政协主席邱震德回顾太仓政协60年工作。为纪念太仓政协成立60周年，记述太仓政协60年历程，巩固和发展中国共产党领导的多党合作和政治协商制度，推动新时期全市政协工作深入开展，市政协举行太仓市政协成立60周年纪念征文、书画展征集活动，分别遴选书画作品94幅、征文36篇，分别编辑出版《政协墨韵》和《纪念太仓

11月10日，太仓市委召开全市政协工作会议暨庆祝太仓政协成立60周年大会

（市政协办供稿）

政协成立60周年征文汇编》。11月10日，由市政协主办的“政协墨韵”书画作品展在市美术馆开幕，展览展出太仓政协书画室顾问、太仓本地书画家和书画爱好者作品79幅。

（徐玉婷）

## 文史工作

【刊物编印】 2016年，市政协不断提升文史工作水平，强化刊物编写和稿件质量，拓宽文史资料征集渠道和文史专题内涵。年内，编印出版《太仓文史》第31期，主要包括“本刊特稿”“历史记略”“经济史料”“文教花絮”“人物春秋”“岁月掠影”“文史钩沉”等栏目。（徐玉婷）

# 中共太仓市纪律检查委员会

## 综　述

【概况】 2016年，太仓市纪检监察机关贯彻中共十八大和十八届三中、四中、五中、六中全会精神，落实习近平总书记系列重要讲话精神，聚焦主业，聚力创新，坚持全面从严治党，强化监督执纪问责。全年，全市纪检监察机关坚定不移推进党风廉政建设和反腐败工作，注重把党风廉政建设“两个责任”（落实党风廉政建设责任制，党委负主体责任，纪委负监督责任）作为推进全面从严治党的重要任务；立足全市纪检监察工作实际，推进纪律检查体制机制改革；加强机关作风效能建设，把严格落实“八项规定”作为全面从严治党的重要举措，推进作风建设常态化、长效化；强化纪律审查工作，运用监督执纪“四种形态”（第一种：经常开展批评和自我批评、约谈函询，让“红红脸、出出汗”成为常态；第二种：党纪轻处分、组织调整成为违纪处理的大多数；第三种：党纪重处分、重大职务调整的成为少数；第四种：严重违纪涉嫌违法立案审查的成为极少数），持续净化全市政治生态；履行党内监督主体责任，进一步规范和加强党内监督，推动管党治党从“宽松软”走向“严紧硬”；坚持标本兼治、源头预防，加强党员干部日常教育，规范党员干部从政行为。

【中共太仓市第十二届纪律检查委员会第六次全体会议】 2月19日，中共太仓市第十二届纪律检查委员会第六次全体会议召开，会议回顾总结2015年全市党风廉政建设和反腐败工作情况，部署2016年工作任务。市委书记王剑锋出席会议并讲话。市委常委、市纪委书记顾金泉作题为《忠诚履行职责，坚严明党的纪律，推动党风廉政建设和反腐败工作取得新成效》工作报告，明确2016年党风廉政建设和反腐败工作任务，要求全市纪检监察机关严明党的纪律，织密党纪党规制度笼子；深化体制改革，压实管党治党政治责任；坚持严防严管，推进作风建设常态长效；实践“四种形态”，保持惩治腐败高压态势；维护群众利益，加强基层党风廉政建设；注重自身建设，打造忠诚干净担当的纪检监察干部队伍。

【中共太仓市第十三届纪律检查委员会第一次全体会议】 7月28日，经太仓市第十三次党代会选举产生的中共太仓市第十三届纪律检查委员会召开第一次全体会议，会议通过《中共太仓市第十三届纪律检查委员会第一次全体会议选举办法（草案）》及常委、书记、副书记候选人名单，按照选举办法，选举中共太仓市第十三届纪律检查委员会常务委员会委员、书记、副书记。选举结果报中共太仓市第十三届委员会第一次全体会议通过，并报中共苏州市委批准，选举结果如下：邹洪凯、蒋华、戚启蒙、朱柏华、秦建刚、须永良、李烨为中共太仓市第十三届纪律检查委员会常务委员会委员。邹洪凯为中共太仓市纪律检查委员会书记，蒋华、戚启蒙为中共太仓市纪律检查委员会副书记。（孙方金）

## 党风廉政建设

【概况】 2016年，太仓市纪检监察机关把落实党风廉政建设“两个责任”作为推进全面从严治党的重要任务，市委制定推动从严治党、从严管理干部、深化市属企业改革等文件，增强履职尽责刚性约束，与各部门党组织签订《党风廉政建设责任书》，明确责任内容、责任考核和责任追究，实施责任清单项目化管理，推动“两个责任”落到实处。年内，立案查处落实主体责任不力责任人3人，终止任用履责不力干部1人。

【党委主体责任落实】 2016年，太仓市委严格落实中共中央对全面从严治党作出的战略部署，把学习贯彻中共十八届六中全会精神及中央新修订

7月28日，中共太仓市第十三届纪律检查委员会召开第一次全体会议

（市纪委供稿）

10月16日，太仓市召开落实党风廉政建设主体责任推进会　（市纪委供稿）

的《中国共产党廉洁自律准则》《关于新形势下党内政治生活的若干准则》和《中国共产党纪律处分条例》《中国共产党问责条例》《中国共产党党内监督条例》（以下简称“两个准则、三个条例”）作为重大政治任务，引导全市把思想和行动统一到中央决策部署上。市委研究制定《关于学习贯彻党的十八届六中全会精神的实施方案》，把学习十八届六中全会精神及“两个准则、三个条例”纳入“两学一做”学习教育，组织党员深入学习。市委常委会召开相关专题学习会议2次，市委主要领导带头宣讲十八届六中全会精神。市委召开全市落实党风廉政建设主体责任推进会，听取重点部门落实主体责任情况汇报。市委常委会专题研究党风廉政建设和反腐败工作6次，制定关于推动全面从严治党迈上新台阶的意见、从严管理干部的若干规定、全面深化市属国有企业改革发展的意见等文件，进一步增强履职尽责刚性约束。

【纪委监督责任落实】　2016年，太仓市委与全市各部门党组织签订《党风廉政建设责任书》，明确责任内容、责任考核和责任追究。实施责任清单项目化管理，督促各地各部门制定责任清单和个性化清单4份，厘清各自职责范围，把责任任务分解到机关各部门、下属单位、村（社区）等，推动责任压力向基层传导。探索责任落实全程纪实有效方式，启用太仓市党风廉政建设责任制过程管理信息系统，对全市104家单位“两个责任”清单任务落实情况进行全程留痕、动态监管、系统评估。市委常委会班子成员履行“一岗双责”（既要对所在岗位承担的具体业务工作负责，又要对所在岗位承担的党风廉政建设负责），对区镇和机关落实党风廉政建设责任制情况开展检查考核，听取党委履行主体责任、纪委履行监督责任情况及党委班子成员述责述廉报告。全年，市纪委监察局班子成员走访单位57家，与党委、纪委主要负责人开展谈话，增强履责尽责意识。

【党风廉政建设责任追究】　2016年，太仓市贯彻落实《中国共产党问责条例》和省委《关于实施党风廉政建设责任追究的办法（试行）》《苏州市贯彻实施〈中国共产党问责条例〉的办法（试行）》，把党的领导弱化、党的建设缺失、全面从严治党不力、维护党的纪律不力、推进党风廉政建设和反腐败工作不坚决、不扎实等作为问责重点，倒逼各级领导干部主动接受纪律规矩的监督和约束。实行“一案双查”和“责任倒查”，严查管党治党失责行为，以严肃的问责督促责任落实。全年，立案查处落实主体责任不力的责任人3人，终止任用履责不力干部1人。　（孙方金）

## 纪律检查体制改革

【概况】　2016年，太仓市根据上级纪委部署，立足全市纪检监察工作实际，落实“两个为主”（查办腐败案件以上级纪委领导为主，纪委书记、副书记的提名和考察以上级纪委会同组织部门为主）和“两个全覆盖”（巡察机构全覆盖、派驻机构全覆盖）要求，推进纪律检查体制改革。加强对基层纪检监察组织执纪审查工作领导，完善问题线索报送、转办交办、跟踪监督等制度，督促基层纪检监察组织严格执纪审查。全年，全市基层纪检监察组织立案审查数增长98.1%。制定乡镇纪委书记、副书记和市纪委派驻纪检组组长、副组长提名考察办法，在乡镇纪委换届时严格执行暂行办法，选优配强镇纪委书记、副书记和委员。

【巡察工作启动】　2016年，太仓市纪检监察机关协助市委抓好巡视整改“回头看”及苏州市纪委委员评议质询整改工作，督促各地各部门落实整改措施，健全相关制度。落实省委关于加强市县党委巡察工作的意见，市委常委会专题研究巡察工作，讨论通过《中共太仓市委关于开展巡察工作的实施办法》《关于市委巡察机构设置建议方案》，建立市委书记召集专题会议听取巡察情况汇报制度。10月，按照“坚定政治方向，提高政治站位，查找政治偏差，聚焦党的领导、党的建设、全面从严治党、党风廉洁建设和反腐败斗争”要求，启动市委首轮巡察工作，对太仓市产业投资发展集团有限公司、太仓市水处理有限责任公司等2家市属国有企业进行巡察，发现党的领导弱化、党的建设缺失、全面从严治党不力等问题，并要求整改。

【纪检监察派驻监督】　2016年，太仓市纪检监察机关探索综合派驻方式，在市财政局试点设立综合派驻纪检组，综合监督市财政局、市物价局、市旅游局等3家单位。明确综合派驻机构的设置、职责权限、工作关系、管理保障等，理顺派驻机构领导体制和工作机制。制定发挥派驻纪检组作用的暂行办法，建立定期报告、定期听取工作汇报、参与纪律审查工作、谈心谈话等制度，强化履职情况监督。实施加强纪检监察工作室建设的意见，调整优化基层纪检监察工作室职能，理顺与区镇纪委关系，形成整体合力。

（孙方金）

## 作风建设

【概况】 2016年，太仓市纪检监察机关把落实中央“八项规定”精神作为全面从严治党的重要举措，抓住“四风”（形式主义、官僚主义、享乐主义和奢靡之风）不放，深化治理，巩固提高，推进作风建设常态化、长效化。全年，督促各地各部门党委（党组）加强对本级及下属单位作风建设日常监管，抓好自查自纠。依托联合督查机制，在全年节假日期间持续开展“清风行动”。坚持查好财务“一本账”，管住“一把手”、分管领导、纪委书记、办公室主任、主管会计“五种人”，聚焦督查对象、范围和内容“三个延伸”。市纪委践行监督执纪“四种形态”，严肃查纠顶风违纪行为，党员干部对纪律规矩敬畏意识不断增强。全年全市共立案查处违反中央“八项规定”精神问题4起、5人，并进行通报曝光；诫勉或提醒谈话党员干部9人；党员干部主动上缴“510”廉政账户金额累计194万元，

【作风建设专项整治】 2016年，太仓市纪检监察机关关注群众身边的不正之风和腐败问题，开展专项整治。重点围绕村级集体“三资”管理、土地征收流转、强农惠农、行业协会整顿、行政执法等领域开展专项督查，解决群众关切的突出问题。组织力量重点查处上级纪委挂牌督办的13起群众身边四风和腐败问题案件，给予党纪政纪处分7人，移送司法机关5人；通报曝光群众身边的腐败问题1起。加大行政监察力度，继续开展生产安全、生态文明等重点领域立项监察工作，给予党纪处分4人，政纪处分2人，推动职能部门依法行政、勤廉履职。对全市办公用房整改、公务用车治理和会所整治三项工作进行“回头看”，全年全市共清退超标办公用房1.84万平方米，处置公务用车239辆。

【作风效能长效建设】 2016年，太仓市纪检监察机关坚持对“四风”问题常抓不懈，建立违规公款吃喝常态督查制度，将领导干部经济责任审计、集体经济组织财务管理督查与作风建设检查相互结合，强化日常监督管理。全年，市级预算单位“三公”经费（因公出国（境）经费、公务车购置及运行费、公务接待费）实际支出较上年下降29%。围绕作风建设检查和专项整治中发现的问题和薄弱环节，督促市财政局等职能部门制定符合太仓实际的公务支出管理制度和办法，将厉行节约、反对浪费制度汇编成册，供全市机关部门学习。加强群众关心的重点领域制度建设，督促有关部门先后在工程建设、土地出让、涉农补贴发放等方面补充建立《政府投资项目管理办法》《绿化工程管理办法》《涉农补贴发放管理意见》等制度。

【党员干部家风建设】 2016年，太仓市纪检监察机关推动党员干部家风建设，在全市开展“好家风好家规好家训”系列活动，组织参加苏州市纪委“好声音讲述好故事——我的家风家规家训故事”活动，遴选优秀家风故事15件参加评选，传颂身边人的好家风。挖掘明代首辅王锡爵的好家风好家训，拍摄制作专题片，在江苏卫视《廉政时空》栏目播出，经苏州市纪委推荐，在中央纪委监察部网站推出。引导党员干部注重良好家风养成，全市党员干部作风持续向好。

（孙方金）

## 纪律审查

【概况】 2016年，太仓市纪检监察机关坚持有腐必反、有贪必肃，注重挺纪在前、抓早抓小，运用监督执纪“四种形态”，持续净化全市政治生态。市纪检监察机关分析全市各部门党风廉政建设和干部队伍整体状况，重点审查不收敛、不收手，问题线索反映集中、群众反映强烈，位居重要岗位且可能还将提拔使用的领导干部，查处双凤镇原党委书记孙卫良、璜泾镇原副镇长孙路远等人的严重违纪案件。全年全市纪检监察机关共受理信访举报189件次，立案审查184件，立案审查数较上年增长33.33%，涉及乡科级干部14人，移送司法机关6人。

【监督执纪“第一种形态”落实】 2016年，市委制定实施《关于落实监督执纪“第一种形态”的暂行办法》（太委发〔2016〕42号），督促各级党委（党组）综合运用谈话预防、谈话提醒、谈话函询等方式，加强对党员干部的日常教育监督，让“红红脸、出出汗”成为常态。在《太仓日报》

8月10日，市委开展勤政廉政半月谈活动　（市纪委供稿）

刊登《落实监督执纪第一种形态基层行》专题报道。《人民日报》对太仓市落实“第一种形态”情况进行报道。全年全市共开展谈话预防 4318 人次，谈话提醒 251 人次，谈话函询 60 人次。全市纪检监察机关加大轻处分和组织处理比重，实践破纪必惩、动辄则咎的监督执纪要求。年内，全市党纪轻处分 130 人，占比 74.71%；单纯违纪未移送司法机关的占立案审查总数 96.74%。

**【纪律审查配套制度完善】** 2016 年，市纪委监察局制定《太仓市纪检监察信访举报工作规程》，完善线索研判、督办等制度。健全纪检监察机关与执法部门、司法机关协作机制，推行党员干部涉法线索定期报送制度，集中排查近 3 年党员干部涉刑案件。开展查案治本专项行动，探索审理建议制度，印发监察建议书 5 份，督促相关部门查找制度建设和执行中存在的漏洞和薄弱环节，有针对性地建章立制、加强监管。依纪依法审理案件，加强处分执行情况监督检查，确保纪律处分执行到位，维护纪律权威。

（孙方金）

## 监督检查

**【概况】** 2016 年，太仓市纪检监察机关履行党内监督主体责任，规范和加强党内监督，围绕换届选举、上级部署、中心工作、效能建设和社会热点等重点开展监督检查，推动管党治党从“宽松软”走向“严紧硬”。

**【换届风气监督】** 2016 年，太仓市纪检监察机关严肃各级换届纪律，严格落实“九严禁”（严禁拉帮结派，严禁拉票贿选，严禁买官卖官，严禁跑官要官，严禁造假骗官，严禁说情打招呼，严禁违规用人，严禁跑风漏气，严禁干扰换届）换届纪律要求，组织观看《镜鉴》等警示教育片 92 场，观看人数 4380 人次，确保实现“四个好”（绘出好蓝图、选出好干部、配出好班子、换出好风貌）换届工作总目标。加强换届风气监督，制定换届风气监督方案，对乡镇换届进行 8 轮督查，为换届选举营造良好氛围。坚持快速查处、从严督导，建立违反换届纪律问题“快查快办”机制，开通 24 小时换届风气举报电话。把好“党风廉洁意见回复”关，对换届选举人选进行廉政审查，对不符合要求的人选建议相关部门予以撤销替换。

**【上级部署督查】** 2016 年，太仓市纪检监察机关开展中央环保督察组下转信访问题督查，查走现场 53 个，督查部门责任落实情况，调查处理情况及问题整治情况，共开展督查 4 轮，诫勉谈话相关违法企业负责人 4 人，党纪处分涉事企业党员责任人 4 人、属地政府责任人 2 人。开展“校舍环境”安全专项督查，抽查近两年来新启用的学校新建、改建、扩建工程情况及部门履职情况，共抽查项目 19 个，对发现的问题责成主管部门对违规企业及具体责任人进行处罚。开展生产安全专项督查，建立事故倒查机制，规范参与事故调查流程，共参与事故调查 15 起，对相关单位下发监察建议书 2 份。做好“地条钢”生产企业和违法违规钢铁产能问题问责工作。

**【全市中心工作督查】** 2016 年，太仓市纪检监察机关开展市政府重点项目督查，专项检查全市 67 个重点项目建设情况，推动项目建设特别是滞后项目落地。开展区镇政府投资项目抽查，抽取沙溪镇 2013 年以来政府投资项目 6 个，检查项目立项、招投标、现场建设、项目管理、资金拨付等环节部门履职情况，发现问题 9 个，督促沙溪镇落实整改。开展长江沿线环境整治督查，实地查看 3 个沿江区镇的整治点 9 处，督促属地政府和职能部门履职到位。开展省优秀管理城市创建督查，督促职能部门对排查出的问题整改到位。开展“百日行动”专项督查，掌握整治进度。开展社团规范化建设抽查，督促相关部门制定社团规范化建设文件，加强和规范社团监管。

**【作风效能建设督查】** 2016 年，太仓市纪检监察机关开展效能督查 2 轮，集中抽查工作人员在岗状态、部门履职情况、政府重大决策落实情况及重点项目推进情况，发现落实重大决策部署不到位项目 8 个，部门职责推诿 1 件，违反工作纪律 59 人，责成有关部门严肃处理。紧扣服务发展、服务企业、服务群众主题，在全市 87 家单位确定重点服务项目 261 个，年初向社会公开承诺项目服务项目的实现目标，年中跟踪督查项目进展情况，年底向社会公开展示项目完成情况。

**【群众关注问题督查】** 2016 年，太仓市纪检监察机关发挥民主监督作用，探索开展对重点民生问题现场质询和听证评议，建立常态化民主监督机制。整合《政务直通车》《相逢》等媒体资源，推出电视问政栏目《相逢·问策》，全年共录播 49 期，有效督促全市各职能部门认真履职，接受群众监督。通过“寒山闻钟”论坛、“12345”便民服务热线、书记市长信箱、《连心桥》栏目等渠道，收集整理举报类诉求 724 件，行政执法类诉求 320 件，通过走访现场、检查执法流程、处罚结果等方式查纠问题，进行相关党纪处分 4 人，约谈分管领导和属地负责人，维护党纪政纪。

（孙方金）

## 源头预防和治理腐败

**【概况】** 2016 年，太仓市纪检监察机关坚持标本兼治、源头预防，加强党员干部日常教育，推进党风廉政制度建设，强化权力运行监督制约，规范党员干部从政行为。年内，将“两个准则、三个条例”学习纳入“520”（我爱廉）宣传教育，组织知识竞赛、专题辅导、动漫宣传等活动。强化典型案例警示教育作用，拍摄制作警示教育片，召开全市领导干部警示教育大会，用身边人身边事教育警示各级领导干部严守纪律、保持清廉。依托新建成的太仓市警示教育基地，全年共对 82 家部门、3800 人次进行廉政教育。深化新提任领导干部任前廉政谈话、领导干部主体班次廉政教育工作。开办“勤廉文化大讲堂”“娄城清风”等教育载体，为基层干部开展培训讲课、文艺展演等 47 场次。注重发挥新媒体作用，全年微博微信新媒体推送报道 367 条，勤廉网发布信息 627 条，网站点击量 237 万次，全市形成“学党纪、树规矩”宣传氛围。

【权力监督制约】 2016 年，太仓市纪检监察机关完善各部门权力事项流程，公布 28 家市级政府部门权力责任清单，划分公共服务事项和权力事项，厘清职责边界，规范行政审批制度。针对工程建设领域、拆迁领域及专项资金使用监管等方面存在的问题和薄弱环节，围绕政府投资项目、招投标、国有资产、涉农财政项目管理、农村集体“三资”等重点，推进信息化管理平台建设，确保管好项目、管好资金、管好用权。

【防止利益冲突抽查】 2016 年，太仓市纪检监察机关深化防止利益冲突抽查核实，督促市管领导干部、重点单位和重点岗位的非市管干部上报防止利益冲突报告和承诺书，对报送情况进行梳理分析。协调相关职能部门对 10 名党员干部本人、子女、父母、配偶及其父母 5 类人是否具有从事工程项目建设、经商办企业等情况开展抽查。根据抽查结果，诫勉谈话领导干部 1 人，提醒谈话领导干部 2 人，重点核查领导干部有关情况 1 人。

（孙方金）

## 纪检监察干部队伍建设

【概况】 2016 年，太仓市纪检监察机关加强纪检监察干部队伍建设，强化自身监督管理，坚定理想信念，狠抓能力提升，组织新任职纪检监察干部 60 余人接受集中培训，提升履职能力。年内，加强纪检监察干部队伍监督管理，核查纪检监察干部个人重大事项报告 18 份。建立市纪委常委与纪检组长谈心谈话制度，全年在全市纪检监察系统开展勤政廉政半月谈 2 次，对 10 名纪检监察干部进行谈话。制定《太仓市纪检监察系统落实监督责任评估办法（2016 年）》，完善评估办法和评估细则。每季度在各纪检监察组织报告履职情况基础上进行抽查监督，年底随机抽取纪检监察组织负责人现场述职，对全市纪检监察组织监督责任落实情况进行定性、定量评估，督促全市纪检监察系统聚焦主责主业、忠诚履行职责。

（孙方金）

# 民主党派 · 工商联

## 民主党派

### 中国国民党革命委员会太仓市委员会

【概况】 2016 年，中国国民党革命委员会太仓市委员会（以下简称民革太仓市委）下辖支部 8 个，新发展党员 5 人，共有党员 101 人。党员中本科学历占比 91%，中高级职称占比 92%，硕士以上学位占比 24%，其中博士学位 7 人。江苏省特级教师 2 人，“省 333 工程高层次人才” 3 人，省“双创”人才 1 人，姑苏人才 3 人。省人大代表 1 人；苏州市人大代表、政协委员 3 人，政协常委 1 人；太仓市人大代表、政协委员 24 人，政协常委 5 人。8 月 25 日，民革太仓市委召开第四次党员大会，选举产生新一届委员会，黄浩忠任主任委员，朱坚、陆建清、贺延辉任副主任委员，刘春昱、顾齐红、李文骞、陆晔、肖建华、李红为委员。

【学习实践活动】 2016 年，按照中共中央统战部和民革中央要求，民革太仓市委继续在党派内开展坚持和发展中国特色社会主义学习实践活动，引导党员保持对中国特色社会主义事业的道路自信、理论自信、制度自信和文化自信，激励党员加强道德修养，坚定政治信念，增强走多党合作之路的责任意识和担当意识。年内，开展纪念孙中山 150 周年诞辰活动，组织“弘扬中山精神，爱国、革命、不断进步”读书活动，要求党员结合思想实际，通读革命先哲理论书籍，以社会主义核心价值观引领精神追求，规范言行举止，做新时期合格党员。民革太仓市委在太仓博物馆举办“孙中山的足迹”图片展，追寻孙中山革命足迹，展现他的光辉业绩和伟大人格，激励当代民革人为实现中华民族伟大复兴而奋斗。各民革基层组织均组织人员到太仓博物馆观看“孙中山的足迹”图片展，据不完全统计，图片展参观人数 600 多人次。

【参政议政】 2016 年，民革太仓市委按照市委、市政府提出的“适应新常态，实现新作为”工作要求，围绕依法治市、“十三五”发展规划、“五大发展战略”等议题，创新思路，深入调研，形成一批质量高、社会效应大、影响面广的提案和议案。年内，民革太仓市委共提交提案 34 件，其中集体提案 11 件、个人提案 23 件；人大建议案 3 件，其中提交苏州人大 1 件、

8 月 26 日，“孙中山的足迹”图片展在太仓博物馆开幕 （张建民 摄）

太仓人大2件。《关于以科技创新引领太仓市经济转型发展的建议》《关于进一步规范太仓市投融资行为的建议》《关于太仓传统文化衍生品设计策略与开发的建议》被市政协评为优秀提案。《关于加强太仓市中小学生安全教育实践的建议》被列为市政协重点提案。《互联网＋背景下太仓市跨境电子商务发展的思考》《中国制造2025背景下太仓市中小企业绿色智造的建议》《加快中德中心建设，助推太仓经济转型发展》等专题调研为全市制定“十三五”规划提供参考，为太仓经济持续创新发展献计出力。按照市委统战部要求，民革太仓市委成立“关于推进太仓港跨境电商发展的设想和措施”的领题调研小组，就进一步推进全市跨境电商发展工作展开调研，形成有质量的调研报告。

【社会服务】 2016年，民革太仓市委全体党员自觉承担社会责任，展现爱国为民价值追求，以“博爱慈善协会”为平台，开展“博爱·牵手”系列社会服务活动。4月，民革太仓市委开展结对共建送服务进农村义诊、法律咨询活动。在市人大副主任、民革太仓市委主委嵇永宁带领下，12名党员医师和律师到民革太仓市委结对共建村璜泾镇长洲村开展义诊、法律咨询，来自市第一人民医院和市中医医院内科、外科、骨科、儿科、妇产科、中医针灸推拿、疼痛科的民革党员医生和律师事务所的律师为村民提供“零距离”专家义诊和法律咨询服务，百余名群众参加就诊、咨询。6月，盐城市遭受特强龙卷风袭击，损失严重，民革太仓市委及时联系市慈善总会，向灾区捐款10000元。民革太仓市委引导党员体察民情、了解民意，发挥专业技能为民服务。农业战线党员送科技下乡，帮助农民掌握现代技术，持续增收致富。企业家党员主动帮助政府解决就业困难，专家学者党员，深入中小企业，为企业定制转型升级方案，帮助企业走出低谷。《团结报》《挚友》《江苏民革》《苏州民革》等杂志多次报道民革太仓市委服务社会的相关活动。

（张建民）

## 中国民主同盟
## 苏州市委太仓学习小组

【概况】 2016年，中国民主同盟苏州市委太仓学习小组（以下简称民盟太仓直属小组）共有成员15人，其中本科以上学历14人(硕士学位5人，博士学位1人)；中级职称6人，高级以上职称5人；苏州市政协委员1人，太仓市政协委员1人。年内，民盟太仓直属小组群策群力，做好参政议政，全年向市政协提交集体提案《关于提升太仓市公共法律服务均等化水平再上新台阶的建议》《关于增加中小学生农业社会实践的建议》，向市人大提交提案《关于交通信号灯设置更应人性化的建议》等。同时，开展“与书同行·与文同心——读经典厚底蕴促发展”读书活动，通过举行读书征文、走读太仓、阅读与分享等系列活动，引导全体盟员多学习、多读书，坚持学以致用，竭诚尽智争献良策，为太仓经济社会发展发挥作用。

（范媛媛）

## 中国民主建国会
## 太仓市委员会

【概况】 2016年，中国民主建国会太仓市委员会（以下简称民建太仓市委）下设专门工作委员会6个，支部9个。年内新发展会员13人，共有会员150人，其中男会员109人，女会员41人。会员中本（专）科学历、研究生文化程度分别占比83%、10.2%；中级以上职称会员占比64%；40岁以下会员占比32%。各级人大代表、政协委员占比24%，其中江苏省政协委员1人，太仓市人大常委会委员1人，苏州市政协常委1人，太仓市政协委员28人（其中常委7人）；享受国务院特殊津贴2人。民建太仓市委主委吕寅，副主委曹一清、孙剑良、黄卫东，秘书长孙建国。

【学习实践活动】 2016年，民建太仓市委继续深入学习中国特色社会主义理论体系，提高广大会员政治思想水平。通过多种形式组织会员系统学习中国特色社会主义理论体系，深刻认识中国共产党在中国特色社会主义建设事业中的领导核心地位和作用，坚持中国共产党的领导。按照中共中央统战部和民建中央要求，在民建江苏省委和民建苏州市委统一部署下，引导广大会员开展坚持和发展中国特色社会主义学习实践活动，组织学习中央统战工作会议精神，教育会员保持对中国特色社会主义事业的道路自信、理论自信、制度自信和文化自信。民建太仓市委开展读一本书活动。广大会员积极响应，读政治类、专业类、法律类、励志类、会务类等各种书籍，并撰写读书体会文章。持续组织开展“读会史颂伟业，学会章树新风”主题征文活动。通过征文引导广大会员研读会史、会章，认识民建光辉历程，弘扬民建优良传统。年内，组织民建太仓市委委员、各支部班子成员、专委会主任等40余人到嘉定法华塔院民建中央爱国主义教育基地——胡厥文生平事迹展览馆参观，缅怀先贤业绩，继承民建爱国民主传统。

【参政议政】 2016年，民建太仓市委围绕全市经济社会发展大局，选择重点调研课题，广泛开展调活动，提高履职能力。围绕全市发展战略提出建议。年内，太仓市在制定“十三五”规划中采纳民建太仓市委提出的“融入上海”发展战略建议。“十三五”期间，太仓市把“对接上海”作为全市经济社会发展核心战略，实现与上海多层次、宽领域、全方位、深融合对接。利用“两会”平台建言献策。曹一清会员提出的《以持续的普惠政策推动中小企业技术创新与转型发展》提案作为江苏省政协主席督办提案，不仅推进全省创新与转型相关政策的制定与落实，也推动将“构建普惠性创新支持政策体系”写进国家“十三五”规划。曹一清调研文章《以效用为导向，优化科技创新评价指标》作为民建省委在省政协主席会议上的发言材料，为全省科技考核指标体系的改进与修正提出可行建议。在政协太仓市十三届五次会议上，民建太仓市委的《关于依法行政，建设法治政府的建议》、综合支部的《关于打造

3月23日，民建太仓市委走访民建会员企业　　（张晓冬　摄）

智慧物业的几点建议》、黄卫东《关于优化太仓市联保贷款体系的建议》等提案被评为2015年度优秀提案。在该次大会上民建太仓市委共提交大会发言5篇、个人和集体提案40多件，其中《关于进一步加快太仓市电子商务的建议》被列为市政协主席督办重点提案。由民建太仓市委领题的调研课题《太仓发展农村新型集体经济的实践与思考》顺利完成。民主监督成效明显。点题式民主监督是市委统战部给全市民主党派布置的专题民主监督活动。民建太仓市委就农民集中居住违章搭建整治、食品安全工作等深入相关部门进行调研、走访群众、分析资料，完成相关监督报告，促进有关部门工作落实和作风效能建设，提高政府部门执行力。积极参与政治协商。民建太仓市委有多名会员是中共太仓市委常委的联系对象，会员主动反映社情民意，做好各种疏导解释工作，畅通中共太仓市委决策在各项工作中的渠道。民建太仓市委参加中共太仓市委、太仓市人大、太仓市政府、太仓市政协召开的各类座谈会、民主协商会、情况通报会、"十三五"规划纲要意见征求会及各类视察活动，在"党风廉政建设和反腐败工作""加快推进家庭综合服务建设""教育均衡化发展""推进分级诊疗""城乡水环境整治""法治太仓建设""城乡一体化建设""发展现代高效农业""民营企业健康发展"等协商活动中提出可行性意见，得到中共太仓市委、太仓市政府重视和采纳。反映社情民意。太仓市政协社会事业委与民建太仓市委联合调研、会员凌玲执笔的《对太仓市的三级便民服务中心进一步提升的建议》得到时任市长沈觅批示。陆志强公司主持的跨境拍卖案例，经市经信委总结，形成《"娄江拍卖"跨境拍卖案例值得借鉴》一文，得到时任市委书记王剑锋批示，该次拍卖成功经验在全市闲置土地盘活中推广。

【社会服务】　2016年，民建太仓市委做好社会服务工作，坚持服务民生，树立良好社会形象。开展思源工程生育关怀活动。民建太仓市委连续多年与市计生协会联合开展"生育关怀行动"，每年慰问计生困难家庭26户，并与市计生协会举行生育关怀结对仪式，资助贫困学子完成学业，全年共资助金额2.3万元。拓展服务功能，扩大社会影响范围。民建太仓市委与城厢镇中区社区协同开展"同心共建和谐社区"活动，组织人员多次前往市住建局，就中区社区残疾户住房困难情况进行协调，年内，该残疾户搬入新居，改善居住条件。开拓服务会员新形式。民建太仓市委走访会员企业，了解生产运营状况，帮助解决实际困难，同时联络会员参加民建中央组织的"风险投资""非公经济""资本市场"等论坛及名家讲坛，受到会员企业欢迎。民建太仓市委支持每月一次的老会员活动，重阳节为老会员送去慰问品并为年满80周岁的老会员开展祝寿活动。在全体会员中形成互通信息、互相关心、互相帮助的团结互助氛围。创新社会服务形式。民建太仓市委多次联合市政协社会事业委和民建部分会员慰问城厢镇贫困家庭。社会服务工作委员会每年看望、慰问中区社区残疾人家庭。妇女工作委员会多次前往市福利中心看望孤残儿童，为孤残儿童编制爱心毛衣等。年内在会员中发起特殊会费捐助活动，为盐城市龙卷风灾害募集捐款1.24万元。

（瞿金龙）

## 中国民主促进会<br>太仓市基层委员会

【概况】　2016年1月，民进太仓市总支部委员会更名为民进太仓市基层委员会，下设文化、教育、医卫、高教、综合、经济等支部6个，成立苏州民进企联会太仓分会。至年底，民进太仓市基层委员会共有会员94人，其中文化艺术界占比20%，教育界占比31%；医药卫生界占比20%；其他界别占比29%，集中一批著名书画家、工艺美术家、表演艺术家、教育家、文学家和部分科技、医卫、经济、司法、政府机关、中介组织的代表人士。会员中具有中高级职称人数69人，占会员总数74%。会员担任各级人大代表、政协委员20人（次）。民进太仓市基层委员会主委朱凤兰，副主委施倚倩、周建明、朱自元。年内，成立苏州民进企联会太仓分会，召开纪念太仓民进成立20周年座谈会，总结太仓民进20年历程。加强后备干部队伍建设，组织支部负责人参加民进基层组织负责人培训班。民进太仓市基层委员会被民进江苏省委评为"组织管理系统建设工作达标单位"。

【参政议政】　2016年是民进中央提出的参政议政主题年，民进太仓市基层委员会围绕"十三五"规划和全市重点工作，加强参政议政能力建设，发挥参政党作用，被民进江苏省委授

10月24日，民进太仓市基层委员会调研组到安徽省天长市调研医疗改革工作
（邢莉萍 摄）

予“民进全省参政议政工作先进集体”称号。重视“两会”平台，提升参政高度。民进太仓市基层委员会重视“两会”主平台，发挥参政议政、民主监督作用，提升党派参政议政水平。全市“两会”期间，提交大会口头发言1篇、大会书面发言1篇，民进太仓市基层委员会集体提案4件，各支部集体提案9件，代表、委员建议、提案30余件。《关于规范整顿太仓市教育培训市场的建议》《关于挖掘建筑绿化空间，增强反霾力度的建议》《关于提升乡镇医院医疗服务能力的建议》等3件提案被市政协评为2015年度优秀提案。加强专题调研，提高建言质量。民进太仓市基层委员会围绕保障和改善民生重点，确立“关于提升基层医疗机构服务水平”的领题调研，在2015年走访基层乡镇社区卫生服务中心（站）基础上，2016年赴安徽省天长市实地考察天长市城南社区卫生服务中心、天长人民医院，学习天长医改成功经验，探索适合太仓特色的医改之路，形成题为《借鉴天长医改模式，助力深化太仓医改》的调研报告，并作为民进太仓市基层委员会集体提案在太仓“两会”上提交。各支部深入开展联合调研，形成《太仓小微企业发展情况》《太仓科技服务业发展的现状、问题与对策》《太仓市高离婚率现状调查研究报告》等调研报告3篇。抓好信息工作，延伸参政广度。民进太仓市基层委员会提升、拓展参政议政广度，将“五个一”信息工作方法落实到位，达到形成一套有效机制、搭建一个议政平台、组建一个完善网络、明确一项具体任务、组织一次专题培训的效果。组织信息员参加民进江苏省委、民进苏州市委举办的信息工作学习、交流活动。报送的信息被民进中央、民进江苏省委、省委统战部等采用，信息工作在苏州民进各地区组织中走在前列。

【社会服务】 2016年，民进太仓市基层委员会继续开展“双岗建功”活动，鼓励会员在“本职工作岗位上建功、在履行会员职能上建功”，展现民进会员风采。倡导“服务就在身边，人人可参与”微公益理念，鼓励会员发挥特长服务社会，继续开展好送教助学、扶贫帮困和送文化、法律下乡、进社区等社会服务活动。民进太仓市基层委员会每年组织会内书画家、医生走进洋沙社区，开展“民进全国迎新春——进社区、送春联、义诊活动”。

（邢莉萍）

## 中国农工民主党太仓市总支部委员会

【概况】 2016年，中国农工民主党太仓市总支部委员会（以下简称农工党太仓总支）下设支部3个，新发展党员4，共有党员34人；其中男性22人，女性12人；本科以上学历8人，本科19人，大专4人，初高中学历3人；高级职称8人，中级职称11人，初级职称2人；太仓市政协委员3人（其中常委1人）。1994年12月，中国农工民主党苏州市太仓直属小组成立，2010年8月，中国农工党太仓直属支部成立，2015年12月30日，中国农工党太仓市总支部委员会成立。农工党太仓总支坚持光荣传统，不断加强自身建设，围绕全市中心工作，履行党派职能，在参政议政、社会服务方面立足自身特点，积极建设“新农村帮扶基地”，带动农业科技含量和技术水平提升，帮助农民增收致富，通过结对助学、科普宣传、扶贫助农、卫生服务等各类活动，探索推动民主党派社会服务向常态化、特色化、品牌化、系列化方向发展，取得较好成效。

（王炜颋）

## 九三学社苏州市委太仓直属小组

【概况】 2016年，九三学社苏州市委太仓直属小组共有成员12人，组长杨成德。成员主要由从事科学、技术工作以及高等教育、医药卫生等方面的中高级知识分子组成。年内，太仓直属小组参加太仓市各界人士情况通报会4次，提交社情民意3条，提交政协提案7件，完成课题研究1项，撰写政协发言稿2篇，提交市委统战部信息6条。通过党外人士民主协商会、座谈会、情况通报会等，参与市委统战部和政协的主题活动，借助“两会”提案、反映社情民意、信息直通车等形式，积极参政议政。同时组织社员参加市委统战部和九三学社苏州市委、九三学社江苏省委有关活动，包括2016年太仓市党派骨干成员培训班、九三学社苏州市组织建设研讨班、全省宣传骨干培训班等，提升和加强组织能力。年内，组织学习活动4次，在科教新城常丰社区开展义诊活动，服务群众300余人次。

（杨成德）

## 工商联

【概况】 2016年，太仓市工商业联合会有各类商会组织28家，其中：镇区商会7家，街道商会4家，行业商会13家（含镇级行业商会3家），异地商会4家。璜泾镇商会、福建商会、浙江商会、建筑协会、安徽商会获评AAAA级社会组织，汽车流通商会、化工医药协会、烹饪餐饮协会、酒类流通协会、建筑家居装饰商会获评AAA级社会组织。年内，筹建成立太仓市江西商会，吸收市房地产协会团体入会，双凤镇商会获评全省工商联商会组织先进集体，市工商联获评全省县（区、市）工商联先进集体。

6月13日，市工商联召开全市区镇商会建设工作座谈会 （闻立基 摄）

【参政议政】 2016年太仓“两会”期间，市工商联集体提案《关于引导发展工业旅游，促进二三产融合发展的建议》获评优秀提案。《关于对太仓市民营企业转型升级面临的主要问题及对策的建议》被市政协列为重点提案。市工商联通过挂钩联系市重点民营企业、建立小微企业数据监测点、定期召集全市商会秘书长交流，深入了解民营企业发展动态，协调商会、民营企业发展难题，完成《2015年度太仓市民营经济发展报告》。

【服务会员】 2016年，市工商联召开十一届五次执委会议，市委书记王剑锋出席并讲话。3月，组织全市40名企业管理人员赴清华大学开展太仓市企业创新管理高级研修交流。4月，召开党组扩大会议，就当前“供给侧改革”“营改增”等问题展开座谈。组织会员企业参加娄东企业发展论坛《“供给侧改革”背景下的企业应对策略》专题讲座。6月，召开全市区镇商会建设工作座谈会，市委副书记钱文辉出席会议。7月，组织企业家参观苏州亨通集团，学习“时代楷模”崔根良创业历程。10月，苏州工商联副主席邱良元走访东南碳制品和斯迪克新材料两家科技创新型企业，调研太仓市民营企业知识产权保护状况。11月，与市司法局、市律师协会成立太仓市中小企业法律服务中心。年内，市工商联通过微信公众号推送各类法规政策、商情信息服务会员，宣传推介会员企业；印制《太仓工商联》杂志4期共2万余册，分发至全市各大公共场所。

11月4日，太仓市工商联中小企业法律服务中心成立大会在市行政中心召开 （闻立基 摄）

【服务社会】 2016年，市工商联开展“百企帮百村”精准扶贫专项活动，沙溪镇商会、双凤镇商会和2家会员企业投入20万元帮扶灌南县孟兴庄镇老垛村和李埠村。市工商联动员基层商会、会员企业开展扶贫帮困、捐资助学等公益活动。太仓市江西商会投入30万元举行“关爱青少年视力健康校园行”公益活动，汽车流通商会连续3年组织会员单位近百职工开展无偿献血，执委会员太仓港协鑫发电有限公司在盐城遭遇强对流天气灾害后，发动全体员工捐款12.8万元。年内，璜泾镇商会承接镇政府废水回收处理项目，累计回收处理废水近1万吨；建筑装饰家居商会、汽车流通行业商会累计调处消费纠纷50余起。

（闻立基）

## 城厢镇

【概况】 城厢镇位于太仓市西南部，西接昆山，南临上海，镇域面积52.95平方公里，辖6个村、2个“村改居”社区、14个城镇社区，户籍人口8.3万人，流动人口6.2万人。2016年，城厢镇实现地区生产总值131.1亿元，公共财政预算收入9.3亿元,全社会固定资产投资46.3亿元,城镇居民和农民人均可支配收入分别为5.41万元和2.92万元。

【经济发展】 2016年，城厢镇完成工业总产值113亿元，新引进超千万美元外资项目2个，新增规模企业8家，规模以上工业产值85亿元；注册外资5345万美元，实际利用外资3026万美元，内资项目新增注册、个私经济净增注册超额完成全年任务；进出口总额5.9亿美元。推进“融入高新区、对德合作”，坚持把项目引进和建设作为调结构的重要抓手，围绕重点项目抓开工、促进度，全年完成工业投资20.9亿元。推进“服务业三年提升行动”计划，全年实现三产增加值90.11亿元。

【载体建设】 2016年，科技产业园抓住融入太仓市高新技术开发区机遇，全面加快园区内道路、河道等基础设施建设，推进环境、卫生、服务等配套建设，提升园区功能形态、承载能力。建设福地欧美工业园二期、中科院硅酸盐所、中德科创联盟平台等三大核心载体，园区高端制造业和欧美项目集聚，样板效应初现。天永机械、施必牢精密紧固件、福地欧美工业园二期、中科院硅酸盐所、中德科创联盟平台等5个市级以上重点项目开工；欧博诺管路、辛柏机柜等企业建成投产。

【城乡统筹】 2016年，城厢镇统筹南北两个以休闲观光和生态循环为特色的现代农业片区发展，新建成永丰高标准农田386.67公顷，累计1333.33公顷，占可耕地面积80%，东林秸秆循环农业综合利用项目建成运营。开工建设新毛二期、南郊二期、古塘安置小区等安置房小区3个。北壕弄小商品市场搬迁。试点开展“三优三保”（优化建设用地空间布局保障发展，优化农用地结构布局保护耕地，优化镇村居住用地布局保护权益）政策创新实践，通过苏州市级评审，盘活闲置低效用地6.3公顷；加快实施农村产权制度改革，完成土地承包经营权确权登记颁证工作。村集体资产“两个平台”（农村集体财务监管平台和资产交易管理平台）在监督村级经济规范运作、促进集体资产保值增值中的作用显现，资产交易增值率10.4%。

【社会治理】 2016年，城厢镇做好全国文明城市创建迎检工作，推进城乡环境综合整治“百日行动”，完成重点整治项目六大类96个和拓展项目81个。开展“悦城厢”“金仓湖之春”品牌系列文体惠民活动。新毛片区殡仪服务中心、城西消防站、过渡区基础设施等民生实事完成。深化“政社互动”“三社联动”。建成运营镇社会组织服务中心，创新成立“乡贤议事厅”“老娘舅志愿服务社”“光辉志愿者之家”等载体，推进基层治理社会化参与。成立“绿茵环境公益服务中心”环保公益组织。

【特色村庄】 永丰村。城厢镇永丰村位于太仓市城厢镇西南角，西邻昆山，南接上海，位于太仓市“融入上海”的最佳区位，地理位置优越。永丰村区域面积8.8平方公里，可耕地面积343公顷，村民小组42个，全村农户1046户，在册人口3988人，常住人口5600多人，党员191人。2016年实现村级经济总收入1962万元，村级集体稳定性收入1079万元，农民人均可支配收入2.99万元。

2010年后，太蓬公路以北拆迁率98%，规划为太仓市科技产业园，太蓬公路以南拆迁率25%，全村99%土地流转到村合作农场集体经营，采用“大承包、小包干”式委托经营管理。2015年，永丰村以生产、生态、生活相融合的发展理念启动“独溇小海”生态农业园建设，11月获批苏州市级现代农业园区；2016年12月创建三星级乡村旅游风景区。永丰村发展和壮大村级经营主体，成立太仓市丰缘农场专业合作社、太仓市永丰农机专业合作社、太仓市永丰劳务专业合作社、太仓市永丰农村社区股份专业合作社、太仓市永丰粮食生产专

“独溇小海”生态农业园　　（2016年11月摄　城厢镇供稿）

业合作社带动全村村民共同致富。永丰村先后获得先进基层党组织、太仓市级法治建设先进集体、太仓市三星级党员服务中心、太仓市农业农村工作先进单位、太仓市规范化社区调解委员会、太仓市勤廉文化建设星级示范点、太仓市发展现代农业先进单位、苏州市公共文化服务优秀村、江苏省和谐社区建设示范村、产业融合发展特色村等称号。

胜泾村。胜泾村位于城厢镇西南部，东靠204国道，北靠新浏河，周边分别与新农村、永丰村及昆山接壤，吴塘河流经村域中部，太蓬公路贯穿东西，水陆交通便利。2004年，胜泾村由原胜泾村和西新村合并而成，村域面积4.9平方公里，有村民小组26个，党员126人。2016年，村集体经济可支配收入668万元，村级总资产3104万元。随着城乡一体化的推进，全村除9～12组为保留村庄外，其余小组全部完成动迁安置。盛园小区为胜泾、永丰、新农3村集中安置小区，入住人口5000人。近年来，胜泾村先后获得苏州市先锋村、太仓市“美丽家园”示范点、太仓市农村改革发展先进集体、太仓市勤廉文化建设星级示范点、江苏省卫生村、江苏省绿化示范村等称号。

## 2016年城厢镇主要经济社会指标表

表78

| 项目 | 单位 | 数值 | 项目 | 单位 | 数值 |
|---|---|---|---|---|---|
| 地区生产总值 | 亿元 | 131.1 | 三产增加值 | 亿元 | 90.11 |
| 财政收入 | 亿元 | 12.47 | 镇村主干道 | 公里 | 80 |
| 耕地面积 | 公顷 | 1919 | 电话普及率 | 部/百人 | 29 |
| 农业总产值 | 亿元 | 3.9 | 科技人员 | 人 | 19200 |
| 粮食总产值 | 万吨 | 1.56 | 中小学校 | 所 | 6 |
| 农机总动力 | 万千瓦 | 2.1 | 在校中小学生 | 人 | 8089 |
| 出栏生猪 | 万头 | 1.19 | 在职教师 | 人 | 453 |
| 出栏家禽 | 万羽 | 900 | 开通有线电视 | 万户 | 4.11 |
| 工业企业 | 家 | 880 | 医院 | 家 | 21 |
| 工业销售收入 | 亿元 | 113 | 卫生室 | 个 | 10 |
| 工业利税 | 亿元 | 7.3 | 农民人均可支配收入 | 元 | 29160 |
| 实际利用外资 | 万美元 | 3026 | 农民人均住房 | 平方米 | 67 |
| 出口创汇 | 亿美元 | 3.77 | — | — | — |

## 2016年城厢镇各村（涉农社区）基本情况表

表79

| 村（社区）名 | 党组织书记 | 村（居）委会主任 | 村集体收入(万元) | | 人均可支配收入（元） | 设立时间 | 面积（平方公里） | 户籍户数（户） | 户籍人口（人） | 总资产（万元） |
|---|---|---|---|---|---|---|---|---|---|---|
| | | | 总收入 | 可支配 | | | | | | |
| 伟阳社区 | 陈　敏 | 郑玉良 | 1334 | 1324 | 28130 | 2005年 | 8.0 | 1241 | 5663 | 10080 |
| 太丰社区 | 陈　诚 | 金震海 | 1210 | 1180 | 29600 | 2004年 | 4.7 | 723 | 3020 | 7713 |
| 新农村 | 吴储彬 | 何晓东 | 1120 | 541 | 26999 | 2004年 | 5.7 | 915 | 3147 | 2843 |
| 胜泾村 | 薛文明 | 虞炳华 | 1065 | 668 | 28360 | 2004年 | 4.9 | 640 | 2675 | 3104 |
| 永丰村 | 吴　平 | 刘　梅 | 1962 | 1079 | 29875 | 2004年 | 8.8 | 1046 | 3956 | 4017 |
| 电站村 | 王义平 | 陶志强 | 2416 | 1553 | 32200 | 2004年 | 3.2 | 619 | 2768 | 6895 |
| 万丰村 | 吴玉兰 | 钱德良 | 1264 | 693 | 30099 | 2004年 | 6.0 | 801 | 3020 | 3762 |
| 东林村 | 苏齐芳 | 张卫青 | 5798 | 2033 | 28950 | 2004年 | 7.0 | 765 | 3028 | 13445 |

## 2016年城厢镇骨干企业基本情况表

表80

| 企业名称 | 法人代表 | 销售收入（万元） | 利税总额（万元） |
|---|---|---|---|
| 苏州隆祥电子有限公司 | 冈野晋滋 | 86340 | 6645 |
| 苏州良林金属制品有限公司 | 戴兴丰 | 40575 | –96 |
| 苏州克劳斯光电科技有限公司 | 孙自强 | 36527 | 2403 |
| 上海连成集团苏州股份有限公司 | 张锡森 | 33425 | 2775 |
| 苏州金纬机械制造有限公司 | 何海潮 | 32016 | 4866 |
| 资勇五金制品（太仓）有限公司 | 陈建昆 | 31121 | 5282 |
| 苏州东帝士纤维地毯有限公司 | 郑寿全 | 27339 | 5530 |
| 亿迈齿轮（太仓）有限公司 | STEVEI-CHUEH HWANG | 20713 | 1613 |
| 苏州维艾普新材料股份有限公司 | 周介明 | 19072 | 702 |
| 苏州杰威尔精密机械有限公司 | 何海潮 | 18877 | 4170 |
| 太仓市华盈电子材料有限公司 | 陈永红 | 16280 | 466 |
| 太仓市南丰特种有色合金 | 沈忠华 | 15912 | 247 |
| 富乐压铸（太仓）有限公司 | FRANK | 15803 | 3244 |
| 太仓南郊冶炼厂 | 杨　波 | 14845 | 379 |
| 太仓肇丰电器有限公司 | 许美玉 | 14731 | 2513 |
| 太仓制药厂 | 许建新 | 13491 | 596 |

续表 80

| 企业名称 | 法人代表 | 销售收入（万元） | 利税总额（万元） |
| --- | --- | --- | --- |
| 苏州佳电飞球电机有限公司 | 林玉钢 | 13026 | –121 |
| 美利驰医疗器械（苏州）有限公司 | 郑明权 | 11785 | 983 |
| 苏州捷赛机械股份有限公司 | 刘　枫 | 11309 | 789 |
| 太仓市嘉峰涂装有限公司 | 陈春生 | 10956 | 12 |
| 敬得（苏州）科技有限公司 | 刘兴台 | 10888 | 1162 |
| 太仓金煜电子材料有限公司 | 刘晓萍 | 10793 | 1797 |
| 苏州久和砼有限公司 | 周文斌 | 10101 | 503 |
| 苏州东伸汽车地毯有限公司 | 中川恒靖 | 9901 | 1007 |
| 太仓市新毛涤纶化工有限公司 | 陆　鸽 | 9886 | 786 |
| 太仓康源化建医药有限公司 | 徐建青 | 9878 | 814 |
| 联禾厚普（太仓）精密机械有限公司 | 杨文奎 | 9771 | 1400 |
| 苏州诺伊曼实业有限公司 | 王伟卫 | 9357 | 372 |
| 苏州英丰电器有限公司 | 陈玉溪 | 8888 | 1558 |
| 苏州岩谷金属制品有限公司 | 桧尾雅俊 | 8874 | 479 |
| 新中联物流设施（苏州）有限公司 | TAN HOCK SENG | 8728 | 812 |
| 苏州宝鼎玉盛砼业有限公司 | 曹继忠 | 8039 | 351 |
| 太仓华庆涂装有限公司 | 黄华平 | 8017 | 1286 |
| 苏州睿昕汽车配件有限公司 | 岳胜桥 | 7817 | 441 |
| 太仓汇丰化学肥料有限公司 | 成凤鸣 | 7621 | –653 |
| 太仓荣宇混凝土制品有限公司 | 周建太 | 6565 | 92 |
| 苏州金韦尔机械有限公司 | 辛文胜 | 6490 | 1020 |
| 苏州汇洋实业有限公司 | 朱建刚 | 6317 | –1006 |
| 太仓市巨力砼制品有限公司 | 李　杰 | 6316 | –182 |
| 太仓格利索拉精密金属制造有限公司 | 王士青 | 5917 | 102 |
| 苏州安帝尔金属制品有限公司 | Jesse | 5810 | 840 |
| 太仓市永丰有色金属合金有限公司 | 顾培新 | 5707 | 160 |
| 苏州金纬中空技术有限公司 | 何海潮 | 5670 | 543 |
| 太仓欧亚标准板材有限公司 | 袁　康 | 5371 | 278 |
| 苏州舒适家具有限公司 | 汤海清 | 5316 | 105 |
| 苏州鸿仁窗饰有限公司 | 黄介仁 | 5244 | 479 |
| 格林莱特实业（苏州）有限公司 | JeanMarie Naegele | 5064 | 130 |
| 太仓市娄澄无纺制品有限公司 | 陆陈凌 | 5026 | 475 |

说明：收录销售收入 5000 万元以上企业

（张怡亮）

# 沙溪镇

【概况】 沙溪镇东与港区、浮桥镇相连，西与双凤、昆山周市接壤，南与城厢镇毗邻，北接璜泾镇和常熟支塘镇，镇域面积132.14平方公里，辖20个村、8个社区居委会，户籍人口8.33万人，常住人口14.47万人。2016年，沙溪镇实现地区生产总值123.86亿元；公共财政预算收入6.18亿元，较上年增长6.9%；完成全社会固定资产投资42.9亿元。年内，沙溪镇获评江苏省文明乡镇。

【经济发展】 2016年，沙溪镇完成工业总产值252.2亿元，其中规模以上企业工业产值186.6亿元。项目转化成效明显。英利汽配二期、赛业生物等重点项目竣工投产。德国布莱史塔、逢璟新材料等3家市级重点项目主体工程完工。产值超亿元企业31家，其中超10亿元企业4家。生物医药、新材料、先进装备制造三大产业确立主体发展地位，新兴产业产值占比58.6%。悠远环境、中博铁路2家企业完成新三板挂牌股改备案工作。妙管家、振辉化纤、康辉科技等32家技改项目实施，全年完成技改投入18亿元。推进节能降耗，累计能耗较上年下降8.05%。古镇旅游活力显现，全年接待游客70万人次。古镇世界文化遗产申报工作进入文本编制阶段。沙溪镇与上海旅游资源交易中心签订《沙溪古镇景区开发经营协商备忘录》。推出景区内民宿客栈、传统手工艺展示等业态配套项目。乐荫园商务酒店、印溪商务大厦主体完工。房地产健康发展，金溪佳苑、碧桂园珑庭销售良好，荆溪别院、诺丁公馆、韵湖豪庭等房产项目开工。提升开放水平。引进伍友汽配、凡甲新能源汽车零部件等重点项目。全年引进外资项目8个、内资项目172个。完成注册外资3489.07万美元，较上年增长9.7%；实际利用外资2285.34万美元。新增注册内资9.9亿元，实际利用内资14.14亿元。完成外贸进出口总额5.29亿美元。优化资源配置。推进工业用地二次开发，盘活存量土地36.75公顷。加速南部新镇区经营运作，挂牌上市土地5.33公顷。科技创新成果显著，获得授权发明专利116件，省高新技术企业增至29家。安佑集团获评全市唯一的国家级企业技术中心，德威新材获评国家重点研发项目和省重大成果转化项目，金辉化纤获评中国专利优秀奖和省社发项目，8家企业被认定为苏州市企业技术工程研究中心。引进“千人计划”人才1人，获评“姑苏人才”2人。安佑获评省级院士工作站，天宇电子、金辉化纤获评省级研究生工作站。

【载体建设】 2016年，沙溪镇推进园区建设。生物医药产业园核心配套区建成研发孵化楼1.48万平方米，办公酒店1.39万平方米，配套商业9050平方米及人才公寓、专家别墅3.1万平方米。生物医药创业园一期6幢厂房投入使用。园区集聚企业36家，全年实现产值1.8亿元，较上年增长12.5%。园区内落户企业发展顺利。昭衍公司IPO排名96位。金盟生物flexfactory生产平台落成。景卓生物公司研发的Ⅲ类医疗器械皮肤膜项目开始临床试验。赛业模式动物项目进驻投产。岳王科技创新产业园入驻企业87家，规模以上企业26家，全年实现规模以上企业工业总产值24.45亿元。6月，区内平谦（太仓）现代产业园一期7栋高标准单层钢结构厂房竣工启用。重点项目布莱史塔粉末冶金主体工程完工，奥普拉塑料启动厂房装修及设备调试。新材料产业园入驻企业90家，规模以上企业27家，全年实现规模以上企业工业总产值27.74亿元。园区引入平安汽车贸易综合服务产业园和印溪科技创新产业园，重点项目逢璟新材料主体工程完工。

【城乡统筹】 2016年，沙溪镇提高城镇建管水平，完成南部新镇区控制性详规修编。完成白云路南段提档及沙南路东段、仁溪路、起码浜路等道路绿化工程，联通仁溪路、德溪路与太沙路，推动新镇区与市区接轨。东安新村、长寿新村2个老小区综合改造完成。古镇一期污水管网改造完工，老桥修复工程启动，龚氏古宅改造竣工。岳王中心广场改造动工。完善农村基础配套。开展9个农民安置小区基础设施、绿化提档工程。桂花园、半泾新村等6个小区铺设天然气管道。完成镇域保留村庄规划编制，新建三星级“康居乡村”示范点5个。启动新双线、项桥中心线、葛桥线等农路提档工程，全镇农路优良率86.46%。新建彩虹桥12座，拆坝建桥10座。围绕沪通铁路、杨林塘、百万伏特高压等重点项目，开展动迁安置工作，全年评估105户，签约119户，拆迁153户。农房建设规范有序。审批保留村庄建房650户，验收67户；办理安置小区建房535户，验收324户。现代农业发展提速。实施镇工厂化育秧中心、庄西村粮食烘干设备、塘桥农业示范区提档等农业设施项目7个，投资总额3635万元，全部投入运营。新增高标准农田166.67公顷。7个村实施省级农村经营管理项目，合作农场自主经营面积1533.33公顷。粮食生产全程机械化水平83%。农村土地承包经营权确权登记颁证工作基本完成。壮大村级经济。加快“一村两楼宇”项目建设，半泾小区物业房等6个项目完工，总面积2.56万平方米。金溪公司标准化厂房步入市场化运作，与4家企业签订厂房租赁协议。完成村集体资产股权量化固化20个，4个村实行股权分红。规范“两个平台”（农村集体财务监管平台和资产交易管理平台）运行，累计完成资产交易126宗，成交金额580万元。20个村集体总资产合计10.26亿元，实现村均可支配收入739万元，较上年增长10.2%。农民人均可支配收入3.39万元，较上年增长10.4%。

【生态环境】 2016年，沙溪镇环境整治取得实效，完成城乡环境综合整治“百日行动”。全镇整治卫生死角180处、乱堆放995处。规范占道经营、车辆停放、广告设置，查处违章建设行为40起。拆除畜禽养殖场83家、人居大棚184个。整改河道28条。查处清理环保违法违规建设615个，整治燃煤锅炉65台。优化生态环境。完成宏达制酶、丰武光电等企业废气治理项目85个。加强"河长制"责任落实，疏浚河道38条。对七浦塘沿线进行水质排查、跟踪监督，确保企业达标排放。启用镇级资源化处理站。延伸农村生活污水管网和独立设施建设，共建成镇村生活污水主管网67.2公里，农民居住小区独立污水处理设施15座，完成镇建筑垃圾填埋场，建设农村生活污水处理点21个。推进绿色细胞创建，新增绿化4.33公顷。

**【公共服务】** 2016年，沙溪镇完善社会保障。深化就业信息化服务，举办招聘会156期，提供工作岗位7150个，开展社会创业培训3期76人。新增城镇保险扩覆6780人，完成基本医疗保险扩覆6735人、住房公积金扩面901人。建立社会救助主动发现机制。拓展公共服务。推进校舍升级改造重点项目，东安幼儿园迁建工程开工，启动新沙一小及印溪幼儿园建设前期工作。新沙溪人民医院主体完工，进入配套设施建设阶段。完成镇福利中心消防改造工程，新建塘桥、新北日间照料服务中心2个。沙溪新客运站投入运行。沙溪镇图书分馆完成布置，沙溪第一文化书场完成改造并投入运营。举办沙溪古镇首届嘉年华活动，打造中荷村"文化主题公园"、胜利村"中华美德墙"等文明示范点。

**【社会治理】** 2016年，沙溪镇创新社会治理，省行政管理体制改革试点工作通过省考核组评估验收。镇便民服务中心承接运行下放权限3批129项，全年累计受理服务事项6137件，办结率100%。镇综合执法局承接行政处罚权限2批951项。深化"政社互动""三社联动"工作，加快政府职能事项向社会转移。社区服务社会化试点在2个社区开展。社会稳定风险评估。开展"七五"普法活动，加大社会和村（社区）调解组织参与力度，信访量较上年下降28%。开展"两重点一重大"行业企业视频监控试点，完善应急管理运行机制。

**【特色村庄】** 岳星村。沙溪镇岳星村位于沙溪镇东南，东与太星村相邻，西与塘桥村接壤，南接岳王大街，北与浮桥镇三市村交界。经1999年和2004年两次村域调整，与横杨、项门合并，辖区面积5.96平方公里，耕地面积297.33公顷，围塘养殖52公顷，绿化林地34.07公顷。辖村民小组34个，农户662户，户籍人口2520人。辖区内私营企业36家。村党委下设党支部3个，党员149人。2016年，岳星村实现村级经济总收入807万元，村级可支配收入622万元，村级集体总资产3880万元，村民人均可支配收入3.37万元。近年来，先后获得苏州市实践"三个代表"重要思想先进村、苏州市文明村、苏州市"村务公开、民主管理"示范村、苏州市全国亿万农民健康促进先进村、江苏省省级卫生村、江苏省省级生态村、太仓市社会治安安全村、太仓市文明村、太仓市水利建设先进单位、太仓市基层民兵营先进单位等称号。

1月25日，沙溪镇召开2015—2016年党员冬训动员暨骨干培训会议

（徐盛兵 摄）

现代农业发展。岳星村加快现代农业基础设施建设，完成高标准农田水利建设项目，新建管道灌溉泵站13座，其中10寸泵站8座，双个10寸泵站5座，涉及村民小组13个，灌溉面积145.6公顷，通过项目实施提高农田灌溉覆盖面，促进农业增产、农民增收。

抱团合作发展。2016年7月，岳星村与岳王片4个村共同出资成立五鑫蔬果专业合作联社，通过抱团发展，共同开发杨林塘二期岳王地块项目，占地面积9648平方米，建筑面积1.73万平方米，总造价3000万元。建成后通过物业、租赁等方式形成稳定的抱团收入，为村级经济注入新活力。

康居乡村建设。岳星村投入50万元，沙溪镇投入210万元，在双浮公路北侧南泾组、红旗组范围内建成三星级"康居乡村"。在"康居乡村"范围内加宽道路路面，增添路灯，美化房屋，整治环境，建设污水处理、垃圾分类、公厕、停车场等设施，在双浮路通往南泾组道路东侧建造健身场所1处。

环境卫生改善。岳星村加强农村大环境卫生长效管理。加大卫生基础投入，新购压缩式垃圾车1辆，新添垃圾桶200只，新建公厕1座。落实专业队伍抓好日常大环境卫生保洁和河道保洁工作。抓好秸秆禁烧，通过村秸秆禁烧奖惩条例，用村规民约约束村民不文明行为，夏秋两季未发生秸秆焚烧现象。年内，开展"百日整治"专项行动，提高农村环境面貌。

社会事业发展。岳星村落实村重大福利政策，发放前期资产量化分红10.52万元。做好社会保障工作，全年社保亡故慰问22人，生日慰问261人，劳动监察年审企业14家，居民医疗转基本医疗84人，新办居民医疗21人。做好社会救助工作，全村低保户7户、低保边缘户15户、集中五保户2户、农村重残18户。做好老年人关爱工作，给69周岁以上老人购买意外险，70周岁以上老年人送重阳节福利，80周岁以上老人送尊老金，提供居家养老、日间照料服务等工作。

平安与法治建设。岳星村加强人防技防结合，加强巡逻监控，在各主要道路安装视频监控57个，在集中居住小区内安装监控22个，在全村范围内安装巡更点34个。组建专业巡防队、平安志愿者和护村嫂队伍，每天在全村范围巡查。完善调解矛盾体系，聘请法律顾问和驻村律师，成立独立调解室。

渠泾村。沙溪镇渠泾村位于沙溪镇归庄片区，东邻香塘村，西临归庄镇区，南靠凡山村，北与常熟接壤，地理位置优越，交通便利，沪通铁路、市级公路沙鹿路穿村而过，村域面积6.24平方公里，耕地面积300公顷。由渠泾、管泾、苏巷3个村经两轮村域调整合并而成，有村民小组38个，农户840户，在册户籍人口3750人，党员170人。2016年，渠泾村实现村级经济总收入618万元，村级可支配收入495万元，村级集体总资产2043万元，村民人均可支配收入3.68万元。近年来，先后获得江苏省生态村、江苏省卫生村、苏州市平安农机促进新农村建设示范村、苏州市“实践科学发展观、推进两个率先”先锋村、苏州市两星级农民合作社、苏州市三星级康居乡村、苏州市规范化人民调解委员会、太仓市社会治安安全社区、太仓市民主法治示范村、书香社区等称号。

经济发展工作。渠泾村辖区内有镇级工业区和村级工业区各1个，区内共有各类企业130多家。村级集体物业用房面积1.6万平方米。加大五大合作社建设力度，特别是渠泾村聚丰农场专业合作社，入社土地面积160公顷，土地流转面积名列沙溪镇前茅。

现代农业建设。2016年，渠泾村实施粮食烘干中心建设。该项目经市农委、市国土局批准，是沙溪镇2016年度政府实事工程之一，总投资约900万元。项目建设地点为渠泾村30组，面积0.62公顷，建设内容包括粮食烘干中心、粮食仓库和农机库、大米加工中心、农资科技超市、配套晒场，11月底该工程投入使用。完成建设高标准农田161.47公顷，新建泵站2个，沙石路2公里，水泥渠道9000米，投入资金560万元。

康居乡村建设。渠泾村在巩固三星级康居乡村“大湾巷”建设成效基础上，确定“北渔池巷”为2016年度康居乡村建设重点村落，全村加大工作力度，开展一系列康居乡村建设：农户生活污水接管、道路硬化及配套绿化工程，房屋涂白工程；新建休闲健身场1处，新建停车场1处，新增村庄铭牌标示1块，安装路灯25盏，安装高清探头5个。

环境长效管理。渠泾村大环境卫生长效管理工作得到村民支持配合。保洁设施配备齐全，有压缩式垃圾清运车1辆，小型皮卡式垃圾清运车1辆，大型电瓶垃圾清运车1辆，小型电瓶式垃圾车8辆，垃圾桶800只，2016年新增铲车1台。开展城乡环境综合整治“百日行动”工作，开展畜禽养殖等六大项整治活动，拆除猪棚8个，人居大棚8个，关停木材加工3家，小造粒厂3家，清理废品收购点2处，清除暴露垃圾。抓好秸秆禁烧和综合利用工作，夏秋两季未发生秸秆焚烧现象。

社会事业发展。渠泾村开展各项社会保障工作，建立村级劳动社会保障服务中心，为村民的就业、创业提供服务，为村民办理各项社医保业务提供便利，全村劳动力1680人，就业率100%。做好扶贫帮困工作，对村域内困难对象进行调查摸底，了解实际情况，通过纳入低保或低保边缘及临时性救济照顾、年终慰问等社会救助解决村级困难户、贫困户实际问题。做好老年人关爱工作，发放关爱基金，给70周岁以上老人赠送意外险、重阳节福利，给80周岁以上老人送尊老金，提供免费居家养老服务。

**2016年沙溪镇主要经济社会指标表**

表81

| 项目 | 单位 | 数值 | 项目 | 单位 | 数值 |
|---|---|---|---|---|---|
| 地区生产总值 | 亿元 | 123.86 | 出口创汇 | 亿美元 | 4.09 |
| 财政收入 | 亿元 | 12.35 | 三产增加值 | 亿元 | 55.5 |
| 耕地面积 | 公顷 | 6153 | 乡镇公路里程数 | 公里 | 182 |
| 农业总产值 | 亿元 | 12.8 | 电话普及率 | % | 99 |
| 粮食总产量 | 万吨 | 2.72 | 科技人员 | 人 | 8190 |
| 农机总动力 | 万千瓦 | 2.98 | 中小学校 | 所 | 10 |
| 出栏生猪 | 万头 | 4.12 | 在校中小学生 | 人 | 10492 |
| 出栏家禽 | 万羽 | 561 | 在职教师 | 人 | 756 |
| 工业企业 | 家 | 2409 | 开通有线电视 | 户 | 41553 |
| 工业销售收入 | 亿元 | 244.03 | 医院 | 家 | 1 |

续表 81

| 项目 | 单位 | 数值 | 项目 | 单位 | 数值 |
|---|---|---|---|---|---|
| 工业利税 | 亿元 | 14.51 | 卫生室 | 个 | 3 |
| 合同利用外资 | 万美元 | 3014 | 农民人均可支配收入 | 元 | 34757 |
| 实际利用外资 | 万美元 | 2285 | 农民人均住房 | 平方米 | 60 |

## 2016 年沙溪镇各村基本情况表

表 82

| 村名 | 党组织书记 | 村委会主任 | 村集体收入（万元） | 人均可支配收入（元） | 设立时间 | 面积（平方公里） | 户籍户数（户） | 户籍人口（人） | 总资产（万元） |
|---|---|---|---|---|---|---|---|---|---|
| 涂松村 | 沈　怡 | 龚利刚 | 1045 | 33822 | 1983 年 8 月 | 4.53 | 854 | 3550 | 6480 |
| 印北村 | 陈利明 | 邹菊华 | 866 | 35104 | 1983 年 8 月 | 3.68 | 576 | 2192 | 4473 |
| 洪泾村 | 孙燕红 | 闻　斌 | 788 | 33230 | 1983 年 1 月 | 4.20 | 668 | 2597 | 4560 |
| 半泾村 | 王建宏 | 沈建国 | 1460 | 33220 | 1983 年 10 月 | 5.20 | 785 | 2983 | 7222 |
| 中荷村 | 曹　峰 | 徐建新 | 1911 | 35090 | 1983 年 9 月 | 8.20 | 1012 | 4112 | 10860 |
| 松南村 | 魏　强 | 陈卫兵 | 1671 | 36700 | 1983 年 10 月 | 4.81 | 548 | 2330 | 10575 |
| 胜利村 | 汤庆丰 | 王增强 | 925 | 36842 | 1983 年 10 月 | 7.60 | 1146 | 4639 | 8798 |
| 泥桥村 | 蒋洪彬 | 周丽娟 | 695 | 35533 | 2004 年 1 月 | 9.70 | 1487 | 5736 | 4635 |
| 泰西村 | 彭　渊 | 陆建国 | 986 | 36265 | 1983 年 10 月 | 7.65 | 1068 | 3917 | 2962 |
| 虹桥村 | 张卫彪 | 周国清 | 482 | 29920 | 2004 年 4 月 | 7.11 | 1118 | 4032 | 2049 |
| 项桥村 | 张永彬 | 苏利德 | 420 | 33682 | 1983 年 8 月 | 7.16 | 1038 | 3897 | 1795 |
| 庄西村 | 苏庆丰 | 徐　健 | 984 | 33603 | 1983 年 8 月 | 9.20 | 1053 | 3924 | 2742 |
| 凡山村 | 洪　庆 | 洪　庆 | 510 | 33540 | 1983 年 10 月 | 5.69 | 653 | 2606 | 2570 |
| 香塘村 | 龚志昌 | 徐振兴 | 377 | 36134 | 1983 年 8 月 | 2.14 | 244 | 978 | 2086 |
| 渠泾村 | 奚卫明 | 王月明 | 618 | 36800 | 1983 年 3 月 | 6.24 | 831 | 3141 | 2043 |
| 太星村 | 柳文斌 | 陆志豪 | 664 | 36575 | 1982 年 10 月 | 2.12 | 253 | 770 | 12062 |
| 岳星村 | 陈国仪 | 周志杰 | 807 | 33720 | 2004 年 5 月 | 5.96 | 704 | 2459 | 3880 |
| 新建村 | 丁卫清 | 钱建明 | 669 | 31085 | 2004 年 4 月 | 5.40 | 589 | 2225 | 3434 |
| 岳镇村 | 阚伟民 | 阚伟民 | 1112 | 33699 | 1999 年 9 月 | 6.43 | 1037 | 3539 | 4911 |
| 塘桥村 | 王哲峰 | 薛　元 | 808 | 32798 | 2004 年 4 月 | 7.90 | 918 | 3301 | 4471 |

## 2016年沙溪镇骨干企业基本情况表

表83

| 企业名称 | 法人代表 | 销售收入（万元） | 利税总额（万元） |
|---|---|---|---|
| 香塘集团有限公司 | 顾建平 | 389771 | 30900 |
| 江苏德威新材料股份有限公司 | 周建明 | 128310 | 11957 |
| 太仓利泰纺织厂有限公司 | 潘雪平 | 131037 | 1904 |
| 苏州市宏达集团有限公司 | 黄耀臻 | 120488 | 6970 |
| 太仓仲英金属制盖有限公司 | 刘　雄 | 65905 | 10468 |
| 东又悦（苏州）电子科技材料有限公司 | 刘显模 | 53102 | 0 |
| 瑞宏精密电子（太仓）有限公司 | 郑宝瑞 | 35585 | −588 |
| 安佑生物科技集团股份有限公司 | 洪　平 | 32577 | 12029 |
| 凡甲电子（苏州）有限公司 | 游万益 | 32580 | 3553 |
| 中广核三角洲（江苏）塑化有限公司 | 魏建良 | 30953 | 5857 |
| 苏州英利汽车部件有限公司 | 林启彬 | 31292 | 2779 |
| 环琪（太仓）塑胶工业有限公司 | 蔡　环 | 24479 | 4922 |
| 苏州上好佳食品有限公司 | 施学理 | 25245 | 3427 |
| 丰武光电（苏州）有限公司 | 田中肇 | 23067 | −389 |
| 太仓仓松金属制品有限公司 | 李嘉辉 | 26791 | 1601 |
| 创艺卫生用品（苏州）有限公司 | 山田菊夫 | 18996 | 888 |
| 太仓市金世纺织有限公司 | 金祖元 | 18610 | −117 |
| 苏州悠远环境科技有限公司 | 谢　谦 | 15066 | 1675 |
| 太仓安佑生物科技有限公司 | 洪　平 | 17465 | 1895 |
| 爱克（苏州）机械有限公司 | 提莫·希尔顿 | 15468 | 1208 |
| 太仓天宇电子有限公司 | 王春飞 | 15374 | 128 |
| 群耀实业（苏州）有限公司 | 陈顺义 | 14257 | −180 |
| 太仓中博铁路紧固件有限公司 | 林　波 | 18258 | 1319 |
| 苏州一井新型织物有限公司 | 高东贤 | 13262 | 998 |
| 苏州金辉纤维新材料有限公司 | 谈　辉 | 12541 | 1261 |
| 太仓市开林油漆有限公司 | 徐锦明 | 12200 | 1498 |
| 苏州莱尔特清洁器具有限公司 | 支晓峰 | 10925 | 985 |
| 江苏斯穆一碧根柏金属制品有限公司 | 李东明 | 10754 | 1323 |
| 太仓长鸿工程塑胶有限公司 | 李培宏 | 11964 | 1843 |

续表83

| 企业名称 | 法人代表 | 销售收入（万元） | 利税总额（万元） |
|---|---|---|---|
| 太仓市骋贸纺织有限公司 | 张坤良 | 12139 | 120 |
| 太仓市恒兴工艺品有限公司 | 霍华妹 | 9431 | 165 |
| 太仓沪试试剂有限公司 | 张　明 | 9185 | 1687 |
| 太仓市海峰电镀有限公司 | 王海峰 | 8766 | 1958 |
| 太仓市天普化纤有限公司 | 曹彐英 | 8261 | −348 |
| 苏州金马纺织有限公司 | 万解平 | 7958 | 127 |
| 苏州绿香源食品有限公司 | 胡兴兆 | 8447 | 77 |
| 太仓市弘海皮革制品有限公司 | 陈　健 | 8164 | 356 |
| 苏州康辉纺织有限公司 | 王建康 | 8250 | −207 |
| 太仓星盛汽车零部件制造有限公司 | 王　琳 | 8203 | 418 |
| 苏州斯曼尔时装有限公司 | GONG FAN | 7808 | 1268 |
| 太仓久本机械科技有限公司 | 倪利平 | 7739 | 331 |
| 太仓市月生电镀有限公司 | 夏月生 | 7300 | 820 |
| 亿鸿环保机械（苏州）有限公司 | 李伯仲 | 8126 | 2316 |
| 太仓市远舰化纤有限公司 | 陆维新 | 6889 | 78 |
| 苏州明军化纤织造有限公司 | 朱月明 | 5253 | −32 |
| 苏州市万松电气有限公司 | 洪焕松 | 6547 | 889 |
| 优缔精细化工（苏州）有限公司 | 曾裕峰 | 6605 | 292 |
| 太仓市俊达塑化有限公司 | 龚　清 | 6310 | 422 |
| 龙钜超洁净科技（苏州）有限公司 | 蒋宝隆 | 6244 | 943 |
| 太仓市恒力纺织有限公司 | 唐惠元 | 7766 | 550 |
| 妙管家（苏州）日用品有限公司 | 庄启传 | 5962 | 400 |
| 太仓市龙鑫纺织有限公司 | 陆雪英 | 5020 | 249 |
| 苏州亚田超市用品有限公司 | 林熙宰 | 5065 | −139 |
| 苏州多金机械制造有限公司 | 叶震宇 | 5801 | 86 |
| 太仓康盛展示制品有限公司 | 杨碧君 | 5771 | 959 |
| 太仓市康辉科技发展有限公司 | 陈利忠 | 5646 | 752 |
| 苏州中菱金属表面科技有限公司 | 刘旭春 | 5290 | 354 |
| 苏州花仙子环保科技有限公司 | 王珮诗 | 8813 | 411 |
| 太仓市永金纺织有限公司 | 吴晓刚 | 5385 | 197 |

说明：收录销售收入5000万元以上企业　　　　（沈建中）

# 长江口旅游度假区

【概况】 长江口旅游度假区（浏河镇）位于太仓市东南部，东临长江，西连太仓主城区，南沿上海，北靠太仓港，距上海市中心39公里、虹桥机场35公里、浦东国际机场70公里、苏州70公里，苏昆太高速、沿江高速、沪太一级公路、338省道、339省道、浏翔公路直达境内。全区总面积68平方公里，辖8个村、7个社区，总人口约10万人（其中户籍人口4.87万人）。2016年，全区完成地区生产总值89.34亿元，公共财政预算税收收入5.09亿元，全社会固定资产投资35.1亿元。

【经济发展】 2016年，长江口旅游度假区完成工业总产值130.46亿元，工业企业利税、利润分别增长20.55%、34.53%，规模以上企业产值99.06亿元；完成工业固定资产投资12亿元。注册外资1515万美元，到账外资655万美元，引进内资12.58亿元。新兴产业实现产值54.88亿元。梅克卡斯汽车科技、展淼包装等项目签约，帝悦精密科技、洇富泸精密机械等6个市重点项目建设进展顺利，加速器载体加快建设，三樱包装正式投产。完成省企业技术中心1家，申报省级名牌产品2件，获评省著名商标2件。全区完成服务业增加值46亿元，占地区生产总值比重51.5 %。旅游项目取得突破，总投资1100亿元的太仓恒大童世界项目签约。碧桂园开始招商，凤凰城等房地产项目态势良好，希乐城商业综合体完成一期建设。制定《旅游业发展引导资金管理办法》。浏河古镇业态丰富，瓷艺坊、中医养生馆、米酒馆等文化商旅场所建成开放。举办“江海河三鲜美食节”、微电影大赛、“四王气象”学术研讨会等活动。

【科技创新】 2016年，长江口旅游度假区高新技术产业实现产值50.96亿元，占比较上年提高7个百分点。新申报省高新技术企业4家，完成省民营科技型企业15家。新增产学研合作项目15个。申请发明专利355件，授权发明专利82件。申报省工程技术研究中心1家。贯龙公司获省重点研发计划项目立项。新建省级研究生工作站3家，获评省“双创”人才计划2人，姑苏创新创业领军人才2人。

【城乡统筹】 2016年，长江口旅游度假区新增高标准农田162.53公顷。农业机械化水平90%。农作物秸秆综合利用率98%以上。完成土地增减挂钩验收7.13公顷，实施占补平衡项目5个，新增耕地10.42公顷。发放各项涉农补贴467.78万元。完成苏州市“三星级”康居乡村点项目2个。新组建农民专业合作社2家。推进农村土地承包经营权确权登记颁证、农村股份合作制股权量化固化工作。村级财务和集体资产管理“两个平台”运行良好。农村居民人均可支配收入3.07万元。4个农民自建小区基础设施提档，天然气管道接入完成1150户。年内完成动迁签约农户88户、企业18家，东方花园西区安置房开始分房。

【社会治理】 2016年，长江口旅游度假区扩大社保覆盖面，加强扶贫帮困工作。建设滨江花园二期安置房，规范村庄保留点和过渡点农房翻建、规划区范围内个人危旧房修建等管理工作。推进8项政府实事工程。实施“全面两孩”政策。推进“政社互动”“三社联动”，试点开展“邻里家园”创新项目，新建上海假日、东方社区西区等社区工作站2个。启动“七五”普法，“青益坊”志愿服务、“连心家园”失独项目等品牌获得好评。开展安全生产大检查，化解各类社会矛盾。

【特色村庄】 浏南村。浏南村位于浏河镇镇区南侧，东临长江入海口，与崇明岛隔江相望，南与上海市宝山区、嘉定区相邻，北依新浏河，嘉浏路、338省道贯穿全村，交通便利。浏南村于2007年由原浏南村、闸南村、新镇村合并而成，总面积12.9平方公里，有自然村落31个，村民小组62个，农户1913户，户籍人口5502人，党员280人，外来常住人口1万多人。2016年，村级集体总资产4010万元，农民人均可支配收入3.14万元。近年来，浏南村先后获得江苏省文明村、江苏省卫生村、江苏省民主法治村、太仓市级先进基层党组织、太仓市美丽家园示范点、太仓市美丽村庄建设先进单位等称号。

推进“富民强村”。浏南村调整农业产业结构，将原来分散种植模式引入合作社机制，成立浏南农机专业合作社、宝康葡萄合作社、滨江农场专业合作社、浏南劳务合作社。推进土地合法流转，改善农村居住环境。吸引企业投资落户，增加就业岗位，提高农民收入。利用区位优势，开发建设标准厂房等集体资产，加强出租和管理，提高村级经济实力。

加大基础设施投入。浏南村重点

浏河渔港　（2016年4月　初爱民　摄）

围绕村容村貌、道路交通、水利设施改造建设等，推动新农村建设步伐。通过建设老人活动中心、科普活动室、农家书屋于一体的多功能综合楼，为村民提供文化学习、休闲娱乐新平台，促进村民养成良好生活习惯，营造和谐稳定发展环境，提高村民的生活质量和幸福指数。2012年以来，分别创建华家宅、杨家宅三星级康居乡村和瞿家宅一星级康居乡村。

加强党建工作。浏南村开展“聚沙工程”“美丽家园”等创建活动，加强党组织的凝聚力和战斗力，在镇党委、政府领导下，推进“两学一做”学习教育常态化制度化。

新闸村。新闸村东邻长江岸线，西靠新塘管理区，南接新浏河，北至浏家港，338省道、浏浮公路贯穿南北，地理位置优越。2007年5月由原新闸村、苏张村、桃源村合并而成，全村辖区范围9.8平方公里，其中3.5平方公里为镇北部工业区和西部工业区，紧靠338省道，交通便捷。全村有村民小组67个，人口5135人，其中60岁以上老人1560人，建有党支部6个，党员248人。全村共有耕地面积267公顷，农业规模经营户8户，农场专业合作社3个，租赁企业、门面52家。2016年，农民人均可支配收入3.07万元，村可支配收入453万元。近年来，新闸村先后获得江苏省卫生村、江苏省文明村、苏州市文明村、苏州市示范村、太仓市文明村和太仓市级“党建工作示范点”、太仓市级“乡风文明示范村”等称号。

新闸村以发展农业为主，2013年至2016年，分别建设原桃源村片区和原苏张村片区高标准农田30.66公顷、33.33公顷，以小麦、水稻为主要作物，村委会负责统筹高标准农田经营，由村合作农场进行统一流转和具体运营。2016年，新闸村重新整合现有土地资源，扩大合作农场经营规模，与镇农技站合作，尝试龙虾、水稻混养，加强农产品销售种类，增加创收途径。

随着城乡一体化和旅游度假区建设步伐加快，新闸村在做好集中居住的同时，在新型农民集中居住小区建设文体场所，经常性安排文艺演出活动，满足村民精神文化需求。每年投入资金，对村庄环境保洁长效化管理，改善农村居住环境，提高农民生活质量。

新闸村打造党建服务品牌，做好村级党建和党员管理工作，在开展“聚沙工程”“党员中心户”“定岗定责”“双向承诺制”等活动基础上，开拓全村党员联系和服务群众的工作新格局。

### 2016年长江口旅游度假区主要经济社会指标表

表84

| 项目 | 单位 | 数值 | 项目 | 单位 | 数值 |
|---|---|---|---|---|---|
| 地区生产总值 | 亿元 | 89.34 | 在校学生总数 | 人 | 4153 |
| 财政收入 | 亿元 | 12.92 | 出栏生猪 | 万头 | 2.50 |
| 耕地面积 | 公顷 | 3085 | 出栏家禽 | 万羽 | 16.52 |
| 农业总产值 | 亿元 | 3.50 | 工业企业 | 家 | 987 |
| 粮食总产值 | 万吨 | 1.05 | 工业销售收入 | 亿元 | 125.31 |
| 农机总动力 | 万千瓦 | 1.33 | 工业利税 | 亿元 | 8.72 |
| 实际利用外资 | 亿美元 | 0.07 | 合同利用外资 | 万美元 | 1553 |
| 三产增加值 | 亿元 | 46.01 | 在职教师 | 人 | 293 |
| 商品零售总额 | 亿元 | 1.22 | 开通有线电视 | % | 100 |
| 镇村主干道 | 公里 | 262 | 医院 | 个 | 2 |
| 电话普及率 | % | 100 | 卫生室 | 个 | 16 |
| 科技人员 | 人 | 5243 | 农民人均可支配收入 | 元 | 30382 |
| 中小学校 | 所 | 3 | 农民人均住房 | 平方米 | 81 |

## 2016 年长江口旅游度假区各村基本情况表

表 85

| 村名 | 党组织书记 | 村委会主任 | 村集体收入（万元） | | 人均可支配收入（元） | 设立时间 | 面积（平方公里） | 户籍户数（户） | 户籍人口（人） | 总资产（万元） |
|---|---|---|---|---|---|---|---|---|---|---|
| | | | 总收入 | 可支配 | | | | | | |
| 浏南村 | 周忠兵 | 唐玉泉 | 841 | 822 | 31400 | 2007 年 5 月 | 12.90 | 1913 | 5502 | 4010 |
| 东仓村 | 仇仕良 | 仇　刚 | 2770 | 2764 | 32400 | 2007 年 5 月 | 2.97 | 652 | 2398 | 11190 |
| 何桥村 | 徐栋梁 | 陆　健 | 458 | 313 | 29000 | 2007 年 5 月 | 8.50 | 970 | 3505 | 4235 |
| 新闸村 | 李　伟 | 顾解龙 | 584 | 453 | 30700 | 2007 年 5 月 | 9.80 | 1832 | 4878 | 4000 |
| 闸北村 | 杨志刚 | 李宝良 | 408 | 328 | 29600 | 2007 年 5 月 | 7.92 | 2120 | 5952 | 4202 |
| 万安村 | 唐维青 | 严利明 | 686 | 376 | 28700 | 2007 年 5 月 | 8.20 | 1206 | 3895 | 2200 |
| 张桥村 | 陈宝国 | 马宏飞 | 739 | 500 | 32000 | 2007 年 5 月 | 8.40 | 1474 | 4920 | 6647 |
| 新塘村 | 顾红彬 | 沈建新 | 370 | 305 | 31500 | 2007 年 5 月 | 2.60 | 621 | 1832 | 4302 |

## 2016 年长江口旅游度假区骨干企业基本情况表

表 86

| 企业名称 | 法人代表 | 销售收入（万元） | 利税总额（万元） |
|---|---|---|---|
| 苏州巨能发电配套设备有限公司 | 潘耀东 | 104951 | 11093 |
| 江苏保捷锻压有限公司 | 吕景林 | 93536 | 4290 |
| 太仓敬富塑胶制品有限公司 | 黄世彰 | 46145 | 7621 |
| 三樱包装(江苏)有限公司 | 陈子荣 | 37110 | 995 |
| 苏州兴亚钉业有限公司 | 何永兴 | 31496 | –452 |
| 苏州铃兰卫生用品有限公司 | 国枝靖弘 | 29136 | 4083 |
| 苏州永丰装饰材料有限公司 | 张殿成 | 28419 | 431 |
| 苏州双鸿服饰有限公司 | 黄丁其 | 27712 | 765 |
| 星光印刷（苏州）有限公司 | 田　诚 | 25592 | 1414 |
| 苏州久鋐电子有限公司 | 张江忠 | 24288 | 5578 |
| 奇兴家居（太仓）有限公司 | 顾品兴 | 22524 | 3055 |
| 苏州金凡智能机床有限公司 | 冯乐豪 | 20610 | 976 |
| 太仓长顺纸业有限公司 | 白希国 | 19552 | 236 |
| 太仓海嘉车辆配件有限公司 | 张　晓 | 19279 | 1490 |
| 太仓市华鼎塑料有限公司 | 范兴华 | 19250 | 2725 |
| 太仓科益精密模塑股份有限公司 | 曾荣源 | 18452 | 1974 |
| 江苏宇兆能源科技有限公司 | 王建安 | 16426 | –1941 |
| 太仓力九和塑胶工业有限公司 | 姚聪明 | 13670 | 3477 |

续表 86

| 企业名称 | 法人代表 | 销售收入（万元） | 利税总额（万元） |
|---|---|---|---|
| 太仓海祥家具有限公司 | 李德忠 | 13618 | 1298 |
| 苏州东力机电工业有限公司 | 林义杰 | 12482 | 1844 |
| 太仓美事得时装有限公司 | 于建林 | 12330 | 674 |
| 伊藤喜（苏州）家具有限公司 | 西谷和彦 | 12045 | –103 |
| 太仓优尼泰克精密机械有限公司 | 夏源涛 | 11291 | 5472 |
| 苏州佛朗尼齐拉服饰有限公司 | 黄丁其 | 10291 | 383 |
| 太仓乐盈纸业有限公司 | 陈永平 | 9984 | 645 |
| 苏州群鸿服饰有限公司 | 黄丁其 | 9862 | 64 |
| 苏州泰利电器照明制造有限公司 | 黄正明 | 9033 | 539 |
| 太仓市新星轻工助剂厂 | 卢钦能 | 8473 | 2683 |
| 康峰（苏州）纸品有限公司 | Jose Luis Artiga Perez | 8240 | 701 |
| 太仓市意欣塑胶有限公司 | 宣秋兴 | 7402 | 154 |
| 苏州宜安诺包装科技有限公司 | 俞春雷 | 6808 | 423 |
| 铁王数控机床(苏州)有限公司 | 李炉堂 | 6797 | 72 |
| 苏州柏恩氏电子有限公司 | 吉村洋一 | 6760 | 1145 |
| 太仓英硕空调材料有限公司 | 张靖敏 | 6043 | 773 |
| 太仓华峰机电设备有限公司 | 施　宇 | 6005 | 325 |
| 苏州丹格韦实业有限公司 | HUI HOWARD HONG | 5466 | 174 |
| 吉翔宝（太仓）离型材料科技发展有限公司 | 於险峰 | 5214 | 164 |
| 平和（苏州）商业设备有限公司 | 黄太平 | 5006 | 66 |
| 太仓市新创机电有限公司 | 郭向红 | 5002 | 873 |

说明：收录销售收入5000万元以上企业

（顾　爽）

# 浮桥镇

【概况】 浮桥镇位于太仓市东部，东临长江，处于太仓港经济技术开发区中心腹地。镇域面积145平方公里，户籍人口7.35万人，常住人口13.2万人。辖浏家港、金浪2个办事处，11个村、6个居民社区、6个涉农社区。2016年，浮桥镇实现地区生产总值58.05亿元，完成公共财政预算税收收入3.49亿元，较上年增长15.8%。

【经济发展】 2016年，浮桥镇完成工业总产值100.8亿元，其中74家规模以上企业实现产值74.8亿元，完成利税1.9亿元，分别占全镇比重74.2%和86%；完成固定资产投资9.01亿元，较上年增长3.7%；完成进出口总额4.78亿美元；完成服务业增加值27.15亿元。33家企业产值超5000万元，其中14家超亿元。招商态势保持良好，全年引进内资项目189个，新增注册内资6.67亿元，完成注册外资1亿美元，实际利用外资1.17亿美元，完成个私注册净增30亿元，增长109%。着力创新驱动发展，申报省重点研发计划项目2个，获批高新技术企业6家，申报发明专利344件，授权发明专利43件，高新产值占比24.5%。

【城乡统筹】 2016年，浮桥镇完成动迁评估200户、签约228户、腾房180户，完成签约搬迁企业（含个体工商户）18家。重点区域重点突破，新港城核心区完成签约16户，腾房13户，完成签约搬迁企业（含个体工商户）7家，和平路实现贯通，沪通铁路完成搬迁5户，建红社区16组完成腾房搬迁14户。安置工作稳妥高效，

11 月 18 日，浮桥镇与农发集团举行农业发展合作框架协议签约仪式，标志太仓首个新型高标准农贸市场落地 （刘长安 摄）

安置各类公寓房 103 套、宅基地 260 户，新增土地换保障 339 人，发放安置费 900 万元。提档升级现代农业。委托南京农业大学编制《浮桥镇现代农业“十三五”规划》，镇级现代农业园区粗具雏形。长江蟹申报国家地理标志产品。加快富民强村步伐。完成土地承包经营权确权登记 15 个村、7812 户农户，完成全镇 17 个村及涉农社区股权固化工作。各村集体总资产 5.05 亿元，村集体平均稳定性收入 479 万元，较上年增长 9.9%，农民人均可支配收入 3.01 万元，较上年增长 7.75%。土地集体流转总面积 2266.67 公顷。夯实基础设施。完成杨林高标准农田三期工程及道路提档工程，新建高标准农田 192.13 公顷。新建水利泵站 12 座，维修改建桥梁 17 座，疏浚河道 73 条，清淤土方 44 万立方米。

**【生态环境】** 2016 年，浮桥镇市容秩序整治围绕飞马路、新港路、龙江路以及镇中街、中兴街等重点路段，加大整治，加强管控。清除乱张贴（涂写）1900 处，疏散流动摊位 430 个，整改占道经营 288 例，清理垃圾堆放点 24 处，拆除破损户外广告 133 处。村庄环境整治以“村容持续改善，环境不断优化”为目标导向，完成卫生死角、建筑垃圾、乱堆乱放整治 417 处，完成农村户厕提档改造 412 户，整治豆腐作坊 15 家，拆除人居大棚 36 户，整顿非法塑料造粒及木材加工厂 15 家。畜禽养殖整治以禁养区及环境影响较大、群众反映突出的养殖场为重点，清栏生猪 3.62 万头、羊 3082 只、牛 1931 头、禽 12.38 万羽，拆除养殖场 120 家，拆除棚舍面积 17.04 万平方米，复耕土地 14.66 公顷。通过日常巡查、举报受理等，方式关注辖区内建筑垃圾、工程渣土动向，查处偷倒垃圾、渣土、建筑垃圾抛洒和违章运输等行为 28 起，清理偷倒积存垃圾 13 处，清理无证废品回收站点 43 个。河道及沿江环境整治重点解决河道淤塞、水系不畅通、河水黑臭等群众反响强烈问题，完成河道整治 50 条 20 公里，拆解或驱离沿江违停船只 265 艘，清理内河杂船 39 艘。工业污染整治严肃查处工业企业违反环保法律法规行为及生产过程中产生的废水、废气、噪声、固体废物、辐射等环境污染问题，完成重点产废单位专项整治 14 家，燃煤锅炉整治 40 家，挥发性有机物整治 7 家，淘汰落后产能 8 家，清理已批未验项目 126 家。

**【公共服务】** 2016 年，浮桥镇 8 项实事工程进展顺利，农业基础设施提升工程、六尺社区书场等文体惠民工程、金浪中学等教育设施提升改造工程完成；牌楼小区水利优化主体工程完工；老闸新华路翻建工程完成工程总量 70%；新城农贸市场选址确定，建设方案进一步完善；推进牌楼卫生院配套设施建设工程；老镇区影剧院地块改造启动施工，中兴街绿化工程基本完成。城镇职工社会保险、城乡居民养老保险和医疗保险覆盖率保持 95% 以上。推进社医保扩覆面工作，新增城保 7000 人、医保 6500 人，医保报销 830 万元，惠及 4918 人。完善弱势群体保护机制，发放救助慰问金 1089 万元。健全养老服务体系，在全市率先推行日间照料中心社会化管理。搭建就业创业平台，完善就业、创业服务体系，全年开设招聘会 91 场，提供岗位 5.5 万个。

**【社会治理】** 2016 年，浮桥镇新登记社会组织 35 家，成功申报市级公益创投项目 11 个。立足源头防控，完善信访和矛盾纠纷多元化解机制，建立“五位协同”调解机制，排查化解矛盾纠纷 346 起，调处市委书记（市长）信箱、市信访局转办、“12345”便民服务热线等各类信件 1434 件。加强平安法治建设，开展“七五”普法工作、“法润太仓春风行动”等活动，新增治安探头 374 个，打击违法犯罪活动，各类治安案件数较上年下降 10%。坚持教育优先，开展以小太阳幼儿园加固及消防提升改造工程为代表的校舍升级工程。举办“和为贵”邻里文化节、“七一颂”文艺会演、三家市乡村马拉松等活动，弘扬和谐文化，丰富群众精神文化生活。

**【特色村庄】** 方桥村。方桥村位于浮桥镇西侧，村域面积 6 平方公里，东靠沿江公路，西靠浮桥镇三市村，南与沙溪镇太星村接壤，北依戚浦塘。协星公路、双浮公路贯穿全村，交通便利。全村耕地面积 267.13 公顷，下辖 33 个村民小组，农户 515 户，户籍人口 1823 人，党员 121 人，企业 26 家。2016 年村级总资产 1830 万元，农民人均可支配收入 3.28 万元，村级稳定性收入 486 万元。方桥村发展和壮大村级经营主体，成立方家桥农产专业合作社、方桥村劳务合作社、方桥村土地股份合作社、方桥村农机合作社、方桥村粮食合作社。

方桥村以农业为主，农户流转土

6月18日，浮桥镇举办“和为贵”邻里文化节启动仪式　　（李华　摄）

地226.67公顷，村内建造高效设施大棚基地、高标准农田改造项目、泵站6座、水泥渠道等，农场尝试新型农业种植方法，研发种植无公害水稻田（从种植到收割，不打药水、不洒农药，全部采用绿色种植）4公顷。2013年，申报建造草莓大棚基地10公顷，农场产品多样化，包括水稻、芋头、压榨菜籽油、优质大米、草莓等产品。方桥村加大对基础设施和公益事业投入，提高村容村貌、人居环境。村级道路硬化100%，农村改厕完成率95%以上，全村60岁以上老年人实行合作医疗村全额补助，村户籍农户子女考取本一、本二及名校给予奖励。近年来，方桥村先后获得江苏省卫生村、江苏省三级档案室、“全国亿万农民健康促进行动”苏州市先进村、太仓市农村环境建设先进单位、苏州市新农村建设示范村等称号。

牌楼（涉农）社区。浮桥镇牌楼（涉农）社区于2012年12月由牌楼村、杨林村、牌楼社区合并而成。辖区范围东至新港花苑社区，西与沙溪镇新建村毗邻，南至丁泾村、浏河镇万安村，北与新邵村相连。沪浮璜公路、新港公路、协星公路、牌九公路纵横贯穿，交通便捷，地理位置优越。社区有15个涉农村组、12个居民小区、3个联体居民小区（单体2000户和联排500户），常住人口1.2万人，设党支部10个，党员407人，区域面积12.4平方公里，耕地面积380.53公顷，合作农场高标准农田一期、二期共271公顷。2016年，农民人均可支配收入3万元，村级稳定性收入300万元。近年来，牌楼（涉农）社区先后获得先进基层党组织、文明社区、先锋村、美丽家园示范点等称号。

2013年，牌楼社区成立林港农业专业合作社，自主经营杨林高标准一期农田97.33公顷，投入建设排水灌溉设施、田间道路硬化、农机库等工程。太仓市中央财政高标准农田水利建设示范重点县项目分别于2013年和2014年在杨林建立覆盖农场的泵站11个，实现常态化管理。2016年，牌楼社区联合佳稼农资公司在农场设立站点，聘请人员监管承包出租的土地施肥，做到统一发放肥药、统一管理药袋、药瓶回收。农场推进农业机械化，先后增添中型拖拉机8台、插秧机8台、收割机3台、大型激光平整机1台、植保机1台。2014年，农场利用劳务合作社人员，成立民众劳务合作社。

## 2016年浮桥镇主要经济社会指标表

表87

| 项目 | 单位 | 数值 | 项目 | 单位 | 数值 |
|---|---|---|---|---|---|
| 地区生产总值 | 亿元 | 58.05 | 镇村主干道 | 公里 | 49520 |
| 财政收入 | 亿元 | 8.03 | 电话普及率 | 部／百人 | 86 |
| 耕地面积 | 公顷 | 4359 | 科技人员 | 人 | 2030 |
| 农业总产值 | 亿元 | 10.62 | 中小学校 | 所 | 8 |
| 粮食总产量 | 万吨 | 3.38 | 在校中小学生 | 人 | 7295 |
| 农机总动力 | 万千瓦 | 2.48 | 在职教师 | 人 | 470 |
| 出栏生猪 | 万头 | 4.26 | 开通有线电视 | 户 | 25520 |
| 出栏家禽 | 万羽 | 54 | 医院 | 家 | 6 |
| 工业企业 | 家 | 1405 | 卫生室 | 个 | 25 |
| 工业销售收入 | 亿元 | 104.70 | 医保普及率 | % | 99.9 |

续表87

| 项目 | 单位 | 数值 | 项目 | 单位 | 数值 |
|---|---|---|---|---|---|
| 工业利税 | 亿元 | 2.20 | 年末存款余额 | 亿元 | 63.05 |
| 出口创汇 | 亿美元 | 2.10 | 人均储蓄存款 | 元 | 71520 |
| 三产增加值 | 亿元 | 27.15 | 农民人均可支配收入 | 元 | 30142 |
| 商品零销总额 | 亿元 | 27.16 | 农民人均住房 | 平方米 | 80 |

## 2016年浮桥镇各村（涉农社区）基本情况表

表88

| 村（社区）名 | 党组织书记 | 村（居）委会主任 | 工农业总产值（万元） | 人均可支配收入（元） |
|---|---|---|---|---|
| 浮桥村 | 黄觉明 | 孙继青 | 31825 | 33691 |
| 七丫村 | 展益峰 | 钱　健 | 15060 | 25864 |
| 方桥村 | 陆叶青 | 陈奔波 | 10250 | 32651 |
| 时思村 | 闻　健 | 纪秀琴 | 87950 | 30638 |
| 浪港村 | 顾忠强 | 庄文迪 | 9520 | 32876 |
| 绿化村 | 徐君敏 | 陆清平 | 9025 | 31640 |
| 三市村 | 沈益飞 | 陆建军 | 6352 | 32429 |
| 茜泾村 | 吴海雄 | 严星宇 | 30582 | 31066 |
| 马北村 | 钱海强 | 闻国强 | 20402 | 27294 |
| 丁泾村 | 张国红 | 陈　超 | 20989 | 35187 |
| 新邵村 | 支逢春 | 傅青松 | 10250 | 28671 |
| 九曲社区 | 陈志强 | 张　耀 | 45252 | 28267 |
| 时思社区 | 陆利平 | 高　峰 | 31254 | 29043 |
| 老闸社区 | 陆利兵 | 陆明艳 | 6258 | 28309 |
| 建红社区 | 沈伟刚 | 费福康 | 4118 | 27829 |
| 浮南社区 | 凌卫国 | 陈永兴 | 4860 | 26870 |
| 牌楼社区 | 单丽婷 | 顾海兵 | 31856 | 30563 |

## 2016年浮桥镇骨干企业基本情况表

表89

| 企业名称 | 法人代表 | 销售收入（万元） | 利税总额（万元） |
|---|---|---|---|
| 怡球金属资源再生（中国）股份有限公司 | 黄崇胜 | 128133 | -5922 |
| 太仓市金鹿电镀有限公司 | 支建明 | 23016 | 4157 |
| 太仓金汇再生资源有限公司 | 杨　柳 | 22729 | 335 |
| 格瑞夫（太仓）包装有限公司 | 蔡志荣 | 21575 | 3435 |

续表 89

| 企业名称 | 法人代表 | 销售收入（万元） | 利税总额（万元） |
|---|---|---|---|
| 太仓双胞胎饲料有限公司 | 邓书甄 | 20298 | 562 |
| 太仓巨仁光伏材料有限公司 | 徐春玲 | 19007 | 4054 |
| 鼎泰铝业科技（太仓）有限公司 | 洪玉环 | 16763 | 2117 |
| 苏州袞麟光电科技产业有限公司 | 黄　强 | 12758 | 436 |
| 中广核三角洲（苏州）高聚物有限公司 | 魏建良 | 11659 | 3883 |
| 美轮运动器材（太仓）有限公司 | 涂进锡 | 9627 | 60 |
| 太仓市华夏电镀有限公司 | 陈耀祖 | 9308 | 950 |
| 速的奥（太仓）实业有限公司 | 艾　迪 | 8077 | -452 |
| 盛兴环保资源（太仓）有限公司 | 张华容 | 7944 | 162 |
| 佳顺工程塑胶（太仓）有限公司 | 涂　敏 | 7908 | 115 |
| 江苏泰昌电子有限公司 | 朱锦良 | 7806 | 1060 |

（童　琛）

# 璜泾镇

**【概况】** 璜泾镇位于太仓市东北部，镇域面积83.55平方公里，设王秀、鹿河2个管理区，辖13个村、4个社区，户籍人口4.6万人，流动人口约3.7万人。2016年，璜泾镇实现地区生产总值106.24亿元，完成公共财政预算收入2.69亿元，工业总产值276.4亿元，经济总量位居全市乡镇第一。完成全社会固定资产投资42.8亿元，引进内资新增注册资本10.09亿元，个私经济注册资本净增11亿元，实现进出口总额1.41亿美元，其中出口额1.27亿美元，农民人均可支配收入3.7万元。

**【经济发展】** 2016年，璜泾镇经济发展稳中向好，全年工业总产值276.4亿元，其中规模以上企业工业总产值207亿元。规模以上企业利税、利润分别实现4.17亿元和2.28亿元，较上年增长36.7%和42.7%。年内，15个亿元以上重点工业项目竣工8个。申久全涤家纺3万平方米厂房竣工投产，形成坯布产能6000万米，完成利税3240万元。天丝利塑化、荣文库柏等新兴产业完成产值45亿元，碧桂园项目落户南部新城，服务业增加值占地区生产总值比重34.37%。全年完成技改投入8亿元，涉及项目36个。引进国家“千人计划”专家落户项目1个。完成发明专利申报346件，完成产学研合作项目20个。中润科技与苏州大学联合申报项目通过省立项。荣文库柏获批苏州市级工程中心，建立太仓唯一一个“苏州大学国家技术转移中心（璜泾）科技服务驿站”。

**【载体建设】** 2016年，璜泾镇推动工业园区建设，实现蒸汽、天然气大范围覆盖，解决沿线企业蒸汽、天然气接管问题。推进220千伏变电站项目。年内，被列为市发改委重点项目8个，总投资22亿元。其中，嘉璜工业一期4.57万平方米交付使用，荣文库柏迁建项目于年底竣工投产。截至年底，工业园区入驻企业21家，实现产值40亿元。璜泾镇现代农业园区推进万亩高标准农田建设，建设新型智能化设施大棚。现代农业园直销中心接待旅游团3万余人次，电子商务销售30万元。年内，现代农业园投入150万元运用物联网技术升级园区基础设施，建成农业现代化管理系统，产出的农产品绿色可溯源。现代农业园配备视频监控、温光水气肥数据采

农村新貌　　（2016年5月　姚建平　摄）

集、智能肥水一体化设备、小型气象站、现代化大棚等智能化设备。

**【城乡统筹】** 2016年，璜泾镇继续实施“东融港区、西兴三农、南建新镇、北强工业、中心提档”空间发展战略。新镇区投入2.47亿元，拓展核心区域面积98公顷，道路、管网、绿化等配套设施及邻水景观建设同步跟进。老街改造成效明显，园林路被命名为苏州市容管理示范路。推进农民集中居住小区基础设施提档升级，雅鹿、新华等小区服务中心完工。派出所、交警中队、城管中队、秩序办等迁建工程基本完工。优化主干路网，湘杨路、纬七路等新建工程竣工，沙鹿路、崇文路等道路改造工程完成，怀仁路改造案例被《人民日报》头版头条报道。细化城镇管理，数字城管二级平台建成并投入使用，安装治安监控高清探头644个，实现镇域覆盖。“三农”工作成效显著，推进土地流转、高标准农田、合作农场“三个全覆盖”工作，完成土地流转面积3440.53公顷，投入4800万元建设高标准农田2133.33公顷、合作农场2478公顷。各类农村合作经济组织86个，被评为整镇创建国家级粮食高产示范区。农业园区发展迅速，建成农产品直销中心、保鲜库等配套设施。完成建设省级“美丽村庄”示范点2个及三星级康居乡村点8个。深化农村集体资产产权制度改革，完成1.2万户农户4000公顷土地确权登记颁证和13个村股份合作社股权量化工作。完善农民集中居住小区基础设施，完成荣文小区供电、供水配套工程。完善村庄基础设施，投入1632万元改造农村道路67公里，投入2960万元新建彩虹桥51座、农桥122座。全镇农民人均可支配收入37034万元，连续十年位居全市乡镇第一。

**【生态环境】** 2016年，璜泾镇改善生态环境，成立全市首个镇级环境保护委员会。镇、村两级配备保洁员300余人，各类设备56台（辆），垃圾转运“璜泾模式”全市推广，通过国家卫生镇复检。投入1363万元新增绿化面积215.33公顷。实施“畅流工程”，完成183条河道整治工作，投入4850万元，疏浚河道226公里，清除淤泥265.4万立方米。涉及9个村1536户污水管网及独立设施建设工程按序实施。推进“蓝天工程”，淘汰落后产能，开展蒸汽接管和锅炉整治工作，完成61台锅炉提标改造，取缔小塑料造粒、小开毛企业60家。完成环境综合整治“百日行动”六大类187项1000个整治点，建立健全长效管理机制30项。

**【公共服务】** 2016年，璜泾镇发展各项社会事业，健全社会保障，扩大社保覆盖面，参保人数4.78万人。建立“互联网＋电子商务”创业新模式，为155人申请创业贷款2055万元。做好劳动争议处理，协调解决劳资纠纷、仲裁、工伤754起，涉及人员1643人，金额4131.1万元。推进社会救助工作，发放各类固定民政对象经费5777.56万元，尊老金1129.48万元，双拥优待金499.08万元，全镇居家养老服务对象1580人。成立苏州市首家“残疾人创业就业促进会”。15家老年人日间照料中心在全镇实现覆盖。做好“全面两孩”新政实施，计生政策、规范落实率100%。推进民生工程，抓好56项民生实事工程建设，全民健身中心、图书馆等对外开放，璜泾医院扩建、鹿河幼儿园新建、荣文中学加固、王秀小学改造等工程完工。

**【社会治理】** 2016年，璜泾镇开展依法行政，推进“政社互动”“三社联动”，行政管理与群众自治有效衔接、良性互动。法治宣传工作推陈出新，先后开展“光明万家·法润太仓春风行动”“家在璜泾·普法惠民”大巡讲等系列活动。公共法律服务、民主法治村（社区）等实现覆盖。健全社会矛盾调解、防控体系，深入镇村两级综治中心、“六有六无”（有综治组织机构、有矛盾化解力量、有人防技防物防、有多元服务管理、有网格信息数据、有规范保障机制，无重大治安和民转刑案件、无进京非访越级集访、无社区矫正和刑释解教人员重新犯罪、无违法犯罪活动场所、无公共安全事故、无“两委”主要负责人违法犯罪）平安村建设，全镇人民调解调处率、信访办结率100%。

**【特色村庄】** 孟河村。孟河村位于璜泾镇西南部，东临338省道，北靠太海汽渡，建王路、包建路、湘杨路贯穿辖区。村域面积7.8平方公里，耕地面积448公顷，由建华、孟河、包桥、伍胥4村合并而成，辖村民小组52个，户籍人口3447人，党员180人，小企业18家。2016年，村级集体总收入542万元，人均可支配收入3.49万元。近年来，孟河村先后获得江苏省文明村、江苏省苏州市美丽乡村示范点、苏州市社会主义新农村示范村、苏州市文明村、太仓市现代农业先进单位、太仓市勤廉文化建设示范点等称号。

美丽乡村建设。孟河村以贤德为主题，结合以“文化人贤，德润人和”为精髓的乡村文化建设和“美丽家园”示范户评比活动，开展以“文化孟河、宜居民和”为目标的美丽村庄建设。2016年，重点对吴家湾自然村落及周边区域（6个组别，农户120户）作为特色样板示范村庄进行建设。以吴家湾苗木基地周边为核心，开展污水处理、卫生整治、环境景观整治、农房整治、路灯建设、垃圾收运系统建设、公厕建设、道路建设、标志标牌建设等，提升村庄环境基础建设。打造美丽村庄特色产业，合理开发农业资源，发展高效农业，培养具有地方特色的“名、特、优、新”农产品，形成以自然资源、农耕文化、田园风光为主，寓观光旅游、采摘体验、科普教育、餐饮娱乐、休闲度假等功能与一体的农业乡村旅游综合基地。发动全民参与，打造特色文化园。吴家湾种植花木26.66公顷，提升原有田园风貌。对周边民居房屋进行外立面改造，一年四季以不同鲜花为主题，打造“幸运花海”吴家湾农旅项目。美丽乡村吴家湾完成包括公共服务设施建设、基础设施建设、环境及卫生整治及农房建设等项目9个，投入800万元。

现代农业建设。孟河村打造“一村一品”，彰显村庄特色，发挥水稻生态补偿功能，发展生态农业。2016年，在湘杨路两侧建设高标准农田66.67公顷，提档升级农业生产设施，建设育秧大棚1.33公顷。争取稻麦全程机械化试点、中央财政支持农业技术推广等项目，提升农业基础设施建设。突出品牌效应，培育特色农产品。打造“梦里果香”品牌，以璜泾大米、菜油、红心火龙果、西瓜、香瓜、草莓等农副产品为主力，培育具有孟河特色“名、特、优、新”农产品。组织开展亲子采摘等活动吸引消费者，设计专门品牌包装，参加各级农产品展销会、品鉴会进行推介，提高品牌影响力。

贤德文化创建。2016年，孟河村建设以贤德为主题的文化园，占地1500平方米，投资60万元，包括综治平安、法治宣传、廉勤小故事、美丽乡村、社会主义核心价值观、贤德好人、贤德活动等7个部分，宣传村内大小事项及好人好事等，让村民参观学习。

经济发展工作。孟河村有各类企业18家。村级集体物业用房面积3000平方米。孟河村加大五大合作社建设力度，惠勤农场专业合作社有入社土地面积232公顷，土地流转面积名列璜泾镇前茅。

环境长效管理。孟河村环境长效管理持续向好，保洁设施配备齐全，拥有压缩式垃圾清运车2辆，铲车1台，垃圾桶700只。配合“百日行动”工作，开展人棚混居、畜禽养殖等6大项整治活动，清除暴露垃圾，拆除奶牛场1家、猪棚25个、人居大棚7个，关停无证门窗喷漆厂1家。抓好秸秆禁烧和综合利用工作，夏秋两季未发生秸秆焚烧现象。

社会事业发展。孟河村开展各项社会保障工作，建立村级劳动社会保障服务中心，为村民就业、创业提供服务，为村民办理各项社医保业务提供便利，全村劳动力1693人，就业率100%。做好扶贫帮困工作，通过纳入低保或低保边缘及临时性救济照顾、年终慰问等社会救助解决村级困难户、贫困户实际问题。做好老年人关爱工作，发放关爱基金，给80周岁以上老人赠送意外险和重阳节福利，发放尊老金,提供免费居家养老等服务。

永乐村。永乐村位于璜泾镇东部，区域面积7.03平方公里，有村民小组42个,农户748户,总人口3164人，其中外来人口2564人。2016年村级可支配收入720万元，农民人均可支配收入3.71万元。近年来，永乐村围绕“推动物质文明、精神文明两个上台阶”开展各项工作，加大土地流转和农业设施建设力度，扩大“乐鲜生”特色农产品品牌效应，打造“诚信永乐•幸福家园”主题公园，创立“乐意”助学公益金，先后获得省民主法治示范村、省卫生村、省生态村、苏州市文明村、太仓市勤廉文化示范点等称号。

集体经济发展。永乐村依托区位优势，发展集体经济，发挥基础设施完备、土地流转有序等优势，通过出租集宿楼、收取工业用地租金等多种方式增加集体经济收入来源。2016年，自主经营农场收益190万元，推行第三方代理记账，强化集体资产管理，提升村级财务工作水平。

现代农业壮大。2016年，永乐村新增流转土地33.33公顷，完成高标准农田建设133.33公顷，新建U形渠道1.16万米、泵站12个、桥梁9座,硬化路面3万平方米。突出“一村一品”品牌效益，扩大“乐鲜生”品牌效应，以黄桃、红心猕猴桃、葡萄、枇杷、西瓜等产品为主，培育具有永乐特色的“名、特、优、新”农产品。依托农产品产销会、微信公众号等开展各类线上线下推介活动，打响“乐鲜生”品牌知名度。

村容村貌提升。永乐村以诚信文化为核心，打造“诚信永乐•幸福家园”主题公园，通过勤廉文化、人大代表、村企文化、村民风貌、平安法治5个板块建设，展现永乐村紧扣时代发展主题，全面建设小康生活的精神风貌。开展城乡环境综合整治“百日行动”工作，建设垃圾分类收集站8座，严控农业生产垃圾，严管畜禽养殖。推进美丽村庄建设，实现永乐村诚信文化和田园风光高度契合。

社会事业进步。永乐村完成利华老年人日间照料活动中心建造和配套设施建设，实现一村三处日间照料服务站格局，满足老年人老有所乐、老有所养需求。2014年，成立“乐意”助学公益金。截至2016年年底，全村有33家民企捐资83.6万元，奖励优秀学子16人，发放奖学金1.36万元；资助困难学生50人，发放助学金4.37万元；资助困难家庭78户，发放救助款5.38万元。

**2016年璜泾镇主要经济社会指标表**

表90

| 项目 | 单位 | 数值 | 项目 | 单位 | 数值 |
|---|---|---|---|---|---|
| 地区生产总值 | 亿元 | 106.24 | 农业总产值 | 亿元 | 4.7 |
| 财政收入 | 亿元 | 2.69 | 粮食总产量 | 万吨 | 3.2 |
| 耕地面积 | 公顷 | 4339 | 农村总动力 | 万千瓦 | 2.16 |
| 出栏生猪 | 万头 | 1.65 | 科技人员 | 人 | 3423 |
| 出栏家禽 | 万羽 | 10.5 | 农技服务机构从业人员 | 人 | 27 |
| 工业企业 | 家 | 1201 | 中小学校 | 所 | 5 |
| 工业销售收入 | 亿元 | 266.99 | 在校中小学生 | 人 | 3784 |

续表 90

| 项目 | 单位 | 数值 | 项目 | 单位 | 数值 |
|---|---|---|---|---|---|
| 工业利税 | 亿元 | 5.48 | 在职教师 | 人 | 260 |
| 实际利用外资 | 万美元 | 957 | 开通有线电视 | 户 | 19982 |
| 进出口总额 | 亿美元 | 1.41 | 医疗卫生机构 | 个 | 23 |
| 出口总额 | 亿美元 | 1.27 | 执业（助理）医师 | 人 | 94 |
| 三产增加值 | 亿元 | 35.17 | 初保普及率 | % | 100 |
| 商品零售总额 | 亿元 | 17.8 | 全社会固定资产投资 | 亿元 | 42.8 |
| 镇村主干道 | 公里 | 101.5 | 农民人均可支配收入 | 元 | 37034 |
| 电话普及率 | 部/百人 | 170 | 农村居民最低生活保障人数 | 人 | 216 |

## 2016年璜泾镇各村基本情况表

表 91

| 村名 | 党组织书记 | 村委会主任 | 设立时间 | 耕地面积（公顷） | 户籍户数（户） | 户籍人口（人） | 工业总产值（万元） | 人均可支配收入（元） | 总资产（万元） |
|---|---|---|---|---|---|---|---|---|---|
| 新华村 | 胡庆丰 | 吴振浩 | 1999年 | 229 | 732 | 2504 | 254667 | 38150 | 2821 |
| 荣文村 | 曹旭东 | 高　萍 | 2006年 | 501 | 1233 | 4146 | 220115 | 36420 | 2724 |
| 新联村 | 黄耀清 | 戴静良 | 2006年 | 447 | 1090 | 4142 | 511125 | 43908 | 4660 |
| 荡茜村 | 潘锦球 | 夏卫良 | 1982年 | 96 | 173 | 690 | 16420 | 32500 | 1715 |
| 永乐村 | 倪伟峰 | 朱惠明 | 2004年 | 382 | 719 | 2784 | 267831 | 37135 | 3493 |
| 王秀村 | 张　义 | 吴惠良 | 2004年 | 268 | 776 | 2189 | 154600 | 37298 | 1795 |
| 孙桥村 | 吴振清 | 王羚昶 | 1999年 | 253 | 599 | 1946 | 14921 | 32598 | 2152 |
| 孟河村 | 杨翠珠 | 吴建良 | 2006年 | 448 | 1031 | 3447 | 7159 | 34875 | 2625 |
| 杨漕村 | 王旭聪 | 周　雅 | 2004年 | 475 | 1222 | 4145 | 11210 | 34500 | 1926 |
| 新海村 | 曹孟栋 | 陆志英 | 1999年 | 222 | 471 | 1921 | 46652 | 30276 | 1895 |
| 新明村 | 蒋婷婷 | 王艳飞 | 2006年 | 262 | 991 | 3546 | 581157 | 38500 | 3645 |
| 长洲村 | 薛　英 | 吴春亚 | 1999年 | 308 | 826 | 3064 | 30053 | 32100 | 2149 |
| 雅鹿村 | 吴惠芳 | 顾爱东 | 2006年 | 418 | 1066 | 3886 | 643284 | 42560 | 7364 |

## 2016年璜泾镇骨干企业基本情况表

表92

| 企业名称 | 法人代表 | 销售收入（万元） | 利税总额（万元） |
|---|---|---|---|
| 雅鹿集团股份有限公司 | 张俊杰 | 397052 | 20950 |
| 江苏申久化纤有限公司 | 黄建春 | 245099 | 6003 |
| 苏州荣文集团有限公司 | 管雪平 | 80179 | 6166 |
| 华伦皮塑（苏州）有限公司 | 高金岗 | 36472 | 526 |
| 太仓市美丽纱化纤有限公司 | 黄宏斌 | 29796 | 327 |
| 太仓鹿影包装材料有限公司 | 徐忠新 | 24724 | 186 |
| 太仓市天丝利塑化有限公司 | 盛庆华 | 22060 | 958 |
| 太仓市新佳化纤有限公司 | 戚福明 | 20027 | 44 |
| 太仓市德隆化纤有限公司 | 瞿春明 | 18388 | 11 |
| 苏州东源化纺有限公司 | 狄丁元 | 16711 | 255 |
| 太仓市锦飞电镀有限公司 | 沈建强 | 16599 | 1225 |
| 太仓市晨丰化纤有限公司 | 范明岐 | 16529 | 29 |
| 太仓芳怡化纤纺织有限公司 | 钱利敏 | 16369 | 103 |
| 太仓市新胜化纤有限公司 | 周凤琴 | 16075 | –3 |
| 太仓市中明化纤有限公司 | 顾学明 | 15426 | 293 |
| 太仓市仓乐化纤厂 | 周品娟 | 15229 | –30 |
| 太仓市晨禾化纤有限公司 | 浦国平 | 15153 | –32 |
| 太仓市兰顺化纤有限公司 | 瞿国清 | 15032 | 287 |
| 太仓市文胜化纤有限公司 | 王　文 | 14674 | 76 |
| 苏州凌云化纤有限公司 | 曹静芳 | 14664 | 38 |
| 太仓市宏晖化纤有限公司 | 瞿庆红 | 14354 | 26 |
| 太仓明辉化纤有限公司 | 华庆阳 | 13935 | –14 |
| 太仓市春吉化纤有限公司 | 陶凤岐 | 13777 | 2 |
| 太仓市晓晖化纤有限公司 | 史晓锋 | 13765 | 15 |
| 太仓市贞观化纤有限公司 | 倪水忠 | 13756 | 178 |
| 苏州瑞恩化纺有限公司 | 冯玉龙 | 13590 | 61 |

续表92

| 企业名称 | 法人代表 | 销售收入（万元） | 利税总额（万元） |
| --- | --- | --- | --- |
| 太仓市华庆化纤有限公司 | 包坤林 | 13471 | 34 |
| 太仓市双达化纤有限公司 | 黄锦明 | 13426 | 38 |
| 太仓鼎业化纤有限公司 | 夏燕芳 | 13165 | 28 |
| 太仓市富宝化纤有限公司 | 王　洁 | 13128 | 56 |
| 太仓市永发化纤纺织有限公司 | 陆建昌 | 13000 | –3 |
| 太仓隆顺化纤有限公司 | 范锦良 | 12922 | 29 |
| 太仓市利旺化纤有限公司 | 侯理球 | 12806 | 32 |
| 太仓市东华化纤有限公司 | 张静霞 | 12729 | 28 |
| 太仓市华发化纤有限公司 | 戴惠芳 | 12326 | 17 |
| 苏州同舟化纤有限公司 | 夏三宝 | 12302 | 10 |
| 太仓市金宏化纤有限公司 | 徐耀红 | 12250 | 11 |
| 太仓市华昌化纤有限公司 | 周惠林 | 12215 | 32 |
| 太仓市三丰化纤有限公司 | 梁臻彪 | 12180 | 1 |
| 太仓市恒润化纤有限公司 | 周建龙 | 11947 | 14 |
| 太仓市银成化纤有限公司 | 郑继红 | 11903 | 1 |
| 太仓市顺络化纤有限公司 | 杨瑞娥 | 11854 | 20 |
| 苏州顺达化纤有限公司 | 张丁明 | 11635 | 38 |
| 太仓市华乐化纤有限公司 | 赵晓阳 | 11523 | 24 |
| 江苏团结纤维科技有限公司 | 陈依龙 | 11021 | 174 |
| 苏州欧凯化纤有限公司 | 高菊萍 | 10290 | 45 |
| 苏州晓谕精密机械股份有限公司 | 黄国平 | 10147 | 145 |
| 太仓市宏亿化纤有限公司 | 陆国强 | 9835 | 235 |
| 太仓市吉炜化纤纺织有限公司 | 周　丹 | 9752 | 85 |
| 太仓佩博实业有限公司 | 邹浩明 | 9730 | 138 |
| 太仓市隆纺油剂有限公司 | 赵国良 | 9424 | 729 |
| 太仓市雅裕化纤有限公司 | 朱艳丽 | 9329 | –21 |

续表 92

| 企业名称 | 法人代表 | 销售收入（万元） | 利税总额（万元） |
| --- | --- | --- | --- |
| 江苏悦孚油品有限公司 | 陆前兵 | 9104 | −7 |
| 太仓市雄瑞化纺有限公司 | 戴　艳 | 8973 | −235 |
| 苏州双宏纺织有限公司 | 钱永兴 | 8966 | 95 |
| 太仓市鹰鹏化纤有限公司 | 后鹰岐 | 8951 | −23 |
| 苏州长乐化纤有限公司 | 瞿振清 | 8889 | 11 |
| 太仓市景泰化纺有限公司 | 陆云浩 | 8884 | 52 |
| 中润科技股份有限公司 | 高忠林 | 8833 | −1557 |
| 太仓市天航化纤有限公司 | 周庆丰 | 8805 | 207 |
| 太仓市万里化纤有限公司 | 盛洪兴 | 8190 | 25 |
| 苏州精艺纺织有限公司 | 赵雪球 | 7934 | 148 |
| 太仓市中江化纤厂 | 张振荣 | 7794 | 119 |
| 太仓市永通化纤有限公司 | 夏海青 | 7630 | 12 |
| 太仓市施美电镀有限公司 | 曹茂香 | 7627 | 645 |
| 太仓市诚联化纤有限公司 | 邵国平 | 7625 | −19 |
| 苏州肖氏化纤纺织有限公司 | 肖学秀 | 7622 | 116 |
| 太仓市新磊化纤有限公司 | 严国栋 | 7437 | 69 |
| 太仓市佳禄化纤纺织有限公司 | 曹瑞娟 | 7161 | 18 |
| 太仓市明正化纤有限公司 | 黄喜明 | 6761 | 65 |
| 太仓市秀昌化纤纺织有限公司 | 姚建红 | 6725 | 96 |
| 太仓时代潮化纤有限公司 | 李静秋 | 6616 | 225 |
| 太仓市鑫海纸业有限公司 | 吴建中 | 6551 | 84 |
| 太仓市锦艳纺织有限公司 | 李锦球 | 6448 | −44 |
| 太仓市信逸纺织化纤有限公司 | 顾耀明 | 6101 | 270 |
| 伟建实业（苏州）有限公司 | 周伟建 | 5946 | 67 |
| 苏州高鸿家纺有限公司 | 徐晓凯 | 5870 | −7 |
| 苏州方奕金马服饰有限公司 | 沈贤良 | 5809 | 132 |

续表 92

| 企业名称 | 法人代表 | 销售收入（万元） | 利税总额（万元） |
|---|---|---|---|
| 苏州天彩化纤有限公司 | 周志刚 | 5789 | -5 |
| 苏州瑞昱华化纤织造有限公司 | 朱玉华 | 5775 | -234 |
| 苏州金莱特化纤有限公司 | 陆伟兵 | 5771 | -388 |
| 太仓市银达化纤有限公司 | 姜月芹 | 5748 | 55 |
| 苏州双轮化纤有限公司 | 王耀清 | 5565 | 93 |
| 太仓同益化纤有限公司 | 霍惠峰 | 5432 | 143 |
| 苏州明盛化纤有限公司 | 黄红明 | 5366 | 65 |
| 太仓乙全布料定型有限公司 | 张伟飞 | 5353 | 1281 |
| 太仓市世豪化纤有限公司 | 李杏琴 | 5186 | 61 |

说明：收录销售收入 5000 万元以上企业

（姚巍峰）

# 双凤镇

【概况】 双凤镇位于太仓市西部，紧邻城区，204 国道、339 省道、苏昆太高速贯穿全境，全镇总面积 62 平方公里，辖 9 个村，5 个社区，户籍人口 3.3 万人。2016 年，双凤镇实现地区生产总值 36.11 亿元，完成公共财政预算收入 2.74 亿，全社会固定资产投资 29.74 亿元。年内，双凤镇成立双凤羊肉美食餐饮协会，举办第九届羊肉美食文化节，开通“文明双凤”“福地双凤”微信平台，开展系列主题活动，推广展示特色农产品和美食文化。举办 2015—2016 年全国钓鱼锦标赛总决赛和 2016 年中国钓鱼大师巡回赛（江苏太仓站）。

【经济发展】 2016 年，双凤镇完成工业总产值 122.8 亿元、销售收入 119.7 亿元，其中规模以上工业产值 100 亿元，较上年增长 6.34%；利税总额 4.28 亿元，进出口总额 2.31 亿美元，分别增长 34.77%、8.9%。引进注册外资 1309 万美元，实际利用外资 632 万美元。新增注册内资企业 90 家，总投资 4.24 亿元。新增个体工商户 280 家。40 家新兴产业企业实现产值 56.5 亿元，30 家高新产业企业实现产值 33.5 亿元，规模占比分别为 56.5% 和 33.5%。全年实现第三产业增加值 14.8 亿元，增长 1.8%，三产固定资产投资 6 亿元。9 个房地产项目销售商品房 4.64 万平方米，销售额 2.08 亿元。

【城乡统筹】 2016 年，双凤镇推进总体规划及土地利用规划调整，梳理产业布局、交通体系、市政综合管线情况，提高多规融合水平，逐步往“一本规划、一张蓝图”方向靠拢。完成保留村庄规划编制及评审 24 个，编制农村公路五年规划，新建、修复村级道路 9380 米。完成村庄点提升 18 个，新增围栏 3500 米，立面刷白 1.04 万平方米，新增农村文化墙 1080 平方米，新建小游园 9 个。农村生活垃圾就地分类处置项目完成资源化处理站建设，庆丰、新湖 2 个试点村启动相关工作。推进拆迁安置工作，完成签约 186 户，安置宅基地 193 户、公寓房 23 套，农房翻建 302 户，小区建房户审批和监管 249 户。

【生态环境】 2016 年，双凤镇实施迎春河截污纳管续建工程，铺设主管 1.8 公里、支管 1.2 公里，新建提升泵站 1 座。提档整治河道 55 条，清理沉船 22 艘，完成河道补绿 5.8 公里，新增水生浮床 365 只，农村河道水质达标率超 90%。完成中央环保督查组交办的环境信访问题 7 个。完成畜禽养殖整治 136 家，拆除棚舍 12.1 万平方米，复垦土地 19.87 公顷，新建三格式废水过滤池 2900 立方米，共计减少存栏

新闸村五彩农田　　（2016 年 10 月摄　双凤镇供稿）

生猪2.12万头、鸡鸭65万羽。其中，拆除新湖村畜禽养殖污染严重的棚舍50个，复垦土地11.33公顷。完成污染作坊整治92家，取缔废品粉碎、木材加工等各类污染作坊65家，清除各类污染物2.3万吨。完成村庄点环境卫生整治126个，清除各类农村生活垃圾3.3万吨，完成改厕395户。新增绿化4.67公顷,完成全年绿化任务。

【社会治理】 2016年，双凤镇完善社会救助体系，向低保、低保边缘、重残等困难家庭发放生活救助金300.6万元、春节慰问金134万元。发放各类物价补贴、临时救助资金、尊老金等145万元。发放助学金10万元，资助贫困学生41人。投入7.6万元对8户贫困家庭实施危房改造。在镇便民服务中心设立“一门受理”救助窗口。深化“政社互动”“三社联动”，完成2015年度双向履职评估和2016年度政府与基层组织“政社互动”签约工作。各村建成“政社互动”议事间，制定专项公约,成立民情观察团。实施《关于推动双凤文化大发展大繁荣的指导意见》等4个文件。承办苏州市暨太仓市文化科技卫生“三下乡”活动启动仪式，受赠资金及物资近300万元。镇级社会组织服务中心投入使用，打造镇级枢纽型社会组织服务机构。完成社会组织年检27家，新增1家。凤中雅苑建成一站式服务中心，智慧社区平台上线运行。凤中村老年人日间照料中心投入使用。投入37.2万元为80周岁以上老人提供居家养老社会化服务，共计7112人次。新建社工工作室3个，申报公益创投项目6个。

【特色村庄】 勤力村。双凤镇勤力村地处双凤镇西部，东濒吴塘河，西与昆山市周市镇相邻，南临斜塘河，北靠潘泾河。勤力村于2004年4月18日由原同新、勤力、渔业三村合并而成，总面积5.4平方公里，有村民小组32个，共760户，总人口2533人，外来人口394人。有私营企业14家。2016年,勤力村村集体收入388万元，农民人均可支配收入3万元。近年来，先后获得江苏省民主法治示范村、江苏省卫生村、江苏省档案工作一星级单位、苏州市规范化人民调解委员会、苏州市无邪教社区、太仓市优秀校外教育辅导站等称号。

加强土地集中管理。勤力村整合现有土地资源，做好农业保障工作，村农场合作社掌控土地资源，对流转土地实行管理，修整抛荒土地，由合作农场统一发包经营，提高土地利用价值，增加村集体收益。

稳抓拆迁安置工作。围绕镇总体规划，5月，完成拆迁区宅基地安排，同新片区7个组（21～27组）121户农户作为保留村庄过渡区，按照全镇美丽村庄建设规划，进行原地翻建。

环境整治管理。巩固“水美乡村”创建成果，结合太仓市城乡环境综合整治行动，加大村庄环境整治力度，道路、河道保洁实施常态化管理。

改善村级基础设施。完成道路拓宽、硬化，保留区小游园建设，污水管网工程、改厕工程、河道疏浚工程，开展高标准农田建设和宅基地复耕工程。

做好民生服务。做好低收入家庭、重病及残疾人家庭帮困工作，保证低保家庭得到相应经济补助和医疗救助，解决弱势群体基本生活保障问题。

维新村。双凤镇维新村位于204国道和苏昆太高速公路交汇处，盐铁塘横贯南北，水陆交通便捷。村区域范围较大,面积10.67平方公里，全村耕地面积142.87公顷，常住户1406户，常住人口5133人，劳动力3260人，外来流动人口8100多人,有村民小组60个。2003年8月，在维新村发现的马桥文化、良渚文化遗址距今约4500多年。维新村围绕社会主义新农村建设目标，推进农村思想道德建设、科学文化建设、民主法制建设、公益事业建设和环境建设，促使村级集体经济和社会各项事业健康发展，村民安居乐业。近年来，先后获得江苏省卫生村、江苏省民主法治示范村、江苏省计划生育工作先进村（居）协会、江苏省建设社会主义新农村示范村、苏州市文明村、苏州市“实践科学发展、推进两个率先”先锋村、苏州市村级经济发展百强村、苏州市创先争优先进基层党组织等称号。

设施农业发展。维新村以绿色、生态、环保为原则，引进特色高效农业“川荡牌”甲鱼、绒螯蟹及鱼虾等水产养殖，成立西川水产养殖合作社，形成产销一条龙，加快农业转型升级。成立维新土地股份合作社、新跃农场专业合作社，加快农村土地流转步伐，发展集约型农业，加大果林和大棚蔬菜种植力度，形成规模化产业。2016年，农民人均可支配收入3.52万元。

集体经济发展。维新村东部工业园区落户企业300余家，形成以五金、化工、服装为总体产业的工业集群。维新村先后成立维新社区股份合作社、维新富民合作社、湖川桥劳务合作社，合理规划村集体土地，盘活土地资源。通过出租土地、厂房等方式，增加村经济收入。2016年，村级总资产9657万元，村级稳定性收入847万元。

村民生活。维新村加大基础设施和公益事业投入，修桥拓路，便民出行。拓宽44组、58组、59组道路，增拓面积4400平方米；在42组广州路延伸段新建桥梁1座，维修40组道路路口和渔业组、45组部分道路。重视农村生活污水治理工作。污水管网接入工程分两批进行施工，第一批开工8个组，共计140户，第二批将于2017年2月进场。截至2016年年底，维新村有残疾人114人。年内，为4名听力言语障碍残疾人员办理短信补贴，每人补助300元；为2户残疾人完成无障碍设施改造。为符合条件的4名困难群众办理民政政策专项医疗救助，共计救助金2.54万元，危房改造1户。完成民政五保户、低保户、低保边缘、重残调整。

村容村貌提档升级。抓好农村环境卫生综合整治工作，改善群众生产生活环境，提高生活质量和生活水平，解决沿路沿线环境“脏、乱、差”问题。成立管理组织建立环境综合整治专项领导组，做好全村环境综合整治工作。对沿塘路、双湖路、维新51组停车场等存在的环境问题进行大整治，清理村庄垃圾760吨，对长期设在双湖路高桥下的废品回收站进行整治搬离。

## 2016年双凤镇主要经济社会指标表

表93

| 项目 | 单位 | 数值 | 项目 | 单位 | 数值 |
|---|---|---|---|---|---|
| 地区生产总值 | 亿元 | 36.11 | 进出口总额 | 亿美元 | 2.3 |
| 财政收入 | 亿元 | 2.74 | 实际利用外资 | 万美元 | 632 |
| 耕地面积 | 公顷 | 3298 | 新增注册外资 | 万美元 | 1309 |
| 农业总产值 | 亿元 | 2.1 | 中小学校 | 所 | 3 |
| 粮食总产量 | 万吨 | 1.2 | 在校中小学生 | 人 | 2716 |
| 农机总动力 | 千瓦 | 4415 | 在职教师 | 人 | 154 |
| 出栏生猪 | 万头 | 2.4 | 开通有线电视 | 户 | 8435 |
| 出栏家禽 | 万羽 | 7.1 | 卫生院 | 个 | 2 |
| 工业企业 | 家 | 1075 | 卫生室 | 个 | 9 |
| 工业总产值 | 亿元 | 122.8 | 初保普及率 | % | 100 |
| 工业销售收入 | 亿元 | 119.7 | 农民人均可支配收入 | 元 | 33126 |
| 工业利税总额 | 亿元 | 4.28 | 户籍总人口 | 人 | 32640 |
| 三产增加值 | 亿元 | 14.8 | 总人口数 | 人 | 43530 |

## 2016年双凤镇各村基本情况表

表94

| 村名 | 党组织书记 | 村委会主任 | 设立时间 | 耕地面积（公顷） | 村集体收入（万元） | 人均可支配收入（元） | 人均耕地面积（平方米） |
|---|---|---|---|---|---|---|---|
| 庆丰村 | 邹建平 | 邹建平 | 1983年7月 | 539 | 977 | 35990 | 1117.65 |
| 凤中村 | 潘雪荣 | 张学军 | 1983年7月 | 204 | 726 | 32709 | 536.24 |
| 黄桥村 | 张贤峰 | 周国清 | 1983年7月 | 267 | 975 | 35145 | 675.27 |
| 勤力村 | 高树云 | 陈　华 | 1983年7月 | 267 | 388 | 29984 | 1005.15 |
| 泥泾村 | 金　鑫 | 顾雪良 | 2000年7月 | 188 | 570 | 34006 | 823.53 |
| 维新村 | 沙春明 | 顾芳芳 | 2000年7月 | 158 | 847 | 35220 | 299.22 |
| 新湖村 | 张建忠 | 顾芳芳 | 2000年7月 | 352 | 957 | 31310 | 955.25 |
| 新卫村 | 张裕清 | 杨雪忠 | 2000年7月 | 230 | 642 | 32586 | 936.31 |
| 新闾村 | 张建明 | 冯惠庆 | 2000年7月 | 324 | 235 | 31184 | 1067.85 |

## 2016年双凤镇骨干企业基本情况表

表95

| 企业名称 | 销售收入（万元） | 利税总额（万元） | 企业名称 | 销售收入（万元） | 利税总额（万元） |
|---|---|---|---|---|---|
| 太仓富豪铜业有限公司 | 54376 | 23 | 苏州优金金属成型科技有限公司 | 10731 | 201 |
| 太仓市再生资源有限公司 | 53470 | –405 | 赛纳（苏州）安防用品有限公司 | 10220 | 144 |
| 皇冠（太仓）胶粘制品有限公司 | 49045 | 908 | 苏州剑派实业有限公司 | 10193 | 111 |
| 羽田电子科技（太仓）有限公司 | 48464 | 3188 | 太仓市双凤镇定准塑胶五金厂 | 9977 | 579 |
| 苏州东南碳制品有限公司 | 46335 | 1249 | 苏州联畅特种纤维有限公司 | 9258 | 44 |
| 龙博士纺织印染（太仓）有限公司 | 44915 | –768 | 苏州维港包装有限公司 | 9213 | 182 |
| 苏州口水娃食品有限公司 | 44597 | 1647 | 苏州圣雷动力机械有限公司 | 9191 | 106 |
| 太仓新锦表面处理有限公司 | 26704 | 736 | 太仓浦源医药原料有限公司 | 8714 | 181 |
| 江苏博众汽车部件有限公司 | 26545 | 392 | 苏州伊斯丹实业有限公司 | 8171 | 264 |
| 太仓徐氏铜业有限公司 | 26326 | –204 | 苏州创扬医药包装科技有限公司 | 8013 | 509 |
| 江苏群雄集团有限公司 | 21720 | 366 | 江苏优珀斯材料科技有限公司 | 7966 | 202 |
| 马勒雷瑞卡（苏州）汽车电器有限公司 | 20890 | 1563.1 | 苏州德能电机有限公司 | 7841 | 577 |
| 苏州富洲胶粘制品有限公司 | 18975 | 880.4 | 太仓新奇乐婴儿用品有限公司 | 7833 | 15 |
| 太仓大东保健器有限公司 | 18735 | 982.8 | 苏州巨莹玻璃有限公司 | 7551 | 30 |
| 苏州贝斯特装饰新材料有限公司 | 17648 | –278.8 | 太仓新宏电子科技有限公司 | 7436 | 104 |
| 太仓市汇湖电镀有限公司 | 17152 | 395.6 | 苏州地和桩业有限公司 | 6663 | 15 |
| 国药集团致君（苏州）制药有限公司 | 16756 | –3942.5 | 太仓佳通金属制品有限公司 | 6628 | 67 |
| 伍享汽车配件（太仓）有限公司 | 16252 | 302.7 | 太仓奥德伟尔有色金属零部件有限公司 | 6267 | 0 |
| 苏州富瑞铜合金科技有限公司 | 14795 | 72 | 太仓雪莉莱服装有限公司 | 5732 | 22 |
| 太仓市华鑫轧辊有限公司 | 13771 | 114.5 | 苏州佳侣家用电器有限公司 | 5713 | –325 |
| 苏州考斯丹五金制品有限公司 | 13013 | 294 | 联冠（太仓）胶粘制品有限公司 | 5712 | –112 |
| 苏州健能新材料科技有限公司 | 12977 | 19.7 | 太仓鸿恩电子科技有限公司 | 5651 | 11 |
| 苏州国光机电工业有限公司 | 12923 | 26.3 | — | — | — |

说明：收录销售收入5000万元以上企业

（刘登康）

# 科教新城

【概况】 科教新城位于太仓市西南部，东、南至上海交界，西至204国道，北至新浏河。辖区面积12平方公里，户籍人口1.3万人，规划总人口约9万人。辖南郊、新丰、常丰、鹊桥、学苑5个社区。2016年，科教新城完成公共财政预算税收收入3.52亿元，较上年增长11.04%；全社会固定资产投资12.71亿元，较上年增长4.08%；引进内资项目104个，新增注册资本5.24亿元，较上年增长30.78%。年内，科教新城新增国家“千人计划”1人、省“双创计划”2人、“姑苏领军人才计划”2人、姑苏创业天使计划2人、本级“科技领军人才”2人、文化产业重点人才3人。12家企业获评省民营科技企业。新增产学研合作项目28个。完成专利申请346件，授权专利64件。兑现产业扶持资金396.91万元。天镜湖私募基金创业基地获评苏州市级服务业集聚区，私募基金产业实现税收2779万元。

【载体建设】 2016年，科教新城与上海第二工业大学、苏州健雄职业技术学院正式签订大学科技园共建协议。大学科技园获评江苏省电子商务示范园、国家级科技企业孵化器、中国产学研合作创新示范基地。创客邦获评省级众创空间。新兴产业税收贡献占比11.48%。太仓中科信息技术研究院朱登明入选省“333工程”第三层次培养对象。科教新城与省生产力促进中心合作，太仓分中心正式落户科技服务超市。

【城乡统筹】 2016年，科教新城完成涉农社区行政区划调整工作，确定204国道西、太蓬公路南区域为过渡区并出台实施方案。完成涉农社区股权固化改革工作。“两个平台”（农村集体财务监管平台和资产交易管理平台）监管覆盖率100%。加强集体资产运作管理，完成第一批集体资产清理收回工作。动迁农户20户、企业7家，动迁面积1.3万平方米。东仓五期竣工交付。全年安置农户175户、安置房244套，安置面积2.95万平方米。受理、办理安置房不动产权证162套。年内，科教新城管委会联合市住房和城乡建设局委托上海同济城市规划设计研究院编制的《太仓市科教新城控制性详细规划（修编）》通过专家论证。

【生态环境】 2016年，科教新城配合城乡环境综合整治“百日行动”，投入1.1亿元完成六大类122项整治项目。确定以天镜湖为核心的科教新城水环境整治方案。完成老镇区改造工程量90%。完成棉种厂地块、太海砂石场等违章建筑清理整治。完成机耕路建设8公里。集中整治23个涉农社区宅前屋后、路边、河边等卫生死角。依法立案查处上海超载偷运垃圾车辆7辆，涉嫌偷运偷倒垃圾180余吨。完成畜禽养殖整治行动。整治关停塑料粒子加工作坊15家。

【公共服务】 2016年，科教新城开展被征地农民技能培训。贯彻落实省政府93号令，被征地农民278人纳入社保。全年发放失地补助1.45万人、261万元。社区配套服务中心、安息堂竣工。南郊中学体育馆及食堂、南郊小学、医疗养老服务中心开展桩基施工。推进居家养老服务，接受上门服务老人200余人。常丰社区日间照料中心建成投用。开展小微企业人事代理工作，签约率92.39%。开展第二次全国地名普查、第三次全国农业普查。全年发放各类救助金250万元。

【社会治理】 2016年，科教新城按照“党政同责、一岗双责、失职追责”要求，落实安全生产各项工作。开展建筑工程施工领域安全突出问题专项整治，检查工地245批次，下发限期整改通知书28份、停工整改通知书3份。实施台大气体、舒适家具等重点隐患搬迁治理。落实重大决策社会稳定风险评估制度，信访形势基本平稳。年内，“七五”普法宣传教育启动。

（陈　雯）

环境整治后的绿地新貌　　（2016年8月　田建平　摄）

# 娄东街道

【概况】 娄东街道区域面积87平方公里，管辖区域与新区一致。2016年，娄东街道总人口19.4万人，管理娄江、太平、惠阳、滨河、陆渡、东城、景瑞、城北、浦溪、裕珑、丽景、柳园12个城市社区和朝阳、太东、洋沙、东郊、太胜、华盛园、香花桥、珠江、花北9个村改社区及小桥、岳南、红庙、陆渡、横沥、洙泾6个村。

【城乡统筹】 2016年，娄东街道推进动迁安置，完成动迁115户，拆除面积8.5万平方米，确保沪通铁路、岳鹿路等重点工程顺利推进。村级经济持续发展，运作村级合作农场，组建合作农场9家，自主经营面积577.67公顷，拓宽集体经济收入渠道。推进村级经济抱团发展战略，德民公司增值至1亿元，购买各类房产1.8万平方米，增加收入1446万元。发展农民专业合作社，新增和创花木、展新花木农民专业合作社2家，合作社累计总数39家，其中入选政府优先扶持名录27家。开展2015年度村级资产量化分红工作，分配资金总额1850万元，惠及农户1.17万户。

【公共服务】 2016年，娄东街道推进民生工程，完成老年人日间照料中心2个、文化书场2个和全民健身中心等民生工程建设。解决“入学难”问题，注重发展特色教育，新区二小足球队赴意大利参加友谊比赛，新区三小武术队参加中央7套农民春晚表演。举办“家在娄东·真情相通”主题表彰活动，评选“最美四员一长”63人和“最美家风”60户，弘扬社会正能量。开展双拥工作，娄东街道被评为苏州市先进街道。投入26万元对华盛园、惠阳新苑、恒通花园等小区房屋、下水管进行维修及更换。发放各类社会补助273万元，推进居家养老工程，强化计生指导服务，参加市第15届全运会所有比赛项目，组织开展丰富多彩文体活动，发展社会事业。完成社会组织服务中心建设，建设景瑞社区服务中心，培育各类公益性社会组织，提升服务基层群众能力。完成23个村（社区）党组织、村（居）委换届和人大代表选举工作，严肃换届选举纪律，确保换届过程风清气正。完成54个安置小区物业招标工作，完善物业管理考核体系，提升物业综合管理水平。完成帝景花园、塞纳丽舍、尼盛花园等业委会组建及华侨公寓等业委会换届工作，加强商住小区物业监管力度。

**【社会治理】** 2016年，娄东街道各类信访案件办结率96.8%，群众来信来电办结率100%。调解案件259起，涉及人员618人、资金404万元。家饰佳等信访突出问题得到缓解，信访老户整体形势平稳，社会矛盾风险总体可控。健全防控体系，强化社会稳定风险评估机制，完成朱棣文小学扩建、朝阳幼儿园建设工程风险评估项目。规范流动人口管理，恒通佳苑实行房屋统一登记对外租赁，青岛路集宿区与企业实行直接签约入住。23个村（社区）全部通过苏州市规范化村（社区）人民调解委员会验收，建设平安志愿者队伍，总人数2039人。

**【生态环境】** 2016年，娄东街道完成环境综合整治"百日行动"项目298个，根据中央环保督查要求和群众诉求，集中整治新浏河沿线41家砂石码头腾退和整体划为禁养区后增加的40余家畜禽养殖户。新浏河沿线经过2次腾退，收回集体土地3.59万平方米，拆除违章建筑1.38万平方米。推进垃圾废品专项整治，清理固废偷倒点32处、垃圾800吨，整治垃圾废品收购站23家。河道水环境治理成效明显，完成清淤河流20条，处置沉船杂船13艘，保障行洪、通航安全。改善村庄环境面貌，清理宅前屋后乱堆放358吨、垃圾6000吨，硬化路面1.32万平方米，平整绿化2.22万平方米。推进全国文明城市和江苏省优秀管理城市迎检工作，数字城管二级平台收到案件4.33万件，结案率99.5%。拆除违法违章建设64起，面积5200平方米；拆除各类违章广告370处，面积4223平方米；规范占道经营1.07万起，取缔流动摊贩1030个（次）；规范停车秩序，查处道板停车1.19万起，提升市容秩序和城乡环境面貌。

### 2016年娄东街道各村（涉农社区）基本情况表

表96

| 村（社区）名 | 党组织书记 | 村（居）委会主任 | 村集体收入（万元） | | 人均可支配收入（元） | 户籍户数（户） | 户籍人口（人） | 总资产（万元） |
|---|---|---|---|---|---|---|---|---|
| | | | 总收入 | 可支配 | | | | |
| 朝阳社区 | 王中明 | 王利明 | 3222 | 554 | 30778 | 345 | 1620 | 6113 |
| 太东社区 | 蔡国福 | 孙　琪 | 776 | 567 | 31081 | 336 | 1499 | 6806 |
| 洋沙社区 | 金利锋 | 夏琳芳 | 738 | 708 | 32933 | 604 | 2765 | 12328 |
| 东郊社区 | 朱彩虹 | 杨菊华 | 466 | 346 | 28564 | 685 | 2486 | 4279 |
| 太胜社区 | 张建红 | 钱征宇 | 638 | 476 | 30823 | 650 | 2843 | 5540 |
| 华盛园社区 | 徐建刚 | 朱卫元 | 1802 | 1761 | 33540 | 1821 | 8387 | 17958 |
| 香花桥社区 | 孙建春 | 韩兴福 | 832 | 782 | 31025 | 1276 | 5188 | 15756 |
| 珠江社区 | 钱惠清 | 薛剑锋 | 1532 | 1211 | 30185 | 1048 | 3720 | 16334 |
| 花北社区 | 胡乾兴 | 陈卫红 | 1067 | 631 | 30532 | 565 | 2275 | 9197 |
| 小桥村 | 罗建华 | 顾　彬 | 2801 | 1739 | 26638 | 1095 | 3980 | 16623 |
| 岳南村 | 陈伟刚 | 龚　烈 | 972 | 443 | 26230 | 624 | 2549 | 7764 |
| 红庙村 | 金亚其 | — | 679 | 448 | 32785 | 527 | 1727 | 9004 |
| 陆渡村 | 张益民 | 李　晔 | 706 | 540 | 32403 | 1020 | 4182 | 10758 |
| 横沥村 | 王　俊 | 蒋丽琴 | 722 | 636 | 32013 | 357 | 1709 | 8952 |
| �村 | 吴开洋 | 杨建钢 | 631 | 497 | 34470 | 236 | 821 | 4967 |

（王一鸣）

# 重要文献

## 重要报告

### 践行新理念　开拓新境界　为谱写好中国梦的太仓篇章而努力奋斗

——在中国共产党太仓市第十三次代表大会上的报告

沈　觅

2016 年 7 月 25 日

同志们：

现在，我代表中国共产党太仓市第十二届委员会向大会作报告，请予审议。

中国共产党太仓市第十三次代表大会的主要任务是：高举中国特色社会主义伟大旗帜，以马克思列宁主义、毛泽东思想、邓小平理论、“三个代表”重要思想、科学发展观为指导，深入贯彻落实习近平总书记系列重要讲话特别是视察江苏重要讲话精神，回顾总结市第十二次党代会以来工作，研究确定今后五年的奋斗目标和主要任务，选举产生中国共产党太仓市第十三届委员会和纪律检查委员会，团结带领全市各级党组织、广大党员和干部群众，践行新理念，开拓新境界，为率先全面建成更高水平小康社会、积极探索开启基本实现现代化新征程、全力谱写好中国梦的太仓篇章而努力奋斗。

**一、过去五年工作回顾总结。**

市第十二次党代会以来，市委全面贯彻落实党的十八大和十八届三中、四中、五中全会精神，认真学习贯彻习近平总书记系列重要讲话特别是视察江苏重要讲话精神，在省委和苏州市委的正确领导下，团结带领全市人民深入实施“五大战略”，扎实推进“六个现代”，顽强拼搏、开拓创新，圆满完成了市第十二次党代会提出的目标任务，全市经济社会发展取得了显著成绩，在推进“两个率先”道路上迈出了坚实步伐。

（一）过去五年，是经济发展量质齐升的五年。面对严峻复杂的宏观环境，全力以赴稳增长、促转型、抓创新，经济持续健康发展，综合实力始终处于全国百强县（市）前十位。地区生产总值、公共财政预算收入、全社会固定资产投资、工业总产值分别突破一千亿元、一百亿元、五百亿元、两千亿元大关，分别增长 50.6%、63.6%、49.1%、39.8%。深入实施工业经济“三年翻番”、服务业“三年倍增”、“千企升级”等计划，新兴产业产值、服务业增加值占比分别达到 50.1%、45.3%，分别提高 17.3 个百分点、6.4 个百分点，综合能耗下降 7.9%，现代农业发展水平全国领先，三次产业结构优化为 3.4∶51.3∶45.3。大力实施创新引领战略，高新技术产业产值占比达到 35.2%，提高 15.1 个百分点，国家“千人计划”人才累计达到 24 人，万人发明专利拥有量达到 26.56 件，获评全国科技进步先进市。

（二）过去五年，是改革开放成效显著的五年。加大重要领域和关键环节改革攻坚力度，完成新一轮地方政府机构改革，沙溪镇省经济发达镇行政管理体制改革试点工作顺利推进，长江口旅游度假区、娄东街道正式设立，国有资产管理体制进一步优化，8 家企业成功上市，成为国家深化县城基础设施投融资体制改革试点县、全国农村土地承包经营权抵押贷款试点县（市）。持续提升对内对外开放水平，完成注册外资 52.33 亿美元，企业赴境外投资 8 亿美元，进出口总额增长 46.8%。太仓港集装箱吞吐量增长 2.7 倍，成为长江第一外贸大港。太仓港经济开发区晋升国开区，国家级太仓港综合保税区封关运作。累计引入德资企业230多家，建成德国中心等一批载体，被认定为中德中小企业合作示范区。引进沪上项目注册资金总额131亿元，沪通铁路太仓段启动建设，沪太同城效应进一步放大。

（三）过去五年，是城市品质全面提升的五年。围绕建设现代田园城市目标，扎实推进“一市双城三片区”建设，新区中央商务区、新港城、科教新城和三个中心镇城镇功能持续增强，市域“六横七纵”交通骨干路网逐步完善，杨林塘航道整治等一批重大工程全面竣工，城区老旧小区综合整治全面完成，城市现代化管理水平实现新提升。城乡发展一体化快速推进，完成新一轮镇村布局规划，“三集中”“三置换”工作稳步推进，“粮食银行”等经验做法全国推广，村均稳定性收入增长66.2%，获评全国农田水利建设先进单位。生态文明建设不断加强，美丽城乡建设、村庄环境整治成效明显，城北河湿地公园、天镜湖公园等一批生态工程全面建成，城市环境综合整治“931”行动成绩连续三年排名苏州第一，荣获中国人居环境奖。

（四）过去五年，是民生福祉持续增进的五年。深入实施居民收入倍增计划，城乡居民人均可支配收入年均增长10.5%和12.0%。率先实现养老保险、医保、低保城乡并轨，大病医疗保险成为国家医改新政蓝本。社会事业协调发展，教育、医疗现代化水平持续提升，文化、体育公共服务体系更加健全，人民医院被评为三级医院，城市规划展示馆等一批重点工程建成投用，成为全国首批义务教育发展基本均衡县（市、区），进入全国文明城市提名行列，获评全国群众体育先进单位。“平安太仓”“法治太仓”建设持续深化，社会治安“大防控”机制进一步健全完善，成为江苏省首获全国综治“长安杯”的县级市，“政社互动”、公共法律服务均等化经验全国推广，社会始终保持和谐稳定。多次获评中国最具幸福感城市。荣获“全国双拥模范城”称号。

（五）过去五年，是党的建设不断加强的五年。党的群众路线教育实践活动和“三严三实”专题教育成效明显，有序推进“两学一做”学习教育，创新开展“我是共产党员”专项教育活动，省委巡视组反馈意见整改到位。加强干部队伍建设，全面开展“领题导读”活动，创新实施“动议比选任用”科级领导干部办法、对事考察工作、“A730培养计划”。不断夯实基层基础，“365服务工程”、法治型党组织“十项载体”建设扎实推进，“统一活动日”“红色讲堂”等党员教育活动常态化、制度化。严格落实党风廉政建设“两个责任”，制定实施“十五项规定”，深入推进机关作风效能建设，创新开展“勤廉指数”测评工作，推行勤政廉政半月谈制度，始终保持严惩腐败高压态势，政治生态更加风清气正。

五年来，市委切实保障人民民主权利，广大人民群众当家做主、政治参与的积极性不断提高，人大、政协重要作用充分发挥，爱国统一战线持续壮大，工青妇等群团组织取得新成绩，党管武装、双拥、统战、民族、宗教、侨务、对台、老干部、老龄和关心下一代等工作成效显著，形成了推动太仓发展的强大合力。

回首过去五年的发展历程，我们在实践中形成了符合太仓实际的工作特色，也积累了宝贵的经验，主要是：坚持发展第一要务。始终把发展作为解决一切问题的基础和关键，坚持以经济建设为中心不动摇，更加注重有效投入和结构调整互促并进，更加注重依靠创新驱动转换发展动力，全力推动经济持续健康发展。坚持深化改革开放。始终把改革开放作为推动发展的关键一招，不失时机推动改革开放向纵深发展，在更大层面、更深层次完善体制机制，在更大范围、更广领域拓展发展空间，经济社会发展的动力和活力持续增强。坚持放大优势特色。始终把培育优势特色作为太仓发展的重要抓手，立足独特的区位优势、资源禀赋，坚持在放大优势中做亮特色，在做亮特色中增创优势，进一步增强太仓发展的标识度和影响力。坚持民生优先导向。始终把增进民生福祉、促进人的全面发展作为工作的出发点和落脚点，持续加大民生投入，扎实办好民生实事，提升民生服务水平，真正实现发展为了人民、发展依靠人民、发展成果由人民共享。坚持加强党的领导。始终把全面从严治党作为主线，着力发挥党总揽全局、协调各方的领导核心作用，不断完善党的领导方式，提高执政能力水平，持续增强各级党组织的创造力、凝聚力、战斗力，为推动全市发展提供坚强的政治保证。

五年来，我们之所以能取得令人鼓舞的成绩，离不开中央、省委和苏州市委的正确领导，离不开各级党组织、广大党员和干部群众的团结奋斗，离不开历届市委打下的良好基础、老领导和老同志的关心帮助，也离不开各民主党派、工商联、人民团体、驻太部队和社会各界人士的大力支持。在此，我代表中共太仓市委，向所有为太仓经济社会发展作出贡献的同志们、朋友们，表示衷心的感谢，并致以崇高的敬意！

在充分肯定成绩的同时，我们要更加清醒地看到发展中还面临不少困难和挑战，主要是：经济结构的深层次矛盾尚未完全解决，制约发展的体制机制障碍仍然存在，民生领域的一些短板还需花更大力气补齐，缓解资源环境约束的任务依然艰巨，社会治理创新还需进一步加强，全面从严治党任重道远，等等。这些都需要我们在今后的工作中认真加以解决。

**二、今后五年工作目标思路。**

习近平总书记在2014年视察江苏时，把“两个率先”明确为江苏的光荣使命，并提出了建设经济强、百姓富、环境美、社会文明程度高的新江苏的要求。这是全省发展的总命题，也是引领各项工作的总纲领。当前，“迈上新台阶、建设新江苏”伟大实践已经全面展开，苏州市委提出了争当“新江苏”建设先行军排头兵的目标要求，并对太仓提出了打造现代产业高地、开放前沿阵地、田园城市胜地、平安和谐福地以及营造良好政治生态的具体要求。站在新的起点上，我们要认真贯彻落实中央、省委和苏州市委作出的决策部署，牢牢把握太仓发展目标任务，义无反顾地担当起历史与人民赋予的重任，努力把总书记为江苏勾画的美好蓝图在太仓率先变为现实。

今后五年发展的指导思想是：**高举中国特色社会主义伟大旗帜，以马克思列宁主义、毛泽东思想、邓小平理论、“三个代表”重要思想、科学发展观为指导，深入贯彻落实习近平总书记系列重要讲话特别是视察江苏重要讲话精神，紧紧围绕“四个全面”战略布局，牢固树立并自觉践行创新、协调、绿色、开放、共享五大发展理念，大力实施“改革创新、以港强市、融入上海、绿色发展、民生共享”五大发展战略，统筹推进经济建设、政治建设、文化建设、社会建设、生态文明建设和党的建设，率先全面建成更高水平小康社会，积极探索开启基本实现现代化新征程，全力谱写好中国梦的太仓篇章。**

具体目标是：

——*综合实力实现新提升*。供给侧结构性改革稳步推进，基本形成以创新为主要引领和支撑的经济体系和发展模式，先进制造业、现代服务业和现代农业协调发展，经济保持中高速增长，提前实现地区生产总值比2010年翻一番。

——*改革开放实现新提升*。重要领域和关键环节改革取得决定性成果，在全面深化改革中走在苏州、全省前列。以港强市、融入上海、对德合作“三篇文章”取得重要进展，企业、城市、人才国际化水平进一步提高，全方位开放新格局加快形成。

——*城市建设实现新提升*。“一市双城三片区”空间布局更趋优化，城乡规划、建设和管理水平持续提升，城市更加精致秀美，城乡更加均衡协调，现代田园城市建设纵深推进，加快打造成为全国中小城市开发建设的典范。

——*民生幸福实现新提升*。“多元普惠、和谐善治”社会治理模式更加完善，提前实现居民收入比2010年翻一番，社会保障不断强化，文明程度持续提升，成为劳有厚得、学有优教、病有良医、老有颐养、住有宜居的幸福金太仓。

——*生态环境实现新提升*。资源节约集约利用取得重要进展，主要污染物排放总量持续削减，城乡综合环境质量有效提升，低碳绿色生产生活方式成为共识，生产空间更加集约高效、生活空间更加宜居适度、生态空间更加水清地绿。

——*党的建设实现新提升*。管党治党责任得到严格落实，干部队伍思想作风、整体结构、能力素质不断优化，基层党组织和党员队伍建设有效加强，党风廉政建设和反腐败工作持续推进，全面从严治党取得更大成效。

实现上述目标，关键是要把五大发展理念贯穿到各项事业全过程，致力于破解发展难题、增强发展动力、厚植发展优势，不断开拓太仓发展新境界。重点要把握好以下三个方面：

*（一）明大势、谋全局，在战略思维上开拓新境界*。当前及今后一个时期，中国经济发展进入新常态，经济长期向好的基本面没有变，仍处于可以大有作为的重要战略机遇期。我们要把自身发展的“小逻辑”放到经济发展新常态的“大逻辑”中来把握，始终保持战略定力，着力增强战略思维，不断提升宏观把握能力，努力实现更高水平发展。一是确立高点定位。要始终坚持“两个率先”目标定位，对照“强富美高”内涵要求，紧扣“五个迈上新台阶”重点任务，切实找准上级要求、太仓实际和群众意愿的结合点，以更高标准引领太仓发展。二是运用科学理念。要坚持把五大发展理念作为未来发展的指引，牢牢把握发展新特征，更具针对性、创造性地谋篇布局、综合施策，用发展理念转变引领发展方式转变，用发展方式转变推动质量效益提升。三是拓展宏观视野。要以更宽的视野、更大的魄力参与世界经济一体化进程，主动融入“一带一路”、长三角一体化、长江经济带等国家战略格局，努力在抢抓机遇中构筑新优势，在服务全局中借力再登高。

*（二）抓落实、重实效，在方法策略上开拓新境界*。实现今后五年发展目标，任务艰巨、责任重大，必须采取更加有效的方法策略，推动各项工作落到实处、抓出实效。一是突出问题导向。要紧紧围绕产业转型、生态环境、体制机制等方面存在的问题短板，坚持用新理念来审视发展实践、明确发展思路，全力以赴破解难题、补足短板，不断增强经济社会发展的协同性和平衡性。二是注重统筹推进。要把全市经济社会各方面作为一个系统来谋划，正确处理好宏观与微观、整体与局部、当前与长远等关系，更加注重上下联动、左右互动，更加注重统筹协调、循序渐进，努力在新起点上实现更高质量、更有效率、更可持续的发展。三是坚持实事求是。要坚持从实际出发，充分考虑社会可承受程度和人民群众的意愿，按照速度、质量和效益相统一的原则，因地制宜、因时制宜，不搞教条主义、不搞形象工程，确保各项发展举措取得实在成效。

*（三）勇争先、敢担当，在精神状态上开拓新境界*。目标催人奋进，发展时不我待。我们必须进一步增强进取意识、机遇意识和责任意识，以更加奋发有为的精神状态，开启发展新征程。一是勇于争先率先。要更大力度破除“小胜即满、小富即安”的思想束缚，勇于自加压力、敢于提升标杆，既挑重担也争一流，既重实绩也创特色，以争先率先的锐气和勇气，推动各项事业发展取得更大成效。二是弘扬担当精神。要把担当负责作为考验战略定力、执政能力的“试金石”，把发展成效作为衡量事业心、责任心的“刻度尺”，坚决做到不推诿、不避责、不懈怠，真正把责任扛在肩上、把任务抓在手中。三是激发持久韧劲。要以“功成不必在我”的博大襟怀，对确定的发展目标和发展举措，拿出愚公移山、水滴石穿的韧劲，咬定青山不放松，不达目标不罢休，不断夺取经济社会发展新胜利。

**三、今后五年主要工作任务。**

新的起点，新的征程。今后五年，我们要认真贯彻落实中央、省委和苏州市委部署要求，紧紧围绕既定目标，全力以赴推进四个方面战略举措。

*（一）加快转型创新，打造繁荣发达的现代产业高地*。

加快经济发展方式转变，全面深化改革创新，加速新旧发展动能转换，推动经济发展迈上新台阶。

1. 加速产业优化升级。着力推进三次产业协调发展，推动产业不断向中高端迈进，加快建设现代产业体系。突出工业经济主体地位，认真落实《中国制造2025太仓实施纲要》，集中力量发展高端装备、新材料、生物医药等战略性新兴产业，加快新一代信息技术与制造业深度融合，改造提升纺织化纤等传统产业，提高生物医药产业园、科技产业园等园区建设水平，努力建设产业集聚度高、产业特色鲜明的长三角中高端制造业基地。提高现代服务业发展水平，大力发展现代物流、服务外包、文化创意等产业，加快旅游度假区、天镜湖文化科技产业园等服务业集聚区建设，推动生产性服务业向专业化和价值链高端延伸、生活性服务业向精细和高品质转变，实现服务业贡献份额、集聚水平和发展层次进一步提升。加快发展现代农业，积极构建现代农业产业体系、生产体系、经营体系，着力在产业布局、园区建设、技术装备等方面取得新突破，走出一条产出高效、产品安全、资源节约、环境友好的发展道路，巩固提升现代农业全国领先水平。

2. 大力推进科技创新。坚持把科技创新摆在全局发展的突出位置，以科技创新突破发展瓶颈、推动产业进步，不断提高科技进步对经济增长的贡献度。积极参与苏南自主创新示范区建设，突出新区创新创业主阵地，力争两年内成功创建国家级高新区。加大创新型企业培育力度，重点培育一批创新型领军企业，鼓励龙头企业建立企业技术中心和研发中心，支持民营企业和小微企业创新活动，形成一批以高新技术企业为骨干的创新型企业集群。牢固树立人才优先发展理念，更加精准地实施“娄东英才”工程等人才政策，大力引进培育一批适用性强、贡献度高的高层次创新创业领军人才和创新团队，以人才新优势再创发展新优势。深入推进大学科技园、中科院硅酸盐所、同高院等创新载体平台建设，深化产学研合作，完善科技金融服务体系，进一步健全科技创新支撑体系。

3. 推动全面深化改革。把握序时进度，突出问题导向，强化督查考核，努力在重要领域和关键环节改革上取得实质性进展，确保到2020年形成系统完备、科学规范、运行有效的体制机制。深化行政管理体制改革，加快转变政府职能，持续推进行政审批制度改革，探索实践综合行政执法，深入推进省经济发达镇行政管理体制改革。深化经济体制改革，大力推动江苏自贸区太仓片区申报工作，积极复制上海自贸区改革试点经验，稳步推进国有资产管理体制改革，建立规范的政府融资体制，继续推进商事制度改革。深化城乡发展一体化综合配套改革，推进农村产权制度改革，抓好全国深化县城基础设施投融资体制改革、农村土地承包经营权抵押贷款等试点工作。深化社会领域改革，推进公立医院综合改革，统筹推进教育、文化、养老、群团等其他改革。大胆探索一批率先领先的特色工作实践，及时总结提炼做法经验，打造具有太仓特色的改革品牌

4. 培育发展新动能。加快推进供给侧结构性改革，结合实际认真落实“三去一降一补”五大任务，有效改善供给体系效率和质量，进一步激发新需求、释放新动力。着力扩大有效投入，更加注重优化投资结构，精准实施一批重大项目、优质项目，不断提高投入产出比，持续增强发展后劲。积极培育新模式、繁荣新业态，深入实施“互联网+”行动计划，促进平台经济、大数据、云计算、物联网等加速发展，加快推进智能制造、“机器换人”，着力培育新的增长点。更加重视实体经济发展，优化提升要素保障、市场开拓等涉企服务水平，支持优质企业上市挂牌，加强质量品牌体系建设，引导企业弘扬“工匠精神”，培育一批“专精特新”中小企业，不断提高企业综合竞争力。

（二）抢抓战略机遇，打造特色鲜明的开放前沿阵地。

依托自身资源禀赋和独特优势，做优做亮“三篇文章”，不断丰富开放合作内涵，开创开放型经济发展新局面。

1. 深入实施“以港强市”战略。坚持港口、港区、港城三位一体，用好空间、平台、产业三大优势，在更高起点上增强太仓港综合实力和辐射带动能力，持续提升对全市发展的支撑作用。切实加强与长江沿线城市、“一带一路”沿线港口合作，主动对接上海国际航运中心建设，努力在基础设施互联互通、国际江海联运、口岸服务等方面实现更大突破，不断提升港口综合能级。用好国开区、综保区、一类口岸三大国家级平台，深化口岸通关、要素资源等方面区港联动，进一步做强新能源、新装备等临江制造业，提升物贸经济效益，积极培育电子商务、总部经济新业态，努力建成一批五百亿级产业基地、千亿级物贸基地，推动港区“二次创业”再提速，努力在全省国开区行列中争先进位。围绕协同主城发展、适度集聚人口、服务产业升级的方向，进一步加强港城基础设施建设，完善城市功能配套，优化人居综合环境，加快彰显现代化港口新城风貌。

2. 加速全面“融入上海”步伐。巩固扩大接轨上海成果，积极推动与上海多层次、宽领域、全方位的深度融合。突出以理念接轨为先导，主动学习上海的开放思想、先进观念、创新思维，自觉接受上海现代、开放的海派文化。突出以规划对接为重点，抢抓长三角城市群发展机遇，研究分析上海城市总体规划和城市功能布局，进一步优化全市各类发展规划，努力实现规划布局无缝对接。突出以经济相融为核心，坚持错位发展、配套发展，增强对上海高端产业、优势资本的吸引能力，积极承接上海新兴产业、高新技术产业和生产性服务业项目转移，实现沪太产业链上下游协同发展。突出以交通连接为基础，加速推进与上海的城市快速道路对接，认真配合做好沪通铁路太仓段建设，积极推进轨道交通延伸衔接。突出以机制联动为保障，健全完善环境治理、食品安全等跨区域协商联动机制，加强在教育、文化、医疗、养老等社会事业领域对接，推动沪太交流合作不断取得新的成果。

3. 打造“对德合作”典范城市。高水平、深层次、宽领域推动对德合作，力争成为继苏州工业园区中新合作、昆山两岸合作之后的江苏对外合作新平台，积极争创太仓深化中德合作试验区。加大对德招商力度，坚持引进旗舰项目与深耕中小企业双轮驱动，做大做强精密机械和汽车零配件等优势产业，着力拓展生物医药、电子信息等新兴产业，积极探索现代服务业、现代农业合作新领域。学习借鉴“德国工业4.0”模式，促进中德产业创新与合作，提升德企与本地企业的黏合度，带动本地产业转型发展。全面推进教育、文化、医疗卫生、生态环境等领域交流合

作，不断拓展对德合作深度广度。充分发挥德国中心、中德中小企业工业园等载体作用，不断提升“双元制”职业教育水平，切实加强知识产权保护，建设更多具有德国风情的生活配套设施，努力打造德企发展环境最优区。

4．统筹推进开放型经济发展。积极参与“一带一路”建设，用足用好国家政策，鼓励支持装备制造等本地龙头企业与沿线国家和地区开展国际产能合作。进一步加大招商引资力度，发挥产业发展基金作用，瞄准欧美等重点区域、全球五百强等重点企业，围绕先进制造业、战略性新兴产业和现代服务业领域，着力引进一批税源型、科技型、旗舰型重大项目。推动加工贸易转型升级，加快发展服务贸易和服务外包，积极挖掘进口潜力，实现对外贸易稳定转型发展。鼓励有实力的企业“走出去”，充分利用国际国内两个市场、两种资源，设立境外资本运作平台，开展跨国并购和投资合作，打造本土国际化企业。

（三）坚持久久为功，打造更高水平的田园城市胜地。

进一步强化现代田园城市建设目标导向，明确年度任务和重点举措，接续奋斗、久久为功，加快展现“城乡一体、产城融合，城在田中、园在城中”的美好景象。

1．加强城市建设管理。紧扣“一市双城三片区”空间布局，按照产城融合发展、人口合理分布的要求，分类推进主城区、各组团基础设施建设和公共服务配套，加快构建均衡有序、疏密有致的城市格局，推动城市发展由外延扩张式向内涵提升式转变。积极推进“多规融合”，进一步细化优化各板块、各街区和各重要节点的城市设计，不断增强城市规划的科学性和权威性。稳步推进城市快速路网、城际快速通道建设，加快农村公路提档升级，推动城市公交线网优化、融合发展，全面增强综合交通体系功能。加快推动城市立体化发展，加强地下空间开发利用，推进海绵城市建设，提升城市可持续发展能力。加快城市老旧片区改造升级，合理增加公共配套设施，完善城市慢行系统，拓展公共活动空间，构建以社区为单位的城市优质生活圈，有序推进城市更新。深入推进“智慧城市”建设，加强城市管理制度设计，引导群众共治共管，提升城市精细化管理水平，争创江苏省优秀管理城市。

2．推动城乡发展一体化。抢抓国家新型城镇化综合试点机遇，加大“六个一体化”统筹推进力度，推动城乡要素平等交换、合理配置和基本公共服务均等化。贯彻落实新一轮镇村布局规划，统筹抓好集中居住区和保留村庄建设，加快形成布局合理、功能完善的镇村体系。培育壮大合作农场、农业企业、家庭农场等新型经营主体，加快培养新型职业农民，努力提升农业经营效益，让农民成为体面职业，让农业成为强村富民重要产业。坚持走抱团发展、异地发展、多元发展之路，认真落实“一村二楼宇”等扶持政策，做强做优劳务合作社等强村富民载体，切实加强集体资产运作管理，不断壮大集体经济实力。围绕土地承包经营权确权、股份合作社股权固化、“政经分离”、宅基地自愿有偿退出等重点，扎实推进农业农村各项改革，不断增强发展活力。

3．狠抓生态文明建设。严格控制城市开发强度，加大闲置资源整合力度，守住永久基本农田和生态保护红线，促使城市建设更加绿色高效。坚决淘汰高污染、高能耗落后产能，大力发展节能低碳产业和循环经济，按照绿色理念规划建设各类项目及基础设施，严格落实节能减排任务，促进生产生活方式绿色化。更加注重把水乡风貌融入城市建设，大力开展生态修复，深化“绿色太仓”建设，持续完善湿地公园、绿色生态景观带等城市生态系统，提升城市的微循环和自我净化能力，争创国家生态园林城市。全面落实大气、水、土壤污染防治行动计划，深化城乡环境综合整治行动，探索完善城乡生活污水治理、垃圾分类收集等新模式，落实环境长效管护机制，有效提升城市形象。

（四）聚焦民生改善，打造普惠共享的平安和谐福地。

牢固树立共享发展理念，加大社会事业投入力度，不断创新社会治理，持续提升人民群众生活幸福感满意度。

1．抓好民生幸福工程。完善基本民生政策和制度安排，努力提供更高质量的公共产品和公共服务，让发展成果更多、更实在地惠及人民群众。深入实施居民收入倍增计划，突出重点群体，拓宽增收渠道，持续增加城乡居民收入，逐步缩小收入差距。积极推动全社会充分就业，优化就业公共服务，构建和谐劳动关系。深化城乡社会保障一体化建设，巩固提升医保等领域创新发展优势，建设更高水平、更加公平、更可持续的社会保障体系。坚持教育优先发展战略，扩大适应地方发展的各级各类优质教育资源，有效提升教育质量，满足人民群众日益增长的优质教育需求。加强公共卫生服务体系建设，提高群众对医疗服务的满意度。健全完善养老服务体系，提高养老服务专业化、规范化、社会化水平，实现基本养老公共服务均等化。深入开展全民健身运动。抓好双拥优抚、社会救助、精准扶贫等工作。

2．全面推进依法治市。深入推进法治太仓建设，着力推动依法行政、公正司法、全民守法，使法治成为太仓核心竞争力的重要内容和标志。大力推进法治政府建设，健全完善党政机关法律顾问制度，全面提升依法行政水平。尊重司法规律，推进公正司法，承接落地司法体制改革措施，完善对权利的司法保障、对权力的司法监督，保障人民群众有序参与司法，努力提升人民群众公平正义获得感。坚持把全民普法和守法作为长期基础性工作，加强法治文化建设，弘扬社会主义法治精神，增强市民的法治意识和法治思维，在全社会形成尊法学法守法用法的良好氛围。扎实推进基层民主法治建设，完善法律援助制度，深入推进公共法律服务均等化，提升社会依法治理水平。

3．提升社会文明程度。加强中国特色社会主义理论体系、中国梦和社会主义核心价值观宣传教育，大力弘扬太仓城市精神，以此武装头脑、凝聚共识、汇聚力量。广泛开展群众性精神文明创建活动，大力倡导志愿服务和公益慈善，提升公民文明素质，确保如期创成全国文明城市。优化城乡文化设施布局，促进公共文化服务标准化、均等化发展。加强娄东文化传承保护，扶持文艺精品创作生产，繁荣发展各项文化事业。大力发展文化创意产业，推进文化旅游融合发展，鼓励支持沙溪古镇开发保护，提高文化产业规模化、特色化、专业化水平。加强新闻舆论阵地建设，推动传统媒体和新兴媒体融合发展，推进网络空间依法治理，健全社会舆情引导机制，不断巩固壮大主流思想舆论。

4. 加强社会治理创新。完善党委领导、政府主导、社会协同、公众参与、法治保障的社会治理体制，推进社会治理社会化、法治化、精细化。深化“政社互动”“三社联动”等创新实践，推进政府购买公共服务，扶持社会组织发展壮大，加强社区建设管理，充分调动各方面参与社会治理的积极性、创造性。深化平安太仓建设，落实重大决策社会稳定风险评估制度，完善大调解、大信访机制，有效预防和化解社会矛盾。加强社会治安综合治理，创新升级立体化、现代化社会治安防控体系，严密防范、依法惩治违法犯罪活动。切实加强安全生产、食品药品安全监管，保障人民群众生产生活安全。完善社会信用体系，全面提高社会诚信意识和信用水平。

**四、推动全面从严治党迈上新台阶。**

坚持和完善党的领导，是党和国家的根本所在、命脉所在，也是我们实现今后五年发展目标的关键所在。要全面推进党的思想、组织、作风、反腐倡廉和制度建设，不忘初心、继续前进，推动全面从严治党迈上新台阶，为太仓经济社会持续健康发展提供坚强的政治保证。

（一）用好“传家宝”，抓出思想建设新成效。

坚持全面从严治党，必须抓紧抓牢思想政治建设这条生命线。坚定理想信念，切实把对马克思主义和共产主义的信仰、对中国特色社会主义的信念作为终身不变的坚守，进一步增强中国特色社会主义道路自信、理论自信、制度自信、文化自信。深入学习习近平总书记系列重要讲话特别是视察江苏重要讲话精神，不断提高战略思维、辩证思维、创新思维、底线思维能力，以新理念引领新发展、以新思想指导新实践、以新战略开拓新局面。全面落实党委（党组）意识形态工作责任制，牢牢把握意识形态工作主动权。坚持把学习型党组织建设放在重要位置，不断完善党委中心组学习制度，以迎接党的十九大召开为契机，深入推进学习型党组织和学习型领导班子建设，增强各级干部推动科学发展、促进社会和谐的能力。紧紧围绕全市发展大局，进一步凝聚发展共识，真正把广大党员干部的思想行动统一到实现“两个率先”的要求上来，把全市上下的智慧力量凝聚到谱写好中国梦太仓篇章的实践上来。

（二）锻造“主心骨”，激发干部队伍新状态。

坚持从严选好管好干部，努力建设一支信念坚定、为民服务、勤政务实、敢于担当、清正廉洁的高素质干部队伍。树立良好用人导向，以《干部任用条例》为根本遵循，真正把优秀干部选出来、用起来，从源头上保持干部队伍的先进性和纯洁性。深化干部人事制度改革，不断优化领导班子结构，加大优秀年轻干部培养选拔力度，统筹培养选拔女干部和党外干部，努力建设看得准发展大势、抓得住主要矛盾、解决好突出问题的领导集体和中坚力量。落实“三个区分”，保护那些作风正派又敢作敢为、锐意进取的干部，最大限度调动广大干部的积极性、主动性、创造性，同时完善干部综合考核和评价机制，严格落实《中国共产党问责条例》，建立懒政追责机制，激励和倒逼干部敢于担当、主动作为。加强干部教育培训，开展精准化的理论培训和业务培训，加快知识更新、加强实践锻炼，使专业素养和工作能力跟上时代节拍。进一步贯彻“五个要”要求，严格执行各级从严管理干部规定，落实干部监督各项制度，加强对“一把手”权力运行监督，继续扎实开展“三责联审”和经济责任审计，推动审计监督全覆盖，着力深化领导干部个人有关事项报告、防止利益冲突工作，切实做到真管真严、敢管敢严、长管长严。

（三）管好“责任田”，展现基层组织新作为。

党的基层组织是党全部工作和战斗力的基础，必须把抓基层打基础作为长远之计和固本之举。严格落实党建工作责任制，确保党组织书记履行好第一责任人职责，种好党建“责任田”。推动全面从严治党向基层延伸，以强化政治属性和服务功能为鲜明导向，以推动组织覆盖和工作覆盖为工作重点，以服务发展、服务群众为根本要求，建强基层组织，统筹抓好农村、社区、“两新”组织、机关事业单位等领域党建工作，不断夯实党执政的基层基础。积极推进党建工作典型培育和品牌建设，巩固提升“365服务工程”等既有品牌，着力打造“党建引领、政社互动”、德企党建、“党建+”等新品牌，推动法治型党组织建设，增强基层党建工作活力。巩固扩大党的群众路线教育实践活动、“三严三实”专题教育成果，认真开展“两学一做”学习教育，继续深化“我是共产党员”专项教育活动，切实加强党员队伍建设，努力争做“四讲四有”合格党员，发挥党员先锋模范作用。认真抓好村、社区党组织换届工作，进一步加强基层党组织书记、村居干部队伍建设，努力造就一支熟悉基层、扎根基层、服务基层的干部队伍。

（四）牵住“牛鼻子”，营造良好政治新生态。

党的作风直接关系党的形象，关系人心向背，关系事业兴衰，必须坚定不移把党风廉政建设深入进行下去，营造风清气正的政治生态。严明党的政治纪律和政治规矩，切实增强政治意识、大局意识、核心意识、看齐意识，在思想上政治上行动上始终与以习近平同志为总书记的党中央保持高度一致。加强和规范党内政治生活，严格落实“三会一课”等制度，增强党内政治生活的政治性、时代性、原则性、战斗性。严格落实党风廉政建设责任制，按照党风廉政建设“责任清单”，切实承担好、落实好“两个责任”。坚持和发扬党的优良传统和作风，深化落实“八项规定”等各项规定要求，持之以恒反对“四风”，持续加强机关作风效能建设，大兴求真务实、联系群众、艰苦奋斗、勤俭节约之风，重视领导干部家风建设，以优良作风营造干事创业好环境。健全直接联系服务群众长效机制，持续深化领导干部下基层“三访三促”，严格执行领导干部调查研究、基层联系点、定期接待群众来访等制度，进一步密切党群干群关系。始终保持惩治腐败高压态势，大力推进源头治理，健全权力运行制约监督体系，加强执纪监督、制度建设、宣传教育，形成不敢腐、不能腐、不想腐的有效机制，确保干部清正、政府清廉、政治清明。

实现经济社会发展目标，必须凝聚更强的发展合力。

要坚持和完善人民代表大会制度、中国共产党领导的多党合作和政治协商制度，支持人大及其常委会依法履行职能，充分发挥人民政协政治协商、民主监督和参政议政的职能作用。巩固和壮大新时期最广泛的爱国统一战线，加强同民主党派和无党派人士的合作共事。支持工会、共青团、妇联、科协、文联、工商联、残联和侨联等人民团体依照法律和各自章程开展工作。切实做好新形势下民族、宗教、对台和侨务工作。一如既往地做好老干部工作。坚持党管武装，积极支持驻太部队建设，认真做好双拥工作，巩固和发展军政军民团结。

同志们，蓝图催人奋进，使命重于泰山。让我们紧密团结在以习近平同志为总书记的党中央周围，高举中国特色社会主义伟大旗帜，以马列主义、毛泽东思想、邓小平理论、“三个代表”重要思想、科学发展观为指导，深入贯彻落实习近平总书记系列重要讲话特别是视察江苏重要讲话精神，在中央、省委和苏州市委的正确领导下，践行新理念、提振新状态，开拓新境界、创造新业绩，为谱写好中国梦的太仓篇章而努力奋斗！

## 创新转型求突破　富民惠民走在前　努力在“两聚一高”实践中奋勇争先

——在市委十三届二次全体（扩大）会议上的讲话

沈　觅

2016年12月26日

同志们：

这次全会的主要任务是：深入学习贯彻党的十八大，十八届三中、四中、五中、六中全会和习近平总书记系列重要讲话精神，特别是视察江苏重要讲话精神，全面贯彻落实省第十三次党代会、苏州市第十二次党代会和太仓市第十三次党代会精神，认真贯彻落实中央、全省经济工作会议精神，回顾总结今年工作情况，研究部署明年工作任务，动员全市各级党组织、广大党员和干部群众，创新转型求突破，富民惠民走在前，以争先的意识、务实的举措，推动各项事业发展迈上新台阶，在“两聚一高”实践中奋勇争先，以优异的成绩迎接党的十九大胜利召开。

下面，我代表市委常委会，讲四个方面意见。

**一、充分肯定今年工作成绩。**

今年以来，全市按照上级党委政府的决策部署，紧紧围绕“两个率先”目标任务，践行新理念，开拓新境界，统筹抓好稳增长、调结构、促改革、惠民生等各项工作，经济社会保持平稳健康发展，实现了“十三五”良好开局。

（一）坚持量质并举，转型发展迈出新步伐。坚持以供给侧结构性改革为主线，持续做大经济总量、加快产业升级，努力促进经济转型发展、创新发展。一是经济运行稳中有进。全年完成地区生产总值1155亿元，增长7.5%（预计，下同），规上工业总产值2040亿元，全社会固定资产投资465亿元。实现公共财政预算收入127.7亿元，增长11.5%。规上工业企业利税、利润分别增长21%、25%，舍弗勒成为全市首家产销超百亿元的工业企业。新发展私营企业户数增长22.8%，新增注册资本增长67.5%。二是产业升级取得实效。认真落实《中国制造2025太仓实施纲要》，深入实施“互联网+”行动计划，加快推进智能制造、“机器换人”，完成战略性新兴产业产值1060亿元，占规上工业总产值比重为52%，提高1.9个百分点。加快发展现代服务业，服务业增加值占比46.3%，提高1个百分点。新增新三板挂牌企业9家。单位地区生产总值能耗降低3.9%，淘汰落后产能和关停不达标企业65家。三是创新驱动成效明显。大力发展高新技术产业，高新技术产值占比达35.5%，新增高新企业73家、省民营科技企业166家。万人发明专利拥有量达38.56件，顺利通过国家知识产权试点市验收。省级高新区去“筹”与申报国家级工作加快推进，大学科技园获评中国产学研合作创新示范基地，中科院硅酸盐所等载体建设有序推进。新增国家级众创空间2个、省级众创空间5个。进入省“双创”计划人才数量实现翻番，省“333工程”入选数在苏州名列前茅，荣获苏州市人才科技工作创新进步奖。

（二）突出“三篇文章”，改革开放取得新成效。始终把改革开放的理念贯穿发展全过程，不断推出改革之举、开放之策，增强发展活力动力。一是重点改革持续推进。行政审批事项目录实现动态调整，沙溪镇综合执法试点工作进一步深化，公共资源交易中心、不动产登记中心等机构完成组建。“五证一章合一”商事制度改革全面完成，“营改增”扩围顺利推进，国资监管体系日益完善。国家深化基础设施投融资体制改革试点县、全国农村土地承包经营权抵押贷款试点县（市）等工作加快推进。二是“三篇文章”做优做亮。太仓港跃居世界集装箱港口百强榜第39位、上升8位，临江先进制造业和物贸经济加快发展，“市港联动”得到深化。复制推广上海自贸区改革试点经验，引进上海项目117个、投资总额25.9亿元，沪通铁路太仓段建设有序推进。完成中德（太仓）产业合作创新试验区规划，新增德企16家，德国中心、中德友好幼儿园正式投运，双元制大学项目签订四方合作协议。三是开放型经济稳步提升。完成注册外资6亿美元、实际利用外资5亿美元，注册外资占苏州全市比重实现提升；进出口总额109亿美元，一般贸易比重实现提升；服务外包接包合同额7.5亿美元。积极参与“一带一路”建设，中方境外投资协议额2.45亿美元，增长55.7%。

（三）紧扣田园城市，城乡建设呈现新面貌。切实抓好规划建设管理等各项工作，进一步彰显现代田园城市风貌。一是城市功能更加完善。城市总体规划重大修改、片区规划调整、专项规划编制、土地利用规划调整完善等工作有序开展。高新区中央商务区加快建设，新港城、科教新城功能配套继续完善，各中心镇新镇区基础设施建设稳步推进。岳鹿公路延伸等工程加快建设，老城区及西城区防洪排涝工程建设全面完成，二水厂取水改移工程稳步推进，杨林塘航道整治及吴塘河配套工程通过竣工验收，完成公共自行车二期工程。智慧城市、海绵城市建设持续推进，数字化城市管理工作得到加强。二是城乡发展更加协调。优化形成“一核、一轴、三园、三区”的农业产业布局，“四个十万亩”主导产业提质增效，国家现代农业示范区加快建设。103个保留村庄规划编制完成，农村土地承包经营权确权登记颁证、农村社区股份合作制改革等稳步推进，农村承包土地规范化流转管理得到加强。精准帮扶集体经济薄弱村，新增专业合作经济组织19家，首批新型职业农民进入工作岗位。三是生态环境更加优美。全面开展全市城乡环境综合整治“百日行动”，完成6大类2453个整治项目。中央环保督察组交办的46件信访件全部办结，城市环境综合整治“931”行动考核成绩连续四年位列苏州第一。实施增减挂钩项目面积785亩，盘活低效用地1105亩。严厉打击跨区域偷倒固废违法行为，稳步实施餐厨垃圾无害化处理工程。国家生态园林城市创建扎实推进，浏河镇获得中国人居环境范例奖。

（四）*注重普惠共享，民生福祉实现新提升*。牢固树立共享发展理念，加大民生改善和社会治理力度，持续提升人民群众的幸福感满意度。一是收入保障水平不断提高。实现城镇居民人均可支配收入54145元、农村居民人均可支配收入27746元，分别增长8%、8.2%。农村劳动力转移率、应届高校毕业生就业率分别达到92.3%、97.6%，城镇登记失业率控制在1.9%左右。大病门诊保险有效实施，实时医疗救助工作得到中央深改办和民政部的关注和肯定。棚户区危旧房改造工作有序推进。二是社会事业发展持续加快。十大政府实事工程有序推进。城乡学校办学条件进一步优化，教育质量稳步提升，被评为江苏省促进义务教育均衡发展先进市。文化事业和文化产业协调发展，全国文明城市创建深入开展。医药卫生体制改革持续深化，“全面两孩”政策稳妥实施，太仓市被世界卫生组织授予健康城市最佳实践奖。全民健身工作深入推动，成功承办2016年国际田联竞走挑战赛（太仓站）。积极实施“养老服务提升工程”，养老服务体系不断健全。位列2016中国最具幸福感城市县市级榜首，荣获“全国双拥模范城”称号，成为全国首批科普示范县（市、区）。三是社会治理创新得到加强。严格落实“市镇村三级”矛盾纠纷动态排查、“党政齐抓”信访维稳责任。26个市镇两级综治平安重点项目深入实施，三级综治中心规范化建设加快推进，全市违法犯罪警情连续10年保持下降。统筹推进法治政府、法治市场、法治社会“三位一体”建设，获评“2014—2015年全省法治建设示范县（市、区）”称号。“政社互动”创新实践项目名列“2015年度中国社区治理十大创新成果”首位。食品药品监管得到加强，生产安全事故同比下降23.1%。

（五）*从严管党治党，党的建设得到新加强*。坚持不忘初心、继续前进，推动全面从严治党迈上新台阶。一是思想建设取得实效。深入贯彻落实十八届六中全会精神，党员干部政治意识、大局意识、核心意识、看齐意识得到增强，始终与以习近平同志为核心的党中央保持高度一致。全面贯彻落实党委（党组）意识形态工作责任制，强化党委中心组学习制度，党员干部政治素质和专业能力实现提升。二是干部队伍结构优化。完成市镇两级党委换届，领导班子得到配优配强。强化年轻干部培养锻炼，重视培养女干部、党外干部。全面完成科级干部职数超配清理任务，出台退出领导岗位干部管理规定。三是基层基础不断夯实。高标准推进“两学一做”学习教育，深化拓展“我是共产党员”专项教育活动。依法圆满完成新一届村（社区）“两委”班子换届选举。“365服务工程”、法治型党组织建设等品牌不断深化，德企党建、农村和社区党建、“两新”组织党建等工作深入推进。四是党风廉政建设深入推进。严格责任清单制度，实行责任落实情况全程留痕、动态监管，推动“两个责任”落地生根。落实提名考察工作，加强派驻机构管理，稳步推进巡察工作。持续开展“清风行动”，推动作风建设各项规定严格执行。实践监督执纪“四种形态”，抓紧抓实“第一种形态”。严格执纪审查，始终保持惩治腐败高压态势。

在充分肯定成绩的同时，我们必须清醒地看到，还面临不少困难和挑战，主要表现在：经济发展的规模总量、自主创新能力都还存在明显短板；城乡居民增收渠道还要不断拓宽；公共服务供给水平、生态环境质量还有待进一步提高；部分干部的精神状态、执行力、工作效率需要进一步提升等。我们必须高度重视这些不足，采取有力措施，切实加以解决。

**二、准确把握明年工作目标要求。**

展望明年，我们仍处于可以大有作为的重要战略机遇期，也面临着诸多矛盾叠加、风险隐患增多的严峻挑战。我们要准确把握发展新方位，始终保持战略定力，乘势而上、砥砺前行，不断开创太仓经济社会发展新局面。明年工作的总体要求是：**高举中国特色社会主义伟大旗帜，以邓小平理论、“三个代表”重要思想、科学发展观为指导，深入学习贯彻党的十八大，十八届三中、四中、五中、六中全会和习近平总书记系列重要讲话精神，特别是视察江苏重要讲话精神，紧紧围绕“五位一体”总体布局和“四个全面”战略布局，坚持稳中求进工作总基调，牢固树立和贯彻落实新发展理念，适应把握引领经济发展新常态，坚持以推进供给侧结构性改革为主线，创新转型求突破，富民惠民走在前，重点抓好经济发展、创新驱动、改革开放、城市建设、民生幸福和社会治理等六方面工作，促进经济平稳健康发展和社会和谐稳定，努力在“两聚一高”实践中奋勇争先。**

明年发展主要预期目标是：地区生产总值增长7.5%，公共财政预算收入增长8%，全社会固定资产投资与上年持平，规模以上工业总产值增长2%，社会消费品零售总额增长8%，城镇和农村居民人均可支配收入分别增长8.5%和9%，其他各项转型升级指标高于苏州平均水平。

做好明年工作，要重点把握好以下三个方面：

（一）*做好明年工作，必须明确目标、理清思路*。谋划明年工作，必须紧扣上级精神、立足太仓实际。一是看清大势。省第十三次党代会明确提出"聚力创新、聚焦富民，高水平全面建成小康社会"，这是未来五年全省发展的最突出主题、最重大任务。站在新的起点上，向着更高的目标迈进，我们必须树立强烈的大局意识、责任意识、担当意识，坚定发展信心、增强战略定力，按照既定的部署要求和目标任务，积极主动作为，集中精力办好太仓自己的事情，努力在"两聚一高"实践中奋勇争先。二是把握方向。作为苏南板块的重要一员，太仓不少工作已位居全省、全国前列，我们有条件也有基础，在推进"两聚一高"实践中求突破、走在前。要紧紧围绕"创新四问"要求，扎实做好创新产业、创新企业、创新载体、创新生态等工作，努力在聚力创新上求突破。要持续巩固提升富民惠民工作成效，千方百计让老百姓的口袋更加充实、生态环境更加优美、基本公共服务更加均等，努力在聚焦富民上走在前。三是明确路径。始终坚持稳中求进工作总基调，在稳中求进，在进中求好，在好中求快，更加注重发展的质量和效益。在确保稳、把握度的前提下，力争在改革发展的关键领域有所进取、奋发有为，努力实现更高质量、更有效率、更加公平、更可持续的发展，确保经济实现平稳增长、发展向中高端迈进。

（二）做好明年工作，必须突出重点、把握关键。开创明年工作新局面，统筹做好改革发展稳定各项工作，要突出五个方面：一是以产业升级为抓手，在构建现代产业体系上实现新突破。着力优化产业结构，深入推进产业转型升级，加快构建以"两新"产业为主导、服务经济为主体、先进制造业为支撑、现代农业为基础的现代产业体系。二是以招商与投资为抓手，在增强发展后劲上实现新突破。全面优化政策、法治、人文环境，打造最优服务质量，加快项目引进和产业集聚速度，力争在引入高质量的产业项目上实现突破性进展。三是以开发区建设为抓手，在做优开发载体上实现新突破。充分发挥开发区压舱石、主阵地、示范区作用，确保明年国开区排名提升1个以上名次，高新区一季度去"筹"成功，并启动国家级高新区申报工作。四是以生态与民生为抓手，在增进民生福祉上实现新突破。更加关注生态与民生领域短板，加大生态环境改善力度，积极探索增加居民收入新路径，全力解决好群众反映强烈的热点、难点问题。五是以"三篇文章"为抓手，在深化对外开放上实现新突破。做强"以港强市"，做优"融入上海"，做深"对德合作"，着力放大沿江沿沪、德企集聚的叠加优势，加快建设中德（太仓）产业合作创新试验区，打造更具鲜明特征的全方位开放新格局。

（三）做好明年工作，必须敢于争先、抓好落实。明年目标能否实现，关键在抓落实，关键在干部的精气神。一是树立勇争第一的责任担当。发展百舸争流，唯有勇争第一，方能争先进位。虽然我们的发展取得了一定成效，但在创新驱动、产业转型、生态建设等方面我们仍然有短板和不足，我们要知难而进、奋发有为，始终把争当苏州、全省乃至全国先进，作为工作的最高标准和动力，推动各项事业发展迈上新台阶。二是强化时不我待的紧迫意识。机遇稍纵即逝，唯有抢占先机，方能乘势而上。当前，地区竞争不断加剧，不进则退、慢进亦退的现实已经摆在我们面前，在爬坡过坎的关键期，我们必须强化时不我待的紧迫意识，千方百计抢抓机遇，凝心聚力练好内功，努力在新一轮的竞争中实现跨越发展。三是传承苦干实干的精神法宝。未来任重道远，唯有砥砺前行，方能大有作为。推进"两聚一高"新的实践，我们必须传承和发扬苦干加实干的"四千四万"精神，大兴求真务实之风，始终以抓铁有痕、踏石留印的韧劲，啃硬骨头、攻硬堡垒。广大干部尤其是领导干部要扑下身子、放下架子，多干实事，抓具体、具体抓，实实在在地解决问题，推动发展不断取得新成效。

**三、全力以赴抓好明年重点任务。**

2017年是实施"十三五"规划的重要一年，也是全面贯彻落实省、苏州和太仓市党代会精神的关键一年。明年重点要抓好以下六个方面工作：

（一）突出提质增效，促进经济加快发展。

围绕提高经济发展的质量和效益，加快构建现代产业新体系，着力推动经济增长新旧动能转换。

1.狠抓有效投入。高度重视发挥投资的关键作用，始终保持投资高热度、高强度。突出抓好中广核、耐克二期、新大洲本田等71个重点项目建设，精心组织实施一批重大基础设施建设和政府实事工程。加大对40个重点技改项目跟踪服务力度，确保全年实现155亿元技改投入。建立健全重大项目合作机制和导入机制，优化整合各类招商优惠政策，紧盯欧美、深耕德国，加大上海、深圳等重点地区的招商力度，争取落实和储备一批重点项目。推动对德招商从中小企业向龙头型企业拓展，引导更多外企在太设立生产基地或区域总部。

2.加速产业升级。大力发展高端装备制造、新材料、生物医药等战略性新兴产业，努力在核心技术和市场开拓上实现更大突破，力争新兴产业产值占比达52%以上。坚持以高端化、智能化、绿色化、服务化、品牌化为方向，推动智能制造、"互联网+"与传统产业融合发展，有效激发传统产业新动能。大力培育总部经济，加快发展基于先进制造业的现代金融、电子商务、现代物流等生产性服务业，积极发展平台经济、大数据、云计算、物联网等新业态新模式，确保服务业增加值占比提高1个百分点。深入推进农业供给侧结构性改革，把增加绿色优质农产品供给放在突出位置，狠抓农产品标准化生产、品牌创建、质量安全监管。优化"四个十万亩"农业产业布局，加大现代农业园区建设力度，启动新一轮高标准良田建设，推动农业"接二连三"融合发展。

3.做强实体经济。主动对接上级政策，继续抓好挂钩联系企业等工作，更加积极主动地靠前服务企业，进一步强化资源要素供应，促进企业健康良性发展。鼓励企业通过强强联合、兼并重组等方式做大规模总量，引导企业延伸产业链、攀高价值链，加快打造一批百亿级、五十亿级企业。整合产业细分领域发展优势，引导企业从传统设备制造向系统技术供应拓展，有效提升企业发展层次和水平。鼓励广大中小企业加快装备技术改造和产品升级换代，提升技术创新水平和市场抗风险能力，培育一批行业“小巨人”。鼓励企业发扬“工匠精神”，加强质量品牌体系建设，不断增强产品竞争力。抓好企业上市工作，确保5家企业在新三板挂牌。

（二）突出创新驱动，增强引领发展动力。

积极参与苏南自主创新示范区建设，紧扣苏州“一基地一高地”目标定位，进一步完善区域创新体系，提升区域创新浓度，努力形成一批具有相当影响力的原创性成果和创新型企业，为苏州答好“创新四问”贡献太仓力量。

1．充分集聚高端要素。精准实施“娄东英才”工程，明年计划安排1.5亿元人才专项资金，坚持直接引进与柔性引进相结合，积极探索与德国等地的海外合作办学，更加注重本地领军人才的优选和培养力度，确保新增各级科技领军人才40名以上，引进培育1～2个国内一流的重大创新团队。深入推进大学科技园、中科院硅酸盐所、同高院等平台建设，做优做强科技产业园、生物医药产业园等载体，大力开展创新研究、技术服务、成果转化和人才集聚，有效提升创新效率和运作水平。充分发挥高校创新源头作用，深化与中科院、同济大学、东南大学等高校院所的技术交流合作，积极引进弗朗霍夫研究院。围绕新材料、生物医药等重点产业加快组建技术创新联盟，提升协同创新发展水平。

2．做大做强创新企业。深入实施创新型企业群体培育计划，加大对成长性较好企业的扶持力度，力争培育1～2家品牌知名度高、核心竞争力强、行业带动性大的创新型领军企业，新增高新技术企业50家以上，高新技术产值占比达36.5%。落实好各类企业研发优惠扶持政策，支持骨干企业多渠道、多形式建立研发机构，引导中小企业在产业细分领域强化原创性开发，努力在核心技术原始创新上实现突破，确保企业研发费用备案金额超32亿元，企业研发机构建有率超30%。吸引跨国企业特别是德企在太设立研发中心，促进外资研发机构融入区域创新体系。抓好科技企业上市、中外企业合作创新等工作。

3．优化创新生态系统。认真贯彻苏州“3+1”政策及“创新四问”四大行动计划，研究制定符合太仓实际的创新政策体系。完善财政投入保障机制，提升创新指标考核权重，强化创新驱动发展的鲜明导向。加快设立创新创业投资基金、天使基金、产业投资基金、人才基金，引导社会资本投向创新领域，建立多元化、多渠道的资金投入体系。完善知识产权联席会议制度及相关司法服务，推进江苏—德国知识产权国际服务平台建设，积极争创国家知识产权强县工程示范县。完善检验检测、科技咨询、创业孵化等公共服务体系建设，探索“互联网＋科研服务”模式，建立健全科技成果转化激励机制。加大科技创新宣传力度，树立崇尚创新、创业致富的价值导向，营造勇于创新、开放包容的良好氛围。

（三）突出改革开放，不断放大发展优势。

坚持在顶层设计框架下先行先试、大胆探索，在扩大对外开放中抢抓机遇、拓展空间，加快构筑体制机制优势，不断增强发展活力动力。

1．深化重点领域改革。紧扣上级部署要求，不断深化供给侧结构性改革，根据新情况新问题完善政策措施，推动“三去一降一补”五大任务取得实质性进展。认真抓好简政放权、放管结合、优化服务工作，继续深化经济发达镇行政管理体制改革试点工作，积极开展商务等领域综合执法改革试点。深入推进财税体制、国有资产管理体制等改革，加快商事制度改革和市场监管体系改革，探索市政建设和公共服务领域PPP模式。深化国际贸易“单一窗口”改革，抓好关检“三个一”工程和“三互”试点工作。积极探索群团改革。不断深化大病保险、农村土地承包经营权抵押融资试点等特色工作实践。健全完善决策、协调和督查机制，确保各项改革工作有序推进、取得实效。

2．提升开放型经济竞争力。坚持把开放型经济作为第一性经济来抓，积极引导外资投向“两新”产业和高附加值产业，更好地发挥外资对促进经济转型发展的重要作用，确保新增注册外资8亿美元，到账外资5.5亿美元。不断提高传统优势产品出口竞争力，拓展新增产能出口，继续扩大与新兴市场国家进出口总额，提高一般贸易、服务贸易和新型贸易业态比重，确保实现外贸进出口总额110亿美元。积极参与“一带一路”建设，鼓励有条件的企业加快“走出去”步伐，支持优势产业开展国际产能合作和跨国经营，培育一批本土跨国企业。

3．打造高水平开发开放载体。大力推进开发区“二次创业”，引导开发区从产业集聚向能级提升转变，从政策优惠向体制优化转变，夯实全市转型发展的基础力量。国开区要紧扣“千亿制造、千亿物贸、百亿税收”的奋斗目标，加快港口码头、临江工业、现代物流和新港城四位一体发展，继续当好全市经济发展的主力军。高新区要在建设中德（太仓）产业合作创新试验区中发挥主导作用，充分吸纳和借鉴德国资源要素、经验模式，打造苏州乃至全省创新和开放融合发展的标志性平台。其他各级各类产业园区要在载体功能拓展、综合环境优化等方面加大力度，努力形成分类集聚、错位竞争的产业新格局。

（四）突出精致宜居，建设现代田园城市。

加快新型城镇化和城乡一体化步伐，不断提升综合承载能力，丰富现代田园城市形态内涵，全力打造长三角次中心城市。

1．提升城市建管水平。继续做好城市总体规划重大修改工作，加快城市总规和经济社会发展、土地利用、环境保护等各类规划的协调衔接，促进“多规融合”。紧扣“一市双城三片区”布局定位，高质量推进主城区建设，全面提速陆渡片区基础设施建设，加快完善金仓湖、天镜湖片区功能和城市形象，增强新港城、旅游度假区配套功能，打造宜居宜业宜游的特色小镇，构建精致优美的城市格局。切实加强撤并镇管理区工作，力争通过2～3年时间，使管理区整体面貌和功能配套实现较大提升。扎实推进沪通铁路太仓段建设，争取启动沪宜高速金仓湖互通工程，加紧实施沪太道路对接工程，认真抓好346国道（原338省道）路面改善工作。加快建设海绵城市，推广绿色建筑。抓好社区建设与管理，构建以社区为单位的城市优质生活圈。

完善城市管理全覆盖工作体系，优化完善“数字城管”平台，提升城市精细化管理水平，争创江苏省优秀管理城市。

2. 加强生态文明建设。扎实开展“两减六治三提升”专项行动，全力打赢生态保护和环境治理攻坚战，促进全市环境质量明显好转。扎实推进城市主要道路、内河主航道沿线等重点区域环境整治，推动城乡环境综合整治常态化、长效化，确保“931”行动成绩继续位列苏州前茅。严守资源生态环境红线，加快建立城市发展空间留白机制，着力推进低效闲置用地再开发，全面开展“三优三保”行动，不断提升土地节约集约利用水平。推动清洁能源生产，确保完成节能减排任务。深入推进“绿色太仓”建设，启动环城生态廊道整治修复、市民公园、沿沪生态湿地等工程建设，抓好城区主要道路绿化、小游园提档建设等工作，全力创建国家生态园林城市。扎实推进长江大保护及大气污染、水污染、土壤污染防治工作。妥善处理固废偷倒、违法养殖等跨区域环保问题。

3. 推进城乡发展一体化。积极探索农村土地“三权分置”改革，全面完成农村土地承包经营权确权登记颁证、农村社区股份合作社股权固化工作。分类有序推进农民集中居住，进一步规范农房翻建改造。积极培育新型农业经营主体和服务主体，鼓励合作农场、农业企业、专业合作社、家庭农场等主体联合发展，提升管理水平和经营效益。深化“一村二楼宇”发展内涵，不断完善“两个平台”运作机制，引导集体经济健康有序发展。继续做好经济相对薄弱村扶持工作，建立健全长效帮扶机制，确保薄弱村集体收入突破300万元。突出抓好土地流转管理，保护村容环境，做到守土有责。扎实推进美丽村庄建设，启动建设三星级康居乡村20个以上、康居特色村1个。

（五）突出富民惠民，增强群众幸福感受。

集中力量抓好普惠性、兜底性民生建设，不断提高公共服务共建能力和共享水平，进一步增强广大群众的幸福感满意度。

1. 加快富民增收步伐。深入实施居民收入倍增计划，积极促进创业、巩固充分就业，重点解决好高校毕业生、困难群体的就业服务和创业指导工作，确保城镇登记失业率控制在2%以内。更加关注低收入人群扶贫工作，解决好因病因残致贫返贫等问题，加强社会救助体系建设，建立健全“救急难”工作机制，确保全市人民在小康路上一个不少、一户不落。健全城乡统筹和区域转接机制，稳步提高各类社会保障待遇标准，继续完善社会保障“太仓模式”。推进住房保障和供应体系建设。

2. 优化公共服务供给。深入推进义务教育均衡优质发展，全面实施义务教育改薄工程，明年计划启动新（扩）建中小学、幼儿园21所。深化“双元制”教育本土化实践，加快推进中德合作双元制大学太仓项目。深入推进医药卫生体制改革，大力实施健康市民“531”行动，启动新一轮基层医疗卫生机构整合提升工程、公共卫生中心建设，抓好流动人口公共卫生服务均等化工作。深入开展全民健身运动，不断完善“10分钟体育健身圈”，承办好世界竞走团体锦标赛等重大体育赛事。加快推进区镇养老机构建设，鼓励引导社会力量参与养老服务。全力争创省双拥模范城六连冠。

3. 提升社会文明程度。深化中国特色社会主义和中国梦宣传教育，深入学习宣传以习近平同志为核心的党中央治国理政新理念新思想新战略，引导全体党员和全社会坚定道路自信、理论自信、制度自信、文化自信。积极培育和践行社会主义核心价值观，大力弘扬民族精神、时代精神，丰富提升“精致和谐、务实创新”的太仓城市精神。深化拓展群众性精神文明创建活动，深入开展“文明太仓”市民大行动等活动，扎实推进道德风尚高地建设，推动文明城市建设常态长效。深入实施文化惠民工程，完善公共文化服务体系。推进网上舆论生态治理，发展积极向上的网络文化。

（六）突出和谐善治，提升社会治理水平。

不断深化社会治理创新实践，继续抓好平安太仓、法治太仓建设，促进社会和谐稳定、人民安居乐业。

1. 健全治理体系。健全党委领导、政府主导、社会协同、公众参与、法治保障的社会治理体制，推进系统治理、综合治理、依法治理、源头治理，加快构建全民共建共享的社会治理格局。突出抓好网格化管理，持续推进市镇村三级综治中心规范化建设，加快完善城市综合治理联动机制，推动管理重心下移、力量下沉，切实提高综合治理效能。扎实推进“政社互动”“三社联动”，推动基层民主议事协商平台建设，引导社会组织有序发展，激发基层自治活力。加快推进“智慧社区”建设，推动社区服务社会化。

2. 推进依法治市。深入推进法治政府建设，完善依法决策机制，推行权力清单、责任清单动态管理，着力提升依法行政水平。积极稳妥推进司法体制改革工作，完善司法责任制，保障审判权、检察权依法独立公正行使，提升司法公信力。深入实施“七五”普法工作，广泛开展基层系列法治创建活动，进一步完善公共法律服务均等化体系，提升省法治示范县（市）建设水平。在全社会大力弘扬法治文化，着力营造尊法学法守法用法的良好法治环境。

3. 维护社会稳定。健全重大决策社会稳定风险评估等源头防范机制，充分发挥人民调解、“五位协同”调解等大调解机制作用，努力将矛盾纠纷化解在基层、化解在萌芽状态。深化平安太仓建设，加强社会治安防控体系建设，严厉打击违法犯罪活动，持续增强社会公众安全感。严格执行安全生产责任制，加强沿江等重点地区安全隐患排查、整治，坚决杜绝重特大安全生产事故发生。加强食品药品安全监管，确保人民群众“舌尖上的安全”。

**四、推动全面从严治党向纵深发展。**

党的十八届六中全会全面部署了新形势下加强和规范党内政治生活、加强党内监督等工作，充分体现了党中央坚定不移推进全面从严治党的坚强决心和历史担当。我们要以六中全会精神为指引，认真贯彻落实上级党委关于全面从严治党的最新要求，切实强化管党治党责任，不断提升党的建设科学化水平，为高水平全面建成小康社会提供坚强政治保证。

（一）强化思想政治建设，坚决筑牢信仰基石。一是严明政治纪律。始终坚定理想信念，牢固树立政治意识、大局意识、核心意识、看齐意识，以党章党规党纪为遵循，自觉遵守政治纪律和政治规矩，坚定不移维护以习近平同志为核心的党中央权威，坚决贯彻落实省委、苏州市委决策部署。二是加强学习教育。完善干部理论学习和党委(党组）中心组学习制度，发挥好党校主阵地作用，用好“红色讲堂”、“领题导读”、微型党课等载体，提升学习型党组织建设水平。三是引领舆论导向。认真落实党委(党组)意识形态工作责任制，牢牢把握意识形态工作主动权，打好主动仗、唱响主旋律，巩固全市上下团结奋斗的共同思想基础。

（二）强化干部队伍建设，构筑坚强领导核心。一是把牢选任关口。强化党组织的领导把关作用，紧扣20字好干部标准，认真落实《党委（党组）讨论决定干部任免事项守则》，完善“动议比选任用”工作机制，切实加强对各级班子日常考察和综合分析研判，坚决防范选人用人上的不正之风。二是科学培养干部。统筹“抓当前”和“抓长远”,有力有序推进年轻干部分层分类培训，做好女干部、党外干部选配工作，选好用好各年龄段干部。强化基层一线锻炼选拔干部导向，加大领导干部跨区域跨部门轮岗交流力度，着力提高领导干部能力素质。三是加强监督管理。认真落实从严管理干部“五个要”要求，强化干部日常监督管理，严格执行领导干部个人有关事项报告和抽查核实制度，进一步树立规矩意识，促使干部规范履职。

（三）强化基层组织建设，夯实党的基层基础。一是创新基层党建工作。深入推进“德企党建”、农村新型社区、“两新”组织等基层党建工作，巩固扩大党的组织覆盖和工作覆盖。持续深化“365服务工程”建设，大力推进法治型党组织建设“十项活动”，进一步提升党建工作品牌影响力。加强基层党组织带头人队伍建设，培育选树“十佳书记”等一批先进典型，引导基层党组织书记更好地履职尽责、服务群众。二是加强党员教育管理。深入推进“两学一做”学习教育和“我是共产党员”专项教育活动，推动党员干部自觉加强党性锤炼，在实际工作中发挥好党员先锋模范作用。提高党员发展质量，强化党员日常管理，严肃处置不合格党员，保持党员队伍纯洁性。三是严肃党内政治生活。认真执行《关于新形势下党内政治生活的若干准则》，用好组织生活这个经常性手段、批评和自我批评这个有力武器，严格执行民主集中制，在严格的党内生活中锻造政治品格、坚定做人准则、激发信念精神。

（四）强化党风廉政建设，不断优化政治生态。一是加强党内监督。严格落实《党内监督条例》,完善责任清单，充分发挥责任制过程管理系统作用，推动全面从严治党主体责任落实。稳步推进市一级党和国家机关派驻机构全覆盖，积极探索发挥派驻监督作用的途径和办法。加强巡察工作，创新巡察方式，拓展巡察覆盖面，更好地发挥巡察利剑作用。二是突出纪律建设。坚持把纪律挺在前面，用好监督执纪“四种形态”特别是“第一种形态”，用纪律管住大多数。坚持有腐必反、有贪必肃，坚持无禁区、全覆盖、零容忍，始终保持惩治腐败高压态势。加强纪律教育，织密制度笼子，加快形成不能腐、不想腐的体制机制。三是改善党风政风。紧盯“四风”新形势新动向，严防“四风”问题隐形变异、反弹回潮。注重将实践中的好经验、好做法固化为制度，推动作风建设长效化。教育引导党员干部注重家风建设，管理好亲属和身边工作人员。健全激励和容错纠错机制，有效保护和调动干部队伍干事创业的积极性。

同志们，太仓的发展正处在继往开来的重要历史时期，美好蓝图催人奋进。让我们紧密团结在以习近平同志为核心的党中央周围，在省委、苏州市委的坚强领导下，团结拼搏、奋发进取，坚定不移地朝着高水平全面建成小康社会目标阔步前进，以优异成绩迎接党的十九大胜利召开！

# 政府工作报告

——2017年1月5日在太仓市第十六届
人民代表大会第一次会议上

代市长 王建国

各位代表：

现在，我代表市人民政府向大会报告工作，请予审议，并请市政协委员和其他列席人员提出意见。

## 本届政府工作回顾

本届政府任职以来，全面贯彻落实党的十八大和十八届三中、四中、五中、六中全会精神，认真学习贯彻习近平总书记系列重要讲话特别是视察江苏重要讲话精神，在中共太仓市委的正确领导下，主动适应经济发展新常态，自觉践行新发展理念，抢抓机遇，克难奋进，开拓创新，较好地完成了市十五届人大历次会议确定的目标任务，经济社会保持了平稳健康发展。

——综合实力连年跃升。综合实力稳居全国百强县（市）前十位。地区生产总值、一般公共预算收入、规模以上工业产值分别突破一千亿元、一百亿元、两千亿元大关。三次产业结构比例调整为3.2:50.5:46.3。新兴产业、高新技术产业产值占规模以上工业比重分别提高11.8个、13.6个百分点。全社会研发经费投入占地区生产总值比重提高0.3个百分点。新增国家级科技创新载体5个、省级9个。新增高层次人才3499人、国家“千人计划”人才21人。被评为全国科技进步先进市、全国科普示范市、国家可持续发展实验区。

——改革开放不断深化。政府机构改革加快推进。国开区、浮桥镇区镇合一机制深入实施。长江口旅游度假区、娄东街道设立运行。行政许可事项取消65项，非行政许可事项全面取消。成为国家基础设施投融资体制改革试点县、国家新型城镇化综合改革试点县、全国农村土地承包经营权抵押贷款试点县。第二轮国资优化整合基本完成。新增注册外资42.3亿美元，实际利用外资28.3亿美元。太仓港经济开发区升格为国家级开发区，综合保税区封关运作。“沪太通”模式启动，太仓港建成近洋直达集散中心、内贸转运枢纽、远洋中转基地，成为长江集装箱、外贸第一大港。引进沪上项目510个，新增注册资金115亿元。全市德企累计达256家，被认定为中德中小企业合作示范区、出口质量安全生产示范区。与英国威勒尔市缔结为友好城市。

——城乡一体更趋协调。“一市双城三片区”格局基本形成。新增建成区面积10平方公里。城市绿化覆盖率达43.5%，人均公共绿地面积13.5平方米。完成150万平方米城区老小区改造。中央商务区形态初显，新港城建设框架拉开，科教新城功能不断完善。城市环境综合整治“931”行动考核连续四年名列苏州第一。生态环境不断改善，荣获中国人居环境奖。市域“六横七纵”交通骨干路网基本形成。疏港高速公路、杨林塘航道整治、七浦塘拓浚、浏河水源地和第三水厂等工程建成。市现代农业示范区在全国考评中连续多年名列前茅。完成中央财政小型农田水利重点县建设项目。整治骨干河道95.5公里。金仓湖获评国家级水利风景区。“三集中三置换”有序推进。“粮食银行”经验全国推广。

——民生质量稳步提高。城乡居民人均可支配收入年均增长9.3%和10.2%。城镇登记失业率控制在2%以内。低保救助标准提高到每人810元／月，职工养老金年均增长约10%，新增老年人日间照料中心90家。大病再保险成为国家医改新政蓝本。市一院晋升三级医院。成为全国慢病综合防控示范区。建成公共租赁房、棚户区改造安置房102万平方米。行政村公交通达率100%。新改扩建学校49所，竣工校舍60万平方米，成为全国首批义务教育发展基本均衡县市。成功创建国家公共文化服务体系示范区、全国社会主义新农村建设档案工作示范县。被评为全国群众体育先进单位、中国慈善公益指数六星级城市。

——社会治理持续创新。“政社互动”、公共法律服务均等化经验全国推广。社区一站式服务大厅、社区网格化管理覆盖率均达100%。蝉联全国和谐社区建设示范市，被评为全国村务公开民主管理示范市。信用系统加快建设。安全生产监管持续加强。“平安太仓”“法治太仓”深入推进，“大防控”机制进一步完善，成为全省首获全国“长安杯”的县级市。获评全国双拥模范城。进入全国县级文明城市提名城市行列。雅鹿村获评全国文明村。

各位代表，过去的一年，我们坚决贯彻上级和中共太仓市委的决策部署，认真落实市十五届人大五次会议确定的目标任务，扎实做好稳增长、促改革、调结构、惠民生、防风险等各项工作，实现了“十三五”良好开局。

（一）经济发展在精准施策、攻坚克难中更趋稳健。

经济运行平稳向好。全年实现地区生产总值1155亿元（预计数，下同），增长7.5%。一般公共预算收入127.7亿元，增长11.5%。实现工业总产值2581亿元，其中规模以上工业产值2040亿元，增长1.4%。规模以上工业企业实现利税200亿元、利润143亿元，分别增长21%、25%。舍弗勒成为首家产销超百亿元的工业企业。完成全社会固定资产投资465亿元，其中工业投资256亿元。中德制造业科创联盟产业园、碧辟二期、海瑞恩二期等67个重点项目加快建设。

转型升级步伐加快。新兴产业、高新技术产业产值占规模以上工业比重分别达52%、35.5%。服务业增加值占地区生产总值比重提高1个百分点。社会消费品零售总额增长8.5%。新三板挂牌企业9家，5家企业在资本市场直接融资59亿元。旅游文化节暨江海河三鲜美食节成功举办。实现旅游总收入75.4亿元，增长8.5%。商品房销售面积225万平方米。金融机构本外币存、贷款余额分别增长10%和8.5%。盘活低效用地1105亩，消化批而未供土地2694亩。淘汰落后产能和关停不达标企业65家。单位地区生产总值能耗下降3.9%。

创新驱动不断强化。全社会研发经费投入占地区生产总值比重达2.35%。省级高新区去“筹”加速推进。大科园获评中国产学研合作创新示范基地。安佑生物被认定为国家级企业技术中心。中广核国家能源核电非金属材料实验室成立。新增省级研发机构17家，新认定高新技术企业73家、省民营科技企业166家、高新技术产品174个。获评国家级众创空间2个。科技镇长团作用明显。新增政产学研金介合作项目200个。新增国家“千人计划”人才3人、省“双创”人才10人。落实“苏科贷”等资金1.3亿元。万人发明专利拥有量38.6件。通过国家知识产权试点市验收。

（二）发展特色在深化改革、彰显优势中持续放大。

综合改革稳步实施。供给侧结构性改革成效显著。“区镇合一”运行机制不断完善。沙溪镇行政管理体制改革试点工作通过省级评估验收。财政预决算公开全面推进。国资外派监事会制度推行。“营改增”全面施行。行政审批“放管服”改革深入实施。行政许可事项取消6项、调整5项。苏州市公共资源交易中心太仓分中心运营。建立“五证一章合一”服务机制，发放“一照一码”营业执照2.15万张。应急转贷基金为企业转贷36.2亿元。

“三篇文章”加快推进。太仓港新辟东南亚等近洋航线3条，外贸航线覆盖近洋主要港口，获批进口肉类指定口岸、进境食用水生动物指定口岸和黑龙江内贸货物跨境运输指定口岸，完成集装箱吞吐量408.1万标箱、货物吞吐量2.3亿吨，分别增长10.1%、13%。综保区、生物港、同高院加快建设，五洋滨江商业广场和进口商品展示交易中心开业。沪太同城效应持续放大，引进沪上项目118个，新增注册资本26亿元。成功举办2016太仓（上海）招商投资说明会。太仓虹桥（浦东）机场航站楼扩建完成。与嘉定、宝山建立环保联防联控机制。对德合作不断深化，新增德企16家。德国中心开业。完成中德（太仓）产业合作创新试验区规划并启动申报创建工作。成功举办德国“太仓日”、太仓啤酒节等活动。

对外开放深入拓展。新增注册外资6亿美元，实际利用外资5亿美元，新引进（含增资）桂盟投资、技安流体、欧博诺等超千万美元项目24个。实现外贸进出口总额109亿美元，其中出口54亿美元。新增境外投资项目22个，中方境外投资2.45亿美元，增长55.7%。服务外包接包合同额7.6亿美元，增长7%，离岸执行额2.7亿美元。引进内资新增注册资本120亿元，增长32.2%。

（三）城乡统筹在建管并重、协调发展中全面加强。

城市功能加快完善。城市总体规划重大修改、土地利用总体规划调整完善等工作启动。103个保留村庄规划编制完成。棚户区危旧房改造二期获国家政策性贷款授信55.5亿元。老城区及西城区防洪排涝、十八港南水利枢纽工程建成投运。港区七浦塘生态修复工程二期获评省海绵城市建设示范项目。国家生态园林城市创建扎实推进，浏河镇获评中国人居环境范例奖。沪通铁路太仓段加快建设。杨林塘航道及吴塘河配套等工程通过交工验收。岳鹿公路（太浏线—新浏河大桥）新建、346国道太仓段提档改造工程进展顺利。通过省级“四好农村路”示范县验收。110千伏双凤变2号主变、金浪变2号主变等扩建工程投运。

城市管理加快优化。城市环境综合整治“931”接续行动42项整治任务完成。数字城管监督指挥中心、物业管理信息平台二期等工程投用。建成14个社区城管工作站及示范点。生活垃圾无害化应急填埋场完成库区主体工程。环卫保洁机扫率达90%，餐厨垃圾无害化处理项目竣工。公共自行车二期工程新建站点53个，投放公共自行车800辆。沙溪汽车客运站启用，双凤客运站竣工。新增、调整公交线路15条。城区新增泊车位1384个。智慧城市运营中心系统被评为智慧江苏信息化示范工程。

农业农村加快发展。“四个十万亩”布局不断优化，新建高标准农田1.24万亩，国家农业部高标准农田项目稳步推进。实施城乡建设用地增减挂钩785亩。市现代农业园区被评为“首批国家重点花文化基地”。粮食全程机械化示范区建设有序推进。培育职业农民1283人次。新增专业合作经济组织19家、合作联社1家。土地承包经营权确权登记完成95%。农村社区股份合作社资产量化工作基本完成。全国农田水利设施产权制度改革任务完成。农村生活污水治理加快推进。建成美丽村庄示范点1个、三星级康居乡村20个。

生态建设加快推进。46件中央环保督察组交办案件全部完成整改。城乡环境综合整治“百日行动”6大类2453项整治项目全面完成，禁养区内畜禽养殖场全部关闭，严厉打击跨区域偷倒固废违法行为。秸秆综合利用率达98%。新增林地绿地2118亩。网格化环境监管体系不断健全。整治有机废气企业114家，淘汰燃煤锅炉252台，治理扬尘码头25个，启动工地扬尘排污收费。盐铁塘新丰桥镇等断面整治方案完成编制。试点推行电镀企业IC卡排污总量控制。港区化工园区“一厂一管”全面竣工，污水接管率达100%。

（四）人民生活在强化供给、补齐短板中更加幸福。

保障水平逐步提升。城镇居民人均可支配收入54145元，增长8%；农村居民人均可支配收入27746元，增长8.2%。临时救助和民生综合保险保障范围从户籍居民扩展到新市民。新增安置就业1.2万人，应届高校毕业生就业率达97.6%。各项社会保险参保率保持在99%以上。7831名被征地农民纳入社保。大病门诊再保险有效实施。棚危改安置房开工5694套、建成3528套。新增住房公积金缴存职工2.9万人。

民生事业全面发展。全国文明城市创建深入开展。建成校舍2.6万平方米、开工建设校舍11.4万平方米。中小学校园消防安全改造工程一期项目竣工，太仓中专港城分校等启动建设。16座文化书场建成投用，开展文化惠民活动3000多场次。实施医药价格调整。家庭医生累计签约8.6万户。荣获世界卫生组织健康城市最佳实践奖。老年人体育活动中心建成。承办（举办）2016年国际田联竞走挑战赛、市全运会等重大赛事。成功申办2018年国际田联世界竞走团体锦标赛。各类养老机构建设加快推进。村（社区）老年人日间照料中心覆盖率达68%。居家养老服务补助对象扩大到80周岁以上老人。安息堂实现镇（区）全覆盖。位列2016中国最具幸福感城市（县级）榜首。

社会治理不断创新。“政社互动”签约和双向评估流程进一步优化，“政社互动议事间”实现村（居）全覆盖。“政社互动”实践项目名列“中国社区治理十大创新成果”之首。依法完成村（居）委会换届选举。新增社会组织240个。公共法律服务顾问、市级民主法治村（居）建设等实现全覆盖。被评为“2014—2015年全省法治建设示范县（市、区）”。全市违法犯罪类警情、刑事发案分别下降8.1%、16.1%。安全生产“推进企业主体责任落实年”深入开展，安全总监制度全面推行，重点行业领域安全监管不断强化，全面开展安全生产大检查、打非治违专项整治，实施重大隐患政府三级挂牌督办，全市生产安全事故下降23.1%。

（五）政府建设在改进作风、提升效能中不断强化。

法治建设有序推进。市政府法律顾问委员会成立。市级行政权力清单、责任清单和办事指南公布，行政执法公示、争议协调等制度全面推行。行政复议应诉工作规范有序。国有建设用地使用权实行网上公开出让。政府信息公开全面推进。自觉接受市人大的法律监督、工作监督和市政协的民主监督，定期向市人大报告工作、向市政协通报情况。办理人大代表议案建议91件、政协委员提案155件，满意和基本满意率达100%。

政府职能加快转变。向社会转移职能事项37项。行政审批项目流程再造工作深入开展，企业投资建设项目并联审批试点运行，“多图联审”“多评合一”服务机制不断完善。全业务数据平台与部门审批系统对接工作有序推进，“移动审批”APP软件系统功能逐步健全，政务大厅证照联办、“一站式”房产交易登记全面实施。“12345”便民热线受理市民各类诉求28.9万件，办理“市长信箱”信件 1047 件。

作风建设持续加强。深入贯彻落实党的十八届六中全会精神，自觉执行《中国共产党廉洁自律准则》《中国共产党纪律处分条例》和《中国共产党问责条例》。“两学一做”学习教育深入开展，“我是共产党员”专项教育活动有序推进。“三公”经费管理、办公用房及用车清理整改等专项工作成效明显。严格落实党风廉政建设“一岗双责”，建立落实党风廉政建设责任制过程管理系统。监督执纪“第一种形态”扎实践行。“三责联审”深入推进。

同时，应急管理、机关事务、统计、妇女儿童、残联、民族宗教、侨务、对台事务、兵役、民防、气象、盐务、邮政、电信等工作也取得了长足进步。

各位代表，以上成绩的取得来之不易。这是在中共太仓市委的正确领导下，全市人民齐心协力、奋发进取的成果。在此，我谨代表市人民政府向全体市民，向给予政府工作大力支持的人大代表和政协委员，向离退休老同志，向各民主党派、工商联、无党派人士，向各人民团体，表示最崇高的敬意！向驻太人民解放军、武警官兵和公安民警，向国家和省驻太单位，向所有参与、关心和支持太仓发展的海内外朋友，表示最衷心的感谢！

在看到成绩的同时，我们也充分认识到，经济社会发展中仍存在不少困难和问题：主导产业不够鲜明，没有形成有影响力的产业品牌；重点项目对投资拉动作用不强，潜力型和税源型项目落户不多；自主创新能力不足，创新要素集聚、创新载体建设等仍需加大力度；生态环境保护任务艰巨，发展空间亟须优化；基本公共服务均等化存在短板，优质资源供给不足；行政审批效率尚需提速，作风效能建设有待加强。在今后的工作中，我们将高度重视，采取有效措施切实解决。

## 新一届政府的总体思路和 2017 年工作任务

今后五年，新一届政府将在中共太仓市委的正确领导下，准确把握战略机遇期内涵的深刻变化，顺应新形势、寻求新突破、引领新常态，努力把太仓改革发展各项事业不断推向前进。

根据中共太仓市第十三次党代会精神，建议新一届政府工作的总体思路是：**高举中国特色社会主义伟大旗帜，深入贯彻落实习近平总书记系列重要讲话特别是视察江苏重要讲话精神，紧紧围绕“五位一体”总体布局和“四个全面”战略布局，自觉践行新发展理念，积极引领经济发展新常态，扎实推进供给侧结构性改革，大力实施“改革创新、以港强市、融入上海、绿色发展、民生共享”发展战略，聚力创新，聚焦富民，高水平全面建成小康社会，努力在“两聚一高”实践中奋勇争先。**

主要目标是：

——*发展质量显著提高*。经济保持稳定增长，转型升级成效明显，科技创新成为经济社会发展主动力。先进制造业、现代服务业和现代农业协调发展，现代产业体系基本建立。提前实现地区生产总值和城乡居民人均收入比 2010 年翻一番，居民收入、企业利润、财政收入“三个口袋”更加充实。

——*人民生活愈加幸福*。全民共享、全面共享、共建共享、渐进共享扎实推进，群众普遍享有更满意的收入、更稳定的工作、更可靠的保障、更舒适的居住条件、更优美的环境、更高水平的教育文化卫生服务，实现基本公共服务均等化便捷化优质化。

——*生态环境明显改善*。坚决打好大气、水、土壤污染防治三大战役，生态环境保护和治理取得重大成果，生产和生活方式向绿色循环低碳转变，突出环境问题得到有效解决，资源保护与利用水平大幅提升，生态环境质量明显好转。

——*城市品质不断提升*。以人为核心的新型城镇化和城乡发展一体化进程明显加快，公共资源配置更为均衡，“一市双城三片区”空间布局更趋优化，规划、建设和管理水平不断提升，城乡发展更趋协调，娄东文化更加繁荣，“现代田园城、美丽金太仓”城市品牌打响。

——*社会治理深入创新*。“法治太仓”“平安太仓”建设取得实效，法治政府、廉洁政府和服务型政府基本建成。“多元普惠、和谐善治”社会治理模式更加完善，信用体系更加健全，文明程度持续攀升，人民安居乐业、社会和谐稳定的大好局面更加稳固。

为实现上述目标，建议新一届政府切实把握好以下原则。

——*更加突出创新驱动*。深入实施创新驱动战略，抢抓苏南国家自主创新示范区建设契机，扎实抓好创新企业、创新产业、创新载体、创新品牌、创新生态等建设，大力推动以科技创新为核心的全面创新，努力跻身苏南创新第一方阵。

——*更加突出特色发展*。依托独特的资源禀赋，深入推进以港强市、融入上海、对德合作“三篇文章”，不断放大发展特色。推动开放型经济提质增效，加快构建以国际化企业为主体、国际化城市为基础、国际化人才为支撑的对外开放新格局。

——*更加突出统筹协调*。妥善处理经济与社会、城市与农村等重大关系，精准发力，补齐短板，促进全面均衡发展。优化城市空间和产业布局，实现区域协同发展。加快城乡一体化和特色小镇建设，持续深化农村改革，推进城乡产业融合发展。

——*更加突出富民惠民*。把富民优先作为根本追求，鼓励以创业带动就业，推动城乡居民持续增收。加大民生事业投入，优化公共资源配置，增加公共产品供给，切实解决人民群众最关心最直接最现实的利益和权益问题，增强人民群众获得感和幸福感。

——*更加突出绿色宜居*。全面落实绿色发展理念，坚持走生产发展、生活富裕、生态良好的发展道路，促进人与自然和谐发展。坚持源头封堵与综合治理相结合，加强生态保护和环境治理，切实解决突出环境问题，努力让绿色发展成果惠及全市人民。

今年是党的十九大召开之年，也是新一届政府履职的第一年。全市上下要在中共太仓市委的正确领导下，牢牢把握稳中求进工作总基调，坚持以提高发展质量和效益为中心，以供给侧结构性改革为主线，紧扣“两聚一高”主题，凝心聚力抓落实，开拓创新谋突破，全力推进经济平稳健康发展和社会和谐稳定。

今年全市经济社会发展主要预期目标：地区生产总值增长7.5%，一般公共预算收入增长8%左右，规模以上工业产值增长2%，服务业增加值占地区生产总值比重提高1个百分点，全社会固定资产投资与上年持平，社会消费品零售总额增长8%，全社会研发经费投入占地区生产总值比重达2.5%，城镇登记失业率控制在3%以内，城镇和农村居民人均可支配收入分别增长8.5%和9%，万元地区生产总值能耗及主要污染物减排等约束性指标完成上级下达任务。

为实现上述目标，着力抓好八个方面重点工作。

（一）坚持稳增快转，促进经济运行质量新提升。

加大有效投入。发挥有效投资对稳增长调结构的关键作用，重点投向转型升级、基础设施、民生改善、生态环境、城乡一体等补短板领域。大力推动项目建设，扎实推进耐克体育二期、中广核、新大洲本田、似鸟商贸、博泽汽配等72个重点项目建设，力争完成投资220亿元。强化技术改造，加快40个工业技改项目建设，力争完成工业技改投入155亿元。组织开展重点项目集中开工开业活动。畅通项目投融资渠道，构建更加开放的投融资机制。拓展政银企合作，探索政府投资与社会资本合作新模式。

加快结构调整。继续深化供给侧结构性改革，落实“三去一降一补”重点举措，关停淘汰落后产能企业58家，加大商业办公用房去库存力度，强化政府债务管理，落实企业减税降费政策。大力发展高端装备、新材料、生物医药等新兴产业，新兴产业产值占规模以上工业产值比重超52%。积极培育壮大精密机械、汽车零部件、通用设备等特色产业。引导纺织化纤、服装、轻工食品等传统产业品牌化、高端化发展。加快制造业数字化、网络化、智能化发展。优化制造业布局，提升重大装备产业园、中德中小企业合作园、精密机械产业园等载体能级。加速发展总部经济、现代物流、金融等生产性服务产业，探索发展大数据、文化创意、云计算等新业态，加快发展电子商务。统筹旅游资源，丰富产品供给。促进房地产市场平稳健康发展。启动长江口美食特色小镇、科教新城电竞特色小镇、德国小镇等建设。深入推进农业供给侧结构性改革，加快高效设施、都市休闲等现代农业发展。规划建设德国环保农庄。

加强要素保障。出台关于推进经济转型发展的系列实施意见。完善重点项目联席会议制度和多层次协调推进机制，提高项目开工率。加强经济运行监测，跟踪服务好中集特箱、博格华纳等58个工业经济新增长点项目。加大对实体经济特别是民营经济、中小企业的扶持力度。支持企业上市挂牌，新增新三板挂牌企业5家，发行企业债券10亿元。完善产业支持专项资金，扩大转贷基金覆盖面，设立运营镇级转贷基金。防范金融风险，优化区域金融生态。

（二）实施创新驱动，培育经济转型发展新动能。

培育创新企业。深入实施创新型企业群体培育计划，新增高新技术企业60家、省民营科技企业150家，高新技术产业产值占规模以上工业比重达36.5%。建立企业研究开发准备金制度，鼓励企业加大研发力度，建设一批研究生工作站、工程技术研究中心等研发机构，企业研究开发费用备案金额超32亿元，企业研发机构建有率超30%，培育一批科技小巨人企业和1～2家创新型领军企业。申请发明专利3800件，授权发明专利380件，万人发明专利拥有量达42件。

建设创新载体。积极参与苏南国家自主创新示范区建设，确保省级高新区创建成功，加快申报国家级高新区。大科园争创国家级科技园区。加快中科院上海硅酸盐研究所太仓园区等建设，完善科创园、生物医药产业园、同高院等载体创新功能，集聚科技创新要素。进一步深化与中科院、东南大学、同济大学等的交流合作，积极引进弗朗霍夫研究院。加强众创空间和虚拟创新社区等载体建设，探索政府与企业共建创新创业载体。

集聚创新人才。树立人才国际化导向，开展好“沪上高校、院所太仓日”活动，参加苏州国际精英周、广州留交会等国内外招才引智推介活动，广泛引进科技领军人才和创新创业团队。深入实施“娄东英才”等工程，用足用好1.5亿元人才专项资金。坚持直接引进和柔性引进相结合，确保新增各级科技领军人才超40名，引进培育1～2个国内一流的重大创新团队。

优化创新生态。紧紧围绕“创新四问”要求，进一步优化创新生态体系。加快设立创新创业投资基金、天使基金、人才基金，发挥“科贷通”等作用，引导社会资本投向创新领域，完善市场化的激励创新机制，建立多元化的资金投入体系。鼓励“大众创业、万众创新”。加快推进政产学研金介合作。积极发挥科技镇长团作用。做好知识产权综合管理改革试点工作，推进中德专利技术转移中心落地，积极创建国家知识产权强县工程示范县。

（三）深化改革开放，扩大“三篇文章”发展新优势。

加大综合改革力度。深化行政审批制度改革，深入推进企业建设投资项目并联和模拟审批，优化流程，压缩时限。加快推行“综合窗口向导式”审批服务，积极打造“太仓智慧政务”审批平台。开展商事制度改革等领域综合执法改革试点。复制落地自贸区政策，抓好关检“三个一”工程和“三互”试点工作。推进物流业管理体制改革。发展壮大各类市场主体，促进民营经济发展。推进新一轮国有企业整合，做大做强国有企业，加强国有资产监管。

加快“以港强市”步伐。实施“以港强市”战略，深化“市港联动”。增强国开区综合实力和辐射带动能力，确保综合排名提升1个以上名次。建设长江水运集散中心，启动集装箱四期、江海联运国际物流园等建设。优化江海联运航线网络布局，加密内贸干线，完善近洋航线，做强精品特色航线。做大“沪太通”业务，加速融入全国通关通检一体化。继续推进“单一窗口”建设。大力发展临港先进制造业和港口物流、商贸流通等服务业，推动新能源、新材料等新兴产业加快发展，全力打造百亿级、五百亿级制造业产业基地和千亿级物流基地。

提高“融入上海”水平。深化上海规划及发展战略的研究，找准融入上海的发展定位。主动对接上海自贸区、上海全球科创中心、虹桥商务区、张江高科技园区、迪士尼乐园等重点功能区，承接上海制造业、生产性服务业溢出的优质项目。推进对沪交通网络体系建设，加快沪通铁路、岳鹿公路等建设。优化沪太城际快线、太仓—迪士尼乐园旅游专线等。深化与嘉定、宝山环保联防联控机制。推进教育、文化、人才、医疗等机构沪太共建，引进优质资源，不断放大沪太同城效应。

做亮“对德合作”品牌。全方位深化对德合作，努力将中德（太仓）产业合作创新试验区打造成对德合作定向自贸区、产业合作创新引领区、“大国工匠”双元人才培养实践区、对德合作城市典范区。开工建设中德先进制造技术国际创新园，加大项目特别是大项目的引进力度，新增德企20家以上。鼓励德资企业与本土企业协作发展，引导更多民营企业对接“中国制造2025”和“德国工业4.0”。加紧推进中德合作双元制大学太仓项目，打造中国双元制职业教育示范基地。办好德国“太仓日”、太仓啤酒节、德国企业太仓行、太仓（中德）马拉松赛、中德青年创新创业大赛等活动。

加速开放型经济转型。紧扣深耕德国、拓展欧美、紧盯日韩、集聚央企的理念，积极赴外招商选资，提升投资便利化程度，提高利用外资水平，力争新增注册外资8亿美元，实际利用外资5.5亿美元。全力稳定外贸增长，推动大宗商品交易平台建设，扩大基础能源、工业原材料等进口规模。实施“互联网＋贸易”，加快太仓港跨境电商产业园建设，积极培育新兴产业贸易服务链，确保实现进出口总额110亿美元。支持有条件的企业加快“走出去”步伐，推进跨国兼并收购。创新服务贸易发展模式，开展服务贸易试点，完成服务外包接包合同额7亿美元、离岸执行额3亿美元。

（四）突出精致精细，丰富田园城市建设新内涵。

提升城市发展品质。加快推进“多规合一”，做好城市总体规划、土地利用规划等修改。修编沙溪、浏河、璜泾、双凤等总体规划和老城区各片区控规，编制海绵城市、综合管廊、蓝线等专项规划。积极做好对接上海和苏州的轨道交通规划。继续推进绿色建筑发展，统筹城市建筑布局、协调城市景观风貌。推动生态修复、城市修补工程建设，加快旧城改造及棚户区危旧房改造，实施东郊、东门街、老汽车站等片区改造。加速中央商务区建设，启动市民公园建设，推动陆渡片区开发。完善港城基础设施和公共服务设施，加快港城医院、太仓中专港城分校等建设。推进天镜湖区域、滨江新城、沙溪和璜泾新城开发建设。

完善城市基础设施。加快沪通铁路太仓站和太仓南站配套基础设施、杨林塘配套、346国道提档改造、太浏快速公路（石头塘—346国道）、沪宜高速金仓湖互通等工程建设。加快农村公路提档升级。建设科教新城客运站、浏家港客运站，优化发展定制公交、快速公交和区域公交。加快主城区市政设施提档改造，推进南园西路（204国道—人民路）等道路改造工程。启动南郊老镇区整治改造二期工程。完成第二水厂取水口改移等工程。建设十八港北枢纽工程，实施十八港、石头塘等市级河道治理。完成220千伏璜泾变、110千伏高桥变，启动110千伏城西变、板桥变等扩建工程。

深化城市精细管理。持续开展城市环境综合整治“931”行动。推进城市建成区违法建设专项治理和主城区高炮广告专项整治，完成郑和路（人民路—东仓路）、上海西路（204国道—人民路）等店招立面改造。加强建筑垃圾（工程渣土）管理，严厉打击偷倒固废违法行为。扩大主城区居民小区垃圾分类范围，在16个村实施垃圾分类处置，健全餐厨垃圾收运体系。继续推进主城区城管进社区规范化建设，加大物业管理力度。新增城区停车泊位1000个。推动立体停车场建设，推进公共自行车系统向镇（区）延伸。

（五）加大统筹力度，提升城乡协调发展新高度。

大力发展现代农业。全面推进园区化发展战略，努力构建“双10”园区体系。建设9个粮食高产创建示范方和现代水稻产业园。新增高标准农田2万亩。建成市级农机服务中心和水稻生产科技服务中心。探索农业一、二、三产融合，发展生态循环农业。完善地产农产品网络追溯体系，强化农产品“三品”认证，大力发展无公害农产品和绿色食品。完善农药集中配送及废弃物回收体系建设。推进“粮食银行”升级发展。

增强农村发展活力。启动“政经分离”改革试点，全面完成农村社区股份合作社股权固化、农村土地承包经营权确权登记颁证工作。拓展农村土地承包经营权抵押贷款业务，加快培育新型合作经济组织。提升“两个平台”，加强村级集体“三资”管理。鼓励集体经济抱团、联合、异地发展，深化“一村二楼宇”内涵，引导村级经济逐步退出竞争性领域并投向收益稳定的公共服务领域。落实精准帮扶措施，继续做好新一轮经济相对薄弱村扶持工作。

优化城乡空间格局。启动新一轮“美丽城镇”建设。实施撤并镇管理区整治提升工程，加大优化环境、完善配套、有序管理的工作力度，完成岳王、鹿河试点工作并积极扩围。统筹抓好农民集中居住区和保留村庄建设，形成布局合理、功能完善的镇村体系。加强内河港口管理。完成永久基本农田划定，实施耕地“三位一体”管护。切实抓好土地流转工作。试点2万亩耕地休耕轮作。全面落实“三优三保”行动。盘活闲置低效用地2000亩。加快构建秸秆综合利用长效机制。实施国家小农水重点县项目，加快节水灌溉工程和农村圩区达标建设配套工程。加强农村拆坝建桥及冬春农村河道疏浚整治工作。建设康居特色村1个、三星级康居乡村20个以上。

（六）坚持严防严治，推动生态环境治理新突破。

严格源头管控。把好项目准入关，从源头上落实约束性条件。加强产业园区规划环评。启动沿江化工行业优化提升整治专项行动，关停一批区外化工企业，压降区内企业数量。开展工业企业资源集约利用综合评价，坚决淘汰高污染高能耗落后产能，加强化学需氧量、氨氮、二氧化硫和氮氧化物总量控制，确保污染物排放总量大幅下降。推行环境保护“四随机、二公开”监管抽查机制，增加环境监察夜查和节假日检查频次。完善网格化环境监管体系、区域污染联防联控机制和环保失信联合惩戒体制。推进环保执法与刑事司法衔接。

坚持绿色发展。大力发展低碳产业和循环经济，全面推进企业清洁生产，把好污染物排放关。规划建设新能源汽车充电桩，推广应用新能源汽车，倡导绿色低碳出行。加快“绿色太仓”建设，启动环城生态廊道修复、科教新城沿沪生态湿地、新浏河生态工程等建设，新增林地绿地1000亩。健全自然资源产权制度，落实生态红线区域保护考核评估制度。

强化环境治理。抓好中央环保督察交办案件办理的“回头看”工作。推进长江大保护。开展沿路沿河沿线环境、畜禽养殖、垃圾废品、人居大棚等专项整治，加强城乡集贸市场的建设管理，建立城乡环境综合整治长效机制。认真开展“两减六治三提升”专项行动。狠抓大气污染防治，加快剩余燃煤锅炉淘汰进度，大力削减挥发性有机物排放总量。狠抓水污染防治，全面落实河长制，推进浏河塘浏河闸等国考省考断面水质整治。实施好国家级农业面源污染综合治理示范县项目，打造3万亩农业面源污染综合治理示范区。全面开展城镇黑臭水体整治，推进南郊、双凤等4座污水处理厂扩建提标，抓好流域综合治理，农村生活污水治理率达80%。狠抓土壤污染防治，推进危废处置项目建设。强化土壤环境综合监管，严防土壤污染。

（七）注重富民惠民，拓宽增进民生福祉新路径。

增加城乡居民收入。深入实施城乡居民收入倍增计划，逐步缩小城乡收入差距。发挥创业致富的示范带动效应，大力支持城乡居民自主创业，增加经营性收入。完善生产要素市场决定薪酬机制，健全工资集体协商机制，做好大学毕业生、零就业家庭等重点人群的就业帮扶，增加工资性收入。稳妥推进低保、低保边缘等困难群体救助提标，完善“救急难”机制，不断提高困难群体、特殊群体基本生活水平，增加保障性收入。深化农村产权制度改革，完善收益分配机制，增加农民财产性收入。

加大社会保障力度。有效衔接各类保障机制，稳步提高各类社会保障待遇标准，实现精准救助。规范落实稳岗补贴。推进医保按病种付费结算改革。加快养老机构公建民营改革，推进镇（区）养老机构建设。新建老年人日间照料中心、助餐点各20个。深化医养融合，实现全市养老机构医务服务全覆盖。新增护理型养老床位500张，新增居家养老服务对象2000人。鼓励和支持社会力量参与养老服务。完成省下达的保障性安居任务。

提升公共服务水平。加快推进实验中学扩建、镇洋小学新建等工程，完成中小学校园消防安全改造二期工程。加强师资队伍建设，提高教育教学质量。加强关心下一代工作。深化医药卫生体制改革，巩固健康城市建设成果，实施健康市民“531”行动。推动市中医医院创建三级中医院。启动公共卫生服务中心建设和新一轮基层医疗机构整合工程。加大计生特殊家庭帮扶。启动市民文体中心、基层公共文化服务中心建设和名人馆扩建。繁荣荧屏声频，办好“全民阅读”“欢乐百村（社区）行”“百团大展演”等文化惠民活动。继续做好沙溪古镇申遗工作。迁建市委党校、市老年大学。承办2017国际田联竞走挑战赛、全国女排锦标赛等赛事。推进镇（区）殡仪服务中心建设。做好第二次全国地名普查工作。争创全国文明城市。力争省双拥模范城“六连冠”。办好政府实事工程。全力推进8大类15项政府实事工程。

（八）强化多元共治，构建现代社会治理新体系。

增强社会发展活力。深化“政社互动”“三社联动”等创新实践，鼓励和支持村（居）、社会组织、人民团体等参与社会治理。进一步明确村（居）履职履约责任，推进“政社互动”议事平台建设和社区专项公约制订。深化政府职能向社会转移，扩大政府购买公共服务范围。加强社工人才队伍建设，扶持社会组织培育孵化和发展壮大。建设运营好“社创空间”平台。加快“智慧社区”和社区“邻里家园”建设，推进社区服务社会化。

完善综合治理举措。提升公共法律服务均等化水平，深化城乡社区公共法律顾问制度。推进三级综治中心和综治信息化建设。做好社会矛盾纠纷排查化解，建立依法分类处理信访投诉请求清单。推进人民调解组织规范化、法治化建设，确保信访形势平稳。深入推进“七五”普法，实施法治惠民系列项目。完善社会信用体系，全面提高全社会诚信意识和信用水平。

维护社会安全稳定。继续建设“平安太仓”升级版，调优“八项工程”，创新升级立体化、现代化社会治安防控体系。深入推进网络安全建设。落实重大决策社会稳定风险评估制度。加快市安全生产监管信息系统及指挥监控中心建设。完善安全生产网格化监管。强化化工、涉爆粉尘等重点行业安全监管执法。扎实开展安全生产大检查、打非治违等专项整治，坚持重大隐患政府挂牌督办。加强食品安全监管，严厉打击食品药品违法犯罪活动。强化应急管理体系建设，全力防范和压降各类事故。

## 深入推进政府自身建设

深化法治型政府建设。推动政府工作规范化、法制化，提升依法行政水平，建设法治政府。认真执行重大行政决策程序。严格规范性文件管理，强化行政复议应诉。加强执法队伍建设和执法监督，强化事中事后监管，做好执法争议协调，实施涉诉行政诉讼案件查纠机制。做好中国太仓政府门户网站管护，抓好政务公开工作，切实保障群众知情权、参与权、监督权。主动接受市人大法律监督、工作监督和市政协民主监督，定期向市人大报告工作，向市政协通报情况，认真办理人大议案建议和政协提案。

深化服务型政府建设。以简政放权为抓手，进一步加快政府职能转变。切实加强作风效能建设，完善岗位责任制、首问负责制、限时办结制等制度，不断增强落实意识、责任意识、效率意识。强化政府工作目标责任制，加大效能督查，严格考核奖惩，不断提升行政服务效能。继续深入开展领导干部下基层“三访三促”活动。健全激励机制和容错纠错机制，为敢于担当的干部担当、为敢于负责的干部负责。进一步畅通民意表达渠道，拓展“12345”平台服务功能，有效解决群众关切的问题。

深化廉洁型政府建设。深入贯彻党的十八届六中全会精神，牢固树立政治意识、大局意识、核心意识、看齐意识，认真学习领会《中国共产党党内监督条例》《关于新形势下党内政治生活的若干准则》和有关纪律条例，严肃开展党内政治生活，强化党内监督。全面落实党风廉政建设责任制，加强对反腐倡廉制度执行情况的监督检查，对目无制度、不守制度、不抓制度执行的严肃问责。健全职能部门内部监督、纪检监察再监督、社会各界助力监督的监管体系，全力打造清正廉洁的政府形象。认真执行党政机关厉行节约反对浪费条例，严格财政预算管理，严控“三公”经费和一般行政性经费支出。严格执行领导干部“三责联审”制度。

各位代表！新的蓝图已经绘就，新的征程已经开启。让我们更加紧密地团结在以习近平同志为核心的党中央周围，在中共太仓市委的坚强领导下，同心同德，开拓创新，坚定不移地朝着高水平全面建成小康社会目标阔步前进，以优异成绩迎接党的十九大胜利召开！

### 有关词、句及内容的说明

1.“千人计划”：围绕国家发展战略目标，在国家重点创新项目、学科、实验室以及以高新技术产业开发区为主的各类园区等，引进2000名左右人才并有重点地支持一批能够突破关键技术、发展高新产业、带动新兴学科的战略科学家和领军人才来华创新创业。

2.“沪太通”：上海洋山港与太仓港之间通关与物流一体化。

3.“931”行动：以“九整治”“三规范”“一提升”为重点的城市环境综合整治。“九整治”指整治城郊接合部、城中村、危旧房小区（棚户区）、老旧小区、背街小巷、城市河道环境、低洼易涝易淹片区、建设工地、农贸市场；“三规范”规范占道经营、车辆停放及运营、户外广告设置；“一提升”提升城市长效管理水平、建立城市管理长效机制。

4.“六横七纵”：六横指苏昆太高速、359省道（锡太公路）、339省道、浏双公路、双浮公路、浏昆公路；七纵是指沿江高速、204国道、346国道、太嘉公路、陆璜公路（协星公路）、太沙公路、滨江大道。

5.“三集中三置换”：“三集中”即农民居住向新型社区集中，农村工业企业向工业园区集中，农村土地向适度规模经营集中；“三置换”即以农村宅基地使用权和住房所有权置换城镇公寓房、以农村土地承包经营权置换社会保障、以农民拥有的集体资产所有权置换社区股份合作社股权。

6.“粮食银行”：粮食企业借鉴银行业经营模式，利用自身仓储经营条件，代农户存储粮食，在通过契约方式保障农户粮食所有权的同时，将粮食经营权以“定期”或“活期”的形式让渡给企业，农民可按约定提取粮食（成品粮）或折现的新型粮食流通业态。

7.“双创”：江苏省高层次创新和创业。

8.“放管服”：是简政放权、放管结合、优化服务的简称。

9.“五证一章合一”：企业设立所需的营业执照、组织机构代码证、税务登记证、社会保险登记证、统计登记证和公章刻制备案事项实行“一照一码”统一登记办理。

10.“一照一码”：通过“一口受理、并联审批、信息共享、结果互认”，将由原来三个部门（工商、质检、税务）分别核发的证照，改为由市场监管部门直接核发加载法人和其他组织统一社会信用代码的营业执照。

11. 黑龙江内贸货物跨境运输：黑龙江省内贸货物经俄罗斯口岸过境运至中国东南沿海港口的运输方式。

12.“海绵城市”：是新一代城市雨洪管理概念，指城市在适应环境变化和应对雨水带来的自然灾害等方面具有良好的“弹性”，下雨时吸水、蓄水、渗水、净水，需要时将蓄存的水“释放”并加以利用。

13.“一岗双责”：“一岗”指一个领导干部的职务所对应的岗位；“双责”指一个领导干部既要对所在岗位应当承担的具体业务工作负责，又要对所在岗位应当承担的党风廉政建设责任制负责。

14. 监督执纪“第一种形态”：经常开展批评和自我批评、约谈函询，让“红红脸、出出汗”成为常态。

15. 关检“三个一”工程：海关和检验检疫部门“一次申报、一次查验、一次放行”通关作业模式。

16.“三互”：信息互换、监管互认、执法互助。

17.“单一窗口”：主要依托上海电子口岸，实现贸易和运输企业通过单一平台一点接入、一次性递交满足监管部门要求的标准化单证和电子信息，监管部门处理状态通过单一平台反馈给申报人。

18. 蓝线：河道工程的保护范围控制线。河道蓝线范围包括河道水域、沙洲、滩地、堤防、岸线等以及河道管理范围外侧因河道拓宽、整治、生态景观、绿化等目的而规划预留的河道控制保护范围。

19. 生态修复、城市修补：用再生态的理念，修复城市中被破坏的自然环境和地形地貌，改善生态环境质量；用更新织补的理念，拆除违章建筑，修复城市设施、空间环境、景观风貌，提升城市特色和活力。

20.“双10”园区体系：10个水稻园区和1个蔬菜园区、2个水产园区、3个休闲园区和4个综合性园区共10个其他产业园区。

21.“两个平台”：农村集体财务监管平台和资产交易管理平台。

22.“一村二楼宇”：对村（社区）低效利用、零星分散的存量建设用地，鼓励通过增减挂钩和工矿废弃地盘活政策，化零为整，按规划用途开发建设，从而使每一个村（社区）集体经济组织拥有“二楼宇”，即社区服务用房、增加财产性收入的经营性物业。

23.“三位一体”管护：数量、质量和生态三方面的耕地综合管护。

24.“三优三保”：以优化建设用地空间布局保障发展；以优化农用地结构布局保护耕地；以优化镇村居住用地布局保护权益。

25.“四随机、二公开”：被查企业随机、执法人员随机、执法时间随机、公众参与随机，过程公开、结果公开。

26.“两减六治三提升”：“两减”指减煤炭消费总量、减落后化工产能；“六治”指治太湖、治垃圾、治黑臭河道、治畜禽养殖污染、治挥发性有机化合物、治环境隐患；“三提升”指提升生态保护水平、提升执法监管水平、提升环境监测水平。

27.健康市民“531”行动：“一个平台”指市民综合健康管理服务平台；“三大机制”指居民疾病高位因素筛查机制（建立肿瘤筛查机制、心脑血管疾病筛查机制、高危妊娠筛查机制）；“五大中心”指城市多中心疾病协同救治体系（包括胸痛中心、创伤救治中心、卒中中心、危重孕产妇救治中心、危重新生儿救治中心）。

28.“八项工程”：实战指挥能力提升、巡逻防控能力提升、基层基础建设能力提升、科技支撑能力提升、破案攻坚能力提升、社会共治能力提升、队伍建设能力提升、保障能力提升等“八项工程”。

# 文件辑存

## 关于进一步深化全市对德合作工作的实施意见

**一、总体思路**

统一思想，整合资源，放大特色优势，牢固树立“十三五”“三篇文章”理念，以全面深化对德合作为抓手，做强太仓未来开放发展战略增长极，主动服务与融入国家和江苏省对外开放总格局，积极参与“一带一路”建设，不断丰富和提升开放合作内涵水平，推动太仓经济社会转型升级。

**二、主要目标**

拓宽开放思路，创新合作方式，紧紧围绕加快转变经济发展方式主线，积极开展全方位、高水平、有深度的交流与合作，努力把太仓打造成为亚太地区德资企业的集聚地、中德创新合作试验区、对德人才创新创业基地、中德经贸文化交流的中心和中国企业走进德国的桥头堡，努力推动太仓对德合作成为新时期苏州继工业园区中新合作、昆山海峡两岸合作之后又一个对外合作的新平台、江苏对外开放的新窗口、中德两国深化合作的新典范，争取获批国家级“中德（太仓）合作创新园”。

力争到2020年，全市新引进德企200家，新增注册资金20亿美元，在太实有德资企业超过400家，德资工业产值在全市工业总产值中占比超过20%，德资企业在全市地区生产总值、科技创新、财政贡献份额有明显提升。

**三、工作内容**

（一）加大对德招商引资力度。

在定位上，坚持招大引强与深耕中小企业双轮驱动，既要努力实现旗舰型项目的突破，又要巩固中小企业集群优势。新区要每年着力引进一家以上带动力强、具有国际知名度和影响力的“德国工业4.0”代表性企业。港区要发挥港口与区位优势加大对德招商，每年引进一家规模体量大、行业引领作用强的龙头型制造业企业。科教新城、旅游度假区要侧重拓展研发型服务业和生活型服务业优质项目。城厢、沙溪等镇要下大力每年引进几家在各行业细分领域有地位、创新型的德资“隐形冠军”型项目。

在结构上，坚持以高端制造业为引领，逐步转向三次产业齐头并进。继续深耕精密机械制造和汽车零配件制造两大特色优势产业，积极拓展新能源、新材料、生物医药、电子信息、环保等新兴产业。积极探索现代农业合作新领域，大力引进德国先进农业设备与技术。积极鼓励在华德企把地区总部和研发、物流、结算等功能性机构设在太仓。加快引进培育德资金融保险、管理咨询、商贸旅游、服务外包、创意设计、会议展览、会计法律等专业服务业。力争到2020年全市形成德资高端制造业与现代农业、现代服务业协同发展的良好态势。

在布局上，坚持以新区为主战场，强化相关板块联动发展，努力形成全市合作共赢、良性互动格局。港区要依托港口优势，重点围绕装备、医药、化工和日用消费品等行业加大招商力度。城厢、沙溪、科教新城等地都要加快规划建设各具特色的高标准德资产业园区，积极研究产业招商定位，主攻德国重点区域，主动承接周边德企拓展落户，尽快形成相关产业链集群，着重推进省级重点项目中德（太仓）“中国制造2025”和“工业4.0”科创联盟平台建设。各区镇要以促进项目落地为宗旨，树立全市“一盘棋”观念，加强交流互动，共享项目信息，开创全市各板块通力协作推进对德合作的新局面。（责任单位：新区、港区、科教新城、城厢镇、沙溪镇、发改委、商务局、招商局）

（二）促进中德产业创新与合作。

积极学习借鉴“德国工业4.0”模式，与太仓市落实中国制造2025规划充分融合，在太仓移植生根，努力建立国内领先的以自动化、智能化、精细化生产为主导的先进制造业基地。提升德企与本地企业的黏合度，建立双向合作机制，引导本地企业围绕德企产业链协作发展。更加注重综合利用德资搭载的高新技术、先进装备、先进管理与国际营销网络，带动本地产业转型升级发展，形成德资德企与本地产业融合互动发展的新态势。努力实现五年内新增100家本地民营企业与德企在管理、研发、智能制造、

市场开拓等领域实现高质量、国际化合作。（责任单位：经信委、新区、港区、各镇）

大力拓展更高端的创新合作平台。构建海外技术转移平台和产学研联合创新机制，充分发挥德国中心、史太白中心和中德国际技术转移中心功能作用，加快推进中德创新中心落地，力争引进弗朗霍夫研究所等高端研究机构，搭建中德两国之间高新技术交流的桥梁，帮助地方企业实现产业升级。积极组织开展国际产学研活动，促进德企研发机构发挥技术、人才的“溢出效应”，鼓励德企技术成果在太仓转化为现实生产力，打造中德技术转移中心。构筑“企业＋大学＋政府”的多边合作体系，新建一个有影响力的合作研发基地与技术转让交流平台，加快科技成果产业化和市场化发展。（责任单位：科技局、新区、港区）

主动融入“一带一路”建设，分批组织本地民营企业管理层赴德国学习考察，接受德国质量文化和企业管理理念的熏陶。积极借鉴德国中心有效经验，进一步拓展太仓德国办事处的职能，为本地企业赴德国开展经贸合作提供便利，使其成为在德的“中国之家”。鼓励有条件企业赴德国开展投资贸易，积极尝试与德国中小企业开展并购重组或产业合作。（责任单位：商务局、经信委）

（三）强化人力资源支撑。

建立并完善相关人才的培养、引进、留驻、使用体系，借鉴北京、上海、深圳、苏州等先进地区经验，制定更加科学有效的人才政策，增强优质人才教育与供给机制对德企的吸引力，以对德人才的集聚来支撑太仓对德合作发展大业。五年内新引进各类对德合作、创新创业人才1000名。（责任单位：人才办、人社局）

拓展引才渠道，完善留才政策。积极走出去，鼓励相关部门、企业与德国高校、行业协会建立广泛合作关系，推荐优秀人才来太创新创业。善于借力引才，加强与中欧高层次人才交流中心、全欧华人专业协会联合会等海合组织合作建立“海外引才直通站”，大力引进在德留学生。扩大“郑和杯”青年创新创业大赛影响力，择时在德设立欧洲赛区。进一步探索建立德籍高技能人才来太的绿色通道，将外籍技能人才纳入太仓市高技能人才队伍建设范畴。鼓励企业从太仓籍应届高校毕业生中遴选后备人才派送到德国进修深造，政府给予相关资助。完善太仓市引进人才生活性待遇各项政策，对德企引进的中高端和紧缺型人才，在安家补贴、人才公寓优租、住房公积金、子女入学等方面给予适当倾斜。鼓励德国高校学生来太仓实习和就业，政府提供人才公寓，参照太仓市大学生见实习基地管理办法，对其适当发放生活补贴，促进中德人才交流互动。（责任单位：人才办、人社局、公安局、住建局、教育局、财政局）

探索多层次的中德合作创新创业人才培育机制。一是积极落实江苏省与德国巴符州、北威州友好省州相关合作协定，加强与德国工商大会和舍弗勒等重点机构、企业、院校的合作，继续推进德国“双元制”高技能人才培育模式的太仓本土化实践，强化市级层面的中德培训中心建设，加快扩大培育规模，提升合作层次水平，争创全国中德“双元制”职业培训典范。二是探索创新合作模式，加强与同济、东南等国内著名院校及德国相关应用型大学在本科人才培养上的合作，举全市之力早日成功创办“中德太仓双元制大学”。三是深入实施“中德创新领袖计划”，加强与国内外知名商学院合作，面向德企中高级岗位，开展MBA+ME双学位研究生培养，培育一批既熟悉理解东西方文化差异，又能够在太熟悉运用德国先进技术和管理的高级人才。（责任单位：新区、教育局、人社局、健雄学院）

借鉴德国职业教育成功经验，力争建立苏州地方性职业教育法规，保障教育、经济、人社、科技、产业、协会等多部门成为职业教育的责任主体，有力推进德国“双元制”职业教育长效支撑中德经济合作发展。（责任单位：健雄学院、教育局、科技局、人社局、司法局、新区）

（四）优化城市风貌推进载体建设。

紧扣“现代田园城，美丽金太仓”城市定位，积极营造更加贴近德国文化的城乡风貌，在城市规划、市政交通、商贸旅游、生态环保、农业农村建设等各方面，融入更多德国元素。提升主城区建设标准，丰富商贸、居住、生态、体育、文娱等设施，不断满足德籍等国际化人士在太工作生活需求。注重城市管理，突出细节优化，全面提升德企高管、员工及其亲友对城市综合环境的满意度，增加归属感。完善城市公共交通，优化高新区公共交通体系，加密高新区公交和公共自行车站点，有效提升德企员工出行便捷程度。（责任单位：住建局、交运局、城管局、商务局、旅游局、体育局、文广新局、新区、科教新城、城厢镇）

围绕德式风情与江南水乡风貌有机结合，优化中德企业合作基地片区规划建设，重点打造一条特色商业街、一条交通示范路、一个特色风情商贸区。突出国际交流、科研教育、商务办公、商贸休闲，兼具部分人居和旅游观光功能，既富有鲜活的德国文化元素，又见中国江南水乡特色，丰富城市业态，提升城市品质，努力建成对德合作的一个集中化、综合化、具象化的商务休闲旅游目的地。（责任单位：住建局、交运局、城管局、商务局、旅游局、新区、科教新城、城厢镇）

推进载体建设与功能发挥。加快规划建设更高水平、更国际化的中德中小企业工业园三期，作为新一轮引进德企、对德合作的重要阵地，强化战略性新兴产业和高端商务业发展。促进市内现有“两园、两办、两中心和一馆”七大对德合作平台充分发挥作用。中德中小企业合作园争取早日获批国家级，要出台配套政策，建好园区孵化器平台，筛选成长性好、技术含量高的德企入驻。完善德国留学生创业园，强化招才引智力度，引进和培育更多留学德国的人才来太创新创业，并进一步提升完善德创园的平台功能。强化德国工商大会（AHK）太仓办事处和太仓驻德办事处功能，成为对德合作互通共建窗口和桥梁。运作好史太白中心，为太仓市企业提供更有效的技术转移、高端人才培养和项目评估等服务，为企业创新发展提供动力源泉。积极发挥德国中心载体功能作用，既为太仓引进更多高质量德国项目，又有效帮助现有中小企业发展壮大。要适时丰富和提升太仓对德成果展，集中全面反映太仓对

德合作历程与成效。（责任单位：新区、人才办、经信委、科技局）

（五）广泛深入开展对德交流合作。

加密双向经贸合作交流，突出太仓港口岸优势和太仓港综保区主阵地，积极融入"一带一路"，扩大对德贸易。以苏州跨境电子商务试验区为契机，探索建立德国商品（太仓）展销中心和两国商品贸易的集散中心。（责任单位：港区、商务局）

扩大深化友好交往。寻求与更多德国市州地区建立友好城市关系，力争五年内与巴符州、北威州及德国其他地区各建立一个友好城市，以点及面铺开太仓与德国的关系网。积极对上争取，创造条件，争取每年邀请三批德国部州长以上的高规格代表团来太仓访问考察，努力把高层领导人的影响力转变为太仓对德合作的推动力。（责任单位：外事办）

建立全社会对德合作机制，广泛开展友好学校交流和大中小学生对德修学交流。推进健雄学院和太仓中专与德方相关院校开展务实有效的国际交流。鼓励太仓籍学生赴德留学。鼓励设立德语和德国文化培训机构。积极开展与上海德国学校合作设立分部，逐步探索设立德国中小学、幼儿园。（责任单位：教育局、外事办）

搭建文化"引进来、走出去"的良好渠道，继续办好"太仓日"、德国啤酒节等活动，扩大文化品牌效应。积极开辟中德家庭互访交流、江南丝竹走进德国、太仓图片艺术展等新的文化交流形式。促进中德民间交流，特别是青少年之间的友好交流。加强中德体育赛事合作交流。加强医疗卫生方面对德合作，积极开展中德医学交流，探索引进德国医疗机构和先进的医疗卫生管理模式。加强环境保护、生态修复等方面合作，引进一流技术和企业，实现碧水蓝天白云。（责任单位：新区、文广新局、卫计委、体育局、环保局）

以德国思维、德国视角主动推介太仓经济发展和城市文化特色，吸引德国社会各界关注太仓、喜爱太仓。与国内主流媒体合作，提升扩大中德合作在海内外的知名度、影响力。尝试与德国主流媒体合作，精心制作"现代田园城、美丽金太仓"主题宣传片（纪录片），在德进行多角度、多形式的有效推广，努力形成文化交流与经贸合作的双轮驱动局面。（责任单位：宣传部）

**四、保障措施**

（一）加强组织领导，注重协调沟通。

加快形成全市合力，避免工作碎片化。成立中德合作工作领导小组，强化市级层面组织领导，负责统筹推进对德合作工作，由市政府主要领导任组长，相关分管领导任副组长，相关单位负责人为成员。领导小组各位副组长积极承担、全面负责各自领域对德合作工作，制定工作规划，负责推进落实。领导小组下设办公室，办公室设在市商务局，负责政策研究、上下沟通、部门联络、情况分析汇总等。

加强顶层设计，加大政策扶持。积极争取江苏省委省政府和苏州市委市政府对太仓对德合作的全面支持与推动，早日建立省部联合推动机制和"中德（太仓）合作创新理事会"。密切与外交部、发改委、商务部、中联部、工信部、科技部、教育部、人社部等国家部委汇报联系，做好高层互访、政策、立项、资金等方面争取工作。跟踪掌握和利用好国家、省市的有关政策，建立对上争取、上情下达的畅通渠道，主动做好项目申报、工作汇报、对接落实。借助中德经济发展顾问委员会平台，密切与德国政、商界等各界各类组织的联系，努力把太仓与德国的合作关系推上更高级别层面。加强与上海市相关方面对接合作，发挥临沪优势，从经贸信息、交通航运、产业项目到生活配套等多方面，为太仓的对德合作发展整合更丰富、更优质的资源。积极学习借鉴沈阳、青岛中德合作，苏州工业园区中新合作和盐城中韩合作等地的成功经验做法，早日争取获批国家级"中德（太仓）合作创新园"。

加密对德交流互访，畅通对德交流机制。积极对上争取太仓赴德合作交流审批权限。各成员单位要根据合作内容每年制定出访合作计划，保持经常性、针对性的工作交流和互访。

建立并完善合理的支持对德合作财政保障机制。设立对德产业合作基金，促进重大项目落户和创新型产业发展。设立深化对德合作工作专项保障资金，并按任务建立市区分担机制。

（二）建设国际化、法治化、市场化营商环境。

以创设中国（江苏）自贸区为契机，加快推进政府职能转变，牢固树立国际化、法制化、市场化思维，优化行政服务，促进投资贸易便利化。建立德企入驻绿色通道，简化事前审批，优化事中事后监管，为德企提供"无事不扰、有求必应"高效便捷的"一站式"服务和务实高效的会办机制。推进对德国际贸易便捷化，积极探索人民币对德离岸业务、中欧自贸区试点等创新工作项目。优化完善与国际接轨的知识产权保护机制，为德国企业提供强有力的知识产权保护支持。打造中德企业合作基地质量安全示范区升级版，扩大政策优惠受惠范围，在全市推广"政府服务、市场调节、企业主体、行业自律、社会参与"的合理高效质量管理模式，使德国质量文化和经验扎根太仓。

（三）推动工作务实细化高效。

强化对德合作工作职能部门和各区镇的考核，将对德合作绩效作为区镇年度考核的加分内容。各部门要积极发挥部门职能优势，加强对上争取、对外联络，把职能落实到具体工作上，将政策落实到具体项目上，杜绝只有想法、空喊口号。相关各区镇要突出载体建设、项目推进、科技创新和人才合作，推进本地区产业升级，转型发展。各地各部门要在开展深入调研的基础上，制定出台本地区、本部门促进全市对德合作的实效性措施办法，并将对德合作目标任务全面细化到本部门本地区"十三五"规划之中，并逐年加以落实推进。

摘自《中共太仓市委员会、太仓市人民政府关于进一步深化全市对德合作工作的实施意见》（太委发〔2016〕17号）

# 关于进一步做好新形势下就业创业工作的实施意见

## 一、积极鼓励创新创业带动就业

（一）营造更优创新创业环境。落实国家商事制度改革要求，全面推行工商营业执照、组织机构代码证、税务登记证“三证合一”，实行“一照一码”。继续优化登记方式，放宽新注册企业场所登记条件限制，推动“一址多照”、“一照多址”集群注册等住所登记改革。优化工商注册流程，实现网上办理名称核准、网上预审登记、网上核准登记，推进全程电子化登记管理。除法律法规禁止的行业外，投资领域一律向民间资本开放。加强大数据建设并运用大数据对市场主体的服务和监管，建立政府大数据采集制度，实施对市场主体守信联合激励机制和失信联合惩戒机制。依托企业信用信息公示系统，实现政策集中公示、扶持申请导航、享受扶持信息公示。严格执行《财政部国家发改委关于免征小型微型企业部分行政事业性收费的通知》等文件规定，免收企业注册登记费。全面取消非行政许可审批事项，大力清理行政审批事项，减少投资项目前置审批。进一步规范审批行为，推广“一个窗口”受理、网上并联审批等方式，方便企业和群众办事。

（二）落实创新创业税费优惠政策。将企业吸纳就业税收优惠的人员范围由失业1年以上人员调整为失业半年以上人员。高校毕业生、登记失业人员等重点群体创办个体工商户、个人独资企业的，可依法享受税收减免政策。经认定的高新技术企业可享受职工教育经费税前扣除政策。全面清理涉企行政事业性收费、政府性基金、行政审批中介服务收费、具有强制垄断性的经营服务性收费、行业协会商会涉企收费，落实涉企收费清单管理制度和创业负担举报反馈机制。对企业按规定减免登记类、证照类、管理类等行政事业性收费。

（三）加大对创业人员扶持力度。实施创业培训补贴。对具有创业意愿和培训愿望并具备一定创业条件的城乡各类劳动者，参加人力资源社会保障部门认定的创业培训并取得合格证书的，按规定给予创业培训补贴。实施一次性开业扶持补贴，对本市户籍人员经创业培训合格后自主创业符合条件的，给予一次性开业扶持补贴。实施创业社会保险补贴。本市户籍人员经创业培训合格后自办实体并依法缴纳社会保险的，创业者本人可享受最长不超过3年的社会保险补贴。实施创业带动就业补贴。本市户籍人员经创业培训合格后自办实体，录用本市户籍的就业困难人员、毕业2年内初次就业的大中专毕业生、当年度退伍士兵，符合条件的，可享受社会保险补贴和用工补贴。开业3年内的初创企业录用本市户籍的就业困难人员、毕业2年内初次就业的大中专毕业生、当年度退伍士兵，符合条件的，给予创业带动就业补贴（社会保险补贴与创业带动就业补贴不得重复享受）。实施优秀创业项目补贴。每年遴选出可行性和预期成功率较高的大学生初创项目，给予资金支持，同时择优推荐参加江苏省大学生优秀创业项目遴选。

（四）完善创新创业公共载体平台。进一步规范、引导和扶持创业孵化基地建设，完善创业孵化基地认定和退出机制。经认定的创业孵化基地免费提供创业人员入驻基地创业的，对入驻基地的初创项目给予租金补贴。支持各镇（区、街道）以地方特色产品和服务为载体，推动“一镇一品”“一村一店”等创业示范项目建设，对经认定的创业示范项目纳入创业孵化基地建设管理范围，相关初创项目同等享受政策扶持。建设新型孵化机构，着力建设一批低成本、便利化、全要素、开放式的众创空间；大力发展创新工场等新型孵化机构，做大做强众创空间，对认定的众创空间等新型孵化机构给予一次性奖励，同时对房租、用水、用能、宽带网络、公共软件等给予适当补贴。

（五）支持发展电子商务创业。大力发展“互联网+”新经济形态，支持电子商务企业发展，探索纯网上经营注册新型登记模式。鼓励利用电子商务平台自主创业，对已进行工商登记注册的网络商户从业人员，符合条件的同等享受各项就业创业扶持政策。对未进行工商登记注册，但在网络平台实名注册、稳定经营且信誉良好的网络商户创业者，符合条件的，可按规定申请创业担保贷款；其从业人员可认定为灵活就业人员，享受相应的扶持政策。

（六）支持创业担保贷款发展。将太仓市小额担保贷款调整为太仓市创业担保贷款。全市根据实际需要建立1000万元～2000万元的创业担保贷款基金，所需资金可以由失业保险基金扩大支出范围试点资金或就业专项资金中安排。对获得创业担保贷款并按时还本付息符合奖息政策的，个人贷款在人民银行同期同档次贷款基准利率基础上上浮3个百分点以内的，贷款利息均由财政给予奖息。对获得创业贷款并按时还本付息的创业企业建立工会的（或加入工会联合的），再次向指定银行申请贷款，贷款金额20万元以内、期限2年，贷款利息按人民银行同档期贷款基准利率，由市总工会进行贷款奖息。健全创业担保贷款的管理，落实贷款审核、奖息发放、呆账追偿、代偿核销等职责。提高代偿效率，制定创业担保贷款呆坏账核销管理办法，规定核销条件和程序。降低创业担保贷款申请门槛，对信用良好的创业者经综合评估后可取消反担保，简化担保手续。

（七）调动科研人员创业积极性。探索高校、科研院所等事业单位专业技术人员在职创业、离岗创业有关政策。对于离岗创业的，经原单位同意，可在3年内保留人事关系，与原单位其他在岗人员同等享有参加职称评聘、岗位等级晋升和社会保险等方面的权利。原单位应当根据专业技术人员创业的实际情况，与其签订或变更聘用合同，明确权利义务。

（八）鼓励利用农村资源创业。支持农民自主创业，领办农民合作社、组建家庭农场等新型农业经营主体，落实定向减税和普遍性降费政策。强化财政扶持和金融服务，搭建一批农业创新创业示范基地和见习基地，培训一批农民创新创业辅导员。鼓励和引导金融机构创新金融支持"三农"思路，构筑快捷、便民、低息的金融服务体系。积极组织创新创业农民与企业、市场、城区对接，推进农村青年创业富民行动。

**二、持续推进就业优先战略**

（九）坚持就业规模并提升就业质量。把稳定和扩大就业作为经济工作的优先目标，将城镇新增就业、调查失业率指标纳入国民经济和社会发展年度计划。根据就业总量和人力资源结构状况，健全财税、金融、产业、贸易等经济政策促进就业的能力，强化与就业政策的配套衔接，逐步建立与人力资源结构相匹配的产业引导机制。落实上级建立公共投资和重大项目建设带动就业评估机制要求，同等条件下对创造就业岗位多、岗位质量好、适应于人力资源结构优化的项目优先安排。

（十）壮大吸纳就业能力强的产业。加快生产性服务业创新发展，鼓励新业态、新模式和新技术应用，围绕产业链整合优化，大力发展总部经济、电子商务、服务外包、文化创意、研发设计、金融证券、商业保理、供应链管理、检验检测认证等服务业。支持制造企业依托原有优势向系统集成商转变，促进产业模式从以制造为核心向产品、服务和整体解决方案并重转变。深入挖掘旅游休闲、健康养老、家庭服务、社会工作、文化体育等生活型服务业发展潜能。转变农业发展方式，培育更多适应农业发展需要的新型职业农民，新型职业农民创业享受相关优惠政策，雇用新型职业农民的集体合作农场、农民专业合作社、农业龙头企业、家庭农场等享受相关优惠政策。

（十一）发挥小微企业吸纳就业的重要作用。贯彻落实《国务院关于扶持小型微型企业健康发展的意见》（国发〔2014〕52号）各项扶持政策，落实支持小微企业发展的各项税收政策。加强市场监管执法和知识产权保护，对小微企业亟须获得授权的核心专利申请优先审查。创新政府采购支持方式，消除中小企业享受相关优惠政策面临的条件认定、企业资质等不合理限制门槛。对小微企业新招用劳动者，符合条件的，按规定给予就业创业支持。

（十二）积极预防和有效防控失业风险。调整失业保险费率政策，将失业保险基金支持企业稳岗政策实施范围由兼并重组企业、化解产能过剩企业、淘汰落后产能企业等三类企业扩大到所有符合条件的企业。生产经营困难企业可通过与职工进行集体协商，采取在岗培训、轮班工作、弹性工时、协商薪酬等办法不裁员或少裁员。对确实要裁员的，应制定人员安置方案，实施专项就业帮扶行动，妥善处理劳动关系和社会保险接续，促进失业人员尽快再就业。稳定福利企业发展，制止随意关停福利企业、解雇残疾职工的行为。淘汰落后产能奖励资金、依据兼并重组政策规定支付给企业的土地补偿费要优先用于职工安置。完善失业监测预警机制，保持就业局势稳定。

**三、全力扶持高校毕业生等重点群体就业**

（十三）推动高校毕业生与技能人才多渠道就业。贯彻国家和省、市高校毕业生就业创业各项扶持政策，落实大学生创业引领计划和离校未就业高校毕业生就业促进计划。本市户籍高校毕业生就业率达到或超过省和苏州市要求。加强太仓市大学生见（实）习基地建设，落实补贴政策。将求职补贴调整为求职创业补贴，对象范围扩展到已获得国家助学贷款的毕业年度高校毕业生。用人单位录用已获得高级工及其以上职业资格证书的本市户籍技能人才，符合条件的，可申请享受社会保险补贴。

（十四）加强高校就业创业教育工作。支持健雄学院高校就业创业指导站建设，开设职业生涯规划和创业教育课程，并纳入学分管理。加强与高校的联动协作，采取政府购买服务的方式，引入社会化培训机构等资源，建立专业化就业指导队伍。优化贫困大学生资助经费发放方式，以资助太仓市高校优秀就业创业项目的方式提升财政资金使用效率。

（十五）实施困难人员就业援助。将登记失业的优抚对象家庭人员和军队退役人员纳入就业困难人员援助范围，享受相应的就业扶持政策。落实就业困难人员被企业吸纳就业、灵活就业和公益性岗位就业相应社会保险补贴和公益性岗位补贴政策。规范公益性岗位开发和管理，将公益性岗位向农村倾斜。推进残疾人按比例就业，加大对用人单位安置残疾人的补贴和奖励力度，建立用人单位按比例安排残疾人就业公示制度。对实现就业或自主创业的最低生活保障对象，在核算家庭收入时，可以扣减必要的就业成本，建立健全失业保险、社会救助与就业的联动机制。

（十六）统筹做好重点人群的岗位帮扶工作。建立政府工勤辅助岗位招聘与重点人群岗位帮扶的联动机制。市级及各镇（区、街道）由财政支付工资的各类工勤辅助岗位招聘的组织与实施按现行规定实行扎口管理，招聘信息由各级公共就业服务机构统一审核发布。在组织招聘的过程中应当优先考虑符合政府安排工作条件的退役士兵，优先考虑符合条件的困难家庭高校毕业生。国有、国有控股和国有资本占主导地位的企业在新招录职工时，应拿出不低于5%的工作岗位择优招录符合政府安排工作条件的退役士兵。退役士兵报考公务员、应聘事业单位职位的，在军队服现役经历视为基层工作经历，服现役年限计算为工作年限。对因病（残）就业困难人员社会保险补贴和灵活就业人员职业伤害保险的扶持，按现行规定办理。

**四、深入开展职业技能教育培训**

（十七）完善劳动者终身培训机制。大力开展形式多样的职业培训，对农村劳动者重点实施职业技能提升培训，对城镇失业人员重点开展转业转岗培训，对新成长劳动力重点推进劳动预备制培训。鼓励支持企业开展新员工上岗培训、新型学徒制培训、在职职工岗位技能提升培训和高技能人才培训。对在大陆（内地）高校学习的（台湾、香港、澳门）毕业生、技师学院高级工班、技师班（预备技师班）和特殊教育院校职业教育类毕业生在毕业学年内参加创业培训的，比照本地高校毕业生相关规定，给予职业培训补贴。

（十八）建立职业培训项目开发机制。以行业、企业和劳动者需求为基础，建立职业培训需求调查和培训工种发布制度，促进职业培训的规范化、标准化。加强职业培训项目标准开发，在企业、职业院校、职业培训机构中确定培训项目标准开发主体，完善培训要求、课程内容、培训方法、师资和考核等技术标准，探索实行“职业培训包”开发和应用模式。

（十九）健全职业培训成果购买机制。鼓励和引导社会力量开展职业培训，通过市场供需调节实现培训资源与劳动者需求的有效对接。完善职业培训补贴政策，逐步建立与培训成本、培训质量和实现就业相挂钩的差异化培训补贴标准和动态调整机制。参加职业培训和职业技能鉴定的人员，可按规定享受职业培训补贴和职业技能鉴定补贴政策。对参加紧缺型高技能人才培训并取得职业资格证书的，按照“谁出资培养、谁享受补贴”的原则给予补贴。鼓励各类培训机构与企业、人力资源服务机构合作，开展订单式、定向式培训。

（二十）完善职业培训服务管理机制。加强职业培训师资队伍建设，建立和完善职业培训教师在职培训和到企业实践的制度。推进职业资格管理改革，推动形成劳动、技能等要素按贡献参与分配的机制。适应多层次提升职业技能实训能力需要，重点建设一批电子信息、装备制造、生物医药、现代服务业等专项公共实训基地。

**五、着力推进人力资源市场建设和公共就业服务**

（二十一）加强人力资源市场建设。按照建立统一、规范、灵活的人力资源市场要求，发挥人力资源市场在促进就业和配置人力资源中的基础性作用。加快推进人力资源市场诚信体系和标准化建设，规范人事代理、人才推荐、劳务派遣、人力资源服务外包等人力资源服务。健全市场监管体系，规范企业招聘行为，及时纠正和查处招聘过程中的歧视、限制和欺诈等行为，切实维护求职者合法权益。发挥公共人力资源市场在人力资源配置中的主渠道作用，推进公共人力资源市场政府购买进程。

（二十二）提高公共就业服务能力。健全公共就业创业服务经费保障机制，切实将市、镇（区、街道）公共就业创业服务平台经费纳入同级财政预算。健全覆盖城乡的公共就业创业服务体系，推进城乡均等化、标准化和专业化公共就业服务。将职业介绍补贴和扶持公共就业服务补助合并调整为就业创业服务补贴，创新就业创业服务供给模式，积极开展向社会力量购买基本就业创业服务成果，形成多元参与的公共就业创业服务格局。

**六、强化组织领导**

（二十三）进一步加强组织领导。各地、各有关部门要充分认识做好新形势下就业创业工作的重要意义，加强就业形势分析研判，进一步细化有关政策和配套措施。“太仓市促进就业工作领导小组”更名为“太仓市就业创业工作领导小组”，其成员在原有单位上增加市委农工办和台办，领导小组下设办公室，办公室设在市人力资源和社会保障局。人力资源社会保障部门要发挥牵头作用，负责就业创业的统筹协调、推动落实和督促检查，建立定期的联席会议制度。市就业创业工作领导小组各成员单位要根据各自职责，认真抓好有关工作。

（二十四）落实工作目标责任制。将就业创业工作纳入绩效考核，明确时序进度和责任分工，层层分解，督促落实。各单位要进一步梳理各项补贴政策的操作流程，取消不必要、不合理的办理手续和证明材料，落实限时办结工作制度，确保在7个工作日内完成审批。对在就业创业工作中取得显著成绩的单位和个人，按有关规定予以表彰。对不履行职责，造成恶劣影响的责任人实行问责。

（二十五）强化资金投入保障。根据就业状况和就业工作目标，在财政预算中合理安排就业创业相关资金。按照系统规范、精简高效的原则，明确政府促进就业创业政策的功能定位，严格支出责任划分。进一步规范就业专项资金管理，强化资金预算执行和监督，开展资金使用绩效评价，着力提高就业专项资金使用效益。

（二十六）建立健全就业创业统计监测体系。按照上级就业统计口径和统计调查方法，做好各项就业创业的统计工作。按照上级统一部署加强和完善劳动力调查制度建设，扩大调查范围，增加调查内容。强化统计调查的质量控制。加大就业统计调查人员、经费和软硬件等保障力度，推进就业统计调查信息化建设。

（二十七）注重舆论引导和氛围营造。紧紧围绕新形势下就业创业这一主题，加强政策解读，全方位、多角度开展宣传活动。大力宣传党和政府对就业创业工作的有关决策部署、政策举措及其实践成效，以及劳动者自主就业创业和用人单位促进就业的典型事迹，引导高校毕业生等各类劳动者转变观念，树立正确的就业观，引导社会各界全面客观看待当前就业形势，共同关心和支持就业创业工作。搭建创业者联谊会、创业沙龙、创业讲堂等创业者交流平台，为创业者及时了解政策和行业信息、学习积累行业经验、寻找合作伙伴和创业投资人创造条件。定期举办创新创业大赛、职业技能大赛等各类活动，大力营造劳动光荣、技能宝贵、创造伟大的时代风尚。

以上意见自发文之日起执行。同时《关于切实做好稳定和促进就业工作的意见》（太政发〔2009〕2号）停止执行。

摘自《太仓市人民政府关于进一步做好新形势下就业创业工作的实施意见》（太政发〔2016〕12号）

## 关于加快推进城乡公交一体化发展的实施意见

城乡公交一体化发展，是缓解城市交通拥堵、转变交通发展方式、提升城乡居民生活品质、提高政府基本公共服务水平的必然要求，是加强节能减排工作、构建资源节约型、环境友好型社会的战略选择。为了贯彻落实《国务院关于城市优先发展公共交通的指导意见》（国发〔2012〕64号）和《省政府关于进一步落实城市公共交通优先发展战略的实施意见》（苏政发〔2014〕80号）等文件精神，进一步提升城乡公交服务水平，更好地满足城乡居民出行需求，现提出如下实施意见：

一、指导思想和基本原则

（一）指导思想。

深入贯彻党的十八大和十八届三中、四中、五中全会和习近平总书记视察江苏重要讲话精神，以满足城乡居民日常出行需求为出发点，加快太仓市城乡公交一体化建设，建立合理可持续的公交财政补贴政策、公交财政补贴效益评价机制和公交发展保障措施，切实提升城乡公交保障能力和服务品质，促进新型城镇化建设和城乡一体化发展。

（二）基本原则。

——政府主导，政策扶持。坚持以市政府为主体，充分发挥相关部门的职能优势，完善城市公共交通在规划、资金、土地、路权、财税、技术等方面的支持政策，搭建“财政可承担、企业可承载、社会可承受”的公交服务体系。

——统筹规划，协调发展。统筹城乡公交与其他交通运输方式以及与经济社会间的协调发展，充分发挥规划的先导和调控作用，切实提升城乡公交一体化发展水平，满足城乡居民日益增长的公交出行需求。

——因地制宜，落实优先。坚持从实际出发，因地制宜确定城乡公交发展模式、站点布局，突出城乡公交的公益属性，将城乡公交一体化发展放在城市交通发展的首要位置，切实做到资金投入优先、土地划拨优先、财税扶持优先、路权保障优先，形成城乡公交一体化发展的新格局。

二、主要目标

通过加大公交财政投入、加快基础设施建设、提升服务品质，确立公共交通在城乡居民出行中的首选地位，建立合理可持续的公交财政补贴机制，构筑起与太仓市城乡经济发展水平、人口规模相适应的安全可靠、经济适用、便捷高效、舒适文明的城乡公交一体化服务体系。到2020年，实现城市万人公交车辆标台数达到11标台，公共交通站点500米覆盖率达95%以上，公共交通出行分担率达到24%以上，公共交通乘客测评满意度达到85%以上；实现各乡镇建有专用公交场站，乡镇之间有直达线路，乡镇居民可通过1次换乘到达中心城区。

三、主要措施

（一）完善公交财政长效补贴机制。

公共交通是社会公益性事业，要坚持政府主导投入，城乡公交统筹，实行有利于公交可持续发展的扶持政策，建立科学合理长效的财政补偿补贴机制。具体补贴措施为：

1．公交车购车补贴。公交企业新增或报废更新的公交车辆实行企业贷款、政府贴息政策，购买的公交车辆计入企业固定资产。根据企业当年购车实际贷款额，银行贷款的利息计入公交企业运营成本。企业购置的公交车辆按苏州地区行业规定年份计提折旧费，计入公交企业运营成本。

2．公交刷卡优惠补贴。市民凡刷普通公交卡消费的，按原票价的70%折算计价，优惠的三折部分由市级财政承担。市民刷公交卡可享受一小时内换乘减免1元优惠，优惠部分由市级财政承担。对70周岁以上免费乘车的高龄卡、残疾人免费乘车的爱心卡、60～69周岁半价乘车的老人卡、九年义务教育免费乘车的学生卡、劳模卡等特殊公交卡，免费及优惠部分由市级财政承担。如今后进一步扩大公交优惠范围和幅度，实施新的公交刷卡优惠政策，刷卡优惠部分由市级财政承担。

3．农村班线站务费补贴。自2013年7月1日起，太仓市取消了城乡公交和镇村公交这两部分农村班线的旅客站务费，取消的农村班线站务费由市级财政予以定额补贴。

4．公交企业经营性亏损补贴。由市财政局、审计局、交运局等部门探索制定公交成本规制办法，以2015年、2016年两年作为过渡期，采用中介机构审计的办法确定公交亏损补贴，并同步进行公交定额成本评估，逐步建立适合太仓市的公交定额标准成本；从2017年开始以确定的公交定额成本作为公交亏损补贴的依据；公交定额成本原则上每3年重新修订一次。

5．公交企业投资回报。将企业实收资本的6%作为企业的投资回报，由市级财政承担。

6．关于市、镇公交补贴分担问题。市交运局按照本市实际情况合理规划、制定公交线路密度，确定城乡公交运行线路，对于合理范围内的公交线路运营费用由市财政承担，若区镇因自身原因需要加密公交线路的，新增公交线路运营费用由各区镇自行负担。

7．公交财政补贴的操作流程：财政补贴采取按季度预拨、年终清算的办法进行，预拨时间为每季度末，年终清算时间为次年6月底前。

（二）推进城际公交快线繁荣发展。

1．城际公交快线运营亏损补贴及投资回报。坚持“政府培育、企业运作”的模式，对已开通的接轨上海11号轻轨线的沪太城际快线、接轨上海7号轻轨线的沪浏城际快线和沪港快线以及今后为促进区域一体化发展开通的城际快线，其线路经营亏损在委托中介机构审计后由财政进行全额补贴，并每年度按照城际公交快线运营企业第一次投资额的10%进行投资回报。

2．城际公交快线刷卡优惠补偿。对已开通的接轨上海11号轻轨线的沪太城际快线、接轨上海7号轻轨线的沪浏城际快线、沪港快线以及今后为促进区域一体化发展开通的城际快线，凡按照政府要求实行刷卡优惠的，优惠部分由市级财政承担。

（三）保障校车安全稳定运营。

1．校车企业经营性亏损补贴。由市财政局、教育局、交运局等部门核定校车企业收入与运行成本，亏损部分经审计后由市级财政全额补贴。

2．校车运营企业运营回报。将校车运营企业实收资本的6%作为企业承担运营风险的运营回报利润，由市级财政承担，运营回报与经营性亏损补贴由财政部门同期直接拨付校车运营企业。

（四）加大公交基础设施建设力度。

1．落实公交场站建设资金。对每年规划建设的公交客运枢纽站、首末站、停车场、保养场和农村客运站等公交基础设施项目，列入当年政府投资项目，保障场站建设资金。对已建成使用的公交场站，由站场公司向公交企业收取站场有偿使用费，用于对场站的维护以及公交候车亭、站牌的维修保养。站场有偿使用费计入公交企业运营成本。

2．保障公交基础设施用地。建立公共交通基础设施用地优先保障制度，纳入土地利用年度计划和建设用地供应计划，切实保障公共交通基础设施用地需要。符合划拨用地目录的，应当优先安排划拨供地。加强公共交通基础设施用地监管，对既有公共交通设施用地不得随意改变用途，确保使用权稳定。每年市政府规划建设的公交基础设施项目，由所在镇（区）提供建设用地指标，按照公共交通用地性质，采用协议出让方式，由交通运输部门办理用地手续。供地地块涉及拆迁补偿、绿化、“三线”迁移等费用，由所在镇（区）负责解决。

（五）落实公交优先发展保障措施

1．建立政府主导部门联动机制。成立由市政府牵头，各镇（区）、市发展和改革委员会、公安局、财政局、民政局、住房和城乡建设局、城市管理局、交通运输局、安全生产监督管理局、物价局、地方税务局、国土资源局等有关部门组成的城乡公交一体化工作推进领导小组，加强组织协调，为城乡公交一体化建设提供强有力的组织保障。

2．强化公交规划引导和调控。科学编制城市公共交通规划，加强城市公共交通规划与城市总体规划、土地利用总体规划、城市综合交通规划等其他相关规划的衔接，切实发挥公共交通对城市发展的引领和支撑作用。严格公交规划修编程序，原则上每5年进行一次修编，并在修编前开展居民出行调查。规划编制和居民出行调查所需经费应纳入地方财政预算。根据公共交通规划制订行动计划，加强对城市公共交通规划实施过程的监督，确保规划执行到位。

3．确立公交路权优先。以市区为重点，认真做好城市交通综合配套改造，在具备条件的道路建设公交专用车道和港湾式站台，确保公交车辆专用路权；合理设置公交车辆专用信号设施，减少因道路条件对公交车辆通行的影响；加强查处占用公交专用车道、干扰公交车辆优先通行的车辆，切实提高公交准点准班率。

4．推进公交智能化建设。加大科技投入，加快推进信息技术在公交线网优化、运营调度、服务监管和行业管理等方面的应用。要加快建设公交智能调度中心，实现公交营运调度、内部考核的信息化和智能化。更新公交车辆车载监控设备，升级为4G实时监控系统。开发智能公交客户端软件，在可移动设备上实时显示公交车辆到站信息，提升乘客信息服务水平。

5．提升公交行业服务水平。加强实地勘察，不断优化城乡公交线网布局，进一步提高线网密度、站点覆盖率、准点率和运行速度，不断改善公共交通可达性和便捷性。积极发展大站快车、商务快线、通勤班车、定制公交等特色公共交通服务模式，满足不同层次、差别化的出行需求。大力加强公共交通和绿色出行的宣传和引导，将每年9月的第3周确定为“公交出行周”，努力营造全社会认同公交优先、支持公交优先、践行公交优先的氛围。

摘自《太仓市人民政府印发〈关于加快推进城乡公交一体化发展的实施意见〉的通知》（太政发〔2016〕3号）

## 苏州市美丽村庄建设新一轮行动计划（2017—2020年）太仓市实施方案

### 一、基本情况

按照太仓市2014年12月编制的镇村布局规划成果，全市规划村庄568个，其中规划重点村庄338个、特色村庄4个、一般村庄226个。结合镇村布局规划，根据各镇调查汇总，在“三区一线”范围内的规划村庄共241个，其中重点村庄153个、特色村庄3个、一般村庄85个。另外镇村布局规划区外“三区一线”范围内还涉及城厢镇和科教新城区域内过渡型村庄63个。

至2016年年底，全市累计建成苏州市及以上三星级康居乡村65个（其中2013—2015年建成18个省级三星级康居乡村、12个苏州市美丽村庄示范点、14个苏州市三星级康居乡村；2016年建成1个苏州市美丽村庄示范点、20个苏州市三星级康居乡村点。涉及重复的省级美丽乡村示范点不计入在内）。在“三区一线”范围内累计建成31个（其中美丽村庄示范点3个、三星级康居乡村28个），属于重点村和特色村的27个、一般村4个。

### 二、总体目标和任务

1.总体目标。

苏州行动计划要求实现“三区一线”范围内特色村和重点村三星级康居乡村建设全覆盖，一般村结合实际情况按照一星或二星级康居乡村建设要求提档升级；同步启动“三区一线”范围外特色村和重点村三星级康居乡村建设工作；部分有条件、有基础、有意愿的村整村推进三星级康居乡村建设，创建“康居特色村”；全面加强农村环境长效管理。

太仓市结合已建设情况和现实财力，对有“三区一线”范围内特色村和重点村三星级康居乡村建设任务的行政村确保覆盖率100%，整村推进、“三区一线”范围外特色村和重点村三星级康居乡村建设以及长效管理等工作按照苏州要求开展。

2.工作任务。

考虑规划调整、开发建设等不确定因素，计划在2017—2020年建设完成“三区一线”范围内、外的特色村和重点村三星级康居乡村120个、“特色康居村”（整村推进）6个；同步启动“三区一线”范围内、外一般村庄一星、二星级康居乡村110个左右提档升级工作。

在时序安排上，考虑近两年全市农房翻建较集中，可以适当向后两年倾斜，但必须保证按时完成四年总体任务。

### 三、建设资金的补助标准

太仓市按照建设资金由太仓市级及以上与镇级共同承担为主、村级基本不出资的原则落实。太仓市级补助方案如下：

1．三星级康居乡村：太仓本级财政补助标准80万元／个，苏州市级及以上补助按上级补助标准另行增加。康居特色村（整村推进）太仓本级财政补助参照上述比例（户均补助约1.6万元），苏州市级及以上补助同样另行增加。

2．对一星、二星提档升级，按照村庄大小、投入资金的额度和提档的成效酌情补助，一星每个村庄补助5万元左右、二星每个村庄补助10万元左右。

补助标准以创建的自然村庄为单位，每个自然村庄以50户为标准，对于村庄户数上下浮超过20%的按比例进行调节。整村推进的按照民政部门认定的行政村为单位、以本村户籍为准。在三星级康居乡村和整村推进建设中涉及的农村生活污水治理项目仍由市水处理公司负责建设，不计入本级财政补助范围内。

**四、建设管理流程**

建设原则：坚持政府主导，以各镇（区）党委、政府为美丽村庄建设的责任主体，村（社区）为实施主体，明确分工、整合资源、聚焦重点、合力推进。

1．任务下达。根据苏州市美丽村庄建设新一轮行动计划（2017—2020年）下达太仓市的任务，太仓市美丽村庄建设办公室结合本市实际，按照规划确定的自然村庄、重点村庄、特色村庄个数、各镇（区）已经创建的个数、各镇（区）涉及“三区一线”的个数等进行合理的平衡和分解，四年的工作任务一次性下达到相关镇（区）。

2．申报选点。相关镇（区）按照任务数，根据镇村布局规划确定的村庄数量，按比例选取自然村，自主确定各年度任务，并于每年3月中旬前将当年度建设“康居特色村”和三星级康居乡村的数量、名录以及自行组织提档的星级康居乡村数量、名录报市美丽村庄建设办公室备案，市美丽村庄建设办公室会同各镇（区）实地查勘后，于3月底综合协商确定当年任务数量和点位，并由市委办和政府办联合下发当年计划。

3．规划设计。各镇（区）按照确定的年度计划组织规划方案设计招标，整治规划方案包括实施方案和施工图，施工图设计需满足施工要求。美丽村庄规划方案必须经市美丽村庄建设办公室组织相关部门联合审核批准后方可实施，每年4月中旬和5月中旬市级层面将邀请发改、国土、住建、城管、水利（水务）、农委、卫计委、财政等相关部门分两次进行集中评审。5月底前将修改完善的实施方案报市美丽村庄建设办公室备案。

4．项目立项。原则上申报的项目必须在发改委立项，以行政村为单位申报立项。

5．工程招标。原则上以行政村为招标主体，项目委托具备相应资质的专业机构编制招标文件及标底，工程招投标要在每年7月底前完成，确保项目在7月底8月初全面开工。

6．工程监督。工程建设必须严格执行工程招投标程序和质量安全监督程序。建设单位应主动接受相关职能部门的监管和纪检监察部门的全程监督。工程变更必须严格遵守工程变更会办审批制度，涉及重大变更的项目需报市美丽村庄建设办公室及相关职能部门备案批准。

7．进度上报。统一编制项目建设进度表，以自然村为单位，由镇一级统计汇总上报，同时利用微信等新媒体开展现场图片上报，项目开工后的进度上报实行半月报制度。建立动态通报制度，及时查找问题，分析原因，及时协调解决。

8．考核验收。各地在建设工程完工后经镇（区）自查，形成书面自查报告，报市美丽村庄建设办公室申请市级验收。市美丽村庄建设办公室会同相关单位联合验收，对不能通过验收的村庄提出整改意见，限期整改后，再次验收。通过后分批次集中报请苏州验收。各地美丽村庄建设工作纳入市城乡发展一体化年度考核。

9．工程审计。工程建设项目需进行工程和财务审计，审计结果与最终财政资金拨付挂钩。

10．项目资金管理。由市财政局制定专项资金管理办法，项目招投标完成，正式开工后，预付奖补资金的50%，待苏州验收通过后，再拨付奖补资金的30%，最终待工程审计报告和财务审计报告交市美丽村庄建设办公室备案后再拨付剩余20%的奖补资金。

11．台账整理。经苏州市级相关部门验收合格的村庄，镇（区）美丽村庄建设办公室应及时归集整理好相关资料（包括规划设计、实施方案、批准文件、招投标书、施工合同、监理报告、竣工决算和验收结论等）报市美丽村庄建设办公室备案。

摘自《市委办公室、市政府办公室关于印发〈苏州市美丽村庄建设新一轮行动计划（2017—2020年）太仓市实施方案〉的通知》（太委办〔2016〕57号）

## 年度文件目录

### 中共太仓市委文件

1．　2016年1月8日　太委发〔2016〕1号　中共太仓市委、太仓市人民政府关于全面深化市属国资国企改革发展的意见

2．　2016年1月8日　太委发〔2016〕2号　中共太仓市委、太仓市人民政府关于授予邢少兰等20位同志第三届“娄东英才奖”“娄东英才提名奖”的决定

3．　2016年1月14日　太委发〔2016〕3号　关于转发《太仓市人大常委会2016年度工作要点》《政协太仓市第十三届委员会常务委员会2016年工作要点》的通知

| | | | |
|---|---|---|---|
| 4. | 2016年1月26日 | 太委发〔2016〕4号 | 中共太仓市委 、太仓市人民政府关于表彰2015年度太仓市人才工作先进奖、创新进步奖的决定 |
| 5. | 2016年2月3日 | 太委发〔2016〕5号 | 中共太仓市委、太仓市人民政府关于表彰2015年度市级机关作风效能建设暨绩效管理工作先进集体、先进个人的决定 |
| 6. | 2016年2月5日 | 太委发〔2016〕6号 | 中共太仓市委、太仓市人民政府关于表彰2015年度区镇科学发展绩效考核先进单位的决定 |
| 7. | 2016年2月17日 | 太委发〔2016〕7号 | 中共太仓市委、太仓市人民政府关于表彰2015年度农业农村工作先进单位和先进个人的决定 |
| 8. | 2016年2月17日 | 太委发〔2016〕8号 | 中共太仓市委、太仓市人民政府关于表彰2015年度全市开放型经济工作先进单位的决定 |
| 9. | 2016年2月19日 | 太委发〔2016〕9号 | 中共太仓市委、太仓市人民政府关于表彰2015年度十大高新产值企业、十佳研发型企业、十佳专利示范企业的决定 |
| 10. | 2016年2月19日 | 太委发〔2016〕10号 | 中共太仓市委、太仓市人民政府关于表彰2015年度工业销售十强企业、工业纳税十强企业、十佳管理创新企业的决定 |
| 11. | 2016年2月19日 | 太委发〔2016〕11号 | 关于加强和改进党的群团工作的实施意见 |
| 12. | 2016年2月22日 | 太委发〔2016〕12号 | 中共太仓市委、太仓市人民政府关于印发《2016年“文明太仓”市民大行动实施意见》的通知 |
| 13. | 2016年3月1日 | 太委发〔2016〕13号 | 关于印发《中共太仓市委2016年度全面从严治党工作要点》的通知 |
| 14. | 2016年3月2日 | 太委发〔2016〕14号 | 关于印发《2016年全市党委（党组）中心组专题学习计划》的通知 |
| 15. | 2016年3月9日 | 太委发〔2016〕15号 | 中共太仓市委、太仓市人民政府关于表彰全市档案工作先进集体和先进个人的决定 |
| 16. | 2016年3月18日 | 太委发〔2016〕16号 | 中共太仓市委、太仓市人民政府关于表彰2015年度信访工作先进集体和先进工作者的决定 |
| 17. | 2016年3月25日 | 太委发〔2016〕17号 | 中共太仓市委、太仓市人民政府关于进一步深化全市对德合作工作的实施意见 |
| 18. | 2016年4月8日 | 太委发〔2016〕18号 | 关于镇党委换届选举工作的意见 |
| 19. | 2016年4月20日 | 太委发〔2016〕19号 | 中共太仓市委、太仓市人民政府关于表彰“六五”普法先进集体和先进个人的决定 |
| 20. | 2016年4月20日 | 太委发〔2016〕20号 | 中共太仓市委、太仓市人民政府关于表彰2013—2015年太仓市劳动模范的决定 |
| 21. | 2016年4月22日 | 太委发〔2016〕21号 | 中共太仓市委、太仓市人民政府关于2016年度区镇科学发展绩效考核办法 |
| 22. | 2016年4月27日 | 太委发〔2016〕22号 | 关于同意召开中国共产党城厢镇第十五次党员代表大会的批复 |
| 23. | 2016年4月27日 | 太委发〔2016〕23号 | 关于同意召开中国共产党沙溪镇第十三次党员代表大会的批复 |
| 24. | 2016年4月27日 | 太委发〔2016〕24号 | 关于同意召开中国共产党浏河镇第十四次党员代表大会的批复 |
| 25. | 2016年4月27日 | 太委发〔2016〕25号 | 关于同意召开中国共产党浮桥镇第十四次党员代表大会的批复 |
| 26. | 2016年4月27日 | 太委发〔2016〕26号 | 关于同意召开中国共产党璜泾镇第十四次党员代表大会的批复 |
| 27. | 2016年4月27日 | 太委发〔2016〕27号 | 关于同意召开中国共产党双凤镇第十六次党员代表大会的批复 |
| 28. | 2016年5月9日 | 太委发〔2016〕28号 | 中共太仓市委、太仓市人民政府关于表彰太仓市2015年度农村生活污水治理工作先进集体、先进个人的决定 |
| 29. | 2016年5月10日 | 太委发〔2016〕29号 | 关于进一步加强人大工作和建设的实施意见 |

| | | | |
|---|---|---|---|
| 30. | 2016年5月13日 | 太委发〔2016〕30号 | 关于做好镇党委、纪委换届选举工作的通知 |
| 31. | 2016年5月15日 | 太委发〔2016〕31号 | 中共太仓市委、太仓市人民政府关于印发《太仓市市级机关部门绩效管理考核工作实施意见（试行）》的通知 |
| 32. | 2016年5月30日 | 太委发〔2016〕32号 | 关于下发《关于进一步加强退出领导岗位干部管理的规定》的通知 |
| 33. | 2016年6月13日 | 太委发〔2016〕33号 | 关于中国共产党太仓市第十三次代表大会代表选举工作的通知 |
| 34. | 2016年6月27日 | 太委发〔2016〕34号 | 关于表彰太仓市优秀共产党员、优秀党务工作者和先进基层党组织的决定 |
| 35. | 2016年6月9日 | 太委发〔2016〕35号 | 中共太仓市委、太仓市人民政府关于印发《太仓市迎接中央环境保护督察工作方案》的通知 |
| 36. | 2016年7月19日 | 太委发〔2016〕36号 | 中共太仓市委、太仓市人民政府关于印发《太仓市生态文明建设工作领导小组及成员单位工作职责》的通知 |
| 37. | 2016年7月20日 | 太委发〔2016〕37号 | 关于召开中国共产党太仓市第十三次代表大会的通知 |
| 38. | 2016年7月28日 | 太委发〔2016〕38号 | 中共太仓市委、太仓市人民政府关于印发《太仓市生态文明建设环境保护重点任务行动方案（2016—2017年）》的通知 |
| 39. | 2016年7月28日 | 太委发〔2016〕39号 | 中共太仓市委、太仓市人民政府关于印发《加快推进生态文明建设的实施方案》的通知 |
| 40. | 2016年8月23日 | 太委发〔2016〕40号 | 关于市委常委分工的通知 |
| 41. | 2016年8月23日 | 太委发〔2016〕41号 | 中共太仓市委、太仓市人民政府关于印发《太仓市城乡环境综合整治“百日行动”实施方案》的通知 |
| 42. | 2016年8月30日 | 太委发〔2016〕42号 | 中共太仓市委印发《关于落实监督执纪“第一种形态”的暂行办法》的通知 |
| 43. | 2016年8月30日 | 太委发〔2016〕43号 | 中共太仓市委、太仓市人民政府关于构建和谐劳动关系的实施意见 |
| 44. | 2016年9月26日 | 太委发〔2016〕44号 | 关于转发《市委宣传部、市司法局关于在全市公民中开展法治宣传教育的第七个五年规划（2016—2020年）》的通知 |
| 45. | 2016年9月22日 | 太委发〔2016〕45号 | 中共太仓市委、太仓市人民政府关于全市村（居）委会换届选举工作的意见 |
| 46. | 2016年10月18日 | 太委发〔2016〕47号 | 关于加强和改进人民政协工作的意见 |
| 47. | 2016年11月17日 | 太委发〔2016〕49号 | 关于成立市委人大政协换届考察领导小组及考察组的通知 |
| 48. | 2016年11月29日 | 太委发〔2016〕51号 | 中共太仓市委、太仓市人民政府、太仓港口管理委员会关于印发《太仓市和太仓港口联席会议纪要》的通知 |
| 49. | 2016年12月19日 | 太委发〔2016〕53号 | 关于印发《中共太仓市委关于开展巡察工作的实施办法》的通知 |

## 太仓市人民政府文件

| | | | |
|---|---|---|---|
| 1. | 2016年1月4日 | 太政发〔2016〕1号 | 关于印发《太仓市“十三五”期间区镇新建中小学、幼儿园专项资金管理办法（暂行）》的通知 |
| 2. | 2016年1月12日 | 太政发〔2016〕2号 | 关于认真做好2016年春节期间拥军优属工作的通知 |
| 3. | 2016年1月22日 | 太政发〔2016〕3号 | 印发《关于加快推进城乡公交一体化发展的实施意见》的通知 |
| 4. | 2016年2月1日 | 太政发〔2016〕4号 | 关于分解落实2016年政府各项主要工作任务的通知 |
| 5. | 2016年2月4日 | 太政发〔2016〕5号 | 关于下达《2016年全市主要经济指标工作目标》的通知 |

| | | | |
|---|---|---|---|
| 6. | 2016年2月5日 | 太政发〔2016〕6号 | 关于下达《2016年度市级政府投资项目计划》的通知 |
| 7. | 2016年2月6日 | 太政发〔2016〕7号 | 关于印发《太仓市2016年度重点项目建设意见》的通知 |
| 8. | 2016年3月1日 | 太政发〔2016〕8号 | 关于印发《2016年“3•15”国际消费者权益日活动方案的通知》 |
| 9. | 2016年3月2日 | 太政发〔2016〕9号 | 关于表彰全市2015年度环境保护先进集体和先进个人的决定 |
| 10. | 2016年3月8日 | 太政发〔2016〕10号 | 关于大力推进棚户区改造货币化安置的通知 |
| 11. | 2016年3月8日 | 太政发〔2016〕11号 | 关于印发《太仓市创建国家生态园林城市实施方案》的通知 |
| 12. | 2016年3月18日 | 太政发〔2016〕12号 | 关于进一步做好新形势下就业创业工作的实施意见 |
| 13. | 2016年4月12日 | 太政发〔2016〕13号 | 关于印发《太仓市行政执法争议协调办法》的通知 |
| 14. | 2016年4月13日 | 太政发〔2016〕14号 | 关于公布太仓市市级政府部门责任清单的通知 |
| 15. | 2016年4月13日 | 太政发〔2016〕15号 | 关于公布太仓市权限内行政许可事项目录的通知 |
| 16. | 2016年4月13日 | 太政发〔2016〕16号 | 关于进一步加强农房风貌建设管理的通知 |
| 17. | 2016年4月13日 | 太政发〔2016〕17号 | 关于印发《太仓市2016年价格调控目标责任制实施意见》的通知 |
| 18. | 2016年4月18日 | 太政发〔2016〕18号 | 市政府、市人武部关于表彰2015年度基层武装工作先进单位和先进个人的通报 |
| 19. | 2016年4月20日 | 太政发〔2016〕19号 | 关于印发《太仓市“十三五”文化发展规划》的通知 |
| 20. | 2016年4月27日 | 太政发〔2016〕20号 | 关于颁发2015年度太仓市科学技术奖的决定 |
| 21. | 2016年5月5日 | 太政发〔2016〕21号 | 关于印发《2016年太仓市食品安全工作意见》的通知 |
| 22. | 2016年5月9日 | 太政发〔2016〕22号 | 关于调整市防汛防旱指挥部成员的通知 |
| 23. | 2016年5月16日 | 太政发〔2016〕23号 | 关于确定2016年太仓市级重大事故隐患“挂牌督办”整改单位的通知 |
| 24. | 2016年5月16日 | 太政发〔2016〕24号 | 关于印发《“十三五”太仓市社会信用体系建设规划纲要》的通知 |
| 25. | 2016年5月16日 | 太政发〔2016〕25号 | 关于印发《太仓市“十三五”信息化建设规划》的通知 |
| 26. | 2016年5月16日 | 太政发〔2016〕26号 | 关于印发《中国制造2025太仓实施纲要暨“十三五”太仓市工业经济发展规划》的通知 |
| 27. | 2016年5月30日 | 太政发〔2016〕27号 | 关于表彰2014—2015年太仓市自然科学优秀学术论文的决定 |
| 28. | 2016年5月30日 | 太政发〔2016〕28号 | 关于印发《太仓市供给侧结构性改革总体方案（2016—2018年）和行动计划》的通知 |
| 29. | 2016年6月12日 | 太政发〔2016〕29号 | 关于表彰2015年度太仓市节能与发展循环经济先进单位、优秀能管员的决定 |
| 30. | 2016年6月14日 | 太政发〔2016〕30号 | 关于印发《太仓市创建江苏省优秀管理城市工作推进方案》的通知 |
| 31. | 2016年6月21日 | 太政发〔2016〕31号 | 关于加强全市食盐安全管理的通知 |
| 32. | 2016年6月22日 | 太政发〔2016〕32号 | 关于印发《太仓市水污染防治工作方案》的通知 |
| 33. | 2016年6月27日 | 太政发〔2016〕33号 | 关于印发《太仓市G20峰会环境质量保障工作方案》的通知 |
| 34. | 2016年6月10日 | 太政发〔2016〕34号 | 关于印发《太仓市“水十条”重点考核断面达标整治工作方案》的通知 |
| 35. | 2016年7月4日 | 太政发〔2016〕35号 | 关于公布第六批太仓市非物质文化遗产代表性项目名录的通知 |
| 36. | 2016年7月12日 | 太政发〔2016〕36号 | 关于印发《太仓市“十三五”科技创新规划》的通知 |

37. 2016年7月13日 太政发〔2016〕37号 关于认真做好“八一”期间拥军优属工作的通知
38. 2016年7月15日 太政发〔2016〕38号 关于印发《太仓市城市施工工地扬尘排污费征收管理实施细则（试行）》的通知
39. 2016年7月25日 太政发〔2016〕39号 关于印发《太仓市防汛防旱应急预案》的通知
40. 2016年7月25日 太政发〔2016〕40号 关于印发《太仓市防御台风预案》的通知
41. 2016年7月28日 太政发〔2016〕41号 关于表彰2015年度征兵工作先进单位和个人的通报
42. 2016年8月10日 太政发〔2016〕42号 关于2016年度民兵军事训练工作的通知
43. 2016年9月5日 太政发〔2016〕43号 关于成立太仓市推进国家高新区创建工作领导小组的通知
44. 2016年9月13日 太政发〔2016〕44号 关于调整太仓市安全生产委员会成员的通知
45. 2016年9月22日 太政发〔2016〕45号 关于调整太仓市政府性债务管理领导小组成员的通知
46. 2016年9月22日 太政发〔2016〕46号 关于印发《太仓市推进新型城镇化综合试点实施意见》的通知
47. 2016年9月22日 太政发〔2016〕47号 关于印发《太仓市老龄事业和养老服务业发展“十三五”规划》的通知
48. 2016年9月22日 太政发〔2016〕48号 关于组织预备役高炮第二团57高炮1营专业训练及火力抗击要素演练的通知
49. 2016年9月30日 太政发〔2016〕49号 关于印发《太仓市市场监管信息平台运行办法》的通知
50. 2016年9月29日 太政发〔2016〕50号 关于印发《关于先照后证改革后加强事中事后监管实施意见》的通知
51. 2016年10月11日 太政发〔2016〕51号 关于印发《太仓市全民科学素质行动计划纲要实施方案（2016—2020年）》的通知
52. 2016年10月13日 太政发〔2016〕52号 关于印发《太仓市市区环境噪声标准适用区域划分规定》的通知
53. 2016年10月12日 太政发〔2016〕53号 关于印发《关于全面推进社区服务社会化的实施方案》的通知
54. 2016年9月21日 太政发〔2016〕54号 关于印发《太仓市全民健身实施计划（2016—2020年）》的通知
55. 2016年10月14日 太政发〔2016〕55号 关于印发《进一步深化沙溪镇综合执法试点工作实施方案》的通知
56. 2016年10月14日 太政发〔2016〕56号 关于印发《太仓市畜禽养殖禁养限养区划定报告》的通知
57. 2016年10月14日 太政发〔2016〕57号 关于印发《太仓市闲置土地清理处置专项行动方案》的通知
58. 2016年10月18日 太政发〔2016〕58号 关于聘任太仓市人民政府教育督导团第五届总督学、副总督学、专(兼)职督学、特约督学的决定
59. 2016年10月19日 太政发〔2016〕59号 关于印发《太仓市生活垃圾终端处置区域环境补偿实施办法》的通知
60. 2016年10月21日 太政发〔2016〕60号 关于对第一、二批下放沙溪镇经济社会管理权限部分事项进行调整的通知
61. 2016年10月21日 太政发〔2016〕61号 关于公布第二批下放沙溪镇行政处罚类经济社会管理权限项目的通知
62. 2016年10月21日 太政发〔2016〕62号 关于公布第三批下放沙溪镇经济社会管理事项的通知
63. 2016年10月26日 太政发〔2016〕63号 关于沪通铁路安全保护区划定的公告
64. 2016年10月28日 太政发〔2016〕65号 关于修订太仓市农药集中配送体系建设实施意见的通知
65. 2016年11月7日 太政发〔2016〕66号 关于表彰太仓市《全民科学素质行动计划纲要》“十二五”实施工作先进集体和先进个人的决定
66. 2016年11月7日 太政发〔2016〕67号 关于成立太仓市公共资源交易管理委员会的通知

67. 2016年11月7日 太政发〔2016〕68号 关于对11项行政许可事项进行调整或取消的通知
68. 2016年12月6日 太政发〔2016〕69号 关于贯彻落实省政府关于机关事业单位工作人员养老保险制度改革的实施意见的通知
69. 2016年12月8日 太政发〔2016〕70号 关于印发《太仓市体育产业十三五发展规划》的通知
70. 2016年12月16日 太政发〔2016〕71号 关于对部分危险化学品企业（单位）隐患整改实施市级督办的通知
71. 2016年12月15日 太政发〔2016〕72号 关于确定2016年度太仓科技领军人才的通知
72. 2016年12月27日 太政发〔2016〕73号 关于印发《太仓市民政事业发展“十三五”规划》的通知
73. 2016年12月30日 太政发〔2016〕74号 关于行政执法证件有效期延长的公告

## 中共太仓市委办公室文件

1. 2016年1月11日 太委办〔2016〕1号 关于表彰太仓市“我是共产党员”专项教育活动先进集体和先进个人的决定
2. 2016年1月11日 太委办〔2016〕2号 市委办公室、市政府办公室印发《关于进一步加强社会治安防控体系建设的实施方案》的通知
3. 2016年1月11日 太委办〔2016〕3号 市委办公室、市政府办公室关于做好2013—2015年太仓市劳动模范推荐评选工作的通知
4. 2016年1月20日 太委办〔2016〕5号 市委办公室、市政府办公室关于做好2015年度农业、农村工作先进单位和先进个人推荐申报工作的通知
5. 2016年2月3日 太委办〔2016〕6号 市委办公室、市政府办公室关于印发《太仓市关心下一代工作委员会2016年工作要点》的通知
6. 2016年2月15日 太委办〔2016〕7号 关于成立市农村承包土地经营权抵押贷款试点工作协调小组的通知
7. 2016年2月19日 太委办〔2016〕8号 市委办公室、市政府办公室关于做好2016年各界人士情况通报会有关工作的通知
8. 2016年2月23日 太委办〔2016〕9号 市委办公室、市政府办公室关于印发《2016年法治太仓建设工作要点》的通知
9. 2016年2月26日 太委办〔2016〕10号 关于印发《乡镇纪委书记、副书记提名考察办法（试行）》《市纪委派驻纪检组组长、副组长提名考察办法（试行）》的通知
10. 2016年3月2日 太委办〔2016〕11号 市委办公室、市政府办公室关于印发《太仓市环境监管网格化建设方案》的通知
11. 2016年3月8日 太委办〔2016〕12号 市委办公室、市政府办公室关于印发《太仓市农村生活垃圾分类就地处置工作实施意见》的通知
12. 2016年3月7日 太委办〔2016〕13号 市委办公室、市政府办公室关于印发《太仓市2016年改革工作要点》的通知
13. 2016年3月9日 太委办〔2016〕14号 市委办公室、市政府办公室关于印发《太仓市农村承包土地经营权抵押贷款推进方案》的通知
14. 2016年3月17日 太委办〔2016〕15号 市委办公室、市政府办公室印发《关于深入推进城乡社区公共法律顾问工作的实施办法》的通知
15. 2016年3月22日 太委办〔2016〕16号 市委办公室、市政府办公室关于调整社区主要干部基本报酬标准的通知
16. 2016年3月22日 太委办〔2016〕17号 关于转发《关于做好镇妇联换届选举工作的意见》的通知
17. 2016年3月23日 太委办〔2016〕19号 市委办公室、市政府办公室关于做好清明节期间烈士纪念活动的通知
18. 2016年3月28日 太委办〔2016〕20号 关于认真学习贯彻《中国共产党廉洁自律准则》和《中国共产党纪律处分条例》的通知
19. 2016年4月7日 太委办〔2016〕21号 关于调整市委老干部工作领导小组成员的通知

| | | | |
|---|---|---|---|
| 20. | 2016年4月14日 | 太委办〔2016〕22号 | 市委办公室、市政府办公室关于印发《关于开展新一轮挂钩帮扶集体经济薄弱村工作的实施方案》的通知 |
| 21. | 2016年4月20日 | 太委办〔2016〕23号 | 关于在全市推广新华报业集团“交汇点”新闻客户端的通知 |
| 22. | 2016年4月21日 | 太委办〔2016〕24号 | 关于开展全市党政机关办公用房清理整改、公务用车治理和会所整治工作“回头看”自查自纠的通知 |
| 23. | 2016年4月28日 | 太委办〔2016〕25号 | 印发《关于在全市党员中开展“学党章党规、学系列讲话，做合格党员”学习教育的实施方案》的通知 |
| 24. | 2016年5月4日 | 太委办〔2016〕27号 | 关于印发《太仓市“两学一做”学习教育协调小组成员名单》的通知 |
| 25. | 2016年5月8日 | 太委办〔2016〕28号 | 关于进一步做好市领导挂钩联系区镇、村（社区）、重点企业（项目）和结对帮扶困难家庭工作的通知 |
| 26. | 2016年5月11日 | 太委办〔2016〕29号 | 关于开展2016年度农业农村工作考核的通知 |
| 27. | 2016年5月16日 | 太委办〔2016〕30号 | 关于三起党员领导干部违反防止利益冲突有关规定问题的通报 |
| 28. | 2016年5月18日 | 太委办〔2016〕31号 | 市委办公室、市政府办公室印发《关于推行中小学校长、幼教中心主任职级制意见（试行）》的通知 |
| 29. | 2016年6月27日 | 太委办〔2016〕33号 | 市委办公室、市政府办公室印发《关于进一步加强农村土地经营权规范流转的补充意见》的通知 |
| 30. | 2016年7月6日 | 太委办〔2016〕34号 | 关于重申干部教育培训工作有关纪律的通知 |
| 31. | 2016年7月11日 | 太委办〔2016〕35号 | 市委办公室、市政府办公室关于切实做好市第十三次党代会期间有关工作的通知 |
| 32. | 2016年7月18日 | 太委办〔2016〕36号 | 市委办公室、市政府办公室关于进一步完善机关事业单位工作人员带薪年休假管理工作的通知 |
| 33. | 2016年5月15日 | 太委办〔2016〕37号 | 市委办公室、市政府办公室关于印发《全市生态文明建设工作座谈会会议纪要》的通知 |
| 34. | 2016年8月1日 | 太委办〔2016〕38号 | 市委办公室、市政府办公室关于成立太仓市推进国家新型城镇化综合试点工作领导小组的通知 |
| 35. | 2016年8月5日 | 太委办〔2016〕40号 | 关于启用“太仓市党风廉政建设责任制过程管理信息系统”的通知 |
| 36. | 2016年8月25日 | 太委办〔2016〕41号 | 市委办公室、市政府办公室关于开展“慈善一日捐”活动的通知 |
| 37. | 2016年9月12日 | 太委办〔2016〕43号 | 关于印发《太仓市档案事业发展“十三五”规划》的通知 |
| 38. | 2016年10月10日 | 太委办〔2016〕46号 | 市委办公室、市政府办公室关于印发《2016太仓金秋经贸月活动方案》的通知 |
| 39. | 2016年10月20日 | 太委办〔2016〕48号 | 市委办公室、市政府办公室关于印发《太仓市政协年度协商工作制度》的通知 |
| 40. | 2016年10月24日 | 太委办〔2016〕49号 | 关于印发《第二届“郑和杯”中德青年创新创业大赛方案》的通知 |
| 41. | 2016年11月3日 | 太委办〔2016〕50号 | 市委办公室、市政府办公室关于做好《太仓年鉴（2016）》发行工作的通知 |
| 42. | 2016年11月8日 | 太委办〔2016〕51号 | 关于做好2017年度重点党报党刊征订发行工作严格规范报刊发行秩序的通知 |
| 43. | 2016年11月9日 | 太委办〔2016〕52号 | 市委办公室、市政府办公室印发《关于进一步加强镇（区、街道）综治基层组织及干部队伍建设的工作意见》的通知 |
| 44. | 2016年11月16日 | 太委办〔2016〕53号 | 市委办公室、市政府办公室关于进一步严格落实领导干部参会管理和外出请假报备制度的通知 |
| 45. | 2016年12月19日 | 太委办〔2016〕55号 | 关于召开中共太仓市委十三届二次全体（扩大）会议的通知 |
| 46. | 2016年12月21日 | 太委办〔2016〕57号 | 市委办公室、市政府办公室关于印发《苏州市美丽村庄建设新一轮行动计划（2017—2020年）太仓市实施方案》的通知 |
| 47. | 2016年12月23日 | 太委办〔2016〕58号 | 关于组织开展2016年度党风廉政建设责任制检查考核工作的通知 |
| 48. | 2016年12月23日 | 太委办〔2016〕59号 | 关于做好《太仓年鉴（2017）》组稿工作的通知 |

49. 2016 年 12 月 30 日 太委办〔2016〕60 号 市委办公室、市政府办公室关于做好 2017 年元旦春节期间有关工作的通知
50. 2016 年 12 月 30 日 太委办〔2016〕61 号 市委办公室、市政府办公室关于成立太仓市企事业单位公务用车制度改革领导小组的通知

## 太仓市人民政府办公室文件

1. 2016 年 1 月 7 日 太政办〔2016〕1 号 关于开展 2015 年度太仓市政府网站及内容保障考核测评工作的通知
2. 2016 年 1 月 13 日 太政办〔2016〕2 号 关于成立太仓市第十五届全民运动会组委会的通知
3. 2016 年 1 月 11 日 太政办〔2016〕3 号 关于印发《太仓市殡仪专用车辆管理暂行办法》的通知
4. 2016 年 1 月 16 日 太政办〔2016〕4 号 关于下达《2016 年财政收入任务》的通知
5. 2016 年 1 月 19 日 太政办〔2016〕5 号 关于调整全市春运工作领导小组的通知
6. 2016 年 1 月 22 日 太政办〔2016〕6 号 关于进一步加强和规范全市工业（仓储）企业拆迁管理工作的通知
7. 2016 年 1 月 22 日 太政办〔2016〕7 号 关于报送《2016 年度太仓市重大行政决策项目》的通知
8. 2016 年 1 月 26 日 太政办〔2016〕8 号 关于印发《检测大楼、检察技侦大楼有关事项协调会议纪要》的通知
9. 2016 年 2 月 4 日 太政办〔2016〕10 号 关于开展 2014—2015 年太仓市自然科学优秀学术论文评选工作的通知
10. 2016 年 2 月 6 日 太政办〔2016〕11 号 关于印发《南门街幼儿园地块土地行政划拨事宜专题会议纪要》的通知
11. 2016 年 2 月 5 日 太政办〔2016〕12 号 关于印发《太仓市本级财政性资金定期存款招投标管理暂行办法》的通知
12. 2016 年 2 月 5 日 太政办〔2016〕13 号 关于成立太仓市本级财政性资金定期存款招投标管理领导小组的通知
13. 2016 年 2 月 14 日 太政办〔2016〕14 号 关于加强 2016 年全市应急管理工作的通知
14. 2016 年 2 月 18 日 太政办〔2016〕15 号 关于开展 2016 年市政府规范性文件评估工作的通知
15. 2016 年 2 月 22 日 太政办〔2016〕16 号 关于开展河道养护管理工作市级检查考核的通知
16. 2016 年 2 月 22 日 太政办〔2016〕17 号 关于转发《太仓市“十三五”期间区镇新建中小学、幼儿园项目库》的通知
17. 2016 年 3 月 1 日 太政办〔2016〕18 号 关于印发《市政府 2016 年度督查工作要点》的通知
18. 2016 年 3 月 1 日 太政办〔2016〕19 号 关于印发《太仓市生物质锅炉建设和使用管理暂行规定》的通知
19. 2016 年 3 月 4 日 太政办〔2016〕20 号 关于转发《太仓市 2015 年度本级财政预算执行及其他财政收支情况审计工作方案》的通知
20. 2016 年 3 月 5 日 太政办〔2016〕21 号 关于认真办理市十五届人大五次会议代表建议、批评、意见和市政协第十三届五次会议委员提案的通知
21. 2016 年 3 月 8 日 太政办〔2016〕22 号 关于印发《太仓市道路运输市场打非治违专项整治实施方案》的通知
22. 2016 年 3 月 8 日 太政办〔2016〕23 号 关于印发《太仓市数字化城市管理系统二级平台运行管理办法》的通知
23. 2016 年 3 月 8 日 太政办〔2016〕24 号 印发《关于违法建设快速联动处置工作的实施意见》的通知
24. 2016 年 3 月 9 日 太政办〔2016〕25 号 印发《关于创建省“四好农村路”示范县活动的实施方案》的通知
25. 2016 年 3 月 9 日 太政办〔2016〕26 号 印发《关于太仓市环境监察大队办公用房搬迁问题的会议纪要》的通知
26. 2016 年 3 月 14 日 太政办〔2016〕27 号 关于印发《太仓市精神卫生综合管理试点工作方案》的通知

| | | | |
|---|---|---|---|
| 27. | 2016年3月14日 | 太政办〔2016〕28号 | 关于印发《2016年太仓市政府规范性文件制定计划》的通知 |
| 28. | 2016年3月15日 | 太政办〔2016〕29号 | 印发《关于进一步加强农村集体聚餐风险防控切实保障食品安全工作实施意见》的通知 |
| 29. | 2016年3月16日 | 太政办〔2016〕30号 | 关于印发《太仓市深化医疗保险基金支付方式改革实施办法(试行)》的通知 |
| 30. | 2016年3月16日 | 太政办〔2016〕31号 | 关于加强政府网站日常管理工作的通知 |
| 31. | 2016年3月24日 | 太政办〔2016〕32号 | 关于印发《太仓市大气污染防治2016年度工作任务计划安排》的通知 |
| 32. | 2016年3月30日 | 太政办〔2016〕33号 | 关于印发《太仓市2016年全民科学素质百项行动计划》的通知 |
| 33. | 2016年3月30日 | 太政办〔2016〕34号 | 关于建立太仓市城镇燃气安全监管联席会议制度的通知 |
| 34. | 2016年3月31日 | 太政办〔2016〕35号 | 关于印发《太仓市全面清理整治环境保护违法违规建设项目工作方案》的通知 |
| 35. | 2016年4月5日 | 太政办〔2016〕36号 | 关于成立太仓市全面推开营改增工作领导小组的通知 |
| 36. | 2016年4月5日 | 太政办〔2016〕37号 | 关于做好当前政府网站管理工作的通知 |
| 37. | 2016年4月7日 | 太政办〔2016〕38号 | 关于印发《太仓市行政许可和行政处罚等信用信息公示工作实施方案》的通知 |
| 38. | 2016年4月12日 | 太政办〔2016〕39号 | 关于印发《2016年度太仓市农业保险工作专题会议纪要》的通知 |
| 39. | 2016年4月15日 | 太政办〔2016〕40号 | 关于切实做好小麦穗期病虫防治工作的紧急通知 |
| 40. | 2016年4月18日 | 太政办〔2016〕41号 | 关于印发《太仓市第二十八届科普宣传周活动实施意见》的通知 |
| 41. | 2016年4月20日 | 太政办〔2016〕42号 | 关于印发《全市燃煤锅炉整治工作会议纪要》的通知 |
| 42. | 2016年4月22日 | 太政办〔2016〕43号 | 关于印发《太仓市"十三五"规划指标体系和主要任务落实方案》的通知 |
| 43. | 2016年4月23日 | 太政办〔2016〕44号 | 关于切实做好当前安全生产工作的紧急通知 |
| 44. | 2016年4月23日 | 太政办〔2016〕45号 | 转发《省政府办公厅关于立即开展重点行业领域安全生产大检查，切实做好当前安全生产工作的紧急通知》 |
| 45. | 2016年4月25日 | 太政办〔2016〕46号 | 关于公布2016年度太仓市重大行政决策项目的通知 |
| 46. | 2016年4月27日 | 太政办〔2016〕47号 | 关于印发《市土地储备中心相关事宜协调会议纪要》的通知 |
| 47. | 2016年4月27日 | 太政办〔2016〕48号 | 关于印发《天境湖私募基金创业基地相关事宜协调会议纪要》的通知 |
| 48. | 2016年4月27日 | 太政办〔2016〕49号 | 关于印发《太仓市不动产统一登记职责机构整合协调会议纪要》的通知 |
| 49. | 2016年4月27日 | 太政办〔2016〕50号 | 印发《关于组建市资产管理公司相关事宜协调会议纪要》的通知 |
| 50 | 2016年4月27日 | 太政办〔2016〕51号 | 印发《关于处理顾秋生等五人信访反映人员性质和待遇问题的会议纪要》的通知 |
| 51. | 2016年5月3日 | 太政办〔2016〕52号 | 关于做好2016年防灾减灾日有关工作的通知 |
| 52. | 2016年4月28日 | 太政办〔2016〕53号 | 关于印发《太仓市节能与循环经济专项资金管理办法》的通知 |
| 53. | 2016年5月3日 | 太政办〔2016〕54号 | 关于开展全市废旧衣物市场综合整治工作的通知 |
| 54. | 2016年5月3日 | 太政办〔2016〕55号 | 关于印发《对德合作有关事项协调的会议纪要》通知 |
| 55. | 2016年5月5日 | 太政办〔2016〕56号 | 印发《关于深化全市社会组织参与司法行政领域工作创新创业实施办法》的通知 |
| 56. | 2016年5月9日 | 太政办〔2016〕57号 | 关于成立棉花原种场危旧公房处置工作领导小组的通知 |
| 57. | 2016年5月9日 | 太政办〔2016〕58号 | 印发《关于太仓市综合材料生态处置中心项目的会议纪要》的通知 |
| 58. | 2016年5月12日 | 太政办〔2016〕59号 | 关于成立太仓市人民政府办公室"两学一做"学习教育活动领导小组的通知 |
| 59. | 2016年5月13日 | 太政办〔2016〕60号 | 关于转发《太仓市2016年度审计项目计划》的通知 |
| 60. | 2016年5月18日 | 太政办〔2016〕61号 | 印发《关于深入开展太仓市青少年校园足球活动的实施意见(2016—2020年)》的通知 |

| | | | |
|---|---|---|---|
| 61. | 2016年5月18日 | 太政办〔2016〕62号 | 关于印发《太仓市2016届农业委培生就业工作实施方案》的通知 |
| 62. | 2016年5月18日 | 太政办〔2016〕63号 | 关于成立农业环境突出问题治理专项试点项目领导小组的通知 |
| 63. | 2016年5月24日 | 太政办〔2016〕64号 | 关于印发《太仓市农村生活垃圾分类就地处置工作考核奖励办法（试行）》的通知 |
| 64. | 2016年5月24日 | 太政办〔2016〕65号 | 印发《关于对太仓海事局和市水上搜救中心办公用房安置工作有关事项协调的会议纪要》的通知 |
| 65. | 2016年5月26日 | 太政办〔2016〕66号 | 印发《关于原长途汽车站地块房屋拆迁遗留问题的会议纪要》的通知 |
| 66. | 2016年5月30日 | 太政办〔2016〕67号 | 关于下达《2016年中小学和职业类学校招生计划》的通知 |
| 67. | 2016年5月31日 | 太政办〔2016〕68号 | 关于开展秸秆综合利用和秸秆禁烧专项督查的通知 |
| 68. | 2016年6月1日 | 太政办〔2016〕69号 | 关于切实做好夏收夏种工作的紧急通知 |
| 69. | 2016年6月3日 | 太政办〔2016〕70号 | 关于切实做好2016年夏粮收购工作的意见 |
| 70. | 2016年6月7日 | 太政办〔2016〕71号 | 关于转发《苏州市关于加强学校新建项目投入使用的若干意见》的通知 |
| 71. | 2016年6月7日 | 太政办〔2016〕72号 | 转发《关于在全市职工中广泛开展“建功十三五争当排头兵”主题立功竞赛活动意见》的通知 |
| 72. | 2016年6月8日 | 太政办〔2016〕73号 | 关于印发《2016年融入上海工作要点》的通知 |
| 73. | 2016年6月6日 | 太政办〔2016〕74号 | 关于印发《太仓市民生灾害综合保险实施办法》的通知 |
| 74. | 2016年6月12日 | 太政办〔2016〕75号 | 关于调整有关社会保障对象生活救助（补助）标准的通知 |
| 75. | 2016年6月13日 | 太政办〔2016〕76号 | 关于印发《太仓市煤炭消费减量替代工作实施方案》的通知 |
| 76. | 2016年6月13日 | 太政办〔2016〕77号 | 关于印发《太仓市2016年煤炭消费总量控制目标实施方案》的通知 |
| 77. | 2016年6月15日 | 太政办〔2016〕78号 | 关于印发《太仓市危险化学品安全专项整治实施方案》的通知 |
| 78. | 2016年6月17日 | 太政办〔2016〕79号 | 关于印发《市传媒中心相关资产处置管理协调会议纪要》的通知 |
| 79. | 2016年6月20日 | 太政办〔2016〕80号 | 关于转发《苏州市推进各市、区政府网站集约化建设的通知》的通知 |
| 80. | 2016年6月21日 | 太政办〔2016〕81号 | 关于印发《太仓市2016年农业支持保护补贴（耕地地力保护）管理工作实施方案》的通知 |
| 81. | 2016年6月22日 | 太政办〔2016〕82号 | 关于成立太仓市河湖和水利工程管理范围划定工作领导小组的通知 |
| 82. | 2016年6月20日 | 太政办〔2016〕83号 | 关于下达《2016年度生态文明建设目标任务书》的通知 |
| 83. | 2016年7月1日 | 太政办〔2016〕84号 | 印发《关于太仓中化1.98万吨废弃物处置中心项目环评招标的会议纪要》的通知 |
| 84. | 2016年7月7日 | 太政办〔2016〕85号 | 印发《关于快速联动处置偷倒固体废物违法行为的实施意见》的通知 |
| 85. | 2016年7月7日 | 太政办〔2016〕86号 | 关于成立太仓市互联网金融风险专项整治工作领导小组的通知 |
| 86. | 2016年7月12日 | 太政办〔2016〕87号 | 关于印发《2016年度太仓市生态红线区域保护实施方案》的通知 |
| 87. | 2016年7月14日 | 太政办〔2016〕88号 | 关于拆除违章搭建彩钢板临时建筑及门窗设置影响逃生灭火障碍物的通知 |
| 88. | 2016年7月14日 | 太政办〔2016〕89号 | 印发《关于加强太仓市行政审批中介机构管理的实施意见》的通知 |
| 89. | 2016年7月15日 | 太政办〔2016〕90号 | 关于印发《太仓市2016年度依法行政工作考核内容和评分标准》的通知 |
| 90. | 2016年7月21日 | 太政办〔2016〕91号 | 印发《关于进一步加强瓶装燃气市场安全管理的实施意见》的通知 |
| 91. | 2016年7月21日 | 太政办〔2016〕92号 | 关于调整2016年度住房保障相关政策的通知 |

| | | | |
|---|---|---|---|
| 92. | 2016年7月21日 | 太政办〔2016〕93号 | 关于加强“数字太仓”地理空间框架建设应用与运行维护管理的意见 |
| 93. | 2016年7月20日 | 太政办〔2016〕94号 | 关于印发《太仓市医养融合发展实施细则》的通知 |
| 94. | 2016年7月26日 | 太政办〔2016〕95号 | 关于开展畜禽养殖整治专项行动考核工作的通知 |
| 95. | 2016年7月25日 | 太政办〔2016〕96号 | 关于转发《省政府办公厅转发省卫生计生委关于开展创建“十三五”人口协调发展先进县（市、区）活动意见的通知》的通知 |
| 96. | 2016年7月26日 | 太政办〔2016〕97号 | 关于做好高温期间安全生产和群众生活保障工作的紧急通知 |
| 97. | 2016年8月1日 | 太政办〔2016〕98号 | 关于转发《省政府办公厅关于进一步规范全省行政许可和行政处罚等信用信息公示工作》的通知 |
| 98. | 2016年8月5日 | 太政办〔2016〕99号 | 关于成立太仓市长江经济带“共抓大保护”突出问题专项检查迎检工作协调组的通知 |
| 99. | 2016年8月8日 | 太政办〔2016〕100号 | 关于印发《苏州市医疗机构设置规划（2016—2020）太仓市实施方案》的通知 |
| 100. | 2016年8月12日 | 太政办〔2016〕101号 | 关于印发《2016年列为太仓市级重大火灾事故隐患“挂牌督办”整改单位》的通知 |
| 101. | 2016年8月22日 | 太政办〔2016〕102号 | 关于印发《太仓市临时救助实施细则》的通知 |
| 102. | 2016年6月30日 | 太政办〔2016〕103号 | 关于成立太仓市危险化学品安全专项整治工作领导小组的通知 |
| 103. | 2016年8月31日 | 太政办〔2016〕104号 | 关于调整太仓市绿色建筑示范市创建工作领导小组的通知 |
| 104. | 2016年8月31日 | 太政办〔2016〕105号 | 关于调整太仓市危险化学品安全专项整治工作领导小组的通知 |
| 105. | 2016年8月31日 | 太政办〔2016〕106号 | 关于成立太仓市工业企业土地产出绩效综合评价工作领导小组的通知 |
| 106. | 2016年8月24日 | 太政办〔2016〕107号 | 印发《关于加快推进省“四好农村路”示范县创建工作》的通知 |
| 107. | 2016年9月2日 | 太政办〔2016〕108号 | 关于印发《全市农村公路路域环境整治计划》的通知 |
| 108. | 2016年9月5日 | 太政办〔2016〕109号 | 关于成立太仓市“智慧社区”建设领导小组的通知 |
| 109. | 2016年7月15日 | 太政办〔2016〕110号 | 关于印发《太仓市2016年政务公开工作要点》的通知 |
| 110. | 2016年9月9日 | 太政办〔2016〕111号 | 关于成立太仓市工业用地调查工作领导小组的通知 |
| 111. | 2016年9月18日 | 太政办〔2016〕112号 | 关于印发《太仓市加强地名文化保护清理整治不规范地名工作实施方案》的通知 |
| 112. | 2016年9月18日 | 太政办〔2016〕113号 | 关于成立太仓市美丽城镇建设工作领导小组的通知 |
| 113. | 2016年9月18日 | 太政办〔2016〕114号 | 关于印发《太仓市城镇黑臭水体整治行动方案》的通知 |
| 114. | 2016年9月19日 | 太政办〔2016〕115号 | 关于分解下达《2016年度节能目标》的通知 |
| 115. | 2016年9月21日 | 太政办〔2016〕116号 | 关于公布太仓市涉审中介服务事项目录的通知 |
| 116. | 2016年9月22日 | 太政办〔2016〕117号 | 关于建立市场监管信息平台运行管理联席会议制度的通知 |
| 117. | 2016年9月29日 | 太政办〔2016〕118号 | 关于建立双随机抽查机制加强事中事后监管的通知 |
| 118. | 2016年9月29日 | 太政办〔2016〕119号 | 关于补划调整“四个百万亩”用地任务的通知 |
| 119. | 2016年10月10日 | 太政办〔2016〕120号 | 关于公布太仓市市级政府部门专项资金管理清单的通知 |
| 120. | 2016年10月10日 | 太政办〔2016〕121号 | 印发《关于加强化工生产行业长效管理会议纪要》的通知 |
| 121. | 2016年10月12日 | 太政办〔2016〕122号 | 关于转发《苏州市政府办公室关于加强各级政府部门法制机构履职能力建设的意见》的通知 |
| 122. | 2016年10月12日 | 太政办〔2016〕123号 | 关于转发《苏州市政府办公室关于印发苏州市重大行政执法决定法制审核办法的通知》的通知 |
| 123. | 2016年10月12日 | 太政办〔2016〕124号 | 关于转发《苏州市政府办公室关于改进和加强行政执法工作的意见》的通知 |
| 124. | 2016年10月14日 | 太政办〔2016〕125号 | 关于印发《2016年秋季秸秆禁烧巡查工作方案》的通知 |

125. 2016年10月17日 太政办〔2016〕126号 关于报送《2017年度太仓市国有土地上房屋征收计划》的通知
126. 2016年10月15日 太政办〔2016〕127号 关于印发《太仓市土地利用总体规划调整完善工作方案》的通知
127. 2016年10月18日 太政办〔2016〕128号 关于印发《太仓市耕地轮作休耕试点工作办法》的通知
128. 2016年10月19日 太政办〔2016〕129号 关于调整市石油天然气输送管道保护工作领导小组的通知
129. 2016年10月24日 太政办〔2016〕130号 关于成立市深化出租汽车行业改革领导小组的通知
130. 2016年10月28日 太政办〔2016〕131号 关于调整太仓市住房公积金扩面工作领导小组的通知
131. 2016年10月31日 太政办〔2016〕132号 关于建立发展家庭服务业促进就业联席会议制度的通知
132. 2016年11月1日 太政办〔2016〕133号 印发《关于做好新型职业农民认定管理工作》的通知
133. 2016年11月8日 太政办〔2016〕134号 关于成立太仓市工业企业资源集约利用工作领导小组的通知
134. 2016年11月8日 太政办〔2016〕135号 关于做好苏州市2016年度依法行政评议考核迎检工作的通知
135. 2016年11月9日 太政办〔2016〕136号 关于印发《太仓市第二批政府向社会转移职能事项目录》的通知
136. 2016年11月9日 太政办〔2016〕137号 关于对太仓市2015年度政府向社会转移职能事项目录中的部分事项进行调整的通知
137. 2016年11月15日 太政办〔2016〕138号 关于切实抓好秋收秋种工作的通知
138. 2016年11月16日 太政办〔2016〕139号 转发《关于贯彻落实苏州市居家养老服务条例实施意见》的通知
139. 2016年11月22日 太政办〔2016〕140号 关于印发《太仓市工业用地调查及低效用地再开发工作方案》的通知
140. 2016年11月22日 太政办〔2016〕141号 关于印发《太仓市服务业转型发展计划（2016—2018年）》的通知
141. 2016年11月24日 太政办〔2016〕142号 关于强化冬春季节环境空气质量保障工作的通知
142. 2016年11月14日 太政办〔2016〕143号 关于成立太仓市治理车辆超限超载工作领导小组的通知
143. 2016年11月14日 太政办〔2016〕144号 关于印发《太仓市整治公路货运车辆违法超限超载行为专项行动实施方案》的通知
144. 2016年11月28日 太政办〔2016〕145号 关于印发《浏河闸、新丰桥镇、仪桥、荡茜河桥等4个断面水质达标整治方案》的通知
145. 2016年11月28日 太政办〔2016〕146号 关于印发《太仓市地表水断面达标整治行动方案》的通知
146. 2016年12月5日 太政办〔2016〕147号 关于成立太仓市机关事业单位养老保险制度改革工作小组的通知
147. 2016年12月7日 太政办〔2016〕148号 关于下达2016—2017年冬春水利河道疏浚整治计划任务的通知
148. 2016年12月5日 太政办〔2016〕149号 关于印发《太仓市危险化学品安全生产监管联席会议制度》的通知
149. 2016年12月14日 太政办〔2016〕150号 关于继续做好太仓市人感染H7N9禽流感疫情防控工作的通知
150. 2016年3月4日 太政办〔2016〕151号 关于印发《太仓市农村劳务合作社及合作农场雇主责任保险实施办法》的通知
151. 2016年12月9日 太政办〔2016〕152号 关于切实加强当前和岁末年初安全生产工作的通知
152. 2016年12月2日 太政办〔2016〕153号 关于成立太仓市深化国有企业负责人薪酬制度改革工作领导小组的通知
153. 2016年9月12日 太政办〔2016〕154号 市政府关于开展违法建设调查摸底的通知
154. 2016年12月20日 太政办〔2016〕155号 关于印发《太仓市落实苏州市法治政府建设（2016—2020年规划）任务分解》的通知
155. 2016年12月28日 太政办〔2016〕156号 关于建立太仓市粮食安全责任制联席会议制度的通知
156. 2016年12月30日 太政办〔2016〕157号 转发《苏州市政府办公室关于优化建设工程防雷许可有关事项》的通知
157. 2016年12月28日 太政办〔2016〕158号 关于印发《太仓市“厕所革命”三年行动计划实施意见》的通知
158. 2016年12月30日 太政办〔2016〕159号 关于开展新能源汽车安全排查工作的通知
159. 2016年12月30日 太政办〔2016〕160号 印发《关于完善困难残疾人生活补贴和重度残疾人护理补贴会议纪要》的通知

（市委办、市政府办）

# 年度荣誉

## 先进集体名录（部分）

表 95

| 序号 | 获奖单位 | 荣誉称号 | 授予单位 |
|---|---|---|---|
| 1 | 太仓市 | 全国双拥模范城（县） | 全国双拥工作领导小组、民政部、中央军委政治工作部 |
| 2 | 太仓市 | 第三批全国农村集体“三资”管理示范县 | 农业部 |
| 3 | 太仓市 | 2016—2020 年全国科普示范市 | 中国科学技术协会 |
| 4 | 太仓市 | 首批全国健康促进县（区） | 国家卫生和计划生育委员会 |
| 5 | 太仓市 | 国家知识产权试点城市工作先进集体 | 国家知识产权局办公室 |
| 6 | 太仓市 | 健康城市最佳实践奖 | 世界健康城市联盟 |
| 7 | 太仓市 | 健康城市创新发展奖 | 世界健康城市联盟 |
| 8 | 太仓大学科技园 | 2016 年中国产学研合作创新示范基地 | 中国产学研合作促进会 |
| 9 | 太仓市计划生育协会 | 全国计划生育协会工作先进单位（2011—2015 年） | 中国计划生育协会 |
| 10 | 太仓市人民法院 | 全国“2014—2015 年青少年维权岗” | 全国创维办、团中央权益部 |
| 11 | 江苏海警支队海警 32101 舰 | 基层建设标兵单位 | 中国海警局 |
| 12 | 江苏海警支队海警 32102 舰 | 集体三等功 | 中国海警局 |
| 13 | 江苏海警支队海警支队政治处 | 全国海警队伍“先进政治机关” | 中国海警局 |
| 14 | 江苏海警支队海警 32019 艇党支部 | 先进党支部 | 公安部政治部 |
| 15 | 江苏海警支队海警 32102 舰党支部 | 先进党支部 | 中国海警局党委 |
| 16 | 太仓市科学技术协会 | 2016 年全国科普日活动优秀组织单位 | 中国科协办 |
| 17 | 太仓市人力资源和社会保障局 | 《中国劳动保障报》新闻宣传工作先进集体 | 人社部办公厅 |
| 18 | 中国银行太仓分行团委 | 全国金融五四红旗团委 | 中央金融团工委 |
| 19 | 中国工商银行太仓支行 | 中国工商银行 2016 年度教育培训先进集体 | 中国工商银行总行 |
| 20 | 太仓市 | 2014—2015 年全省法治建设示范县（市、区） | 省委、省政府 |
| 21 | 耐克体育（中国）有限公司 | 江苏省优秀企业 | 省委、省政府 |
| 22 | 苏州国信集团有限公司 | 江苏省优秀企业 | 省委、省政府 |
| 23 | 太仓市 | 江苏省促进义务教育均衡发展先进集体 | 省政府 |
| 24 | 太仓市 | 2011—2015 年全省普法工作先进县（市、区） | 省政府 |
| 25 | 太仓市 | 全省人民防空先进城市 | 省国防动员委员会 |
| 26 | 太仓市 | 全省第 2 批技防城 | 省公安厅、省科技厅 |

续表95

| 序号 | 获奖单位 | 荣誉称号 | 授予单位 |
|---|---|---|---|
| 27 | 太仓市 | 江苏省人口协调发展先进县（市、区） | 省政府办 |
| 28 | 太仓市 | 江苏省土地执法先进市 | 省国土厅 |
| 29 | 太仓市 | 2016年度全省劳动保障监察两网化管理示范县（市、区） | 省人社厅 |
| 30 | 太仓市 | 四好农村路示范县 | 省交运厅 |
| 31 | 太仓市政府办公室 | 2015年度全省政务信息工作先进单位 | 省政府办 |
| 32 | 太仓市政府法制办公室 | 2016年度政府法制工作成绩突出单位 | 省政府法制办 |
| 33 | 太仓市民防局 | 全省人民防空先进单位 | 省民防局 |
| 34 | 太仓市人民法院城厢法庭 | 2015年度江苏省"青年文明号" | 省高级人民法院、共青团省委 |
| 35 | 太仓市环境卫生管理处转运队 | 2014—2015年江苏省青年文明号 | 共青团省委 |
| 36 | 太仓市城管局执法大队 | 全省城市环境综合整治先进集体 | 省城市环境综合整治领导小组办公室 |
| 37 | 太仓市沙溪镇中荷村 | 2013—2015年江苏省文明村 | 省文明委 |
| 38 | 太仓市双凤镇新湖村 | 2013—2015年江苏省文明村 | 省文明委 |
| 39 | 太仓市城厢镇永丰村 | 2013—2015年江苏省文明村 | 省文明委 |
| 40 | 太仓市璜泾镇王秀村 | 2013—2015年江苏省文明村 | 省文明委 |
| 41 | 太仓市浮桥镇三市村 | 2013—2015年江苏省文明村 | 省文明委 |
| 42 | 太仓市双凤镇庆丰村 | 2013—2015年江苏省文明村 | 省文明委 |
| 43 | 太仓市璜泾镇孟河村 | 2013—2015年江苏省文明村 | 省文明委 |
| 44 | 太仓市沙溪镇半泾村 | 2013—2015年江苏省文明村 | 省文明委 |
| 45 | 太仓市第一人民医院 | 2013—2015年江苏省文明单位 | 省文明委 |
| 46 | 太仓万方国际码头有限公司 | 2013—2015年江苏省文明单位 | 省文明委 |
| 47 | 中国建设银行太仓分行 | 2013—2015年江苏省文明单位 | 省文明委 |
| 48 | 太仓地方税务局 | 2013—2015年江苏省文明单位 | 省文明委 |
| 49 | 太仓海关 | 2013—2015年江苏省文明单位 | 省文明委 |
| 50 | 太仓市浮桥镇和平花园社区 | 2013—2015年江苏省文明社区 | 省文明委 |
| 51 | 太仓市城厢镇县府社区 | 2013—2015年江苏省文明社区 | 省文明委 |
| 52 | 太仓市城厢镇南区社区 | 2013—2015年江苏省文明社区 | 省文明委 |
| 53 | 太仓市实验小学 | 2013—2015年江苏省文明校园 | 省文明委 |
| 54 | 太仓市朱棣文小学 | 2013—2015年江苏省文明校园 | 省文明委 |
| 55 | 太仓市城厢镇 | 江苏省文明乡镇（复查确认继续保留荣誉称号） | 省文明委 |
| 56 | 太仓市沙溪镇 | 江苏省文明乡镇（复查确认继续保留荣誉称号） | 省文明委 |

续表 95

| 序号 | 获奖单位 | 荣誉称号 | 授予单位 |
|---|---|---|---|
| 57 | 太仓市浏河镇 | 江苏省文明乡镇（复查确认继续保留荣誉称号） | 省文明委 |
| 58 | 太仓市浮桥镇 | 江苏省文明乡镇（复查确认继续保留荣誉称号） | 省文明委 |
| 59 | 太仓市璜泾镇 | 江苏省文明乡镇（复查确认继续保留荣誉称号） | 省文明委 |
| 60 | 太仓市璜泾镇雅鹿村 | 江苏省文明村（复查确认继续保留荣誉称号） | 省文明委 |
| 61 | 太仓市城厢镇东林村 | 江苏省文明村（复查确认继续保留荣誉称号） | 省文明委 |
| 62 | 太仓市城厢镇电站村 | 江苏省文明村（复查确认继续保留荣誉称号） | 省文明委 |
| 63 | 太仓市沙溪镇胜利村 | 江苏省文明村（复查确认继续保留荣誉称号） | 省文明委 |
| 64 | 太仓市浏河镇浏南村 | 江苏省文明村（复查确认继续保留荣誉称号） | 省文明委 |
| 65 | 太仓市沙溪镇涂松村 | 江苏省文明村（复查确认继续保留荣誉称号） | 省文明委 |
| 66 | 太仓市双凤镇凤中村 | 江苏省文明村（复查确认继续保留荣誉称号） | 省文明委 |
| 67 | 太仓市国家税务局 | 江苏省文明单位（复查确认继续保留荣誉称号） | 省文明委 |
| 68 | 中国人民银行太仓市支行 | 江苏省文明单位（复查确认继续保留荣誉称号） | 省文明委 |
| 69 | 太仓市气象局 | 江苏省文明单位（复查确认继续保留荣誉称号） | 省文明委 |
| 70 | 太仓市环境卫生管理处 | 江苏省文明单位（复查确认继续保留荣誉称号） | 省文明委 |
| 71 | 太仓市公安局 | 江苏省文明单位（复查确认继续保留荣誉称号） | 省文明委 |
| 72 | 太仓市烟草专卖局（分公司） | 江苏省文明单位（复查确认继续保留荣誉称号） | 省文明委 |
| 73 | 太仓市文化馆 | 江苏省文明单位（复查确认继续保留荣誉称号） | 省文明委 |
| 74 | 太仓市交通运输局 | 江苏省文明单位（复查确认继续保留荣誉称号） | 省文明委 |
| 75 | 太仓市供电公司 | 江苏省文明单位（复查确认继续保留荣誉称号） | 省文明委 |
| 76 | 中国电信太仓分公司 | 江苏省文明单位（复查确认继续保留荣誉称号） | 省文明委 |
| 77 | 太仓出入境检验检疫局 | 江苏省文明单位（复查确认继续保留荣誉称号） | 省文明委 |
| 78 | 太仓海事局 | 江苏省文明单位（复查确认继续保留荣誉称号） | 省文明委 |

续表 95

| 序号 | 获奖单位 | 荣誉称号 | 授予单位 |
| --- | --- | --- | --- |
| 79 | 中国农业银行太仓分行 | 江苏省文明单位（复查确认继续保留荣誉称号） | 省文明委 |
| 80 | 江苏太仓港口管理委员会 | 江苏省文明单位（复查确认继续保留荣誉称号） | 省文明委 |
| 81 | 太仓市民政局 | 江苏省文明单位（复查确认继续保留荣誉称号） | 省文明委 |
| 82 | 中国邮政太仓市分公司 | 江苏省文明单位（复查确认继续保留荣誉称号） | 省文明委 |
| 83 | 太仓武港码头有限公司 | 江苏省文明单位（复查确认继续保留荣誉称号） | 省文明委 |
| 84 | 太仓市老干部局 | 江苏省文明单位（复查确认继续保留荣誉称号） | 省文明委 |
| 85 | 太仓市总工会 | 江苏省文明单位（复查确认继续保留荣誉称号） | 省文明委 |
| 86 | 中国移动太仓分公司 | 江苏省文明单位（复查确认继续保留荣誉称号） | 省文明委 |
| 87 | 太仓市城厢镇中区社区 | 江苏省文明社区（复查确认继续保留荣誉称号） | 省文明委 |
| 88 | 太仓市公安局 | 全省执法示范县级公安机关 | 省公安厅 |
| 89 | 太仓市公安局 | 全省公安机关立案突出问题专项治理工作成绩突出集体 | 省公安厅 |
| 90 | 太仓市公安局法制大队 | 全省公安机关执法示范所队 | 省公安厅 |
| 91 | 太仓市公安局警务保障室 | 全省公安机关警务保障工作成绩突出集体 | 省公安厅 |
| 92 | 太仓市交通运输局 | 2015 年统计规范化建设部门统计示范点 | 省统计局 |
| 93 | 太仓市交通运输局 | “十二五”镇村公交发展先进集体 | 省交运厅 |
| 94 | 太仓市交通运输局 | 2013—2015 年江苏省文明单位 | 省文明委 |
| 95 | 太仓市司法局 | “四个全覆盖”体系建设先进单位 | 省司法厅 |
| 96 | 太仓市国家安全领导小组办公室 | 江苏省优秀国安办 | 省国安办 |
| 97 | 太仓市计划生育协会 | 全省计划生育系列保险工作先进单位（组织奖） | 省计生协会 |
| 98 | 太仓市总工会 | 全省工会“爱心驿站”建设示范单位 | 省总工会 |
| 99 | 共青团太仓市委员 | 2016 年度江苏省共青团十佳理论学习型团组织 | 共青团省委 |
| 100 | 共青团太仓市委员 | 2016 年度全省团属报刊宣传工作先进单位 | 共青团省委 |
| 101 | 太仓“七彩阳光·青春偕行”青年志愿服务队 | 江苏省青年志愿服务事业贡献奖 | 共青团省委、省志愿者协会 |
| 102 | 苏州健雄职业技术学院团委 | 2015 年度“江苏省五四红旗团委” | 共青团省委 |

续表95

| 序号 | 获奖单位 | 荣誉称号 | 授予单位 |
| --- | --- | --- | --- |
| 103 | 太仓地税局团支部 | 2015年度“江苏省五四红旗团支部” | 共青团省委 |
| 104 | 太仓市健雄应急救护志愿者服务中心 | 江苏省“三下乡”社会实践活动优秀团队 | 省委宣传部、省文明办、省教育厅、共青团省委 |
| 105 | 太仓市实验中学 | 江苏省中学中职共青团工作“六个一”团建项目示范校 | 共青团省委 |
| 106 | 太仓市实验中学学生会 | 2015—2016年江苏省优秀学生会 | 共青团省委、省学联 |
| 107 | 江苏省太仓中等专业学校艺术传媒系计算机1562班团支部 | 2016年度江苏省大中专学校“活力团支部” | 共青团省委 |
| 108 | 太仓市科学技术协会 | 2016年度实施“县级科协创新发展能力提升计划”优秀单位 | 省科协 |
| 109 | 城厢镇德兴社区 | 2016—2018年江苏省科普示范社区 | 省科协 |
| 110 | 城厢镇中区社区 | 2016年江苏省“基层科普行动计划”科普示范社区 | 省科协 |
| 111 | 城厢镇东林村生态循环农业科普示范基地 | 2016年江苏省“基层科普行动计划”农村科普示范基地 | 省科协 |
| 112 | 太仓市金仓湖景区（太仓市金仓湖旅游发展有限公司） | 2016—2020年江苏省科普教育基地 | 省科协、省教育厅、省科技厅 |
| 113 | 太仓市璜泾镇新明村科普惠农服务站 | 2016年江苏省科普惠农服务站 | 省科协 |
| 114 | 太仓市浮桥镇老闸村（社区）科普惠农服务站 | 2016年江苏省科普惠农服务站 | 省科协 |
| 115 | 太仓市科学技术协会 | 《全民科学素质行动计划纲要》“十二五”实施工作先进集体 | 省科协、省委组织部、省委宣传部、省发改委、省教育厅、省科技厅、省财政厅、省人社厅、省农委 |
| 116 | 太仓市科学技术协会 | 2016年度实施“县级科协创新发展能力提升计划”优秀单位 | 省科协 |
| 117 | 省科协海智计划苏州（太仓）工作基地 | 2016年江苏省科协优秀海智基地 | 省科协 |
| 118 | 太仓市关心下一代工作委员会 | 全省关心下一代工作先进集体 | 省文明委办、省关工委 |
| 119 | 太仓市档案局 | 江苏省档案系统先进集体 | 省档案局 |
| 120 | 太仓市知识产权局 | 江苏省2016年度知识产权工作先进集体 | 省科技厅、省知识产权局 |
| 121 | 太仓市知识产权局 | 江苏省2016年度知识产权宣传培训工作先进单位 | 省知识产权局 |
| 122 | 太仓市知识产权局 | 江苏省2016年度知识产权政务信息工作先进单位 | 省知识产权局 |
| 123 | 太仓市国土资源局 | 推进依法行政工作先进单位 | 省国土厅 |
| 124 | 太仓市国土资源局 | 2014—2015年全省矿产资源补偿费征管工作先进集体 | 省国土厅 |
| 125 | 太仓市文广新局 | 全省第四批新闻出版广电（版权）依法行政示范点 | 省新闻出版局 |

续表 95

| 序号 | 获奖单位 | 荣誉称号 | 授予单位 |
|---|---|---|---|
| 126 | 太仓市植保植检站 | 江苏省十佳植保站 | 省植保植检站 |
| 127 | 太仓市植保植检站 | 江苏省统防统治工作先进单位 | 省植保植检站 |
| 128 | 太仓市水产站 | 水产技术推广系统信息工作“先进单位” | 省渔业技术推广中心 |
| 129 | 太仓市经济和信息化委员会 | 2015 年度全省小微企业运行监测工作优秀单位 | 省经信委 |
| 130 | 太仓市经济和信息化委员会 | 江苏省信息化示范平台 | 省经信委 |
| 131 | 太仓市经济和信息化委员会 | 职业经理人培养工作先进单位 | 省职业经理人协会 |
| 132 | 太仓市中小企业服务中心 | 中小企业公共服务窗口平台先进单位 | 省中小企业发展中心 |
| 133 | 中国移动太仓分公司 | 江苏省放心消费创建示范单位 | 省放心消费创建活动办 |
| 134 | 太仓市工商业联合会 | 全省县（市、区）工商联先进集体 | 省工商联、省总商会 |
| 135 | 太仓市双凤镇商会 | 全省工商联商会组织先进集体 | 省工商联、省总商会 |
| 136 | 太仓邮政优化投递作业 QC 小组 | 2016 年江苏省优秀质量管理小组 | 省质量管理协会、省总工会、省妇联、省科协 |
| 137 | 太仓市浏河镇 | 江苏省人民调解委员会规范化建设示范点 | 省司法厅 |
| 138 | 太仓地方税务局团支部 | 2015 年度江苏省五四红旗团支部 | 共青团省委 |
| 139 | 太仓市财政局 | 全省法治财政标准化建设示范点单位 | 省财政厅 |
| 140 | 太仓海关 | 南京关区先进集体 | 南京海关 |
| 141 | 江苏海警支队海警 32019 艇 | 基层建设先进单位 | 江苏海警总队筹备组 |
| 142 | 江苏海警支队海警 32031 艇 | 基层建设先进单位 | 江苏海警总队筹备组 |
| 143 | 太仓海事局 | 党建工作先进单位 | 江苏海事局党组 |
| 144 | 太仓海事局第六党支部 | 基层党建工作示范点 | 江苏海事局党组 |
| 145 | 太仓海事局 | 2015 年度文明口岸组织者先进单位 | 省口岸办 |
| 146 | 太仓海事局 | “安全生产月”岗位建功竞赛活动先进单位 | 江苏海事局 |
| 147 | 太仓海事局浮桥办事处 | “安全生产月”岗位建功竞赛活动先进基层集体 | 江苏海事局 |
| 148 | 太仓海事局 | G20 峰会水上交通运输安保工作先进单位 | 江苏海事局 |
| 149 | 太仓海事局璜泾办事处 | G20 峰会水上交通运输安保工作先进集体 | 江苏海事局 |
| 150 | 太仓海事局 | 2015—2016 年江苏省搜救突出贡献奖 | 省水上搜救中心 |
| 151 | 太仓市水上搜救中心 | 2016 年度应急搜救工作先进集体 | 长江海事局 |
| 152 | 中国人保财险太仓中心支公司 | 江苏金融“五一”劳动奖状 | 中国金融工会江苏工作委员会 |
| 153 | 中国农业银行太仓分行 | 2014—2015 年江苏金融系统职工职业道德建设标兵单位 | 中国金融工会江苏工作委员会 |

（各单位）

# 先进个人名录（部分）

表 96

| 序号 | 姓名 | 单位 | 荣誉称号 | 授予单位 |
|---|---|---|---|---|
| 1 | 陆 珂 | 太仓市实验中学 | 2015 年度全国优秀共青团员 | 团中央 |
| 2 | 何新谊 | 江苏省沙溪高级中学 | 2015 年度全国“最美中学生” | 团中央学校部、全国学联秘书处、中国青年报社 |
| 3 | 孙惠球 | 太仓市知识产权局 | 国家知识产权试点城市工作先进个人 | 国家知识产权局办公室 |
| 4 | 赵永亮 | 太仓边检站 | 优秀党务工作者 | 公安部边防管理局 |
| 5 | 石祖红 | 江苏海警支队 | 全国海警队伍“四会”优秀政治教员 | 中国海警局 |
| 6 | 王艺兵 | 江苏海警支队 | 全国海警队伍“四会”优秀政治教员 | 中国海警局 |
| 7 | 徐松伟 | 江苏海警支队 | 个人三等功 | 中国海警局 |
| 8 | 朱俊烨 | 江苏海警支队 | 个人三等功 | 中国海警局 |
| 9 | 伍 翔 | 江苏海警支队 | 优秀党务工作者 | 公安部政治部 |
| 10 | 吴建伟 | 江苏海警支队 | 优秀共产党员 | 公安部政治部 |
| 11 | 朱健华 | 江苏海警支队 | 优秀党务工作者 | 中国海警局党委 |
| 12 | 孔繁德 | 江苏海警支队 | 优秀共产党员 | 中国海警局党委 |
| 13 | 李 强 | 中国银行太仓分行 | 2016 年全国金融“五一”劳动奖章 | 中国金融工会全国委员会 |
| 14 | 陆利珍 | 中国工商银行太仓弇山支行 | 2016 年度优质服务千佳明星 | 中国工商银行总行 |
| 15 | 黄喜文 | 太仓宏达热电有限公司 | 江苏省劳动模范 | 省委、省政府 |
| 16 | 孙惠栋 | 太仓交通运输集团有限公司 | 江苏省劳动模范 | 省委、省政府 |
| 17 | 王晓丰 | 太仓邮政归庄支局 | 江苏省劳动模范 | 省委、省政府 |
| 18 | 卢平源 | 太仓利泰纺织厂有限公司 | 江苏省劳动模范 | 省委、省政府 |
| 19 | 张仁权 | 太仓市双凤镇新湖村 | 江苏省劳动模范 | 省委、省政府 |
| 20 | 王建宏 | 太仓市沙溪镇半泾村党委 | 江苏省劳动模范 | 省委、省政府 |
| 21 | 周建明 | 江苏德威新材料股份有限公司 | 江苏省劳动模范 | 省委、省政府 |
| 22 | 顾振其 | 香塘集团有限公司 | 江苏省优秀企业家 | 省委、省政府 |
| 23 | 严俊旭 | 天顺风能（苏州）股份有限公司 | 江苏省优秀企业家 | 省委、省政府 |
| 24 | 金 骁 | 太仓地方税务局 | 江苏省先进工作者 | 省委、省政府 |
| 25 | 朱 涛 | 太仓市第一人民医院 | 江苏省先进工作者 | 省委、省政府 |
| 26 | 王建宏 | 太仓市沙溪镇半泾村党委 | 优秀党务工作者 | 省委 |
| 27 | 王 俊 | 太仓市人民政府教育督导室 | 江苏省促进义务教育均衡发展先进个人 | 省政府 |
| 28 | 王建宏 | 太仓市沙溪镇半泾村党委 | 江苏青年五四奖章 | 共青团省委、省青联 |
| 29 | 夏永华 | 太仓市政府办公室 | 2015 年度全省政务信息工作先进个人 | 省政府办 |

续表96

| 序号 | 姓名 | 单位 | 荣誉称号 | 授予单位 |
| --- | --- | --- | --- | --- |
| 30 | 张春惠 | 太仓地方税务局 | 2015年江苏省数字档案室建设突出贡献人员 | 省档案局 |
| 31 | 张轶恺 | 太仓出入境检验检疫局 | 2015年度全省系统卫生检疫监管工作先进个人 | 江苏出入境检验检疫局 |
| 32 | 郑丽珠 | 太仓出入境检验检疫局 | 2015年度进出口食品安全工作先进个人 | 江苏出入境检验检疫局 |
| 33 | 陈　建 | 太仓出入境检验检疫局 | 2015年度进出口食品安全信息工作先进个人 | 江苏出入境检验检疫局 |
| 34 | 朱巍巍 | 太仓出入境检验检疫局 | 2015年度进出境动植物疫情检疫防控工作先进个人 | 江苏出入境检验检疫局 |
| 35 | 朱海润 | 太仓出入境检验检疫局 | 2015年度进出境动植物疫情检疫防控工作先进个人 | 江苏出入境检验检疫局 |
| 36 | 潘焕品 | 太仓出入境检验检疫局 | 2015年度全省系统认证监管先进工作者 | 江苏出入境检验检疫局 |
| 37 | 江红星 | 太仓出入境检验检疫局 | 2015年度全省系统出口卫生注册、陶瓷认证优秀评审员 | 江苏出入境检验检疫局 |
| 38 | 徐志刚 | 太仓出入境检验检疫局 | 2015年度全省系统认证行政执法先进工作者 | 江苏出入境检验检疫局 |
| 39 | 赵党乾 | 太仓出入境检验检疫局 | 2015年度全省系统通关业务改革创新先进个人 | 江苏出入境检验检疫局 |
| 40 | 殷　鸣 | 太仓出入境检验检疫局 | 2015年度全省系统通关业务工作先进个人 | 江苏出入境检验检疫局 |
| 41 | 陆玲珠 | 太仓出入境检验检疫局 | 2015年度全省系统通关业务工作先进个人 | 江苏出入境检验检疫局 |
| 42 | 赵党乾 | 太仓出入境检验检疫局 | 2015年度省文明口岸先进个人 | 省口岸办 |
| 43 | 刘　治 | 太仓出入境检验检疫局 | 2014—2015年省级青年岗位能手 | 江苏出入境检验检疫局、共青团省委 |
| 44 | 戴美生 | 太仓市民防局 | 全省人民防空先进个人 | 省民防局 |
| 45 | 曹柏鹏 | 太仓市人民法院 | 2014—2015年全省法院系统个人二等功 | 省高级人民法院 |
| 46 | 郑金硕 | 太仓市人民法院 | 全省法院信息工作先进个人 | 省高级人民法院 |
| 47 | 王　晓 | 太仓市人民法院 | 全省法院优秀共产党员 | 省高级人民法院、共青团省委 |
| 48 | 陈徐之 | 太仓市人民法院 | 2016年度司法警察业务能手 | 省高级人民法院 |
| 49 | 王丽琴 | 中共太仓市委农工办 | 全省农工办（扶贫办）系统先进工作者 | 省委农村工作领导小组办公室、省扶贫工作领导小组办公室 |
| 50 | 宋巍伟 | 太仓市安全生产监督管理局 | 2015年度全省烟花爆竹安全生产监督管理工作先进个人 | 省安监局 |
| 51 | 张晓宇 | 太仓市安全生产监督管理局 | 2016年度全省危险化学品安全监管先进个人 | 省安监局 |
| 52 | 沈　明 | 太仓市城管局指挥中心 | 省青年文明号称号 | 共青团省委 |
| 53 | 徐玉立 | 太仓市城管局物管中心 | 省优秀红十字志愿者荣誉称号 | 省红十字会、省文明办、共青团省委、省红十字协会 |
| 54 | 周　锋 | 中国邮政太仓市分公司 | “一创两争”敬业奉献好青年 | 江苏省邮政公司 |
| 55 | 杨　伟 | 太仓市生产力促进中心 | 2016年“鑫智力”杯优秀先进工作者 | 省生产力促进中心、省生产力促进协会、南京银行 |
| 56 | 高晓婷 | 太仓市生产力促进中心 | 2016年度江苏省知识产权政务信息工作先进个人 | 省知识产权局 |
| 57 | 张心明 | 太仓市植保站 | 河南省科技进步二等奖 | 河南省人民政府 |

续表96

| 序号 | 姓名 | 单位 | 荣誉称号 | 授予单位 |
|---|---|---|---|---|
| 58 | 时　勤 | 太仓市水产站 | “十二五”渔业科技入户优秀专家 | 省海洋与渔业局 |
| 59 | 杨云娣 | 太仓市作业栽培站 | 江苏省三八红旗手 | 省妇联 |
| 60 | 孙九峰 | 太仓市公安局经侦大队 | 全省公安机关猎狐2015专项行动成绩突出个人 | 省公安厅 |
| 61 | 吕　乔 | 共青团太仓市委员会 | 全省团属报刊宣传工作先进个人 | 共青团省委 |
| 62 | 吴幸佳 | 苏州健雄职业技术学院 | 2015年度江苏省优秀共青团员 | 共青团省委 |
| 63 | 方晓东 | 太仓市民政局 | “江苏省好青年”提名奖 | 共青团省委 |
| 64 | 吴东方 | 苏州蓝光信息技术有限公司 | 江苏省优秀科技工作者 | 省科协 |
| 65 | 郭松坡 | 苏州维永生物医药技术有限公司 | 江苏省创新创业大赛海智分赛优胜奖 | 省科协 |
| 66 | 吴建明 | 太仓市科学技术协会 | 《全民科学素质行动计划纲要》“十二五”实施工作先进个人 | 省科协、省委组织部、省委宣传部、省发改委、省教育厅、省科技厅、省财政厅、省人社厅、省农委 |
| 67 | 宋晓泉 | 太仓海关 | 优秀处级干部 | 南京海关 |
| 68 | 黄卓榕 | 太仓海关 | 南京关区先进个人 | 南京海关 |
| 69 | 黄兴春 | 太仓海关 | 2011—2015年省级机关普法工作先进个人 | 省司法厅 |
| 70 | 李　雷 | 太仓海事局 | 2015—2016年“我们身边的好青年” | 江苏海事局党组 |
| 71 | 薛德方 | 太仓海事局 | 2015—2016年“我们身边的好青年” | 江苏海事局党组 |
| 72 | 甄惠惠 | 太仓海事局 | 2015—2016年先进青年工作者 | 江苏海事局党组 |
| 73 | 李明军 | 太仓海事局 | 优秀共产党员 | 江苏海事局党组 |
| 74 | 徐益辉 | 太仓海事局 | 优秀党务工作者 | 江苏海事局党组 |
| 75 | 崔宗可 | 太仓海事局 | 2015年度文明口岸组织者先进个人 | 省口岸办 |
| 76 | 承　海 | 太仓海事局 | “安全生产月”岗位建功竞赛活动先进个人 | 江苏海事局 |
| 77 | 邓子成 | 太仓海事局 | “安全生产月”岗位建功竞赛活动先进个人 | 江苏海事局 |
| 78 | 李祝清 | 太仓海事局 | G20峰会水上交通运输安保工作先进个人 | 江苏海事局 |
| 79 | 杨　帆 | 太仓海事局 | G20峰会水上交通运输安保工作先进个人 | 江苏海事局 |
| 80 | 李明军 | 太仓海事局 | 2015—2016年江苏省水上搜救“勇敢者”奖 | 省水上搜救中心 |
| 81 | 郭保春 | 太仓海事局 | 2016年度危防管理先进个人 | 长江海事局 |

（各单位）

# 统计资料

## 太仓市社会经济主要指标

表 97

| 指标 | 单位 | 2012 年 | 2013 年 | 2014 年 | 2015 年 | 2016 年 |
|---|---|---|---|---|---|---|
| 年末户籍人口 | 万人 | 47.26 | 47.45 | 47.74 | 47.96 | 48.30 |
| #非农业人口 | 万人 | 20.27 | 26.55 | 27.27 | 34.41 | 34.90 |
| 地区生产总值（当年价格） | 亿元 | 955.12 | 1002.28 | 1065.33 | 1100.08 | 1155.13 |
| 第一产业 | 亿元 | 33.61 | 36.84 | 35.24 | 37.21 | 36.76 |
| 第二产业 | 亿元 | 520.36 | 532.46 | 556.65 | 564.53 | 593.87 |
| 第三产业 | 亿元 | 401.15 | 432.98 | 473.44 | 498.34 | 534.50 |
| 农业总产值 | 亿元 | 57.52 | 63.10 | 66.30 | 70.13 | 69.48 |
| 工业总产值 | 亿元 | 2436.09 | 2564.36 | 2630.27 | 2655.58 | 2550.26 |
| 全社会固定资产投资 | 亿元 | 472.04 | 520.00 | 530.42 | 500.01 | 465.00 |
| #房地产开发 | 亿元 | 69.47 | 67.79 | 71.74 | 64.23 | 97.73 |
| 财政收入（预算内） | 亿元 | 230.17 | 262.37 | 244.15 | 250.57 | 335.69 |
| #公共财政预算收入 | 亿元 | 90.15 | 100.13 | 106.47 | 114.54 | 127.71 |
| 财政支出（预算内） | 亿元 | 146.93 | 169.86 | 138.60 | 144.77 | 229.67 |
| #公共财政预算支出 | 亿元 | 86.16 | 92.36 | 97.63 | 109.07 | 115.84 |
| 金融机构存款余额（人民币） | 亿元 | 1018.88 | 1145.18 | 1172.26 | 1269.17 | 1395.72 |
| 住户存款余额（人民币） | 亿元 | 377.17 | 420.82 | 450.61 | 486.49 | 522.74 |
| 金融机构贷款余额（人民币） | 亿元 | 863.41 | 994.92 | 1068.03 | 1139.46 | 1245.68 |
| 外汇收入 | 亿美元 | 54.47 | 55.97 | 80.36 | 76.32 | 65.56 |
| 外汇支出 | 亿美元 | 53.80 | 62.32 | 80.25 | 80.01 | 78.23 |
| 城镇居民人均可支配收入 | 元 | 39422 | 43010 | 46377 | 50134 | 54099 |
| 农村居民人均可支配收入 | 元 | 19411 | 21605 | 23590 | 25643 | 27766 |
| 居民消费价格指数 | % | 102.1 | 101.9 | 101.8 | 101.4 | – |
| 全社会客运量 | 万人次 | 3479 | 1915 | 2059 | 2245 | 2863.5 |
| 全社会旅客周转量 | 亿人公里 | 14.98 | 6.48 | 7.01 | 7.62 | 10.84 |
| 全社会货运量 | 万吨 | 2250 | 2257 | 1670 | 1618 | 1509.4 |
| 全社会货物周转量 | 亿吨公里 | 23.67 | 24.45 | 28.88 | 27.69 | 27.08 |
| 港口航线 | 条 | 108 | 114 | 168 | 177 | 183 |
| 港口货物吞吐量 | 万吨 | 12262 | 13003 | 15721 | 20397 | 23204 |
| 港口集装箱吞吐量 | 万标箱 | 401 | 327 | 306 | 371 | 408.1 |
| 全社会用电量 | 亿千瓦小时 | 81.00 | 89.54 | 90.05 | 90.97 | 96.93 |
| #工业用电量 | 亿千瓦小时 | 68.79 | 75.83 | 77.08 | 77.05 | 81.30 |
| 社会消费品零售总额 | 亿元 | 195.07 | 218.70 | 239.04 | 262.58 | 287.31 |
| 进出口总额 | 亿美元 | 126.21 | 127.71 | 138.00 | 127.71 | 109.64 |
| #出口总额 | 亿美元 | 56.60 | 55.19 | 60.79 | 63.11 | 54.30 |
| 注册外资 | 亿美元 | 16.06 | 7.93 | 5.70 | 6.64 | 6.23 |
| 实际利用外资 | 亿美元 | 8.11 | 6.18 | 3.96 | 5.01 | 5.61 |

续表97

| 指标 | 单位 | 2012年 | 2013年 | 2014年 | 2015年 | 2016年 |
|---|---|---|---|---|---|---|
| 高等院校数 | 个 | 1 | 1 | 1 | 1 | 1 |
| 高等院校在校学生数 | 人 | 4567 | 4532 | 4795 | 4953 | 5299 |
| 普通中学数 | 个 | 18 | 18 | 18 | 19 | 19 |
| 普通中学在校学生数 | 人 | 19155 | 19440 | 19867 | 20260 | 21057 |
| 小学数 | 个 | 29 | 29 | 37 | 37 | 38 |
| 小学在校学生数 | 人 | 30234 | 30605 | 40127 | 42357 | 44241 |
| 医疗卫生机构数 | 个 | 223 | 223 | 227 | 238 | 247 |
| #医院、卫生院 | 个 | 28 | 29 | 29 | 29 | 31 |
| 医疗卫生机构床位数 | 张 | 3184 | 3297 | 3577 | 3730 | 3853 |
| #医院、卫生院 | 张 | 2914 | 3003 | 3183 | 3312 | 3301 |
| 医疗卫生机构人员数 | 人 | 4323 | 4576 | 4868 | 5092 | 5325 |
| #卫生技术人员 | 人 | 3644 | 3872 | 4143 | 4303 | 4520 |

说明：1.2013年起，“全社会客运量”“全社会货运量”按新口径调查统计
2.2014年起，“农民人均纯收入”调整为“农村居民人均可支配收入”
3.2015年起，“城乡居民年末储蓄存款余额”调整为“住户存款余额”
4.2016年起，太仓市不再进行居民消费价格指数统计

（市统计局）

## 2016年太仓市实有人口统计表

表98

单位：人

| 镇区街道 | 派出所 | 户籍人口 | 暂住人口 | 实有人口 |
|---|---|---|---|---|
| 城厢镇 | 城西派出所 | 42376 | 48897 | 91273 |
| | 城中派出所 | 34061 | 17337 | 51398 |
| | 金仓湖派出所 | 8277 | 3622 | 11899 |
| 科教新城 | 科教新城派出所 | 16495 | 13606 | 30101 |
| 沙溪镇 | 沙溪派出所 | 70009 | 63221 | 133230 |
| | 岳王派出所 | 13322 | 11754 | 25076 |
| 浏河镇 | 浏河派出所 | 48542 | 44437 | 92979 |
| | 边防派出所 | 0 | 10 | 10 |
| 双凤镇 | 双凤派出所 | 32741 | 41419 | 74160 |
| 璜泾镇 | 璜泾派出所 | 46150 | 24046 | 70196 |
| 浮桥镇 | 港区派出所 | 25156 | 37126 | 62282 |
| | 金浪派出所 | 23298 | 15704 | 39002 |
| | 浏家港 派出所 | 25109 | 32042 | 57151 |
| 娄东街道 | 开发区派出所 | 61708 | 43569 | 105277 |
| | 板桥派出所 | 20323 | 35844 | 56167 |
| | 陆渡派出所 | 15054 | 37011 | 52065 |
| 合计 | | 482621 | 469645 | 952266 |

说明：因统计口径变化，该表数据统计至2016年11月30日

（市公安局）

# 2016年太仓市户籍人口及其变动情况统计表

表 99

| 镇区、派出所 | | 年末总户数（户） | 年末总人口（人）合计 | 城镇人口 | 乡村人口 | 性别 男 | 性别 女 | 年龄 0～17岁 | 18～34岁 | 35～59岁 | 60岁及以上 | 本年度人口变动（人）出生 合计 | 出生 男 | 出生 女 | 死亡 合计 | 死亡 男 | 死亡 女 | 迁入 省内迁入 | 迁入 省外迁入 | 迁出 迁往省内 | 迁出 迁往省外 |
|---|---|---|---|---|---|---|---|---|---|---|---|---|---|---|---|---|---|---|---|---|---|
| 合计 | | 150856 | 482989 | 348956 | 134033 | 233574 | 249415 | 59098 | 89018 | 187295 | 147578 | 3813 | 1939 | 1874 | 3590 | 1847 | 1743 | 1353 | 3272 | 287 | 560 |
| 城厢镇 | 城中派出所 | 11947 | 34186 | 34186 | 0 | 16636 | 17550 | 6719 | 7751 | 13695 | 6021 | 373 | 190 | 183 | 111 | 67 | 44 | 148 | 239 | 19 | 58 |
| | 城西派出所 | 14211 | 42477 | 42477 | 0 | 20601 | 21876 | 6416 | 8765 | 16847 | 10449 | 392 | 192 | 200 | 228 | 124 | 104 | 217 | 451 | 20 | 75 |
| | 金仓湖派出所 | 20275 | 61907 | 61907 | 0 | 30537 | 31370 | 14379 | 16393 | 23923 | 7212 | 907 | 466 | 441 | 156 | 96 | 60 | 514 | 1170 | 89 | 139 |
| 浏河镇 | 浏河派出所 | 15207 | 48543 | 32843 | 15700 | 23732 | 24811 | 4445 | 8471 | 19471 | 16156 | 286 | 126 | 160 | 406 | 219 | 187 | 120 | 332 | 41 | 70 |
| 浮桥镇 | 港区派出所 | 20613 | 70010 | 33460 | 36550 | 33640 | 36370 | 6834 | 11431 | 27396 | 24349 | 424 | 230 | 194 | 574 | 276 | 298 | 77 | 292 | 13 | 43 |
| | 金浪派出所 | 5197 | 16562 | 16562 | 0 | 7963 | 8599 | 2530 | 3756 | 6351 | 3925 | 226 | 128 | 98 | 95 | 41 | 54 | 94 | 179 | 50 | 28 |
| | 浏家港派出所 | 4413 | 15059 | 12665 | 2394 | 7246 | 7813 | 2042 | 2672 | 5818 | 4527 | 177 | 80 | 97 | 106 | 49 | 57 | 23 | 113 | 6 | 15 |
| 双凤镇 | 双凤派出所 | 9493 | 32747 | 14503 | 18244 | 15791 | 16956 | 2988 | 5608 | 13337 | 10814 | 219 | 114 | 105 | 280 | 134 | 146 | 25 | 94 | 4 | 10 |
| 沙溪镇 | 沙溪派出所 | 7708 | 25165 | 22435 | 2730 | 12074 | 13091 | 2291 | 3945 | 9215 | 9714 | 177 | 92 | 85 | 238 | 122 | 116 | 30 | 127 | 9 | 36 |
| | 岳王派出所 | 14504 | 46107 | 25914 | 20193 | 22080 | 24027 | 3472 | 6883 | 17516 | 18236 | 203 | 108 | 95 | 478 | 259 | 219 | 27 | 71 | 10 | 26 |
| 璜泾镇 | 璜泾派出所 | 5924 | 20315 | 12956 | 7359 | 9718 | 10597 | 1968 | 3166 | 7749 | 7432 | 146 | 64 | 82 | 193 | 97 | 96 | 35 | 84 | 6 | 21 |
| 娄东街道 | 开发区派出所 | 7082 | 23264 | 14870 | 8394 | 11155 | 12109 | 1564 | 3223 | 8379 | 10098 | 88 | 43 | 45 | 268 | 132 | 136 | 16 | 18 | 2 | 10 |
| | 板桥派出所 | 7703 | 25075 | 14022 | 11053 | 12065 | 13010 | 1922 | 3873 | 9469 | 9811 | 117 | 63 | 54 | 244 | 121 | 123 | 17 | 81 | 12 | 18 |
| | 陆渡派出所 | 3998 | 13300 | 4545 | 8755 | 6378 | 6922 | 963 | 1868 | 4937 | 5532 | 46 | 28 | 18 | 120 | 64 | 56 | 8 | 17 | 4 | 9 |
| 科教新城 | 科教新城派出所 | 2581 | 8272 | 5611 | 2661 | 3958 | 4314 | 565 | 1213 | 3192 | 3302 | 32 | 15 | 17 | 93 | 46 | 47 | 2 | 4 | 2 | 2 |

（市公安局）

# 2016 年太仓市户籍人口姓氏统计表

表 100　　　　单位：人

| 姓氏 | 人数 | 姓氏 | 人数 | 姓氏 | 人数 | 姓氏 | 人数 | 姓氏 | 人数 | 姓氏 | 人数 |
|---|---|---|---|---|---|---|---|---|---|---|---|
| 王 | 35625 | 张 | 30580 | 陆 | 24265 | 陈 | 24093 | 顾 | 24047 | 周 | 18691 |
| 朱 | 17072 | 徐 | 16646 | 李 | 15141 | 杨 | 14828 | 吴 | 13639 | 沈 | 13240 |
| 黄 | 9047 | 钱 | 8268 | 刘 | 7297 | 孙 | 7188 | 高 | 6012 | 曹 | 5871 |
| 赵 | 5556 | 龚 | 5531 | 金 | 5519 | 马 | 4798 | 冯 | 4412 | 胡 | 4331 |
| 唐 | 4127 | 倪 | 3879 | 许 | 3648 | 何 | 3630 | 蔡 | 3478 | 施 | 3448 |
| 严 | 3369 | 蒋 | 3352 | 潘 | 3273 | 毛 | 3184 | 姚 | 2947 | 丁 | 2929 |
| 浦 | 2851 | 陶 | 2818 | 夏 | 2810 | 俞 | 2668 | 范 | 2663 | 邵 | 2589 |
| 薛 | 2484 | 苏 | 2453 | 戴 | 2325 | 袁 | 2280 | 叶 | 1928 | 闵 | 1848 |
| 闻 | 1844 | 盛 | 1810 | 谢 | 1785 | 宋 | 1781 | 郑 | 1760 | 汪 | 1736 |
| 郁 | 1590 | 方 | 1575 | 肖 | 1523 | 姜 | 1522 | 杜 | 1519 | 董 | 1504 |
| 凌 | 1500 | 韩 | 1483 | 汤 | 1447 | 季 | 1414 | 费 | 1369 | 吕 | 1306 |
| 罗 | 1278 | 邹 | 1272 | 林 | 1201 | 瞿 | 1190 | 秦 | 1184 | 郭 | 1164 |
| 殷 | 1134 | 包 | 1116 | 程 | 1106 | 梁 | 1022 | 管 | 1012 | 石 | 979 |
| 邱 | 970 | 奚 | 926 | 邢 | 871 | 章 | 853 | 江 | 799 | 侯 | 771 |
| 屠 | 760 | 史 | 760 | 庄 | 755 | 万 | 741 | 彭 | 736 | 崔 | 725 |
| 田 | 723 | 曾 | 723 | 魏 | 701 | 时 | 695 | 任 | 671 | 洪 | 631 |
| 霍 | 615 | 尹 | 610 | 单 | 597 | 谭 | 579 | 余 | 549 | 熊 | 541 |
| 葛 | 539 | 项 | 538 | 支 | 537 | 邓 | 524 | 华 | 496 | 卢 | 488 |
| 傅 | 486 | 孟 | 484 | 梅 | 468 | 居 | 448 | 吉 | 440 | 戈 | 428 |
| 沙 | 419 | 孔 | 416 | 薄 | 410 | 庞 | 408 | 景 | 403 | 仇 | 399 |
| 全 | 399 | 于 | 392 | 樊 | 376 | 虞 | 375 | 柏 | 354 | 祝 | 345 |
| 仲 | 337 | 成 | 332 | 贾 | 329 | 钟 | 328 | 查 | 319 | 童 | 311 |
| 武 | 307 | 颜 | 306 | 缪 | 296 | 宣 | 274 | 尤 | 273 | 翁 | 267 |
| 付 | 267 | 韦 | 265 | 翟 | 264 | 邬 | 255 | 柳 | 245 | 宗 | 242 |
| 茅 | 236 | 褚 | 234 | 须 | 232 | 狄 | 226 | 屈 | 220 | 戚 | 214 |
| 谈 | 208 | 展 | 208 | 纪 | 208 | 诸 | 207 | 耿 | 206 | 鲍 | 204 |
| 段 | 195 | 卞 | 191 | 乔 | 188 | 嵇 | 186 | 滕 | 183 | 欧 | 175 |
| 偶 | 168 | 焦 | 162 | 左 | 161 | 廖 | 159 | 常 | 154 | 阮 | 154 |
| 祁 | 150 | 柴 | 148 | 鲁 | 148 | 骆 | 141 | 卫 | 139 | 桂 | 138 |
| 楼 | 136 | 郏 | 135 | 白 | 133 | 印 | 128 | 荣 | 126 | 后 | 125 |
| 向 | 124 | 雷 | 122 | 席 | 120 | 阚 | 118 | 申 | 117 | 郝 | 116 |
| 穆 | 111 | 归 | 110 | 柯 | 109 | 莫 | 108 | 齐 | 106 | 郎 | 105 |
| 濮 | 105 | 房 | 101 | 岳 | 94 | 闫 | 93 | 卜 | 93 | 计 | 93 |
| 茹 | 91 | 乐 | 90 | 杭 | 87 | 政 | 85 | 艾 | 84 | 康 | 84 |
| 文 | 83 | 桑 | 82 | 温 | 82 | 代 | 82 | 储 | 82 | 裴 | 82 |
| 贺 | 81 | 毕 | 81 | 易 | 79 | 强 | 79 | 牛 | 78 | 应 | 72 |

续表 100

| 姓氏 | 人数 | 姓氏 | 人数 | 姓氏 | 人数 | 姓氏 | 人数 | 姓氏 | 人数 | 姓氏 | 人数 |
|---|---|---|---|---|---|---|---|---|---|---|---|
| 聂 | 70 | 伍 | 69 | 谷 | 68 | 路 | 68 | 東 | 65 | 欧阳 | 64 |
| 尚 | 64 | 宫 | 63 | 黎 | 62 | 詹 | 62 | 舒 | 61 | 安 | 60 |
| 解 | 60 | 商 | 59 | 苗 | 59 | 涂 | 59 | 喻 | 58 | 龙 | 54 |
| 池 | 54 | 糜 | 54 | 甘 | 53 | 车 | 52 | 占 | 52 | 辛 | 51 |
| 丰 | 50 | 钮 | 50 | 窦 | 49 | 臧 | 49 | 花 | 47 | 赖 | 45 |
| 司 | 45 | 靳 | 43 | 平 | 41 | 冷 | 40 | 胥 | 40 | 步 | 39 |
| 宁 | 39 | 游 | 38 | 冉 | 37 | 关 | 37 | 封 | 37 | 贝 | 37 |
| 沐 | 36 | 栾 | 36 | 符 | 36 | 年 | 36 | 晏 | 36 | 雍 | 35 |
| 甄 | 35 | 芮 | 34 | 娄 | 34 | 候 | 34 | 树 | 34 | 刁 | 33 |
| 覃 | 32 | 祖 | 32 | 佘 | 31 | 古 | 31 | 裘 | 31 | 饶 | 30 |
| 简 | 30 | 崇 | 30 | 匡 | 30 | 鞠 | 30 | 智 | 29 | 曲 | 29 |
| 干 | 29 | 凡 | 29 | 丛 | 29 | 卓 | 28 | 和 | 28 | 芦 | 28 |
| 惠 | 28 | 过 | 27 | 厉 | 27 | 荀 | 26 | 兰 | 26 | 寿 | 26 |
| 滑 | 25 | 苟 | 24 | 边 | 24 | 萧 | 23 | 迟 | 23 | 仓 | 23 |
| 鱼 | 23 | 邝 | 22 | 於 | 22 | 伏 | 22 | 阳 | 22 | 乘 | 22 |
| 燕 | 22 | 郤 | 21 | 蒲 | 21 | 巫 | 21 | 米 | 21 | 班 | 21 |
| 衡 | 21 | 侍 | 20 | 敖 | 20 | 明 | 20 | 麻 | 20 | 皮 | 19 |
| 巩 | 19 | 端木 | 19 | 仝 | 18 | 鲜 | 17 | 阙 | 17 | 征 | 16 |
| 官 | 16 | 井 | 16 | 敬 | 15 | 巴 | 15 | 鹿 | 15 | 鄢 | 14 |
| 宓 | 14 | 东 | 14 | 练 | 14 | 朴 | 14 | 云 | 13 | 蒯 | 13 |
| 岑 | 13 | 承 | 13 | 业 | 13 | 远 | 13 | 索 | 13 | 笪 | 12 |
| 上官 | 12 | 师 | 12 | 楚 | 12 | 姬 | 12 | 冒 | 12 | 皇甫 | 12 |
| 佟 | 11 | 阎 | 11 | 羊 | 11 | 贡 | 11 | 荆 | 11 | 皋 | 11 |
| 晋 | 11 | 郜 | 10 | 茆 | 10 | 戎 | 10 | 初 | 10 | 相 | 10 |
| 巢 | 10 | 位 | 10 | 谌 | 9 | 雒 | 9 | 漆 | 9 | 隋 | 9 |
| 公 | 9 | 禹 | 9 | 矫 | 9 | 道 | 9 | 伊 | 9 | 郦 | 8 |
| 渠 | 8 | 权 | 8 | 山 | 8 | 帅 | 8 | 户 | 8 | 端 | 8 |
| 寇 | 8 | 栗 | 8 | 廉 | 8 | 满 | 8 | 密 | 8 | 淡 | 8 |
| 英 | 8 | 莳 | 7 | 晁 | 7 | 腾 | 7 | 义 | 7 | 原 | 7 |
| 还 | 7 | 海 | 7 | 连 | 7 | 蒙 | 7 | 别 | 7 | 党 | 7 |
| 鄂 | 7 | 盖 | 7 | 开 | 7 | 释 | 6 | 司马 | 6 | 修 | 6 |
| 仰 | 6 | 呼 | 6 | 府 | 6 | 隆 | 6 | 那 | 6 | 博 | 6 |
| 布 | 6 | 都 | 6 | 冀 | 6 | 诸葛 | 5 | 赫 | 5 | 佐 | 5 |
| 郗 | 5 | 杲 | 5 | 眭 | 5 | 訾 | 5 | 圣 | 5 | 藤 | 5 |
| 尧 | 5 | 乙 | 5 | 犹 | 5 | 苑 | 5 | 怀 | 5 | 宦 | 5 |
| 汲 | 5 | 经 | 5 | 蓝 | 5 | 慈 | 5 | 从 | 5 | 勾 | 5 |
| 壮 | 5 | 保 | 4 | 昌 | 4 | 豆 | 4 | 奉 | 4 | 化 | 4 |
| 回 | 4 | 慕 | 4 | 南 | 4 | 农 | 4 | 青 | 4 | 韶 | 4 |

续表 100

| 姓氏 | 人数 | 姓氏 | 人数 | 姓氏 | 人数 | 姓氏 | 人数 | 姓氏 | 人数 | 姓氏 | 人数 |
|---|---|---|---|---|---|---|---|---|---|---|---|
| 疏 | 4 | 水 | 4 | 斯 | 4 | 危 | 4 | 吾 | 4 | 习 | 4 |
| 咸 | 4 | 战 | 4 | 招 | 4 | 芈 | 4 | 蔺 | 4 | 庹 | 4 |
| 恽 | 4 | 琚 | 4 | 贲 | 4 | 筱 | 4 | 把 | 3 | 暨 | 3 |
| 藏 | 3 | 操 | 3 | 达 | 3 | 凤 | 3 | 甫 | 3 | 及 | 3 |
| 梁 | 3 | 母 | 3 | 年 | 3 | 羌 | 3 | 慎 | 3 | 生 | 3 |
| 司徒 | 3 | 粟 | 3 | 宿 | 3 | 锁 | 3 | 檀 | 3 | 潭 | 3 |
| 铁 | 3 | 庭 | 3 | 宛 | 3 | 问 | 3 | 忻 | 3 | 幸 | 3 |
| 夷 | 3 | 郗 | 3 | 仑 | 3 | 鄞 | 3 | 蒿 | 3 | 闾 | 3 |
| 璩 | 3 | 柘 | 3 | 昝 | 3 | 竺 | 3 | 闭 | 3 | 洑 | 2 |
| 皎 | 2 | 拜 | 2 | 宾 | 2 | 补 | 2 | 潮 | 2 | 揣 | 2 |
| 第 | 2 | 逢 | 2 | 敢 | 2 | 国 | 2 | 哈 | 2 | 槐 | 2 |
| 环 | 2 | 建 | 2 | 揭 | 2 | 亢 | 2 | 旷 | 2 | 况 | 2 |
| 令 | 2 | 门 | 2 | 藕 | 2 | 盘 | 2 | 普 | 2 | 岂 | 2 |
| 卿 | 2 | 仁 | 2 | 容 | 2 | 汝 | 2 | 伞 | 2 | 绳 | 2 |
| 仕 | 2 | 随 | 2 | 天 | 2 | 帖 | 2 | 望 | 2 | 伟 | 2 |
| 未 | 2 | 蔚 | 2 | 尉 | 2 | 沃 | 2 | 校 | 2 | 刑 | 2 |
| 鸦 | 2 | 移 | 2 | 裔 | 2 | 英 | 2 | 有 | 2 | 宇 | 2 |
| 玉 | 2 | 元 | 2 | 湛 | 2 | 乜 | 2 | 佴 | 2 | 邸 | 2 |
| 菅 | 2 | 呙 | 2 | 宥 | 2 | 迮 | 2 | 昂 | 2 | 桃 | 1 |
| 同 | 1 | 徒 | 1 | 拓 | 1 | 乌 | 1 | 毋 | 1 | 轩 | 1 |
| 寻 | 1 | 岩 | 1 | 言 | 1 | 扬 | 1 | 也 | 1 | 依 | 1 |
| 衣 | 1 | 益 | 1 | 音 | 1 | 影 | 1 | 勇 | 1 | 由 | 1 |
| 油 | 1 | 雨 | 1 | 渣 | 1 | 掌 | 1 | 真 | 1 | 资 | 1 |
| 纵 | 1 | 亓 | 1 | 倴 | 1 | 谯 | 1 | 隗 | 1 | 郅 | 1 |
| 郓 | 1 | 茳 | 1 | 递 | 1 | 庚 | 1 | 泮 | 1 | 骞 | 1 |
| 逄 | 1 | 逯 | 1 | 骈 | 1 | 缑 | 1 | 瑭 | 1 | 璋 | 1 |
| 昕 | 1 | 羿 | 1 | 綦 | 1 | 隽 | 1 | 佡 | 1 | 奥 | 1 |
| 暴 | 1 | 卑 | 1 | 簿 | 1 | 传 | 1 | 刀 | 1 | 迪 | 1 |
| 多 | 1 | 藩 | 1 | 奉 | 1 | 扶 | 1 | 浮 | 1 | 福 | 1 |
| 副 | 1 | 嘎 | 1 | 弓 | 1 | 果 | 1 | 赫连 | 1 | 呼延 | 1 |
| 皇 | 1 | 火 | 1 | 记 | 1 | 夹 | 1 | 将 | 1 | 降 | 1 |
| 缴 | 1 | 教 | 1 | 接 | 1 | 靖 | 1 | 菊 | 1 | 巨 | 1 |
| 坎 | 1 | 库 | 1 | 来 | 1 | 历 | 1 | 疗 | 1 | 灵 | 1 |
| 令狐 | 1 | 禄 | 1 | 伦 | 1 | 麦 | 1 | 庙 | 1 | 睦 | 1 |
| 牧 | 1 | 泥 | 1 | 尼 | 1 | 祈 | 1 | 潜 | 1 | 欠 | 1 |
| 钦 | 1 | 庆 | 1 | 闰 | 1 | 润 | 1 | 闪 | 1 | 陕 | 1 |
| 善 | 1 | 申屠 | 1 | 神 | 1 | 是 | 1 | 税 | 1 | 四 | 1 |
| 松 | 1 | 台 | 1 | — | — | — | — | — | — | — | — |

（市公安局）

# 2016年太仓市暂住人口（在册）姓氏统计表

表101　　　　单位：人

| 姓氏 | 人数 | 姓氏 | 人数 | 姓氏 | 人数 | 姓氏 | 人数 | 姓氏 | 人数 | 姓氏 | 人数 |
|---|---|---|---|---|---|---|---|---|---|---|---|
| 王 | 35238 | 张 | 33799 | 李 | 31538 | 刘 | 22993 | 陈 | 20522 | 杨 | 14400 |
| 周 | 10603 | 吴 | 9710 | 朱 | 9468 | 赵 | 9272 | 徐 | 8980 | 孙 | 8197 |
| 黄 | 7851 | 胡 | 7016 | 马 | 5019 | 郭 | 4769 | 高 | 4677 | 何 | 4346 |
| 汪 | 4152 | 丁 | 4088 | 郑 | 3628 | 宋 | 3587 | 余 | 3551 | 许 | 3381 |
| 夏 | 3365 | 罗 | 3289 | 曹 | 3279 | 唐 | 3255 | 彭 | 3130 | 程 | 3100 |
| 沈 | 3089 | 韩 | 3017 | 谢 | 2887 | 潘 | 2838 | 袁 | 2731 | 冯 | 2703 |
| 邓 | 2569 | 蒋 | 2535 | 董 | 2395 | 田 | 2389 | 林 | 2388 | 蔡 | 2346 |
| 魏 | 2296 | 肖 | 2224 | 陆 | 2184 | 杜 | 2140 | 姚 | 2114 | 梁 | 2110 |
| 任 | 2060 | 顾 | 2019 | 方 | 2014 | 叶 | 2010 | 吕 | 1967 | 范 | 1910 |
| 姜 | 1848 | 金 | 1836 | 曾 | 1821 | 卢 | 1720 | 熊 | 1714 | 苏 | 1607 |
| 石 | 1549 | 付 | 1544 | 江 | 1508 | 于 | 1483 | 秦 | 1477 | 孟 | 1467 |
| 钱 | 1433 | 陶 | 1433 | 崔 | 1408 | 贾 | 1403 | 邹 | 1322 | 葛 | 1307 |
| 邵 | 1297 | 戴 | 1295 | 谭 | 1293 | 汤 | 1256 | 薛 | 1222 | 邱 | 1218 |
| 尹 | 1212 | 鲍 | 1158 | 廖 | 1104 | 闫 | 1093 | 严 | 1087 | 史 | 1078 |
| 万 | 1049 | 侯 | 1037 | 段 | 1034 | 钟 | 1030 | 雷 | 1022 | 毛 | 998 |
| 施 | 984 | 占 | 967 | 龚 | 952 | 代 | 911 | 孔 | 902 | 倪 | 859 |
| 殷 | 839 | 向 | 838 | 武 | 797 | 贺 | 781 | 章 | 780 | 白 | 774 |
| 洪 | 758 | 文 | 735 | 常 | 732 | 樊 | 728 | 耿 | 711 | 童 | 706 |
| 盛 | 705 | 屈 | 705 | 邢 | 693 | 鲁 | 688 | 梅 | 681 | 龙 | 678 |
| 牛 | 660 | 韦 | 631 | 左 | 619 | 郝 | 619 | 单 | 613 | 翟 | 612 |
| 季 | 610 | 颜 | 601 | 乔 | 585 | 焦 | 574 | 项 | 562 | 康 | 543 |
| 尚 | 520 | 时 | 511 | 聂 | 511 | 齐 | 509 | 毕 | 504 | 岳 | 503 |
| 纪 | 495 | 俞 | 484 | 庄 | 479 | 庞 | 469 | 管 | 467 | 安 | 459 |
| 易 | 449 | 欧 | 448 | 祝 | 426 | 黎 | 424 | 凌 | 421 | 路 | 420 |
| 申 | 415 | 卞 | 415 | 伍 | 401 | 霍 | 399 | 冉 | 394 | 吉 | 390 |
| 谷 | 386 | 涂 | 375 | 詹 | 369 | 裴 | 368 | 苗 | 363 | 成 | 354 |
| 阮 | 350 | 缪 | 345 | 温 | 345 | 柳 | 344 | 商 | 342 | 房 | 336 |
| 骆 | 335 | 包 | 333 | 尤 | 327 | 华 | 324 | 喻 | 323 | 甘 | 319 |
| 舒 | 316 | 费 | 314 | 仲 | 312 | 祁 | 308 | 莫 | 306 | 解 | 303 |
| 褚 | 296 | 覃 | 293 | 司 | 292 | 靳 | 290 | 戚 | 282 | 柯 | 272 |
| 傅 | 269 | 关 | 268 | 赖 | 261 | 翁 | 256 | 游 | 256 | 束 | 254 |
| 柴 | 250 | 卜 | 249 | 候 | 242 | 瞿 | 242 | 党 | 235 | 郁 | 233 |
| 辛 | 229 | 宗 | 228 | 柏 | 226 | 沙 | 225 | 兰 | 224 | 饶 | 221 |
| 蒲 | 219 | 娄 | 215 | 滕 | 215 | 卫 | 213 | 臧 | 211 | 桑 | 201 |
| 桂 | 200 | 艾 | 199 | 牟 | 197 | 车 | 196 | 穆 | 193 | 宁 | 193 |
| 窦 | 192 | 凡 | 191 | 仇 | 188 | 佘 | 188 | 席 | 187 | 阳 | 185 |
| 花 | 183 | 查 | 178 | 储 | 175 | 姬 | 172 | 闵 | 172 | 晏 | 171 |

续表 101

| 姓氏 | 人数 | 姓氏 | 人数 | 姓氏 | 人数 | 姓氏 | 人数 | 姓氏 | 人数 | 姓氏 | 人数 |
|---|---|---|---|---|---|---|---|---|---|---|---|
| 荣 | 164 | 燕 | 161 | 冷 | 160 | 卓 | 158 | 景 | 158 | 南 | 155 |
| 麻 | 155 | 巩 | 154 | 惠 | 154 | 简 | 152 | 刁 | 151 | 郎 | 148 |
| 虞 | 146 | 仝 | 146 | 宫 | 142 | 封 | 141 | 豆 | 140 | 苟 | 136 |
| 符 | 136 | 屠 | 135 | 支 | 134 | 谈 | 132 | 嵇 | 132 | 应 | 127 |
| 闻 | 122 | 伏 | 121 | 匡 | 121 | 侍 | 120 | 沐 | 120 | 胥 | 119 |
| 阿 | 113 | 古 | 113 | 贡 | 112 | 师 | 111 | 芦 | 110 | 戈 | 108 |
| 曲 | 107 | 乐 | 105 | 郇 | 104 | 甄 | 103 | 连 | 103 | 明 | 100 |
| 雍 | 98 | 阙 | 98 | 米 | 92 | 普 | 92 | 岑 | 92 | 和 | 91 |
| 权 | 90 | 郜 | 89 | 计 | 89 | 禹 | 87 | 杭 | 85 | 位 | 85 |
| 居 | 84 | 全 | 83 | 强 | 83 | 於 | 83 | 楚 | 81 | 蓝 | 81 |
| 帅 | 81 | 栗 | 80 | 诸 | 79 | 奚 | 76 | 池 | 75 | 茆 | 75 |
| 栾 | 74 | 皮 | 74 | 敖 | 73 | 原 | 72 | 蒙 | 72 | 祖 | 71 |
| 蒯 | 71 | 边 | 71 | 芮 | 71 | 浦 | 71 | 印 | 70 | 年 | 69 |
| 相 | 68 | 班 | 68 | 戎 | 67 | 丰 | 64 | 苑 | 63 | 谌 | 63 |
| 蔺 | 63 | 荆 | 63 | 鞠 | 63 | 宣 | 63 | 狄 | 62 | 寇 | 61 |
| 井 | 60 | 远 | 60 | 蓟 | 59 | 厉 | 58 | 汝 | 58 | 衡 | 57 |
| 廉 | 57 | 冀 | 56 | 皇 | 56 | 巴 | 56 | 官 | 55 | 圣 | 55 |
| 阚 | 55 | 郃 | 55 | 海 | 55 | 凤 | 53 | 平 | 52 | 巫 | 51 |
| 宛 | 50 | 尧 | 50 | 展 | 49 | 漆 | 49 | 迟 | 49 | 尉 | 48 |
| 伊 | 48 | 况 | 48 | 茅 | 47 | 鹿 | 46 | 门 | 46 | 母 | 45 |
| 辜 | 45 | 刀 | 45 | 钮 | 45 | 轩 | 44 | 从 | 44 | 敬 | 44 |
| 满 | 43 | 来 | 43 | 鄢 | 43 | 晁 | 43 | 佟 | 43 | 隋 | 43 |
| 化 | 42 | 练 | 42 | 隆 | 41 | 訾 | 41 | 种 | 40 | 鲜 | 40 |
| 邸 | 39 | 卿 | 38 | 云 | 38 | 崇 | 38 | 郗 | 37 | 庹 | 37 |
| 晋 | 37 | 腾 | 37 | 粟 | 36 | 纵 | 36 | 渠 | 36 | 阎 | 35 |
| 丛 | 34 | 户 | 34 | 智 | 34 | 但 | 34 | 幸 | 33 | 茹 | 32 |
| 薄 | 32 | 楼 | 32 | 冒 | 32 | 赫 | 32 | 裘 | 32 | 濮 | 32 |
| 檀 | 32 | 仓 | 31 | 索 | 31 | 习 | 30 | 别 | 29 | 羊 | 29 |
| 呼 | 29 | 缑 | 29 | 盘 | 28 | 农 | 27 | 随 | 27 | 危 | 26 |
| 慕 | 26 | 冶 | 26 | 靖 | 26 | 干 | 26 | 操 | 26 | 朴 | 25 |
| 逯 | 25 | 揭 | 25 | 贲 | 25 | 刑 | 25 | 国 | 24 | 乙 | 24 |
| 亢 | 24 | 银 | 24 | 勒 | 24 | 仵 | 24 | 卯 | 23 | 禄 | 23 |
| 仰 | 23 | 滑 | 23 | 麦 | 22 | 蒿 | 22 | 开 | 22 | 郇 | 22 |
| 都 | 22 | 绳 | 21 | 那 | 21 | 修 | 21 | 隗 | 21 | 木 | 21 |
| 疏 | 20 | 步 | 20 | 勾 | 20 | 水 | 20 | 鄂 | 20 | 由 | 20 |
| 旷 | 19 | 昝 | 19 | 东 | 19 | 盖 | 19 | 潭 | 19 | 过 | 19 |
| 未 | 18 | 征 | 18 | 邝 | 18 | 巨 | 18 | 慈 | 17 | 衣 | 17 |
| 台 | 17 | 茶 | 17 | 湛 | 17 | 岩 | 17 | 宇 | 17 | 昌 | 17 |
| 沃 | 16 | 陟 | 16 | 先 | 16 | 俸 | 16 | 亓 | 16 | 令 | 16 |

续表 101

| 姓氏 | 人数 | 姓氏 | 人数 | 姓氏 | 人数 | 姓氏 | 人数 | 姓氏 | 人数 | 姓氏 | 人数 |
|---|---|---|---|---|---|---|---|---|---|---|---|
| 咸 | 16 | 奉 | 16 | 糜 | 16 | 山 | 16 | 上 | 16 | 藏 | 16 |
| 阴 | 15 | 尼 | 15 | 第 | 15 | 经 | 15 | 玉 | 15 | 郦 | 15 |
| 梁 | 14 | 琚 | 14 | 柘 | 14 | 生 | 14 | 皋 | 14 | 扈 | 14 |
| 战 | 14 | 拜 | 14 | 宇 | 14 | 元 | 14 | 雒 | 14 | 密 | 13 |
| 谯 | 13 | 要 | 13 | 杲 | 13 | 产 | 13 | 初 | 13 | 郏 | 13 |
| 仁 | 12 | 把 | 12 | 竹 | 12 | 丘 | 12 | 萧 | 12 | 员 | 12 |
| 营 | 12 | 的 | 12 | 扶 | 12 | 闪 | 12 | 庆 | 12 | 笪 | 12 |
| 寻 | 12 | 义 | 11 | 各 | 11 | 保 | 11 | 虎 | 11 | 巢 | 11 |
| 后 | 11 | 瓮 | 11 | 宿 | 11 | 买 | 11 | 斯 | 11 | 娜 | 11 |
| 吝 | 11 | 淡 | 11 | 克 | 11 | 汲 | 10 | 还 | 10 | 刚 | 10 |
| 承 | 10 | 黑 | 10 | 续 | 10 | 畅 | 10 | 贝 | 10 | 库 | 10 |
| 西 | 10 | 历 | 10 | 完 | 10 | 蹇 | 10 | 介 | 10 | 依 | 10 |
| 佐 | 9 | 籍 | 9 | 植 | 9 | 荚 | 9 | 扬 | 9 | 钦 | 9 |
| 毋 | 9 | 劳 | 9 | 招 | 9 | 树 | 9 | 奈 | 9 | 宝 | 9 |
| 泮 | 9 | 暴 | 9 | 将 | 9 | 鱼 | 9 | 顿 | 9 | 俄 | 9 |
| 无 | 9 | 苌 | 9 | 你 | 9 | 玄 | 9 | 税 | 9 | 校 | 9 |
| 念 | 9 | 钞 | 9 | 戢 | 9 | 锁 | 9 | 寿 | 9 | 么 | 8 |
| 竺 | 8 | 宾 | 8 | 鄎 | 8 | 可 | 8 | 归 | 8 | 节 | 8 |
| 怀 | 8 | 青 | 8 | 须 | 8 | 暨 | 8 | 張 | 8 | 甲 | 8 |
| 欠 | 8 | 亚 | 8 | 信 | 8 | 光 | 8 | 同 | 7 | 力 | 7 |
| 刿 | 7 | 荔 | 7 | 颛 | 7 | 啊 | 7 | 掌 | 7 | 脱 | 7 |
| 负 | 7 | 沭 | 7 | 加 | 7 | 闾 | 7 | 奕 | 7 | 富 | 7 |
| 英 | 7 | 洛 | 7 | 贯 | 7 | 容 | 7 | 眭 | 7 | 娇 | 7 |
| 迮 | 6 | 恽 | 6 | 松 | 6 | 郄 | 6 | 宦 | 6 | 朋 | 6 |
| 汉 | 6 | 达 | 6 | 仉 | 6 | 铁 | 6 | 恒 | 6 | 裔 | 6 |
| 盈 | 6 | 庙 | 6 | 端 | 6 | 杞 | 6 | 建 | 6 | 偏 | 6 |
| 恰 | 6 | 阵 | 5 | 禚 | 5 | 憨 | 5 | 宓 | 5 | 朗 | 5 |
| 利 | 5 | 綦 | 5 | 揣 | 5 | 蜂 | 5 | 浩 | 5 | 能 | 5 |
| 負 | 5 | 是 | 5 | 三 | 5 | 吾 | 5 | 宏 | 5 | 镐 | 5 |
| 尔 | 5 | 日 | 5 | 凃 | 5 | 忻 | 5 | 郝 | 5 | 庚 | 5 |
| 格 | 5 | 小 | 5 | 资 | 5 | 职 | 5 | 羌 | 5 | 布 | 5 |
| 菅 | 5 | 有 | 5 | 切 | 5 | 采 | 5 | 郯 | 5 | 骈 | 5 |
| 帖 | 5 | 颉 | 5 | 庭 | 5 | 佀 | 5 | 蔚 | 5 | 慎 | 4 |
| 邵 | 4 | 立 | 4 | 浮 | 4 | 钼 | 4 | 首 | 4 | 药 | 4 |
| 雪 | 4 | 类 | 4 | 越 | 4 | 自 | 4 | 延 | 4 | 弯 | 4 |
| 堵 | 4 | 寥 | 4 | 潜 | 4 | 奏 | 4 | 喇 | 4 | 励 | 4 |
| 主 | 4 | 淦 | 4 | 衷 | 4 | 乌 | 4 | 多 | 4 | 业 | 4 |
| 独 | 4 | 图 | 4 | 拾 | 4 | 望 | 4 | 音 | 4 | 宴 | 4 |
| 迪 | 4 | 弋 | 4 | 薛 | 4 | 排 | 4 | 炊 | 4 | 拥 | 4 |
| 行 | 4 | 郉 | 4 | 寸 | 4 | 秋 | 4 | 油 | 4 | 补 | 4 |

续表 101

| 姓氏 | 人数 | 姓氏 | 人数 | 姓氏 | 人数 | 姓氏 | 人数 | 姓氏 | 人数 | 姓氏 | 人数 |
|---|---|---|---|---|---|---|---|---|---|---|---|
| 环 | 4 | 会 | 3 | 侬 | 3 | 本 | 3 | 稂 | 3 | 淳 | 3 |
| 陕 | 3 | 宥 | 3 | 夷 | 3 | 邛 | 3 | 郅 | 3 | 双 | 3 |
| 偶 | 3 | 拉 | 3 | 聊 | 3 | 羿 | 3 | 乜 | 3 | 泰 | 3 |
| 回 | 3 | 竟 | 3 | 板 | 3 | 澹 | 3 | 香 | 3 | 丑 | 3 |
| 弗 | 3 | 用 | 3 | 雅 | 3 | 留 | 3 | 院 | 3 | 纳 | 3 |
| 槐 | 3 | 敦 | 3 | 扎 | 3 | 甫 | 3 | 神 | 3 | 地 | 3 |
| 寮 | 3 | 录 | 3 | 角 | 3 | 宰 | 3 | 闰 | 3 | 雀 | 3 |
| 哈 | 3 | 折 | 3 | 冼 | 3 | 超 | 3 | 法 | 3 | 柒 | 3 |
| 敌 | 3 | 宜 | 3 | 逄 | 3 | 甯 | 3 | 藤 | 3 | 斐 | 3 |
| 问 | 3 | 太 | 3 | 理 | 3 | 桔 | 3 | 缪 | 3 | 堇 | 3 |
| 睢 | 3 | 公 | 3 | 高 | 3 | 僧 | 3 | 仪 | 2 | 谬 | 2 |
| 摆 | 2 | 厍 | 2 | 鉴 | 2 | 吕 | 2 | 晁 | 2 | 逢 | 2 |
| 鼓 | 2 | 彩 | 2 | 益 | 2 | 杏 | 2 | 妥 | 2 | 晚 | 2 |
| 乃 | 2 | 苍 | 2 | 犹 | 2 | 呈 | 2 | 绪 | 2 | 永 | 2 |
| 范 | 2 | 牧 | 2 | 目 | 2 | 戍 | 2 | 贤 | 2 | 芩 | 2 |
| 考 | 2 | 老 | 2 | 宸 | 2 | 仕 | 2 | 线 | 2 | 惹 | 2 |
| 耍 | 2 | 殳 | 2 | 塞 | 2 | 四 | 2 | 静 | 2 | 伯 | 2 |
| 更 | 2 | 叱 | 2 | 踪 | 2 | 赤 | 2 | 友 | 2 | 广 | 2 |
| 郤 | 2 | 秘 | 2 | 真 | 2 | 俱 | 2 | 绍 | 2 | 扁 | 2 |
| 接 | 2 | 褚 | 2 | 言 | 2 | 贵 | 2 | 钭 | 2 | 非 | 2 |
| 剧 | 2 | 柳 | 2 | 府 | 2 | 波 | 2 | 融 | 2 | 佰 | 2 |
| 伞 | 2 | 祈 | 2 | 禤 | 2 | 他 | 2 | 慧 | 2 | 土 | 2 |
| 喜 | 2 | 隽 | 2 | 瓦 | 2 | 呷 | 2 | 疠 | 2 | 递 | 2 |
| 弓 | 2 | 及 | 2 | 茌 | 2 | 颜 | 2 | 稽 | 2 | 果 | 2 |
| 苪 | 2 | 起 | 2 | 额 | 2 | 热 | 2 | 仙 | 2 | 璩 | 2 |
| 赛 | 2 | 钊 | 2 | 某 | 2 | 钤 | 2 | 镇 | 2 | 帕 | 2 |
| 期 | 2 | 撒 | 2 | 忽 | 2 | 彦 | 2 | 殴 | 2 | 裘 | 1 |
| 带 | 1 | 千 | 1 | 伟 | 1 | 莲 | 1 | 妳 | 1 | 河 | 1 |
| 嚢 | 1 | 参 | 1 | 条 | 1 | 塔 | 1 | 阎 | 1 | 大 | 1 |
| 冻 | 1 | 颈 | 1 | 速 | 1 | 优 | 1 | 拓 | 1 | 底 | 1 |
| 少 | 1 | 羽 | 1 | 威 | 1 | 丽 | 1 | 提 | 1 | 春 | 1 |
| 肯 | 1 | 妖 | 1 | 兽 | 1 | 她 | 1 | 帮 | 1 | 旺 | 1 |
| 亲 | 1 | 兹 | 1 | 秀 | 1 | 董 | 1 | 岗 | 1 | 讦 | 1 |
| 根 | 1 | 使 | 1 | 福 | 1 | 梨 | 1 | 殿 | 1 | 箫 | 1 |
| 工 | 1 | 待 | 1 | 苳 | 1 | 畔 | 1 | 进 | 1 | 哎 | 1 |
| 阊 | 1 | 歧 | 1 | 吞 | 1 | 供 | 1 | 莽 | 1 | 伦 | 1 |
| 坚 | 1 | 盆 | 1 | 荐 | 1 | 皎 | 1 | 柔 | 1 | 辅 | 1 |
| 革 | 1 | 豪 | 1 | 弟 | 1 | 五 | 1 | 箔 | 1 | 倘 | 1 |
| 维 | 1 | 菊 | 1 | 瘤 | 1 | 竞 | 1 | 佴 | 1 | 萱 | 1 |

续表 101

| 姓氏 | 人数 | 姓氏 | 人数 | 姓氏 | 人数 | 姓氏 | 人数 | 姓氏 | 人数 | 姓氏 | 人数 |
|---|---|---|---|---|---|---|---|---|---|---|---|
| 祃 | 1 | 枧 | 1 | 商 | 1 | 閤 | 1 | 察 | 1 | 倾 | 1 |
| 抗 | 1 | 槽 | 1 | 昔 | 1 | 苓 | 1 | 桌 | 1 | 团 | 1 |
| 匀 | 1 | 堂 | 1 | 洑 | 1 | 嘉 | 1 | 怒 | 1 | 朵 | 1 |
| 效 | 1 | 列 | 1 | 午 | 1 | 让 | 1 | 救 | 1 | 芈 | 1 |
| 樊 | 1 | 润 | 1 | 此 | 1 | 前 | 1 | 叩 | 1 | 醴 | 1 |
| 汗 | 1 | 样 | 1 | 善 | 1 | 敏 | 1 | 妮 | 1 | 运 | 1 |
| 褥 | 1 | 钏 | 1 | 彤 | 1 | 冬 | 1 | 良 | 1 | 迭 | 1 |
| 鸿 | 1 | 九 | 1 | 珍 | 1 | 牙 | 1 | 顷 | 1 | 睦 | 1 |
| 芷 | 1 | 腊 | 1 | 竭 | 1 | 则 | 1 | 差 | 1 | 火 | 1 |
| 增 | 1 | 交 | 1 | 寇 | 1 | 卡 | 1 | 娘 | 1 | 昂 | 1 |
| 侣 | 1 | 翰 | 1 | 呙 | 1 | 夹 | 1 | 固 | 1 | 现 | 1 |
| 芹 | 1 | 纽 | 1 | 渡 | 1 | 葫 | 1 | 航 | 1 | 九 | 1 |
| 虢 | 1 | 乘 | 1 | 勇 | 1 | 扭 | 1 | 斌 | 1 | 墙 | 1 |
| 锡 | 1 | 委 | 1 | 楊 | 1 | 傅 | 1 | 歹 | 1 | 社 | 1 |
| 芳 | 1 | 郤 | 1 | 睢 | 1 | 伽 | 1 | 涉 | 1 | 棘 | 1 |
| 姬 | 1 | 月 | 1 | 蕾 | 1 | 妙 | 1 | 济 | 1 | 政 | 1 |
| 飘 | 1 | 曾 | 1 | 雄 | 1 | 靳 | 1 | 巍 | 1 | 沫 | 1 |
| 所 | 1 | 几 | 1 | 湾 | 1 | 侨 | 1 | 蔼 | 1 | 熬 | 1 |
| 赖 | 1 | 批 | 1 | 娥 | 1 | 夺 | 1 | 芜 | 1 | 约 | 1 |
| 蔬 | 1 | 陇 | 1 | 息 | 1 | 尕 | 1 | 渐 | 1 | 喊 | 1 |
| 姞 | 1 | 努 | 1 | 道 | 1 | 亿 | 1 | 辙 | 1 | 蓦 | 1 |
| 七 | 1 | 栋 | 1 | 催 | 1 | 肇 | 1 | 早 | 1 | 冲 | 1 |
| 璠 | 1 | 凯 | 1 | 儿 | 1 | 觉 | 1 | 零 | 1 | 吏 | 1 |
| 减 | 1 | 澎 | 1 | 省 | 1 | 们 | 1 | 甜 | 1 | 湖 | 1 |
| 蓬 | 1 | 次 | 1 | 才 | 1 | 部 | 1 | 猴 | 1 | 刊 | 1 |
| 降 | 1 | 柬 | 1 | 饨 | 1 | 下 | 1 | 朝 | 1 | 鹂 | 1 |
| 桓 | 1 | 什 | 1 | 弥 | 1 | 蒋 | 1 | 骞 | 1 | 沪 | 1 |
| 怡 | 1 | 懂 | 1 | 影 | 1 | 奶 | 1 | 培 | 1 | 皱 | 1 |
| 翠 | 1 | 央 | 1 | 嘎 | 1 | 磨 | 1 | 允 | 1 | 恭 | 1 |
| 负 | 1 | 闭 | 1 | 忝 | 1 | 者 | 1 | 敢 | 1 | 汰 | 1 |
| 韶 | 1 | 比 | 1 | 发 | 1 | 阚 | 1 | 任 | 1 | 盂 | 1 |
| 淼 | 1 | 传 | 1 | 卑 | 1 | 潮 | 1 | 佛 | 1 | 述 | 1 |
| 栢 | 1 | 勤 | 1 | 如 | 1 | 迎 | 1 | 闲 | 1 | 庚 | 1 |
| 律 | 1 | 星 | 1 | 悦 | 1 | 勃 | 1 | 陳 | 1 | 橐 | 1 |
| 奎 | 1 | 坎 | 1 | 思 | 1 | 郡 | 1 | 末 | 1 | 貊 | 1 |
| 浓 | 1 | 筒 | 1 | 簿 | 1 | 美 | 1 | 沣 | 1 | 顶 | 1 |
| 钮 | 1 | 莆 | 1 | 散 | 1 | 租 | 1 | 袭 | 1 | — | — |

（市公安局）

## 2016年“985工程”“211工程”在太仓录取本科学生名单（159人）

表102

| 序号 | 姓名 | 录取学校 | 录取专业 |
|---|---|---|---|
| 1 | 李　琛 | 南京大学 | 软件工程 |
| 2 | 倪　婧 | 南京大学 | 公共管理类 |
| 3 | 付　欢 | 南京大学 | 信息管理与信息系统 |
| 4 | 黄雅婕 | 南京大学 | 城乡规划 |
| 5 | 朱凌云 | 南京大学 | 建筑学 |
| 6 | 陈梦娇 | 南京大学 | 软件工程 |
| 7 | 石豪杰 | 哈尔滨工业大学 | 自动化类 |
| 8 | 周思宇 | 中国海洋大学 | 电子信息科学与技术 |
| 9 | 张雨婷 | 四川大学 | 公共管理类 |
| 10 | 徐启航 | 四川大学 | 高分子材料与工程 |
| 11 | 朱灵波 | 四川大学 | 新闻传播学类 |
| 12 | 严陈淳 | 上海交通大学 | 工科试验班类（含海洋工程类等专业） |
| 13 | 王储君 | 上海交通大学 | 工科试验班类（含海洋工程类等专业） |
| 14 | 汪芯仪 | 东南大学 | 英语 |
| 15 | 张泽驰 | 东南大学 | 工科试验班（吴健雄班） |
| 16 | 潘　姚 | 东南大学 | 物理学类 |
| 17 | 吴曦煜 | 华东师范大学（中山北路校区） | 汉语国际教育 |
| 18 | 张缴怡 | 南开大学 | 计算机类 |
| 19 | 汤以舟 | 华南理工大学 | 水利水电工程 |
| 20 | 夏泽平 | 兰州大学 | 地理科学类（基地班） |
| 21 | 陆润叶 | 大连理工大学 | 工程力学（钱令希力学创新实验班） |
| 22 | 庞振豪 | 中央民族大学 | 环境设计 |
| 23 | 陈　潜 | 苏州大学 | 物流管理 |
| 24 | 高晋岩 | 苏州大学 | 电子信息工程 |
| 25 | 童　瑶 | 苏州大学 | 思想政治教育（师范） |
| 26 | 黄乐怡 | 苏州大学 | 金融学 |
| 27 | 吴　斌 | 苏州大学 | 材料类 |
| 28 | 李　由 | 苏州大学 | 法学 |
| 29 | 陆雯婷 | 苏州大学 | 环境工程 |
| 30 | 王超逸 | 苏州大学 | 化学类 |

续表 102

| 序号 | 姓名 | 录取学校 | 录取专业 |
|---|---|---|---|
| 31 | 徐梦婷 | 苏州大学 | 放射医学 |
| 32 | 严晓毓 | 苏州大学 | 护理学 |
| 33 | 许文璐 | 苏州大学 | 护理学 |
| 34 | 崔逸君 | 苏州大学 | 数学类 |
| 35 | 黄　楠 | 苏州大学 | 建筑学 |
| 36 | 王亦心 | 苏州大学 | 计算机类 |
| 37 | 黄　薇 | 苏州大学 | 法学 |
| 38 | 陆　蝶 | 苏州大学 | 通信工程（嵌入式培养） |
| 39 | 孙悦涵 | 苏州大学 | 劳动与社会保障 |
| 40 | 丁　璐 | 苏州大学 | 日语 |
| 41 | 蒋袁杰 | 苏州大学 | 电子商务 |
| 42 | 赵思雨 | 苏州大学 | 信息工程 |
| 43 | 李锶晨 | 苏州大学 | 社会工作 |
| 44 | 李雪松 | 苏州大学 | 纳米材料与技术 |
| 45 | 姚嘉诚 | 苏州大学 | 轨道交通信号与控制 |
| 46 | 谢文奇 | 苏州大学 | 工程管理 |
| 47 | 顾嘉乐 | 苏州大学 | 新闻传播学类 |
| 48 | 顾宇霆 | 苏州大学 | 社会工作 |
| 49 | 何乐为 | 苏州大学 | 金属材料工程 |
| 50 | 叶书凝 | 苏州大学 | 电气工程与智能控制 |
| 51 | 朱苗然 | 苏州大学 | 轨道交通信号与控制 |
| 52 | 李伟鸿 | 苏州大学 | 纳米材料与技术 |
| 53 | 龚　琰 | 苏州大学 | 材料类 |
| 54 | 陈嘉慧 | 苏州大学 | 数学类 |
| 55 | 欧阳飞凡 | 苏州大学 | 电气工程及其自动化 |
| 56 | 周健鑫 | 苏州大学 | 通信工程（嵌入式培养） |
| 57 | 潘展蓉 | 苏州大学 | 英语（师范） |
| 58 | 蒋宇星 | 苏州大学 | 中国语言文学类 |
| 59 | 刘明程 | 江南大学 | 生物工程 |
| 60 | 马韵竹 | 江南大学 | 汉语言文学 |
| 61 | 陈　婷 | 江南大学 | 国际经济与贸易 |
| 62 | 刘晓芸 | 江南大学 | 美术学（师范） |
| 63 | 曹志豪 | 江南大学 | 物联网工程 |

续表 102

| 序号 | 姓名 | 录取学校 | 录取专业 |
|---|---|---|---|
| 64 | 王　聪 | 江南大学 | 国际经济与贸易 |
| 65 | 唐雨兰 | 江南大学 | 国际经济与贸易 |
| 66 | 周胡懿 | 江南大学 | 服装设计与工程 |
| 67 | 王紫嫣 | 江南大学 | 物联网工程 |
| 68 | 薄熙来 | 江南大学 | 食品质量与安全 |
| 69 | 郑德镇 | 西藏大学 | 植物保护 |
| 70 | 林佳慧 | 西南大学 | 农学 |
| 71 | 黄　霄 | 南京师范大学 | 汉语言 |
| 72 | 姚星宇 | 南京师范大学 | 化学（师范） |
| 73 | 顾冯依 | 南京师范大学 | 数学与应用数学（师范） |
| 74 | 张诗岫 | 南京师范大学 | 文物与博物馆学 |
| 75 | 周　越 | 南京师范大学 | 电气工程及其自动化 |
| 76 | 金　天 | 南京师范大学 | 美术学类 |
| 77 | 钱珏霖 | 南京师范大学 | 汉语言文学（基地班） |
| 78 | 刘嘉懿 | 南京师范大学 | 秘书学 |
| 79 | 许歆余 | 南京师范大学 | 数学与应用数学（师范） |
| 80 | 张　妍 | 南京师范大学 | 经济学 |
| 81 | 朱雅萍 | 南京师范大学 | 教育技术学（师范） |
| 82 | 陈佳萍 | 南京师范大学 | 工商管理 |
| 83 | 周钰琳 | 南京师范大学 | 劳动与社会保障 |
| 84 | 曹　颖 | 南京师范大学 | 生物科学（基地班） |
| 85 | 时雨婷 | 南京师范大学 | 化学（师范） |
| 86 | 陈顶音 | 南京师范大学 | 会计学 |
| 87 | 江玛岚 | 南京师范大学 | 会计学 |
| 88 | 魏孟奇 | 南京师范大学 | 英语（师范） |
| 89 | 王智洋 | 南京师范大学 | 计算机科学与技术（师范） |
| 90 | 丁莉莎 | 南京师范大学 | 设计学类 |
| 91 | 陈　铭 | 南京师范大学 | 应用心理学 |
| 92 | 苏庆瑜 | 南京师范大学 | 生物技术 |
| 93 | 顾诗祎 | 南京师范大学 | 环境科学与工程类 |
| 94 | 张宇杰 | 东华大学 | 材料类 |
| 95 | 张佳楠 | 东华大学 | 日语 |
| 96 | 陆汪天宇 | 东华大学 | 计算机类 |

续表 102

| 序号 | 姓名 | 录取学校 | 录取专业 |
| --- | --- | --- | --- |
| 97 | 夏纯琰 | 东华大学 | 产品设计 |
| 98 | 时跃宇 | 东华大学（延安路校区） | 经济管理试验班 |
| 99 | 龚芷怡 | 东华大学（延安路校区） | 管理科学与工程类 |
| 100 | 唐颐净 | 东华大学 | 服装与服饰设计 |
| 101 | 陈芷欣 | 东华大学（延安路校区） | 经济管理试验班 |
| 102 | 马卓成 | 东华大学 | 理科试验班 |
| 103 | 王梦圆 | 暨南大学 | 音乐学（音乐演奏艺术） |
| 104 | 陈梦佳 | 南京理工大学 | 电子信息类 |
| 105 | 曹　敏 | 南京理工大学 | 自动化类（轨道交通信号与控制、自动化） |
| 106 | 盛宇君 | 南京农业大学 | 工程管理 |
| 107 | 徐凤倩 | 南京农业大学 | 公共事业管理 |
| 108 | 涂蓓玉 | 南京农业大学 | 园艺 |
| 109 | 陈天缘 | 南京农业大学 | 材料成型及控制工程 |
| 110 | 朱煜辰 | 南京农业大学 | 材料成型及控制工程 |
| 111 | 仇宇俊 | 南京农业大学 | 自动化 |
| 112 | 朱彦澜 | 南京农业大学 | 行政管理 |
| 113 | 江盼慧 | 南京农业大学 | 社会学 |
| 114 | 冯雨婷 | 南京农业大学 | 表演 |
| 115 | 刘雨婷 | 南京农业大学 | 劳动与社会保障 |
| 116 | 陈　波 | 南京农业大学 | 车辆工程 |
| 117 | 沈鸿杰 | 河海大学 | 水利水电工程 |
| 118 | 刘　洋 | 河海大学 | 水务工程 |
| 119 | 沈智渊 | 河海大学 | 会计学 |
| 120 | 蒋明欢 | 河海大学 | 水利水电工程 |
| 121 | 戈思涵 | 河海大学 | 港口航道与海岸工程 |
| 122 | 孙　昊 | 西安电子科技大学 | 管理科学与工程类 |
| 123 | 张瑾文 | 武汉理工大学 | 机械设计制造及其自动化 |
| 124 | 闻　煜 | 福州大学 | 机械设计制造及其自动化 |
| 125 | 吴韵怡 | 福州大学 | 交通运输类 |
| 126 | 杨迎嬉 | 福州大学（厦门市集美校区） | 设计学类 |
| 127 | 陆佳丽 | 福州大学（厦门市集美校区） | 设计学类 |
| 128 | 陈佳炜 | 太原理工大学 | 工程力学 |

续表 102

| 序号 | 姓名 | 录取学校 | 录取专业 |
|---|---|---|---|
| 129 | 曹志雯 | 海南大学 | 工商管理类 |
| 130 | 张逸豪 | 华东理工大学 | 安全工程（安全检测技术） |
| 131 | 万家成 | 华东理工大学 | 法学 |
| 132 | 王惠静川 | 华东理工大学 | 管理科学与工程类 |
| 133 | 顾琦悦 | 华东理工大学 | 材料成型及控制工程 |
| 134 | 陆已苏 | 华东理工大学 | 国际经济与贸易 |
| 135 | 张庐千雪 | 华东理工大学 | 化工与制药类 |
| 136 | 蔡正文 | 合肥工业大学 | 交通运输 |
| 137 | 陶玲吉 | 北京外国语大学 | 外交学 |
| 138 | 汪国俊 | 北京外国语大学 | 金融学 |
| 139 | 张涵敏 | 北京体育大学 | 运动人体科学 |
| 140 | 马霖羽 | 北京体育大学 | 新闻学 |
| 141 | 张潇瑜 | 中国药科大学 | 药学 |
| 142 | 毛姝英 | 中国药科大学 | 中药学 |
| 143 | 王昱颖 | 中国药科大学 | 信息管理与信息系统（医药） |
| 144 | 张诗雯 | 中国药科大学 | 经济学（医药） |
| 145 | 潘伟国 | 华北电力大学（北京） | 市场营销 |
| 146 | 闻　蔷 | 中国石油大学（华东） | 信息管理与信息系统 |
| 147 | 傅蔚珽 | 西南交通大学 | 电子信息科学与技术 |
| 148 | 李　妍 | 西南交通大学 | 建筑类 |
| 149 | 闻炯明 | 河北工业大学 | 工程管理 |
| 150 | 张　悦 | 中国政法大学 | 国际商务 |
| 151 | 童　遥 | 哈尔滨工程大学 | 机械设计制造及其自动化 |
| 152 | 顾　芃 | 中国地质大学（武汉） | 旅游管理 |
| 153 | 钱易安 | 南京航空航天大学 | 工商管理类 |
| 154 | 顾翔宇 | 南京航空航天大学 | 飞行技术 |
| 155 | 钱　兮 | 南京航空航天大学 | 电气工程及其自动化 |
| 156 | 龚　怡 | 南京航空航天大学 | 自动化 |
| 157 | 顾鹏飞 | 南京航空航天大学 | 自动化 |
| 158 | 严咏春 | 中国矿业大学 | 环境科学与工程类 |
| 159 | 何宇枫 | 郑州大学 | 机械工程 |

（市教育局）

# 2016 年度百岁老人名单

表 103

| 序号 | 姓名 | 性别 | 出生年月 | 家庭居住地 | 备注 |
| --- | --- | --- | --- | --- | --- |
| 1 | 宋协屏 | 女 | 1911 年 3 月 10 日 | 城厢镇县府社区 | — |
| 2 | 李家汶 | 女 | 1914 年 4 月 17 日 | 城厢镇梅园社区 | 2016 年 10 月去世 |
| 3 | 王秀英 | 女 | 1915 年 2 月 23 日 | 城厢镇中区社区 | — |
| 4 | 沈王氏 | 女 | 1916 年 2 月 3 日 | 城厢镇康乐社区 | 2016 年 6 月去世 |
| 5 | 张小妹 | 女 | 1916 年 3 月 16 日 | 城厢镇万丰村 | — |
| 6 | 孙宝娟 | 女 | 1915 年 11 月 13 日 | 城厢镇中区社区 | — |
| 7 | 戴招娣 | 女 | 1916 年 12 月 23 日 | 城厢镇永丰村 | — |
| 8 | 业惠兰 | 女 | 1916 年 2 月 12 日 | 城厢镇府东社区 | — |
| 9 | 顾招兄 | 女 | 1917 年 8 月 25 日 | 城厢镇德兴社区 | — |
| 10 | 王蕴浩 | 女 | 1917 年 7 月 17 日 | 城厢镇电站村 | — |
| 11 | 全海林 | 男 | 1917 年 7 月 16 日 | 城厢镇东林村 | 2016 年 12 月去世 |
| 12 | 金爱娣 | 女 | 1917 年 11 月 21 日 | 城厢镇伟阳社区 | 2016 年 1 月去世 |
| 13 | 袁阿大 | 女 | 1917 年 4 月 8 日 | 城厢镇西区社区 | — |
| 14 | 朱如芬 | 女 | 1917 年 1 月 25 日 | 城厢镇新农村 | — |
| 15 | 陆秀珍 | 女 | 1908 年 10 月 4 日 | 沙溪镇胜利村 | 2016 年 2 月去世 |
| 16 | 顾阿妹 | 女 | 1911 年 7 月 20 日 | 沙溪镇香塘村 | 2016 年 1 月去世 |
| 17 | 金凤英 | 女 | 1913 年 12 月 23 日 | 沙溪镇洪泾村 | — |
| 18 | 陈阿翠 | 女 | 1913 年 3 月 27 日 | 沙溪镇泥桥村 | 2016 年 11 月去世 |
| 19 | 单小妹 | 女 | 1914 年 10 月 10 日 | 沙溪镇涂松村 | — |
| 20 | 钱近南 | 女 | 1915 年 10 月 3 日 | 沙溪镇岳镇村 | — |
| 21 | 徐小明 | 男 | 1916 年 10 月 11 日 | 沙溪镇半泾村 | — |
| 22 | 王妹生 | 女 | 1916 年 11 月 27 日 | 沙溪镇中荷村 | — |
| 23 | 夏曰书 | 男 | 1916 年 2 月 1 日 | 沙溪镇岳镇村 | — |
| 24 | 肖阿招 | 女 | 1916 年 1 月 16 日 | 沙溪镇塘桥村 | 2016 年 3 月去世 |
| 25 | 戴妹娣 | 女 | 1916 年 11 月 26 日 | 沙溪镇虹桥村 | — |

续表 103

| 序号 | 姓名 | 性别 | 出生年月 | 家庭居住地 | 备注 |
|---|---|---|---|---|---|
| 26 | 徐银大 | 女 | 1916 年 9 月 2 日 | 沙溪镇胜利村 | — |
| 27 | 何小妹 | 女 | 1917 年 8 月 14 日 | 沙溪镇涂松村 | 2016 年 2 月去世 |
| 28 | 陆妹林 | 女 | 1917 年 8 月 18 日 | 沙溪镇半泾村 | 2016 年 12 月去世 |
| 29 | 王杏金 | 女 | 1917 年 1 月 25 日 | 沙溪镇半泾村 | — |
| 30 | 薛如娣 | 女 | 1917 年 5 月 30 日 | 沙溪镇胜利村 | — |
| 31 | 杨妹娣 | 女 | 1917 年 2 月 19 日 | 沙溪镇太星村 | 2016 年 4 月去世 |
| 32 | 陆桂娣 | 女 | 1917 年 9 月 27 日 | 沙溪镇岳星村 | — |
| 33 | 肖德媛 | 女 | 1917 年 12 月 14 日 | 沙溪镇塘桥村 | — |
| 34 | 陆韵华 | 女 | 1917 年 8 月 19 日 | 沙溪镇北院新村 | 2016 年 11 月去世 |
| 35 | 严凤英 | 女 | 1917 年 11 月 15 日 | 沙溪镇东市街 | 2016 年 11 月去世 |
| 36 | 陈佩英 | 女 | 1917 年 11 月 12 日 | 沙溪镇西门街 | — |
| 37 | 余汉栋 | 男 | 1917 年 5 月 26 日 | 沙溪镇岳王西街 | — |
| 38 | 吴小妹 | 女 | 1911 年 8 月 3 日 | 璜泾镇新联村 | — |
| 39 | 浦杏金 | 女 | 1915 年 8 月 12 日 | 璜泾镇永乐村 | — |
| 40 | 邵玉英 | 女 | 1915 年 12 月 21 日 | 璜泾镇团结街 | — |
| 41 | 秦法生 | 男 | 1916 年 11 月 11 日 | 璜泾镇雅鹿村 | 2016 年 4 月去世 |
| 42 | 王祖男 | 男 | 1916 年 10 月 19 日 | 璜泾镇雅鹿村 | — |
| 43 | 孙彩男 | 女 | 1916 年 8 月 20 日 | 璜泾镇新明村 | — |
| 44 | 姚妹郎 | 女 | 1916 年 4 月 4 日 | 璜泾镇孙桥村 | — |
| 45 | 唐贰度 | 女 | 1916 年 10 月 14 日 | 璜泾镇荣文村 | 2016 年 3 月去世 |
| 46 | 朱顾氏 | 女 | 1917 年 01 月 13 日 | 璜泾镇荣文村 | 2016 年 1 月去世 |
| 47 | 道　真 | 女 | 1917 年 3 月 2 日 | 璜泾镇永乐村 | — |
| 48 | 严梁氏 | 女 | 1917 年 8 月 15 日 | 璜泾镇永乐村 | 2016 年 2 月去世 |
| 49 | 陆　爱 | 女 | 1917 年 2 月 12 日 | 璜泾镇孙桥村 | — |
| 50 | 陆湘云 | 女 | 1917 年 4 月 20 日 | 璜泾镇新华村 | — |
| 51 | 全阿月 | 女 | 1917 年 5 月 5 日 | 璜泾镇新华村 | — |
| 52 | 朱　福 | 女 | 1917 年 6 月 23 号 | 璜泾镇杨漕村 | — |

续表 103

| 序号 | 姓名 | 性别 | 出生年月 | 家庭居住地 | 备注 |
| --- | --- | --- | --- | --- | --- |
| 53 | 黄凤珍 | 女 | 1911 年 9 月 15 日 | 浏河镇新闸村 | — |
| 54 | 高月华 | 女 | 1912 年 10 月 9 日 | 浏河镇浏南村 | — |
| 55 | 张金娥 | 女 | 1913 年 12 月 3 日 | 浏河镇闸北社区 | — |
| 56 | 顾四娣 | 女 | 1916 年 12 月 26 日 | 浏河镇新闸村 | — |
| 57 | 吴云娣 | 女 | 1917 年 7 月 24 日 | 浏河镇闸北村 | — |
| 58 | 潘素珍 | 女 | 1917 年 8 月 13 日 | 浏河镇闸北社区 | — |
| 59 | 杨仁林 | 男 | 1917 年 12 月 16 日 | 浏河镇浏南村 | — |
| 60 | 孙杏宝 | 女 | 1910 年 10 月 20 日 | 浮桥镇和平村 | — |
| 61 | 石　度 | 女 | 1911 年 1 月 10 日 | 浮桥镇浪港村 | 2016 年 7 月去世 |
| 62 | 沈爱大 | 女 | 1913 年 1 月 1 日 | 浮桥镇六尺社区 | — |
| 63 | 徐玉珍 | 女 | 1915 年 9 月 17 日 | 浮桥镇六尺社区 | 2016 年 10 月去世 |
| 64 | 王凤英 | 女 | 1915 年 5 月 27 日 | 浮桥镇三市村 | — |
| 65 | 何瑞生 | 男 | 1916 年 11 月 11 日 | 浮桥镇新港花苑 | 2016 年 10 月去世 |
| 66 | 朱琴弟 | 女 | 1916 年 7 月 7 日 | 浮桥镇和平花园社区 | 2016 年 3 月去世 |
| 67 | 顾阿宝 | 女 | 1916 年 11 月 20 日 | 浮桥镇和平花园社区 | 2016 年 9 月去世 |
| 68 | 杨阿勤 | 女 | 1916 年 12 月 12 日 | 浮桥镇鹿新村 | — |
| 69 | 陆瑞英 | 女 | 1916 年 2 月 29 日 | 浮桥镇和平花园社区 | — |
| 70 | 庄汝成 | 男 | 1916 年 5 月 20 日 | 浮桥镇时思村 | — |
| 71 | 高阿英 | 女 | 1916 年 8 月 2 日 | 浮桥镇时思社区 | — |
| 72 | 陈桂英 | 女 | 1916 年 12 月 11 日 | 浮桥镇马北村 | — |
| 73 | 龚毓英 | 女 | 1917 年 8 月 20 日 | 浮桥镇浮南社区 | — |
| 74 | 顾连娣 | 女 | 1917 年 6 月 20 日 | 浮桥镇浮南社区 | 2016 年 7 月去世 |
| 75 | 陶阿妹 | 女 | 1917 年 4 月 16 日 | 浮桥镇九曲社区 | 2016 年 9 月去世 |
| 76 | 陆秀珍 | 女 | 1917 年 11 月 11 日 | 浮桥镇浮南社区 | — |
| 77 | 唐永明 | 男 | 1917 年 11 月 26 日 | 浮桥镇绿化村 | — |
| 78 | 陶静英 | 女 | 1917 年 2 月 15 日 | 浮桥镇浮桥村 | 2016 年 10 月去世 |
| 79 | 王阿娣 | 女 | 1917 年 2 月 1 日 | 浮桥镇马北村 | — |
| 80 | 金锦娣 | 女 | 1917 年 3 月 22 日 | 浮桥镇牌楼社区 | — |

续表 103

| 序号 | 姓名 | 性别 | 出生年月 | 家庭居住地 | 备注 |
|---|---|---|---|---|---|
| 81 | 许文华 | 女 | 1912 年 7 月 21 日 | 娄东街道东郊社区 | 2016 年 6 月去世 |
| 82 | 吕祖纯 | 男 | 1912 年 1 月 30 日 | 娄东街道华盛园社区 | 2016 年 1 月去世 |
| 83 | 汪　墉 | 男 | 1914 年 12 月 24 日 | 娄东街道太平社区 | — |
| 84 | 陆心仪 | 男 | 1916 年 10 月 15 日 | 娄东街道涞泾村 | 2016 年 3 月去世 |
| 85 | 陆金娣 | 女 | 1916 年 2 月 26 日 | 娄东街道珠江社区 | — |
| 86 | 陆静宝 | 女 | 1916 年 12 月 7 日 | 娄东街道陆渡村 | 2016 年 2 月去世 |
| 87 | 李瑞宝 | 女 | 1915 年 11 月 28 日 | 娄东街道陆渡村 | — |
| 88 | 朱阿贵 | 女 | 1917 年 2 月 6 日 | 娄东街道东城花苑 | — |
| 89 | 倪凤娣 | 女 | 1917 年 7 月 15 日 | 娄东街道景湖花苑 | 2016 年 11 月去世 |
| 90 | 王杏生 | 女 | 1917 年 2 月 3 日 | 娄东街道花北村 | — |
| 91 | 王惠珍 | 女 | 1917 年 9 月 | 娄东街道惠阳三村 | — |
| 92 | 季位东 | 男 | 1917 年 1 月 24 日 | 娄东街道太平社区 | — |
| 93 | 徐锦康 | 男 | 1917 年 3 月 6 日 | 娄东街道太平社区 | — |
| 94 | 浦二妹 | 女 | 1917 年 7 月 27 | 娄东街道岳南村 | — |
| 95 | 倪宝成 | 男 | 1917 年 7 月 7 日 | 娄东街道涞泾村 | — |
| 96 | 钱美生 | 女 | 1917 年 2 月 22 日 | 娄东街道珠江社区 | — |
| 97 | 杨　大 | 女 | 1917 年 7 月 11 日 | 娄东街道明星村 | — |
| 98 | 顾翠和 | 女 | 1912 年 8 月 22 日 | 双凤镇庆丰村 | — |
| 99 | 王熟宝 | 女 | 1916 年 1 月 7 日 | 双凤镇勤力村 | — |
| 100 | 顾瑞弟 | 女 | 1916 年 7 月 18 日 | 双凤镇勤力村 | — |
| 101 | 陈云娣 | 女 | 1916 年 2 月 9 日 | 双凤镇维新村 | — |
| 102 | 蒋连锁 | 女 | 1917 年 1 月 17 日 | 双凤镇维新村 | 2016 年 1 月去世 |
| 103 | 施阿珍 | 女 | 1916 年 10 月 17 日 | 科教新城利民社区 | — |
| 104 | 徐时氏 | 女 | 1917 年 12 月 12 日 | 科教新城常丰社区 | — |
| 105 | 张彩宝 | 女 | 1917 年 4 月 27 日 | 科教新城学苑社区 | 2016 年 2 月去世 |

（市民政局）

# 太仓市政务服务中心各窗口服务电话

表 104

| 单位 | 电话 | 单位 | 电话 | 单位 | 电话 |
|---|---|---|---|---|---|
| 中心服务总台 | 53890556 | 法制办（综合窗口） | 53542008 | 国税局窗口 | 53595075 |
| 发改委窗口 | 53595093 | 粮食局（综合窗口） | 53522183 | 地税局窗口 | 53595076 |
| 住建局窗口 | 53595083 | 烟草局（综合窗口） | 53534070 | 公积金中心 | 12345 |
| 公安局（户政）窗口 | 53890511 | 统计局（综合窗口） | 53890986 | 房产交易窗口 | 53568348 |
| 公安局（治安）窗口 | 53890511 | 公共自行车 | 53890540 | 综合窗口 | 53595090 |
| 商务局窗口 | 53595092 | 邮　政 | 53890545 | 安监局(综合窗口) | 53566491 |
| 交通运输局窗口 | 53595078 | 照　相 | 53890536 | 财政局(综合窗口) | 53540710 |
| 农委窗口 | 53890569 | 经信委窗口 | 53595094 | 档案局(综合窗口) | 53529047 |
| 文广新局窗口 | 53595085 | 公安局（出入境）窗口 | 53890512 | 民政局(综合窗口) | 53452860 |
| 环保局窗口 | 53595087 | 公安局（禁毒）窗口 | 53890511 | 人社局(综合窗口) | 12333 |
| 物价局窗口 | 53890522 | 公安局（消防）窗口 | 53595077 | 体育局(综合窗口) | 53523589 |
| 气象局窗口 | 53595080 | 城管局窗口 | 53595081 | CA 证书 | 53711050 |
| 不动产登记窗口 | 53890695 | 水利局窗口 | 53595095 | 信用办 | 53890035 |
| 公共资源交易窗口 | 53518644 | 市监局窗口 | 53595091 | 复　印 | 53890542 |
| 保密局（综合窗口） | 53522826 | 卫计委窗口 | 53595084 | — | — |
| 残　联（综合窗口） | 53718306 | 民防局窗口 | 53595082 | — | — |

（市政管办）

# 太仓常用便民电话

表 105

| 报警、急救 | | 报警、急救 | |
|---|---|---|---|
| 民警、匪警 | 110 | 急救中心 | 120 |
| 火灾、火警 | 119 | 交通事故、交警 | 122 |
| 森林火警 | 95119 | 水上求救专用电话 | 12395 |
| 红十字会急救台 | 999 | 短信报警 | 12110 |

续表 105

| 公安机关派出所、交警队 | | 水、电、燃气、网络、电视报修 | |
|---|---|---|---|
| 市公安局总机 | 53583112 | 国家电网热线 | 95598 |
| 城中派出所 | 53514402 | 太仓供电营业厅 | 53535691 |
| 城西派出所 | 53526341 | 城厢供电营业厅 | 53584047 |
| 开发区派出所 | 53561516 | 南郊供电营业厅 | 53405844 |
| 板桥派出所 | 53445110 | 浮桥供电营业厅 | 53701808 |
| 南郊派出所 | 53405229 | 双凤供电营业厅 | 53439598 |
| 双凤派出所 | 53439673 | 新湖供电营业厅 | 53410487 |
| 陆渡派出所 | 53458110 | 时思供电营业厅 | 53845306 |
| 浏河派出所 | 53611136 | 九曲供电营业厅 | 53781863 |
| 浮桥派出所 | 53701356 | 老闸供电营业厅 | 53264196 |
| 沙溪派出所 | 53212921 | 板桥供电营业厅 | 53440252 |
| 璜泾派出所 | 53811054 | 新毛供电营业厅 | 53426705 |
| 浏家港派出所 | 53645337 | 沙溪供电营业厅 | 53212066 |
| 岳王派出所 | 53301130 | 直塘供电营业厅 | 53250170 |
| 港区派出所 | 53787119 | 浏河供电营业厅 | 53611565 |
| 水上派出所 | 53280899 | 新塘供电营业厅 | 53627566 |
| 边防派出所 | 53611698 | 陆渡供电营业厅 | 53459911 |
| 长航派出所 | 53372110 | 归庄供电营业厅 | 53293825 |
| 户政科 | 53572116 | 岳王供电营业厅 | 53302334 |
| 车管所 | 53446986 | 璜泾供电营业厅 | 53812441 |
| 交警大队事故科 | 53522639 | 鹿河供电营业厅 | 53823152 |
| 交警大队秩序科 | 53527424 | 王秀供电营业厅 | 53855559 |
| 交警城厢中队 | 53522092 | 浏家港供电营业厅 | 53646852 |
| 交警港区中队 | 53705529 | 牌楼供电营业厅 | 53681481 |
| 交警南郊中队 | 53405306 | 自来水公司服务热线 | 4008877212 |
| 交警浏河中队 | 53611443 | 煤气报修 | 53533030 |
| 交警沙溪中队 | 53212839 | 电信宽带客服电话 | 10000 |
| 交警璜泾中队 | 53824801 | 联通宽带客服电话 | 10010 |
| 禁毒举报 | 88212596 | 移动宽带客服电话 | 10086 |

续表 105

| 水、电、燃气、网络、电视报修 | | 咨询、维权、投诉、监督、举报电话 | |
|---|---|---|---|
| 长城宽带客服电话 | 95079 | 保险消费者投诉维权热线 | 12378 |
| 数字电视服务电话 | 53571018 | 中纪委举报电话 | 12388 |
| 有线电视服务电话 | 96296 | 中国铁路客服热线 | 12306 |
| 咨询、维权、投诉、监督、举报电话 | | 江苏高速服务热线 | 96777 |
| 工商投诉 | 12315 | 公共自行车服务热线 | 4008811929 |
| 环保投诉 | 12369 | 天气预报查询 | 12121/96121 |
| 质监投诉 | 12365 | 号码查询 | 114 |
| 价格投诉 | 12358 | 医院预约 | |
| 医药投诉 | 12331 | 太仓市第一人民医院 | 53101356 |
| 市民热线 | 12345 | 太仓市第二人民医院 | 53528666 |
| 烟草投诉 | 12312 | 太仓市第三人民医院 | 53572401 |
| 知识产权 | 12330 | 太仓市疾病预防控制中心 | 53102972 |
| 安全生产 | 12350 | 太仓市妇幼保健所 | 53521778 |
| 旅游投诉 | 12301 | 银　行 | |
| 环境诉求 | 12369 | 太仓农商行 | 4001840060 |
| 民工维权热线电话 | 12333 | 工商银行 | 95588 |
| 纪检监察投诉 | 12388 | 中国银行 | 95566 |
| 质量监督电话 | 12365 | 农业银行 | 95599 |
| 总工会职工热线 | 12351 | 建设银行 | 95533 |
| 妇女维权热线 | 12338 | 交通银行 | 95559 |
| 地税咨询电话 | 12366 | 邮政储蓄银行 | 95580 |
| 城管局投诉电话 | 12319 53540566 | 光大银行 | 95595 |
| 机构编制违规举报热线 | 12310 | 平安银行 | 95511 |
| 保险投诉电话 | 12378 | 中信银行 | 95558 |
| 火灾隐患举报投诉电话 | 96119 | 浦发银行 | 95528 |
| 法律服务热线 | 12348 | 民生银行 | 95568 |
| 网络不良与垃圾信息举报 | 12321 | 苏州银行 | 96067 |
| 文化市场举报电话 | 12318 | 华夏银行 | 95577 |
| 国土资源违法举报电话 | 12336 | 汇丰银行 | 8008302880 |

# 太仓市部分机构全称、简称对照表

表 106

| 全称 | 简称 | 全称 | 简称 |
|---|---|---|---|
| 中共太仓市委员会 | 市委 | 太仓市国土资源局 | 市国土局 |
| 太仓市人大常务委员会 | 市人大 | 江苏省苏盐连锁有限公司太仓分公司 | 苏盐太仓分公司 |
| 太仓市人民政府 | 市政府 | 太仓市烟草专卖局 | 市烟草局 |
| 政协太仓市委员会 | 市政协 | 中国电信江苏省太仓分公司 | 太仓电信 |
| 中共太仓市委办公室 | 市委办 | 中国联通太仓分公司 | 太仓联通 |
| 太仓市人大常委会办公室 | 市人大办 | 中国移动太仓分公司 | 太仓移动 |
| 太仓市人民政府办公室 | 市政府办 | 太仓出入境检验检疫局 | 太仓国检局 |
| 太仓市政协办公室 | 市政协办 | 太仓市关心下一代工作委员会 | 市关工委 |
| 中共太仓市纪律检查委员会 | 市纪委 | 太仓市红十字会 | 市红十字会 |
| 中共太仓市委组织部 | 市委组织部 | 太仓市发展和改革委员会 | 市发改委 |
| 中共太仓市委宣传部 | 市委宣传部 | 太仓市经济和信息化委员会 | 市经信委 |
| 中共太仓市委统一战线工作部 | 市委统战部 | 太仓市科学技术局 | 市科技局 |
| 中共太仓市委政法委员会 | 市委政法委 | 太仓市人力资源和社会保障局 | 市人社局 |
| 太仓市机构编制委员会办公室 | 市编办 | 太仓市交通运输局 | 市交通运输局 |
| 中共太仓市委农村工作办公室 | 市委农工办 | 太仓市文化广电新闻出版局 | 市文广新局 |
| 中共太仓市委市级机关工作委员会 | 市委市级机关工委 | 太仓市卫生和计划生育委员会 | 市卫计委 |
| 中共太仓市委台湾工作办公室 | 市委台办 | 太仓市环境保护局 | 市环保局 |
| 中共太仓市委老干部局 | 市委老干部局 | 太仓市住房和城乡建设局 | 市住建局 |
| 中共太仓市委机要局 | 市委机要局 | 太仓市城市管理（行政执法）局 | 市城管局 |
| 中共太仓市委保密办公室 | 市委保密办 | 太仓市安全生产监督管理局 | 市安监局 |
| 中共太仓市委党校 | 市委党校 | 太仓市综合治理办公室 | 市综治办 |
| 太仓市精神文明建设指导委员会办公室 | 市文明办 | 太仓市广播电视总台 | 市广电总台 |
| 太仓市史志办公室 | 市史志办 | 太仓市农业委员会 | 市农委 |
| 中国国民党革命委员会太仓市委员会 | 民革太仓市委 | 太仓市口岸管理委员会 | 市口岸委 |
| 中国民主建国会太仓市委员会 | 民建太仓市委 | 太仓市政府国有资产监督管理委员会办公室 | 市国资办 |
| 中国民主促进会太仓市总支部委员会 | 民进太仓总支 | 苏州市住房公积金管理中心太仓分中心 | 太仓公积金中心 |
| 中国农工民主党太仓市总支部委员会 | 农工党太仓总支 | 中国邮政集团公司江苏省太仓市分公司 | 太仓邮政 |
| 九三学社苏州市委太仓直属小组 | 九三学社太仓直属小组 | 中国人民银行太仓市支行 | 人行太仓市支行 |
| 太仓市工商业联合会 | 市工商联 | 中国银行业监督管理委员会苏州监管分局太仓办事处 | 银监太仓办 |

续表 106

| 全称 | 简称 | 全称 | 简称 |
|---|---|---|---|
| 太仓市总工会 | 市总工会 | 中国工商银行股份有限公司太仓支行 | 工行太仓支行 |
| 中国共产主义青年团太仓市委员会 | 团市委 | 中国农业银行股份有限公司太仓分行 | 农行太仓分行 |
| 太仓市妇女联合会 | 市妇联 | 中国银行股份有限公司太仓分行 | 中行太仓分行 |
| 太仓市科学技术协会 | 市科协 | 中国建设银行股份有限公司太仓分行 | 建行太仓分行 |
| 太仓市归侨侨眷联合会 | 市侨联 | 中国农业发展银行太仓市支行 | 农发行太仓市支行 |
| 太仓市文学艺术界联合会 | 市文联 | 交通银行股份有限公司太仓支行 | 交行太仓支行 |
| 太仓市残疾人联合会 | 市残联 | 中信银行股份有限公司太仓支行 | 中信银行太仓支行 |
| 太仓市哲学社会科学界联合会 | 市社科联 | 中国光大银行股份有限公司太仓支行 | 光大银行太仓支行 |
| 太仓市人民政府法制办公室 | 市法制办 | 华夏银行股份有限公司太仓支行 | 华夏银行太仓支行 |
| 太仓市民族宗教事务局 | 市民宗局 | 招商银行股份有限公司太仓支行 | 招行太仓支行 |
| 太仓市机关事务管理局 | 市机关事务局 | 浦发银行股份有限公司太仓支行 | 浦发银行太仓支行 |
| 太仓市服务业发展办公室 | 市服务办 | 中国民生银行股份有限公司太仓支行 | 民生银行太仓支行 |
| 太仓市外事办公室 | 市外事办 | 兴业银行股份有限公司太仓支行 | 兴业银行太仓支行 |
| 太仓市供销合作总社 | 市供销总社 | 江苏银行股份有限公司太仓支行 | 江苏银行太仓支行 |
| 太仓市市场监督管理局 | 市市场监管局 | 太仓农村商业银行 | 太仓农商行 |
| 太仓市人民武装部 | 市人武部 | 中国邮政储蓄银行股份有限公司太仓市支行 | 邮储银行太仓市支行 |
| 太仓市人民法院 | 市法院 | 苏州银行股份有限公司太仓支行 | 苏州银行太仓支行 |
| 太仓市人民检察院 | 市检察院 | 太仓民生村镇银行股份有限公司 | 太仓民生村镇银行 |
| 太仓市娄东街道办事处 | 娄东街道办 | 东吴证券股份有限公司太仓分公司 | 东吴证券太仓分公司 |
| 太仓市上市办公室 | 市上市办 | 中国人民财产保险股份有限公司太仓中心支公司 | 中保财险太仓中心支公司 |
| 太仓市重点项目办公室 | 市重点办 | 中国人寿保险股份有限公司太仓支公司 | 中国人寿太仓支公司 |
| 太仓市金融合作管理办公室 | 市金融办 | 中国太平洋财产保险股份有限公司太仓支公司 | 太平洋财险太仓支公司 |
| 太仓市政务服务管理办公室 | 市政管办 | 中国太平洋人寿保险股份有限公司太仓支公司 | 太平洋人寿太仓支公司 |
| 江苏省太仓市国家税务局 | 市国税局 | 中国平安财产保险股份有限公司太仓支公司 | 平安财保太仓支公司 |
| 苏州市太仓地方税务局 | 太仓地税局 | 中国平安人寿保险股份有限公司太仓支公司 | 平安人寿太仓支公司 |

（市史志办）

# 索引

## 说明

一、本索引依照国家标准《索引编制规则（总则）》GB/T 22466—2008的相关规则编制。

二、本索引以类目、分目、副分目、子目和随文图片、图表等标题为对象，大部分选用关键词。设“主题索引”“随文图片索引”和“图表索引”3个分目，内容按标题首字的汉语拼音字母顺序排列，同音字按声调排列，声调相同则按下一字的音序排列，依次类推。

三、主题词后的数字表示所在页码，数字后的字母a、b、c分别表示版面的第1栏、第2栏、第3栏。类目标题用小标宋表示，分目、副分目标题用黑体表示，子目标题用楷体表示，条目用宋体表示。

四、为便于读者检索，在太仓的企事业单位和在太仓发生的事件、活动名称，除易产生歧义外，均省略“太仓”二字。

## 主题索引

### A


艾滋病防治 171a
安全环保水平提升 66a
安全监管 241c
安全生产（供电） 44a
**安全生产 251a**
安全生产宣传教育 252c
安全生产执法处罚 252b
案件执行 245b


### B


白蒜 28b
百姓查档利用 182b
板桥西瓜 28c
办公用房和公务用车清理整改 280c
办证服务管理 242a
**保密工作 268c**
保密检查督查 269a
保密宣传教育培训 269b
保险 123b
保障性住房建设 164a
报刊 177c
报纸改版 178a
**边防检查 248b**
**编史修志 180a**
便民服务 151a
殡葬管理 207c
兵员征集 247c
博物馆 173a
不动产统一登记 57c


### C


财政促进经济发展 151b
财政服务民生 151b
**财政收支 151a**
参政议政（民革太仓） 289c
参政议政（民建太仓） 290c
参政议政（民进太仓） 291c
参政议政（市工商联） 293a
**参政议政（市政协） 283a**
参政议政（市知联会） 226a
残疾人福利 162b
残疾人就业 223a
残疾人康复 224a
残疾人文体活动 224b
产学研合作深化 16a
产业对接 15a
**产业情况 102a**
肠道传染病防治 171a
长江防洪工程管理 46a
**长江口旅游度假区 304a**
长江四鲜 7c
长江蟹 29a
**长江引航 88a**
城建档案管理 183a

城区排水达标区建设 45c
**城市概况 21**
城市更新改造 164a
**城市管理 63a**
城市管理工程项目建设 64a
城市管理行政执法加强 64b
城市管理信息化建设 47b
城市管理信息化提升工程 278a
“城市光网”建设 48a
城市规划定位 40a
城市综合管理 63c
城市总体规划 40a
城乡发展一体化水平提升 133a
**城乡规划 40a**
城乡市容治理 63b
城乡统筹（城厢镇） 294b
城乡统筹（浮桥镇） 307c
城乡统筹（璜泾镇） 312a
城乡统筹（科教新城） 322a
城乡统筹（娄东街道） 322c
城乡统筹（沙溪镇） 298b
城乡统筹（双凤镇） 318b
城乡统筹（长江口旅游度假区） 304b
**城厢镇 294a**
**城镇布局 41a**
城镇黑臭水体治理 46a
**城镇街道 294**
**城镇绿化 62a**
出证、认证实务暨国际经贸风险防控培训 144b
**传播媒体 175c**
**传统文化 22c**
**创新载体 139a**
春节 26c
慈善救助162a
村（社区）“带头人”队伍建设 257a

D

大米 28c
**大事纪要 17**
大学科技园 105a
**代表工作 275c**
代表联系 276a
代表履职 276a
代表议案建议督办 275c
档案安全保护 182c
**档案管理 181c**
档案培训教育 183a
档案文化建设 182c
档案信息化 183a
**党风廉政建设 285c**
党风廉政建设责任追究 286b
党课送基层活动 273a
党委主体责任落实 285c
**党校教育 270c**
党校迁建项目确定 273a
党校新课程评审认证 272c
党员队伍建设 257a
党员干部家风建设 287b
**道路 41c**
稻麦全程机械化生产技术规范制订 136b
德国“太仓日” 94c
德企党建工作 257b
德企发展 91b
地产农产品安全供给 131a
**地方税务 157a**
**地方组织机构 254**
地籍管理与地籍测绘 57c
地理位置 21a
地税依法治税 157c
地税征管改革 157b
地税征收 157a
地税治税强基础 158a
地形地貌 21a
第二水厂取水改移工程 278a
电力造纸产业 103b
电视 175c
电网建设 44b
**电信 48a**
电子信息产业 103c
钓鱼赛 185c
东吴证券太仓分公司 123a
动植物资源 22b
**都市农业 130b**
**都市农业综述 130b**
端午节 27a
对德交流合作 278c
对台服务 267c
对台交流 267b
对台经济 267c
对台宣传 268a
**对外及对港澳台经济合作 148a**
**对外及对港澳台经贸 143c**
**对外及对港澳台经贸综述 143c**
**对外及对港澳台贸易 145a**
多层次资本市场构建 190a

E

儿童家庭教育 215c

F

**发展和改革 189a**
法律监督 274c
法律援助 246c
**法院 244a**
《法制日报》报道太仓市涉诉行政执法案件跟踪查纠机制 240b
**法治 237a**
法治太仓建设 238a
法治型党组织建设 257b
法治宣传教育 246a
**法治政府建设 239c**
方言 24b
防汛工作 59b
防止利益冲突抽查 289a
**房地产 125a**
房地产市场价格走势 108a
房地产业协会 125c
纺织化纤服装产业 103a
非共产党员代表队伍建设 262c
非物质文化遗产保护 179b
粉尘涉爆企业专项治理 251c
**风俗习惯 26c**
**封面故事·太仓港（卷首） 01**
服务会员（市工商联） 293b
服务社会（市工商联） 293c
服务社会（市知联会） 226c
服务外包 107c
**服务外包 144c**
**服务业 107a**
**服务业综述 107a**
**浮桥镇 307a**
福利彩票 163a
妇联组织建设 215c
妇女创业就业 215a
妇女儿童福利 162c
妇女儿童合法权益维护 215a

妇女儿童实事项目 215b
妇女宣传教育 214c
妇幼保健 169c
**附录 324**
富民强村空间拓展 132b

## G

干部宏观管理 256c
干部教育培训 256c
港城建设 41a
港口航线航班 65c
港口码头及配套设施 65b
港口物流 109a
**港口综述 65a**
港区产业发展 71c
港区规划 71a
**港区建设 71a**
港区科技创新 71b
港区社会治理 71c
港区特色企业 72a
港区招商引资 71b
高标准农田建成全国样板 133c
高新技术产业 103c
各级领导班子换届工作 256b
各界人士中秋茶话会 284b
耕地资源保护 57a
工会帮扶 211a
工伤保险 161c
**工商联 293a**
**工业经济运行 99a**
工业污染源 56a
工业项目用地联合预审 150b
**工业园区 105a**
**工作监督 274c**
**公安 241a**
**公共安全 250b**
**公共财政 151a**
公共法律服务 245c
**公共服务 150**
公共服务（浮桥镇） 308b
公共服务（璜泾镇） 312b
公共服务（科教新城） 322b
公共服务（娄东街道） 322c
公共服务（沙溪镇） 299a
**公共机构节能 62c**
**公共建设 41c**
公共交通提升工程 277b
公共气象服务 134b
**公共卫生服务 169a**
**公共文化服务 173b**
公共文化服务体系提升工程 278a
公共自行车管理 64c
公交发展 42c
公路亮化工程 42c
公证服务 247a
**供电 44a**
供电服务 44b
供排水行业管理 45c
**供水 43c**
**供销合作 127a**
固定资产投资 189a
广播 177b
广播电视安全播出 49a
广电监控业务 49b
国际海员俱乐部 211c
国家粮安工程建设 128c
国家首批农业面源污染综合治理试点 134b
**国家税务 156a**
国家卫生城镇建设 171c
国家重大农技推广服务试点项目启动 133c
国库支付业务 116c
国内首家甲醇现货交易综合服务平台上线 109b
国企发展 191c
国税纳税服务 156c
国税依法行政 156b
国土资源基础工作 59a
国有企业审计 159b
**国有资产监督管理 191a**
国资监管 191b
国资优化整合 191b

## H

**海关 85a**
海关支持区域经济发展 85b
海关支持载体建设 85c
**海警 248c**
**海事 88b**
海事安全监管 88c
海事口岸服务 89a
海域安全稳定 249a
**行政区划 23c**
行政权力事项调整 264a
行政审判 245a
行政执法争议协调机制建立 240a
和谐警民关系 242c
和谐劳动关系构建 211a
河道管护加强 59b
河湖概况 59a
恒丰银行太仓支行概况 121c
后勤服务保障 280b
华夏银行太仓支行概况 121c
环保监管 61b
环保宣传 61c
环境空气 50c
**环境质量 50b**
环境治理合作 16a
换届风气监督 288a
换届选举 276b
**璜泾镇 311a**
璜泾镇纤维新材料产业园 106c
婚嫁 27b
婚姻登记 207c

## J

**机构编制 263b**
机构编制实名制管理 264b
机关党的思想建设 264c
机关党的组织建设 265c
**机关党建 264c**
机关精神文明建设 266c
**机关事务 280a**
基本公共卫生服务项目 169a
基层档案工作监督指导 182a
基层供销组织建设 127c
基层统战工作 263a
**基层自治组织 228c**
**疾病预防控制 170c**
计划生育奖励扶助 172b
计生特殊家庭帮扶 172b
**纪检监察干部队伍建设 289a**
纪检监察派驻监督 286c
**纪律检查体制改革 286c**
**纪律审查 287c**
纪律审查配套制度完善 288a
纪委监督责任落实 286a

家庭医生 170a
**价格 205a**
价格改革 205b
价格监测预警 205b
价格举报 206a
价格清费治乱减负 205c
价格认定 206a
价格调控 205a
价格专项检查 205c
监督检查 288a
监督执纪“第一种形态”落实 287c
监所管理 242b
**检察 242c**
检察工作参与社会治理 243b
检察关怀 244a
检察监督 243c
检务公开 243c
**检验检疫 85c**
检验检疫窗口建设 88a
检验检疫服务 86b
检验检疫口岸建设 88a
检验检疫装备 86c
建置沿革 22c
建筑行业协会 125b
**健康促进 171c**
健康教育与促进 172a
健美健身和户外运动 184b
健美健身和户外运动 187a
江海河三鲜美食节弘扬太仓美食文化 108c
江苏银行太仓支行概况 122a
**交通 42c**
交通规划对接 15b
交通行业管理 43b
交通信息管理 43c
交通银行太仓分行概况 120c
交通应急保障 43c
教学改革 167c
**教育 164c**
教育合作与交流 167a
教育收费管理 205c
**教育综述 164c**
节目改版 176b
节能监督与预警 62b
**节能减排 62b**
节能项目培育实施 62b
节水型社会建设 59c
节约集约用地 57b
结对帮教 227b
结核病防治 171a
巾帼志愿服务 215c
**金融 115a**
“金融金税三期”试点上线 156c
经济发展（城厢镇） 294a
经济发展（浮桥镇） 307b
经济发展（璜泾镇） 311a
经济发展（沙溪镇） 298a
经济发展（双凤镇） 318a
经济发展（长江口旅游度假区） 304a
经济工作监督 274c
**经济事务管理 189a**
**经济文化交流 94c**
经济责任审计 158c
精密机械 95c
精神卫生 169c
竞技球类运动 183c
竞走赛 185c
境内外宣传 259a
境外投资快速发展 144b
九三学社苏州市委太仓直属小组 292c
**就业 160b**

## K

刊物编印 285a
**科技产业园 105c**
科技创新 137a
科技创新（长江口旅游度假区） 304a
科技创新综述 137a
科技强警 242b
**科技人才 141a**
科技入户新机具现场演示观摩会 136b
**科技项目 138c**
**科教新城 321a**
科教新城（上海）文化创意企业交流会 175a
科普传播 216a
科普服务 216b
口岸环境优化 65c
跨境电子商务产业生态大会 108c
快速路网建设 42a

## L

**垃圾处理 45a**
篮球运动 187c
**劳动就业 160a**
**劳动者权益保护 161a**
老城区及西城区防洪排涝工程建设完成 46b
**老干部工作 269b**
老干部活动阵地建设 270a
老干部生活待遇 269c
老干部政治待遇 269c
老年福利 163a
老年人口 164a
老年人体育活动中心建设工程 277c
理论学习 225b
历代乡镇旧志整理工作启动 181b
**历史沿革 22c**
**利用外资和港澳台资 147a**
**联合通信 50a**
粮食流通体制改革发展 128c
**粮油购销 127c**
“两个中心”建设基本完成 136a
**“两学一做”学习教育（卷首） 18**
“两学一做”学习教育（市委组织部） 256b
**林果园艺业 135a**
临时救助 162b
浏河古镇 25c
流动人口计划生育服务 172b
**娄东街道 322c**
娄东文化 22c
娄水文华——南京博物院藏娄东绘画回乡特展 174c
落后产能淘汰 63a
落实企业安全生产主体责任专项行动 252a
**旅游 110a**
“旅游+”发展模式 112b
旅游安全工作 113c
旅游规划编制 110b
旅游行业监管 112c

旅游节庆活动 111b
旅游开发 107c
旅游融入上海 112a
旅游摄影大赛 111b
旅游推介 111b
旅游项目培育 110c
“绿盾”行动 135b

M

麦秸画 29c
慢性病防控 171c
毛板青蚕豆 28c
梅山猪 28a
媒体融合 177a
**媒体眼中的太仓 1**
门球运动 188a
免疫预防 171a
民办教育 166a
民防宣传教育 250a
民生档案进馆 182a
民生服务项目用地供应 58c
民生工作监督 275a
民事、商事审判 244c
**民政事务 207c**
**民主党派 289b**
**民主党派·工商联 289b**
**民主监督 283b**
民族 25a
**民族宗教 25a**
民族宗教工作法制化建设 209c
**民族宗教事务 209a**
**名胜古迹 25b**

N

南园 25b
内部审计 159b
能源电力 191a
**年度便览（卷首） 02**
年度科研立项课题结题 272b
**年度掠影（卷首） 04**
**年度重要荣誉（卷首） 03**
牛踏扁毛豆 28c
农村产权制度改革 131c
**农村改革 131c**
农村改水改厕 172a
农村公路发展 42b
农村金融改革 117a
农村生活污水治理三年行动计划 45b
农村调查研究 133a
农村住房建设 164a
农机社会化服务新模式 136b
农技培训 127b
**农田水利 136b**
农田水利设施产权制度改革完成 136c
农药集中配送体系建设 127a
农业保险新险种 134a
**农业机械化 136a**
农业基础设施建设 130c
农业经营体制机制创新 132a
农业科技创新 131a
农业主导产业丰产丰收 130c
女子排球赛 186c

P

排球类运动 188a
批量采购完善 156a
啤酒节 95a
乒乓球赛 186a
乒乓球运动 187b
平安海区创建 249b
平价商店建设 206a
破案打击 241b
普通高中教育 165c

Q

其他传统习俗 27a
其他喜庆习俗 27c
“企企通”工程 50a
企业“两化融合” 46c
气候 21b
气象防灾减灾 134a
**气象科技 143a**
气象现代化设施建设 143a
汽车配件 95c
侨界服务 225a
侨界联谊 268b
侨界文化交流 225a
**侨务 268a**
侨务宣传 268b
桥牌赛 186c
青年创新创业 213a
青少年教育 212a
青少年普法教育 227b
青少年主题教育 227a
清明节 27a
球类运动 185a
区域规划 40C
**区域经济 99**
区域债务风险防控 151c
权力监督制约 289a
全国农业普查 206b
全媒体融合 178b
“全面两孩”政策 172b
**全民健身 183c**
全民健身大讲堂 184c
全市校园安全提升工程 277c
全市性重要会议 277a
全市养老服务提升工程 277c
全市养殖信息化“一张图”系统建成 135a
全市中心工作督查 288b
群众关注问题督查 288c
**群众团体 210a**
群众性精神文明创建 259c
**群众组织 210a**

R

**燃气 44c**
人才服务工作 257c
人才库建设 160a
人才培养 167c
人才引进培育 257c
人大法律监督 237a
人防指挥通信建设 249c
**人居环境 40**
人口 24b
**人口方言 24b**
**人口计生 172b**
**人力资源 160a**
人民币满意工程建设 117b
**人民防空 249c**
人民调解 247a

**人民武装** 247b
**人事任免** 275b
**荣誉** 363
**融入上海** 15
肉松 27c

S

“三大战略”实施 192b
“三扶两创一促进”工作 228a
“三救”工作 228b
三市古村落 26c
“三献”工作 228c
丧葬 27b
森林湿地资源 22b
沙溪古镇 25b
沙溪古镇保护 178c
**沙溪镇** 298a
沙溪镇行政管理体制改革试点 264a
沙溪镇新材料产业园 106a
山药糕 28c
**商贸发展** 108a
商事制度改革 191c
上级部署督查 288b
社保基金招标管理 117a
**社会保险** 161b
**社会保障** 161b
社会服务（健雄学院） 168b
社会服务（民革太仓） 290a
社会服务（民建太仓） 291b
社会服务（民进太仓） 292b
**社会福利** 162b
社会工作人才队伍建设 207c
社会公共服务信息化建设 47c
**社会管理** 189
社会教育 166b
**社会救助** 162a
**社会事务管理** 207c
社会体育指导员 183b
社会志愿者 260c
社会治安持续稳定 238c
社会治安防控体系优化升级 239a
社会治理（城厢镇） 294b
社会治理（浮桥镇） 308c
社会治理（璜泾镇） 312b
社会治理（科教新城） 322b
社会治理（娄东街道） 323a
社会治理（沙溪镇） 299a
社会治理（双凤镇） 319a
社会治理（长江口旅游度假区） 304b
**社会组织** 230a
社科理论研究 258b
社科普及 225c
社科宣传教育 258c
社科研究 225c
社情民意信息收集反映 284a
社区矫正 246c
社区卫生与农村卫生 169a
涉少审判 245a
涉审中介管理规范化 264b
涉外商事审判 245a
**审计** 158a
审计科研 159c
审计信息化 159c
审计整改 159c
审判管理 245b
生活垃圾无害化应急填埋场建设工程 277c
生命健康教育馆启动 228c
**生态保护** 59c
**生态环境** 50b
生态环境（浮桥镇） 308a
生态环境（璜泾镇） 312a
生态环境（科教新城） 322a
生态环境（娄东街道） 323b
生态环境（沙溪镇） 298c
生态环境（双凤镇） 318c
**生态修复** 62a
生物技术和新医药产业 102c
生物天敌防控林业有害生物 135b
生物医药产业园 105a
声环境 50c
失业保险 161c
师资队伍建设 166c
**十大新闻（卷首）** 40
**实事工程** 277b
实事工程（市发改委） 191a
**食品药品安全** 250b
食品药品安全社会共治 250c
食品药品基础监管 250b
食盐安全监管 129b
**食盐专营** 129a
史志地情网试运行 181b
史志宣传教育 181c
**示范区建设** 91a
**市场监督管理** 191c
市场监管强化 192c
市场监管执法办案力度加大 193b
市场监管助推企业转型升级 192a
市级部门和财政专项支出预算公开保密审查 269b
市级机关绩效管理考核 264b
市级机关人大代表、党代会代表选举 267a
市级机关作风效能建设 266a
市十五届人大常委会会议 274c
市十五届人大常委会主任会议 274b
市十五届人民代表大会第五次会议 273c
**市委调研** 263b
“市长杯”青少年科技创新赛暨太仓市第九届中小学科技节 167b
市政府常务会议 277a
市政府全体（扩大）会议 276c
事业单位“三定”工作基本完成 264b
事业单位登记管理 264c
事中事后监管 264a
**视觉太仓** 04
收养登记 207c
首届“果王梨”评比 135b
首届农业委培生就业双选会 134a
首期耕地轮作休耕 134b
寿庆 27c
“书香城市”建设 175a
“书香校园建设”小学校长论坛 167b
**数说太仓·2016（卷首）** 02
数字城管 64b
双凤肥羊面 28b
双凤爊鸡 28a
双凤羊肉 28b
**双凤镇** 318a
双拥工作 164b
双拥共建 248a
**双拥优抚安置** 164b
“双元制”教育 94a

水稻穗发芽调查 134b
水稻一次性机械化除草技术探索 134a
水环境 50b
**水利设施 46a**
水上搜救 89a
水生态文明城市建设 59c
水域环保 89c
水运口岸 21a
水资源 22b
**水资源 59a**
水资源管理 59a
司法改革 245b
司法公开 238a
**司法行政 245c**
司法为民 245b
思想道德建设 260a
思想理论武装 258a
思想政治建设 247b
宋文治艺术馆（太仓名人馆） 173b
苏州多特蒙德应用技术大学 94b
苏州机电（浏河）优质产品生产示范区 106b
**苏州健雄职业技术学院 167b**
苏州市第 6 届残疾人运动会 184c
苏州市公共资源交易中心太仓分中心成立 150c
苏州市群众文化“繁星奖” 174b
苏州银行太仓支行概况 122b
苏州银监分局太仓监管办事处概况 118a


## T


**台湾事务 267b**
“太仓大米”品牌推广 134b
太仓德国中心开业 90b
**太仓港（卷首） 01**
**太仓港 65**
太仓港对外开放 20 周年 66b
太仓籍运动员 183b
太仓金秋经贸月系列活动 144a
太仓民生村镇银行概况 122c
《太仓年鉴》编纂质量提升 181a
太仓农村商业银行风险防范 122c
太仓农村商业银行概况 122b
太仓农村商业银行金融服务 122b
太仓市残疾人联合会 222a
**太仓市第 15 届全民运动会 187a**
太仓市妇女联合会 214b
《太仓市共青团志》出版 213c
太仓市关心下一代工作委员会 227a
太仓市归侨侨眷联合会 224c
太仓市红十字会 228a
太仓市科学技术协会 216a
太仓市人大常委会概况 273b
**太仓市人民代表大会 273b**
**太仓市人民代表大会综述 273b**
**太仓市人民政府 276c**
太仓市文学艺术界联合会 217a
太仓市无党派知识分子联谊会 226a
太仓市哲学社会科学界联合会 225a
太仓市总工会 210a
**太仓特产 27c**
太仓特色农业休闲旅游线路推介 135c
太仓政协成立 60 周年系列活动 284c
“太空棉”种子返回太仓 134a
**特别报道 1**
**特色产业 95c**
特色村庄（城厢镇） 294c
特色村庄（浮桥镇） 308c
特色村庄（璜泾镇） 312c
特色村庄（沙溪镇） 299b
特色村庄（双凤镇） 319a
特色村庄（长江口旅游度假区） 304c
特色档案征集 182b
特殊教育 166a
特种设备安全监察 193a
特种邮品制作发行 126a
**体育产业 188c**
**体育健身 183b**
**体育健身综述 183b**
体育设施 183b
体育文化品牌 183c
天妃宫 26a
天主教爱国会完成换届 209b
田径运动和武术 185a
通关业务改革 85a
通信保障工作 48c
**统计 206b**
统计法制宣传 207b
统计服务 206c
统计调查 206c
**统计资料 372**
统一战线服务社会发展 262b
统一战线思想政治引领 262a
**统战 261c**
统战口党建联盟成立 267a
图书馆 172c
土地变更调查与遥感监测 58a
土地储备管理 58a
土地利用总体规划调整完善 57a
土地招标拍卖挂牌出让 57b
土地资源（城市概况） 22a
**土地资源 56c**
土地资源执法监察 58a
团文化宣传 214a
退役士兵安置 164c


## W


外汇管理 117c
外事服务“一带一路”建设 279a
外事服务企业 279c
**外事工作 278b**
王锡爵故居 26a
网络和涉密人员管理 269a
网络媒体 178b
**网络信息 46c**
危险化学品安全监管 251b
为农服务社、综合服务社建设 127b
为农服务水平提升 131b
为侨服务 268b
圩区管理 46b
维新遗址 26b
“委员大家谈”活动 283b
委员视察政府工作 284a
委员提案 283b
卫生改革 168c
卫生技术人员 168c
卫生监督 170a
卫生应急 170c
**卫生与计划生育 168b**
**卫生与计划生育综述 168b**
未成年人思想道德建设 261b
**文化 172c**

文化产业成果参展苏州创博会 175b
文化馆 173a
文化惠民工作持续推进 174a
文化交流宣传 16b
文化名人 23b
**文化设施 172c**
文化遗产 23b
**文件辑存 343**
文件目录 351
文明城市创建 259b
文明旅游宣传 113c
**文史工作 285a**
文艺惠民 217c
文艺交流 218a
文艺精品战略 218b
文艺品牌 217c
文艺阵地建设 219a
文艺主题活动 217b
污染防治 60b
**污水处理 45a**
无偿献血 170b
“五证一章合一”商事制度改革 150a
**武警 248a**
武术 188c
武术进校园活动 167a
武术套路“王中王”争霸赛 186c
**武装 247b**
**物流 108c**
物流公共服务平台 109c
物流企业 108c
物流载体 109a

X

西庐园 26a
现代财政制度建设 151c
**现代农业园区 136c**
**现代田园城·美丽金太仓（卷首） 24**
现代物流 107b
乡村规划 41a
乡镇、村居变更情况 23c
乡镇志编纂指导 180b
项目发展用地 56c
消保维权 193c
消防安全管理 252c
消防监督演练 253b
消费市场 107b
校企合作 168a
校外监督辅导 227c
校园足球 167a
心理健康教育 166c
新材料产业 102c
新湖番茄 29b
新湖现代农业产业园获评苏州市级现代农业园区 137a
新毛芋艿 28b
新能源公交车 43a
新区产业发展 75c
新区城乡建设 76b
**新区建设 75a**
新区科技创新 76a
新区企业选介 77a
新区社会贡献 76c
新区项目建设 75a
**新人新事（卷首） 44**
新闻发布 259a
新闻宣传（太仓日报社） 178a
新闻宣传（市委宣传部） 258c
新型科技社团建设 217a
新型农业经营主体壮大 131b
新型小城市建设 41a
**信访 208a**
信访工作改革 208a
信访规范化建设 208b
信访突出问题化解 208c
**信息化工作 46c**
信息化资源整合利用 47b
星级宗教活动场所认定 210a
刑事审判 244a
兴业银行太仓支行概况 121c
幸福家庭建设 172c
**休闲观光农业 135c**
**畜牧水产业 134c**
畜禽养殖整治“百日行动”完成 134c
**宣传 258a**
学前教育 165b
学前教育设施扩建工程 277b
学生体育运动联赛 184c
学习实践活动（民革太仓） 289c
学习实践活动（民建太仓） 290b
**学校体育 184c**
血地寄防 171b
巡察工作启动 286c
**循环经济 62c**
循环经济专项资金奖励 63a

Y

烟草营销网建 130a
**烟草专卖 130a**
烟草专卖管理 130a
烟花爆竹安全监管 251c
弇山园 25b
杨林塘航道整治及吴塘河配套工程 41c
杨墓庙完成重建 209b
养老保险 161b
**养老服务 164a**
养老服务 164b
养老服务设施建设 164b
冶金等工贸企业安全监管 252a
野生鸟类救助 135b
医疗、生育保险 161b
**医疗服务 170a**
医疗机构床位数 168c
医疗救助 162a
医疗卫生机构概况 168b
医疗卫生事业合作 16a
医政管理 170a
依法行政 237c
**移动通信 50a**
**遗产保护 178c**
义务教育 165c
益智类比赛 188b
意识形态工作 258c
银行 115a
银行机构 115b
引智协作平台搭建 216c
“营改增”扩围 156c
应急救援能力建设 252c
优抚保障 164c
**邮政 125c**
邮政服务社会 126c
邮政网运投递作业优化 127a
**友好交流（卷首） 52**

友好交流 278b
**有线传输 48c**
有线网络建设 49a
有线智慧社区 49c
舆论宣传 175c
与保山市文联缔结友好关系 219b
羽毛球运动 187c
预算执行审计 158b
元代古桥 26a
**源头预防和治理腐败 288c**
岳王科技创新产业园 105c
阅兵台 26b
运输市场监管 43a

Z

载体建设（城厢镇） 294a
载体建设（璜泾镇） 311b
载体建设（科教新城） 322a
载体建设（沙溪镇） 298b
再生资源回收体系建设 127b
糟油 27c
战备秩序建设 247c
张溥故居 25c
招商银行太仓支行概况 121b
珍蔬紫葛叶 28b
征信管理 117b
证券 123a
郑和公园 26b
政策跟踪审计 158b
**政法委及综治办 238a**
**政府采购 156a**
政府购买服务 156a
政府投资审计 158c
政府职能向社会转移 263c
**政社互动 240b**
“政社互动”纵深推进 240c
政务大厅功能优化升级 150b
**政务服务 150a**
政协太仓市第十三届委员会常务委员会会议 281b
政协太仓市第十三届委员会第五次会议 281b
政协太仓市第十三届委员会主席会议 282a
**政协太仓市委员会 281a**
**政协太仓市委员会综述 281a**
政协委员和组织机构概况 281a
知识产权审判 245a
职工劳动技能 210a
职工素质提升 210b
职工文化建设 210c
**职教合作 94a**
职业技能提升 161a
职业教育 166a
职业卫生监管 251c
志愿者服务 213c
**制造业 102a**
治安防控 241c
智慧城市建设 48b
智慧城市运营中心（IO）建设 48a
“智慧工会”建设 211b
智慧检察建设 244a
“智慧社区”建设工程 278a
智慧校园建设 48b
中德合作方略 90c
中德合作平台 91a
中德友好幼儿园 94b
“中德友谊杯”乒乓球邀请赛 95a
**中德中小企业合作示范区 90**
**中德中小企业合作示范区综述 90a**
中共十八届六中全会精神宣传贯彻 273a
《中共太仓地方史（第三卷）》（1978—2002）编纂 180a
中共太仓市第十二届纪律检查委员会第六次全体会议 285b
中共太仓市第十三次代表大会 255b
中共太仓市第十三届纪律检查委员会第一次全体会议 285b
中共太仓市第十三届委员会第二次全体（扩大）会议 255c
**中共太仓市纪律检查委员会 285a**
**中共太仓市纪律检查委员会综述 285a**
**中共太仓市委员会 254a**
**中共太仓市委员会综述 254a**
中国工商银行太仓支行概况 118c
中国工商银行太仓支行金融服务 119a
中国共产主义青年团太仓市委员会 211c
中国光大银行太仓支行概况 121a
中国国民党革命委员会太仓市委员会 289b
中国建设银行太仓分行概况 120b
中国民生银行太仓支行概况 122a
中国民主促进会太仓市基层委员会 291c
中国民主建国会太仓市委员会 290b
中国民主同盟苏州市委太仓学习小组 290b
中国农工民主党太仓市总支部委员会 292b
中国农业发展银行太仓市支行概况 118b
中国农业银行太仓分行概况 119b
中国农业银行太仓分行金融服务 119c
中国平安财产保险太仓支公司概况 125a
中国人民财产保险太仓中心支公司概况 123c
中国人民银行太仓市支行概况 116a
中国人寿保险太仓支公司概况 124b
中国太平洋财产保险太仓支公司概况 125a
中国太平洋人寿保险太仓支公司概况 125a
中国银行太仓分行概况 120a
中国银行太仓分行金融服务 120a
中国邮政储蓄银行太仓市支行概况 121a
中国邮政储蓄银行太仓市支行金融服务 121a
《中华人民共和国水污染防治法》实施情况检查 137a
中华绒螯蟹 28a
中青年干部培训班 272a
中秋节 27a
“中小企业创新发展和工匠精神”研讨会 283a
中信银行太仓支行概况 121b
中医药事业 170b
**种植业 133b**
**重大体育赛事 185b**
重大隐患三级政府挂牌督办 251b
重点课题专题调研 283a

重点领域改革深化 189c
重点人群帮扶管控 239a
重阳节 27a
**重要报告 324**
**重要工作（市人大） 276a**
**重要会议（市人大） 273c**
**重要会议（市委） 255b**
**重要会议（市政府） 276c**
**重要会议（市政协） 281b**
**重要活动 284b**
**重要文献 324**
主城建设 41a
**住房保障 163b**
住房公积金管理概况 163b
住房公积金政策调整 163c
著名作家太仓双凤行 219c
专项规划 40c
专项民主监督 284b
专项资金审计 159a
专业志、部门志编纂指导 180c
装备制造产业 102b
资本市场 107c
**自然地理 21a**
自然科学学术成果评比 216c
自然灾害救助 162a
**自然资源 22a**
自然资源审计 158c
宗教 25a
宗教活动场所专项财务检查 210a
宗教人才培养 209c
宗教团体服务社会 209c
综合协调 191a
综艺活动 176c
综治平安创建 239b
走私稽查 85c
足球运动 188a
**组织 256a**
**组织机构及负责人名录 29**
最低生活保障 162a
**作风建设 287a**
作风建设专项整治 287a
作风效能建设督查 288b
作风效能长效建设 287b

# 随文图片索引

## A

安全生产咨询活动 252

## B

“百名海外博士江苏行”太仓分会场活动 160
“百企帮促”关检联合调研活动 85
表彰一批“消费者满意单位” 192
“丙申年”邮票首发活动 126

## C

参与审计工作的中介机构向市审计局递交廉政纪律承诺书 159
参展第五届中国苏州文化创意设计产业交易博览会 174
残疾人艺术团参加全省残疾人艺术汇演 224
长江太仓段水上搜救综合演习举行 88
成功处置一起船舶碰撞险情事故 89
城市管理监督指挥中心搬入新址 64
创建全国文明城市工作推进会 259
“春风行动”专场招聘会 160

## D

大型义诊活动 169
大学科技园外景 105
“档案与民生”机关开放日活动 182
党派骨干成员培训班在省社会主义学院开班 263
“党在我心中”综合知识竞赛 265
德国社民党代表团参观爱克奇换热技术（太仓）有限公司 95
德国中心开业 90
第 11 届社科普及宣传周活动 225
第 12 届太仓市江南丝竹演奏比赛 174
第 15 届全民运动会举行开幕式 187
第 18 期中青年干部培训班举行座谈会暨结业仪式 272
第 1 期科级领导干部进修班开班 270
第二届“源圆两岸交流汇”活动 267
第七届家庭文化艺术节闭幕式 214
第三季度各界人士情况通报会与会人员调研和谐社区建设 262
第三届“光辉太仓”宪法日市民大行动 246
第三届“美德少年”和“优秀小公民”表彰活动 261
第十二届村民委员会换届选举双凤镇新湖村投票现场 229
第十三届纪律检查委员会召开第一次全体会议 285
第十五届人民代表大会第五次会议召开 273
第四届律师代表大会第二次会议暨律师年会 246
第一届“太仓假日杯”烹饪大赛 113
第一届“太仓假日杯”运动会 112
电视春节联欢晚会演出 175
电梯安全知识宣传进社区活动 193
“独溇小海”生态农业园 295

## F

发出全市首张不动产权证书 58
发放太仓市第一张依法逐级走访权益保障卡 208
反暴恐实战演练 242
浮桥镇举办“和为贵”邻里文化节启动仪式 309
“福彩杯”青年公益嘉年华活动 213

## G

G20 峰会抗洪演练 248
岗位技能竞赛 280
工会劳动争议调解法律法规知识竞赛决赛举行 211
工商联中小企业法律服务中心成立大会 293
“工银宝贝成长杯”少儿美术创意大赛太仓赛区活动 119

公开审理一起职务犯罪案件 244
“公民道德宣传日”好人好故事宣讲活动 260
广电网络光纤入户箱 49
国际田联竞走挑战赛（太仓站）暨全国竞走大奖赛 185
国家质检总局局长支树平观看业务改革创新成果展示 86
国税地税联合办税服务厅挂牌成立 156

H

合作农场规范有序发展 132
红十字会组织社区居民火灾逃生疏散演练 228
沪通铁路六线高架桥通道基本完工 42
环境保护工作会议 61
环境整治后的绿地新貌 322
璜泾镇永乐村“品良工作站”揭牌 227

J

“纪念长征胜利 80 周年”文艺演出 270
检查商品房销售价格备案及公示情况 205
江苏省道德模范与身边好人（苏州·太仓）现场交流活动举行 175
江苏省第 7 届全民健身运动会钓鱼大赛 184
“巾帼文明岗”月月行活动 214
金秋经贸月开幕式 144
金融纠纷案件审理情况新闻发布会 244
经济工作会议 99
玖龙纸业定制班线开通 43

K

开通长江首条东南亚集装箱班轮航线 65
“科普进万家”活动走进科教新城 216

L

老年人智能手机教学公益课程 50
粮食局举办“机关开放日”活动 129
粮食收储作业现场 128
浏河渔港 304
浏河镇选区投票选举市人大代表 276
《浏河镇志》申报中国名镇志丛书终审会召开 180
娄东企业发展论坛 103
落实党风廉政建设主体责任推进会 286

M

卖秧桥改造工程竣工 64
民建太仓市委走访民建会员企业 291
民进太仓市基层委员会调研组到安徽省天长市调研医疗改革工作 292

N

农村新貌（璜泾镇） 311
农户领取农村土地承包经营权证 132

P

品牌农副产品品鉴会 192
平价商店考核小组开展季度考核工作 206
平谦（太仓）现代产业园一期竣工 106

Q

七浦塘江边枢纽 46
签署共建苏州多特蒙德应用技术大学协议 168
签约共建考试培训认证基地 166
侨办到城厢镇中区社区居委会走访侨眷 268
亲子夏令营活动 163
庆祝第 32 个教师节大会 166
庆祝中国共青团成立 94 周年活动 212
区镇商会建设工作座谈会 293
全国健康促进县试点项目评估检查汇报会 171
全国女排锦标赛 186
全国武术进校园试点单位成果展示交流大赛开幕式 185

R

人才服务联盟成立仪式 258
润禾码头工程交工验收 66

S

沙溪高速服务站配备快速充电设施 44
沙溪镇召开 2015—2016 年党员冬训动员暨骨干培训会议 299
善爱益家社会工作服务中心成立 223
“善之行”第四季度“娄城织爱”慈善公益活动 162
商场、市场开展消防检查 253
少数民族同胞参加社会活动 209
生物医药产业园核心配套区外景 105
省军区工作组到太仓市人武部检查指导工作 247
“十三五”现代服务业发展规划评审会 107
食品安全检查 250
市级机关深化创建优质服务品牌、作风效能建设示范点推进会 265
“市民看城管”活动 63
市人大常委会视察政府实事工程 274
市审计局向市人大常委会报告“财政同级审”工作 158
市委开展勤政廉政半月谈活动 287
市委中心组专题学习报告会暨领导干部理论知识讲座 257
市信访局工作人员走访信访群众 208
市政协主席会议专题调研市科技产业园 282
似鸟华东国际物流商贸中心项目开工奠基仪式 71
首个新型高标准农贸市场落地 308
首届“郑和杯”青年精英创新创业大赛总决赛举行颁奖仪式 213

首届农业委培生双选会 131
首届“双元制”职业教育研讨会 94
首届员额检察官颁证暨宪法宣誓仪式 243
首张二手房交易代征增值税发票 157
书画院画师作品展在云南保山市博物馆开幕 218
苏州金诺生物技术有限公司开展生物药研发 75
苏州市公共资源交易中心太仓分中心揭牌 150
苏州市市长曲福田到太仓检查企业安全生产工作 251
“孙中山的足迹”大型图片展开幕 289

T

太仓电信推进基层班组文化建设 48
“太仓好人馆”揭幕 260
太仓摩尔多瓦葡萄酒文化产业项目专题座谈会 279
《太仓年鉴》撰稿业务提升培训在市委党校举行 181
通快（中国）有限公司对外展示智能工厂 75

W

微型消防站建设培训 253
为拟上市企业做政策辅导 189
无党派知联会走访城厢镇胜泾村 226
武警太仓市中队祭扫革命烈士陵园 248

X

现代农业园区被授予“国家重点花文化基地”奖牌 137
小小银行家活动 119
新材料研讨暨产业前沿科技成果交流会 138
新闾村五彩农田 318
新区举办招聘会 77
鑫海码头基建项目（安装工程）全部完工 66

Y

“烟草情·服务驿站”活动 130
盐业知识宣传 129
杨林船闸试运行首次通航成功 42
依法行政工作推进会召开 240
依法统计宣传教育活动 207
银行业外汇业务技能竞赛 117
援藏医生欢送会 169
远程视频接访 243

Z

增援 G20 峰会海上安保任务 249
政协工作会议暨庆祝太仓政协成立60周年大会 284
职工元宵灯会暨民俗文化展演 210
“智慧盛园”信息管理中心 49
中德友好幼儿园开园上课 95
中国机器人大赛服务机器人专项赛在太仓举行 217
中国武术套路“王中王”争霸赛举行颁奖仪式 186
中国新诗百年论坛走进太仓暨首届大江南北新青年诗会 218
中小学生参加“爱国爱家·助我成长”红色夏令营活动 182
“筑起生命的安全长城”消防主题宣传邮册首发 126
抓获一跨省电信诈骗团伙 241
自主创新金融联盟启动会 120
“走进人防工程”机关开放日活动 250

# 图表索引

A

AAA 级及以上物流企业 110

B

百岁老人 388
保险机构 123
不良贷款分类 118
部分文艺著作出版 221

C

财政收入分项目执行 153
财政支出预算执行情况 154
财政总收入 151
参与制定（修订）国家标准、行业标准企业 197
残联惠残补贴 222
长江口旅游度假区各村基本情况 306
长江口旅游度假区骨干企业 306
长江口旅游度假区主要经济社会指标 305
常用便民电话 392
城市清洁卫生 45
城厢镇各村（涉农社区）基本情况 296
城厢镇骨干企业 296
城厢镇主要经济社会指标 295
持证残疾人比例图 222
出口前 10 家民营企业 146
出口前 10 家外资及港澳台资企业 146
畜牧业主要指标 135
村民委员会 230

D

等级社会组织 230
第六批非物质文化遗产代表性项目 179
第三批非物质文化遗产代表性传承人 179
对外及对港澳台投资 149
对外贸易（按贸易方式分） 145
对外贸易（按企业性质分） 146

F

浮桥镇各村（涉农社区）基本情况 310
浮桥镇骨干企业 310

浮桥镇主要经济社会指标 309

G

港区美资企业 73
港区世界 500 强企业 72
港区中央企业 74
各村水环境质量（4 月） 52
各村水环境质量（8 月） 54
各区镇工业总产值 99
各区镇规模以上工业产值 99
各镇（区）私营企业、个体工商户发展情况 204
工业主要行业 100
公共财政预算税收收入分地区执行情况 154
共青团组织 212
广电总台部分创优获奖作品 176
规模德企 96
国有建设用地使用权公开出让分类 57

H

户籍人口及其变动 374
户籍人口姓氏 375
环境空气各级别天数 56
璜泾镇各村基本情况 314
璜泾镇骨干企业 315
璜泾镇主要经济社会指标 313
获评“江苏名牌产品”企业 196
获认定的江苏省著名商标 194
获认定的中国驰名商标 193

J

机构全称、简称对照表 395
检验检疫出入境货物品种组成图（金额） 87
检验检疫出入境货物品种组成图（批次） 86
教育事业基本概况 165
金融机构本外币信贷收支 117
经检验检疫的出入境货物量统计图 87
经检验检疫的出入境集装箱量统计图 87
经营性用地公开出让分类 58
居民委员会 229

L

离岸服务外包收入前 10 家企业 144
领导干部理论知识讲座 271
娄东街道各村（涉农社区）基本情况 323
录取本科学生名单 383

M

媒体报道题录 8

S

沙溪镇各村基本情况 301
沙溪镇骨干企业 302
沙溪镇主要经济社会指标 300
上市、挂牌企业 190
社会经济主要指标 372
生态文明建设重点工程 60
省级考核地表水断面年均值 51
实有人口 373
市人大常委会主任会议重点督办建议 275
市委党校（行政学校）干部培训主体班次 271
双凤镇各村基本情况 320
双凤镇骨干企业 321
双凤镇主要经济社会指标 320
私营企业、个体工商户登记注册统计 203

T

太仓港国际航行船舶进出港统计图 89
太仓港国内航行船舶进出港统计图 89
太仓港航线、航班 70
太仓港码头生产性泊位 67
太仓假日”签约工厂店 111
太仓日报社部分获奖作品 177

W

外宾接待（部分） 279
文联“月季花”奖获奖作品 219

X

先进个人（部分） 369
先进集体（部分） 363
新登记社会组织 236
新批、增资对外及对港澳台投资项目 148
新批德资企业 91
新区规模企业（不含德企） 78
新区新增省级高新技术企业 76
新增各类科技创新载体 140
新增各类科技企业 103
新增苏州市级以上高层次人才 141
新增苏州市级以上各类研发机构 140
信息基础设施 47

Y

银行业金融机构网点、人员 115
营业收入超 5000 万元物流企业 109

Z

暂住人口（在册）姓氏 378
增资德资企业 92
政务服务中心各窗口服务电话 392
种植业主要指标 133
重点工业企业主要经济指标 100
重点科技项目立项 138
主要出口商品表 145
主要进口商品表 145
主要旅行社 115
主要旅游饭店 114
主要旅游节庆活动 110
主要旅游景点 113
主要贸易伙伴进出口情况 147
注册外资及港澳台资主要国别（地区）分布 148
注册外资及港澳台资主要行业 147

# 《太仓年鉴（2017）》审稿人、撰稿人、卷首摄影人员名单

（按姓氏笔画排序）

## 审稿人名单

| | | | | | | | | | |
|---|---|---|---|---|---|---|---|---|---|
| 丁　锴 | 王文军 | 王永伟 | 王志平 | 王志坚 | 王丽萍 | 王青青 | 王建平 | 王洪斌 | 王晓东 |
| 王晓红 | 王晓芸 | 王盛文 | 毛义明 | 尹国梁 | 左　明 | 田作磊 | 包炳祥 | 司　明 | 吕　寅 |
| 朱　清 | 朱凤兰 | 朱李乐 | 朱金连 | 朱锦明 | 刘　菊 | 刘拥新 | 刘晓军 | 严桂清 | 苏梅芳 |
| 李　刚 | 李　峰 | 李　烨 | 杨　俭 | 杨建新 | 杨喜良 | 杨瑞兰 | 时宇明 | 吴　明 | 吴向阳 |
| 吴忠良 | 吴建平 | 吴建国 | 邱根生 | 何　飚 | 何永林 | 沈　诚 | 沈　玲 | 沈　炯 | 沈　洁 |
| 沈李江 | 沈建青 | 宋　蔚 | 宋晓泉 | 张　忠 | 张志华 | 张求胜 | 张英姿 | 张国梁 | 张治虎 |
| 张培明 | 陆　征 | 陆　逵 | 陆文卫 | 陆建文 | 陆建林 | 陆晓红 | 陆静波 | 陈小平 | 陈永忠 |
| 陈洲洋 | 陈鸿鹄 | 邵　旻 | 郑祥弟 | 金　明 | 金志强 | 周　平 | 周　瑛 | 周　燕 | 周文军 |
| 周正山 | 周建平 | 周颖峰 | 郑　珑 | 赵　震 | 赵剑毅 | 赵新华 | 胡　捷 | 钟惠平 | 姜　超 |
| 姚　铿 | 姚剑敏 | 秦　文 | 袁　骏 | 袁志强 | 夏永华 | 夏远峰 | 顾　仁 | 顾宇靖 | 顾技峰 |
| 顾建新 | 顾振清 | 顾晓明 | 顾熙虹 | 顾潇军 | 顾曙光 | 钱丁良 | 钱文辉 | 徐　韬 | 徐卫强 |
| 徐志豪 | 凌小波 | 凌晓波 | 高　洁 | 高建林 | 陶乐平 | 黄　海 | 黄世忠 | 黄浩忠 | 曹　锋 |
| 曹惠芳 | 龚　璇 | 龚志浩 | 龚金明 | 龚秋健 | 盛海峰 | 阎凌清 | 董伟年 | 董启海 | 蒋永平 |
| 韩志敏 | 嵇永宁 | 楼浩平 | 缪郁峰 | 潘井亚 | 潘红忠 | | | | |

## 撰稿人名单

| | | | | | | | | | |
|---|---|---|---|---|---|---|---|---|---|
| 丁美琴 | 王　丹 | 王　业 | 王　欢 | 王　怀 | 王　晶 | 王　溢 | 王　静 | 王　嫣 | 王一鸣 |
| 王安咏 | 王丽琴 | 王林志 | 王岩梅 | 王炜颋 | 王艳新 | 王晓辰 | 王晓晨 | 王海燕 | 王维峰 |
| 王超慧 | 王慧敏 | 王薇一 | 毛　俊 | 毛玉霞 | 毛雨晴 | 叶　奕 | 史　玲 | 包丽诗 | 冯　谡 |
| 邢友来 | 邢莉萍 | 吕　乔 | 吕晓华 | 朱　奕 | 朱　慧 | 朱为民 | 朱承飞 | 朱弇菁 | 邬大为 |
| 刘　源 | 刘天成 | 刘金凤 | 刘宗凡 | 刘祎晨 | 刘寅卉 | 刘登康 | 汤　华 | 许文华 | 孙方金 |
| 孙丽芳 | 孙振亮 | 苏青青 | 杜　平 | 李　玉 | 李　菊 | 李凤文 | 李青玉 | 李依婷 | 李晓红 |
| 杨　玲 | 杨小丽 | 杨成德 | 肖　洋 | 时海炜 | 吴　静 | 沈　静 | 沈建中 | 张　觅 | 张　悦 |
| 张　超 | 张　燕 | 张廷波 | 张孝东 | 张怡亮 | 张建明 | 张盼盼 | 张夏红 | 张凌淏 | 张曼娜 |
| 张媛媛 | 张瑜佳 | 陆　坚 | 陆　蓉 | 陈　虹 | 陈　琳 | 陈　雯 | 陈永刚 | 陈启宏 | 武　超 |
| 范晓冰 | 范媛媛 | 郁　珽 | 郁　鹰 | 金　钰 | 金庆苏 | 周　婷 | 周雨辰 | 周晓萍 | 郑金硕 |
| 单晓凤 | 赵理平 | 胡天立 | 施　祥 | 缪　斌 | 颜礼宏 | 潘　坚 | 瞿金龙 | | |

## 卷首摄影人员名单

| | | | | | | | | | |
|---|---|---|---|---|---|---|---|---|---|
| 马　云 | 王　红 | 王　辉 | 王志平 | 王金德 | 王跃丰 | 计海新 | 邢智丰 | 成立业 | 朱　群 |
| 朱振新 | 任雪英 | 刘长华 | 纪昌盛 | 严裕忠 | 李　华 | 李家文 | 杨　希 | 杨忠明 | 余成强 |
| 宋义勇 | 初爱民 | 陈　亮 | 陈建法 | 周　西 | 周　琦 | 俞　晴 | 俞镇修 | 闻叙良 | 姚建平 |
| 徐盛兵 | 陶宗佳 | 曹敏强 | 管　玲 | 薛海荣 | 戴周华 | | | | |